Hans Dieter Betz
zur Erinnerung an den Besuch
in Tübingen Juli 1991
M. H.

Wissenschaftliche Untersuchungen
zum Neuen Testament

Begründet von Joachim Jeremias und Otto Michel
Herausgegeben von
Martin Hengel und Otfried Hofius

55

Königsherrschaft Gottes und himmlischer Kult

im Judentum, Urchristentum
und in der
hellenistischen Welt

herausgegeben von

Martin Hengel
und
Anna Maria Schwemer

J. C. B. Mohr (Paul Siebeck) Tübingen

Die Deutsche Bibliothek – CIP-Einheitsaufnahme

Königsherrschaft Gottes und himmlischer Kult im Judentum, Urchristentum und in der hellenistischen Welt /
hrsg. von Martin Hengel und Anna Maria Schwemer. – Tübingen: Mohr 1991
  (Wissenschaftliche Untersuchungen zum Neuen Testament; 55)
  ISBN 3-16-145667-X
NE: Hengel, Martin [Hrsg.]; GT

© 1991 J. C. B. Mohr (Paul Siebeck) Tübingen

Das Werk einschließlich aller seiner Teile ist urheberrechtlich geschützt. Jede Verwertung außerhalb der engen Grenzen des Urheberrechtsgesetzes ist ohne Zustimmung des Verlags unzulässig. Das gilt insbesondere für Vervielfältigungen, Übersetzungen, Mikroverfilmungen und die Einspeicherung und Verarbeitung in elektronischen Systemen.

Das Buch wurde von von Gulde-Druck in Tübingen aus der Times-Antiqua gesetzt, auf alterungsbeständiges Werkdruckpapier der Papierfabrik Buhl in Ettlingen gedruckt und von der Großbuchbinderei Heinr. Koch in Tübingen gebunden.

ISSN 0512-1604

IN MEMORIAM

Annemarie Merkle
1920–1990
Jes 43,1

Hans Peter Rüger
1933–1990
Ps 31,2

Inhaltsverzeichnis

VORWORT	1
KLAUS W. MÜLLER: König und Vater. Streiflichter zur metaphorischen Rede über Gott in der Umwelt des Neuen Testaments	21
ANNA MARIA SCHWEMER: Gott als König und seine Königsherrschaft in den Sabbatliedern aus Qumran	45
HELMUT MERKEL: Die Gottesherrschaft in der Verkündigung Jesu	119
MARTIN HENGEL: Reich Christi, Reich Gottes und Weltreich im Johannesevangelium	163
HERMUT LÖHR: Thronversammlung und preisender Tempel. Beobachtungen am himmlischen Heiligtum im Hebräerbrief und in den Sabbatopferliedern aus Qumran	185
NAOTO UMEMOTO: Die Königsherrschaft Gottes bei Philon	207
BEATE EGO: Gottes Weltherrschaft und die Einzigkeit seines Namens. Eine Untersuchung zur Rezeption der Königsmetapher in der Mekhilta de R. Yishmaʿel	257
THOMAS LEHNARDT: Der Gott der Welt ist unser König. Zur Vorstellung von der Königsherrschaft Gottes im Shema und seinen Benedictionen	285
ANNA MARIA SCHWEMER: Irdischer und himmlischer König. Beobachtungen zur sogenannten David-Apokalypse in Hekhalot Rabbati §§ 122–126 . . .	309
BEATE EGO: Der Diener im Palast des himmlischen Königs. Zur Interpretation einer priesterlichen Tradition im rabbinischen Judentum	361
CHRISTOPH MARKSCHIES: Platons König oder Vater Jesu Christi? Drei Beispiele für die Rezeption eines griechischen Gottesepithetons bei den Christen in den ersten Jahrhunderten und deren Vorgeschichte	385
REGISTER (bearbeitet von Friedrich Avemarie)	
STELLENREGISTER	441
AUTORENREGISTER	474
SACH- UND PERSONENREGISTER	482

Vorwort

Die in diesem Band gesammelten Aufsätze haben eine längere und eigenartige Vorgeschichte. Sie gehen in ihrem Kern zurück auf ein Oberseminar, das im WS 1986/87 gehalten wurde. Das Thema lautete „Neue hymnische Texte aus dem antiken Judentum und dem frühen Christentum". Wir hatten dabei vor, die von Carol Newsom 1985 veröffentlichten šîrôt 'ôlāt haš-šabbāt aus Höhle 4Q, 11Q und Masada zu lesen[1], deren Erscheinen man seit der Vorstellung zweier Fragmente durch den mit der Herausgabe betrauten J. Strugnell im Jahre 1959 (!!) sehnsüchtig erwartet hatte[2]. Dann wollten wir uns einigen relativ wenig bekannten christlichen Liturgien auf Papyrus zuwenden und am Ende ausgesuchte Hymnen aus der von P. Schäfer veröffentlichten Synopse der Hekhalot-Texte behandeln. Ein Leitmotiv sollte dabei die Entsprechung zwischen irdischem und himmlischem Kult und die Bedeutung der Qedusha bzw. des Trishagions sein.

Es kam freilich anders. Die neuen Sabbatlieder überraschten uns durch die Tatsache, daß darin Gott ständig als *mäläk* – insgesamt 55mal – bezeichnet wurde und daneben unverhältnismäßig häufig – insgesamt 21mal – das sonst so seltene Abstraktum *malkût* ausschließlich in Beziehung auf Gott erschien. Hinzu kam ein Zweites: Ein Jahr vor den Sabbatopferliedern war die fleißige Untersuchung von Odo Camponovo, Königtum, Königsherrschaft und Reich Gottes in den frühjüdischen Schriften[3], erschienen, die den im Buchtitel umschriebenen Begriffskomplex im Alten Testament, in den Apokryphen, Pseudepigraphen und Qumran-Texten behandelte. Vom Umfang der Aufgabe her ist es zwar verständlich, daß der Verfasser Philo und die frührabbinische Literatur ausgeschlossen hat, aber es mußte sich durch diese Einschränkung notgedrungen ein schiefes Bild ergeben, denn die wichtigsten Texte, in denen das Königtum Gottes eine entscheidende Rolle spielt und die z. T. eindeutig auf die Zeit des 2. Tempels zurückgehen, die frühjüdischen Gebete, blieben damit unberücksichtigt. Die Aufnahme der Targumim, die ja insgesamt nicht älter

---

[1] CAROL A. NEWSOM, Songs of the Sabbath Sacrifice: A Critical Edition, Harvard Semitic Studies 27, 1985 (4Q 400–407; Masada Shir Shabb; 11Q Shir Shabb).

[2] The Angelic Liturgy at Qumran – 4Q Serek Šîrôt 'Olat haššabbat, in: Congress Volumen Oxford 1959, VT.S 7, Leiden 1960, 318–345.

[3] OBO 58, Freiburg/Schweiz – Göttingen 1984; vgl. die Rezension von H. MERKLEIN, ThRev 82 (1986) 193f.

sind als weite Teile der rabbinischen Literatur, konnte diesen Schaden nicht gut machen. Durch ihre Isolierung wirkten sie außerdem wie ein Fremdkörper.

Das Fazit von Camponovo: „Die Untersuchung der Stellen in der frühjüdischen Literatur [gehören die jüdischen Gebete nicht zur frühjüdischen Literatur? die Hg.], welche von Gott als König oder von seiner Königsherrschaft handeln, bestätigt die häufig vertretene Meinung, daß in den uns erhaltenen Schriften das Thema keine hervorragende Rolle spielt", ist in dieser allgemein formulierten Weise irreführend und es wird nicht richtiger, wenn es in neueren Untersuchungen, so etwa in dem TRE-Artikel von Lindemann für das „spätantike Judentum" einfach wiederholt wird[4], wo ebenfalls die gesamte frührabbinische Literatur und die alten jüdischen Gebete unberücksichtigt bleiben. Wenn Camponovo hinzufügt, daß das Thema „nur im Buch Daniel so zentral (ist), dass es das Werk als Ganzes bestimmt", so zeigt das im Grunde die Unsicherheit des Verfassers, die sein ganzes Werk durchzieht. Nach der Veröffentlichung der Sabbatlieder von 4Q wird man jetzt hinzufügen dürfen, daß es auch in einer ganzen Reihe von Qumrantexten (bzw. solchen, die diesen nahestehen) „zentrale" Bedeutung besitzt. Dazu würden wir u. a. das Jubiläenbuch, Teile der Henoch-Literatur, 1QSb, 1QM, 11QMelch, 4QFlorilegium und 4QShirShab rechnen. Camponovo, der die beiden schon von Strugnell herausgegebenen Fragmente der Sabbatlieder bereits in seine Untersuchung einbezog, hat deren Sinn und Bedeutung völlig verkannt (273–279), was wohl damit zusammenhängt, daß er die wichtige Rolle der den Jerusalemer Kult von der Frühzeit bis zu seinem Ende bestimmenden Jahwe-König-Psalmen nicht in ausreichender Weise wahrnahm, obwohl gerade in ihnen die Heilspräsenz Gottes als des Königs und Herrn des himmlischen Palastes und irdischen Tempels – und in der Spätzeit auch des Königs und Herrn des Einzelnen – gefeiert wurde[5]. Die herrscherliche Metaphorik der Jahwe-König-Psalmen fand dann ihren Niederschlag in den frühesten Gebetstexten der synagogalen Liturgie, die ihrerseits wieder auf den Tempelgottesdienst zurückgeht[6]. Viel-

---

[4] CAMPONOVO, op. cit. 437; A. LINDEMANN, Art. Gottesherrschaft II, TRE 15, 1986, 196–218 (200). Wann beginnt für LINDEMANN das *spätantike* Judentum?

[5] Zu den atl. Jahwe-König-Psalmen siehe JÖRG JEREMIAS, Das Königtum Gottes in den Psalmen, FRLANT 141, 1987; H. SPIECKERMANN, Heilsgegenwart. Eine Theologie der Psalmen, FRLANT 148, Göttingen 1989; die ausführliche Rezension des Buches von J. JEREMIAS: B. JANOWSKI, Das Königtum Gottes in den Psalmen, ZThK 86 (1989) 389–454 beginnt mit: „Für die biblische Theologie ist die Aussage, Gott sei/werde König, von zentraler Bedeutung. Das zeigen die alttestamentlichen Traditionen von der Königsherrschaft JHWHs, wie sie besonders in den JHWH-König-Psalmen zu Tage treten, aber auch die diese Traditionen weiterführenden frühjüdischen Schriften" (391); R. SCORALICK, Trishagion und Gottesherrschaft. Ps 99 als Neuinterpretation von Tora und Propheten, SBS 138, 1989 beschränkt sich auf die Analyse von Ps 99, das „Trishagion" im Titel verspricht mehr, als die knappe, aber für Ps 99 gründliche, Untersuchung bietet (124 S.).

[6] Besonders deutlich tritt diese Kontinuität in der Liturgie des Neujahrsfestes hervor; vgl.

leicht die wichtigste liturgische Formel lautete *barûk šem k^{e}bôd malkûtô l^e 'ōlām wa 'äd*, „Gepriesen sei der Name der Herrlichkeit seiner Königsherrschaft für immer und ewig", mit der am großen Versöhnungstag – und wohl auch an anderen Festen – die Priester (vermutlich mit dem Volk) dem Hohenpriester nach dem hörbaren Aussprechen des Jahwe-Namens respondierten (mJoma 4,1–3; 6,2). Nach tTaan 1,13 (ed. Zuckermandel 216) sei diese Formel sogar anstelle des Amens bei allen Benediktionen gesprochen worden. In der synagogalen Liturgie erhielt sie ihren bleibenden Ort bei der Shema-Rezitation, und zwar sprach man sie leise zwischen den Anfangsversen nach dem *'adonāj 'äḥād*[7]. Sie findet dann ihrerseits wieder Eingang, meistens in Verbindung mit der Qedusha, in die – nun dem irdischen synagogalen Gottesdienst entsprechende – himmlische Feier Gottes als König und seines Königtums in den transzendenten Tempel-Palästen, wie sie in der Hekhalot-Literatur beschrieben wird. Aus ihrem häufigen Gebrauch nennen wir hier nur ein Beispiel[8]: Die Formel erhält eine besonders eindrückliche Langform in der Beschreibung des Lobpreises der Merkabot und Feuerflammen in den sieben himmlischen Hekhalot, in Ma'aśe Merkava § 555, wo es am Ende heißt[9]:

„Sie bringen stets ein Loblied hervor
und sie nennen den Namen des GHWRY'L,
des Herrn,
des Gottes Israels
und sagen:
Gepriesen sei der Name der Herrlichkeit seines Königtums
für immer und ewig
vom Ort des Hauses seiner Shekhina her."

(Üs. Schäfer)

---

mRosch ha-Schana 4,5f. (Gießener Mischna II,8, ed. P. FIEBIG, 1914, 101 f.; dazu op. cit. 49–53: „Die Malkhijjoth").

[7] Siehe den Beitrag von T. LEHNARDT, S. 288–292.

[8] Zum überaus häufigen Vorkommen dieser Formel in den Hekhalot-Texten siehe P. SCHÄFER (Hg.), Konkordanz zur Hekhalot-Literatur, TSAJ 13, 1988, II, 416f. Dort findet man (Parallelzitate eingerechnet) über 40 Verwendungen; malkût erscheint gegen 130-, mäläk ca. 900mal.

[9] P. SCHÄFER, Synopse zur Hekhalot-Literatur, TSAJ 2, 1981, 208f. § 555; DERS., Übersetzung der Hekhalot-Literatur III, TSAJ 22, 1989, 259–262. Die – ursprüngliche – Systematik der Segensformeln in ihrem sich steigernd aufsteigenden Preis vom 1. bis zum 7. Hekhal ist in den HS gestört, siehe dazu SCHÄFER, Übersetzung, XXXVI. Jetzt erscheint Jes 6,3 im 1. Tempel; Ez 3,12 im 2. Tempel und dann im 3., 5. und 7. Hekhal die Formel z.T. abgewandelt. Eine ausgeformte Beschreibung eines solchen siebenfachen klimaktischen Preises belegen bereits die Sabbatlieder aus Qumran (im 6., 7. und 8. Lied). Im 6. Lied ist die Schlußberakha erhalten, sie hat jedoch nicht denselben Wortlaut wie die Formel des Tempelgottesdienstes. Man fragt sich, ob hier nicht ein relativ kontinuierlicher Traditionszusammenhang zwischen dem Preis des Königtums Gottes in den Sabbatliedern und diesen späten Hekhalothymnen besteht, siehe dazu A. M. SCHWEMER, Gott als „König", in diesem Band u. S. 86–104.

Dieser formelhafte, liturgische Zusammenhang zwischen dem einen „geheiligten" Gottesnamen und der Gottesherrschaft begegnet uns auch in den beiden ersten Bitten des Vaterunsers[10]. In der jedem Juden – auch in Galiläa – von den Gottesdiensten im Tempel her vertrauten Benediktion war die Preisung des heiligen Namens Gottes und seiner Herrschaft untrennbar mit dem Heiligtum auf dem Zion verbunden, wo der Gottesname, das Tetragramm, *allein* vom Hohenpriester im Segen nach dem Opfer, d. h. bei dem Höhepunkt der kultischen Feier, ausgesprochen werden durfte. In den Sabbatliedern tritt an die Stelle des Tetragramms, das nirgendwo erscheint, die Bezeichnung *mäläk* bzw. das Abstraktum *malkût*.

Bei einer Untersuchung von Königtum und Königsherrschaft Gottes in der Zeit des 2. Tempels sollte man zudem nicht vergessen, daß wir im Alten Testament und im Judentum eine weitere noch sehr viel häufigere Gottesbezeichnung finden, die das souveräne Herrschersein Gottes zum Ausdruck brachte, nämlich das schon in der Frühzeit Israels mit dem Jahwe-Namen verbundene *'adonāj* im Sinne von „Allherr", das seit der frühhellenistischen Zeit (300 v. Chr.) „den Gottesnamen JHWH zu überflügeln (begann), um ihn jedenfalls in der Aussprache ganz zu verdrängen"[11]. Uns scheint, daß in dieser späten Zeit – vorbereitet durch DtJes (Jes 52,7 vgl. 41,21; 43,15; 44,6) – wie die spätesten Psalmen und die Chronikbücher zeigen, auch die sachlich eng verwandte, aus altorientalischer Zeit stammende Königstitulatur für den Gott Israels vor allem in liturgischen Texten neue Bedeutung gewann. Das mag mit der betont absolutistischen Form des hellenistischen Königtums zusammenhängen, deren Prototyp Alexander war, die die Diadochenreiche beherrschte und mit der sich in steigendem Maße die griechisch-orientalische Apotheose des Herrschers verband. Kein Wunder, daß das kanonische – hebräisch-aramäische – Danielbuch, in dem die Gottesherrschaft – bei gleichzeitiger Empörung über die Entweihung des Heiligtums durch den Gottesfeind – in auffallender Weise hervortritt, auf dem Höhepunkt der durch Antiochus IV Epiphanes ausgelösten schwersten Krise des nachexilischen Judentums seine endgültige Gestalt fand. Der „göttliche" König erhebt sich gegen den Gott Israels (Dan 8,10f.).

Daß im griechisch sprechenden Judentum und in der LXX analog zu dem $q^ere: \,'adonāj$ in der hebräischen Bibel für das Tetragramm das Wort κύριος eintrat, das ebenfalls eine relative Nähe zu βασιλεύς besaß, aber anders als das schon bei Homer häufig als Götterepitheton gebrauchte ἄναξ in der hellenistischen Frühzeit noch religiös unbelastet war, zeigt, daß sich diese Entwicklung auch in der Diaspora fortsetzte. Die relativ häufige Bezeichnung βασιλεύς für Gott bei Philo, seine Betonung der μοναρχία Gottes und seine Verbindung des

---

[10] Siehe dazu M. HENGEL, Zur matthäischen Bergpredigt und ihrem jüdischen Hintergrund, ThR 52 (1987) 383f. In der Regel wird hier nur das spätere Qaddisch genannt.

[11] Siehe O. EISSFELDT, TWAT 1,62–78.176ff. (76).

Kyrios-Titels mit der herrscherlichen und strafenden Macht Gottes als einer der beiden δυνάμεις Gottes sind ein Beispiel dafür[12]. „Herrschen" und „Richten" waren die wichtigsten Funktionen des Königs, und so wie im politisch-profanen Bereich Herr und König als Anrede gegenüber dem Herrscher sich ergänzten bzw. austauschbar blieben, so verhielt es sich auch bei der Gebetsanrede. Es ist nicht zufällig, daß *mäläk hā ʿôlām* und *ribbôn hā ʿôlām / ribbônô šäl ʿôlām*, „König" bzw. „Herr der Welt", nach 70 n. Chr. zu einer überaus häufigen jüdischen Gebetsanrede werden.

Ein weiteres wesentliches „herrscherliches" Geschehen war die Huldigung des Hofstaates bzw. der Untertanen vor ihrem König, die mit Akklamationen verbunden war. Sie findet ihre Entsprechung in der Darstellung der Huldigung der himmlischen Heerscharen bzw. des himmlischen Kultes. Auch hier hat bis in die rabbinischen Texte und die Hekhalotmystik hinein die Sprache des orientalischen Hofzeremoniells vor dem „Großkönig" die jüdischen Texte, die das himmlische Geschehen beschreiben, beeinflußt.

Mit gutem Recht kommt darum E. Zenger am Ende seines instruktiven Artikels über die Herrschaft Gottes im Alten Testament (TRE 15, 176—189) zu einem ganz anderen Urteil als die zu einseitige Monographie Camponovos und deren Epitome bei Lindemann: Durch die Tatsache, daß die „eschatologische" und die „theokratische" Jahwe-Königtums-Theologie in Sach 12—14 „konkurrierend nebeneinander gestellt werden" oder sich wie in Dan 1—12 „sukzessiv überlagern" können, „wird offenkundig, daß die Vorstellung von der Herrschaft Gottes in der Zeit des Frühjudentums zu einer zentralen theologischen Kategorie wurde, auch wenn dies terminologisch nicht immer durchscheint" (187). Der letzte Punkt ist dabei besonders bedeutsam. Es genügt nicht, sich bei diesem Komplex allein auf Worte der Wurzel *mlk* bzw. βασιλ zu beschränken, man muß zugleich Wurzeln wie *mšl* bzw. *špt* und ihre Derivate, die Begriffsgruppe *ʾadon, mareh, rab/ribbon* und die königlichen Attribute wie Herrlichkeit, Thron, Palast und den dazugehörigen Hofstaat im Auge behalten. Wir würden auch nicht wie Camponovo[13] im Anschluß an N. Perrin „im Vorstellungskomplex von der Herrschaft Gottes ein Symbol (sehen)", sondern eine grundlegende, auch heute noch unverzichtbare Metaphorik, die genauso elementar wie die des Vaters oder des Schöpfers ist, und die, wenn man von gewissen wechselnden eher äußerlichen Attributen wie Krone, Szepter, Thron, Palast etc. absieht, trotz aller Veränderung menschlicher Herrschafts- und Sprachformen ihre Bedeutung erhalten hat und behalten wird[14]. Wir können

---

[12] Siehe den Beitrag von N. UMEMOTO 207—256.
[13] Op.cit. (Anm. 3) 437 f.
[14] Vgl. W. DIETRICH, Gott als König. Zur Frage nach der theologischen und politischen Legitimität religiöser Begriffsbildung, ZThK 77 (1980) 251—267; I. BALDERMANN, Der leidenschaftliche Gott und die Leidenschaftslosigkeit der Exegese, JBTh 2, 1987, 137—150. Zur

auf die Metaphern von der Herrschaft, dem Reich und der Macht Gottes so wenig verzichten wie auf die Rede von seiner Gerechtigkeit, Barmherzigkeit und Liebe (oder auch Gottes Schmerz, Trauer und Leiden), die diesen Metaphern im Alten Testament und im christlichen Glauben ihr besonderes Gepräge, ja ihren eigentlichen Inhalt geben. Der schillernde „Symbol"-Begriff erscheint uns dagegen zu unverbindlich, variabel und beliebig austauschbar. Im Gegensatz dazu weiß sich die Sprache des Glaubens an gewisse unveräußerliche Metaphern gebunden, in denen sie Gottes herrscherlich-heilvolle Zuwendung zum Menschen zum Ausdruck bringt.

Allerdings waren die mit der Königsmetaphorik verbundenen Vorstellungen, wie die alttestamentlichen Visionen eines Jesaja, Micha ben Jimla oder Hesekiel, die Himmelsreisen der Apokalyptiker und der $jôr^ed\hat{e}$ $m\bar{a}rk\bar{a}b\bar{a}h$ zeigen, für den antiken Menschen von einer – zugleich alle menschlichen Möglichkeiten transzendierenden – Realität erfüllt, die uns in dieser anschaulichen Weise heute so nicht mehr zur Verfügung steht. Dabei können wir uns die Diskrepanz zwischen göttlicher Herrschaft und irdischem Königtum trotz der sprachlich-metaphorischen Analogie schon damals nicht groß genug vorstellen. Die religiöse Sprache des antiken Judentums behielt die Herrscher-Metapher gerade dann bei, wenn das „Königsbild" der politischen Realität und täglichen Erfahrung dem des idealen „göttlichen Königs" ganz und gar nicht mehr entsprach – ja, es ist die Frage, ob es diesem je entsprochen hat und ob nicht eben dieser Gegensatz die Rede von Gott als Herrn und König besonders förderte. Das Königsbild vom irdischen Herrscher in alttestamentlichen Schriften der hellenistischen Zeit wie z. B. in Kohelet und in den späten Schichten der Proverbien und erst recht in apokalyptischen Texten wie Daniel[15], ist voller Resignation bzw. scharfer Kritik am „König" und an der bestehenden politischen Herrschaft, ein Zug, der sich in hasmonäischer und römischer Zeit noch verstärkt. Die deutlichste Sprache sprechen hier die Psalmen Salomos aus der Frühzeit des Herodes. Der Gegensatz zwischen hybridem menschlichen und heilvollem göttlichen Herrschertum war ein Grundmotiv der frühjüdischen Literatur, das so verschiedene Schriften wie Daniel, Judith, 2. und 3. Makk, PsSal, AssMos, Test XII u. a. m. verbindet. Sicher, wir finden auch einige

---

Metaphorik religiöser Sprache siehe schon: E. JÜNGEL, Paulus und Jesus..., Tübingen ⁵1979, 139–174: „§ 16 Die Gottesherrschaft als Gleichnis".

[15] Wo wir jedoch in Kapitel 3–6 immer noch Spuren eines positiveren, optimistischen Herrscherbildes finden, das mit der Bekehrung der Weltreiche rechnete, siehe dazu R. ALBERTZ, Der Gott des Daniel. Untersuchungen zu Dan 4–6 in der Septuagintafassung sowie zu Komposition und Theologie des aramäischen Danielbuches, SBS 131, 1988, 170–193, der in Dan 4–6 LXX eine ältere Vorlage für das apokalyptische, aramäische Danielbuch 2–7 sieht, das dann wiederum aufgenommen wird in das eigentliche apokalyptische Danielbuch des masoretischen Textes, das auf die endgültige Vernichtung der depravierten Herrschaft der Weltreiche und die Errichtung der Gottesherrschaft für die Frommen hofft.

Beispiele für schmeichlerischen Hofstil gegenüber politischen Herrschern: den Preis Simons in 1. Makk 14,4–15, die ausführliche Darstellung der Großtaten des Herodes bei Nikolaos von Damaskus, die uns – auszugsweise – Josephus überliefert, und den Preis der Flavier bei Josephus, – sie erscheinen aber nur in eher profanen Schriften. Mit Hilfe des biblischen „Hofstils" beschrieb und feierte man dagegen Gott und seine königliche Herrschaft im Kult und tat dies häufig in bewußter Antithese zu den politischen Mächten. Die Sache, die in diesen Metaphern zum Ausdruck kommt, bleibt – bei aller Abstraktion heutiger theologischer Sprache – unverzichtbar. Der Gegensatz zu aller machbaren menschlichen Politik, deren Absolutheitsanspruch in unserem aufgeklärten Jahrhundert oft nicht geringer war als in der Antike, kommt auch heute noch zum Ausdruck, wenn wir von *Gottes* Herrschaft reden. Daß trotz des anthropomorphen Realismus ihrer Gottesvorstellung[16] die Rabbinen sich des hervorgehobenen metaphorischen Charakters des Königstitels bewußt waren, zeigt die feststehende Formel, mit der sie ihre unzähligen Königsgleichnisse einleiteten: *mäläk bāśār w^{e}dām*. In ihnen steht in der Regel Israel als der Königssohn dem königlichen Vater gegenüber.

Bedeutsam erscheint uns weiter die abschließende Bemerkung von Camponovo, daß „die begriffliche Klärung zwischen dem Gegenwärtigen und dem Zukünftigen die Autoren [der von ihm behandelten Literatur: Hg.] kaum beschäftigte". Das Bemühen darum werde „erst in den Targumim und der rabbinischen Literatur ... spürbar" (439). Nun kann man sich fragen, ob nicht das Danielbuch sehr wohl ein deutliches Problembewußtsein an diesem Punkt besessen hat, das es freilich nicht in einer uns selbstverständlichen systematischen Weise, sondern durch den Fortgang der Erzählung und die sich daran anschließenden Visionen zur Sprache brachte. Im rabbinischen Schrifttum, dem man ja gerne allzu einseitig ein ganz überwiegend „präsentisches" Verständnis der *malkût šāmajim* unterstellt[17], wird nach den schweren Erfahrungen dreier eschatologisch motivierter jüdischer Aufstände das Problembewußtsein im Bezug auf die Gegenwärtigkeit und Zukünftigkeit von Gottes Reich – wie Camponovo zu Recht betont – sehr viel deutlicher sichtbar; so etwa im Zusammenhang mit der Auslegung des als Futur interpretierten *jimlôkh* am Ende des Schilfmeerliedes Ex 15,18: Solange die Weltreiche herrschen und Jahwe nicht als der einzige wahre Gott anerkannt wird, ist die Ausübung seiner Herrschaft „unvollkommen"[18]. Eben darum ist es u. E. eine irreführende

---

[16] Siehe z. B. dazu die beiden schönen Arbeiten von PETER KUHN: Gottes Selbsterniedrigung in der Theologie der Rabbinen, SANT 17, München 1968; DERS., Gottes Trauer und Klage in der rabbinischen Überlieferung, AGAJU 13, Leiden 1978.

[17] Siehe JACOBS TRE 15, 190; auch H. MERKLEIN, Jesu Botschaft von der Gottesherrschaft, SBS 111, 3. überarb. Aufl. Stuttgart 1989, 25 urteilt zu apodiktisch: „Ein Vergleich mit dem rabbinischen Sprachgebrauch trägt, sofern er nicht seinerseits apokalyptisch beeinflußt ist, ... für das Verständnis der Botschaft Jesu ... wenig aus."

[18] Siehe den Beitrag von B. EGO, Gottes Weltherrschaft 264 ff. 268–272.

Eintragung moderner Betrachtungsweise, wenn der Gegensatz zwischen der ewig-gegenwärtigen Herrschaft Gottes und der zukünftigen zu einer „grundlegenden Differenz"[19] hochstilisiert wird. In Wirklichkeit ist im Judentum der hellenistisch-römischen Zeit Gottes ewiges Königtum und Herrschaft *die Grundlage und Voraussetzung* der gerne „apokalyptisch"[20] genannten Redeform von der zukünftigen Verwirklichung derselben, man könnte auch sagen: Das zukünftige Gottesreich ist nur ein bestimmter – für das unter der Macht des Bösen in der Geschichte leidende Gottesvolk gewiß wesentlicher – Aspekt von Gottes ewiger Herrschaft. Das läßt sich an Sach 12–14 genauso zeigen wie im Danielbuch (vgl. das Dankgebet in Dan 2,20ff. mit 44 und 4,31.34 u. 7,14.18) oder in den Qumrantexten, wo eine scheinbare Spannung besteht zwischen der Darstellung der *malkût* Gottes in den Hymnen der Kriegsrolle und den Sabbatliedern, die dadurch aufgehoben wird, daß die essenische Gemeinde, die in der Gemeinschaft mit den Engeln am Lobpreis des „Königs der Herrlichkeit" in seinem himmlischen Palast partizipiert, gewiß ist, daß er seine Herrschaft in Bälde auch auf der ganzen Erde gegen die z. Zt. noch übermächtige Herrschaft Belials verwirklichen wird, und zwar durch seinen himmlischen Bevollmächtigten Michael-Melchişedeq, den Fürsten des Lichts. Indem dieser seine von den Propheten geweissagte Herrschaft antritt (Jes 52,7 = 11QMelch Z. 16[21]) und die des Fürsten der Finsternis, Belial, vernichtet, ist Gottes Herrschaft auch auf der Erde ganz Wirklichkeit geworden, und findet die Macht der Sünde in der Menschheitsgeschichte ihr Ende: „so wird die Gottlosigkeit für immer verschwinden und die Gerechtigkeit wird offenbar werden wie die Sonne als Grundlage der Welt" (1Q 27,6f.).

Diese Beispiele zeigen, daß es auch – wie es bei Vielhauer geschieht – zu eklatanten Fehlurteilen führt, wenn man zwischen der Herrschaft Gottes und der seines endzeitlichen Bevollmächtigten, sei es nun eine himmlische Gestalt wie in Qumran, der Messias wie in PsSal 17 und in den rabbinischen Gebeten oder der (himmlische) Menschensohn wie in Dan 7, den Bilderreden des äth.Henoch, bzw. eine Mischgestalt wie in den Sibyllinen oder 4.Esra, grundsätzlich unterscheiden und beides für unvereinbar erklären will. In PsSal 17,3 wird zuerst die ewige Herrschaft Gottes, der auch die Zukunft gehört, gepriesen:

---

[19] A. H. J. GUNNEWEG/W. SCHMITHALS, Herrschaft, Biblische Konfrontationen, Kohlhammer-Taschenbücher Bd. 1012, Stuttgart 1980, 87f. (88).

[20] Wir sollten nicht vergessen, daß es sich dabei um einen ganz modernen Begriff handelt, im Grunde erst seit F. Lücke (1832), siehe J. M. SCHMIDT, Die jüdische Apokalyptik, Neukirchen-Vluyn 1969; und die Kritik von K. MÜLLER, Art. Apokalyptik/Apokalypsen III, TRE 3, 1978; 202–251 (205f.).

[21] J. T. MILIK, Milkî-şedeq et Milkî-reša dans les anciens écrits juifs et chrétiens, JJS 23 (1972) 95–144 (98); siehe auch B. EGO in diesem Band u. S. 361–384.

ἡμεῖς δὲ ἐλπιοῦμεν ἐπὶ τὸν θεὸν σωτῆρα ἡμῶν·
ὅτι τὸ κράτος τοῦ θεοῦ ἡμῶν εἰς τὸν αἰῶνα μετ' ἐλέους,
καὶ ἡ βασιλεία τοῦ θεοῦ ἡμῶν εἰς τὸν αἰῶνα ἐπὶ τὰ ἔθνη ἐν κρίσει.
„wir aber hoffen auf Gott, unseren Retter;
denn die Macht unseres Gottes währt ewig mit Barmherzigkeit
und die Königsherrschaft unseres Gottes (währt)
ewig über die Völker durch Gericht."

Schon zuvor war Jahwe selbst als König angesprochen worden: „Herr du selbst bist unser König in Ewigkeit" (das εἰς τὸν αἰῶνα καὶ ἔτι ist wörtliche Übersetzung des *lᵉ'ôlam wa'äd* siehe o. S. 3). In V. 21 wird jedoch als der eigentlichen Zielaussage des ganzen Liedes darum gebetet, Gott solle für sein Volk

„ihren König einsetzen, den Sohn Davids,
zu der Zeit, die du, Gott, erwählt hast,
daß er über Israel, deinen Knecht herrsche" (17,21)
Ἰδέ, κύριε, καὶ ἀνάστησον αὐτοῖς τὸν βασιλέα αὐτῶν υἱὸν Δαυιδ
εἰς τὸν καιρόν, ὃν εἵλου σύ, ὁ θεός,
τοῦ βασιλεῦσαι ἐπὶ Ισραηλ παῖδά σου·

und von der drückenden Fremdherrschaft und aller Sünde befreien.

„Er aber ist ein gerechter König, belehrt von Gott, über sie,
und es geschieht kein Unrecht in seinen Tagen unter ihnen,
weil alle heilig sind, und ihr König, der Gesalbte des Herrn ist"
(l. χριστὸς κυρίου statt κύριος 17,31 f.).

Und dann folgt vier Verszeilen weiter unvermittelt der Rückbezug auf Gott den König:

Κύριος αὐτὸς βασιλεὺς αὐτοῦ
„Der Herr selbst ist *sein* (!) König . . ." (17,34)

und der ganze Psalm schließt mit der Inclusio:

„Der Herr selbst ist unser König immer und ewig" (17,46)[22],

einer Schlußformel, die eng mit der oben genannten Berakha zusammenhängt. Was schon für die vorchristlichen Psalmen Salomos gilt, gilt erst recht für das nachchristliche rabbinische Judentum und auch für Jesus und die Entstehung

---

[22] Im Blick auf PsSal 17,3 (und 17,1.34.46) erscheint es uns unverständlich, wie A. LINDEMANN davon reden kann, daß PsSal 17 „vom davidischen Messias als dem ‚von Gott gelehrten König' (V. 32)" spricht „ohne daß der Begriff der Gottesherrschaft begegnet" (197): Sowohl der Begriff wie die Sache wird deutlich sichtbar. Er schließt sich hier möglicherweise den literarkritischen Operationen von SCHÜPPHAUS an, die jedoch einmal das Problem des Zusammenhangs von Gottes Königsherrschaft und der königlichen Herrschaft seines Messias nur verschieben, und auf der anderen Seite die kunstvolle Psalmkomposition nicht erkennen und zerstören.

der Christologie: Gottesherrschaft und das Wirken bzw. die Herrschaft seines bevollmächtigten Gesalbten müssen nicht in irgendeinem Gegensatz zueinander stehen, sondern können durchaus zusammengehören. Auch der endzeitliche Bevollmächtigte ist als „Funktionsträger" der *einen* Herrschaft Gottes zu verstehen.

Dies alles hat auch Konsequenzen für unser Verständnis der Verkündigung der Herrschaft Gottes durch Jesus[23]. Man kann nicht einseitig sagen, daß es sich hier um eine rein eschatologisch-futurische Größe handle, die mit der Gegenwart und mit Gottes ewiger Herrschaft nichts zu tun habe, ja es ist zu fragen, ob dieser futurische Aspekt der wirklich allein entscheidende ist. Das zeigt gerade der spezifisch jesuanische Sprachgebrauch vom „Kommen" des Reiches bzw. vom „Eingehen" ins Reich. Dasselbe ist schon jetzt bei Gott gegenwärtig, und es wird im Vaterunser darum gebeten, daß es im Zusammenhang mit der Heiligung, d.h. der gehorsamen Anerkennung des „Gottesnamens" zu den Menschen „komme". Dieses „Kommen" beschränkt sich durchaus nicht ausschließlich auf sein in nächster Nähe erwartetes zukünftiges „Kommen in Kraft"[24], vielmehr ereignet sich das „Kommen" der βασιλεία überall bereits dort, wo Jesu Botschaft vom Reich im Vertrauen auf die Güte des Vaters vom Glaubenden „wie (von) ein(em) Kind angenommen" wird (Mk 10,15) und in den Krankenheilungen und Exorzismen die Befreiung von den Mächten des Bösen sichtbar wird (vgl. Mt 6,43 und Mt 12,28 = Lk 11,20), wo der Wille des Vaters auf Erden im Tun des Liebesgebots geschieht (vgl. Mt 6,10; Mk 12,28−34 u. Lk 10,25−37), wo die Sündenvergebung durch Jesus in messianischer Vollmacht zugesprochen wird (Mk 2,5 vgl. Lk 7,47), wo er Zöllner und Sünder zur Tischgemeinschaft einlädt (Mk 2,15ff.; Lk 7,34 = Mt 11,19) und wo die Freude des „Findens" der Gottesherrschaft so groß ist, daß alles andere dafür hingegeben wird (Mt 13,44−46 vgl. auch das bedingungslose Suchen 6,33 u. Lk 12,31). Die rabbinische Redeform vom Anerkennen – so durch Israel beim Schilfmeerwunder – bzw. vom Aufsichnehmen der *malkût* Gottes beim *Shema*-Gebet, das das Bekenntnis zur Einzigkeit Gottes bedeutet, ist als Ausdruck der Reaktion des Menschen auf Gottes Heilshandeln nicht grundsätzlich von Formulierungen Jesu geschieden, die auf die Entscheidung des Hörers für Jesu Botschaft hinweisen: Freilich geht es bei Jesus um noch sehr viel *mehr*. Die Festfreude der Hochzeitsgäste über die Gegenwart des – messianischen – Bräutigams (Mk 2,19) ist sie nicht Ausdruck des gegenwärtig anbrechenden Gottesreichs, das für die Betroffenen nicht mehr eine völlig verbor-

---

[23] Vgl. zur Sache die schöne Darstellung von C. BURCHARD, Jesus von Nazareth, in: Die Anfänge des Christentums, hrg. v. J. BECKER, Stuttgart/Berlin/Köln/Mainz 1987, 12−58, vor allem 24f., 30f.

[24] Mk 9,1: Dieser Text zeigt bereits eine deutliche zeitliche Distanz und ist in der vorliegenden Form wohl kaum von Jesus, sondern vom Blickwinkel einer späteren Gemeindesituation aus formuliert. Siehe dazu und zum folgenden den Beitrag von H. MERKEL, S. 140f.

gene Größe ist? Das ἤγγικεν (Mk 1,15 und Lk 10,9 = Mt 10,7 vgl. 21,8) muß nicht unbedingt nur mit „nahegekommen" übersetzt werden, es könnte in ähnlicher Weise wie das ἔφθασεν ἐφ' ὑμᾶς (Lk 11,20 = Mt 12,28) u. U. auch „es ist da" bedeuten[25]. Lk 17,21 kann das ἡ βασιλεία τοῦ θεοῦ ἐντὸς ὑμῶν ἐστιν in sinnvoller Weise nur präsentisch übersetzt werden: „sie ist in eurer Mitte"[26], in den messianischen Taten Jesu – und ihr seht es nur nicht. Auch der umstrittene Stürmerspruch bezieht sich auf die Gegenwart des Reiches (Mt 11,12 und Lk 16,16). Wie kann etwas „Gewalt leiden", wie kann man etwas gewalttätig „an sich reißen", wenn es nicht schon da ist? Wenn „das Gesetz und die Profeten" *nur* bis zu Johannes dem Täufer gehen, dann ist doch mit Jesus die Zeit der Erfüllung der profetischen Verheißungen schon gekommen! Jesus versteht sich eben *nicht mehr* als der „letzte Rufer", wie Conzelmann[27] irrtümlicherweise meinte, der „letzte Rufer" war für ihn und das ganze Urchristentum Johannes der Täufer (Mk 1,3 vgl. Joh 1,23), der *qorê'* von Jes 40,3; Jesus selbst verstand sich als messianischer (wie anders?) Bringer des Reiches bzw. als Erfüller der profetischen Verheißungen[28]. „Letzter Rufer", das klingt modern, existentialistisch oder auch gnostisch – Jesus wollte mehr und anderes[29].

Auch die Kontrastgleichnisse[30] bekommen in diesem Licht betrachtet einen neuen Akzent: das Entscheidende geschieht *jetzt* bei der Aussaat durch den Sämann, beim Einsenken des „Senfkorns" in den Boden: Ohne Saat keine Ernte! Die Zeitspanne bis zur Ernte ist vergleichsweise kurz. Sie beträgt nur wenige Monate. Schon das Alte Testament liebte den Merismus „Saat und Ernte", um auf *einen* Vorgang, ein Ganzes hinzuweisen[31].

---

[25] Vgl. Mk 14,42; Mt 26,45, entsprechend dem aramäischen *meṭa:* siehe die Peschitta zu Mk 1,15, vgl. dazu M. BLACK, An Aramaic Approach to the Gospels and Acts, 3. Aufl. 1967, 208f.

[26] Siehe W. BAUER/K. ALAND, WBNT[6], 544.

[27] RGG[3] 3,633: „J versteht sich als den *letzten* Rufer (Hervorhebung von C.). Seine Stellung ist einzigartig, da nach ihm nichts mehr ‚kommt' – als Gott selbst": Das gilt in Wirklichkeit für die Verkündigung des Täufers.

[28] Vgl. M. HENGEL, Die Schriftauslegung des 4. Evangeliums auf dem Hintergrund der urchristlichen Exegese, JBTh 4, 1989, 249–288 (251ff.).

[29] Er sah sich auch nicht als der „letzte Bote" Gottes, wie Johannes der Täufer, so C. BURCHARD, op.cit. 20. Er wollte nicht einer unter vielen Boten sein, auch nicht der allerletzte.

[30] Die Ausführungen von H. MERKLEIN, Jesu Botschaft von der Gottesherrschaft, op.cit. 73–77 vor allem in Auseinandersetzung mit JOACHIM JEREMIAS kann man an diesem Punkt noch präzisieren.

[31] Vgl. Gen 8,22, den Schlußakkord der jahwistischen Sintflutgeschichte; Ps 126,5; in der profetischen Gerichtsrede: Hos 8,7; im NT die oben angeführte Stelle Mt 6,26; Gal 6,7 das Bild ist aber allgemein verbreitet: z.B. Cicero, de oratore 2,65,261. BURCHARD, op.cit. 24 betont als Alternativen für die Interpretation des Senfkorngleichnisses „organische Entwicklung" und „Sprung": „Nun kommt die Königsherrschaft Gottes nicht so, daß sich das Angekommene dehnt und vervollständigt. Das Senfkorngleichnis könnte so zu verstehen sein … Aber es schildert keine organische Entwicklung, sondern einen Sprung: das Körnchen, das in der Erde verschwindet, wird nach einiger Zeit ein ‚Baum', der schnell schießt." Siehe dazu den Beitrag von H. MERKEL, S. 159f.

Aber auch abgesehen von der eigenwilligen Redeform Jesu von der βασιλεία τοῦ θεοῦ stellt sich in der Verkündigung Jesu die Frage nach Gottes „Herrschaft": Gott erfüllt die tägliche Brotbitte im Vaterunser, er ernährt die Vögel und kleidet die Lilien auf dem Felde und kann daher – gewissermaßen als Wiederherstellung des paradiesischen Urzustandes – gebieten, nicht „kleingläubig" zu sorgen[32]: Wenn es nur gilt, die Gottesherrschaft zu suchen, weil alles andere dazu gegeben wird, bedeutet das nicht eben schon die erfahrbare Gegenwart derselben (Lk 12,31 = Mt 6,33)? Es fällt ja kein Sperling vom Himmel ohne den Willen des Vaters, selbst die Haare auf dem Haupte sind alle gezählt (Mt 10,29f. = Lk 12,6), keines geht verloren (Lk 21,18). Wie sollte da noch Raum bleiben für die Furcht vor den Menschen? Diese enthusiastische Freiheit und der nicht minder enthusiastische Berge versetzende Glaube (Mt 17,20 = Lk 17,6 vgl. Mt 21,21), die felsenfeste Gewißheit des Beters, der weiß, daß ihn der Vater erhört (Mt 7,7–11 = Lk 11,9–13; vgl. Mt 21,22): setzt dies alles nicht das Wissen um die Gegenwart von Gottes Herrschaft voraus? Gewiß man kann sagen, es handelt sich um eine ganz und gar „eschatologisch" qualifizierte Reich-Gottes-Vorstellung, weil dort, wo Sünde, Sorge und Krankheit, ja selbst Tod und Todesfurcht überwunden werden, der menschlich allzumenschliche Lauf der Geschichte und die unmenschlichen Zwänge des Alltags ein Ende finden, weil die ewige Macht des väterlichen Gottes selbst in die Wirklichkeit des menschlichen Lebens eingetreten ist und wahres Leben vermittelt.

Das Gesagte schließt das alles radikal verwandelnde Wunder des Kommens des Menschensohns „in der Herrlichkeit des Vaters" und des Kommens der Gottesherrschaft „in Kraft" (Mk 8,38; 9,1) in naher (freilich unbestimmter: Mk 13) Zukunft nicht aus, wendet aber doch den Blick von den damit verbundenen apokalyptischen Gemälden und ihrer Faszination ab und der durch die Ankunft des Heils qualifizierten Gegenwart zu: „Heute ist diesem Hause Heil widerfahren..." (Lk 19,9 vgl. Mt 11,2–6 = Lk 7,18–23). In Jesu Wirken kommt bereits das Reich zu den Menschen, die er anspricht und die auf ihn hören. Wenn man statt dieses „Kommen des Reiches" im Wirken Jesu, als des messianischen Bevollmächtigten des Vaters, die Sendung des präexistenten Sohnes durch den Vater einsetzt, ist man von der johanneischen Eschatologie gar nicht mehr *so sehr* weit entfernt, denn auch im 4. Evangelium wird der Zukunftsaspekt keineswegs völlig eliminiert, er erhält nur *noch mehr* den Charakter eines bloßen abschließenden Horizonts als in den synoptischen Evangelien. Es ist vor allem die Sprache, die sich hier verändert hat, wobei für Johannes Reich Gottes und Reich Christi zusammenfallen, weil das nachösterliche Bekenntnis zu dem präexistenten und erhöhten Gottessohn und Kyrios konsequent in den Menschen Jesus projiziert wurde[33].

---

[32] Siehe dazu M. HENGEL, Die matthäische Bergpredigt und ihr jüdischer Hintergrund, ThR 52 (1987) 327–400 (388–390).

[33] Siehe den Beitrag M. HENGEL u. S. 163–184 (179).

Es ist keine Frage, daß Jesu Verkündigung von der den alten Rahmen von Zeit und Geschichte sprengenden Gottesherrschaft trotz ihres ganz und gar jüdischen Charakters eine wirkliche Neubildung innerhalb des antiken Judentums darstellt, und dies gilt auch für seinen messianischen Anspruch. Was „Reich Gottes", Messias und Menschensohn bedeuten, legt er in neuer, nicht mehr einfach durch die Tradition vermittelter Weise aus. Zu dem Neuen gehört auch der auffallende Tatbestand, daß die Synoptiker, ja das ganze Neue Testament überhaupt, fast nie von Gott als *König* sprechen. Falls Mt 5,35 auf Jesus zurückgehen sollte, wäre es schon bei ihm die Ausnahme, die die Regel bestätigt: Die Bezeichnung Jerusalems als „der Stadt des Großkönigs" ist eine Variante der alten Zionstheologie (Ps 48,3b; vgl. Ps 47,3; 95,3; Mal 1,14)[34], und 1. Tim 6,15:

ὁ μακάριος καὶ μόνος δυνάστης,
ὁ βασιλεὺς τῶν βασιλευόντων
καὶ κύριος τῶν κυριευόντων

wurde einfach aus der hymnischen Gebetssprache des Judentums in die sehr späten Pastoralbriefe übernommen. Bezeichnend ist, daß die Urgemeinde den Titel βασιλεύς sehr viel häufiger auf Jesus übertragen hat und zwar – paradoxerweise – am stärksten in der *Leidensgeschichte*. Das hat u. a. auch einen historischen Grund: Jesus wurde als βασιλεὺς τῶν Ἰουδαίων gekreuzigt. Dies deutet auf seinen messianischen Anspruch hin, kein Wunder, daß die Messiasfrage wie ein roter Faden die ganze Leidensgeschichte durchzieht. Dieser Zug wurde ganz gewiß nicht erst von „der Gemeinde" erfunden. Es ist dann auch wohl verständlich, daß der gekreuzigte und auferstandene Messias bald als der zur Rechten, d.h. als Throngenosse Gottes erhöhte κύριος Ἰησοῦς erschien und daß er bereits in der aramäisch sprechenden Urgemeinde „als unser Herr" angerufen wurde und weiter daß in apokalyptisch-kriegerischem Kontext schließlich gar das göttliche Epitheton βασιλεὺς βασιλέων καὶ κύριος κυρίων auf den erhöhten und wiederkommenden Christus selbst übertragen wurde (Apk 19,16 vgl. 17,14; Dtn 10,17; Jos 22,22; Est 4,17r [LXX]; Ps 95,3; Dan 2,47; 3,90 [LXX]; 4,37 [LXX]; 9,36; 2. Makk 13,4; 1. Hen 84,2)[35]. Der eigentliche historische und theologische Ort für den Königstitel bei Christus bleibt jedoch die Passionsgeschichte und die Kreuzigung, dies gilt in gesteigerter Weise für das Johannesevangelium und selbst noch für Justin, wo βασιλεύς als christologischer Hoheitstitel eine noch größere Rolle spielt als bei Johannes und wo das ὁ κύριος ἐβασίλευσεν von Ps 95 LXX (M 96),10 durch ein ἀπὸ (τοῦ) ξύλου ergänzt wird[36]: d. h. die Königsherrschaft Christi geht vom Kreuz

---

[34] Vgl. dazu H. SPIECKERMANN, Heilsgegenwart. Eine Theologie der Psalmen, op.cit., 192.
[35] Dazu K. W. MÜLLER, in diesem Band 21–43 (27).
[36] Apol 41,4; dial 73,1, siehe Septuaginta. Vetus Testamentum Graecum / auct. Acad. Scientiarum Gottingensis ed., Vol. 10. Psalmi cum Odis, ed. A. RAHLFS, 3. unveränd. Aufl., 1979, 30ff. Zu Joh siehe den Beitrag M. HENGEL u. S. 167ff.

aus. Diese Ergänzung, auf die auch schon im Barnabasbrief (8,5) angespielt wird und die sich bei Tertullian und Cyprian findet, geht vermutlich auf frühchristliche Testimoniensammlungen zurück[37], die bis ins 1. Jh. zurückreichen können.

Die urchristliche Zurückhaltung gegenüber βασιλεύς als *Gottestitel* geht so schon auf die Sprache Jesu zurück. Es gehört zu dem wirklich Neuen in der Verkündigung Jesu, daß er trotz seines pointierten Gebrauchs der Rede von der βασιλεία τοῦ θεοῦ ganz anders als in den Sabbatliedern oder Jahwe-König-Psalmen von Gott nicht als König, sondern – in ungewohnt vertraulicher Weise – als „lieber Vater" *('Abba)* redet und ihn auch so im Gebet anspricht. Die bei Matthäus und den Rabbinen gebräuchliche Formel *'abînû šä bašamājîm* bringt dagegen schon wieder eine größere Distanz zum Ausdruck und das gilt erst recht von einem etwas späteren rabbinischen Gebet, der Bußlitanei *'abînû malkênû,* die nach bTaan 25b auf Rabbi Aqiba zurückgehen soll, vielleicht aber in ihrer ältesten Fassung noch älter ist und bei der es in der 2. Zeile heißt „Unser Vater, unser König, wir haben keinen König außer dir".

Die einzige Ausnahme in der uns überkommenen Jesustradition, in der neben der Anrede Vater eine Herrschertitulatur erscheint, ist das Dankgebet Lk 10,21 = Mt 11,25f.:

„Ich preise dich *Vater, Herr des Himmels und der Erden,*
daß du dies vor den Weisen und Klugen verborgen hast,
hast es aber den Unmündigen offenbart,
ja Vater, es so Wohlgefallen vor dir war."[38]

Dieses Dankgebet geht mit großer Wahrscheinlichkeit auf Jesus zurück, es dankt dem Vater zugleich für ein Handeln, das Gerichtscharakter besitzt. Er hat die Offenbarung seines Heils – man könnte hier auch vom μυστήριον τῆς βασιλείας (Mk 4,11 parr) sprechen – den geistigen und religiösen Führern des Volkes verborgen. Durch die Einführung des „Herrn des Himmels und der Erde", das dem rabbinischen *rîbbônô šäl ʿôlām* nahekommt, entsteht eine chiastische Struktur, die an die beiden Middot bei den Rabbinen und Philo[39] erinnert: Dem souveränen Gerichtshandeln des „Weltherrschers" entspricht das Verbergen der Offenbarung, der Güte des Vaters ihre Mitteilung an die Unmündigen. Dieselbe Umkehrung findet sich schon in Ps 8,3: das Lob/den Tempel gründet sich Gott – paradoxerweise – auf dem Lobpreis der „Unmündigen und Säuglinge", ein Wort das Mt 21,16 den Jesus als Sohn Davids akklamierenden Kindern in den Mund legt. Dabei handelt es sich um eine „ideale

---

[37] Vgl. J. R. HARRIS, Testimonies 1, 1920, 11 f. Siehe M. HENGEL, u. S. 166 Anm. 9.

[38] Dies kommt der rabbinischen Gebetsformel *jᵉhî rāsôn mil-lᵉfanäkā* nahe, siehe BILLERBECK 1,607; M. HENGEL, Die Bergpredigt und ihr jüdischer Hintergrund, ThR 52 (1987) 327–400 (386f.).

[39] Siehe dazu N. UMEMOTO in diesem Band u. S. 332–337.

Szene", die gewiß sekundär ist, aber einen historisch-theologischen Sachverhalt des Wirkens Jesu klar zum Ausdruck bringt. Das abschließende „ja, Vater ..." (Lk 10,21) unterstreicht, daß 'Abba für Jesus das nomen proprium Dei war.

Zunächst kann man sagen, daß Jesu Predigt vom Kommen der Gottesherrschaft und der überfließenden Güte des Vaters in schroffem Gegensatz zum angelischen Preis des Königtums Gottes in der Transzendenz der himmlischen Paläste steht. Bei Jesus ist Gottes Königtum gerade nicht der profanen irdischen Welt entzogen. Dieses kommt vielmehr *in diese Welt* zu den Sündern, Unreinen, Kranken und Verstoßenen, zu jenen, von denen sich die priesterlich reine religiöse Elite der essenischen Rigoristen überdeutlich distanzierte. Man kann so in der Verkündigung Jesu und in der von ihm ausgehenden Bewegung nicht nur einen Kontrast zur pharisäischen, vornehmlich rituell bestimmten Gesetzesfrömmigkeit, sondern auch zum essenischen Streben nach vollkommener – göttlicher – Reinheit und der Gemeinschaft mit der himmlischen Welt sehen.

Gleichwohl bleiben zwei Punkte, die zu beachten sind: Einmal führt auch in der von Jesus ausgehenden enthusiastisch-messianischen Bewegung die Gegenwart von Gottes eschatologischem Heil zum dankbaren *Lobpreis*. In den synoptischen Evangelien selbst haben wir dafür freilich nur wenige Hinweise, so: Mt 11,25 = Lk 10,21 aus dem Munde Jesu. Weiter fällt auf, daß uns von Jesus keine der bei Juden so beliebten Berakhot, wohl aber nicht wenige Makarismen erhalten sind[40]. Außerdem wäre – als indirektes Zeugnis – das Bild von der messianischen Freude zu nennen, die ja doch dankbare, Gott für seine Gabe preisende Freude ist, und schließlich – last not least – die Eulogie Jesu bei den Speisungen und beim Abendmahl, das mit dem Gesang des Hallels endet, an dessen Schluß Ps 118 steht. Gerade das Alltägliche, Selbstverständliche erfahren wir in den Evangelien nur am Rande. Expressis verbis nehmen das Gotteslob in den Evangelien nur die Hymnen der lukanischen Vorgeschichte, insbesondere der Engelhymnus der Geburtserzählung Lk 2,14, auf, der wie Flusser gezeigt hat, sich mit der Qedusha berührt[41]. Daneben wäre noch die „Freude im Himmel" bzw. „vor den Engeln Gottes" über die Umkehr des Sünders (Lk 15,7.10) zu nennen. Es ist bezeichnend, daß sich an diesem Punkt der Blick ins himmlische Heiligtum öffnet (vgl. Mt 18,10). Demgegenüber spiegeln die paulinischen und deuteropaulinischen Briefe, wie auch die Apostelgeschichte des Lukas und erst recht das 4. Evangelium und die Johannes-

---

[40] Εὐλογητός ist dagegen bei Paulus häufiger: 2. Kor 1,3; 11,31; Röm 1,25; 9,5; vgl. Eph 1,3.
[41] D. FLUSSER, Sanctus und Gloria, in: Abraham unser Vater. Festschrift O. MICHEL, AGSU 5, 1963, 129–152 (= Ndr. in: DERS., Entdeckungen im Neuen Testament 1. Jesusworte und ihre Überlieferung, Neukirchen-Vluyn 1987, 226–244).

apokalypse diesen doxologischen Hintergrund um so deutlicher wider: Das soli Deo gloria behält auch im Urchristentum das letzte Wort[42].

Der zweite Punkt bezieht sich auf Jesu Verhalten gegenüber dem Jerusalemer Heiligtum. Die Tempelreinigung ist als messianische Gleichnishandlung ein Zeichen der anbrechenden Gottesherrschaft: „Mein Haus soll ein Bethaus sein für alle Völker..." (Mk 11,17). Dieses Zitat aus Jes 56,17 hat eschatologischen Sinn und zugleich eine doxologische Funktion: Gottes irdisches Heiligtum soll zu einer Stätte des universalen Lobpreises werden. Sicherlich hängt auch das Tempelwort, das im Prozeß zur Sprache kommt, mit diesem messianischen Akt zusammen. Es provoziert nach Mk die Messiasfrage des Hohenpriesters. Jesu Bekenntnis führt dann zur Anklage gegen Jesus vor Pilatus, er sei ein messianischer Aufrührer. Gottesherrschaft und – mißbrauchtes, entweihtes und darum dem Gericht verfallenes – Heiligtum, das eben darum erneuert werden muß, hängen auch bei Jesus zusammen. Grundsätzliche, aufklärerische Kultfeindlichkeit war – so sehr dies in modisch-modernen Jesusgemälden gefeiert werden mag – ihm völlig fremd.

Solche und ähnliche Fragen waren der Hintergrund und wurden in dem denkwürdigen Oberseminar vor 3 Jahren bei der Lektüre der Sabbatlieder und anderer jüdischer liturgischer Texte erörtert, sie ließen gerade die Sabbatlieder so zu einer faszinierenden Entdeckung werden. Einzelne Referate, von denen einige ein erster Schritt zu den in diesem Band gesammelten Beiträgen wurden, lockerten die eigentliche Textarbeit auf. So referierte Christoph Markschies über die Frage, wieweit auch in der Welt der hellenistischen Philosophie vom Königtum Gottes die Rede war, denn Jesu Predigt von der βασιλεία wurde bald auch von Griechen und Römern aufgenommen (– und uminterpretiert). Anna Maria Schwemer zeigte die kunstvolle Feinstruktur der göttlichen *mäläk/malkût*-Terminologie in den Sabbatliedern auf; Hermut Löhr ging der Frage nach der Darstellung der Transzendenz in den Sabbatliedern nach; Thomas Lehnardt referierte über die Königsterminologie in den jüdischen Gebeten; Naoto Umemoto zeigte die gerne unterschätzte Bedeutung des Königtums Gottes bei Philo, bei dem sich bereits das jüdische und das griechische Gottesbild zu einer neuen Einheit verschmelzen. In der Diskussion jener Referate tauchte je und je auch die Frage des himmlischen Heiligtums, das ja zugleich der Palast des himmlischen Königs ist, auf, sowie die Vorstellung des himmlischen Kultes, der sich grundsätzlich vom irdischen Kult mit seinem blutigen Opferdienst unterscheidet. Auch der himmlische Gottesdienst ist eine Funktion göttlicher Königsherrschaft. In ihm ist die Scheidung zwischen sakralem und profanem Bereich aufgehoben. Wir haben daher diese Fragestellung in den vorliegenden Band einbezogen[43] und besonderes Gewicht darauf gelegt.

---

[42] Vgl. etwa Röm 11,33f.; Phil 3,11; Joh 17 und die Hymnen der Apokalypse.

[43] Vgl. dazu die Beiträge: B. Ego, 257–283; 361–384; H. Löhr, 185–205; A. M. Schwemer, 45–118; 309–359.

Freilich – ars longa vita brevis – die Zeit war viel zu kurz, um in der begrenzten Zahl der Sitzungen eines Wintersemesters – selbst wenn sie von abends acht bis gegen Mitternacht dauerten – die aufgebrochenen Fragen zureichend zu beantworten. So setzten wir die Lektüre der Hekhalot-Literatur im Oberseminar des darauffolgenden Sommersemesters fort, was A. M. Schwemer den Anstoß gab, das Königs-Orakel in der David-Apokalypse näher zu untersuchen.

Eine glückliche Fügung wollte es – d. h. Schüler wollten ihrem Lehrer nach seinem 60. Geburtstag eine Freude bereiten –, daß im Mai 1987 ein kleiner Kreis von Freunden und Schülern zu einem eintägigen sehr privaten Symposion zusammenkam, um die im Oberseminar des Wintersemesters begonnene Arbeit noch einmal zu vertiefen und zu einem vorläufigen Ende zu führen.

Den Reigen eröffnete eine erweiterte Fassung des Referats über die Sabbatlieder, um diesen wichtigen Text einem größeren Kreis vorzustellen. Klaus W. Müller stellte die Rede Jesu von der Königsherrschaft des Vaters in einen weiteren Rahmen und zeigte mit seinem Beitrag „Gott-König-Vater", wie die Vater- und Königsmetapher das Gottesbild auch der griechischen Umwelt des Neuen Testaments im Lauf der griechischen Religionsgeschichte bestimmt und ihre Verbindung – und Unterscheidung – in den Gottesepitheta eine wesentliche, immer wieder neu interpretierte Rolle spielte. Den Abschluß bildete der Vortrag von Helmut Merkel über die Predigt der Gottesherrschaft bei Jesus.

Im vorliegenden Band sind Referate des Oberseminars und des Symposions enthalten.

Die lebendige Diskussion der Teilnehmer – auch in den darauffolgenden Jahren – ist in die hier abgedruckten, gründlich überarbeiteten und erweiterten Texte eingegangen. Zur Abrundung des Bandes wurden noch die Untersuchungen von Beate Ego über Gottes Königtum und Königsherrschaft in der Mekhilta de Rabbi Yishmael und über den himmlischen Priesterdienst Michaels aufgenommen, die sie eigens für diesen Band geschrieben hat. Der Mitherausgeber hat noch eine überarbeitete und wesentlich erweiterte, schon früher veröffentlichte Studie über Reich Gottes, Reich Christi und Weltreich im 4. Evangelium hinzugefügt. Hermut Löhr hat sein einstiges Referat unter Einbeziehung des himmlischen Kultus des Hebräerbriefs in völlig neuer Form ausgearbeitet.

Die ein relativ weites Spektrum behandelnden Texte dieses Bandes begannen in gewisser Weise dort, wo die Arbeit von Camponovo endete. Daß bei diesen Untersuchungen – vor allem durch die Sabbatlieder aus Qumran – wirklich auch ganz Neues zu entdecken war und der kultisch-gottesdienstliche Aspekt der Gottesherrschaft in neuem Licht erschien, berührt sich mit den jüngsten Arbeiten zum Königtum Gottes in der Theologie der alttestamentlichen Psalmen[44].

---

[44] Vgl. o. Anm. 5.

Dennoch haben wir bewußt keine „Vollständigkeit" angestrebt. So fehlt in diesem Band ein Beitrag zur βασιλεία τοῦ θεοῦ bei Paulus. Der Apostel nimmt den „Zentralbegriff der Verkündigung Jesu"[45] zwar nicht häufig auf, zeigt aber an den wenigen Stellen[46], wo er von der Gottesherrschaft spricht, deutlich, wie er die Verkündigung Jesu verarbeitet und zugleich von seinem jüdischen Erbe her den zukünftig-himmlischen Aspekt betont. Er blickt nicht zurück auf eine Verwirklichung der Gottesherrschaft im Wirken des irdischen Herrn, sondern hin auf die eschatologische Zukunft der Gottesherrschaft in „Herrlichkeit", in die Gott die Gläubigen berufen hat und die sie erben sollen, nicht als „Fleisch und Blut", sondern verwandelt in das neue Sein, „die Herrlichkeit der Kinder Gottes". Deshalb muß er dem Mißverständnis der Enthusiasten in der korinthischen Gemeinde sarkastisch wehren, die meinen schon jetzt zu „herrschen", und sie mahnen, daß die βασιλεία nicht in Worten, sondern in Kraft besteht. Gerade die Verheißung der βασιλεία verpflichtet, ihr entsprechend zu „wandeln". Hier kann auch bei ihm der jesuanische Gegenwartsaspekt durchbrechen, etwa, wenn er den Römern einschärft, daß „Gottes Herrschaft nicht in Essen und Trinken (und den damit verbundenen Reinheitsfragen) besteht, sondern in Gerechtigkeit, Frieden und Freude im heiligen Geist. Denn wer darin Christus dient, ist Gott wohlgefällig und anerkannt bei den Menschen" (Röm 14,17f.).

Aber diese präsentische Redeform bleibt bei ihm eher die Ausnahme. Schon im frühesten christlichen Text, den wir besitzen, 1. Thess 2,12, spricht Paulus davon, daß Gott die Christen in Thessalonich „in sein Reich und (seine) Herrlichkeit" berufen hat. Der Verfasser von 2. Tim 4,18 läßt Paulus die Hoffnung aussprechen, daß der Herr ihn, den Angeklagten, in „sein himmlisches Reich (εἰς τὴν βασιλείαν αὐτοῦ τὴν ἐπουράνιον) retten werde"[47].

Auch Clemens Alexandrinus läßt am Schluß seiner Schrift, Quis dives salvetur[48], bei seiner Beschreibung der zukünftigen Verherrlichung der Christen die sich häufenden hymnischen Prädikate in dem allesumfassenden Ausdruck βασιλεία τῶν οὐρανῶν gipfeln:

⟨οἱ ἄγγελοι δέξονται αὐτοὺς προσώποις⟩ φαιδροῖς γεγηθότες, ὑμνοῦντες, ἀνοιγνύντες τοὺς οὐρανούς· πρὸ δὲ πάντων αὐτὸς ὁ σωτὴρ προαπαντᾷ δεξιούμενος, φῶς ὀρέγων ἄσκιον, ἄπαυστον, ὁδηγῶν εἰς τοὺς κόλπους τοῦ πατρός, εἰς τὴν αἰώνιον ζωήν, εἰς τὴν βασιλείαν τῶν οὐρανῶν.

„⟨Die Engel werden sie aufnehmen⟩ mit strahlenden ⟨Gesichtern⟩, voller Freude, mit Gesang ihnen den Himmel öffnend. Und allen voran wird der Heiland selbst ihnen entgegenkommen, um sie willkommen zu heißen; er bringt ihnen schattenloses,

---

[45] F. LANG, Die Briefe an die Korinther, NTD 7, 1986, 68.
[46] 1. Thess 2,12; 1. Kor 4,20 vgl. 4,8; 6,9f.; 15,50; Gal 5,21.
[47] Das Motiv kehrt in einem einzigartig schönen Rezitativ BEETHOVENS wieder: „Der führt mich zur Freiheit ins himmlische Reich.", Fidelio, 2. Aufzug 1. Auftritt (Ende).
[48] 42,16 (GCS 17, ed. O. STÄHLIN, 1909, 190 = 2. Aufl. ed. L. FRÜCHTEL, 1970, 190).

unvergängliches Licht und führt sie zum Schoß des Vaters, in das ewige Leben, in das Himmelreich."⁴⁹

Doch findet bereits der „Gottesdienst des Neuen Bundes ... im Himmel statt"⁵⁰, und darin sehen – nicht nur – der Verfasser des Hebräerbriefes und der Seher der Johannesapokalypse das Entscheidende. Durch seine Erhöhung führt der Gekreuzigte die kultische Feier des Lobpreises an, die sich im himmlischen Heiligtum vollzieht; dessen irdisches Pendant ist nun nicht mehr der Zion, sondern Golgata, der Ort des Heilsgeschehens, wo Christus sich selbst geopfert hat. Dort steht der „Altar" auf Erden, das Heiligtum ist jedoch im Himmel, wo Christus zur Rechten Gottes thront. Eben deshalb sprengt im irdischen Rahmen die Erhöhung des Gekreuzigten die Grenzen zwischen dem profanen und sakralen Bereich: Im „Alltag der Welt"⁵¹ vollzieht sich der Gott wohlgefällige vernünftige Gottesdienst (Rö 12,1f.). Nur wenn wir diese unerhörte Dialektik festhalten, werden wir dem Anspruch der urchristlichen Botschaft gerecht. Selbst der johanneische Christus sendet seine Jünger (Joh 17,18 vgl. 20,21) als Boten „in die Welt", damit sie seine Herrschaft in Wort und Tat verkündigen.

Gleichwohl ist das Reich, von dem Christus vor Pilatus spricht, „nicht aus dieser Welt" (Joh 18,36), es ist identisch mit „dem Hause meines Vaters" (Joh 14,2), d.h. dem himmlischen Heiligtum (siehe u. S. 167ff.). Fast möchte man sagen, daß sich mit diesen Vorstellungen wieder der Ring schließt und das Bild vom „Reich" zurückkehrt zur himmlischen Welt, von der die Sabbatlieder sprechen, wobei die βασιλεία für die Christen die Herrschaft „unseres Herrn und seines Gesalbten" darstellt und am Ende auch die abtrünnig gewordene Welt miteinschließen wird (Apk 11,15 vgl. 12,10).

Wenn diese Vollendung der βασιλεία τοῦ θεοῦ eintritt, wird auch Christus dem Vater die Herrschaft zurückgeben, dann wird Gott „alles in allem sein" (1. Kor 15,28).

Unsere Beiträge sind freilich keine bloßen Sammlungen von „Material" zum Thema der Königsherrschaft Gottes, sondern sich ergänzende Spezialuntersuchungen, die die Weite und Tiefe des Problems aufzeigen, indem sie auf einige heute z.T. übersehene Aspekte aufmerksam machen und die allzu sehr im Konsens erstarrte Diskussion anregen wollen. Für das Mitlesen der Korrekturen und die Erstellung des Registers danken wir Herrn Friedrich Avemarie.

Tübingen, Februar 1990   Martin Hengel und Anna Maria Schwemer

---

⁴⁹ Ergänzung und Üs. nach O. STÄHLIN, op.cit. (Anm. 48) und BKV 2.R. VII, 1934, 279.
⁵⁰ S. RUAGER, „Wir haben einen Altar" (Hebr 13,10), Kerygma und Dogma, 36 (1990) 72–77.
⁵¹ Vgl. die Ausführungen von E. KÄSEMANN zu Rö 12,1f. in: An die Römer, HNT 3. Aufl. 1973, 313ff., der fast unmerklich immer wieder auf die „Herrschaft" Gottes verweist.

König und Vater

Streiflichter zur metaphorischen Rede über Gott in der Umwelt des Neuen Testaments[1]

VON

KLAUS W. MÜLLER

I.

Die Aufgabe der Theologen ist die *Theologie*. Der Begriff θεολογία begegnet uns erstmals in *Platons* Schriften. Daß *Platon* ihn auch selbst geprägt hat, ist denkbar, aber unwahrscheinlich[2]. Grundzüge des angemessenen Redens von Gott, τύποι περὶ θεολογίας, seien zu formulieren, damit nicht X-Beliebiges über Gott dahergeredet werde, sondern nur das, was sich mit der Größe, der Güte und der Würde Gottes verträgt. So fordert *Platon* im zweiten Buch der *Politeia*[3] mit einem kritischen Seitenblick auf die Dichter, insbesondere auf

---

[1] Die folgenden Ausführungen geben einen nur geringfügig überarbeiteten und mit Anmerkungen versehenen Vortrag wieder, der Herrn Prof. Dr. Martin Hengel gewidmet ist und aus Anlaß seines 60. Geburtstages gehalten wurde. Fern der Universität und der Universitätsluft entwöhnt war es mir nicht möglich, diesem Aufsatz jenes wissenschaftliche Gepräge zu geben, das ihm im Kontext dieses Sammelbandes wohl angestanden hätte.

[2] W. JAEGER, Die Theologie der frühen griechischen Denker, Stuttgart 1953, S. 12 meint, Platon sei „offenbar Schöpfer dieses Begriffs" und übersetzt die Wendung τύποι περὶ θεολογίας mit „Grundrisse für die Darstellung des Göttlichen". Dies dürfte aber nicht zutreffend sein. Wo Platon seine eigenen Grundsätze im Blick auf „das Gute" entwickelt, sei es im 10. Buch der Gesetze, im Timaios oder in der Politeia, meidet er den Begriff Theologie. Von daher ist die Annahme wahrscheinlicher, daß man mit θεολογίαι schon vor Platon die im Volke erzählten Mythen über die Götter bezeichnete. Wahrscheinlich muß θεολογίας als Acc. Pl. und nicht als Gen. Sg. aufgefaßt werden. Für diese Auffassung spricht im Kontext, daß es hier um das μυθολογεῖν geht. Von den Kriterien, die man als Staatsgründer an die Mythen der Dichter anzulegen hat, bevor man sie im Staate weiterverbreitet, spricht Platon in seiner Politeia. Zur Kritik an W. JAEGER s. auch G. EBELING, Art. „Theologie", RGG, 3. Aufl., Bd. 6, Sp. 754f.

[3] οἰκισταῖς δὲ τοὺς μὲν τύπους προσήκει εἰδέναι ἐν οἷς δεῖ μυθολογεῖν τοὺς ποιητάς, παρ' οὓς ἐὰν ποιῶσιν οὐκ ἐπιτρεπτέον, οὐ μὴν αὐτοῖς γε ποιητέον μύθους. – Ὀρθῶς, ἔφη· ἀλλ' αὐτὸ δὴ τοῦτο, οἱ τύποι περὶ θεολογίας τίνες ἂν εἶεν. (Politeia II, 379a).

Homer. Aus dem Kontext geht hervor, daß θεολογία hier nicht „Gotteslehre" in einem philosophisch-systematischen Sinne meint, sondern das Reden von Gott, wie es in den Werken der Dichter auf der Bühne, aber auch im Hause durch den Mund von Eltern und Erziehern geschieht.

Wie aber redet man angemessen von Gott? Wie redet man von ihm mit menschlichen Worten, ohne seiner göttlichen Würde nahezutreten und ihn mit diesem Reden aus seiner himmlischen Erhabenheit in menschliche Tiefen herabzuziehen? Offenbar sollen wir reden von ihm, ohne es doch wirklich aus uns heraus zu können. Dieses Problem ist nicht erst von der dialektischen Theologie gesehen worden[4]. Schon *Platon* hat es formuliert: Τὸν μὲν οὖν ποιητὴν καὶ πατέρα τοῦδε τοῦ παντὸς εὑρεῖν τε ἔργον καὶ εὑρόντα εἰς πάντας ἀδύνατον λέγειν lautet der berühmte Satz über aus dem *Timaios* (28C), der eine breite Wirkungsgeschichte nach sich zog[5]. „Den Schöpfer und Vater dieses Universums zu finden, ist ein schweres Geschäft, und wenn man ihn gefunden hat, ist es unmöglich, allen davon zu sagen" meint der Philosoph und denkt dabei an den Demiurgen, einen göttlichen Nus, der zwischen der Welt der Ideen und der Erscheinungswelt vermittelt, indem er das Gute aus der Welt der Ideen im sichtbaren Kosmos nachbildet.

Je höher man mit den Gedanken in die Hierarchie des Seins eindringt, desto unanschaulicher und unsagbarer wird das, was einem von dort begegnet und an Einsicht geschenkt wird. „Wovon man nicht sprechen kann, darüber muß man schweigen" hat ein Philosoph unseres Jahrhunderts beredsam formuliert[6].

Platon aber hat diese Konsequenz nicht gezogen, obgleich er die Kritik und das Mißtrauen gegen den mit unseren menschlichen Begriffen immer schon gegebenen Anthropomorphismus unserer Gottesvorstellungen kannte und in gewisser Hinsicht auch teilte: „Die Äthiopen behaupten, ihre Götter seien stumpfnasig und schwarz, die Thraker, blauäugig und rothaarig." „Doch wenn die Ochsen und Rosse und Löwen Hände hätten oder malen könnten mit ihren Händen und Werke bilden wie die Menschen, so würden die Rosse roßähnliche, die Ochsen ochsenähnliche Göttergestalten malen und solche Körper bilden, wie jede Art gerade selbst ihre Form hätte" hatte schon von *Xenophanes von Kolophon* im 6. oder Anfang des 5. Jahrhunderts v. Chr. in seiner Kritik am Glauben des Volkes behauptet[7], der mit seinen menschlichen und

---

[4] „Wir sollen als Theologen von Gott reden. Wir sind aber Menschen und können als solche nicht von Gott reden." (K. BARTH, Das Wort Gottes als Aufgabe der Theologie, in: DERS., Das Wort Gottes und die Theologie, Gesammelte Vorträge, Band 1, [1924], 7. und 8. Tausend 1929, S. 158.)

[5] Dazu A. D. NOCK, The Exegesis of *Timaeus* 28C, VigChr 16, 1962, S. 79–86 und A. WLOSOK, Laktanz und die philosophische Gnosis, SAH phil.-hist. Kl., 2. Abh. 1960, Heidelberg 1960, S. 252–256.

[6] So der Schlußsatz von LUDWIG WITTGENSTEINS „Tractatus logico-philosophicus".

[7] Fragm. B 16.15 D.

allzumenschlichen Göttermythen die Erhabenheit Gottes beleidigt. „Alles haben den Göttern Homer und Hesiod angehängt, was nur bei Menschen Schimpf und Tadel ist: Stehlen und Ehebrechen und einander Betrügen."[8] Die Kirchenväter haben solche Kritik gerne aufgegriffen und zitiert[9].

Platon steht in dieser Tradition, in der um der Göttlichkeit des Göttlichen willen Kritik an den Anthropomorphismen des Götterglaubens geübt wurde.

Im vollen Bewußtsein solcher Kritik, die letzten Endes alle unsere Gottesbilder trifft, auch jene, die nicht mit dem Pinsel sondern mit menschlicher Schrift oder Sprache gemalt sind, sah sich *Platon* nicht daran gehindert, Mythen zu erzählen, Bilder und Metaphern zu gebrauchen bei der Rede über den Gott, den Demiurgen, das Gute und die Götter. Selbst dieser eben zitierte Satz aus dem *Timaios* über die Schwierigkeit der Gotteserkenntnis und die Unmöglichkeit, sie allgemeinverständlich weiterzuvermitteln, gebraucht ja ein Bild, eine Metapher, um die Unsagbarkeit des Unsagbaren auszusagen, und spricht vom „Vater des Alls" πατήρ τῶν ὅλων. Platon nennt also das Göttliche[10] hier πατήρ, obwohl er weiß, daß dies im Grunde gar nicht möglich ist, weil solche Bezeichnung das Wesen Gottes nicht erfaßt. Ist das paradox? Absurd? Oder ergibt das einen Sinn?

Spätere Bemühungen um eine Theologie im Geiste *Platons* sind in gleicher Weise verfahren: Wissend um die Unmöglichkeit, Gott auf den Begriff zu bringen[11], sah man sich dennoch nicht zum Schweigen verurteilt. *Philon von Alexandrien* hat sich zu diesem Thema im platonischen Sinne geäußert: „Belehre sie – nämlich die Israeliten –, daß es überhaupt keinen mein Wesen treffenden Namen gibt" wird Mose von Gott beauftragt[12].

Theophilus von Antiochien in der zweiten Hälfte des 2. Jh.s n. Chr. antwortet auf den Wunsch, Näheres über das Wesen Gottes (τὸ εἶδος τοῦ θεοῦ) zu vernehmen, im gleichen Sinne: „Höre, o Mensch: Das Wesen Gottes ist unaus-

---

[8] Xenophanes, Fragm. B 11 D.

[9] Die beiden Xenophanesfragmente B 15.16 D. sind uns bei Clem. Al. Stromata 7,22; 5,109 (fr. B 16.15 D.) überliefert. Vgl. auch Theodoret v. Cyr., Graec. aff. c. III (PG 83, 877A).

[10] In den *Gesetzen* erscheint der Demiurg des Timaios übrigens als βασιλεύς (Legg. 904a). Für „das Gute", jenes höchste Prinzip alles Seins, meidet Platon freilich jede *anthropomorphe* Metapher. Nur im Gleichnis von der Sonne kann er anschaulich machen, was das Gute ist. Auffällig ist in diesem Kontext auch, daß Platon nirgendwo explizit vom Guten als von „Gott" spricht, so daß in der Platonforschung kontrovers ist, ob Platon das Gute für den einen Gott, Urgrund und Ziel alles Seins hielt, wie das die spätere Tradition, besonders auch der christliche Platonismus annahm, oder nicht. Vermutlich hat Platon die Bezeichnung „Gott" für das Gute deshalb gemieden, weil ihm selbst dieser Begriff noch zu stark von anthropomorphen Assoziationen verunreinigt war. Daß Platon das Gute für göttlich und auch für „personhaft" hielt, ist m. E. nicht zu bestreiten.

[11] *Deus definiri nequit* wird es dann in der Scholastik heißen. Vgl. z. B. THOMAS V. AQUIN, Summa contra gentiles 1, 25: „... patet quod Deus definiri non potest: quia omnis definitio est ex genere et differentiis."

[12] οὐδὲν ὄνομα τὸ παράπαν ἐπ' ἐμοῦ κυριολογεῖται (Vita Mosis I, 75).

sprechbar (ἄρρητον), unerklärbar (ἀνέκφραστον), für menschliche Augen nicht zu sehen. An Herrlichkeit ist er unfaßbar (ἀχώρητος), an Größe unbegreiflich (ἀκατάληπτος), an Hoheit mit dem Denken unerreichbar (ἀπερινόητος), an Stärke unvergleichlich (ἀσύγκριτος), an Weisheit unlehrbar (ἀσυμβίβαστος), an Güte unnachahmlich (ἀμίμητος), sein schönes Wirken unbeschreiblich (καλοποιίᾳ ἀνεκδιήγητος)."[13]

Etwa zur gleichen Zeit warnt *Minucius Felix* in seinem *Octavius* vor den Irrtümern und Mißverständnissen, die durch den Gebrauch menschlicher Bilder und Begriffe für göttliches Wesen aufkommen könnten: „Du sollst nicht nach einem Namen, einem Begriff für Gott fragen: Gott ist sein Name. Nur da braucht man Benennungen, wo man eine Vielzahl durch die besonderen Eigenschaften der Bezeichnung in einzelnes unterteilen muß; Gott aber, der einzig ist, gehört die Benennung ‚Gott' ganz und gar zu eigen. Nenne ich ihn ‚Vater', so denkst du ihn dir irdisch, nenne ich ihn ‚König', so könntest du ihn für körperlich halten, nenne ich ihn ‚Herr', so wirst du ihn dir wie ein sterbliches Wesen vorstellen. Nur, wenn du auf das Beiwerk der Namen verzichtest, wirst du ihn in seinem Glanze erfassen."[14]

Bei *Clemens Alexandrinus* wird die menschliche Unmöglichkeit, von Gott zu reden, begrifflich noch schärfer erfaßt: „Wie könnte man von dem reden, was weder Gattung (γένος), noch eine besondere Art (διαφορά), noch Form (εἶδος), noch Unteilbares, noch eine Zahl, aber auch keine zufällige Eigenschaft (συμβεβηκός) oder etwas, das eine solche Eigenschaft besitzt, ist? Aber auch Ganzes (ὅλον) kann ihn niemand im eigentlichen Sinne nennen, denn ‚ganz' gehört zum Begriff der Größe, aber Gott ist der Vater des Alls."[15] Daraus ergibt sich die Folgerung, daß Gott ἀσχημάτιστον καὶ ἀνωνόμαστον ist. „Und wenn wir ihm einen Namen geben, indem wir es, ohne den eigentlichen Sinn zu treffen, entweder Eines nennen, oder das Gute oder Geist oder das Seiende selbst oder Vater oder Gott oder Schöpfer oder Herrn, so bringen wir mit solchen Worten nicht seinen Namen vor, sondern verwenden in unserer Hilflosigkeit nur schöne Ausdrücke, damit unsere Vorstellung sich darauf stützen kann und nicht auf anderes abirrt."[16]

---

[13] Ad Autolycum 1,3.

[14] *Nec nomen deo quaeras: Deus nomen est, illic vocabulis opus est, cum per singulos propriis appellationum insignibus multitudo dirimenda est; deo, qui solus est, Dei vocabulum totum est. quem si patrem dixero, terrenum opineris; si regem, carnalem suspiceris; si dominum, intelleges utique mortalem. aufer additamenta nominum et perspicies eius claritatem.* (Octavius 18, 10). Zu dem hier erkannten Problem vgl. K. BARTH, KD II/1, S. 219, aber auch schon den oben zitierten Satz Thomas von Aquins.

[15] Clemens Alexandrinus, Stromata V, 81, 5. Nicht erst die Scholastik sah sich mit dem Problem einer mit den Kategorien von Aristoteles' Analytik her nicht durchführbaren Definition Gottes konfrontiert.

[16] κἂν ὀνομάζωμεν αὐτό ποτε, οὐ κυρίως καλοῦντες ἤτοι ἓν ἢ τἀγαθὸν ἢ νοῦν ἢ αὐτὸ τὸ ὂν ἢ πατέρα ἢ θεὸν ἢ δημιουργὸν ἢ κύριον, οὐχ ὡς ὄνομα αὐτοῦ προφερόμενοι λέγομεν,

Das hat jedoch – wie gesagt – auch diese Autoren nicht gehindert, Metaphern, Bilder für Gott zu gebrauchen, solche Epitheta, die – meist aus dem sozialen Bereich der Menschen genommen – etwas von der Beziehung Gottes zu den Menschen aussagen. Jener so rigoros sich gebärdende *Minucius Felix* mit seiner heftigen Polemik gegen allen Bilderkult, geschehe er nun in Worten oder in der Verehrung von Statuen, gebraucht dann am Ende seines *Octavius* doch wieder (soziomorphe) Metaphern für Gott, wenn er feststellt: „Den Vater und Herrn von allem nicht zu kennen, ist kein geringeres Vergehen, als ihn zu beleidigen."[17]

Und *Theophilus von Antiochien* präzisiert und begrenzt den Sinn solchen Gebrauchs von Metaphern, wenn er im Anschluß an die eben zitierten Sätze ausführt: „Denn wenn ich ihn Licht nenne, so nenne ich ein Geschöpf von ihm, wenn ich ihn Wort nenne, so spreche ich von seinem Prinzip. Nenne ich ihn Vernunft, so spreche ich von seinem Denken. Nenne ich ihn Geist, so spreche ich von seinem Odem. Nenne ich ihn Weisheit, so spreche ich von einem seiner Geschöpfe. Nenne ich ihn Kraft, so spreche ich von seiner Stärke. Nenne ich ihn Macht, so rede ich von seiner Wirksamkeit. Wenn ich ihn Vorsehung nenne, spreche ich von seiner Güte. Rede ich von seiner Königsherrschaft (βασιλεία), so spreche ich von seiner Herrlichkeit. Wenn ich ihn Herrn nenne, so bezeichne ich ihn als Richter. Wenn ich ihn als Richter bezeichne, so nenne ich ihn gerecht. Heiße ich ihn Vater, so heiße ich ihn das All. . . . . . . Er ist Herr, weil er das All beherrscht, er ist Vater, weil er vor dem All war, Demiurg und Macher, weil er der Schöpfer und Macher des Alls ist, Höchster weil er über allem ist, Pantokrator, weil er alles beherrscht und umfaßt."[18]

Es geht also nach Meinung dieser Männer, seien sie nun Christen oder heidnische Philosophen, nicht darum, auf diese Epitheta ganz zu verzichten. Selbst Philo hat sie im Hinblick auf geistig schwächer ausgestattete Naturen akzeptiert. Es kommt allein auf den angemessenen Gebrauch dieser Epitheta an. Sie sind offenbar unerläßlich, wenn man von Gott in seiner Beziehung zur Welt und zum Menschen, vom *Deus pro nobis* reden will. Menschliches Auffassungsvermögen verlangt nach solchen Bildern. Diese werden jedoch dort mißbraucht, wo man meint, damit Gott auf den Begriff gebracht zu haben, ein Bild von Gott zu haben, das das Wesen Gottes erfaßt, Gott zu definieren, einzugrenzen. Sie sind zu gebrauchen in dem Bewußtsein, daß all diese Metaphern nur – freilich, was heißt hier „nur"? – Gleichnisse sind, die im Bilde zeigen, wer Gott für uns ist. Davon haben nicht erst die Christen, sondern auch verständige Menschen der heidnischen Antike gewußt.

ὑπὸ δὲ ἀπορίας ὀνόμασι καλοῖς προσχρώμεθα, ἵν᾽ ἔχῃ ἡ διάνοια, μὴ περὶ ἄλλα πλανωμένη, ἐπερείδεσθαι τούτοις. AaO., 82, 1.

[17] „. . . cum parentem omnium et omnium dominum non minoris sceleris sit ignorare quam laedere." (Octavius 35,4).

[18] Ad Autolycum 1,3.

II.

Ist man sich soweit einig über den angemessenen Gebrauch solcher Metaphern, auch über das, was sie nicht zu leisten vermögen, dann stellt sich die Frage, *welche* Metaphern Gott angemessen sind.

Bei *Dion v. Prusa* in Bithynien, den man auch Dion Chrysostomus (Goldmund) nannte, einem Wanderphilosophen des ersten Jahrhunderts (*ca. 40 n. Chr.) und somit einem Zeitgenossen der Autoren des Neuen Testaments, lesen wir im Hinblick auf die Dichter, von denen er Homer und Hesiod als die ersten nennt: „Alle diese Dichter nun nennen übereinstimmend den ersten und größten Gott *Vater und König* aller vernunftbegabten Wesen."[19]

Und *Maximos von Tyros* behauptet Mitte des 2. Jh.s gar, es gebe trotz der von Volk zu Volk, von Stand zu Stand, ja, sogar von Familie zu Familie unterschiedlichen Gottesvorstellungen und Gottesbilder doch in *einem* Punkte eine übereinstimmende Norm und eine gleichlautende Begrifflichkeit (ὁμόφωνος νόμος καὶ λόγος): „Daß *ein* Gott der König und Vater von allen ist, und daß viele Gottheiten, Kinder Gottes, mit Gott zusammen herrschen. Dies sagt der Grieche, und der Barbare sagt es, der Landbewohner und der, der am Meere wohnt, der Weise und der Unweise."[20]

Vater und *König* – dies sind also die Epitheta, die demnach der *Consensus omnium gentium* dem höchsten Gotte zuerkennt[21]!

Der Bezeichnung Gottes als König, aber auch dem Verhältnis dieser beiden Namen Gottes, *König* und *Vater,* die uns ja auch in unserer christlichen Tradition begegnen, sollen die folgenden Ausführungen gelten.

---

[19] Οὗτοι δ' οὖν πάντες οἱ ποιηταὶ κατὰ ταὐτὰ τὸν πρῶτον καὶ μέγιστον θεὸν πατέρα καλοῦσι συλλήβδην ἅπαντος τοῦ λογικοῦ γένους καὶ δὴ καὶ βασιλέα. (Or. 36,35).

[20] τοῖος γὰρ νόος ἐστὶν ἐπιχθονίων ἀνθρώπων, οἷον ἐπ' ἦμαρ ἄγῃσι πατὴρ ἀνδρῶν τε θεῶν τε. | Ἐν τοσούτῳ δὲ πολέμῳ καὶ στάσει καὶ διαφωνίᾳ ἕνα ἴδοις ἂν ἐν πάσῃ γῇ ὁμόφωνον νόμον καὶ λόγον, ὅτι θεὸς εἷς πάντων βασιλεύς, καὶ πατήρ, καὶ θεοὶ πολλοί, | θεοῦ παῖδες, συνάρχοντες θεοῦ. Ταῦτα καὶ ὁ Ἕλλην λέγει, καὶ ὁ βάρβαρος λέγει, καὶ ὁ ἠπειρώτης, καὶ ὁ θαλάττιος, καὶ ὁ ‹σοφὸς καὶ ὁ› ἄσοφος· κἂν ἐπὶ τοῦ ὠκεανοῦ ἔλθῃς τὰς ἠϊόνας, κἀκεῖ θεοί, τοῖς μὲν ἀνίσχοντες ἀγχοῦ μάλα, τοῖς δὲ καταδυόμενοι. (Oratio 11, 4c–5b).

[21] Derselbe Gedanke ist schon bei Cicero zu finden, dessen Scipio in *De re publica* davon spricht, daß einer im Himmel als König und Vater gilt, woraus zu folgern sei, daß die Völker übereinstimmend der Meinung sind, daß es nichts besseres als einen König gebe, wo sie doch annehmen, daß selbst die Götter durch einen König regiert werden. (De re publica I, 56).

Dem entspricht es auch, wenn Laktanz *Pater* und *Dominus* für die einzig möglichen und Gott zustehenden Benennungen hält: „unus igitur colendus est, qui potest uere pater nominari: idem etiam dominus sit necesse est, quia sicut potest indulgere, ita etiam cohercere." (Laktanz, Div. Inst. IV, 3, 14). Vgl. auch A. WLOSOK, Laktanz und die philosophische Gnosis, SAH phil.-hist. Kl., 2. Abh. 1960, Heidelberg 1960, S. 232–246.

III.

Wenn wir einen Blick auf das Neue Testament werfen, dann fällt uns auf, daß die beiden Epitheta sehr ungleichmäßig in den neutestamentlichen Schriften vertreten sind: Gott als Vater ist so häufig, daß man es schon kaum mehr zählen kann[22], die Texte, die von Gott explizit als König sprechen, kann man sich an den Fingern einer Hand[23] abzählen:

Die Vorstellung von Gott als König begegnet uns beiläufig in Matth 5,35, wo im Kontext des Schwurverbots mit der Formulierung von Ps 48,3 Jerusalem als die Stadt des großen Königs bezeichnet wird[24].

Wir treffen sie wieder in zwei Gleichnissen des Matthäusevangeliums, im Gleichnis vom unbarmherzigen Gläubiger (Mt 18,23–35) und in der matthäischen Fassung des Gleichnisses vom großen Gastmahl (Mt 22,1–14). In beiden Gleichnissen wird hinter der Gestalt des Königs Gott erkennbar. Matthäus ist so der einzige der Evangelisten, der die Vorstellung von Gott als „König", wenn auch nur im Zitat und im Gleichnis, belegt. Fest verankert ist dieses Epitheton also auch nicht bei ihm[25].

Im übrigen Neuen Testament wird Gott noch in zwei Abschnitten des ersten Timotheusbriefs als König angesprochen und gepriesen:

τῷ δὲ βασιλεῖ τῶν αἰώνων, ἀφθάρτῳ ἀοράτῳ μόνῳ θεῷ, τιμὴ καὶ δόξα εἰς τοὺς αἰῶνας τῶν αἰώνων, ἀμήν. (1. Tim 1,17).

ὁ μακάριος καὶ μόνος δυνάστης, ὁ βασιλεὺς τῶν βασιλευόντων καὶ κύριος τῶν κυριευόντων, ὁ μόνος ἔχων ἀθανασίαν, φῶς οἰκῶν ἀπρόσιτον, ὃν εἶδεν οὐδεὶς ἀνθρώπων οὐδὲ ἰδεῖν δύναται· ᾧ τιμὴ καὶ κράτος αἰώνιον, ἀμήν. (1. Tim 6,15.16). Beide Königsprädikationen gehen letztendlich auf den orientalischen Hofstil, besonders den persischen, zurück und wurden schon in der Septuaginta und im nachbiblischen Judentum auf Gott übertragen[26].

---

[22] O. Hofius, Art. „Vater", TBLNT 3, S. 245 zählt im Neuen Testament für die religiöse Verwendung des Begriffs 245 Belege. Für den profanen Gebrauch dagegen gibt es im Neuen Testament nur 157 Belege.

[23] Von den 115 Belegen des Neuen Testaments für βασιλεύς entfallen auf weltliche Herrscher 72, auf Jesus (besonders in der Passionsgeschichte) 38; in Apk 9,11 wird der Fürst des Abgrunds als βασιλεύς bezeichnet und in Apk 1,6; 5,10 spricht ein Teil der Textzeugen von den Christen als Königen. Für Gott als König gibt es im Neuen Testament nur fünf Belege.

[24] πόλις ἐστὶν τοῦ μεγάλου βασιλέως.

[25] Gemessen an der weiten Verbreitung des „Gott-König"-Motivs in – freilich traditionsgeschichtlich meist jüngeren – rabbinischen Gleichnissen, wird das Motiv bei ihm noch sehr zurückhaltend verwendet. Es dürfte auf seine Redaktion zurückgehen und spiegelt insofern auch seinen jüdischen Hintergrund wider. Daß *Jesus,* der Menschensohn bei ihm und bei den anderen Evangelisten, besonders in der Passionstradition, aber nicht nur dort, als König erscheint, das steht auf einem anderen Blatt und kann hier außer Betracht bleiben.

[26] βασιλεὺς τῶν αἰώνων (Jer 10,10; Tob 13,7.11; vgl. 1. Cl 61,2); βασιλεὺς τῶν βασιλευόντων (Hes 26,7; Dan 2,37; Esr 7,12 für Herrscher; Dan 2,47; 2. Makk 13,4; 3. Makk 5,35; Philon, Cher 99; Spec.Leg. 1,18; äth.Hen. 9,4; 84,2; 4QM^a 13 im Blick auf Gott). Vgl. dazu R.

Schließlich tritt uns im letzten Buch der Bibel neben dem Auferstandenen und dem Lamm auch Gott unter der Bezeichnung „König" vor Augen, nämlich in Apk 15,3, wo die Heilsgemeinde der Geretteten das Lied des Mose singt und dabei den König der Völker (βασιλεὺς τῶν ἐθνῶν)[27] besingt, so wie Mose Ex 15,18 den κύριος βασιλεύων τὸν αἰῶνα καὶ ἐπ' αἰῶνα καὶ ἔτι besang, der einzige Beleg übrigens im Pentateuch der Septuaginta für das Epitheton „König" im Blick auf Gott.

Dieser Befund erscheint mir bemerkenswert: Die Ausbeute der Suche nach neutestamentlichen Texten, die direkt von Gott als König sprechen, ist sehr klein[28].

Sie ist klein, wenn man sie daran mißt, daß Gott 245 Mal im Neuen Testament mit dem Epitheton *„Vater"* erscheint.

Sie ist klein, wenn man bedenkt, daß die Bezeichnung Gottes als eines Königs in den Schriften Israels, schon im Alten Testament, besonders in den Psalmen und auch in den prophetischen Büchern nicht gerade selten auftaucht, in späteren Texten, besonders in den Gebeten der apokryphen und pseudepigraphen Literatur, z.B. im 2. und 3. Makkabäerbuch, in den Zusätzen zu Esther, in den Büchern Judith und Tobit, aber auch bei Jesus Sirach und in der Weisheit Salomos fest verankert war – von anderen Büchern, wie dem 1. Henochbuch oder den Oracula Sibyllina, einmal ganz zu schweigen.

Klein erscheint unsere Ausbeute aber besonders auch dann, wenn man sie dem gegenüberstellt, wie oft in den synoptischen Evangelien, aber auch im übrigen Neuen Testament von der βασιλεία θεοῦ die Rede ist. Haben wir also nun in der Verkündigung Jesu eine βασιλεία ohne βασιλεύς, um es einmal überspitzt zu formulieren? Wer übt denn die Gottes-Herrschaft aus?

Es zeigt sich, daß die Königsherrschaft, von der Jesus spricht, die *Königsherrschaft des Vaters* ist. Die beiden Brennpunkte der Verkündigung Jesu, nämlich die Ansage der nahen Gottesherrschaft und die Zusage der Liebe des Vaters, werden zwar noch nicht bei Markus, um so stärker aber bei Matthäus unmittelbar aufeinander bezogen. Dabei hat dieser nur konsequent weiterformuliert, was in der Verkündigung Jesu zumindest schon angelegt war. Der *Vater* wird im Vaterunser angerufen, aber es wird um das Kommen seiner βασιλεία gebetet[29]. Der *Vater,* weiß, wessen wir bedürfen, die wir aufgefordert sind, nach seiner βασιλεία und seiner Gerechtigkeit zu streben[30]. Der kleinen

---

DEICHGRÄBER, Gotteshymnus und Christushymnus in der frühen Christenheit, SUNT 5, Göttingen 1967, S. 97f.

[27] Vgl. Jer 10,7 (MT).

[28] Dabei blieb freilich unberücksichtigt, daß an einer ganzen Anzahl von anderen Stellen in der Apokalypse vom „Throne Gottes" oder vom βασιλεύειν Gottes die Rede ist.

[29] Mt 6,9.10; Lk 11,2.

[30] Mt 6,32.33; Lk 12,30.31.

Herde gilt der Zuspruch, daß der *Vater* beschlossen hat, ihr die βασιλεία zu geben[31]. In die βασιλεία wird eingehen, wer den Willen des *Vaters* tut[32]. Die Gerechten werden leuchten wie die Sonne in der βασιλεία ihres *Vaters*[33]. Die Gesegneten des *Vaters* werden die βασιλεία erlangen, die ihnen seit der Erschaffung der Welt bestimmt ist[34]. Jesus wird vom Gewächs des Weinstocks erst in der βασιλεία seines *Vaters* wieder von neuem trinken[35].

Die Königsherrschaft Gottes wird genauer bestimmt und ausgelegt als Herrschaft des Vaters[36].

Nun ist das freilich nicht das Thema meines Beitrags. Aber ein Problem ist uns damit gestellt, mit dem wir uns nun wieder Zeugnissen der neutestamentlichen Umwelt zuwenden.

IV.

In welchem Verhältnis zueinander stehen diese beiden Gottesnamen? König und Vater? Genauer: βασιλεύς und πατήρ, denn auf diese beiden Begriffe möchte ich mich beschränken[37]. Beginnen wir mit der Frage nach der erhabeneren Prädikation. Wem kommt höhere Ehre zu – dem König oder dem Vater?

Ich nehme das Ergebnis vornweg: Es ist der Vater, dem aufs Ganze gesehen

---

[31] Lk 12,32.
[32] Mt 7,21. Vgl. auch Mt 21,31.
[33] Mt 13,43.
[34] Mt 25,34.
[35] Mt 26,29.
[36] Von Gottes Herrschaft, von Gott als König und von Gott als Vater sprechen bekanntlich schon Texte des vorchristlichen Judentums – stellenweise geschieht dies auch in einem Zusammenhang, wie z.B. im Lobpreis des Tobit, in dem die Vorstellung von Gottes Königtum herrschend ist, der aber auch von Gott als Vater reden kann (Tob 13,4). Natürlich ist auch an das *Abbinu Malkenu* oder das *Achtzehn-Bitten-Gebet* zu denken. Mir ist jedoch kein vorchristlicher jüdischer Text bekannt, in dem die βασιλεία in der Weise als βασιλεία des *Vaters* näher bestimmt wird, wie das besonders bei Matthäus, vermutlich aber doch schon bei Jesus der Fall ist. Die Texte des hellenistischen Judentums sprechen von Gott als König in erster Linie in Zusammenhängen, wo dessen Macht und strafende Gerechtigkeit unterstrichen wird, von Gott als Vater aber dort, wo sein Erbarmen und seine besondere Verbindung mit Israel herausgestellt wird. Ist bei Gott als König vorwiegend (keineswegs ausschließlich) an seine Beziehung zu den Völkern gedacht, so kommt bei Gott als Vater seine Beziehung zu seinem Volk, insbesondere den Frommen, in den Blick. Charakteristisches Zeugnis für eine solche differenzierende Betrachtungsweise ist Sap 11,10, wo in einer midraschartigen Auslegung des Berichts von der Wüstenwanderung Israels das unterschiedliche Handeln Gottes gegenüber Ägyptern und Israeliten beschrieben wird. Die einen erfahren Gottes παιδεία in seinem Erbarmen, die anderen werden mit Zorn gerichtet und gemartert. τούτους μὲν γὰρ ὡς πατὴρ νουθετῶν ἐδοκίμασας, ἐκείνους δὲ ὡς ἀπότομος βασιλεὺς καταδικάζων ἐξήτασας.
[37] Das ganze Wortfeld von βασιλεύς miteinzubeziehen, also z.B. ἄναξ, κύριος, δεσπότης, ἡγεμών, ἄρχων, τύραννος ist mir hier nicht möglich.

im griechischen Bereich die höhere Ehre zu gebühren scheint. Und das hat m. E. gute Gründe:

König ist niemand von Natur aus, Könige können stürzen, sie sind, was sie sind, oft nur durch Zufälle der Geschichte, der Abstammung, also θέσει, nicht selten aufgrund der Willkür des Schicksals. Wer aber Vater ist, der ist es, so lange er lebt: Dies ist ein *charakter indelebilis*. Vater ist man φύσει, wenn man es ist. Das ist eine natürliche Gegebenheit mit sozialen Konsequenzen, das andere ist eine gesellschaftliche Gegebenheit, die durch neue gesellschaftliche Verhältnisse widerrufen werden kann.

Das heißt dann aber auch, daß das Bild des Vaters in die Tiefen der menschlichen Psyche hinabreicht und von daher Bedeutung für die Gottesvorstellung gewinnt. Von Freud bis Ricœur hat man darüber nachgedacht[38]. Davon, daß das Bild des Königs in gleichen Tiefenschichten der menschlichen Seele Wurzel geschlagen habe, kann man nicht reden.

Und damit wiederum hängt wohl auch der merkwürdige Tatbestand zusammen, für den uns *Dion von Prusa* in der vorher schon ausschnittsweise zitierten Rede die Augen öffnen kann: „Alle diese Dichter nun nennen übereinstimmend den ersten und größten Gott Vater und König aller vernunftbegabten Wesen. Im Vertrauen auf diese Dichter errichten die Menschen *Altäre* für den *Zeus-König* und scheuen sich nicht, ihn in ihren *Gebeten Vater* zu nennen..."[39] Altäre für den König – Gebete an den Vater! Zugespitzt formuliert: Die institutionalisierte Verehrung für Zeus den König, das Herz aber dem Vater Zeus.

Dion hat mit dem, was er hier so nebenbei sagt, offenbar recht: Wenn auch nicht gerade besonders häufig, so gibt es doch eine ganze Anzahl von Belegen für einen Kult und für Altäre des Ζεὺς βασιλεύς[40]. Einen Kult des Ζεὺς πατήρ jedoch scheint es nirgendwo gegeben zu haben. „Es gibt nämlich unter den vielen Belegen für Kult des Z., wie es scheint, keinen Beleg für einen Altar oder Tempel, der dem Z. ausdrücklich unter diesem Aspekt geweiht wäre."[41]

Umgekehrt aber ist es, wenn wir zu den Dichtern gehen, um von ihnen etwas über die Religion und das Gottesbild zu erfahren, das im Volke lebendig war. Hier ist zu konstatieren: „Die Bezeichnung des Z(eus) als b(asileus) fehlt bei

---

[38] S. FREUD, Totem und Tabu (1921–1913), Studienausg. hg. v. A. MITSCHERLICH u. a., Bd. 9, Frankfurt/M. 1974, S. 287–444; DERS., Der Mann Moses und die monotheistische Religion (1939), aaO., S. 455–581; P. RICOEUR, Die Vatergestalt – vom Phantasiebild zum Symbol, in: DERS., Hermeneutik und Psychoanalyse. Der Konflikt der Interpretationen II, München 1974, S. 315–353.

[39] οἷς πειθόμενοι οἱ ἄνθρωποι Διὸς βασιλέως ἱδρύονται βωμούς, καὶ δὴ καὶ πατέρα αὐτὸν οὐκ ὀκνοῦσι προσαγορεύειν τινὲς ἐν ταῖς εὐχαῖς, ὡς τοιαύτης τινὸς ἀρχῆς καὶ συστάσεως οὔσης τοῦ παντός (Or 36,36).

[40] H. SCHWABL, Art. „Zeus", PRE Suppl. XV, Sp. 1446f.

[41] H. SCHWABL, aaO., Sp. 1010.

Homer, ist dann aber seit Hesiod und dem nachhomerischen Epos kommun, wenn auch in der Dichtung nicht gerade übermäßig häufig."[42]

Das Bild im Hinblick auf das Epitheton des *Vaters* ist ein völlig anderes. Schon bei Homer, der Zeus etwa 300mal nennt, geschieht dies in mehr als einem Drittel der Fälle mit dem Epitheton des Vaters[43]. Ein ähnliches Bild ergibt sich auch im Blick auf die jüngere griechische Literatur: Der Vater überflügelt den König um einige Längen[44].

Dieses Bild ändert sich grundlegend erst in hellenistischer Zeit, nachdem die griechischen Diadochenreiche das Erbe der persischen Großkönige angetreten hatten. Seit dieser Zeit, und das gilt dann auch für die römische Kaiserzeit, ist die Metapher des Königs für Gott weit verbreitet[45].

Dieser Tatbestand verweist uns darauf, daß das Bild des Königs in einem viel höheren Maße als das Bild des Vaters von *sozialen Verhältnissen* und ihrem geschichtlichen Wandel betroffen ist. Was ist ein König in der klassischen Zeit der Griechen?

Befragen wir den Staatstheoretiker und Erzieher des vielleicht größten Königs, den die Antike kannte, Alexander des Großen.

In seinen *Politica* unterscheidet *Aristoteles* vier, bzw. fünf Formen des Königtums:

„Dies also sind die Formen des Königtums, vier an der Zahl:

die erste das des Heroenzeitalters – es bestand über frei Zustimmende, aber mit beschränkten Kompetenzen; denn der König war Feldherr, Richter und Verwalter der religiösen Dinge,

zweitens das barbarische – eine erbliche und gesetzlich begründete despotische Herrschaft,

drittens das der sog. Aisymneten – eine gewählte Tyrannis,

und endlich als *viertes* das spartanische, das nichts anderes als ein erbliches Feldherrenamt ist.

Auf diese Weise unterscheiden sie sich voneinander.

Eine *fünfte* Art des Königtums besteht dort, wo Einer Herr über alles ist und wo ein einzelnes Volk oder einzelner Staat in den gemeinsamen Dingen nach der Art einer Hausverwaltung regiert wird. Denn wie die Hausverwaltung eine Art Königtum im Hause ist, so ist dieses Königtum die Verwaltung eines oder mehrerer Staaten und Völker."[46]

---

[42] H. Schwabl, aaO., Sp. 1445/46.
[43] 87× in der Ilias und 31× in der Odyssee.
[44] Ich habe das Vorkommen beider Epitheta in der klassischen Dichtkunst der Griechen nicht gezählt, aber es vermag wohl eine vage Vorstellung vom Verhältnis der Häufigkeit beider Epitheta zu geben, daß in Bruchmanns *Epitheta Deorum* die Belege für das Zeus-Epitheton βασιλεύς nicht einmal eine Spalte füllen, die Belege für πατήρ aber beinahe vier Spalten einnehmen.
[45] Dazu unten S. 37ff.
[46] Politica 1285b. Übersetzung nach O. Gigon.

Vielleicht wird uns auf dem Hintergrund von *Aristoteles'* Beschreibung des Königsamtes der heroischen Zeit deutlich, warum Homer Zeus zwar ἄναξ, also „Herr", aber nirgendwo βασιλεύς, „König", nennen konnte. Nicht als ob ihm dieser Begriff fremd gewesen wäre. Natürlich kennt Homer Könige. Der Begriff βασιλεύς wird von ihm Agamemmnon, Menalaos, Nestor, Odysseus, Idomeneus, Achill, Diomedes und den beiden Aiassen zuerkannt – für den Vater der Menschen und Götter ist er anscheinend nicht gut genug[47].

Ohne Zweifel hat Zeus auch bei Homer herrscherliche Züge. Es ist ihm, dem Kronossohn, der seinen Vater seiner Herrschaft beraubt hat, ein Herrschaftsbereich, und zwar der herrlichste, nämlich der Himmel zugeteilt. Die Weltherrschaft aber hat er sich mit Poseidon und Hades zu teilen, die je ihren Herrschaftsbereich haben. Eine weitere Einschränkung erfährt seine Herrschaft dadurch, daß Vereinbarungen mit anderen Göttern, an die er sich zu halten hat, ihn in seinem Tun beschneiden – von der Moira ganz zu schweigen, welche gleichsam als Mitregentin neben ihm sitzt.

Bei *Hesiod*, wo dann Zeus ausdrücklich und erstmals belegt als θεῶν βασιλεύς bezeichnet wird, beruht dieses Königtum auf der Wahl durch die Götter[48], ist also alles andere als selbstverständlich und entspricht wohl auch nicht jener Machtvollkommenheit und Herrlichkeit, die wir bei „König" assoziieren mögen. Vom Beginn seines Königtums an ist Zeus ängstlich bemüht, sich dieses zu sichern. Daher frißt er Metis, seine erste Gemahlin, auf, die das meiste unter den Göttern und unter den Menschen wußte, und schaltet damit die Möglichkeit aus, daß andere Götter sich mit ihr gegen ihn zusammentun oder daß Nachkommen, die ihre Geistesgaben erbten, seiner Herrschaft gefährlich werden[49].

Das hat nun andererseits nicht daran gehindert, die menschlichen Könige in ihrer eingeschränkten Funktion als Bevollmächtigte des Zeus zu sehen. Sein Szepter tragen sie: „Nichts Gutes ist Vielherrschaft: einer soll Herr sein, Einer König, dem der Sohn des krummgesonnenen Kronos Stab und Satzungen gab, daß er König sei unter ihnen."[50] Der Stab, den Agamemnon in Händen hält, ist eben jener, den Hephaistos für Zeus, den Herrn (ἄνακτι), angefertigt hat. Die Könige gelten als von Zeus bestallt[51], das Geschlecht, aus dem sie stammen, ist nicht selten mit dem mehr oder weniger ernst gemeinten Nimbus göttlicher

---

[47] Man hat in diesem Zusammenhang sicher auch daran zu denken, daß nach den Linear B-Texten der Titel des mykenischen Königs *Wánax* war, während *Basileús* dort Titel für eine Art „Zunftmeister" der Schmiede ist. Dazu W. BURKERT, Griechische Religion der archaischen und klassischen Epoche, Stuttgart/Berlin/Köln/Mainz 1977, S. 94.364.
[48] Theogonie 881ff.886.
[49] Theogonie 887–892.
[50] Ilias 2,203ff.
[51] τιμὴ δ' ἐκ Διός ἐστι, Ilias 2,197.

Abstammung umgeben: ἐκ δὲ Διὸς βασιλῆες, heißt es so bei Kallimachos[52]. Die Könige heißen oft auch „zeusgenährt", διοτρεφής, oder gar „zeusentsprossen", διογενής. Das bedeutet doch aber nur, daß Zeus als ihr Vater, ihr Ur-Vater gilt. Daß damit Zeus als König gesehen werde, ist jedoch keineswegs gesagt.

Zurück zu den Funktionen des Königs, die *Aristoteles* beschreibt.

In der heroischen Zeit war es seine Aufgabe, als oberster Kriegsherr das Aufgebot des Volkes zusammenzurufen und die Schlacht zu leiten.

Zweitens vertrat er das Volk gegenüber den Göttern, vollzog also die Opfer entweder selbst oder durch einen Vertreter, erfragte ihren Willen durch Seher und versuchte, sie zu beschwichtigen, wenn das Volk unter ihrem Zorne litt.

Drittens war er der, der Gericht zu halten hatte, wenn er darum angerufen wurde: eine Art Schiedsrichteramt zwischen streitenden Parteien, kaum mehr. Aus alledem, besonders aus der letztgenannten Funktion, ergaben sich dann bestimmte Vorrechte, um nicht zu sagen Begehrlichkeiten. Δωρόφαγοι, die Geschenke-Verzehrenden, nennt *Hesiod*[53] nicht gerade respektvoll die Könige.

In der nachheroischen Zeit, nach der Epoche der Wanderungen, war das Königtum zwischen dem 8. und dem 6. Jh. in den meisten griechischen Staatsgebilden abgeschafft. In Athen und anderen Poleis hat sich die Bezeichnung des βασιλεύς zwar noch lange erhalten – sie meinte nicht mehr als den Titel eines Kultbeamten, der für die Beziehung zu den Göttern zuständig war. Eine Funktion aus der heroischen Zeit blieb also noch übrig, die priesterliche.

Anders sah es bei den Spartanern aus. Da blieb vom alten Königtum die kriegerische Seite. Aber wie! Das spartanische Königtum, das Aristoteles auch anführt und das man sich als ein lebenslängliches Feldherrnamt zu denken hat, war ein Doppelkönigtum. Die ohnehin nicht weitreichende Macht war also mit einem Kollegen zu teilen. Dazu kam, daß dem König bei der Ausübung seiner Macht, also im Kriege, zwei Aufseher an die Seite gestellt wurden, die ihn nach dem Krieg zur Rechenschaft zu ziehen, das Recht und die Pflicht hatten.

Sieht man von dem Aisymnetentum ab, bei *Aristoteles* als gewählte Tyrannis, also als ein außerordentliches Amt mit außerordentlichen Vollmachten verstanden, dann sind die griechischen, real existierenden Ausformungen des Königtums sich darin gleich, daß ihnen allen nur eine äußerst beschränkte Machtfülle zukommt.

Anders nun freilich das Königtum der Barbaren! Hier findet sich, wie *Aristoteles* ausführt, bei den Königen eine tyrannenähnliche Macht, die gesetzlich begründet und vererbbar ist. Das heißt doch aber: Der Grieche assoziiert mit

---

[52] Hymn. in Jov. 78.
[53] Opera et dies 39.

dem Begriff des mächtigen Königs in jener Zeit die Barbarei. „Da die Barbaren sklavischeren Charakters sind als die Griechen und die Asiaten in größerem Maße als die Europäer, so ertragen sie eine despotische Herrschaft, ohne sich aufzulehnen." führt *Aristoteles* aus[54].

Es paßt zu diesem Bild, daß unter βασιλεύς (ohne Artikel) im Griechischen der Perserkönig verstanden wurde, dessen Machtfülle den Griechen besonders eindrücklich – auch im negativen Sinne – geworden war. Er war der βασιλεύς schlechthin. Dementsprechend heißt schon bei *Herodot* der Perserkönig ὁ μέγας βασιλεύς[55], sehr häufig auch βασιλεὺς βασιλέων, beides Wendungen, die wir dann auch im Sprachgebrauch der Septuaginta sowohl für irdische Herrscher als auch für Gott wiederfinden.

Freilich spricht *Aristoteles* nun noch von einer fünften Form des Königtums, die dort zu finden sei, wo Einer Herr über alles ist und wo ein einzelnes Volk oder einzelner Staat in den gemeinsamen Dingen nach der Art einer Hausverwaltung regiert wird. Es ist nicht klar, an welche historischen Ausformungen des Königtums Aristoteles dabei denkt. Dieses Königtum fällt auch insofern aus dem Rahmen, als es als das fünfte nicht zu der Ankündigung des Aristoteles paßt, vier Formen des Königtums vorstellen zu wollen. Es legt sich also nahe, in dieser Form so etwas wie eine Idealform des Königtums zu sehen, die *Aristoteles* vom Schreibtisch aus in Amt und Würden hob. Freilich kommt er, nach einer langen und etwas unübersichtlichen Diskussion der Argumente für und gegen ein solches Königtum letztendlich zu dem Schluß: „Aus dem Gesagten ergibt sich mit Sicherheit, daß es bei Ebenbürtigen und Gleichen nicht zuträglich und gerecht ist, daß Einer Herr über alle sei."[56] Die Hintertür für den Ausnahmefall bleibt aber offen: „Wenn nun ein ganzes Geschlecht oder sonst ein Einzelner vorhanden ist, der an Tugend so sehr hervorragt, daß sie diejenige aller übrigen übertrifft, dann ist es gerecht, daß dieses Geschlecht das Königtum innehabe und Herr über alles sei, und daß dieser Eine König sei."[57] Ein solcher Mann, der alle anderen weit überragt, wird freilich nicht mehr als ein Teil der Polis betrachtet, sondern wie „Gott unter den Menschen" sein[58].

Hier ist das Einfallstor für eine positive Beurteilung des Königtums. Diese Idealform eines Königtums, bei dem *Aristoteles* sein Zögling Alexander vor Augen gestanden haben könnte[59], vergleicht er in unserem Text mit der

---

[54] Politica 1285a, 19–22.
[55] 1,188.
[56] Politica 1287b, 41–1288a,2.
[57] AaO.
[58] ὥσπερ γὰρ θεὸν ἐν ἀνθρώποις εἰκὸς εἶναι τὸν τοιοῦτον. Politica 1284a,10f.
[59] Diese naheliegende Vermutung trägt G. W. F. HEGEL in seinen Vorlesungen über die Geschichte der Philosophie als Gewißheit vor: „Hier schwebte dem Aristoteles ohne Zweifel sein Alexander vor, der einem Gotte gleich herrschen muß, über den niemand herrschen kann, nicht einmal das Gesetz." (G. W. F. HEGEL, Vorlesungen über die Geschichte der

οἰκονομική, mit der Verwaltung im Hause. Zwischen Hausverwaltung und Königtum wird eine Analogie konstatiert. Das aber heißt dann doch, daß die Herrschaft des *Königs* in Analogie zu der Funktion des *Vaters* in seiner Familie, speziell gegenüber den Kindern, verstanden wird. Die *Nikomachische Ethik* formuliert dies so: „So hat die Gemeinschaft des Vaters zu den Söhnen die Gestalt einer Königsherrschaft, denn die Sorge um die Kinder ist Aufgabe des Vaters. ... Das Königtum will eben seinem Wesen nach ein väterliches Regiment sein. Bei den Persern dagegen gleicht die väterliche Gewalt einer Tyrannis; die Söhne sind dort gleich Sklaven..."[60]

Was zeichnet dieses väterliche Regiment aus? *Aristoteles* sieht es im Wohltun (εὐεργεσία), einer Gestalt der φιλία. „Bei dem Verhältnis des Königs zu seinen Untertan zeigt sie (die φιλία) sich in dem weiten Vorsprung seines Wohltuns. Denn er tut den Untertanen Gutes – falls er als guter König um ihr Wohl besorgt ist, damit es ihnen gut gehe –, besorgt wie ein Hirt für seine Schafe."[61] Und Aristoteles fährt fort: „Von solcher Art ist auch die Freundschaft des Vaters, nur daß sie sich durch die Größe der Wohltaten von der des Königs unterscheidet. Denn er ist die Ursache des Daseins, also dessen, was als Höchstes gilt, sowie der Nahrung und der Erziehung." Für beide Elternteile gilt nach Aristoteles: „Die Eltern lieben die Kinder wie sich selbst."[62]

Der Schritt zum Gottesgedanken ist nun nicht mehr weit. Tatsächlich wird er in eben solchem Kontext von *Aristoteles* mehrfach vollzogen. Zum Beispiel in der Schrift über die *Politica*:

Aristoteles hat in der Hausverwaltungslehre drei Teile unterschieden, das Herrenverhältnis (nämlich gegenüber den Sklaven), das Vaterverhältnis und das eheliche Verhältnis, das er übrigens als ein aristokratisches bestimmt. Zum Vaterverhältnis (nota bene: nicht zum Herrenverhältnis) führt er nun aus: „Die Herrschaft über die Kinder ist eine königliche. Denn das Erzeugende geht in der Liebe und im Alter voran, und dies charakterisiert die königliche Herrschaft. Daher hat Homer den Zeus richtig als ‚Vater der Menschen und Götter' bezeichnet, nämlich als König über diese alle. Denn der König muß seiner persönlichen Natur nach unterschieden, der Gattung nach aber derselbe sein; und in diesem Verhältnis steht das Ältere zum Jüngeren und der Erzeuger zum Kind."[63] Dementsprechend wird bei den Kindern Liebe zu den Eltern erwartet, so wie auch von den Menschen gegenüber den Göttern.

Philosophie, 1. Teil, 1. Abschnitt, 3. Kap., zitiert nach „Werke in zwanzig Bänden", Bd. 19, Frankfurt/M. 1971, S. 228).

[60] ἡ μὲν γὰρ πατρὸς πρὸς υἱεῖς κοινωνία βασιλείας ἔχει σχῆμα· τῶν τέκνων γὰρ τῷ πατρὶ μέλει· ἐντεῦθεν καὶ Ὅμηρος τὸν Δία πατέρα προσαγορεύει· πατρικὴ γὰρ ἀρχὴ βούλεται ἡ βασιλεία εἶναι. ἐν Πέρσαις δ' ἡ τοῦ πατρὸς τυραννική· χρῶνται γὰρ ὡς δούλοις τοῖς υἱέσιν. (1160b,24–29).

[61] AaO. 1161a, 10–14.

[62] γονεῖς μὲν οὖν τέκνα φιλοῦσιν ὡς ἑαυτούς, aaO. 1161b,27f.

[63] ἡ δὲ τῶν τέκνων ἀρχὴ βασιλική · τὸ γὰρ γεννῆσαν καὶ κατὰ φιλίαν ἄρχον καὶ κατὰ

Ziehen wir, was *Aristoteles* anbelangt, nun ein Fazit:

1. Er spricht von den in früheren Epochen geschichtlich realisierten Formen des griechischen Königtums mit Vorbehalten. Dieses Königtum war in vieler Hinsicht Beschränkungen unterworfen. Das gilt schon für das Königtum der heroischen Zeit, erst recht dann, als Königsein aufs Feldherrsein wie in Sparta oder auf die Funktion eines Kultbeamten wie in Athen begrenzt wurde.

2. Das noch geschichtlich präsente Königtum der Perser erscheint ihm als eines Griechen unwürdig.

3. Der ideale König trägt die Gesichtszüge eines Vaters. Königsein bedeutet daher a) einen Vorrang an Tugend, an Alter (neutral formuliert: ὑπερέχον), b) ein Übermaß an Liebe und Wohltun, wobei freilich die Liebe und das Wohltun eines irdischen Königs nicht das Maß von Liebe und Wohltaten erreichen kann, das ein Vater seinen Kindern erweist.

4. Weil Zeus der Vater der Götter und Menschen ist, und das heißt: weil er ihnen überlegen ist an Tugend, sie übertrifft an Alter und ihnen mit einem Übermaß an Wohltaten begegnet, deshalb kann er auch König heißen.

5. Das heißt nun aber: Das Idealbild des Königs wird mit den Zügen des Vaters gemalt. Nicht umgekehrt. Der Vater ist das *analogans*, der König das *analogatum*. Der Vater hat sachlich den Primat. Was ein rechter König ist, sieht man am guten Vater – und letztlich am Vater aller Väter: an Zeus. Deshalb ist die Welt als Haus zu sehen, in dem Zeus das Sagen hat, und die Liebe der Kinder zu den Eltern, als eine Liebe zum Guten und Überlegenen, hat ihre Entsprechung in der Liebe der Menschen zu den Göttern[64].

Das ist m. E. auch der Grund dafür, warum in so vielen Texten vom βασιλεύειν des Vaters die Rede ist – das ist seine natürliche Funktion. Es gibt nun eben seltsamerweise kein anderes Verb, das vom Begriffe πατήρ abgeleitet die Funktion des *Vaters* bezeichnen würde. Daher ist es nicht geboten, Texte, welche vom βασιλεύειν des Zeus oder eines anderen Gottes künden, von vornherein als Belege für die Vorstellung des *Zeus als König* ins Feld zu führen[65].

πρεσβείαν ἐστίν, ὅπερ ἐστὶ βασιλικῆς εἶδος ἀρχῆς. διὸ καλῶς Ὅμηρος τὸν Δία προσηγόρευσεν εἰπὼν „πατὴρ ἀνδρῶν τε θεῶν τε" τὸν βασιλέα τούτων ἁπάντων. φύσει γὰρ τὸν βασιλέα διαφέρειν μὲν δεῖ, τῷ γένει δ' εἶναι τὸν αὐτόν· ὅπερ πέπονθε τὸ πρεσβύτερον πρὸς τὸ νεώτερον καὶ ὁ γεννήσας πρὸς τὸ τέκνον. (Politica 1259b,10–17).

[64] Nikomachische Ethik 1162a.

[65] Das gilt z. B. auch im Blick auf das Fragment 15 H. des Xenokrates: „Xenokrates ... nennt die Ein-Zahl und die Zwei-Zahl Götter. Jene, männlich, nimmt die Stellung des Vaters ein und herrscht im Himmel (πατρὸς ἔχουσαν τάξιν ἐν οὐρανῷ βασιλεύουσαν)" – Ohne jetzt auf die Probleme dieses Gottes Ein-Zahl einzugehen, kann man doch sagen, daß dieser Gott zwar herrscht, aber doch nicht als König, sondern als Vater. Zur Interpretation des Fragments vgl. H. J. KRÄMER, Die Ältere Akademie, in: Grundriß der Geschichte der Philosophie. Die Philosophie der Antike, Bd. 3, hg. v. H. FLASHAR, Basel/Stuttgart 1983, S. 58f. (Lit.).

V.

Unter persischem Einfluß ändert sich das Bild des Königs. Er wird zum „großen König", zum „König der Könige" und rückt als solcher immer weiter in die Ferne. Seine Erhabenheit wird majestätischer. *Herodots* Beschreibung der vom Mederkönig Deiokes im 7. Jh. v. Chr. gegründeten Hauptstadt Ekbatana spiegelt das Schaudern des Griechen gegenüber diesem göttliche Autorität beanspruchenden orientalischen Königtum wider: Sieben Ringmauern, eine höher als die vorhergehende, umgeben den Königspalast und die Schatzhäuser. „Als Deiokes alles fertig errichtet hatte, führte er als erster folgende Ordnung ein: Keiner durfte beim König eintreten; alles verhandelte er durch Boten; niemand bekam den König zu Gesicht. ... Diese feierlichen Vorschriften für seine Umgebung gab er, damit seine Altersgenossen, die mit ihm aufgewachsen waren, aus ebenso vornehmer Familie stammten und ihm an Tüchtigkeit nicht nachstanden, nicht mißgünstig und aufrührerisch wurden. Sie sollten ihn für ein Wesen anderer Art halten, wenn sie ihn nicht sahen."[66] Überall in seinem Land waren Späher und Horcher unterwegs, die alles hörten, sahen und meldeten. Wer sich schuldig gemacht hatte, wurde unnachsichtig bestraft. Aus Untertanen werden Sklaven, aus Staatsbeamten Diener: δούλῳ Γαδάτᾳ läßt Dareios I. einen Brief an einen seiner höheren Beamten adressieren.

Alexander und die Diadochen haben das Perserreich beerbt. Es lag nahe, daß Alexander der Große nicht lange nach der Befragung des Ammonsorakels, das ihm die Auskunft über die Person seines Vaters und seine göttliche Herkunft gebracht haben soll, in Memphis dem *Zeus Basileus* opferte, mit dem ganzen Heere dabei eine Prozession veranstaltete und dabei Wettspiele austragen ließ[67]. Der König feierte sich indirekt selbst mit diesem Fest für Zeus.

Die Gebieter jedes der vier Großreiche, die auf den Trümmern der Monarchie Alexanders entstanden, haben sich – trotz der ihren griechischen Untertanen gegenüber angeratenen Zurückhaltung – alle König genannt, wobei es der Seleukidenkönig am weitesten trieb, hat er sich doch anscheinend als einziger von ihnen den Titel ὁ μέγας βασιλεύς zuerkannt[68].

Und wenn die Perser ihren Großkönig als εἰκὼν θεοῦ betrachteten[69], so war

---

[66] Herodot 1, 98.99. Es ist leicht zu erkennen, daß nach dieser – historisch wohl anfechtbaren, vgl. R. MERKELBACH, Eranos Jb. XXXV, 1966, S. 157 – Beschreibung der Bauplan des Deiokes dem Modell des Kosmos folgt: Die innersten Ringe mit ihren versilberten bzw. vergoldeten Bollwerken symbolisieren Mond und Sonne. Wie die Sonne den Kosmos regiert, so der König sein Herrschaftsgebiet. Vgl. dazu auch E. TOPITSCH, Vom Ursprung und Ende der Metaphysik, dtv WR, München 1972, S. 61.

[67] Arrian, Anabasis III, 5,29.

[68] Daß auch außerhalb des Seleukidenreichs selbst in Athen der Herrscherkult fragwürdige Blüten hervortrieb, dokumentiert der dort um 290 v. Chr. entstandene Hymnus auf Demetrios Poliorketes, in dem dieser als Sohn des Poseidon und der Aphrodite, sowie als wahrer und gegenwärtiger Gott besungen wird.

[69] Plutarch, Themistokles 27,125C schildert das Bemühen des Themistokles, beim persi-

es umgekehrt selbstverständlich, daß Gott nun nach dem Bilde des persischen Großkönigs gezeichnet wurde.

Dieses Gottesbild ist in der kaiserzeitlichen Philosophie, nachdem das persische Königtum historisch selbst schon längst zur Bedeutungslosigkeit herabgesunken war, noch weit verbreitet. Das eindrücklichste Beispiel dafür finden wir in der pseudaristotelischen Schrift *De mundo*. „Vielmehr (muß man sich Gottes Walten nach dem vorstellen), was vom Großkönig berichtet wird. Denn des Kambyses, des Xerxes und Darius Hofhaltung war einer feierlichen und überragenden Erhabenheit zuliebe prächtig ausgeschmückt; er selbst, so lautet die Kunde, thronte zu Susa oder Ekbatana, für jedermann unsichtbar, in einem wunderbaren, von Gold, Elektron und Elfenbein strahlenden Königsschloß und Palastbezirk; viele aufeinanderfolgende Torwege und Vorhallen, die eine Entfernung von vielen Stadien trennte, waren durch eherne Türen und mächtige Mauern gesichert. Außerhalb aber standen geschmückt bereit die ersten und angesehensten Männer, teils für den Dienst um den König selbst bestimmt, als Leibgarde und Gefolge, teils als Wächter der einzelnen Höfe sogenannte Türhüter und Horcher, damit der König selbst, den man als Herrn und Gott anredete, alles sehe, alles höre."[70]

Die Faszination und der Schauder des Abendländers vor dem hybriden Despotismus des Orients kommt in solchen Ausführungen zum Vorschein[71].

Freilich wird Gottes Erhabenheit, Unzugänglichkeit und Allwissenheit als noch viel größer gedacht:

„Man muß es sich dabei so vorstellen, daß der Rang des Großkönigs dem der weltdurchwaltenden Gottheit um so vieles nachsteht, wie dem seinigen der Rang des geringsten und schwächsten Lebewesens."[72] Mit dem Zerbrechen der alten Stadtstaaten verstärkt sich bei den Menschen das Gefühl ihrer Unbehaustheit und Gott rückt für viele in weite Ferne.

---

schen Großkönig (Artaxerxes) eine Audienz zu erhalten. Der Chiliarch Artabanos, an den er sich wendet, stellt ihm als das schönste der Gesetze seines Landes jenes vor Augen, das da befiehlt, den König zu verehren und vor ihm niederzufallen als dem Abbild des Gottes, der alles schützt und erhält (εἰκῶν θεοῦ τοῦ πάντα σῴζοντος). Nur dem, der sich diesem Gesetze füge, sei es möglich, zum König vorgelassen zu werden. Wer sich ihm verweigere, könne nur über Unterhändler mit dem König verhandeln. Zum Gedanken der Gottebenbildlichkeit des Königs in mesopotamischen und ägyptischen Texten s. C. WESTERMANN, Genesis, 1. Teilbd., BKAT I/1, Neukirchen-Vluyn 1974, S. 209–213 (Lit.).

[70] Ps. Aristoteles, De mundo, 398a. Üs.: H. STROHM. Die Wirkungsgeschichte solcher Bilder des persischen Großkönigtums reicht, vermutlich vermittelt durch die Kabbala, literarisch bis in das Werk F. KAFKAS hinein. Man denke nur an dessen Roman „Das Schloß" oder an die Erzählung „Vor dem Gesetz".

[71] Die Stellung zum persischen Großkönig war ambivalent. Man sah einerseits zu ihm wegen seiner Machtfülle bewundernd auf, verachtete ihn andererseits wegen seines Despotismus und gebrauchte ihn als abschreckendes Beispiel in ethischem Zusammenhang (Platon, Politeia VIII, 553C; Aristoxenos, Fragm. 50W. = Athenaeus XII 545aff.).

[72] AaO. 398b. Vgl. auch Apuleius, Liber de Mundo, 346–351.

Auch *Philon v. Alexandria* vergleicht Gott, der, „obwohl doch unsichtbar, die Zügel in der Hand hält und das ganze Weltall zum Heile lenkt" mit dem persischen Großkönig, wenn er davor warnt, der Schöpfung anstelle des Schöpfers die Ehre zu erweisen: „Wie nun einer, wenn er die Ehren, die dem Großkönig gebühren, den Satrapen, seinen Statthaltern, erwiese, nicht nur sehr töricht erscheinen, sondern auch leichtsinnig Gefahren für sich heraufbeschwören würde, da er das, was dem Herrn zukommt, Dienern gewährt, ebenso steht es mit dem, der das Erschaffene mit den gleichen Ehren bedenkt wie den Schöpfer."[73] Der Platonismus und das tradierte Bild von der Majestät des Großkönigs sind in der Gottesvorstellung dieses Juden eine Verbindung eingegangen[74].

Neben den Griechen, sofern sie noch vom alten griechischen Geiste bewegt waren, hat sich auch Israel gegen den Absolutheits- und Machtanspruch der orientalischen Herren gewehrt. Zum Beispiel mit dem Mittel der Ironie, die das Großtuerische der Lächerlichkeit preisgibt. Ein liebenswürdiges Beispiel solcher Ironie haben wir in der Geschichte des Pagenwettstreits im 3. Esrabuch vor uns: Darius veranstaltet einen Redewettstreit bei einem Gastmahl, zu dem die Großen seines Reiches geladen sind: Es geht um die Frage, was die mächtigste Macht sei in dieser Welt. Die drei Jünglinge beteiligen sich an diesem Wettkampf der Worte und Reden. Der Wein ist die mächtigste Macht, behauptet der erste. Der König sei es, sagte der zweite, und hier ist die Begründung interessant: „Sind nicht die Menschen am mächtigsten, indem sie sich die Erde und das Meer unterwerfen und alles, was darinnen ist? Der König aber ist am mächtigsten und herrscht über alle und gebietet unumschränkt über sie, und in allem, was er sagt, gehorchen sie. Wenn er ihnen sagt, gegeneinander Krieg zu führen, tun sie es. Wenn er sie aber gegen die Feinde ausschickt, marschieren sie und bezwingen Berge und Mauern und Burgen. Sie morden und lassen sich morden, und das Wort des Königs übertreten sie nicht. Wenn sie aber siegen, bringen sie alles dem König, und wenn sie plündern, auch alles übrige. Und alle, die nicht zu Felde ziehen und nicht kämpfen, sondern das Land bebauen, bringen wiederum, nach der Ernte, wenn sie gesät haben, dem König die Gaben. ... Und er ist der Eine allein. Wenn er befiehlt, zu töten, töten sie; befiehlt er, freizulassen, lassen sie frei; befiehlt er zu schlagen, hauen sie; befiehlt er zu verwüsten, verwüsten sie; befiehlt er aufzubauen, bauen sie auf; befiehlt er, auszurotten, rotten sie aus. Befiehlt er zu pflanzen, pflanzen sie. Und sein ganzes Volk und seine Streitkräfte gehorchen ihm. Zudem, er

---

[73] De decalogo 60.61. Vgl. De decalogo 178. Üs.: L. TREITEL.
[74] Das Pendant dazu auf heidnischer Seite ist in der Zeusrede des Aristides zu finden, wo die „Satrapen" als ὄργανα Gottes mit den Untergöttern des Timaios verglichen werden (Εἰς Δία 19ff.).

liegt bei Tisch, ißt und trinkt und ruht; sie aber halten Wache rings um ihn herum; und keiner kann sich davonmachen und seine eigenen Geschäfte betreiben. Aber sie sind ihm nicht ungehorsam."[75]

Man mag sagen: Hier wird die Wirklichkeit rhetorisch verzerrt. Dennoch trennen Welten das Königsbild, das doch auch hinter diesem Texte erkennbar wird, von dem, das uns bei Aristoteles begegnete. Wir sind nun in einer anderen Welt. Und wir gönnen es diesem König, daß er alsbald vom dritten Redner, Serubbabel, von seinem übermäßig hohen Sockel gestoßen wird. Dieser bemüht die Frauen, die den König zur Welt gebracht haben – ohne Frauen auch keine Könige – und die mit ihrer verführerischen Schönheit die Sinne betören: Alle Männer, auch die Könige, lassen alles fahren und liegen, wenn sie der Faszination einer Frau erlegen sind. Freilich bemüht Serubbabel die Frauen auch nur deshalb, um die Könige abzusetzen. Die eigentliche Macht und Herrschaft über die Welt kommt seiner Meinung der Wahrheit zu.

Es ist naheliegend, daß ein solches Königsbild nun auch in Israel Konsequenzen hinsichtlich des Gottesbildes hat. Dem Machtanspruch der irdischen Könige wird Gottes Machtanspruch entgegengesetzt: Gott ist der βασιλεὺς τῶν βασιλέων, der den Zorn des Antiochos entfacht und so Menelaos, den frevelhaften Hohenpriester, seiner gerechten Strafe zuführt[76], er ist der βασιλεὺς τῶν βασιλέων, dem Nebukadnezar nach der Restitution seiner Herrschaft Lob singt[77]. Ihn preisen die Frommen, nachdem er sie so unerwartet vor den Anschlägen der Feinde bewahrte[78] und ihm gilt auch Henochs Loblied[79].

Als βασιλεὺς μέγας wird er in den Psalmen verherrlicht[80], von Tobit gepriesen[81], in den Sibyllinen zur Vernichtung der phönikischen Männer und Frauen aufgefordert, die es wagten, ihm entgegenzutreten[82], wo dann auch die Hoffnung ausgesprochen wird, daß im Gericht die Menschen diesen großen König um Hilfe anflehen werden[83]. Der βασιλεὺς μέγας wird in den Psalmen Salomos den Mächtigen der Welt drohend vor Augen gestellt[84] und als der Richter im äthiopischen Henochbuch angerufen, der die Sünder vertilgt[85]. Bei alledem scheint Gott in immer weitere Ferne zu rücken, so wie der Großkönig, zu dem man nur auf dem Weg über viele Zwischeninstanzen kommen kann[86].

---

[75] 3. Esr 4,2–11; Üs.: K.-F. POHLMANN.
[76] 2. Makk 13,4.
[77] Dan 4,37LXX.
[78] 3. Makk 5,35.
[79] Äth. Hen. 84,2.
[80] Ps 46,3; 47,3; 94,3.
[81] Tob 13,16.
[82] Sib 3,499.
[83] Sib 3,56.
[84] PsSal 2,32.
[85] Äth. Henoch 84,4.
[86] Was Herodot vom König Deiokes (siehe o. S. 37) erzählte, wird nun von Gott geglaubt.

Ein wesentlicher Aspekt von Gottes König-Sein in diesen Texten scheint der zu sein, daß er König *gegen* die Könige der Welt ist, indem er diese an Macht noch übertrifft und sie überwindet. Das ließe sich erhärten durch eine Betrachtung auch jener noch viel zahlreicheren Texte, in denen Gott nicht als βασιλεὺς τῶν βασιλέων oder als μέγας βασιλεὺς, sondern einfach als „König", als „König des Himmels", oder als „König der Äonen" vorgestellt ist.

Es gibt andere Aspekte, die offenbar auch zu diesem König-Sein gehören: Gottes Ewigkeit, sein Schöpfer-Sein, seine richterliche Funktion, sein Wissen um alles, was geschieht, und seine Beziehung zum Tempel[87] – um nur einige zu nennen. Aber das ist ein weites Feld, das ich verlassen möchte, um zum Schluß noch auf die eigenartige Verwendung des Gott-Königs-Gedankens hinzuweisen, die uns in der Popularphilosophie der Kaiserzeit immer wieder begegnet.

VI.

Kommen wir noch einmal zu *Dion v. Prusa!* Bei diesem Schüler des *Musonius* finden wir, ähnlich übrigens wie bei *Epiktet*[88] und anderen Popularphilosophen[89], eine ausgesprochen ethische Verwendung der Vorstellung des Königtums Gottes. „Zeus, der als einziger unter den Göttern die Beinamen Vater und König" hat und der „König heißt wegen seiner Herrschaft und Macht, Vater vermutlich wegen seiner Fürsorge und Milde"[90], wird nun zum Vorbild für die Könige und alle Menschen, die eine Herrschaft innehaben: Die Führung des Gemeinwesens nach dem Recht, in Eintracht und Freundschaft, „das ist es, was der weiseste und älteste Herrscher und Gesetzgeber allen, Sterblichen wie Unsterblichen aufgetragen hat, der Lenker des gesamten Himmels und Herr über alles, was ist, er, der auf diese Weise selbst den Weg zeigt und uns sein eigenes Walten als Beispiel einer glücklichen und gesegneten Ordnung vor Augen stellt. Ihn preisen unsere göttlichen Sänger, von den Musen belehrt, und nennen ihn Vater der Götter und Menschen."[91] An der Ordnung der Natur, an

---

[87] Siehe A. M. SCHWEMER, Gott als König, in diesem Band 78–115.

[88] Z. B. Diss. 1,6,40: Gott gab uns, wie es einem guten König und wahren Vater geziemt.

[89] In einem weiteren Sinne gehört auch der Gedanke, den Philo, De vita Mosis I, 157.158 entfaltet, hierher: Moses als Urbild des Weisen und des Weltbürgers in der Gemeinschaft mit dem *Vater und Schöpfer des Alls* und daher der gleichen Benennung (Gott und König des Volkes) gewürdigt: οὐχὶ καὶ μείζονος τῆς πρὸς τὸν πατέρα τῶν ὅλων καὶ ποιητὴν κοινωνίας ἀπέλαυσε προσρήσεως τῆς αὐτῆς ἀξιωθείς; ὠνομάσθη γὰρ ὅλου τοῦ ἔθνους θεὸς καὶ βασιλεύς.

[90] Ζεὺς γὰρ μόνος θεῶν πατὴρ καὶ βασιλεὺς ἐπονομάζεται ... βασιλεὺς μὲν κατὰ τὴν ἀρχὴν καὶ τὴν δύναμιν ὠνομασμένος, πατὴρ δὲ οἶμαι διά τε τὴν κηδεμονίαν καὶ τὸ πρᾷον (Dion v. Prusa, Or 1,39.40 = 12,75).

[91] ὅπερ δὴ ὁ σοφώτατος καὶ πρεσβύτατος ἄρχων καὶ νομοθέτης ἅπασι προστάττει

den Wohltaten, die uns durch die Natur der väterliche Gott erweist, lesen wir also ab, was es heißt, in rechter Weise König zu sein. Dies verpflichtet.

„Den größten und höchsten König und Herrscher müssen die Sterblichen und alle, die die Angelegenheiten der Sterblichen verwalten, bei der Erfüllung ihrer Aufgaben stets vor Augen haben, indem sie sich im Rahmen des Möglichen nach ihm ausrichten und sich ihm angleichen. Denn deswegen nennt Homer die echten Könige auch ‚gottgenährt' und ‚Zeus gleich an Rat', und von Minos, der wegen seiner Gerechtigkeit den höchsten Ruhm genoß, erzählt Homer, er sei Gefährte des Zeus geworden. Und beinahe alle Könige, die jemals bei Griechen oder Barbaren diesen Titel zu Recht getragen haben, gelten allgemein als Schüler und Nacheiferer dieses Gottes."[92]

Wenn Alexander der Große erfahren will, ob er ein Sohn des Zeus sei, dann erhält er von Diogenes – nach *Dion v. Prusa* wohlgemerkt – die gar nicht zynische Antwort: „Wenn du dich selbst in Zucht hast und dich auf die göttliche Kunst, König zu sein, verstehst, dann hindert dich nichts, ein Sohn des Zeus zu sein. So soll ja auch Homer sagen, daß Zeus wie von den Göttern, so auch von den Menschen der Vater ist, allerdings nicht von Sklaven, Gemeinen und Niederen. Bist du aber ein Feigling, ein Schwelger und eine Knechtsnatur, so hast du weder mit den Göttern noch mit den rechtschaffenen Menschen etwas gemein."[93] Den Königstab hat also im Grunde jeder im Tornister, sofern er in seiner Lebensweise dem göttlichen König entspricht. „Glaubst du nicht, daß auch die Söhne des Zeus ein solches Zeichen in ihrer Seele haben, woran man erkennt . . . ob sie tatsächlich von Zeus abstammen oder nicht?"[94]

Wenn aber ein König auf dieser Welt nicht diesen Grundsätzen entspricht, dann, so spricht *Dion* drohend aus, wird Zeus einschreiten. Wie ein kluger Hirte einen Stier aus der Herde entfernt, der die ganze Herde tyrannisiert, „so machen es auch die Götter und vor allem – weil er der fürsorgende Vater von Menschen und Göttern gemeinsam ist – der große König der Könige[95], Zeus. Wer unter den Menschen mit Gewalt, Unrecht und Ungesetzlichkeit seine Herrschaft ausübt, seine Macht nicht die Feinde, sondern die eigenen Unterta-

---

θνητοῖς καὶ ἀθανάτοις, ὁ τοῦ ξύμπαντος ἡγεμὼν οὐρανοῦ καὶ τῆς ὅλης δεσπότης οὐσίας, αὐτὸς οὕτως ἐξηγούμενος καὶ παράδειγμα παρέχων τὴν αὐτοῦ διοίκησιν τῆς εὐδαίμονος καὶ μακαρίας καταστάσεως· ὃν οἱ θεῖοι ποιηταὶ μαθόντες ἐκ Μουσῶν ὑμνοῦσιν ἅμα καὶ ὀνομάζουσι πατέρα θεῶν καὶ ἀνθρώπων. (Or 36,32).

[92] Or 1,37.38. Die römische Variante dieses Gedankens begegnet uns in dem Gebet zu Juppiter bei Horaz, wonach Caesar als Stellvertreter Juppiters herrscht, der als Vater und Hüter der Menschheit angerufen wird. Das ist als Verpflichtung für den irdischen Repräsentanten des höchsten Gottes gemeint: Gentis humanae pater atque custos, / Orte Saturno, tibi cura magni / Caesaris fatis data: tu secundo / Caesare regnes. (Od 1,12,49ff.; vgl. 1,12,13ff.).

[93] Or 4,21.

[94] Or 4,23.

[95] ὁ μέγας βασιλεὺς βασιλέων – eine Steigerung der Steigerung!

nen und Freunde spüren läßt, ... den schafft Zeus beiseite und läßt ihn verschwinden, da er nicht wert ist, zu herrschen und an seiner eigenen Ehre und an seinem Titel teilzuhaben."⁹⁶

VII.

Fassen wir zusammen! War es bei *Aristoteles* der Vater im Hause, der zum Vorbild des Königs wurde und der in Zeus, dem Vater der Menschen und Götter sein Urbild hatte, so ist es in hellenistischer Zeit der persische König, der die Erscheinungsformen des Königtums bestimmte und damit auch das Gottesbild neu prägte, indem Gott nicht selten als Überbietung und Antithese dieses Königs und seiner Erben dargestellt wurde. In einer noch späteren Epoche schließlich geht der Blick von der Geschichte weg zur Natur, die mit ihrer Ordnung und Schönheit offenbart, welchen Wesens Zeus, der Vater und König von allem ist, der eben mit diesen Wesenszügen als Vorbild der Könige und anderer Herrscher beschworen wird – nach den eigenen Lebenserfahrungen des *Dion von Prusa* anscheinend ohne großen Erfolg.

Bei alledem sehen wir, wie unsere Gottesbilder geschichtlichem Wandel unterworfen sind. Mehr noch freilich als für jene Gottesbilder, die aus dem Bereich menschlicher Primärerfahrung genommen sind, wie etwa das Bild des Vaters aus dem Bereich der Familie, gilt das für jene Gottesbilder, in denen sich die gesellschaftlichen Verhältnisse einer bestimmten Epoche widerspiegeln, also z. B. für die Vorstellung von Gott als König.

---

⁹⁶ ... ὡς οὐκ ἄξιον ὄντα βασιλεύειν οὐδὲ κοινωνεῖν τῆς αὑτοῦ τιμῆς καὶ ἐπωνυμίας ... (Or 2,76).

Gott als König und seine Königsherrschaft in den Sabbatliedern aus Qumran

von

ANNA MARIA SCHWEMER

1. Das Problem

In den frühjüdischen Schriften ist die Rede und die Vorstellung von Gott als König und von seiner königlichen Herrschaft – mit Ausnahme des Danielbuches – zwar kein Hauptthema, aber ein aus der alttestamentlichen Tradition übernommenes, selbstverständliches und weitverbreitetes „Symbol"[1], das je und je unter verschiedenen Aspekten und Konzeptionen aktualisiert wurde. Zu diesem Ergebnis kommt die jüngste Untersuchung von Odo Camponovo[2]. Die meisten Belege finden sich in Gebeten, liturgischen Texten und Formeln[3].

Das Fazit von Camponovos Überprüfung der qumranischen Schriften entspricht aber nicht einmal diesem allgemeinen Bild: „Hingegen zeigen die Schriften aus Qumran und von verwandten Gruppen ..., dass hier das Symbol zwar aus der allgemein-jüdischen Tradition überkommen ist. Das lassen die

---

[1] Der Begriff ist problematisch, siehe bereits die Rezension zu O. CAMPONOVO, op.cit. (Anm. 2) von H. MERKLEIN, ThRev 82, 1986, 193f. und im Vorwort dieses Bandes 5.

[2] O. CAMPONOVO, Königtum, Königsherrschaft und Reich Gottes in den frühjüdischen Schriften, OBO 58, 1984, 437f. CAMPONOVO hat das Material übersichtlich – chronologisch nach Schriften und Schrifttypen geordnet – zusammengestellt und die Texte jeweils kurz interpretiert. Auf seine Ergebnisse stützt sich weitgehend in bezug auf die Apokryphen und Pseudepigraphen: A. LINDEMANN, Art. Herrschaft Gottes/Reich Gottes IV, TRE 15, 1986, 196–218. Während CAMPONOVO wenigstens noch die Targumim berücksichtigte, sind für LINDEMANN die frührabbinischen Texte und Gebete insgesamt nicht der Erwähnung wert. Das Arbeitsbuch für Studenten „Religionsgeschichtliches Textbuch zum Neuen Testament" von K. BERGER und C. COLPE (Texte zum Neuen Testament, Bd. I) 1987, 29 gibt zu Mk 1,14f. nur die Parallele „Targum Ez 7,7.10 (1. Jh. v.–3. Jh. n. Chr.)" an und kommentiert: „Das Judentum zur Zeit Jesu spricht nur selten von der Königsherrschaft Gottes, und bei den Rabbinen geht es in erster Linie um ein präsentisches Verständnis (‚die Gottesherrschaft auf sich nehmen' = unter das Joch der Gottesherrschaft treten). Die Targumim zeigen ein entfaltetes eschatologisches Verständnis und sprechen vor allem vom zukünftigen Offenbarwerden der Gottesherrschaft." Abgesehen davon, daß auch der Sprachgebrauch der Targumim nicht so einlinig ist, wie hier dargestellt, ergibt sich durch diese falsche Akzentsetzung ein völlig einseitiges Bild, das schon durch die von CAMPONOVO gesammelten weit gestreuten Belege widerlegt wird.

[3] Siehe die Tabelle bei CAMPONOVO, op.cit. (Anm. 2) 448f. Dazu kommen noch jüdische

vorqumranischen Werke (Jub, Hen und Teile von 1QM) erkennen. Es sind jedoch keine Anzeichen vorhanden, dass es in Qumran als lebendiger Bestandteil der Tradition bei Gelegenheit aktiviert wurde. Es dürfte sich bei den qumranischen Texten eher um Reminiszenzen handeln."[4] Auch nach den Texten, die Camponovo zugänglich waren – einen Teil der Sabbatlieder bespricht er ja –, ist sein Urteil nicht gerechtfertigt. Er hätte hier schärfer zwischen den verschiedenen Gattungen differenzieren sollen; so taucht das Abstraktum מלכות in den für das Selbstverständnis der qumranischen Gemeinschaft so entscheidend wichtigen Segenssprüchen 1QSb immerhin dreimal auf[5].

Sein Ergebnis muß man jedoch nach der vollständigen Veröffentlichung der Fragmente und der Rekonstruktion der Sabbatlieder gründlich revidieren:

Gebete, die zumindest zum Teil so alt sind wie die von CAMPONOVO behandelten Schriften, da man sie schon in der Liturgie des 2. Tempels verwendete, die jedoch von ihm nicht untersucht wurden, weil sie erst in der rabbinischen Literatur in schriftlicher Form belegt sind. Dabei verzichtet er auch auf die nähere Untersuchung einer so wichtigen liturgischen Formel wie ברוך שם כבוד מלכותו לעולם ועד „Gepriesen sei der Name der Herrlichkeit seiner Königsherrschaft immer und ewig", die schon im zweiten Tempel eine besondere Rolle als Responsion spielte, siehe I. ELBOGEN, Der jüdische Gottesdienst in seiner geschichtlichen Entwicklung, Ndr. der 3. verb. Aufl. 1931, 1967, 22.26.93.495 ff.; dazu siehe u. S. 62f. Anm. 57. Daß diese Texte bei CAMPONOVO fehlen, ist um so bedauerlicher, weil auf sein Buch inzwischen als Standardwerk verwiesen wird, trotz der kritischen Rezensionen von H. MERKLEIN, ThRev 82 (1986) 193f. und J. J. COLLINS, CBQ 48 (1986) 328f., siehe A. LINDEMANN, op.cit. (Anm.2); JÖRG JEREMIAS, Das Königtum Gottes in den Psalmen, FRLANT 141, 1987, 146. Gerade solche liturgischen Formeln wie barûk šem k^{e}bôd malkûtô ... prägen durch ihre häufige Verwendung das religiöse Bewußtsein des ganzen Volkes in ganz anderem Maß als die Erwähnung in sektenhaft-esoterischen oder apokalyptischen Schriften, die ja ihrerseits die liturgische Tradition voraussetzen. So erwähnt CAMPONOVO zwar die sehr späte nachtalmudische Stelle 3. Hen 39,2 kurz – dort wird die ganze Engelwelt mit dieser Formel verbunden: Wenn der Dienstengel das Heilig, heilig, heilig sprechen, antwortet die ganze übrige Engelwelt mit dreimaliger Proskynese und der Responsion „Gepriesen sei der Name der Herrlichkeit seiner Königsherrschaft ..." – als Beleg, weist aber auf die schon damals wenigstens ein halbes Jahrtausend alte Bedeutung der Formel nicht hin (239). Nach der zeitlichen Grenze, die CAMPONOVO für seine Untersuchung setzt, hätte er das 3. Henochbuch gar nicht aufnehmen dürfen: Es wird heute in seinem Kern zwischen 450 und 850 n. Chr. datiert, siehe P. S. ALEXANDER, The Historical Setting of the Hebrew Book of Henoch, JJS 28 (1977) 157; kritisch gegen ALEXANDER, aber deutlich für den Ansatz von 3. Hen am Ende der Hekhalot-Literatur: P. SCHÄFER, Engel und Menschen ..., in: DERS., Studien zur Hekhalot-Literatur, TSAJ 19, 1988, 250–276 (272–275); DERS., Handschriften zur Hekhalot-Literatur, in: op.cit., 228. Ein späterer Ansatz dieses Mischtextes ist nicht unwahrscheinlich als ein früherer. Vermutlich älter ist die Verbindung von Qedusha und der Formel בשכמל"ו in den Maʿaśeh Merkabah (SCHÄFER, Synopse, op.cit. [Anm. 12] § 555), wo – wie in den Sabbatliedern indirekt vorausgesetzt – der Lobpreis in einer Siebenzahl von himmlischen Heiligtümern beschrieben wird. Vgl. dazu u. Anm. 57 und T. LEHNARDT in diesem Band, 290f. In den Sabbatliedern ist diese Berakha des Tempelgottesdienstes – im erhaltenen Text – nicht belegt.

[4] Op.cit. (Anm. 2) 422.
[5] 1QSb iii 5; iv 26 und für die Herrschaft des Volkes v 21. Siehe dazu u. S. 67 ff. Bereits H. MERKLEIN hatte in seiner Rezension (op.cit. Anm. 1) kritisch bemerkt, daß die Ausführungen CAMPONOVOS für die Qumranliteratur „nicht voll befriedigend" (zu 1QM) sind.

Gerade aus der „Sekte" in Qumran kommt der wichtigste vorchristliche jüdische Text, der die Heilsgabe Gottes als Gottes Königsherrschaft beschreibt, den wir bisher kennen[6]. Er tut dies zudem in so unerwartet „massiver" Weise, daß sich eine eingehendere Untersuchung nahelegt.

Carol Newsom[7] hat aus den Handschriften 4Q400–407, MasShirShabb und 11QShirShabb alle bis jetzt entdeckten Reste der Sabbatlieder herausgegeben. Sie lassen sich zu einem Zyklus von 13 Liedern anordnen, der für das erste Quartal des Jahres bestimmt war. Die Überschriften der Psalmen geben an: למשכיל[8], die Zählung des Sabbats, Tag und Monat. Die Lieder stellen die liturgische Ordnung für die „Opfer"-Gottesdienste der Sabbate des ersten Vierteljahres nach dem qumranischen Sonnenkalender dar. Dabei spricht nichts für eine Wiederholung des Zyklus in den übrigen Jahreszeiten oder für einen Umfang von 52 Liedern, wie man früher angenommen hat[9].

---

[6] Auch im Vergleich mit den Texten aus Qumran sind die Sabbatlieder ungewöhnlich. Die Konkordanz: A Preliminary Concordance to the Hebrew and Aramaic Fragments from Qumran Caves II–X. Including especially the unpublished material from cave IV, ed by H. STEGEMANN und J. STRUGNELL, Privatdruck Göttingen 1988, Bd. III s.v. und Bd. V s.v. kennt keine Schrift, in der *mäläk* und *malkût* mit solcher Häufigkeit verwendet werden wie in den Sabbatliedern. – Aber es steht noch eine größere Anzahl interessanter Belege aus.

[7] CAROL A. NEWSOM, Songs of the Sabbath Sacrifice: A Critical Edition, Harvard Semitic Studies 27, 1985; dort auch 73 Anm. 1 der Nachweis der vorhergehenden teilweisen Veröffentlichungen.

[8] Der auch in 1QS iii 13; ix 12,21; 1QSb i 1; iii 22; v 20; CD xii 21; xiii 22 u.ö. in Qumran belegte Ausdruck läßt sich nicht sicher deuten. Höchstwahrscheinlich ist damit der Adressat, bzw. der Liturg, und nicht der Verfasser bezeichnet. Vgl. O. CAMPONOVO, op.cit. (Anm. 2) 264 Anm. 107 mit Diskussion der Literatur; C. NEWSOM, op.cit. (Anm. 7) 3; darauf bezieht sich DIES., Merkabah Exegesis in the Qumran Sabbath Shirot, JJS 38 (1987) 11–30 (29 Anm. 40): „The heading which precedes each song, למשכיל, I have interpreted as referring to a particular office holder of the community. Yet it could as easily be construed as a restrictiv rubric, ‚for the initiate'. If such were the case, then one might have the Sabbath songs an esoteric liturgy which coordinated with and commented exegetically on the exoteric liturgical use of Ezekiel's merkabah vision." Entsprechend unsicher ist die Übersetzung, im Deutschen kann man mit „für den Verständigen" beide Aspekte umschreiben.

[9] Dazu C. NEWSOM, op.cit. (Anm. 7) 5.19. Vor der Rekonstruktion des Zyklus von NEWSOM rechnete man mit einem Sabbatlied für jeden Sabbat des Jahres: J. STRUGNELL, The Angelic Liturgy at Qumran, VT Suppl VII, 1960, 318–345 (320); L. H. SCHIFFMAN, The Halakhot at Qumran. SJLA 15, 1975, 78f.; DERS., Merkavah Speculation at Qumran: The 4Q Serekh Shirot ʿOlat ha-Shabbat, in: Mystics, Philosophers, and Politicians. Essays in Jewish Intellectual History in Honor of Alexander Altmann, ed. J. REINHARZ/D. SWETSCHINSKI, Durham North Carolina 1982, 15–47; D. DIMANT, Qumran Sectarian Literature, in: Jewish Writings of the Second Temple Period (Compendium Rerum Iudaicarum ad Novum Testamentum 2,2), ed. M. E. STONE, 1984, 483–550 (524); GEZA VERMES, in: The History of the Jewish People in the Age of Jesus Christ (175 B.C. – A.D. 135) by EMIL SCHÜRER. A New English Version Revised and Edited by G. VERMES/F. MILLAR/M. GOODMAN, Vol III,1, 1986, 462f.; J. M. BAUMGARTEN, The Counting of the Sabbath in Ancient Sources, VT 16 (1966) 277–286 (277), der jedoch schon darauf hinweist, daß die samaritanische Liturgie eine Zählung von Sabbatzyklen zum Passa- und Wochenfest kennt (280ff.); siehe dazu A. COWLEY, Samaritan Liturgy, I, 1909, 93ff.; 284ff. Im Zyklus zum Wochenfest haben wir bei den

Man hat diese Psalmen nach der ersten teilweisen Veröffentlichung durch Strugnell[10] eine „Engelliturgie" genannt. Diese Bezeichnung kann man nun präzisieren: Sie beschreiben den Gottesdienst der Engel im himmlischen Heiligtum, wobei jedoch die irdische Gemeinde daran teilnimmt. Sie fordert die „Göttlichen" – אלוהים/אלים ist die häufigste Bezeichnung für die Engel – auf zum Lobpreis in „imperativischen" Hymnen. Jedes Lied beginnt (soweit die Anfänge erhalten sind) mit dem Lobaufruf: הללו. Das corpus hymni schildert dann den Vollzug dieses Preises. In den Fragmenten des 1. und 2. Liedes wird zudem nicht nur indirekt von der Teilnahme der irdischen Gemeinde geredet, sondern auch die Auswirkung des himmlischen Gottesdienstes auf die Frommen in Qumran beschrieben.

In den erhaltenen Teilen dieser Psalmen wird Gott im Vergleich mit anderen frühjüdischen Hymnen und Gebeten ungewöhnlich oft מלך genannt (55mal). Auch das an sich seltene Abstraktum מלכות wird auffallend oft verwendet (21mal), sehr oft mit dem Suffix der 3.pers.sg.masc. verbunden. Damit wird einzig und allein die Herrschaft und das Königsein Gottes bezeichnet; der Begriff steht immer im Singular. Dieser Sprachgebrauch ist in dieser Dichte im antiken Judentum einzigartig. Erst in den späten Königslitaneien der Hekhalot-Texte begegnen uns wieder ähnliche Häufungen.

Das stammverwandte ממלכה wird dagegen nur für die Herrschaft der Engelfürsten gebraucht. Im Gegensatz zur *malkût* Gottes erscheint es immer im Plural, insgesamt jedoch nur 5mal.

ממשלה taucht dreimal auf: einmal im Plural für die Herrschaft der Engel; einmal im Singular, aber mit dem Suffix der 3.pers.pl.masc., ebenfalls für die Herrschaft der Engel; einmal wird es für die strafende und richtende Herrschaftsgewalt Gottes gebraucht[11].

Von der *malkût* Gottes ist dagegen nie in negativem Sinn die Rede. Die Wurzel מלך wird nirgends verbal verwendet, was im ersten Sabbatlied überraschend ist – in den übrigen Liedern jedoch nicht: Sie sind in einem numinosen Nominalstil gehalten, wie man ihn für die sehr viel späteren Hekhalot-Hymnen und ihre Königslitaneien beschrieben hat[12].

Samaritanern eine deutliche Zählung von sieben Sabbaten. Sie ist nicht so klar im Passazyklus – wegen der Überschneidungen mit den Festen nach dem Mondkalender –; dieser beginnt jedoch wie die qumranischen Sabbatlieder mit dem ersten Sabbat des Jahres. Die Sabbatordnung aus Qumran ist mit ihrem Zyklus von 13 Liedern rationaler und zugleich konsequent im Bestreben, die Verdrängung des Sabbats durch die Feste „duplex I classis" zu vermeiden.

[10] J. STRUGNELL, op.cit. (Anm. 9).

[11] C. NEWSOM hat ihrer Edition (op.cit. Anm. 7) eine Konkordanz mit ausführlichen Lemmata beigefügt: 389–466. J. CARMIGNAC hat die Bedeutung der häufigen Verwendung von *mäläk, malkût* etc. in den Sabbatliedern als erster erkannt und in seinem letzten Aufsatz untersucht: Roi, Royauté et Royaume dans la Liturgie Angélique, RdQ 47 (1986) 178–186.

[12] Siehe C. NEWSOM, Songs, op.cit. (Anm. 7) 16, die auf G. C. SCHOLEM, Jewish Gnosticism, Merkabah Mysticism and Talmudic Tradition, 1960, 20ff. verweist; vgl. J. MAIER, Vom Kultus zur Gnosis, Kairos (St) 1, 1964, 134f. Die Texte der Hekhalot-Literatur sind jetzt gut

Die Zahl der Belege für *mäläk* und *malkût* ließe sich, wenn die Psalmen vollständig erhalten wären, jeweils um mindestens ein Drittel erhöhen.

2. Die Gattung „Sabbatlied": die Elemente „Sabbat", „Engelpreis" und „Gott als König"

Die nächstliegende Frage ist: Kann diese starke Betonung von Gott als König und seinem Königtum, die dem sonstigen Befund in den bekannten qumranischen Schriften[13] so gar nicht zu entsprechen scheint, mit der Gattung „Sabbatlied" zusammenhängen? – Dabei muß man jedoch bedenken, daß noch keineswegs alle erhaltenen liturgischen Texte aus Qumran veröffentlicht und die aus 4Q bereits zugänglichen sehr fragmentarisch sind. – Immerhin läßt die Konkordanz der unveröffentlichten Texte hier noch einige weitere interessante Belege erwarten (vgl. Anm. 7).

Die Gattung „Sabbatlied" ist in der Entstehungszeit der qumranischen Lieder nicht neu. Nach den Psalmüberschriften im masoretischen Text, in der Septuaginta und in den lateinischen Übersetzungen und nach der rabbinischen Tradition wurde Ps 92 zum Sabbatopfer im Tempel gesungen. Daß jedem Tag der Woche ein bestimmter Psalm zugeordnet war, sieht man nicht im masoretischen Text, jedoch in den Tochter- und Enkelübersetzungen sowie in der rabbinischen Tradition[14]. Den Verlauf eines solchen Opfergottesdienstes fin-

---

erschlossen durch: Synopse zur Hekhalot-Literatur, hg. v. P. SCHÄFER u. a., TSAJ 2, 1981; Konkordanz zur Hekhalot-Literatur I א–כ, TSAJ 12, 1986 und II ל–ת, TSAJ 13, 1988, hg. v. P. SCHÄFER u. a.; Übersetzung zur Hekhalot-Literatur II. §§ 81–334, TSAJ 17, 1987, hg. v. P. SCHÄFER u. a.; zur eigenartigen Sprache der Hekhalot-Literatur siehe P. SCHÄFER, Übersetzung, XIX f.: „Ein eigentümliches Charakteristikum nahezu aller Texte ist die redundante Sprache mit ihrer Häufung teils synonymer teils sich überschneidender Begriffe, deren Abgrenzung voneinander oft größte Schwierigkeiten bereitet." Genau dieser Stil bereitet schon in den Sabbatliedern Schwierigkeiten beim Übersetzen und Einteilen der Stichen, selbst wenn der Text einigermaßen vollständig erhalten ist, was in den Sabbatliedern leider selten der Fall ist. Zum Stil der Hekhalot-Literatur außer der bei Schäfer loc.cit. angegebenen Literatur: P. ALEXANDER, 3 (Hebrew Apocalypse of) Enoch (fifth-sixth century A.D.). A New Translation and Introduction, in: The Old Testament Pseudepigrapha I, ed. by. J. H. CHARLESWORTH, 1983, 225. Die „wirklich umfassende(n) und grundlegende(n) Analysen" des Stils, die sich P. SCHÄFER für die Hekhalot-Literatur wünscht (loc.cit.), sollten auch die Sabbatlieder miteinbeziehen. Dazu jetzt auch: J. M. BAUMGARTEN, ShirShabb and Merkabah Traditions, RdQ 13 (1988) 199–213.

[13] Siehe die o. Anm. 6 angeführte vorläufige Konkordanz.
[14] LXX: ψ 23; 47; 93; 92. Psalmi iuxta LXX, zitiert nach: Biblia sacra iuxta vulgatam versionem I, ed. R. WEBER, 3. verb. Aufl. 1983 (Ndr. 1985), Ps 23 *prima sabbati;* Ps 47 *secunda sabbati;* Ps 93 *quarta sabbati;* Ps 80 *quinta sabbati* HS W, bzw. *quarta sabbati* HS I; Ps 92 *in die ante sabbatum quando inhabitata est terra;* Ps 91 *psalmus cantici in die sabbati;* vgl. dazu: Le Psautier Romain et les autres psautiers Latins, ed. R. WEBER, Collectanea Biblica Vaticana X, 1953, 200 zu Ps 80 (81); nach den Handschriften A und D hat sich *quinta sabbati* auch in die Überschrift von Ps 81 (82) verirrt, statt der hier zuverlässigeren Angabe der Mischna, die

den wir 2. Chron 5,11–14; 7,1–9; 1. Chron 16; Sir 50,5–21; vgl. 2. Makk 2,9–12 beschrieben: Das Opfer wurde vom Gesang der Leviten begleitet. Am Sonntag sang man Ps 24: „Jahwes ist die Erde und ihre Fülle" – den Preis des Königs der Herrlichkeit; am Montag Ps 48: „Groß ist Jahwe und hochgelobt in der Stadt unseres Gottes" – ein Zionslied; am Dienstag Ps 82: „Gott steht in der Gottesversammlung, inmitten der Götter richtet er" – Jahwes richterliche Herrschaft über die Götter bzw. „Engel", wie man in frühjüdischer Zeit Elohim an dieser Stelle verstanden hat[15]; am Mittwoch Ps 94: „Rächender Gott, Jahwe, rächender Gott, erscheine" – ein Bekenntnis zu Jahwes richterlicher Gewalt und Allwissenheit; am Donnerstag Ps 81: „Jauchzet Gott, unserer Stärke" – ein Psalm über das erste Gebot; am Freitag wieder einen Jahwe-König-Psalm Ps 93: „Jahwe ist König, mit Hoheit bekleidet ist Jahwe, gegürtet mit Macht" – er endet mit „ja dein Haus ist heilig-schön, Jahwe auf immerdar"[16]. Der Sabbat ist so mit den Liedern des Freitags und des Sonntags eindrücklich gerahmt durch den Preis Jahwes als König[17], aber auch die Psalmen der anderen Wochentage betonen Gottes herrscherliche Macht. Im masoretischen Text hat sich nur die Zuordnung von Ps 92 zum Sabbat in der Überschrift erhalten. Dieses „Sabbatlied" ist aber im Gegensatz zu dem 1. und 6. Psalm der Woche kein Hymnus auf Jahwe als König – einen Anklang auf dieses Thema kann man jedoch in V. 9 „du bist erhaben in Ewigkeit" finden –, sondern ein weisheitlicher Psalm der Freude, der Jahwes Werke und Gerechtigkeit preist. Er wurde verstanden als eschatologischer Ausblick nicht auf die aktiv richtende Herrschaft Gottes, sondern auf die Sabbatfreude und -ruhe in der Ewigkeit[18].

---

entsprechend *tertia sabbati* lauten müßte. Zu den rabbinischen Stellen: mTam 7,4; bRH 4,4 31a; ARN A1 (ed. SCHECHTER 3); Soferim 18,2 (ed. HIGGER 311f.); ShirR 4,4,3 (ed. ROMM. Wilna Ndr. Jerusalem 1975, 25a) siehe N. M. SARNA, The Psalm for the Sabbath Day (Ps 92), JBL 81 (1962) 155–168, der meint, nur Ps 92 sei vor dem Abschluß des hebräischen Psalters der Liturgie des Sabbattages zugeordnet gewesen, also auf jeden Fall vor Sirach, die übrigen Psalmen seien erst später für die Wochentage gewählt worden.

[15] Vgl. J. VAN DEN PLOEG, Psalmen II, O.T. VIIb, 1974, 54–60 z.St.; 11QMelch 3 ii 9f. (Text: J. T. MILIK, Milkî-ṣedeq et Milkî-rešaʿ dans les anciens écrits juifs et chrétiens, JJS 23 (1972) 95–144 (97ff.) deutet „elohim" in Ps 82,1a auf Melchisedek, den obersten Engel, der inmitten der Elohim richtet.

[16] Zur Üs. vgl. H. SPIECKERMANN, Heilsgegenwart. Eine Theologie der Psalmen, FRLANT 148, 1989, 180f.

[17] Zu Ps 92 und 93 am Sabbat siehe I. ELBOGEN, op.cit. (Anm. 3) 108.113.434; besonders wichtig jedoch für uns ist, daß das Schilfmeerlied mit der Sabbatliturgie verbunden war: „Vom Minchagebet am Sabbat-Nachmittag wissen wir aus der Zeit des Tempels, daß ein besonderer Gesang שיר dafür bestimmt war; das Schilfmeerlied, das in zwei Teile geteilt war, Ex 15,1–10; 11–18 und das Brunnenlied Nu 21,17–18 wurden im dreiwöchentlichen Zyklus abwechselnd vorgetragen", ELBOGEN, op.cit. 117 (Interpunktion bei den Stellenangaben v. mir).

[18] bRH 4,4 31a dazu vor allem N. M. SARNA, op.cit. (Anm. 14), der die verschiedenen Gründe, warum gerade Ps 92 als Sabbatlied gewählt wurde, aufzählt: das Motiv der Schöpfung, das sozial-ethische Motiv und die siebenfache Nennung des Tetragramms. Das letzte ist m. E. der schwerwiegendste Grund. Vgl. auch den Sprachgebrauch von Hebr, der das escha-

Auch das Schilfmeerlied[19], das zum Minchaopfer am Sabbat gesungen wurde und das man deshalb ebenfalls zu den „Sabbatopferliedern" zählen muß, ist ein Jahwe-König-Psalm. Man hat es bereits in Qumran eschatologisch gedeutet und bezog Ex 15,17 auf den eschatologischen Tempel und V. 18 auf die immerwährende Erscheinungspräsenz Gottes als König im Eschaton (4QFlor i 5f. und 11QTempel xxix 9f.)[20].

Diese liturgische Ordnung ist sicher jünger als die Psalmen, die sie umfaßt – ausgerechnet Ps 92 gehört ja zu den jüngsten –, und sie ist vielleicht auch nicht viel älter als die griechische Übersetzung des Psalters ca. 1. Hälfte 2. Jh. v. Chr. Jedenfalls war sie in dieser Zeit so aktuell und wichtig, daß sie in die Psalmüberschriften der Septuaginta geraten ist[21]. Von dieser Tradition her ist – wenn man vom Schilfmeerlied beim Nachmittagsopfer absieht – die Betonung des Preises von Gott als König und seines Königtums gerade am Sabbat in den Liedern aus Qumran überraschend und widerspricht der „traditionellen" Ordnung des Psalmengesangs zum Opfergottesdienst im Tempel – deren Entstehung entweder in die frühhellenistische Zeit der Chronikbücher 1. Hälfte 3. Jh. v. Chr. zu datieren[22] oder einer Kultreform in der Makkabäer/Hasmonäer-Zeit zu ver-

---

tologische Heil κατάπαυσις (4,1ff.5.10f. vgl. 3,11.18), σαββατισμός 4,9 und am Schluß des Briefes betont zusammenfassend: βασιλεία (12,28) nennt; siehe dazu H. LÖHR in diesem Band, 203.

[19] Zur Aufnahme kanaanäischer Traditionen und zum Alter des Psalms, siehe JÖRG JEREMIAS, Das Königtum Gottes, op.cit. (Anm. 3) 93–106; H. SPIECKERMANN, op.cit. (Anm. 16) 96–122, der den Psalm in die vorexilische Zeit datiert und seine „Heimat im Tempel und seinem gebildeten Klerus" (113) sieht. „Gotteskampf und Gottkönigtum, das sind die beiden zentralen Theologumena, um die sich in Ex 15 Israels Heilsgeschichte als ewige Heilspräsenz gruppiert" (112). Weiter zu Ex 15 siehe u. S. 72; in diesem Band B. EGO, Gottes Weltherrschaft, 265–285 und mein „Irdischer und himmlischer König", 326 u. ö.

[20] Dazu u. S. 74ff.

[21] Zu Ps 92 siehe die Ps-Kommentare z.St.; z.B.: H.-J. KRAUS, Psalmen II, BKAT XV,2, 1966, 642; E. BRIGGS, A Critical and Exegetical Commentary on the Book of Psalms II, ICC 1925, 283ff.: „probably in the late Greek period" (283), was doch etwas zu spät gegriffen ist. Während es zum vorexilischen kultischen Haftpunkt der Jahwe-König-Psalmen eine breite Diskussion gibt und man inzwischen doch wieder mit mehr oder weniger Vorsicht dabei an das Herbstfest, als das Thronbesteigungsfest, denkt, fehlen für die Zeit des zweiten Tempels – soweit ich sehe – ausführlichere Darstellungen. Zum Diskussionsstand für den vorexilischen Zeitraum siehe B. JANOWSKI, Das Königtum Gottes in den Psalmen, ZThK 86 (1989) 389–454 (424–446).

[22] P. WELTEN, Geschichte und Geschichtsdarstellung in den Chronikbüchern, WMANT 42, 1973, 199f. datiert die Abfassung der Chronikbücher in die Zeit „der beginnenden Auseinandersetzungen zwischen den Ptolemäern und Seleukiden" (200), also in die erste Hälfte des 3. Jh.s; vgl. M. HENGEL, Juden, Griechen und Barbaren, SBS 76 (1976) 34f.153; auch wenn man, wie H. GESE, die Entstehung der chronistischen Geschichtsbücher früher ansetzen will, wird man für die in unserem Zusammenhang wichtige „Liturgie" in 1. Chron 16 eher mit dem 3. Jh. rechnen, so H. GESE, Zur Geschichte der Kultsänger am zweiten Tempel, in: Vom Sinai zum Zion, BEvTh 64, 1978, 147–158 (150f.); vgl. R. SMEND, Die Entstehung des Alten Testaments, ThW 1, 1978, 228: „das jüngste Stück"; JÖRG JEREMIAS, op.cit. (Anm. 3) 121 „spätnachexilische(r) Zeit"; O. CAMPONOVO, op.cit. (Anm. 2) 91 „späterer

danken ist²³ – durch ihre „neuen Lieder" und ihre thematische Beschränkung auf den himmlischen Gottesdienst der Engel zu Ehren des Königs und Gottes der Engel. Was als Thema der ganzen Woche mit alten, z. T. sehr alten Psalmen besungen wurde²⁴ und so gewissermaßen die gesamte Tempelliturgie durchzieht als Feier der Heilspräsenz Gottes, gehört in Qumran zum „Thema" des Sabbats, genauer: der ersten 13 Sabbate des Jahres mit einer ganz einseitigen Konzentration auf die himmlische Welt.

In 11QPsᵃDavComp – einem Summarium über die Psalmendichtung Davids, das vorqumranisch sein kann, aber auch in Qumran entstanden sein könnte, weil es sich an den qumranischen Kalender hält²⁵ – werden David unter anderem auch 52 „Lieder" zugeschrieben, die er zum Sabbatopfer eines jeden Sabbats des Jahres gedichtet haben soll. In dieser numerischen Aufzählung werden Inhalt und Thema von Davids Sabbatliedern leider nicht genannt – verständlicherweise.

Näher kommen wir der Thematik der qumranischen Sabbatlieder in den Vorschriften zur Sabbatheiligung des Jubiläenbuches, die zu Beginn des Buches am letzten Schöpfungstag und allerersten Sabbat den Engeln offenbart und am Schluß des Buches für Israel angeordnet werden²⁶:

2,17–22:
„Und er gab uns (den Engeln) als großes Zeichen den Sabbattag, damit wir arbeiten sechs Tage die Arbeit, aber daß wir Sabbat halten am siebten Tag von aller Arbeit. Und allen Engeln des Angesichtes und allen Engeln der Heiligung, den beiden großen

---

Zusatz" mit Verweis auf W. RUDOLPH, Chronikbücher, HAT I,21, 1955, 115.117; K. GALLING, Die Bücher der Chronik, Esra, Nehemia, ATD 12, 1954, 51.

²³ Man kann an die Neuordnung des Kultes in der Makkabäerzeit denken, denn in 1. Chron 23,7 wird die Priesterklasse Joarib, der die Hasmonäer angehörten, an erster Stelle genannt.

²⁴ Vgl. o. Anm. 17: ELBOGEN zur Verwendung von Ps 93 und Schilfmeerlied am Sabbat und u. S. 55 Anm. 32 u. 33 zur Qedusha am Sabbat.

²⁵ J. A. SANDERS, The Psalm Scrolls of Qumran Cave 11, DJD IV, 1965, 48. Für sicher qumranisch hält diese Liste G. VERMES, op.cit. (Anm. 9) 190. Die Vermutung von L. H. SCHIFFMAN, Merkavah, op.cit. (Anm. 9) 22, der diese Notiz mit den Sabbatliedern in Verbindung bringt und deshalb annimmt, daß die Sabbatlieder ebenfalls David zugeschrieben wurden, hat sich nicht bestätigt.

²⁶ Ich zitiere nach der Übersetzung von K. BERGER, Das Buch der Jubiläen, JSHRZ II,3, 1981. Zur Datierung des Jubiläenbuches vgl. die Zusammenstellung bei O. CAMPONOVO, op.cit. (Anm. 2) 231 Anm. 4; D. MENDELS, The Land of Israel as a Political Concept in Hasmonean Literature, TSAJ 15, 1987, 57–88 vertritt wieder gegen Berger und vor allem J. C. VANDERKAM, Textual and Historical Studies in the Book of Jubilees, HSM 14, 1977, 207–288, der als den sinnvollsten Ort für die Entstehung von Jub das intersacerdotium von 159–152 v. Chr. ansieht (284), die spätere Datierung um 125 v. Chr. und möchte das Jubiläenbuch, das schon für die Zeit um 100 v. Chr. durch Fragmente in Qumran belegt ist, wieder stärker von der essenischen Original-Theologie absetzen. M. E. STONE, Enoch, Aramaic Levi and Sectarian Origins, JSJ 19 (1988) 159–170 und R. DORAN, The Non-Dating of Jubilees: Jub 34–38; 23:14–32 in Narrative Context, JSJ 20 (1989) 1–11 plädieren dagegen wieder für eine Frühdatierung in der ersten Hälfte des 2. Jh.s bzw. vor 167 v. Chr. Mit dem deutlichen

Geschlechtern, uns sagte er dieses, daß wir Sabbat feiern sollten mit ihm im Himmel und auf der Erde. Und er sagte uns: ‚,,Siehe ich will schaffen und erwählen mir ein Volk mitten aus meinen Völkern. Und sie werden mir Sabbat halten. Und ich werde sie heiligen mir zu einem Volk. Und ich werde sie segnen. Wie ich geheiligt habe den Tag des Sabbats und ihn mir heiligen werde, so will ich es segnen. Und sie werden mir mein Volk sein, und ich werde ihr Gott sein' ... Und er machte an ihm ein Zeichen, nach welchem sie Sabbat halten sollen *mit uns,* aufsteigen zu lassen seine Gebote als schönen Duft, der angenehm sein sollte vor ihm alle Tage." (Üs. Berger)

Charakteristisch für das Jubiläenbuch ist, daß die Engel bei der Schöpfung anwesend sind, sie wurden am ersten Schöpfungstag erschaffen (2,2). Gott ruht nicht für sich allein am siebten Schöpfungstag, sondern er gibt diesen Tag den Engeln „als großes Zeichen". Die „typischen Sabbatattribute": „segnen" und „heiligen" werden jedoch auf Israel übertragen: „Die Heiligkeit Israels ist im Sabbat, in seiner Bewahrung begründet"[27]; man kann noch schärfer sagen: Die Heiligkeit Israels besteht in der kultischen Gemeinschaft mit den Engeln am Sabbat.
In den Vorschriften für Israel zur Sabbatheiligung heißt es dann:

50,9f.:
„und Sabbat zu halten von aller Arbeit an diesem Tag und zu segnen den Herrn, euren Gott, der euch gegeben hat den Tag des Festes und einen heiligen Tag! Ein Tag des *heiligen Königreiches* für ganz Israel ist dieser Tag unter euren Tagen unter allen Tagen. Denn groß ist die Ehre, die der Herr Israel gegeben hat, zu essen und zu trinken ... und zu ruhen von aller Arbeit ... außer Weihrauch zu räuchern und Opfer darzubringen und Brandopfer vor dem Herrn an den Tagen und an den Sabbaten." (Üs. Berger)

Die beiden Textstellen sollen sich nach der ganzen Anlage des Jubiläenbuches gegenseitig ergänzen und interpretieren. Ist c. 2 eher vom subjektiven Blickwinkel der Engel, von „oben", gesehen: Israel soll *mit uns,* den obersten priesterlichen Engelklassen, den Sabbat halten, so ist in c. 50 eher von „unten" aus gesprochen: Die Teilnahme an der kultischen Heiligung des Sabbats, die sich im Himmel und auf Erden vollzieht, wird *„heiliges Königreich"* genannt.

Insistieren auf der Trennung der beiden höchsten Ämter – des hohepriesterlichen und königlichen – vertritt das Jubiläenbuch einen Standpunkt, der in der frühpharisäischen Zeit zum Streitpunkt zwischen den Pharisäern und Hyrkan wurde (Josephus, ant 13,399–404). Die Betonung von Ex 19,6 weist in dieselbe (spätere?) pharisäische Richtung. Für die Sabbatlieder, deren Entstehung in Qumran selbst man nicht bezweifeln sollte, siehe C. Newsom, op.cit. (Anm. 7) 86, und deren älteste Handschrift 4Q400 in die Zeit 75–50 v. Chr. datiert wird (Newsom S. 1), bildet das Jub die nächste Parallele in bezug auf die Vorstellung, daß die gemeinsame Sabbatfeier mit den Engeln „heiliges Königreich" genannt wird. Die Sabbatlieder sind sehr viel diffiziler in ihrer Darstellung dieses „Königreiches", auch ihre Angelologie ist weiter entwickelt als die des Jub. Das mag einerseits mit dem Thema zusammenhängen, zeigt aber auf der anderen Seite auch den besonderen sektenspezifisch-priesterlichen Charakter der Sabbatlieder.
[27] K. Berger, op.cit. (Anm. 26) 322 (Anm. IIa).

Hier sind alle drei charakteristischen Elemente unserer Sabbatlieder vereint. Die Feier des *Sabbats* geschieht in der Befolgung der Gebote Gottes und durch Opfer in Gemeinschaft mit den *Engeln,* die priesterlich vor Gott dienen – wie aus ihrer Bezeichnung „Engel des Angesichts" und „Engel der Heiligung" deutlich wird –, als eines Tages des *„heiligen Königreichs".* Die beiden Stellen, an denen im Jubiläenbuch das „Königreich" Gottes erwähnt wird (12,19 spricht Abraham von der Gottesherrschaft, d.h. er bekennt sich zur Alleinherrschaft Gottes; 50,9), sind nicht unter den hebräischen Fragmenten dieser Schrift aus Qumran erhalten, so daß man nicht sicher sein kann, ob der äthiopische Text ein hebräisches מלכות wiedergibt[28]. Man kann jedoch sicher sein, daß mit dem „heiligen Königreich" in 50,9 die Gemeinschaft Israels mit den beiden obersten Engelklassen bezeichnet wird. Ganz Israel amtet hier priesterlich am Sabbat, denn sie alle können „seine Gebote aufsteigen lassen als schönen Duft, der angenehm sein sollte für ihn alle Tage".

In 4Q504 Col vii[29] ist der Anfang von הודות ביום השבת „Hymnen für den Sabbattag" erhalten. Hier werden wie im Sabbatliederzyklus die Engel, aber auch die Erde und alle Geschöpfe zum Preis aufgefordert. Der Text ist sehr bruchstückhaft; ob Gott in diesem Zusammenhang auch „König" genannt und seine *malkût* erwähnt wurde, läßt sich nicht erkennen.

Daß sich die Frommen in Qumran in der Gemeinschaft mit den Engeln wissen und von daher ihre strengen Reinheitsvorschriften zu erklären sind, daß sie dafür Gott preisen und rühmen, ist oft belegt – aber die Beter sagen leider nicht, ob sie diese Gemeinschaft gerade am Sabbat in besonderer Weise erfahren[30]. Die ungewöhnlich strengen Sabbatvorschriften (CD x 14–xii 1; Josephus, bell 2,147) würden dem jedenfalls nicht widersprechen[31].

Die Verbindung von Sabbat, Engelpreis und der Bezeichnung Gottes als König wird weiter durch die Verwendung der Qedusha, des Engelpreises von

---

[28] K. BERGER, op.cit. (Anm. 26) 554 Anm. 9f.

[29] M. BAILLET, Qumrân Grotte 4, DJD VII, 1982, 150f.

[30] Neben den Belegen aus der Kriegsrolle 1QM x 10ff.; xii 1–4 sind es vor allem die Stellen 1QS xi 7ff.: „Denen, die Gott erwählt, gab er sie (d.h. die Erkenntnis der Geheimnisse) zu ewigem Besitz und gewährte ihnen Anteil am Los der Heiligen und mit den Söhnen des Himmels verband er ihren Kreis, zur Gemeinschaft der Einung und Gemeinde des heiligen Gebäudes ...", dazu G. KLINZING, Die Umdeutung des Kultes in der Qumrangemeinde und im NT, 1971, 74f.150f.; aus den Hodajot bes. 1QH iii 19–23; vi 12–14; xi 10–14.25f. dazu H.-W. KUHN, Enderwartung und gegenwärtiges Heil. Untersuchungen zu den Gemeindeliedern von Qumran ..., SUNT 4, 1966, 66–73 Exkurs: „Die Gemeinschaft mit den Engeln in den Qumrantexten"; vgl. J. MAIER, Vom Kultus zur Gnosis, op.cit. (Anm. 12) 132f.; P. SCHÄFER, Rivalität zwischen Engeln und Menschen, SJ 8, 1975, 33–40; H. LICHTENBERGER, Studien zum Menschenbild in den Texten der Qumrangemeinde, StUNT 15, 1980, 224ff.100f.: im Segen 11QBer 6–14 (13) verbürgen „Gottes Gegenwart und ,die Engelgemeinschaft' ... die diesseitigen Heilsgaben". Zum Ganzen und seiner religionsgeschichtlichen Einordnung: M. HENGEL, Judentum und Hellenismus, WUNT 10, ²1973, 398–407 (405).

[31] Vgl. H. BIETENHARD, Die Handschriftenfunde vom Toten Meer ..., ANRW II 19,1,

Jes 6,3 – Jesaja spricht ja in seiner Vision Gott als König an – und Ez 3,12, im Achtzehngebet nur am Sabbat und an hohen Festen in der frühen palästinischen Zeit[32] belegt. Ebenso wurde die mit den Sabbatliedern in Thematik und Stil nah verwandte Berakha vor dem Shemaʿ, Joṣer ʾor, die die Qedusha enthält, in Palästina nur an hohen Festen und Sabbaten rezitiert, was sehr wahrscheinlich auf den Gebetsbrauch der Priester im zweiten Tempel zurückgeht[33].

In den Sabbatliedern selbst wird die Qedusha jedoch nicht wörtlich als Preis der Engel „zitiert", sondern sie wird im Vollzug beschrieben. Auf die Gründe werden wir später zurückkommen. Es könnte sein, daß das 7. Sabbatlied die Qedusha als liturgischen Gesang bereits voraussetzt[34].

Machen wir von hier aus einen großen Sprung zu den späten und entlegenen Teʾezaza Sanbat, den „Vorschriften für den Sabbat" der Falasha, der äthiopischen Juden. Dort begegnen uns die drei charakteristischen Elemente unserer Sabbatlieder vereint wieder. In ihrer heutigen Gestalt wird die Schrift von Leslau erst ins 14. Jh. n. Chr. datiert, sie soll aber sehr viel weiter zurückgehen[35]. Ihre Quellen sind vor allem das Jubiläenbuch, aber auch andere jüdische Apokryphen und wohl auch Hekhalot-Literatur. Ebenso ist die enge Berührung mit den Sabbatvorstellungen der rabbinischen Literatur unübersehbar[36].

1979, 704–778 (754); L. H. SCHIFFMAN, Halakhot, op.cit. (Anm. 9) 37–40.77.133; T. S. BEALL, Josephus' Description of the Essenes Illustrated by the Dead Sea Scrolls, NSTS MonSer 58, 1988, 96 f.

[32] I. ELBOGEN, op.cit. (Anm. 3) 61 f.; J. HEINEMANN, Prayer in the Talmud, 1977, 230 ff.; C. NEWSOM, Songs op.cit. (Anm. 7) 20 f.

[33] C. NEWSOM, loc.cit. Vgl. den nach Abschluß des Manuskripts erschienenen Aufsatz: J. MAIER, Zu Kult und Liturgie der Qumrangemeinde, RdQ 14 (1990) 543–586.

[34] Dazu u. S. 97 f.

[35] Text bei: J. HALÉVY, Teʾezaza Sanbat (Commandements du Sabbat), Paris 1902 (mit äth. Text und franz. Üs.); Engl. Üs.: W. LESLAU, Falasha Anthology, YJS 6, 2. Aufl. 1954. Ich zitiere nach der Ausgabe von LESLAU und seiner Seitenzählung. LESLAU (11) begründet die späte Datierung der jetzigen Form der Teʾezaza Sanbat mit dem Nachweis christlicher und arabischer Einflüsse, gesteht jedoch zu, daß „the work contains materials which reach much further back". K. BERGER und C. COLPE, op.cit. (Anm. 2) 64 zitieren diese Schrift zu Mk 9,37 und datieren mit „wohl noch 1. Jh. n. Chr." sehr früh. Das könnte höchstens für einen Grundbestand gelten – die am häufigsten verwendete Quelle, das Jubiläenbuch, ist ja noch älter –, der kompilatorische Charakter ist jedoch unübersehbar. Darauf macht auch S. KAPLAN, Teʾezaza Sanbat: A Beta Israel Work Reconsidered, in: Gilgul. Essays on Transformation-Revolution and Permanence in the History of Religions, ed. by S. SHAKED, D. SHULMAN, G. G. STROUMSA, SHR 50, 1987, 107–124 aufmerksam, der an einigen Stellen eine Abhängigkeit von einer christlichen Predigt, die Jakob von Sarug zugeschrieben wurde, zeigt. Diese Stellen berühren sich jedoch nicht mit den hier angeführten Partien zum Sabbat. Die Beobachtungen von KAPLAN bestätigen, daß es sich um „a composite composition" (118) handelt, die Datierung von BERGER in einem Arbeitsbuch für Studenten (!) ist leider irreführend.

[36] LESLAU verweist in seinem Anmerkungsteil nur sehr global auf die Parallelstellen. Doch

Die Verbindung von Sabbat, Engelpreis und himmlischem Königtum Gottes tritt in dieser Schrift ganz massiv, selbstverständlich und naiv auf.

Der verhältnismäßig kurze Text hat kompilatorischen Charakter, Wiederholungen und Brüche sind deutlich. Die einzelnen Abschnitte münden – wie viele Hekhalot-Texte – in die Qedusha als Engelpreis am Sabbat (19; 34) oder beginnen mit ihr (24). Sie verbinden das „Heilig, heilig, heilig ..." mit der glossolalierenden Aufreihung der Gottesnamen und dem Preis Gottes als König, wie wir es ähnlich aus der Hekhalot-Literatur kennen[37]. Auch in den Gebeten der Falasha erscheint die Qedusha in Verbindung mit dem überschwenglichen Preis Gottes als König – ob sie auch nur für den Sabbat bestimmt waren, geht aus den Ausgaben, die ich benutzte, nicht hervor[38].

Die Sabbat ist präexistent und weiblich personifiziert. Die Weisheitsspekulation wird auf die „Sabbat" übertragen, sie hat Mittlerfunktion und ist „regina coeli"[39]. Die Sabbat wird an ihrem Tag im Himmel und auf Erden gekrönt, durch ihren Abstieg vom himmlischen Thron und ihren Wiederaufstieg verbindet sie himmlischen und irdischen Gottesdienst (vgl. 30,15ff.; 31,35–32,5; 33,28ff. = Jub 2,16–18).

Neben den die Sabbat krönenden Engeln werden auch Priester im Himmel erwähnt (16,22–31):

„God's justice (?) will rejoice in Heaven with the Sabbath of Israel. The Sabbath will rise from her seat on Friday at dawn (von da an erwarten die Falasha die Sabbat); the spirit of God will descend through the seven heavens and will then rise. Then the archangels will crown the Sabbath of God, and the priest of Heaven will leap for joy. The spirit of God will come on Friday at the nine hour. Ninety of thousand angels will crown the Sabbath of

---

vgl. WaR 27,10; PesK 78a (ed. S. BUBER); bKet 62b, siehe dazu G. SCHOLEM, Von der mystischen Gestalt der Gottheit. Studien zu Grundbegriffen der Kabbala, stw 209, Frankfurt am Main 1977, 156f.; DERS., Zur Kabbala und ihrer Symbolik, stw 13, Frankfurt am Main 2. Aufl. 1977, 186f.

[37] W. LESLAU, op.cit. (Anm. 35) 24f.: „Praise be to God in the council of His glory. The angels of Heaven, Michael, Gabriel and Fanu'el and their hosts praise Him and call Him: 'El, Wa'el, 'Elohe, Mal'ehe, Lahe, Lohe, Adonai Sabaoth. Holy, Holy, Holy is God of Sabaoth, *the King*. All the earth is filled with Thy glory, O Lord! And the stars of Heaven praise Him with intelligence." (Hervh. v. mir). Vgl. dazu P. SCHÄFER, Konkordanz (op.cit. Anm. 12) s.v. קדוש, מלך, אלהים, אל[1], יה etc.; die Litaneien und magischen Beschwörungen in der Hekhalot-Literatur scheuen ebenso vor dem glossolalierenden Aufreihen des heiligen Tetragramms nicht zurück.

[38] Unter den 38 Gebeten, die LESLAU abdruckt: Nr. 1; 10; 11; 14; 15; 18; 19; 20; 21; 22; 27; 37.

[39] 21,5ff.: Die Sabbat sagt zu Gott: „I was with Thee when Thou didst create the Heaven and didst establish the earth ... with Thy wisdom"; 32,29ff.: „And the Sabbath was with God in His residence from all eternity"; 17,10ff.: „Pray to God, your Lord, you who have sins and faults, and you will be saved through the Sabbath ..."; 30,26ff.: Gott sagt zu Sabbat: „They who honor thee are if they honored me, who dismiss thee are as if they dismissed me, who serve thee are as if they served me, who receive thee as if they received me ...", vgl. TgJer II zu Ex 20,2: „Wer den Sabbat ehrt, der gleicht vor mir dem, der mich auf dem Thron meiner Herrlichkeit ehrt; denn wegen der Ehrung des Sabbats werden der Kinder Israels die zukünftige Welt in Besitz nehmen, die ganz Sabbat ist" (Üs. nach BILLERBECK IV,2, 839), vgl. K. BERGER/C. COLPE, loc.cit. (Anm. 35); L. J. LIEBREICH, Jubilees 50:9, JQR 44 (1953), 169.

God and will bring her down from High. Because of her all will rejoice like calves, and all the angels of Heaven will be glad because of the greatness, the splendor, and the glory of the Sabbath of God."[40]

18,27ff.:
„The priests of Heaven bring incense before His Holy throne at all times, without pause, and God says: ‚Enter with them openly into the *Heavenly Kingdom,* you, men just und pure ...‘"

Das sind diejenigen, die ihm die Sabbat zugeführt hat. Selbst die Bewohner der Scheol haben Ruhe von ihren Qualen am Sabbat, jedoch gilt die Warnung (19,15–16):

„If we observe the rest of the Sabbath of God, without praying to and worshiping the *celestical King,* day and night, at every hour, who will tell the punishment of Hell in this world?
    The angels of Heaven say:
    ‚Holy, Holy, Holy, the Lord of Sabaoth,
    The Whole earth is full of Thy praise,
    The hosts of the angels praise Him and say:
    The human kind, the earthy one, is vanquished,
    He who dies not, forever is victor,
    Hallelujah, Hallelujah, Hallelujah!
    He is holy, praised, and glorified forever.‘"

So endet ein in sich geschlossener Abschnitt, der in 16,3 begann mit:
„This is the Book of Israel, concerning the greatness and the glory of the Sabbath of Israel."

Die Zitate aus den Te'ezaza Sanbat ließen sich vermehren[41]. Daß in den entlegenen Vorschriften für den Sabbat die drei charakteristischen Elemente unserer Sabbatlieder, *Preis der Engel* (und Menschen), Gott als *König* und sein *himmlisches Königtum* in Verbindung mit der *Sabbatfeier,* weitergelebt haben, hat zu diesem Exkurs verleitet. Die Parallelen im synagogalen Gottesdienst und in der rabbinischen Literatur sollen hier nicht weiter aufgezählt werden[42].

---

[40] Vgl. Seder R. d. Bereshit, in: Batei Midrashot I, ed. A. J. WERTHEIMER, 2. Aufl. Jerusalem 1953/4, Ndr. 1968, 8. In dt. Üs. bei M. J. BIN GORION, Die Sagen der Juden I, 1913, 19ff. (= neuhg. von E. BIN GORION, Frankfurt 1962, 35f.).

[41] Parallel zur Passage 16,3–19,25, aus der ich zitiert habe, sind 30,15–32,18 und 34,35–36,4. In diesem letzten Abschnitt tritt noch ein neues Motiv hinzu: Die Engel wollen den Sabbat schon am 5. Tag heiligen, während des ganzen 6. Tages werfen sie sich unentwegt nieder und singen das „Heilig, heilig, heilig ...", aber erst am 7. Tag werden sie erhört, da freut sich Gott über die Nennung seines Namens. Nun wird auch der Preis der Engel in den drei (nicht 7 wie in 16,22ff., wahrscheinlich haben wir es mit einer anderen literarischen Schicht zu tun) Himmeln beschrieben, und hier am 7. Tag wird Gott „eternal King" (35,16) und „King of all" (35,28) genannt. Der Königstitel ist die feierliche Gottesprädikation am Sabbat.

[42] Siehe die bei L. GINZBERG, The Legends of the Jews, I,83–86; V,110ff. gesammelten Belege; vgl. schon M. J. BIN GORION, Die Sagen der Juden, 1913, 20f. (Ndr. 1962, 35ff.). Weiter zum Shema: T. LEHNARDT in diesem Band, 285–307.

Wichtig ist, festzuhalten, daß die entscheidenden Merkmale der Sabbatlieder durch das Jubiläenbuch für die „vorqumranische" Zeit[43] und durch die Verwendung der Qedusha am Sabbat für das frühe palästinische Judentum belegt sind – und letzteres sich wahrscheinlich auf den Gebetsgottesdienst der Priester im Tempel zurückführen läßt. Daß die sehr viel späteren Te'ezaza Sanbat das Weiterleben dieser Verbindung so kräftig bezeugen, ist ein Kuriosum, zeigt aber ihre Verbreitung.

3. Das alttestamentliche Vorbild: Jahwe-König-Psalmen und der Lobpreis des himmlischen Hofstaates

Wenn der Preis Gottes als König und seiner Königsherrschaft so gehäuft auftritt wie in den Sabbatliedern, wird das nicht nur eine Wurzel haben. Die Vorstellung, daß Gott als König thront, und die numinosen Wesen – sein himmlischer Hofstaat –, die ihn umgeben, ihm huldigen, ist uralt und für das Alte Testament schon in Jes 6 belegt. Auch wenn sich das Trishagion Jes 6,3 nicht ohne weiteres für das Jerusalemer Kultritual im 8. Jh. v. Chr. in Anspruch nehmen läßt[44], so bezeugt doch der alte Ps 29 die liturgische Verwendung der Huldigung an Jahwe als *König* und verwendet כבוד als Motivwort[45]. Kanaanäischem Erbe verdanken sich die Gottesepitheta „Elohim" und „mäläk", ebenso wie die „Götter(söhne)", die Jahwes Hofstaat bilden.

Ps 29 (neben Ps 93) ist eines der ältesten Zeugnisse für den „Kern der Psalmentheologie" der vorexilischen Tempeltheologie, die „der königlichen Präsenz Jahwes in seinem Tempel und ihren verschiedenen Aspekten gewidmet ist. Lehrmeister dieser Theologie waren ... die Kanaanäer, deren israeliti-

---

[43] Das Jubiläenbuch ist nicht in Qumran entstanden, aber dort rezipiert worden, siehe o. Anm. 26.

[44] Vgl. O. KEEL, Jahwe-Visionen und Siegelkunst, SBS 84/85, 1977, 116–121; so könnte vielleicht die Jesaja-Rolle aus Qumran 1QIs[a] (The Dead Sea Scrolls of St. Mark's Monastery I, The Isaiah Manuskript and the Habakuk Commentary, ed. M. BURROWS, 1950, Pl V) mit der einfachen Gemination von קדוש statt der Trigemination den ursprünglichen Wortlaut der Formel bewahrt haben: Trigemination findet man in frühen Texten nur in Beschwörung und Zauber, siehe O. KEEL, op.cit., 118. Doch Ps 99 (nachexilisch) setzt offensichtlich die Trigemination in Jes 6 voraus, siehe dazu R. SCORALICK, Trishagion und Gottesherrschaft (SBS 138) 1989, Vorwort und 59f.

[45] Dieser Psalm verbindet die kanaanäischen El- und Baaltraditionen und ändert sie ab zu einer spezifisch israelitischen Konzeption von Jahwes Königtum; siehe JÖRG JEREMIAS, op.cit. (Anm. 3) 29–45 (43), vgl. jedoch die kritischen Bemerkungen zu JEREMIAS' Mythos-Verständnis und zur Trennung der Traditionen nach Satzarten etc. von B. JANOWSKI, op.cit. (Anm. 21) 402–408. Die Frühdatierung von Ps 29 ist nicht unbestritten, so datiert O. LORETZ, Die Psalmen II. Beitrag der Ugarit-Texte zum Verständnis von Kolometrie und Textologie der Psalmen. Psalm 90–150, AOAT 207/2, 1979, 436–439; DERS., Psalm 29, UBL 2, 1984, 70 in die spätnachexilische Zeit; doch siehe die Kritik bei SPIECKERMANN, op.cit. (Anm. 16) 171 Anm. 9.

sche Schüler aber von Anfang an selbstbewußt entschieden, was für sie zu lernen nützlich war und was nicht."[46] Diese vorexilische Gestalt der Tempeltheologie lebt deutlich weiter in der liturgischen Anordnung für die Opfergottesdienste im zweiten Tempel[47], die unüberhörbar das Königtum und die Herrschaft Gottes ins Zentrum stellen.

Die Sabbatlieder führen erstaunlicherweise ganz konservativ diese alte „Tempeltheologie" und die Interpretation der alten Gottesepitheta weiter fort. Sie verwenden nicht die persönlichen Gottesprädikationen, die das Suffix der 1.pers.sg. bzw. pl. den Gottesbezeichnungen zufügen, sondern nehmen die Prädikationen des „Hofstils" aus dem atl. Psalter auf. Sie unterscheiden zwischen Gott als Elohim und Schöpfer und Gott als König und Herrscher (siehe u. S. 96ff.); zudem werden die Engel – hier das himmlische Kultpersonal, das den alten „Göttersöhnen" (Ps 29) entspricht – vorwiegend „Elim" bzw. „Elohim" genannt. Das Königtum Gottes wird überhaupt nicht mehr verbal, sondern – wie schon in den späten Teilen des kanonischen Psalters (Ps 22; 145 etc.) – durch Abstrakta ausgedrückt. Beschreibt Ps 22,4 das Thronen Jahwes nicht auf den Keruben, die jedoch im Hintergrund der Metaphorik stehen, sondern auf dem Lobpreis Israels und seine Königsherrschaft als eine universale über die Völker (V. 29)[48]:

„Doch du bist der Heilige,
der thront über den Lobgesängen Israels ...
Denn Jahwe gehört das Königtum,
er ist Herrscher über die Völker",

---

[46] H. SPIECKERMANN, (op.cit. Anm. 16) 165 in seinem Abschnitt „Jahwe, der Herr seines Heiligtums" und op.cit. in der Einleitung 9f.: „Ohne großes Wagnis darf man behaupten: Wie die Psalmen in einem gewissen Grundbestand am besten innerhalb oder im Gefolge des Tempelkultes zu verstehen sind, so stellt sich die Psalmtheologie in einer bis in Israels frühe Königszeit zurückreichenden Form als Tempeltheologie dar. Nach ihren zentralen Aussagen wohnt und thront der königliche Deus praesens in seinem Heiligtum inmitten seines Landes und seiner Verehrer, unsichtbar und unverfügbar, aber gegenwärtig und heilsam erfahrbar auf mancherlei Weise auch über den Bereich des Tempels hinaus in der Welt."

[47] Vgl. o. S. 49ff. Auf diese – zwar nur für die Spätzeit des 2. Tempels, aber immerhin breit belegte – „Agende für die Wochentage" gehen weder JEREMIAS noch SPIECKERMANN ein. SPIECKERMANN, op.cit. (Anm. 16) 181: „Ähnlich wie hinter 29,10 eine kultische Formulierungsvorgabe zu vermuten war, hat mit Sicherheit die Formel יהוה מלך ‚Jahwe ist König!' zum agendarischen Gut des Tempelkultes gehört, ohne daß aus den alttestamentlichen Belegen oder den entsprechenden Texten aus Israels Umwelt noch der gottesdienstliche Ort der Formel zu ermitteln wäre." JEREMIAS, op.cit. (Anm. 3), 156 Anm. 4 verweist zu Recht auf die LXX-Überschrift zu Ps 29 ἐξοδίου σκηνῆς. B. J. DIEBNER, Art. Gottesdienst II (Altes Testament), TRE 14, 1985, 5–28 fordert zwar: „Eine Kultgeschichte des antiken Judentums in Palästina wird primär als Liturgiegeschichte betrieben werden müssen" (24), aber für die Zeit des 2. Tempels verweist er auf M. HENGEL, Judentum und Hellenismus (!), wo dieses Thema nur im Zusammenhang mit der „hellenistischen Reform" erscheint und nicht der bestehende Kult, sondern nur der dieser Reform zu rekonstruieren versucht wird. Auf einen Artikel zum Gottesdienst des frühen Judentums hat man in TRE verzichtet.

[48] Vgl. Jörg JEREMIAS, op.cit. (Anm. 3) 144–146.

so nehmen die Sabbatlieder die Tradition vom „Kerubenthroner" wieder unmittelbarer auf: Hier thront Gott als König über den Lobgesängen der Cherubim, Ofannim und der Merkabot, aber doch jenseits der ihn insgesamt lobenden himmlischen Tempel, die ihrerseits Gottes „Königtum" darstellen. Die Sabbatlieder sind höchstwahrscheinlich in essenischen Kreisen zwischen 150−50 v. Chr. entstanden; die älteste paläographisch mit Sicherheit bestimmbare Handschrift 4Q400 wird in die Jahre 75−50 v. Chr. datiert. Zeitlich[49] und thematisch stehen den Liedern späte Psalmen wie Ps 103,19−22; 148 und Dan 3,52−90 (LXX) nahe. Es sind imperativische Hymnen[50]. Sie fordern die Engel auf zum Preis Gottes, des Königs, dem sie dienen.

> Ps 103,19−22:
> „Der Herr hat seinen Thron im Himmel errichtet,
> und seine Herrschaft (מלכותו) regiert das All.
> Lobet Jahwe, ihr, seine Engel,
> ihr starken Helden, die sein Wort vollziehn!
> Lobet Jahwe, all ‚sein Heer',
> seine Diener, die seinen Willen tun!
> Lobet Jahwe, alle seine Werke
> an allen Orten seines Reiches (ממשלתו)!"

In Ps 103 schließt diese hymnische Passage ein individuelles Danklied ab. Wie in anderen Psalmen aus der hellenistischen Zeit wird das universale Königtum Jahwes mit Elementen der alten Jahwe-König-Psalmen beschrieben, aber zugleich mit der Not und dem persönlichen Schicksal des Beters verbunden (Ps 97; 22; 145; 146). Deutlich bereitet sich hier der Sprachgebrauch der Sabbatlieder vor: Nicht mehr kurze Nominal- und Verbalsätze werden für die Schilderung von Jahwes Königtum verwendet, sondern Abstrakta bevorzugt. In diesem Psalmabschnitt (103,19−22) vertritt מלכותו Gott selbst bzw. יהוה מלך, während ממשלתו den Bereich von Gottes Herrschaft bzw. seine Befehlsgewalt bezeichnet.

So begegnet das Abstraktum מלכות in den kanonischen Psalmen am häufigsten (viermal) in dem späten Akrostichon Ps 145, der zudem auch noch einmal ממשלה verwendet und der die hohen Aussagen über Gottes ewige Königsherrschaft mit dem „Bekenntnis zu Gottes Güte und Erbarmen gegenüber den Schwachen"[51] vereint. Von hier aus läßt sich die traditionsgeschichtliche Linie

---

[49] SPIECKERMANN, op.cit. (Anm. 16), 59. datiert jedoch den Grundbestand von Ps 148 in vorexilische Zeit.
[50] Zur Formbestimmung der „imperativischen Hymnen" im Psalter siehe F. CRÜSEMANN, Studien zur Formgeschichte von Hymnus und Danklied in Israel, WMANT 32, 1969, 19−82 (19ff.); SPIECKERMANN, op.cit. (Anm. 16) 51 unterstreicht zu Recht gegen CRÜSEMANN, daß in diesen Psalmen bzw. Psalmteilen der Aufruf zum Loben sich verselbständigt hat, es sich nicht um eine ursprünglich selbständige Gattung handelt.
[51] JÖRG JEREMIAS, op.cit. (Anm. 3) 146.

zu den neutestamentlichen Aussagen über die βασιλεία Gottes – gerade im Munde Jesu, man denke nur an die Seligpreisungen, die Antwort auf die Täuferanfrage etc.[52] – am leichtesten ziehen[53]. Die Sabbatlieder betonen jedoch ganz einseitig die himmlische Seite von Gottes universaler Herrschaft. Das Wort „Erde" erscheint überhaupt nicht in den Sabbatliedern. Isoliert man Ps 103,19–22 aus seinem Kontext, bildet dieser Psalmteil die nächste alttestamentliche Parallele zu unseren Sabbatliedern. Eine Verbindung zur irdischen Welt kennt der qumranische Liedzyklus nur durch das Bekenntnis der Niedrigkeit und den Jubel der irdischen Gemeinde, daß sie am himmlischen Lobpreis teilnehmen kann; belegt ist das im erhaltenen Text aber nur für die beiden ersten Lieder.

Auch der „Gesang der drei Männer im Feuerofen" (Dan 3,52–90 LXX), der ursprünglich wahrscheinlich hebräisch gedichtet wurde[54], ist ein gutes Beispiel für diese spätalttestamentliche Hymnendichtung (Dan 3,52–58):

„Zu preisen bist du, Herr, Gott unserer Väter,
zu rühmen und zu erhöhen zu jeder Zeit.
Und gepriesen ist dein herrlicher und heiliger Name
und gerühmt und erhöht für alle Zeiten.
Gepriesen bist du im Tempel deiner heiligen Herrlichkeit
und gerühmt und hochverherrlicht zu jeder Zeit.
Gepriesen bist du auf dem Thron deiner Herrschaft
und gerühmt und erhöht zu jeder Zeit.

Gepriesen bist du, der in die Tiefen schaut, auf den Keruben thront,
und gelobt und verherrlicht zu jeder Zeit.
Gepriesen bist du auf dem Firmament
und gerühmt und verherrlicht zu jeder Zeit.

Preiset, alle Werke des Herrn, den Herrn,
rühmt und erhöht ihn zu jeder Zeit.
Preiset, ihr Engel des Herrn, den Herrn
..."

---

[52] Vor allem jedoch durch die Aufnahme deuterojesajanischer Verkündigung: dazu H. MERKLEIN, Jesu Botschaft von der Gottesherrschaft, SBS 111, 3. Aufl. 1989, 45–53; 67; in Mt 11,5f. par Lk 7,22 sehe ich die Kernstelle für das Verständnis der βασιλεία Gottes in der Logienquelle, kein authentisches Herrenwort; anders H. MERKEL, Die Gottesherrschaft in der Verkündigung Jesu, in diesem Band 148.

[53] Vgl. O. BETZ, Jesu Lieblingspsalm. Die Bedeutung von Psalm 103 für das Werk Jesu, Theol. Beiträge 15 (1984) 253–269 (Ndr. in: DERS., Jesus. Der Messias Israels, WUNT 42, 1987, 185–201).

[54] Dan 3,52–90, die LXX-Version hat gegen Θ die ursprünglichere Reihenfolge in V. 53ff. bewahrt. Üs. nach O. PLÖGER, Zusätze zu Daniel, JSHRZ I,1, 2. Aufl. 1977, 63–85 (67f.73–76); vgl. C. KUHL, Die drei Männer im Feuer, BZAW 55, 1930, 111–158 mit Rückübersetzung ins Hebräische; O. CAMPONOVO, op.cit. (Anm. 2) 183 Anm. 25 meint: „Der Hymnus ist so allgemein gehalten, dass über seine Entstehungszeit nichts Sicheres auszusagen

Gott wird gepriesen in seinem himmlischen Tempelheiligtum als König thronend auf dem Kerubenthron seiner Herrschaft mit 6 Benediktionen. Das Subjekt der Gott Preisenden wird – wie in Eulogien üblich – zunächst nicht genannt. Doch der Hymnus fährt fort mit der Aufforderung zum Lob, beginnend mit der nächsten Umgebung Gottes, den Engeln, geht er die ganze Stufenleiter hinab bis in die Menschenwelt, bis zu den drei Männern im Feuer, die mit diesem Psalm noch innerhalb des Bereichs des Todes, doch behütet durch den Engel als sichtbarem Zeichen von Gottes Gegenwart, das Wunder ihrer Rettung schon feiern. Der himmlische Preis korrespondiert nicht mehr dem im irdischen Heiligtum (vgl. das Gebet Asarjas 3,38f. LXX), er erschallt in der gesamten Schöpfung, gipfelnd bei den dem Totenreich entrissenen Israeliten (vgl. u. Anm. 63).

Die vor dem imperativischen Hymnus stehenden sechs Eulogien (vgl. 1. Chron 29,10ff.; Tob 13,1ff.) sind verwandt mit den Schlußeulogien, die im Psalter z. T. kleinere Sammlungen abschließen (ψ 40,14; 71,18f.; 88,53; 105,48; 134,21)[55]. Der Beginn mit der Eulogie begegnet öfter in späten Psalmen wie Dan 3,26 (LXX); 1. Chron 29,10ff.; Tob 13,1ff. und Psalmen aus Qumran[56], aber auch im Benedictus in Lk 1,68. Für eine derartige Eulogie kennen wir aus der Mischna und der Tosefta die liturgische Verwendung im Tempelgottesdienst: „Gepriesen sei der Name der Herrlichkeit seiner Königsherrschaft für immer und ewig", ברוך שם כבוד מלכותו לעולם ועד. Mit dieser Responsion antwortete die versammelte Festgemeinde, wenn der Hohepriester am Versöhnungstag den heiligen Gottesnamen laut aussprach, bzw. die umstehenden Priester „übertönten" die Nennung des Gottesnamens durch den Hohenpriester mit dieser Eulogie, die Formulierung der Mischna läßt beide Deutungen zu (mYoma 3,8; 4,1; 4,2; 6,2 vgl. mBer 1,2); nach tTaan 1,11ff. soll man auf jede Preisung im Tempel nicht mit „Amen", sondern mit dieser Formel geantwortet haben. Sie war so wichtig, daß sie als geflüsterte Responsion in das Shema nach den Anfangsworten Dtn 6,4 eingefügt wurde[57]. Unser Psalm nennt in der

---

ist", und ordnet ihn „der gesetzestreuen Literatur der Makkabäerzeit" zu. K. Koch, Deuterokanonische Zusätze zum Danielbuch. Entstehung und Textgeschichte, AOAT 38,1.2, 1987, kommt zu dem Ergebnis, der aramäische Text in der Chronik des Jerachmeel MS Bod. Oxf.heb.d.11, den schon Gaster veröffentlichte, „ist von der aramäischen Vorlage für SΘG direkt abkünftig" (Bd. 1, 29 vgl. 203). Der aramäische Text hat dieselbe Reihenfolge wie LXX und Vg, jedoch spricht er im zweiten Glied vom „Tempel deiner Heiligkeit" und hat das dritte Glied erweitert: בריך את בכורסא יקר מלכותך (Text: Bd. 1, 98ff.; Kommentar: Bd. 2, 85–141).

[55] H. Gese, Die Entstehung der Büchereinteilung des Psalters, in: Vom Sinai zum Zion, BEvTh 64, 1974, 159–167.

[56] 1QH v 20; x 14; xi 27b.29; xvi 8 wenden sich an Gott in der 2.pers.sg.masc. mit „du", während in 1QM xiii 2; xiv 8b; xviii 6b „dein Name" verwendet wird. Vgl. G. Morawe, Aufbau und Abgrenzung der Loblieder aus Qumrân, ThA 16, 1960, 30.33ff.

[57] Vgl. o. Anm. 3; dazu J. Heinemann, op.cit. (Anm. 32) 109f.134ff. und Index 314; K. E. Grözinger, Musik und Gesang in der Theologie der frühen jüdischen Literatur, TSAJ 3, 1982, 84f.; M. Hengel, Zur matthäischen Bergpredigt und ihrem jüdischen Hintergrund,

zweiten, dritten und vierten Segensformel die Grundelemente ὄνομα, δόξα, βασιλεία und gestaltet sie weiter aus; wahrscheinlich setzt er die Berakha des Tempelgottesdienstes schon voraus[58]. In dieser Eulogie des Tempelkults dient מלכותו als Umschreibung des Gottesnamens und ist Ausdruck seiner „Machtfülle" und steht, indem sie auf seine wörtliche, unverhüllte Aussprache antwortet, anstelle von „Jahwe" – wie 'adonaj, wie das Qere κύριος der Septuaginta (vgl. dazu u. S. 88 Anm. 126).

Dieser Hymnus ist sinnvoll dem ersten Teil des Danielbuches thematisch entsprechend eingefügt[59] als Höhepunkt des „Märtyrerberichts" über die Gefährten Daniels. Die schwachen „Helden", die allein und nur auf ihren Gott vertrauend einer Übermacht von feindlichen Gegnern – der Hofintrige und dem babylonischen König – ausgeliefert sind, bestehen die Feuerprobe des

---

ThR 52 (1987) 327–400 (348); V. APTOWITZER, בשכמל"ו. Geschichte einer liturgischen Formel, MGWJ 73 (1929) 93–118 vermutete, daß die Formel entstanden und in den Tempelgottesdienst eingeführt wurde in der Zeit Alexander Jannais, als „ein Protest gegen die doppelt gottlosen Sadduzäer-Hasmonäer" (101). Seine Beweisführung überzeugt heute nicht mehr, man wird sehr viel vorsichtiger sein müssen. Die neueste Untersuchung: S. T. LACHS, Why was the „Amen" Response Interdicted in the Temple?, JSJ 19 (1988), 230–240 vermutet ebenfalls – wahrscheinlich zu Recht – wieder pharisäischen Ursprung. Im Anschluß an tTaan 1,11ff. nimmt er an, die Pharisäer hätten damit vermeiden wollen, einem sadduzäischen (Hohen) priester mit dem die Wahrheit beteuernden „Amen" zu antworten. Aber genau das scheint mir eine typische spätere rabbinische Erklärung für diese Eulogie zu sein, nicht ihr Ursprung, siehe u. S. 92 Anm. 132. Dem Theologumenon gemäß, daß sich himmlischer und irdischer Gottesdienst entsprechen, wird die Responsion auch in der Beschreibung des himmlischen Tempelkults der Engel vor dem Thron Gottes verwendet, siehe dazu B. EGO, Im Himmel wie auf Erden. Studien zum Verhältnis von himmlischer und irdischer Welt im rabbinischen Judentum, WUNT 2.R. 34, 1989, 44f. Vgl. auch die Verwendung in Verbindung mit der Qedusha bei der Schilderung des Lobpreises der Engel in den sieben himmlischen „Palästen" in Maʿaseh Merkabah, am eindrücklichsten in § 555 (Text bei P. SCHÄFER, Synopse, op.cit. Anm. 12, 208ff.; jetzt auch in dt. Üs. in: Übersetzung der Hekhalot-Literatur III. §§ 335–597, hg. v. P. SCHÄFER u.a., TSAJ 22, 1989, 259–262) u.ö.; P. SCHÄFER, Konkordanz, op.cit. (Anm. 12) s.v. führt aus der durch die Konkordanz erfaßten Hekhalot-Literatur 48 Belege an. Zur Funktion der himmlischen Liturgie in der Hekhalot-Literatur s. P. SCHÄFER, Early Jewish Mysticism, in: Hekhalot-Studien, TSAJ 19, 1988, 277–295 (286–289): „The Merkavah mystic represents in his person the participation of Israel in the heavenly liturgy and simultaneously confirms for the earthly congregation that it stands in direct contact with God in its synagogue liturgy, a contact which God needs just as much as Israel does." (288). Vgl. zum Shema T. LEHNARDT, 299–306.

[58] Vgl. J. HEINEMANN, op.cit. (Anm. 32) 136f. und PsSal 5,19; 17,1. Der Vergleich mit ähnlichen Eulogien bestätigt die Vermutung, daß LXX gegen Theodotion die ursprüngliche Reihenfolge hat, siehe o. Anm. 45.

[59] Die verbindenden Elemente sind: einmal die Nennung von Gottes *Königtum* in der dem Psalm vorhergehenden Eulogie und dann der Abschluß in V. 88 mit der Aufforderung an die drei Jünglinge, in den Preis einzustimmen. Ihre Namen werden in hebräischer Form geboten, vgl. Dan 1,6f.11.19; 2,17, wo der Übersetzer und Redaktor sie einfügt. „Bei den Eigennamen für die israelitischen Märtyrer handelt es sich jedoch nicht um eine freie Erfindung des Redaktors. Als Hananja, Mischael und Asarja tauchen die drei nämlich in den deuterokanonischen Zusätzen von Kap. 3 in SΘG nicht nur als Märtyrer, sondern auch als Sänger auf. Dieser Strang verwendet nur die hebräischen Namen. Die Zusätze selbst aber sind nicht erst als

Gottesurteils[60]. Der heidnische König muß deshalb alle Völker und Nationen seines Weltreiches auffordern, sich diesem Gottesurteil zu unterwerfen und den wahren Gott und seine ewige Oberherrschaft anzuerkennen. Er bekennt sich selbst – nach der alten Kapiteleinteilung als Abschluß unserer Perikope[61] – mit einem Zitat aus Ps 145,13 zur universalen Herrschaft des Gottes Israels, das verkörpert ist in den drei Männern Sadrach, Mesach und Abed Nego: „Sein Königtum dauert ewig und seine Herrschaft von Generation zu Generation."

4. Die Funktion der Sabbatlieder

Rätselhaft wird gerade durch den Vergleich mit den späten alttestamentlichen Psalmen, welche betonen, daß der Glanz von Gottes Königsherrschaft sich gerade dadurch zeigt, daß „er die Gebeugten emporhebt" (Ps 145,1.14; vgl. Ps 5,3; Judith 9,12; Tob 13,1.6.7.10; 2.Makk 1,24; 3.Makk 2,2.9.13; 6,4; Sir 51,1ff. u.ö.), und der Weiterführung dieser Vorstellung von Gottes Herrschaft bei Jesus und im Urchristentum, daß die Sabbatlieder diese *malkût* anscheinend ganz und gar in der himmlisch-göttlichen Welt ansiedeln und den menschlichen Bereich bis auf wenige Ausnahmen gar nicht nennen.

C. Newsom[62] hat darauf hingewiesen, daß die Sabbatlieder im Zusammenhang mit der Priesterweihe und der Befestigung des priesterlichen Auftrags der

---

Ausweitung des in Kap. 3 Erzählten erschaffen worden, sondern gehen ausweislich ihres Prosarahmens 3,24f.46–50 auf eine Parallelversion zur Erzählung vom feurigen Ofen in M zurück, die älter sein dürfte als das jetzige 1. Kapitel ...", K. Koch, Daniel, BKAT XXII,1, 1986, 19f., vgl. 55. Diese Nebenüberlieferung von c. 3 findet sich auch 1. Makk 2,59, wo aber leider nicht erwähnt wird, daß die drei sangen. Auf eine griechische Version des Danielbuches wird dagegen 4. Makk 18,12 zurückgehen, wo sie aber auch nicht unter die Sänger, sondern unter die Vorbilder im Martyrium eingereiht werden. Daß die drei sangen, weiß jedoch auch die rabbinische Überlieferung, siehe L. GINZBERG, The Legends of the Jews VI, 1956, 418 Anm. 8: bPes 118a u. ö.: sie dichteten dabei das „Hallel".

[60] E. BICKERMAN, Four Strange Books of the Bible, 1967, 89. Die Beobachtung Bickermans, daß der „Feuerofen" auf die iranische Tradition des Ordals zurückzuführen ist, ist sehr aufschlußreich: Dem ursprünglichen Text ging es nicht um die Bestrafung und das Martyrium der drei, sondern die drei erweisen die Wahrheit, daß der Gott Israels der wahre Gott ist, und sein Königtum das „Hauptkönigtum (mit weltweiter Bedeutung)" ist, siehe K. Koch, op.cit. (Anm. 59) 37.

[61] Daß der masoretische Text diesen Abschnitt (V. 31–33) als Abschluß zu c. 3 zieht, hat seine sachliche Begründung darin, daß mit dem Bekenntnis Nebukadnezars zu Gottes Hauptkönigtum das Thema dieses Kapitels (cf. c. 2; 4; 5; 6; 7) – nicht nur der Überlegenheit von Gottes Königtum über das irdische babylonische Königtum, sondern die Anerkennung der Königsherrschaft Gottes – sogar in einem Schriftzitat seinen Gipfel findet. Vgl. R. ALBERTZ, Der Gott des Daniel. Untersuchungen zu Dan 4–6 in der Septuagintafassung sowie zu Komposition und Theologie des aramäischen Danielbuches, SBS 131, 1988, 179ff. Die rabbinische Tradition hat das Psalmensingen dieses gottlosen Königs als Problem empfunden, siehe L. GINZBERG, op.cit. (Anm. 59) IV, 330; VI, 418.

[62] C. NEWSOM, Songs, op.cit. (Anm. 7) 1–4.59–72; DIES., Merkabah Exegesis, op.cit.

qumranischen Priesterschaft stehen müssen: Sie beginnen am ersten Sabbat des Jahres, in der Zeit, wo nach der Tempelrolle xiv−xvii (vgl. Ex 29; Lev 8) die Konsekration der Priesterschaft stattfand. Außerdem stellte Newsom fest, daß – ähnlich wie im Levisegen in Test Lev 3 und 5 mit der himmlischen Priesterweihe Levis durch die Engel die Legitimation der gesamten Priesterschaft auf die Einsetzung des Patriarchen im himmlischen Kult zurückgeführt wird – die Beschreibung eben dieses himmlischen Kultes in den Sabbatliedern der Legitimation der qumranischen Priesterschaft diente, die fern des Jerusalemer Tempels und jeden Opferkultes besonderer Begründung bedurfte[63]. Der himmlische Kult der „Priesterengel" ist das Urbild des irdischen Kultes, das galt nach qumranischem Verständnis nicht mehr für den Jerusalemer Tempel, aber sehr wohl für die eigene Gemeinschaft.

Die Frage ist nun, ob diese besondere Funktion der Sabbatlieder, die man mit guten Gründen unter ganz anderen Gesichtspunkten für den Sabbatliederzyklus vermuten muß, auch eine Erklärung für den ungewöhnlich häufigen Gebrauch von *malkût* in den Sabbatliedern bietet. Die Gottesherrschaft wird ja hier häufiger erwähnt als im längeren Markusevangelium, wo doch „die ‚basileia Gottes' den zentralen Inhalt der Verkündigung Jesu bezeichnet"[64].

Das Selbstverständnis der qumranischen Priesterschaft läßt sich aus dem Priestersegen und den Segenssprüchen in 1QSb am direktesten erschließen (siehe u. S. 67f.). Sie sind nah verwandt mit den verschiedenen Fassungen des Levisegens, wie wir sie aus TestLevi (aram und Test XII) und dem Jubiläenbuch kennen. Trotzdem wird immer wieder gern auf Ex 19,6 verwiesen, um das Selbstverständnis der qumranischen Gemeinschaft zu umschreiben, seit A.

(Anm. 8) 13. Das Manuskript war schon im Satz, als zu diesem Thema C. A. NEWSOM, 'He has established for himself priests': Human and angelic priesterhood in the Qumran Sabbath Shirot, in: Archaeology and History in the Dead Sea Scrolls, ed L. H. SCHIFFMAN, JSOT/ASOR MonSer 2, JSPs SuppSer 8, 1990, 101−120, erschien.

[63] Jerusalemer Tempeltheologie fußte auf der Übertragung des Gottesbergmotivs auf den Zion; vgl. B. EGO, op.cit. (Anm. 57) 12f. (mit Lit.). Dort auf dem Zion stand Jahwes irdischer Tempel-Palast, jedoch „Ragte der irdische Tempel nicht in die himmlische Sphäre hinein, wäre er für die ihm zugedachte Funktion auf Erden untauglich", H. SPIECKERMANN, op.cit. (Anm. 16) 222. So beginnt z.B. das Gotteslob – im frühen Ps 29 ebenso wie noch im späten Lied der drei Männer im Feuer (Dan 3,52−90 LXX) – im himmlischen Palast bei den „Göttersöhnen" und wird aufgenommen „von den Seinen" bzw. von der gesamten Kreatur bis hin zu den Menschen. Dabei ist in Ps 29 „Das eröffnende Gotteslob der Göttersöhne ebensowenig eindeutig auf den Himmel beschränkt wie das abschließende auf den irdischen Tempel-Palast." (SPIECKERMANN, op.cit. 220). Vgl. TestLev aram, siehe u. S. 69f. Daß man diese Gemeinsamkeit des Gotteslobes in Qumran auf den himmlischen Tempel-Palast und die eigene Gemeinde als irdischem Tempel „von Menschen" (als Interimstempel siehe u. S. 74f.) übertragen hat, zeigt, wie konsequent man die alte Tempeltheologie, die ihren Ausdruck in der Kultlyrik fand, weiterdenkt und neue Liturgie schafft. Ihre Wurzel hat diese Übertragung in der „exilischen Schekina-Theologie", siehe B. JANOWSKI, „Ich will in eurer Mitte wohnen". Struktur und Genese der exilischen *Schekina*-Theologie, JBTh 2, 1987, 165−193.

[64] H. MERKLEIN, Jesu Botschaft von der Gottesherrschaft, SBS 111, 3. überarb. Auflage

Ritschl 1855 diesen Weg gegangen ist[65]. Jedoch die zeitgenössischen Interpretationen von Ex 19,6 im 2. und 1. Jh. v. Chr. und die Verwendung im Neuen Testament unterscheiden zwischen der besonderen Erwählung und Aussonderung Israels als ממלכת כהנים וגוי קדוש ("Königtum von Priestern und heiliges Volk") aus allen Völkern des Erdkreises und der ganz besonderen Funktion, die dem kultischen, levitischen Priestertum zukommt, „die sie nie miteinander vermengen"[66].

Die Vermutung, die Essener wollten „den Charakter des Priesterkönigreiches verwirklichen, welcher dem Volke Israel Exod 19,6 zugesprochen war, aber durch die Erhebung des levitischen Stammes zurückgedrängt und so gut wie aus der Erinnerung verloren war"[67], hat sich durch die Funde in Qumran nicht bestätigt. Ex 19,6 wird nirgends – soweit die Texte veröffentlicht sind – direkt zitiert. Die Trennung zwischen Priestern, Leviten und Laien wird dagegen in der Sekte rigoros durchgeführt. Die ganze Gemeindeordnung beruht darauf. Genau wie die hasmonäische Gegenpartei griff man zum erweiterten Levisegen, um die eigene Priesterschaft, die unangefochten als absolute Autorität an der Spitze stand[68], zu legitimieren. Auch der Text der Sabbatlieder bestätigt diesen Befund. Sie verwenden zwar ממלכה zur Bezeichnung für die Herrschaftsbereiche der Engelfürsten, die aber der מלכות, dem Hauptkönigtum Gottes, untergeordnet sind. Eine Verbindung zu Ex 19,6 läßt sich nirgends feststellen.

Das ist besonders auffällig, weil dem Jubiläenbuch, das in Qumran rezipiert wurde, Ex 19,6 fast so wichtig ist wie das Sabbatgebot. In 16,18, dem Segen der Engel für Abraham über Isaak und seinen Sohn Jakob, heißt es:

„Denn er werde Anteil des Höchsten sein ... ein Volk der Sohnschaft, ein Königtum und ein Priestertum und ein heiliges Volk."   *(Üs. Berger)*[69]

1989, 25 und passim. Vgl. H. MERKEL in diesem Band, 119–161, zur Forschungsgeschichte.

[65] A. RITSCHL, Ueber die Essener, ThJb(T) 14 (1855) 315–356 (348); A. DUPONT-SOMMER, Le Problème des influences étrangères sur la secte juive de Qoumrân, RHPhR 35 (1955) 75–94 (= dt. Üs. in: Qumran, hg. v. K. E. GRÖZINGER u. a., WdF CDX, 1981, 201–224 (202); J. MAIER, Zum Begriff יחד in den Texten aus Qumran, ZAW 72 (1960) 148–166, Ndr. in: Qumran, op.cit., 225–248 (238); D. DIMANT, 4QFlorilegium and the Idea of the Community, in: Hellenica et Judaica. Hommage à Valentin Nikiprowetzky, hg. v. A. CAQUOT u. a., 1986, 165–184 (184).

[66] N. BROX, Der erste Petrusbrief, EKK XXI, 1979, 105 zu 1. Petr 2,9. Man muß jedoch vorsichtiger sein: Die Version der LXX von Ex 19,6 ist nicht so eindeutig, hierzu sind die Beobachtungen von L. CERFAUX, Regale Sacerdotium, RSPhTh 28 (1939), Ndr. in: Recueil Lucien Cerfaux, BEThL VI–VII, Bd. 2, 1954, 283–315 immer noch wichtig. Zu 2. Makk 2,16ff. siehe u. S. 73.

[67] A. RITSCHL, op.cit. (Anm. 65) 348f.

[68] EMIL SCHÜRER, A New English Version, op.cit. (Anm. 9) II, 323 Anm. 1; M. WEINFELD, The Organizational Pattern and the Penal Code of the Qumran Sect, NTOA 2, 1986, 19ff.

[69] K. BERGER, Das Buch der Jubiläen, JSHRZ II,3, 1981. Ich zitiere nach dieser Übersetzung.

Ebenso deutlich interpretiert Jub 33,20 die Bestimmung von Ex 19,6:

„Und ein heiliges Volk ist es ...
und ein Volk des Erbes ist es,
und ein Volk von Priestern
des Königtums und des Priestertums ist es ..."

Als Eigentum Gottes ist das *ganze* Volk Priester des Königtums und Priester des Priestertums, deshalb soll es heilig sein und das Gesetz halten. Das schließt aber den Vorrang des „Geburtspriestertums" nicht aus. Vielmehr wird der Stamm Levi besonders hervorgehoben. Der Levisegen in 31,13ff. nennt neben der hochpriesterlichen die politische Führungsrolle Levis:

„Dich segne der Herr aller Dinge,
er, der Herr aller Ewigkeiten,
dich und deine Kinder in alle Ewigkeiten.
Und der Herr gebe dir und deinem Samen hohe Größe des Ruhmes.
Und dich und deinen Samen bringe er nahe zu sich
aus allem, was Fleisch ist,
und er diene in seinem Heiligtum
wie die Engel des Angesichts und wie seine Heiligen.
Wie sie wird der Same deiner Söhne sein
zum Ruhm und zur Größe und zur Heiligkeit.
Und er wird sie groß machen in alle Ewigkeiten.
Und Richter und Anführer und Könige werden sie sein
für allen Samen der Söhne Jakobs ..."

Der Levisegen überbietet im Jubiläenbuch die Verheißung von Ex 19,6, die dem ganzen Volk gilt, aber auch den Segen für den Stamm Juda (31,18ff.), dem die Weihe der himmlischen Entsprechung fehlt[70].

Während im Segen für die Gemeinde aus Qumran (1QSb i 1–ii 28) keinerlei Anklang an Ex 19,6 festzustellen ist, sondern den Gemeindegliedern als Besonderheit „Wissen der Heiligen" (i 5) zugesprochen wird, finden wir im Segen für die Priesterschaft (iii 22–iv 28) einen mit dem Levisegen aus Jub verwandten Text:

iii 25 „Es segne dich der Herr von Seiner [hei]ligen [Wohnstatt] aus
und setze dich voller Pracht in die Mitte 26 der Heiligen.
Den Bund des [ewigen] Priestertums [ern]euere Er dir
und gebe dir deinen Platz [an der] heiligen [Stätte].
27 Er ri[chte] durch deine Taten [al]le die Edlen
und mit dem Erguß deiner Lippen alle [Fürsten] 28 der Völker.

---

[70] D. MENDELS, The Land of Israel as a Political Concept in Hasmonean Literature, TSAJ 15, 1987, 61 schwächt die Dominanz Levis etwas zu sehr ab: „Although in many instances throughout the book we find an *equilibrium* existing between the two authorities, the spirit of priesthood dominates the book" (Hervh. v. mir).

Er gebe dir zum Erbe die ersten (unter) [allen Kostbar]keiten
und segne dich durch das Vorhaben allen Fleisches.
iv 1 Und an den Schri[tten deiner Füß]e habe er Gefallen [...
...] Menschen und Heilig[......] 2 werde er [mit ihm] gezählt.
Und Er nehme Anteil an ihm und die Kro[ne ... Me]nschen,
und durch die Vergnügung[en ... ew]ige
3 Segnungen als Krone deines Hauptes, heil[ige ... (Zeile 4–19) ...
... u]m ihn zu prüfen [... 21
...] dich und spreche dich gerecht von allen [...
denn] Er hat dich erwählt [...]
an der Spitze der Heiligen zu stehen und dein Volk zu se[gnen ...
...] ... durch deine Hand 24 die Männer des Rates Gottes,
aber nicht durch die Hand eines Fürsten ...
[...] untereinander.
Du bist 25 wie ein Angesichtsengel an der heiligen Wohnstatt,
zur Ehre des Gottes der Heerscha[ren ...]
ringsum als Diener im Palaste 26 des *Königtums* (מלכות)
und das Los werfend mit den Angesichtsengeln.
Ein Gemeinschaftsrat [mit den Heiligen] für ewige Zeit
und für alle Perioden der Ewigkeit,
denn 27 [Wahrheit sind all (?)] seine Gerichte.
Er mache dich zum Heiligtum in seinem Volke
und zur Leuchte [...] für den Erdkreis durch Erkenntnis
und zu erleuchten das Angesicht vieler
28 [...] als Krone fürs Allerheiligste.
Denn [du h]eiligst Ihn
und ehrst Seinen Namen und seine Heiligen
[..."
                                    (Üs. nach J. Maier)[71].

Was der Levisegen in Jub kurz andeutet, ist hier breit ausgeführt und überboten: Der irdische priesterliche Dienst entspricht nicht nur dem himmlischen priesterlichen Dienst der Angesichtsengel, sondern er geschieht in der Gemeinschaft mit den höchsten Engeln; dieser Dienst vollzieht sich in Gottes Heiligtum (vgl. Jub 31,14), das jedoch näher bestimmt wird: es ist der „Palast des Königtums", d.h. Gottes himmlischer Tempel[72]. Der Streit, ob diese

---

[71] J. MAIER/K. SCHUBERT, Die Qumran-Essener, UTB 224, 1973, 299f.
[72] Bereits in Sir 50,2.7 haben wir einen doppelten Beleg für die Bezeichnung des Jerusalemer Tempels als היכל (ה)מלך. Der Enkel lebt nicht mehr in einer Zeit der „Theokratie", in der diese Bezeichnung eindeutig gewesen war, sondern in der Zeit der Hasmonäer, deshalb muß er *mäläk* mit ὕψιστος umschreiben. O. CAMPONOVO, op.cit. (Anm. 2) 134 Anm. 28 versteht diesen historischen Zusammenhang nicht: „Die griechische Übersetzung schreibt ναον υψιστου. Vielleicht war ihr das einfache βασιλευς zu wenig." Das ist eine typische Fehlinterpretation Camponovos, die daher rührt, daß er sich zu wenig für die tempeltheologische Seite des Begriffs der Gottesherrschaft interessiert und zu wenig um die historischen Zusammenhänge kümmert. Im 1. Sabbatlied findet man als Bezeichnung für die (den) himmlischen Tempel: היכלי המלך siehe dazu u. S. 78.

Überbietung eschatologisch zu verstehen sei, ist müßig⁷³. Die Sprache des Segens und des Lobpreises greift über das irdisch Vorfindliche hinaus. Um diese Transzendenz zu bezeichnen, wird der Begriff מלכות gewählt.

Im Segen für den Hohenpriester und für den Fürsten der Gemeinde bezeichnet מלכות dagegen einmal die Herrschaft, die dem Hohenpriester als Amt verliehen wird, und auf der anderen Seite die Funktion, mit der der politische Messias betraut wird, nämlich die מלכות seines Volkes aufzurichten (1QSb iii 5 und v 21). Die Segenssprüche aus 1QSb differenzieren also nicht durch die Wortwahl zwischen Gottes *malkût* und den höchsten Ämtern, die den höchsten Repräsentanten des erwählten Volkes zugesprochen werden.

In der Terminologie sind sie darin mit Test Lev aram verwandt⁷⁴:

32 „[Darauf zogen wir nach Bethel. Und ich hatte wiederum ein Traumgesicht: Ich sah sieben weißgekleidete Männer, die zu mir sagten: ‚...], welche die Dritten sein werden [...] deine [...]. Die *Herrschaftsbefugnis* des Priestertums (מלכות כהנותא) ist größer als die *Herrschaftsbefugnis* (מלכות) [des Schwertes...] bis du [...] du wirst *herrschen* (תמלך) zusammen mit dem, der [...] bat [... Gemäß der *Herrschaftsbefugnis* des Priestertums wird dir zuteil werden ...] 33 das Heil und alles Kostbarste der Erstlingsfrüchte des ganzen Landes als Speise, aber gemäß der *Herrschaftsbefugnis* des Schwertes der Kampf und der Krieg und das Blutbad und die Mühsal und das Ächzen und das Getötetwerden und der Hunger. Bald wirst du zu essen haben und bald wirst du hungern, bald wirst du dich abmühen und bald wirst du ruhen, und bald wirst du schlafen und bald wird der Schlaf des Auges fliehen. Jetzt sieh her: So haben wir dich größer gemacht als alles, und wie haben wir dir die Herrlichkeit des ewigen Heils gegeben! ..."

Levi wird im Traumgesicht seine künftige Funktion offenbart. Er vereint in Personalunion das priesterliche und das königliche Amt. Deutlicher als in allen anderen Versionen des Testaments Levi werden die Mühen geschildert, die ihm sein königliches Schwertamt beschert. Anschaulich und drastisch sind die Strapazen der makkabäisch-hasmonäischen Heerführer im Freiheitskampf und bei der Eroberungspolitik, auf der die Konsolidierung ihrer Herrschaft beruhte, beschrieben. So blaß sich daneben das hohepriesterliche Amt ausnimmt, es ist das größere und schenkt „Levi" das Heil. Auch wenn der Text nicht vollständig ist, erkennt man doch, daß das Hohepriesteramt mit traditionellen Formeln beschrieben wird, das „weltliche" Königsamt dagegen seine Farben aus der konkreten historischen Erfahrung gewonnen hat. Diese Passage enthält deutlicher als die sachlich entsprechende Partie von der Vision Levis in

---

[73] Dazu H. LICHTENBERGER, op.cit. (Anm. 30) 103f.
[74] Üs. und Textrekonstruktion: K. BEYER, Die aramäischen Texte vom Toten Meer, 1984, 195f. (1Q 21,1.7; 33 = Oxford a + 1Q 21,3.26 und 4Q außer DJD 1,89 Erstveröffentlichung). Die Frühdatierung von Test Levi aram ins 3. Jh. v. Chr., vertreten jetzt von M. E. STONE, op.cit. (Anm. 26), leuchtet mir so noch keineswegs ein.

Abelmajin/Abelmaul, wo er zur himmlischen Investitur entrückt wird[75], das zeitgenössische Kolorit. Sie ist deshalb im griechischen Test XII nicht mehr enthalten. Wichtig für uns aber ist, daß auch in diesem Text die beiden Ämter Levis mit מלכות bezeichnet werden. Wie in den beiden Segensformeln in 1QSb für den Hohenpriester und den Fürsten der Gemeinde wird es sich dabei um einen schon vorgeprägten Sprachgebrauch handeln. Das prohasmonäische TestLevi aram vereinigt die höchsten Ämter in der Person Levis. Durch seine beiden Traumgesichte in Abelmajin und Bethel zeigt Levi jedoch auch noch seine prophetische Begabung. Nach Josephus (ant 13,299f.) war es Johannes Hyrkan I. (135–104), dem das munus triplex (Hohepriesteramt, Königtum = politische Herrschaft und Prophetentum) verliehen war. Da sich die Fragmente aus 4Q aus paläographischen Gründen ins 2. Jh. v. Chr. datieren lassen, steht diese Version des TestLevi auch zeitlich dem Aufstieg der Makkabäer und dem Höhepunkt der hasmonäischen Herrschaft nahe[76].

Die Sabbatlieder sehen jedoch völlig ab von einem weiteren Sprachgebrauch für מלכות, der auch menschliche Herrschaft mit einschließt; der terminus ist dort allein Gottes königlicher Herrschaft vorbehalten. Die Belege für das Abstraktum מלכות/βασιλεία als Bezeichnung für Gottes Herrschaft sind in den Schriften, deren Entstehung vor die Abfassung der Sabbatlieder datiert werden kann, nicht häufig[77].

Der interessanteste Text, der uns erhalten ist und der sich zudem auch noch genau datieren läßt, ist 2. Makk 1,7. In einem Festbrief[78] der Jerusalemer an die jüdische Diaspora in Ägypten aus dem Jahr 124/3 mit der Aufforderung, das Tempelweihfest zu begehen, wird ein Abschnitt aus einem Festbrief zu demselben Zweck aus dem Jahr 143/2 zitiert:

7 βασιλεύοντος Δημητρίου ἔτους ἑκατοστοῦ ἑξηκοστοῦ ἐνάτου ἡμεῖς οἱ Ιουδαῖοι γεγράφαμεν ὑμῖν ἐν τῇ θλίψει καὶ ἐν τῇ ἀκμῇ τῇ ἐπελθούσῃ ἡμῖν ἐν τοῖς ἔτεσιν τούτοις ἀφ' οὗ ἀπέστη Ἰάσων καὶ οἱ μετ' αὐτοῦ ἀπὸ τῆς ἁγίας γῆς καὶ τῆς βασιλείας 8 καὶ ἐνεπύρισαν τὸν πυλῶνα καὶ ἐξέχεαν αἷμα ἀθῷον·

„Unter dem König Demetrius, im Jahre 169, haben wir Juden Euch geschrieben: ‚Auf

---

[75] TestLevi aram 6,11–18 (ed. BEYER, op.cit. [Anm. 74] 194); TestLevi (XII) 2,3–12 und 5,1–7.

[76] J. T. MILIK, Le Testament de Lévi en araméen: Fragments de la grotte 4 de Qumrân, RB (1955) 398–406; doch vgl. M. E. STONE, op.cit. (Anm. 26) 160 Anm. 2: die meisten Fragmente sind immer noch nicht veröffentlicht, paläographisch gehören sie ins 2. Jh. v. Chr. und ähneln den Henochfragmenten (so STONE).

[77] Siehe die Tabelle bei CAMPONOVO, op.cit. (Anm. 2) 450ff.; dazu kommen jedoch die jüdischen Formeln und Gebete, die CAMPONOVO nicht aufführt, weil sie sich nicht eindeutig in den von ihm gesteckten Zeitraum einordnen lassen; dazu o. Anm. 3 und 57.

[78] Grundlegend immer noch: E. BICKERMANN, Ein jüdischer Festbrief vom Jahre 124 v. Chr., ZNW 32 (1933) 233–254; weiter M. HENGEL, Judentum und Hellenismus, op.cit. (Anm. 30) 186; zu den Einleitungsfragen siehe C. HABICHT, 2. Makkabäerbuch, JSHRZ I,3, 1979, 199ff.

dem Höhepunkt der auf uns hereinstürzenden Drangsal dieser Jahre, seitdem Jason und seine Anhänger abfielen von der gottgeweihten Erde und vom Königtum (Gottes). Und sie zündeten das Hauptportal an und vergossen unschuldiges Blut....'." *(Üs. Habicht)*[79]

Die Jerusalemer blicken zurück auf den Ausgangspunkt der Religionsnot unter Antiochus Epiphanes – und die Überwindung der Not durch Gottes Hilfe (V. 8b) –, weil sie sich im Jahr 143/2 durch den Mord an ihrem hasmonäischen Führer Jonathan und den drohenden Ansturm Tryphons gegen Jerusalem wieder in einer äußersten Krise befinden (1. Makk 12,39–13,24). Die Apostasie des Hohenpriesters Jason und seiner Anhänger, der „Versuch der hellenistischen Reform"[80], wird als Abfall von der „heiligen Erde" und der „Königsherrschaft" gekennzeichnet. Es wird selbstverständlich vorausgesetzt, daß diese Begriffe in Ägypten geläufig waren und verstanden wurden. Der weitere Kontext macht deutlich, daß Anfang und Ende von Jasons Apostasie[81] komprimiert zusammengestellt werden, um dann auf die Restitution des Kultes, deren Andenken ja gefeiert werden soll, hinzuweisen. Jasons Abfall begann mit der Abwendung vom heiligen Tempelbezirk (vgl. Ex 3,5; Sach 2,16; Ps 110,3) und vom Tempel als dem Ort der Feier von Gottes Königtum[82] und endete mit der Zerstörung des Eingangs zum heiligen Bereich und dem Sakrileg des Blutvergießens statt der legitimen Schlachtopfer[83].

---

[79] Op.cit. (Anm. 78) 200 f.

[80] M. HENGEL, op.cit. (Anm. 30) 486–564 mit ausführlicher Darstellung der Diskussion, die sich an E. BICKERMANN (Der Gott der Makkabäer. Untersuchungen über Sinn und Ursprung der makkabäischen Erhebung, 1937), dessen klassische Untersuchung immer noch nicht überholt ist, anschloß. Der „Abfall" begann mit Jason nicht mit Menelaos, gegen: K. BRINGMANN, Hellenistische Reform und Religionsverfolgung in Judäa. Eine Untersuchung zur jüdisch-hellenistischen Geschichte (175–165 v.Chr.), AGWG.PH 132, 1983, 129–140.144f. (vgl. Index s.v. Menelaos). BRINGMANN übersieht völlig die Bedeutung von 2. Makk 1,7. Die souveräne Darstellung der Zusammenhänge von BICKERMAN und das dahinterstehende für antike Verhältnisse einzigartige religiöse Problem läßt sich nicht so leicht vom Tisch wischen, wie BRINGMANN glaubt. Dazu vgl. das postum erschienene Werk von E. BICKERMAN, The Jews in Greek Age, 1988, bes. das Nachwort von A. I. BAUMGARTEN; vgl. Vorwort der 3. Aufl. v. M. HENGEL, Judentum und Hellenismus, XI ff.

[81] Dazu bildet Jub 12,19 den Gegensatz: auf Abrahams „Wahl" der Alleinherrschaft Gottes und der Anerkennung des 1. Gebotes folgt die Landverheißung.

[82] O. CAMPONOVO, op.cit. (Anm. 2) 186 ff. hat die verschiedenen Lösungsvorschläge für das Verständnis von βασιλεία zusammengetragen. Auf der einen Seite stehen politische Deutungen auf das Königtum der Seleukiden und Ptolemäer, die CAMPONOVO zu Recht ablehnt, auf der anderen Seite ist CAMPONOVOS Vorschlag, hier müsse das „Königtum Gottes" gemeint sein, näher zu präzisieren.

[83] Menschliches Blut im Inneren des Tempelbereichs zu vergießen, war eines der schlimmsten Sakrilegien, siehe Josephus, ant 11,299 ff. und besonders 2. Chron 24,17–22 und die Wirkungsgeschichte der Ermordung des Sacharja ben Jojada: Lk 11,51 (par. Mt 23,35, wo der Name aktualisiert ist); Vitae Prophetarum 23 (Sacharja), ed. T. SCHERMANN, Prophetarum vitae fabulosae ..., Leipzig 1907, 96.22.35.58; nach dem NT und der Sacharja-Legende der Vitae Prophetarum wurde Sacharja zwischen Tempel (Ulam) und Altar getötet. Die spätere rabbinische Überlieferung steigert das Sakrileg; er wurde an Yom Kippur getötet, sein Blut

Weder die Interpretation von βασιλεία an dieser Stelle als Königtum der Seleukiden oder gar der Ptolemäer, noch die als „ein frühes Zeugnis für den bei den Rabbinen thematisierten Zusammenhang von Gottesherrschaft und Gesetz"[84] trifft den ganz präzis kultischen Sinn von βασιλεία an dieser Stelle. Der Begriff wird metonym (abstractum pro concreto) verwendet für das Innere des Tempels und seinen heiligen Kult. Wäre bereits in Sach 2,16f. (einem Text aus der frühpersischen Zeit) Gott König genannt worden und nicht erst in Sach 14,9.16f. (Tritosacharja schreibt in frühhellenistischer Zeit und hat das absolute Königtum seit Alexander d. Großen vor Augen), so hätten auch die modernen Ausleger nicht zu soweit vom Wortlaut und Kontext von 2. Makk 2,7 abliegenden Erklärungsversuchen gegriffen. Zwar könnte man einwenden, genauso wahrscheinlich sei es, daß man mit der in TestLevi aram belegten Bedeutung „Herrschaftsbefugnis" = Hohepriesteramt des Jason rechnen müßte, aber der Kontext erzwingt die Bedeutung „Tempelhaus/Heiligtum", man sollte nicht zu Erklärungen greifen, die dem Gesamtzusammenhang fernliegen. Die enge Verbindung von ἁγία γῆ und βασιλεία wird zudem dadurch signalisiert, daß beide gemeinsam derselben Präposition ἀπό unterstellt werden. Diese Zusammengehörigkeit von „heiligem Land" bzw. Zion und Gottes Königtum kennen wir zudem aus der Jerusalemer Kulttradition. Der wichtigste Text dazu, vor allem wenn man seine Wirkungsgeschichte betrachtet[85], ist das Schilfmeerlied (Ex 15,17f.; vgl. Ps 74,2.12):

„Du brachtest sie hin und pflanztest sie ein
auf dem Berg deines Erbbesitzes,
der Stätte deines Thrones,
die du, Jahwe, gemacht,
dem Heiligtum, Herr,
das deine Hände gegründet.
Jahwe sei König
auf immer und ewig!"   *(Üs. nach Spieckermann)*[86]

---

floß noch nach der Eroberung des Tempels durch Nebukadnezar, der tausende von Priesterjünglingen töten ließ, um es zum Stocken zu bringen, bei L. GINZBERG, Legends, op.cit. (Anm. 59) VI, 354 Anm. 14 u. 15 sind die wichtigsten Belege zusammengestellt. Zur Beurteilung des Mords innerhalb des Tempels an dem Zeloten Menachem siehe M. HENGEL, Die Zeloten, AGAJU 1, 2. Aufl. 1979, 371ff. und Index S. 476 s.v. „Menachem"; 480 s.v. „Tempel". 2. Makk 5,5–10 berichtet von dem „schonungslosen Blutbad", das Jason bei seinem Versuch Jerusalem zurückzuerobern und die Hohepriesterwürde seinem Bruder Menelaos wieder abzunehmen, anrichtete. Die Formulierung in 1,8 könnte jedoch schärfer sein, obwohl die Wortstämme nicht verwandt sind, gibt ἀθῷον einen Anklang an: θύειν, das in der Sprache der LXX t.t. für „opfern" ist. Alle Aussagen in V. 7f. lassen sich auf den Tempel beziehen und sind nur so im Kontext sinnvoll. Die Berichte über Jason in 2. Makk 4,7–22 und 5,5–10 entstammen dem sehr viel „objektiveren" Werk Jasons von Kyrene. Man kann sie nicht gegen 1,7f. ausspielen.

[84] So O. CAMPONOVO, op.cit. (Anm. 2) 188.
[85] Vgl. in diesem Band „Irdischer und himmlischer König" 318.326.346; B. EGO, Gottes Weltherrschaft, 265–285.

Der Vorwurf, den 2. Makk 1,7 f. gegen den ehemaligen Hohenpriester Jason richtet, enthält ein zentrales Theologumenon der Tempeltheologie, nicht periphere Reminiszenzen, die man beliebig ausmalen kann, dem jeweiligen Stand der historischen Kenntnisse entsprechend.

Das – in seiner Echtheit umstrittene – Schreiben, das in 1,10b–2,18 dem ersten Brief angeschlossen ist[87], nimmt am Ende dieses Thema wieder auf mit einem abgewandelten Zitat von Ex 19,6 (LXX):

2:16 Μέλλοντες οὖν ἄγειν τὸν καθαρισμὸν ἐγράψαμεν ὑμῖν· καλῶς οὖν ποιήσετε ἄγοντες τὰς ἡμέρας. 17 ὁ δὲ θεὸς ὁ σώσας τὸν πάντα λαὸν αὐτοῦ καὶ ἀποδοὺς τὴν κληρονομίαν πᾶσιν καὶ τὸ βασίλειον καὶ τὸ ἱεράτευμα καὶ τὸν ἁγιασμόν, 18 καθὼς ἐπηγγείλατο διὰ τοῦ νόμου· ἐλπίζομεν γὰρ ἐπὶ τῷ θεῷ ὅτι ταχέως ἡμᾶς ἐλεήσει καὶ ἐπισυνάξει ἐκ τῆς ὑπὸ τὸν οὐρανὸν εἰς τὸν ἅγιον τόπον· ἐξείλετο γὰρ ἡμᾶς ἐκ μεγάλων κακῶν καὶ τὸν τόπον ἐκαθάρισεν.

„Da wir im Begriff stehen, die Reinigung zu begehen, haben wir Euch geschrieben. Ihr werdet gut daran tun, diese Tage zu feiern. Gott ist es ja, der sein ganzes Volk errettet und allen das Erbland gegeben hat, den Königspalast (= Tempel)[88] und die Priesterschaft und die Heiligung, so wie er es im Gesetz versprochen hat. Denn wir setzen unsere Hoffnung auf Gott, daß er sich unser bald erbarmen und uns aus aller Welt wieder zusammenführen wird an die heilige Stätte. Denn aus großen Nöten hat er uns herausgerissen und den Ort gereinigt." *(Üs. nach Habicht)*

Auch wenn hier ein Späterer spricht und 2. Makk 1,1–2,18 kein einheitlicher Brief ist, so bezieht sich doch V. 16–18 in der Form der klassischen inclusio auf den Anfang in 1,7 zurück. Die alte Verheißung von Ex 19,6 wird im Licht der

---

[86] Zur Übersetzung, Datierung und Interpretation vor allem H. SPIECKERMANN, op.cit. (Anm. 16) 99–115; JÖRG JEREMIAS, op.cit. (Anm. 3) 93–106 (96). SPIECKERMANN betont, daß „in Ex 15 eine vergleichsweise alte kultlyrische Komposition vor(liegt), selbstverständlich keine kultische ‚Gebrauchsliteratur', sondern ‚Dogmatik' in den Artikeln ‚De Deo' und ‚De Ecclesia' in hymnischer Form" (114). Aber was weiß man über die liturgische Ordnung im 1. Tempel? Der dogmatisch komprimierte Charakter war kein Hindernis dafür, daß das Schilfmeerlied als liturgischer Gesang „gebraucht" wurde, siehe o. zu seiner Verwendung beim Minchaopfer am Sabbat und im Synagogengottesdienst am Sabbatnachmittag; vor allem aber konnte es zum Kernstück der eschatologischen „Liturgie" werden, wie die David-Apokalypse in Hekhalot Rabbati zeigt, siehe dazu in diesem Band: „Irdischer und himmlischer König", 318.326.

[87] Zu den literarkritischen Fragen siehe C. HABICHT, op.cit. (Anm. 78) 199ff.; R. DORAN, Jewish Hellenistic Historians before Josephus, ANRW II, 20,1, 1986, 246–297 (274ff.); J. A. GOLDSTEIN, II Maccabees: A new translation with introduction and commentary, AncB 41b, 2. Aufl. 1984, 154–188.540–545 verteidigt wieder die ägyptische Entstehung des zweiten Briefes; B. Z. WACHOLDER, The Letter from Judah Maccabee to Aristobulos. Is 2 Maccabees 1:10b–2:18 Authentic?, HUCA 49 (1978) 89–133 hält den zweiten Brief im ganzen für ein echtes Schreiben. Am ausführlichsten erörtert J. G. BUNGE, Untersuchungen zum zweiten Makkabäerbuch, Diss.phil. Bonn 1971 die Frage, welche Partien des zweiten Briefes echt sein könnten.

[88] Vgl. Nah 2,6; LIDDELL/SCOTT, s.v. 309: „kingly dwelling, palace" Xenophon Cyr. 2,3,4 etc.; „more common in pl.".

Tempeltheologie[89], wie sie in 1,7 anklang, neu verstanden: „Königspalast", „Priesterschaft" und „Heiligtum", aber auch „Erbland" sind Aussagen über den ἅγιος τόπος. Diesen Begriff wiederum nimmt die Schlußbitte um die Heimführung der Diaspora aus dem Opfergebet Nehemias in 2. Makk 1,24–29 (vgl. Didache 9,4; 10,5) auf. Die Umdeutung von Ex 19,6 schließt sich in der Formulierung eng an Ex 19,6 an: τὸ βασίλειον (= Ex 19,6 LXX) wird man als das „königliche Tempelhaus", den היכל Gottes (vgl. Sir 50,3.7), τὸ ἱεράτευμα als seine Bewohner, die Priesterschaft, und ὁ ἁγιασμός als die rituelle Heiligkeit der Priesterschaft bzw. die Wirkung, die vom Heiligtum ausgeht, zu verstehen haben.

Aus dieser Neudeutung von Ex 19,6 und ihrer Verankerung in der Tempeltheologie, der durch die Feier der Tempelweihe ein neues Element hinzugewachsen war, spricht theologische Kompetenz und Jerusalemer Autorität[90], nicht ein raffinierter Fälscher, der im ägyptischen Alexandria gegen den Tempel in Leontopolis polemisiert[91]. Einen zwingenden Grund, warum dieser zweite Brief nicht in Jerusalem entstanden sein soll, sehe ich nicht.

Für unsere Untersuchung entscheidend ist festzuhalten, daß einmal in 2. Makk 1,7 am Ende des Jahres 143 v. Chr. durch das Abstraktum βασιλεία (in Verbindung mit ἁγία γῆ) einer der wichtigsten Aspekte der nachexilischen Tempeltheologie ausgedrückt wird, und daß andererseits Jahrzehnte später mit einem Zitat von Ex 19,6 (βασίλειον) die Restitution des Kultes gefeiert werden konnte.

Die hohen Aussagen über den gegenwärtigen Jerusalemer Tempel in Ex 15,17f. überträgt man in Qumran auf den eschatologischen. Am deutlichsten wird das in 4QFlorilegium (= 4Q 174). Der Pescher legt 2. Sam 7,10–11a (Z. 1–7), 2. Sam 7,11b (Z. 7–9) und 2. Sam 7,11c–14 (Z. 10–13) aus[92]. Er unterscheidet drei verschiedene Tempel: 1. den eschatologischen Tempel, 2. den irdischen, entweihten Tempel und 3. den מקדש אדם, den Tempel von Menschen, d. h. die Gemeinde von Qumran. Uns interessiert in diesem Zusammenhang vor allem die erste Passage. Die Verheißung von 2. Sam 7,10–11a

---

[89] Zur Tempeltheologie, wie sie sich im Psalter widerspiegelt, jetzt H. SPIECKERMANN, op.cit. (Anm. 16) passim.

[90] Darauf macht C. HABICHT, op.cit. (Anm. 78) 207 Anm. 16c mit Recht aufmerksam: „καλῶς οὖν ποιήσετε ist guter hellenistischer Briefstil. Gebrauch von dieser Wendung macht regelmäßig der, der infolge seiner höheren Stellung eine unverblümte Anweisung geben könnte, die der Empfänger zu befolgen hat, nicht derjenige, der eine Bitte ausspricht. Vor allem die Könige wählen diese Form der Höflichkeit ... Dies ist von Interesse, weil es die Selbsteinschätzung der palästinischen Judenschaft gegenüber dem Diasporajudentum beleuchtet." M. HENGEL, Judentum und Hellenismus, op.cit. (Anm. 30) 186f. Anm. 332 plädiert aus anderen Gründen ebenfalls für eine Entstehung in Jerusalem.

[91] Diese Sicht hat J. A. GOLDSTEIN, op.cit. (Anm. 87) 154–188 wieder vertreten vor allem in Auseinandersetzung mit E. BICKERMAN.

[92] Dazu D. DIMANT, 4QFlorilegium and the Idea of the Community, op.cit. (Anm. 65) 171 und passim.

wird mit dem Zitat von Ex 15,17b.18 und Dtn 23,3−4 auf den eschatologischen Tempel hin gedeutet[93]. Daß auch V. 18 aus Ex 15 zitiert wird, ist nicht belanglos[94], sondern wird in Z. 4 (Ende) und 5 erklärt:

כיא קדושו שם יג̇[ל]ה̇ [וכבוד] עוֹלם תמיד עליו יראה

„denn dort wird er sich seinen Heiligen of[fenbar]en
[und die] ewige [Herrlichkeit] wird ständig über ihm erscheinen"

So wird im Eschaton Gott in Ewigkeit König sein[95]. Der Pescher fährt fort mit der Erklärung von 2. Sam 7,11b auf den Kampf der Gemeinde mit den „Söhnen" Belials und der Deutung von V. 11c−14 auf die eschatologische Einsetzung Davids auf dem „Thron *seiner* Königsherrschaft" (כסא ממלכתו) auf dem Zion.

Die Gemeinde versteht sich selbst als den „Tempel von Menschen", der „represents an interim stage between the Temple of Israel of the past (and present?) and the eschatological Temple of the future"[96].

In diesem „Tempel von Menschen" der Interimszeit erwartet sie den eschatologischen Tempel, der wieder auf dem Zion stehen wird. Sie lebt damit durchaus in den Vorstellungen der jüdischen Apokalyptik; und „gerade für jüdisch-apokalyptisches Denken ist die Verbindung von Himmlischem und Zukünftigem charakteristisch"[97]. Beides darf auf keinen Fall auseinandergeris-

---

[93] Text nach der Rekonstruktion von D. DIMANT, op.cit. (Anm. 65) 166f.:

1 [ישיא בוא ע]ו̇[ד אויב̇] ולוא יוסי[ף] בן עולה̇[לענות]ו̇ כאשר בראישונה ולמן היום אשר
2 [צויתי שפטים] על עמי ישראל הואה בית אשר[ ]יכין[לו]וא̇ ב̇אחרית הימים כאשר כתוב בספר
3 [מושה מקדש אדוני כ]ונ̇נו ידיכה יהוה ימלוך עולם ועד הואה הבית אשר לוא יבוא שמה
4 [ערל לב וערל בשר עד]עולם ועמוני ומואבי וממזר נכר נגר עד עולם כיא קדושו שם
5 יג̇[ל]ה̇ [וכבוד] עוֹלם תמיד עליו יראה ולוא ישמוהו עוד זרים כאשר השמו בראישונה
6 את מקד[ש י]שראל בחטאתמה ויואמר לבנות לוא מקדש אדם להיות מקטירים בוא לוא
7 לפניו מעשי תורה ...

[94] Alle Sätze, die in diesem Abschnitt im Futur stehen, beziehen sich auf den eschatologischen Tempel, siehe D. DIMANT, op.cit. (Anm. 65) 177: „verbs referring to the eschatological Temple are in the future, verbs referring to the Temple of Israel are in the past, while verbs referring to the Temple of Men use infinitives and participles." Der Deutung von O. CAMPONOVO, op.cit. (Anm. 2) 284 zu dieser Stelle muß man entschieden widersprechen. Er unterstreicht sogar sein Ergebnis: „Aber der Satz von der Königsherrschaft Gottes wird nicht wiederaufgenommen."

[95] Vgl. Jes 40,5; 52,7−10. Dtjes hatte den alten Proklamationsruf „Jahwe herrscht als König" abgewandelt in den Heroldsruf „Dein Gott hat wieder die Königsherrschaft angetreten", vgl. W. H. SCHMIDT, Königtum Gottes in Ugarit und Israel. Zur Herkunft der Königsprädikation Jahwes, BZAW 80, 2. Aufl. 1966, 75; JÖRG JEREMIAS, op.cit. (Anm. 3) 134.

[96] D. DIMANT, op.cit. (Anm. 65) 177. Dazu in die Parallelstelle in 11QTempel xxix 9f.; Text: Y. YADIN, The Temple Scroll II, 1983, 129; Kommentar: op.cit. I, 1983, 182−187: „King on Mount Zion for all eternity", vgl. Jub 1,15−17.26−29.

[97] O. HOFIUS, Der Vorhang vor dem Thron Gottes, WUNT 14, 1972, 72. Der eschatologische Tempel in 4QFlor und 11QTempel xxix 9f. ist jedoch mit dem himmlischen, wie ihn die Sabbatlieder beschreiben, nicht einfach identisch. In den Sabbatliedern *erscheint* die königliche Präsenz Gottes nicht direkt, sondern Gott selbst ist jenseits der Engelwelt und der himmlischen Tempel, siehe u. S. 91.96.106f.

sen werden. Die Trennung von Zukünftigem und Himmlischem hat häufig zu eklatanten religionsgeschichtlichen und exegetischen Fehlurteilen geführt.

Zieht man daraus die Schlußfolgerung für die Sabbatlieder, so kommt man zu dem Ergebnis: Die Gemeinde feiert im Zyklus der Sabbatlieder gemeinsam mit den Engeln im Lobpreis den himmlischen Gottesdienst, sie „erhebt" sich damit in den himmlischen Tempel. Gilt vom erwarteten eschatologischen Tempel: יהוה ימלך לעלם ועד, so wird diese Königsherrschaft Gottes im Himmel schon gegenwärtig gefeiert und die Gemeinde partizipiert bereits jetzt an ihr.

Die Priesterschaft in Qumran verdankte ihre Autorität nach ihrem eigenen Selbstverständnis einem ganz besonderen „Gottesgnadentum", dem gemeinsamen priesterlichen Dienst im Tempel der Königsherrschaft Gottes (1QSb iii 5) zusammen mit den Engeln. Sie hat das nicht nur postuliert, sondern auch liturgisch vollzogen. Auch wenn sie den neuen eschatologischen Tempel im irdischen Jerusalem (vgl. 11QTempel xxix 9.10 mit Anklang an Ex 15,17) erst noch erwartet, feiert sie schon jetzt die gegenwärtige Königsherrschaft Gottes im gemeinsamen Lobpreis mit den „Gott nahen Wesen" im himmlischen Tempelheiligtum. Das wird der Hauptgrund dafür sein, daß die Sabbatlieder so ungewöhnlich oft von Gott als „König" sprechen und seine „Königsherrschaft" preisen. Die Terminologie mit ihren Gottesprädikationen *mäläk* und *malkût* war ihr durch die Tradition der Tempeltheologie vorgegeben. Die Priesterschaft in Qumran gibt dieser in ihren Ursprüngen uralten Tempeltheologie noch einmal eine „neue", eigene liturgische Ausformung[98].

5. *Der Zyklus der Sabbatlieder*

Der formal strenge Aufbau des Zyklus der Sabbatlieder läßt sie als eine geschlossene Einheit erkennen. Diese formale Einheitlichkeit machte es Carol A. Newsom möglich, sie zu rekonstruieren und die Fragmente, die sehr unterschiedlich in Länge und Erhaltungszustand sind, einander zuzuordnen. Newsoms „masterful publication of all the surviving fragments" löst viele der Schwierigkeiten, die die Sprache und der Erhaltungszustand der Sabbatlieder boten: „the Angelic Liturgy ... (is) remarkably difficult to punctuate. Phrases and sentences run into each other, and the reader often not know where one thought ends and another begins. The result is that one comes away from these

---

[98] Die Frommen in Qumran waren jedoch keineswegs die letzten, die irdischen und himmlischen Gottesdienst verbanden. Die überraschende Verwandtschaft (bis in die Terminologie siehe dazu H. L. SCHIFFMAN, Merkavah op.cit. [Anm. 9]) zwischen den Sabbatliedern und der Hekhalot-Literatur berührt sich gerade in diesem Punkt: Die Hekhalot-Mystiker sahen sich als Mittler zwischen irdischer und himmlischer Liturgie; sie jedoch betonten – ganz im Gegensatz zu den Sabbatliedern – die Priorität Israels vor den Engeln und die Unmittelbarkeit (der Jorede Merkabah als Stellvertreter) Israels zu Gott. Vgl. o. Anm. 57.

texts, even if one has understood most of the words, with only the vaguest idea of what has been said."[99] Das mag erklären, warum sie trotz ihres umstürzenden Inhalts in der Forschung bisher so wenig beachtet wurden. Die Sprache der Sabbatlieder verlangt – und darin gleicht sie in besonderer Weise der Hekhalot-Literatur – vom heutigen Leser ein geduldiges Einfühlungsvermögen in ihre Gedankenwelt. Das Verständnis wird jetzt jedoch durch die Rekonstruktion des Gesamtaufbaus des Zyklus, wie sie nun C. Newsom gelungen ist, und durch ihren vor- und umsichtigen Kommentar entscheidend erleichtert.

Die dreizehn Sabbatlieder sind pyramidenförmig angeordnet. Die Spitze, den Gipfel der Steigerung, bildet der 7. Psalm, der thematisch und formal gerahmt ist durch den Preis der sieben Engelfürsten im 6. Lied und durch den ihm entsprechenden Preis der ihnen im Rang der himmlischen Hierarchie direkt nachstehenden sieben Vizefürsten im 8. Lied mit deutlicher Betonung der Siebenerzahl[100].

Das 1. Lied

Der Anfang des ersten Liedes[101] ist verhältnismäßig gut erhalten: Er bietet von der Überschrift die Zahl des Sabbats, Tag und Monat, ebenso die Aufforderung zum Preis an die Engel. Der Anfang des corpus hymni schildert die Einsetzung der Engel in ihren himmlischen Priesterdienst. Weniger gut erhalten sind die Beschreibung des himmlischen Heiligtums in der 2. Kolumne und die wenigen Reste von dem „formulaic praise" der Engelfürsten, dem dritten Teil des Psalms, der das Thema des 6. und 8. Sabbatliedes schon anklingen läßt. Im ganzen wird dieses Lied den Umfang von 3⅓ Kolumnen gehabt haben[102]. Die imperativische Aufforderung zum Lob redet die Engel an:

„Ihr Göttlichen (אלוהי) aller Heiligen der Heiligen."

In den Sabbatliedern wird die „archaisch" anmutende Bezeichnung אלים / אלוהים verhältnismäßig häufig für die Engel verwendet[103]. Es läßt sich jedoch fast immer deutlich erkennen, wann mit „El" oder „Elohim" Gott gemeint ist, und wann die Engel. An den Stellen, wo man Schwierigkeiten hat festzustellen, ob Gott oder die Engel so bezeichnet werden, liegt das am Erhaltungszustand der Texte. Die Engel sollen Gott preisen in seiner „Göttlichkeit" (אלוהות). Dieses auffallende sonst erst in sehr viel späteren rabbinischen Texten[104]

---

[99] D. HALPERIN, The Faces of the Chariot, TSAJ 16, 1988, 50 f. (51).
[100] C. NEWSOM, Songs, op.cit. (Anm. 7) 16 f.
[101] 4Q400 1 = 4Q401 15; dazu gehören wahrscheinlich 4Q400 3 i–ii 6; 4 i; 5; 4Q401 5.17.29, s. C. NEWSOM, op.cit. (Anm. 7) 7; Text zitiert nach NEWSOM: 89 f.
[102] C. NEWSOM, op.cit. (Anm. 7) 87.
[103] C. NEWSOM, op.cit. (Anm. 7) 23 f.; wie auch sonst in der Qumran-Literatur, siehe M. HENGEL, Judentum und Hellenismus, op.cit. (Anm. 30) 424 f.
[104] M. JASTROW, A Dictionary of the Targumim..., s.v. verweist auf GenR. In den

verwendete Abstraktum ist in den Sabbatliedern zweimal belegt. Es zeigt die in Qumran auch sonst zu beobachtende Tendenz zur sprachlichen Abstraktion entsprechend einer allgemeinen Denkbewegung in der hellenistischen Zeit[105]. Für die Interpretation von מלכות und ihren Gebrauch in den Sabbatliedern ist die Analogie zur Bildung des Abstraktums אלוהות wichtig. Wir werden später darauf zurückkommen. C. Newsom ergänzt den Stichos (Z. 2–3), der mit וּבֵאלוֹהוֹתוֹ beginnt, folgendermaßen:

וּבֵאלוֹהוֹתוֹ [מלכותו גילו],

um die Schreiberkorrektur zu erklären, außerdem liege ein zweiter Imperativ dem Kontext entsprechend nahe. Die Ergänzung ist vom Zusammenhang der Sabbatlieder her sinnvoll und würde interessante Perspektiven eröffnen[106], man kann sie jedoch für unsere Untersuchung nicht auswerten. Sie bleibt Vermutung, ebenso wie in der nächsten Zeile (3 f.) die Ergänzung:

ויהיו לו לכוהני [קורב במקדש מלכותו] משרתי פנים בדביר כבודו

„und sie wurden ihm zu Priestern [der Nähe im Heiligtum seiner Königsherrschaft] Dienende des Angesichts im Debir seiner Herrlichkeit"

Auf sicherem Boden dagegen befinden wir uns mit der Gottesbezeichnung bei der Einsetzung der Engel zum priesterlichen Dienst im himmlischen Heiligtum:

Z. 8: ...[כֹּנַהֲ[נֵי] קורב משרתי פני מלך קודש].

Priest[er] des inneren Heiligtums Diener vor dem *König [höchster] Heilig[keit]*

Z. 12 f.: ...[קודש קוֹדֹשִׁים כוֹ]הֲנֵי ... ה]מָּה שרי
מתיצ]בים בהיכלי מלך [..] בגבולם ובנחלתם

...] höchster Heiligkeit Prie[ster ... s]ie (sind) Fürsten [... Steh]ende *in den Palästen des Königs*
[...] in ihrem Gebiet und ihrem Erbbesitz

Gott wird König genannt als Herr über die himmlische Priesterschaft und die himmlischen Heiligtümer (vgl. Sir 50,2.7). Der Gottesname Jahwe wird in

---

Sabbatliedern begegnen sprachliche aber auch exegetisch-theologische Phänomene, die man bisher z. T. nur aus dem NT und sehr viel späterer rabbinischer Literatur kannte und die den Protest der Judaisten gegen die Willkür neutestamentlicher „Parallelomanie" hervorriefen. So wird man die θεότης in Kol 2,9 nicht mehr als rein hellenistischen Begriff bezeichnen können, wir begegnen der Vorstellung von einem himmlischen Vorhang wie in Hebr, aber auch der Verschlüsselung hochheiliger Geheimnisse durch Gematrie im 7. Sabbatlied, siehe dazu u. S. 97 f.

[105] Siehe M. HENGEL, Judentum und Hellenismus, op.cit. (Anm. 30) 396.
[106] Wenn am Beginn der Sabbatlieder die wichtigsten Gottesepitheta in den Sabbatliedern *mäläk* und *ᵃlôhîm* in durch die doppelte Abstraktform verstärkter Weise vereint stünden, könnten sie einer entsprechenden Formulierung am Ende der Lieder korrespondieren. Das ergäbe noch einen neuen Akzent für die Interpretation von *malkût* in den Sabbatliedern, am Gesamtergebnis meiner Untersuchung würde sich aber nichts ändern.

keinem der Lieder verwendet. Er wird vor allem durch das Suffix der 3.pers. sg.masc. umschrieben (in diesem Abschnitt im erhaltenen Text achtmal) oder durch Elohim und besonders häufig durch die Gottesprädikation מלך (hier zweimal und einmal אלוהות) ersetzt.

Gottes Handeln wird in finiten Verben beschrieben, was selten ist in den Sabbatliedern: er gründete (יסד) die Priesterschaft – in den alten Jahwe-König-Psalmen wird dieses Verb für das Gründen des Tempels bzw. der Erde wie eines Tempels verwendet[107], wir finden es aber auch in übertragenem Sinn in Ps 8 „Aus dem Munde von Kindern ‚und Säuglingen' hast du dir machtvolles Lob gegründet" –; er setzte seine Gebote fest (חרת חוקיו)[108], er reinigte (ויטהר) die Reinen (Engel). Die Engel führen ihren Dienst jeweils gehorsam aus. Er besteht – soweit das im erhaltenen Text erkennbar ist – im Dienst vor Gott im himmlischen Tempelheiligtum. Dabei geben sie die himmlischen „Statuten", die Gesetze, gemäß der hierarchischen Stufenfolge weiter, sorgen für die Reinheit des Heiligtums, sie sühnen[109] und reinigen die Menschen, die am

---

[107] Ps 24,2: „die Konstitution (wird) als anfängliche ‚Gründung' (יסד), also ohne eigene Schöpfungsterminologie formuliert. Es ist das Handeln eines Baumeisters, der die Welt wie einen Tempel-Palast ... errichtet", H. SPIECKERMANN, op.cit. (Anm. 16) 201; Ps 78,69; 89,12 vgl. Jes 48,13.16; Sach 12,1. Zu Ps 8,3 siehe H. SPIECKERMANN, op.cit., 227.232ff. Es erscheint neben כון, das als Zitat aus dem Schilfmeerlied (Ex 15,17) auch für die „Gründung" des eschatologischen Tempels verwendet wird, in 11QTempel xxix 9f., vgl. 4QFlor.

[108] Vgl. die Bedeutung der „himmlischen Tafeln" im Jubiläenbuch 3,8–14.31; 4,5.32; 5,13; 6,17.29–35; 15,25f.; 16,9.29; 18,19; 24,33; 28,6; 30,9; 32,15; 33,10; 50,13. Sie enthalten nicht nur die kultischen – ebenso den Kalender betreffenden – Gesetze, sondern in Jub auch das Schicksal Israels, siehe mein „Irdischer und himmlischer König..." in diesem Band 312f.

[109] Nur hier wird im erhaltenen Text der Sabbatlieder die Wurzel כפר verwendet: ויכפרו רצונו בעד כול שבי פשע „und sie entsühnen seinem Willen (entsprechend) alle, die sich von der Sünde abgewandt haben". Fast ganz parallel ist CD ii 4.5, wo es von Gott heißt:
ארך אפים עמו ורוב סליחות
לכפר בעד שבי פשע
„Langmut ist bei ihm und reiche Vergebungen,
um die zu entsühnen, die sich von der Sünde abgewandt haben"
(Üs. Janowski, Lichtenberger)
Der kleine Unterschied, daß die Damaskusschrift das Entsühnen von Gott aussagt, während die Sabbatlieder darin eine die himmlische Priesterschaft der Engel kennzeichnende Funktion sehen, ist gravierend, stimmt aber trotzdem zusammen. In der Qumranliteratur – abgesehen von der Tempelrolle, die die traditionelle kultische Verwendung von כפר für den idealen Tempel belegt, – fehlt auffälligerweise der Priester und die Priesterschaft als Subjekt von כפר, das ist entweder Gott oder der Mensch, genauer: die Gemeinde von Qumran, der Laie, Mose. Siehe den Nachweis bei B. JANOWSKI/H. LICHTENBERGER, Enderwartung und Reinheitsidee. Zur eschatologischen Deutung der Reinheit und Sühne in der Qumrangemeinde, JJS 34 (1983) 31–59 (43f.). Eine besondere Schwierigkeit besteht darin, daß רצונו nicht mit einer Präposition verbunden ist (ב oder ל). C. NEWSOM, Songs, op.cit. (Anm. 7) 93 übersetzt deshalb „But they propiate His good will for all who repent of sin". Der Kontext legt jedoch nahe, daß die Engel Gottes Willen entsprechend handeln. Das 13. Sabbatlied, das wieder kultische Termini enthält, ist leider sehr schlecht erhalten, so daß man von dort keinen Gegenbeleg dafür, wie der Vorgang der Sühne in den Sabbatliedern vorgestellt wird, erhält. Deutlich ist indessen, daß die Engel als Priester hier in der Funktion gesehen werden, die die

himmlischen Kult teilnehmen. Sie – die himmlischen Engelpriester – sind „ein Volk der Einsicht seiner Herrlichkeit". Diejenigen, an die die Weisung weitergegeben wird, werden beschrieben mit termini, wie sie die qumranische Gemeinde zur Selbstdefinition gebraucht: כול שבי פשע[110]. Die himmlische Priesterschaft hat eine Mittlerfunktion durch ihren Dienst im Allerheiligsten vor Gott und durch ihre Weitergabe der Lehre an die irdische, zur priesterlichen Reinheit durch sie unterwiesene qumranische Gemeinde.

In der zweiten Kolumne (4Q 400 1 ii) ist nur noch der rechte Rand erhalten, doch hier begegnen uns die wichtigen Begriffe:

1	] (deiner) erhabenen Königsherrschaft
2	] Himmel [
3	] die Schönheit *deiner Königsherrschaft*
4	] in den Toren der erhabenen Himmel
5	] in [. . .] Geist aller die [. . .
6	] die Heiligen des Allerheilig[sten
7	] *König* der Göttlichen für die sieben [
8	] die Herrlichkeit des *Königs*[
9	] Herrlichkeit im Rat der Gött[lichen
10	] der sieben Wege[
11	] für die Gerichte/Gesetze der Ruhe[
12	]Ewigkeiten [
13	] und sie erheben seine Herrlichkeit[
14	] *König* der Fürsten der (נשיאי)[
15	] Heiligen [
16	] Heilige[
17	] Göttliche und [
18	] Gerechtigkeit[
19	] Priesterschaft[
20	] Gnadenerweisungen (חסדי) Go[ttes
21	] um geheiligt zu werden durch [

Nach der Beschreibung der Einsetzung der Engel in ihren himmlischen Priesterdienst spricht die irdische Gemeinde Gott direkt an: Was Gott als himmlischer König gegründet und bestimmt hat, wird nun als seine Königsherrschaft – oder Königtum – in seiner Größe und Schönheit gepriesen. Zu Z. 1 „(deine) erhabene Königsherrschaft" ist der direkt vorhergehende Text, das letzte erkennbare Wort aus der untersten Zeile von Kolumne 1 (400 1 i 21), zu ziehen:

Gemeinde als „Tempel von Menschen" (4QFlor) durch den Geist Gottes einnimmt: „in dieser Funktion wirkt sie präsentisch Sühne für sich selbst und ‚für das Land (= Israel)'." (JANOWSKI/ LICHTENBERGER, op.cit., 59). Vgl. TestLevi 3,5: In dem Himmel, der Gott am nächsten ist, sind diejenigen Engel, die die Sühne vollziehen.

[110] Vgl. CD ii 5 und C. NEWSOM, Songs, op.cit. (Anm. 7) 105 mit Hinweis auf H. RINGGREN, The Faith of Qumran, 1963, 123.

תש]בוחות, Preisungen, und wahrscheinlich muß man das Suffix der 2.pers. sg.masc. hier ergänzen, das auch in Z. 3 verwendet wird, und übersetzen:

„Preisungen (deiner) erhabenen Königsherrschaft".

Der Wechsel von der 3. Person zur 2. Person in der direkten Anrede der Beter des Hymnus ist nicht nur in den alttestamentlichen Psalmen häufig belegt, sondern bestätigt hier auch die Interpretation, daß der priesterliche Dienst des Sühnens und Unterweisens der Engel der qumranischen Gemeinde gilt, die nun im Lobpreis auf Gottes Heilsgabe antwortet. Gottes מלכות wird hier entweder als eine umfassende Beschreibung der himmlischen Installation des Kultes, des himmlischen Tempels, oder als eine Abstraktbildung zu *mäläk*, ähnlich wie *ᵃlôhût* zu *ᵃlôhîm*, also als „Königlichkeit" Gottes verwendet. Nach dem Kontext ist das erstere wahrscheinlicher. Es entspricht dann dem Wortgebrauch von Jub 50,9 (siehe o. S. 53) und 1QSb iv 26 (siehe o. S. 68). Da Gott als Herr über die Engel, die Göttlichen, die er als Priesterschaft einsetzt, „König" genannt wird, wird der Bereich seiner Herrschaft auch mit dem „politischen" Begriff *malkût* bezeichnet: sein königliches Heiligtum.

Der letzte Teil des Psalms, der „formulaic praise" der sieben Engelfürsten[111], ist sehr schlecht erhalten, *mäläk* und *malkût* sind in den Fragmenten nicht belegt.

Das 2. Lied

Wahrscheinlich aus dem zweiten Teil des Liedes stammt ein längerer gut erhaltener Abschnitt (4Q400 2; 4Q401 14 i)[112]:

    401 14 i:
A 5 „denn du wirst geehrt [...]
    6 (von) den Häuptern der Herrschaftsbereiche (ממשלות) . [...
    in allen Himmeln der *Königsherrschaft* (מלכות) deiner Herrlichkeit
    400 2:
    1 um zu loben deine Herrlichkeit wunderbar
    unter den Göttlichen der Erkenntnis
    und die Preiswürdigkeit deiner *Königsherrschaft*
    unter den Heiligen der Heiligen.
    2 Sie (die Engelfürsten) werden geehrt
    in allen Heerlagern der Göttlichen,
    sie werden verehrt
    in den Versammlungen der Menschen.

---

[111] Zuordnung siehe C. NEWSOM, Songs, op.cit. (Anm. 7) 87f.
[112] Siehe C. NEWSOM, op.cit. (Anm. 7) 8.87; Text: 110.136. Ich gebe im Folgenden Text und Üs. in Stichen wieder, wenn es der Erhaltungszustand der Fragmente erlaubt, sonst nach Zeilen.

Ein Wunder 3 vor Göttlichen und Menschen.

B Sie erzählen die Majestät seiner *Königsherrschaft*
nach ihrer Erkenntnis
und sie erheben [seine Herrlichkeit
in allen] 4 Himmeln seiner *Königsherrschaft,*
in allen Höhen wunderbare Psalmen
entsprechend aller [ihrer Erkenntnis ...
und die Majestät] der 5 Herrlichkeit des *Königs* der Göttlichen
erzählen sie in den Wohnungen ihres Stehens.

C 6 Wie können wir [unter] sie gerechnet werden,
und unsere Priesterschaft,
wie kann sie sein in ihren Wohnungen?
Und unsere Hei[ligkeit,
was ist sie im Vergleich mit] ihrer Heiligkeit?
[Was] ist das Opfer der Zunge unseres Staubes
im Vergleich mit der Erkenntnis der Göttli[chen?
...] unser [J]ubel, laßt uns erheben
den Gott der Erkenntnis [...".

Den Königstitel erhält Gott wieder als Herr über die Göttlichen. Schwieriger ist es, die Bedeutung von *malkût* zu erfassen. Ich habe den Psalmteil in die Abschnitte A, B, C eingeteilt, um den Aufbau etwas deutlicher zu machen. Untersuchen wir zuerst den Abschnitt B: So klar der Wortlaut und der Sachverhalt ist, um den es hier geht (den Lobpreis der Engelfürsten), so änigmatisch wird der Text, wenn man genau definieren will, was er unter *malkût* versteht. Klarer wird der Sachverhalt, wenn man auf die poetische Struktur, den erweiterten Parallelismus membrorum achtet:

a   וספרו הוד מלכותו כדעתם
b   ורוממוֹ [כבודו בכול] שמי מלכותו
b' ובכול מרומי רום תהלי פלא לפי כול [בינתם יזמרו
a' והדר] כבוד מלך אלוהים יספרו במעוני עומדם

Ein Stichos wird jeweils durch den folgenden erklärt; daß die Engelfürsten die Majestät von Gottes Königsherrschaft nach ihrer Erkenntnis erzählen, heißt, daß sie ihn, bzw. seinen *kabôd*, in allen Himmeln seiner Königsherrschaft erheben. Dieses „erheben" besteht im Psalmengesang in den „hohen Höhen", einer häufigen Bezeichnung für die Himmel in den Sabbatliedern[113], die das Stichwort „erheben" wieder aufnimmt. Der letzte Stichos faßt die drei ersten Stichen zusammen, indem er nun mit Hilfe der beiden mittleren den ersten Stichos erklärt: „die Majestät (von Gottes) Königsherrschaft erzählen", heißt: „die Majestät der Herrlichkeit des *Königs* der Göttlichen erzählen ... *in den*

---

[113] C. NEWSOM, op.cit. (Anm. 7) 39 und 79: „In the Sabbath Shirot the terms for heaven are

Wohnungen ihres Standorts". Der Plural von מעון ist ungewöhnlich, wird aber durch die in den Sabbatliedern immer wieder auftauchende Vorstellung von einer Mehrzahl von himmlischen Tempeln verständlich und durch die Constructus-Verbindung mit עומדם als liturgischem t.t. genauer bestimmt[114]. Der Begriff „Königsherrschaft" Gottes umfaßt also den himmlischen Lobpreis als König im *Bereich* der himmlischen Tempel, in dem er sich vollzieht. Wir haben hier nicht nur „four generally parallel sentences", sondern je zwei sich im Parallelismus membrorum entsprechende Stichen, die sich nun spiegelbildlich, d.h. chiastisch verschränkt, gegenseitig entsprechen (a, b, b', a'). Ähnliche poetische Strukturen finden sich auch an anderen Stellen in den Sabbatliedern (siehe u. S. 99) und in den Hodayot aus Qumran[115]. Der schon in der herkömmlichen Struktur des Parallelismus membrorum angelegte Sinn („in doppelten, sich steigernden Formulierungen ein Ergreifen und Begreifen der Sache in einem dynamischen Vorgang"[116]) wird hier weiterentwickelt, um zugleich präzise und prägnant in poetischer Sprache theologische Definitionen zu erreichen. Wichtig für uns ist, daß diese komplizierte Form der Definition gewählt wird, um die *malkût* Gottes zu umschreiben, und daß sie nicht nur ein in den Sabbatliedern häufig genannter Begriff ist, der aus der Tradition übernommen wird, sondern daß der Begriff entfaltet wird: die „Majestät seiner Königsherrschaft" heißt dann beides: „Herrlichkeit des Königs der Göttlichen" – dabei wird *malkût* wie *ᵃlôhût* als „Eigenschaft Gottes" erkannt –, und „die Wohnungen ihres Stehens", d.h. sie umfaßt auf der anderen Seite im räumlichen Sinn die gesamte himmlische Welt, den himmlischen Tempel. Diese Ausführungen im 2. Lied sind nicht die einzige Stelle in den Sabbatliedern, wo der Text so gut erhalten ist, daß wir eine eigenständige Fassung der *malkût* Gottes in dem qumranischen Sabbatzyklus feststellen können (siehe u. S. 100f.). Sie geht in ihrem Bemühen um begriffliche Klärung über die Parallelstelle in SapSal 10,10 hinaus, wo von Jakob – in Anspielung auf seinen Traum in Bethel (Gen 28,10–19) – gesagt wird, daß ihm die Weisheit Einblick in die himmlische

---

still epithets, as in th OT, not proper namens for separate heavens, as one often finds in later traditions."

[114] „עמד bezeichnet das dienende Stehen vor Gott (vgl. Dt 10,8; 18,7; 1Ch 23,30; 2Ch 29,11; Hebr 10,11)", H.-J. KRAUS, Psalmen 2, BKAT XV,2, 3. Aufl. 1966, 893 zu Ps 134,1. Vgl. zum Standort der Leviten östlich vom Altar (2. Chron 5,12) auf den fünfzehn Stufen, wo im Halbrund der Chor aufgestellt war: mMid 2,5; mAr 2,6: שהלוים עומדים בשיר „wenn die Leviten dastanden und sangen". Dazu C. NEWSOM, op.cit. (Anm. 7) 115, die auf Neh 8,7; 9,3; 2. Chron 34,31; 1QM xiii 1 (NEWSOM versehentlich: xii 1) verweist.

[115] Siehe B. KITTEL, The Hymns of Qumran, SBL Diss Ser 50, 1981, besonders die Zusammenfassung: 155–172.173ff.

[116] H. GESE, Der Johannesprolog, in: Zur Biblischen Theologie: Alttestamentliche Vorträge, BEvTh 78, 1977, 152–201 (160).

Welt, d. h. genauer auch hier die himmlische βασιλεία als Tempel Gottes, gewährte[117]:

ἔδειξεν αὐτῷ βασιλείαν θεοῦ
καὶ ἔδωκεν αὐτῷ γνῶσιν ἁγίων,

und wo ihm die Erkenntnis der Engel, von der ja auch unsere Stelle im 2. Lied spricht, verliehen wird. J. Carmignac hat in seinem Aufsatz zu unserem Thema[118] pointiert vertreten, daß „MLKWT ... désigne la qualité de roi, la royauté" (181). Er hat damit die Eigenart des Sprachgebrauchs in den Sabbatliedern erkannt und betont, aber zu einseitig nur den einen Aspekt, den der „Königlichkeit" Gottes, gelten lassen wollen.

Nach unserer Analyse von *malkût* in Abschnitt B wird die Verwendung des Begriffs in Abschnitt A verständlicher. Die Worte:

„in allen Himmeln der Königsherrschaft deiner Herrlichkeit"

enthalten wie die parallele Formulierung in B das räumliche Element. Dagegen wird man „die Preiswürdigkeit deiner Königsherrschaft", die im Parallelismus membrorum „deine(r) Herrlichkeit" entspricht, eher im Sinne der "royauté" verstehen müssen. Schon C. Newsom[119] hat darauf hingewiesen, daß man „Preiswürdigkeit", eine etwas unbeholfene Übersetzung von תשבוחות, entweder als direktes Akkusativ Objekt zu „loben", להלל, verstehen kann oder als adverbiale Bestimmung. Dann muß man übersetzen: „um zu loben ... mit Preis deine Königsherrschaft". Der erste Stichos hat das Adverb „wunderbar", פלא. Wir müßten dann in dem vollkommen synonymen Parallelismus die Steigerung von *kabôd* zu *malkût* beachten und könnten sicher sein, daß in diesem Fall die Bedeutung „Königlichkeit" vorliegt.

Der dritte Abschnitt C enthält das Bekenntnis der Niedrigkeit der irdischen Gemeinde, aber auch das Einstimmen der irdischen Gemeinde in den himmlischen Jubel. Der Begriff *malkût* ist im erhaltenen Text nicht überliefert. Das ist besonders bedauerlich, weil es der einzige noch erhaltene Abschnitt in den Sabbatliedern ist, in dem die irdische Gemeinde von sich in der 1. Person spricht.

---

[117] Vgl. Jub 32,1–3.16.21 und das Fragment aus 1QGenAp 1–4 (veröffentlicht von J. T. MILIK in: M. DELCOR [Hg.], Qumran, 1978, 103–105, und K. BEYER, op.cit. [Anm. 68], 186 ff.); die wichtigste Parallelstelle ist jedoch 11QTempel xxix 8–10: „Und ich will heiligen mein Heiligtum mit meiner Herrlichkeit, da ich wohnen lassen werde über ihm meine Herrlichkeit bis zum Tage der Schöpfung, an dem ich neu schaffe mein Heiligtum, um es mir zu bereiten für allezeit entsprechend dem Bund, den ich geschlossen habe mit Jakob in *Bethel.*" (Üs. JANOWSKI, op.cit. [Anm. 108] 56). Vgl. o. S. 74f. zum eschatologischen Tempel.
[118] J. CARMIGNAC, op.cit. (Anm. 11).
[119] C. NEWSOM, op.cit. (Anm. 7) 113.

Das 3. Lied

Für das dritte Sabbatlied lassen sich keine Fragmente mit Sicherheit identifizieren.

Das 4. Lied

Der Anfang des vierten Liedes (4Q401 1–2) ist wahrscheinlich bruchstückhaft erhalten. Wir finden in Z. 3f.:

„sie stehen vor ... *Königsherr[schaft]*"

und in Z. 5:

„*König* der Gött[lichen]".

Das entspricht dem bisher gewohnten Bild, der Text ist jedoch zu fragmentarisch, um für die Interpretation Aufschlüsse zu geben.

Das 5. Lied

Das Ende des fünften Liedes (4Q402 4 = MassShirShabb i 1–6) ist wieder vollständiger und in seiner Zuordnung gesichert. Der eschatologische Kampf wird erwähnt und *milḥämät ᵃlôhîm* genannt, jedoch ist in dem erhaltenen Text nichts von der Beteiligung der Menschen – wie in der Kriegsrolle aus Qumran – zu erkennen. Gottes Sieg ist zu erschließen, er wird begründet mit stark hymnischen Passagen über die Prädestination und Schöpfung. Die Motivworte sind היה und עשׂה. Gott schafft Neues und die *rᵉišônôt* und die *'aḥᵃrônôt*, die früheren und die späteren Dinge, jeweils zu ihren Zeiten. Die dtjes Schöpfungspsalmen werden nicht wörtlich zitiert, aber die einzelnen Begriffe „are all drawn from Deutero-Isaiah"[120]. Daß nicht wörtlich zitiert wird, zeugt für die eigene poetische Kompetenz des bzw. der Verfasser(s) der Sabbatlieder.

Am Ende des fünften Liedes wird Gott nicht einmal „König" genannt. Hier, wo es um Gottes Schöpfung und Prädestination geht, ist er Elohim. Auch wenn in der Gottesprädikation variiert wird, wird der Königstitel nicht gebraucht. Der Schlußsatz des fünften Liedes lautet:

„Denn Werke seiner Herrlichkeit sind sie,
vor ihrem Sein, Teil seiner Planung."

Gottes Lichtherrlichkeit, sein כבוד, wird wie eine „Hypostase" verwendet und ersetzt an dieser Stelle Elohim[121]. Daß in diesem Textabschnitt weder von Gottes *malkût* die Rede ist noch Gott „König" heißt, könnte man für einen

---

[120] C. NEWSOM, op.cit. (Anm. 7) 157–162.
[121] Diese besondere Verwendung von *kabôd* in den Sabbatliedern war schon L. H. SCHIFFMAN aufgefallen, siehe Merkavah op.cit. (Anm. 9) 35.

Zufall halten, wir kennen ja nur ca. 16 nicht ganz vollständige Zeilen vom Schluß dieses Psalms. Daß die Wahl der Gottesprädikationen in den Sabbatliedern keineswegs beliebig ist, sondern bewußt, zeigt der Abschnitt über Gottes Schöpfer- und Königsein im 7. Sabbatlied (siehe u. S. 101). Diese Unterscheidung zwischen Gott als Schöpfer (θεός/δύναμις ποιητική) und Herrscher (βασιλεύς/δύναμις βασιλική) ist auch grundlegend für den Gottesbegriff Philos von Alexandrien und lebt weiter in der Differenzierung der Rabbinen zwischen den beiden Middot הרחמים und הדין[122].

Das 6. Lied

Erst im sechsten Lied ist die Textbasis wieder breiter durch Mehrfachüberlieferung in verschiedenen Rollen (MasShirShabb i 8–ii 26; 4Q403 1 i 1–29; 4Q404 1,2; 4Q405 1,2,3 und vielleicht 4Q401 3,13). Das Lied ist dreiteilig, wie es die Sabbatlieder vielleicht zum großen Teil waren. Das 6. Lied enthält nach einem Einleitungsteil, der verlorengegangen ist, zwei litaneiartige Psalmen.

Zuerst wird aufgeführt, was die sieben Hauptfürsten (נשיאי רוש) der Engel zum Lobe und zum Segnen Gottes sprechen, bzw. singen, darauf folgen die Segensworte, mit denen die Engelfürsten ihre Engelscharen segnen. „One might ask whether the blessings of the seven chief princes are addressed to angelic or human recipients" (Newsom 196), die meisten Bezeichnungen sind „ambiguous". Ein deutliches Anzeichen dafür, daß die irdische Gemeinde eingeschlossen ist, wie es das Suffix der 1.pers.pl. wäre, fehlt jedenfalls. Die Aufreihung ist jeweils bis auf kleine Abweichungen formelhaft durchkomponiert, jedem Fürsten werden Motivworte zugeordnet[123]. Vom Psalm des ersten Fürsten ist nichts erhalten, man kann ihn jedoch mit großer Sicherheit nach der Zusammenfassung, die der 7. Hauptfürst von den Psalmen der vorhergehenden Fürsten gibt, ergänzen[124]. Das Formular läßt sich in seinen Grundelementen so rekonstruieren:

Die Zunge des 1. Hauptfürsten spricht Psalmen des Segens
  „dem *Gott* der Ewigkeiten (לאלוהי עולמים)
  mit sieben Worten des Segens
  und segnet den *König* aller Heiligen der Ewigkeiten
  (למלך כול קדושי עולמים)
  mit siebenmal sieben Worten des Segens." (ברך)

---

[122] Zu den Middot bei den Rabbinen siehe E. E. URBACH, The Sages – Their Concepts and Beliefs, Bd. I, 1975, 448–468. Zu Philo siehe N. UMEMOTO in diesem Band, 332–337.

[123] Siehe das Schema bei C. NEWSOM, op.cit. (Anm. 7) 177–180.195.197.207f. Zur Reihung der Synonyme vgl. 1.Hen 61,9: reden, preisen, verherrlichen, erhöhen. Gipfel ist in V. 11: das Reden (= singen) mit *einer* Stimme, wie es auch in unserem Psalm begegnet siehe u. S. 90f.

[124] MasShirShabb ii 19; Kommentar: C. NEWSOM, op.cit. (Anm. 7) 180.

Die Zunge des 2. Hauptfürsten spricht Psalmen des Großmachens dem
    „*König* der Treue und Gerechtigkeit (למלך אמת וצדק)
    und macht groß den *Gott* aller Göttlichen,
    die bestimmt sind zur Gerechtigkeit (לאל כול אלוהי נועדי צדק),
    mit siebenmal sieben Worten des Großmachens." (גדל)

Die Zunge des 3. Hauptfürsten spricht Psalmen des Erhöhens dem
    „*König* der Engel (למלך מלאכים)
    mit sieben Worten des Erhöhens" ...
    „und erhöht den *Gott* der Engel der Höhe (לאלוהי מלאכי רום)
    mit siebenmal sieben Worten des Erhöhens wunderbar." (רום)

Die Zunge des 4. Hauptfürsten spricht Psalmen des Preisens dem
    „*Starken* über alle Göttlichen (לגבור על כול אלהים)
    mit sieben g^eburot seiner Wunderbarkeit
    und preist den *Gott* der g^eburot (לאלוהי גבורות)
    mit siebenmal sieben Worten des Preisens wunderbar." (שבח)

Die Zunge des 5. Hauptfürsten spricht Psalmen des Lobens dem
    „*König* der Herrlichkeit (למלך הכבוד)
    mit sieben Worten des Lobens ...
    und lobt den *Gott* der Herrlichkeit (לאל הכבוד)
    siebenmal mit sieben Worten des Lobens wunderbar." (ידה)

Die Zunge des 6. Hauptfürsten spricht Psalmen des Jubelns dem
    „*Gott* der Güte (לאל הטוב)
    mit sieben wunderbaren Worten des Jubels
    und jubelt dem *König* der Güte (למלך הטוב)
    siebenmal mit sieben Worten des Jubels." (רנן)

Ein deutliches Achtergewicht bekommt der 7. Hauptfürst:
    „Psalm des Singens mit der Zunge des siebten Hauptfürsten,
    ein Gesang der Stärke dem *Gott* der Heiligkeit (לאלוהי קודש)
    mit sieben Gesängen seiner Wunderbarkeit,
    und er singt dem *König* der Heiligkeit (למלך הקודש)
    siebenmal mit sieben Worten eines wunderbaren Gesangs" (זמר):
    Sieben Psalmen seiner Segnungen (ברכותיו),
    Sieben Psalmen des Großmachens seiner Gerechtigkeit (צדקו)
    Sieben Psalmen des Erhöhens seiner *Königsherrschaft* (מלכותו)
    Sieben Psalmen des Preisens seiner Herrlichkeit (כבודו)
    Sieben Psalmen des Lobens seiner Wunderbarkeit (נפלאותיו)
    Sieben Psalmen des Jubelns seiner Stärke (עוזו)
    Sieben Psalmen des Singens seiner Heiligkeit. (קודשו)

Das Singen des 7. Hauptfürsten ist der Ausdruck des höchsten Jubels[125]. Dazu

---

[125] Das heißt nicht, daß die anderen Hauptfürsten nicht „singen", sondern זמר wird in der Reihe der Synonyme als höchste Steigerung verwendet, es bedeutet ursprünglich den Gesang mit Instrumentenbegleitung, wie er vor allem im Jerusalemer Tempelgottesdienst von den

wiederholt er die Psalmen der vorhergehenden sechs Hauptfürsten. Der hierarchisch aufsteigende Preis der Fürsten gipfelt bei Gottes Heiligkeit. Die *malkût* Gottes ist der dritten Stufe zugeordnet, nicht der höchsten. Besonders auffällig ist der Wechsel in den Gottesprädikationen. Gott wird abwechselnd „Gott" (אלוהים/אל) und „König" (מלך) genannt, kunstvoll chiastisch verschränkt, d. h. im 1., 6. und 7. Glied zuerst „Gott" und dann „König", aber jedes Glied enthält beide Prädikationen, nur im Mittelglied steht statt „König": גבור, der „Starke". Dieser Wechsel von „Gott" und „König" ist bei der strengen Wortwahl des Ganzen, die sich in der Paronomasie als sich steigerndem Stilmittel in besonderer Weise zeigt, sicher beabsichtigt: siebenmal „Elohim", sechsmal „mäläk" – um die vollkommene Zahl „Sieben", die in diesem Sabbatlied eine so große Rolle spielt, für Elohim vorzubehalten, wird einmal *mäläk* durch *gibbor* ersetzt. Man könnte natürlich auch andersherum argumentieren, daß die Gottesbezeichnung *mäläk* besonders hervorgehoben würde, dadurch daß sie im vierten Glied, das als Mittelglied einen zweiten Gipfel bildet, als *gibbor* erscheint. Elohim wird ja auch als Bezeichnung für die Engel verwendet, so wäre die Annahme verlockend, daß *mäläk* als höchste Gottesbezeichnung verwendet wird. Die Systematik des 6. Sabbatliedes mit ihrer Betonung der Zahl Sieben scheint mir jedoch dagegen zu sprechen[126].

Die strenge paronomastische Verwendung von Motivworten und Formeln mag heute etwas schematisch wirken, sie ist jedoch im Sinne der Sabbatlieder hochpoetisch und soll den Eindruck vollkommen geordneter Engelliturgie vermitteln. Diese Engelliturgie ist in der Schilderung des Preises außerordentlich zurückhaltend, er ist schlicht „wunderbar", פלא. Die strenge Formelhaftigkeit gibt der phantasievollen Ausgestaltung keinen Raum, sondern soll allein

---

Leviten kunstvoll aufgeführt wurde, siehe E. GRÖZINGER, op.cit. (Anm. 57) 119–132; M. HENGEL, Das Lied im frühesten Gottesdienst, in: Weisheit Gottes – Weisheit der Welt. Festschrift für Joseph Kardinal Ratzinger zum 60. Geburtstag I, hg. v. W. BAIER/O. PFNÜR, EOS Buch 185, 1987, 357–404 (366.388 und zum Problem der Unterscheidung zwischen Gebet und Gesang: 361 ff.).

[126] Die Vermutung von M. HENGEL, Zur matthäischen Bergpredigt op.cit. (Anm. 57) 384, daß „mäläk ..., das Tetragramm vertritt, das völlig fehlt, und damit die *höchste* Gottesbezeichnung darstellt" (Hervh. v. mir), wird durch die Textanalyse nicht so einfach bestätigt, auch wenn man annehmen kann, daß *mäläk* das Tetragramm vertritt und das Verständnis des κύριος-Titels in der LXX (zum Problem des Auftauchens des aramäisch bzw. in althebräischen Buchstaben geschriebenen Tetragramms in den LXX-HS des 1. Jh.s siehe A. PIETERSMA, Kyrios or Tetragramm: A Renewed Quest for the Original LXX, in: DERS. (Hg.), De Septuaginta: studies in honour of John William Wewers on his sixty-fifth birthday, Mississauga Ontario, Canada, 1984, 85–111) und bei Philo diese Auffassung sehr nahe legt, so ist *mäläk* doch nicht die höchste Gottesprädikation in den Sabbatliedern. Zudem ist auch bei Philo zuerst von Gottes schöpferischer Kraft die Rede, und erst an zweiter Stelle kommt die herrscherliche, richterliche; vgl. PsSal 17,3, wo wir in der Doxologie, dem Bekenntnis der Zuversicht, das den ersten Abschnitt des Psalms beschließt, ebenfalls die Unterscheidung zwischen Gottes Erbarmen und seiner „Königsherrschaft" im Gericht über die Völker finden. Vgl. u. S. 96 und zu Philo: N. UMEMOTO in diesem Band, 235 ff.

durch ihre vollkommene Ordnung das Numinosum umschreiben. Zudem werden nur ganz beschränkt die traditionellen Gottesepitheta verwendet, der heilige Gottesname erschallt nicht im kultischen Gesang der Engel. Es finden sich auch keine Engelnamen[127], nur die absolut gesetzte Siebenerordnung. Wir sind hier weit entfernt von der redundanten Aneinanderreihung des heiligen Namens Gottes und derjenigen der Engel in der Hekhalot-Literatur, die jeden Aspekt der numinosen Mächtigkeiten mit einer paronomasierenden Fülle des Namens umgibt. Josephus berichtet, die Essener hätten die Engelnamen geheimgehalten (bellum 2,142), man hat, weil sie in anderen Texten aus Qumran genannt werden – aber doch auch sparsam –, daraus geschlossen, er habe die Frommen in Qumran gar nicht wirklich gekannt. Die Sabbatlieder geben ihm recht.

Auch der zweite Hauptteil des sechsten Liedes, der den Segen jedes einzelnen Engelfürsten über seine Engelscharen beschreibt, ist formal streng nach dem Siebenerschema aufgebaut[128].

Das System der Wortwahl weicht jedoch leicht von dem des vorherigen, zweiten Teils ab:

Der 1. Hauptfürst segnet: im Namen der Herrlichkeit Gottes
(בשם כ[בו]ד אלוהים)

Der 2. Hauptfürst segnet: im Namen seiner Treue
([בשם] אמתו)

Der 3. Hauptfürst segnet: im Namen der Höhe seiner *Königsherrschaft*
([בשם] רום מלכותו)

Der 4. Hauptfürst segnet: im Namen der Majestät des *Königs*
(בשם הו[ד המ]לך)

Der 5. Hauptfürst segnet: im Namen der Majestät seiner Wunderbarkeit
(בשם [הוד] נפלאותיו)

Der 6. Hauptfürst segnet: im Namen der Stärke Gottes
(בשם גבורות אלים)

Der 7. Hauptfürst segnet: im Namen seiner Heiligkeit
(בשם קודשו)

---

[127] An zwei Stellen, nimmt C. NEWSOM an, könnte man „Melchisedek" ergänzen: 4Q401 11,2f. (S. 133): א[לוהי דעת וכ]... מלכי [צדק כוהן בעד]ת אל, „G]ott der Erkenntnis und ... P[riester ...... Melchi]sedeq, Priester in der [Gottes]versamm[lung ...", und 4Q401 22,3 (S. 143): ...] מל[כי צדק, "1 ...] Heiligen[... 2] sie füllen ihre Hände [... 3] chisedeq[...". Wahrscheinlich stammen beide Fragmente aus einem der Lieder des ersten Teils der Sabbatlieder (Lied 1–5), NEWSOM, 8.37f. Leider ist der Text und sein Zusammenhang jeweils nicht ganz eindeutig, das ist um so bedauerlicher als „The probable reference to Melchizedek in the Sabbath Shirot would be the earliest attestation of the tradition of his heavenly high priesthood, an attestation made all the more important because it occurs in an actual liturgical text and not merely in a haggadic or speculative document" (NEWSOM 37). Für unser Thema wäre es sehr interessant, wenn der höchste Engelpriester in den Sabbatliedern den sprechenden Namen „Malkiṣedeq" hätte. Jedenfalls klingt 4Q401 11 „strongly reminiscent of 11QMelch ii 10" (NEWSOM 134).

[128] Text: C. NEWSOM, op.cit. (Anm. 7) 188f.171f.250f.; Rekonstruktion des „Formu-

Die Abweichungen vom Schema des ersten Teils betonen den Eingangssegen: hier fällt schon das Wort כבוד, Herrlichkeit, das im 1. Teil dem mittleren Glied zugeordnet war. Statt dessen erhält nun das mittlere Glied הוד [המ]לך, Majestät des Königs, und wird so besonders hervorgehoben. Die Zuordnung von מלכות zum 3. Hauptfürsten bleibt aber erhalten, sowie die anderen Glieder im Grunde dasselbe Motivwort weiterführen.

Die Segensworte über die Engelscharen bestehen aus 13 Elementen, wie C. Newsom nachgewiesen und dargestellt hat (schematische Darstellung: 207f.). Sie brauchen hier nicht im einzelnen aufgeführt zu werden. Wichtig für uns ist, daß der 7. Hauptfürst diejenigen, die er segnet „Lobende der Königsherrschaft seiner Herrlichkeit" nennt, und so das Achtergewicht durch מלכות כבודו gebildet wird. Während das 6. Sabbatlied die מלכות Gottes immer in der Reihe der Eigenschaften Gottes nennt, könnte man an dieser Stelle schwankend werden; doch die parallele Formulierung im 7. Sabbatlied אלוהות כבודו, „die Göttlichkeit seiner Herrlichkeit", bestätigt die Annahme, daß wir diese Formulierung richtig verstehen, wenn wir übersetzen „la royauté de sa gloire = sa glorieuse royauté" (Carmignac 182). Man könnte noch weitergehen und vermuten, daß nicht nur die Engelfürsten, sondern auch die Engelscharen in den himmlischen Tempeln in hierarchisch aufsteigender Ordnung vorgestellt werden[129] und diejenigen Engel, die vom 7. Hauptfürsten, d.h. dem obersten Hohenpriester der Engel gesegnet werden, auch das höchste Amt des Lobens innehaben.

Nach seinem Segen faßt der oberste Engelfürst nicht wie im ersten Teil die Segen aller Priesterfürsten allein zusammen, sondern sie sprechen alle gemeinsam (יחד) – das *gemeinsame* Loben wird uns wieder begegnen im 7. Sabbatlied beim gemeinsamen Lobpreis der Merkabot – den feierlichen Schlußsatz. יחד als liturgischer Terminus entspricht dem häufig belegten „einmütigen" (ὁμοθυμα-

---

laic Pattern of the Blessings of the Seven Chief Princes" S. 207f.: er besteht aus 13 Elementen.

[129] Die Hierarchie ist durch die Zählung und die Epitheta ausgedrückt, sie ist nicht so offensichtlich wie in späteren Texten, wo jedem der sieben Himmel eine unterschiedliche Bewohnerschaft mit sich steigernden Funktionen zugeschrieben wird, siehe NEWSOM, op.cit. (Anm. 7) 50f. Zwar meint NEWSOM (51): „Although it does appear that the seven angelic priesthoods (and presumably the sanctuaries in which they serve) are hierarchical ordered, the extant fragments of the Sabbath Shirot preserve no phrase such as one finds in the Hekalot literature indicating their arrangement", die Hierarchie wird jedoch in den Sabbatliedern mit denselben Mitteln ausgedrückt wie in TestLevi (Test XII) 8,4–10 bei der Investitur Levis durch die *sieben* Engel:

„Und der erste salbte mich mit heiligem Öl und gab mir einen Stab. Und der zweite wusch mich mit reinem Wasser und speiste mich mit Brot und Wein, dem Allerheiligsten, und kleidete mich in ein reines und herrliches Gewand. Der dritte kleidete mich mit einem Leinenkleid, ähnlich dem Schulterkleid. Der vierte legte mir einen Gürtel um, (in der Farbe) ähnlich dem Purpur. Der fünfte gab mir einen Zweig des fetten Ölbaums. Der sechste legte mir einen Kranz auf das Haupt. Der siebente setzte mir das Diadem des Priestertums auf."

(Üs. nach J. BECKER, JSHRZ III,1, 2. Aufl. 1980, 52). Auch hier wird nicht ausdrücklich

δόν) Sprechen/Singen mit „einer Stimme" (μιᾷ φωνῇ bzw. ἐν ἑνότητι)[130], was besonders gern zur Beschreibung des Gesangs der Engel verwendet wird.

Es ist ein dreiteiliger Segen: Zuerst sprechen sie die Segen über ihre Engelscharen, dann wendet sich der Segen mit der Formel:

ברוך [ה]א̇ד̇[ו]ן̇ מל[ך ה]כול מעלה לכול ברכה ות[הלה

„Gepriesen sei [der H]er[r], der Köni[g des]Alls,
(der) über jeden Segen und jeden P[salm (erhaben ist)"[131]

direkt an Gott, und den Schluß bildet der Segenswunsch:

„Und er (Gott) segne alle Heiligen, die ihn segnen und rechtfertigen,
im Namen seiner Herrlichkeit
und er segne alle, die ihn segnen in Ewigkeit."

Die Berakha, mit der die Hohenpriester der Engel Gott segnen/preisen, ist nah verwandt mit vielen anderen Berakhot, aber soweit ich sehe ohne Parallele mit demselben Wortlaut[132]. Die traditionellen Elemente scheinen für den himmlischen Gottesdienst abgewandelt zu sein: האדון = ὁ κύριος, der Herr, ersetzt den heiligen Jahwenamen, aber auch die direkte Gebetsanrede אדוני; es wird durch מלך הכול, das die erste Prädikation steigernd erläutert und nicht einfach

---

gesagt, daß die Engel entsprechend ihrer Funktion jeweils auch im Rang aufsteigen – es ist selbstverständlich. Das Zeremoniell wird der Einsetzung des Hohenpriesters im Zweiten Tempel entsprechen, jedenfalls des idealen z. Z. der Abfassung von TestLev 8, vgl. Ex 28. Vgl. weiter 3. Hen 17 (SCHÄFER, Synopse § 21 = § 857): Hier werden nicht nur die Namen der sieben Engelfürsten aufgezählt, sondern auch ihr Rang: Michael, der oberste Engelfürst, amtiert im 7. Himmel! Er wird zuerst genannt. Ebenso finden wir eine absteigende Ordnung z. B. in TestJuda 25: Levi wird von Gott selbst gesegnet, Juda vom Engel des Angesichts etc. In Ma'aseh Merkabah §§ 554.555 werden die sieben himmlischen Paläste in aufsteigender Reihe beschrieben (siehe dazu o. Anm. 57).

[130] Vgl. 1. Hen 61,6–11; 2. Hen 19,6; Dan 3,51 (S⊕G); Te'ezaza Sanbat, ed. LESLAU, op.cit. (Anm. 35) 35 und die bei M. HENGEL, Das Lied, op.cit. (Anm. 125) 384 ff. genannten Belege und Literatur. Auffällig ist, daß die Sabbatlieder dafür das Adverb יחד wählen; es taucht im 5. Lied beim gemeinsamen Kampf der Engel auf und beim gemeinsamen Gesang der Merkabot im 7. Sabbatlied. Dasselbe Wort dient als Nomen zur Selbstbezeichnung der Gemeinde in Qumran; dazu J. MAIER, Zum Begriff יחד, op.cit. (Anm. 65) passim und zur kultischen Bedeutung 244–248. Die Sabbatlieder bezeugen die liturgische Verwendung, nicht für den gemeinsamen Lobpreis von Engeln *und* Menschen, sondern allein für den feierlichsten gemeinsamen himmlischen Preis der Engelfürsten, bzw. der Thronwagen. Ob im 8. Lied ein entsprechender gemeinsamer Preis der sieben Stellvertreter der Hauptfürsten stand, läßt sich nicht mehr feststellen, der Text ist nicht erhalten.

[131] C. NEWSOM, op.cit. (Anm. 7) 189 ergänzt ות[שבחות ohne Begründung (192.206). Es ist jedoch sehr viel wahrscheinlicher, daß ות[הלה zu ergänzen ist, der erste erhaltene (der 2. des ganzen) Teil des Lieds zählt die Psalmen (תהלה) der Engelfürsten auf, der zweite (3.) die Berakhot. Der zusammenfassende Schlußsegen wird daher höchstwahrscheinlich diese beiden Elemente genannt haben.

[132] Vgl. die o. Anm. 123 genannte Stelle 1. Hen 61: der Schlußsegen ist mit einer Stimme an Gott gerichtet. Am nächsten kommt Neh 9,5 (SG); die Bedeutung dieser Berakha belegt tTaan 1,11 ff., wo sie mit „Gepriesen sei der Name der Herrlichkeit seiner Königsherrschaft …" verbunden wird:

ein Hendiadyoin darstellt, fortgeführt, was vielleicht anstelle von dem in frühen Formeln gebräuchlicheren אלוהי הכול verwendet wird[133]. Daß Gott jenseits jeden Lobes und Preises ist, spielt wahrscheinlich auf Neh 9,5 an; diese Stelle wird auch tTaan 1,11 ff. (ed. Lieberman 216 f.) zitiert, um zu begründen, daß im Tempel auf jeden Segen mit der Berakha „Gepriesen sei der Name der Herrlichkeit seiner Königsherrschaft immer und ewig" geantwortet wurde – jedenfalls an den öffentlichen Fasttagen (vgl. o. S. 62). Die gemeinsam gesprochene Schlußeulogie im 6. Sabbatlied faßt den Inhalt des Psalmes zusammen, was – wenn meine Ergänzung Z. 28 ותה]לה richtig ist – besonders in der Barukh-Formel, die sich direkt an Gott wendet, zum Ausdruck kommt: t^{e}hilla und b^{e}rakha der sieben Engelfürsten sind die beiden Hauptbestandteile dieses Liedes. Daß sie siebenmal siebenmal (mal sieben) gesprochen und gesungen werden, übertrifft die Zahl der Benediktionen sieben bzw. acht am Sabbat z. Z. des zweiten Tempels[134] durch Potenzierung.

Die Nachrichten über den „inneren Kult" am Jerusalemer Tempel fließen nicht so reichlich, daß man genau angeben könnte, inwiefern das Formular aus Qumran die Tempelliturgie in ihren einzelnen Elementen aufnimmt und umgestaltet[135]. Wahrscheinlich war die Tempelliturgie in ihren Benediktionen reichhaltiger, als wir aus den rabbinischen Quellen erfahren. Die Grundanschauung, daß sich himmlischer und irdischer Kult entsprechen und der irdische Kult seine Legitimation durch den himmlischen erhält, galt auch in Jerusalem. Auch die Schilderung des himmlischen Gottesdienstes in der Johannesapokalypse, wird ihr Vorbild in den „feierlichen Gottesdienste(n) im Jerusalemer Tempel

---

„11 Im Tempel, was sagten sie?: ‚Gepriesen sei der Herr, der Gott Israels, von Ewigkeit zu Ewigkeit' (Ps 106,48; 1. Chron 16,36). Und sie antworteten nicht ‚Amen' im Tempel. Woher (wissen wir), daß sie nicht antworteten ‚Amen' im Tempel? Weil gesagt ist: ‚erhaben über jeden Preis und jedes Gebet' (Neh 9,5b), (wissen wir:) auf jeden Preis und jedes Gebet. 12 Auf die erste (Preisung hin) sagt er (der [Hohe]priester): ‚Gepriesen sei der Herr, der Gott Israels, von Ewigkeit zu Ewigkeit, der Israel erlöst.' Und sie antworteten nach ihm: ‚Gepriesen sei der Name der Herrlichkeit seiner Königsherrschaft usw.'..."
Interessant ist dabei die Behauptung, man habe im Tempel nicht mit „Amen" respondiert: In den Sabbatliedern erscheint nirgendwo „Amen"! Der oben Anm. 56 genannte Vermutung über die Entstehung der Formel „*barûk šem k^{e}bôd malkûtô*..." von S. T. LACHS scheint mir auch aus diesem Grunde zu schlicht zu sein. Zu den verschiedenen Formen der Berakhot s. J. HEINEMANN, op.cit. (Anm. 32) Index 314 und 77–103; zu bBer 12a; yBer 9 12d: „jede Berakha, die die Königsherrschaft Gottes nicht enthält, ist keine richtige Berakha", siehe op.cit. 94 f.

[133] C. NEWSOM, op.cit. (Anm. 7) 206 weist auf Sir 45,23 und 11QPs^{a}151 hin. Die spätere in jüdischen Gebeten oft gebrauchte Gottesprädikation, die מלך הכול entspricht, lautet מלך העולם „König der Welt", bzw. *ribbônnô šäl ʾôlām*.

[134] Die Tefillah enthält am Sabbat und an Festen nur sieben Benediktionen statt achtzehn, siehe I. ELBOGEN, op.cit. (Anm. 3) 26; J. HEINEMANN, op.cit. (Anm. 32) 24; C. NEWSOM, op.cit. (Anm. 7) 177. Zur Zahl der Benediktionen im zweiten Tempel, siehe J. HEINEMANN, op.cit. 21 ff. und 18 zu bMen 43b: „ein Mann ist verpflichtet hundert Benediktionen jeden Tag zu sprechen."

[135] Dazu J. HEINEMANN, op.cit. (Anm. 32) 123–138.

sehen, der in gewisser Weise das schattenhafte Abbild des himmlischen Heiligtums darstellt, (der) freilich für den Seher (auf Patmos) längst abgetan ist"[136]. Ebenso war für die Frommen in Qumran der derzeitige Jerusalemer Kult „abgetan". Der Dank- und Bittpsalm, den David in 1. Chron 29,10–19 nach der Bereitstellung der Weihegaben für den Tempelbau spricht, zeigt, wie man sich im 3. Jh. v. Chr. eine ideale Berakha vorgestellt hat. David spricht einen Psalm, der mit einer ausführlichen Eulogie beginnt, in der Gottes Größe, Macht, Pracht, Ruhm, Majestät, *Königsmacht,* Reichtum, Glanz, Kraft und Stärke gepriesen werden, und der dann übergeht in einen der Situation entsprechenden Psalm, an dessen Ende David das versammelte Volk auffordert: ברכו־נא את־יהוה אלהיכם „segnet/preiset Jahwe, euren Gott". Den Wortlaut der Responsionen erfahren wir jedoch nicht. Die Berakha Davids enthält 10 Elemente, der Siebenzahl begegnen wir dagegen auch in den Variationen der Eulogien der Johannesapokalypse[137]: die „vier Tiere", die den himmlischen Thronwagen tragen, geben Gott: δόξαν καὶ τιμὴν καὶ εὐχαριστίαν (4,9 vgl. 4,11: δόξαν, τιμήν, δύναμιν); in gesteigerter Form erscheint diese „Doxologie" in Kapitel 5: ἡ εὐλογία καὶ ἡ τιμὴ καὶ ἡ δόξα καὶ τὸ κράτος (5,13); und auch deutlich siebenfach (5,12):

Ἄξιόν ἐστιν τὸ ἀρνίον τὸ ἐσφαγμένον λαβεῖν
τὴν δύναμιν καὶ πλοῦτον καὶ σοφίαν καὶ ἰσχὺν
καὶ τιμὴν καὶ δόξαν καὶ εὐλογίαν,

singen nicht mehr nur die vier Merkabah-Tiere, sondern auch die 24 Ältesten und alle Engel in ihrem neuen eschatologischen Lied Gott und dem Lamm, das Menschen aus allen Nationen erkauft hat für Gott und sie zu βασιλείαν καὶ ἱερεῖς (ἱερατείαν Sinaiticus) gemacht hat (5,10)[138].

Die ideale „Ur"-Berakha Davids und die himmlische Liturgie in den Sabbatliedern und in der Johannesapokalypse lassen als gemeinsame Folie den Gottesdienst im Jerusalemer Heiligtum erkennen. In jeweils eigener Ausprägung enthalten sie den Hinweis auf Gottes ממלכה (1. Chron 29,11), מלכות und mit Anklang an Ex 19,6 den Verweis auf das „Königtum und Priestertum" der Gläubigen (Apk 5,10), die als Könige auf Erden herrschen werden.

Wie die Johannesapokalypse bleiben die Sabbatlieder bei ihrer Beschreibung des himmlischen Gottesdienstes in der jenseitigen Welt. Die irdische Gemeinde ist zwar durch ihre Aufforderung an die Himmlischen zum Preis einbezogen, schließt sich jedoch nicht expressis verbis in die von den Hohenpriestern der Engel gesegneten Scharen ein. Trotzdem wird man die suggestive Kraft der hochpoetischen Sprache des liturgischen Formulars mit seinen sich

---

[136] M. HENGEL, Das Lied, op.cit. (Anm. 125) 359.
[137] C. NEWSOM, Songs, op.cit. (Anm. 7) 177: „The book of Revelation provides what is possibly the closest analogy to the seven member formula of praise in the Sabbath Shirot."
[138] Mit Anspielung auf Ex 19,6.

steigernden Wiederholungen nicht unterschätzen dürfen. C. Newsom weist zu Recht auf ihren quasi „mystischen" Charakter hin[139]. Diese mystische Tendenz steht nicht im Gegensatz zur rationalen theologischen Systematisierung, die sich in dem ausgebauten Siebenerschema und der bewußten Wahl der Gottesprädikationen, dem Wechsel zwischen Elohim und Mäläk zeigt. Die theologische Arbeit, die hinter diesen Texten liegt, aber auch das Selbstbewußtsein der Priesterschaft in Qumran, die sich ihre eigene vollkommene „engelgleiche" Liturgie schafft, wird dadurch erkennbar.

Das 7. Lied

Das siebte Lied (4Q403 1 i 30–ii 16 = 4Q404 3; 4; 5; 6 = 4Q405 4; 5; 6; 7) bildet im Zyklus der 13 Lieder den Höhepunkt, gerahmt durch die Feierlichkeit und die Betonung der Zahl Sieben im 6. und 8. Lied. Zwar bleiben die Motivworte und die Variation der Synonyme für die Beschreibung des Preises z. T. erhalten und „singen" ist immer noch der Ausdruck höchsten Jubels, doch das 7. Lied verläßt die strenge Ordnung des Zeremoniells der sieben Hauptfürsten, das erst im 8. Lied mit dem siebenfachen Preis der Stellvertreter der Engelfürsten wieder aufgenommen wird. Bestanden die bisherigen Lieder – soweit der Text vorhanden ist – aus der einmaligen Aufforderung zum Preis am Anfang und gab dann das corpus hymni die Beschreibung des Lobs, so wird im 7. Lied siebenmal zum Lob aufgefordert. Dem imperativischen ersten Teil des Psalms entspricht ein im Indikativ gehaltener zweiter, der den Lobpreis der himmlischen Tempel und ihrer Bestandteile bis hin zu den himmlischen Thronwagen schildert.

Möglichst wörtlich übersetzt lautet der 1. Teil dieses Psalms nach der vollständig erhaltenen Überschrift (4Q403 1 i 30–40):

A „30 Lobet den *Gott* der Höhen (אלוהי מרומים),
ihr Hohen unter allen 31 Elim der Erkenntnis. (הלל)

B Es sollen heiligen die Heiligen der Göttlichen
den *König* der Herrlichkeit (למלך הכבוד)
der für sich heiligt durch seine Heiligkeit alle seine Heiligen. (קדש)

C Ihr Häupter der Preisungen 32 aller Göttlichen
preist den *Got[t* der P]reiswürdigkeit der Majestät
(לאלוה]י ת[שבחות הוד),
denn in der Pracht der Preiswürdigkeit

---

[139] Sie betont jedoch auch, daß man vorsichtig sein muß und die Linie nicht zu direkt zur Hekhalot-Literatur ausziehen darf. Zwar ist in den Sabbatliedern die Merkabah das zentrale „Kultobjekt", der Zyklus endet jedoch mit der Beschreibung des priesterlichen himmlischen Lobopfergottesdienstes als Klimax im 13. Lied, nicht bei der Beschreibung der Merkabot, siehe vor allem C. NEWSOM, Merkabah Exegesis, op.cit. (Anm. 8) 15.

ist die Herrlichkeit seines *Königtums,*
in ihr ist die Preiswürdigkeit aller 33 Göttlichen
zusammen mit der Pracht [seiner] ganzen *Königsherr[schaft.* (שבח)

D Und] erhebt sein Hochsein dem *Gott* (אלוהים),
der hocherhaben ist über die Elim der Höhe,
und die *Göttlichkeit* (אלוהות) seiner Herrlichkeit
34 über alle hohen Höhen,
denn e[r ist *El Elim*] aller Häupter der Erhabenen
und *König der Könige* ([מלך מלכ]ים) aller ewigen Thronräte.
Durch das Sprechen seines Mundes werden al[le Elim der Höhe,]
durch das von seinen Lippen Ausgehende alle Geister der Ewigkeit,
durch den W]illen seiner Erkenntnis
alle seine Werke 36 in ihren Aufträgen. (רום)

E Jubelt, Jubelnde [seiner Erkenntnis
mit] Jubel mit den Jubelnden wunderbar,
und preiset seine Herrlichkeit
mit 37 der Zunge aller Preisenden der Erkenntnis
des Jubelns seiner Wunderbarkeit,
[denn er ist] der *Gott* (אלוהי) aller ewig Jubelnden
und Richter in seiner Macht aller Geister der Einsicht. (הגה / רנן)

F 38 Dankt alle Elim der Majestät
dem *Kö[n]ig* der Majestät (לְמֶ[לֶ]ךְ ההוד),
denn in seiner Herrlichkeit
danken alle Elim der Erkenntnis,
und alle Geister der Gerechtigkeit
danken in seiner Treue,
39 und sie folgen ihrer Erkenntnis entsprechend
den Rechtssatzungen seines Mundes,
und ihre Danklieder (richten sich)
beim Zurückwenden der Hand seiner Macht
nach den Gerichten der Vergeltung. (ידה)

G Singt dem *Gott* der Stärke (לאלוהי עז)
40 im höchsten geistlichen Auftrag des Gesangs
in der Freude der Göttlichen,
und Jubel mit allen Heiligen,
um zu singen wunderbar
in ewiger Freude." (זמר)

Wir finden wieder eine Regelmäßigkeit im Wechsel der Gottesprädikationen: in den sieben Gliedern wird Gott im 1., 3., 5. und 7. (A, C, E, G) אלוהים genannt, im 2. und 6. (B, F) heißt er מלך. In der Mitte, im vierten Glied, das formal deutlich den Gipfel der Klimax bildet, werden auch die Gottesepitheta feierlicher gewählt: אל אלים, Gott der Götter – so muß man sinngemäß ergänzen[140] – und מלך מלכים, König der Könige. Das Hauptgewicht liegt jedoch wieder auf der Bezeichnung Elohim, was nicht nur durch die Verteilung der Gottesprädikationen erkenntlich ist, sondern auch dadurch, daß die plerophoren Doppelungen der erklärenden Bestätigung (deiktisches כי) von Gottes Göttlichkeit, seiner אלוהות, dienen. Gottes Göttlichkeit ist den göttlichen Wesen, den Engeln, weit überlegen, sie ist jenseits der gesamten himmlischen Engelwelt, was wieder durch מעל (vgl. o. S. 91 und u. S. 108) ausgedrückt wird.

Für die Bezeichnung der Transzendenz Gottes reicht den Sabbatliedern das Prädikat „König" und „Königtum" nicht aus. Hier wird zusätzlich darauf insistiert, daß Gott Elohim ist. Da die Engel in den Sabbatliedern sooft Elim bzw. Elohim genannt werden, legt sich die Vermutung zunächst nahe, daß „König" als die höchste Gottesprädikation verwendet wird[141]. Dieser Eindruck wird jedoch, wenn man den Wechsel zwischen den Gottesprädikationen beachtet, auch im 7. Sabbatlied nicht bestätigt. Der Grund liegt wahrscheinlich darin, daß die Sabbatlieder – trotz vieler Begriffe und Wendungen, die bisher nur aus sehr viel späteren rabbinischen Schriften bekannt waren und für die nun die Sabbatlieder die frühesten Belege bieten – konservativ an alten Sprachformen der Jerusalemer Kultliturgie festhalten. Besonders auffällig ist dabei, daß sich in den Sabbatliedern die charakteristischen Elemente der Eltradition auf Schritt und Tritt finden lassen: sie kennen wie „die Eltradition keinen Anfang des Königtums Els, weil El König der Götter als ihr *Schöpfer* ist" (Hervh. v. mir); weiter ist für sie „charakteristisch, daß der Himmelskönig im Kreis seines Thronrats residiert, der ihm – und zwar permanent (Jes 6) – die gebührende Huldigung zukommen läßt"; die Veränderung der kanaanäischen Eltradition „dadurch, daß in Israels Nachbeten aus den ‚El-Söhnen' bzw. ‚Göttern' *(bn.ilm)* der kanaanäischen Mythen nur noch lobende Himmelswesen geworden waren", wird in den Sabbatliedern – wie auch sonst im Frühjudentum zu beobachten ist – in gewisser Weise wieder rückgängig gemacht. Sie erhalten durchaus eine eigene Mächtigkeit als „Engel", die jedoch durch die starke Betonung der Transzendenz Gottes wieder relativiert wird. Die Zitate sind den Ausführungen von Jörg Jeremias[142] zu Ps 29 entnommen, dem alten Jahwe-Königspsalm, in dem „Usurpation und Umprägung kanaanäischer Tradition vom Königtum Gottes ... noch im Vorgang erkennbar" wird[143].

Die Spitzenaussagen über Gottes Göttlichkeit und die Erschaffung der Engel im vierten Glied werden vorbereitet durch die sich steigernden Definitionen in den drei vorhergehenden. Enthält das 1. Glied (A) in seiner Aufforderung zum

---

[140] C. Newsom, Songs, op.cit. (Anm. 7) 209 Z. 34; 217.
[141] Vgl. Anm. 126.
[142] Op.cit. (Anm. 2) 43.
[143] Op.cit. (Anm. 2) 44.

Preis vom Inhalt her nichts Besonderes gegenüber den bisher behandelten Sabbatliedern, so ist die Formulierung doch etwas abweichend (vgl. 4Q401 1–2 1; 405 8–9 2): wir finden die vokativische Anrede an die Engel „O ihr Hohen unter den Elim der Erkenntnis" dem Objekt des Lobes „Gott der Höhen" nachgestellt. Die Anfänge der Sabbatlieder sind jedoch nicht so vollständig erhalten, daß man aus dieser Inversion weitreichende Schlüsse ziehen kann. Um so auffallender ist das 2. Glied (B). Im Aufruf zum Heiligen:

יקדילו קדושי אלוהים למלך הכבוד המקדיש בקודעו לכול קדושו

„es sollen[144] heiligen die Heiligen der Göttlichen den *König* der Herrlichkeit, der heiligt mit seiner Heiligkeit alle seine Heiligen",

sind zwei ungewöhnliche Fehler. Das Shin in *yaqdîšû* und *baqôdšô* ist eindeutig ersetzt: einmal durch Lamed und einmal durch ʿAjin, ohne Schreiberkorrektur; dabei finden wir Schreiberkorrekturen auf demselben Blatt in Z. 34 und 42. Häufig scheint das in der Qumranliteratur nicht zu sein[145]. Zudem läßt sich der Zahlenwert der Buchstaben in ein sinnvolles Verhältnis bringen: ש entspricht 300; ע ist 70; ל ist 30, d. h. die dreifache Summe der ersetzten Buchstaben ergibt den Zahlenwert des gemeinten[146]. Es liegt nahe zu vermuten, daß damit auf ein ganz wichtiges Geheimnis aufmerksam gemacht werden soll. Fünfmal verwendet das kleine Sätzchen die Wurzel קדש. Paronomasie ist ein normales Stilmittel in den Sabbatliedern, aber hier wird sie noch gesteigert. Die Aussage des Satzes ist klar. Man wird auch kaum bezweifeln können, daß die starke Betonung von „heiligen" am 7. Sabbat auf das Sabbatgebot und seine Begründung (Ex

---

[144] „The verb should construed as a jussive", C. Newsom, Songs, op.cit. (Anm. 7) 214 mit Hinweis auf den gebräuchlichen Wechsel von Imperativ und Jussiv in den atl. Psalmen. Die Sabbatlieder sind jedoch so bewußt sorgfältig in ihren Formulierungen, daß man den Wechsel ernst nehmen muß. Er gehört mit zu den besonderen Akzenten, die diesen Passus aus der Umgebung hervorheben.

[145] C. Newsom, Songs, op.cit. (Anm. 7) 214 nimmt an, es sei ein unabsichtlicher Fehler, eine Verwechslung mit גדל. Das ist m.E. völlig unwahrscheinlich, umgekehrt wird die Verbindung zu גדל (dem Motivwort, das im 6. Sabbatlied dem zweiten [!] Engelfürsten zukam) sinnvoll: die Verschlüsselung nahm bewußt den Anklang קדש/גדל als גדל/קדש auf. Allerdings ist mir aus der Qumran-Literatur bisher keine Belegstelle bekannt, die solche absichtlichen „Fehler" enthält. E. Puech schlägt in seiner Rezension (RB 94 [1988] 604–608) von C. Newsoms Edition vor, ygdylw statt yqdylw zu lesen, ebenso sei bqwdʿw als Verschreibung von bqwdšw zu lesen, nicht wie Newsom vorschlägt bqwdš (606) und übersetzt: „Que les saints anges *magnifiant* le roi de gloire qui sanctifie par *sa* sainteté tous les saints." Das letztere ist selbstverständlich, aber eine unbewußte Verwechslung von ק und ג halte ich an dieser Stelle für ganz unwahrscheinlich.

[146] Auf die gematrische Bedeutung hat mich Prof. Hengel hingewiesen. Vgl. A. Dupont-Sommer, La sainteté du signe ‚noun' dans le Manuel de Discipline, Acad. Royale de Belgique, Bull. de la Classe des Lettres ..., Ve série, Bd. 38, 1952, 184–193, vermutete für das seltsame נ in 1QS x 4 Zahlensymbolik; dazu Ders., Le Problème des influences étrangères sur la secte juive de Qoumrân, RHPhR 35 (1955) 75–94 (= dt. Üs. in: Qumran, hg. v. K. E. Grözinger u.a., WdF CDX, 1981, 201–224). Vgl. J. Maier, op. cit. (Anm. 33) 572 ff., der allgemein auf die Qedusha und das Phänomen der Arkandisziplin hinweist.

31,12ff.) bezogen ist, wo jedoch Israel den Sabbat heiligen soll, und Gott sich Israel heiligt, denn Gott hat den Sabbattag geheiligt (vgl. Ex 20,11). Das Sabbatgebot wird nicht wörtlich angeführt – eine der Seltsamkeiten der Sabbatlieder ist ja, daß das Wort „Sabbat" nur in den Überschriften, nicht in den Liedern selbst erscheint –, sondern uminterpretiert. Das 1. Sabbatlied (4Q400 1 i 15) sprach davon, daß sich die himmlische Priesterschaft durch die Einhaltung der himmlischen Statuten heiligt. Hier haben wir jedoch eine Aufforderung zum Heiligen Gottes als *König*[147] an die Engel, die nicht nur die Systematik der synonymen Motivworte durchbricht, sondern offenkundig den Ruf der Serafen (Jes 6,3), das dreimalige קדוש[148], aufnimmt. Wieder wird nicht „zitiert", sondern interpretiert, vielmehr: die alte Liturgie in ein neues Gewand gehüllt. Da die frühen, sicheren Belege für die Verwendung der Qedusha nicht sehr zahlreich sind (siehe o. Anm. 32f.), ist es zunächst nicht leicht zu entscheiden, ob das 7. Sabbatlied sie voraussetzt und umwandelt, oder ob in ihm nur ein Vorstadium zur Qedusha belegt ist. Doch der zweite Teil des 7. Sabbatliedes (das abweichend von der sonst meist vorauszusetzenden Dreiteiligkeit sicher nur *zweiteilig* ist) schildert den Preis der himmlischen Thronwagen und läßt Ez 3,12 anklingen (siehe u. 102). C. Newsom hat schon auf die Verwandtschaft der Sabbatlieder mit der Berakha zum Shema, dem Joṣer 'or, hingewiesen[149]. Die entsprechende Passage, in der die Qedusha verwendet wird, lautet:

> Alle öffnen ihren Mund in *Heiligkeit* und Reinheit
> mit Lied und Lobgesang.
> Und preisen und rühmen und verherrlichen und *heiligen*
> und huldigen dem Namen Gottes, des *Königs* . . .
> sie alle nehmen auf sich das Joch des himmlischen *Königreichs*,
> einer vom andern . . .
> Alle wie einer (vgl. יחד) antworten sie
> und sprechen in Ehrfurcht:
> *Heilig, heilig, heilig* . . .
> Und die Ofannim und die heiligen Lebewesen
> erheben sich mit großem Lärm,
> den Serafen zugewandt . . . preisen und sprechen sie:
> Gepriesen sei die Herrlichkeit des Herrn von ihrem Ort her . . ."

Es ist gewiß kein Zufall, daß der Anfang des 7. Sabbatliedes die Engel zum

---

[147] Vgl. Jub 2,17–33 verwendet den Stamm „heilig/en/Heiligkeit" 17mal bei der Bekanntgabe der Sabbatbestimmungen an die Engel. Gott wird aber in diesem Zusammenhang nicht König genannt. Erst in Jub 50 taucht der Begriff „heiliges Königtum" auf.

[148] Vgl. o. Anm. 47; L. H. SCHIFFMAN, Merkavah, op.cit. (Anm. 9) 17f. zur Qedusha als Gesang der Engel.

[149] C. NEWSOM, Songs, op.cit. (Anm. 7) 81 Anm. 2; I. GRUENWALD, From Apocalypticism to Gnosticism, Beiträge zur Erforschung des Alten Testaments und des antiken Judentums 14, 1988, 145–170; vgl. dazu T. LEHNARDT in diesem Band, 299ff.

Heiligen aufruft, und daß durch den Lobpreis der Ofannim und Cherubim der Schluß des ganzen Hymnus gebildet wird. Gerade das Vermeiden gängiger, normaler Formeln, das auch sonst in den Sabbatliedern begegnet, bestärkt die Vermutung, daß sie doch schon die Kenntnis der Qedusha als *Formel* voraussetzen und sie umsetzen in die Schilderung ihres Vollzugs. Das bleibt zwar Vermutung, aber doch eine sehr wahrscheinliche. Die Gottesprädikation מלך כבוד unterstreicht ebenfalls die Verbindung zu Jes 6,3 – auch wenn sie ihrerseits in den Sabbatliedern nicht ungewöhnlich ist.

Das 3. Glied variiert wieder die Einleitung, indem der Vokativ vor dem Verb steht, auf das nun der erste כי-Satz folgt. Die poetische Struktur ist auffallend, ich folge mit kleinen Ergänzungen der graphischen Darstellung von C. Newsom[150]:

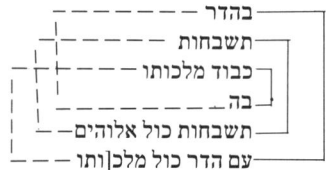

Die beiden parallelen Stichen sind in sich konzentrisch angeordnet und eines der schönsten Beispiele für die Kunst der Poetik, die in Qumran entstanden ist[151]. Wie im 2. Sabbatlied (4Q400 2 Z. 3–5) dient die kunstvolle Sprache der Definition von Gottes מלכות. Die beiden Stichen klingen jedoch, weil die finiten Verben fehlen, esoterisch-kryptisch. Will man sie übersetzen, muß man paraphrasieren:

„In der Pracht der Preisungen/Preiswürdigkeit
ist/zeigt sich/offenbart sich
die Herrlichkeit seines *Königtums*
in ihm/durch es
sind die Preisungen/Preiswürdigkeit aller Göttlichen
mit der Pracht seiner ganzen *Königsherrschaft.*"

Diese Paraphrase stützt sich darauf, daß nicht nur die formalen äußeren Regeln des Parallelismus membrorum vom Psalmdichter eingehalten werden, sondern er weiß auch: „Es wird Ordnung abgebildet, indem die Symmetrie aufgezeigt wird", und durch „konkretisierende Steigerung" erklärt der zweite Stichos den ersten[152]. כבוד מלכותו, die Lichtherrlichkeit von Gottes *malkût*, wird man als Attribut auffassen müssen: seine königliche Würde, die „royauté". Das 2. Sab-

---

[150] C. NEWSOM, Songs, op.cit. (Anm. 7) 216; vgl. Ps 19,2.
[151] Dazu siehe S. SEGERT, Observations on Poetic Structures in the Songs of the Sabbath Sacrifice, RdQ 13 (1988) 215–223.
[152] H. GESE, Der Johannesprolog, in DERS., op.cit. (Anm. 116) 161.

batlied sprach bereits (4Q400 2 Z. 1) von der „Preiswürdigkeit deiner Königsherrschaft/deines Königtums" (vgl. o. S. 81) im Sinn von Gottes königlicher Würde. In dieser königlichen Würde Gottes – בה bezieht sich auf כבוד מלכותו – ist die Preiswürdigkeit der Engel begründet, oder – wenn man die konkrete Bedeutung „Preisungen" vorzieht: ihr himmlischer Lobpreis „mit der Pracht seiner *ganzen* Königsherrschaft". כול macht die Konkretisierung deutlich, hier ist der räumliche Aspekt von Gottes *malkût*, in der Bedeutung „himmlische(r) Tempel" intendiert, der sich jedoch von dem herrscherlichen, d.h. „Herrschaftsbereich", nicht trennen läßt. In Gottes Königsein liegt der Ursprung, der Zweck und das Ziel des himmlischen Gottesdienstes. Man kann darüber streiten, ob תשבחות כול אלוהים nur die „Preisungen aller Göttlichen" meint, oder ob nicht doch eher die Verehrungswürdigkeit der Engel, ihre Preiswürdigkeit, die ihnen dann von der irdischen Gemeinde aus zukäme, ausgedrückt werden soll[153]. Der Kontext – im 4. Glied ist von der Erschaffung der Engel und der Transzendenz Gottes jenseits der Engelwelt die Rede – legt die letztere Deutung sehr nahe. Auch bei dieser Interpretation bleibt der Unterschied zwischen Gott und seinen Engeln streng gewahrt, denn die Verehrungswürdigkeit der Engel ist in den Preisungen, mit denen sie Gott huldigen, begründet.

Das wichtigste Ergebnis ist aber, daß die beiden Stichen nur verständlich sind, wenn man *beide* Aspekte von Gottes *malkût* beachtet. Faßt man dagegen *malkût* nur als reine „Eigenschaft" Gottes, als „Königlichkeit Gottes" auf, wie

---

[153] Vgl. den Preis der Engelfürsten im 2. Sabbatlied, o. S. 81 „Sie (die Engelfürsten) werden geehrt in allen Heerlagern der Göttlichen, sie werden verehrt in den Versammlungen der Menschen. Ein Wunder vor Göttlichen und Menschen." Den Engelfürsten gilt auch das Bekenntnis der Niedrigkeit im 2. Lied. Zur Engelverehrung in Kolossä und ihrer möglichen Verbindung mit essenischen Vorstellungen siehe schon J. B. LIGHTFOOT, St. Paul's Epistles to the Colossians and to Philemon, 3. Aufl. 1879, er brachte in diesem Zusammenhang einen großen Exkurs zu den Essenern (347–428); F. O. FRANCIS, Humility and Angelic Worship in Col 2,18, in: F. O. FRANCIS/W. A. MEEKS, Conflict at Colossae, Sources for Biblical Studies 4, 1973, 163–195 (168–171) sieht auch diese Beziehung; vgl. M. HENGEL, Der Sohn Gottes, 2. Aufl. 1977, 131 ff. (ausgehend von Hebr); J. GNILKA, Der Kolosserbrief, HThK X,1, 1980, 149 f.164 f. dagegen vertrat wieder eine Sonderentwicklung in Kolossä „als naturhaft-mythische Religion" (167). Wir haben in Kleinasien epigraphische Hinweise auf Engelkult siehe SCHÜRER/VERMES/MILLAR/GOODMAN, op.cit. (Anm. 9) III,1, 35, dazu M. HENGEL, Der Alte und der Neue ‚Schürer', JSS 35 (1990) 19–72 (37). Abgesehen davon, wie man den jüdisch-„essenischen" Charakter der kolossischen Engellehre beurteilt, haben wir jüdische und christliche Invektiven gegen die Engelverehrung, die deutlich genug sind, siehe vor allem das Zitat aus dem „Kerygma Petri" (1. Hälfte des 2. Jh.s n. Chr., siehe HENNECKE/SCHNEEMELCHER II, 5. Aufl. 1989, 35) bei Clemens Alex., strom 6,41,2f.: μηδὲ κατὰ Ἰουδαίους σέβεσθε. καὶ γὰρ ἐκεῖνοι μόνοι οἰόμενοι τὸν θεὸν γινώσκειν οὐκ ἐπίστανται, λατρεύοντες ἀγγέλοις καὶ ἀρχαγγέλοις, μηνὶ καὶ σελήνῃ. καὶ ἐὰν μὴ σελήνη φανῇ, σάββατον οὐκ ἄγουσιν...; weiter die Belege bei P. SCHÄFER, Rivalität zwischen Engeln und Menschen, SJ 8, 1975, 67–72. Von außen betrachtet konnte auch die „Engelverehrung" der Sabbatlieder wie ein „Gottesdienst" für Engel erscheinen. L. W. HURTADO, One God, One Lord, 1988, 84f. urteilt zu apodiktisch. Wie bei der christlichen Heiligenverehrung gibt es Zwischenstufen der „Verehrung".

es Carmignac vertreten hat[154], wird diese Definition zur Tautologie, die den Unterschied zwischen Gott und seinen Engeln nicht zum Ausdruck bringt. Dagegen sprechen nicht nur die formalen Regeln des Parallelismus membrorum, die auch hier genau eingehalten werden, sondern auch das strenge, theologisch durchdachte und sorgfältige Formulieren in den Sabbatliedern, die ihre Spitzenaussagen präzis definieren. Sinnvoll ist die Aussage als ganze nur, wenn man hier beide Bedeutungen von *malkût,* sich gegenseitig interpretierend, vereint sieht. Sentenzhaft knapp, auf kunstvolle Weise chiastisch verschränkt, schon durch die Sprachform erkenntlich wird der Ursprung von Gottes „Königsherrschaft" über die ganze Engelwelt hin in der Gott eigenen „Königlichkeit" zum Ausdruck gebracht. Gottes Königsein manifestiert sich jedoch nicht darin, daß er als König auf „hohem und erhabenem Thron" sitzend geschaut wird, sondern indirekt in der Feier des himmlischen Gottesdienstes, der Gottes Königsein und seine Königsherrschaft preist. Deshalb ist der Preis der Engel so unendlich wichtig in den Sabbatliedern, er übernimmt die Mittlerfunktion zwischen dem erhabenen, transzendenten Gott und König und den irdischen Frommen in Qumran, die die Engel zum Preis auffordern und anleiten. Zugleich wird die Verbindung zum 2. Glied, das mit der Betonung des „Heiligens" nicht nur das Sabbatgebot, sondern auch Jes 6,3 interpretierte, deutlich: Der Zusammenhang von Gottes *malkût* mit dem Preis der Engel wird nun erklärt, und der Gedankengang wird im oben (siehe S. 95 f.) besprochenen 4. Glied zum Abschluß gebracht: Auch wenn der Preis der Engel Mittlerfunktion hat und – wahrscheinlich – ihre eigene Verehrungswürdigkeit darin begründet liegt, so ist der Unterschied zwischen Gottes Göttlichkeit und den Engeln, den Göttlichen, immer noch der zwischen Schöpfer und Geschöpfen. Die Engel entstehen gemäß dem Schöpferwillen der Vorsehung Gottes.

Als Schöpfer der Engel ist Gott El Elim und Mäläk Mᵉlakim. Die stärkste Gottesprädikation in den Sabbatliedern vereint beides: Gottes Gottsein und sein Königsein sollen nicht auseinanderfallen. Auch der ständige Wechsel zwischen den beiden Gottesprädikationen „Gott" und „König" dient dem Zweck, das Gottesbild zu „einen".

Die letzten drei Glieder des ersten Psalmteils schildern in gesteigerter Form den Preis der Engel als Antwort auf Gottes richterliche Gerechtigkeit und enden mit dem Gesang (זמר) in ewiger Freude.

Der zweite Teil des Psalms beginnt in engem Anschluß an den ersten: יהללו באלה „mit ihnen sollen loben" nimmt das Motivwort הלל wieder auf, „mit ihnen" bezieht sich auf die Engel. Ihrem Loben sollen sich die himmlischen Tempel in ihren einzelnen Bauteilen, von den Fundamenten bis zu den hohen

---

[154] J. CARMIGNAC, op.cit. (Anm. 11) 181 f. tauscht in seiner Aufzählung der Belege die beiden Stellen sogar um, so gleichförmig und austauschbar scheinen ihm alle Aussagen über die *malkût* Gottes in den Sabbatliedern.

Säulen, von den äußeren Mauern bis hin in das Innerste der Debirim, deren Allerheiligstes die Thronwagen Gottes bilden, anschließen. Sie werden alle belebt vorgestellt und רוחות genannt (405 6 Z. 7 = 404 5 Z. 54 = [403 1 i Z. 46]):

בכול מקדשי פלא רוחות אלוהים סביבה למעון מלך אמת צדק
„in allen wunderbaren Heiligtümern.
Geister der Göttlichen (sind) ringsumher
um den Ort des *Königs* der Treue und Gerechtigkeit"

Der Text ist nicht so gut erhalten, daß man beurteilen könnte, ob in diesem Psalmteil ein Wechsel in den Gottesprädikationen vorliegt. Das Stichwort *malkût* fällt bei der Beschreibung des höchsten – von sieben – Tempeln (403 1 ii Z. 10):

ומשכן רוש רום כבוד מלכותו דׄבׄיׄרׄ[...
„und das Heiligtum der höchsten Höhe,
die Herrlichkeit seines *Königtums,* das Allerheiligste".

Der Psalm endet mit dem Gipfel der Klimax, der Beschreibung des Lobs der himmlischen Thronwagen (Z. 15f.):

והללו יחד מרכבות דבירו
וברכו פלא כרוביהם ואופניה[ם ...]
[...]ראשי תבנית אלוהים
והלליהו בדביר קודשו

„und sie loben gemeinsam,
die Thronwagen seines Debirs,
und sie segnen/preisen wunderbar,
ihre Cherubim und Ofannim
[...] die Häupter des Tempelurbildes Gottes,
und sie loben ihn in seinem heiligen Debir."

Interessant ist einmal der Wechsel zum Indikativ, nicht mehr die Aufforderung zum Lob steht am Ende, sondern die Feststellung. Als Verb wird wie am Anfang und in der Mitte des Psalms הלל gewählt und hier betont zweimal verwendet. אלוהים ist wahrscheinlich Gottestitel und nicht adjektivisch zu verstehen. תבנית bezeichnet schon in der Priesterschrift (Ex 25,9.40)[155] das himmlische Urbild des Tempels. יחד war schon am Ende des 6. Sabbatliedes begegnet beim gemeinsamen Segen der sieben Priesterfürsten. Aber auch der

---

[155] Dazu B. JANOWSKI, Sühne als Heilsgeschehen, WMANT 55, 1982, 10.311 zu Ex 25,9.40 vgl. 26,30; 27,8 „das Heiligtum (entsteht) allein nach der Mose von Gott auf dem Sinai gezeigten, transzendenten תבנית, die das himmlische Urbild des irdischen Heiligtums ist" (10). Vgl. 1. Chron 28,11f.18f. und die Darstellung des himmlischen Tempels in Dura Europas, der als geschlossener Tempel innerhalb von 7 konzentrischen Mauern dem irdischen Heiligtum gegenübergestellt wird. Neben ihm befindet sich Mose mit einem Bauplan, siehe dazu E. GOODENOUGH, Jewish Symbols in Graeco-Roman Period, X, 1964, 42–73; XI, Pl.XI.

2. Teil des 7. Liedes begann mit dem gemeinsamen Singen (יחד in 4Q403 1 i Z. 42) aller Geister der Erkenntnis und des Lichtes. So bildet יחד die innere inclusio des 2. Teils des 7. Sabbatliedes[156], während das Ganze durch הלל am Anfang, in der Mitte und am Ende durch Doppelung mit Achtergewicht eingefaßt ist[157].

Das 8. Lied

Das achte Lied (4Q403 1 ii 18−48 = 4Q405 8−9; 11; 12; 13 und vielleicht noch kleinere Fragmente[158]) korrespondiert dem 6. Lied, es ist aber leider sehr viel schlechter erhalten. Die Stellvertreter der Hauptfürsten sprechen hier ihre Psalmen und Segen. Sie werden genannt:

[. . . שניים בכוהני קורב סוד שני במעון פלא בשבעֿ]
„zweite unter den Priestern des inneren Heiligtums,
der zweite (Thron)rat in der wunderbaren Wohnung
unter den sieben . . ."

Sie sind Häupter der dem Rang nach zweiten Engel, und diese sind wiederum eingeteilt in sieben Priesterschaften.

Das Wort *malkût* ist unter den Resten des 8. Sabbatlieds nicht erhalten, doch finden wir im Einleitungsteil, der den Psalmen und Segen vorangestellt ist und dessen Parallelstück im 6. Sabbatlied nun seinerseits wiederum fehlt, eine kurze Passage (403 1 ii 23−26), in der sich die Gottesprädikationen häufen:

23 [מלאכי מלך במעוני פלא ודעת בנתם לשבעֿ]
24 [רוש מכוהן קורב וראשי עדת המלך בקהלֿ]
25 [ותשבחות רומם למלך הכבוד למגדל [א]ל[ו]הי]
26 [לאל אלים מלך הטהור ותרומת לשונֿיֿהֿםֿ]

23 „die Engel des *Königs* in den wunderbaren Wohnungen.
   Und die Erkenntnis der Einsicht der sieben [. . .]
24 Haupt [. . .] vom Priester des inneren Heiligtums.
   Und die Häupter der Versammlung des *Königs* in der Gemeinde [. . .]
25 Und Preisungen der Erhebung dem *König* der Herrlichkeit,
   und des Großmachens des [*G]o[ttes* . . .]
26 dem *Gott der Götter* und *König der Reinheit*.
   Und Opfer ihrer Zungen [. . .]"

---

[156] Vgl. Anm. 65 und 130. 4Q403 1 i 42 kommt Hiob 38,7 „als die Morgensterne miteinander (יחד) jauchzten und alle Söhne Gottes jubelten" am nächsten. In der Hekhalot-Literatur wird das Adverb יחד bis auf zwei Ausnahmen in Zitaten von Hiob 38,7 verwendet, siehe Konkordanz, op.cit. (Anm. 12) s.v. Die „Morgensterne" werden auf Israel und „die Söhne Gottes" auf die Engel bezogen, siehe dazu P. SCHÄFER, Rivalität, op.cit. (Anm. 30) 164ff.; DERS., Engel und Menschen, op.cit. (Anm. 3) 268.

[157] Dadurch ist das 7. Sabbatlied noch einmal besonders hervorgehoben: wie ein Edelstein erhält es eine eigene „Fassung". Man kann es das „Hallel" unter den Sabbatliedern nennen.

[158] C. NEWSOM, Songs, op.cit. (Anm. 7) 8.

Der Text ist zu fragmentarisch, um eine Gesetz- und Regelmäßigkeit im Wechsel der Gottesbezeichnungen mit Sicherheit zu erkennen. Gott wird als Herr über die Engel König genannt[159]. Die feierliche Gottesprädikation „Gott der Götter, König der Reinheit" steht am Ende des Abschnitts, danach beginnen die Psalmen der sieben Stellvertreter mit „Und Opfer ihrer Zungen". Das könnte dafür sprechen, daß auch hier Gott abwechselnd „Gott" und „König" genannt wurde, und die letzte Prädikation des Abschnittes die Titel wieder in der Form einer Klimax – dem Thema des Psalms entsprechend wird Gott „König der Reinheit" genannt – zusammenfaßt. Aus den Psalmen der „Engelfürsten zweiter Ordnung" ist nur

[. . . לאדון כול אי̊לי

„dem Herrn aller Gött[lichen"

als Gottesepitheton belegt, es könnte dem Lied des ersten oder zweiten Stellvertreters entstammen[160].

Das 9. Lied

Dem neunten Lied lassen sich nur 8 unvollständige Zeilen zuordnen (4Q405 14–15 i), die wahrscheinlich aus der Mitte des Liedes stammen[161]. Die Beschreibung des Lobpreises der lebendigen Tempelbestandteile, die in der zweiten Hälfte des 7. Sabbatliedes begonnen hatte, wird weiter fortgesetzt. In diesem Abschnitt im 9. Psalm befinden wir uns zunächst noch im äußeren Bereich, den Säulenhallen der Tore (vgl. Ez 40,6–49), und die Beschreibung geht dann über zu den Debirim. An diesen Bauteilen sind Abbildungen der göttlichen Geister (vgl. 1.Kö 6,29f.; Ez 41,17ff.), die Gottes Lob singen (Z. 2–8):

2 ומדמות 3 [אלוהים ק]ו̊ל ברך מלך מרוממים
והלל פלאיהם לאל אלים [. . .] ˚רוקמותם
ורננו 4 [. . .] ˚אולמי מבואיהם
רוחי קורב קודש קודשים ב̊[. . .] עולמים
5 [ודמו]ת̊ אלוהים חיים מפותח באלמי מבואי מלך
ב̊דני רוח אורים [. . . מ̊[לך
בדני א̊[ור] כבוד רוחי̊ 6 [פלא
ב]תוח רוחי הדר מעשי רוקמות פלא
בדני אלוהים חיים [. . .] בד[בי̊ר̊י כבוד
מבנית 7 [מקדש קו]ד̊ש̊ קודשים בדבירי מלך
ב̊ד̊נ̊י א[ל]וה̊ים ומ[דמות ˚[. . .] קודש קודשים
8 [. . . ד[בי̊ר מל]ך

---

[159] Um dieses Herrschaftsverhältnis auszudrücken, wird bevorzugt מלך verwendet, אדון ist nur zweimal belegt, siehe C. NEWSOM, Songs, op.cit. (Anm. 7) Index 424ff.; J. CARMIGNAC, op.cit. (Anm. 11) 179: „Ce terme de ‚roi' sert à indiquer la supériorité de Dieu sur les anges (ce qui rappelle l'épître aux Hébreux 1,4 à 2,9)."
[160] C. NEWSOM, Songs, op.cit. (Anm. 7) 227.245 zu 4Q403 1 ii Z. 33.
[161] C. NEWSOM, Songs, op.cit. (Anm. 7) 278f.10.

... 2 und vom Abbild 3 der [Göttlichen eine S]timme des Segnens
dem *König* der Erhebenden,
und ihr wunderbares Lob dem *Gott der Göttlichen* [...] ihr Vielfarbenes
Und sie jubeln [...] 4 die Säulenhallen ihrer Eingänge,
Geister des allerheiligsten inneren Heiligtums [ ] ewig
5 [und das Abbil]d der lebendigen Göttlichen ist eingetragen
an den Säulenhallen der Eingänge des *Königs*
Gestalten des Geistes, Lichter [... *K]önig,*
Gestalten herrlichen Li[chts] [wunderbare] Geister
6 in]mitten der Geister des Glanzes (ist) ein Werk von wunderbaren Farben,
Gestalten von lebendigen Göttlichen
[... in den] [D]ebirim der Herrlichkeit,
das Gebäude 7 des Allerheiligsten in den Debirim des *Königs,*
Gestalt[en von G]öttl[ichen und A]bbilder [...]
der heiligsten Heiligkeit [...
.... 8 De]bir des *Köni[gs* ...

In dieser kurzen Passage wird Gott fünfmal „König" genannt und einmal „El Elim"; das Suffix der 3.pers.sg.masc. als Ersatz des Gottestitels fehlt dagegen völlig. Das ist besonders auffällig, weil dreimal deutlich „König" als Genetivus possessivus steht (vgl. im 1. Lied „die Paläste/Tempel des Königs"). Auf diese Weise wird sehr stark hervorgehoben, daß die himmlischen Tempel das Heiligtum Gottes als des Königs sind. Das Lob gilt dagegen gleichermaßen Gott als König und El Elim.

Das 10. Lied

Dem zehnten Lied ordnet C. Newsom drei kleinere Fragmente zu (4Q405 15 ii–16; 17; 11QShirShabb f-c-k)[162]. Die Beschreibung der himmlischen Tempel schreitet weiter fort in den inneren Bereich der Heiligtümer. In dem Abschnitt 405 15 ii–16 finden wir die Bezeichnung „König" zweimal. Einmal wird wieder das Besitzverhältnis so gekennzeichnet (Z. 3).

[ ] ת[פ̇ארת בפרוכת דביר המלך ...

„S]chönheit auf dem Vorhang des Debirs des *Königs* ..."

Es wird aber auch einmal das Suffix 3.pers.sg.masc. verwendet:
„im Debir seines Angesichts" בדביר פנו (Z. 4). Das zweite Mal erscheint „König" in der Aufforderung zum Preis (Z. 7):

הו[ד̇ו למלך ה̇כבו̇]ד̇ ב̇ק̇ו̇ל ר̇נ̇ה̇] ...

„dan]ket dem *König* der Herrlich[keit] mit der Stimme des Jubels".

Die Prädikation „König" bestätigt wieder, daß Gott als der Herr der himmli-

---
[162] C. NEWSOM, Songs, op.cit. (Anm. 7) 286.11.

schen Heiligtümer – soweit die Fragmente erhalten sind – bevorzugt „König"
genannt wird.

Das 11. Lied
Die Beschreibung der himmlischen Debirim in ihrem Gotteslob wird weiter
geschildert im elften Lied (4Q405 20 ii–21–22 = 11QShirShabb 3–4 1–7; und
wahrscheinlich 4Q405 18; 19 = 11QShirShabb j–d–g–p)[163]. Wir begegnen
(405 19 ABCD Z. 3):

[בֹּ֯ד֯]נֵי דב[יֹ]ר מלך מעשי רו[ן]חות] רקיע פלא
„Gest[alten des Deb]irs des *Königs*,
gei[stliche] Geschöpfe des wunderbaren Himmelsgewölbes".

Seit dem 1. Lied, verstärkt seit dem 9. Lied, kennen wir diesen Genetivus
possessivus. In Z. 8 in diesem Fragment finden wir noch ein vereinzeltes המלך;
אלוהים wird jedoch nur für die Engel verwendet.

Das Ende des 11. Liedes ist wieder durch Doppelüberlieferung gesichert
(405 20 ii–21–22 Z. 1–5 = 11QShirShabb 3–4). Hier wird der Dienst der
Priester des inneren Heiligtums beschrieben, sie stehen[164] und sitzen nicht
(Z. 2f. bzw. Z. 3f.):

יתכלכלו לשרת ל[...] מושב ככסא מלכותו בדבירי כבודו
לוא ישבו[...] מרכבות כבודו[...] כרובי קודש אופני אור
„sie sind ausdauernd zu dienen dem [...]
ein Sitz wie der Thron seiner *Königsherrschaft*
in den Debirim seiner Herrlichkeit.
Sie sitzen nicht [...] Thronwagen seiner Herrlichkeit [...]
Cherubim der Heiligkeit, Ofannim des Lichts ..."

Der „Kultgegenstand"[165] des priesterlichen Dienstes der Engel ist jedoch nur
wie Gottes königlicher Thron. Die Transzendenz Gottes selbst wird auch hier

---

[163] C. NEWSOM, Songs, op.cit. (Anm. 7) 291 ff.303.11 (zitierter Text: 393).
[164] C. NEWSOM, Songs, op.cit. (Anm. 7) 303. Vgl. P. SCHÄFER, Die Beschwörung des śar ha-panim. Edition und Übersetzung, in: DERS., Hekhalot-Studien, TSAJ 19, 1988, 118–153 (137: § 623), dazu die Üs. und Kommentar S. 123 Anm. 5: „Die Kombination von ᶜMD und ShRT für den kultischen Dienst des Priesters vor Gott ist bereits biblisch; vgl. etwa Num 16,9; Dtn 10,8; 17,12; 18,5; I Reg 8,11; II Chr 5,14; 29,11; Ez 44,15. Das Stehen und Dienen vor Gott im Himmel wird auch von Mose und vor allem Michael ausgesagt; vgl. SifDev § 357 (S. 427f.) parr.; bHag 12b parr." Während das 11. Sabbatlied das „nicht sitzen" der Engel noch mit ihrer ständigen Dienstbereitschaft erklärt, verselbständigt sich dieses Element in späterer Zeit: Um ihnen das Platznehmen auf Gottes Thron unmöglich zu machen, haben die Engel keine Knie, sie schreiben im Stehen, siehe 3. Hen 18,24f.; vgl. bHag 15a; yBer 2c 23; BerR 65,21; WaR 6,3; PesR 22,6 (ed. FRIEDMANN 114a); PRE 64a (Üs. FRIEDLANDER 364); vgl. zum himmlischen Thronen der Gerechten: „Irdischer und himmlischer König", in diesem Band 321 f. Anm. 31.32.
[165] Siehe dazu C. NEWSOM, Merkabah Exegesis, op.cit. (Anm. 8) 14 „The merkabah appears to play the role of the central ‚cult object' of the heavenly temple, recalling the

betont. Man kann מלכותו und כבודו, die parallel stehen, adjektivisch auffassen und übersetzen. Deutlich ist jedoch, daß sie den heiligen Gottesnamen umschreiben und damit doch letztlich mehr sagen, als es die adjektivische Wiedergabe im Deutschen ausdrückt (vgl. Dan 3,54 LXX)[166]. Während man in diesem Fall über die Bedeutungsnuance zwar streiten kann, der Zusammenhang jedoch klar ist, ist die Bedeutung von Z. 4 (bzw. 5) unsicher:

מעשי פנותו[ ] ממלכות מושבי כבוד למרכבו[ת] כנפי דעת[ן

C. Newsom führt ממלכות unter מלכות und ממלכה im Index S. 426 auf. In der Interpretation S. 309 fehlt diese Passage, sie übersetzt sie jedoch S. 306: „...]royal[...". Sie setzt den Begriff vom erhaltenen folgenden Kontext ab und läßt die Deutung vage. J. Carmignac[167] entscheidet sich für „MMLKWT" = „(les) royaumes, séjours de gloire (= glorieux séjours) pour les char(s...)". Er bezieht den Plural auf die Mehrzahl der Merkabot. Das ist wahrscheinlich die einzig mögliche Lösung. ממלכה bezieht sich auch an den anderen Stellen[168] auf die Engel und nicht auf Gott und wird immer im Plural verwendet. Dazu kommt als Argument der Kontext: „Because of the broken condition of the text one cannot be certain, but it appears that here, as in the concluding lines of the seventh Sabbath Song, the author is describing, not the throne of Glory but rather the multiple merkabot which form part of the attendance upon God in the heavenly temple ..."[169]. Die Verwendung von ממלכות, als „königliche Herrschaftsbereiche der Engelfürsten", würde diese Interpretation stützen. „The debir and the environs of the chariot throne have been described, but not the Glory itself"[170] – im elften Lied.

Das 12. Lied

Der Anfang des zwölften Liedes ist gesichert (4Q405 20 ii–21–22 6–14 = 11QShirShabb 3–4 8–9) und weitere Teile sind daraus erhalten (4Q405 23 i; 11QShirShabb 5–6). Da das Ende des elften Liedes und der Beginn des zwölften überliefert sind, kann man an dieser Stelle sehr schön sehen, wie das Thema eines Liedes im vorhergehenden vorbereitet und im nächsten weitergeführt wird: „the twelfth song ... opens immediately with the description of *the* throne of Glory"[171]. Diesen richtigen Satz muß man jedoch präzisieren: nicht

---

tradition of 1 Chron 2:18, which identifies the central cult object of the Jerusalem temple as ‚the chariot of the cherubim'."; mit Hinweis auf Ez 43,5–6.
[166] Gegen O. CAMPONOVO, op.cit. (Anm. 2) 184 Anm. 30 u. ö.
[167] J. CARMIGNAC, op.cit. (Anm. 11) 183.
[168] 4Q401 5 5; 21 2; 4Q403 1 ii 3; 4Q405 23 ii 11.
[169] C. NEWSOM, Merkabah Exegesis, op.cit. (Anm. 8) 15.
[170] C. NEWSOM, loc.cit. Anm. 169.
[171] C. NEWSOM, loc.cit. Anm. 169.

der Thron Gottes selbst in seiner Erscheinung, sondern der Preis der lebendigen Wesen, der Cherubim und Ofannim, der lebendigen Bestandteile der Merkabah, wird beschrieben. Sie verehren selbst wieder „das Urbild des Thrones der Merkabah", das jenseits, oberhalb des raqia' der Cherubim ist (4Q405 20 ii – 21 – 22 Z. 7 – 9):

7 . . . וֹרוֹמְמֹ[וּ]הֹוֹ °°° הכבוֹד במשכֹ[ן אלוהי] דעת
יפֹולו לפנוֹ הֹ[כרו]בִֿים
וֹבֹ[רֹ]כֹו בהרומם
קול דממת אלוהים [נשמע]
8 וֹהמון רנה ברום כנפיהם
קול [דממ]תֿ אלוהים
תבנית כסא מרכבה מברכים ממעל לרקיע הכרובים
9 [והו]דֿ רקיע האור ירננו וֹמתחת מושב כבודו

7 „Und [sie] erheben ihn [ ] der Herrlichkeit
in der Wohn[ung des Gottes] der Erkenntnis.
Es fallen nieder vor ihm die Cherubim,
und sie segnen beim Erheben.
Eine Stimme göttlichen Schweigens (wird gehört),
8 und ein Brausen des Jubelns beim Erheben ihrer Flügel,
eine Stimme göttlichen [Schwei]gens[172].
Das Urbild des Thronwagens segnen sie,
(das) oberhalb des Himmelsgewölbes der Cherubim (ist),
9 [Und den Glan]z des Himmelsgewölbes des Lichtes (be)jubeln sie,
(der) unterhalb des Sitzes seiner Herrlichkeit (ist)."

Leider ist gerade die Zeile 7, die ein oder zwei Gottesprädikate enthalten hat, lückenhaft und außerordentlich schwer zu lesen (Text: Newsom, op.cit. [Anm. 7] 303; vgl. Plate IX und XVII). Zwischen ורוממוהו und הכבוד ist Platz für ein Wort mit drei Konsonanten. C. Newsom[173] schlägt בני vor, weil ein Vokativ und eine Anrede an die Engel zu erwarten sei, oder לפני als Lokativ und הכבוד als absolutes Epitheton Gottes (vgl. 1. Hen 14,20). Am einfachsten wäre es zweifellos, wenn man מלך הכבוד lesen könnte (vgl. 4Q403 1 i 5.31; ii 25; 4Q405 16 7; 11QShirShabb 2 – 1 – 9 4 – 5; 5 – 6 6), es bleibt jedoch Konjektur, die aber wahrscheinlicher ist als die Vorschläge von Newsom. Die Ergänzung אלוהי דעת hat dagegen alle Wahrscheinlichkeit für sich. Die Schilderung des

---

[172] Siehe dazu D. C. ALLISON, The Silence of Angels: Reflections on the Songs of the Sabbath Sacrifice, RdQ 13 (1988) 189 – 197, der an das Ende seiner guten Beobachtungen den Satz von Ephrem stellt: „Schweigen ist die Sprache des Himmelreichs" und „Schweigen ist der Gipfel allen Gottespreises" (MidrTeh 19,2). Vgl. die Verwendung in der Hekhalot-Literatur: der himmlische Tempel wird „Palast des Schweigens" genannt (SCHÄFER, Synopse: §§ 97; 157; 320; und § 653), in dem die „Stimme (tiefen) Schweigens" erschallt (§§ 157; 187; 276; 390; 441; 488; 552; 596; 744; 817 Geniza Fr. 13; 17).

[173] C. NEWSOM, Songs, op.cit. (Anm. 7) 312.

Lobpreises der Merkabot interpretiert Ez 3,12f. mit Hilfe von Ez 1 und 10, aber vor allem 1. Kö 19 und Ps 68[174]. Der Gottestitel „König" wird in dieser Passage nicht verwendet, falls man ihn nicht doch – wie ich vermute – in Z. 7 ergänzen kann.

Das nächste Fragment dieses Psalms (11QShirShabb 5–6) fährt weiter fort mit der Beschreibung „of the praise of the throne chariot". Viermal ist in diesem Abschnitt „Elohim" als Gottesbezeichnung überliefert und einmal מלך הכבוד in Z. 6. Der Kontext ist jedoch leider nicht vollständig:

5 [ומהללים לאלוהי
6 אלים המו[ן] מרומי [ ] מלך הכבוד [ ] למוסדי פלא

5 „   ]preisend den *Gott* 6 *der Götter,* [
ein Brause[n] Höhen der[ ] *König der Herrlichkeit* [...]
wunderbarer Fundamente"

Hier ist nun wieder die aus Ps 24,7–10 bekannte, aber auch in 1QM xii 8; xix 1 und in den Sabbatliedern verhältnismäßig häufige Gottesprädikation belegt. Ihre Ergänzung am Beginn des zwölften Liedes (siehe o. S. 108) wird dadurch wahrscheinlicher; vor allem jedoch spricht der Schluß dieses Psalms (4Q405 23 i) dafür, daß auch am Anfang eine Königsprädikation gestanden haben kann. Die Schilderung des Lobpreises der Merkabah endet mit der des vollkommenen Gehorsams der Engel ihrem „König" gegenüber:

[3 כסאי כְבֹה כְּבוֹד מלכותו   וכול עדת משרתי[
 4 [°פלא   בל יֹמוטו לעולמים אלוהי[ן
 5 לכ]לכלם משאי כול   כיא אלוהי כלילו[
 [6 כְּלִילוֹ   הללוהו אלוה[י]ֹם [בתה]לת עומדם וֹכֹוֹל רֹ[וחי] רקי[ע]ֹי 7 הטוהר יגילו בכבודו
                                    וקול ברך מכול מפלגיו מספרה רקיעי כבודו
                                    ומהללים שעריו 8 בקול רנה במבואי אלי דעת בפתחי כבוד
                                    ובכול מוצאי מלאכי קודש לממשלתם
                                    9 פתחי מבואי ושערי מוצֹאֹ משמיעים כבוד הֹמֹלך
                                    מברכים ומהללים כול רוחות 10 אלוהים בצאת ובמבוא בשעֹ[ר]ֹי קודש
                                    ואין במה דולֹג עלי חוק ולוא על אמרי 11 מלך בלי יֹתכרֹ־נו
                                    לוא ירֹוֹצו מדרך ולוא יתֹמֹהמהו מגבולו
                                    לוא ירומו ממשלוחתו 12 לוא ישפלֹ[ו]
                                    כֹ[ן]ֹא ירחם בממשלת עברת כלֹ[ת חרו]נֹו
                                    לוא ישפוט במושבי אף כבודו
                                    13 מורא מלך אלוהים נורא על [כו]ל אלוהים
                                    [ויוציאם] לכֹוֹל משלחותו בתכון

3 Die Throne der Herrlichkeit seiner *Königsherrschaft* [...]
und in allen Versammlungen derer,
die ihm dienen [...] 4 wunderbar.

---

[174] Dazu C. Newsom, Merkabah Exegesis, op.cit. (Anm. 8) passim.

Es wanken nicht in Ewigkeit die Göttlichen [...]
5 um s]tandhaft zu sein in allen Werken,
denn die Göttlichen (die beauftragt sind mit der Ausführung) seines
Ganzopfers [...] 6 sein Ganzopfer.
Es loben ihn die Göttlichen mit dem Psalm(gesang) ihres Stehens,
und alle [Geis]ter der Himme[lsgewölbe] 7 der Reinheit
freuen sich über seine Herrlichkeit.
Und eine Stimme des Segens aus allen Abteilungen,
die erzählt von den Himmelsgewölben seiner Herrlichkeit.
Und es loben ihn seine Tore 8 mit der Stimme des Jubels,
wenn die Elim der Erkenntnis eintreten
durch die Portale der Herrlichkeit,
und bei jedem Hinausgehen der Engel der Heiligkeit
zu ihren Herrschaftsbereichen.
9 Die Portale des Eingangs und die Tore des Ausgangs
verkünden die Herrlichkeit des *Königs,*
segnend und lobend alle Geister 10 der Göttlichen
beim Hinausgehen und beim Eintreten durch die Tore der Heiligkeit.
Und es ist keiner unter ihnen, der ein Gesetz übertritt;
und niemals verfestigen sie sich gegen die Worte 11 des *Königs.*
Nicht weichen sie ab vom Weg
und nicht verweilen sie außerhalb seines Gebietes.
Nicht sind sie zu erhaben für seine Aufträge
und nicht zu gering, 12 nicht straucheln sie.
Ja, denn er erbarmt sich bei der Herrschaft des Zorns
seiner vernichtenden Glut,
nicht richtet er beim Anhalten des Zorns seiner Herrlichkeit.
13 Die Furcht vor dem *König* der Göttlichen
ist furchtbar über allen Göttlichen,
und [er läßt sie hinausgehen] zu allen seinen Aufträgen
der Ordnung gemäß ...[

Es fällt auf, daß in Z. 3 wieder im Plural von den Thronen der Herrlichkeit von Gottes Königsherrschaft gesprochen wird[175]. Die Beschreibung des Lobpreises des höchsten Thronwagens mündet nicht in eine Schilderung des Aussehens Gottes, wie es die vorgegebene Tradition (Ez 1; 3; 10; Dan 7; 1. Hen 14 etc.) der Visionen nahelegen würde, sondern geht gewissermaßen wieder zurück zur

---

[175] Die Sabbatlieder schwanken im Gebrauch von Singular und Plural von כסא. Soweit der fragmentarische Text eine Beurteilung zuläßt, wird der Plural gebraucht, wenn die Throne in den sieben Bereichen der Engel gemeint sind. Der Singular ist eindeutig zweimal verwendet: 4Q405 20 ii–21–22 Z. 2 und 8. Beidemal bezeichnet der Singular den eigentlichen Gottesthron, der transzendent bleibt und nicht beschrieben wird: מושב ככסא מלכותו „ein Sitz wie der Thron seiner Königsherrschaft" (Z. 2), und: תבנית כסא מרכבה „Urbild des Thrones des Thronwagens" (Z. 8). An der zweiten Stelle wird in den Sabbatliedern auch ein einziges Mal „Thronwagen" im Singular verwendet. Zum Wechsel vom Singular für den eigentlichen Gottesthron zum Plural vgl. Dan 7,9.

Beschreibung des Lobpreises im himmlischen Heiligtum in seiner Gesamtheit, daher auch die weitere Betonung der äußeren Begrenzungen, der Tore. Dadurch erhält *malkût* auch wieder den Aspekt der Räumlichkeit, was durch die direkt anschließende lokale Bestimmung „in allen Versammlungen..." unterstrichen wird. In 4b „Es wanken nicht..." beginnt ein neues Thema. So kann man trotz der Lücken sicher sein, daß „die Throne der Herrlichkeit" im Parallelismus membrorum „in allen Versammlungen..." entsprechen.

Daß der Lobpreis die Gesamtheit des himmlischen Heiligtums erfüllt, wird ganz konkret ausgedrückt: Er erstreckt sich von den Geistern des raqîʻa – der entsprechend dem Beginn des 12. Liedes die innere Grenze zur Transzendenz Gottes bildet – bis hin zu den äußeren Rändern, den „Toren" des Eingangs und des Ausgangs, mit denen die Beschreibung des himmlischen Heiligtums im 9. Lied begann. Den zusammenfassenden Höhepunkt der Gottesprädikationen (Z. 6: Suff.3.pers.sg.masc.; Z. 7: zweimal $k^e b\hat{o}d\hat{o}$, Z. 8: $k\bar{a}b\hat{o}d$) bildet in Z. 9: כבוד המלך. Die Beschreibung 4Q405 23 i 7–10 lehnt sich in der Sprache eng an Hesekiel an[176], besonders bei der Schilderung der Sabbatfeier im idealen Tempel mit ihren Torordnungen und Vorschriften für den Gang der Prozession durch den Tempel.

Daß der Lobpreis der Lichtherrlichkeit des Königs seinen Abschluß findet in der Beschreibung des Gehorsams der Engel gegenüber dem Gesetz und den Aussprüchen ihres Gottes als des Königs, mag zunächst überraschend klingen. Wir kennen diese Verbindung jedoch nicht nur aus Ps 103 und – auf ganz eigene Weise zur „Toramystik" umgeformt – in Ps 19[177], sondern – ebenfalls auf die Engel bezogen – noch deutlicher aus dem Gebet Esras (4. Esra 8,20ff.), wo die Vorstellung vom Thron Gottes und die von der Ehrfurcht der Engel eine Einheit bilden:

„Herr, der du in Ewigkeit wohnst,
dessen Höhen hocherhoben
und dessen Söller in den Lüften ist,
dessen Thron unschätzbar
und dessen Herrlichkeit unfaßbar ist,
vor dem das Heer der Engel zitternd steht,
deren dienende Schar sich in Wind und Feuer wandelt,
dessen Wort wahr und dessen Rede beständig ist,
dessen Befehl mächtig
und dessen Anordnung schrecklich ist..."[178]

---

[176] C. NEWSOM, Songs, op.cit. (Anm. 7) 328; vgl. DIES., Merkabah, op.cit. (Anm. 8) 15f.

[177] Zu Ps 103 vgl. o. S. 60. Ps 19 wird auch in der himmlischen Liturgie der David-Apokalypse gesungen, siehe in diesem Band „Irdischer und himmlischer König" 318. Nicht nur das 12. Sabbatlied nimmt ספר aus Ps 19,2 auf, auch das 2. Lied spielt auf diesen Psalm an. Zu Ps 19 siehe H. GESE, Die Einheit von Ps 19, in: Verifikationen. Festschrift für Gerhard Ebeling zum 70. Geburtstag, hg. v. E. JÜNGEL/J. WALLMANN/W. WERBECK, Tübingen 1982, 1–10; H. SPIECKERMANN, op.cit. (Anm. 16) 60–72.

[178] Üs. J. SCHREINER, Das 4. Buch Esra, JSHRZ V,4, 1981, 365. Der Beginn in V. 20:

Wir haben im Gebet Esras eine deutliche Parallele für das Weiterleben des „Hofstils"[179] in der Gebetssprache des frühen Judentums, die der Sprache des 12. Sabbatliedes sehr ähnlich ist.

Der Zyklus der Sabbatlieder nimmt, jetzt wo er dem Ende zu geht, den Anfang, d. h. Themen, die im 1. Lied schon angeklungen waren, wieder auf; dort waren schon die Satzungen des Königs für seine himmlische Priesterschaft und ihr Gehorsam beschrieben worden (siehe o. S. 79). Im Unterschied zum ersten Sabbatlied verzichtet das zwölfte aber – soweit der Text erhalten ist – auf den direkten Hinweis, daß der Dienst der Engel sich auswirkt auf die Menschen. Das Bild jedoch, das vom himmlischen König als Herrscher über die Engelscharen entworfen wird, entstammt der Erfahrung mit der Willkür der hellenistischen Könige: Gott unterscheidet sich jedoch diametral von ihnen, weil seine Herrschergewalt in seinem Erbarmen beruht (Z. 12). Für diese Herrschergewalt verwenden die Sabbatlieder einen eigenen Terminus: ממשלה.

Das 13. Lied

Wurde im zwölften Lied in Anlehnung an Ez 46 das Thema des himmlischen Sabbatgottesdienstes schon angedeutet, so geht das letzte Lied nun wirklich über zu einer Beschreibung des Sabbatopfers und der himmlischen Hohenpriester, die dieses Opfer darbringen, in ihren wunderbaren Gewändern[180]. Das dreizehnte Lied (11QShirShabb 8–7; 4Q405 23 ii; 11QShirShabb 2–1–9) schließt so mit deutlicher inclusio den ganzen Zyklus ab. War im 1. Lied die ewige Gründung der himmlischen Priesterschaft und des himmlischen Heiligtums beschrieben, so bildet der Schluß das Gegenstück dazu, indem er den feierlichen Opferdienst der Hohenpriesterschaft in ihrem kostbaren Ornat schildert, den man sich dem ganzen Zusammenhang der Sabbatlieder nach als „Lobopfer" (תרומות לשוני דעת vgl. denselben Begriff im 2. und 8. Sabbatlied)[181] und auf keinen Fall als „Schlachtopfer" vorzustellen hat[182]. Wahrscheinlich aus dem Ende dieses Psalms hat sich eine Zusammenfassung erhalten (11QShirShabb 2–1–9 Z. 6–8):

> „It begins first with the throne and footstool; then the chariots; the debirim, their passages for entering und exiting; the (outer?) structures of the sanctuaries; the temples as a whole; and finally, the firmaments that contain the heavenly tempels ...

„Anfang der Gebetsworte Esras, bevor er entrückt wurde" ist durch die lateinische, syrische, äthiopische und georgische Übersetzung bezeugt und gehört wohl zur oratio Esdrae ursprünglich dazu. Man wird daraus aber keinen Schluß auf die „Entrückung" der Beter der Sabbatlieder ziehen können.

[179] Zum „Hofstil" in den atl. Psalmen vgl. o. S. 58ff. und Vorwort S. 5ff.
[180] Siehe dazu C. Newsom, Merkabah Exegesis, op.cit. (Anm. 8) 16.
[181] 13. Lied: 4Q405 23 ii 12; 2. Lied: 4Q400 2 7; 8. Lied: 4Q403 1 ii 26.
[182] In den Sabbatliedern „fehlt" bezeichnenderweise der himmlische Altar ebenso wie im

the conclusion of the thirteenth Sabbath song appears to contain a final invocation to praise God followed by a systematically organized list of all the manifestations of God's holiness in the objects and structures of the heavenly temple which have been described in the precedings songs."[183]

C. Newsom erwähnt jedoch nicht, daß die Gottesbezeichnungen wieder – abgesehen vom Suff.3.pers.sg.masc. – מלך הכבוד (Z. 4 f.) und מלך (Z. 7) sind; als Herr im himmlischen Heiligtum heißt auch hier Gott nur „König".

Für unser Thema besonders interessant ist jedoch die mittlere der erhaltenen Passagen aus diesem Psalm: 4Q405 23 ii[184]:

„1] die Schönheit der Reliefs [...]
2] der *König*, wenn sie vor ihm dienen [...
3 *König* und er setzt fest seine Herrlichkeit [...
4 Heiligkeit, das Heiligtum aller [...
5 ihre Ephodim; sie verbreiten [...
6 die Heiligen, Wohlgefallen [...] Geister der Heiligen
7 ihre heiligsten Orte [...]
In ihren wunderbaren Standorten sind Geister (bekleidet mit) Vielfarbigen wie gewebte (Kunst)werke, Reliefs mit Gestalten des Glanzes.
8 Inmitten der Herrlichkeit karmesinrote Erscheinungen, bunte Kleider des Lichtes des Geistes der allerhöchsten Heiligkeit.
9 Sie stehen fest an ihrem heiligen Ort vor [...] dem *König*, Geister (in) Gewändern [der Reinheit] inmitten der Erscheinungen von weißleuchtendem Linnen.
Und das geistige herrliche Aussehen ist wie Feingold, Erscheinungen
10 des [Lich]tes.
Und alle ihre Gürtel aus dem Salz der Reinheit Gewirktes,
wie gewebte (Kunst)werke.
Diese sind die Häupter der wunderbar Gekleideten zum Dienst [...
11 Die Häupter (eines jeden) *Herrschaftsbereichs* der Heiligen des *Königs* der Heiligkeit [,
in allen Höhen der Heiligtümer der *Königsherrschaft*
12 seiner Herrlichkeit.
Und bei den Häuptern der (Lob)opfer sind Zungen der Erkenntnis;
und sie segnen den *Gott* der Erkenntnis (zusammen) mit allen Geschöpfen seiner Herrlichkeit.
13 [Und die Sa]tzungen ihrer Abteilungen in allen [Debi]r[im der Hei]ligkeit [und er setzt fest] in der Erkenntnis seines Verstehens
und in der Weisheit seiner [Herr]lichkeit [...]"

In diesem Abschnitt überwiegt die Gottesbezeichnung „König" (4mal) wieder

---
Hebräerbrief; dagegen rechnet die Apk erst für das eschatologische Jerusalem mit einem Ersatz des gesamten Heiligtums durch die Heilspräsenz Gottes und des Lammes, während der himmlische Tempel einen Altar enthält. Vgl. in diesem Band B. Ego, Der Diener im Palast des himmlischen Königs 372.380ff.; H. Löhr, 195.
[183] Text: C. Newsom, Songs, op.cit. (Anm. 7) 374; zitierte Stelle: 376.
[184] C. Newsom, Songs, op.cit. (Anm. 7) 332.

deutlich gegenüber „Elohim" (einmal). Das bestätigt noch einmal, daß in den Sabbatliedern Gott als Herr über das himmlische Heiligtum und über seine Priesterschaft bevorzugt „König" genannt wird. Analog zur Prädikation „König der Herrlichkeit" wird Gottes Königsein dem Kontext entsprechend, in dem das Motivwort „Heiligkeit" vorherrscht, wieder als „König der Heiligkeit" bezeichnet, wie schon im 6. Sabbatlied.

Klarer als im 12. Lied wird in Z. 11 מלכות כבודו im räumlichen Sinn verwendet. Die Hohenpriester der Engel sind „Häupter", denen Herrschaften unterstehen. Die Wiederholung von ממלכות (Z. 11) kann man als Dittographie oder Superlativ auffassen. Näher liegt es jedoch, sie dem Kontext entsprechend distributiv zu verstehen[185], und zu übersetzen „eines jeden Herrschaftsbereichs". Den Engelfürsten, den Herren über diese Herrschaftsbereiche, unterstehen die „Heiligen", die jedoch letztlich Untertanen Gottes, des „Königs der Heiligkeit", sind. Daß sie, die „Häupter", nicht autonom herrschen, wird im nächsten Stichos mit „synthetischem" Parallelismus unterstrichen: Die Oberhoheit über die Priesterfürsten und ihre Heiligtümer hat die „Königsherrschaft seiner Lichtherrlichkeit", sie umfaßt das ganze siebenfaltige himmlische Heiligtum; die Priesterfürsten der Engel sind Vasallen des Hauptkönigtums Gottes. Damit der Unterschied zwischen Gott und seinen höchsten Engeln nicht verwischt wird, werden auch für die Bezeichnung der Herrschaftsbereiche unterschiedliche termini verwendet. מלכות bezeichnet allein den Herrschaftsbereich Gottes und sein Herrschaftsverhältnis gegenüber den Engeln (– und Menschen siehe 2. Lied).

Der Schluß der Sabbatlieder spricht von Gottes „Königsherrschaft" wieder mit einem deutlichen Akzent auf dem räumlich-herrscherlichen Aspekt, wie er zu Beginn in den ersten Sabbatliedern begegnet war und im 7. Lied neben dem Aspekt als Eigenschaft Gottes, seine „Königlichkeit", definiert wurde.

So schließt sich auch für die Verwendung von מלכות inkludierend der Ring im Zyklus der Sabbatlieder: Wir sind wieder bei der Bedeutung, die der Begriff im 1. und teilweise noch im 2. Lied hatte.

Auch wenn die Frommen in Qumran nicht auf Schritt und Tritt von der „Königsherrschaft" Gottes reden, sondern das der besonderen Feier und den feierlichen Segnungen ihrer Priesterschaft vorbehalten sein lassen, so wissen sie auch sonst, wofür sie als besondere Heilsgabe danken:

---

[185] Zum Problem siehe C. NEWSOM, Songs, op.cit. (Anm. 7) 339. Sie entscheidet sich in der Üs. S. 334 für Dittographie und übersetzt im Singular: „the chiefs of the realm of the holy ones of the King of holiness an all th heights of the sanctuaries of His glorious kingdom." J. CARMIGNAC, op.cit. (Anm. 11) 183 entscheidet sich ebenso (aber mit Fragezeichen) für distributives Verständnis.

„Ich preise dich Herr!
Denn du hast meine Seele aus dem Verderben erlöst
und aus der Unterwelt Abgrund.
Du hast mich erhoben zu ewiger Höhe,
ich wandle auf ebenem Plan ohne Grenze.

Ich weiß, daß es Hoffnung gibt für den,
den du gebildet aus Staub für den ewigen Rat.
Den verkehrten Geist hast du gereinigt
von großer Verschuldung,
daß er sich hinstelle an den Standort
mit dem Heere der Heiligen
und in die Einung eintrete
mit der Gemeinde der Himmlischen.
Du warfst dem Manne ein ewiges Los
mit den Geistern des Wissens,
deinen Namen zu loben im gemeinsamen Jubel
und zu verkünden deine Wunder vor allen deinen Werken."
                                                    (1QH iii 19–23)[186]

6. Zusammenfassung und Ausblick

Die Sabbatlieder aus Qumran sind nicht nur durch ihre auffallend häufige Verwendung von *mäläk* und *malkût* der wichtigste vorchristliche jüdische Text zum Thema „Gottes Königsherrschaft", sondern werfen durch ihren theologisch tief reflektierten Sprachgebrauch ein deutliches Licht auf das ausgeprägt kultisch-präsentische Verständnis von *malkût* in einer Gruppierung des frühen Judentums.

Diese Hymnen aus dem „himmlischen" Gottesdienst zeigen in dem betonten Wechsel zwischen den Gottesprädikationen „Gott" (*El / Elohim*) als Schöpfer und „König" *(mäläk)* als Herr und Herrscher, daß die bei Philo und in der späteren rabbinischen Literatur belegte theologische Unterscheidung zwischen Gott als (erbarmendem) Schöpfer und Gott als (richtendem) Herrn schon in Qumran vorgenommen wird. Im Falle der Sabbatlieder betrifft sie die himmlische Welt: Gott ist Schöpfer (= Elohim) und Herr der Engel (= König) und der himmlischen „Paläste" = Tempel. *mäläk* ersetzt dabei das Tetragramm, so wie in der Lesung des masoretischen Textes *ªdônāij* als Qere für יהוה steht und in der jüdischen LXX-Übersetzung für das noch (bzw. wieder) in hebräischen Buchstaben geschriebene יהוה das Qere κύριος tritt. Dabei wird Elohim für

---

[186] Üs. J. MAIER, in: J. MAIER/K. SCHUBERT, Die Qumran-Essener, UTB 224, 1973, 200f. Vgl. 1QH xi 10–13; vgl. dazu H.-W. KUHN, Enderwartung und gegenwärtiges Heil, SUNT 4, 1966, 44–78; H. LICHTENBERGER, op.cit. (Anm. 30) 225f.

Gott als Schöpfer jedoch als die „höhere" Gottesbezeichnung verstanden. Das Gottesbild selbst zerfällt jedoch durch diese Unterscheidung nicht. In dem entscheidenden, zusammenfassenden Abschnitt über Gott als Schöpfer im 7. Sabbatlied werden beide Prädikationen gemeinsam gesteigert verwendet: Er ist El Elim und Mäläk Mᵉlakim zugleich. Die Bezeichnung אדון tritt daneben zurück, sie ist ein Pendant zu *mäläk,* und das Tetragramm erscheint gar nicht. Häufig ist dagegen das Suffix 3.pers.sg.masc.

Der bewußte Sprachgebrauch in den Sabbatliedern unterscheidet nicht nur zwei Gottesprädikationen, sondern differenziert auch zwischen zwei Bedeutungen des Abstraktums *malkût.* Einmal bezeichnet es „räumlich" den (die) himmlischen Tempel als den Herrschaftsbereich Gottes, zum anderen dient es als Bezeichnung der Gott selbst eigenen „Königlichkeit" und wird wie eine Eigenschaft Gottes gesehen. Die beiden Aspekte von *malkût* sind traditionell schon vorgegeben, auch vom Jerusalemer Tempelkult konnte man abkürzend als „Königsherrschaft" Gottes sprechen (2. Makk 1,7); und auf der anderen Seite setzte sich statt der verbalen Ausdrucksweise „der Herr herrscht als König" das verdichtete, konzentrierende Sprechen von Gottes *malkût* durch, wie es vor allem in der Segensformel ברוך שם כבוד מלכותו לעולם ועד belegt ist. Diese theologisch durchdachte, betont liturgische Redeweise spiegelt sich auch in der Verwendung und Verteilung der beiden Bedeutungen von *malkût* innerhalb des ganzen Liedzyklus: Wird im ersten und zweiten Sabbatlied der (die) himmlische(n) Tempel als *malkût* bezeichnet, so nimmt der Schluß im 12. und 13. Lied diese Verwendung wieder auf und schließt den ganzen Zyklus ein. Auch hier ist die Wortwahl überlegt: In den beiden ersten und in den beiden letzten Sabbatliedern begegnet מלכות in der räumlich/herrscherlichen Bedeutung, in den dazwischenliegenden jedoch als „Eigenschaft" Gottes, – mit der bezeichnenden Ausnahme, daß im Zentrum, im 7. Lied beide Aspekte vereint definiert werden, so daß klar bestimmt wird, daß der Ursprung der himmlischen Tempelwelt als מלכות in der Gott eigenen „Königlichkeit" liegt. Zudem wird scharf unterschieden in der Terminologie zwischen den Herrschaftsbereichen der Engelfürsten und dem Hauptkönigtum Gottes.

mäläk und *malkût* haben sich als Schlüsselbegriffe für das Verständnis der Sabbatlieder erwiesen. Nicht nur für das Gottesbild der Sabbatlieder sind sie wichtig, sondern sie bestätigen auch die Analyse der Struktur des Gesamtaufbaus. Psalm 7 ist Zentrum und Höhepunkt des Zyklus, auch wenn das Achtergewicht nicht zu übersehen ist, das durch das Näherschreiten zu Gottes Thronwagen im 9. bis 12. Lied und das Ende, das in der Beschreibung des Vollzugs des himmlischen „Opfergottesdienstes" – der ein reines Lobopfer darstellt – im 13. Lied gipfelt, auf die zweite Hälfte des Zyklus gelegt wird.

Der präsentische, kultische Sprachgebrauch von *malkût* bei der Beschreibung des himmlischen Gottesdienstes steht nicht im Gegensatz zur endzeitlichen Hoffnung, die den neuen eschatologischen Tempel auf dem irdischen

Zion erwartet, sondern erklärt sie. Im Himmel ist ewige Gegenwart, was auf Erden in der Heilszukunft erwartet wird. Im Zyklus der Sabbatlieder nimmt die irdische Gemeinde durch ihre Aufforderung an die Engel zum Lobpreis am himmlischen Gottesdienst teil und über diese Heilsgabe jubelt sie. Zwar kommt sie nur im 1. und 2. Lied direkt durch Selbstreflektion zu Wort, trotzdem wird man die Sabbatlieder nicht überinterpretieren, wenn man in ihnen die ausgeführte Beschreibung der besonderen Heilsgabe der qumranischen Gemeinde sieht. Die Gemeinschaft mit den Engeln war ihr so wichtig, weil sich durch sie die Teilnahme an der himmlischen *malkût* verwirklicht (1QH iii 19–23). Die besondere Feier der Sabbatlieder war vielleicht (ursprünglich?) nur der qumranischen Priesterschaft vorbehalten. Auf der strengen Scheidung zwischen Priestern, Leviten und Laien beruhte die ganze Gemeindeordnung. Die traditionsgeschichtliche Untersuchung erhärtete gerade für die auffällige Verwendung von *malkût* (cf. 1QSb iii 5) die Vermutung C. Newsoms, daß die Sabbatlieder der Legitimation der qumranischen Priesterschaft dienten.

Dieses Ergebnis der Analyse der Sabbatlieder ist besonders aufschlußreich im Hinblick auf die Verwendung von βασιλεία im Neuen Testament und wirft ein neues Licht auf das Verständnis der Texte, die den himmlischen Gottesdienst beschreiben – vor allem den Hebräerbrief[187] und die Johannesapokalypse. Wie fruchtbar der Vergleich mit den Sabbatliedern für das Verständnis einzelner Aspekte der Johannesapokalypse ist, hat man schnell erkannt, er sollte nun auch für die Schlüsselbegriffe βασιλεία und βασιλεύς geführt werden. Aber auch das Nebeneinander von präsentischem und eschatologischem Verständnis von Gottes Königsherrschaft wird durch die Sabbatlieder neu beleuchtet: Die eschatologische Erwartung der Gottesherrschaft auf Erden hat ihren Grund in der präsentischen kultischen Feier der Königsherrschaft Gottes im Himmel! Ebenso bieten die Sabbatlieder für die auch im Neuen Testament belegte Verwendung von βασιλεία als Bezeichnung für Gott selbst, für die man bisher auf die schwer datierbaren Targumübersetzungen verweisen mußte, eine eigenständige theologisch reflektierte Parallele, die spätestens in der 1. Hälfte des 1. Jh.s v. Chr. ausgebildet wurde.

Zugleich wird plastisch erkennbar, wie gerade die Verkündigung Jesu von der βασιλεία Gottes, des gütigen Vaters, als Gabe Gottes an die Sünder und Ausgestoßenen den kultischen Rahmen in seinem traditionellen Verständnis von Reinheit und Heiligkeit, wie er in Qumran rigoros verschärft wurde, in anstößiger Weise aufsprengt[188]. Auf der anderen Seite wird deutlich erkennbar, daß Paulus in seinem Verständnis der βασιλεία Gottes essenisch-kultischen Gedanken wieder viel näher steht. In der ältesten, schriftlichen Erwäh-

---

[187] Dazu H. LÖHR in diesem Band, 185–205.
[188] Siehe H. MERKEL in diesem Band, 150 u. ö.

nung der βασιλεία Gottes im Neuen Testament (1. Thess 2,12)[189] ermahnt der Apostel die Gemeinde in Thessalonich eindringlich, ihrer Berufung entsprechend „würdig zu wandeln", denn Gott hat sie berufen und erwählt, daß sie hingelangen zu seiner Königsherrschaft und Lichtherrlichkeit (מלכות und כבוד). Daß Paulus an den wenigen Stellen[190], wo er von der βασιλεία τοῦ θεοῦ spricht, gerade im Zusammenhang der Paränese auf sie als das Ziel Gottes mit den Erwählten hinweist, um die ethische Forderung zu unterstreichen, läßt erkennen, daß seine Vorstellung von der Gottesherrschaft mit dem Bild des himmlischen Gottesdienstes in der Gemeinschaft der Engel, das ja auch in Qumran seine endgültige Verwirklichung erst im eschatologischen Tempel findet, in dieser Hinsicht verwandter ist als mit der Jesu[191].

Den Schlußsatz von Carmignac: „Ces notions qumrâniennes risquaient plutôt de troubler la compréhension de certains auditeurs de Jésus, elles ne pouvaient nullement inspirer son message"[192] muß man jedoch auch für Jesus modifizieren: Jesu Botschaft von der Gottesherrschaft setzt die liturgische Sprache seiner Zeit und das kultische Verständnis der βασιλεία voraus, da doch die großen Tempelfeste jedermann vertraut waren. Jesu eigenwillige in messianischer Vollmacht vorgetragene Interpretation der βασιλεία τοῦ θεοῦ, die in seinem direkten Angriff gerade gegen das – entweihte und darum dem Gericht verfallene[193] – Jerusalemer Heiligtum in der prophetischen Zeichenhandlung der „Tempelreinigung" und im „Tempelwort" gipfelte, war das Skandalon, das in erster Linie dazu führte, daß die führende Priesterschaft gegen ihn einschritt und ihn an Pilatus auslieferte[194].

---

[189] παρακαλοῦντες ὑμᾶς καὶ παραμυθούμενοι καὶ μαρτυρόμενοι εἰς τὸ περιπατεῖν ὑμᾶς ἀξίως τοῦ θεοῦ τοῦ καλοῦντος ὑμᾶς εἰς τὴν ἑαυτοῦ βασιλείαν καὶ δόξαν.
[190] Vgl. Rö 14,12; Gal 5,21; 1. Kor 4,20.
[191] Vgl. Vorwort 18.
[192] Op.cit. (Anm. 11) 185.
[193] Siehe Vorwort 16.
[194] Vgl. in diesem Band mein „Irdischer und himmlischer König", 356f.

Die Gottesherrschaft in der Verkündigung Jesu*

von

HELMUT MERKEL

Ein fast einmütiger Konsens besteht in der neutestamentlichen Wissenschaft darüber, „daß das zentrale Thema der öffentlichen Verkündigung Jesu die königliche Herrschaft Gottes war"[1].

Fragt man jedoch weiter, was denn inhaltlich die Rede Jesu von der Gottesherrschaft bedeute, so erhält man die unterschiedlichsten Antworten. Beherrschend ist die von Johannes Weiß inaugurierte, von Albert Schweitzer konsequent ausgebaute und von Rudolf Bultmann durch existentiale Interpretation theologisch verwertbar gemachte Auffassung, Jesus habe wie andere Apokalyptiker auf die Nähe der kosmischen Katastrophe hinweisen wollen[2]. Demgegenüber hatte Charles Harold Dodd das Stichwort der „realized eschatology" ausgegeben und exegetisch zu erweisen gesucht, daß Jesus ganz unapokalyptisch von der Gegenwart des Heils geredet habe[3]. Dazu gibt es eine Vielzahl von Versuchen, diese beiden extremen Positionen zu verbinden[4].

Ist die Gottesherrschaft also rein zukünftig, zukünftig aber sehr nahe, ist sie rein gegenwärtig, mehr zukünftig als gegenwärtig, mehr gegenwärtig als zukünftig oder ebenso zukünftig wie gegenwärtig? Und welche Folgen ergeben sich aus der gewählten Zuordnung?

Es läge nahe, auch angesichts der verwirrenden Vielfalt von Thesen auf diesem Gebiet über den desolaten Zustand der neutestamentlichen Wissen-

---

* Martin Hengel in dankbarer Vebundenheit gewidmet.

[1] J. JEREMIAS, Neutestamentliche Theologie I, Gütersloh 1971, S. 99. Eine Gegenposition skizziert E. BAMMEL, Erwägungen zur Eschatologie Jesu, StEv III, Berlin 1964, S. 3ff.

[2] J. WEISS, Die Predigt Jesu vom Reiche Gottes, Göttingen 1892, 2. Aufl., 1900; 3. Aufl., 1964, hg. v. F. HAHN. – A. SCHWEITZER, Das Messianitäts- und Leidensgeheimnis. Eine Skizze des Lebens Jesu, Tübingen 1901 (= 3. Aufl., 1956); DERS., Geschichte der Leben-Jesu-Forschung, Tübingen, 2. Aufl., 1913 (= 6. Aufl., 1951); R. BULTMANN, Jesus, Tübingen 1926.

[3] C. H. DODD, The Parables of the Kingdom, London 1935, rev.ed. 1961.

[4] So die Tendenz der beiden „klassischen" Monographien von W. G. KÜMMEL, Verheißung und Erfüllung, Zürich, 3. Aufl., 1956, und R. SCHNACKENBURG, Gottes Herrschaft und Reich, Freiburg, 4. Aufl., 1965. Ähnlich ausgerichtet ist jetzt G. R. BEASLEY-MURRAY, Jesus and the Kingdom of God, Grand Rapids/Exeter 1986. Vgl. E. GRÄSSER, Verheißung und Erfüllung. Werner Georg Kümmels Verständnis der Eschatologie Jesu, in: Glaube und Eschatologie (FS W. G. KÜMMEL), Tübingen 1985, S. 33ff.

schaft zu klagen. Doch zuvor sollte man die bündige Feststellung von Geza Vermes bedenken: „The Gospel evidence appears inconclusive."[5]

Angesichts dessen hat Rudolf Schnackenburg im Nachtrag zur 4. Auflage seiner grundlegenden Monographie zu Recht die programmatische Feststellung getroffen: „Um ... zu größerer Klarheit zu kommen, bleibt kaum ein anderer Weg, als die in den Evangelien überlieferten Worte Jesu je für sich, nach allen Seiten und mit allen verfügbaren Methoden zu prüfen, wie weit sie seine originalen Gedanken wiedergeben oder von der urchristlichen Interpretation durchdrungen bzw. neu gebildet sind."[6] Dies kann in einem Aufsatz natürlich nur knapp und unter Berücksichtigung der hauptsächlichen Argumente geschehen. Zuvor aber soll wenigstens eine Linie der Forschungsgeschichte herausgegriffen werden, um daran die methodischen Fragen zu erörtern. Mit der Geschichte eines Problems wird man der Problematik am besten ansichtig[7].

I. Forschungsgeschichtliche Schlaglichter

Vor knapp 100 Jahren, im Jahr 1892, hat der damals 29jährige Göttinger Extraordinarius Johannes Weiß in einer nur 67 Seiten umfassenden Broschüre die „Predigt Jesu vom Reiche Gottes" untersucht und damit der neutestamentlichen Wissenschaft eines ihrer bis heute oft und kontrovers diskutierten Hauptprobleme gestellt. Im Unterschied zur Theologie seiner Zeit, die das Reich Gottes als innerweltliches sittliches Ideal ansah, so daß die Verwirklichung der Herrschaft Gottes im sittlichen Handeln der Menschen erfolgte, kommt Weiß zu dem diametral entgegengesetzten Urteil, „daß das Reich Gottes nach der Auffassung Jesu eine schlechthin überweltliche Größe ist, die zu dieser Welt in ausschließendem Gegensatz steht"[8]. Die Worte Mk 1,15; Mt 10,7; Lk 10,7.9 lassen die Meinung Jesu deutlich erkennen: „Das Reich (oder die Herrschaft) Gottes hat sich soweit genähert, daß es vor der Tür steht. Also da ist die Basileia noch nicht, aber ganz nahe."[9] Wenn Jesus in Mt 12,28 und Lk 17,21 von der Gegenwart des Reiches Gottes spricht, so tut er es, „weil durch das Wirken Jesu die Macht des Satan, der vor allem der Bringer der Übel ist, gebrochen wird, darum redet Jesus bereits von einem gegenwärtigen Reiche

---

[5] G. VERMES, The Gospel of Jesus the Jew, Newcastle upon Tyne 1981, S. 23.

[6] A. Anm. 4 aO., S. 255.

[7] Die Forschungsgeschichte bis 1960 wird knapp nachgezeichnet von N. PERRIN, The Kingdom of God in the Teaching of Jesus, London 1963 (= 3. Aufl., 1975) und eingehender von G. LUNDSTRÖM, The Kingdom of God in the Teaching of Jesus, Edinburgh/London 1963; den Fortgang der Forschung von 1960–1980 skizziert J. SCHLOSSER, Le règne de Dieu dans les dits de Jésus, I, Paris 1980, S. 47–86.

[8] J. WEISS, a. Anm. 2 aO., 1. Aufl., S. 49 (= 3. Aufl., S. 236).

[9] Ibid. S. 12 (= S. 220).

Gottes: Aber dies sind Augenblicke erhabener prophetischer Begeisterung, wo ihn ein Siegesbewußtsein überkommt..."[10]. Daher liegt die Tätigkeit Jesu auf derselben Ebene wie die Johannes des Täufers: Sie ist „gerade im Sinne Jesu ... keine messianische, sondern eine vorbereitende"[11]. Dieser Wertung entspricht, daß Jesus als Rabbi, Prophet und Lehrer anzusehen ist[12]. Auch die ethische Verkündigung Jesu kann nur vom Hintergrund ihrer eschatologischen Grundlage her verstanden werden: Sie ist nicht Sittengesetz für die Kirche aller Zeiten, sondern ein Bußruf „zur intensivsten Bereitschaft für das Reich Gottes"[13].

Es ist im Rahmen dieses Aufsatzes nicht möglich, die teilweise heftigen Auseinandersetzungen um diese Thesen nachzuzeichnen. Aber es soll zuerst die Aufnahme und Modifikation des Weißschen Bildes bei drei gleichgesinnten Forschern dargetan werden. Sie gehörten, wie Johannes Weiß, zu dem Kreis junger Göttinger Dozenten, den man später als die Religionsgeschichtliche Schule bezeichnete[14]. Ihr gemeinsames Anliegen war es, das Neue Testament im Rahmen der Sprech- und Denkweise seiner eigenen Zeit zu verstehen, d. h. besonders vor dem Hintergrund der jüdischen Apokalyptik.

Hatte Johannes Weiß Jesus ganz und gar in die jüdische Apokalyptik eingereiht, so wollte Wilhelm Bousset noch im gleichen Jahr „Jesu Predigt in ihrem Gegensatz zum Judentum" herausstellen. Sein methodisches Postulat, mit dem er die Arbeiten seiner Vorgänger kritisierte, lautet: „Die Arbeit, die hier begonnen ist, muß auf eine religionsgeschichtliche Vergleichung Jesu und des Judentums in großem Stil hinausgeführt werden, eine Vergleichung, in der ebensosehr auf die gemeinsamen Züge wie auf den Gegensatz zwischen Jesus und dem Judentum geachtet wird, in der die grundlegende Frage erst entschieden werden kann, ob man Jesus von vornherein mehr im Rahmen des Judentums oder mehr im Gegensatze zu ihm verstehen soll, ob man aufgrund der gemeinsamen Basis erst die originalen Züge verstehen oder von diesen den Ausgangspunkt nehmen und dann erst auf die wunderbaren Verknüpfungen achten soll, in denen das Neue mit dem Alten in der Gestalt Jesu verbunden erscheint. – Es ist nur zu begreiflich, daß man im Beginn der Arbeit im Gegensatz zu einer ganz ungeschichtlichen Betrachtungsweise erst einmal diejenigen Linien stärker gezogen, die vom Judentum zu Jesus hinüberführen, daß man in der Freude an der neuen Entdeckung diese für größer hielt, als sie

---
[10] Ibid. S. 21 (= S. 223); vgl. S. 50 (= S. 236).
[11] Ibid. S. 24 (= S. 224); S. 53 (= S. 237); S. 59 (= S. 239).
[12] Ibid.
[13] Ibid. S. 42 (= S. 228).
[14] G. LÜDEMANN, Die religionsgeschichtliche Schule, in: Theologie in Göttingen, hg. v. B. MOELLER, Göttingen 1987, S. 325 ff. Vgl. auch O. MERK, Art. Bibelwissenschaft II, TRE 6, S. 386 ff.

war."¹⁵ Mit Hilfe des religionsgeschichtlichen Vergleiches soll nicht das Zeitgebundene der Person Jesu, sondern „das eigentlich ursprüngliche, urkräftige der Persönlichkeit"¹⁶ herausgestellt werden. Es geht darum, „die einzelne Erscheinung in ihrer Mannigfaltigkeit wie auch in ihrer Eigentümlichkeit und Ursprünglichkeit zu erfassen"¹⁷. Schließlich warnt Bousset auch vor der „Gefahr mit zu kleinen Maßstäben an das Leben Jesu heranzugehen, so an der Erforschung desselben zu arbeiten, als hätte man Alltagsleben der Menschheit vor sich"¹⁸. Da Bousset das für Jesus Charakteristische zu erfassen sucht, kann er sich nicht wie Johannes Weiß mit der allgemeinen Vorstellung von der jüdischen Apokalyptik begnügen; Bousset gibt vielmehr eine ausführliche, leider mit negativen Wertungen verbundene Schilderung des „Spätjudentums", die den Hintergrund für die Predigt Jesu bildet¹⁹. Ausgangspunkt der Verkündigung Jesu, in welchem uns das „ureigenste und wahrhaft schöpferische" seiner Predigt entgegentritt, ist die „Verkündigung Gottes des himmlischen Vaters"²⁰, die im Gegensatz zum transzendenten abstrakten Gottesbegriff des Judentums steht. Vom Gott-Vater-Glauben Jesu her wird auch die negative Haltung zur Welt korrigiert, wie sie die Apokalyptik auszeichnet, und der Jünger Jesu „erstürmt das Himmelreich nicht", im Besitz der Gottesnähe überläßt er Gott die weitere Zukunft und meidet jene ewig fragende, forschende und rechnende, oder gar die Zukunft herbeizwingende Ungeduld, wie sie den Frommen des Spätjudentums eigen ist"²¹. Natürlich gibt es auch Worte, die eine weltflüchtige, weltabgewandte Seite an Jesus erkennen lassen; aber es überwiegt doch der positive Bezug zur Welt. Auch mit seinen sittlichen Forderungen überwindet Jesus die negativ asketische Sittlichkeit der Apokalyptiker. Wenn Jesus auch formal wie der Täufer mit einem Bußruf aufgetreten ist, so unterscheidet er sich inhaltlich doch total vom Täufer: „Er predigt nicht Buße vom Ideal einer asketischen Heiligkeit aus, er rief zu einer neuen Gerechtigkeit."²² Daß die Predigt Jesu von einer festlichen, freudigen Stimmung geprägt ist, „wurzelte in der Gewißheit, daß seine Gegenwart, die Zeit in der er auf Erden wandelt, schon in einer viel engeren, bestimmteren Beziehung zu der kommenden seligen Endzeit steht, als alle vorhergegangene Zeit. Seine Zeit ist messianische Zeit ... Soviel ist jedenfalls gewiß, daß er damit seiner Zeit den Charakter einer bloßen Vorbereitungs- und Wartezeit auf das Ende hin genommen hat."²³ Mit den Apokalyptikern erwartete Jesus die „selige Zukunft des

---

[15] W. BOUSSET, Jesu Predigt in ihrem Gegensatz zum Judentum, Göttingen 1892, S. 6f.
[16] Ibid. S. 7.
[17] Ibid. S. 9.
[18] Ibid.
[19] Ibid. S. 10ff.
[20] Ibid. S. 41.
[21] Ibid. S. 45.
[22] Ibid. S. 53.
[23] Ibid. S. 60f.

künftigen Äon" in allernächster Nähe. „Aber für Jesus war der ungeheure Abstand, die Spannung zwischen der Gegenwart und der herrlichen Zukunft verschwunden, er hörte schon das Rauschen einer neuen Zeit, er lebte in ihr."[24] Warum kann Jesus die apokalyptische Zukunftshoffnung in dieser Weise neu fassen? „Weil für Jesus diese Welt nicht mehr des Teufels sondern Gottes des himmlischen Vaters war, weil für ihn die Gegenwart und das Leben in ihr eine Wirklichkeit geworden, kein leerer Schein mehr, deshalb war ihm auch die Zukunft sicher und gewiß. Es ist keine Kluft zwischen Gegenwart und Zukunft, Ideal und Wirklichkeit sind miteinander vermählt."[25] Schließlich betont Bousset, daß Jesus „nicht nur seine Zeit, die Gegenwart als andersartig im Vergleich zu der ganzen vorhergegangenen Zeit erfaßte, sondern auch sich selbst für durchaus verschieden von all seinen Vorgängern erklärte"[26].

Dieses so andersartige Gesamtbild der Verkündigung Jesu hat Bousset nicht deswegen erhalten, weil er sich in der Einzelexegese von Johannes Weiß unterschiede; es ist die Folge einer weitgehend andersartigen Anordnung desselben Materials. Stärker exegetisch argumentiert Bousset erst im letzten Teil der Schrift, in welchem er die Begriffe Gottesreich und Menschensohn untersucht. Auch hier geht Bousset von einem hochmodern klingenden Grundsatz aus, nämlich „daß die Begriffe, die Vorstellungen, die einmal geprägten Formen und Formeln langlebiger sind als die hinter ihnen und ihnen zugrundeliegende Welt der Stimmungen, der unausgesprochenen aber empfundenen und gefühlten. Kein schöpferischer Genius ... kann ganz von vorne anfangen, kann aus seiner Haut heraus und sich eine völlig neue Sprache bilden, die ganz das ausdrückt, was er meint, im Inneren lebt und fühlt. Er wird immer mit überkommenen Worten und Vorstellungen arbeiten müssen ..."[27] Die Aufgabe besteht also darin, „hinter die zusammenfassenden Begriffe auf das was recht eigentlich das innerste Leben, der süßeste Kern ist"[28] zu blicken. Mutatis mutandis hat Bousset damit das Prinzip des Primates der Synchronie vor der Diachronie ausgesprochen. Er führt zunächst Stellen an, in denen Jesus den bereits im Judentum begonnenen Prozeß der Vergeistigung der Zukunftshoffnungen vollendet hat (Mk 10,15; Mt 10,32f.; 15,13; 16,27; 22,1ff.; 8,11 u.ö.), erörtert sodann die Stellen, die von der Gegenwart des Gottesreiches reden (Mt 12,28; Lk 17,20f.; Mt 11,11; 21,31; 23,13; Mk 10,15; die Gleichnisse in Mk 4), Worte, die „den Charakter von Paradoxien, von scharfen in der Polemik zugespitzten Wendungen" tragen, oder die „in Augenblicken höchster Begeisterung gesprochen" sind[29]. Daneben stehen rein eschatologische Aussagen

---

[24] Ibid. S. 61f.
[25] Ibid. S. 62f..
[26] Ibid. S. 63.
[27] Ibid. S. 79.
[28] Ibid. S. 93.
[29] Ibid.

vom Gottesreich, und Jesus hat beide Aussagenkreise nicht miteinander ausgeglichen.

In einem 1894 gehaltenen, aber erst 1907 veröffentlichten Vortrag geht William Wrede über Boussets Einwände hinweg zurück zur Linie von Johannes Weiß und radikalisiert dieselbe sogar. Seine methodische Prämisse lautet: „Jesus hat nie eine Belehrung darüber gegeben, was er unter dem Reich Gottes verstehe. Er hat nie seinen Jüngern gesagt, daß seine Anschauung vom Gottesreiche eine andere sei als die landläufige. Überall ist der Eindruck, daß er ein bekanntes Wort in demselben Sinne gebrauchte, in dem man es allgemein verstand."[30] Gegenüber dem Einwand, „daß die eigenartigsten und größten Persönlichkeiten ihre Größe gerade darin zeigten, daß sie auch das Überkommene mit neuem Inhalte füllten, ererbte Begriffe unvermerkt umbildeten"[31], macht er geltend, „daß der Übergang von der eschatologischen – sagen wir zur spiritualistischen Idee des Reiches Gottes erheblich schwerer ist, als die meisten annehmen"[32]. Hätte Jesus eine solche Verschiebung des Begriffes vorgenommen, dann hätte er das deutlich aussprechen müssen; aber auch der Sprachgebrauch der neutestamentlichen Briefe und der ältesten Gemeinde gibt keinen Hinweis auf eine solche Wandlung. Ausgehend von Mk 1,15; Lk 19,11; 21,31; 22,18; 11,2 muß Jesus als Verkündiger des nahen Gottesreiches angesehen werden. „Nicht das Reich, sondern die Nähe des Reiches ist Inhalt des Evangeliums."[33] Nun vermittelt Mt 12,28 freilich den deutlichen Eindruck, „daß hier von einem Gekommensein, also einer Gegenwart des Reiches die Rede ist"[34]. Während aber Johannes Weiß hier ein Siegesbewußtsein, das einem Augenblick erhabener prophetischer Begeisterung entspringt, erkennen zu können glaubte, schraubt Wrede die Bedeutung dieses Spruches stark zurück: „Die Besiegung der Dämonen ist nichts anderes als ein Vorschein, eine Morgenröte, eine Vorauswirkung des künftigen, nahen Gottesreiches. Eben darum läßt sie sich aber auch als ein Vorzeichen und Vorbote seines Kommens ansehen. Die himmlischen Kräfte des Reiches werden schon spürbar: so sind sie ein Beweis seiner Nähe."[35] Auch die Predigttätigkeit Jesu und seiner Jünger „bringt nicht das Reich, sie bahnt nicht einmal direkt sein Kommen an, sie dient nicht ihm, sondern den Menschen, sie rüstet und bereitet die Menschen für das Reich, sie hat zunächst vorbereitenden Charakter; sie ruht ja ganz auf dem Gedanken, daß es noch Zeit ist, Buße zu tun, weil das Reich noch nicht da ist, wenn auch nicht mehr lange Zeit. Andererseits verheißt sie ja zugleich das

---

[30] W. WREDE, Die Predigt Jesu vom Reiche Gottes, in: DERS., Vorträge und Studien, Tübingen 1907, S. 88.
[31] Ibid. S. 92.
[32] Ibid.
[33] Ibid. S. 96.
[34] Ibid. S. 98.
[35] Ibid. S. 99.

Reich, stellt sein Kommen für bald in Aussicht, ist damit aber auch nur wieder vorbereitend"[36]. Die Heilungen Jesu sind Illustrationen und Beglaubigungen seiner Botschaft; im Weheruf über Chorazin und Bethsaida (Mt 11,20ff.) „erscheinen die Zeichen geradezu als Rufe zur Umkehr". Wenn Jesus aber nur das Kommen des Reiches vorbereitet, dann kann er auch nicht der Messias sein. Diese Überzeugung wird Ausgangspunkt für das im Jahr 1901 erscheinende Hauptwerk Wredes[37]. Sehr kurz fertigt Wrede dann eine Reihe von Sprüchen ab, die seiner rein eschatologischen Auffassung entgegenstehen (Mk 10,14; Mt 11,11.12). Etwas ausführlicher wird Lk 17,21 besprochen. Die Übersetzung des letzten Kolons „Es ist mitten unter euch" erscheint ihm unannehmbar, sinngemäß muß der Satzteil verstanden werden: Das Reich ist, „wenn es kommt, auf einmal mitten unter euch, plötzlich, überraschend, unverkennbar. Das Präsens und das ‚siehe' malt diese Überraschung"[38]. Gegen die übliche Deutung der Parabeln vom Senfkorn und vom Sauerteig auf ein gegenwärtiges Gottesreich stellt Wrede letztlich nur die Alternative: „Entweder die klar und überall entweder notwendige oder mögliche eschatologische Gesamtauffassung und Stimmung oder diese eine Stelle in ihrer gewöhnlichen Deutung. Welche Waagschale ist leichter?"[38a] Für Wrede ist die Antwort eindeutig. Im Blick auf die inhaltliche Füllung des Begriffes Gottesreich hebt Wrede dann, wie seine Vorgänger, etwa das Fehlen der Schilderungen messianischer Herrlichkeit, den Verzicht auf politisch-nationales Gepräge der Reichshoffnung und einen mindestens tendenziellen Universalismus hervor. Die ethische Predigt Jesu kann Wrede bei seiner Gesamtauffassung dadurch in die Verkündigung von der Gottesherrschaft integrieren, daß er sie als Formulierung der Bedingungen für die Teilnahme am Reiche ansieht.

Auch Johannes Weiß hat in der zweiten, wesentlich erweiterten Auflage seiner Schrift aus dem Jahre 1900 den Einwänden Boussets keine Rechnung getragen. Trotz mancher Modifikationen im einzelnen[39] und trotz der Einsicht, die „vollendete Gottesgemeinschaft, auf welche die Verkündigung abzielt", werde „nur sehr ungenügend durch die Vorstellung βασιλεία bezeichnet"[40], bleibt das Gesamtbild das gleiche. Ja sogar Wilhelm Bousset hat sich in seinem Forschungsbericht vom Jahr 1902[41] und auch in einer allgemein verständlichen

---

[36] Ibid. S. 103.
[37] W. WREDE, Das Messiasgeheimnis in den Evangelien, 1901, 2. Aufl., 1913.
[38] Ibid., S. 111.
[38a] Ibid. S. 113.
[39] Hinweise darauf gibt F. HAHN im Vorwort zu der Anm. 2 angeführten 3. Aufl., S. IX. Zur Kritik an WEISS siehe R. SCHÄFER, Das Reich Gottes bei A. Ritschl und Joh. Weiß, ZThK 61, 1964, S. 68–88; die Antikritik von F. REGNER ist wenig überzeugend: JOHANNES WEISS: „Die Predigt Jesu vom Reiche Gottes", ZKG 84, 1973, S. 82ff.
[40] 2./3. Aufl., S. 123.
[41] W. BOUSSET, Das Reich Gottes in der Predigt Jesu, ThR 5, 1902, S. 397ff., 437ff. (siehe

Jesusdarstellung⁴² der Sicht von Johannes Weiß angeschlossen. Die Naherwartung des kommenden, wunderbaren Gottesreiches ist das Zentrum seiner Verkündigung; die früher als charakteristisch jesuanisch erscheinenden Worte von der gegenwärtigen Gottesherrschaft werden jetzt mit Johannes Weiß psychologisierend erklärt als Worte, die in höchster Begeisterung gesprochen worden seien. Die einzige Veränderung, die Jesus an den Zukunftshoffnungen seines Volkes vorgenommen habe, sei die Durchbrechung der nationalen Schranken.

Recht anders sieht das Bild in der Jesusdarstellung Wilhelm Heitmüllers aus⁴³. Er kann in der Verkündigung vom nahen Gottesreich nur mehr den „Ausgangspunkt" der Verkündigung Jesu sehen, „aber nicht den charakteristischen und alles beherrschenden Mittelpunkt"⁴⁴. Im Hintergrund dieser Akzentverschiebung stehen die Forschungen von William Wrede und Julius Wellhausen, die den Einfluß des urgemeindlichen Glaubens auf die Jesusüberlieferung aufgewiesen hatten. „Die sehnliche Hoffnung auf das Reich stand, wie der Glaube an Jesu Messiastum, im Mittelpunkt der Frömmigkeit der Urgemeinde. So müssen wir unter allen Umständen befürchten, daß das Hoffen der Gemeinde hier besonders stark auf die Tradition eingewirkt hat."⁴⁵ Damit trägt Heitmüller seiner grundsätzlichen methodologischen Forderung Rechnung, die Grundlage des Jesusbildes sei „das Material, das etwa dem Glauben, der Theologie, der Sitte, dem Kultus der Urgemeinde zuwiderläuft oder wenigstens nicht völlig entspricht. Zu ihm dürfen wir unbedingtes Zutrauen haben. Das dürfen wir ausdehnen auf alles, was mit solchen Stoffen in organischer Verbindung steht"⁴⁶. So muß der methodische Zweifel „besonders rege gegenüber allen Dingen sein, die der ältesten Christenheit besonders am Herzen lagen; dahin gehören der Glaube an Jesu Messianität, sein demnächstiges Kommen, das ganze Gebiet der sog. Eschatologie (Reich Gottes), Leiden und Auferstehung, die Wunderkraft Jesu; wo das Herz und die Theologie oder die Apologetik der alten Christenheit besonders Anteil nahmen, da müssen wir Einfluß auf die Geschichtsüberlieferung oder -bildung befürchten"⁴⁷.

Was kann Heitmüller bei Anlegung dieses kritischen Maßstabes über Jesu Verkündigung von der Gottesherrschaft sagen? Zunächst knüpft Jesus an die seinen Hörern geläufigen Vorstellungen an. „Auch für ihn ist im allgemeinen und von Haus aus das ‚Reich' die Herrschaft Gottes in der Endzeit und der

---

S. 437 Anm. 1).
⁴² W. BOUSSET, Jesus, Tübingen, 3. Aufl., 1907.
⁴³ W. HEITMÜLLER, Jesus, Tübingen 1913 (ursprünglich in RGG, 1. Aufl., Band III, 1912 erschienen).
⁴⁴ Ibid. S. 119f.
⁴⁵ Ibid. S. 119.
⁴⁶ Ibid. S. 40.
⁴⁷ Ibid. S. 40f.

dadurch herbeigeführte Zustand, die Herrschaft Gottes, die allein durch sein Tun und Walten verwirklicht wird, nicht etwa eine innerweltliche, durch menschliches Tun sich verwirklichende Gemeinschaft."[48] Die Berufung auf Texte wie Mk 4,3ff.26ff.30ff.; Mt 13,24ff.33.44ff.47ff.; Lk 17,20f. zum Erweis der These, Jesus habe das Reich als ein gegenwärtig vorhandenes angesehen, lehnt Heitmüller ab. „Trotzdem wird man vorsichtigerweise nicht sagen dürfen, daß das Reich von Jesus nur als zukünftiges gedacht worden sei. An einigen wenigen Stellen der zuverlässigen Überlieferung taucht, allerdings mehr blitzartig, die Vorstellung auf, daß es schon in der Gegenwart sich zu verwirklichen anfange."[49] Als solche zuverlässigen Überlieferungen sieht Heitmüller Mt 12,28 par. Lk 11,20; Mt 11,12 par. Lk 16,16 und, „wenn es ein echtes Wort ist, Mt 11,11 par Lk 7,28"[50] an. „Das Gewicht dieser vereinzelten Stimmen wird dann noch erheblich durch die Tatsache verstärkt, daß Jesus jedenfalls gegen Ende seiner Wirksamkeit ... die messianische Würde wenigstens nicht abgelehnt hat: Messias aber und Gottesreich sind zueinander gehörende Größen."[51] Damit ergibt sich die Folgerung: „Jesus beginnt ... das überkommene Erbe umzugestalten und zu vermehren."[52] Bis zu einem gewissen Grad versucht auch Heitmüller noch, dieses Phänomen psychologisch zu erklären. „Er erlebte das Unterliegen der feindlichen Mächte, der Dämonen, er erlebte an sich und in sich das, was das Reich bringen sollte, er lebte, als sei das Reich Gottes bereits verwirklicht, er sah verheißungsvolle Ansätze dazu auch im Kreise der Seinen, er begann sich als den Messias zu betrachten: Da mußte sich ihm die ererbte Anschauung von der Zukunft des Reiches, vielleicht zum eigenen Staunen, zum Glauben an die bereits sich vollziehende Gegenwart verschieben, wenn auch natürlich zunächst nur keimartig."[53]

So zeigen bereits diese hervorragenden Vertreter der Religionsgeschichtlichen Schule ein breites Spektrum an Einsichten und Ergebnissen auf. Die wesentlichen Fragehinsichten lassen sich hieraus deutlich erheben:

Erstens wird es darum gehen, den religionsgeschichtlichen Befund zu verdeutlichen und zu präzisieren; Heitmüllers Feststellung, die den jüdischen Hörern Jesu geläufige Vorstellung sei „nicht schlechthin einheitlich" gewesen, hat sich im Laufe der Zeit deutlich bestätigt. Zweitens wird die Frage nach der Bestimmung zuverlässiger Jesustradition zu vertiefen sein. Drittens wird, wenn es authentische Worte von der künftigen und der gegenwärtigen Gottesherrschaft gibt, deren Verhältnis zu bestimmen sein. Viertens sind die Aussagen

---

[48] Ibid. S. 143.
[49] Ibid.
[50] Ibid. S. 144.
[51] Ibid.
[52] Ibid.
[53] Ibid. S. 144f.

über die Herrschaft Gottes im Blick auf den Geltungsanspruch Jesu zu bedenken.

Die bei Heitmüller erkennbare Verknüpfung des Erbes der Religionsgeschichtlichen Schule mit der radikalen Evangelienkritik Wellhausens und Wredes hat Rudolf Bultmann umfassend und konsequent durchgeführt. Mit der Religionsgeschichtlichen Schule geht Bultmann davon aus, daß die Verkündigung Jesu „eschatologische Botschaft" ist, „d.h. die Botschaft, daß nunmehr die Erfüllung der Verheißung vor der Tür stehe, daß nunmehr die Gottesherrschaft hereinbreche"[54]. Von dieser Überzeugung aus kann er „das hochgespannte eschatologische Bewußtsein"[55], das aus einem Wort erkennbar ist, geradezu als Echtheitskennzeichen ansehen; „den höchsten Grad der Echtheit" kann ein Jesuswort wie Mt 12,28 beanspruchen, da es erfüllt ist „von dem eschatologischen Kraftgefühl, das das Auftreten Jesu getragen haben muß"[56]. Gleichzeitig aber legt er – über Heitmüller weit hinausgehend – noch schärfere Kriterien zur Herausschälung authentischer Jesusüberlieferung an.

Aufgrund kritischer Analyse der Evangelienüberlieferung fordert er die Erweiterung des Authentiekriteriums: Jesus muß nicht nur von der späteren Gemeinde, sondern auch von der jüdischen Moral und Frömmigkeit abgehoben werden. So stellt er für die „Weisheitsworte", für die es eine Vielzahl von Parallelen in der alttestamentlich-jüdischen Literatur gibt, fest: „Es ist gut möglich, daß Jesus tatsächlich das eine oder andere Sprichwort in genau der Form sagte, in der die Synoptiker es wiedergeben. Es ist auch möglich, daß er bestimmte volkstümliche Sprichwörter zitiert hat. Aber wir müssen auch mit der Möglichkeit rechnen, daß die Gemeinde ihm manches schöne Wort in den Mund gelegt hat, das vielmehr aus dem Schatz jüdischer Spruchweisheit stammt. Jedenfalls haben wir in diesem Fall keine Gewähr, daß es sich um ursprüngliche Jesusworte handelt. Sie geben sehr wenig Auskunft über die charakteristische geschichtliche Bedeutung Jesu, da wir kaum wesentliche Unterschiede zwischen ihnen und jüdischer Spruchweisheit entdecken können."[57] Anders sind die Gesetzesworte Jesu zu beurteilen: „Diese Worte sind zumeist Kampfesworte, die dem Gegensatz zur herrschenden Form jüdischer Frömmigkeit entstammen. Daher können sie nicht aus dem Judentum übernommen sein, noch können sie Gemeindebildungen sein, jedenfalls nicht in ihren wesentlichen Zügen, denn die Tatsache, daß die palästinische Gemeinde die kritische Bedeutung dieser Worte nicht verstand und keinen praktischen

---

[54] R. BULTMANN, Jesus, Tübingen 1926, S. 27; vgl. DERS., Theologie des Neuen Testaments, 9. Aufl. durchgesehen und ergänzt von O. MERK, Tübingen 1984, S. 3.
[55] R. BULTMANN, Die Geschichte der synoptischen Tradition, Göttingen, 8. Aufl., 1970, S. 135.
[56] Ibid. S. 174.
[57] R. BULTMANN, Ein neuer Zugang zum synoptischen Problem (1926), in: Zur Formgeschichte des Evangeliums, hg. v. F. HAHN, Darmstadt 1985, S. 233ff., Zitat S. 249f.

Gebrauch von ihnen machte (wie sich an ihrem Verhalten Paulus gegenüber zeigt), macht es ziemlich sicher, daß hier der Geist Jesu lebendig ist."[58] Echtes Jesusgut möchte Bultmann auch unter den prophetischen Jesusworten finden, „in denen Jesus das Hereinbrechen der Gottesherrschaft verkündigt"[59]. Begründung: „... ohne Zweifel trat Jesus als Prophet auf, der die kommende Gottesherrschaft ankündigte. Dies wird deutlich in der Gestalt der frühen Gemeinde, denn sie lebte in der Überzeugung, der heilige Rest Israels zu sein, die Gemeinde der letzten Tage, von Gott berufen durch Jesus."[60] Andererseits können prophetische Worte auch auf urchristliche Propheten zurückgehen, „aber das sind vor allem apokalyptische Worte, ganz im Stil der jüdischen Apokalyptik, die Einzelheiten über die Zukunft schildern, vor allem Ereignisse, die mit den ‚letzten Tagen' zusammenhängen. Solche apokalyptischen Worte wurden einfach als Ganze aus der jüdischen apokalyptischen Überlieferung übernommen und so überarbeitet, daß sie zu christlichen Vorstellungen paßten"[61]. Im Anschluß an die Analyse der Gleichnisüberlieferung formuliert Bultmann kurz und bündig: „Wo der Gegensatz zur jüdischen Moral und Frömmigkeit und die spezifisch eschatologische Stimmung, die das Charakteristikum der Verkündigung Jesu bilden, zum Ausdruck kommt, und wo sich andererseits keine spezifisch christlichen Züge finden, darf man am ehesten urteilen, ein echtes Gleichnis Jesu zu besitzen."[62]

Man wird fragen müssen, ob es nicht inkonsequent war, daß Bultmann zwar ausdrücklich das für Jesus Charakteristische erheben wollte, aber gleichzeitig die der jüdischen Umwelt und dem Urchristentum nicht fremde „eschatologische Stimmung" für Jesus in Anspruch nahm. Dieses Interesse an der Zukünftigkeit der Gottesherrschaft war theologisch motiviert; denn Bultmann sah dahinter die unmythologische „Grundanschauung" Jesu „vom Menschen als in die Entscheidung gestellt durch Gottes zukünftiges Handeln."[63]. Deswegen erklärte der Theologe Bultmann für unwesentlich, was der Exeget Bultmann durchaus erkannte, „daß Jesus nicht, wie andere jüdische Fromme, gespannt und in banger Sehnsucht in die ungewisse Zukunft schaut, sondern überzeugt ist, daß eben jetzt die Wende der Zeiten da ist und die Kräfte der hereinbrechenden Gottesherrschaft schon spürbar sind"[64].

Da Bultmann der historischen Jesusfrage aber keinen Rang zuerkannte, blieben seine weiterführenden methodischen Ansätze zunächst unwirksam und

---

[58] Ibid. S. 250.
[59] Ibid.
[60] Ibid. S. 250f.
[61] Ibid. S. 251.
[62] A. Anm. 55 aO., S. 222.
[63] A. Anm. 54 aO., S. 50; das Stichwort „Entscheidung" auch S. 29; 30; 31; 33; 38; 42; 43; 44; 46ff. Vgl. auch Theologie des NT, S. 8f.
[64] Ibid. S. 132; vgl. Theologie des NT, S. 6.

die sachliche Inkonsequenz, daß Naherwartung bei Jesus vorausgesetzt statt aufgewiesen wurde, blieb unhinterfragt. Als aber Ernst Käsemann die historische Jesusfrage wieder zum Thema der Theologie machte, legte er die Bultmannsche Methodologie in charakteristisch zugespitzter Weise zugrunde: „Einigermaßen sicheren Boden haben wir nur in einem einzigen Fall unter den Füßen, wenn nämlich Tradition aus irgendwelchen Gründen weder aus dem Judentum abgeleitet noch der Urchristenheit zugeschrieben werden kann, speziell dann, wenn die Judenchristenheit ihr überkommenes Gut als zu kühn gemildert oder umgebogen hat."[65]

Durch den Verzicht auf inhaltliche Vorgaben hat Käsemann den Bultmannschen Ansatz in ein reines Formalprinzip umgewandelt. Damit aber treten die „ableitbaren" Naherwartungsaussagen in den Hintergrund, während die von Weiß, Heitmüller und Bultmann für unwesentlich erklärten Worte von der Gegenwart der Gottesherrschaft als das charakteristisch Jesuanische hervortreten und ein anderes Gesamtbild Jesu fordern. Mag Jesus auch wie ein Rabbi oder Prophet aufgetreten sein, so überschreitet sein Anspruch doch den jedes Rabbi oder Propheten, so daß Käsemann allein die Kategorie des Messias für angemessen hält[66]. Die Doddsche Konzeption der „realized eschatology" erscheint zwar als nicht zutreffend, aber es geht in der Predigt Jesu doch um „die sich von jetzt ab verwirklichende Herrschaft Gottes"[67].

In einem späteren Aufsatz faßte Käsemann dies in die These „daß Jesus zwar von der apokalyptisch bestimmten Täuferbotschaft ausging, seine eigene Predigt aber nicht konstitutiv durch die Apokalyptik geprägt war, sondern die Unmittelbarkeit des nahen Gottes verkündigte"[68]. Noch später präzisiert Käsemann die Eigenart Jesu gegenüber dem Täufer so: „Jesus hat es als seine Aufgabe und als die ihm geschenkte Gnade angesehen, den gnädigen Gott als gegenwärtig und in die Welt einbrechend zu bezeugen. Er hat es so getan, daß er wie die Propheten des Alten Testaments die eigene Botschaft und das persönliche Auftreten als Beginn des göttlichen Handelns verstand, wie nach Mt 11,12 die Verkündigung der nahen Basileia die Nähe dieser Basileia selbst ist. So geht er in seine Botschaft gleichsam als leibgewordene Verheißung ein und kann nicht mehr wie der Täufer unter der Kategorie des Vorläufers gefaßt werden, sondern ... nur unter der des Mittlers, der die eschatologische Zeit bringt, indem er sie ansagt."[69]

---

[65] E. KÄSEMANN, Das Problem des historischen Jesus (1954), in: DERS., Exegetische Versuche und Besinnungen I, Göttingen, 4. Aufl., 1965, S. 205.
[66] Ibid. S. 206.
[67] Ibid. S. 212.
[68] E. KÄSEMANN, Die Anfänge christlicher Theologie (1960), in: DERS., Exegetische Versuche und Besinnungen II, Göttingen, 2. Aufl., 1965, S. 99.
[69] E. KÄSEMANN, Zum Thema der urchristlichen Apokalyptik (1962), in: DERS., Exegetische Versuche ... II (siehe vorige Anm.), S. 118.

Mit dieser leider nur umrißhaft skizzierten Sicht[70] hat der Enkelschüler von Joh. Weiß und Wilh. Heitmüller im Grunde die Position des frühen Bousset erneuert.

Die Impulse Käsemanns sind zwar vereinzelt aufgenommen worden[71], aber das Bild vom Apokalyptiker Jesus blieb vorherrschend[72]. Selbst ein Forscher wie Hans Conzelmann, der dem Käsemannschen Unableitbarkeitsprinzip grundsätzlich zustimmte, versuchte die Zusammenfügung von Gegenwarts- und Zukunftsaussagen mit Hilfe der „Faustregel": „Das Reich steht bevor – die Zeichen sind da."[73] Freilich mußte er „die präsentischen oder die präsentisch aussehenden Aussagen" abschwächen oder ihren Sinn als unsicher erklären.

Inzwischen mehren sich die Stimmen, die das Apokalyptische in den Hintergrund treten lassen oder ganz aus der Verkündigung Jesu streichen[74]. Deren Argumentation wird in den folgenden exegetischen Erörterungen zu diskutieren sein.

Zuvor soll aber noch das methodische Problem geklärt werden. Das von E.

---

[70] Auch Käsemanns jüngster Aufsatz: Die endzeitliche Königsherrschaft Gottes, in: Ders., Kirchliche Konflikte I, Göttingen 1982, S. 214–232, setzt die exegetischen Ergebnisse mehr voraus, als daß er sie erörterte.

[71] So bei N. Perrin, Rediscovering the Teaching of Jesus, London 1967, im folgenden zitiert nach der deutschen Übersetzung: Was lehrte Jesus wirklich? Göttingen 1972 (vgl. E. Grässer, Norman Perrin's Contribution to the Question of the Historical Jesu, JR 64, 1984, S. 484ff.); Ph. Vielhauer, Gottesreich und Menschensohn in der Verkündigung Jesu (1957), in: Ders., Aufsätze zum Neuen Testament, München 1965, S. 55ff., bes. 87ff.

[72] Vgl. A. Strobel, Die apokalyptische Sendung Jesu, Göttingen 1967; W. Schmithals, Jesus und die Weltlichkeit des Reiches Gottes (1968), in: Ders., Jesus Christus in der Verkündigung der Kirche, Neukirchen-Vluyn 1972, S. 91ff.; Ders., Jesus und die Apokalyptik, in: Jesus Christus in Historie und Theologie (FS H. Conzelmann), 1975, S. 59ff.; S. Schulz, Der historische Jesus, ebd., S. 3ff.; H. Braun, Jesus. Der Mann aus Nazareth und seine Zeit, Stuttgart 1969, S. 53ff.; mit leichter Einschränkung, daß Jesus „nicht einfach Apokalyptiker war": E. Grässer, Die Naherwartung Jesu, Stuttgart 1973, Zitat S. 29; G. Lohfink, Zur Möglichkeit christlicher Naherwartung, in: G. Greshake/G. Lohfink, Naherwartung, Auferstehung, Unsterblichkeit, Freiburg, 3. Aufl., 1978, S. 41ff.

[73] H. Conzelmann, Grundriß der Theologie des Neuen Testaments, München 1967, S. 130.

[74] J. Becker, Das Heil Gottes, Göttingen 1964; Ders., Johannes der Täufer und Jesus von Nazareth, Neukirchen-Vluyn 1972; H.-W. Kuhn, Enderwartung und gegenwärtiges Heil, Göttingen 1966; N. Perrin (o. Anm. 71); L. Goppelt, Theologie des Neuen Testaments, I, Göttingen 1975; N. Walter, Zur theologischen Relevanz apokalyptischer Aussagen, in: Theologische Versuche VI, 1975, S. 47ff.; H. Merklein, Die Gottesherrschaft als Handlungsprinzip, Würzburg 1978; Ders., Jesu Botschaft von der Gottesherrschaft, Stuttgart 1983; J. Schlosser (siehe Anm. 7); W. Vogler, Die „Naherwartung" Jesu. Theol. Versuche 16 (1986), S. 57ff.; P. Hoffmann, Zukunftserwartung und Schöpfungsglaube in der Basileia-Verkündigung Jesu, in: rhs 31, 1988, S. 174ff.; M. J. Borg, A Temperate Case for a Non-Eschatological Jesus, in: Forum 2, 1986, S. 81ff.; Ders., An Orthodoxy reconsidered: The ‚End-of-the-World Jesus', in: The Glory of Christ in the New Testament. Studies in Christology in Memory of G. B. Caird, Oxford 1987, S. 207ff.; B. L. Mack, The Kingdom Sayings in Mark, Forum 3, 1987, S. 3ff.

Käsemann formulierte Unableitbarkeitsprinzip, das auch unter den Bezeichnungen Unähnlichkeitskriterium, Differenzprinzip oder Differenzkriterium zitiert wird, hat inzwischen weithin Anerkennung gefunden; man wird es als den wichtigsten Ertrag der bisherigen methodologischen Diskussion ansehen dürfen[75]. Das logisch Zwingende dieses Prinzips hat eindringlich Walter Simonis herausgestellt. „Die einzige inhaltliche Voraussetzung, die das ansonsten zunächst rein formale Differenzprinzip enthält, ist diese: Zwei verschiedene, nicht harmonisierbare Konzeptionen können nicht auf einen einzigen Urheber zurückgehen; wenn ich die Konzeption der Gemeindetheologie und die des allgemeinjüdischen Denkens kenne – beide sind natürlich sehr komplexe Größen – und nun auf eine Reihe von Aussagen stoße, die eine andere, dritte Konzeption vertreten, dann muß ich annehmen, daß diese auf einen anderen Urheber zurückgeht. Oder aber ich mache das Denken der Gemeinde bzw. das zeitgenössische jüdische Denken bzw. das Denken Jesu zu einer ungeschichtlichen Größe, die auf letztlich nicht mehr einsichtige Weise Unvereinbares doch harmonisch und bruchlos vereinbart haben soll. In Wirklichkeit unterstelle ich aber so bereits der Urgemeinde oder dem allgemeinjüdischen Denken oder schließlich Jesus selbst ein erst in viel späterer Zeit erreichtes theologisch-systematisches Denken, in dem verschiedene Konzeptionen zu einem Ganzen harmonisiert bzw. die Gegensätze wenigstens verbal-begrifflich ausgeglichen worden sind."[76]

Obwohl die Logik für das Unableitbarkeitskriterium spricht, ist es aus unter-

---

[75] In Auswahl seien genannt: H. CONZELMANN, Art. Jesus Christus, RGG 3/III, Sp. 623; E. LOHSE, Die Frage nach dem historischen Jesus in der gegenwärtigen Forschung, ThLZ 87, 1962, Sp. 168; C. BURCHARD, Art. Jesus, in: Der kleine Pauly II, 1967, Sp. 1346; R. H. FULLER, A Critical Introduction to the New Testament, London 2/1971, S. 94ff.; DERS., The Criterion of Dissimilarity: The Wrong Tool?, in: Christological Perspectives, hg. v. R. BERKLEY u. S. A. EDWARDS, New York 1982, S. 42ff.; D. LÜHRMANN, Die Frage nach Kriterien für ursprüngliche Jesusworte – eine Problemskizze, in: Jésus aux origines de la christologie, hg. v. J. DUPONT, Leuven 1975, S. 59ff.; J. GNILKA, Das historische und theologische Problem der Rückfrage nach Jesus, in: Wer ist doch dieser? Die Frage nach Jesus heute, hg. v. DEMS., München 1976, S. 12f.; DERS., Die Evangelien und der historische Jesus, in: Schriftauslegung dient dem Glauben, hg. v. P. KAHLEFELD, Frankfurt/M. 1979, S. 25ff.; F. HAHN, Methodologische Überlegungen zur Rückfrage nach Jesus, in: Rückfrage nach Jesus, hg. v. K. KERTELGE, Freiburg/Basel/Wien 1974, S. 11ff., bes. 33f.; F. LENTZEN-DEIS, Kriterien für die historische Beurteilung der Jesusüberlieferung in den Evangelien, ibid. S. 78ff., bes. 97ff. – F. MUSSNER und Mitarbeiter, Methodologie der Frage nach dem historischen Jesus, ibid. S. 118ff., bes. 132f. – L. GOPPELT, aaO., S. 64f. – D. MEALAND, The Dissimilarity Test, ScJT 31, 1978, S. 41ff.; H. FRANKEMÖLLE, Jesus von Nazareth, Anspruch und Deutungen, Mainz 1976, S. 16; H. SCHÜRMANN, Kritische Jesuserkenntnis, BiLi 54, 1981, S. 17ff.; E. BORING, Criteria of Authenticity, The Lucan Beatitudes as a Test Case, Forum 1, 1985, S. 3ff.

[76] W. SIMONIS, Jesus von Nazareth. Seine Botschaft vom Reich Gottes und der Glaube der Urgemeinde, Düsseldorf 1985, S. 27. Infolge seiner rigorosen Beschränkung auf den kritischen Minimalbestand, den das rigoros gehandhabte Differenzprinzip ergibt, bleibt das Gesamtbild dieser in manchem anregenden Arbeit unbefriedigend.

schiedlichen Gründen immer noch umstritten. Der Einwand, das Differenzprinzip sei für historische Erkenntnis grundsätzlich ungeeignet, steht hinter der Formulierung: „Man überlege einmal hypothetisch, was von einem Luther übrig bliebe, wenn man ihm alle Motive abspräche, die auch mittelalterlich oder altprotestantisch zu belegen sind!"[77] Auf den ersten Blick wirkt dieser Einwand stark, aber er geht am Entscheidenden vorbei. Nicht die zweifellos bei Luther vorhandenen Elemente mittelalterlichen Denkens geben uns Auskunft über die charakteristische geschichtliche Bedeutung des Reformators, sondern die Elemente, die ihn von seiner mittelalterlichen Umwelt unterscheiden! Und selbstverständlich enthalten auch die altprotestantischen Dogmatiken viele Elemente aus Luthers Theologie, aber eingebaut in ganz andere systematische Konzeptionen, in denen sie andere Funktion und Tragweite haben als bei Luther selbst. Welch blasses Bild käme heraus, wenn man die Theologie Luthers etwa aus dem Konkordienbuch rekonstruieren wollte? Unsachlich ist der Versuch, das Unableitbarkeitskriterium dadurch zu diskriminieren, daß ihm „ein christologisches Konzept, das Jesu Menschsein immer noch nicht völlig ernst nimmt"[78], unterstellt wird. Ist nicht vielmehr mit R. H. Fuller zu fordern, es müsse wie bei jedem anderen Menschen, der den Lauf der Geschichte verändert hat, so auch bei Jesus nach dem für ihn Charakteristischen gefragt werden[79]. Die Unterstellung schließlich, in diesem Kriterium stecke eine antijudaistische Tendenz[80], müßte letztlich zur Diskreditierung jeglicher historischer Fragestellung führen. Sie wäre nur dann bedenkenswert, wenn man eine tendenziöse Anwendung des logisch zwingenden Kriteriums aufweisen könnte. Sogar der jüdische Jesusforscher Josef Klausner hat „etwas" in Jesus gefunden, aus dem sich „Unjudentum" entwickelte, und der des

---

[77] K. KOCH, Ratlos vor der Apokalyptik, Gütersloh 1970, S. 66, Anm. 18. – Auch C. L. MITTON, Jesus. The Fact behind the Faith, Grand Rapids 1974, S. 85, weist auf das Beispiel Luthers hin, allerdings nicht, um das Unähnlichkeitskriterium abzulehnen, sondern um seine Ergänzungsbedürftigkeit herauszustellen: „This stringent test provides a solid nucleus of historic material, but a nucleus to which must be added elements that he took over from the best in the traditions of his people and elements that the continuing life of the Church adopted because they had his authority." Die Auswahl der Überlieferungsstücke, die den Kernbestand ergänzen, soll mit dem „test of consistency" erfolgen. Das entspricht unserer Position.
[78] J. GNILKA, Das Matthäusevangelium, 1. Teil, Freiburg 1986, S. 230.
[79] R. H. FULLER, The Criterion of Dissimilarity (siehe Anm. 75), S. 46.
[80] J. GNILKA, a. Anm. 78 aO. Dieses Urteil überrascht, da GNILKA das Unableitbarkeitskriterium früher zu „den brauchbarsten und erfolgversprechendsten" gerechnet hatte: „Es mag übertrieben kritisch erscheinen, ist aber doch ein bewährtes scharfes Seziermesser, mit dessen Hilfe man die Anfänge erreicht" (Die Evangelien und der historische Jesus [siehe Anm. 75] S. 26; ähnlich auch in: Das historische und theologische Problem der Rückfrage ... [siehe Anm. 75]). Behutsamer hatte F. MUSSNER schon darauf hingewiesen, daß die totale Isolierung Jesu vom AT und vom Judentum „auch Ausdruck der Wirksamkeit eines bewußt-unbewußten christlichen Antisemitismus sein kann" (a. Anm. 75 aO., S. 132), ohne damit aber den sachgemäßen Gebrauch des „kritischen Aussonderungsprinzips" zu verwerfen.

Antijudaismus gewiß unverdächtige Neutestamentler Franz Mußner hat dieses Stichwort aufgenommen[81].

Den wichtigsten Einwand, den man gegen das Unableitbarkeitskriterium erheben kann, und der auch wiederholt dagegen erhoben worden ist, hat schon Ernst Käsemann genannt, daß man nämlich „von hier aus keine Klarheit über das erhält, was Jesus mit seiner palästinischen Umwelt und seiner späteren Gemeinde verbunden hat"[82]. Ein wirklich historisches Gesamtbild der Verkündigung Jesu wird man daher nur dann gewinnen können, wenn man im Sinne Heitmüllers alles, was mit dem kritisch eruierten Minimalbestand „in organischer Verbindung" steht, als jesuanisch ansieht[83]. Formale Kriterien

---

[81] F. MUSSNER, Das „Unjudentum" in Jesus und die Entstehung der Christologie, in: DERS., Die Kraft der Wurzel, Judentum – Jesus – Kirche, Freiburg i. Br. 1987, S. 137ff.

[82] E. KÄSEMANN, a. Anm. 65 aO., S. 207.

[83] Diese Forderung wird heute als Prinzip der Kohärenz (N. PERRIN, Was lehrte Jesus wirklich? siehe Anm. 71, S. 37ff.; F. HAHN, a. Anm. 75 aO., S. 34) oder das Prinzip der Gegenkontrolle (F. MUSSNER, a. Anm. 75 aO., S. 135ff.) aufgenommen. Wichtig ist jedoch, daß der kritisch gesicherte Minimalbestand den Ausgangspunkt bildet. – W. G. KÜMMEL, Jesu Antwort an Johannes den Täufer (1974), in: DERS., Heilsgeschehen und Geschichte II, Marburg 1978, S. 177ff., schlägt dagegen bei scharfer Ablehnung des Unableitbarkeitskriteriums vor, bei jedem Überlieferungsstück „zunächst durch den Vergleich paralleler Überlieferungen die älteste uns erreichbare Überlieferung herauszufinden und dann an sie die Frage zu stellen, ob zwingende Gründe die Annahme unmöglich machen, daß es sich um einen Bestandteil der ältesten und damit vermutlich auf die vorösterliche Überlieferung zurückgehenden Jesustradition handelt" (S. 189). Welches aber sind „zwingende Gründe", die die Annahme der Echtheit „unmöglich machen"? Da bleibt dem Ermessen oder auch der kritisch/ frommen Willkür ein zu großer Spielraum! Für „Ableitbarkeit" gibt es immerhin nachprüfbare Gründe. KÜMMELS Einwand, daß wir „weder das Judentum zur Zeit Jesu noch das Urchristentum so gut kennen, daß wir mit Sicherheit sagen könnten, daß diese oder jene Vorstellung oder Formulierung dort nicht begegnet oder nicht begegnen kann" (S. 90), trifft nur teilweise; denn bessere Kenntnis könnte den Umfang des unableitbaren Gutes höchstens weiter verkleinern. Immerhin räumt KÜMMEL ein, das Unableitbarkeitskriterium sei „dort sachgemäß, wo sich innerhalb der Jesusüberlieferung eine vom Judentum abweichende und eine damit konforme Aussage oder Verhaltensweise Jesu nebeneinander finden oder entsprechend Übereinstimmungen mit späteren christlichen Gedanken oder Abweichungen davon; in diesen Fällen besteht große Wahrscheinlichkeit, daß nur die vom Judentum bzw. von der frühen Kirche abweichende Überlieferung ursprünglich ist" (S. 190, Anm. 56). – Methodologisch ganz fragwürdig ist das Buch von E. P. SANDERS, Jesus and Judaism, London 1985: Während SANDERS Jesus so scharf wie möglich von der späteren Kirche trennt, sucht er ihn ganz ins Judentum zu integrieren. R. H. FULLER, Int 41, 1978, erhebt zu Recht den Vorwurf gegen SANDERS „that he has not thought through his criteria of authenticity. On the one hand, he insists that Jesus must ‚fit into his milieu', thus abandoning the criterion of dissimilarity as it applies to the relation between Jesus an Judaism . . . On the other hand, he readily applies the criterion of dissimilarity when it is a question of Jesus and the post-Easter church . . ." (S. 302f.). In SANDERS' neuem Aufsatz: Jesus and the Kingdom: The Restauration of Israel and the new People of God, in: Jesus, the Gospels, and the Church (FS W. R. FARMER), 1989, S. 225ff., findet man keine neuen exegetischen Argumente, sondern sehr unerfreuliche Polemik gegen den hochverdienten JOACHIM JEREMIAS.

können dabei wertvolle Indizien liefern[84]; die literarkritische, formgeschichtliche und redaktionstheologische Analyse muß selbstverständlich stets mit dem Sachkriterium verbunden werden. Diese umfassende Untersuchungsweise[85] dürfte über die zunächst durch die Formgeschichte scheinbar erzwungene Skepsis, man könne nicht über die nachösterliche Gemeinde zurückfragen, hinausführen. Dem dienen auch die grundsätzlichen Überlegungen Heinz Schürmanns, der gezeigt hat, daß als erste greifbare soziologische Größe nicht die nachösterliche Gemeinde, sondern schon der vorösterliche Jüngerkreis anzusehen ist[86]. Jegliche apriorische Garantie für die Zuverlässigkeit der Überlieferung muß freilich abgelehnt werden[87]. Alles liegt an der Analyse der Einzeltraditionen.

II. Die Worte von der nahen Gottesherrschaft

Johannes Weiß und William Wrede nahmen ihren Ausgangspunkt bei Mk 1,15: „Die Zeit ist erfüllt, und das Reich Gottes ist nahe herbeigekommen; kehrt um und glaubt an das Evangelium!" Dieser Heroldsruf ist Teil des Summariums Mk 1,14f., steht also formgeschichtlich im Verdacht, eine „ganz sekundäre Bildung"[88], möglicherweise sogar eine Bildung des Evangelisten selbst zu

---

[84] Dazu J. JEREMIAS, a. Anm. 1 aO., S. 19ff.

[85] Neben dem Anm. 75 genannten Aufsatz von H. SCHÜRMANN sind die methodenkritischen Arbeiten von M. LEHMANN, Synoptische Quellenanalyse und die Frage nach dem historischen Jesus, Berlin 1970, und P. STUHLMACHER, Thesen zur Methodologie gegenwärtiger Exegese, ZNW 63, 1972, S. 18ff., zu bedenken. Die „neuen Wege und Methoden", über die F. MUSSNER in Theolog. Berichte 13, 1985, S. 165–182, referiert, bieten meist allgemeine Postulate.

[86] H. SCHÜRMANN, Die vorösterlichen Anfänge der Logientradition (1960), in: DERS., Traditionsgeschichtliche Untersuchungen zu den synoptischen Evangelien, Düsseldorf 1968, S. 39ff.

[87] „Es stimmt nicht, daß Jesus selber seine Jünger seine Worte und die Berichte von seinen Taten hat auswendig lernen lassen, wie eine Gruppe skandinavischer Forscher nachweisen möchte; es trifft auch nicht zu, daß die Evangelisten primär sorgfältige Überlieferer waren und daß die Überlieferung daran interessiert war, die Einzelheiten oder Quellen sklavisch zu bewahren ... Die Hypothesen schließlich, daß es im Urchristentum ‚bestimmte autorisierte Überlieferungsträger' oder einen Stand von Tradenten der biblischen Berichte gegeben habe, sind ebenso aus der Luft gegriffen, wie die Überlegung, ob es nicht unter den Jüngern Schriftgelehrte gegeben haben könnte, die Jesusüberlieferung aufzeichnen konnten." Dieses Urteil W. G. KÜMMELS, a. Anm. 83 aO., S. 188, gilt nach wie vor. Vgl. auch den Abschnitt „Jesus als Lehrer seiner Jünger und die Anfänge der synoptischen Überlieferung" in M. HENGEL, Nachfolge und Charisma, Berlin 1968, S. 89ff. – Daß auch mit der Möglichkeit völliger Neubildung von Jesusworten durch urchristliche Propheten gerechnet werden muß, hat G. F. HAWTHORNE, The Role of the Christian Prophets in the Gospel Tradition, in: Tradition and Interpretation in the New Testament. Essays in Honor of E. E. ELLIS, Grand Rapids/Tübingen 1987, S. 119ff., erneut erwiesen.

[88] R. BULTMANN, a. Anm. 55 aO., S. 124.

sein[89]. Da letzteres aber wortstatistisch nicht erweisbar ist, wird man eher mit einer vormarkinischen Tradition[90], näherhin mit „katechetischer Überlieferung"[91] rechnen. „Gemessen an dem ‚Stil' der Rede Jesu, wie wir ihn aus der übrigen synoptischen Überlieferung erkennen können, fallen diese Worte aus dem Rahmen. Diese theologisch-begrifflich konzentrierte und thematisch-programmatische Weise entspricht nicht der konkret-unsystematischen Art der Rede Jesu, wie sie uns sonst begegnet. So dürfen wir mit Sicherheit sagen, ... daß Vers 15 als solcher und in dieser sprachlichen Fassung nicht von Jesus gesprochen worden ist."[92] Während es für das erste, dritte und vierte Glied des Satzes auch inhaltliche Gründe gibt, die jesuanische Herkunft zu verneinen[93], wird das zweite Satzglied, ἤγγικεν ἡ βασιλεία τοῦ θεοῦ, immer wieder von diesem Urteil ausgenommen[94]. Zur Begründung verweist man einerseits auf die Tatsache, daß sich auch in der Logienquelle eine ähnliche Aussage findet (Lk 10,9 par. Mt 10,7). Freilich stellt die Logienquelle diese in ihrem Wortlaut nicht sicher rekonstruierbare Formulierung nicht als Verkündigung Jesu, sondern als den Jüngern aufgetragene Botschaft dar. Zum anderen wird darauf verwiesen, „daß die Basileia-Botschaft ihren Ursprung nicht im nachösterlichen, inhaltlich christologisch orientierten Kerygma haben kann"[95], so daß es als „sachgemäß" erscheint, „wenn die Tradition diese Aussage als Zusammenfassung der Botschaft Jesu wertet"[96]. Aber ist denn die Ansage der nahegekommenen Gottesherrschaft damit schon als „zentrale Aussage und das entscheidende Thema der Verkündigung Jesu"[97] anzusehen? Damit wäre ja in der Tat eine „damalige (palästinische) Allerweltswahrheit"[98] für die Verkündigung Jesu zentral gewesen. „Denn daß Gott in der Zukunft seine Königsherrschaft aufrichten werde, hat zur Zeit Jesu sowieso jeder in Israel, der überhaupt in Endzeithoffnung lebte, geglaubt."[99] Damit wäre auch das zweite Satzglied von Mk 1,15 ableitbar und unjesuanisch.

---

[89] G. STRECKER, Literarkritische Überlegungen zum Evangelion-Begriff im Markusevangelium, in: Neues Testament und Geschichte (FS O. CULLMANN), Tübingen 1972, S. 91ff., bes. S. 93ff.

[90] So R. PESCH, Das Markusevangelium I, 1976, S. 100; J. GNILKA, Das Markusevangelium I, 1978, S. 64f.

[91] W. TRILLING, Christusverkündigung in den synoptischen Evangelien, München 1969, S. 53.

[92] Ibid. S. 54.

[93] Vgl. H. MERKLEIN, Die Gottesherrschaft als Handlungsprinzip, Würzburg 1978, S. 17ff.; J. SCHLOSSER, a. Anm. 7 aO., S. 98ff.

[94] H. MERKLEIN, ibid. S. 31ff.

[95] Ibid. S. 29.

[96] Ibid. S. 35.

[97] Ibid. S. 31.

[98] H. SCHÜRMANN, Jesu ureigenes Basileia-Verständnis, in: DERS., Gottes Reich – Jesu Geschick, Freiburg i. Br. 1983, S. 21ff., Zitat S. 39, Anm. 66.

[99] G. LOHFINK, Die Not der Exegese mit der Reich-Gottes-Verkündigung Jesu, ThQ 168, 1988, S. 1ff., Zitat S. 3.

Dieses Urteil gälte nicht, wenn man mit C. H. Dodd und J. Becker[100] das griechische ἐγγίζειν als Wiedergabe eines aramäischen מטא ansehen dürfte. Dann könnte Mk 1,15b übersetzt werden mit „jetzt vollzieht sich das Herrwerden Gottes". Diese Aussage wäre schlechthin unableitbar; aber sie ist nicht mehr als eine Möglichkeit, die schon ein bestimmtes Gesamtverständnis der Verkündigung Jesu voraussetzt. Vom griechischen Sprachgebrauch und insbesondere vom Sprachgebrauch der Septuaginta her ist diese Möglichkeit eher unwahrscheinlich[101]. Aber eines dürfte sich aus der skizzierten Problemlage mit Sicherheit ergeben: Mk 1,15 ist nach dem heutigen Stand exegetischer Arbeit als Ausgangspunkt zur Bestimmung der Basileia-Verkündigung Jesu nicht geeignet.

Noch schwieriger liegen die Dinge beim zweiten Hauptbeleg, dem oben schon genannten Spruch aus der Jüngeraussendungsrede der Logienquelle Mt 10,7 par. Lk 10,9. Die matthäische Fassung des Logions ist deutlich eine Wiederaufnahme der schon Jesus (Mt 4,17) und dem Täufer (Mt 3,2) zugeschriebenen Formulierung. Nach der lukanischen Fassung sollen die Jünger die nahegekommene Gottesherrschaft den von ihnen Geheilten zusprechen, darüber hinaus aber auch den sie Ablehnenden die Nähe der Gottesherrschaft ansagen (Lk 10,11b). Diese zweite Stelle wird weithin mit guten Gründen der lukanischen Redaktion zugeschrieben[102]. Gibt also Lk 10,9 ἤγγικεν ἐφ' ὑμᾶς ἡ βασιλεία τοῦ θεοῦ den ursprünglichen Wortlaut von Q wieder? Die sachliche Nähe von Lk 10,9 zu dem Q-Logion Mt 12,28 par. Lk 11,20, das noch ausführlich zu erörtern sein wird, scheint dafür zu sprechen[103]. Aber die Angleichung beider Sprüche könnte auch auf den Redaktor Lukas zurückgehen[104]. Entscheidet man sich gegen die lukanische Formulierung, dann bleibt wieder nur die palästinische Allerweltsweisheit vom nahegekommenen Ende übrig. Darüber hinaus bliebe in diesem Fall auch zu bedenken, daß wir in der hinter der Logienquelle stehenden Gemeinde mit einer ganz starken Naherwartung des Endes zu rechnen haben[105], so daß es sicher kein Zufall ist, daß diese Ansage

---

[100] C. H. DODD, The Parables ... (siehe Anm. 3), S. 29; J. BECKER, a. Anm. 74 aO., S. 200f.

[101] Das räumt auch J. SCHLOSSER, a. Anm. 7 aO., S. 106, ein, obwohl er sich im Sinne DODDS und BECKERS entscheidet. ἐγγίζειν wird in LXX nicht nur als Übersetzung für hebr. נגש/aram. מטא, sondern auch für קרב verwendet.

[102] P. HOFFMANN, Studien zur Theologie der Logienquelle, München 1972, S. 272; S. SCHULZ, Q – Die Spruchquelle der Evangelisten, Zürich 1972, S. 47; O. MERK, Das Reich Gottes in den lukanischen Schriften, in: Jesus und Paulus (FS W. G. KÜMMEL), Göttingen 1975, S. 212; G. SCHNEIDER, Das Evangelium nach Lukas I, ÖTK 3/1, S. 238; A. POLAG, Fragmenta Q, Neukirchen-Vluyn 1982, S. 46.

[103] P. HOFFMANN, ibid. S. 275.

[104] ἐφ' ὑμᾶς als lukanisch: H. CONZELMANN, Die Mitte der Zeit, Tübingen 5/1964, S. 98; S. SCHULZ, ibid.; O. MERK, ibid.

[105] P. HOFFMANN, ibid. S. 34ff.; D. ZELLER, Der Zusammenhang der Eschatologie in der

den Jüngern in den Mund gelegt wird. Sie wäre nicht nur aus zeitgenössischem jüdischen Denken ableitbar, sondern auch aus der spezifischen Theologie der Tradentenkreise von Q. Als sicherer Ausgangspunkt für die Beurteilung der jesuanischen Vorstellung eignet sich dieser Spruch also nicht.

Leichter steht es mit zwei lukanischen Stellen, welche Wrede als Stütze für die Naherwartung Jesu angegeben hat. Lk 19,11 wird längst mit guten Gründen als redaktionelle Überleitung angesehen und fällt daher als Beleg aus[106]. Lk 21,31 ist im Unterschied zu Mk 13,29 erst von Lukas zu einem Basileiawort gemacht worden und spiegelt die lukanische Auffassung der Gottesherrschaft[107].

Immer wieder wird die Matthäus und Lukas gemeinsame zweite Bitte des Vaterunsers als Beleg für die Naherwartung Jesu angeführt[108]. Ein Hauptargument für diese Auffassung ist die Tatsache, daß die beiden ersten Bitten des Vaterunsers im synagogalen Kaddisch-Gebet Parallelen haben, wo insbesondere um die Königsherrschaft Gottes „zu euren Lebzeiten und zu euren Tagen und zu Lebzeiten des ganzen Hauses Israel in Eile und Bälde" gebetet wird. Anton Vögtle meint dazu: „Und es duldet keinen Zweifel, auch Jesus läßt um die ‚in Eile und Bälde', also möglichst gleich erfolgende Offenbarung der Königsherrschaft Gottes bitten, auch wenn seine Formulierung keine Entsprechung zu jener nachdrücklichen, mit ‚zu euren Lebzeiten' beginnenden Zeitangabe aufweist."[109] Hier dürfte ein klassisches Beispiel für Eisegese vorliegen. Gerade wenn man davon ausgeht, daß sich Jesus an das Kaddisch-Gebet angelehnt hat, muß es doch als höchst bezeichnend erscheinen, daß er die umfangreichen Formulierungen für die dringliche Erwartung des Reiches in der Vorlage gerade nicht mit einer einzigen Silbe übernommen hat[110]! Daher rechnet W. G. Kümmel diese Stelle mit Recht zu den Aussagen, „in denen zwar nicht die Nähe, wohl aber die Zukünftigkeit der Gottesherrschaft vorausgesetzt oder ausdrücklich erwähnt wird"[111]. Wenn man sich die inhaltliche Füllung dieser Bitte nicht einfach oder vorwiegend durch die Umwelt Jesu geben

---

Logienquelle, in: Gegenwart und Kommendes Reich (Schülergabe A. Vögtle), Stuttgart 1975, S. 67ff.

[106] So schon J. Wellhausen, Das Evangelium Lucae, Berlin 1904, S. 106; J. Jeremias, Die Sprache des Lukasevangeliums, Göttingen 1980, S. 277f. u.v.a.

[107] Vgl. J. Zmijewski, Die Eschatologiereden des Lukas-Evangeliums, Bonn 1972, S. 268; R. Geiger, Die lukanischen Endzeitreden, Bern usw. 1973, S. 229ff.

[108] Stellvertretend für viele: J. Gnilka, a. Anm. 78 aO., S. 220; A. Lindemann, Art. Herrschaft Gottes/Reich Gottes IV, TRE 15, S. 204.

[109] A. Vögtle, Das Vaterunser – ein Gebet für Juden und Christen?, in: Das Vaterunser. Gemeinsames Beten von Juden und Christen, hg. v. M. Brocke u.a., Freiburg i. Br. 2/1980, S. 165ff., Zitat S. 169.

[110] Richtig U. Luz, Das Evangelium nach Matthäus (Mt 1–7), Neukirchen-Vluyn 1985, S. 342.

[111] W. G. Kümmel, a. Anm. 4 aO., S. 19.

läßt, wird man die Frage, wie die Gottesherrschaft im Leben des Beters zur Geltung kommen solle, nur aus dem Ganzen der Verkündigung Jesu selbst erheben dürfen.

Ein besonders umstrittenes Terrain sind die sogenannten Terminworte Mk 9,1; 13,30; Mt 10,23. Selbst die Forscher, welche mit einer Naherwartung bei Jesus rechneten, urteilten sehr unterschiedlich über ihre Authentizität[112].

Weitgehende Einigkeit besteht über die nachösterliche Entstehung von Mt 10,23[113]. Der Versuch, Vers 23b aus seinem jetzigen Kontext herauszulösen und so als ein einzeln überliefertes Jesuswort anzusehen, das bestätige, „daß Jesus mit dem Eintreten der Gottesherrschaft und dem Kommen des Menschensohns in Herrlichkeit innerhalb der Lebenszeit der Generation seiner Hörer gerechnet hat"[114], überzeugt deswegen nicht, weil der isolierte Vers 23b nicht aussagt, welche Art von Tätigkeit die Jünger in den Städten Israels nicht zu Ende führen können. So wird man mindestens Vers 23a als ursprünglichen Kontext beibehalten müssen und dann den Spruch als „Trostwort für Verfolgte und Flüchtige"[115] verstehen können. Eine derart umfassende Verfolgungssituation läßt sich aber für die Zeit Jesu nicht aufzeigen; Verfolgungen der palästinischen Urgemeinde lassen sich dagegen mehrfach nachweisen. Ansprechend ist die Vermutung, es „dürfte sich bei Mt 10,23 um eine nachösterliche Reflexion zu Mt 10,14 par. handeln, die aus der Anweisung, einem Ort, der sich der Botschaft Jesu widersetzt, den Rücken zu kehren, eine positive Anweisung zur Flucht macht"[116].

Auch die Authentizität von Mk 13,30 läßt sich mit guten Gründen in Frage stellen. Dieses Logion ist isoliert nicht tradierbar; erst durch den Kontext wird deutlich, daß mit „dies alles" die Endereignisse gemeint sind. Der Versuch, die Kontextgebundenheit des Spruches dadurch aufzuheben, daß man das Demonstrativpronomen wegläßt, hilft nicht wirklich weiter; der Rückbezug auf 13,4 ist ganz deutlich. Rechnet man mit der Mehrheit der Exegeten damit, daß Mk 13,1–4 vom Evangelisten selbst gebildet wurde, dann ist 13,30 eine Bildung des

---

[112] Vgl. den Überblick von L. OBERLINNER, Die Stellung der „Terminworte" in der eschatologischen Verkündigung des Neuen Testaments, in: Gegenwart und kommendes Reich (Schülergabe A. VÖGTLE), Stuttgart 1975, S. 51 ff.

[113] Dazu E. BAMMEL, Matthäus 10,23 StTh 15, 1961, S. 79ff.; E. GRÄSSER, Das Problem der Parusieverzögerung in den synoptischen Evangelien und in der Apostelgeschichte, Berlin-New York 3/1977, S. 137f.; A. VÖGTLE, Exegetische Erwägungen über das Wissen und Selbstbewußtsein Jesu (1964), in: DERS., Das Evangelium und die Evangelien, Düsseldorf 1971, S. 296ff., bes. S. 328ff.; K. MÜLLER, Jesu Naherwartung und die Anfänge der Kirche, in: Die Aktion Jesu und die Re-Aktion der Kirche, hg. v. DEMS., Würzburg 1972, S. 9ff., bes. S. 15f.; H. MERKLEIN, a. Anm. 93 aO., S. 152f.; J. GNILKA, a. Anm. 78 aaO., S. 378f.

[114] W. G. KÜMMEL, a. Anm. 4 aO., S. 57.

[115] VÖGTLE, a. Anm. 112 aO., S. 329.

[116] H. MERKLEIN, a. Anm. 93 aO., S. 153, im Anschluß an A. VÖGTLE, aaO., S. 330.

Evangelisten selbst[117]; sollte der Grundbestand der apokalyptischen Rede dem Evangelisten jedoch schon als Jesusrede überliefert worden sein, dann muß es sich bei diesem Logion „um eine Ad-hoc-Bildung für die vormarkinische Apokalypse"[118] handeln. Sicher ist aber in jedem Fall, daß es kein Jesuswort ist.

Stärker umstritten ist die Herkunft von Mk 9,1: ἀμὴν λέγω ὑμῖν ὅτι εἰσίν τινες ὧδε τῶν ἑστηκότων οἵτινες οὐ μὴ γεύσωνται θανάτου ἕως ἂν ἴδωσιν τὴν βασιλείαν τοῦ θεοῦ ἐληλυθυῖαν ἐν δυνάμει. Positive Indizien für jesuanische Herkunft[119] sind nicht von Gewicht: Es ist zwar nach wie vor wahrscheinlich, daß satzeinleitendes ἀμὴν λέγω ὑμῖν ein Kennzeichen der ipsissima vox Jesu ist; aber es ist ebenso wahrscheinlich, daß diese ureigenste Redeweise Jesu auch sekundär verwendet wurde[120]. Auch der eher semitische Ausdruck γεύεσθαι θανάτου kann bestenfalls beweisen, daß der Spruch schon in der palästinischen Gemeinde überliefert worden ist. Auch das Argument, das Wort müsse zur ältesten Tradition gehören „weil ja das Nichteintreffen dieser Voraussage so starke Schwierigkeiten bereiten mußte, daß man sie sich schwerlich erst selber geschaffen hätte"[121], muß kritisch hinterfragt werden. Für eine Gemeinde, die in lebhafter Naherwartung lebte, die aber durch den Tod von Jüngern beunruhigt war, konnte es durchaus hilfreich sein, aus Prophetenmund zu hören, der Herr habe nicht allen, sondern nur einigen Jüngern in Aussicht gestellt, den Anbruch der Gottesherrschaft zu erleben[122]. Weder der Prophet noch die Gemeinde können in dieser Situation daran gedacht haben, daß dieser unter die Autorität des erhöhten Christus gestellte Spruch 20 Jahre später möglicherweise Schwierigkeiten bereiten würde, denn das Wort setzt ja den Eintritt der Endereignisse in durchaus absehbarer Zeit voraus. Wahrscheinlicher aber noch als die Annahme eines urchristlichen Prophetenspruches dürfte

---

[117] Siehe J. GNILKA, Das Markusevangelium II, 1979, S. 181; K. MÜLLER, a. Anm. 113 aO., S. 13f.; H. MERKLEIN, a. Anm. 93 aO., S. 152.

[118] R. PESCH, Das Markusevangelium, 2. Teil, 1977, S. 308.311; L. OBERLINNER, a. Anm. 112 aO., S. 62f.

[119] Aufgelistet von R. PESCH, a. Anm. 118 aO., S. 68f.

[120] J. JEREMIAS, a. Anm. 1 aO., S. 43f. über satzeinleitendes Amen als sprachliche Neuschöpfung Jesu; aber: „Das Vorliegen einer von Jesus bevorzugten Redeweise (ipsissima vox Jesu) enthebt uns nicht der Notwendigkeit, jeweils im Einzelfall zu prüfen, ob wir ein echtes Logion (ipsissimum verbum) vor uns haben" (S. 45)!

[121] W. G. KÜMMEL, a. Anm. 4 aO., S. 21, ähnlich K. MÜLLER, a. Anm. 113 aO., S. 15.

[122] Daß nur einigen die Volloffenbarung der Gottesherrschaft in Aussicht gestellt wurde, weist deutlich auf die verzögerte Parusie hin! So u. a. E. GRÄSSER, a. Anm. 113 aO., S. 133; G. BORNKAMM, Die Verzögerung der Parusie (1951), in: DERS., Geschichte und Glaube, 1. Teil, München 1968, S. 46ff.; H. MERKLEIN, aaO., S. 152. Methodisch fragwürdig ist die These von J. SCHLOSSER, a. Anm. 7 aO., S. 343ff., die ursprüngliche Form des Logions habe den Term τινες nicht enthalten. Außer dem Wunsch, die Verwandtschaft mit 1. Thess 4,13ff. und 1. Kor 15,51 loszuwerden, gibt es keine Argumente dafür. Übrigens stützt sich SCHLOSSER auf die oben in Frage gestellten Echtheitsindizien.

die Zurückführung von Mk 9,1 auf den Evangelisten selbst sein¹²³. Klar ist, daß die Rede von den „hier Stehenden" kontextgebunden ist; ein isoliert überliefertes Logion könnte so nicht begonnen haben. „Gegen die markinische Herkunft von 9,1b spricht nicht, daß γεύεσθαι θανάτου semitischen Einfluß verrät, denn Griechisch war kaum die Muttersprache des Evangelisten."¹²⁴ Die auffällige Strukturgleichheit mit Mk 13,30 macht diese Annahme noch wahrscheinlicher. Ferner muß man bedenken, daß die Anfügung von 9,1 den ganzen Abschnitt Mk 8,27–9,1 in einer für Markus besonders charakteristischen Weise abschließt¹²⁵. Erwägt man schließlich, daß das Markusevangelium in den apokalyptischen Jahren kurz vor der Zerstörung Jerusalems abgefaßt worden sein dürfte¹²⁶, dann wird es um so verständlicher, daß der Evangelist die Nachfolge in das Licht der in Bälde hereinbrechenden Gottesherrschaft gerückt hat.

Somit ist dem Urteil Helmut Merkleins voll beizupflichten: „Die sog. Terminworte Mk 9,1; 13,30; Mt 10,23 dürften allesamt erst nachösterliche Bildungen sein."¹²⁷

Der eschatologische Ausblick beim Abendmahl (Mk 14,25 par. Lk 22,18) wird ebenfalls immer wieder als Ausdruck der Naherwartung Jesu in Anspruch genommen. Nun ist zwar weder die literarkritische Frage des Zusammenhangs zwischen Mk 14,24 und 25 eindeutig geklärt noch die Frage nach dem Zusammenhang zwischen der Markus- und der Lukasfassung, aber man mag in Ermangelung eines besseren Kontextes die Markusfassung des Spruches im Zusammenhang des letzten Mahles Jesus belassen und es als wahrscheinlicher ansehen, daß Lukas von Markus literarisch abhängig ist¹²⁸. Dann wird man den

---

[123] Schon N. PERRIN, The Composition of Mk 9,1, NT 11, 1969, S. 67ff., plädierte – mit nicht ganz ausreichender Begründung – für markinische Herkunft. Die wesentlichen Gründe nennt H. SCHÜRMANN, Das Lukasevangelium I, Freiburg i. Br. 1969, S. 551f. G. R. BEASLEY-MURRAY, a. Anm. 4 aO., S. 193, stellt fest: „... Mark 9,1 is pertinent to Mark's day and to the church for which he wrote."
[124] C. BREYTENBACH, Nachfolge und Zukunftserwartung nach Markus, Zürich 1984, S. 234. Allerdings rechnet BREYTENBACH dann doch mit einem traditionellen Logion. Da er klar die Kontextgebundenheit des Hinweises auf „einige der hier Stehenden" sieht, postuliert er flugs, Mk habe mit dieser Wendung die ursprüngliche Angabe ἡ γενεὰ αὕτη ersetzt. Das ist ebenso willkürlich wie der Anm. 122 erwähnte Rettungsversuch Schlossers.
[125] E. HAENCHEN, Die Komposition von Mk VIII.27–IX.1, NT 6, 1963, S. 84ff. Auch der von C. BREYTENBACH herausgestellte Sachverhalt, daß für Markus „die Nachfolge ihre Motivierung aus der Zukunftserwartung hat" (aaO., S. 337), stützt dies.
[126] Vgl. M. HENGEL, Entstehungszeit und Situation des Markusevangeliums, in: Markus-Philologie, hg. v. H. CANCIK, Tübingen 1984, S. 1ff.; L. SCHENKE, Das Markusevangelium, Stuttgart usw. 1988, S. 35ff.
[127] H. MERKLEIN, Jesus, Künder des Reiches Gottes, in: DERS., Studien zu Jesus und Paulus, Tübingen 1978, S. 135.
[128] Dazu zuletzt: R. PESCH, Das Abendmahl und Jesu Todesverständnis, Freiburg i. Br. 1978, S. 69ff.; J. BLANK, Der „eschatologische Ausblick" Mk 14,25 und seine Bedeutung, in: Kontinuität und Einheit (FS F. MUSSNER), Freiburg i. Br. 1981, S. 508ff.

Spruch als eine verhüllte Todesansage Jesu ansehen können, die zugleich den Blick auf die künftige Gottesherrschaft lenkt. Über die Nähe oder Ferne der Gottesherrschaft aber wird absolut nichts ausgesagt. Die häufig geäußerte Annahme, das Logion impliziere eine gewisse Naherwartung[129], dürfte schon zu weit gehen. Die Verbindung der Gottesherrschaft mit einem Festmahl ist ein stehendes Bild im Judentum, findet sich aber auch in der Jesusüberlieferung (Mt 8,11f. und par.)[130]; im Blick auf die hohe Bedeutung, die Tischgemeinschaft im Wirken des irdischen Jesus gehabt hat[131], könnte man vorsichtig für die Authentizität dieser Überlieferung plädieren. Aber als Ausgangspunkt für die Frage nach der spezifisch jesuanischen Konzeption sind diese Logien sicher nicht geeignet.

Das Ergebnis ist eindeutig: Es gibt zwar Hinweise darauf, daß Jesus an eine künftige Basileia gedacht hat, aber der Zeitfaktor wird in keinem auch nur mit einiger Sicherheit als authentisch anzusehenden Logion thematisiert.

III. Die gegenwärtige Gottesherrschaft

Wenigen Logien wird so allgemein das Siegel der Authentizität gegeben wie dem aus der Logienquelle stammenden Spruch Lk 11,20 par. Mt 12,28[132]. Zu

---

[129] Siehe H. MERKLEIN, a. Anm. 93 aO., S. 153.

[130] D. ZELLER, Das Logion Mt 8,11f./Lk 13,28f. und das Motiv der „Völkerwallfahrt", BZ 15, 1971, S. 222ff.; 16, 1972, S. 84ff.; N. PERRIN, a. Anm. 71 aO., S. 178ff.; J. SCHLOSSER, a. Anm. 7 aO., Bd. II, S. 603ff.; D. C. ALLISON, JR., Who will come from East and West? Observations on Matt. 8.11–12 – Luke 13.28–29, IBS 11, 1989, 158ff., mit der bereits von BULTMANN erwogenen, aber verworfenen These, nicht Heiden, sondern Diasporajuden würden hier im Gegensatz zu Palästinajuden als Teilhaber am Endzeitmahl angekündigt. Methodisch fragwürdige Voraussetzung: Da das Motiv der Völkerwallfahrt im Judentum nie als Gericht über Israel verstanden werde, könne auch Jesus dieses Motiv nicht zur Leugnung jüdischer Hoffnungen verwendet haben (S. 163). Welchen Sinn die Entgegensetzung von Palästinajuden und Diasporajuden in der Verkündigung Jesu haben soll, wird nicht klar. Die Bemerkung: „This eschatological reversal, this overturning of the expected, runs through the Jesus tradition" (S. 167), stimmt besser zu traditioneller Deutung des Logions.

[131] Vgl. O. HOFIUS, Jesu Tischgemeinschaft mit den Sündern, Stuttgart 1967; E. GRÄSSER, Der Mensch Jesus als Thema der Theologie, in: Jesus und Paulus (FS W. G. KÜMMEL), Göttingen 1975, S. 129ff., bes. S. 137ff.; J. BECKER, Zukunft und Hoffnung im Neuen Testament, in: W. H. SCHMIDT/J. BECKER, Zukunft und Hoffnung, Stuttgart 1981, S. 103f.; CHR. BURCHARD, Jesus für die Welt, in: Fides pro mundi vita (FS W. GENSICHEN), 1980, S. 13ff.

[132] W. G. KÜMMEL, a. Anm. 4 aO., S. 98ff.; H.-W. KUHN, a. Anm. 74 aO., S. 190ff.; N. PERRIN, a. Anm. 71 aO., S. 64ff.; H. MERKLEIN, a. Anm. 93 aO., S. 158ff.; J. SCHLOSSER, a. Anm. 7 aO., S. 127ff. – Die Unechtheitserklärung von TH. LORENZMEIER, Zum Logion Mt 12,38; Lk 11,20, in: Neues Testament und christliche Existenz (FS H. BRAUN), Tübingen 1973, S. 289ff., wird zurückgewiesen von E. GRÄSSER, Zum Verständnis der Gottesherrschaft, ZNW 65, 1974, S. 3–26, bes. 7ff.

Recht wird die Lukasfassung εἰ δὲ ἐν δακτύλῳ θεοῦ ἐγὼ ἐκβάλλω τὰ δαιμόνια, ἄρα ἔφθασεν ἐφ' ὑμᾶς ἡ βασιλεία τοῦ θεοῦ als ursprünglicher Wortlaut angesehen. Die übliche Annahme, es handle sich um ein ursprünglich isoliert überliefertes Einzellogion, ist freilich problematisch, da Ichform und direkte Anrede einen Kontext fordern. Der Vorschlag H. Schürmanns[133], aus dem Grundbestand von Mt 12,22.23a.25a par. Lk 11,14.17a.20 ein Apophthegma zu rekonstruieren, vermag dieses Problem auf einleuchtende Weise zu beheben.

Umstritten ist, in welchem Sinn die jetzt erfolgenden Exorzismen Jesu – und im damaligen Verständnis seine Krankenheilungen insgesamt[134] – zur Gottesherrschaft in Beziehung gesetzt werden sollen: Sind sie Zeichen, daß die Gottesherrschaft vor der Tür steht[135], oder zeigen sie, daß die Gottesherrschaft bereits angebrochen[136] ist? Philologisch spricht alles für die zweite Auffassung. Das Verbum φθάνειν im Aorist hat im Neuen Testament in der Regel die Bedeutung „erreichen, hinkommen", ebenso auch in der Theodotionübersetzung des Buches Daniel, an manchen Septuagintastellen, in den Zwölfertestamenten und bei Philo[137]. Daß die Ansage der gegenwärtigen Gottesherrschaft im Judentum der Zeit Jesu denkbar ist, hat H.-W. Kuhn[138] schon aufgrund früher veröffentlichter Qumrantexte herausgestellt – die Sabbatlieder von Qumran unterstreichen diese Einsicht aufs kräftigste[139]. Gleichzeitig aber wird uns die Unableitbarkeit des Logions um so deutlicher. Denn für Jesus ist Gottesherrschaft nicht an heilige Zeiten oder heilige Orte und auch nicht an Gesetzesobservanz gebunden, sondern an sein heilendes Wirken. In diesem Sinne bleibt W. G. Kümmels Bewertung als einer „bewußt die eschatologische Dogmatik der Juden über den Haufen werfenden Aussage Jesu"[140] gültig.

---

[133] Das Zeugnis der Redenquelle für das Basileia-Verständnis Jesu, in: Gottes Reich – Jesu Geschick (siehe Anm. 98), S. 65 ff., bes. S. 106 f.

[134] Auf diesen Zusammenhang verweisen CHR. BURCHARD, aaO., S. 15; H. MERKLEIN, Jesu Botschaft von der Gottesherrschaft, Stuttgart 1983, S. 644; O. BÖCHER, Art. Dämonen IV, TRE 8, S. 281.

[135] So z.B. W. WREDE (o. S. 124); H. CONZELMANN, Theologie des Neuen Testaments, München 1967, S. 131; E. GRÄSSER, aaO.; K. MÜLLER, a. Anm. 113 aO., S. 12; V. HASLER, Art. φθάνω, EWNT 3, Sp. 1008.

[136] N. PERRIN, aaO., S. 68; W. G. KÜMMEL, aaO., S. 100 f.; H.-W. KUHN, aaO., S. 102 f.; P. HOFFMANN/V. EID, Jesus von Nazareth und eine christliche Moral, Freiburg i. Br., 3. Aufl., 1979, S. 36 ff.; J. SCHLOSSER, aaO.; G. R. BEASLEY-MURRAY, a. Anm. 4 aO., S. 75; H. MERKLEIN, a. Anm. 134 aO.; O. BÖCHER, Zeichen und Wunder im Neuen Testament, in: Geisteswissenschaften – wozu? hg. v. H.-H. KRUMMACHER, Stuttgart 1988, S. 13 ff., bes. S. 14–16.

[137] Vgl. G. FITZER, Art. φθάνω, ThWNT IX, S. 90 ff.; J. SCHLOSSER, aaO., S. 137 f.

[138] Siehe Anm. 132.

[139] Siehe A. M. SCHWEMER in diesem Band, oben S. 45–118 (114 ff.).

[140] A. Anm. 94 aO., S. 101, Anm. 10. – Andere in diesem Zusammenhang oft zitierte Texte erscheinen uns nicht hinreichend sicher für die Verkündigung Jesu beanspruchbar zu sein und bleiben daher unberücksichtigt. Das gilt für Mk 3,22–27, wozu H. SCHÜRMANN, a. Anm. 133

Die Verlegenheit gegenüber diesem Logion, welches das herkömmliche Bild Jesu als eines apokalyptischen Rufers radikal in Frage stellt, äußert sich in verschiedenartigen Ausfluchtsversuchen.

H. Conzelmann erklärt beispielsweise: „Das Wort φθάνω heißt: eintreffen. Aber wir kennen nicht das hebräische Äquivalent. Auch dieses Wort dürfte auf die gegenwärtigen Zeichen des kommenden Reiches hinweisen."[141] Der Einwand, wir kennten das hebräische (besser aramäische) Äquivalent nicht, gilt natürlich für jedes Jesuswort; er hätte aber nur dann Gewicht, wenn sich zeigen ließe, daß eine Wiedergabe der entsprechenden Aussage aramäisch nicht möglich ist. Doch hat Gustav Dalman[142] schon längst darauf hingewiesen, daß φθάνειν im aramäischen מטא ein Äquivalent besitzt.

Der Wunsch, die Aussage abzuschwächen, steht offenbar hinter der Auslegung von A. Lindemann: „Zweifellos spricht das Logion Mt 12,28 par. von der Gegenwart der Gottesherrschaft. Aber an der Zeitfrage ist es dabei kaum interessiert ..."[143] Das Satzgefüge ist doch deutlich darauf ausgerichtet, aus den gegenwärtigen wahrnehmbaren Taten Jesu die bereits angekommene Gottesherrschaft zu erkennen.

Wenn H. Merklein nach einer völlig zutreffenden Auslegung des Wortes sofort mahnt, man dürfe sich durch Lk 11,20 aber „nicht dazu verleiten lassen, die Aussagen vom (zukünftigen) Kommen der Gottesherrschaft (vgl. Lk 11,2 par.) im Sinne einer ‚Realized Eschatology' einzuebnen"[144], dann besteht die Gefahr, diesen Spitzensatz durch den Blick auf andere Stellen gleich wieder zu relativieren.

Sodann ist Lk 17,20f. zu bedenken. Die apophthegmatische Gestaltung des Stückes könnte Lukas zu verdanken sein[145], für die Annahme redaktioneller Herkunft des ganzen Stückes jedoch sind die Gründe nicht ausreichend[146]. Einleuchtend ist die Annahme, Lukas könnte Vers 21a aus dem folgenden Q-

---

aO., S. 105 Anm. 156, zutreffend bemerkt: „Diese Reflexion hat eine christologische Absicht und ist nachösterlich. Rückerinnerung an ein Bildwort wie Mk 3,24f. kann nicht ausgeschlossen werden." – Die neuerliche Hochschätzung von Lk 10,18 kann ich nicht teilen. Jüdische und urchristliche Apokalyptik interessierte sich für den himmlischen Endkampf mit den Mächten des Bösen (1QM 15,12ff.; 11QMelch 13f.; Or Sib 3,796ff.; Apok 12,7–9), so daß Unableitbarkeit sicher nicht behauptet werden kann; außerdem bleibt der Spruch „im Gesamten der Jesusüberlieferung ... ein vereinzeltes Stück Treibgut" (so VOLLENWEIDER, „Ich sah den Satan wie einen Blitz vom Himmel fallen" [Lk 10,18], ZNW 79, 1988, S. 187ff., Zitat S. 200).

[141] Siehe Anm. 135.
[142] Die Worte Jesu I, Nachdruck der 2. Aufl. 1930, Darmstadt 1965, S. 88; vgl. J. BECKER, a. Anm. 74 aO., S. 201; H.-W. KUHN, aaO., S. 191.
[143] A. LINDEMANN, a. Anm. 108 aO., S. 204.
[144] H. MERKLEIN, a. Anm. 134 aO., S. 65.
[145] So z. B. J. ZMIJEWSKI, a. Anm. 107 aO., S. 361 f.; J. SCHLOSSER, a. Anm. 7 aO., dagegen aber J. BECKER, a. Anm. 74 aO., S. 202 Anm. 1.
[146] Gegen H. CONZELMANN, a. Anm. 104 aO., S. 113f.; R. GEIGER, a. Anm. 107 aO., S. 45ff.

Text (Vers 23) übernommen haben, um Sonderüberlieferung und Logienquelle besser zu verklammern[147], und er habe nach diesem Einschub durch die für ihn typische Wendung ἰδοὺ γάρ zur Quelle zurücklenken wollen. Das vorlukanische Einzellogion dürfte mithin gelautet haben: οὐκ ἔρχεται ἡ βασιλεία τοῦ θεοῦ μετὰ παρατηρήσεως· ἡ βασιλεία τοῦ θεοῦ ἐντὸς ὑμῶν ἐστιν[148]. Dieser Spruch ist in zwei parallelen, chiastisch angeordneten Satzgliedern einprägsam geformt; die Rückübersetzbarkeit ins Aramäische ist gewährleistet[149].

Was wird nun aber konkret im ersten Satzglied abgelehnt, und was wird im zweiten positiv über die Gottesherrschaft ausgesagt?

Daß das Kommen der Gottesherrschaft nicht μετὰ παρατηρήσεως stattfinde, kann entweder im antipharisäischen Sinn auf die „Beobachtung" des Gesetzes oder im apokalyptischen Sinn auf Berechnung des Endtermins durch „Beobachtung" astronomischer oder ähnlicher Phänomene oder speziell auf die im 2. Jahrhundert mit der Passahnacht als der νὺξ παρατηρήσεως in Verbindung gebrachten Messiaserwartung bezogen werden. Jede dieser Deutungen aber setzt voraus, daß μετὰ παρατηρήσεως als Kürzel für ein Syntagma steht, etwa für παρατήρησις τῶν νομίμων, παρατήρησις ἄστρων oder νὺξ παρατηρήσεως. Dafür gibt es keine Belege. Außerdem ist das Alter der jeweils damit verbundenen jüdischen Vorstellungen sehr zweifelhaft. So wird man bei der philologisch einfachsten Übersetzung des ersten Satzgliedes bleiben: „Die Gottesherrschaft kommt nicht so, daß man sie beobachten kann."[150] Diesem allgemeinen Sinn entspricht auch Dalmans Rückübersetzung mit Hilfe der aramäischen Wurzel נטר[151]. Bezieht man die „Umweltreferenz" dieser Aussage mit ein, wird man am ehesten wieder auf die apokalyptische Denkweise gelenkt. Daß durch Beobachtung des Weltlaufs Schlüsse auf das endzeitliche Handeln Gottes ermöglicht werden, ist jüdischer wie urchristlicher Apokalyp-

---

[147] So schon G. DALMAN, a. Anm. 142 aO., S. 118; A. STROBEL, Die Passaerwartung als urchristliches Problem in Lc 17,20f., ZNW 49, 1958, S. 157ff., bes. S. 159f.; J. SCHLOSSER, aaO., S. 187.

[148] Ähnliche Rekonstruktion bei J. ZMIJEWSKI, aaO, S. 386f. J. SCHLOSSER, a. Anm. 7 aO., S. 196ff., möchte in V. 20b die Worte μετὰ παρατηρήσεως als lukanische Ergänzung erweisen. Die Indizien (μετὰ + Gen. häufig in Apg, aber auch sonst; das Verb παρατηρεῖν wird zweimal redaktionell verwendet [Lk 14,1; 20,20] – aber im Sinn des lauernden, feindseligen Beobachtens, wie es Lk 6,7 = Mk 3,2 vorgegeben war!) sind schwach. Das Logion hätte dann den Sinngehalt: Das Reich Gottes kommt nicht nur, wie alle glauben, sondern es ist bereits da. Übrigens verweist SCHLOSSER, S. 197f., richtig darauf hin, daß die Fassung des Spruches im koptischen Thomasevangelium, Logion 113, von Lk abhängig ist, womit sich die Beweisführung N. PERRINS, a. Anm. 71 aO., S. 72ff. erledigt; immer noch grundlegend: W. SCHRAGE, Das Verhältnis des Thomasevangeliums zur synoptischen Tradition und zu den koptischen Evangelienübersetzungen, Berlin 1964; jetzt C. TUCKETT, Thomas and the Synoptics, NT 30, 1988, S. 132ff.

[149] G. DALMAN, aaO.

[150] Vgl. die Wörterbücher von LIDDELL-SCOTT und W. BAUER/K. ALAND s.v.

[151] Ebenso J. SCHLOSSER, aaO., S. 192f.

tik selbstverständlich[152]. Der Widerspruch zu beiden Bereichen ist offenkundig und läßt auf ein echtes Jesuswort schließen[153].

Was heißt nun: Die Gottesherrschaft ist ἐντὸς ὑμῶν? Seit W. Wrede wird diese Aussage immer wieder auf die Plötzlichkeit des Kommens bezogen: „... Wenn das Reich kommt, wird man nicht mehr fragen und suchen, sondern mit einem Schlage ist es inmitten der Toren da, die noch sein Kommen berechnen wollten."[154]

Hier liegt wieder ein klassischer Fall von Eisegese vor; denn „die Pointe der Plötzlichkeit ist erst eingetragen und außerdem steht ἐστιν und nicht ἔσται im Text"[155]. Die Ausflucht, im Aramäischen gebe es doch gar keine Kopula[156], hätte nur dann Gewicht, wenn nachzuweisen wäre, daß das ἐστιν eine Fehlübersetzung sein muß. Ein solcher Nachweis ist bis jetzt nicht versucht worden. Ergo nehmen wir das Präsens als Wiedergabe des ursprünglich Gemeinten, zumal es den Futura des Kontextes (Vers 21a.24) widerspricht[157].

Es bleibt noch das vielerörterte ἐντὸς ὑμῶν zu bedenken. Philologisch muß die Bedeutung innerhalb des Spektrums von „innen, darinnen, im Bereich von" liegen[158]. Die Gottesherrschaft im Herzen oder in der Seele des Individuums zu suchen, wie es Harnack oder Wellhausen wollten[159], kann man als Denken einer vergangenen Epoche ansehen. Aufgrund griechischer Vergleichstexte hat A. Rüstow die Übersetzung „Die Gottesherrschaft steht in eurer Hand" vorgeschlagen; das wäre in dem Sinne gemeint: „Es liegt in eurer Hand, sich seiner würdig zu erweisen, um, wenn es kommt, darein aufgenommen zu werden, die Eintrittsbedingungen zu erfüllen."[160] Eine derartige Moralisierung der Verkündigung Jesu von der Gottesherrschaft widerspricht aber Lk 11,20 ebenso wie anderen gleich noch zu nennenden Jesusworten.

---

[152] Vgl. nur STRACK-BILLERBECK IV, S. 977ff.; Mk 13 par.; Lk 12,54f.

[153] W. G. KÜMMEL, a. Anm. 4 aO., S. 26ff.; J. BECKER, a. Anm. 74 aO., S. 202f.; F. MUSSNER, „Wann kommt das Reich Gottes?" Die Antwort Jesu nach Lk 17,20b.21, BZ 6, 1962, S. 107ff.; W. TRILLING, Die Botschaft Jesu, Freiburg i. Br. 1978, S. 42f.; A. LINDEMANN, a. Anm. 108 aO., S. 204f.

[154] W. WREDE, siehe o. S. 125; R. BULTMANN, a. Anm. 55 aO., S. 128; E. LOHSE, EvTh 18, S. 154ff.; H. CONZELMANN, a. Anm. 135 aO.; J. JEREMIAS, a. Anm. 1 aO., S. 104.

[155] J. BECKER, a. Anm. 74 aO., S. 202; so auch W. G. KÜMMEL, a. Anm. 4 aO., S. 28; G. R. BEASLEY-MURRAY, a. Anm. 4 aO., S. 102; R. SCHNACKENBURG, a. Anm. 4 aO., S. 94; L. GOPPELT, a. Anm. 75 aO., S. 114.

[156] J. JEREMIAS, aaO.

[157] Umgekehrt argumentiert J. JEREMIAS, aaO.: Die Futura des Kontextes rücken das ἐστιν in V. 21b „in die gleiche zeitliche Sphäre wie das ἔσται in V. 24". Da der Kontext sicher sekundär ist, ist diese Argumentation falsch.

[158] Vgl. BAUER-ALAND, Sp. 544.

[159] Vgl. A. v. HARNACK, Das Wesen des Christentums (1900), Taschenbuchausgabe mit einem Geleitwort von R. BULTMANN, München/Hamburg 1964, S. 45; J. WELLHAUSEN, a. Anm. 106 aO., S. 95.

[160] A. RÜSTOW, ΕΝΤΟΣ ΥΜΩΝ ΕΣΤΙΝ, ZNW 51, 1960, S. 197ff., Zitat S. 216.

So bleibt die Aussage: Die Gottesherrschaft ist in eurer Mitte. Auch wenn der Kreis der hier Angesprochenen unbestimmt ist, gibt es doch keinerlei Anhaltspunkte dafür, daß Jesus eine kultische Versammlung angesprochen hätte. So ist auch in diesem Spruch das Herrwerden Gottes im Alltag der Welt gemeint, und insofern ist diese Aussage ähnlich wie Lk 11,20 unableitbar.

Diese beiden absolut gesicherten Worte können als Hintergrund für eine Reihe anderer Jesusüberlieferungen dienen.

Das Apophthegma Mk 2,18–19a überliefert als Antwort auf die Frage, warum die Jesusjünger den frommen Brauch des Fastens nicht einhielten, die paradoxe Gegenfrage: „Können Hochzeitsgäste fasten?"[161] Damit setzt Jesus doch wohl voraus, daß seine Jünger im Unterschied zu den Johannesjüngern in einer Freudenzeit leben. Sie warten nicht bang auf den richtenden Gott, sondern haben den heilschaffenden Gott bereits erfahren. Es besteht ein weitgehender, gut begründeter Konsens darüber, daß die von Jesus gewährte Tischgemeinschaft (Mk 2,15ff. u.ö.) der Konkretion solcher Heilsansage dient.

Das in Q erhaltene Schimpfwort, Jesus sei „ein Fresser und Säufer, ein Kumpan von Zöllnern und Sündern" (Mt 11,19 par.)[162], fügt sich hier ebenso glänzend an wie die oben besprochene Schilderung des postmortalen Heils unter dem Bild des Festmahles (Mt 8,11 par.).

Daß die Gegenwart Heilszeit ist, sagt schließlich auch der Makarismus Lk 10,23f. par. Mt 13,16f., dessen ursprüngliche Fassung gelautet haben dürfte: „Heil den Augen, die sehen, was ihr seht; denn ich sage euch: Viele Propheten und Könige sehnten sich danach zu sehen, was ihr seht und sahen es nicht, und zu hören, was ihr hört, und hörten es nicht."[163] Wer in den Tagen des Messias leben und die Wohltaten Gottes an Israel sehen darf, ist nach zeitgenössischer Auffassung selig zu preisen (Ps Sal 17,44; 18,7; Or Sib 3,371; 4,192); nicht der, der nur Vorzeichen sieht. „Die Jetztzeit ist ... schon integrierter Teil der Heilszeit, ist vollgültiger Anfang des ganzen Futurums."[164]

---

[161] Diese Rekonstruktion habe ich eingehend zu begründen versucht in meinem Aufsatz: Markus 7,15 – das Jesuswort über die innere Reinheit, ZRGG 20, 1968, S. 340ff., bes. S. 360–363. Ebenso urteilen E. SCHWEIZER, Das Evangelium nach Markus (NTD 1), 16. Aufl., 1983, S. 32f.; J. GNILKA, a. Anm. 90 aO., S. 111f.; H. SCHÜRMANN, a. Anm. 123 aO., S. 297.

[162] Vgl. PERRIN, a. Anm. 71 aO., S. 116f.; M. TRAUTMANN, Zeichenhafte Handlungen Jesu, Würzburg 1980, S. 234ff.; H. MERKLEIN, a. Anm. 93 aO., S. 198f.

[163] Die Ergänzung „und euren Ohren" ist matthäisch; ebenso die Ersetzung der Könige durch „Gerechte"; siehe E. SCHWEIZER, Das Evangelium nach Matthäus (NTD 2), S. 195; J. GNILKA, a. Anm. 78 aO., S. 481.

[164] J. BECKER, Johannes der Täufer und Jesus von Nazareth, Neukirchen-Vluyn 1972, S. 82; vgl. H.-W. KUHN, a. Anm. 74 aO., S. 195 und schon W. G. KÜMMEL, a. Anm. 4 aO., S. 104f.; H. MERKLEIN, a. Anm. 93 aO., S. 161f.

Zuletzt soll die Antwort Jesu auf die Anfrage des Täufers auf dem Hintergrund der Worte von der gegenwärtigen Gottesherrschaft bedacht werden (Mt 11,5f. par.). Die oft bestrittene Authentizität ist u. E. durch J. Becker und vor allem durch W. G. Kümmel gesichert worden[165]. Sind es in Lk 11,20 die Exorzismen und nur implizit die anderen Heilungen, die Jesu Wirken als Anbruch der Gottesherrschaft erkennen lassen, so werden hier weitere Aspekte des Wirkens und der Verkündigung Jesu genannt, die auf Ausblicke auf die Heilszeit aus dem Buche Jesaja (26,19; 35,5f.; 61,1) anspielen und damit doch wohl in demselben Sinne verstanden werden sollen.

Nur kurz soll auf den „dunklen und umstrittenen ‚Stürmerspruch'"[166] (Mt 11,12f. par. Lk 16,16) verwiesen werden. Bereits die Auslegungsgeschichte zeigt ein derart breites Spektrum an Meinungen[167], daß jede Lösung unter erheblichen Vorbehalten stehen muß. Ein gewisser Konsens der Exegeten läßt als Q-Fassung wahrscheinlich werden ὁ νόμος καὶ οἱ προφῆται μέχρι Ἰωάννου· ἀπὸ τότε ἡ βασιλεία τοῦ θεοῦ βιάζεται καὶ βιασταὶ ἁρπάζουσιν αὐτήν[168], aber die Übersetzungen dieses durchaus nicht unbegründeten

---

[165] J. BECKER, aaO., S. 83f.; W. G. KÜMMEL, a. Anm. 83 aO. – Da auch die Seligpreisungen der Bergpredigt (Lk 6,20–23) von Jes 61,1ff. her zu verstehen sind (vgl. M. HENGEL, Zur matthäischen Bergpredigt und ihrem jüdischen Hintergrund, ThR 52, 1987, S. 327ff., bes. S. 351ff.), wird man die Frage, ob sich Jesus als jesajanischer Freudenbote verstanden hat, noch einmal prüfen müssen, trotz der etwas zu selbstsicheren Verneinung bei H. FRANKEMÖLLE, Jesus als deuterojesajanischer Freudenbote? in: Vom Urchristentum zu Jesus (FS J. GNILKA), Freiburg i. Br. 1989, S. 34ff.

[166] W. TRILLING, Art. βιάζομαι, EWNT 1, S. 376.

[167] Dazu P. SCOTT CAMERON, Violence and the Kingdom. The Interpretation of Matthew 11:12, Frankfurt a. M./Bern/New York/Nancy 1984.

[168] Vgl. D. KOSCH, Die Gottesherrschaft im Zeichen des Widerspruchs, Bern/Frankfurt a. M./New York 1985. Inzwischen ist dieser Konsens von zwei Seiten in Frage gestellt worden. (1) D. R. CATCHPOLE, The Law and the Prophets in Q, in: Tradition and Interpretation in the New Testament (FS E. ELLIS), Grand Rapids/Tübingen 1987, S. 95ff., gibt sehr erwägenswerte Gründe für die Rekonstruktion des Q-Textes: ὁ νόμος καὶ οἱ προφῆται ἕως Ἰωάννου ἀπὸ τότε ἡ βασιλεία τοῦ θεοῦ εὐαγγελίζεται. Sollten sich die Gründe in der Diskussion bewähren, hätte das z. B. auch Bedeutung für die o. Anm. 165 angeschnittene Frage. (2) G. R. BEASLEY-MURRAY, a. Anm. 4 aO., S. 92f., nimmt nach dem Vorgang anderer an, dem βιάζομαι läge die hebr./aram. Wurzel פרץ zugrunde, so daß die ursprüngliche Fassung gelautet habe: „The kingdom of heaven is powerfully breaking out (into the world), and violent men are strongly attacking it." Dies entspricht der matthäischen Übersetzung, während Lukas eine im Anschluß an 1. Sam 3,1 und 2. Chr 31,5 übersetzte Fassung des Spruches erhielt. Die Bedeutung erschließt sich von Jes 40,10f. her, einer Stelle, die in einem anonymen Midrasch als Beschreibung der Offenbarung der Gottesherrschaft gedeutet wird. Eine sehr verschlungene Deutung! Ebensowenig überzeugt der Versuch, aus dem ersten Versteil eine Dreiteilung der Heilsgeschichte herauszulesen: „(1) the period of law and prophets, climaxing in John's ministry; (2) the period of John's ministry, serving as the introduction of the eschatological period (cf. Matt. 11:10 and 14); and (3) the period of Jesus, in whom the kingdom operates among men in power" (S. 94). Daß der Spruch selbst die Zeit des Täufers als eigene Epoche bezeichne, vermag ich nicht zu sehen. – J. SCHLOSSER, a. Anm. 7 aaO., S. 520ff. deutet die Gewalttäter, die sich der Gottesherrschaft bemächtigen, als Leute, die die

Rekonstrukts gehen weit auseinander. Meint Jesus: „Die Gottesherrschaft leidet Gewalt, und Gewalttäter rauben sie/versuchen sie zu rauben" oder meint er: „Die Gottesherrschaft bricht sich mit Gewalt Bahn, und Menschen, die zu allem entschlossen sind, reißen sie an sich"?[169] Während die erste Übersetzung die oft vorhandenen negativen Konnotationen des Stammes βια- berücksichtigt, entspricht die zweite Übersetzung besser dem Kontext, in welchem Gottesherrschaft und „Gesetz und Propheten" gegenübergestellt werden. In beiden Fällen aber bestätigt das Logion die Gegenwärtigkeit der Gottesherrschaft; denn man kann sie nur gewalttätig rauben oder entschlossen an sich reißen, wenn sie bereits da ist.

Klar ist schließlich die Aussage der Gleichnisse vom Schatz und von der Perle (Mt 13,44−46). Ein Mensch findet einen vergrabenen Schatz und verkauft überwältigt vor Freude seine Habe, um in den Besitz des Schatzes zu kommen. Ebenso handelt ein Perlenkaufmann, der eine besonders kostbare Perle gefunden hat. So verhält es sich mit der Gottesherrschaft. Der Mensch, der in der Verkündigung Jesu der Gottesherrschaft begegnet, wird sich ihr ganz hingeben. Aber es ist vorausgesetzt, daß der Mensch tatsächlich der Gottesherrschaft begegnet! Der Mensch im Gleichnis verkauft sein Hab und Gut ja nicht deswegen, weil er in jenem Acker einen Schatz finden könnte, sondern weil er ihn bereits gefunden hat; der Perlenkaufmann hofft nicht nur auf eine besonders kostbare Perle, sondern sieht sie vor sich. „Das Reich Gottes wird jetzt schon gefunden, es wird jetzt schon eingehandelt. Der Schatz und die Perle werden nicht proleptisch und nicht antizipatorisch und nicht dynamisch erworben, sondern real."[170] Johannes Weiß hatte dagegen den beiden Gleichnissen nur den Gedanken entnehmen wollen, um des Reiches Gottes willen seien die größten Opfer geboten, womit er die Texte seinem Jesusbilde einordnen konnte; daß von einem „Opfer" nicht gesprochen werden kann, ist aber evident[170a]. Der Schatzfinder handelt geradezu berechnend, und der Perlenkaufmann handelt kaufmännisch! Die oben zitierten unwirschen Bemerkungen, mit denen Wrede und Heitmüller diese Texte beiseitezuschieben versuchten, sprechen für sich: mit dem Bilde eines apokalyptischen Rufers sind sie nicht vereinbar.

üblichen Einlaßbedingungen nicht erfüllen, also auf Zöllner und Sünder. Ähnlich jetzt auch G. Theissen, Jesusbewegung als charismatische Wertrevolution, NTS 35, 1989, S. 343ff., bes. 359f.; „Gewalttäter" sei metaphorische Selbstbezeichnung der Jesusbewegung. Zwei geistreiche, aber kaum beweisbare Thesen!

[169] Vgl. die Zusammenstellung bei H. Merklein, a. Anm. 93 aO., S. 81ff. Für die erste Möglichkeit z. B. W. Trilling, aaO., für die zweite H. Merklein.

[170] G. Lohfink, a. Anm. 99 aO., S. 7; ähnlich auch H. Weder, Die Gleichnisse Jesu als Metaphern, Göttingen, 2. Aufl., 1980, S. 138; J. Gnilka, a. Anm. 78 aO., S. 506.

[170a] J. Weiss, a. Anm. 2 aO., 2./3. Aufl., S. 74. Ebenso z. B. R. Bultmann, Jesus (siehe Anm. 2), S. 30. Dagegen z. B. H. Weder, aaO., S. 140.

Aus diesen Jesusworten ergibt sich eine klare Gesamtaussage: Da wo Jesus Menschen heilt, und da, wo Jesus Menschen das Heil Gottes ansagt, da ist die Gottesherrschaft angebrochen, mitten im Alltag der galiläischen Bauern und Bäuerinnen, Fischer und Zöllner.

IV. Der Mensch unter der Herrschaft des gütigen Gottes

Es bleibt noch zu konkretisieren, wie Jesus die Gegenwart der Gottesherrschaft verstanden hat.

Zunächst darf man davon ausgehen, daß Jesus ähnlich wie der Täufer den Menschen in einer ausweglosen Unheilssituation sieht[171]. Neben dem Doppelspruch Lk 13,1–5 mit dem drohenden Refrain: „... Wenn ihr nicht umkehrt, werdet ihr alle ... umkommen", wird man hier an Gleichnisse erinnern dürfen, die von Menschen handeln, denen das Wasser bis zum Hals steht (Lk 16,1–8a; Mt 18,23–34). Aber im Unterschied zum Täufer ist die Gerichtsansage bei Jesus keine unbedingte, sondern sie wird durch eine Heils- und Gnadenzeit unterfangen. Der unfruchtbare Feigenbaum (Lk 13,6–9) wird nicht abgehauen, sondern darf noch ein Jahr stehenbleiben und soll gehegt und gepflegt werden – unvorstellbar, daß er unter diesen Voraussetzungen nicht doch noch Frucht brächte. Es wird dem Gleichnistext wohl nicht ganz gerecht, wenn man sagt, es werde „dem unfruchtbaren Feigenbaum eine letzte Chance eingeräumt"[172], ohne daß man der besonderen Bemühungen um den Baum gedenkt, die ihm das Fruchtbringen ermöglichen; auch die Aussage, die Ethik werde „durch das bald hereinbrechende Eschaton"[173] motiviert, geht am Text vorbei, da die Jahresfrist genau die für das Fruchtbringen benötigte Zeitspanne ist.

Am deutlichsten wird das hier Gemeinte im Gleichnis vom Schalksknecht (Mt 18,23–35)[174]. Die sprachliche Analyse zeigt, daß der vormatthäische

---

[171] J. BECKER, a. Anm. 164 aO., S. 86ff.; H. MERKLEIN, a. Anm. 134 aO., S. 27ff. Da Jesus seine Wirksamkeit faktisch auf Israel beschränkt hat, ist es durchaus richtig, wenn H. MERKLEIN, aaO., S. 44, i. S. Jesu vom „Unheilskollektiv Israel" spricht. Aber die oben vorgenommene Verallgemeinerung dürfte der Intention Jesu entsprechen: „Aus dem Verhältnis zwischen dem Knecht und seinem Herrn und dem damit gekoppelten Verhältnis der Knechte untereinander (Mt 18,23–35) kann geschlossen werden, daß sich alle Menschen in der gleichen Situation von Verschuldung und gegenseitiger Verpflichtung befinden. Nach welchem Maßstab wollte man hier Grenzen ziehen?" (W. TRILLING, Die Botschaft Jesu, Freiburg/Basel/Wien 1978, S. 46).
[172] W. SCHRAGE, Ethik des Neuen Testaments (GNT 4), Göttingen, 2. Aufl., 1989, S. 32.
[173] Ibid.
[174] A. WEISER, Die Knechtsgleichnisse der synoptischen Evangelien, München 1971; P. FIEDLER, Jesus und die Sünder, Bern/Frankfurt a. M. 1975, S. 195ff.; H. MERKLEIN, a. Anm. 93 aO., S. 237ff.; H. WEDER, a. Anm. 170 aO., S. 210ff.; W. HARNISCH, Die Gleichnis-

Bestand die Verse 23b–34 umfaßt haben dürfte[175]. Die erste Szene stellt einen Mann mit unvorstellbar hohen Schulden vor (zehntausend Talente entsprechen 60 Millionen Drachmen; zum Vergleich: die jährlichen Einnahmen des Königs Herodes beliefen sich auf etwa 900 Talente). Der Herr dieses (betrügerischen? leichtfertigen? unfähigen?) Verwalters faßt Sanktionen ins Auge, die jüdischem Recht nur teilweise entsprechen[176]; aber dadurch will der Erzähler nur unterstreichen, daß sich der Mann in einer völlig ausweglosen Unheilssituation befindet. Und doch: Es geschieht ein Wunder. Dieser Mann kommt frei und ledig davon. So verhält es sich, wenn Gott zur Herrschaft kommt!

In der zweiten Szene schickt der Erzähler dem so unerwartet begnadigten Verwalter einen Mitknecht über den Weg, der ihm eine vergleichsweise geringfügige Summe schuldet; er läßt den Mitknecht mit denselben Worten wie vorher den Verwalter um Geduld bitten, aber der besteht auf seinem Recht: Er bringt seinen Schuldner in Schuldhaft. (Bei einer derart geringen Summe durfte der Schuldner nicht verkauft werden.)

Die dritte Szene schildert die Reaktion des Herrn. Er ist verständlicherweise empört darüber, daß der Knecht, dem er sich so gütig gezeigt hatte, daraus nichts gelernt hat, und übergibt ihn den Folterknechten.

Die beiden ersten Szenen des Gleichnisses (Vs 23b–30) sprechen für sich selbst. Aber die Schlußszene erscheint anstößig. „Das nach Vs 31–34 über den Knecht hereinbrechende Gericht ... darf gar nicht mehr erzählt werden, denn es relativiert die zuvorkommende Barmherzigkeit Gottes. Es macht diese nämlich abhängig von unserem (Un-)Vermögen, ihr zu entsprechen."[177] Ist dieser Anstoß begründet und berechtigt er dazu, die Verse 32–34 als späteren Zuwachs zu betrachten? Diese Frage muß verneint werden[178]. Der Horizont des Gleichnisses ist das Gericht, die Rechenschaftsablage (Vs 23). Diesem Gericht wäre der erste Knecht ausweglos verfallen, hätte nicht sein Herr ein ganz unbegreifliches Erbarmen mit ihm. Dem Gericht ist die Gnade vorgeordnet. Dieser Gesichtspunkt ist für die Verkündigung Jesu schlechthin grundle-

---

erzählungen Jesu, Göttingen 1985, S. 253ff.; I. BROER, Die Parabel vom Verzicht auf das Prinzip von Leistung und Gegenleistung (Mt 18,23–35), in: A cause de l'Evangile (FS J. DUPONT), Paris 1985, S. 145ff.; P. DSCHULNIGG, Rabbinische Gleichnisse und das Neue Testament, Bern/Frankfurt a. M./New York/Paris 1988, S. 306f.

[175] Vgl. bes. A. WEISER, aaO. WEISER hält auch den stark matthäisch geprägten V. 31 für redaktionell, aber er ist – mit I. BROER – als erzählerisch notwendig beizubehalten. Gegen weitergehende Dekompositionsversuche spricht die sachlich gute szenische Dreiteilung: (1) Herr–Knecht: Nachlaß der Schuld, (2) Knecht–Mitknecht: kein Nachlaß der Schuld, (3) Mitknecht–Herr–Knecht: Widerruf des Schuldenerlasses (DSCHULNIGG, aaO., S. 57/5).

[176] Vgl. J. JEREMIAS, Die Gleichnisse Jesu, Göttingen, 7. Aufl., 1965, S. 208. Seiner Meinung nach ist der Befehl des Königs „in erster Linie als Ausdruck seines Zornes zu verstehen" (S. 209).

[177] H. WEDER, aaO., S. 215; ähnlich P. FIEDLER, aaO.

[178] Vgl. die genannten Arbeiten von HARNISCH, BROER und DSCHULNIGG.

gend und markiert den entscheidenden Unterschied zu Johannes dem Täufer. Wie schon für Lk 13,1—5.6—9 gilt auch hier: „Das drohende Gericht ist nicht mehr unabwendbar und auswegslos. Gott selbst schafft die Möglichkeit einer gegenwärtigen Gnadenzeit mit positiver Folge für die Zukunft."[179] Die Gnade Gottes kommt also unserem Tun zuvor und ist insofern unabhängig von unserem Vermögen oder Unvermögen. Aber die Vergebung bleibt nur über dem, der sich in seinem Leben davon bestimmen läßt. Der Mißbrauch der Gnade verfällt dem Gericht. »Der große Schuldner streicht die empfangene Vergebung insofern selbst durch, als er, wie er zeigt, sein Leben nicht von ihr regiert sein lassen will – entzieht er doch die Vergebung bzw. ihr Echo seinem Bruder. Sähe er in der Vergebung den Grund seiner Existenz, so müßte er selbst zur Vergebung bereit sein."[180]

Bedeutet die Gottesherrschaft nach diesem Gleichnis somit totalen Schuldenerlaß für die Verschuldeten, so stellt Jesus sie im Gleichnis vom verlorenen Sohn (Lk 15,11—32)[181] als die Annahme der Verlorenen dar. Hier wird Gott unter dem Bild eines Vaters gezeichnet, der sehnsüchtig darauf wartet, daß sein davongelaufener Sohn zurückkehrt, um ihn dann wider alles Erwarten voll in seine Sohnesrechte einzusetzen. Gerade dieses Gleichnis zeigt, daß es zutiefst seinen Sinn hat, daß Jesus trotz der zentralen Rede von der βασιλεία τοῦ θεοῦ Gott nie βασιλεύς nennt[182], sondern Vater. Dabei bedient sich Jesus des familiären aramäischen Wortes Abba[183], und erinnert damit an die Erfahrungen des Kleinkindes, das (normalerweise) von den Eltern angenommen wird, wie es ist, und das aus einem Urvertrauen zu den Eltern heraus lebt. Das ursprünglich isoliert überlieferte Logion Mk 10,15, das den Zugang zur Gottesherrschaft davon (und nur davon) abhängig macht, daß der Mensch sie vertrauensvoll wie ein Kind annimmt, fügt sich hier gut ein[184]. Eine wahrhaft paradoxe „Einlaßbedingung"!

Wenn der Gnaden- und Geschenkcharakter der Gottesherrschaft aus diesen

---

[179] J. Becker, a. Anm. 164 aO., S. 97.
[180] G. Eichholz, Gleichnisse der Evangelien, Neukirchen-Vluyn 1971, S. 22.
[181] N. Perrin, a. Anm. 71 aO., S. 103ff.; H. Weder, a. Anm. 170 aO., S. 252ff.; R. Hoppe, Gleichnis und Situation, BZ 28, 1984, S. 1ff.; H. Merklein, a. Anm. 93 aO., S. 193ff.
[182] Mt 5,35 dürfte eine sekundäre Einschränkung und Abschwächung der ursprünglichen Forderung, überhaupt nicht zu schwören, sein. Siehe G. Strecker, a. Anm. 185 aO., S. 83. Vgl. K. W. Müller, in diesem Band o. S. 27ff.
[183] Grundlegend: J. Jeremias, Abba, in: Ders., Abba. Studien zur neutestamentlichen Theologie und Zeitgeschichte, Göttingen 1966, S. 15ff.; H. Merklein, a. Anm. 93 aO., S. 206ff.; P. Hoffmann, „Er weiß, was ihr braucht..." (Mt 6,7), in: Ich will euer Gott werden, Beispiele biblischen Redens von Gott (SBS 100), 1981, S. 152ff., bes. S. 166ff.; H. Merklein, a. Anm. 134 aaO., S. 83ff.; J. A. Fitzmyer, Abba and Jesus' Relation to God, in: A cause de l'Evangile (FS J. Dupont), Paris 1985, S. 15ff.
[184] E. Best, Mark 10:13—16: The Child as Model Recipient, in: Biblical Studies – Essays in Honour of W. Barclay, London 1976, S. 119ff. – A. Lindemann, a. Anm. 108 aO., S. 203,

Überlieferungen deutlich geworden ist, so machen sie andererseits auch deutlich, daß das gütige Handeln Gottes das Handeln des Menschen bestimmen soll. Der „Schalksknecht" zieht sich das Gericht zu, weil er trotz der empfangenen Barmherzigkeit seinen Mitknecht unbarmherzig behandelt. Auch die unableitbare Forderung der Feindesliebe begründet Jesus mit dem gütigen Verhalten Gottes, das keine Grenzen kennt[185]. Ebenso grenzenlos soll der Mensch unter der Gottesherrschaft sich dem Mitmenschen zuwenden. „Der Feind ist nicht letzte Stufe der gerade noch möglichen Zuwendung, sondern Basisbestimmung. Der Extremfall wird Ansatz für jedes Sozialverhältnis, das grundsätzlich immer durch Liebe bestimmt sein soll."[186]

Wenn der Wille Gottes somit letztlich an seinem Verhalten als des gütigen Schöpfers und des alles schenkenden endzeitlichen Herrschers abgelesen werden soll, dann kann die Tora nicht mehr die entscheidende Willenskundgabe Gottes sein[187]. Schon der „Stürmerspruch" hat ja die Gottesherrschaft als Ablösung der Zeit des Gesetzes proklamiert. „Die Zeit der prophetischen

---

rechnet Mk 10,15 zu den Logien, die „vermutlich von Jesus stammen", während er in seinem ansonsten wichtigen Aufsatz: Die Kinder und die Gottesherrschaft, WuD 17, 1983, S. 77 ff., den Vers als vermutlich von Markus selbst gebildet beurteilt (S. 103). H. MERKLEIN, a. Anm. 134 aO., S. 83 Anm. 99, erkennt im Anschluß an W. G. KÜMMEL „Formulierung der Gemeindesprache", aber sachlich korrekte Entsprechung zur „Intention Jesu". J. SCHLOSSER, a. Anm. 7 aO., Bd. II, S. 494 f., sammelt Indizien, die für Gemeindebildung sprechen.

[185] Aus der Literaturflut zu diesem Thema seien hervorgehoben: J. BECKER, Feindesliebe – Nächstenliebe – Bruderliebe, ZEE 25, 1981, S. 5 ff.; D. ZELLER, Die weisheitlichen Mahnsprüche bei den Synoptikern, Würzburg, 2. Aufl., 1983, S. 101 ff.; H. MERKLEIN, a. Anm. 134 aO., S. 114 ff.; P. HOFFMANN, Tradition und Situation. Zur Verbindlichkeit des Gebots der Feindesliebe . . ., in: Ethik im Neuen Testament, hg. v. K. KERTELGE, Freiburg i. Br. 1984, S. 56–118; G. STRECKER, Die Bergpredigt. Ein exegetischer Kommentar, Göttingen 1984, S. 88 f.; M. HENGEL, a. Anm. 165 aO., S. 381.390–394; W. SCHRAGE, a. Anm. 172 aO., S. 78 ff. – Ebenfalls vom gütigen Verhalten des Schöpfergottes her ist Jesu Verbot des Sorgens motiviert; dazu: P. HOFFMANN, Der Q-Text der Sprüche vom Sorgen Mt 6,25–33/Lk 12,22–31, in: Studien zum Matthäusevangelium (FS W. PESCH), Stuttgart 1988, S. 128 ff.; DERS., Die Sprüche vom Sorgen in der vorsynoptischen Überlieferung, in: Artikulation der Wirklichkeit (FS S. OPPOLZER), Frankfurt a. M. usw. 1988, S. 73 ff.; DERS., Jesu „Verbot des Sorgens" und seine Nachgeschichte in der synoptischen Überlieferung, in: Jesu Rede von Gott und ihre Nachgeschichte im frühen Christentum (FS W. MARXSEN), Gütersloh 1989, S. 116 ff.

[186] J. BECKER, aaO., S. 7.

[187] Dieses Problem habe ich in meinem Aufsatz: The opposition between Jesus and Judaism, in: Jesus and the Politics of His Day, hg. v. E. BAMMEL und C. F. D. MOULE, Cambridge, 2. Aufl., 1985, S. 129 ff., bes. 138 ff., erörtert. Neuere Arbeiten, die extrem kontroverse Positionen vertreten: P. STUHLMACHER, Das Gesetz als Thema biblischer Theologie, ZThK 75, 1978, S. 251 ff.; M. HENGEL, Jesus und die Tora, ThB 9, 1978, S. 152 ff.; U. LUZ, Jesus und die Tora, EvErz 34, 1982, S. 111 ff.; G. DAUTZENBERG, Gesetzeskritik und Gesetzesgehorsam in der Jesustradition, in: Das Gesetz im Neuen Testament, hg. v. K. KERTELGE, Freiburg i. Br. 1986, S. 46 ff.; P. FIEDLER, Die Tora bei Jesus und in der Jesusüberlieferung, ibid., S. 71 ff.; G. KLEIN, Art. Gesetz III, TRE 13, S. 58 ff.; J. BECKER, Das Ethos Jesu und die Geltung des Gesetzes, in: Neues Testament und Ethik (FS R. SCHNACKENBURG), Freiburg i. Br. usw., 1989, S. 31 ff.; W. SCHRAGE, a. Anm. 172 aO., S. 57 ff.

Weissagung, die Zeit der traditionellen Offenbarung Gottes im geschriebenen Wort der Tora und im geschriebenen und mündlichen Wort der Propheten, geht bis zu Johannes dem Täufer. Das heißt aber: Von da ab beginnt etwas qualitativ Neues, das nicht mehr als die Zeit der Tora vom Sinai und der prophetischen Weissagung, sondern als Zeit der Erfüllung umschrieben werden muß."[188] Dieser grundsätzlichen Äußerung entspricht es, daß die Jesusüberlieferung kaum positive Bezugnahmen auf Toragebote bringt, während einzelne Torabestimmungen direkt kritisiert werden.

Dies gilt für die nach Dtr 24,1 erlaubte Ehescheidung, die Jesus nach Mk 10,9 grundsätzlich ablehnt. Daß Jesus hier in Widerspruch zur Tora tritt, wird weithin anerkannt, selbst von Forschern, die Jesus sonst torakonform zeichnen[189]. Jüdischerseits ist die Möglichkeit der Ehescheidung nie in Frage gestellt worden, die Urkirche hingegen kam sehr schnell zu anderslautenden Entscheidungen (vgl. schon Mk 10,11ff.; Mt 5,32f.; 19,9; 1.Kor 7,12—15)[190], daher erscheint die Unableitbarkeit von Mk 10,9 als gesichert.

Analoges wird für die ursprüngliche Fassung der „primären" Antithesen der Bergpredigt (Mt 5,21.22a; 27f.; 33.34a.37) gelten[191]. Auch hier geht Jesus apodiktisch über alttestamentliche Setzungen hinweg. In der Zeit des Gesetzes mag es genügt haben, justiciable Tatbestände zu vermeiden, den vollbrachten Mord, den vollzogenen Ehebruch, den Meineid; der Mensch in der Gottesherrschaft dagegen wird schon den Ansatz zu diesen Untaten in seinem Herzen nicht aufkommen lassen. Die übliche Auffassung, in diesen Sprüchen werde die Tora radikalisiert, dürfte den Sachverhalt nicht adäquat erfassen[192]; denn

---

[188] M. Hengel, aaO., S. 156.

[189] Als einziger Torakonflikt Jesu wird Mk 10,9 bewertet von J. Wellhausen, Das Evangelium Marci, Berlin, 2. Aufl., 1909, S. 79; W. Trilling, a. Anm. 153 aO., S. 49. Ohne diese Einschränkung: D. Catchpole, The Synoptic Divorce Material as a Traditio-Historical Problem, BJRL 57, 1974, S. 92ff.; W. Schrage, a. Anm. 172 aO., S. 66ff.; M. Hengel, aO., S. 159f. – U. Luz, aaO., S. 117, schwächt die Tragweite ab: Daß einzelne Gebote außer Kraft gesetzt werden konnten, war im Judentum durchaus möglich. Etwa das alttestamentliche Gebot des Fluchwassers (Nu 5,17ff.) wurde im 1. Jh. n. Chr. abgeschafft, weil es nicht mehr praktikabel war", wobei er auf Sota 9,9 verweist. Aber dort beruft sich der Rabbi Jochanan ben Zakkai auf Hos 4,14, während der „Laie" Jesus apodiktisch urteilt! „Jesu Sachkritik beruht ... primär nicht auf Exegese, sondern auf Vollmacht, die die Unmittelbarkeit Gottes und seines Willens zum Zuge bringt." (W. Schrage, a. Anm. 172 aO., S. 71f.)

[190] In Qumran ist zwar die Polygamie verboten (CD IV 20ff.; TR 57,17f.), aber daß damit „möglicherweise auch eine Scheidung ausgeschlossen erscheint" (J. Maier, Die Tempelrolle vom Toten Meer, München/Basel 1978, S. 121), leuchtet nicht ein. Rabbinische Diskussion bei Strack-Billerbeck, S. 313ff. Vgl. auch G. Delling, Art. Ehescheidung, RAC IV, Sp. 707ff.

[191] Auch hier kann nur auf Weniges verwiesen werden, was uns hilfreich erscheint: P. Hoffmann, Auslegung der Bergpredigt III/IV, BiLe 10, 1969, S. 175ff.264ff.; H. Merklein, a. Anm. 134 aO., S. 103ff.; G. Strecker, a. Anm. 185 aO., S. 64ff.; M. Hengel, a. Anm. 165 aaO., S. 375—381.

[192] Von Radikalisierung der Tora könnte man etwa bei den Reinheitshalachot der Tempel-

die Forderung Jesu liegt auf einer ganz anderen Ebene als der des Gesetzes, zeigt sie doch auf, daß die innere Einstellung des Menschen zum Bruder, zur Frau, zur Wahrheit eine andere wird. Freiräume, die das Gesetz gelassen hat, gibt es jetzt nicht mehr. Der Mensch unter der Gottesherrschaft ist total in Anspruch genommen.

Auch die dem nachexilischen Judentum so wichtige Sabbatgesetzgebung hat Jesus kritisch hinterfragt[193]. Die Worte „Der Sabbat ist um des Menschen willen geschaffen, und nicht der Mensch um des Sabbats willen" (Mk 2,27) und „Ist es erlaubt, am Sabbat Gutes zu tun oder Böses zu tun, ein Menschenleben zu retten oder zu töten?" (Mk 3,4) lassen keinen anderen Schluß zu: Der Sabbat ist nicht mehr als apriorische göttliche Setzung, sondern als eine gute Stiftung Gottes zum Wohle des Menschen zu verstehen. Wo Gottes gütige Herrschaft aufscheint, hat das Tun des Guten Vorrang vor dem Kultgesetz. Jesus hat das Sabbatgebot also nicht abgeschafft, aber dem Gebot der Nächstenliebe untergeordnet. In der zeitgenössischen Diskussion kann das Sabbatgebot zwar durch andere Toragebote „verdrängt" werden, ansonsten aber darf es nur im Grenzfall der Lebensgefahr gebrochen werden. Ist die Stellungnahme Jesu damit aus dem Judentum unableitbar, so kann sie doch auch nicht auf urchristliche Positionen zurückgeführt werden, da das Judenchristentum hinter die Position Jesu zurückgegangen zu sein scheint, während die heidenchristliche Kirche weit darüber hinaus ging[194].

Auch das – wahrscheinlich ursprünglich isoliert überlieferte – Logion Mk 7,15 „Es gibt nichts, das von außen in den Menschen eingeht, das ihn verunreinigen kann, sondern das, was aus dem Menschen herausgeht, das verunreinigt

---

rolle oder den Sabbathalachot der Damaskusschrift sprechen, vielleicht auch bei den Antithesen in ihrer matthäischen Fassung, nicht aber im Blick auf die Jesusstufe. Vgl. die zu Mt 5,21f. getroffene Feststellung von U. LUZ, aaO., S. 118: „Hier verschärft Jesus das Dekaloggebot des Tötens dadurch, daß er es nicht juristisch, sondern ethisch auslegt. ... Die paränetische Auslegung des Dekalogverbots ... steht nicht mehr *neben* dem Recht, sondern tritt gleichsam an seine Stelle." Vgl. auch H. MERKLEIN, a. Anm. 63 aO., S. 100f.

[193] Zur jüdischen Sabbatobservanz vgl. E. LOHSE, Art. σάββατον, ThW VII, S. 1ff. – Die Forschungsgeschichte von Mk 2,27 bietet F. NEIRYNCK, Jesus and the Sabbath. Some Observations on Mark II, 27, in: Jésus aux origines de la christologie, hg. v. J. DUPONT, Leuven 1975, S. 227ff. Ferner: M. HENGEL, a. Anm. 165 aO., S. 36ff.; W. SCHRAGE, a. Anm. 172 aO., S. 63f. Unbefriedigend ist U. LUZ, a. Anm. 187 aO., S. 116, der nur kurz auf die Seltenheit eindeutiger Sabbatübertretungen Jesu hinweist, ohne sich über die Logien Mk 2,27; 3,4 zu äußern. A. LINDEMANN, „Der Sabbat ist um des Menschen willen geworden...", WuD 15, 1979, S. 78ff., erklärt apodiktisch zu 2,27: „Daß Jesus das Logion selbst gebildet hat, kann man m. E. ausschließen, ebenso christlichen Ursprung des Wortes; andernfalls wäre sein Auftauchen im Judentum kaum zu erklären" (S. 89, Anm. 32). Aber ist der unter dem Namen eines Tannaiten der 4. Generation – als exegetische Folgerung aus Ex 31,14! – überlieferte Spruch „Euch ist der Sabbat übergeben, und nicht seid ihr dem Sabbat übergeben" formal und sachlich wirklich so nahe bei Mk 2,27, daß man nicht an unabhängige Formulierungen denken dürfte?

[194] Vgl. W. RORDORF, Der Sonntag, Zürich 1962.

den Menschen" gehört in diesen Zusammenhang[195]. Gegenüber einer Unzahl von abschwächenden und verharmlosenden Deutungen[196] wird hier als die Meinung Jesu zu erkennen sein, „daß nicht die äußerliche, rituelle Verunreinigung das Gottesverhältnis zerstört, sondern sein böses Herz und das, was aus ihm an Gedanken, Worten und Werken hervorgeht. Jetzt, da die Gottesherrschaft anbricht, verliert die rituelle Reinheit ihre – gerade die essenische und pharisäische Frömmigkeit beherrschende – Bedeutung"[197]. Natürlich ist die Vorstellung, das Gottesverhältnis werde durch rituelle Verunreinigung zerstört, schon alttestamentlich; mithin muß man den Exegeten Recht geben, die hier eine torakritische Absicht Jesu sehen[198].

Die tiefsten Konsequenzen von Mk 7,15 hat schon längst Ernst Käsemann aufgezeigt: „... Wer bestreitet, daß die Unreinheit von außen auf den Menschen eindringt, trifft die Voraussetzungen und den Wortlaut der Tora und die Autorität des Moses selbst. Er trifft darüber hinaus die Voraussetzungen des gesamten antiken Kultwesens mit seiner Opfer- und Sühnepraxis. Anders gesprochen: Er hebt die für die gesamte Antike grundlegende Unterscheidung zwischen dem Temenos, dem heiligen Bezirk, und der Profanität auf und kann sich deshalb den Sündern zugesellen."[199] Angesichts dessen erscheint es fast als

---

[195] Zur Analyse von Mk 7,1–13 vgl. außer den Kommentaren: J. LAMBRECHT, Jesus and the law. An investigation of Mk 7,1–23, Leuven 1977; R. DILLMANN, Das Eigentliche der Ethik Jesu, Mainz 1984, S. 85ff.; D. LÜHRMANN, ... womit er alle Speisen für rein erklärte (Mk 7,19), WuD 16, 1981, S. 71ff.

[196] Zur älteren Forschungsgeschichte vgl. meinen Aufsatz: Markus 7,15 – das Jesuswort über die innere Verunreinigung, ZRGG 20, 1968, S. 341 ff. Abschwächende Auslegung jetzt auch bei U. LUZ, aaO., S. 117 („Es könnte sich hier aber auch um eine überspitzte, rhetorisch geschliffene Formulierung handeln, die lediglich betonen wollte, daß die Worte eines Menschen, die aus seinem Herzen kommen, ihn unendlich viel mehr verunreinigen als rituelle Unreinheit", wobei Luz sich auf Mt 23,25f. beruft!). J. D. G. DUNN, Jesus and ritual purity, in: A cause de l'Evangile (FS J. DUPONT), Paris 1985, S. 251 ff., möchte mit Hilfe von Mt 15,11 und Thomasevangelium, Logion 14, eine weniger scharfe Formulierung des Logions als jesuanisch ansehen, die (ähnlich wie Luz es annimmt) die innere Reinheit für wichtiger als die rituelle erklärte (S. 274). Da – wie DUNN aber selbst sieht – die gemilderte matthäische Form sich durchaus matthäischer Redaktion verdanken kann (S. 261) – in diesem abmildernden Sinn hat Matthäus das ganze Streitgespräch bearbeitet! –, ist diese These nicht überzeugend. Für Abhängigkeit von Mt 15,1–20 von Mk 7,1–23 plädiert mit guten Gründen C. M. TUCKETT, The Revival of the Griesbach Hypothesis, Cambridge 1983, S. 103 ff. Auch bleibt, wie schon oben bemerkt, die Abhängigkeit des Thomasevangeliums von den Synoptikern immer noch sehr wahrscheinlich, so daß Logion 14 kaum eine vormarkinische Tradition wiedergeben dürfte.

[197] M. HENGEL, a. Anm. 187 aO., S. 163. Dort auch der Verweis auf Lk 10,7f. (S. 164).

[198] W. G. KÜMMEL, Äußere und innere Reinheit bei Jesus (1973), in: DERS., Heilsgeschehen und Geschichte II, Marburg 1978, S. 117ff.; H. HÜBNER, Mark. VII.1–23 und das „jüdisch-hellenistische" Gesetzesverständnis, NTS 22, 1975/76, S. 319ff.; L. GOPPELT, a. Anm. 74 aO., S. 160; R. PESCH, Markusevangelium I, S. 284.286 (siehe Anm. 90). J. LAMBRECHT, aaO.; R. DILLMANN, aaO.; G. KLEIN, a. Anm. 187 aaO., S. 59; J. BECKER, a. Anm. 187 aO., S. 42f.; W. SCHRAGE, a. Anm. 172 aO., S. 71f.

[199] E. KÄSEMANN, a. Anm. 65 aaO.

absurd, wenn Mk 7,15 neuerdings Jesus ab- und einem urchristlichen Anonymus zugesprochen wird[200]. Das Argument, Paulus habe sich in der Frage der Tischgemeinschaft von Juden- und Heidenchristen auf ein Wort wie Mk 7,15 nicht berufen können, weil es ein solches Wort nicht gab, ist nicht nur als argumentum e silentio fragwürdig, sondern auch im Blick darauf, wie Paulus sonst mit angeblich autoritativen Jesusüberlieferungen umgegangen ist. Denn in 1. Kor 7,10f. spielt Paulus auf eine Überlieferung wie Mt 5,32; Mk 10,11f. an, um aber den vorliegenden Fall anders zu entscheiden. Und in 1. Kor 9,14 spielt Paulus auf ein Jesuswort von der Entlohnung der Evangeliumsverkündiger an (vgl. Lk 10,7), das aber neben Argumenten aus dem allgemeinen Recht und dem Alten Testament steht und ebenfalls seine eigene Entscheidung nicht bestimmt[201].

Leuchtet somit die Echtheitskritik vom paulinischen Befund her überhaupt nicht ein, so kann man mit dem Kriterium der Kohärenz die jesuanische Herkunft von Mk 7,15 bekräftigen: Die in vielen Überlieferungsstücken sich spiegelnde Freiheit Jesu von allen möglichen „Berührungsängsten", sei es gegenüber „Zöllnern und Sündern", gegenüber Prostituierten oder Aussätzigen[202], ließe sich kaum verstehen, wenn Jesus nicht grundsätzlich die Zuwendung zum Menschen über kultische Reinheit gestellt hätte.

Nur kurz sollen noch weitere Sachverhalte und Texte erwähnt werden, die belegen, daß die Tora für Jesus nicht mehr letztgültiger Maßstab war: So führte sein Ruf in die Nachfolge (Mt 8,21f.; Mk 1,16—20) zum Bruch mit frommer Sitte und auch mit dem Vierten Gebot[203], und die von Jesus beanspruchte Vollmacht zur Sündenvergebung greift nach einer göttlichen Prärogative (Ex 34,6f.)[204].

---

[200] H. RÄISÄNEN, Zur Herkunft von Markus 7,15, in: Logia. Les paroles de Jésus, hg. v. J. DELOBEL, Leuven 1982, S. 477ff.; G. DAUTZENBERG und P. FIEDLER, a. Anm. 187 aO.; E. P. SANDERS, a. Anm. 83 aO., S. 266.

[201] Weitere Überlegungen zu diesem Problem bei J. BECKER, aaO., S. 50ff. – Die Frage, inwieweit Paulus mit Jesustraditionen bekannt war, wird kontrovers diskutiert. Daß Paulus in Gal 1,18 sagen wolle, er habe sich um Informationen bei Kephas bemüht (so J. D. G. DUNN, NTS 18, 1982, S. 461ff.), ist wohl überzogen (s. O. HOFIUS, ZNW 75, 1984, S. 73ff.). Zum Thema vgl. P. STUHLMACHER, Jesustradition im Römerbrief?, ThB 14, 1983, S. 240ff.; F. NEIRYNCK, Paul and the Sayings of Jesus, in: L'Apôtre Paul. Personnalité, style et conception du ministère, hg. v. A. VANHOYE, Leuven 1986, S. 265ff.; N. WALTER, Paulus und die urchristliche Tradition, NTS 31, 1985, S. 498ff.

[202] Vgl. Mk 2,13—17; Mt 11,19 par.; Lk 7,36—50; Mk 1,40—45; Lk 17,11—19. Ohne in die Diskussion über die Authentizität der einzelnen Stücke eintreten zu können, sei der vernünftige Grundsatz in Erinnerung gebracht: Geschichten kreisen um Geschichte!

[203] M. HENGEL, Nachfolge und Charisma, Berlin 1968. Sogar E. P. SANDERS räumt ein, daß Jesus in diesem Fall gegen die Tora verstößt (Jesus and Judaism, siehe Anm. 83, S. 252ff.).

[204] Zu Mk 2,1—12 kommen die beiden neuesten Untersuchungen trotz unterschiedlicher literarkritischer Ansätze zum u. E. gut begründeten Ergebnis, daß der Zuspruch der Sündenvergebung auf den irdischen Jesus zurückgeht: O. HOFIUS, Jesu Zuspruch der Sündenverge-

Schließlich zeigt die in der vormarkinischen und vorjohanneischen Tradition überlieferte Tempelaustreibungsgeschichte[205], daß Jesus eine Zeichenhandlung im Tempel ausführte, die letztlich den alttestamentlich sanktionierten Kultbetrieb in Frage stellen konnte (Mk 11,15−17; Joh 2,13−16)[106]. Auch diese – in den Evangelien sehr unterschiedlich gedeutete – Handlung läßt sich bestens in unsere Gesamtsicht integrieren: Da Gott jetzt selbst herrscht, ist die Vermittlung durch den Kultus nicht mehr angemessen. Dem fügt sich organisch an, daß Jesus anderwärts die Versöhnung mit dem Bruder für wichtiger als die Darbietung einer Opfergabe im Tempel erklärt hat (Mk 5,23f.)[207].

Alle diese Fälle, in denen Jesus konkrete Bestimmungen der Tora vergleichgültigt oder kritisiert hat, lassen einen ungeheuren Autoritätsanspruch erkennen. So konnte kein Prophet sprechen und auch der Täufer nicht. Für die jetzt anbrechende Zeit der Gottesherrschaft wird der Wille Gottes autoritativ im Wort Jesu kundgemacht, wie er für die vergangene Epoche im Gesetz des Mose formuliert war. Der sowohl in Q als auch in der Markus-Überlieferung (Mk 8,38; Lk 12,8 par.)[208] wiedergegebene Anspruch Jesu, das Urteil Gottes richte

---

bung. Exegetische Erwägungen zu Mk 2,5b, in: Diakonia (FS B. STOGIANNOS), Thessalonike, 1988, S. 123ff.; H.-J. KLAUCK, Die Frage der Sündenvergebung in der Perikope von der Heilung des Gelähmten (Mk 2,1−12 par.), BZ 25, 1981, S. 223ff. Auch für F. MUSSNER, Der Anspruch Jesu, in: DERS., Die Kraft der Wurzel, Freiburg i. Br. usw. 1987, S. 104ff., wird hier der unerhörte Geltungsanspruch Jesu deutlich: „Mit dem Anspruch auf die göttliche Vollmacht zur Sündenvergebung fiel Jesus zweifellos aus dem Rahmen des Judentums" (S. 113). Nun hat P. FIEDLER, Jesus und die Sünder, Bern/Frankfurt a. M. 1976, mit dem Hinweis darauf, daß nach alttestamentlich-jüdischem Glaubensverständnis nur Gott das Recht zur Sündenvergebung besitze, erklärt, es sei „ganz unwahrscheinlich, ja geradezu ausgeschlossen, daß Jesus, wie Mk 2,1−12 − vordergründig gesehen − behauptet, Sünden vergeben und/oder ein Wort wie Mk 2,10 gesprochen hat" (S. 112). Dazu bemerkt MUSSNER mit Recht, hier werde „der methodische Fehler begangen, Jesu Anspruch am jüdischen Glaubensverständnis zu normieren: Er darf nur gesagt und gelehrt haben, was diesem Glaubensverständnis entsprochen habe! Natürlich bekommt man auf solche Weise einen rein ‚jüdischen' Jesus, was er aber nicht war" (S. 113 Anm. 40).

[205] Mit F. HAHN, a. Anm. 75 aO., S. 45 m. Anm. 13, halte ich diese Bezeichnung für zutreffender als die übliche „Tempelreinigung". Die Deutung Mk 11,17 ist sicher sekundär (R. BULTMANN, a. Anm. 55 aO., S. 36; J. ROLOFF, Das Kerygma und der irdische Jesus, Göttingen 1970, S. 91).

[206] Die Austreibung von Verkäufern, Käufern und Geldwechslern legt den Kultbetrieb faktisch lahm! In der johanneischen Form werden nur Verkäufer und Wechsler vertrieben. Die Notiz Mk 11,16 wird meist gedeutet, Jesus habe „das Durchtragen von Gefäßen (häuslichen Bedarfs) durch den Vorhof (zur Abkürzung des Weges) untersagt" (Roloff, S. 96) – aber naheliegender ist, an Gefäße kultischen Bedarfs zu denken. So mit Entschiedenheit J. GNILKA, a. Anm. 90 aO., S. 129.

[207] Für die Echtheit dieses Stückes spricht die „kategorische hyperbolisch zugespitzte exemplarische Forderung, die auf eine neue Grundeinstellung zum Mitmenschen zielt" (U. LUZ, a. Anm. 110 aO., S. 259).

[208] Dazu J. BECKER, a. Anm. 164 aO., S. 100ff.; W. G. KÜMMEL, Das Verhalten Jesus gegenüber und das Verhalten des Menschensohnes (1975), in: DERS., Heilsgeschehen und Geschichte II, Marburg 1978, S. 201ff.; R. PESCH, Über die Autorität Jesu. Eine Rückfrage

sich nach der Stellung des Menschen zu Jesus und zu seinem Wort, beansprucht unüberbietbare Vollmacht[209].

V. Die Vollendung der gegenwärtigen Gottesherrschaft

Kann es somit keinen ernsthaften Zweifel daran geben, daß Jesus von dem Bewußtsein her dachte, sein Wirken und Verkündigen stelle die entscheidende Zäsur in der Geschichte Gottes mit seinem Volk dar, so daß jetzt schon das Heil als Leben aus Gottes Nähe und Güte möglich sei, so bleiben doch diejenigen Logien noch zu bedenken, welche einen zukünftigen Aspekt der Basileia bezeugen. Wer die Gottesherrschaft jetzt nicht in der rezeptiv-dankbaren Weise des Kindes annimmt, wird nicht in sie hineingehen. Jesus lehrt seine Jünger, um das Kommen der Gottesherrschaft zu beten. Viele aus Ost und West werden in der Gottesherrschaft mit den Erzvätern zu Tische liegen, und Jesus selbst erwartet, nach seinem Tod in neuer Weise vom Gewächs des Weinstocks zu trinken.

Können diejenigen, welche sich der Gottesherrschaft unterstellen, eine heilvolle Zukunft erwarten, so wird denjenigen, welche der neuen Situation nicht entsprechen, künftige Heillosigkeit angesagt. Wer jetzt die Einladung zum Festmahl ausschlägt, zieht sich für immer den Verlust der Einladung zu (Mt 22,1–10 par. Lk 14,15–24). Weniger warnend als werbend zeigt das Gleichnis vom Verlorenen Sohn im älteren Bruder den Menschen, der sich vom Freudenmahl selbst ausschließt, weil er sich über den wiedergefundenen Bruder nicht freuen, weil er sich von der Gottesherrschaft als der Herrschaft der Gnade nicht regieren lassen will. Daß Gegenwart und Zukunft nicht im apokalyptischen Zwei-Äonen-Schema gedacht sind, ist klar[210]: Es fehlt der Bruch, und Fest und Freude sind jetzt und dann bestimmend.

Den Weg zum Verständnis weist das Gleichnis vom Senfkorn, dessen

---

anhand des Bekenner- und Verleugnerspruchs Lk 12,8f. par., in: Die Kirche des Anfangs (FS SCHÜRMANN), Freiburg usw. 1978, S. 25 ff.

[209] Auch F. MUSSNER, der die Torakritik Jesu sehr zurückhaltend beurteilt („Dieser Jesus ... *schien* gerade die Weisungen Gottes in Frage zu stellen, etwa in Hinsicht auf das strenge Sabbatgebot oder die in der Tora selbst vorliegende Vorschriften über ‚rein' und ‚unrein'"), stellt fest, „daß Jesus von Nazareth in seinem Volk und zu seiner Zeit einen Anspruch erhoben hat, wie er so zuvor von niemandem in Israel erhoben worden ist, und der mit den Titeln und Würdenamen ‚Rabbi', ‚Prophet', ‚Messias' nicht abdeckbar ist" (a. Anm. 203 aO., S. 121). Bedenkenswert bleibt das Votum E. KÄSEMANNS: „Die einzige Kategorie, die seinem Anspruch gerecht wird, ist völlig unabhängig davon, ob er sie selbst benutzt und gefordert hat oder nicht, diejenige, welche seine Jünger ihm denn auch beigemessen haben, nämlich die des Messias" (a. Anm. 65 aO., S. 206).

[210] Vgl. A. VÖGTLE, Das Neue Testament und die Zukunft des Kosmos, Düsseldorf 1970, S. 145 ff.

ursprüngliche Fassung mit Hans Weder folgendermaßen zu rekonstruieren ist: „Wie sollen wir das Reich Gottes abbilden, in welchem Gleichnis sollen wir es darstellen? Wie mit einem Senfkorn (ist es), das, wenn es einmal ausgesät ist auf die Erde, aufwächst und große Zweige treibt, so daß die Vögel in ihrem Schatten nisten können."[211] Wer das sprichwörtlich winzige Senfkorn in die Erde legt, kann ganz sicher sein, daß daraus eine große Senfstaude heranwächst. Ebenso ist gewiß, daß die in der Predigt Jesu und in seinen Zeichenhandlungen unscheinbar anwesende Gottesherrschaft einmal universal zur Macht kommen wird. Das heißt, daß an die Stelle partieller Überwindung von Not, Leiden und Tod im Wirken Jesu und zeitweiliger Stiftung von Mahlgemeinschaft einmal die völlige Überwindung des Leides und immerwährende Festfreude treten sollen.

Analog macht auch das Gleichnis vom Sauerteig (Lk 13,18f. par.) den alltäglichen Sachverhalt, daß eine kleine Menge Sauerteig eine riesige Menge Mehl durchsäuert, durchsichtig für den Glauben an die künftige Durchsetzung der Gottesherrschaft[212]. Dabei ist übrigens vorausgesetzt, daß die Gottesherrschaft in Jesus bereits angefangen hat; eine bloß angekündigte Gottesherrschaft kann so wenig zur Vollendung kommen wie ein noch nicht unter das Mehl gerührter Sauerteig wirken kann.

Auch das Gleichnis von der selbstwachsenden Saat (Mk 4,26—29) zeigt, daß die sichere Erwartung der Ernte nach der Aussaat die wunderbare Vollendung der in Jesu Wirken und Verkündigung angefangenen Gottesherrschaft erhoffen läßt[213]. Saat und Ernte bezeichnen einen zusammengehörigen Vorgang[214], der in keiner Weise beschleunigt oder verkürzt wird, sondern auf seine Weise abläuft. Die „Zerdehnung" in V. 27f. nimmt dem Vorgang alles Drängende[215]. Die Zukunft ist Vollendung dessen, was jetzt wirklich wird oder nie; daher kann Jesus dieses Zukünftige ganz Gott überlassen.

Unser Versuch, die in sich nicht schlüssige Jesusüberlieferung methodologisch klar zu analysieren, hat ein in sich geschlossenes und theologisch bedeut-

---

[211] H. WEDER, a. Anm. 170 aO., S. 131; ganz ähnlich H. MERKLEIN, a. Anm. 134 aO., S. 73 ff.

[212] Vgl. H. WEDER, aaO., S. 133 f.

[213] Vgl. H. WEDER, aaO., S. 117 f.; W. G. KÜMMEL, Noch einmal: Das Gleichnis von der selbstwachsenden Saat. Bemerkungen zur neutestamentlichen Diskussion um die Auslegung der Gleichnisse Jesu, in: DERS., Heilsgeschehen und Geschichte II, Marburg 1978, S. 143.

[214] Durch das Joel-Zitat erscheint die Ernte aber nicht mehr als der natürliche Abschluß des Geschehens, sondern als etwas Drohendes. Außerdem wird das Gleichnis dadurch allegorisierend übermalt (so richtig R. PESCH, a. Anm. 90 aO., S. 255; P. DSCHULNIGG, a. Anm. 174 aO., S. 93/16, sieht durch das Joel-Zitat die Gleichsetzung Anthropos im Gleichnis = Menschensohn begründet). So spricht viel für das Urteil H. WEDERS, a. Anm. 170 aO., S. 117 Anm. 102, der Anklang an Joel 4,13 sei sekundär.

[215] Die Ausscheidung des V. 28 durch H. WEDER, aaO., S. 104, ist nicht hinreichend begründet.

sames Gesamtbild ergeben. Die folgende thesenartige Zusammenfassung soll dies noch einmal verdeutlichen und zugleich die Eigenart Jesu gegenüber apokalyptischem Denken anzeigen[216].

1. Für Jesus wie für die Apokalyptik ist die Welt gottfern und heillos.

2. Für Jesus ist ebenso wie für die Apokalyptik die strenge Theozentrik charakteristisch: Nur Gott kann Heil schaffen. Während die Apokalyptik diese Welt aber so grundsätzlich negativ ansah, daß Heil erst in einem kommenden Äon möglich erschien, hat Jesus diese Welt als möglichen Ort heilvoller Gottesherrschaft angesehen.

3. Während die Apokalyptiker bis hin zu Johannes dem Täufer den Anbruch der Heilszeit mit dem Gericht Gottes verbinden, verbindet Jesus das Herrwerden Gottes mit der Ansage einer bedingungslosen Amnestie.

4. Da für die Apokalyptik Heil nur durch einen schöpferischen Neuanfang Gottes gegeben werden kann, ist menschliches Handeln unter den Bedingungen dieser Welt an die Tora vom Sinai gewiesen; ihre penible Erfüllung hilft zum Bestehen im Gericht. Für Jesus dagegen will der Schöpfer dieser Welt die Herrschaft über diese seine Schöpfung wieder ergreifen; infolgedessen gilt es, den ursprünglichen guten Willen des Schöpfers gegen die Geschöpfe im mitmenschlichen Handeln zu verwirklichen. Motivation für das Handeln ist nicht das Gericht, sondern die Dankbarkeit.

5. Für Jesus wie für die Apokalyptik verlieren die Prärogativen Israels ihre Bedeutung. Während die Apokalyptik aber dazu neigt, das Heil konventikelhaft auf einen „Rest" Israels zu beschränken, sprengt Jesus vom Schöpfungsgedanken her jegliche Einengung des Heils auf.

6. Mit der Apokalyptik erwartet Jesus einen Zustand, in welchem Gott uneingeschränkt Herr ist. Aber dieser endgültige Heilszustand steht für Jesus nicht in absoluter Diskontinuität zur Gegenwart. „Die gegenwärtige Verwirklichung der Basileia steht ... im Zeichen des Senfkorns."[217] Der Mensch wird damit sicher nicht zum „Aktanten des Reiches Gottes"[218], aber gelebte Güte und erfahrene Gemeinschaft darf Gleichnis für das Erhoffte werden.

---

[216] Natürlich gibt es „die apokalyptische Theologie" nicht, sondern eine Vielzahl von apokalyptischen Entwürfen, die auf jede neue Situation reagieren. Das hat besonders K. MÜLLER, Art. Apokalyptik III, TRE 3, S. 202ff., herausgestellt. Im folgenden nehmen wir daher nur gewisse Grundelemente dessen an, was man – auch im Sinne MÜLLERS – als Apokalyptik bezeichnen kann.

[217] P. HOFFMANN, a. Anm. 74 aO., S. 382.

[218] Gegen G. LOHFINK, a. Anm. 99 aO., S. 8f.12.

Reich Christi, Reich Gottes und Weltreich im Johannesevangelium*

von

Martin Hengel

Von Hegesipp, dem 2. christlichen Geschichtsschreiber nach Lukas, ist uns bei Euseb[1] ein eigenartiger Bericht überliefert, der vermutlich auf ein historisches Ereignis zurückgeht, da er der üblichen, legendären frühchristlichen Märtyrerüberlieferung widerspricht. Danach soll Kaiser Domitian (81–96 n. Chr.) die Nachkommen Davids als mögliche Messiasprätendenten verfolgt haben. In diesem Zusammenhang wurden auch zwei Großneffen Jesu, Enkel seines Bruders Judas, denunziert und von Galiläa nach Rom vor den Kaiser gebracht. Dieser habe sie zunächst über ihre davidische Abstammung und ihre Vermögensverhältnisse befragt. Sie antworteten, daß sie zusammen eine Landwirtschaft von 39 Morgen im Steuerwert von 9000 Denaren bewirtschafteten, „von der sie die Steuern zahlten und sich durch eigenhändige Arbeit ernährten". Zum Beweis hätten sie dem Kaiser ihre abgearbeiteten, schwieligen Hände vorgezeigt. Auf die weitere Frage nach Christus – ihrem Großonkel – und nach seinem Reich (βασιλεία) hätten sie geantwortet: „Es sei weder weltlich noch irdisch, vielmehr himmlisch und engelgleich, es werde erst am Ende der Weltzeit erscheinen, wenn Christus in Herrlichkeit komme, die Lebenden und die Toten zu richten..."[2] Domitian habe diese Antwort so wenig aufregend und provozierend gefunden, daß er die beiden Herrnverwandten nicht verurteilte, sondern voller Verachtung als gemeine Leute freiließ und nach Hause schickte: ja er habe daraufhin durch ein Edikt die Verfolgung der Kirche beendet.

Dieser schlichte Bericht ist in verschiedener Hinsicht bemerkenswert. Zunächst im Blick auf das Verhalten des Kaisers. Domitian erscheint hier nicht als jener wilde Christenverfolger im Stile eines zweiten Nero, wie er dann in der späteren kirchlichen Tradition seit Melito von Sardes und Tertullian dargestellt

---

* Erweiterte Fassung von: Theol. Beiträge 4 (1983) 201–216.
[1] Euseb, h.e. 3,19–20,6. Hegesipp berichtete auch ihre Namen, die Euseb wegließ; siehe E. Preuschen, Antilegomena ²1905, III fr. 4b nach Philippus Sidetes: Zoker und Jakobus.
[2] Op. cit. 3,20,2f.: ... ὡς οὐ κοσμικὴ μὲν οὐδ' ἐπίγειος, ἐπουράνιος δὲ καὶ ἀγγελικὴ τυγχάνει, ἐπὶ συντελείᾳ τοῦ αἰῶνος γενησομένη, ὁπηνίκα ἐλθὼν ἐν δόξῃ κρινεῖ ζῶντες καὶ νεκρούς...

wurde³. Das mag historisch begründet sein. Offenbar hatten seinen Zorn weniger die einfachen Christen aus der Provinz als der senatorische Adel und die Intellektuellen Roms zu fürchten, wie etwa seine nahen Verwandten Titus Flavius Clemens und dessen Frau Domitilla, die wegen ἀθεότης und judaisierender (oder christlicher) Neigungen hingerichtet bzw. verbannt wurden⁴. Der als grausam verrufene Kaiser behandelte die bei aller Armut als Herrenverwandte doch ‚prominenten' Christen mit erstaunlichem Großmut, ganz anders als der ‚liberale' jüngere Plinius ca. 15 bis 20 Jahre später in seiner Provinz Bithynien-Pontus, dem Kaiser Trajan vorhalten mußte, daß anonyme Denunziationen dem aufgeklärten ‚Geist der Zeit' widersprächen⁵. Domitian betrachtete nach diesem Bericht die Glaubensüberzeugungen jener Galiläer wohl als eine Spezies des unvermeidbaren Aberglaubens einfacher Leute, der die Staatsräson nicht verletzte, wenn diese ihre Steuern zahlten und keinen Aufruhr anzettelten. Ob die Schilderung der βασιλεία Christi von Hegesipp ausformuliert wurde oder auf seine judenchristliche Quelle zurückgeht, läßt sich schwer sagen. An sich ist diese Vorstellung christliches Gemeingut⁶. Auffallend ist ihre apologetische Tendenz, die den überweltlichen, ‚unpolitischen' Charakter dieses Reiches hervorhebt. Dem entspricht, daß – anders als in den jüdischen und christlichen Märtyrerakten, den heidnischen Acta Alexandrinorum oder der Gerichtsverhandlung Domitians gegen Apollonios von Tyana nach Philostratos⁷ – der Herrscher weder als Tyrann dargestellt, noch die aggressive παρρησία der Angeklagten hervorgehoben wird. Die Herrschaft Christi erscheint – ganz im Gegensatz zum Römischen Reich – als keine irdisch greifbare, vorfindliche politische Größe, darum braucht sich die auf Erden hier und jetzt herrschende Macht – in ihrer Verblendung – von ihr nicht betroffen zu fühlen, die „Vollendung der Weltzeit" und das Kommen Christi zum Gericht kann man gewissermaßen ad kalendas Graecas vertagen. Darum läßt der Weltherrscher, von solcher superstitio unbeeindruckt oder bestenfalls abgesto-

---

³ Melito v. Sardes, apol., bei Euseb, h.e. 4,26,9; Tertullian, apol. 5,4; Lactanz, de mort. persec. 3,1–5; vgl. Euseb, h.e. 3,17. Zum Problem siehe P. KERESZETES, Domitian Persecutes Jews and Christians, in ANRW II 23,1, 1979, 257–272, vgl. schon VigChr 27 (1973), 1–28; J. B. BAUER, Der erste Petrusbrief und die Verfolgung unter Domitian, in: Die Kirche des Anfangs. Festschrift für H. SCHÜRMANN z. 60. Geburtstag, Leipzig 1977, 513–527.

⁴ Cassius Dio 67,14,1f.; vgl. Sueton, Dom. 15,1; anders Euseb, h.e. 3,18,4; Hieronymus, Chron. Abr. 2112, p. 192 17–19 für das 16. Jahr Domitians. Da Cassius Dio die Christen grundsätzlich nicht erwähnt, könnte das „Abgleiten zu jüdischen Sitten" durchaus auf christliche Neigungen hinweisen: siehe M. HENGEL, JSS 35 (1990) 39f.

⁵ „Sine auctore vero propositi libelli (in) nullo crimine locum habere debent. Nam et pessimi exempli nec nostri saeculi est." (Plin. min. 10, 97[98]). Von diesem Satz kann noch unser aufgeklärtes Jahrhundert lernen.

⁶ Vgl. 2. Tim 4,18 . . . εἰς τὴν βασιλείαν αὐτοῦ τὴν ἐπουράνιον, siehe auch 4,1; 2. Petr 1,11; dazu den frühesten christlichen Text: 1. Thess 2,12.

⁷ Philostratus, Apollonius von Tyana 7,32ff.

ßen, die beiden ‚armen Schlucker' voller Verachtung laufen.

Es ist auffallend, daß wir einen – wohl ebenfalls in der Zeit Domitians oder wenig später entstandenen – Bericht besitzen, der in ähnlicher Weise die Begegnung des neuen Glaubens mit dem Vertreter des Imperiums in einer Gerichtsszene schildert, wobei auch hier die Frage nach der βασιλεία Christi im Mittelpunkt steht. Es handelt sich um den bekannten Dialog des Pilatus mit Jesus selbst nach der Darstellung des 4. Evangelisten (Joh 18,33–19,16). Er ist als das letzte ausführliche Selbstzeugnis Jesu im 4. Evangelium das Herzstück der johanneischen Passionsgeschichte und in gewisser Weise der Kontrapunkt zu der Befragung Jesu durch den Hohenpriester bei den Synoptikern.

Das Königtum Jesu durchzieht diesen Text wie ein roter Faden. Zwölfmal erscheint der Titel βασιλεύς als das Stichwort der Anklage[8], und dreimal in der Antwort Jesu der Hinweis auf seine βασιλεία[9], eine für das Neue Testament einzigartige christologische Konzentration dieser beiden Begriffe, die so gar nicht in das scheinbar unpolitische 4. Evangelium hineinpassen will, aber durchaus der christologischen Tendenz desselben entspricht, die beim Einzug in Jerusalem und in der Passionsgeschichte selbst das Königtum Jesu sehr viel stärker betont als die Synoptiker[10].

Ausgangspunkt ist die allen vier Evangelien gemeinsame Frage des Pilatus an den vorgeführten Gefangenen: „Bist du der König der Juden?"[11] Nach den Synoptikern besiegelt Jesus durch die bejahende Antwort und das anschließende Schweigen seinen Tod entsprechend dem alten römischen Rechtssatz: *confessus pro iudicato est, qui quodammodo sua sententia damnatur*[12], d. h. der im Prozeß Geständige spricht sich selber schuldig. Der römische Präfekt *mußte* im Grunde Jesus wegen seines politisch interpretierbaren messianischen Anspruchs zum Tode am Kreuz verurteilen. Eben das wußten die Volksführer, die ihn an Pilatus mit der entsprechenden Anklage auslieferten. Die Kreuzesinschrift unterstreicht noch einmal diese Anklage. Hier liegt der historische Kern der Passionserzählungen *aller* vier Evangelien.

---

[8] Joh 18,33.37a.37b.39; 19,3.12.14.15b.15c.19.21a.21b. Zum folgenden siehe R. BULTMANN, Das Evangelium des Johannes [10]1968, 505 ff.; siehe auch D. LÜHRMANN, Der Staat und die Verkündigung. R. BULTMANNS Auslegung von Joh 18,28 bis 19,16, in: Theologia crucis – signum crucis. Festschr. E. DINKLER, 1979, 359–375, bes. 372ff. zur Selbstkorrektur BULTMANNS bei 19,11; weiter R. BAUM-BODENBENDER, Hoheit in Niedrigkeit. Johanneische Christologie im Prozeß Jesu vor Pilatus (Joh 18,28–19,16a), fzb 49, Würzburg 1984; F. HAHN, Der Prozeß Jesu nach dem Johannesevangelium, EKK-Vorarbeiten II, Neukirchen-Vluyn 1970, 23–96, bes. 29–52.

[9] Joh 18,36a.b.c.

[10] Die in Jerusalem versammelte Festversammlung, die antikem Herrscherbrauch entsprechend zur Einholung (ὑπάντησις, vgl. 1. Thess 4,17) Jesus entgegenzieht, trägt als Siegeszeichen Palmenwedel (vgl. 1. Makk 13,51; Apk 7,9) und akklamiert ihn als König Israels (12,13).

[11] Mk 15,2; Mt 27,11; Lk 23,3; Joh 18,33.

[12] Paulus, dig. 42,2,1; vgl. Scaevola, dig. 48,4,4.

Für Johannes reicht diese einfache Geradlinigkeit nicht mehr aus, denn bei ihm wird – wie in keinem anderen Evangelium – die Würde des zu Gott Erhöhten auf den Irdischen zurückprojiziert, und damit bereits der Mensch Jesus mit dem Gottessohn *in seiner Glorie* identifiziert. Dies gibt dem 4. Evangelium seine einzigartige dialektische Spannung. In einer für den antiken Hörer und Leser fast unzumutbaren Zuspitzung der Paradoxie wird dabei der in tiefster menschlicher Schmach am Kreuz Hängende unter Anspielung auf Jes 52,13 (... ὁ παῖς μου ὑψωθήσεται καὶ δοξασθήσεται σφόδρα) als der Erhöhte und Verherrlichte betrachtet[13]; ja noch mehr der Gekreuzigte, in dem das Wort der profetischen Weissagung zu seinem Ziel kommt[14], vollendet mit dem Ruf τετέλεσται das Werk der Neuschöpfung der durch die Sünde dem Tod verfallenen Menschenwelt. Beginnt das Evangelium mit einer Anspielung auf Gen 1,1, so stirbt Jesus zur selben Zeit gegen Abend des 6. Tages, an dem nach Gen 2,1–3 die Schöpfung vollendet und auch dieser Text vor Sabbatbeginn in der Synagoge (und wohl schon im Tempel) rezitiert wurde. Der Auferstandene haucht dann als Zeichen dieser Neuschöpfung den Jüngern den Geist zu. Der Evangelist verwendet dabei dasselbe Wort (ἐνεφύσησεν 20,22) wie die LXX in Gen 2,7 bei der Erschaffung des Menschen durch Gott selbst[15]. Man könnte sagen: Der am Kreuz ‚Erhöhte' ist in die erneuernde, schöpferische Funktion eingetreten, die in der Verkündigung der Gottesherrschaft durch den historischen Jesus Gott selbst hatte. Johannes deutet diese Einheit zwischen dem Königtum des Vaters und des Sohnes zu Beginn der Leidensgeschichte an, wenn er in 12,41 sagt, daß Jesaja „seine (d. h. des Sohnes) Herrlichkeit gesehen und davon geredet" habe. Er spielt damit auf die Vision Jes 6 an, wo der Profet „den *König*, den Herrn der Heerscharen", „auf einem hohen und erhabenen Thron" erblickt hatte (Jes 6,1.5). Im 4. Jahrzehnt des 2. Jh.s spricht dann der Barnabasbrief 8,5 davon, „daß die Herrschaft Jesu auf dem Holze gründe (ὅτι ἡ βασιλεία Ἰησοῦ ἐπὶ ξύλου) und die auf ihn Hoffenden in Ewigkeit leben werden". Wenig später kennt Justin eine erweiterte Fassung von Ps 95,10 LXX, die zu dem ὁ κύριος ἐβασίλευσεν ein ἀπὸ τοῦ ξύλου hinzufügt: „Der Herr hat seine Herrschaft vom Kreuzesholz aus angetreten."[16] Bei Justin[17] tritt Christi Königtum noch stärker als bei Johannes hervor.

Johannes genügt darum – im Gegensatz zu den Synoptikern – das Faktum der

---

[13] Joh 12,23; 13,31; 17,1; 7,39 bzw. 3,14; 8,28; 12,32.34, wobei sich das δοξάζειν mehr auf das Tun des Vaters und das ὑψοῦν mehr auf menschliches Tun bezieht. Siehe dazu M. HENGEL, The Johannine Question, London 1989, 67 und 189f.

[14] Joh 19,28: nur hier: ἵνα τελειωθῇ ἡ γραφή, sonst ἵνα πληρωθῇ.

[15] Siehe M. HENGEL, Die Schriftauslegung des 4. Evangeliums auf dem Hintergrund der urchristlichen Exegese, in JBTh 4 (1989), 249–288 (284ff.), vgl. Joh 4,34; 5,36; 17,4.

[16] Apol. 1,14,1; dial. 73,1; Tertullian, adv. Marc. 3,19,1: „Dominus regnavit a ligno", vermutlich aus einer christlichen Testimoniensammlung. Siehe dazu PER BESKOW, Rex Gloriae, The Kingship of Christ in the Early Church, Uppsala 1962, 99f.

[17] Op. cit. siehe Index 379 s.v. St. Justin Martyr; 90ff. 106ff.

politischen Anklage gegen den Messias Jesus als „König der Juden" nicht mehr, dieser muß vielmehr selbst vor dem Präfekten, als dem Vertreter des Imperiums, das *wahre Wesen* seiner βασιλεία definieren. Wir alle kennen wohl diese in der jüdischen, ja in der antiken Religionsgeschichte analogielosen Worte, die freilich heute zuweilen zugunsten der häufig neutestamentlich unreflektierten Rede von einer ‚politischen Theologie' und ‚der Königsherrschaft Christi' – was immer darunter gemeint sein mag – aus Kirche und Theologie verdrängt werden, wohl deshalb, weil sie in unerbittlicher Weise eine Diastase, die radikale Andersartigkeit – und damit zugleich die schlechthinnige, gleichwohl paradoxe Überlegenheit – der Herrschaft Christi gegenüber den etablierten politischen Mächten zum Ausdruck bringen. Es lohnt sich, bei diesem hintergründigen Text etwas zu verweilen.

Jesus antwortete: „Mein Königtum ist nicht aus dieser Welt. Wäre mein Königtum aus dieser Welt, hätten meine Jünger für mich gekämpft, damit ich nicht den Juden ausgeliefert würde. Nun aber ist mein Königtum nicht von hier." Da sagte Pilatus: „Du bist also ein König?" Jesus antwortete: „Du sagst es, ich bin ein König. Ich bin dazu geboren und in die Welt gekommen, damit ich für die Wahrheit Zeugnis ablege. Jeder, der aus der Wahrheit ist, hört auf meine Stimme." Sagt Pilatus zu ihm: „Was ist Wahrheit?" (18,36–38)[18].

Der Dialog ist in seiner Weise hochpolitisch und konzentriert theologisch zugleich. So sehr er die johanneische Hoch-Christologie widerspiegelt, will er doch auch auf dem historisch-politischen Hintergrund seiner Zeit, der Auseinandersetzung zwischen Juden, Römern und Christen vor und nach der Tempelzerstörung 70 n. Chr. verstanden werden.

Jesu Königtum ist auf jeden Fall ganz anders. Es hat nichts mit den Reichen dieser Welt und dem dort alles beherrschenden politischen Machtkalkül zu tun. Das zeigt das Verhalten der Jünger in Gethsemane, auf das hier angespielt wird. Sie haben den Meister, als ihm die Verhaftung drohte, nicht verteidigt. Johannes bot zu diesem dramatischen Ereignis über die ‚Tempelpolizei' hinaus noch eine ganze römische Kohorte samt ihrem Tribunen auf (18,3.12), nach dem Motto „viel Feind, viel Ehr". Jesus tritt ihnen allein entgegen und zwingt sie alle durch seine übermenschliche Autorität auf die Knie, bevor er sich ihnen *freiwillig* ausliefert, nicht ohne sich gleichzeitig schützend vor seine Jünger zu stellen (18,6ff.; vgl. 10,18; 17,12). Nicht sie sollen für ihn kämpfen, sondern er tritt für sie ein, denn er ist es, der diese Welt mit ihrem Schrecken durch seinen

---

[18] *36* ἀπεκρίθη Ἰησοῦς, ἡ βασιλεία ἡ ἐμὴ οὐκ ἔστιν ἐκ τοῦ κόσμου τούτου· εἰ ἐκ τοῦ κόσμου τούτου ἦν ἡ βασιλεία ἡ ἐμή, οἱ ὑπηρέται οἱ ἐμοὶ ἠγωνίζοντο [ἄν], ἵνα μὴ παραδοθῶ τοῖς Ἰουδαίοις· νῦν δὲ ἡ βασιλεία ἡ ἐμὴ οὐκ ἔστιν ἐντεῦθεν. *37* εἶπεν οὖν αὐτῷ ὁ Πιλᾶτος, οὐκοῦν βασιλεὺς εἶ σύ; ἀπεκρίθη ὁ Ἰησοῦς· σὺ λέγεις ὅτι βασιλεύς εἰμι. ἐγὼ εἰς τοῦτο γεγέννημαι καὶ εἰς τοῦτο ἐλήλυθα εἰς τὸν κόσμον, ἵνα μαρτυρήσω τῇ ἀληθείᾳ· πᾶς ὁ ὢν ἐκ τῆς ἀληθείας ἀκούει μου τῆς φωνῆς. *38* λέγει αὐτῷ ὁ Πιλᾶτος· τί ἐστιν ἀλήθεια;

Tod besiegt: ἀλλὰ θαρσεῖτε, ἐγὼ νενίκηκα τὸν κόσμον (16,33). Markus, der älteste Evangelist, hat dies alles ganz anders erzählt. Bei ihm steht nicht der autoritativ-souveräne, sondern der durch Gottes Schweigen angefochtene Jesus im Mittelpunkt, der durch den Kuß des Verräters identifiziert und gedemütigt wird[19].

Der todesverachtende Kampf der Anhänger für und zusammen mit ihrem Führer findet sich dagegen bei den jüdischen Messiasprätendenten und Bandenführern zwischen dem Tod des Herodes und dem jüdischen Krieg[20]. Später wird für Celsus die Passion Jesu durch die Flucht der Jünger und ihre Weigerung, für Jesus zu sterben[21], zu einem besonders schändlichen Ereignis, denn weder ein „guter Feldherr", noch ein „verbrecherischer Räuberhauptmann" würde von seinen eigenen Anhängern verraten oder verlassen[22]. Im Gegensatz zu diesem natürlichen Verhalten wird der eine impulsive Schwertstreich des Petrus von dem johanneischen Jesus schroff zurückgewiesen, nicht wie bei Matthäus mit der pragmatischen Begründung, „wer das Schwert ergreift, wird durch das Schwert umkommen" (26,52), sondern christologisch durch den Hinweis auf den eigenen, vom Vater gewiesenen Weg: „Soll ich den Kelch, den mir der Vater gab, nicht trinken?"[23] Im Urbericht des Markus kann dagegen der wie ein gemeiner „Räuber" (14,48) verhaftete Jesus diesen tumultuarischen Vorgang gar nicht mehr wahrnehmen und ihn darum auch nicht zurückweisen.

Dahinter steht eine typisch johanneische, radikale Veränderung der so ganz anders strukturierten Gethsemaneszene bei Markus, wobei der 4. Evangelist auf deren Klimax, das Gebet Jesu Mk 14,36, anspielt. Bereits in 12,27f. hatte er indirekt den markinischen Bericht kritisiert. Auch das Wort von den mehr als 12 Legionen Engeln, die der Vater senden könnte (Mt 26,53), ist unangebracht. Der Sohn geht freiwillig und souverän den vom Vater gewiesenen Weg: er vollendet dessen Werk (4,34; 17,4; 19,28ff.). Auch daß die Jünger ihren Meister bei der Festnahme verlassen und fliehen (Mk 14,50), unterschlägt der 4. Evangelist, der Jesus unbeirrt, geradlinig in die Passion gehen läßt. Jegliche gewaltsame Verteidigung hätte die Aufrichtung des „Reiches Christi" behindert, ja noch mehr sie direkt unmöglich gemacht. Hier wird jene unüberbrückbare Kluft sichtbar, die die todesverachtenden jüdischen Kämpfer der im Grunde ‚messianischen' Aufstände 66–73, 115–117 und 132–135 n. Chr. und die ‚Jesusbewegung' im Sinne des Johannes trennt. Die Verteidiger des Tempels im Jahre 70 (und wohl nicht nur sie) hatten bis zum bitteren Ende auf Gottes die Wende herbeiführendes machtvolles Eingreifen gehofft[24].

---

[19] Siehe R. FELDMEIER, Die Krisis des Gottessohnes, WUNT 2.–. 21, Tübingen 1977.
[20] Vgl. M. HENGEL, Die Zeloten, AGJU 1, Leiden/Köln ²1976, bes. S. 261–277; 329ff.
[21] Origenes, c. Cels. 2,45: „... οὔτε συναπέθανον οὔτε ὑπεραπέθανον αὐτοῦ ..."
[22] Op. cit. 2,12, vgl. 2,9.18.20.45.
[23] Joh 18,11: τὸ ποτήριον ὃ δέδωκέν μοι ὁ πατὴρ οὐ μὴ πίω αὐτό; vgl. Mk 10,38; 14,36.
[24] Josephus, bell. 5,285f. Vgl. M. HENGEL, Die Zeloten, 235ff.; 287ff., bes. 296–307;

Der römische Präfekt kann Jesu Wort über seine βασιλεία schlechterdings nicht verstehen. Was soll das für ein Königtum sein, das darauf verzichtet, sich gegen seine Feinde wirksam zu verteidigen, das durch einen einzigen machtlosen Gefangenen repräsentiert wird und das nichts mit der Welt jener handgreiflichen Zwänge und Realitäten gemein haben will, die ihm, dem politischen und militärischen Träger des kaiserlichen Imperiums, allein vertraut ist, jener Welt, in der sich nur der Stärkere behauptet? Zweifelnd fragt er nach: „Also bist du doch ein König?" Als Antwort erhält er jetzt nicht nur ein klares Ja, sondern auch eine positive Beschreibung jenes rätselhaften Königtums.

Jesus weiß sich in die Welt gesandt, die eine unteilbare Wahrheit Gottes zu bezeugen, daß Gott, der Vater, in ihm selbst, dem Sohn, seine Geschöpfe liebt und zum wahren Leben befreien will, ja daß eben darin des göttlichen Vaters innerstes Wesen, das Liebe ist, offenbar wird (Joh 3,16; 1.Joh 4,8). Sein Königtum gewinnt dadurch Raum und wird zur *Königsherrschaft*, daß diese eine Wahrheit sich bei den Menschen Gehör verschafft, d.h. daß sie Glauben weckt und so „die Reichsgenossen um ihren König sammelt"[25]. Damit werden mehrere mögliche Mißverständnisse seiner βασιλεία abgewiesen. So ist sie zwar nicht „aus dieser Welt", wirkt aber sehr wohl „in dieser Welt", wie schon Augustin betonte: *Non ait: Nunc autem regnum meum non est hic, sed: non est hinc, quia peregrinatur in mundo.* „Er sagt nicht, nun ist mein Reich nicht hier, sondern: nicht von hier. Es ist nämlich hier bis zum Ende der Welt... Aber trotzdem ist es nicht *von hier,* weil es ein Fremdling in der Welt ist."[26]

Man könnte sagen, daß es gewiß nicht weltfern, wohl aber ‚weltfremd' ist, in dem Sinne, daß es nicht innerweltlich begründet werden kann, und daß sich diese Fremdheit in der Ablehnung durch die Mächte der Welt manifestiert, die in der Johannespassion einerseits durch die jüdischen Volksführer und andererseits durch Pilatus als dem Repräsentanten des Imperiums vertreten werden.

„Weltfernen" Charakter hat dagegen eher die apologetisch judenchristliche Schilderung des Hegesipp, wo ausdrücklich betont wird, daß Christi βασιλεία nicht irdisch, sondern himmlisch sei und erst am Ende des Äons durch die Parusie Christi in die Welt komme. Darum fühlt sich Domitian in keiner Weise betroffen und kann die Angeklagten voller Verachtung über solchen Aberglauben nach Hause schicken. Auch Johannes ist diese Vorstellung nicht fremd, aber er spricht dann nicht wie die – noch etwas späteren – Pastoralbriefe von der βασιλεία ἐπουράνιος (2. Tim 4,18), die den Märtyrer bei seinem Tod erwartet,

---

DERS., Messianische Hoffnung und politischer „Radikalismus" in der „jüdisch-hellenistischen Diaspora", in: Apocalypticism. Uppsala Congress Volume 1979, ed. D. HELLHOLM, Tübingen 1983, 655–687 und Gnomon 58 (1986), 326–331.

[25] W. BAUER, Das Johannesevangelium, Tübingen ³1933, 217.

[26] Augustin, tract. in Ioh. CXV, 2 (CCL, XXXVI, 644), vgl. R. SCHNACKENBURG, Das Johannesevangelium III, ²1976, 285f. Zum Motiv der Fremdlingschaft siehe jetzt R. FELDMEIER, Fremde in einer entfremdeten Welt, erscheint 1991 in WUNT.

sondern vom „Haus des Vaters" mit seinen „vielen Wohnungen", d. h. vom himmlischen Palast Gottes (14,2).

Pilatus wird nach der Darstellung des Johannes, im Gegensatz zu Domitian bei Hegesipp, durch den Dialog mit Jesus tief beunruhigt, denn im 4. Evangelium ist die Herrschaft des Christus, und d. h. zugleich das Heil, eine bereits gegenwärtige, wirksame Macht, die im Augenblick der Anrede durch Jesus den Angesprochenen zur Wahrheit ruft, und dabei zugleich Vertrauen fordert und gewährt. Der Ausblick in die Zukunft fehlt bei Johannes zwar nicht völlig, er will jedoch als „jüngsten Tag"[27] der Auferstehung der Toten und des Gerichts oder als die Aufnahme in „die Wohnungen in meines Vaters Hause" nur einen abschließenden letzten Horizont darstellen[28]. Das alles entscheidende Heilsereignis liegt in der Menschwerdung des Gottessohnes, die sich in seinem Kreuzestod „vollendet" und in seinem Glauben schaffenden Wort, das die Gewißheit des ewigen Lebens schenkt. D. h. die Entscheidung über Tod und Leben fällt je und je in der Gegenwart, in der die Botschaft von der Sendung des Sohnes durch den Vater zum Heil der Welt verkündigt wird.

Christi βασιλεία kann darum auch nicht nur als die ganz individuelle Königswürde Jesu verstanden werden, sondern als eine die Welt überwindende Macht, die sich schon hier auf Erden ihren ganz eigenen Herrschaftsbereich verschafft, indem sie die verhärteten Herzen öffnet (vgl. 12,40) und Glauben wirkt. Sie ist so in keiner Weise mit dem Königtum des Weisen in der (späteren) Stoa vergleichbar, der sich selbst beherrscht und sich damit selbst genug ist, da er an der Herrschaft Gottes, des Zeus, der Weltvernunft oder des alle bestimmenden Schicksals, der Heimarmene, teilhat[29].

Auch den Präfekten trifft so Jesu Herrschaftsanspruch, d. h. sein Zeugnis von der Wahrheit. Durch seine alles relativierende Gegenfrage: „Was ist Wahrheit?" weist er es zurück und hat damit – ohne es zu wissen – sein Urteil über Jesus und sich selbst gesprochen. Oswald Spengler bezeichnete – in den Spuren Nietzsches und der für uns heute unerträglichen Sprache seiner Zeit – diese Frage als „das einzige Wort im Neuen Testament, das Rasse hat" und glaubte, daß darin *der ganze Sinn der Geschichte,* die Alleingeltung der Tat, der Rang des Staats, des Krieges, des Blutes, die ganze Allmacht des Erfolges

---

[27] Joh 6,39.40.44.54; 11,24; 12,48; vgl. 14,20; 16,23.26. Siehe o. S. 12.
[28] Joh 14,2f.; 12,32 und 17,24. Vgl. weiter die zahlreichen futurischen Aussagen 5,28f.; 6,39f.44.54; 12,48; 21,22, sowie 3,36; 8,21.28; 16,13.16, die sich nicht literarisch eliminieren lassen, sondern das ganze Evangelium durchziehen und in ihm fest verankert sind. Vgl. auch Joh 11,25f., das in sich eine scheinbar widersprüchliche, aber gerade darin für die johanneische Dialektik charakteristische Verheißung enthält: leben, auch wenn man stirbt – nie mehr sterben.
[29] Epiktet nach Arrian, diss. 3,22,49ff.79ff.; 3,26,32; 4,6,20; 4,8,34; vgl. auch das Spottgedicht von Horaz ep. 1,1. Siehe weiter die ironische Darstellung bei Lukian, Hermotimus 16 μόνος βασιλεύς, μόνος πλούσιος, μόνος σοφός und 81 jeweils am Ende; 22: ὀλίγοι θεῶν ἀποδέοντας. Zur Vorbereitung dieser Gedanken in der früheren Stoa vgl. bes. Chrysipp nach

und der Stolz auf ein großes Geschick" liege[30]. Er tat der Pilatusfrage damit entschieden zuviel Ehre an, auch wenn er die besondere, exemplarische Bedeutung der ganzen Episode richtig erkannt hat. Der Vertreter des Imperiums, der mit einer skeptischen Handbewegung das Wort Wahrheit für bedeutungslos erklärt, opfert im weiteren Verlauf der Verhandlung folgerichtig die auch für ihn als Amtsträger verpflichtende *Wahrheit der Rechtsfindung* und damit die Gerechtigkeit des Urteils. Schritt für Schritt läßt er sich in einen von der Angst bestimmten Opportunismus hineintreiben. Obwohl er (nach Meinung des Evangelisten) weiß, daß Jesus unschuldig ist[31], läßt er sich erpressen, verhängt zunächst über den „König der Juden" die Folterstrafe der Geißelung und verurteilt ihn schließlich zum grausamen und schändlichen *servile supplicium*, dem Kreuzestod[32]. Der Evangelist demonstriert damit, daß die staatliche Macht, die von keiner sie verpflichtenden Wahrheit wissen will, eben darum ihre eigenen Rechtsprinzipien verrät, nicht anders als die Volksführer, die das Gesetz Moses, das Jesus bezeugt[33], verleugnen, gerade indem sie sich darauf berufen (19,7). Beide, die Hierarchen wie der Vertreter des kaiserlichen Imperiums erweisen sich – nach dem dualistischen Weltverständnis des Evangelisten – dadurch als Repräsentanten des vom Bösen beherrschten Kosmos.

Freilich, auch dies geschieht nicht von ungefähr. Auf den Hinweis des Pilatus, er habe die Vollmacht (ἐξουσία, d. h. das ihm vom Kaiser übertragene Imperium), ihn freizugeben, antwortet Jesus: „Du hättest keine Vollmacht über mich, wenn es dir nicht von oben gegeben wäre." Das Imperium des Präfekten in Judäa, das Josephus als ἐξουσία μέχρι τοῦ κτείνειν, d. h. bis zur Todesstrafe reichend, bezeichnet[34], beruht letztlich auf dem Willen Gottes, und nicht etwa auf der Gunst des Kaisers, um die Pilatus so sehr bangt (19,12). Im Gegensatz zu der äußerlichen, gleichwohl von Gott gegebenen „Vollmacht"

Diog. Laertius, 7,122 (SVF III, 158, Z. 34–39) und nach Clemens Alex., strom. 2,18,3 (SVF III, 159, Z. 19–26).

[30] O. SPENGLER, Der Untergang des Abendlandes, München 1924/1950, Bd. II, 262; vgl. ebd. 15.

[31] Joh 18,38; 19,4.6; vgl. 19,12; Lk 23,13–16; Mk 15,10.14; Mt 27,18: In diesem Punkt sind sich alle Evangelisten einig.

[32] Vgl. M. HENGEL, Crucifixion, London 1977, 51–63.

[33] Joh 5,39; vgl. 5,45; 1,45.

[34] Bell. 2,117; mit R. SCHNACKENBURG, op. cit. 301 Anm. 81, ist gegen H. v. CAMPENHAUSEN, ThLZ 43 (1948), 387ff., ἐξουσία nicht im Sinne von freier Entscheidung, sondern im Sinne der Amtsgewalt zu verstehen: „Du hättest keine (Amts)gewalt über mich, wenn es dir nicht von oben gegeben wäre (mich freizulassen oder hinzurichten)." Freilich darf man daraus nicht schließen, daß „die Autorität des Staates nicht aus der Welt stammt, sondern durch Gott begründet ist" (R. BULTMANN, op. cit. 512), eine Meinung, die BULTMANN im Ergänzungsheft S. 54 mit Recht korrigiert. Auch die Träger der staatlichen Gewalt sind in ihrem Tun von Gottes Willen und Zulassung abhängig. Selbst ein Pilatus wird – ohne es zu ahnen – zum Werkzeug, das Gottes Heilsplan dient.

des Repräsentanten politischer Macht hat der ganz andere ‚Herrscher', der „Fürst dieser Welt" (ὁ ἄρχων τοῦ κόσμου τούτου 12,31, vgl. 14,30; 16,11) keinerlei Verfügungsgewalt über Jesus. Er tritt an Jesus heran: ἔρχεται ὁ τοῦ κόσμου ἄρχων, jedoch: ἐν ἐμοὶ ἔχει οὐδέν, an ihm hat er nichts, d.h. keine wirkliche Zugriffsmöglichkeit: Die Finsternis kann das Licht weder ergreifen noch überwältigen (1,5). In dem Augenblick seines Triumphes (vgl. 13,2.27) wird seine Macht vielmehr gebrochen, er wird „hinausgeworfen" (12,31); der Paraklet bezeugt in und durch die glaubende Gemeinde, daß „der Fürst dieser Welt gerichtet ist" (16,11). Sein scheinbarer Triumph, Jesu Tod am Pfahl der Schande, bedeutet in Wirklichkeit dessen Sieg und seine Entmachtung. Kein antiker Mythos wird von einer solch paradoxen Spannung getragen.

Auch die äußerlich gesehen triumphierende Macht des Bösen muß nach Gottes Willen dem Heil der Welt dienen und Jesu Weg zur Herrschaft vollenden. Denn Jesu Königtum leuchtet gerade im Augenblick seines Todes am Kreuz auf. Sein letzter Schrei Joh 19,20: τετέλεσται, „es ist vollbracht", bringt nicht wie bei Markus (15,34) die äußerste Gottverlassenheit des Gottessohnes[35], sondern die Vollendung seiner Aufgabe als gottgesandter σωτὴρ τοῦ κόσμου (Joh 4,42) zum Ausdruck. Gottes Liebe zur Welt (3,16), die in der Inkarnation, der Sendung des Sohnes ins Fleisch (1,14) epiphan wird, triumphiert – wider allen Augenschein – in dessen Tod am Kreuz. Eben dieser Triumph der Liebe Gottes, die in der βασιλεία des Gekreuzigten aufleuchtet, bedeutet zugleich (siehe o. S. 166) den Anbruch der neuen Schöpfung. Johannes betont den Titulus am Kreuz so sehr, weil dieser in den 3 Weltsprachen Aramäisch, Lateinisch und Griechisch Jesu Königtum weltweit allen sichtbar und hörbar – in der Antike las man ja Texte laut – verkündigt (19,20ff.).

Im Gegensatz zu dem *peractum est* in Senecas Tragödie über den heroischen Tod des Herkules am Berge Oeta, das zum Ausdruck bringt, daß die Schicksalsmacht über ihn entschieden hat[36], wird in dem Ruf τετέλεσται in höchst eigenwilliger Weise die untrennbare Einheit des Todes Jesu mit seiner Auferstehung und Erhöhung, der Geistausgießung und Parusie, kurz: sein Herrschaftsantritt angedeutet. Hier ist der Brennpunkt, der alle Strahlen sammelt. Das Sterben Jesu bedeutet gerade beim 4. Evangelisten das *eine* entscheidende, das die Inkarnation abschließende Heilsereignis. In diesem Punkt steht er Paulus ganz nahe. Alle Aktanten in der Passionsgeschichte müssen auf dem Wege dorthin ihre gottgewollte Rolle spielen: Petrus, Judas, die Hohenpriester samt ihrem Anhang, ja selbst der „Fürst dieser Welt", der Judas antreibt, und – in besonders hervorgehobener Weise – der Vertreter der römischen Macht, Pilatus.

---

[35] Siehe dazu R. FELDMEIER, op. cit. (Anm. 19).
[36] Seneca, Hercules Oetaeus 1472.

In der Darstellung des Prozesses vor dem Präfekten wird Jesus Schritt für Schritt als der König, der bewußt in den für ihn bestimmten Tod geht, enthüllt. Bis in die Einzelheiten hinein ist die ganze Szene mit dramatischer Kunst gestaltet. Zweimal stellt ihn der Präfekt seinen Gegnern vor: zunächst nach der Geißelung, blutüberströmt mit Dornenkrone und Purpurmantel, gewissermaßen als antijüdische Königsparodie. Das ἰδοὺ ὁ ἄνθρωπος, *ecce homo*, des römischen Machthabers löst ein erstes, wildes σταύρωσον, σταύρωσον, „kreuzige, kreuzige!" aus (19,5f.). Bei der zweiten Vorstellung am Ende der Verhandlung provoziert Pilatus durch das noch schärfer antijüdisch formulierte ἴδε ὁ βασιλεὺς ὑμῶν, „da ist euer König!", nicht nur eine letzte Steigerung des Kreuzigungsrufes, „weg, weg, kreuzige ihn!", sondern auch das Bekenntnis zum alleinigen Königtum des Kaisers und damit zur Absage an das Königtum Gottes und seines Gesalbten. Denn die sarkastische Frage des Römers „Soll ich euren König kreuzigen?" bewirkt eine den Prozeß abschließende Loyalitätserklärung des Hohenpriesters: „Wir haben keinen König außer dem Kaiser" (19,15). Wohlgemerkt: das schreibt der 4. Evangelist nach der Zerstörung des Tempels und der Vernichtung der Priesteraristokratie. Man sollte sich dabei daran erinnern, daß die offizielle Erhebung gegen Rom ihren Ausgang vom Tempel genommen hat[37]. Zugleich steht dieses letzte Wort, mit dem die Hierarchen in Jesu Gegenwart seinen Anspruch zugunsten des Herrschaftsanspruchs des Kaisers verwerfen, in unmittelbarem Widerspruch zur ‚zelotischen' Botschaft des Judas Galiläus, des Begründers der jüdischen Freiheitsbewegung, der nach der Verwandlung Judäas in eine römische Provinz die Forderung erhoben hatte, daß Israel – um des ersten Gebotes willen – keinen fremden Herrscher als „König" und „Herrn" anerkennen dürfe[38]. Auch der jüdische Aufstand 66–73/4 n. Chr. stand zu einem guten Teil unter dem Vorzeichen dieser Ideologie. Sowohl die mit politischer Gewalt zu erkämpfende illusionäre ‚messianische Theokratie' wie der absolute Herrschaftsanspruch des römischen Imperiums und seines ‚göttlichen' Princeps, den die Hierarchen naiv anerkennen, sind lediglich Ausdrucksformen des gottfeindlichen, durch die Königsherrschaft des Gekreuzigten entmächtigten Kosmos.

Die Christen – einschließlich des 4. Evangelisten – mußten das Scheitern der jüdischen militärischen Erhebungen als Gottesurteil mit der Verwerfung Jesu als des wahren Königs des Gottesvolkes in Verbindung bringen. Die Repräsentanten des jüdischen Volkes, das nach der Tempelzerstörung anstatt der Steuer für das Heiligtum den fiscus Judaicus an den Jupiter Capitolinus entrichtete und das im zerstörten Jerusalem ein römisches Legionslager, samt dem damit

---

[37] Josephus, bell. 2,317; vgl. M. HENGEL, Die Zeloten, 368.
[38] Josephus, ant. 18,18.23f.; bell. 2,118; vgl. M. HENGEL, Die Zeloten, 93.

verbundenen Herrscherkult dulden mußte[39], hatten sich nach Johannes durch die Verurteilung Jesu die Zwangsherrschaft des Kaisers selbst gewählt.

Der ganze Prozeßbericht des Evangelisten einschließlich des am Ende stehenden Konfliktes zwischen Pilatus und den Hohenpriestern über die *causa poenae* – „der König der Juden" (19,19–21) – zeigt, wie sehr das für ihn anstößige Königtum des gekreuzigten Galiläers im Kontrast zur politischen messianischen Erwartung Israels den einen wesentlichen Streitpunkt in der Auseinandersetzung zwischen Christen, Juden und der römischen Staatsmacht bildete. Diese Kontroverse hatte sich durch den jüdischen Krieg nicht abgeschwächt, sondern eher noch verschärft. Dabei mag auch das wachsende Mißtrauen der römischen Behörden gegen die Christen seit der neronischen Verfolgung 64 n. Chr. – d. h. nur zwei Jahre vor Ausbruch des Aufstandes in Jerusalem – eine Rolle gespielt haben. Sie befürchteten von Juden *und* Christen eine Gefährdung des Reiches, die Juden sahen sich in einer Auseinandersetzung mit Rom *und* den christlichen Abtrünnigen, während sich die Christen gleichfalls von *beiden* Seiten bedroht fühlten und – mehr und mehr – de facto verfolgt wurden (vgl. Joh 15,27–16,4). Gemäß einer wohl auf Tacitus' Historien zurückgehenden Notiz des christlichen Historikers Sulpicius Severus soll Titus im Kriegsrat 70 n. Chr. die Zerstörung des Tempels vorgeschlagen haben, um Juden *und* Christen in der Wurzel zu treffen[40]. Der Prozeß vor Pilatus bei Johannes setzt darum nicht nur die Kenntnis der politischen Messiashoffnung des Judentums, sondern auch die Erfahrung von Christenprozessen vor römischen Behörden *und* von jüdischen Anklagen voraus.

Wie sehr Johannes über den Prozeßbericht hinaus an dieser Auseinandersetzung innerlich beteiligt ist, ergibt sich aus Joh 6,15, wo er Jesus nach der Speisung der 5000 in die Einsamkeit entweichen läßt, damit ihn die Volksmenge nicht zum König machen kann. In positivem Kontrast steht dazu 1,49, wo Nathanael, die Verkörperung des wahren Israel, Jesus als „Sohn Gottes" und „König Israels" bekennt, und der Einzugsbericht (12,13 vgl. 15), wo die zum Fest versammelte Menge im Anschluß an Sach 9,9 und Ps 118,23 Jesus als „König Israels" begrüßt und ihm zur „Einholung" wie einem Herrscher entgegenzieht (s. o. Anm. 10). Alle diese ‚Königstexte' bereiten das Gespräch mit Pilatus über das „Königtum" Jesu vor und bezeugen auf ihre Weise, daß dieses ‚ganz anders' ist. Nur noch Matthäus hat – zu etwa derselben Zeit (unter Domitian) und in einer vergleichbaren Situation (der polemischen Abgrenzung

---

[39] E. SCHÜRER/G. VERMES/F. MILLAR, The History of the Jewish People in the Age of Jesus Christ I, 508.

[40] Sulpicius Severus, Chr. 2,30, 3.6–7, bei M. STERN, Greek and Latin Authors on Jews and Judaism II, 64 Nr. 282, vgl. auch den Kommentar 66. Die Frage ist freilich umstritten, ob schon der Hinweis auf die Christen bei Tacitus zu finden war. Ich halte es nicht für unmöglich. Vielleicht hängt der Verlust der Historien ab Buch 5,26 mit verschiedenen antichristlichen Äußerungen zusammen.

vom Judentum) – ein ähnlich intensives Interesse am „Königtum" Jesu. Dieses wird allerdings bei ihm aufs engste mit der Davidsohnschaft verbunden, die bei Johannes überhaupt keine Rolle spielt, ja nach 7,42 möglicherweise sogar abgelehnt wird. Die volkstümliche königlich-messianische Erwartung im Judentum und das durch Jesu Wahrheitszeugnis und Weg zum Kreuz bestimmte Königtum Jesu widersprechen sich bei Johannes noch radikaler als bei Matthäus; Joh 6,15 kann man dabei als die johanneische Parallele zum älteren Versuchungsbericht von Q (Mt 4,1–11; Lk 4,1–13) verstehen.

Auch der Passionsbericht des Lukas, m.E. ca. 20 Jahre früher, vielleicht noch zur Zeit Vespasians (d.h. vor 79 n. Chr.) abgefaßt, bestätigt diesen Doppelkonflikt. So, wenn in ihm die Volksführer gegen Jesus die Anklage erheben, er treibe als „König der Juden" das Volk zum Aufruhr und verbiete – wie Judas Galiläus – die Steuerzahlung an den Kaiser[41]. Daß ähnliche Vorwürfe gegen die Christen häufiger vorgebracht wurden, kann man aus Apg 17,6f. schließen, wo die Juden von Thessalonich vor den „Politarchen" der Provinzhauptstadt Makedoniens Paulus und seine Begleiter anklagen: „Diese treiben die ganze Welt zum Aufruhr", und „sie handeln alle gegen die Gebote des Kaisers, da sie behaupten, ein anderer, nämlich Jesus, sei βασιλεύς." Der heute viel verhandelte sogenannte ‚Antijudaismus' des 4. und 1. Evangeliums sowie anderer neutestamentlicher Schriften hängt aufs engste mit der für die Christen z.T. lebensbedrohenden Kampfsituation in der zweiten Hälfte des 1. Jh.s seit der neronischen Verfolgung zusammen, die für alle Beteiligten, Christen, Juden und Heiden, den Charakter eines Mehrfrontenkriegs besaß.

Auch die vielgerügte Tendenz der Evangelisten, beginnend mit Markus, Pilatus zuungunsten der jüdischen Volksführer von der Verantwortung für die Verurteilung Jesu zu entlasten, ist durch diese Auseinandersetzung an zwei Fronten bedingt. Man wollte sich gegenüber dem Druck der römischen Behörden von dem Vorwurf des politischen Aufruhrs entlasten, ein Vorwurf, der gegen die Christen offenbar auch von manchen romtreu-aristokratischen jüdischen Kreisen erhoben wurde (vgl. Joh 11,47–51, s.o. Anm. 37). Dagegen behauptete man: Nicht politische Verbrechen, sondern das Drängen und die – falschen – Anklagen der Jerusalemer Autoritäten hätten die Vertreter Roms dazu gebracht, Jesus kreuzigen zu lassen. Es geht hier um Apologetik in einer Zeit politischer Bedrohung. Man tut dem – dringend notwendigen – jüdisch-christlichen Dialog keinen guten Dienst, wenn man diese – historisch bedingte und in ihrer Bedingtheit verständliche – Polemik, an der *alle* Beteiligten teilhatten, einseitig in einen grundsätzlichen ‚Antijudaismus' ummünzt, und man sollte zwischen dieser frühen Polemik aus einer Zeit, als die Christen gegenüber den Römern und Juden politisch völlig machtlos waren und von beiden

---

[41] Lk 23,2 vgl. 23,5; M. HENGEL, Die Zeloten, 143ff.199.

Seiten verfolgt wurden, und ihrem furchtbaren sehr viel späteren Mißbrauch in einer völlig veränderten historischen Situation, von der die frühen *juden*christlichen Autoren nichts ahnen konnten, wohl unterscheiden.

Auch die an den Kaiser gerichtete erste Apologie Justins weist noch darauf hin, daß das Stichwort der βασιλεία Christi zur politischen Verdächtigung der Christen verwendet wurde:

„Auch ihr habt, als ihr hörtet, daß wir ein Reich (βασιλεία) erwarten, ohne Prüfung angenommen, wir meinten ein menschliches Reich (ἀκρίτως ἀνθρώπινον λέγειν ἡμᾶς ὑπειλήφατε), während wir doch das Reich bei Gott meinen (τὴν μετὰ θεοῦ). Dies ergibt sich auch daraus, daß wir, von euch verhört, bekennen, Christen zu sein, obwohl wir wissen, daß auf dieses Bekenntnis die Todesstrafe gesetzt ist. Denn wenn wir ein irdisches Reich erwarteten, würden wir doch wohl leugnen, um nicht hingerichtet zu werden..., weil wir aber unsere Hoffnung nicht auf das Jetzt richten, kümmern wir uns nicht um die Henker, zumal wir sowieso (einmal) sterben müssen."[42]

Im Unterschied zu Johannes ist dieses Reich für Justin wie bei den Großneffen Jesu – entsprechend ‚urchristlich'-apokalyptischer Tradition – eine zukünftighimmlische Größe. Im Dialog mit Tryphon c. 31 zitiert Justin zur Illustration fast das ganze Kapitel Dan 7 (Vv. 9–28), ein Text, dem Tryphon (c. 32) gerne mit der Bemerkung zustimmt, daß der Menschensohn von Dan 7,13, im Gegensatz zu dem entehrten, ja durch die Kreuzigung in schlimmster Weise vom Gesetz verfluchten[43] Messias der Christen, eine hoheitsvolle Gestalt sei, der nach der Zerstörung der Weltreiche vom „Alten der Tage" ein ewiges Reich (τὴν αἰώνιον βασιλείαν) empfange. Justin hat Mühe, dieses Argument durch die Kombination von Jes 53, Sach 12 und Ps 110 zu entkräften. Hier wird deutlich, daß aufs Ganze gesehen nicht so sehr nur die verschiedene messianische Reichserwartung – denn am Ende erwarteten auch die Christen, daß der Menschensohn mit göttlicher Macht wiederkomme und sein Reich auch für alle sichtbar aufrichte[44] –, sondern noch viel mehr der *gekreuzigte* Messias der Stein des Anstoßes war, der Juden und Christen trennte. Anstößig war die Gewißheit der Christen, daß der Kommende das Antlitz des gekreuzigten Jesus von Nazareth, einer historischen Person der jüngsten Vergangenheit, trage.

Bei Justin wird die zukünftige βασιλεία u. a. auch als ewiges „Reich bei *Gott*" definiert, d. h. als vollendete Gottesgemeinschaft (vgl. 116,2; 117,3). Man könnte darum fragen, warum bisher nur vom Reich Christi die Rede war, während wir doch aus der Verkündigung Jesu selbst nur das *Reich Gottes,* die βασιλεία τοῦ θεοῦ kennen. Der Menschensohn in der Verkündigung Jesu hat

---

[42] Justin, 1 apol. 11.
[43] Justin, dial. 32,1: οὗτος δὲ ὁ ὑμέτερος λεγόμενος Χριστὸς ἄτιμος καὶ ἄδοξος γέγονεν, ὡς τῇ ἐσχάτῃ κατάρᾳ τῇ ἐν τῷ νόμῳ τοῦ θεοῦ περιπεσεῖν· ἐσταυρώθη γάρ.
[44] Vgl. z.B. Mk 8,38; 9,1; siehe schon den ältesten christlichen Text 1. Thess 4,15–18 und das martialische Bild Apk 19,11–21 und die Schilderung seines irdischen Reiches Apk 20.

ja noch kein ‚eigenes' Reich, mit ihm kommt vielmehr das Reich seines Vaters „in Kraft"[45]. Im Blick auf Jesu Gespräch mit Pilatus bei Johannes, aber im Grunde zugleich auf das ganze frühe Christentum, ist diese Frage leicht zu beantworten: Zu den unmittelbaren Wirkungen von Ostern gehört, daß an die Stelle der Gottesherrschaft in der Verkündigung Jesu von der Sache her immer mehr die βασιλεία seines Sohnes, des Christus, tritt, der nach Ps 110,1 – dem wichtigsten christologischen Text des AT im Urchristentum – zum Throngenossen „zur Rechten Gottes" erhöht an dessen Herrschaft partizipiert, ja sie als Bevollmächtigter übertragen erhält (vgl. 1. Kor 15,23–28 und schon das hymnische Fragment Rö 8,34). M. a. W.: Gottes Herrschaft wird durch die seines gekreuzigten und auferstandenen Messias offenbar und wirkungsmächtig. Nicht umsonst betont Johannes wie kein anderer im Neuen Testament die untrennbare „Einheit" zwischen Vater und Sohn[46]. Sie läßt gewissermaßen Gottesreich und Christi Reich eins werden. Eine Aussage wie 1. Kor 15,28, die ein vorausgehendes apokalyptisches Drama voraussetzt, ist für Johannes nicht mehr wesentlich. Schon der Täufer (!) hat am Ende seines Zeugnisses das Entscheidende gesagt: „Der Vater liebt den Sohn und hat ihm alles in seine Hand gegeben" (3,35). Während ganz am Ende des Matthäusevangeliums Mt 28,18 eine analoge, im Grunde von Dan 7,14 abhängige Formulierung durch den Auferstandenen den elf Jüngern zugesprochen wird und auf einem Höhepunkt (Mt 11,27 = Lk 10,22) in Q im Munde Jesu erscheint, legt sie der 4. Evangelist als letztes Zeugnis in den Mund des Täufers als Antwort an seine sich über Jesu Erfolg beklagenden Jünger und verbindet sie mit der traditionellen Gerichtswarnung der Täuferpredigt aus Q: Wer dem Sohn, dem der Vater alles, d. h. alle Macht – damit aber zugleich auch die Freiheit, sein Leben für die Sünde der Welt zu opfern (10,17; vgl. 1,29.36; 6,51)[47] – übergeben hat, den Gehorsam verweigert, steht bleibend unter dem Gerichtszorn Gottes: ἡ ὀργὴ τοῦ θεοῦ μένει ἐπ' αὐτόν (3,36). An diesem für das 4. Evangelium entscheidenden – und eben darum gerne falsch verstandenen – Text zeigt sich, mit welcher kühnen Souveränität Johannes die ihm vorliegenden Traditionen theologisch und erzählerisch umformt (vgl. 5,20; 17).

Im Gegensatz zu der betonten Hervorhebung des Königtums Christi in der

---

[45] Mk 9,1; vgl. 8,38. Entsprechend hängt die Herrschaft, die dem Menschensohn bzw. dem „Heiligen des Höchsten" in Dan 7,14.18.21.27 übergeben wird, mit Gottes Reich 2,44 vgl. 4,31 und 3,33 (LXX 100) zusammen. Herrschaft des Menschensohnes und Gottesherrschaft sollten nicht grundsätzlich getrennt werden.

[46] Joh 1,18; 3,31–35; 5,19–29; 10,30; 14,9f.; 14,13; 16,15; 17,1 u. ö. Insbesondere Irenäus hat diese Tradition fortgesetzt, vgl. bes. adv. haer. 2,30,9; 4,6,1; 5,1,1. Zu Johannes vgl. M. L. APPOLD, The Oneness Motif in the Fourth Gospel, WUNT II/1, Tübingen 1976. Zum „Sitzen zur Rechten Gottes" siehe mein Beitrag in der Festschrift F. Hahn zum 65. Geburtstag.

[47] Joh 3,36 vgl. Mt 3,7 = Lk 3,7: Das μένειν der ὀργὴ τοῦ θεοῦ ersetzt den Hinweis auf die ὀργὴ μέλλουσα in der älteren Täuferpredigt.

Passionsgeschichte erscheint im 4. Evangelium die *Königsherrschaft Gottes*, d. h. die βασιλεία τοῦ θεοῦ als traditioneller Begriff nur zweimal in Joh 3,3 und 3,5 und zeigt vom Kontext her deutliche kompositionelle Parallelen zur βασιλεία Jesu in 19,36. Beide Begriffe begegnen jeweils nur in einem Dialog Jesu mit einer Autoritätsperson, am Anfang des Evangeliums mit dem pharisäischen „Führer der Juden" (3,1) Nikodemus und am Ende mit dem römischen Präfekten. Beide sprechen Jesus an und beide können seine Antwort nicht verstehen. Die Klimax liegt dabei eindeutig beim Gespräch mit dem Vertreter der römischen Macht.

Die Antwort Jesu an Nikodemus ist fast noch rätselhafter als die an Pilatus: „Amen, amen, ich sage dir, wenn nicht einer von neuem (bzw. von oben her: ἄνωθεν) geboren wird, kann er die Gottesherrschaft nicht schauen" (οὐ δύναται ἰδεῖν τὴν βασιλείαν τοῦ θεοῦ). Auf die verständnislose Rückfrage des Schriftgelehrten präzisiert Jesus seine erste Aussage: „Wenn nicht einer geboren wird aus Wasser und Geist, kann er nicht in das Reich Gottes eingehen." Während die Formel εἰσέρχεσθαι εἰς τὴν βασιλείαν τοῦ θεοῦ „in die Gottesherrschaft eingehen" altem jesuanischem und urchristlichem Sprachgebrauch entspricht und zunächst ursprünglich die zukünftige Teilhabe am kommenden Gottesreich bedeutet[48], ist die Rede vom *Sehen* der Gottesherrschaft typisch johanneisch. Ganz ähnlich ist z. B. 3,36 formuliert: „Wer dem Sohn nicht gehorcht wird nicht das Leben sehen", oder positiv gewendet 11,40: „Wenn du glaubtest, würdest du die Herrlichkeit Gottes sehen". Es geht hier gerade nicht um den zukünftigen Empfang der noch fernen Freuden eines himmlischen Reiches (obwohl die Vorstellung Johannes nicht fremd ist, siehe o. S. 170), sondern um ein Geschehen, das sich im Augenblick des Hörens auf die Predigt Christi selbst vollzieht: die Zueignung des Lebens im Vertrauen auf das Wort des Sohnes, der die Liebe des Vaters dadurch offenbart, daß er sein Leben hingibt. Dem „von neuem (oder: von oben her) geboren werden" entspricht die ebenfalls gegenwartsbezogene „neue Kreatur" bei Paulus 2. Kor 5,17: „Ist jemand in Christus, so ist er eine neue Kreatur, das Alte ist vergangen, siehe, Neues ist geworden." *In Christus* sein bedeutet zugleich „Glied an seinem Leibe" sein, in die Gemeinschaft der Glaubenden versetzt sein. Analog dazu ist in Joh 3,5 „von neuem geboren werden durch Wasser und Geist" ein Hinweis auf die Taufe als einen Akt des Glaubens, einen Vorgang, der Tit 3,5 als „Bad der Wiedergeburt" und „Erneuerung des Heiligen Geistes", d. h. durch den Heiligen Geist[49], umschrieben wird. Durch diesen Akt des Glaubens wird der

---

[48] Vgl. Mk 9,47; 10,24f. par. Mt 19,23f. par. Lk 18,24f.; Mt 5,20; 7,21; 18,3. Siehe auch Justin, 1 apol. 64,4f., das von Joh 3,3.5 abhängig ist. Siehe M. HENGEL, The Johannine Question, 13. 151 Anm. 73.

[49] Siehe die Korrektur des westlichen Textes (D*, F, G, b, Lucifer v. Calaris), wo richtig interpretierend ein διά eingeführt wird. Die Pastoralbriefe sind ca. 10−20 Jahre nach dem 4. Evangelium entstanden.

Betroffene in die Gemeinschaft der Glaubenden als der gegenwärtigen βασιλεία τοῦ θεοῦ einführt. M. a. W.: *Die johanneische Gottesherrschaft im Gespräch mit Nikodemus wird* – wie könnte es anders sein – *identisch mit dem Königtum Christi im Verhör durch Pilatus.* Der erste und letzte Dialog Jesu mit jeweils einem Nicht-Glaubenden, gleichwohl aber in beiden Fällen mit einem von Jesus Beeindruckten, besitzen eine nicht zufällige tiefere Entsprechung. Die Einheit des Königtums Gottes und Christi erschließt sich in der Einheit der Glaubenden mit dem Sohn, der ihnen den Zugang zum Vater vermittelt, entsprechend dem Jesuswort in den Abschiedsreden: „Wer mich sieht, der sieht den Vater."[50] Darin ist das *ganze Heil* enthalten, es gibt darüber hinaus keine höheren Heilsstufen mehr. Das Entscheidende ist mit Jesu Ruf am Kreuz, τετέλεσται „es ist vollbracht", von Gott her gesagt und getan. Die Neuschöpfung[51] ist Wirklichkeit geworden. Der Gekreuzigte hat seine Herrschaft angetreten. Diese Herrschaft vollzieht sich konkret in der Gemeinschaft der Glaubenden, in der sich das Vermächtnis Jesu zu Beginn der Abschiedsreden erfüllt: „Ein neues Gebot gebe ich euch, daß ihr euch untereinander liebt, wie ich euch geliebt habe"[52], und sie hat zugleich Tod und Teufel überwunden, denn Gottes ewige Zukunft (11,25; 12,37; 14,1ff.; 17,24) steht den Glaubenden offen.

Wenn man einmal darüber hinwegsieht, daß Johannes das Wort ἐκκλησία nicht verwendet, dann könnte man sagen, das Reich Christi sei die wahre Kirche im johanneischen Sinne, oder mit einer Metapher des Evangelisten ausgedrückt, die Gemeinschaft der Herde mit ihrem guten Hirten. Cum grano salis wäre damit der berühmt-berüchtigte Satz von Alfred Loisy: „Jésus annonçait le royaume, et c'est l'Église qui est venue", „Jesus verkündigte das Reich, und gekommen ist die Kirche"[53], als durchaus johanneisch zu bezeichnen, freilich nicht die Kirche als hierarchische Institution, sondern als lebendige, an das Wort Christi gebundene, geistgewirkte Gemeinschaft des Glaubens und der Liebe von fast enthusiastischem Charakter, die weder der Ämterhierarchie, noch des Kirchenrechts, erst recht nicht des staatlichen Schutzes bedarf, weil sie vom Parakleten, dem Christus praesens in der Gestalt des Geistes „in alle Wahrheit geführt" wird, eine Gemeinschaft, die in Gegenwart und Zukunft der Liebe Gottes gewiß ist, weil durch das stellvertretende Sterben des guten Hirten die Mauer des Todes durchbrochen und die Macht des Bösen gebannt ist.

Für den 4. Evangelisten ist darum auch die Frage der staatlichen Mächte, der Weltreiche, ihrer notwendigen Funktionen, ihrer Gewalttätigkeit und die von

---

[50] Joh 14,9; vgl. 14,7; 16,3.
[51] Siehe o. S. 166.172 und vgl. Joh 20,22f.; 7,38f. Die paulinische Analogie: 2. Kor 5,14.7.
[52] Joh 13,34; vgl. 15,9–17; 1. Joh 3,23; 4,7f.10ff.19ff.; 5,2.
[53] A. Loisy, L'Évangile et l'Église, Paris 1902, 111.

ihnen ausgehende Bedrohung der Gemeinde kein *wesentliches* Problem mehr. Er hat es nicht mehr nötig, dieselben als durch Gottes Anordnung legitimiert darzustellen und Loyalität zu fordern, wie dies Paulus in Rö 13,1–7 oder in den Spuren des Paulus der mit Joh fast zeitgleiche Text 1. Petr 3,13–17 tut. Als ein durch das Weltreich reisender Missionar konnte Paulus die positive Seite der römischen Rechtsordnung immer wieder erfahren. Die Pax Romana machte seine weltweiten Missionspläne erst realisierbar. Auch einen Satz wie in der synoptischen Perikope vom Steuerdenar: „Gebt dem Kaiser, was des Kaisers ist", suchen wir bei Johannes vergebens. Dasselbe gilt vom Gebet für die Obrigkeit, zu dem wenig später die Pastoralbriefe auffordern[54] und das im 1. Clemensbrief (60,4; 61,1–3) – auf jüdische Liturgie zurückgehend – bereits ausformuliert zitiert wird. Für den Verfasser des 4. Evangeliums, der gegen Ende des 1. Jh.s der wohl bedeutendste theologische Lehrer der werdenden Kirche war, gilt allein die menschlich-politisch gesehen vielleicht unrealistisch erscheinende, zuweilen fast monoman wirkende Konzentration auf die eine *Mitte*, die Offenbarung der Liebe Gottes in dem einen Sohn, dem Opferlamm, „das der Welt Sünde trägt" (1,29.36). Die Autoritäten Roms wie die jüdischen Hierarchen sind für ihn Repräsentanten der Welt, die durch den Königsweg Christi zum Kreuz ihre Macht und damit ihren Schrecken verloren haben, auch wenn sie äußerlich noch alle Macht besitzen und weiter behalten, um sie zu mißbrauchen: Denn über das Schicksal der Gemeinde gibt sich der Evangelist keinen Illusionen hin. Jesu letztes Wort an die Jünger vor dem hohepriesterlichen Gebet lautet: „In der Welt habt ihr Bedrängnis, aber faßt Mut, ich habe die Welt besiegt" (16,33). Kurz zuvor wird diese θλῖψις konkret ausgemalt: „Sie werden euch durch den Bann aus den Synagogen verstoßen, ja es kommt die Stunde und ist schon da, daß jeder, der euch tötet, glaubt, er würde für Gott einen Gottesdienst vollziehen" (16,2). Das mag in erster Linie im Blick auf die Auseinandersetzung mit der jüdischen Muttergemeinde gesagt sein, die sich durch die in Jabne versammelten Lehrer schärfer von den abtrünnigen Häretikern abgegrenzt hatte, aber auch das staatliche Vorgehen Roms war letztlich religiös sanktioniert: Es richtete sich u.a. gegen die ἀθεότης, die „Gottlosigkeit" der Christen und ihre Weigerung, den Göttern des Staates[55] und dem Genius Caesaris Augusti zu opfern.

Um so mehr fällt auf, daß noch weniger als in der Verkündigung Jesu und in den Briefen des Paulus und in direktem Gegensatz zum apokalyptischen Schrifttum nahezu jede Polemik gegen die politischen Machthaber fehlt; selbst die bei dem Jesus der Synoptiker noch deutlich sichtbare, heute wieder so

---

[54] 1. Tim 2,2; vgl. im 2. Jh. Polycarp, Phil 12,3; Mart. Polyc. 10,2; Justin, apol 1,17,3; Athen. Suppl. 37,1; Theophilus, ad Autol. 1,11. Zu den jüdischen Vorbildern siehe DIBELIUS/CONZELMANN, Die Pastoralbriefe, HNT 13, ³1955, 30f.
[55] Plinius min. 10,97(98),1.

beliebte ‚Sozialkritik' vermißt man. Das Evangelium hat – wenn man soziologische Termini verwenden will – eher einen elitär aristokratischen Charakter. Hier spricht ein charismatischer Lehrer und Jesusjünger zu einer Hörergemeinde, die man als ‚Schule' bezeichnen kann[56]. Die Auseinandersetzung mit den jüdischen Führern, die dem Evangelisten als Repräsentanten des „Kosmos" erscheinen, wird ausschließlich auf theologischer – oder exakter: auf christologischer Ebene geführt. Die Härte dieser Polemik, die sich zur Bezeichnung der Gegner als „Teufelskinder" versteigt[57], muß uns heute mit Recht als bedenklich erscheinen, sie erhält jedoch nur deshalb solche Schärfe und Unerbittlichkeit, weil sich die jüdische Muttergemeinde und die johanneische Kirche immer noch relativ nahestehen. Der Streit geht allein um den messianischen Offenbarungsanspruch Jesu, alles andere tritt zurück. Ein Konflikt in der eigenen Familie, der zum endgültigen Bruch hinführt, ist wohl unter allen Konflikten am schmerzhaftesten. In gewisser Weise könnte man die ganze frühe ‚antijüdische' Polemik des Urchristentums noch als eine besondere Art von ‚innerjüdischer Polemik' bezeichnen, obwohl die Trennung bei Johannes schon vollzogen ist. Der Autor mit seiner erstaunlichen Kenntnis von jüdischen Gebräuchen und Orten in Jerusalem und Palästina ist m. E. sicher Judenchrist und kommt vermutlich aus der Heiligen Stadt[58]. Darum ist auch Jesu Wort an die Samaritanerin 4,22 „das Heil kommt von den Juden" nicht der Zusatz eines beschränkten kirchlichen Redaktors, sondern die innere Überzeugung des Evangelisten, der das Wirken des Offenbarers als einen Kampf um Israel darstellt, weil er selbst aus dem Judentum kommt[59]. In völlig konsequenter Weise läßt er daher Pilatus den angeklagten Jesus als Juden ansprechen: „Dein Volk ... hat dich mir übergeben" (vgl. 11,51). Am Kreuz stirbt der *wahre* „König der Juden" (19,20f., siehe o. S. 172). Die Scheidung von Kirche und Synagoge kann er – wie andere christliche Autoren seiner Zeit – nur noch im Lichte des Prophetenwortes Jes 6,10 verstehen[60]. Auch hier könnte man wieder auf die ‚Judenchristen' Paulus und Matthäus und ihre Polemik verweisen. Von der polemischen Unvernunft eines Barnabasbriefes und dem grundsätzlich antijüdischen Rigorismus eines Markion, der das ganze Alte Testament verwirft, ist der Autor noch weit entfernt.

Das 4. Evangelium erscheint uns heute wohl als das rätselhafteste Buch im Neuen Testament. Sein Autor geht weithin ganz eigene Wege. Dies gilt auch für seine Darstellung des Königtums Jesu im Prozeß vor Pilatus, seine Umformung der älteren Tradition vom Reich Gottes im Nikodemusgespräch und

---

[56] Siehe M. HENGEL, The Johannine Question, London 1989.
[57] Joh 8,44.
[58] Siehe M. HENGEL, The Johannine Question, 109–135.
[59] Siehe M. HENGEL, Die Schriftauslegung des 4. Evangeliums, op. cit. (Anm. 15), 261.
[60] Joh 12,40; vgl. Mk 4,12 par. Mt 13,14f. par. Lk 8,10; Apg 28,26f.

seine Haltung gegenüber den politischen Mächten. Worin liegt hier nun das ihm Eigentümliche?

1. In seiner kompromißlosen, kühnen christologischen Konzentration: Das Königtum Christi ist mit der Gottesherrschaft völlig identisch, und es vollendet sich in der tiefsten Erniedrigung und Ohnmacht, im Tode Jesu am Kreuz. Hier geschieht ‚Neuschöpfung', hier tritt er seine Herrschaft an. Der Ort der Todesqual des Gekreuzigten und seiner Inthronisation werden eins. Zion, die Stätte des Gottesthrons und der göttlichen Einwohnung, und Golgatha, der Kreuzeshügel, fallen zusammen. Eben darum widerspricht dieses Königtum radikal den gewalttätigen politischen Mächten, die ein Teil des „Kosmos", Handlanger des „Fürsten dieser Welt" und des Todes sind, und bricht zugleich mit den traditionellen ‚theokratischen' Idealen des Judentums, ja der antiken Welt überhaupt, die alle auf der Einheit von politischer und religiöser Ordnung beruhen. Auf jede theologische Rechtfertigung oder Legitimierung politischer Gewalt kann darum grundsätzlich verzichtet werden, wie überhaupt auf jedes auf Machtgewinn bedachte ‚politische' Programm: Das Johannesevangelium bedeutet das Ende aller *politischen* Theologie.

2. Dennoch werden in diesem Dialog der Staat und seine Gewalt weder ignoriert noch einfach verteufelt. Seine „Macht ist nicht an sich böse, gleichviel, wer sie ausübe"[61]. Er ist wie wir Menschen und unsere Werke Teil der von Gott abgefallenen Welt. Als solcher wird er vielmehr selbstverständlich vorausgesetzt. Im Gegensatz zu den synoptischen Parallelen schweigt der johanneische Jesus vor Pilatus nicht, sondern steht Rede und Antwort. Denn auch ihm, dem Vertreter der gott-losen römischen Herrschaft, ist er das Zeugnis der Wahrheit schuldig. Doch in diesem Zeugnis weist er die Grenze jener Macht auf: „Du hättest keine Gewalt über mich, wenn sie dir nicht von oben gegeben wäre." Das bedeutet weder Legitimation noch Sakralisierung. Die staatliche Macht findet in Gottes Heilswillen ihre *Grenze,* sie muß, ohne es zu wissen, diesem dienen, d. h. Jesu Königtum offenbaren. Zugleich wird Pilatus als Richter mit der Verantwortung seines Amtes behaftet: mit dem ungerechten Urteil spricht er sich selbst schuldig.

3. Die konsequente Vergegenwärtigung des Heils schafft eine uns fast befremdende Siegesgewißheit; Christi Reich schließt die kämpfende und leidende mit der vollendeten Gemeinde zu einer Einheit zusammen. Es erkennt hier keine Trennung mehr an. Es gewährt schon jetzt das wahre Leben. Die grundlegenden Heilsaussagen des Evangelisten liegen auf der jeweiligen Gegenwart, in der Christus durch sein Zeugnis für die Wahrheit die Einheit der Gemeinde im Glauben und in der Liebe schafft. Auch der „Paraklet" (14,16.26; 15,26; 16,7ff.) ist nichts anderes als das Medium, durch das der zum Vater zurückgekehrte Sohn in der Gemeinde wirkt und gegenwärtig ist. Diese

---

[61] J. BURCKHARDT, Weltgeschichtliche Betrachtungen, hg. R. STADELMANN, 131.

konsequente Vergegenwärtigung des Heils führt zu einer *enthusiastisch* anmutenden Heilsgewißheit, nicht zuletzt angesichts des Leidens; zugleich ist sie nicht mehr auf apokalyptische Ausmalung eines zukünftigen Endgeschehens angewiesen, die die gegenwärtigen unerfüllten Wünsche (und Rachegedanken) in die Zukunft projiziert. Die Zukunft gehört Gottes Ewigkeit, in der Zusage des ewigen Lebens ist sie schon angebrochen, hat die Ewigkeit die Zeit ‚verschlungen'. Die traditionellen Zukunftsaussagen werden zwar nicht völlig eliminiert, stellen aber doch nur einen umgreifenden, abschließenden Horizont dar. Sie sind nicht mehr als Markierungen einer schon gegebenen Gewißheit.

4. Auf dieser Grundlage ergibt sich jene Freiheit gegenüber den staatlichen und religiösen Machthabern, die sich beispielhaft im freien, furchtlosen Bekenntnis des johanneischen Christus vor dem Hohenpriester und vor Pilatus manifestiert. Der Evangelist kann darauf verzichten, den Trägern irdischer Gewalt die zukünftige rächende Vergeltung durch das göttliche Gericht anzudrohen[62]. Der Fürst dieser Welt ist durch den Tod Christi gerichtet[63], und der Unglaube der Welt richtet sich selbst, indem er Gottes Wahrheit zurückweist[64].

5. Freilich stößt der 4. Evangelist hier auch an seine Grenze. Das neue Gebot der Liebe überschreitet nicht mehr wie bei Jesus und Paulus die Schranken der eigenen Gemeinschaft. Es tut das nur noch indirekt durch seine missionarische Kraft: „daran werden alle erkennen..." (13,35). Man sucht auch im 4. Evangelium vergeblich das Gebot der Feindesliebe an die Gemeinde. Hier müßte man schon auf die Sendung des Sohnes in der Inkarnation verweisen, der die Liebe des Vaters zu der ihm feindlich gegenüberstehenden Welt zum Ausdruck bringt (3,16). Seine Liebe kennt keine Grenze: „Das Licht scheint in die Finsternis, und die Finsternis konnte es nicht überwältigen", lesen wir im Prolog (1,5). Es wird damit das Thema des ganzen Werkes umschrieben. Das Handeln aus Glauben und Liebe findet hier seine letzte christologische Begründung.

Mir scheint, daß jener Dialog zwischen Christus und Pilatus den eigenwilligsten Beitrag des Neuen Testaments zu dem spannungsreichen Verhältnis von Reich Christi, Kirche und Staat darstellt, der in seiner Kompromißlosigkeit vielleicht auch der bedeutsamste ist. Denn hier ist nichts von jenen ‚theokratischen Versuchungen' zu spüren, die die Kirche in ihrer späteren Geschichte stets begleitet hat, im Gegenteil, hier ist wirklich *alles* auf die äußere Ohnmacht und innere Sieghaftigkeit des Glaubens an den Gekreuzigten gestellt. Daß gerade dieser Text in entscheidenden, kritischen Augenblicken, in der letzten Anfechtung Gewißheit schenken konnte, mögen uns die schlichten Antworten

---

[62] Das tut etwa Justin am Ende seiner ersten Apologie 68,2.
[63] Joh 16,11; vgl. 12,31.
[64] Joh 3,18f.; 12,47f.

afrikanischer Christen in dem frühesten erhaltenen lateinischen Martyrologium vor Augen halten[65]. Es ist zugleich der älteste Hinweis auf die Wirkungsgeschichte des Dialogs Jesu mit Pilatus. Auf die Aufforderung des Statthalters Saturninus an die Christen von Scili, beim *genius domni nostri imperatoris* zu schwören, antwortet der Christ Speratus: *Ego imperium huius seculi non cognosco:* „ich kenne kein Reich von dieser Welt, vielmehr diene ich jenem Gott, den kein Mensch sieht, weil er mit Augen nicht gesehen werden kann." Dieser an Joh 18,36 orientierten, schroff abweisenden Antwort steht die vermittelnde der Christin Donata gegenüber, die an das Wort Jesu von dem, was des Kaisers, und dem, was Gottes ist, erinnert: *Honorem Caesari quasi Caesari, timorem autem Deo.* Die urchristliche Haltung gegenüber der staatlichen Macht steht in der Spannung zwischen beiden Antworten.

---

[65] Passio Sanctorum Scillitanorum, 6, in: The Acts of the Christian Martyrs, Texts and Translations by H. MUSURILLO, Oxford 1979, 86 ff.

Thronversammlung und preisender Tempel

Beobachtungen am himmlischen Heiligtum im Hebräerbrief und in den Sabbatopferliedern aus Qumran

von

HERMUT LÖHR

I.

Gott als das die Wirklichkeit letztlich Bestimmende auszusagen, ihn als ἔσχατον des κόσμος zu verkünden, ist die Grundaufgabe gläubiger religiöser Rede. Dieses Reden von Gott wird sich dabei stets menschlicher, je zeitgenössischer Anschauungen bedienen, wenn anders es verständliche Rede sein soll. So kommt es, daß Grundbegriffe menschlichen Denkens und Handelns als Metaphern für Gottes Wirken benutzt werden. So kommt es auch zur Rede von Gottes Herrschaft.

Der Streit um die rechte Exegese des Hebräerbriefes ist immer auch ein Streit um seine religionsgeschichtliche Einordnung gewesen. Von woher können die mannigfaltigen Auslegungsprobleme dieses wahrhaft rätselhaften Textes angegangen werden: AT, Frühjudentum, griechische Philosophie, gar Gnosis? Alles ist erwogen, alles ist kritisiert worden. So nimmt es nicht wunder, daß auch die Textfunde von Qumran immer wieder zur Deutung einzelner Passagen oder des ganzen „Briefes" herangezogen wurden[1]. Die 1959 von J. Strugnell der wissenschaftlichen Öffentlichkeit in zwei Fragmenten erstmals vorgestell-

---

[1] Besonders natürlich 11QMelch; cf. H. J. DE JONGE/A. S. VAN DER WOUDE, 11 Q Melchizedek and the New Testament. NTS 12 (1965/66), 301–326. Cf. aber auch I. W. BATDORF, Hebrews and Qumran: Old Methods and New Directions, in: E. H. BARTH/R. E. COCROFT (Hg.), Festschrift to Honor F. Wilbur Gingrich, Leiden 1972, 16–35; H. BRAUN, Qumran und das Neue Testament, Tübingen 1966; Bd. 1, 241–278; Bd. 2, 181–184; F. F. BRUCE, „To the Hebrews" or „To the Essenes"? NTS 9 (1962/63), 217–232; J. COPPENS, Les affinités qumrâniennes de l'Epître aux Hébreux, NRTh 84 (1962), 128–141.257–282; M. DELCOR, Melchizedek from Genesis to the Qumran Texts and the Epistle to the Hebrews, JSJ 2 (1971), 115–135; J. A. FITZMYER, The Qumran Scrolls and the New Testament after Forty Years, RdQ 13 (1988), 609–620; dort 618f.; B. GÄRTNER, The Temple and the Community in Qumran and the New Testament. A Comparative Study in the Temple Symbolism of the Qumran Texts and the New Testament (MSSNTS 1), Cambridge 1965, bes. 88–99; J. GNILKA, Die Erwartung des messianischen Hohenpriesters in den Schriften von Qumran und im Neuen Testament, RdQ 2 (1959/60), 395–426, bes. 418–421; F. L. HORTON, The Melchizedek Tradition. A

ten², 1982 bzw. 1985 von C. Newsom sorgsam edierten³ sogenannten Sabbatopferlieder aus der vierten und elften Höhle sowie von Masada sind dagegen für den neutestamentlichen Text noch nicht ausgewertet worden⁴.

An einem Teilaspekt des Redens von Gottes Herrschaft, an den Aussagen über das himmlische Heiligtum im Hebräerbrief und in den Sabbatopferliedern aus Qumran möchte diese kleine Studie erproben, ob und wie die Qumrantexte zur Erhellung des Vorstellungshintergrundes des Hebr beitragen können. Mehr als ein erster Versuch kann es nicht sein⁵.

II.

Die Vorstellung eines im Himmel befindlichen Heiligtumes sieht der auctor ad Hebraeos in Ex 25,40 (cf. Hebr 8,5) begründet: Das irdische Heiligtum ist nur ὑπόδειγμα und σκιὰ τῶν ἐπουρανίων (8,5), ein ἀντίτυπος (9,24), dem der τύπος des himmlischen Heiligtumes gegenübersteht. Dieses ist das gegenüber jenem „bessere und vollkommenere Zelt, nicht von Händen gemacht, d. i. nicht von dieser Schöpfung" (9,11). Der trotz oder gerade wegen ihrer vielfältigen Einrichtung unvollkommenen, ja unwirksamen irdischen Kultstätte wird der Himmelstempel dem Wortlaut nach klimaktisch, der Sache nach antithetisch gegenübergestellt⁶.

Critical Examination of the Sources to the Fifth Century A.D. and in the Epistle of the Hebrews, (MSSNTS 30), Cambridge u. a. 1976; H. KOSMALA, Hebräer-Essener-Christen (Studia Post-Biblica 1), Leiden 1959; C. SPICQ, L'Epître aux Hébreux, Apollos, Jean-Baptiste, les Hellénistes et Qumran, RdQ 1 (1958/59), 365–390; Y. YADIN, The Dead Sea Scrolls and the Epistle to the Hebrews, Scripta Hierosolymitana 4 (1958), 36–55.

² J. STRUGNELL, The Angelic Liturgy at Qumran – 4Q Serek širot 'olat haššabbat, in: Congress Volume Oxford 1959 (Suppl. VT 7), Leiden 1960, 318–345.

³ C. NEWSOM, Songs of the Sabbath Sacrifice: A Critical Edition (Harvard Semitic Studies 27), Harvard 1985. Eine besonders ausführliche, korrigierende Rezension von E. PUECH erschien in: RB 94 (1987), 604–613; zum Masada-Fragment: DERS., Notes sur le manuscrit des Cantiques du Sacrifice du Sabbat trouvé à Masada, RdQ 12 (1987), 575–583.

⁴ Doch finden sich Hinweise z. B. bei O. MICHEL, Der Brief an die Hebräer (KEK 13), Göttingen, 6. Aufl. 1966, 465 Anm. 1; O. HOFIUS, Katapausis. Die Vorstellung vom endzeitlichen Ruheort im Hebräerbrief, (WUNT 11), Tübingen 1970; DERS., Der Vorhang vor dem Thron Gottes. Eine exegetisch-religionsgeschichtliche Untersuchung zu Hebräer 6,19f. und 10,19f., (WUNT 14), Tübingen 1972; cf. jeweils das Stellenregister; H.-M. SCHENKE, Erwägungen zum Rätsel des Hebräerbriefes, in: H. D. BETZ/L. SCHOTTROFF (Hg.), Neues Testament und christliche Existenz (FS H. BRAUN zum 70. Geburtstag), Tübingen 1973, 421–437; dort 435 Anm. 29; auch im neuen großen Hebräerbriefkommentar von H. W. ATTRIDGE, The Epistle to the Hebrews, (Hermeneia), Philadelphia 1989 (z. B. 222 Anm. 79; 375 Anm. 73), aber eine gründliche Auswertung fehlt.

⁵ Für mancherlei Anregung und Hinweise danke ich den Herausgebern sowie PROF. E. GRÄSSER, Bonn.

⁶ Den Ausführungen von C. ROSE, Verheißung und Erfüllung. Zum Verständnis von

Die Vorstellung eines Heiligtumes im Himmel ist in vergleichbarer Konkretheit im NT nur noch in der ApkJoh ausgearbeitet, findet sich sonst jedoch häufig in frühjüdischer Literatur, wohl noch nicht im AT[7].

Die Sabbatopferlieder von Qumran lassen ihre Beter sogleich am himmlischen Lobpreis teilnehmen[8]. Ein direkter Vergleich von irdischer und transzendenter Kultstätte unter Zuhilfenahme quasi ontologischer Begrifflichkeit erübrigt sich. Doch findet sich vermutlich im zweiten Sabbatlied das Bekenntnis der Niedrigkeit der betenden irdischen Gemeinde[9].

Ferner gebraucht der Psalmdichter auch und gerade im Zusammenhang der Erwähnung des Tempels und seiner Ausstattung Begriffe, welche das Beschriebene gewissermaßen entdinglichen und von Anschaulichkeit und Faßbarkeit fortführen.

תבנית findet sich achtmal (siebenmal)[10] und wird allgemein für den Tempelbau verwendet, dann z. B. auch תבנית כסא[11].

בדן (hierfür 18 bzw. 16 Belege, stets im stat.cs.pl.; etliche unsichere Lesungen) wird ebenfalls im Zusammenhang der Beschreibung des Tempels und seines Dekors verwendet und in 4Q405 19 3 vielleicht auf דביר bezogen; ansonsten zieht es אלוהים[12], רוח[13], צורות(!)[14] und כבוד[15] nach sich.

ἐπαγγελία im Hebräerbrief, BZ NF 33 (1989), 60–80.178–191, dort 73 mit Anm. 77, ist zuzustimmen.

[7] Auf die religionsgeschichtliche Entwicklung dieses Motives kann hier nicht eingegangen werden; dazu cf. ATTRIDGE (siehe Anm. 4), 222–224; H. BIETENHARD, Die himmlische Welt im Urchristentum und Spätjudentum, (WUNT 2), Tübingen 1951, 123–125; BILLERBECK III, 700–702; A. CODY, Heavenly Sanctuary and Liturgy in the Epistle to the Hebrews, St. Meinrad 1960, 9ff.; HOFIUS, Vorhang (siehe Anm. 4), bes. 18f.; G. W. MACRAE, Heavenly Temple and Eschatology in the Letter to the Hebrews, Semeia 12 (1978), 179–199, dort 182–185; G. SCHRENK, ThWNT 3, 239–241.

[8] Cf. dazu A. M. SCHWEMER, Gott als König und seine Königsherrschaft in den Sabbatliedern aus Qumran; in diesem Band 45–118; zum Verhältnis des Tempels der Sabbatopferlieder zu dem von 4QFlor und 11QTempel cf. SCHWEMER, op.cit., 74ff.

[9] Cf. 4Q400 2 6f. Die Zuordnung zu den Liedern des Zyklus folgt C. NEWSOM (siehe Anm. 3).

[10] Die Angaben beziehen sich stets auf die Konkordanz bei C. NEWSOM, op.cit., 389–466. Die in Klammern gesetzten Zahlen berücksichtigen Mehrfachüberlieferungen.

[11] 4Q405 20ii–21–22 8; in 11Qšš 5–6 2 ist תבנית auf die רוחים bezogen; in 11Qšš 8–7 4: [ותבנית חשני]. תבנית ist der Begriff, der in Ex 25,9.40 für das Vorbild des Zeltheiligtumes gebraucht wird; dazu cf. B. JANOWSKI, Sühne als Heilsgeschehen. Studien zur Sühnetheologie der Priesterschrift und zur Wurzel KPR im Alten Orient und im Alten Testament, (WMANT 55), Neukirchen-Vluyn 1982, 10.311 Anm. 210. Die LXX übersetzt mit παράδειγμα und τύπος. Cf. auch 1. Chron 28,18. Cf. ferner M. WILCOX, „According to the Pattern (TBNYT, ...": Exodus 25,40 in the New Testament and Early Jewish Thought, RdQ 13 (1988), 647–656.

[12] 4Q405 14–15 i 6; 4Q405 15ii–16 4; 4Q405 19 2; 11Qšš j–d–g–p 2.
[13] 4Q405 14–15 i 5.
[14] 4Q405 19 5.
[15] 11Qšš j–d–g–p 2.

צורה¹⁶ taucht zehn- bzw. achtmal (stets pl.) auf und wird durch בדני¹⁷, אלוהים¹⁸, כבוד¹⁹ und הדר²⁰ näher bestimmt.

דמות findet sich fünfmal²¹. Ebenso wie die vorhergenannten Ausdrücke rückt dieser das damit Bezeichnete in die Sphäre der Jenseitigkeit und Unantastbarkeit²².

Auf unterschiedliche Weise erreichen so beide hier miteinander zu vergleichende Texte, daß das erwähnte bzw. beschriebene himmlische Heiligtum als transzendente, nicht irdisch-vorfindliche (im Sinne des ἅγιον κοσμικόν von Hebr 9,1²³) Realität vorgestellt wird.

III.

Dem Wort οὐρανός begegnen wir im Hebr zehn- bzw. elfmal (Hebr 10,34 ist textkritisch umstritten), achtmal (siebenmal) im Plural, dreimal im Singular. In unserem thematischen Zusammenhang können diejenigen Belege vernachlässigt werden, welche mit οὐρανός eindeutig den physikalisch-astronomischen Himmel, den sichtbaren (und gestirnten) Himmel über uns meinen²⁴.

Sonst verknüpfen sich mit „Himmel" im weiteren Sinne kosmologisch-axiologische, ja eschatologische Vorstellungen; der Himmel wird zur Sphäre göttlicher Transzendenz und Herrschaft²⁵.

Die Formulierungen in Hebr 4,14 und 7,26 haben die Vermutung genährt, der auctor ad Hebraeos denke an verschiedene, übereinander geschichtete Himmelssphären, welche der erhöhte Hohepriester durchschritten bzw. (viel-

---

[16] Cf. Ez 43,11!
[17] Wohl 4Q405 19 5; 4Q405 19 6–7; wohl 11Qšš j–d–g–p 6; zu 4Q403 1 ii 9 cf. Anm. 21.
[18] 4Q405 19 4 u. 5.
[19] 4Q405 19 6.
[20] 4Q405 23 ii 7.
[21] In 4Q405 14–15 i 2 und 4Q405 23 ii 9 mit רוח verknüpft; in 4Q405 20ii–21–22 10 steht es in Verbindung mit Licht- und Feuer-Phänomenen; cf. 4Q403 1 ii 9 (mit בדן formuliert); cf. C. Newsom, Merkabah Exegesis in the Qumran Sabbath Shirot, JJS 38 (1987), 11–30, dort 26f.
[22] Cf. auch C. Newsom (siehe Anm. 3), 53f.60. Die eigentliche Beschreibung von Tempel und Kult findet sich im 9. bis 13. Lied; cf. C. Newsom, Merkabah (siehe Anm. 21), 15.
[23] Zur Deutung dieses Begriffes cf. Hofius, Vorhang (siehe Anm. 4), 61; Attridge (siehe Anm. 4), 232.
[24] Hebr 1,10; 11,12; 12,26 (dazu aber H. Braun, An die Hebräer, HNT 14, Tübingen 1984, 442f. mit Bezug auf V. 25).
[25] Zwischen axiologischer und eschatologischer Interpretation ist eine exakte Trennlinie kaum angebbar. Zur Eschatologie im Hebr insgesamt cf. C. K. Barrett, The Eschatology of the Epistle to the Hebrews, in: W. D. Davies/D. Daube (Hg.), The Background of the New Testament and its Eschatology (FS C. H. Dodd), Cambridge 1956, 363–393; L. D. Hurst, Eschatology and „Platonism" in the Epistle to the Hebrews, SBLSP (1984), 41–74, mit weiterer Lit.; B. Klappert, Die Eschatologie des Hebräerbriefs (Theol. Existenz heute 156), München 1969.

leicht sogar im Kampf gegen „Mächte und Gewalten") überwunden habe[26]. Doch muß in 4,14 διέρχεσθαι c.acc.loci nicht, wie bei solcher Interpretation vorausgesetzt, implizieren, daß der durchzogene Raum auch wieder verlassen wird, „. . . sondern es kann ebenfalls gebraucht werden, wenn er an diesem Ort bleibt"[27]. Will man jedoch an einer vertikalen Reise des Erhöhten festhalten, so liegt es nahe, 4,14 mit 7,26 zusammenzustellen und als Erhöhungsaussage zu interpretieren, welche die „unbeschreibliche Machtfülle, die Christus von Gott empfangen hat"[28], zum Ausdruck bringen will.

Wenn der auctor ad Hebraeos hier nicht von (benannten oder numerierten) Himmelssphären spricht, so sollte man ihn beim Wort nehmen. Selbst Paulus redet hier deutlicher (2. Kor 12,2).

In Hebr 8,1 sind die Himmel der Thronort des Erhöhten bei Gott, Ort der Herrschaft Gottes selbst[29]. Daß das im Himmel Befindliche das Wertvollere, Wirkmächtigere und damit das eigentliche Heilsgut ist, wird mehrfach zum Ausdruck gebracht[30].

Vielumstritten ist Hebr 9,24. Die Gegenüberstellung von χειροποίητα ἅγια und αὐτὸς ὁ οὐρανός[31] führt zu dem Schluß, Himmel und himmlisches Heiligtum seien identisch[32]. Für diese Deutung spricht auch der auffallende Singular (sonst nur Hebr 11,12; 12,26; siehe o. Anm. 23)[33].

---

[26] Z.B. O. MICHEL (siehe Anm. 4), 204f.280f.; E. RIGGENBACH, Der Brief an die Hebräer, Nachdr. Wuppertal 1987, 118f.211; BRAUN, op.cit., 72.124; U. LUCK, Himmlisches und irdisches Geschehen im Hebräerbrief, NT 6 (1963), 192−215; dort 207; auf die Himmelfahrt deutet z.B. F. J. SCHIERSE, Verheißung und Heilsvollendung. Zur theologischen Grundfrage des Hebräerbriefes (MThS I,9), München 1955, 42. Gerne wird in diesem Zusammenhang auf TestLevi 3; Eph 1,20f.; 4,10; slavHen 3−21; AscJes 7,1ff.; 11,22ff. verwiesen. Cf. noch BILL. III, 531−533; H. BIETENHARD, op.cit. (siehe Anm. 7), 3ff.38−42.

[27] HOFIUS, Vorhang (siehe Anm. 4), 68 mit Verweis auf Apg 13,6. Cf. auch Jos.bell. 2,67 (BAUER-ALAND, 391). Cf. noch M. RISSI, Die Theologie des Hebräerbriefes, (WUNT 41), Tübingen 1987, 39.

[28] HOFIUS, op.cit., 69; cf. auch RISSI, op.cit., 36; P. ANDRIESSEN, Das größere und vollkommenere Zelt (Hebr 9,11), BZ NF 15 (1971), 76−92, dort 87; ATTRIDGE (siehe Anm. 4), 139.

[29] Die Meinung des Erlanger Exegeten J. CHR. K. V. HOFMANN, Der Brief an die Hebräer (Die heilige Schrift neuen Testaments, zusammenhängend untersucht, 5. Theil), Nördlingen 1873, 53−562, dort 304, ἐν τοῖς οὐρανοῖς gehöre zu τῶν ἁγίων λειτουργός, hat sich zu Recht nicht durchgesetzt. Cf. nur Hebr 1,3 als Parallelformulierung; cf. HOFIUS, op.cit., 55.

[30] Cf. Hebr 9,23; 10,34 v.l.; 12,25 (siehe Anm. 24); E. KÄSEMANN, Das wandernde Gottesvolk. Eine Untersuchung zum Hebräerbrief (FRLANT NF 37), Göttingen, 2. Aufl. 1957, 29; MICHEL (siehe Anm. 4), 471 denken konkret an das himmlische Jerusalem und den Berg Zion.

[31] ATTRIDGE (siehe Anm. 4), 269 vermutet z.B., daß durch den Singular der debir als oberste Himmelssphäre von den niederen Sphären unterschieden werden soll; so wohl auch BRAUN (siehe Anm. 24), 282; cf. auch MACRAE (siehe Anm. 7), 187f.

[32] Cf. nur RIGGENBACH (siehe Anm. 26), 284f.; MICHEL, op.cit., 323f.; H. TRAUB, ThWNT 5, 528; N. A. DAHL, A New and Living Way. The Approach to God According to Hebrews 10:19−25, Interpretation 5 (1951), 401−412, dort 402; RISSI (siehe Anm. 27), 36; SCHIERSE (siehe Anm. 26), 45.

[33] HOFIUS, Vorhang (siehe Anm. 4), 70 vermutet brachylogischen Ausdruck. Aber wäre dafür nicht der Plural geeigneter gewesen?

Ein einheitlicher Gebrauch von οὐρανός im Hebr kann daher nicht behauptet werden³⁴. Ob der auctor ad Hebraeos an ein Heiligtum im Himmel oder an den Himmel als Heiligtum denkt, ist nicht sicher zu entscheiden.

In den Sabbatopferliedern aus Qumran begegnet uns eine Fülle von Begriffskombinationen zur Bezeichnung des (Transzendenz-)Himmels³⁵. Die Siebenerzahl, die sonst „... die Grundstruktur der ganzen himmlischen Liturgie darstellt"³⁶, spielt bei der Bezeichnung des Himmels keine Rolle, wie überhaupt die Vorstellung verschiedener Himmelssphären in den uns erhaltenen Fragmenten nicht vorgetragen sein dürfte³⁷. Bereits im ersten Sabbatlied, vor dem ersten Auftauchen von „Himmel" (מרומי רום)³⁸, befinden wir uns im himmlischen Heiligtum. Der Himmel ist der Ort des Heiligtumes; Himmel und Heiligtum werden ununterscheidbar³⁹. Beleg für diese (absichtliche?) Begriffsunschärfe ist der Gebrauch von רקיע in den Sabbatopferliedern, bald als Ausdruck für den Himmel⁴⁰, bald als Bezeichnung eines Teiles der Tempelarchitektur⁴¹, bald als terminus technicus für die Kristallfeste über den Keruben⁴².

IV.

Im Hebr wird mit (τὰ) ἅγια in der Regel das Allerheiligste, der debir des irdischen und (in Entsprechung und Überbietung dazu) auch des himmlischen Heiligtumes bezeichnet. Dies wird unmittelbar einsichtig aus Hebr 9,25 (cf. Lev 16) und ist von daher auch in 9,24 anzunehmen⁴³. Ebenso eindeutig ist in

---

³⁴ So auch LUCK (siehe Anm. 26), 207. Zu harmonisierend HOFIUS, op.cit., 70f. mit dem Verweis auf TestLevi 5,1.
³⁵ מרומים; מרומי רום; לזבול רום רומים; מרומי רומים; רום רומים; שמי מלכותו; cf. NEWSOM (siehe Anm. 3), 39: Zu טוהר טוהרים (4Q403 1 i 41–42) cf. NEWSOM, op.cit., 222; STRUGNELL (siehe Anm. 2), 325f. denkt an einen Engeltitel.
³⁶ M. HENGEL, Judentum und Hellenismus. Studien zu ihrer Begegnung unter besonderer Berücksichtigung Palästinas bis zur Mitte des 2. Jh.s v. Chr., (WUNT 10), Tübingen, 2. Aufl. 1973, 306.
³⁷ Cf. STRUGNELL, op.cit., 328f., NEWSOM, op.cit., 39.
³⁸ 4Q400 1 i 20.
³⁹ Cf. 4Q400 1 ii 4: בשערי מרומי רום; NEWSOM, op.cit., 107 verweist hierzu auf Gen 28,17; שערי erinnert jedoch an Gebäude; 4Q405 23 ii 11; 4Q403 1 i 41; 4Q405 6 2 (זבול; cf. 1. Kön 8,13; 2.Chron 6,2; Jes 63,15; cf. bChag 12b; BIETENHARD, op.cit., 123); 4Q403 1 i 43 רקיע רוש מרו[מ]ים; cf. 4Q405 6 4. 4Q403 1 i 34 könnte auf eine Mehrzahl von Himmeln hindeuten; jedoch übersetzt SCHWEMER (siehe Anm. 8), 95 רושי מרומים mit „Häupter der Erhabenen".
⁴⁰ So wohl z. B. 4Q403 1 i 43; 4Q405 6 4; 11Qšš 2–1–9 4; dazu cf. NEWSOM, op.cit., 375; cf. schon Gen 1,6–8.14f.17.20; Ps 19,2; 150,1; Dan 12,3.
⁴¹ Z. B. 4Q403 1 i 42; 4Q405 23 i 7.
⁴² Z. B. 4Q405 19 3; cf. NEWSOM, op.cit., 297; 4Q405 20ii–21–22 8f.; cf. schon Ez 1,22f.25f.; 10,1.
⁴³ Cf. HOFIUS, Vorhang (siehe Anm. 4), 70; dagegen RISSI (siehe Anm. 27), 38, der nur

9,12; 13,11 der debir gemeint und daher auch in 9,8 (siehe u.) und 10,19 (cf. 6,20: Christus als πρόδρομος ὑπὲρ ἡμῶν) zu verstehen. In 9,2 bezeichnet ἅγια eindeutig den hekhal des irdischen Heiligtumes. Dies erhellt aus dem Kontext mit der Erwähnung von ἅγια ἁγίων im folgenden Vers 3. In 8,2 könnte τὰ ἅγια eventuell das ganze Heiligtum bezeichnen[44]. Wahrscheinlicher dürfte aber auch hier Kongruenz zum sonstigen Sprachgebrauch des Hebr vorliegen. Dann stünden, wie in Lev 16,2.3.16.17.20.23.27.33 LXX τὰ ἅγια und ἡ σκηνή nebeneinander zur Unterscheidung von debir und ganzem Heiligtum[45]. Der in diesem Zusammenhang oft monierte Unterschied zum Sprachgebrauch von Lev 16 LXX (Plural statt Singular)[46], wird durch Hebr 13,11 entkräftet: Dort nimmt der Verfasser ohne Zweifel Lev 16,27 auf, formuliert jedoch pluralisch[47].

In Hebr 9,1–11 werden hekhal und debir des irdischen Heiligtums als zwei Zelte unterschieden[48]. Von hier aus ist dann auch V. 8 zu interpretieren: Der Bestand des hekhal des irdischen Heiligtumes ist ein Zeichen dafür, daß im עולם הזה der Zugang zum himmlischen Allerheiligsten noch nicht frei ist[49].

Hebr 9,11ff. stellt das vollkommenere himmlische Heiligtum dem irdischen gegenüber[50]. σκηνή dürfte hier, wie in 8,2, das ganze Heiligtum im Unterschied zum eigens erwähnten debir bezeichnen[51], wobei dann VV. 11.12 eine kunst-

---

ἅγια mit vorausgehendem Artikel auf das himmlische Allerheiligste beziehen möchte. Doch dürfte dem Artikelgebrauch hier keine unterscheidende Bedeutung beikommen. Zu 9,1 cf. Anm. 22.

[44] So offenbar C. SPICQ, L'Epître aux Hébreux. Introduction. Commentaire (Études bibliques), 2 Bände, Paris 1952/53, dort II,234; erwägend BRAUN (siehe Anm. 24), 228; MICHEL (siehe Anm. 4), 287f. mit Anm. 5.

[45] Cf. ATTRIDGE (siehe Anm. 4), 218; HOFIUS, Vorhang (siehe Anm. 4), 58.71; RIGGENBACH (siehe Anm. 26), 220 Anm. 13 versteht unter σκηνή fälschlich nur den hekhal.

[46] Cf. nur A. P. SALOM, Ta Hagia in the Epistle to the Hebrews, AUSS 5 (1967), 59–70, dort 62.

[47] Cf. HOFIUS, op.cit., 57 Anm. 60.

[48] Zum Sprachgebrauch cf. O. HOFIUS, Das „erste" und das „zweite" Zelt. Ein Beitrag zur Auslegung von Hebr 9,1–10, ZNW 61 (1970), 271–277, bes. 274f.

[49] Cf. HOFIUS, Vorhang (siehe Anm. 4), 60ff., bes. 63 mit Anm. 91. Durch die Nichtbeachtung des Sprachgebrauches im Kontext sind allerlei vermeidbare Mißverständnisse entstanden. Ἡ πρώτη σκηνή kann natürlich nicht das gesamte irdische Zelt im Gegensatz zum himmlischen meinen (in welchem Sinne sollte es auch πρώτη sein – etwa temporal?); so aber CODY (siehe Anm. 7), 148. Auch ist es unmöglich, in πρώτη σκηνή den irdischen und in τὰ ἅγια den himmlischen Bereich symbolisiert zu sehen; so z. B. R. GYLLENBERG, Die Christologie des Hebräerbriefes, ZSTh 11 (1934), 662–690, dort 674f.; KÄSEMANN (siehe Anm. 30), 145. Hieran knüpfte dann auch die „gnostische" Auslegung des Tempelmotives wie des gesamten Hebr an. MICHEL (s. Anm. 4), 298 Anm. 3 rechnet mit einer „hellenistischen Vorlage". Der Hebr vertritt aber die Vorstellung zweier Heiligtümer mit zwei Räumen; cf. HOFIUS, Vorhang (siehe Anm. 4), passim; ATTRIDGE (siehe Anm. 4), 218. Allerdings ist zu konstatieren, daß der auctor ad Hebraeos an der Beschreibung des himmlischen hekhal kein Interesse zeigt.

[50] Cf. nur A. VANHOYE, La structure littéraire de l'épître aux Hébreux, 2. Aufl. Paris 1976, 150.

[51] Cf. HOFIUS, Vorhang (siehe Anm. 4), 65 mit Anm. 104.

volle chiastische Figur bilden; διά ist in V. 11 lokal, in V. 12 jedoch instrumental aufzufassen[52].

Auch Hebr 9,21 und 13,10 bieten keinen zwingenden Grund, σκηνή anders denn als Bezeichnung für das ganze Heiligtum zu verstehen. Der auctor ad Hebraeos bildet seine Vorstellung vom himmlischen Heiligtum ganz offensichtlich am Zeltheiligtum der Wüstengeneration (cf. Hebr 9,1–5)[53], worauf schon der Gebrauch von σκηνή hindeutet. Zweigeteiltes himmlisches und irdisches Heiligtum stehen zueinander im Verhältnis von Urbild und Abbild, Unvollkommenem und Vollkommenem. Für andere und weitergehende kosmische Spekulationen, für die Vermutung, es handele sich um ein Himmel und Erde umfassendes Heiligtum, besteht kein Anlaß.

Zur Bezeichnung des himmlischen Heiligtumes und seiner Teile benutzt der Dichter der Sabbatlieder eine Reihe von Ausdrücken: אולם; מקדש; קודש; משכן; מעון; דביר; היכל[54]. קודש מקדש, und משכן sind schon als alttestamentliche Bezeichnungen für das Zeltheiligtum üblich[55]. Ob קודש קודשים[56] in den Sabbatopferliedern als terminus technicus für den debir zu interpretieren ist, muß offenbleiben[57]. היכל findet sich in den Sabbatliedern zweimal, im ersten und im dreizehnten Lied, jeweils im Plural[58]. C. Newsom[59] vermutet, daß in 11Qšš 2–1–9 7 kein technischer Gebrauch vorliegt, was mir aber angesichts des Kontextes (in Zeile 6 desselben Fragmentes taucht דביר auf)[60] als unzutreffend erscheint. Wie schon 4Q400 1 i 4 zeigt, ist der דביר (33- bzw. 31mal in den

---

[52] Hier werden gern sakramentale Deutungen angeschlossen; cf. z. B. A. VANHOYE, „Par la tente plus grande et plus parfaite..." (Hébr 9,11), Bib 46 (1965), 1–28; J. SWETNAM, „The Greater and More Perfect Tent". A Contribution to the Discussion of Hebrews 9,11, Bib 47 (1966), 91–106. Dagegen kritisch z. B. ANDRIESSEN (siehe Anm. 28), 76–92; BRAUN (siehe Anm. 24), 265.

[53] Dazu cf. z. B. ATTRIDGE (siehe Anm. 4), 231 ff., bes. 236–238.

[54] Cf. NEWSOM (siehe Anm. 3), 40–42. אולם (4Q405 14–15 i 4.5; dazu cf. NEWSOM, op.cit., 281; 11Qšš c 2 – unsichere Lesung! –; 11Qšš k 2) wird von NEWSOM im Zusammenhang nicht besprochen; im AT vor allem in Ez und 1. Kön 6f., nicht in P! Bei מקדש ist im Einzelfall schwer zwischen Substantiv und Adjektiv zu unterscheiden. Zu רקיע siehe o. Das Verhältnis der Häufigkeit der Belege von היכל und דביר (1:15,5) legt den Schluß nahe, daß des Psalmdichters eigentliches Interesse am Allerheiligsten liegt. Zu מעון cf. NEWSOM, op.cit., 115; SCHWEMER (siehe Anm. 8), 82f. Zu מחני, das nicht in diesen Zusammenhang gehört, cf. NEWSOM, op.cit., 29; D. HALPERIN, The Faces of the Chariot. Early Jewish Responses to Ezekiel's Vision, (TSAJ 16),Tübingen 1988, 53.

[55] Cf. NEWSOM, op.cit., 40f.

[56] Wie vor allem bei P und Ez. LXX übersetzt mit τὸ ἅγιον τῶν ἁγίων.

[57] Cf. NEWSOM, op.cit., 40.

[58] 4Q400 1 i 13; 11Qšš 2–1–9 7. Cf. SCHWEMER (siehe Anm. 8), 68 mit Anm. 72 (Verweis auf Sir 50,3.7). SCHWEMER, op.cit., 78 übersetzt 4Q400 1 i 13: „in den Palästen des Königs".

[59] Cf. NEWSOM, op.cit., 41.

[60] Cf. auch NEWSOM, op.cit., 376.

Sabbatopferliedern) Ort der Präsenz Gottes, wiewohl diese nie direkt ausgesagt wird. Es begegnet aber für Engel die Bezeichnung משרתי פנים[61].

In der Beschreibung des Tempels fallen immer wieder Pluralia auf, die neben singularische Formen treten. Z. T. mag dieser Numeruswechsel (sogar in Paralleltexten)[62] auf die Vorstellung von mehreren (vielleicht sieben) Heiligtümern entsprechend den Engelordnungen hinweisen[63]. Öfter wird man jedoch auch an einen pluralis maiestatis zu denken haben.

Es wird in diesen Liedern eine ganze Reihe die Architektur und Einrichtung des Tempels bezeichnender Begriffe verwendet[64]. Dabei geht es offenbar weniger um eine präzise Beschreibung (wie etwa Ex 26; 1. Kön 6). Vielmehr vereinigt der Dichter der Liturgie im siebenten sowie im neunten bis dreizehnten Lied den Tempel und seine Gegenstände mit den Engelordnungen zum Lobpreis Gottes: Der Tempel wird lebendig und singt[65].

Im Hinblick auf den Vergleich mit dem Hebräerbrief sind natürlich der Vorhang im Tempel und der Thron Gottes von besonderem Interesse.

פרכת begegnet in den Sabbatopferliedern nur zweimal[66] und wird im Zusammenhang mit dem דביר (bzw. דבירים) genannt. Ohne Zweifel handelt es sich um den Vorhang zwischen hekhal und debir[67]. Möglicherweise stimmen die Figuren auf diesem Vorhang in den Lobpreis der Engel mit ein[68].

Hinter dem Vorhang, im debir, befindet sich der Gottesthron[69]. Am Ende des siebten wie offenbar am Ende des elften Liedes wird von einer Mehrzahl von Thronen gesprochen[70].

Während am Ende des elften Gesanges eine Mehrzahl von merkavot

---

[61] 4Q400 1 i 4.8.

[62] Cf. Newsom, op.cit., 49 mit Beispielen. Cf. auch 4Q405 19 2 u. 3; cf. Newsom, op.cit., 297.

[63] Cf. Newsom, op.cit., 35.48 (zu 4Q403 1 ii 14).51 (Siebenzahl der Tempel nicht im 9.–13. Sabbatopferlied). 4Q405 7 7: Sieben debirim im 7. Gesang.

[64] קירות; הדום [רגליו]; מחשבים; פתח; עמדי משא; פנות מבניתו; שער („entryways"); מבואים (?); גלגל; כנפים; כרובים; אופנים im Zusammenhang damit מרכבה; כסא; גדיל שפא; פרכות; מדרס(?); dann noch (?)פלא[דבקי; cf. die Übersicht bei Newsom, op.cit., 42–45.

[65] Schwemer (siehe Anm. 8), 97f. meint, im 7. Lied werde die Qedusha in die Schilderung ihres Vollzuges umgesetzt. M. E. ist der transzendente Lobpreis so wunderbar, daß er für den Dichter unsagbar wird. Zum Lobpreis der Engel und des Tempels cf. noch D. C. Allison jr., The Silence of Angels: Reflections on the Songs of the Sabbath Sacrifice, RdQ 13 (1988), 189–197. Allison zieht ApkJoh 9,13f. heran.

[66] 4Q405 15ii–16 3 (sg.) und 5 (pl.).

[67] Zum Tempelvorhang im realen Tempel cf. S. Légasse, Les voiles du Temple de Jérusalem. Essai de parcours historique, RB 87 (1980), 560–589.

[68] Cf. Newsom, op.cit., 289. 4Q405 15ii–16 dürfte zum zehnten Gesang gehören; cf. Newsom, op.cit., 11. Der Lobpreis dieser Wesen wird also vor dem Lobpreis der merkavot (siehe u.) geschildert.

[69] Merkavah im AT in 1. Chron 28,18, dann Sir 49,8, auf Ez bezugnehmend, wo der Begriff nicht auftaucht.

[70] In den Sabbatopferliedern begegnet מרכבה neunmal (achtmal) im Plural, nur einmal,

beschrieben zu sein scheint[71], beginnt das zwölfte Lied mit der Darstellung des Lobpreises der lebendigen Wesen des einen Gottesthrones[72]. Während im siebten Lied die merkavot in den Lobpreis Gottes einstimmen[73], wird also der Gottesthron im zwölften Lied selbst Gegenstand des Lobpreises[74].

Obwohl die Sabbatopferlieder offenbar eine Beschreibung des Opfers enthalten (dazu siehe u.), fehlt in den erhaltenen Fragmenten eine Erwähnung des Brandopferaltars. Darf man dies als Indiz für die Spiritualisierung des Opfers in der Sabbatliturgie verstehen?

Daß auch der Hebr von einer Ausstattung des himmlischen Heiligtums weiß, geht zwingend aus Hebr 9,23 hervor (Rückbezug auf V. 21: τὴν σκηνὴν δὲ καὶ πάντα τὰ σκεύη τῆς λειτουργίας; cf. 8,2: Christus als λειτουργός[75]). Eine ähnlich ausführliche Beschreibung, wie sie der auctor ad Hebraeos für das irdische Heiligtum gibt (9,1−5)[76], fehlt jedoch für den Himmelstempel. Das kann kaum Zufall sein. Schon die Beschreibung von 9,1−5 wird vom Verfasser selbst als unzureichend empfunden[77]. Es geht in diesem Kontext aber auch gar nicht um eine „Tempelbesichtigung". Vielmehr werden die vielen Kultgegenstände des irdischen Heiligtumes und der πρώτη διαθήκη in ihrer soteriologischen Unwirksamkeit dem allgenugsamen Opfer Christi gegenübergestellt[78]. Eine detaillierte Beschreibung auch des himmlischen Heiligtumes wäre in diesem Kontext nur störend. Das himmlische, von Gott (8,2: der κύριος ist − wie Num 24,6 LXX − Gott selbst, nicht der κύριος Ἰησοῦς[79]), nicht von Menschenhand errichtete Heiligtum, welches − im Gegensatz zum ἅγιον κοσμικόν (9,1)[80] − nicht von dieser Schöpfung ist (9,11), ist dadurch sowie durch

---

4Q405 20ii−21−22 8, im Singular. Dort, zu Beginn des zwölften Gesanges, wird offenbar auch die Bewegung der merkavah geschildert. כסא, siebenmal, eindeutig im Singular in 4Q405 20ii−21−22 2 u. 8 (man beachte die zurückhaltende Ausdrucksweise; der Gottesthron selbst bleibt unaussprechlich); vielleicht noch in 11QŠŠ 2−1−9 6; cf. Newsom, op.cit., 377; Schwemer (siehe Anm. 8), 108 Anm. 172. מושב, sechsmal (fünfmal), im Singular in 4Q405 20ii−21−22 2 u. 9 (11. bzw. 12. Lied). Vermutungen über die Stellung der Begrifflichkeit im Zyklus bei Newsom, Merkavah (siehe Anm. 21), 29.

[71] 4Q405 20ii−21−22 3 ff., cf. Newsom, op.cit., 15.
[72] Cf. Schwemer (siehe Anm. 8), 107 f.; Newsom, op.cit., 15. Cf. 4Q405 20ii−21−22 6 ff.
[73] Cf. 4Q403 1 ii 15; Newsom, op.cit., 14.
[74] Cf. 4Q405 20ii−21−22 8: תבנית כסא מרכבה מברכים ממעל לרקיע הכרובים; wie in Zeile 2, so begegnet auch hier eine das Heilige vorsichtig umschreibende und andeutende Ausdrucksweise.
[75] Zu diesem Begriff cf. Braun (siehe Anm. 24), 228; H. Strathmann, ThWNT 4, 236−238; Spicq I (siehe Anm. 44), 311 f. mit den Anmerkungen.
[76] Dazu cf. den Exkurs bei Attridge (siehe Anm. 4), 236−238; O. Moe, Das irdische und das himmlische Heiligtum. Zur Auslegung von Hebr 9,4 f., ThZ 9 (1953), 23−29.
[77] Hebr 9,5: περὶ ὧν οὐκ ἔστιν νῦν λέγειν κατὰ μέρος (praeteritio).
[78] Richtig Braun (siehe Anm. 24), 251. Das irdische Heiligtum hat positiv nur Hinweischarakter.
[79] Gegen Swetnam (siehe Anm. 52), 102 Anm. 1.
[80] Siehe Anm. 23.

den einmaligen und endgültigen Eintritt Christi in den דביר ausreichend gekennzeichnet. Mehr braucht es nicht.

Benannt werden dann auch nur zwei Gegenstände dieses himmlischen Heiligtumes, der Vorhang und der Thron Gottes.

καταπέτασμα kommt außerhalb des Hebr im NT nur bei den Synoptikern vor[81], im Hebr selbst dreimal (6,19; 9,3; 10,20).

In Hebr 9,3 ist durch die Bezeichnung τὸ δεύτερον καταπέτασμα (es wird also die Existenz eines weiteren Vorhanges vor dem hekhal vorausgesetzt)[82] eindeutig, daß es sich hier um den Vorhang zwischen hekhal und debir handelt.

Gleiches dürfte für 6,19 gelten (die Formulierung εἰς τὸ ἐσώτερον τοῦ καταπετάσματος gemahnt an Lev 16,2 LXX)[83]. Hinter diesem Vorhang (als realem Teil des himmlischen Heiligtums, zugleich jedoch auch als Symbol des Zugangs und der – zunächst verborgenen – Präsenz und Heiligkeit Gottes)[84] ist Jesus als unser „Vorläufer" (πρόδρομος; 6,20)[85] hineingegangen.

Heftig umstritten ist Hebr 10,20. In diesem Vers haben diejenigen Exegeten, welche einen hellenistisch-dualistischen, ja gnostischen religionsgeschichtlichen Hintergrund der καταπέτασμα-Vorstellung des Hebr vermuten, den Beweis dafür finden wollen, daß der Vorhang, mit dem Leib Christi identifiziert, die Scheidewand zwischen kosmisch-sarkischer und himmlisch-pneumatischer Sphäre symbolisiert[86]. Das den V. 20 einleitende Relativpronomen ἥν hat die Funktion, den Hiatus zwischen V. 19 und 20 zu vermeiden, bezieht sich syntaktisch auf ὁδὸν κτλ., sachlich auf εἴσοδον τῶν ἁγίων in V. 19 (ὁδόν nimmt εἴσοδον sachlich wie klanglich auf)[87]. Worauf aber bezieht sich in diesem „viel gequälten Vers"[88] das explizierende τοῦτ' ἔστιν τῆς σαρκὸς αὐτοῦ? Folgende Lösungsvorschläge sind zu erwägen:

– Der Satz ist eine Glosse[89]. Aber die einheitliche Textüberlieferung sowie das auch sonst im Hebr übliche τοῦτ' ἔστιν sprechen gegen eine Streichung[90].

---

[81] Mt 27,51; Mk 15,38; Lk 23,45.

[82] Kaum dürfte an den in mJoma 5,1 erwähnten Doppel-Vorhang vor dem debir gedacht sein; cf. LÉGASSE (siehe Anm. 67), 581 f.; MICHEL (siehe Anm. 4), 254 Anm. 1; sonst cf. ATTRIDGE (siehe Anm. 4), 184f.; C. SCHNEIDER, ThWNT 3, 630–632. Zur Vorhangspekulation im antiken Judentum und in der Gnosis cf. HOFIUS, Vorhang (siehe Anm. 4), 4–48.

[83] Lev 16,2: εἰς τὸ ἅγιον ἐσώτερον τοῦ καταπετάσματος εἰς πρόσωπον τοῦ ἱλαστηρίου; cf. HOFIUS, op.cit., 88; BRAUN (siehe Anm. 24), 191.

[84] Cf. ATTRIDGE (siehe Anm. 4), 185.

[85] Zum Begriff cf. O. BAUERNFEIND, ThWNT 8, 234f.; BRAUN, op.cit., 192.

[86] Cf. nur KÄSEMANN (siehe Anm. 30), 135.145; SCHIERSE (siehe Anm. 26), 36–39; E. GRÄSSER, Der Glaube im Hebräerbrief, (Marburger Theologische Studien Bd. 2), Marburg 1965, 37 mit Anm. 132; DAHL (siehe Anm. 30), 405; dagegen vorsichtig ATTRIDGE (siehe Anm. 4), passim; RISSI (siehe Anm. 27), 41.

[87] Cf. BL.-DEBR.-REH. §§ 294,5; 486; BRAUN, op.cit., 61 (cf. 306). Die meisten Exegeten beziehen ἥν auf εἴσοδον, RIGGENBACH (siehe Anm. 26), 313 auf παρρησίαν (V. 19).

[88] Cf. HOFIUS, Vorhang (siehe Anm. 4), 81.

[89] Konjektur von K. HOLSTEN; cf. Apparat NESTLE-ALAND, 26. Aufl., ad loc.

[90] Cf. ATTRIDGE (siehe Anm. 4), 286 Anm. 31.

– Der Satz bezieht sich auf τῶν ἁγίων V. 19[91]. Aber der Abstand zum Bezugswort wäre doch zu groß.

– Der Satz steht attributiv zu καταπέτασμα, erklärt dieses also als „Vorhang seines Fleisches"[92]. Freilich bleibt die Wendung, Jesus habe uns den Weg durch (lokal!) den Vorhang seines Fleisches eröffnet, unklar, zumal da σάρξ im Hebr nicht etwa den am Kreuz Geopferten bezeichnet, sondern stets Ausdruck konkreter irdisch-menschlicher Existenz ist (2,14; 5,7; 9,10.13; 12,9)[93]. „Die Ansicht, daß das Fleisch Jesu ein Hindernis war, das die volle Gemeinschaft mit Gott verwehrte, trägt einen Gedanken ein, der dem Hebräerbrief doch fremd sein dürfte"[94], ja mehr, sie widerspricht der Bedeutung der Menschlichkeit Jesu im Hebr (cf. nur 2,17; 4,15; 5,7ff.; 12,3).

– Der Satz formuliert brachylogisch: Vor τῆς σαρκὸς αὐτοῦ ist ein (instrumental zu verstehendes) διά zu ergänzen[95]. Es dürfte aber höchst problematisch sein, eine Brachylogie bei gleichzeitigem Bedeutungswechsel anzunehmen[96].

– Der Satz steht appositionell zu καταπέτασμα, identifiziert also καταπέτασμα und σάρξ Christi[97]. Der sonstige Sprachgebrauch des Hebr (2,14; 7,5; 9,11; 11,16; 13,15) spricht am ehesten für diese Lösung. Doch stellen sich entweder die gleichen unüberwindlichen sachlichen Probleme wie bei der attributivischen Lösung (siehe o.), oder es muß doch ein Bedeutungswechsel bei διά angenommen werden[98], was der Lösung von Hofius und Jeremias nahekäme.

– Der Satz ist von ὁδόν abhängig und expliziert diesen näher[99]. Grundsätz-

---

[91] So O. GLOMBITZA, Erwägungen zum kunstvollen Ansatz der Paraenese im Brief an die Hebräer X,18–25, NT 9 (1967), 132–150; dort 138.

[92] Cf. N. H. YOUNG, ΤΟΥΤ' ΕΣΤΙΝ ΤΗΣ ΣΑΡΚΟΣ ΑΥΤΟΥ (HEB X.20): Apposition, Dependent or Explicative?, NTS 20 (1974), 100–104, dort 100 Anm. 7.

[93] Dies spricht auch gegen die Interpretation von J. JEREMIAS, Hebräer 10,20: τοῦτ' ἔστιν τῆς σαρκὸς αὐτοῦ, ZNW 62 (1971), 131; auch ATTRIDGE (siehe Anm. 4), 287 beachtet nicht den Sprachgebrauch des Hebr. Zu den inhaltlichen Problemen einer solchen Deutung cf. auch HURST (siehe Anm. 25), 54. Zur theologischen Deutung des irdischen Jesus im Hebr cf. weiterführend E. GRÄSSER, Der historische Jesus im Hebräerbrief, ZNW 56 (1965), 63–91; wieder in: DERS., Text und Situation. Gesammelte Aufsätze zum Neuen Testament, Gütersloh 1973, 152–181.

[94] O. HOFIUS, Inkarnation und Opfertod Jesu nach Hebr 10,19f., in: E. LOHSE u. a. (Hg.), Der Ruf Jesu und die Antwort der Gemeinde (FS J. JEREMIAS zum 70. Geburtstag), Göttingen 1970, 132–141, Zitat 134; cf. auch C. MAURER, ThWNT 6, 768.

[95] Dies ist die Lösung von JEREMIAS und HOFIUS opp.citt.

[96] Cf. nur ATTRIDGE (siehe Anm. 4), 286.

[97] So die meisten; cf. die Übersicht bei HOFIUS, Inkarnation (siehe Anm. 94), 133; BRAUN (siehe Anm. 24), 307f.; YOUNG (siehe Anm. 92), 100 mit Anm. 5; 104.

[98] Cf. ATTRIDGE, op.cit., 287; YOUNG, op.cit., 103f.; D. PETERSON, Hebrews and Perfection. An Examination of the Concept of Perfection in the „Epistle to the Hebrews", (MSSNTS 47), Cambridge u. a. 1982, 154; ähnlich wohl auch L. SABOURIN, „Liturge du Sanctuaire et de la Tente Véritable" (Hébr 8,2), NTS 18 (1971), 87–90, dort 88 Anm. 2.

[99] Vertreten z.B. durch SPICQ II (siehe Anm. 44), 316: CODY (siehe Anm. 7), 161 mit

lich kann nämlich τοῦτ' ἔστιν auch einen abhängigen Genetiv einleiten[100]. Auch ist der Abstand zum Beziehungswort nicht allzu groß, es ist nur διὰ τοῦ καταπετάσματος eingeschoben (immerhin käme ja auch in 7,5 niemand auf die Idee, die durch τοῦτ' ἔστιν eingeleitete Phrase auf κατὰ τὸν νόμον zu beziehen). Daß der auch das irdische Dasein umfassende Weg Jesu den Zugang zum Allerheiligsten eröffnet habe, ist ein durchaus plausibler (und über 10,19 hinausführender) theologischer Gedanke, der sich dem Gesamtduktus des Hebr zudem gut einfügt. Daher scheint uns diese Deutung die am besten vertretbare zu sein.

Der einzige weitere Gegenstand des himmlischen Heiligtums, welchen der Hebr erwähnt[101], ist der Thron Christi (1,8: seinen Platz kann man nur aus dem „Sitzen zur Rechten Gottes" – cf. z. B. 12,2 – erschließen) bzw. Gottes (4,16; 8,1; 12,2). In 12,2 wird dieser Thron direkt als Thron Gottes benannt; er ist das Ziel des Weges Jesu durch Erniedrigung und Erhöhung. Nicht genannt wird der Gottesname in 8,1 (τοῦ θρόνου τῆς μεγαλωσύνης ἐν τοῖς οὐρανοῖς)[102], ebenso in 4,16 (τῷ θρόνῳ τῆς χάριτος)[103]. In dieser letzterwähnten Passage liegt das Interesse nicht mehr an der Erhöhung Jesu zur Herrschaft mit Gott, sondern am „Hinzutreten" der Gemeinde. Wohin der πρόδρομος Ἰησοῦς bereits eingegangen ist (6,19f.), dorthin sollen auch wir kommen[104]. Nichts spricht dagegen, diesen Thron im debir des himmlischen Heiligtumes zu lokalisieren. Der καιρὸς διορθώσεως, der עולם הבא, ist bereits angebrochen, die τῶν ἁγίων ὁδός ist erschienen (cf. Hebr 9,8.10).

V.

In Hebr 12 erreicht die Verknüpfung „lehrhafter" und „paränetischer" Aussagen im „Brief" ihren Höhepunkt. Die Mahnung zum Durchhalten und Leiden wird wiederholt und durch den Hinweis auf den ἀρχηγός und τελειωτὴς Ἰησοῦς (12,2) motiviert. In den Versen 14 bis 17 wird die bereits zweimal (cf.

Anm. 29; P. ANDRIESSEN/A. LENGLET, Quelques passages difficiles de l'Epître aux Hébreux (5,7.11; 10,20; 12,2), Bibl 51 (1970), 207–220; dort 215; MACRAE (siehe Anm. 7), 188.

[100] Cf. ATTRIDGE, op.cit., 286 Anm. 32; vielleicht in 9,11 – so, erwägend, ANDRIESSEN (siehe Anm. 28), 81.

[101] Zu 13,10 cf. Anm. 141.

[102] Zu μεγαλωσύνη cf. BRAUN (siehe Anm. 24), 30f.; W. GRUNDMANN, ThWNT 4, 549f.

[103] Dazu cf. BRAUN, op.cit., 128.

[104] προσέρχεσθαι – 4,16; 7,25; 10,1.22; 11,6; 12,18.22; cf. 1. Petr 2,4 – ist nicht ausschließlich kultisch zu verstehen, ebensowenig wie קרב, welches Wort es in der LXX häufiger übersetzt. Z. B. Ex 16,9; 22,8(7); Lev 9,5; 22,3 ist ein Nahen zur Transzendenzsphäre gemeint (was dann natürlich in den konkreten kultischen Vollzug übergehen kann); cf. auch J. KÜHLEWEIN, THAT 2, 674–681; bes. 678f. Gegen SPICQ I (siehe Anm. 44), 281f.; SCHIERSE (siehe Anm. 26), 200; J. LÉCUYER, Ecclesia Primitivorum (Hébr 12,23), Analecta Biblica 17/18

6,4 ff.; 10,26 ff.) vorgetragene Auffassung, daß für eine zweite Buße kein Platz ist (12,17: μετανοίας γὰρ τόπον οὐχ εὗρεν), aufgenommen[105].

In den Versen 22 bis 24 begegnet uns die ausführlichste und eindrucksvollste Beschreibung der himmlischen Welt, welche der Hebr bietet[106]. Sie tritt in Kontrast zur Beschreibung der Sinaioffenbarung; eine genaue Entsprechung der Offenbarungselemente kann dabei nicht konstruiert werden[107].

Der Abschnitt VV. 18–24 wird durch das zweimalige προσεληλύθατε gegliedert[108]. Das auffällige Perfekt auch in V. 22 drückt die Tatsächlichkeit und Dauerhaftigkeit des Herzugetretenseins aus[109]. Zwei Oppositionen beherrschen die Passage, sowohl die von ψηλαφώμενος und ἐπουράνιος (entsprechend der leicht platonisierenden Ontologie des Hebr) als auch die von mysterium tremendum einerseits (Sinai) und mysterium fascinosum andererseits. Der Alte Bund wird hier weniger von seinem Inhalt, dem (Kult-)Gesetz her gefaßt (und abgewertet), sondern von der Art der Offenbarung. Sie bewirkt „Furcht und Zittern" (cf. V. 21). V. 22 ff. stellt sodann den Adressaten des Hebr die Heilsorte und -güter vor Augen, zu denen man sich de facto (quo facto?)[110] schon genaht hat. Zunächst wird gewissermaßen die „Himmelsgeographie" angesprochen: „Um den Zion, den Wohnsitz Gottes, als um ihren Mittelpunkt ist die Stadt des lebendigen Gottes, die Wohnstätte der Gemeinde, die ihr Leben aus der Fülle des lebendigen Gottes zieht, herumgelagert."[111]

(1963), 161–168, dort 163 u. a.; andererseits ist es nicht möglich, den Begriff auf das Reisemotiv zurückzuführen; so z. B. PETERSON (siehe Anm. 98), 161. In 3,7–4,11 taucht das Verb charakteristischerweise nicht auf; cf. auch den Überblick bei F. SCHRÖGER, Der Gottesdienst der Hebräergemeinde, MThZ 19 (1968), 161–181, dort 177 f.; ein eucharistisches Verständnis des Verbums vertritt W. THÜSING, „Laßt uns hinzutreten..." (Hebr 10,22). Zur Frage nach dem Sinn der Kulttheologie im Hebräerbrief, BZ NF 9 (1965), 1–17.

[105] Zum Problem von Buße und Sünde im Hebräerbrief bereite ich eine Monographie vor.

[106] Auf die Frage möglicher literarischer Vorlagen des Textes ist hier nicht einzugehen. Der in diesem Kontext von der modernen Exegese vielzitierte Text Philo, de decal. 44–49 ist doch grundlegend anders orientiert. K. BERGER, Volksversammlung und Gemeinde Gottes. Zu den Anfängen der christlichen Verwendung von „ekklesia", ZThK 73 (1976), 167–207; dort 196 Anm. 140, sieht unseren Text gattungsmäßig in apokalyptischen Thronvisionen wurzeln.

[107] Cf. z. B. MICHEL (siehe Anm. 4), 462 mit Anm. 3; ATTRIDGE (siehe Anm. 4), 372 mit Anm. 16.

[108] VV. 18.22. Zu προσέρχεσθαι siehe Anm. 104. Die Bußpassage ist keine Parenthese; cf. PETERSON (siehe Anm. 98), 274 Anm. 213; gegen SPICQ II (siehe Anm. 44), 403. Das begründende γάρ in V. 18 zeigt deutlich die Verknüpfung mit dem unmittelbar Vorangehenden. Der Warnung wird eine Schilderung des Heils zur Seite gestellt; cf. 6,9 ff. nach 6,4–6.

[109] DAHL (siehe Anm. 32), 409 spricht von einer proleptisch realisierten Eschatologie; cf. dazu z. B. 3,1; 6,4. In der Schilderung der Sinaioffenbarung Dt 4,11; 5,23 verwendet die LXX den Aorist.

[110] Primär natürlich durch die einmalige und allgültige Opfertat Jesu; muß man aber im Sinne des Hebr weiter nach dem Ort der gratia applicatrix fragen?

[111] RIGGENBACH (siehe Anm. 26), 415. θεὸς ζῶν auch in 3,12; 9,14; 10,31 – die Drohung klingt mit.

Die Nennung des heiligen, jetzt himmlischen Berges[112] und der πόλις θεοῦ ζῶντος, Ἰερουσαλὴμ ἐπουράνιος nimmt das alttestamentlich-jüdische Verheißungsgut auf und schenkt es der christlichen Gemeinde[113].

Die Wendung μυριάσιν ἀγγέλων πανηγύρει (V. 22) hat etliche Deutungsversuche angeregt, die von der jeweils vorausgesetzten Interpunktion abhängen.

Möglich erscheinen folgende Vorschläge[114]:

I. καὶ μυριάσιν ἀγγέλων πανηγύρει, καὶ ...
   a) καὶ μυριάσιν, ἀγγέλων πανηγύρει, καὶ ...
   b) καὶ μυριάσιν ἀγγέλων, πανηγύρει, καὶ ...
II. καὶ μυριάσιν ἀγγέλων, πανηγύρει καὶ ...
III. καὶ μυριάσιν, ἀγγέλων πανηγύρει καὶ ...

Bei III. wäre μυριάσιν vorangestellt, durch die folgenden Wendungen ἀγγέλων πανηγύρει καὶ ἐκκλησία πρωτοτόκων ἀπογεγραμμένων ἐν οὐρανοῖς würde die Zahl quasi „aufgefüllt". Ähnlich bei II., nur bliebe hier πανήγυρις ohne Erläuterung (und damit ein stilistisch unbefriedigendes Ungleichgewicht innerhalb der Aufzählung). II. und III. scheiden aber aus, weil sie verkennen, daß die ganze Aufzählung durch ein Polysyndeton strukturiert ist, so daß die Wortfolge μυριάσιν ἀγγέλων πανηγύρει eine Einheit bilden dürfte (Lösung I). Dies vorausgesetzt, könnte μυριάσιν alleine stehen und durch „der Engel Festversammlung" näher bestimmt werden. Näher liegt es freilich, μυριάσιν ἀγγέλων zusammenzuziehen[115] und das folgende πανηγύρει[116] entweder als

---

[112] Zion im Himmel auch in ApkJoh 14,1; cf. weiter BRAUN (siehe Anm. 24), 435.

[113] Zu Zion und Jerusalem (auch im Himmel) cf. besonders N. W. PORTEOUS, Jerusalem-Zion: The Growth of a Symbol, in: A. KUSCHKE (Hg.), Verbannung und Heimkehr. Beiträge zur Geschichte Israels im 6. und 5. Jahrhundert v. Chr. (FS W. RUDOLPH zum 70. Geburtstag), Tübingen 1961, 235–252; K. L. SCHMIDT, Jerusalem als Urbild und Abbild, Eranos – Jahrbuch 18 (1950), 207–248; speziell im Blick auf die ApkJoh F. ZEILINGER, Das himmlische Jerusalem. Untersuchungen zur Bildsprache der Johannesapokalypse und des Hebräerbriefs, in: J. B. BAUER/J. MARBÖCK (Hg.), Memoria Jerusalem (FS F. SAUER zum 70. Geburtstag), Graz 1977, 143–165. Zu πόλις im Hebr cf. 11,10.16; 13,14: besonders aufschlußreich ist hier die Verknüpfung zweier ontologischer Entwürfe: μένουσαν erinnert an die βασιλεία ἀσάλευτος in 12,28; μέλλουσαν an die οἰκουμένη μέλλουσα in 2,5; evtl. 1,6; cf. SCHIERSE (siehe Anm. 26), 96; A. VANHOYE, L'οἰκουμένη dans l'épître aux Hébreux, Bib 45 (1964), 248–253, bes. 252; anders aber HURST (siehe Anm. 25), 68.73.

[114] Überblick bei F. DELITZSCH, Commentar zum Briefe an die Hebräer, Leipzig 1857, 645.

[115] Cf. Dan 7,10 LXX; ApkJoh 5,11; weiteres Material bei ATTRIDGE (siehe Anm. 4), 375 Anm. 57; cf. auch J. W. THOMPSON, „That Which Cannot be Shaken": Some Metaphysical Assumptions in Heb 12,27, JBL 94 (1975), 580–587, dort 581 Anm. 10.

[116] Zum Bedeutungsspektrum dieses Begriffes cf. C. SPICQ, La Panégyrie de Hebr. XII, 22, StTh 6 (1952), 30–38; ferner H. SEESEMANN, ThWNT 5, 718f.; ATTRIDGE, op.cit., 375 erinnert in diesem Zusammenhang an die Sabbatfeier (σαββατισμός) in 4,9; cf. ATTRIDGE, op.cit., 130f. GÄRTNER (siehe Anm. 1), 98 Anm. 5 erwägt, in πανήγυρις die Übersetzung von hebr. מועד zu sehen, welches in Qumran für die heilige Versammlung benutzt wurde.

beschreibenden Dativ („in festlicher Versammlung")[117] oder appositionell aufzufassen[118]. Die Engel werden hier als feiernde Versammlung in der Gottesstadt vorgestellt. Über speziellere Aufgaben (etwa zur Illustration des Begriffes λειτουργικὰ πνεύματα in Hebr 1,14) lassen sich aber keine Aussagen machen.

Schwierig ist der Begriff ἐκκλησία πρωτοτόκων ἀπογεγραμμένων ἐν οὐρανοῖς (V. 23). ἐκκλησία wird sonst in Hebr 2,12 (Zitat von Ψ 21,23) benutzt, von einer Versammlung oder Gemeinde, die zumindest auch Menschen umfaßt (ob allerdings lebende oder verstorbene, d. i. „vollendete", ist umstritten)[119]. Kann der Ausdruck πρωτότοκοι hier weiterhelfen? Wegen der angeblichen Nähe zur Engelsbezeichnung πρωτόκτιστοι und der schon alttestamentlichen Rede von den Engeln als „Söhnen Gottes" hat man auch hier an Engel gedacht[120]. Doch ist zwischen „erstgeschaffen" und „erstgeboren" genau zu unterscheiden. Nach c. 1 würde der Hebr Engel ferner sicher nicht als „Söhne Gottes" bezeichnen. Nach dem biologischen und juristischen Aspekt der „Erstgeburt" (cf. auch Hebr 11,28; 12,16) gewinnt der Begriff in der LXX, auf Menschen bezogen, eine stark emotionale Komponente (dies dürfte auch in dem christologischen Titel Hebr 1,6 mitklingen)[121]. πρωτότοκοι dürfte, woran dann auch schon 12,16 denkt, Ehrentitel der Gläubigen sein[122]. An dem Ausdruck ἀπογεγραμμένων ἐν οὐρανοῖς entscheidet es sich, ob es sich um noch lebende Gläubige, d. i. die irdische Gemeinde, oder um Verstorbene handelt. Aus der Wendung wurde häufig geschlossen, es handle sich eben um im Himmel Aufgeschriebene, d. h. noch nicht dort Angelangte und somit um noch lebende Christen[123]. Hier wäre auf die alttestamentlich-jüdische Vorstel-

---

[117] Cf. z. B. SPICQ II (siehe Anm. 44), 406.

[118] So z. B. ATTRIDGE, op.cit., 375, der auch auf die appositionelle Konstruktion des ersten Gliedes der Aufzählung hinweist.

[119] Zur Diskussion cf. BRAUN (siehe Anm. 24), 62. Für die irdische Versammlung der christlichen Gemeinde kennt Hebr sonst ἐπισυναγωγή; cf. Hebr 10,25. RISSI (siehe Anm. 27), 101 denkt an verstorbene Christen im Himmel. Auf Engel deuten z. B. KÄSEMANN (siehe Anm. 30), 28 mit Anm. 2; SPICQ, Panégyrie (siehe Anm. 116), 36; SCHIERSE (siehe Anm. 26), 182 Anm. 125 u. a. Zum alttestamentlichen Hintergrund von ἐκκλησία (hebr. קהל) cf. LÉCUYER (siehe Anm. 104). Das kultische Element, schon dem älteren Griechentum nicht fremd, wird im jüdisch-hellenistischen Bereich besonders betont; cf. insgesamt BERGER (siehe Anm. 106), bes. 171 ff. Zur himmlischen ἐκκλησία cf. 192 ff.; zu Hebr 12,23 cf. 194–198. Hebr 12,23 formuliert nicht christologisch, doch wird V. 23 natürlich durch V. 24 beleuchtet. Das Partizip τετελειωμένων (V. 23) hat hierbei verknüpfende Bedeutung.

[120] Cf. KÄSEMANN, loc.cit.; SCHIERSE, loc.cit.; ATTRIDGE, op.cit., 375.

[121] Erwählung und Liebe gehören zusammen; cf. BERGER, op.cit. (siehe Anm. 106), 194 Anm. 134. Cf. ferner W. MICHAELIS, ThWNT 6, 872–882.

[122] BRAUN (siehe Anm. 24), 437f. denkt – kaum zu Recht – an Gemeindeleiter. Cf. i. ü. PETERSON (siehe Anm. 98), 162.

[123] So z. B. BRAUN, op.cit., 437 (sich irrtümlich auf J. BENGEL berufend); MICHEL (siehe Anm. 4), 465.

lung des Himmels- bzw. Schicksalsbuches hinzuweisen[124]. Andererseits ist ἀπογράφειν auch (fiskal)politischer und juristischer terminus technicus (im NT sonst Lk 2,1.3.5; in Lk 2,2; Apg 5,37 ἀπογραφή), der sich auf das Eingeschriebensein (hier ja Perfekt) in eine Steuer- oder Bürgerrolle beziehen kann. Die Abwesenheit des Eingeschriebenen wäre dann nicht zwingend vorauszusetzen[125]. Der Hebr bliebe hier im Rahmen seiner sonst auch gebrauchten politischen Begrifflichkeit (siehe u.). M. E. können daher unter den πρωτότοκοι κτλ. tatsächlich anwesende Bürger der himmlischen πόλις verstanden werden.

Sodann folgt die Nennung des κριτὴς θεὸς πάντων. Ob πάντων dabei eher zu θεός oder zu κριτής gehört, ist in unserem Zusammenhang nicht entscheidend. Jedoch ist die Drohung, die hier – in der Beschreibung des letztgültigen Heils! – anklingt, nicht zu überhören (cf. 9,27; 10,39)[126]. Als weitere Gruppe werden die πνεύματα δικαίων τετελειωμένων erwähnt, welche dem Weg des ἀρχηγός und πρόδρομος bereits gefolgt sind. Schon der Begriff πνεύματα macht deutlich, daß es sich um Verstorbene handelt[127]. Eine präzisere inhaltliche Beschreibung und gegenseitige Abgrenzung von πρωτότοκοι und πνεύματα δικαίων ist m. E. nicht möglich[128]. Es handelt sich vermutlich mehr um verschiedene Aspekte ein und derselben Größe denn um verschiedene Größen.

War in der Beschreibung des Sinaigeschehens das Interesse auf die Art und die Wirkung der Offenbarung konzentriert und die soteriologische Dimension nicht (mehr; nach 10,4) berührt worden, so besteht das Plus der Beschreibung

---

[124] Cf. G. SCHRENK, ThWNT 1, 618f.; BILL. II, 170–176; GÄRTNER (siehe Anm. 1), 98 Anm. 5; F. NÖTSCHER, Himmlische Bücher und Schicksalsglaube in Qumran, RdQ 1 (1958/59), 405–411.

[125] Aristoteles, polit. 1297 a 24f.: ἐνιαχοῦ δ' ἔξεστι μὲν πᾶσιν ἀπογραψαμένοις ἐκκλησιάζειν καὶ δικάζειν. Ἀπογράφειν berechtigt und verpflichtet auch zur Teilnahme an der ἐκκλησία; zu ἀπογράφειν insgesamt cf. E. PLÜMACHER, EWNT 1, 301–303.

[126] Verharmlosend z.B. DELITZSCH (siehe Anm.114), 649; richtig PETERSON (siehe Anm. 98), 277 Anm. 238. SCHIERSE (siehe Anm. 26), 173 bezeichnet das Gerichtsmotiv geradezu als den Kerngedanken des ganzen Abschnittes. Das ist wohl übertrieben.

[127] Eine Leib-Seele Dichotomie ist vorausgesetzt. Anders offenbar ATTRIDGE (siehe Anm. 4), 376; BRAUN (siehe Anm. 24), 439 mit Überblick. Gnostische Deutungen sind ganz fernzuhalten; gegen G. THEISSEN, Untersuchungen zum Hebräerbrief, (StNT 2), Gütersloh 1969, 122. HOFIUS, Vorhang (siehe Anm. 4), 77 Anm. 159 deutet δίκαιοι τετελειωμένοι im Sinne der rabbinischen צדיקים גמורים und denkt an die alttestamentlichen Glaubenszeugen von Hebr 11. Man muß aber die spezifische Bedeutung von τελειοῦν im Hebr mithören; cf. dazu u. a. L. K. K. DEY, The Intermediary World and Patterns of Perfection in Philo and Hebrews, (SBLDS 25), Missoula 1975; M. DIBELIUS, Der himmlische Kultus nach dem Hebräerbrief, in: DERS., Botschaft und Geschichte. Ges. Aufsätze Bd. 2, Tübingen 1956, 160–176, dort 165ff.; PETERSON (siehe Anm. 98); A. WIKGREN, Patterns of Perfection in the Epistle to the Hebrews, NTS 6 (1960), 159–167. Soviel ist richtig: Ein Widerspruch zu 11,40 kann nicht konstruiert werden. Die Passage schildert ja den עולם הבא!

[128] So z.B. auch ATTRIDGE, op.cit., 375.

des himmlischen Heils gerade in der (in Schlußstellung betonten) Nennung der eigentlichen Ursachen der Erlösung (V. 24). Schon in 8,6 und 9,15 erscheint Jesus als Mittler des neuen Bundes[129]. Zuletzt werden, der Sühnetheologie des Hebr angemessen, das nach Rache schreiende (kaum sühnende)[130] Blut Abels und das sühnende Blut Christi einander gegenübergestellt[131]. Gerade dieser letzte Begriff macht zugleich deutlich, daß, obwohl in dieser Aufzählung der Tempel nicht explizit genannt wird, der kultische Gedankenhorizont nicht aufgegeben ist: καὶ ναὸν οὐκ εἶδον ἐν αὐτῇ, ὁ γὰρ κύριος ὁ θεὸς ὁ παντοκράτωρ ναὸς αὐτῆς ἐστιν καὶ τὸ ἀρνίον (ApkJoh 21,22).

Die Sabbatopferlieder beschreiben den himmlischen Kult am Ende des Zyklus, im dreizehnten Lied[132]. Wie dies im einzelnen aussah, ist leider nicht mehr erkennbar.

Wie wir sahen, nehmen die Gesänge ihre Beter sogleich mit in die himmlische Welt und konfrontieren sie mit dem Lobpreis der Engel und des Tempels. Das „Wir" der irdischen Gemeinde begegnet nur im zweiten Lied[133]; nur in den ersten beiden Liedern wird Gott mit „Du" angeredet[134]. In den Imperativen, welche zum Lobpreis der Engel auffordern, mag sich ebenfalls die irdische Gemeinde widerspiegeln – in mächtigem religiösen Selbstbewußtsein[135]. Damit untrennbar verbunden ist jedoch das Bekenntnis der Niedrigkeit der Beter, welches wir im zweiten Sabbatopferlied fanden (siehe o. Anm. 9). Was die Sabbatlieder mit ihrer Aufforderung der Irdischen an die Himmlischen implizieren, spricht der Hebr aus: προσεληλύθατε – ihr seid im Heil (Hebr 12,22)[136].

---

[129] Aus dem Gebrauch von νέος statt καινός ist keine Pointe zu konstruieren; cf. ATTRIDGE, op.cit., 376; gegen SPICQ II (siehe Anm. 44), 409. In 7,22 war Jesus als ἔγγυος bezeichnet worden.

[130] Cf. Gen 4,11; gegen ATTRIDGE, op.cit., 377, der auf 11,4 verweist, wo das Blut aber gar keine Rolle spielt.

[131] So auch die meisten Ausleger; cf. nur BRAUN (siehe Anm. 24), 440.

[132] Cf. NEWSOM, Merkabah (siehe Anm. 21), 16; NEWSOM (siehe Anm. 3), 57; SCHWEMER (siehe Anm. 8), 112ff. זבח findet sich in 4Q405 94 2 (13. Lied?) und 11QŠŠ 8–7 2 (dito); תרומת לשון (cf. Hebr 13,15) schon in 4Q400 2 7 (2. Lied); 4Q403 1 ii 26 (8. Lied) und 4Q405 23 ii 12 (13. Lied).

[133] Cf. 4Q400 2 6.7.8: נרוממה; ל[נ]תנו; עפרנו; וכהנותנו; נתחשב.

[134] Cf. 4Q400 1 ii 3; 4Q400 2 1; 4Q401 14 i 6.7.

[135] Cf. NEWSOM, Merkabah (siehe Anm. 21), 12. Erwägungen zur Funktion der Sabbatopferlieder z.B. bei NEWSOM (siehe Anm. 3), 17ff.: SCHWEMER (siehe Anm. 8), 64–70; STRUGNELL (siehe Anm. 2), 320; O. CAMPONOVO, Königtum, Königsherrschaft und Reich Gottes in den frühjüdischen Schriften, (OBO 58), Fribourg/Göttingen 1984, 274f.

[136] Zur Gemeinschaft von Engeln und Menschen in Qumran cf. H.-W. KUHN, Enderwartung und gegenwärtiges Heil. Untersuchungen zu den Gemeindeliedern von Qumran mit einem Anhang über Eschatologie und Gegenwart in der Verkündigung Jesu, (StUNT 4), Göttingen 1966, 66–73 (auf S. 70 Anm. 1 Kritik an GÄRTNER, in diesem Aufsatz Anm. 1, 93); P. SCHÄFER, Rivalität zwischen Engeln und Menschen. Untersuchungen zur rabbinischen Engelvorstellung, (SJ 8), Berlin/New York 1975, 36–40.

VI.

Zur Beschreibung des Heils- und Hoffnungsgutes gebraucht der Hebr verschiedene Begriffe: πόλις (Hebr 11,10.16; 12,22; 13,14); οἰκουμένη (2,5)[137]; πατρίς (11,14); κατάπαυσις (3,11.18; 4,1.3.3.5.10.11)[138]; σαββατισμός (4,9)[139]; βασιλεία (12,28; sonst 1,8; 11,33) sowie die bereits besprochenen termini aus 12,22ff. Wie wir sahen, tritt in 12,22ff. neben das kultische Gedankengut geographisch-politische Begrifflichkeit (πόλις; Ἰερουσαλήμ; ἀπογράφειν; zu ἐκκλησία cf. Anm. 119). Die in 12,28 begegnende Wendung βασιλείαν ... παραλαμβάνοντες kann geradezu politischer terminus technicus sein[140], so daß zu erwägen ist, ob hier nicht eine Gottesprädikation (Gott als βασιλεύς) auf die Gemeinde übertragen ist (cf. 1.Petr 2,9: ὑμεῖς δὲ γένος ἐκλεκτόν, βασίλειον ἱεράτευμα, ἔθνος ἅγιον). Auch bezüglich πατρίς und οἰκουμένη liegt der Gedanke politischer Herrschaft nicht fern[141].

So verknüpfen sich im Hebr kultisches und politisches Gedankengut untrennbar zu Aussagen über Gottes Herrschaft[142]: Das einmalige Sühnopfer Jesu und sein Gang durch den (zweiten) Vorhang in den himmlischen debir, zum Ort der unmittelbaren Präsenz Gottes, hat für uns, so verkündet der auctor ad Hebraeos, denselben Zugang eröffnet. Jesus ist ἀρχιερεύς (passim)

---

[137] VANHOYE (siehe Anm. 113), 252 will οἰκουμένη auch in 1,6 eschatologisch verstehen.

[138] Cf. dazu HOFIUS, Katapausis (siehe Anm. 4), passim, zusammenfassend 52f.

[139] Es handelt sich hierbei um die Sabbatfeier; cf. nur HOFIUS, op.cit., 106–110; ATTRIDGE (siehe Anm. 4), 131. Von einem „Sabbatfeier" genannten Himmel findet sich nichts im Hebr.

[140] Cf. Dan 6,1.29 LXX; 2.Makk 4,7; 10,11 u.a.; cf. MICHEL (siehe Anm. 4), 476 Anm. 1; anders aber Dan 7,18 LXX. Cf. auch RIGGENBACH (siehe Anm. 26), 426; vorsichtig ATTRIDGE, op.cit., 382; zu voreingenommen BRAUN (siehe Anm. 24), 455. Auf ἀσάλευτος ist hier nicht einzugehen. Ist aufgrund von Hebr 12 nicht neu über das Verhältnis von ἐκκλησία und βασιλεία nachzudenken (zu BERGER, op.cit., siehe Anm. 106, bes. 204)? Auf die sich hieraus ergebenden Konsequenzen für die Eschatologie des Hebr kann nur hingewiesen werden.

[141] Zu πατρίς cf. BAUER-ALAND, 1284; LIDDELL-SCOTT, 1349; zu οἰκουμένη cf. BRAUN, op.cit., 37; O. MICHEL, ThWNT 5, bes. 159. Mehr als Bilder, nicht so sehr als konkrete himmlische Gegebenheiten zu verstehen (und daher hier nicht ausführlicher zu besprechen) sind οἶκος in 3,1–6, ὕπαρξις in 10,34 und θυσιαστήριον in 13,10: Das hier auftauchende ἔχειν ist typisch für den Hebr und deutet auf Heilsbesitz und Bekenntnis; cf. 4,14.15; 6,18.19; 7,6.24; 8,1; 10,19.34; 12,1.28; auch 6,9. Die Deutung des vielumstrittenen Verses entscheidet sich daran, wie man das Verhältnis der in den beiden Vershälften erwähnten Menschengruppen bestimmt: Opposition (so die meisten Ausleger)? Typologische Entsprechung? Teilweise Identität? Totale Identität? Das undifferenzierte τῇ σκηνῇ ist dann gut zu verstehen, wenn 10b eine allgemeine, für das alttestamentliche wie das neutestamentliche „Priestertum" geltende Kultregel (wie vielleicht 2,11; 9,22) zitiert. Bei einer solchen Deutung entstünden auch keine Probleme mit der Speisenpolemik in V.9 sowie der Fortführung in V. 11. Diese Deutung verdanke ich Prof. K. BERGER, Heidelberg (Brief vom 11.12. 1989); οὐκ ἔχουσιν ἐξουσίαν bleibt allerdings eine schroffe Formulierung.

[142] Wie ja auch die πόλις θεοῦ und die βασιλεία nicht ohne kultischen Bezug denkbar sind.

und τῶν ἁγίων λειτουργός (8,2)[143]. Die gegenwärtigen Aufgaben des Erhöhten sind schwer zu bestimmen. Von einer Blutbesprengung im himmlischen Heiligtum ist nur höchst indirekt die Rede (9,23), und auch sie dürfte ἐφάπαξ erfolgt sein. Erwähnt wird dagegen die fortwährende Interzession (7,25; 9,24) vor Gott. Dieser priesterlichen (und daher eigentlich aufrecht stehend durchzuführenden) Aufgabe widersprechen nur scheinbar diejenige Passagen, welche von einem herrscherlichen Sitzen des Erhöhten zur Rechten Gottes sprechen (explizit 1,3; 8,1; 10,12; 12,2; in diesem Zusammenhang ist auch noch einmal auf das Interesse des Hebr am Thron Christi bzw. Gottes hinzuweisen; siehe o.), wo er bis zu seiner Wiederkunft (cf. 9,28) bleibt und die Unterwerfung seiner Feinde erwartet (10,13; cf. auch 2,8)[144]. In diesen – première vue! – divergierenden Aussagen spiegelt sich das Bemühen des Hebräerbriefautors, königliche und priesterliche Würde des Messias neu auszusagen, wie es ihm in Ps 110,1.4, dem wichtigsten Belegpsalm der frühen Christologie, vorbildlich geleistet und im Priesterkönig von Salem (Ps 110,4; Gen 14,17–29; Hebr 7,2.11) schattenhaft verkörpert zu sein schien. Mit diesem Bemühen steht er in der neutestamentlichen Literatur keineswegs alleine (für Paulus cf. nur Röm 8,34).

VII.

Indem wir die Aussagen über das himmlische Heiligtum im Hebräerbrief und in den Sabbatopferliedern von Qumran miteinander verglichen, wollten wir Aufschluß über Möglichkeiten des Redens von Gottes Herrschaft gewinnen. Dabei konnte es nicht um den Nachweis direkter traditionsgeschichtlicher oder literarischer Beziehungen gehen. Dazu liegen die miteinander verglichenen Texte (vor allem gattungsmäßig) zu weit auseinander. Doch wurden wir in beiden Texten eines Motivkomplexes ansichtig, in welchem kultisches und politisches Vorstellungsmaterial zur Aussage der Herrschaft Gottes verbunden sind[145]. Gott als Herrn der Welt auszusagen bedeutet, ihm und seinem Gesandten alleine wahre Heiligkeit und Macht zuzusprechen. Auch bestätigt unsere

---

[143] Auf die hier anschließenden Probleme der Christologie des Hebr kann nicht eingegangen werden.

[144] Zu diesen Fragen cf. statt vielem: J. H. DAVIES, The Heavenly Work of Christ in Hebrews, StEv 4 (1968), 384–389.

[145] Vielleicht ist die scharfe Differenzierung der Bereiche von Kult und Politik überhaupt neuzeitlicher Eintrag. Wurde in der Antike der Konflikt nicht eher um miteinander konkurrierende Herrschaftsansprüche geführt, und sei es diejenigen von Gottes- oder Menschenherrschaft? Zu מלכות in den Sabbatopferliedern cf. SCHWEMER (siehe Anm. 8), passim und 115 ff.; ferner J. CARMIGNAC, Roi, Royauté et Royaume, dans la Liturgie Angélique, RdQ 12 (1986), 177–186.

Untersuchung die gerade für die Hebräerbriefexegese wichtige Erkenntnis, daß zeitlich-futurische und räumlich-transzendente Eschatologie einander nicht ausschließen, sondern vielmehr implizieren[146]: Wer eschatologische Hoffnung aussagen will, wer Gott als ἔσχατον des κόσμος bekennen will, wird Raum und Zeit transzendieren müssen.

---

[146] Cf. Hebr 13,15 (siehe o. Anm. 132); SCHRÖGER, Gottesdienst (siehe Anm. 104), 179f.

Die Königsherrschaft Gottes bei Philon[1]

von

NAOTO UMEMOTO

Inhalt

I.	Der Name Gottes	208
II.	Gott als König des κόσμος	212
	2.1. Das Grundprinzip der Herrschaft Gottes	213
	2.2. Die Königsherrschaft Gottes als Herrschaft der Ordnung	214
	2.3. Die Königsherrschaft Gottes als Herrschaft der Gesetze	215
	2.4. Der kosmologische Aspekt der Herrschaft der Gesetze	217
	2.5. Die Alleinherrschaft (μοναρχία) Gottes	219
	2.5.1. Die Alleinherrschaft Gottes und der Monotheismus	219
	2.5.2. Die Alleinherrschaft Gottes und die Pöbelherrschaft	221
	2.6. Der Herrschaftsbereich der Königsherrschaft Gottes	221
	2.7. Gott als König und Vater	223
	2.8. Die Königsherrschaft als politische Ideologie	225
III.	θεός, κύριος und βασιλεύς als Gottes Kräfte	226
	3.1. Die Alleinherrschaft Gottes und die vielen Kräfte Gottes	226
	3.2. Die Funktionen der göttlichen Kräfte	229
	3.3. Das Wesen der göttlichen Kräfte	230
	3.3.1. Die Kräfte Gottes als seine Boten	230
	3.3.2. Die Kräfte als „Herrlichkeit Gottes"	231
	3.4. Die beiden Hauptkräfte Gottes	232
	3.4.1. Die Asymmetrie der beiden Hauptkräfte Gottes	235
	3.4.2. Der Charakter der Bezeichnungen κύριος und θεός	236
	3.5. Die „Dreieinigkeit" Gottes bei Philon	237
IV.	Das Gottkönigtum als ἀρχέτυπος des irdischen Königtums	241
	4.1. Die ideale Herrschaft des irdischen Königs	243
	4.2. Die gottfeindlichen irdischen Könige	245
	4.3. Die Königsherrschaft Gottes und das jüdische Volk	250
	4.4. Die Königsherrschaft Gottes und der Weise	252
V.	Zusammenfassung	255

---

[1] Für inhaltliche Anregungen und Korrekturen sowie für sprachliche Mithilfe bei der Formulierung dieses Aufsatzes danke ich sehr herzlich meinen Kollegen Anna Maria Schwemer, Christoph Markschies, Roland Deines und Elisabeth Hübler.

Philons Verständnis der Königsherrschaft (βασιλεία) Gottes wurde bisher nicht ausführlich und systematisch behandelt. Das Thema kommt in den klassischen Arbeiten zu Philon eher am Rande zur Sprache. So hat I. Heinemann in seinem Buch, „Philons griechische und jüdische Bildung", dem philonischen Verständnis der βασιλεία einen Abschnitt gewidmet, der jedoch nicht vom Königtum Gottes handelt, sondern von der Herrschaft des irdischen Königs[2]. Am ausführlichsten ist bisher E. R. Goodenough auf unser Thema eingegangen. Der Schwerpunkt seiner Arbeit lag dabei auf der Analyse der Ausführungen Philons über die Kräfte Gottes[3]. Außerdem untersuchte er im fünften Kapitel seines Buches „The Politics of Philo Judaeus" den Begriff des Königtums bei Philon. Diese Darstellung ist umfassender als die Heinemanns, man vermißt jedoch bei ihm eine systematische Beschreibung der Königsherrschaft Gottes[4].

In der folgenden Untersuchung soll zunächst Philons Verständnis der βασιλεία als Königsherrschaft Gottes über den Kosmos, sodann die Erscheinungsformen der Königsherrschaft Gottes sowie ihre Auswirkungen auf irdische Könige, das jüdische Volk und den einzelnen Menschen dargestellt werden. Da aber die Gottesprädikationen – und so auch die Bezeichnung βασιλεύς – für Philon eng mit seinem Verständnis des Namens Gottes zusammenhängen, gehe ich zunächst kurz auf Philons Definition und exegetische Herleitung des Gottesnamens ein.

I. Der Name Gottes[5]

Philon ist tief geprägt von der Überzeugung, die er mit dem gesamten antiken Judentum teilt, daß der heilige Gottesname JHWH geheimgehalten und geschützt werden muß vor Mißbrauch und Profanierung. Er weiß gewiß, wie er lautet, denn er erwähnt, daß das goldene Stirnblatt des hohepriesterlichen Diadems die vier Buchstaben des Gottesnamens trägt[6], und nur die Geweihten

---

[2] I. Heinemann, Philons griechische und jüdische Bildung, Breslau 1929–1932, Ndr.: Hildesheim 1973, S. 184–204.

[3] E. R. Goodenough, By Light Light. The Mystic Gospel of Hellenistic Judaism, New Haven 1935, Ndr.: Amsterdam 1969, S. 11–47.

[4] E. R. Goodenough, The Politics of Philo Judaeus, New Haven 1938, Ndr.: Hildesheim 1967, S. 86–120.

[5] Zum Verständnis des Namens Gottes bei Philon siehe C. Siegfried, Philo von Alexandria als Ausleger des Alten Testaments, Jena 1875, Ndr.: Aalen 1970, S. 203; I. Heinemann, Bildung, S. 19–21; A. Marmorstein, Philo and the Names of God, JQR 22 (1931) 295–306; J. C. McLelland, God the Anonymous: a Study in Alexandrian Philosophical Theology, Cambridge, Mass., 1976, bes. S. 23–44; N. A. Dahl/A. F. Segal, Philo and the rabbis on the names of God, JSJ 9 (1978) 1–28.

[6] Mos II,132. Diese Stelle ist übrigens der erste historisch nachweisbare Beleg für den

ihn im Heiligtum aussprechen dürfen[7]; man findet aber nirgendwo in seinen Werken eine theologische Interpretation des Tetragramms, außer ganz am Rande an einer Stelle eine pythagoreisch-akademische Ausdeutung[8].

In seiner Schriftauslegung geht er von einem Septuagintatext aus, in dem er wahrscheinlich das Tetragramm nicht vorfand, sondern statt dessen die griechische Umschreibung mit κύριος[9].

Philon nimmt als Exeget für die Deutung des Gottesnamens einen ganz anderen Ausgangspunkt, um die Namenlosigkeit Gottes zu erweisen: Er interpretiert Gottes Antwort auf die Frage Moses, mit welchem Gottesnamen er seinen Auftrag den Israeliten gegenüber legitimieren soll[10], folgendermaßen:

„Zuerst sage ihnen, daß ich der Seiende (ὁ ὤν) bin, damit sie über den Unterschied zwischen dem Seienden und dem Nichtseienden belehrt werden und auch die Lehre vernehmen, daß es für mich, dem allein das Sein zukommt, überhaupt keinen mein Wesen betreffenden Namen gibt (ὡς οὐδὲν ὄνομα τὸ παράπαν ἐπ' ἐμοῦ κυριολογεῖται, ᾧ μόνῳ πρόσεστι τὸ εἶναι)."[11]

Damit macht er deutlich, daß auch ὁ ὤν kein eigentlicher Gottesname ist, denn Gott „ist unnennbar und unsagbar, wie (er) auch unfaßlich (ist)"[12].

Ausdruck „Tetragramm" (τῶν τεττάρων ... γραμμάτων) als Bezeichnung für יהוה. Dazu siehe D. W. Thomas, Art. „Tetragramm", ³RGG VI (1962) Sp. 703.

[7] Mos II,114. Philon wußte genau, wie der Gottesname lautet. Dieser Name war aber auch Heiden, sogar dem römischen Kaiser Caligula bekannt. Als die Gesandtschaft aus Alexandria, deren Leiter Philon war, vor den Kaiser trat, streckte der Kaiser „seine Arme gen Himmel und rief einen Namen aus, den schon zu hören ein Frevel ist, geschweige denn, ihn wörtlich wiederzugeben" (Legatio 353). Diodoros Siculus (I,94,1f. = M. Stern, Greek and Latin Authors on Jews and Judaism, Jerusalem 1976, Nr. 58) und Varro (bei Lydus, De Mensibus, IV,53 = Stern, aaO., Nr. 75) berichten, daß der jüdische Gott Ἰάω heißt. Cornelius Labeo (3. Jh. n. Chr.) bezeichnet Ἰάω als τὸν πάντων ὕπατον θεὸν (De Oraculo Apollinis Clarii, bei: Macrobius, Saturnalia, I,18,18−21 = Stern, aaO., Nr. 445).

[8] Philon legt die vier Buchstaben als „die ersten Zahlen, eins, zwei, drei und vier", sinnbildlich aus, da in ihnen alles enthalten sei (Mos I,115).

[9] Vgl. N. A. Dahl and A. F. Segal, aaO. (Anm. 5), S. 1 Anm. 2: „While preserved Jewish fragments of the Greek version have some form of transliteration for the tetragrammaton, Philo must have read kyrios in his texts." Zum Problem s. A. Pietersma, Kyrios or Tetragramm: A Renewed Quest for the Original LXX, in: Ders. (Hg.), De Septuaginta: studies in honour of John William Wevers on his sixtyfifth birthday, Mississauga Ontario (Canada) 1984, 85−111, besonders auf S. 99 seine Schlußfolgerung: „... our early texts do not give us convincing proof of an original tetragram in the LXX, and ... a number of passages in the Greek Pentateuch, in direct contradiction to these early witnesses, demonstrate the written originality of *Kyrios* ..."

[10] Ex 3,13f.: Ἐγώ εἰμι ὁ ὤν· καὶ εἶπεν Οὕτως ἐρεῖς τοῖς υἱοῖς Ισραηλ Ὁ ὢν ἀπέσταλκέν με πρὸς ὑμᾶς.

[11] VitMos I,75. Ich zitiere, wenn nicht anders angegeben, nach der deutschen Übersetzung von: Philo von Alexandria, Die Werke in deutscher Übersetzung, hg. von L. Cohn, I. Heinemann, M. Adler und W. Theiler, 7 Bde. (= die Werke), Berlin 1962−64.

[12] Deo 4 nach der Übersetzung von F. Siegert, Philon von Alexandrien: Über die Gottesbezeichnung „wohltätig verzehrendes Feuer" (De Deo), WUNT 1/46, Tübingen 1988, S. 34.

Dennoch kann Philon an einer Stelle – scheinbar ganz inkonsequent – sagen, Gottes eigentlicher Name sei ὁ ὤν, weil dieser Name durch die Schrift vorgegeben sei[13]. Gott selbst besitzt jedoch in Wirklichkeit keinen „eigentlichen" Namen, der sein Wesen erfassen könnte, denn Gott ist an sich ohne Eigenschaften[14]. Daß sich Gott selbst ὁ ὤν nennt und sich als der Seiende offenbart, dient nur den Menschen, damit sie erkennen und unterscheiden lernen, daß Gott allein der in Wahrheit Seiende ist und die Menschen nur in der Vergänglichkeit, nicht im wahren Sein existieren. Die philosophischen Wurzeln dieser Anschauung sind mit Händen zu greifen[15], doch Philon ist nicht primär systematischer Denker, er will die heilige Schrift seines Volkes auslegen. Deshalb leitet er das menschliche Unvermögen, „einen Gottes Wesen treffenden Namen" zu finden, ebenfalls aus der Tora ab. Der entsprechende masoretische Text lautet (Ex 6,3):

וארא אל־אברהם אל־יצחק ואל־יעקב באל שדי ושמי יהוה לא נודעתי להם
Ich bin Abraham, Isaak und Jakob als El-schaddai erschienen, aber unter meinem Namen Jahwe habe ich mich nicht zu erkennen gegeben."

Die LXX übersetzt:

καὶ τὸ ὄνομά μου κύριος οὐκ ἐδήλωσα αὐτοῖς
„Aber meinen Namen ‚Herr' habe ich ihnen nicht offenbart."

Philon gibt seinen LXX-Text folgendermaßen wieder:

καὶ τὸ ὄνομά μου κύριον οὐκ ἐδήλωσα αὐτοῖς.

Philon versteht κύριον jedoch nicht als Nomen, sondern interpretiert es adjektivisch und erklärt den Text folgendermaßen: „Ich erschien dem Abraham, Isaak und Jakob als ihr Gott und meinen ‚eigenen' Namen (ὄνομά μου τὸ κύριον) habe ich ihnen nicht enthüllt."[16] Daraus folgert er im nächsten Satz: οὕτω μέντοι τὸ ὄν ἄρρητόν ἐστιν.

Die Gottesbezeichnung ὁ ὤν ist ihm durch die Schrift vorgegeben, er kann

---

Daß Menschen Gott einen Namen geben, bedeutet für Philon einen der schlimmsten Fehler der Menschen: die Herrschaft der Menschen über Gott. Denn „dem Herrn kommt es zu, jedem seiner Untergebenen einen Namen zu geben" (Opif 148).

[13] Abr 121. Philon bezeichnet hier aber nur im Gegensatz zu den „uneigentlichen" Bezeichnungen der beiden göttlichen Kräfte θεός und κύριος, ὁ ὤν als „eigentlichen Namen". Dazu siehe S. 236ff.

[14] LegAll I,36; Deus 55. Zur Eigenschaftslosigkeit Gottes bei Philon siehe É. Bréhier, Les Idées Philosophiques et Religieuses de Philon d'Alexandrie, Paris 1950, S. 72; H. A. Wolfson, Philo. Foundations of Religous Philosophy in Judaism, Christianity, and Islam, 2 Bde., Cambridge, Mass./London 1968, II, S. 101–110.

[15] Vgl. dazu K. W. Müller, in diesem Band S. 22.

[16] Mut 13. Philon hält deswegen diesen Septuagintatext für ein Hyperbaton.

sie jedoch ohne weiteres durch das platonisierende τὸ ὄν ersetzen; beides ist für Philon identisch.

Philons Behauptung, daß Gott keinen eigentlichen Namen besitzt, war ein massiver Einwand gegen die stoische Ansicht, daß Gott viele Namen hat[17]. Die stoische Vorstellung der Vielnamigkeit Gottes setzte die Immanenz Gottes voraus[18]. Philon, der als frommer Jude an einen einzigen Gott glaubt, sieht in der stoischen Theologie die Gefahr, daß Gott als die alles durchdringende und in allem immanente Natur seinen transzendenten Charakter verliert.

Was die Jenseitigkeit Gottes anbelangt, standen Philon die aus der Akademie herausgewachsenen Skeptiker viel näher als die Stoiker[19]. In der Tat sprach Philon in Anlehnung an die zehn skeptischen Beweisführungen mehrmals von der Unfähigkeit des menschlichen νοῦς, das Wesen des einzelnen Dinges, geschweige denn das Wesen Gottes, zu erkennen. Ja, er sprach sogar vom Hochmut des νοῦς, welcher denke, „alles sei sein Besitztum und einem andern gehöre gar nichts"[20]. Die Menschen leben, so Philon, in „tiefer Finsternis". Sie können weder das Wesen Gottes, noch „das Wesen jedes einzelnen Dinges" erkennen. Selbst die „Bildung", die zum idealen Menschenbild der Griechen unentbehrlich war, und auch von Philon hochgeschätzt wurde, helfe bei der Bemühung des Nous, Gottes Wesen zu erblicken, gar nichts (Ebr 167–169)[21].

Philon konnte sich aber mit der skeptischen Auskunft und der daraus abgeleiteten Theorie der ἐποχή, d. h. des Zurückhaltens des Urteils, nicht abfinden. Er verwendet im Grunde diese skeptische Theorie bei der Gotteslehre, um im Gegensatz zum stoischen Dogmatismus seiner Zeit, der von der natürlichen Gotteserkenntnis ausging, die Notwendigkeit der Offenbarung Gottes, der sein Wesen den Menschen erschließen muß, zu erweisen. Er spricht darum von der Notwendigkeit der Gnade Gottes, die dem Nus die Erkenntnis der Existenz

---

[17] Seneca schreibt z. B.: „Quotiens voles, tibi licet aliter hunc auctorem rerum nostrarum conpellare; et Iovem illum Optimum ac Maximum rite dices et Tonantem et Statorem ... fatum ... Quaecumque voles, illi nomina proprie aptabis vim aliquam effectumque caelestium rerum continentia: tot appellationes eius possunt esse quot munera" (Seneca, de beneficiis IV,7 = SVF II S. 305, Nr. 1024). Zum stoischen Verständnis Gottes siehe M. POHLENZ, Die Stoa. Geschichte einer geistigen Bewegung, 2 Bde., Göttingen 1978–80, I, S. 93–110; A. A. LONG, Hellenistic Philosophy. Stoics, Epicureans, Sceptics, London ²1986, S. 147–150.

[18] M. POHLENZ, aaO. (Anm. 17) I, S. 95: „Gott ist Künstler, aber er steht nicht außerhalb des Stoffes, ist nicht transzendent, sondern der Welt immanent. Er gibt allem Gestalt, wandelt sich selbst in alles, durchdringt die ganze Welt und macht sie selbst zu etwas Göttlichem."

[19] Zur Transzendenz Gottes bei Philon, siehe J. M. DILLON, The Transcendence of God in Philo, London 1975; L. A. MONTES-PERAL, Akataleptos Theos, ALGHJ 16, Leiden 1987, S. 1–148.

[20] Cher 64: so hielt Philon Kain für ein Symbol des Nous.

[21] Diese Ansicht Philons beruht in hohem Maße auf der skeptischen Philosophie. Dazu siehe den ausführlichen philosophischen Kommentar zu Ebr durch J. ANNAS/J. BARNES, The Modes of Scepticism. Ancient Texts and Modern Interpretations, Cambridge et al. 1984.

Gottes und seiner Herrlichkeit, d. h. der verschiedenen Kräfte Gottes, gewährt (siehe S. 230ff.).

Die Gottes„namen", die Philon verwendet, sind zum einen die aus der Sprache der LXX stammenden Begriffe, wie ὁ ὤν, θεός, κύριος, πατήρ und βασιλεύς, und zum anderen das platonisierende τὸ ὄν. Sie sind allerdings nicht authentische Namen Gottes, die sein Wesen charakterisieren, sondern sind Bezeichnungen für die von Gott den Menschen offenbarten verschiedenen Teilaspekte von τὸ ἴδιον θεοῦ, d. h. von dem, was Gott allein gehört[22].

Die oben angeführten Bezeichnungen Gottes stehen nicht unabhängig voneinander, sondern in einer gewissen Rangordnung. Die grundlegende Bezeichnung Gottes ist ὁ ὤν/τὸ ὄν. θεός und κύριος sind ὁ ὤν/τὸ ὄν nachgeordnet. θεός zeigt dabei die wohltätige Kraft des ὁ ὤν/τὸ ὄν, und κύριος die herrscherliche Kraft des ὁ ὤν/τὸ ὄν[23].

Βασιλεύς und θεός können jedoch auch jeweils eine generelle Bezeichnung Gottes sein und die Stellung des ὁ ὤν/τὸ ὄν vertreten. Dieser Doppelbedeutung der Bezeichnungen war sich Philon durchaus bewußt[24]. Beide Verwendungsweisen sollen getrennt behandelt werden: die Bezeichnung Gottes als βασιλεύς wird im zweiten, θεός und κύριος als die göttlichen Kräfte im dritten Abschnitt untersucht.

II. Gott als König des κόσμος

Wenn Philon vom κόσμος und von Gott als dem Herrscher des κόσμος spricht, bezeichnet er Gott als Schöpfer, König, Vater oder Lenker. Die Bezeichnungen Schöpfer und Vater weisen dabei auf denselben Aspekt des göttlichen Handelns hin: die Schöpfung des Kosmos. Die Titel „König" und „Lenker" enthalten den zweiten Aspekt: die Erhaltung des Kosmos. Diese beiden Aspekte göttlichen Handelns sind die wichtigsten für Philon. So sagt er, „Gott, der einzig Seiende, ist sowohl Schöpfer als auch König"[25]. Philon nennt Gott dabei im Gegensatz zu irdischen Königen „den König von Natur aus"[26].

Philon beschreibt den Kosmos nach der stoischen Vorstellung als μεγαλόπο-

---

[22] Zu τὸ ἴδιον θεοῦ im Gegensatz zum Wesen Gottes siehe H. A. WOLFSON, aaO. (Anm. 14) II, S. 127ff.; R. WILLIAMSON, Jews in the Hellenistic World: Philo, Cambridge et al. 1989, S. 48.
[23] Dazu siehe S. 232ff.
[24] QG II,75.
[25] QE II,66. Zum griechischen Text siehe J. R. HARRIS, Fragments of Philo Judaeus, Cambridge 1896, S. 65 = R. MARCUS, Philo, Suppl. II in: The Loeb Classical Library (= LCL Philo), S. 255.
[26] Mose II,100. Diese Bezeichnung war in der hellenistischen politischen Philosophie geläufig. Z. B. findet sich der gleiche Ausdruck in einem Fragment von Sthenidas. Dazu siehe u. Anm. 39, 201.

λις oder πόλις ἡ μεγίστη²⁷. In dieser Megalopolis existieren schon vor der Erschaffung des ersten Menschen deren Verfassung und die dazugehörenden „Großbürger" (μεγαλοπολῖται). Philon versteht unter diesen Großbürgern den Mond, die Sonne, die Sterne und die übrigen Himmelskörper. Sie bewegen sich nach der Verfassung der Megalopolis jeweils mit einer bestimmten Geschwindigkeit auf einer ihnen vorgeschriebenen Bahn. Diese Verfassung ist ihrerseits „das vernünftige Naturgesetz"²⁸. Gott ist der Lenker, Leiter und König dieser Megalopolis²⁹.

Im Folgenden sei zunächst dargestellt, was Philon mit der Königsherrschaft (βασιλεία) Gottes konkret meinte.

2.1. Das Grundprinzip der Herrschaft Gottes

Sowohl Gott als auch diejenigen Menschen, die über andere herrschen, besitzen, so Philon, die Fähigkeit, „Böses wie Gutes zu stiften". Einzig Gott will aber allein das Gute stiften³⁰. Gott ist „ausschließlich Urheber des Guten, keinesfalls aber des Bösen"³¹.

Gott ist für Philon aber nicht nur gut, sondern das Gute an sich: Der wahrhaft Seiende ist „das erste und vollkommenste Gut", der das Gute im allgemeinen ist. „Das Gute im einzelnen", mit dem die Welt gespeist wird, fließt aus diesem „Guten im allgemeinen" wie aus der Quelle³². Es gibt also nichts Gutes, das nicht aus Gott geflossen wäre.

Philon verdankt die Vorstellung von Gott als Urheber des Guten ausdrücklich Platon³³. Das Gute beinhaltet bei Platon das Bewahren und das Erhalten

---

[27] Zur Kosmologie Philons siehe H.-F. WEISS, Untersuchungen zur Kosmologie des hellenistischen und palästinischen Judentums, TU 97, Berlin 1966, bes. S. 18–74; M. HARL, Cosmologie grecque et représentations juives dans l'oeuvre de Philon d'Alexandrie, in: Philon d'Alexandrie, Lyon 11–15 Septembre 1966, Paris 1967, S. 189–205; U. FRÜCHTEL, Die kosmologischen Vorstellungen bei Philo von Alexandrien, Leiden 1968; B. EFFE, Studien zur Kosmologie und Theologie der Aristotelischen Schrift „Über die Philosophie", Zetemata 50, München 1970, bes. S. 7–23.

[28] Opif 142–144. Das Wesentliche des Kosmos ist für ihn, daß der Kosmos in sich das Gesetz Gottes besitzt. Die Bundeslade, die in sich das Gesetz trägt, ist darum das Symbol des intelligiblen Kosmos (QE II,59).

[29] SpecLeg I,207.

[30] SpecLeg IV,186.

[31] An vielen Stellen: z. B. siehe Conf 180; Prov II,53; QG I,89; QG I,68.78; QE I,23. Vgl. Fuga 79: „In uns selbst liegen ... die Schatzkammern des Schlechten, in Gott die der Guten allein." Philon meint aber auch, daß es „bei Gott Schatzkammern des Bösen ebenso wie des Guten" gibt (LegAll III,104 f.). Zu diesen anscheinend widersprüchlichen Aussagen siehe R. WILLIAMSON, aaO. (Anm. 22), S. 46 ff.

[32] Decal 81; SpecLeg II,53.

[33] Philon bezieht sich in Fuga 63 explizit auf den platonischen Dialog Theaitetos (= 176a ff.)

des Seienden. Dabei ist es identisch mit dem Einen[34]. Philon entfaltet diese beiden Aspekte des Guten als die göttliche Erhaltung der Schöpfungsordnung und als die Alleinherrschaft Gottes.

2.2. Die Königsherrschaft Gottes als Herrschaft der Ordnung

Der Wille Gottes, Gutes zu stiften, läßt sich nach Philon besonders deutlich an seiner Erschaffung und Regierung der Welt erkennen. So sieht Philon in Anlehnung an Platon, Tim 29e, die Ursache für die Schöpfung des Alls darin, daß Gott gütig ist[35]. Die Schöpfung als Ausdruck dieser Güte beinhaltet die Herstellung von Ordnung und Harmonie.

„Das Nichtseiende hat er ins Sein gerufen, indem er Ordnung anstelle der Verwirrung, anstelle des Unbestimmten bestimmte Eigenschaften, anstelle des Ungleichartigen Gleichartigkeit, anstelle der Verschiedenheiten Einerleiheit, anstelle des Unzusammenhängenden und Unstimmigen Zusammenhang und Harmonie, anstelle der Ungleichheit Gleichheit und anstelle der Finsternis Licht schuf; denn stets ist er und sind seine wohltätigen Kräfte bestrebt, die Mängel der unvollkommenen Substanz abzuändern und dies in eine bessere Gestalt umzuwandeln."[36]

So sind die Ordnung und die Harmonie des Alls ἡ ἀγαθότης καὶ ἵλεως δύναμις αὐτοῦ „seine (sc. Gottes) Güte und sein gnädiges Walten"[37]. Die Herrschaft Gottes ist deswegen „für die irdischen Wesen, die der kleinste Teil des Weltalls

---

und zitiert in Fuga 82 Theaitet 176c. Zum Verhältnis Philons zu Platon, vor allem zum Timaios, siehe D. T. RUNIA, Philo of Alexandria and the Timaeus of Plato, Leiden 1986. Vgl. auch Platon, Repub II,379c und X,617e. Philon spielt außerdem in Opif 21 auf Tim. 29e an. Er sieht, wie Platon, das Grundmotiv der göttlichen Schöpfung darin, daß Gott gütig ist. Dazu siehe O. DREYER, Untersuchungen zum Begriff des Gottgeziemenden in der Antike: mit besonderer Berücksichtigung Philons von Alexandrien, Hildesheim/New York 1970, S. 73ff.

[34] O. GIGON/L. ZIMMERMANN, Von Abbild bis Zeuxis. Ein Begriffs- und Namenlexikon zu Platon, Zürich und München 1987, S. 155–157.

[35] Opif 21. Zu Gott als Schöpfer bei Philon siehe D. T. RUNIA, aaO. (Anm. 33), S. 132–140 und 438–446. „Here for the first time, to our knowledge, the Platonic conception of the demiurge's goodness and the Judaeo-Christian conception of God the creator are brought together, an event of enormous implications for the history of ideas" (S. 441). J. COHN, Die Werke I, S. 34 Anm. 1 vermerkt unter Verweis auf Sap 11,24, daß dies auch „echt jüdisch" ist. Der Verfasser der Sapientia erwähnt freilich, daß Gott alles Existierende liebt und es nicht geschaffen hätte, wenn er etwas davon gehaßt hätte. Es geht aber an dieser Stelle nicht um die *Begründung* der Schöpfung, sondern lediglich darum, daß Gott die Schöpfung liebt. Das zentrale Thema in Sap 11,20b–12,2 ist die Allmacht Gottes (11,21.22.23), die die sündigen Menschen zur Bekehrung bringen will (V. 23 und 12,2). So begründet der Verfasser die Liebe und die Barmherzigkeit Gottes zur ganzen Schöpfung mit der Allmacht Gottes: ἐλεεῖς δὲ πάντας, ὅτι πάντα δύνασαι (11,23).

[36] SpecLeg IV,186f. Zum Zusammenhang von Königsherrschaft und Ordnung siehe auch QG II,75. Zum Verhältnis der Schöpfung zur Herstellung der Ordnung bei Philon und Platon siehe D. T. RUNIA, aaO. (Anm. 33), S. 140–148.

[37] Mos II,132.

sind, die Ursache von Güte überhaupt", und der Kosmos ist durch die Königsherrschaft Gottes mit höchstem Glück (εὐδαιμονία) erfüllt. Die Herrschaftslosigkeit (ἀναρχία) bringt dagegen die Ordnung in Unordnung und Verwirrung. Sie ist deshalb die Ursache des Übels[38].

Die Identifikation der königlichen Herrschaft mit der Herrschaft der Ordnung gehört zum allgemein verbreiteten Gedankengut der hellenistischen Zeit. So sagt ein Fragment des Pseudo-Sthenidas: „Nichts, was ohne König oder Herrscher ist, ist gut."[39]

Daß Gott als König der Ordnungshüter schlechthin ist, bedeutet aber auch, daß er εἰρηνοποιός[40], πρύτανις εἰρήνης, Stifter des Friedens, und εἰρηνοφύλαξ, Wächter des Friedens, ist[41]. Denn τὸ εὔνομον καὶ τὸ ἴσον sind εἰρήνης σπέρματα[42]. „Der Großkönig" verhindert so als Friedenswächter das Eindringen des Vernichters[43] und hebt als der Friedensstifter „στάσεις (die inneren Unruhen) zwischen den Staaten wie auch zwischen den Teilen des Weltganzen" auf. Er schafft „Frieden, Gedeihen und überhaupt alles Gute in Hülle und Fülle und erstickt alles, was den Früchten Verderben bringen könnte, im Keime". So sorgt er für „die allgemeine Sicherheit des Alls" und spendet alle Segnungen des Friedens allen und an allen Orten und allezeit neidlos in reichem Maße[44].

2.3. Die Königsherrschaft Gottes als Herrschaft der Gesetze

Die Königsherrschaft (βασιλεία) Gottes ist bei Philon synonym mit „der Herrschaft des Gesetzes" (ἀρχὴ νομίμου)[45]. Dabei steht der Begriff des Königs bei

---

[38] Somn II,289. Philon spricht in Legatio 17 davon, „wieviel gefährliche Übel aus einer Anarchie entstehen: Hunger, Krieg, Zerstörung der Pflanzungen, Verwüstung der Felder, Plünderungen des Besitzes, Entführungen, die verzweifelte Furcht vor Knechtschaft und Tod".

[39] οὐδὲ ἀβασίλευτον καλὸν οὐδὲ ἄναρχον (H. THESLEFF, The Pythagorean Texts of the Hellenistic Period, Åbo 1965, S. 187f.). Vgl. DERS., An Introduction to the Pythagorean Writings of the Hellenistic Period, Åbo 1961, S. 65–71; E. R. GOODENOUGH, The Political Philosophy of Hellenistic Kingship, Yale Classical Studies 1 (1928) 55–102 = Die politische Philosophie des hellenistischen Königtums, in: Ideologie und Herrschaft in der Antike, hg. von H. KLOFT, Darmstadt 1979, S. 27–89, hier S. 48–50. Vgl. auch Anm. 201.

[40] S. LYONNET, L'hymne christologique de l'Épître aux Colossiens et la fête juive du nouvel an (S. Paul, Col., 1,20 et Philon, De spec. leg. 2,192), RecSR 48 (1960) 93–100, weist darauf hin, daß der Friede eine kosmologische Tragweite hat: „il s'efforce de la rattacher au son de la trompette, qui n'est pas seulement, explique-t-il, un signal de combat, mais aussi signal de rassemblement après la bataille, évoquant par là l'oeuvre que le Créateur opère chaque année dans sa création en restauration ou conservant l'harmonie du cosmos" (S. 96f.).

[41] Decal 178.

[42] Das griechische Fragment zu QE II,64 = HARRIS, aaO. (Anm. 25) S. 64 = LCL Philo Suppl. II S. 254. Der Begriff des Königs ist mit dem Frieden, der des Tyrannen aber mit dem Krieg eng verbunden: καλείσθω οὖν ὁ μὲν τύραννος ἄρχων πολέμου, ὁ δὲ βασιλεὺς ἡγεμὼν εἰρήνης (LegAll III,81).

[43] QE I,23: im Zusammenhang mit dem Passa in Ex 12,23.

[44] Decal 178.

[45] Fuga 10.

Philon, wie in der antiken philosophischen Tradition, im Gegensatz zum Tyrannen: „Gott ist kein Tyrann, der Grausamkeit, Gewalttätigkeit und Taten verübt wie der Gebieter einer rohen und harten Herrschaft, sondern er ist ein König, der sich eine sanfte und gesetzliche Herrschaft erworben hat, und so lenkt er mit Gerechtigkeit den ganzen Himmel und die ganze Welt."[46] So steht die Königsherrschaft für „Gesetzlichkeit", die Tyrannei dagegen für „Gesetzlosigkeit"[47].

Philon stützt sich hier auf die politische Theorie Platons, der die königliche und die tyrannische Herrschaft als zwei verschiedene Verfassungsformen der Monarchie ansieht. Platon bezeichnet dabei die durch die Gesetzlosigkeit charakterisierte Form der Tyrannei als ausgeartete Form der gesetzestreuen Verfassung des Königtums[48]. Ein wichtiger Unterschied zwischen Philon und Platon liegt aber darin, daß es beim jüdischen Philosophen nicht um die Verfassung der irdischen Poleis geht, sondern um die kosmische Herrschaft Gottes (siehe S. 217ff.).

Auch bei den Stoikern ist die Vorstellung des Gesetzes mit der vom König eng verbunden. So bezeichnet Chrysippos den νόμος als „König aller, der göttlichen und der menschlichen Geschäfte"[49]. Die Gesetzmäßigkeit soll nämlich nicht nur über die menschlichen, sondern auch über die göttlichen Geschäfte herrschen. Dies bedeutet, daß in der Stoa der νόμος dem irdischen und dem göttlichen Königtum übergeordnet ist. Das Gesetz ist „nichts anderes als die göttliche Vernunft selbst, die der Natur innewohnt, durch alle Vernunftwesen hindurchgeht und ihr Tun und Lassen regelt"[50]. Gegen diese beiden Punkte, die Überlegenheit des Gesetzes über die Königsherrschaft der Gottheit und das selbständige, schöpfungsimmanente Wirken des Gesetzes, behauptet Philon, daß die Gesetzmäßigkeit nur eine Folge der Königsherrschaft Gottes ist[51].

---

[46] Prov II,15; Mos II,100; LegAll III,79.

[47] LegAll III,79. Die Verbindung des Königs mit dem Gesetz war zur Zeit Philons geläufig. Philostratos, VitApoll. V,36 berichtet ein Gespräch zwischen Apollonius und Vespasian über den guten König. Darin fordert Apollonius Vespasian auf, „laß das Gesetz auch über dich herrschen, o König".

[48] Platon Polit 291c–303b. Vgl. auch Arist. EthNik 1160b. Nach Aristoteles gibt es drei Verfassungsformen: Königsherrschaft, Aristokratie und Timokratie. Die erste gilt als die beste Verfassung. Die ausgeartete Form der Aristokratie ist die Oligarchie und die der Timokratie die Demokratie. Anders als bei Platon spielt das Kriterium der Gesetzlichkeit bei Aristoteles nur eine sekundäre Rolle. Dazu siehe S. D. Ross, Aristotle, London [5]1949, Ndr.: London 1977, S. 250ff.

[49] SVF III, S. 77, Nr. 314: ὁ νόμος πάντων ἐστὶ βασιλεὺς θείων τε καὶ ἀνθρωπίνων πραγμάτων.

[50] M. POHLENZ, aaO. (Anm. 17) I, S. 133.

[51] Dazu siehe S. 218.

Gott hat, wie oben dargestellt, durch sein Schöpfungswirken die chaotische Welt und die Unordnung (ἀταξία) in eine geordnete Welt (κόσμος) verwandelt. Diese Ordnung der Welt ist nur durchs Gesetz zu erhalten. Denn die Gesetzlosigkeit (ἀνομία) bewirkt nach Philon und den Stoikern Unordnung, während εὐνομία Ordnung bewirkt. Der Kosmos als geordnetes Sein kann also nur als gesetzesmäßiger bestehen[52].

2.4. Der kosmologische Aspekt der Herrschaft der Gesetze

Von der kosmologischen Dimension der Herrschaft des Gesetzes als der Königsherrschaft spricht Philon bei der Auslegung von Ps 23,1: „Der Herr ist mein Hirte, und mir wird nichts mangeln."[53] Philon erklärt im vorhergehenden Text, daß der wahre König ein guter Hirte ist. Nachdem er den Psalm politisch und individuell-„psychologisch" ausgelegt hat, versucht er ihn auch noch kosmologisch zu deuten:

„Gott, der Hirte und König", führt im Weltall „nach Recht und Gesetz" (κατὰ δίκην καὶ νόμον)[54] „Erde, Wasser, Luft, Feuer samt den sie erfüllenden Pflanzen und Tieren, sterblichen und göttlichen Wesen, überdies den Himmel, die Kreisbewegungen der Sonne und des Mondes, die Wendungen und harmonischen Reigen der anderen Himmelskörper, wie eine Herde, nachdem er seine rechte Vernunft, seinen erstgeborenen Sohn, zum Leiter eingesetzt hat, damit sie die Fürsorge für diese heilige Herde wie ein Unterbeamter und Vertreter des Großkönig übernehme. Denn es heißt ja an einer Stelle: ‚Siehe, ich bin es, ich sende meinen Boten vor dein Antlitz, und er wird dich behüten auf dem Wege.' Es spreche also die ganze Welt, diese größte und vollkommen-

---

[52] QE II,42. Eine ähnliche Verbindung der βασιλεία mit dem Gesetz findet sich in einer anderen jüdischen Schrift, die in Alexandria entstanden sein dürfte: IV. Makk 2,23. Zu diesem Text siehe Anm. 270. Zwar ist hier die βασιλεία geistig verstanden und steht in Verbindung mit den Tugenden, dennoch ist der Zusammenhang des Gesetzes mit der Königsherrschaft sichtbar. Wenn Philon also die βασιλεία Gottes mit der Herrschaft des Gesetzes identifiziert, ist er nicht ein einsamer Denker im damaligen Judentum, sondern er vertritt eine Strömung der alexandrinischen jüdischen Theologie.

[53] Nur selten interpretiert Philon Texte außerhalb des Pentateuchs. Auffallend ist dabei, daß er auf den Psalter am häufigsten eingeht. Diese Stelle ist ein gutes Beispiel für diese Vorliebe Philons. Philon erwähnt nach dem Index von Biblia Patristica, Supplément, Philon d'Alexandrie, Paris 1982, 8452mal Texte aus der griechischen Bibel, überwiegend aber aus dem Pentateuch (8215mal = 97,20%). Darunter beträgt Genesis mehr als die Hälfte der Gesamtsumme (4303mal = 50,91%). Danach folgen Exodus (1755mal = 20,76%), Deuteronomium (834mal = 9,87%), Leviticus (737mal = 8,72%) und Numeri (586mal = 6,93%). Nur 50 Stellen gehören zum Psalter, d. h. etwa 0,59%. Die Profetenbücher (58mal = 0,69% = 24× Jes + 18× Jer + 7× Ez + 7× Hos + 2× Sach), die Weisheitsliteratur (73mal = 0,86% = 30× Prov + 2× Kohelet + 22× Sapientia + 11× Sirach + 8× Hiob) und die Geschichtsschreibung (56mal = 0,66% = 4× Jos + 4× Richt + 24× ISam + 9× IKön + 2× IIKön + 1× Esth + 10× IChron + 2× IIChron) werden ähnlich selten erwähnt.

[54] Der Ausdruck „nach Recht und Gesetz" steht in einer engen Verbindung mit der Königsherrschaft. Siehe z. B. auch Agr 51. Zum Unterschied zwischen diesen beiden Begrif-

ste Herde des seienden Gottes: ‚Der Herr ist mein Hirte, und mir wird nichts mangeln.'"[55]

Aus diesem Text ergeben sich mehrere Merkmale der Herrschaft des Gesetzes bei Philon.

i) Die Herrschaft des Gesetzes bedeutet nicht, daß es, vergleichbar dem stoischen Naturgesetz, die Harmonie des Weltalls beherrscht, sondern, daß Gottes königliches Walten die Harmonie und die Gesetzmäßigkeit herstellt. „Recht und Gesetz", gemäß denen Gott das Weltall leitet, dürfen nicht als ein von Gott unabhängig existierender Maßstab, sondern müssen als Spuren des ausgeführten Willens[56] Gottes betrachtet werden. Verhält sich Gott entsprechend seinem Willen, so entsteht „Recht und Gesetz". So hängen bei Philon Gottes Wille und „Recht und Gesetz" kausal zusammen: Gott lenkt alles „wohin er will, nach Gesetz und Recht"[57]. Gott ist deswegen auch der Gesetzgeber des besten Gesetzes, weil er es selber gemäß seinem Willen geschrieben hat[58], und er steht deswegen immer auch über dem von ihm geordneten Gesetz. D. h. er allein dürfte das Gesetz nicht nur ändern, sondern auch brechen.

ii) Die Aussage, daß der Logos nur „der erstgeborene Sohn"[59] Gottes ist und in dieser Position wie „ein Unterbeamter und Vertreter des Großkönigs" fungiert, dürfte eine Polemik gegen das stoische Verständnis des Logos sein. Für die Stoiker gilt der Logos als Gott und besitzt autonomen Charakter[60]. Philon verzichtet dennoch nicht völlig auf die stoische Logoslehre, weil er ihm die Rolle des Vermittlers zwischen Gott und seiner Schöpfung zuschreibt, um so die unüberbrückbare Kluft zwischen dem transzendenten Gott und seiner

---

fen siehe QG IV,184 und das griechische Fragment von H. LEVY, Neue Philontexte in der Überarbeitung des Ambrosius, Berlin 1932, S. 59 = LCL Philo Suppl. II, S. 227.

[55] Agr 50–52. Zum Hirtenkönig bei Philon siehe W. JOST, ΠΟΙΜΗΝ: das Bild vom Hirten in der biblischen Überlieferung und seine christologische Bedeutung, Diss. Gießen, 1939, bes. 21 f.; J. JEREMIAS, Art. „ποιμήν κτλ.", ThWNT VI (1959) S. 488f. (Philon); J. W. SEIBEL, Shepherd and sheep symbolism in Hellenistic Judaism and the New Testament, Diss. Yale 1963, S. 48–161.

[56] Gott will nämlich das Gute allein stiften. Dazu siehe o. S. 213f.

[57] Opif 46: ἄγει ᾗ ἂν ἐθέλῃ κατὰ νόμον καὶ δίκην ἕκαστα. Vgl. auch Opif 61: „die Regeln und Gesetze, die Gott als unverrückbare Grenzsteine im All errichtet hat".

[58] QE II,42. Vgl. auch, wie Cicero die Verhältnisse der römischen Republik auf den Gottesbegriff überträgt: Repub 3,33 = SVF III, S. 80 Nr. 325: *... unusque erit communis quasi magister et imperator omnium deus: ille legis huius inventor discepator, lator.* Er vergleicht so Gott mit einem Senator, der ein Gesetz „verfasst", „den Antrag stellt" und darüber „debattiert". Dieses „wahre Gesetz" ist außerdem *recta ratio, naturae congruens, diffusa in omnes, constans, sempiterna.* Es besitzt im Gegensatz zum philonischen Gesetzesverständnis selbständigen ewigen und immanenten Charakter. Vgl. auch S. 220.

[59] Conf 145: „Diejenigen, die die Erkenntnis über den Einzigen haben, werden nach Gebühr Söhne Gottes genannt." Der Logos ist aber der „erstgeborene" Sohn Gottes.

[60] M. POHLENZ, aaO. (Anm. 17) I, S. 95: „Gott kann nichts anderes sein als der Logos, der die vernünftigen Keimkräfte für jede künftige Entwicklung in sich trägt und die schöpferische Seite der Allsubstanz darstellt." A. A. LONG, aaO. (Anm. 17), S. 148 f. u. 154 ff.

Kreatur zu überwinden. Darum kann er den Logos auch „Erzengel" nennen[61]. Denn der Logos ist im Gegensatz zu Gott „vielnamig"[62]. Auch darin läßt sich der strenge Unterschied zwischen Gott und Logos bei Philon erkennen.

iii) Das Ziel der Königsherrschaft Gottes ist die Fürsorge für die Schöpfung. Die Gesetzmäßigkeit und die Ordnung des Kosmos sind kein Selbstzweck. Der Grund dafür, daß Gott, der jenseits aller Räumlichkeit existiert und keinen „Platz" für sich braucht, dennoch ein sichtbares Herrschaftsgebiet geschaffen hat, liegt darin, daß er eben diesem seine Vor- und Fürsorge angedeihen lassen will[63].

2.5. Die Alleinherrschaft (μοναρχία) Gottes

2.5.1. Die Alleinherrschaft Gottes und der Monotheismus[64]

Die Königsherrschaft Gottes muß die Alleinherrschaft (μοναρχία) Gottes sein[65]. Die Idee der Monarchie Gottes hatte für den Juden Philon eine beson-

---

[61] Conf 147. Über Philons Verständnis des λόγος wurde viel geschrieben. Die wichtigste Literatur: M. HEINZE, Die Lehre vom Logos in der griechischen Philosophie, Oldenburg 1872, Ndr.: Aalen 1984, S. 204–298; A. AALL, Der Logos: Geschichte seiner Entwicklung in der griechischen Philosophie und der christlichen Literatur, Bd. I und II, Leipzig 1896, Ndr.: Frankfurt 1968, I, S. 184–231; H. A. WOLFSON, aaO. (Anm. 14) I, S. 226–294; K. BORMANN, Die Ideen- und Logoslehre Philons von Alexandria; eine Auseinandersetzung mit H. A. WOLFSON, Diss. Köln 1955; H. J. KRÄMER, Der Ursprung der Geistmetaphysik. Untersuchungen zur Geschichte des Platonismus zwischen Platon und Plotin, Amsterdam 1967, S. 266–284; B. L. MACK, Logos und Sophia: Untersuchungen zur Weisheitstheologie im hellenistischen Judentum. StUNT 10, Göttingen 1973, S. 108–179; D. T. RUNIA, aaO. (Anm. 33), S. 446–451; zuletzt R. WILLIAMSON, aaO. (Anm. 22), S. 103–143.

[62] Conf 146: „Er heißt nämlich: Anfang, Name und Wort Gottes, der ebenbildliche Mensch und der Schauende, Israel." Zu diesen Bezeichnungen des Logos siehe R. WILLIAMSON, aaO. (Anm. 22), S. 126–128.

[63] Zur Fürsorge Gottes siehe u. S. 224.

[64] Zu diesem Thema siehe E. PETERSON, Der Monotheismus als politisches Problem. Ein Beitrag zur Geschichte der politischen Theologie im Imperium Romanum, Leipzig 1935, bes. S. 21–33 (über Philon).

[65] Der Begriff μοναρχία taucht in der jüdischen Literatur zum erstenmal bei Artapanos (Euseb, PraepEvang 9,27,5) auf, der vielleicht Ende des dritten Jh.s v. Chr. in Ägypten lebte. Dazu siehe die Einleitung zu Artapanos von J. J. COLLINS, in: J. H. CHARLESWORTH (Hg.), The Old Testament Pseudepigrapha, 2 Bde., London 1983–1985, II, S. 889–896. Artapanos verwendet allerdings μοναρχία für das Königreich der Ägypter. Man vermißt den Begriff im Pseudo-Aristeasbrief, der doch vom idealen Bild des Königs ausführlich handelt. Das dritte Buch der sibyllinischen Orakel, das vielleicht gegen Ende des ersten Jh.s n. Chr. in Ägypten verfaßt wurde, sowie das dritte Makkabäerbuch bezeichnen Gott als μόναρχος (III. Sib 11 und 704; III. Makk 2,2). E. PETERSON, aaO. (Anm. 64), S. 21 weist auf den Isis-Hymnus von Andros hin, in dem von der Monarchie der Isis die Rede ist, und schreibt: „Man könnte sagen, wenn Philo von der Monarchie des von den Juden verehrten Gottes spricht, dann stellt er dessen Monarchie der Monarchie der Isis entgegen." Der Gedanke der Monarchia Gottes war

dere Bedeutung, denn durch diese Verfassungsform läßt sich zugleich die monotheistische Gottesvorstellung ausdrücken. So faßt er das erste Gebot des Dekalogs als „die Alleinherrschaft Gottes über der Welt" zusammen[66]. Sie steht dabei einerseits in Antithese zur Herrschaft vieler Götter und damit zum Polytheismus[67], sie richtet sich andererseits gegen die stoische, allegorisierende Identifikation der vier Elemente mit den hellenistischen Göttern[68]. Zwar kann Philon auch von einer Mehrzahl von Göttern sprechen[69], so wenn er Gott βασιλεὺς τῶν θεῶν, König der Götter, nennt. Gott ist jedoch niemals *primus inter pares,* denn die unüberwindbare Schranke liegt bei Philon zwischen Gott auf der einen und der Welt der „Götter" mitsamt der übrigen Schöpfung auf der anderen Seite, während die Griechen die Schranke zwischen den unsterblichen Göttern und sterblichen Menschen sehen[70].

Philon leitet den Gedanken der Monarchie Gottes von der Auslegung des ersten Gebotes ab. Er gibt dabei dem jüdischen, traditionell monotheistischen Glauben eine pythagoreisch-akademische Prägung. Gott ist nämlich für ihn nicht nur μόνος und εἷς[71], sondern auch ἕν[72]. Das Neutrum weist auf sein Verständnis hin, daß Gott nicht nur eine Gottheit ist, die etwa als ein einzig Seiender eine Persönlichkeit hat, sondern auch als „das Eine" den Charakter eines Prinzips besitzt.

H. J. Krämer hat gezeigt, daß diesem Gedanken ein neupythagoreisch-akademisches Schema zugrunde liegt: „ἕν und μονάς sind Prinzip der Zahlenreihe, ohne selber Zahl zu sein; die δυάς ist das Prinzip der Vielheit, Bewegung und Entzweiung."[73] Der Gottesbegriff Philons aber geht über den Gedanken

---

jedoch, wie die oben angeführten Stellen zeigen und E. PETERSON selbst zugibt (aaO. S. 31), eine vorphilonische „Schultradition des hellenistischen Judentums in Ägypten".

[66] Decal 31.154: die Alleinherrschaft Gottes bedeutet, „daß *einer* der Urgrund der Welt ist, *einer* der Herr und König, der das All zu seinem Heile lenkt und regiert, der die Herrschaft einiger wenigen (ὀλιγαρχίαν) oder die Herrschaft des Volkshaufens (ὀχλοκρατίαν), schädliche Regierungsformen, wie sie bei den schlechtesten Menschen aus der Unordnung oder Anmaßung entstehen, aus dem reinsten Teile der Welt, seinem Himmel, verbannt hat"; SpecLeg II,224: περὶ μοναρχίας ᾗ μοναρχεῖται ὁ κόσμος.

[67] Heres 168f.; SpecLeg I,13–31; QG III,34.

[68] Decal 54ff. Philon und mehrere christliche Schriftsteller im zweiten Jh. ordneten die heidnischen Götter nach ihrem Wert hierarchisch in mehrere Kategorien, wie z.B. vier Elemente, Planeten, Götterbilder und Tiere. Dazu siehe J. SCHWARTZ, Philon et l'apologétique chrétienne du second siècle, in: Hommages à A. Dupont-Sommer, Paris 1971, S. 497–507.

[69] Der Kosmos ist „die hochheilige Wohnung der sichtbaren und sinnlich wahrnehmbaren Götter". Dabei werden unter den Göttern die Gestirne verstanden (Opif 27f.).

[70] So ist z. B. die Erkenntnis des Wesens Gottes nicht nur den Menschen, sondern auch dem ganzen Himmel und dem Weltall versagt (SpecLeg I,44).

[71] LegAll II,1: εἷς ὢν ὁ θεός.

[72] ἕν ἐστιν ὁ θεός (Cher 87). Philon zählt in LegAll I,51 wichtige „Eigenschaften" Gottes auf: ἄποιον ... καὶ ἕνα καὶ ἄφθαρτον καὶ ἄτρεπτον „qualitätslos (d. h. ohne Eigenschaften), einzig, unvergänglich und unwandelbar". LegAll II,2: ὁ θεὸς μόνος ἐστι καὶ ἕν.

[73] H. J. KRÄMER, aaO. (Anm. 61). Zum neupythagoreisch-akademischen Einfluß auf Phi-

der transzendenten Zahlen und Ideen in der Älteren Akademie hinaus. Denn Gott ist „besser als das Gute, ehrwürdiger als die Einheit (μονάδος) und reiner als die Eins (ἕνος)"[74]. So hat Philon einerseits den transzendenten Charakter Gottes betont und andererseits die Gefahr vermieden, daß Gott zu einem Prinzip bzw. einem bloßen Begriff wird[75].

2.5.2. Die Alleinherrschaft Gottes und die Pöbelherrschaft

Die Alleinherrschaft Gottes steht zweitens der Pöbelherrschaft (ὀχλοκρατία)[76] bzw. der Vielherrschaft (πολυαρχία) gegenüber. Die Pöbelherrschaft auf der Erde steht parallel zur „Vielgötterei im Himmel"[77]. Diese Form der Herrschaft bringt in das ordentliche und gesetzmäßige Leben der Poleis das Chaos[78]. So fragt sich Philon: „Gehen nicht die Städte, wenn sie keinen König haben, durch die Pöbelherrschaft, die Ursache der größten Übeltaten, zugrunde?"[79] Er nennt die Ochlokratie auch „die schlechteste der schlechten Staatsverfassungen"[80]. Philons starke Abneigung gegen die Pöbelherrschaft rührt vor allem von der politischen Auseinandersetzung her, die er zusammen mit der alexandrinischen jüdischen Gemeinde gegen die antijüdisch gesinnten griechischen Bürger führte[81].

2.6. Der Herrschaftsbereich der Königsherrschaft Gottes

Im Gegensatz zur späteren Hekhalot-Literatur und den Schriften der Qumran-Gemeinde sowie zur umfangreichen apokalyptischen Literatur beschreibt Phi-

---

lon siehe S. 266–279, hier S. 267; J. DILLON, The Middle Platonists, London 1977, S. 135–182, bes. S. 24–29, 155f. (über die Monade).

[74] Praem 40. Vgl. auch VitCont 2: Gott ist „besser als das Gute, reiner als die Eins und ursprünglicher als die Einheit". Gott steht bei Philon über dem platonischen Begriff der Idee. Die Sehnsucht nach Gott wird bei Philon durch das Schauen der schön geordneten Ideenwelt weder beschwichtigt noch ersetzt. Der Mensch ist zwar schon dabei „von einer nüchternen Trunkenheit eingenommen und gerät in Verzückung wie die korybantisch Begeisterten", er wird jedoch „von anderer Sehnsucht und besserem Verlangen" erfüllt, nämlich „den Großkönig" zu erlangen und zu schauen (Opif 71).

[75] Wenn es nur einen Namen gibt, hat der Name die Bedeutung eines Begriffs. Vgl. Conf 117: γένει μὲν ἴσον ἕν, μυρία δὲ τοῖς εἴδεσιν.

[76] Fuga 10; Decal 155. Zur Pöbelherrschaft bei Philon siehe R. BARRACLOUGH, Philo's Politics: Roman Rule and Hellenistic Judaism, in: ANRW II 21.1, S. 417–553, bes. S. 524–529.

[77] Opif 171.

[78] Fuga 10. Vgl. auch Agr 46: die Pöbelherrschaft erzeugt „den obrigkeitslosen Zustand". Unter dieser Verfassungsform haben „Ungleichheit", „Ungerechtigkeit und Gesetzlosigkeit" die herrschende Macht, während unter der Demokratie, dem Gegenstück der Pöbelherrschaft, Recht und Gerechtigkeit die Herrschaft führen" (Conf 108).

[79] Somn II,286.

[80] Opif 171; τὴν φαυλοτάτην τῶν κακοπολιτειῶν.

[81] Flacc 65f. und Legatio 132. Philon klagt hier den Präfekten Flaccus an, der der alexandri-

lon die räumlichen Vorstellungen bzgl. der μοναρχία Gottes eher zurückhaltend. Nur wenige Texte sprechen vom „Herrschaftsgebiet" und dem „Beamtenapparat" jenes Reiches. Er greift dabei unterschiedliche Vorstellungen auf:

a) Nach SpecLeg I,13ff. wird das Herrschaftsgebiet κόσμος und μεγαλόπολις genannt. Die ἄρχοντες in ihr sind alle Himmelssterne, Planeten und Fixsterne. Die ὑπήκοοι (Untertanen) sind die in der Luft unterhalb des Mondes befindlichen Wesen und die die Erde füllenden Geschöpfe. Die ἄρχοντες sind dabei „nicht selbständig, sondern dem einen Vater aller Dinge untergeordnet". Sie ahmen Gott nach und richten jedes Geschöpf „nach Recht und Gesetz". Dieses Bild der Königsherrschaft Gottes dient als Argument gegen die Ansicht, „den Mond und die übrigen Himmelskörper für selbständige Götter" zu halten.

b) Daneben kann Philon aber auch die Tempel-Metaphorik aufnehmen (SpecLeg 1,66). Philon sieht hier den ganzen Kosmos als das Heiligtum und darin den Himmel als den Tempel an. Er betrachtet außerdem die Engel, die Untergebenen der göttlichen Kräfte, als Priester dieses Heiligtums und die Sterne als die Weihgeschenke[82]. Es gebe ferner, so Philon, „ein von Menschenhand erbautes (d. h. irdisches) Heiligtum". Es dürfe aber auf der Erde nur ein Heiligtum geben, „da es auch nur *einen* Gott gibt"[83].

c) Opif 88 schildert den ersten Menschen, Adam, der „als Statthalter des ersten und höchsten Königs" die Regierung und die Sorge für die Tier- und Pflanzenwelt übernimmt. Gott und Adam verhalten sich jedoch zueinander nicht nur in der paradiesischer Ursprünglichkeit als himmlischer König und irdischer Statthalter, sondern mit diesem Vergleich kennzeichnet Philon das Verhältnis von Gott und Mensch grundsätzlich.

d) Nach Agr 51[84] lenkt Gott als Hirte und König die vier Elemente und alles auf der Erde und im Himmel von ihnen Erfüllte, wobei er „seine rechte Vernunft, seinen erstgeborenen Sohn, zum Leiter einsetzt, damit sie die Fürsorge für diese heilige Herde wie ein Unterbeamter und Vertreter des Großkönigs übernehme".

Philon umschreibt so mit verschiedenen Bildern die μοναρχία Gottes. Diese

---

nischen antijüdischen Bewegung freien Lauf ließ und dadurch die Pöbelherrschaft hervorrief. Agr 45: Das Leben unter der Pöbelherrschaft ist nichts anderes, als daß „wir uns fortgesetzt in Störungen, Unruhen und Bürgerzwisten befinden".

[82] Vgl. I. HEINEMANN, Poseidonios' metaphysische Schriften, Breslau 1921–1928, I, S. 119: Poseidonios nannte den Kosmos *deorum omnium templum* (Seneca, Ep 90,28). Heinemann sieht hier Philon von dem Älteren beeinflußt (S. 122).

[83] Wahrscheinlich handelt es sich dabei um eine verbreitete Parole: „ein Gott, ein Tempel". Vgl. Jos. c.Apion II,193; Ant IV,200.

[84] Es geht um die Auslegung von Ps 23,1. Die Einleitung: „ein Prophet, dem man vertrauen muß, der Dichter der Psalmen", verrät, daß die Psalmen zur Zeit Philons in der alexandrinischen jüdischen Gemeinde, auch bei den Gebildeten, nicht die gleiche Stellung genossen wie der Pentateuch. Dazu siehe Anm. 53.

Metaphern für Gottes Königsherrschaft können je nach Zusammenhang wechseln[85].

Er vermeidet es dabei, den Ort der Herrschaftsausübung Gottes direkt räumlich darzustellen: Man solle sich das Haus Gottes nicht räumlich vorstellen, weil Gott alles umfasse, ohne von irgend etwas umfaßt zu werden[86]. Man solle sich dies vielmehr in dem Sinne denken, daß Gott dem in der Schöpfung geordneten Raum besondere Vorsorge und Fürsorge angedeihen lasse[87].

2.7. Gott als König und Vater[88]

Gott, der als König den ganzen Kosmos regiert, ist bei Philon gleichzeitig Vater. Gott ist der Vater des Alls[89] und des Kosmos[90], „der höchste Vater der Götter und Menschen"[91], der Vater des Logos[92], der Weisheit[93] und der Kräfte Gottes[94]. Um Gottes Vatersein zu erklären, zitiert er die berühmte Homerstelle, die Zeus als „Vater der Götter und Menschen" bezeichnet[95].

Das Königsein und das Vatersein Gottes erklären sich für Philo gegenseitig. So sagt er: „für einen König gibt es keine vertrautere Bezeichnung als ‚Vater'; was nämlich in Verwandtschaften die Eltern den Kindern gegenüber sind, das ist ein König einem Staat gegenüber, und Gott der Welt gegenüber."[96] Dabei

---

[85] Philon betrachtet den Kosmos nicht immer als die μεγαλόπολις, die Gott als König beherrscht. Daneben gilt der Kosmos auch als das sinnlich wahrnehmbare Haus Gottes, während die Weisheit das intelligible Haus Gottes bzw. der Königspalast αὐλὴ καὶ βασίλειον ist (Congr 116).

[86] Somn I, 61 ff.

[87] Sobr 63. Vgl. auch Abr 70: Gott ist ein Lenker und Leiter der Welt, „der über sie waltet und in heilsamer Weise sein eigenes Werk regiert und allen seinen Teilen, die seiner göttlichen Fürsorge würdig sind, seinen Schutz und Beistand angedeihen läßt".

[88] Zum Vatergedanken bei Philon siehe G. SCHRENK, Art. „πατήρ κτλ.", ThWNT V (1954) S. 946–1016, bes. S. 956f.; D. T. RUNIA, aaO. (Anm. 33), S. 107–111; R. WILLIAMSON, aaO. (Anm. 22), S. 37f. Zu König und Vater als Epitheta Gottes siehe K. W. MÜLLER, in diesem Band S. 21–43.

[89] Fuga 109.

[90] Umgekehrt gilt der Kosmos als Kind Gottes. Dazu siehe Deus 31.

[91] SpecLeg II,165.

[92] Fuga 109.

[93] LegAll I,64.

[94] Cher 106.

[95] Prov II,15 (= II,2ff. nach dem griechischen Text in LCL Philo IX = Eus. PraepEv 8,14,1–72): das Homerzitat ist aus Il XV,47. Vgl. auch Hesiod, ScHer 27. Philon zitiert Hom Il III,277 (vgl. auch Od XI,109; XII,323) in Jos 265 und nennt Gott „den unvergänglichen, den unsterblichen, den ewigen Vater, ‚der alles sieht und alles hört'...". Dieses Zitat paßt besonders gut in den philonischen Kontext, in dem es sich um einen Schwur handelt. Zu dieser Homerstelle siehe CH. MARKSCHIES, in diesem Band S. 391.

[96] Prov II,15 (= II,2ff. nach dem griechischen Text in LCL Philo IX = Eus. PraepEv VIII 14,634f.).

können beide Bezeichnungen nahtlos ineinander übergehen. Philon schildert z. B. Gott zuerst als „Großkönig" gegenüber den Engeln, die ihm als seine „Ohren und Augen" dienen. Die Engel haben wiederum die Aufgabe, „die Befehle des Vaters den Kindern und die Bedürfnisse der Kinder dem Vater" zu verkünden[97].

Philon sieht das Vatersein und das Königsein als δύο κάλλιστα φύσεως, „zwei sehr schöne Vorzüge der Natur", in Gott vereinigt[98]. Vater und König können daher oft nebeneinandertreten, so wenn Gott als „Vater und König der Welt, der Ursprung des Alls"[99] bezeichnet wird.

Als Verknüpfung der Gott-König- mit der Gott-Vater-Vorstellung dient ihm einmal das Bild der „Zeugung"[100]. Denn Gott, der als König den ganzen Kosmos regiert, ist gleichzeitig Vater, weil Gott nicht aufhört, gegenüber der ganzen Kreatur, die er geschaffen hat, als Vater zu gelten.

Eine zweite Verknüpfung der beiden Gottesvorstellungen ist die Fürsorge. Die Bezeichnung als König repräsentiert dabei den Charakter des Führers, die des Vaters aber den des Fürsorgenden[101].

Diese Fürsorge ist das Ziel der Schöpfung der Welt. Denn Gott ist an sich bedürfnislos; er bedarf nicht einmal des Kosmos als Gegenüber[102]. Daß Gott dennoch die Welt erschaffen hat, bedeutet, daß er „jenem Platze besondere Vorsorge und Fürsorge angedeihen läßt"[103]. Die πρόνοια (Vorsehung) Gottes ist eine weitere enge Verbindung von Vaterschaft und Königtum Gottes. Dabei sind Vorsehung und Fürsorge so eng miteinander verbunden, daß beide Begriffe nebeneinander erscheinen[104].

---

[97] Somn I,140f. QG IV,87 ist ein weiteres Beispiel für den nahtlosen Übergang von der Vaterschaft zum Königtum Gottes.

[98] Prov II,15 (= II,2f. nach dem griechischen Text in LCL Philo IX = Eus. PraepEv VIII 14,634f.).

[99] Legatio 3.

[100] Philon begründet z. B. das fünfte Gebot folgendermaßen: ὅπερ γὰρ, οἶμαι, θεὸς πρὸς κόσμον, τοῦτο πρὸς τέκνα γονεῖς, ἐπειδὴ ὡς ἐκεῖνος τῷ μὴ ὑπάρχοντι ὕπαρξιν κατειργάσατο, ... (SpecLeg II,225).

[101] Prov II,15 (= II,2f. nach dem griechischen Text in LCL Philo IX = Eus. PraepEv VIII 14,634f.). Auch für Aristoteles war die Königsherrschaft des Zeus nichts anderes als väterliche Herrschaft. Die Fürsorge verbindet auch hier Vater- und Königsein, Arist EthNic 1160b,24f.: ἡ μὲν γὰρ πατρὸς πρὸς υἱεῖς κοινωνία βασιλείας ἔχει σχῆμα· τῶν τέκνων γὰρ τῷ πατρὶ μέλει. ἐντεῦθεν δὲ καὶ Ὅμηρος τὸν Δία πατέρα προσαγορεύει· πατρικὴ γὰρ ἀρχὴ βούλεται ἡ βασιλεία εἶναι.

[102] Zur Bedürfnislosigkeit Gottes bei Philon siehe G. BERTRAM, Ἱκανός in den griechischen Übersetzungen des ATs als Wiedergabe von schaddaj, ZNW 70 (1958) 20−31: Die Bedürfnislosigkeit Gottes ist für ihn „nicht eigentlich in philosophischen Gedankengängen begründet, sondern ergibt sich aus biblischen Aussagen über Gott, der in seiner Hoheit weder des Tempels noch der Opfer noch der Menschen überhaupt bedarf" (S. 30).

[103] Sobr 63. Philon betont in Opif 171, daß die göttliche Fürsorge für die Welt zum Charakter Gottes als Vater gehört.

[104] QG IV,87.

Liebe und Verehrung sind ein weiterer Verknüpfungspunkt von König und Vater. Der Herrscher erweist sich seinen Untertanen als Vater und erzeugt dadurch ihre Liebe, so daß er seiner väterlichen Königsherrschaft wegen von ihnen wie von seinen Kindern verehrt wird[105].

2.8. Die Königsherrschaft als politische Ideologie

Als Kaiser Caligula verschiedene Könige, die ihn in Rom besuchten, über ihre edle Abkunft streiten hörte, rief er auf griechisch: Εἷς κοίρανος ἔστω, εἷς βασιλεύς, „einer sei Herrscher, einer König!"[106] und bezog die Homerstelle auf sich. Diesem Ausspruch des römischen Imperators widerspricht Philons Interpretation der Homerstelle diametral. Er behauptet, dieselben Worte Homers[107] zitierend, daß „nichts von dem, was da ist, Gott gleichwertig ist, sondern es nur einen Herrscher, Führer und König gibt, dem allein es ziemt, alles zu richten und zu lenken". Anschließend fährt er fort: Man kann die homerischen Worte „kaum mit größerem Rechte von Staaten und Menschen als von der Welt und Gott sagen; denn die eine (Welt) hat notwendigerweise nur einen Schöpfer und Vater sowie (einen) Herrn". Philon kehrt das Grundprinzip des Herrscherkultes, daß der irdische König ein Gott sei, um und behauptet, daß der himmlische Gott auch der König der irdischen Könige ist.

Interessant ist, daß Philon die homerischen Worte trotzdem indirekt auf Kaiser Augustus anwendet. Er führt dabei jedoch nur den dem Zitat vorhergehenden Teil, οὐκ ἀγαθὸν πολυκοιρανίη, „nichts Gutes ist die Vielherrschaft", an und vermeidet sorgfältig den nachfolgenden Vers, der den Titel des „Königs" enthält[108].

Konsequenterweise verwendet Philon den Königstitel nirgendwo für Augustus, der ihm doch immerhin „als erster, größter Wohltäter aller Welt"[109] gilt. Er gebraucht den Königstitel auch sonst nirgends für einen römischen Herrscher. Dies entsprach dem offiziellen Gebrauch der Kaisertitulatur, der offizielle Titel des römischen Kaisers war bis zur Zeit Domitians *princeps,* und entsprechend im Griechischen καῖσαρ bzw. αὐτοκράτωρ. In der griechischsprachigen Literatur wird jedoch αὐτοκράτωρ seltener als καῖσαρ gebraucht, und hier taucht auch häufig die Bezeichnung βασιλεύς auf[110].

---

[105] SpecLeg IV,183 ff. Dieser Text bezieht sich zwar auf irdische Herrscher, man darf ihn aber auf die Königsherrschaft Gottes übertragen.
[106] Suet. Gaius 22,1.
[107] Homer, Il II,204.
[108] Legatio 149.
[109] Legatio 149.
[110] Dazu siehe A. WIFSTARAND, Autokrator, Kaiser, Basileus, in: Dragma, hg. von M. P. NILSSON, Lund 1939, S. 529–539. Vgl. auch H. J. MASON, Greek Terms for Roman Institutions, Toronto 1974, S. 117–121.

III. θεός, κύριος und βασιλεύς als Gottes Kräfte[111]

3.1. Die Alleinherrschaft Gottes und die vielen Kräfte Gottes

Der Begriff der Alleinherrschaft Gottes schließt die Existenz seiner göttlichen Dienerschaft nicht aus. Es entspricht im Gegenteil genau dieser Metaphorik, daß Gott als König von unzähligen Beamten, Soldaten und Dienern umgeben ist. Denn es gilt: „Wenn es auch nur einen einzigen Gott gibt, so hat er doch um sich unsäglich viele Kräfte, die sämtlich dem Geschaffenen gegenüber hilfreich und heilbringend sind."[112]

Philon betont dabei die Unterordnung der göttlichen Kräfte unter den allein herrschenden Gott-König. Diese strenge Hierarchie steht dem polytheistischen Gedanken gegenüber, nach dem die Himmelskörper als selbständige Götter galten. Die Kräfte Gottes sind, so Philon, „dem göttlichen Logos" untergeordnet und haben ihren Ursprung in ihm[113]. Sie besitzen aber einen transzendenten Charakter. Sie sind ἀόρατοι καὶ νοηταί[114] und erscheinen deswegen den Menschen als „unmessbar"[115]. Sie sind nicht wie bei Platon nur Ideen[116], sondern die „Ideen der Ideen" und nehmen an der φύσις Gottes teil[117]. Die beiden Hauptkräfte Gottes sind das Maß (μέτρον) der Güter und das Maß der Untertanen Gottes[118].

---

[111] Zu Gottes Kräften siehe C. SIEGFRIED, aaO. (Anm. 5), S. 211–218; L. TREITEL, Die alexandrinische Lehre von den Mittelwesen oder göttlichen Kräften, insbesondere bei Philo, in: Judaica, FS für H. Cohen, Berlin 1912, S. 177–184; M. POHLENZ, Philon von Alexandreia, in: Nachrichten der Akademie der Wissenschaften zu Göttingen, phil.-hist. Kl., 1942, Nr. 5, S. 409–487 = DERS., Kleine Schriften I, S. 305–383, hg. v. H. DÖRRIE, Hildesheim 1965, bes. S. 442–444 u. 480–487 (zum Verhältnis zur pseudoaristotelischen Schrift „Über die Welt"); H. A. WOLFSON, aaO. (Anm. 14), I, S. 217–226.

[112] Conf 171. O. DREYER, aaO. (Anm. 33), S. 95 lehnt mit Recht die Behauptung von H. A. TH. REICHE, History of the Concepts θεοπρεπές and ἱεροπρεπές, Diss. Harvard, 1955, ab, daß die Vorstellung der Monarchie Gottes und die von den mithelfenden Kräften Gottes sich gegenseitig widersprechen.

[113] QE II,68. Mit dem Logos ist zuerst das Wort gemeint, das Gott über der Deckplatte der Bundeslade sprach. Der Logos ist aber auch das Prinzip, das den ganzen Kosmos beherrscht, wobei seine scheidende Funktion betont wird, denn er unterscheidet die beiden wichtigsten Kräfte Gottes (siehe u.). Philon bezeichnet deswegen die Kräfte Gottes als „die Kolonien" der „Mutterstadt" des Logos (Fuga 94ff.). Zur scheidenden Funktion des Logos siehe D. M. HAY, Philo's Treatise on the Logos-Cutter, Studia Philonica 2 (1973) 9–22.

[114] SpecLeg I,46.

[115] Sacr 59.

[116] Plat. Soph 247e, Rep 509b. Philon nimmt differenzierend die platonische Ideenlehre auf (SpecLeg I,48): „manche unter euch bezeichnen sie (sc. die Kräfte Gottes) nicht unrichtig als Ideen, denn sie geben allen Dingen Gestalt". Vgl. auch Opif 20. H. A. WOLFSON, aaO. (Anm. 14) I, S. 217f. weist darauf hin, daß der platonische Ideenbegriff den Charakter der δύναμις besitzt.

[117] QE II,63 = HARRIS, aaO. (Anm. 25), S. 64 = LCL Philo Suppl. II, S. 254.

[118] Sacr 59.

Die Dienerschaft der göttlichen Kräfte darf nicht als eine Gott notwendige verstanden werden, die einen Mangel am Vermögen Gottes zu handeln ausgleichen müßte. Denn „der Allvater ist keiner Sache bedürftig, so daß er (die Hilfe) anderer nötig hätte"[119]. Philon erklärte die Existenz der Dienerschaft Gottes mit dem Begriff des „Geziemenden"[120]. Es gibt nämlich für Gott etwas „Geziemendes" und etwas „nicht-Geziemendes". Zu dem letzteren gehört z. B. die Schöpfung des Menschen, der aus einer besseren und einer schlechteren Idee gemischt besteht[121], die Ausführung des „von Gott verhängten Krieges"[122] und die Bestrafung der Schlechten[123].

Dem Gedanken des „Geziemenden" liegt Philons Überzeugung bezüglich der Theodizeefrage zugrunde: Gott ist „ausschließlich Urheber des Guten, keinesfalls aber des Bösen"[124]. Gott hat also diese für ihn unziemenden Aufgaben den Kräften überlassen, die dafür aber nicht „unbeschränktes Schaffensvermögen" erhielten, sondern unter der Aufsicht Gottes stehen, damit sie keinen Fehler machen[125].

Die strenge Unterscheidung der Kräfte Gottes von Gott selbst ist eine

---

[119] SpecLeg I,271. Gottes Bedürfnislosigkeit ist eine Folge dessen, daß er alles besitzt (Mut 28), und alles sein Besitz und seine Gabe ist (SpecLeg II,180). Vgl. auch Seneca, Ep 95,47ff.: *non quaerit ministros deus. Quidni? ipse humano generi ministrat, ubique et omnibus praesto est.* Man solle Gott als *omnia habenten, omnia tribuentem, beneficum gratis* verstehen. I. HEINEMANN, aaO. (Anm. 82) I, S. 118 findet die Grundzüge dieser Überlegung Senecas auch „in charakteristischen Vorstellungen des Poseidonios".

[120] Bei Philon finden sich unter diesem Begriff verschiedene griechische Worte: οἰκεῖος (Opif 74), πρέπει (Conf 175), ἁρμόττει (Fuga 66).

[121] Opif 74. Philon unterscheidet drei Kategorien der existierenden Dinge. Die einen sind „solche, die weder mit Tugend noch mit Schlechtigkeit etwas zu schaffen haben, wie die Pflanzen und die unvernünftigen Tiere". Zur zweiten Kategorie gehören „solche, die nur Tugendhaftigkeit besitzen und an keiner Schlechtigkeit Anteil haben, wie die Gestirne". Zur letzten Kategorie gehören „Wesen von gemischter Natur, wie der Mensch, der alle Gegensätze in sich aufnimmt", wie etwa Verstand und Unverstand, Gutes und Böses (Opif 73f.).

[122] SpecLeg II,190–192.

[123] Conf 180; Fuga 66.

[124] Conf 180. Zur Theodizee bei Philon siehe P. BARTH, Die stoische Theodizee bei Philon, in: Philosophische Abhandlungen, FS für M. Heinze, Berlin 1906, 14–33; H. A. WOLFSON, aaO. (Anm. 14) II, S. 280–288. Zum platonischen Gedanken Gottes als Urheber des Guten siehe o. S. 8.

[125] Conf 175. 181; auch Opif 46. Philons Gegner verwendeten αὐτοκράτωρ oder αὐτοκρατής als Begriff für die Eigenschaft der Himmelskörper (SpecLeg I,13.19; II,1). Die unbeschränkte Macht gebührt aber für Philon nur Gott (Plant 90). Die Welt, der Logos und die Himmelskörper besitzen dagegen keine unbeschränkte Macht, sondern sie sind Gott untergeordnet (Fuga 111; Abr 78; SpecLeg I,13). Philon verwendet, wie es damals gebräuchlich war, αὐτοκράτωρ zur Bezeichnung des römischen Kaisers. Man findet in *Legatio* und *In Flaccum* reichlich Belege: z. B. für Augustus Legatio 142, für Tiberius Flacc 9; Legatio 160, für Gaius Flacc 83; Legatio 11. Philon und seine Gesandten redeten Gaius mit Σεβαστὸν Αὐτοκράτορα an (Legatio 252). αὐτοκράτωρ war eine offizielle Übersetzung von *Imperator,* dazu siehe Augustus, Res Gestae 4. Vgl. H. J. MASON, aaO. (Anm. 125), S. 29.117–121.

Polemik gegen die stoische Theologie der Immanenz Gottes. Die Kraft, die die ὕλη durchdringt und in Bewegung setzt, ist für die Stoiker Gott[126]. Bei Philon ist dagegen Gott außerhalb des Kosmos und wirkt nur durch seine Kräfte auf ihn ein. So verurteilt Philon die Anschauung; „alles sei von einer unsichtbaren Kraft abhängig, die angeblich über alle menschlichen und göttlichen Angelegenheiten in der Welt regiert (πρυτανεύειν)"[127].

Auch die pseudoaristotelische Schrift *de mundo,* die vermutlich im ersten Jh. n. Chr. entstanden ist[128], setzt sich mit dieser stoischen Theologie auseinander; es sei nicht Gott, sondern seine δύναμις, die im Häßlichen und Niedrigen gegenwärtig ist. Sie erstrecke sich bis in die entferntesten Teile der Welt, während Gott selbst im reinsten Äther throne. Er wirke, wie der Großkönig, nur durch seine Dynamis auf den Kosmos[129]. Philon und der Verfasser dieser Schrift sind dem gleichen geistigen Milieu zuzurechnen[130].

Ein auffallender Unterschied ist, „daß Philon meist von δυνάμεις redet, der Peripatetiker dagegen konsequent nur den Singular gebraucht"[131]. Unterschiedlich ist auch, daß der Autor von *de mundo* nicht, wie Philon, „die weltbildende und welterhaltende Funktion der δύναμις in Beziehung mit der Bewegung setzt, die sich vom Himmel bis in die irdische Region stufenweise fortpflanzt"[132]. Eine weitere Differenz liegt in der Bedeutung der Notwendigkeit der Kraft Gottes, obwohl beide Verfasser der Meinung sind, daß Gott, der eigentlich keiner Hilfe bedarf[133], dennoch seine Kraft bzw. Kräfte für das einsetzt, was ihm nicht angemessen, „geziemend", ist. Bei Philon geht es um

---

[126] ἡ δύναμις τῆς ὕλης ἐστὶ ὁ θεός (Alex. Aphrod. SVF II, S. 308 Nr. 1047); Ζήνων δὲ ὁ Κιτιεὺς δύναμιν κέκληκε τὴν εἱμαρμένην κινητικὴν τῆς ὕλης (SVF I, S. 44f. Nr. 176).

[127] Somn II,291.

[128] H. FLASHAR (Hg.), Grundriß der Geschichte der Philosophie, Die Philosophie der Antike 3, Basel/Stuttgart 1983, S. 288f. S. 221 (Lit.).

[129] 399 b 21.

[130] P. MORAUX, Der Aristotelismus bei den Griechen von Andronikos bis Alexander von Aphrodisias, Bd. II: der Aristotelismus im I. und II. Jh. n. Chr., Berlin/New York 1984, S. 5–82 (über *de mundo*). P. MORAUX, S. 81, schließt die direkte Abhängigkeit der Schrift *de mundo* von Philon und den umgekehrten Fall aus. Er vermutet aber, „daß er (sc. der Autor von *de mundo*) in derselben philosophischen Umgebung zu Hause war, der auch Philon seine Vertrautheit mit dem griechischen Denken verdankte". Vgl. auch E. PETERSON, aaO. (Anm. 64), S. 25: „Es ist klar, daß Philo bei seinen Darlegungen eine peripatetische Quelle voraussetzt."

[131] M. POHLENZ, aaO. (Anm. 111), S. 483f. H. STROHM, Über die Welt (Aristoteles. Werke in deutscher Übersetzung. Hg. von E. GRUMACH u. H. FLASHAR, Darmstadt 1984, Bd. XII), S. 268f., weist darauf hin, daß der Verfasser nicht Peripatetiker ist, wie Pohlenz vermutete, sondern ein Eklektiker, der seine Ansichten aus Aristoteles und Platon zusammenstellte.

[132] P. MORAUX, aaO. (Anm. 130), S. 44.

[133] de mundo 398b: „Denn es bedarf bei ihm keiner künstlichen Zurüstung und Dienstleistung von seiten anderer, so wie es bei unseren Herrschern der Fall ist, die wegen ihrer Schwäche einer Menge von Händen bedürfen" (nach der Übersetzung von H. STROHM, S. 253). Zur Bedürfnislosigkeit Gottes bei Philon siehe o. Anm. 102.

den platonischen Gedanken, daß Gott gütig ist, und die Aufgabe der Kräfte Gottes darin liegt, etwas zu erledigen, was seiner Eigenschaft des Gutseins nicht ansteht. Bei dem Verfasser von *de mundo* spielt dieser platonische Gedanke keine Rolle. Für ihn handelt sich dabei eher um die Leichtigkeit der göttlichen Herrschaft über alles[134], und um die Erhabenheit Gottes[135]. Diese beiden, die Leichtigkeit der Herrschaft und die Erhabenheit Gottes, gehen letztendlich auf den Begriff des unbewegten Bewegers zurück[136].

Diese Differenzen entstehen aus dem unterschiedlichen Gottes- und Menschenbild der beiden Autoren. Das Wesen Gottes lag für den Verfasser von *de mundo* darin, daß er als der unbewegte Beweger die anderen in Bewegung setzt, Leben und Entwicklung hervorruft und den Bestand verbürgt. Für Philon geht es um die Dynamik der unendlichen Liebe Gottes zu den Menschen und den eigensinnigen Ungehorsam der Menschen gegenüber Gott. So muß er von den beiden scheinbar widersprüchlichen Kräften Gottes reden. Außerdem hält Philon es für gefährlich, ausschließlich von *einer* Kraft Gottes zu reden, denn diese Kraft könnte dadurch an die Stelle Gottes treten.

3.2. Die Funktionen der göttlichen Kräfte

Anders als Gott, der an sich ohne Verhältnis zu einem anderen Wesen existiert, stehen die göttlichen Kräfte in einem relativen Verhältnis zueinander[137]. Jede einzelne kann nur mit den anderen zusammen ihren eigenen Charakter bekommen (siehe u.). So sind die göttlichen Kräfte je nach ihren Funktionen sehr verschieden und vielfältig. Von den Aufgaben, die den Kräften Gottes „geziemen", wurden in den vorhergehenden Abschnitten zwei wichtige kurz erwähnt: die Schöpfung der Menschen und die Bestrafung der Schlechten. Philon schreibt ihnen darüber hinaus folgende Funktionen zu.

a) Der Umgang mit Gott: „Dem König steht es wohl an, sich mit seinen Kräften zu unterhalten (βασιλεῖ δὲ ταῖς ἑαυτοῦ δυνάμεσιν ἐμπρεπὲς ὁμιλεῖν) und sie zur Dienstleistung in solchen Dingen zu verwenden, ..." (Conf 175).

---

[134] de mundo 398b: „vielmehr ist dies an ihm das Göttlichste, daß er mit Leichtigkeit und mit einer einfachen Bewegung die verschiedensten Arten von Arbeit verrichten kann." Vgl. auch 400b: das Führungsamt sei für irdische Menschen „eine Mühsal" und erfordere „viele Bewegung und Sorgen" (sic), während es für Gott „etwas Leid- und Müheloses, etwas, was aller körperlichen Schwäche bar ist", sei. Vgl. ebenso 397b: Gott muß zur Regierung aller Geschaffenen „die Mühsal eines selber werkenden, geplagten Wesens nicht auf sich" nehmen.
[135] Gott thront an höchster Stelle (398b) und bedient sich der Kraft, „mit der er auch, was ferne von ihm zu sein scheint, beherrscht" (397b).
[136] de mundo 400b: „Denn an unbeweglicher Stätte thronend, bewegt er alles durch seine Kraft und führt es im Kreise, wo und wie er will, in verschiedenen Arten und Wesenheiten, ..."
[137] Mut 28.

Unter ὁμιλεῖν sind wie am königlichen Hof dienstliche Gespräche und Handlungen zu verstehen.

b) Gott dienen die Kräfte als Werkzeuge zur Schöpfung des Alls (QG I,54). Sie wurden auch zur Schöpfung der geistigen Welt (ὁ ἀσώματος καὶ νοητὸς ... κόσμος) eingesetzt: „Durch diese Kräfte wurde die körperlose, geistige Welt, das Urbild dieser wahrnehmbaren, hergestellt, zusammengesetzt aus unsichtbaren Ideen" (Conf 172).

c) Die Kräfte Gottes „verleihen dem Unbestimmten Eigenschaften und dem Formlosen Gestalt (περιποιούσας ἀποίοις ποιότητας καὶ μορφὰς ἀμόρφοις) ohne selbst an ihrer unsterblichen Wesenheit eine Veränderung oder Einbuße zu erfahren. ... sie geben allen Dingen Gestalt, indem sie das Ungeordnete ordnen, das Unbeschränkte, Unbegrenzte und Formlose einschränken, begrenzen und formen (περατοῦσαι καὶ περιορίζουσαι καὶ σχηματίζουσαι), überhaupt das Minderwertige in ein Besseres umwandeln (μεθαρμοζόμεναι)" (SpecLeg I,47−49).

d) Der Schutz des Kosmos gehört ebenfalls zur Aufgabe der göttlichen Kräfte. So stellt sich Philon vor, daß die Kräfte Gottes wie Cherubim Flügel besitzen, die den Kosmos bedecken und schützen[138].

3.3. Das Wesen der göttlichen Kräfte

3.3.1. Die Kräfte Gottes als seine Boten

Die Kräfte Gottes sind sinnlich nicht wahrnehmbar. Philon identifiziert diese Kräfte mit dem „Heer unkörperlicher, nach Rangordnung unterschiedlich geordneter Seelen". Es gibt nämlich, so Philon, drei verschiedene Seelen[139]: a) Die Seelen, die in sterbliche Körper eintreten und zu festgesetzten Zeiten wieder ausfahren, d. h. die Seelen der Lebewesen; b) die Seelen, die göttlicher Beschaffenheit teilhaftig sind und keinerlei Beziehungen zum irdischen Bereich haben, wie z. B. der Mond, die Sonne und die Sterne; c) die reinsten Seelen, die noch im Äther weilen und als Gesandte und Boten dienen, die die gütigen Gaben des Lenkers, d. h. Gottes, den Untergebenen übermitteln und dem König deren Bedürfnisse anzeigen. Diese sind Engel[140]. Philon versuchte dabei, auch die göttlichen Boten, „die die anderen (sc. griechischen) Philo-

---

[138] QE II,65.
[139] A. DIHLE, Art. „ψυχή κτλ.", ThWNT IX (1973) S. 632f. beschreibt kurz das philonische Verständnis der ψυχή.
[140] Plant 14. Zur Engellehre Philons siehe D. WINSTON/J. DILLON, Two Treatises of Philo of Alexandria, Chicago 1983, S. 197−205.

sophen Dämonen zu nennen pflegen", unter den biblischen Begriff des Engels zu fassen[141].

Die Seelen, die Philon als die Kräfte Gottes versteht, gehören zur dritten Kategorie. Er stellt dabei die Kräfte Gottes in Analogie zum persischen Königshof dar. Gott thront, wie der Perserkönig, als „König der Könige" von den Untertanen so weit entfernt, daß sie ihn nicht sehen können. Sie kommen nur durch seine Boten mit ihm in Kontakt. So bezeichnet Philon die Boten (= Kräfte) Gottes als „Augen und Ohren des großen Königs"[142]. Die Analogie zum persischen Hof wird auch am Begriff der δορυφόροι deutlich (siehe u.).

3.3.2. Die Kräfte als „Herrlichkeit Gottes"

Philon verstand die göttlichen Kräfte auch als die Herrlichkeit Gottes[143]. Diese Ansicht taucht besonders im Zusammenhang mit der Erkenntnis Gottes auf, denn das Licht der Herrlichkeit ermöglicht den in „der tiefen Finsternis" lebenden Menschen die Erkenntnis. Die Fähigkeit der Menschen, Gott zu erkennen, ist so doppelt beschränkt: a) sie können Gott nur durch Gott erkennen[144]; b) von Gott kann nur soviel erkannt werden, wie die Fähigkeit eines einzelnen Menschen erlaubt[145].

Platons Beschreibung des Weges der Erkenntnis im Höhlengleichnis entspricht bei Philon der Seelenflug. Philon beschreibt mehrmals sein eigenes diesbezügliches Erlebnis, um die Unfähigkeit des menschlichen νοῦς zur Gotteserkenntnis zu veranschaulichen; der menschliche Nous habe zwar versucht, in den Himmel zu fliegen, um den „Großkönig" (τὸν μέγαν βασιλέα), Gott, zu schauen. Er habe beim Flug einen herrlichen Blick über die Welt der Ideen genossen. Als er noch höher fliegen wollte, um das Wesen Gottes zu schauen, habe ihn Gott, das Licht an sich, geblendet. Der Nous habe deshalb Gott darum gebeten, wenigstens seine Herrlichkeit, die ihn umgibt, schauen zu dürfen. Gott habe sich des Nous erbarmt und ihn wieder fliegen lassen. Der

---

[141] Somn I,141.
[142] Somn I,141.
[143] SpecLeg I,45: δόξαν δὲ σὴν εἶναι νομίζω τὰς περὶ σέ δορυφορούσας δυνάμεις. QE II,47: es handelt sich hier um die Kraft (Singular), die nichts anderes als die zusammenfassende Bezeichnung der Kräfte Gottes überhaupt ist. Vgl. auch Anm. 182. Dahinter steht das hebräische כבוד יהוה.
[144] LegAll I,38; Abr 80. Diese Erkenntnistheorie beruht auf einem „uralten von Pythagoras und Empedokles ebenso wie von Heraklit und Plato, wenn auch in recht verschiedenem Sinne zugrunde gelegten Satz, ..., daß nur Gleiches von Gleichem erkannt werden kann" (SexEmp. AdvMath VII,72ff.). Sextus überliefert hier auch die Worte des Poseidonios: „Wie das Licht vom lichtartigen Gesichtssinn wahrgenommen wird, die Stimme vom luftartigen Gehör, so muß die Natur des Alls von dem Logos erkannt werden, der ihr wesensverwandt ist" (aaO. VII,93 = I. EDELSTEIN/I. G. KIDD (Hg.), Posidonius. I. The Fragments, Cambridge 1972, Nr. 85).
[145] LegAll I,38; SpecLeg I,43.

Nous habe so die Herrlichkeit Gottes, d. h. die Kräfte Gottes, anschauen dürfen[146]. Gott habe dabei den Nous wissen lassen, daß die Erkenntnis des Wesens Gottes jenseits der menschlichen Fähigkeit liegt, und daß der Mensch mehr als die Kenntnis der Existenz Gottes nicht verlangen dürfe.

Die Kräfte Gottes sind nicht nur ein Objekt der Erkenntnis, sondern sie spielen ihrerseits bei der Erkenntnis Gottes eine aktive Rolle. Der Nous erhalte, so Philon, die Kenntnis über den Seienden nicht direkt von ihm selbst, sondern von seinen Kräften. Die Herrlichkeit Gottes erreiche nämlich durch sie die menschliche Seele. Philon nennt dabei die beiden Hauptkräfte Gottes δορυφόροι, die „Leibwachen" des Königs[147]. Damit wird die Doppelfunktion der Kräfte betont: die den Zugang zum König, dem transzendenten Gott, versperrende und die zwischen Gott und der menschlichen Seele vermittelnde.

Diese philonische Beschreibung des Seelenfluges ist eine Mischung des jüdischen Glaubens an die göttlichen Kräfte und der platonischen Ideenlehre. Der jüdische Glaube hat dabei mehr Gewicht. Denn die Ideen unterstehen den Kräften Gottes[148]. Der menschliche Nus kann zudem mit dem Blick in die schöne Ideenwelt seine Sehnsucht nach der Gottesschau nicht beschwichtigen.

Die philonische Gleichsetzung der Herrlichkeit mit den Kräften Gottes stützt sich auf die LXX, die צבאות mit δυνάμεις übersetzt[149].

3.4. Die beiden Hauptkräfte Gottes

Es gibt nach Philon viele verschiedene Kräfte Gottes. Die wichtigsten von ihnen sind die schöpferische Kraft und die königliche Kraft. Der schöpferischen untersteht die gnädige und wohltätige (τὴν ἵλεω καὶ εὐεργέτιν), und der königlichen die bestrafende und gesetzgebende Kraft (τῆς κολαστηρίου καὶ νομοθετικῆς)[150].

Philon interpretiert die beiden Cherubim auf der Bundeslade als die Hauptkräfte Gottes. Die Identifikation der Cherubim mit den Kräften entstammt nicht vorphilonischer jüdischer Tradition, sondern Philons eigenen Gedanken[151] und seinem eigenen mystischen Erlebnis[152]. Die beiden Hauptkräfte

---

[146] Opif 69–71; SpecLeg I,44f.
[147] QE II,67 = HARRIS, aaO. (Anm. 25), S. 66 = LCL Philo Suppl. S. 255. Zum Zusammenhang der δορυφόροι mit dem persischen Hof siehe F. SIEGERT, aaO. (Anm. 12), S. 71f. Die enge Verbindung des Königs mit δορυφόροι war sprichwörtlich: ὅπου ὁ βασιλεύς, ἐκεῖ καὶ οἱ δορυφόροι, „wo der König ist, dort sind auch die Leibwächter" (LegAll III,115).
[148] QE II,68: aus der Auslegung von Ex 25,21 (LXX) = 22 (MT). Die beiden Cherubim, die Symbole der göttlichen Kräfte, stehen auf der Bundeslade, dem Symbol der intelligiblen Welt.
[149] Vgl. besonders Ps 24(23),10; 46(45), 7.11; 48(47),8; 89,9.
[150] QE II,68 = HARRIS, aaO. (Anm. 25), S. 66–68 = LCL Philo, Suppl. II,255f.; Fuga 95.
[151] Mos II,97ff. verrät uns, daß Philon einer anderen Interpretation seine eigene Auslegung der Cherubim gegenüberstellte. Die Cherubim symbolisierten in der nicht-philonischen, aber alexandrinisch-jüdischen Interpretation „beide Welthalbkugeln (σύμβολα τῶν ἡμισφαιρίων ἀμφοῖν), die unter der Erde und die über der Erde".
[152] Philon beschreibt in Cher 27, daß er die biblische Auslegung von seiner eigenen Seele,

besitzen trotz des Unterschieds in ihren Funktionen und der Priorität der gnädigen Kraft auch Gemeinsamkeiten. So betont Philon, daß die beiden Hauptkräfte der Schöpfung dienen, und daß sie gemeinsam τὸ ἱλαστήριον anschauen, d. h. daß die Gnade Gottes die Grundlage für die Schöpfung und die Herrschaft Gottes bildet[153]. Die beiden Kräfte, die den Menschen als unvereinbar erscheinen, werden außerdem durch den Logos als Schiedsrichter zu „Freundschaft und Eintracht" untrennbar miteinander verbunden[154].

Philon sieht nicht nur in den Cherubim die Symbolik der beiden Hauptkräfte Gottes, sondern auch in den Gottesbezeichnungen: θεός und κύριος.

a) θεός ist für ihn die Wohltaten bewirkende Kraft Gottes. Diese Kraft ist εὐμενὴς καὶ φίλη καὶ εὐεργετική[155]. Sie ist die Quelle des wahrhaft Guten[156] und bringt ihre Gaben, Geschenke und Wohltaten (χάριτας, δωρεὰς καὶ εὐεργεσίας) besonders zu den Menschen, die sich vervollkommnen und sich verbessern wollen, damit sie durch die Wohltaten die Vollkommenheit erreichen[157]. Die Wohltätigkeit Gottes zeigte sich am deutlichsten bei der Schöpfung. So nennt Philon die wohltätige Kraft auch die die Welt erschaffende ἡ κοσμοποιητική. Gottes Wohltätigkeit hört aber mit der Weltschöpfung nicht auf. Sie erweist sich auch darin, daß Gott den Menschen in schwierigen und hoffnungslosen Situationen die wohltätige Kraft schenkt und die Schutzflehenden errettet[158]. Gott setzt die wohltuende Kraft ferner zur Wiedergeburt (παλιγγενεσία) ein[159].

b) κύριος ist für Philon eine Bezeichnung für die die Herrschaft ausübende Kraft Gottes, und er nennt sie darum auch oft die königliche Kraft (ἡ βασι-

---

„die häufig göttliche Eingebungen zu empfangen pflegt", erhielt. Philon nennt dabei δύο τὰς ἀνωτάτω ... καὶ πρώτας δυνάμεις („die beiden höchsten und ersten Kräfte") ausnahmsweise ἀγαθότητα καὶ ἐξουσίαν. Ihre Funktionen und ihr Verhältnis zum Logos sind dasselbe wie das der beiden Hauptkräfte, die Philon die schöpferische und die königliche nennt. Der für ihn seltene Ausdruck gehört wahrscheinlich in die Frühphase seiner exegetischen Arbeit. Auch diese Entwicklung in der Formulierung spricht dafür, daß die Deutung der Cherubim als Hauptkräfte Gottes seinem eigenen Denken entstammt.

[153] QE II,66 = HARRIS, aaO. (Anm. 25), S. 65 = LCL Philo Suppl. II, S. 255.
[154] QE II,68 = HARRIS, aaO. (Anm. 25), S. 66–68 = LCL Philo, Suppl. II, S. 255f.
[155] QG I,57 nach der Rückübersetzung von R. MARCUS in LCL Philo, Suppl. I, S. 57.
[156] Opif 21.
[157] Mut 23f.
[158] QE II,2 = HARRIS, aaO. (Anm. 25), S. 49f. = LCL Philo, Suppl. II, S. 240.
[159] QG II,51. Vgl. auch QG II,16. Zur Wiedergeburt siehe auch Cher 114; QE II,46. E. R. GOODENOUGH, aaO. (Anm. 3), S. 376 Anm. 35 unterstützt die Meinung von L. COHN, die Werke III, S. 200 Anm. 3, daß der Begriff in den Mysterienreligionen entstand. Dagegen weist F. H. COLSON, LCL Philo II, S. 485 auf stoischen Ursprung hin. Zum Wortgebrauch in den Mysterienkulten siehe R. REITZENSTEIN, Die Hellenistischen Mysterienreligionen, Stuttgart 1927, Ndr.: Darmstadt 1980, S. 262–265; M. P. NILSSON, Geschichte der griechischen Religion, HAW V 2.1 u. 2, München 1976, II, S. 685–693, bes. S. 687f.; CHR. RIEDWEG, Mysterienterminologie bei Platon, Philon und Klemens von Alexandrien, Berlin/New York 1987. Vgl. auch F. G. DOWNING, The Resurrection of the Dead: Jesus and Philo, JSNT 15 (1982) 42–50.

λική). Diese Kraft lenkt den κόσμος und bringt die Unordnung in Ordnung[160]. Sie regiert die Schöpfung σὺν δίκῃ βεβαίως[161] bzw. νόμῳ ... τῷ τῆς ἰσότητος[162]. Philon nannte diese Kraft auch ἡ νομοθετική, die gesetzgebende Kraft. Sie dient „zur Belohnung der Gerechten" und „zur Bestrafung der Sünder"[163].

Der doppelte Aspekt dieser Haupteigenschaften Gottes hat seine Wurzeln im Alten Testament[164]. Diese Tradition lebte bei den Rabbinen weiter in einem dialektischen Verhältnis zwischen Gottes Gerechtigkeit und Gottes Barmherzigkeit und in ihrer Betonung, daß Gott ebenso als gerechter („das Maß der Gerechtigkeit" מידת הדין) wie als barmherziger Richter („das Maß der Barmherzigkeit" מידת הרחמים) zu loben sei[165]. Philon verknüpft diese jüdische Anschauung Gottes mit dem stoischen Begriff des Gesetzes, das aus Befehl und Verbot besteht. So identifiziert er die schöpferische Kraft mit der Kraft, die gebietet, was man tun soll, und die königliche mit der, die verbietet, was man nicht tun soll[166].

Die Vorstellung, daß das zornige und furchterregende Herrsein und das milde und erbarmungsvolle Vatersein in *einer* Gottheit vereint sind, war verbreitet. So überliefert Cassius Dio, daß bei einem Pferderennen, das im Jahr 217 n. Chr. zu Ehren des verstorbenen Diadumenianus, eines zum Cäsar ernannten Sohnes des Kaisers Macrinus, veranstaltet wurde, eine Unruhe entstand: das Volk klagte dabei, daß es allein unter der ganzen Menschheit führerlos und königslos ἀπροστάτους ἀβασιλεύτους sei. Es rief dann aus, daß Zeus (Jupiter) allein sein Führer ἡγησόμενον sei, und fügte dazu: ὡς κύριος

---

[160] Mut 17: τὴν ἐν τοῖς οὖσιν ἀρχὴς καὶ ἡγεμονίαν.

[161] Mos II,99.

[162] QE II,64. R. Marcus weist mit Recht auf die Korruptel im armenischen Text hin. Die Stelle verrät einen Einfluß der aristotelischen Ethik.

[163] Sacr 131.

[164] Bereits Hosea sah in צדק und משפט einerseits, חסד und רחמים andererseits die wichtigsten Relationsbegriffe zwischen Gott und Mensch (2,21).

[165] yBer 9,7 14b. Vgl. auch bBer 6a. Dazu siehe A. Marmorstein, aaO. (Anm. 5), S. 295–306; P. Lehnhardt/P. von D. Osten-Sacken, Rabbi Akiva. Texte und Interpretationen zum rabbinischen Judentum und Neuen Testament, ANTZ 1, Berlin 1987, S. 34f. A. Marmorstein, aaO., S. 296 weist darauf hin, daß die ältere Haggadah, wie Philon, יהוה oder אדוני (d. h. κύριος) als מדת הטובה, אלהים (d. h. θεός) dagegen als מדת הדין verstand, während die jüngere Haggadah gerade umgekehrt in jener Bezeichnung מדת הרחמים und in dieser מדת הדין fand. N. A. Dahl/A. F. Segal, aaO. (Anm. 5), S. 21: „the standard rabbinic doctrine only emerged in the late second century under pressure from Hellenistic Jews, Christians, and gnostics.... Marmorstein was right to stress that Philo's doctrine of the meaning of the divine names was a widespread tradition. However, within the rabbinic community there is no conclusive evidence for the use of the Philonic model." Philon bezeichnet in Sacr 59 Gott als das Maß aller Dinge, seine Kraft der Güte als das der guten und seine Kraft der Macht als das der Untertanen. Vgl. auch QE IV,8: Gott ist allein das Maß aller Dinge. Diese Behauptung ist die Antithese zur Lehre des Protagoras, daß der Mensch das Maß aller Dinge sei. Dazu siehe Post 35; Somn II,193.

[166] Fuga 103–105.

ὠργίσθης, ὡς πατὴρ ἐλέησον ἡμᾶς, „als Herr warst Du zornig, als Vater erbarme Dich unser"[167].

3.4.1. Die Asymmetrie der beiden Hauptkräfte Gottes

Die königliche Kraft Gottes steht nicht ganz gleichberechtigt neben der schöpferisch-wohltuenden Kraft, die stärker im Vordergrund steht. Dennoch betont Philon, daß nicht nur die schöpferische Kraft, sondern auch die königlich-strafende Kraft dem Ziel dient, „dem Geschaffenen gegenüber hilfreich und heilbringend" zu sein[168]. Die Aufgabe der königlichen Kraft, Fehler der Geschöpfe zu verhindern und wiedergutzumachen, dient also zum Wohl der Geschöpfe. Gott spendet durch die königliche Kraft „beides, Wohltaten wie Schlimmes", durch die schöpferische Kraft aber nur eins, „das Wohltun"[169]. Gottes Gnade und Wohlwollen ist ferner so überschwenglich, daß er letztendlich die königlich-strafende Kraft zugunsten der wohltuenden Kraft zurückhält.

Man kann auch die Asymmetrie der beiden Hauptkräfte an der Tatsache erkennen, daß Philon die bestrafende und gesetzgebende Kraft völlig außer acht läßt, wenn er in QE II,60 das ἱλαστήριον, „den Aufsatz" der Bundeslade „als Deckel"[170], d.h. als „das Symbol der gnädigen und wohltätigen Kraft" erklärt, die den ganzen intelligiblen Kosmos bedeckt. Die Priorität der schöpferischen Kraft über die königliche wird zudem damit gegründet, daß sie früher als die königliche entstanden ist[171].

Gott ist für Philon der wahre König, weil „dessen Menschenliebe ... die Mängel jedes Einzelnen zu beheben sucht"[172], und als König mild, gutgesinnt und freundlich, weil er selbst beim Strafen die Schöpfung nicht völlig vernichtet, sondern σπερματικὰς ἀρχάς[173] übrig läßt. Deshalb können Menschen „die Furcht, die wegen seiner Herrschergewalt über uns schwebt, völlig beseitigen,

---

[167] CassDio LXXVIII 20,1f.
[168] Conf 171: „denn auch die Strafe ist nichts Schädliches, insofern sie ein Verhindern und ein Wiedergutmachen der Fehler ist." Vgl. auch Plant 92: Gott ist der König, „den die Größe seiner Macht nicht zum Schaden seiner Untertanen hochmütig macht, dessen Menschenliebe vielmehr die Mängel jedes Einzelnen zu beheben sucht".
[169] Plant 87.
[170] Philon verwendet τὸ ἱλαστήριον als technicus terminus für כפרת, besitzt aber keine konkrete Vorstellung über das ἱλαστήριον. Er übernahm zuerst den Begriff des ἐπίθεμα aus der LXX (wie z.B. Ex 25,16 = MT 25,17) und bezeichnet es dann als ἐπίθεμα ὡσανεὶ πῶμα (Mose II,95). πῶμα selbst kommt in der LXX nicht vor. Vgl. J. HERRMANN, Art. „ἱλάσκομαι κτλ.", ThWNT III (1938) bes. S. 319–324.
[171] QE II,62; Der Grund für die frühere Entstehung der schöpferischen Kraft besteht darin, daß man nicht König sein kann über etwas, das noch nicht existiert, sondern nur über etwas schon Bestehendes.
[172] Plant 92; QG IV,26.
[173] QG II,16. Zur griechischen Rückübersetzung siehe R. MARCUS, LCL Philo Suppl. I, S. 94.

und die auf Gottes gebefreudigen Willen gegründete Hoffnung, Gutes zu erwerben und gebrauchen zu dürfen, in zuversichtlichster Weise wach halten"[174].

In diesem Zusammenhang ist die philonische Auslegung von Gen 28,21 zu beachten. Er setzt auch hier die LXX voraus, die den masoretischen Text, והיה יהוה לי לאלהים, mit καὶ ἔσται μοι κύριος εἰς θεόν übersetzt hat.

„... ‚es möge der Herr mir zu Gott werden', das heißt, er möge mir nicht mehr die Herrengewalt seiner unbeschränkten Herrschermacht zeigen, sondern die wohltätige Gewalt seiner gegen alle milden und heilsamen Macht, und so die Furcht, wie man sie dem Herrn entgegenbringt, tilgen, aber Liebe und Wohlwollen, wie man sie gegen Wohltäter hegt, der Seele zuführen."[175]

Ein Sinneswandel Gottes vom strengen Herrn (κύριος) zum barmherzigen Wohltäter (θεός) ist für Philon undenkbar. Gott ist seinem Wesen nach „gut" und „gebefreudig". Er ist „in der Tat die vollkommenste Ursache grenzenloser, ewiger Güter für die Seligen". Auch bei Philon ermöglicht so gewissermaßen die *gratia praeveniens* die Bitte: „es möge der Herr mir zu Gott werden". Gott ist der „König, den die Größe seiner Macht nicht zum Schaden seiner Untertanen hochmütig macht, dessen Menschenliebe vielmehr die Mängel jedes Einzelnen zu beheben sucht". Er ist folglich für die Menschen „sicherster Schutz für Freudigkeit und Sicherheit"[176]. So besteht „das höchste Gut der Seele" darin, „daß sie wegen des zweifachen Vermögens des Königs (sc. Wohltaten und Schlimmes zu spenden, siehe o. S. 235) nicht mehr ins Schwanken gerät"[177].

Philon sah nicht nur die beiden Hauptkräfte, sondern auch alle anderen bedeutenden Kräfte Gottes als Glieder in einer hierarchischen Ordnung. Die schöpferische Kraft hat dabei „den Vorrang; die zweite ist die königliche ...; die dritte ist die gnädige, vermöge derer der Künstler sich seines eigenen Werkes mitleidig erbarmt" und die vierte die gesetzgebende[178]. Diese Rangordnung hat, wie wir später sehen werden, eine gewisse Entsprechung zur Stufenfolge in der menschlichen Gotteserkenntnis (siehe u. S. 239ff.).

3.4.2. Der Charakter der Bezeichnungen κύριος und θεός

Philon versuchte, den wesentlichen Unterschied zwischen τὸ ὄν einerseits und κύριος und θεός andererseits in Anlehnung an einen stoischen Begriff πρός τι πῶς ἔχον zu erläutern. Der stoische Begriff, der die Relation (wörtlich „das

---

[174] Plant 88.
[175] Plant 90–92. Vgl. auch Somn I,163ff.
[176] Plant 90ff.
[177] Plant 88 (die Fortsetzung des Zitats siehe o. Anm. 174).
[178] Fuga 94–99.

Sich-zu-etwas-verhalten") beschreibt, ist eine der vier „Gattungen des Seienden". Er zeigt die Art des Seins, die nur durch die Beziehung zu einem anderen Seienden gegeben ist, wie z. B. die Begriffe Vater und Sohn, oder rechts und links[179]. Philon, der das Seiende allein in Gott findet, läßt aber das stoische Schema der vier Gattungen des Seins völlig außer acht und behauptet:

„Das Seiende gehört nämlich als Seiendes nicht zu dem Relativen (τῶν πρός τι). Denn von sich selbst ist es voll und sich selbst genug, vor der Entstehung der Welt und nach der Entstehung des Alls in gleicher Weise. Denn es ist wandlungslos und änderungslos, bedarf überhaupt nicht eines anderen, so daß ihm selbst alles angehört, es selbst eigentlich keinem. Von den Kräften aber, die es in die Welt des Werdens zum Heil des Geschaffenen spannte, können einige, wie die königliche und die wohltätige, sozusagen relativ πρός τι heißen. Denn der König ist König von etwas und der Wohltäter Wohltäter von etwas, wobei jedenfalls ein anderer regiert und begnadet wird."[180]

Die Bezeichnungen θεός und κύριος sind also a) relative Begriffe und können nur in Beziehung zum jeweiligen Gegenbegriff ihre Bedeutung haben[181]. Τὸ ὄν ist dagegen absolut, weil τὸ ὄν ohne die Existenz der anderen aus sich selber sein Sein hat. θεός und κύριος sind b) nicht Eigennamen Gottes, sondern die Bezeichnungen der Kräfte Gottes durch „die der Schöpfer das All schuf, einsetze und ordnete"[182]. c) Beide können zusammen mit der Bezeichnung βασιλεύς nicht im eigentlichen, sondern nur im uneigentlichen Sinne gebraucht werden[183].

3.5. Die „Dreieinigkeit" Gottes bei Philon

Die drei Bezeichnungen Gottes, τὸ ὄν, θεός und κύριος, dürfen nach Philon nicht getrennt, sondern müssen als eine Einheit begriffen werden. D. h. man muß den wahrhaft Seienden, die wohltätig-schöpferische Kraft und die königlich-bestrafende Kraft Gottes als Eines verstehen. Gott stellt, so Philon, die Bezeichnungen θεός und κύριος „zum uneigentlichen Gebrauche zur Verfügung", als wären sie Eigennamen, damit „nicht gänzlich das Menschengeschlecht der Benennung des höchsten Gutes ermangelt"[184].

Man darf die philonische Lehre der „Dreieinigkeit" nicht im Sinne der

---

[179] Zum stoischen Begriff πρός τι ἔχον siehe M. POHLENZ, aaO. (Anm. 17) I, S. 69 und II, S. 40; A. A. LONG/D. N. SEDLEY, The Hellenistic Philosophers, Cambridge et al. 1986, I, S. 176–179.
[180] Mut 27f.
[181] Mut 27–29.
[182] Plant 86: τὴν δύναμιν, καθ' ἣν ὁ ποιῶν εἰς γένεσιν ἄγων ἐτίθετο καὶ διεκοσμεῖτο. Interessant ist hier, daß Philon von *einer* Kraft Gottes spricht und die Kraft (Singular!) als die zusammenfassende Bezeichnung der herrschenden und der wohltätigen Kraft benutzt. Dazu auch die zusätzlichen Belegstellen in Anm. 143.
[183] Mut 11.
[184] Mut 11.

christlichen Trinität verstehen, nach der die οὐσία innerhalb der Trias gleich ist. θεός und κύριος stehen bei Philon nicht auf gleicher Ebene, sondern sie sind Gott untergeordnet. Die philonische „Dreieinigkeit" ist die Bedingung der Möglichkeit, daß die Menschen durch „die innige Verbindung"[185] der beiden Hauptkräfte Gottes den einen einzig Seienden, der sich dahinter verbirgt, begreifen. So drückt Philon die „Dreieinigkeit" nicht nur mit „Einem in Drei und Drei in Einem"[186] aus, sondern auch mit „das Eine ohne seine Kräfte"[187].

Philon bezeichnet dagegen die dreifache Vorstellung – ὁ ὤν / τὸ ὄν, θεός und κύριος – als „zweite Fahrt", d. h. in heutigem Deutsch eine bildhafte Vorstellung „zweiter Wahl". Sie ist nur ein Hilfsmittel für den, der „noch nicht in die großen Mysterien eingeweiht ist und nur erst die geringen Grade kennt und ‚das Seiende' nicht aus ihm allein ohne Mithilfe eines andern, sondern nur διὰ τῶν δρωμένων aus dessen Wirkungen, als ein schaffendes oder regierendes Wesen zu begreifen vermag". Philon nannte diesen Weg zur Erkenntnis Gottes unter Anlehnung an die platonische Unterscheidung zwischen δόξα und ἀλήθεια „gottwohlgefällige Meinung". Gott zeigt sich dagegen denjenigen als ein Einziger, die „die ungemischten, nicht zusammengesetzten, für sich durchaus keines andern bedürftigen Ideen" erreicht haben. Philon nennt diese Vorstellungsart „die Wahrheit"[188].

Philon hält zwar „die zweite Fahrt" für die niedrigere Stufe der Gotteserkenntnis, doch sie ist ihm als übliche Anschauung Gottes geläufig. Gott

---

[185] Cher 29: „die innige Verbindung der reinen Kräfte..., in der Gott bei Kundgebung seiner Herrscherwürde (zugleich) gütig und bei Kundgebung seiner Güte (zugleich) als Herrscher erscheint."

[186] QG IV,2. Die Behauptung von Y. AMIR, Die Begegnung des biblischen und des philosophischen Monotheismus als Grundthema des jüdischen Hellenismus, EvTh 38 (1978) 2–19, bes. S. 14, „daß die Unmittelbarkeit jüdischen Einheitsbewußtseins (im Sinne des Monotheismus) hier durch fremde Tiefensichten verunsichert worden ist", verkennt m. E. die schwierige Situation Philons. Der jüdische monotheistische Glauben war eben wegen der „polytheistischen" Interpretation etwa von Gen 18,1ff. gefährdet. Philon versuchte dagegen, seinen Glaubensgenossen, die durch derartiges „fremdes" Denken tief beeinflußt waren und teilweise dadurch vor dem Abfall vom jüdischen monotheistischen Glauben standen (siehe u.), eine theologische Interpretation anzubieten, die den Glauben an die Alleinherrschaft Gottes bekräftigt.

[187] QG IV,8. Die „Dreieinigkeit" zu erkennen bedeutet nach QG IV,30 (arm) „den Vater" zwischen den beiden Kräften zu begreifen. Dagegen begreifen „die Fortschreitenden" die dienenden Kräfte „ohne Vater", der „der König der Kräfte" ist. Die „Dreieinigkeit" kann aber auch gleichsam die Vermengung und Verbindung (φυραθῆναι τε καὶ συνενεχθῆναι) der drei Maße in der Seele bedeuten, nämlich die des Maßes aller Dinge (Gott), des Maßes des Guten (seine schöpferische Kraft) und des Maßes der Untertanen (seine königliche Kraft). Das Ziel der „Dreieinigkeit" liegt jedoch in der Erkenntnis Gottes als des Höchsten, „der sich über seine eigenen Kräfte emporgereckt hat, da er sowohl unabhängig von ihnen erblickt wird, als sich auch in ihnen offenbart". Die Seele nimmt so „die Eindrücke seiner Machtfülle und Wohltätigkeit in sich" auf (Sacr 60).

[188] Abr 122.

erscheint dem menschlichen Nous nicht anders als in den drei getrennten Wesen[189]. Es geschieht den Menschen selten, daß sie Gott als das Eine der Drei begreifen. Denn sie kommen von der zählenden Denkweise – um es in modernen Worten zu sagen: von der mathematischen Vorstellung der Analyse und der Integration – so schwer weg, daß sie selbst die Einheit Gottes doch noch als Einzahl im Vergleich zu anderen Zahlen verstehen, statt die Einheit Gottes jenseits jeder zählenden Denkweise, jenseits „der Quantität und der Pluralität"[190] und jenseits von in Relation zueinander stehenden Begriffen zu erfassen (siehe o. S. 236f.). Das Eine muß Eines κατ' ἀνώτερον λόγον sein[191]. Der Ausgangspunkt für Philons Lehre von der „Dreieinigkeit" ist die Auslegung der Erscheinung der drei Gäste Abrahams in Mamre in Gen 18,1ff. Der Text, der die Erscheinung Gottes in *mehreren* „schönen menschlichen Gestalten" berichtet, war der traditionellen griechisch-„polytheistischen" Vorstellung so nahe, daß er einen Abfall vom jüdisch-monotheistischen Glauben verursachen konnte[192]. Für die Gefahr der Apostasie waren besonders gebildete Juden anfällig, die durch die Lektüre Homers[193] bzw. durch den Besuch des klassischen Theaters die Welt der griechischen Mythen gut kannten. Die philonische Theologie der „Dreieinigkeit" wird deshalb als ein Versuch zu werten sein, durch die Widerlegung derartiger polytheistischen Auslegungstraditionen seine Stammesgenossen vor dem Abfall vom väterlichen Glauben zu bewahren.

Die Gotteslehre und die Anthropologie sind bei Philon eng miteinander verbunden. Denn sein theologischer Ausgangspunkt war die Unfaßbarkeit Gottes, und eine Aussage über Gott war deswegen nur unter Berücksichtigung der beschränkten menschlichen Fähigkeit zur Gotteserkenntnis möglich. So hat die philonische Lehre von der göttlichen Triade ihre anthropologische Entsprechung: „Es gibt drei Stufen menschlicher Charaktere τρεῖς εἰσιν ἠθῶν ἀνθρωπίνων τάξεις, und eine jede von ihnen hat eine der erwähnten Vorstellungen (sc. ὁ ὤν, θεός und κύριος) zugeteilt erhalten"[194].

Philon stellt die Zuweisung der menschlichen Charaktere zu dem triadischen göttlichen Sein aber nicht in einer einheitlichen Entsprechungssystematik dar. Nur die Rangordnung liegt immer fest: die erste ist die Vorstellung des τὸ ὄν, die zweite die der wohltätigen Kraft, und die dritte die der königlichen Kraft. Aber die menschlichen Charaktere, die mit diesen drei Vorstellungen zusam-

---

[189] QG IV,2.
[190] QG IV,4.
[191] Nach der Rückübersetzung von R. Marcus zu QG IV,2: „by a higher principle".
[192] QG IV,2.
[193] Homer, die Bibel der Griechen, wurde auch von Juden gelesen. Philon läßt so einen Alexander, wahrscheinlich seinen Neffen Tiberius Julius Alexander, sagen, daß die Juden („wir") Homer „von der Jugend bis zum Greisenalter unaufhörlich" lesen (Prov II,38 arm).
[194] Abr 124.

menhängen, werden auf unterschiedlicher Weise präsentiert[195]: a) die erste Typologie: τὸ ὄν ist die Bezeichnung für τὸν τέλειον, „den Vollkommenen", θεός für τὸν προκόπτοντα, den Fortschreitenden, und κύριος für τὸν ἀφρονόντα, den Unverständigen, bzw. τὸν φαῦλον, den Schlechten[196]; b) die zweite Typologie: die drei Menschentypen werden von den drei Patriarchen vertreten: Abraham, Isaak und Jakob. Abraham symbolisiert den Charakter der Menschen, die durch eine Belehrung die Tugenden erreichen. Dieser Charakter brauche zwei Hauptkräfte, „damit er durch die Macht des Herrschers gezwungen werde, auf die gegebenen Gesetze zu hören, durch seine Gnade aber große Förderung erfahre". Der von Isaak vertretene Charakter bezeichnet die Menschen, die von ihrer natürlichen Anlage her die Tugenden erreichen, und sie brauchen nur die Kraft der Gnade τῆς κατὰ τὸ χαρίζεσθαι, „denn er (sc. Isaak) wurde nicht durch eine ermahnende Regierung besser gemacht, da er sich das Gute durch natürliche Anlage erworben hat, sondern er war durch die von oben her über ihn ausgegossenen Gaben von Anfang an gut und vollkommen"[197]; c) die dritte Typologie: die Menschen des vornehmsten Charakters dienen dem Seienden „um seinetwillen". Die des zweiten und die des dritten verehren τὸν θεόν bzw. τὸν κύριον „um ihrer selbst willen", weil diejenigen des zweiten „Gutes zu erlangen hoffen", und die des dritten „die Erwartung hegen, Befreiung von Strafen zu finden"[198].

Die zwei niedrigeren Stufen dieses dreifachen anthropologischen Klassifikationsschemas dürfen nicht als Zwischenstationen betrachtet werden, die nur als Übergang zur höchsten Stufe ihre Bedeutung haben und die man möglichst rasch hinter sich lassen soll. Nein, jeder Typ hat als solcher seine Bedeutung und kann auf seine Weise Gott ehren und ihm dienen. Gerade darin liegen „das eine Endziel" und „der eine Endzweck" (σκοπὸς εἷς καὶ τέλος ἕν) der Menschentypen. Gott ruft dementsprechend „freundlich alle zu sich, die ihn aus irgendwelchem Grunde ehren wollen, und weist überhaupt keinen zurück"[199].

---

[195] Das anthropologische Schema ist nicht immer dreistufig. QG IV,30 bietet uns das zweistufige Schema: „der vollkommene und der fortschreitende". Der erstere besitzt die Vorstellung von Gott inmitten seiner Kräfte, der letztere aber allein die über die Kräfte ohne Gott.

[196] Mut 19–26; Gott halte „es nämlich für rechtens, daß der Schlechte von ihm als Herrn beherrscht werde, auf daß er unter Sorgen und Seufzen über sich die Angst vor dem Gebieter hängen sehe, daß der Fortschreitende von ihm als Gott Gutes empfange, damit er durch die Wohltaten die Vollkommenheit erreiche, daß der Vollkommene von ihm als Herrn geführt werde und von ihm als Gott Gutes empfange" (Mut 24).

[197] Somn I,160–162. Es ist hier Philon nicht gelungen, die drei Patriarchen und die Trias zueinander in Beziehung zu bringen. Denn er erwähnt die mögliche Kombination von Jakob und τὸ ὄν gar nicht. Philo ist hier sehr eng an den Text, den er auslegt, gebunden (Gen 28,13). Der Text spricht nämlich nur von Abraham und Isaak, und läßt Jakob weg: Ἐγὼ κύριος ὁ θεὸς Αβρααμ τοῦ πατρός σου καὶ ὁ θεὸς Ισαακ.

[198] Abr 124–128.

[199] Abr 127 und 130.

Philon sieht nicht nur die Triade, sondern auch die anderen bedeutenden Kräfte Gottes in einer Rangordnung stehen (siehe o. S. 232). So zählt er weiter einen vierten und fünften Typus des Menschen auf, die der jeweiligen göttlichen Kraft entsprechen. Der vierte Rang gebührt dem Menschen, der zur gnädigen Kraft gelangt ist. Er erfaßt, „daß die Gottheit wegen der Milde ihres Wesens nicht unerbittlich, sondern wohlgesinnt ist". Zur letzten Stufe gehört der Mensch, der die gesetzgeberische Kraft erkennt. Er „wird allen seinen Vorschriften gehorchen und so die Glückseligkeit erlangen"[200].

IV. Das Gottkönigtum als ἀρχέτυπος des irdischen Königtums

Die himmlische Königsherrschaft Gottes ist nach Philon mit der irdischen Königsherrschaft eng verbunden. Philon war hier Traditionalist. Wie seine hellenistische Umwelt sieht er eine Entsprechung zwischen irdischem und himmlischem Königtum.

Ein typisches Beispiel für diese hellenistische Vorstellung findet sich in einem Fragment von Pseudo-Sthenidas von Lokroi[201]. Das Fragment zählt die gemeinsamen Punkte des irdischen Königs und des „höchsten Königs", Gott, auf. 1. Der irdische König soll ein Weiser sein. Er kann nur dadurch Abbild und Nachahmer des Gottes sein. 2. Gott ist der König und Herrscher von Natur aus, der menschliche König ist es nur durch Geburt und Nachahmung. 3. Gott lebt und regiert das gesamte Universum, der König herrscht nur auf der Erde. 4. Gott besitzt die Weisheit σοφία, der König nur Wissen ἐπιστήμη. 5. Gott übt als Vater der Götter und Menschen gegenüber seinen Untertanen Gnade und verzichtet nie auf seine Herrschaft. Der König ahmt ihn nach, verhält sich großmütig und mildtätig und bedarf wenig. So zeigt er eine väterliche Gesinnung. 6. Gott ist aber nicht nur der Schöpfer aller Dinge, sondern auch der Förderer und Lehrer alles Schönen sowie der Gesetzgeber aller Wesen.

Das Wesen des irdischen Königs liegt also in der Nachahmung des himmlischen Königs[202]. Der irdische König verdankt der Nachahmung sein König-

---

[200] Fuga 94–99.
[201] Zum Text siehe o. Anm. 39. Vgl. E. R. GOODENOUGH, The Political Philosophy of Hellenistic Kingship, Yale Classical Studies 1 (1928) 55–102, dt. in: Die Politische Philosophie des hellenistischen Königtums, in: Ideologie und Herrschaft in der Antike, hg. von H. KLOFT (WdF 528), S. 28–89, bes. 48–50 über Pseudo-Sthenidas. Zur politischen Philosophie der Neupythagoräer siehe G. F. CHESNUT, The Ruler and the Logos in Neopythagorean, Middle Platonic, and Late Stoic Political Philosophy, ANRW II 16,2, S. 1310–1332, bes. S. 1313–1320 (Neupythagoräer), S. 1326–1329 (Philon); G. J. D. AALDERS, Political Thought in Hellenistic Times, Amsterdam 1975, S. 27–38. Zu Philon und der pseudopythagoreischen Literatur siehe É. BRÉHIER, aaO. (Anm. 14), Paris 1925, S. 18ff.; H. THESLEFF, aaO. (Anm. 39), S. 50.
[202] Zur Nachahmung Gottes siehe W. MICHAELIS, Art. „μιμέομαι κτλ.", ThWNT IV (1942)

sein. Philon übernahm diesen Gedanken, sah dabei aber das Hauptziel der Nachahmung darin, „das Gute" zu stiften. Der König und die Menschen, die über die Macht verfügen, besitzen nämlich die Fähigkeit, „sowohl Böses wie Gutes" zu stiften. Sie müssen aber Gott folgen, der „das Gute" allein will[203]. „Das Gute besteht aber darin, daß sie nicht schaden, sondern nützen, so vielen sie nur können."[204] Die Nachahmung ist auch der Weg, auf dem man die aus der Quelle der zwei Hauptkräfte Gottes ausfließenden Ströme empfängt: „die Wohltätigkeit und die nützliche Rüge"[205].

Die Nachahmung ist aber nicht ein selbstverständliches menschliches Vermögen und darum nicht einfach mit einem Bestreben der Menschen zu identifizieren. Im Gegenteil, sie ist ohne Gottes Kraft unmöglich, denn sie ist nur für die Menschen möglich, die durch den Empfang der Gotteskraft ihre eigene Ohnmacht erkannt haben. Die Nachahmung hat einen Doppelaspekt. Der Mensch, der Gott nachahmt, bemüht sich, daß seine Mitmenschen wiederum ihn selbst nachahmen. Der Hochmut spielt dabei keine Rolle, weil die Erkenntnis der eigenen Ohnmacht dieser Bemühung zugrunde liegt. Es geht vielmehr darum, seine Nächsten an der Kraft Gottes, die einen selbst aus der Ohnmacht errettet und einem aufrichtig zu leben ermöglicht hat, teilnehmen zu lassen. So sagt Philon: „... da dir Kraft verliehen ist von dem Allmächtigen, so lass andere daran teilnehmen und handle an ihnen so, wie an dir gehandelt ist; du wirst Gott nachahmen, wenn du ähnliche Wohltaten erweisest. Denn

---

S. 661–678, bes. S. 666–678 über Philon; A. HEITMANN, Imitatio Dei: die ethische Nachahmung Gottes nach der Väterlehre der zwei ersten Jahrhunderte, Rom 1940, bes. S. 47–64.

[203] Abr 143: Gott ist ausschließlich der Urheber des Guten, und deswegen sollen „die Könige, die das göttliche Wesen nachahmen wollen, da sie ihre Gnadenbeweise persönlich darreichen (τὰς μὲν χάριτας δι' ἑαυτῶν προτείνοντες), Bestrafungen dagegen durch andere vollziehen lassen".

[204] SpecLeg IV,186. Der Vorstellung der Nachahmung liegt der Gedanke der Proportionalität zugrunde, der in der platonischen Lehre der Ideen-Zahlen seinen Ursprung hatte und die Philosophie der Akademie und auch die der Stoiker stark prägte. Die Analogie ist ein Grundprinzip im Denken Philons. Die Proportionalität findet sich auch im Verhältnis der Herrschenden und der Beherrschten: „Der Begriff der Herrschaft reicht aber weiter und erstreckt sich beinahe in alle Lebensverhältnisse hinein, nur mit einem Unterschied in Bedeutung und Umfang. Denn was im Staate der König ist, das ist im Dorfe der Vorsteher, im Hause der Herr und für die Kranken der Arzt, im Feldlager der Feldherr, für die Seesoldaten und Matrosen der Admiral, ferner für Last- und Frachtschiffe der Reeder, und der Steuermann für die Schiffsmannschaft." Vgl. auch Prov II,3 (gr) = 15 (arm) und Diotogenes (bei Stob. 4,7,61 = L. DELATTE, Les Traités de la Royauté d'Ephante, Diotogène et Sthénidas, Paris 1942, S. 37 = H. THESLEFF, Texts, aaO. [Anm. 39], S. 71 f.).

[205] QG III,42. Vgl. auch SpecLeg IV,187: Gott und seine Kräfte sind stets bestrebt, „die Mängel der unvollkommenen Substanz abzuändern und diese in eine bessere Gestalt umzuwandeln". Vgl. auch Gig 45–47: die königliche Macht Gottes zeigt sich darin, daß Menschen in seiner würdevollen Anwesenheit nicht mehr wagen, sich vom Guten abzuwenden, sondern aufhören wollen, zu sündigen.

zum Nutzen der Gesamtheit sind die Gnaden des obersten Herrschers bestimmt,..."[206].

4.1. Die ideale Herrschaft des irdischen Königs

1. Der ideale irdische König soll die gesetzmäßige Herrschaft Gottes nachahmen[207] und darin „der gesetzestreue Herrscher" sein[208]. Der König ist zugleich Gesetzgeber, „denn ein König hat zu befehlen und zu verbieten, Gesetz ist aber nichts anderes als die Vernunft, die gebietet, was man (tun) muß und verbietet was man nicht tun darf"[209]. Philon findet dabei das ideale irdische Abbild der königlichen Herrschaft Gottes in der gesetzestreuen Herrschaft der jüdischen Könige, vor allem in der des Mose, der nicht nur Gesetzgeber, Prophet und Priester, sondern auch König über das Gott schauende Volk war.

Das Gesetz, an das sich der König halten soll, ist „Kennzeichen der tadellosen Herrschaft, die dem Urbild der königlichen Herrschaft Gottes nachgebildet ist"[210].

Die gesetzestreue Herrschaft bedeutet dabei a) daß der König Gleichheit walten läßt, b) daß er unbestechlich ist, c) daß er sich stets mit den Gesetzen befaßt und gerecht das gerechte Urteil spricht[211].

Die Gleichheit wird dabei mit den Gesetzen und der Gerechtigkeit besonders eng verbunden. Denn die Gleichheit galt als „die Mutter der Gerechtigkeit", und „alles hat die Gleichheit am Himmel und auf Erden wohl geordnet nach unverbrüchlichen Gesetzen und Normen (νόμοις καὶ θεσμοῖς)"[212].

Der König muß schließlich nicht nur gesetzestreu, sondern das Gesetz an sich, ὁ ἔμψυχος νόμος, das lebendige Gesetz, sein: „Ein König muß befehlen, was man tun soll, und verbieten, was nicht geschehen darf. Das Befehlen des Notwendigen und das Verbieten des Unstatthaften ist Sache des Gesetzes, so daß der König ohne weiteres ὁ ἔμψυχος νόμος, und andererseits das Gesetz ein gerechter König ist."[213]

Der Begriff des ἔμψυχος νόμος taucht bereits in einem Fragment aus der Schrift des Diotogenes über das Königtum auf: „Der gerechteste Mann ist

---

[206] Virt 168f.
[207] Dazu siehe o. S. 216.
[208] SpecLeg IV,168.
[209] Praem 54.
[210] SpecLeg IV,165.
[211] SpecLeg IV,169.
[212] SpecLeg IV,231ff. Die Gleichheit erscheint, so Philon, „innerhalb des Weltganzen, um es recht genau auszudrücken, als Wohlordnung, ... innerhalb der Städte als die bestgeordnete, vor allen Verfassungen ausgezeichnete Volksherrschaft, im Körper als Gesundheit und in der Seele als Tugendhaftigkeit" (SpecLeg IV,237). Vgl. auch Plant 122.
[213] VitMos II,4.

König, und der gesetzestreueste ist der Gerechteste. Denn ohne Gerechtigkeit ist niemand König, und ohne Gesetz (ist) keine Gerechtigkeit. ... Der König aber ist das lebendige Gesetz, ὁ ἔμψυχος νόμος, oder ein gesetzmäßiger Herrscher, νόμος ἄρχων."[214] Die Abfassungszeit dieser Schrift ist umstritten. Sicher ist aber, daß Philon in dieser jahrhundertelangen Tradition stand.

Eine Besonderheit Philons besteht darin, daß er die Gesetzmäßigkeit der königlichen Herrschaft außerordentlich hervorhebt. Die Gesetzmäßigkeit war bei Diotogenes nur eine der drei Aufgaben des Königs: „militärische Führung, Rechtsprechung und Verehrung der Götter". Die Gesetzmäßigkeit liegt dagegen bei Philon im Zentrum.

Die Frage, wie die irdischen Herrscher und Könige der nichtjüdischen Völker sich zum jüdischen Gesetz verhalten sollen, beantwortet Philon in Decal 40ff. Die Könige der nicht-jüdischen Völker sollen erstens „die Schule der heiligen Gesetze", d.h. die Synagoge, besuchen und das mosaische Gesetz lernen. Sie sollen zweitens genau das tun, was der König der Könige, Gott selbst, tut, der die Niedrigsten nicht vernachlässigt, sondern sie mit dem heiligen λόγος und heiliger Satzung gnädig speist[215].

Der ideale König soll nach seiner Thronbesteigung, so Philon, „den Gesetzesanhang" (Ἐπινομίδα) mit eigener Hand abschreiben, „der in großem Umriß sämtliche Gesetze enthält". Er solle außerdem nach dem Abschreiben „ihn tagtäglich vornehmen und lesen". Das Buch des Gesetzesanhangs sei das Zepter des idealen Königs[216].

2. Die Fürsorge gehört nach Philon ebenso zu den wichtigen Aufgaben des Königs[217], ganz wie es bei Gott der Fall ist. Wenn er dieses königliche Amt anspricht, bezieht er vor allem die Beschreibung des Hirten auf den König[218]. Wie dieser soll sich der König besonders um die Schwachen kümmern. Denn „der Schöpfer des Alls und Wohltäter, der König der Könige und der höchste Gott, schätzte den Niedrigsten nicht gering, sondern speiste vielmehr auch diesen gnädig mit heiligem Wort und heiliger Satzung, so als ob er ihn allein

---

[214] Stob 4,7,61, S. 263 = H. THESLEFF, Texts, aaO. (Anm. 39), S. 71. Vgl. auch E. R. GOODENOUGH, aaO. (Anm. 201), S. 38ff.

[215] Decal 40f. Vgl. auch SpecLeg IV,176; Mos II,241.

[216] SpecLeg IV,160ff. Diese Ausführung beruht auf der Auslegung von Dt 17,18f. Der masoretische Text spricht von משנה התורה: Die LXX übersetzte dieses Wort mit τὸ δευτερονόμιον. Philon schrieb dies wiederum in τὴν Ἐπινομίδα um. mSot 7,8 berichtet, daß der König Agrippa, vielleicht Agrippa I (dazu siehe E. SCHÜRER, The History of the Jewish People in the Age of Jesus Christ, hg. von G. VERMES/F. MILLAR/M. BLACK, I–III.2, Edinburgh 1973–1987, bes. I, S. 447 Anm. 27), beim Laubhüttenfest aus dem Deuteronomium las. Der König fühlte sich dabei als fremder König über Israel und weinte, das Volk aber akzeptierte ihn als seinen „Bruder".

[217] Das Amt des Priesters besteht darin, daß er „zum Dienste Gottes berufen ist", das des Königs dagegen in der ἀνθρώπων ἐπιμέλεια (Virt 54).

[218] Agr 49ff.; Jos 2ff.

speisen und für ihn allein das Mahl bereiten wollte"²¹⁹. Gott sei außerdem der Fürsprecher „für Proselyten, Waisen und Witwen" und nicht der der Satrapen und Machthaber, die mit der Gewalt über Länder und Meere ausgestattet sind. Diese ungewöhnliche Aussage Philons über die Proselyten stützt sich auf den Text der LXX (Dt 10,18f.) der das hebräische גר mit ὁ προσήλυτος übersetzte²²⁰.

3. Ein idealer König soll nach Philon nicht nur die menschlichen, sondern auch die gottesdienstlichen Dinge beaufsichtigen, „denn ohne göttlichen Ratschluß haben weder die Unternehmungen von Königen noch die der Untertanen rechten Erfolg". Darin liegt der Grund für seine Behauptung, daß Mose nicht nur das Amt des Königs und des Gesetzgebers, sondern auch das des Priesters innehatte²²¹. Der priesterliche Dienst des Königs besteht darin, daß „er auf Grund tadelloser Opfer und vollkommenen Wissens vom Dienste der Gottheit Abwendung des Bösen und Anteil am Guten für sich und seine Untergebenen von dem gütigen Gott erfleht, ... der die Gebete erhört"²²².

4.2. Die gottfeindlichen irdischen Könige

Diesem idealen Postulat, das Mose auf vorbildliche Weise verkörperte²²³, entsprechen die irdischen Herrscher keineswegs: sie weichen oft nicht nur von diesem Vorbild ab, ja sie maßen sich sogar selbst die Position Gottes, des wahren Königs, an. Philon mußte ihnen somit nicht nur das Idealbild der irdischen Könige präsentieren, sondern sich mit ihnen auseinandersetzen und sie verurteilen. Er ist gewiß nicht unter die Hofideologen zu rechnen, die der Macht nahe standen und sich damit begnügten, einen „Fürstenspiegel" zu schreiben²²⁴.

---

²¹⁹ Decal 41.
²²⁰ SpecLeg IV,177ff.; SpecLeg I,308ff.
²²¹ Philon stellt Mose als idealen König dar, der von Gott den Auftrag erhielt, als König über das von Gott erwählte Volk zu herrschen. Mose wurde so vom Volk *und* von Gott zum König ernannt (Praem 54). Er gewann τὴν ἀρχὴν καὶ βασιλείαν weder durch Waffen und Listen noch durch Heeresmannschaften, sondern „wegen seiner Tugend, seines Edelsinns und seines steten Wohlwollens gegen jedermann, und außerdem weil Gott, der Tugend und Edelsinn liebt, ihm die wohl verdiente Ehre beschieden hatte" (Mose I,148).
²²² Mos II,5.
²²³ Zu Mose als König siehe W. A. MEEKS, The Prophet-King: Moses Tradition and the Johannine Christology, Leiden 1967, bes. S. 100−131; DERS., The Divine Agent and his Counterfeit in Philo and the Fourth Gospel, in: E. SCHÜSSLER FIORENZA (Hg.), Aspects of Religious Propaganda in Judaism and Early Christianity, London 1976, S. 43−67. W. A. MEEKS betont, daß Mose der *göttliche* König ist: „... Philo has blended the topoi of Hellenistic ‚divine' kingship with Jewish traditions that elaborated the Sinai theophany and exalted Moses. Moses is seen as the divine viceroy, the envoy of God, who not only brings the heavenly secrets to men but recovers the image of God which Adam lost" (aaO., S. 47).
²²⁴ Zum „Fürstenspiegel" in der Antike siehe P. HADOT, Art. „Fürstenspiegel", RAC 8 (1972) Sp. 555−632, bes. 592−594 (Philon).

Die Ursache für die menschliche Feindschaft gegen das Königtum Gottes sah Philon im Wesen der Menschen. Das himmlische Wesen erkenne, so Philon, Gott als den Schöpfer und den König immer an, während die Menschen Gott als den Schöpfer nicht verleugnen können, aber sehr wohl als den König. Philon hält uns als Widersacher gegen die Königsherrschaft Gottes zwei Menschentypen vor Augen: die einen lehnen die Königsherrschaft Gottes aus Gottlosigkeit ab, und die anderen aus einer „sophistischen", d. h. pseudophilosophischen Überlegung heraus[225]. Zu den ersteren dürften die irdischen Könige und Herrscher gehören, die sich selbst als Gott betrachten.

Philon verstand dabei unter den Königen und Herrschern nicht nur diejenigen, die „eine Stadt, ein Land oder ein Volk" beherrschen, sondern auch „die anderen", die „alle Zonen der Erde, bis zu ihren äußersten Grenzen, alle Hellenen- und Barbarenstämme, alle Flüsse und die unendliche Zahl und Weite der Meere hinzugewonnen haben", d. h. die römischen Kaiser[226]. Das Herrschaftsgebiet des irdischen Königs ist im Vergleich zu dem des himmlischen Königs äußerst gering, ja ihnen untersteht nur τὸ ἀτιμότατον μέρος („der ruhmloseste Teil") der göttlichen Herrschaft, „weil selbst der gesamte Erdkreis nur der äußerste Saum seiner Werke ist"[227].

Philon beschreibt in Somn II,289—296 die feindlichen Taten der irdischen ἄρχοντες und βασιλεῖς gegen die königliche Führung (προήγησις) Gottes: Die irdischen Herrscher und Könige ziehen a) die Regierung des Alls mit unheiligen Worten herab und geben sich selbst als ἄρχοντες und βασιλεῖς aus. So weisen sie – in Umkehrung der wahren Verhältnisse – der Schöpfung die unzerstörbare Macht Gottes zu (v. 290); b) sie denken und tun so, als ob sie unabhängig und frei wären (v. 293); c) sie vergessen die herrscherliche Macht Gottes wegen seiner Güte und Milde (294).

Dahinter verbirgt sich die philonische Kritik am Herrscherkult. Philon erwähnt ihn auch in Somn II,99—104 und Plant 67f. im Zusammenhang mit der königlichen Herrschaft Gottes[228]. Für die Juden ist nach Philon der Herrscherkult darum so anstößig, weil sie dazu erzogen wurden und gelernt haben, allein Gott, den wahren König, anzubeten (προσκυνεῖν) und zu verehren. Unmöglich ist es ihnen darum, einen irdischen Herrscher anzubeten (προσκυνεῖν), der die Ehrung Gottes für sich beansprucht und dessen Anbeter zu seinem eigenen hybriden Dienst ruft[229]. Als tiefste Demütigung empfand Philon für sich und

---

[225] QG IV,87.
[226] Plant 67.
[227] Mos II,241.
[228] Vgl. Sapientia 14,17.
[229] Somn II,99. Philon verurteilt die Sitte der Kniebeugung, die der syrische Legat L. Vitellius als erster in Rom einführte (Suet. Vitellius 2,5) und sich unter Gaius als Hofzeremonie durchsetzte (siehe Anm. 231): „Einige verpflanzten auch die barbarische Sitte der fußfälligen Verehrung nach Italien und verfälschten so das hohe Ideal römischen Freiheitsgefühls"

seine Glaubens- und Volksgenossen, daß er als Leiter der jüdischen Gesandtschaft bei der zweiten Audienz vor Caligula im Jahr 40 n. Chr.[230] „sich tief zu Boden neigend" (νεύοντες εἰς τοὔδαφος) den Kaiser begrüßen mußte[231]. Für ihn ist Gott allein „der wahre König"[232]; irdische Herrscher und Könige müssen unter der Königsherrschaft Gottes stehen. Um mit den Worten einer anderen alexandrinischen Schrift zu sprechen, sie sind „Diener" der göttlichen βασιλεία[233] und „der Herr hat euch (d.h. den irdischen Könige) die Gewalt gegeben"[234].

Es fiel aber selbst Philon, dem geistigen Führer der alexandrinischen Juden, nicht immer leicht, einem sich Gottes Position des „wahren" Königs anmaßenden Menschen unmißverständlich zu sagen: „Du willst doch nicht etwa König werden und über uns König sein? (sc. Gen 37,8) ... Werden wir denn nicht schon beherrscht und haben und werden behalten auf alle Zeit denselben Herrn? In seinem Dienste sind wir so froh wie kein anderer über seine Freiheit. Ist doch der Gottesdienst von allem, was in der Welt in Ehren steht, das beste." Doch Philon bekennt, daß er dieser idealen Haltung noch nicht entspricht, er sich vielmehr noch „im Zustand des Rausches" und „in großer Unklarheit" befindet und „wie die Blinden Krücken und Führer" braucht; „denn wenn ich gestützt werde, werde ich vielleicht nicht anstoßen (προσπταίειν) und ausgleiten (ὀλισθαίνειν)"[235]. Philon drückt damit aus, daß er und auch die Menschen überhaupt nicht entschieden genug in der Wirklichkeit der Königsherrschaft Gottes leben, sondern angesichts der gewaltigen Macht des irdischen Königs, sei es aus Furcht, sei es aus Hoffnung auf vorübergehendes Wohlergehen, völlig den Sinn für die Wirklichkeit Gottes verlieren könnten. Trotz der Erkenntnis dieser Schwäche der Menschen äußert Philon unmißverständlich seinen Willen, sich nicht der Königsherrschaft des irdischen Herrschers, sondern nur der Gottes zu ergeben. Philon stützt sich dabei auf die in der Bibel

---

(Legatio 115). Zur προσκύνησις siehe M. SMALLWOOD, Philonis Alexandrini Legatio ad Gaium, Leiden 1970, S. 209ff.; A. ALFÖLDI, Die monarchische Repräsentation im römischen Kaiserreiche, Darmstadt 1980, S. 11–16. Wenn Somn II,99 auf die Proskynese der Kniebeugung unter Caligula anspielt, muß Philon de Somniis nach der Rückkehr des Vitellius nach Rom frühestens 39 n. Chr., eher wegen der unruhigen Zeit des Pogroms und der Gesandtschaft noch später, etwa in der ersten Hälfte der 40er Jahre, verfaßt haben.

[230] M. SMALLWOOD, The Jews under Roman Rule, SJLA 20, Leiden 1976, S. 244 vermutet, daß die zweite Audienz nach dem 31. August 40 n. Chr. stattfand.

[231] Legatio 352. Es handelt sich hier um die προσκύνησις, die bereits im Januar 40 n. Chr. als eine feststehende Hofzeremonie galt: die Senatoren vollzogen in der Abwesenheit Caligulas vor seinem Sessel im Tempel auf dem Capitol die Proskynesis (CassDio LXI,24,4). Interessant ist, daß Philon hier vorsichtig den für die jüdischen Leser anstößigen Begriff der προσκύνησις bzw. des προσκυνεῖν vermeidet.

[232] Deus 159; Som II,99.
[233] Sapientia 6,4.
[234] Sapientia 6,3. Vgl. auch Dan 2,21 und 37.
[235] Somn II,102.

dargestellten Menschen, die „genau und umsichtig alles Nötige erforscht haben" und unmißverständlich Gott als ihren einzigen König bekennen: „Ich aber fühle mich mit ihnen, wenn ich mich auch nur wenig vom Rausche freigemacht habe, derart verbunden, daß ich ihre Ansicht über Freund und Feind teile."[236]

Gegen diese irdischen Herrscher und Könige, die sich die Königsherrschaft Gottes anmaßen, verhält sich Gott als König nach Philon auf zwei verschiedene Weisen: Gott gibt denjenigen Herrschern die völlige Straffreiheit, die vom Zustand ihres Wahnsinns zu sich gekommen sind und ihre Anmaßung der Königsherrschaft Gottes bereuen (Somn II,292); die Herrscher, die nicht bereuen, erinnert Gott durch Peitsche und Stachel an seine herrschende Macht (Somn II,294). Diesen beiden Verhaltensweisen Gottes entsprechen zwei verschiedene Kräfte Gottes, wie wir schon oben gesehen haben: die wohltätige und die strafende Kraft.

An drei Beispielen läßt sich die Beziehung zwischen Gott als König und den gottfeindlichen irdischen Herrschern deutlich zeigen. Zwei davon bietet uns Philon, und das dritte findet sich im III. Makkabäerbuch, das wahrscheinlich um die Zeitenwende in Ägypten entstanden ist.

1. Flacc 123f.: Als der alexandrinische Pogrom im Jahr 38 n. Chr. durch die Verhaftung des Präfekten Flaccus beendet wurde, versammelten sich die Juden und „sangen die ganze Nacht Hymnen und Lieder". Philon teilt uns das Dankgebet mit, das sie im Morgengrauen einmütig verrichteten. βασιλεύς taucht in diesem Gebet als der einzige Hoheitstitel Gottes auf: Gott wird als „größter König der Sterblichen und Unsterblichen" angeredet. Daß dabei Gott als König nicht nur über das jüdische Volk, sondern auch über den ganzen Kosmos herrscht, und daß es nicht nur um die Rettung des jüdischen Volks, sondern auch um die Wiederherstellung der kosmischen Ordnung geht, erkennt man daran, daß „Erde und Meer, Luft und Himmel, die Teile des Ganzen und die ganze Schöpfung" aufgerufen werden, Gott zu danken[237]. Gott wird außerdem als König dargestellt, der gegen den sich die Position Gottes anmaßenden irdischen Herrscher herausstürmt (ἐπεξόδος) und ihn stürzt. Der Sieg bedeutet zugleich eine Vorwegnahme der endgültigen Wiederherstellung der Ordnung in der Zukunft[238]. Darin besteht die Grundlage für die Hoffnung des jüdischen Volkes und der von ihm vertretenen Menschheit.

2. Flacc 169−175: Philon beschreibt hier – fiktiv – die letzten Worte des auf die Insel Andros verbannten Flaccus. Flaccus sei einmal „wie die Korybanten

---

[236] Somn II,103f.
[237] H. Box, Philonis Alexandrini in *Flaccum,* Oxford 1939, Ndr.: New York 1979, S. 113 „These nouns (sc. Erde und Meer, Luft und Himmel) are apposition to τὰ μέρη τοῦ παντός. They express four regions of the αἰσθητὸς κόσμος in one or other of which, at the ordinary non-speculative level of thought, we suppose everything in the κόσμος to belong.
[238] χρηστὰς ὑπογράφεις ἡμῖν ἐλπίδας καὶ τῆς τῶν λειπομένων ἐπανορθώσεως.

in Ekstase geraten und habe seine Wohnung verlassen". Er habe dann zum Himmel und zu den Sternen aufgeschaut und mit dem Blick zu diesem eigentlichen Kosmos im Kosmos ausgerufen: „König der Götter und Menschen, so lässest Du also das Volk der Juden nicht außer acht! Sie lügen nicht, wenn sie von Deiner Vorsehung sprechen, sondern wer immer sagt, er hätte Dich nicht zum Vorkämpfer (προαγωνιστῇ) und Verteidiger (ὑπερμάχῳ), der irrt ab von der gesunden Lehre. Ich bin ein sicherer Beweis, denn alles, was ich in meiner Raserei den Juden antat, mußte ich selbst erleiden"[239]. Die göttliche Strafe wird im weiteren in genauer Entsprechung zu dem Vergehen des Präfekten gegen die alexandrinischen Juden geschildert. Entscheidend ist jedoch, daß nun auch „der gemeinsame Feind des Volks"[240], Flaccus, Gott allein mit „König" anredet; er erkennt damit nicht nur den Gott des jüdischen Volkes an, sondern auch dessen Herrschaft über die ganze Welt. So erweist sich Gott als „der König" nicht nur dadurch, daß er als Vorkämpfer und Verteidiger für das jüdische Volk einschreitet, ja sogar „herausstürmt", sondern auch dadurch, daß er die Ordnung des ganzen Kosmos wiederherstellt. Deutlich erkennbar wird dies durch die Bezeichnung Gottes als „des eigentlichen Kosmos im Kosmos" (τὸν ἐν κόσμῳ κόσμον ὄντως). Gott stellt als König des Kosmos die Ordnung der Schöpfung wieder her, indem er den Herrscher straft, der durch die Verleugnung seiner Vorsehung das jüdische Volk verfolgt hat.

3. III. Makk 2,2–20; 6,2–8: Als Ptolemaios IV Philopator versuchte, den Tempel zu entweihen, begann der Hohepriester Simon sein Gebet mit der Anrede: Κύριε, κύριε, βασιλεῦ τῶν οὐρανῶν καὶ δέσποτα πάσης κτίσεως, ἅγιε ἐν ἁγίοις, μόναρχε, παντοκράτωρ[241]. Auch Eleazar, der Priester, betete angesichts der drohenden Ausrottung der ägyptischen Juden mit der Anrede: Βασιλεῦ μεγαλοκράτωρ, ὕψιστε παντοκράτωρ θεὲ τὴν πᾶσαν διακυβερνῶν ἐν οἰκτιρμοῖς κτίσιν[242]. Als der Plan der Vernichtung der Juden wegen der „Vorsehung Gottes" verschoben wurde, lobten die Juden Gott, „der sich als κύριον βασιλέα τῶν βασιλέων offenbart hatte"[243].

Diese Beispiele zeigen, wie vertraut und wichtig diese Anrede „König" im ersten Jahrhundert n. Chr. den alexandrinischen bzw. ägyptischen Juden war.

---

[239] Diese Worte dürften Philons eigene Bildung sein. Er wollte dadurch ausdrücken, daß selbst „der gemeinsame Feind des Volks" (Flacc 124) die Vorsehung Gottes anerkennen und sich seiner Herrschaft unterwerfen mußte. Er nimmt hier ein verbreitetes Motiv auf: die Bekehrung des Gottesfeindes. Dazu siehe Dan 4 (LXX); II. Makk 9; III. Makk 6.

[240] Flacc 124.

[241] III. Makk 2,2. Gott wird auch in 2,9 und 13 in diesem Gebet als König angeredet.

[242] III. Makk 6,2.

[243] III. Makk 5,35. Die Anrede wurde auch in den griechisch verfaßten synagogalen Gebeten weiter tradiert. Dazu siehe Const Apost 7,33,2; 7,34,1. Die in den Constitutiones Apostolorum erhaltenen jüdischen Gebete stehen theologisch der philonischen Gedankenwelt sehr nahe.

Sie spielte besonders im Gebet in einer politischen Notzeit oder nach der Überwindung einer politischen Krise eine wichtige Rolle.

4.3. Die Königsherrschaft Gottes und das jüdische Volk

Auch für Philon stand Israel als Volk in einem einzigartigen Verhältnis zu Gott. Das Volk Israel gehört als Erbe „dem Vater und König der Welt und dem Ursprung des Alls"[244]. Des Volk wandelt als „das Gott schauende Volk" die Königsstraße, bis es „den wahren und einen einzigen König" sieht. Und die Schau Gottes ist der Anfang und das Ende der Glückseligkeit[245]. Wer auf dieser Straße wandelt, der wird, so Philon, nicht eher müde, „als bis er den König getroffen hat"[246]. Die Königsstraße ist „Gottes Rede und Wort" (θεοῦ ῥῆμα καὶ λόγον) und „die wahre echte Philosophie"[247]. Diesem besonders nahen Verhältnis zum göttlichen Königtum entspricht eine spezielle Position und Aufgabe des jüdischen Volkes in der irdischen Welt. Es ist nach Philon zum Priesterdienst für das Menschengeschlecht bestimmt[248] und soll für es beständig Gebete verrichten, „sowohl für die Abwendung von Übel als auch für den Genuß des Guten"[249]. Philon hält das Priesteramt für höher als das Amt des Königs[250]. Israel war auch „das Geschlecht der Schutzflehenden"[251]. Gott, der

---

[244] Legatio 3.
[245] QE II,51.
[246] Deus 160.
[247] Post 101 f.; Gig 64; Deter 159–162; Deus 143 stellt die Königsstraße als die Weisheit dar, durch die Israel zum Erkennen Gottes gelangt. Von hier aus kann man die Aussage in QE II,29 verstehen, daß die Weisheit und jede Tugend zu dem von Gott erwählten Volk gekommen ist. So nennt Philon das jüdische Volk ψυχῶν σοφῶν ὁ θίασος „die Schar der weisen Seelen" (Plant 58). In Deus 159–65; Migr 146 wird die Königsstraße als der „goldene Mittelweg" dargestellt und in 147 auf Arist. EthNic 1107a 5 f. angespielt: τὴν δ' ἀρετὴν τὸ μέσον καὶ εὐρίσκειν καὶ αἱρεῖσθαι (Posner, die Werke V, S. 191 Anm. 2, gibt statt 1106b fälschlicherweise 1100b an und zitiert außerdem den Text nicht korrekt). Deus 180 spricht von „dem himmlischen Königsweg der Tugend". Man darf aber diese Worte nicht nur auf die Tugendlehre, sondern muß sie auch auf die Erkenntnislehre beziehen. Das Wandeln auf der Straße bedeutet nämlich, „am irdischen vorüberzugehen" und „sich selbst als Erde und Asche zu erkennen" (Deus 159 und 161). Zum jüdischen Glauben als „die echte Philosophie" siehe V. NIKIPROWETZKY, Le Commentaire de l'Écriture chez Philon d'Alexandrie, ALGHJ 11, Leiden 1977, S. 97–116 (Φιλοσοφία chez Philon), bes. S. 102 ff.
[248] Zum Verhältnis zwischen der Monarchie Gottes und dem Priesteramt des jüdischen Volkes siehe E. PETERSON, aaO. (Anm. 64), S. 23 f.
[249] VitMos I,149. Philon führte in QG I,10 fünf Gründe für seine Ansicht an, daß das ganze jüdische Volk ein Volk von Priestern ist. Seine Argumentation beruht auf Ex 12,6: καὶ σφάξουσιν αὐτὸ πᾶν τὸ πλῆθος συναγωγῆς υἱῶν Ἰσραηλ. Er verweist darauf, daß es damals keinen Tempel und keine Leviten gab. Philon sah so das ganze Volk als Urbild der Priester und Tempeldiener, nicht umgekehrt.
[250] SpecLeg I,57. In Legatio 278 läßt Philon durch Agrippa I behaupten, daß die Vorfahren des Königs „ihre königliche Herrschaft hinter das Amt des Hohenpriesters an die zweite Stelle setzten, weil sie davon überzeugt waren, wie Gott in seiner Macht über die Menschen erhaben

Herrscher des Weltalls, habe dieses Volk „wie eine Art Erstlingsgabe des ganzen Menschengeschlechts dem Schöpfer und Vater zugewiesen"[252]. So ergeht es Städten und Dörfern wohl, solange „die Priester der Welt" in ihnen wohnen. Dieses Volk trägt als Säule aller Volksgemeinden die Städte und die politischen Gemeinden[253].

Das „weise" jüdische Volk ist aber auch „das Haupt des Menschengeschlechts". „Alle anderen aber werden gleichsam nur Teile eines Körpers sein, die erst durch die Kräfte in dem Haupte über ihnen Leben und Seele erhalten."[254]

Die kosmologische Bedeutung des jüdischen Volkes läßt sich besonders deutlich an QE II,46 erkennen, wo von der sechstägigen Schöpfung der Welt und des Volkes die Rede ist[255]. Diese Gemeinsamkeit weist, so Philon, auf die Wünsche Gottes hin, daß sich das Volk wie der Kosmos im Einklang mit dem Gesetz Gottes befinde. So stehe das jüdische Volk zur Menschheit im gleichen Verhältnis, in dem das beste Gesetz Gottes zur Welt steht[256]. Israel sei deswegen „ein geschmücktes bzw. wohlgeordnetes Geschlecht" (τὸ κεκοσμημένον γένος) und werde mit der Gleichheit und der Gerechtigkeit versehen[257].

Man darf hier nicht einseitig jüdische Selbstüberheblichkeit herauslesen. Die Funktion des jüdischen Volks als Heilsmittler für die gesamte Menschheit in universalem Sinn entspringt den Verheißungen Gottes für das Volk, das in der Gegenwart leidet und verfolgt wird. So zählt Philon das Volk neben „den Proselyten und Waisen" zu den sozial Schwachen, für die der ideale irdische König in der Nachahmung des himmlischen Königs besondere Fürsorge tragen soll. Er sieht „das ganze jüdische Volk" im gegenwärtigen Zustand als verwaist an[258]. Zur Ursache dafür, daß das Volk „im Vergleich mit allen anderen Völkern auf der Welt" eine Waise ist, schreibt er:

---

ist, so stehe auch das hohepriesterliche vor dem weltlichen Regiment". Vgl. Mos II,131 mit der Beschränkung, καθ᾽ ὃν χρόνον ἱερᾶται.
[251] Legatio 3.
[252] SpecLeg IV,180.
[253] QE I,21 aus dem griechischen Fragment zu dieser Stelle, HARRIS, aaO. (Anm. 25), S. 56 = LCL Philo Suppl. II, S. 239: Ἄνδρες ἀγαθοί, τροπικώτερον εἰπεῖν, κίονές εἰσι δήμων ὅλων, ὑπερείδοντες, καθάπερ οἰκίας μεγάλας, τὰς πόλεις καὶ τὰς πολιτείας. Hier klingt auch der Vergleich des jüdischen Volkes mit den Weisen an.
[254] Praem 125.
[255] Diese Ansicht beruht auf der Auslegung von Ex 24,16: die Herrlichkeit Gottes ließ sich auf den Sinai herab und eine Wolke bedeckte den Berg sechs Tage. Das jüdische Volk wurde nach Philon in diesen 6 Tagen geboren und auserwählt.
[256] QE II,42.
[257] QG III,49 nach der Rückübersetzung von R. MARCUS.
[258] Es geht um die Auslegung von Dt 10,18ff. Philon interpretiert dabei die vergangene Geschichte Israels ahistorisch auf die Gegenwart hin.

"... denn diesen fehlt es, sofern nicht gerade gottgesandte Schicksalsschläge über sie hereinbrechen, infolge des unter den Völkern herrschenden Verkehrs nie an Helfern, die an ihrem Geschicke teilnehmen: dem jüdischen Volke dagegen hilft kaum jemand, weil es seine besonderen Gesetze hat; diese müssen aber streng sein, weil sie zur höchsten Tugend erziehen sollen; die Strenge aber hat etwas Herbes, und von diesem wendet der große Haufe der Menschen sich ab aus Vorliebe für das Angenehme."[259]

Offenbar mußte sich Philon mit der Meinung seiner Volksgenossen, aber auch der Heiden auseinandersetzen, daß das jüdische Volk von seiner Umgebung mehr oder weniger isoliert und entfremdet ist. Seine Ansicht, daß die Ursache der Isolierung in den eigenen jüdischen Gesetzen liegt, stimmt mit der heidnischen überein. Vermutlich hegte eine nicht unbedeutende Zahl seiner Landsleute Zweifel und Mißtrauen gegenüber den eigenen Gesetzen. So führte das ab und zu auftauchende Gefühl der Unterlegenheit selbst fromme Juden zu dem Gedanken, daß der Glaube der heidnischen Völker stärker wäre als der eigene. Gegen derartig mangelndes Selbstbewußtsein seiner Landsleute mahnt Philon: „Wenn wir andererseits ihnen unterlegen sind, sollen wir uns durch ihr Glück nicht beugen und irremachen lassen, als hätten sie durch ihre Frömmigkeit gesiegt." Er wies als Ursache für den Erfolg der Heiden auf die Tatsache hin, daß die Juden selber „kein frommes Leben führen" und ihre eigene „herrliche Lehre geringschätzen", genauso wie die Heiden[260].

Die Ansicht, daß das jüdische Volk jetzt nicht gedeiht, schließt nicht aus, daß es in der Zukunft eine Blütezeit erleben wird. So bezieht Philon die Lilie in Hos 14,5 (LXX) auf das jüdische Volk und sagt: es erfahre zwar nicht gegenwärtig Wohlstand, während die anderen Völker ihn genießen. Die Blütezeit besuche das jüdische Volk „wie die Lilien", erst nachdem das Gedeihen der anderen Völker vorbei ist[261].

4.4. Die Königsherrschaft Gottes und der Weise

1. Die Königsherrschaft Gottes zeigt sich nach Philon besonders in der Ordnung und der Gesetzmäßigkeit des Kosmos. Gottes Königsherrschaft erreicht aber auch durch ihre Kräfte unmittelbar jeden einzelnen Menschen. Die Kräfte Gottes lassen sich besonders als die Weisheit in den Weisen nieder und wirken so in dieser Welt (siehe u.).

Die Kräfte Gottes stehen in einem direkten Verhältnis zu den Kräften der Menschen[262]: es gebe zwei wichtige Kategorien der Kräfte bei den Menschen.

---

[259] SpecLeg IV,179.
[260] SpecLeg I,313.
[261] QE II,76.
[262] Die Kräfte der Menschen hängen bei Philon eng mit mannigfaltigen Seinsstufen zusammen. Der menschliche νοῦς hat, so Philon, verschiedene Kräfte: ἑκτικὴν φυτικὴν ψυχικὴν

Die eine, ἡ λογική, die die Menschen von den Tieren unterscheidet, sei „die aus der Quelle der Vernunft (ἐκ τῆς λογικῆς ... πηγῆς) entspringende" und habe als Substanz (οὐσίαν) den Hauch (πνεῦμα)[263]. Philon nannte das πνεῦμα „einen Abdruck und eine Ausprägung der göttlichen Kraft"[264]. Der Singular in bezug auf die göttliche Kraft ist hier eine zusammenfassende Bezeichnung für die Kräfte, die aus dem λόγος Gottes entstanden sind, denn er spricht auch von der Herabkunft der *Kräfte* (Pl!) Gottes[265] und von den zwei Tugenden, die aus den beiden Hauptkräften entstehen und sich in der menschlichen Seele niederlassen: φιλοφροσύνην καὶ εὐλάβειαν θεοῦ[266]. Die Kräfte Gottes verleihen dem νοῦς die Fähigkeit, bis zur Grenze der Welt zu gelangen, weil die Kräfte Gottes selbst dehnbar (ὁλκός) und von Gott nicht zu trennen sind[267]. Die Kräfte Gottes reinigen und heiligen die Seele und schaffen dadurch den Menschen die Glückseligkeit[268].

2. Der Gedanke, daß der Weise König ist, war zur Zeit Philons weit verbreitet. Er entstand aus der platonischen Idee des Philosophenkönigs und wurde von den Stoikern weiterentwickelt[269]. Er prägte aber auch den Glauben der alexandrinischen Juden so tief, daß Philon den mosaischen Ursprung dieses Gedankens mit Stolz behauptete[270].

Philon gab dem stoischen Gedanken eine stark theologische Prägung. Für ihn ist Gott allein der Weise. „Die Weisheit ist die Wohnung und der Königspa-

---

διανοητικήν, ἄλλας μυρίας κατά τε εἴδη καὶ γένη. Diese entsprechen den Seinsarten, die jeweils das Anorganische, Pflanzen, Tiere und Menschen charakterisieren (LegAll II,22ff.; Deus 35ff. = SVF II, S. 149f. Nr. 458). Dieser Gedanke ist durchaus stoisch. Dazu siehe SVF II, S. 150f. Nr. 459–462 und S. 205 Nr. 714–716. Vgl. auch M. POHLENZ, aaO. (Anm. 17) I, S. 83 und 224. Vielleicht geht diese Vorstellung auf Poseidonios zurück (SexEmp. AdvMath IX,81–85), so K. REINHARDT, Art. Poseidonios von Apameia, RE 22,1 (1953) Sp. 558–826, hier 651 (gegen M. POHLENZ).

[263] Zum philonischen Verständnis von πνεῦμα s. E. SCHWEIZER, Art. „πνεῦμα κτλ", ThWNT VI (1959) S. 370–373.

[264] Det 83. Die andere Kategorie der menschlichen Kräfte ist die, „die wir mit den vernunftlosen Wesen gemeinsam haben". Sie habe „zur Substanz Blut erhalten".

[265] Cher 106.

[266] Cher 29.

[267] Deus 90.

[268] Cher 106. Vgl. auch Cher 29.

[269] Zum stoischen Gedanken des Weisen als König, siehe SVF III, S. 158f. Nr. 617–619. Vgl. auch POHLENZ, aaO. (Anm. 17) I, S. 153–158; A. A. LONG, aaO. (Anm. 17), S. 205–209.

[270] Mut 152: ὥστ' ἀνομολογῆσαι κατὰ Μωυσῆν μόνον τὸν σοφὸν βασιλέα. Das vierte Makkabäerbuch, das vielleicht zur alexandrinisch-jüdischen Literatur gehört, kennt ebenfalls diesen stoischen Gedanken. „Am Tag nämlich, als Gott den Menschen schuf, hat er ihm auch seine Leidenschaften und Charaktereigenschaften mit eingepflanzt. Gleichzeitig hat er als heiligen Gebieter über sie alle durch die Sinneswerkzeuge den Verstand inthronisiert und diesem ein Gesetz gegeben. Wer danach lebt, wird König sein über ein Königreich, das besteht aus Besonnenheit und Gerechtigkeit und Güte und Tapferkeit" (IV. Makk 2,21–23, Übersetzung nach H.-J. KLAUCK, JSHRZ III.6, Gütersloh 1989, S. 699). Vgl. Anm. 52.

last des alleinführenden und alleinig selbstherrschenden Königs."[271] Er ist aber nicht nur ein Weiser, sondern zugleich der Ursprung und der Vater der Weisheit[272].

Die Weisheit der Menschen hat ihren Ursprung in Gott und ist mit der schöpferischen und der königlichen Kraft eng verbunden. Die Weisheit Gottes ist „die höchste und erste Kraft"[273]. Die Weisheit der Welt ist „der Spiegel der Kräfte Gottes", und die Welt wird durch seine als φιλοσοφική bezeichneten Kräfte[274] vollkommen. So ist die Königsherrschaft der Weisheit eine Gabe Gottes, und der Weise führt als König den göttlichen Auftrag aus, den Untertanen des Königtums der Weisheit „den Besitz und Genuß des Guten zu vermitteln, indem er ihnen Frieden und gesetzliche Ordnung verheißt"[275].

Die Menschen, die nach der göttlichen Weisheit leben und eben darum die Weisen sind, vertreten die kosmischen Kräfte, d.h. die schöpferische und die königliche Kraft Gottes. Sie sind deswegen Kosmopoliten[276]. In einem solchen Geist der Weisen wandelt Gott, wie „in einem Königspalast", denn „Gottes Palast und Wohnhaus ist der Geist des Weisen"[277]. „Die königliche Kunst", die die Menschheit leitet, ist eine der verschiedenen Künste, in denen sich „die Kraft in den Weisen" zeigt[278].

Die Weisen und das jüdische Volk spielen in dieser Welt eine vergleichbare Rolle. Dies wird besonders deutlich an Abraham gezeigt, den Philon als König bezeichnete[279]. Abraham war ein schutzflehender Knecht Gottes, und Gott benutzte den Weisen als Instrument dafür, seine Gnade und seine beiden Kräfte zu zeigen[280]. Er ist Stütze des Menschengeschlechts ἔρεισμα τοῦ

---

[271] Congr 116. Zu Philons Verständnis der σοφία siehe B. L. MACK, aaO. (Anm. 61), S. 108–195.

[272] LegAll I,64. Vgl. auch Sacr 64; LegAll II,86; SpecLeg I,277; Migr 40–42. Zur Weisheit als Quelle, siehe B. L. MACK, aaO. (Anm. 61), S. 171–174.

[273] LegAll II,86. A. ORBE, El delema entre la vida y la muerte, exegesis prenicena de Deut 30,15.19, Gregorianum 51 (1970) 305–365, betont, daß die Tugend für die stoischen Weisen eine Leistung, für die philonischen Weisen aber ein Geschenk Gottes ist (zitiert nach R. RADICE/D. T. RUNIA, Philo of Alexandria, an annotated Bibliography 1937–1988, Leiden 1989, S. 201 f.).

[274] QG I,57 nach der Rückübersetzung von R. Marcus in LCL Philo Suppl. II. Vgl. Cher 29: auch die Tugenden entstehen aus den beiden Hauptkräften.

[275] Abr 261.

[276] QG III,39; QG IV,184.

[277] Praem 122f.: καὶ γάρ ἐστι τῷ ὄντι βασίλειον καὶ οἶκος θεοῦ σοφοῦ διάνοια.

[278] QG IV,76.

[279] QG II,75; QG IV,76: Abraham ist „der König der Könige". Er ist der göttliche König, der auch von den nicht-jüdischen Völkern als König anerkannt wird. Philon zählt dabei vier Merkmale auf: 1. Nicht nur die Weisen, sondern alle Menschen bewundern ihn. 2. Er ist der Weise und kennt die Kunst der Künste, nämlich die Kunst der Herrschaft. 3. Abraham empfing die Weisheit von Gott. 4. Er wurde nicht von Menschen, sondern von Gott erwählt.

[280] QG IV,25.

γένους τῶν ἀνθρώπων, weil Gott um seinetwillen „auch mit den anderen Mitleid haben werde, so daß Gott Gefallenes wieder sich aufrichten und Totes wieder lebendig werden läßt"[281]. Die Parallelität zwischen den Weisen und dem jüdischen Volk ist so stark, daß Philon die Weisen und Israel mit Großkönigen, irdische Könige dagegen mit Privatleuten vergleicht[282].

V. Zusammenfassung

1. Philon hält es nur in einem begrenzten Maße für möglich, daß der Mensch von Gott redet. Die Begrenztheit besteht darin, daß der Mensch das eigentliche Wesen Gottes nicht erkennen kann, und daß Gott sich nur dem menschlichen Vermögen gemäß offenbart. Philon denkt aber, daß der Mensch trotz dieser Begrenztheit von einem ἴδιον Gottes, d.h. von einem allein Gott Eigenen sprechen kann. Die Bezeichnung „König" für Gott gehört zu dieser begrenzten Aussagemöglichkeit des Menschen über Gott.

2. Man findet in Philons Beschreibung der Königsherrschaft Gottes oft Einflüsse der stoischen und platonischen Philosophie. Es ist platonisch, wenn Philon das Prinzip der Königsherrschaft darin sieht, daß Gott ausschließlich Urheber des Guten, keinesfalls aber des Bösen ist. Es ist ein stoischer Ausdruck, daß Gott ein König ist, der mit dem Gesetz und der Ordnung über die Megalopolis des Kosmos herrscht. Philon übernahm so aus dem Platonismus den transzendenten Charakter Gottes, und aus dem Stoizismus den immanenten Aspekt der kosmischen Herrschaft des göttlichen Gesetzes in sein Denken.

Das Zentrum der Königsherrschaft Gottes besteht aber bei Philon durchaus in dem traditionell jüdischen Gedanken, daß die gesetzmäßige und gerechte Herrschaft, und die Barmherzigkeit und bedingungslose Zuneigung zum Menschen in Gott vereinigt sind. Philon drückt diese Vorstellung mit der „Dreieinigkeit" des einzig Seienden, der schöpferisch-wohltätigen Kraft und der königlich-herrschenden Kraft Gottes aus. Diese beiden Kräfte Gottes stehen aber nicht symmetrisch auf einer gleichen Ebene. Philon bewertet die schöpferisch-wohltätige Kraft eindeutig höher. Die Königsherrschaft Gottes ist so die Herrschaft der Barmherzigkeit.

3. Die Königsherrschaft Gottes steht bei Philon der Herrschaft der irdischen Könige, d.h. der römischen Kaiser, ihrer Statthalter und ihrer Klientelkönige gegenüber. Die Königsherrschaft Gottes ist für sie ein Vorbild, das sie nachahmen sollen. Gott mahnt und bestraft darum die irdischen Könige, die sich eine gottgleiche Herrschaft anmaßen, und zeigt ferner durch den Sturz irdischer Könige von ihren Thronen, wer der wahre König ist.

---

[281] Migr 121 ff. Vgl. auch Sacr 128: „Der Edle ist ein Lösegeld für den Schlechten."
[282] Plant 68.

Gott herrscht aber als König durch seine Kraft auch unmittelbar über jeden einzelnen Menschen. Die göttlichen Kräfte lassen sich besonders als die Weisheit im Menschen nieder. So sind die Weisen, die diese göttliche Kraft in besonderer Weise in sich tragen, Stützen des Menschengeschlechts. Abraham und Mose sind hierfür Beispiele.

Gottes Weltherrschaft und die Einzigkeit seines Namens

Eine Untersuchung zur Rezeption der Königsmetapher in der Mekhilta de R. Yishmaʿel

von

BEATE EGO

Die Metapher von Gottes Königtum, die Israel aus der kanaanäischen Mythologie rezipierte und vom Jahweglauben her neu begründete[1], spielt auch in der jüdischen Literatur in der Zeit nach der Zerstörung des Tempels eine bedeutsame Rolle[2]. Um der historischen Dimension des Begriffs und dem unterschiedlichen Charakter der einzelnen Werke der rabbinischen Literatur gerecht zu werden, sollte eine Untersuchung zur Verwendung dieser Metapher in diesem Bereich[3] zunächst die verschiedenen Midraschim getrennt betrachten; nur so werden Aussagen über die Bedeutung und Entwicklung der Vorstellung in der gesamten rabbinischen Literatur möglich[4]. In diesem Sinne soll dieser Beitrag über die Mekhilta de R. Yishmaʿel, die zu den frühesten rabbinischen Texten zählt[5] und – vorgegeben durch den auszulegenden Text – in besonderer Weise Gottes Heilstaten der Befreiung Israels aus Ägypten und der

---

[1] Vgl. die grundlegenden Untersuchungen von W. H. SCHMIDT: Königtum Gottes in Ugarit und Israel (BZAW 80), Göttingen ²1966 und JÖRG JEREMIAS: Das Königtum Gottes in den Psalmen. Israels Begegnung mit dem kanaanäischen Mythos in den Jahwe-König-Psalmen, Göttingen 1987. Einen kurzen Überblick über die alttestamentliche Forschung mit weiterführenden Literaturangaben bei J. A. SOGGIN: Art. מלך – König, in: THAT I, Sp. 908–920.

[2] Für die Pseudepigraphen und Apokryphen sowie die frühen Bibelübersetzungen vgl. die Untersuchung von ODO CAMPONOVO: Königtum, Königsherrschaft und Reich Gottes in den frühjüdischen Schriften (OBO 58), Freiburg (Schweiz)/Göttingen 1984.

[3] Auf die Notwendigkeit einer solchen Arbeit verweist auch O. CAMPONOVO: Königtum, S. 7.

[4] Vgl. dagegen die Gesamtdarstellungen bei L. JACOBS: Art. Herrschaft Gottes/Reich Gottes. III. Judentum, in: TRE 15 (1986), S. 190–196. – K. G. KUHN: βασιλεύς. C. מלכות שמים in der rabbinischen Literatur, in: ThWNT 1 (1932), S. 570–573. – S. SCHECHTER: Aspects of Rabbinic Theology, New York 1961, S. 65–115. – G. M. FREEMAN: The Heavenly Kingdom. Aspects of Political Thought in the Talmud and Midrash, Lanham (MD)/London 1986, S. 34–36. Weitere Literaturangaben bei O. CAMPONOVO: Königtum, S. 20.

[5] H. L. STRACK/G. STEMBERGER: Einleitung in Talmud und Midrasch, München ⁷1982, S. 240. – G. STEMBERGER: Zur Datierung der Mekhilta, in: Kairos 21 (1979), S. 81–118.

Gesetzgebung theologisch reflektiert, als Baustein zu einer solchen ‚Geschichte der Königsmetapher' verstanden werden. Am Text der Mekhilta entlang werden zunächst all die Auslegungen dargestellt, in denen direkte Aussagen zur Vorstellung vom Königtum Gottes[6] erfolgen.

1. Der Abschnitt beshallaḥ: Israel verkündet Gottes Königsherrschaft

Im ersten Beleg[7] *MekhY beshallaḥ V (S. 105f.) zu Ex 14,22*[8] wird das Motiv sowohl in der Erzählung selbst als auch in dem Schriftzitat Ex 15,18 genannt.

Und R. Jehuda sagte in einer anderen Auslegung: „Und die Kinder Israel kamen in die Mitte des Meeres" (Ex 14,22). Als die Stämme am Meer standen, da sagte dieser: Ich steige nicht am Anfang ins Meer hinab, und jener sagte: Ich steige nicht am Anfang ins Meer hinab. Denn es heißt: „Es umgab mich mit Verleugnung Ephraim und mit Trug das Haus Israel, [während Juda hinabstieg mit Gott]" (Hos 12,1). Während sie dastanden und beratschlagten, sprang Nachschon, der Sohn Aminadabs, und stürzte sich ins Meer. Über ihn sagt die Schrift: „Errette mich, Gott, denn die Wasser kommen bis an die Seele" (Ps 69,2). „Ich bin eingetaucht in den Schlamm der Tiefe, und es ist kein Grund; ich bin hineingekommen in die Tiefen der Wasser, und die Flut der Wasser schwemmt mich hinweg (Ps 69,3), und es heißt: „Nicht schwemme mich hinweg die Flut der Wasser und nicht verschlinge mich die Tiefe, und nicht schließe der Brunnen über mir seinen Mund" (Ps 69,16). Sofort sprach Gott zu Mose: Mein Liebling versinkt im Meer, das Meer schließt sich [über ihm], der Feind verfolgt [ihn], und du stehst da und häufst Gebet? Er sprach zu ihm: Herr der Welt, was ist in meiner Macht zu tun? Er sagte zu ihm: Erhebe deinen Stab. Und was sagten Mose und Israel am Meer? „Der Herr ist König usw." (Ex 15,18). Es sprach der Heilige, gepriesen sei er: Wer mich zuerst zum König gemacht hat am Meer, den mache ich zum König über Israel.

Der Argumentationsgang dieses Midrasch ist auf den ersten Blick nicht evi-

---

[6] Königsgleichnisse, die nicht durch eine Erzählung erläutert werden, wurden nur am Rande in die Untersuchung mit einbezogen; für eine Auflistung der verschiedenen Königsgleichnisse in der Mekhilta vgl. J. WINTER und AUG. WÜNSCHE: Mechilta. Ein tannaitischer Midrasch zu Exodus. Erstmalig ins Deutsche übersetzt und erläutert, Leipzig 1909, S. 357.

[7] Die für die Texte angegebenen Seitenzahlen beziehen sich auf die Ausgabe Mechilta d'Rabbi Ismael, ed. H. S. HOROVITZ/I. A. RABIN, Breslau 1930 (Nachdruck Jerusalem 1970). Aus sachlichen Gründen wurde die ursprüngliche Einteilung, die sich nicht an der Leseordnung der Synagoge, sondern am Inhalt orientiert, beibehalten; vgl. hierzu H. L. STRACK/G. STEMBERGER: Einleitung in Talmud und Midrasch, S. 238. Ausführlich zur Einteilung der Mekhilta mit Berücksichtigung der verschiedenen Handschriften J. Z. LAUTERBACH: The Arrangement of the Mekilta, in: HUCA 1 (1924), S. 427–466. Daneben wurden folgende Textausgaben herangezogen: J. Z. LAUTERBACH: Mekilta de Rabbi Ishmael, 3 Bde., Philadelphia 1949 (= 1. Auflage 1933); Mekhilta de Rabbi Yisma'el, ed. MEIR ISH SHALOM [M. FRIEDMANN] Wien 1870 (Nachdruck Israel o. J.).

[8] Vgl. MekhSh zu Ex 14,22 (S. 63): „Wer meinen Namen am Meer heiligte, der herrsche über Israel..."; MHG Shem S. 273.

dent. Auf synchroner Ebene ist wohl folgendermaßen zu argumentieren: Der Stamm Juda macht Gott zum König, wenn er nach dem mutigen Voranschreiten Nachschons[9], des Sohnes Aminadabs, diesem folgt und Gottes Rettungstat evoziert, woraufhin schließlich ganz Israel seine Königsherrschaft verkündet[10]. Als besondere Belohnung für Nachschon, der durch seine verzweifelt mutige Tat Gottes Königtum als erster anerkennt, wird sein Nachkomme David König über Israel: Gottes Königtum und das „messianische" Königtum Davids stehen nicht in Gegensatz zueinander, sondern entsprechen sich.

Vergleicht man diese Fassung mit Parallelversionen, so zeigt sich ganz deutlich, daß hier unterschiedliche Vorlagen miteinander kombiniert wurden:
a) Andere Auslegungen wissen, daß ganz Israel das Verdienst zukommt, Gott am Meer als König proklamiert zu haben. So heißt es in WaR 2,4 (4b):

R. Abin sagte: Ein Gleichnis von einem König, der ein Purpurgewand besaß und er befahl seinem Knecht und sagte: Gibt acht darauf, schüttle es und falte es zusammen. Er sagte zu ihm: Mein Herr König, von allen Purpurkleidern, die du hast, gibst du nur für dieses Befehle? Er sagte zu ihm: Denn dieses trug ich am Tage meiner Königsherrschaft.

So sprach auch Moses vor dem Heiligen, gepriesen sei er: Von den siebzig mächtigen Völkern, die du in deiner Welt hast, gibst du mir nur für Israel Befehle? ... [Es folgen verschiedene Schriftbelege]. Da sagte er [Gott] zu ihm: Israel machte mich nämlich am Meer zum König (המליכו) und sagte: „Der Herr ist König für immer und ewig" (Ex 15,18)[11].

Wenn diese Interpretation auch in die amoräische Zeit zu datieren ist[12], so enthält sie doch – abgesehen vom Gleichnis – die einfachste Interpretation zu Ex 15,18, da sie sich am engsten am biblischen Text orientiert. Ex 15,18 stellt einerseits den ersten Beleg für das Motiv des Königtums Gottes in der gesamten Schrift dar; die narrative Rahmung des Meerlieds läßt andererseits ganz Israel als Subjekt der Verkündigung von Gottes Königtum erscheinen[13]. Gott beweist sein Königtum durch sein Eingreifen für sein Volk am Meer; konstitu-

---

[9] Nachschon ist als Repräsentant des Stammes Juda zu verstehen; vgl. Num 2,3; 7,12; 10,14. Nach Rut 4,20; 1. Chr 2,10 ist er der Ahnherr Davids (vgl. Mt 1,4; Lk 3,32). Zur Gestalt des Nachschon in der Aggada vgl. J. HEINEMANN: Art. Nahshon, EJ 12, Sp. 792f. – L. GINZBERG: Legends of the Jews, Philadelphia 1968, Bd. 3, S. 195.220–221; Bd. 6, S. 6.75f.

[10] In diesem Sinne argumentiert auch H. S. HOROVITZ, Anm. z. St.

[11] Vgl. PesR 10 (39b); PRK 2 (16b/17a); TanB ki tissa 4 (53b/54a); Tan ki tissa 8 (153b); MHG Shem S. 646f.; Yalq I § 376 (111a); Yalq II § 315 (415a/b). Zum Text und seinen Parallelen vgl. C. THOMA/S. LAUER: Die Gleichnisse der Rabbinen. Erster Teil: Pesiqta de Rav Kahana (PesK), Bern 1986, S. 102ff. Ferner: ShirR 6,5 (34a); ShirZ zu Cant 3,11 (S. 14): „... (Ex 15,18). Der Herr sagte zu ihnen: Ihr habt die Krone der Königsherrschaft auf mein Haupt gebunden."

[12] Unter dem Namen R. Abin kann sowohl ein Amoräer der vierten als auch der fünften Generation angeführt werden; vgl. H. L. STRACK/G. STEMBERGER: Einleitung in Talmud und Midrasch, S. 98.100.

[13] Vgl. Ex 15,1.

tiv für Gottes Königsherrschaft ist aber die Proklamation durch Israel; erst durch sein Volk wird er – wie es die Verwendung der Wurzel מלך im hifʿil zeigt – zum König. Es ist anzunehmen, daß die Mekhilta eine solche Auslegung kennt, diese aber in ihren verschiedenen Interpretationen zu Ex 15,18 modifiziert[14].

b) Eine kürzere und einfachere Version von Nachschons Tat, ebenfalls mit R. Juda als Tradenten, bietet bSot 37a: Als die Stämme am Meer standen und zögerten, hinabzusteigen und es zu durchqueren, da sprang Nachschon auf und ging mutig voran; für dieses Verdienst wurde seinem Stamme Juda die zukünftige Königsherrschaft über Israel zugesichert. In dieser Fassung ist der Kausalzusammenhang zwischen Verdienst und Lohn somit ganz direkt und offensichtlich.

Der Vergleich mit dieser Auslegung verdeutlicht die spezifische Aussageintention der Mekhilta. In eine Erzählung, in deren Zentrum das Verdienst Nachschons steht, das Meer als erster zu durchqueren, wird das Motiv der Verkündigung der Königsherrschaft Gottes eingefügt[15] und mit Nachschons Tat kausal verbunden. Durch diese sekundäre Verknüpfung zweier ursprünglich selbständiger und getrennter Überlieferungen wird die Erzählung von Nachschons Verdienst vom Motiv der Königsherrschaft her neu interpretiert. Eine solche theologische Durchdringung kennen auch andere Erzählungen von Nachschons Tat, die in bSot 37a wohl eher als Mutprobe dargestellt ist. BamR 12,21 (50c)[16], PRE 42[17], MTeh zu Ps 76,2 (181a) und Shoḥer Ṭov zu Ps 115 (Ed. Warschau 1873/74, 82b)[18] und MekhSh zu Ex 14,22 (S. 63) interpretieren sein Handeln – in Analogie zum Todesmut des Märtyrers – als Heiligung des Namens; Sekhel Ṭov zu Ex 14,22 (S. 183) deutet seine Tat dagegen folgendermaßen: Weil Juda glaubte, verdient es die Königsherrschaft. Die Begründung des Verdienstes Nachschons in der Veranlassung der Proklamation der Königs-

---

[14] Ohne die Verwendung von Ex 15,18 und den Terminus מלך heißt es in MekhY shirata III (S. 126) zu Ex 15,2: „Er hat mich zum Herrscher (אימרה) gemacht und ich habe ihn zum Herrscher gemacht. Er hat mich zum Herrscher gemacht, denn es ist geschrieben: ... (Dtn 26,18); auch ich habe ihn zum Herrscher gemacht: ... (Dtn 26,17); vgl. auch die Auslegung MekhY shirata X (S. 150) zu Ex 15,18; S. 265–272 unten.

[15] Dies meint nicht, daß die Fassung der Mekhilta in direkter Abhängigkeit zu bSot 37a zu sehen ist; der babylonische Talmud hat aus der Fülle der Traditionen zum Verdienst Nachschons die kürzeste und wohl ursprüngliche Fassung bewahrt, und es ist unwahrscheinlich, daß die motivisch am kompliziertesten aufgebaute Erzählung die ursprüngliche Fassung dieser Tradition darstellen soll. Weitere Überlieferungen zu Nachschons Tat vgl. Anm. 16ff. Zum Verhältnis der Mekhilta zum Babylonischen Talmud allgemein vgl. G. STEMBERGER: Zur Datierung der Mekhilta, S. 111ff.118.

[16] „Dieser Mann hat den Namen des Heiligen, gepriesen sei er, am Roten Meer geheiligt..." Vgl. ferner BamR 13,4 (52c): Nachschons Lohn ist es, das erste Opfer darbringen zu dürfen.

[17] „Und Nachschon sprang auf und heiligte seinen großen Namen vor allen..."

[18] Hier liegt jedoch eine andere Tradition vor, die die Erzählung von Nachschon in die Überlieferung vom Streit zwischen Juda und Benjamin einbaut.

herrschaft Gottes ist nur in der Mekhilta de R. Yishmaʿel belegt und scheint auf das spezifische Interesse dieses Werks hinzuweisen. Durch die Verknüpfung dieses Motivs mit einer Erzählung, deren Grundstruktur dem Publikum bekannt gewesen sein dürfte, wird diese verfremdet und dem sekundär eingefügten Motiv besonderer Nachdruck verliehen[19]. Für die Komposition der Mekhilta kommt dem Text eine Schlüsselrolle zu, da er geradezu den Auftakt zum folgenden Abschnitt *shirata*, der die Interpretation des Meerliedes zum Inhalt hat, bildet. Dessen Zentrum und Höhepunkt, die Proklamation der Königsherrschaft Gottes in Ex 15,18, wird vorweggenommen, wodurch motivisch eine Überleitung stattfindet.

2. *Der Abschnitt shirata: Gottes zukünftige Herrschaft in der Welt*

2.1 *Gottes Offenbarung am Schilfmeer*

MekhY shirata III (S. 126 unten) zu Ex 15,2[20], der erste Beleg innerhalb dieses Abschnittes, geht von einer Offenbarung Gottes am Schilfmeer aus.

„Dies ist mein Gott" (Ex 15,2) – R. Elieser sagt: Woher sagst du, daß eine Magd am Meer sah, was Jesaja und Ezechiel nicht sahen, denn es heißt: „Und durch die Propheten zeige ich mich ähnlich"[21] (Hos 12,11). Und es ist geschrieben: „Es öffneten sich die

---

[19] Ein weiteres Indiz für eine Betonung der Vorstellung der Königsherrschaft Gottes findet sich im unmittelbaren Kontext unserer Auslegung, nämlich in dem vorausgehenden Dictum von R. Meir, auf das der oben zitierte Text von R. Juda eine Entgegnung darstellt. bSot 37a erzählt, daß die Stämme am Meer um das Vorrecht stritten, wer als erster ins Meer hinabsteigen dürfe. Als Benjamin aufspringt und losrennen will, wird er von Juda mit Steinen beworfen; für seinen Eifer wird Benjamin damit belohnt, daß einst das Heiligtum auf seinem Gebiet stehen wird. Wiederum bietet MekhY eine erweiterte Fassung, die das Motiv der Königsherrschaft Gottes in einem Königsgleichnis anklingen läßt. Nachdem vom Steinewerfen Judas erzählt wird, heißt es: „Ein Gleichnis: Womit ist die Sache zu vergleichen? Einem König von Fleisch und Blut, der zwei Söhne hatte, einen älteren und einen jüngeren. Als er nachts in sein Zimmer ging, sprach er zu dem jüngeren: Laß mich beim Erstrahlen der Sonne aufstehen; und zum älteren sprach er: Laß mich zur dritten Stunde aufstehen. Da kam der jüngere, um ihm bei Erstrahlen der Sonne zu wecken, der ältere ließ ihn nicht. Er sprach zu ihm: Er hat mir nur gesagt: Beim Erstrahlen der Sonne. Während sie schreiend dastanden, erwachte ihr Vater. Er sprach zu ihnen: Meine Söhne, ihr wart beide nur auf meine Ehre bedacht, so will ich euch meinen Lohn nicht vorenthalten." Ausgehend vom Gleichnis erzählt die Mekhilta nicht nur – wie bSot 37a – vom Lohne Benjamins, sondern auch vom Lohne Judas und leitet so zur Auslegung über das Verdienst Nachschons, die oben dargestellt wurde, über. Zur Vorstellung vom Heiligtum auf dem Gebiete Benjamins vgl. SifDev wezot haberakha § 352 (S. 412f.); MidrTann zu Dtn 33,12 (S. 216); BerR 99,1 (184b).

[20] Vgl. MekhSh zu Ex 15,2 (S. 78); LeqT zu Ex 15,2 (46b); Sekhel Tov zu Ex 15,2 (S. 192); MHG Shem S. 292.

[21] So das Verständnis des Midrasch; zur Übersetzung vgl. A. GOLDBERG: Untersuchungen über die Vorstellung von der Schekhinah in der frühen rabbinischen Literatur – Talmud und Midrasch – (SJ 5), Berlin 1969, S. 211.

Himmel und ich sah Gesichte Gottes" (Ez 1,1). Ein Gleichnis von einem König von Fleisch und Blut, der eine Stadt betritt. Ein Kreis von Wachen umgibt ihn, Helden sind zu seiner Rechten und zu seiner Linken, und Heere sind vor ihm und hinter ihm. Da fragten alle: Welches ist der König? Denn er ist Fleisch und Blut wie sie. Aber als sich der Heilige, gepriesen sei er, am Meer offenbarte, da mußte keiner von ihnen fragen: Welches ist der König? Denn als sie ihn sahen, da erkannten sie ihn und alle öffneten ihre Münder und sagten: „Dies ist mein Gott, und ich will ihn preisen."

Während durch das Verb דמה in Hos 12,11 und durch das Substantiv מראות in Ez 1,1 angedeutet wird, daß es sich bei den Visionen der Propheten nicht um Gottes eigentliche Gestalt, sondern um eine bestimmte Erscheinungsform handelt, lag am Meer ein direktes, „eigentliches" Sehen Gottes vor[22]. Das Sehen der Propheten ist also mangelhaft im Vergleich mit der Offenbarung Gottes vor dem ganzen Volk[23]. Exegetische Grundlage für diese Behauptung bildet die Verwendung des Demonstrativpronomens זה, das als Hinweis auf einen konkreten Akt des Zeigens[24] dient und auf eine direkte Offenbarung Gottes hindeuten soll[25]. Wenn der Terminus שפחה – ‚Magd' als Subjekt des Sehens genannt wird, so ist dies als Pars pro toto für die Gesamtheit der Israeliten[26] zu verstehen und zeigt, daß sogar die geringsten unter den aus Ägypten Ausziehenden Gott[27] schauen durften[28]. In diesem Sinne rezipieren auch spätere Midraschim diese Tradition. So heißt es im Midrasch Sekhel Ṭov zu Ex 15,2 (S. 192):

... Sogar die kleinen Kinder und Säuglinge sahen die Herrlichkeit ihres Schöpfers und sie zeigten auf ihn mit dem Finger und sagten: „Dies ist mein Gott."[29]

---

[22] Vgl. Joh 1,18; 4,37.

[23] Der ausführlichere Text Sekhel Ṭov zu Ex 15,2 (S. 192) erklärt den Unterschied des Sehens der Propheten und des Volkes mit dem Hinweis, daß die Propheten die Seraphen und die Heiligen Tiere rechts und links von Gott sahen und deshalb seine Herrlichkeit nicht erkannten.

[24] Vgl. das entsprechende Auslegungsmuster in MekhY pisḥa I (S. 6) zu Ex 12,2: „‚Dieser Monat soll euch [der erste Monat sein]' (Ex 12,2) ... R. Akiba sagt: Dies ist eines von den drei Dingen, mit denen sich Mose schwer tat, und die ihm der Heilige, gepriesen sei er, mit dem Finger zeigte. Ebenso: Man sagt: ‚Und diese sollen euch unrein sein' (Lev 11,29). Ebenso: ‚Und dies ist das Werk der Menora' (Num 8,4) ..."; weitere Textbeispiele und Parallelen vgl. B. EGO: Im Himmel wie auf Erden. Studien zum Verhältnis von himmlischer und irdischer Welt im rabbinischen Judentum (WUNT 2. Reihe 34), Tübingen 1989, S. 29ff. – G. STEMBERGER: Zur Datierung der Mekhilta, S. 89–91.

[25] Vgl. den Kommentar Middot Soferim z. St., der der geistigen Schau der Propheten die physische Schau der Israeliten gegenüberstellt.

[26] So auch K. A. PLANK: Reigning Victim, Threatend King. An Exploration of the King Parables of Shirta, in: Judaica 35 (1979), S. 172–182, hier: S. 176.

[27] Vgl. Ex 12,38.

[28] Siehe a. ARN B § 45 (Schechter, S. 125): „Nachdem sie (= Israel) Ägypten verlassen hatten, war sogar eine Magd weiser als er (= Bileam)." J. GOLDIN: The Song at the Sea, London/New Haven 1971, S. 112, vertritt die Ansicht, es handle sich sogar um eine nichtjüdische Magd.

[29] Zum Motiv des Zeigens mit dem Finger vgl. auch ShirR 3,7 (21d); Sekhel Ṭov zu Ex

Durch die direkte Offenbarung Gottes wird das Geschehen am Meer in die Nähe des Sinaiereignisses gerückt. Im Abschnitt *baḥodesh III (S. 212) zu Ex 19,11* erzählt die Mekhilta:

„Vor den Augen des ganzen Volkes" (Ex 19,11) – Das lehrt, daß sie in jener Stunde sahen, was Jesaja und Ezechiel nicht sahen. Denn es heißt: „Und durch die Propheten zeige ich mich ähnlich" (Hos 12,11)[30].

Die Direktheit der göttlichen Offenbarung wird im folgenden durch ein Maschal veranschaulicht. Auffällig ist die Form des Kontrastgleichnisses[31]. Während gewöhnlich bei einem direkten Gleichnis die Ähnlichkeit und Parallelität zwischen Bild- und Sachhälfte zur Veranschaulichung eines Sachverhalts dient[32], basiert diese Art des Gleichnisses auf der Differenz und dem Kontrast zwischen diesen beiden Teilen und bringt so die Herrlichkeit Gottes und die „Prävalenz der oberen Sphäre über die untere Sphäre" zum Ausdruck[33]. Das Bild von Gott als König wird zwar benutzt, aber durch diese Form des Gleichnisses in seiner Unzulänglichkeit transzendiert, so daß diese Gattung, die nur in der rabbinischen Literatur vorkommt, geradezu als Pendant zur „negativen Theologie"[34], die um ein angemessenes Reden von Gott ringt, verstanden werden kann. In diesem Kontext, der durch die Schilderung der direkten Offenbarung Gottes zunächst doch sehr starke anthropomorphe Züge trägt, wirkt die Verwendung einer solchen Form geradezu als Korrektiv[35].

14,19 (S. 181); MTeh zu Ps 68,27 (160b). Während die obengenannten Texte ganz Israel als Subjekt der Verkündigung von Ex 15,2 betrachten, gehen andere Überlieferungen davon aus, daß nur die Frauen bzw. die kleinen Kinder diesen Vers sprachen. Vgl. bSot 11b: Unter dem Motto: Durch das Verdienst der frommen Frauen jenes Zeitalters wurden die Israeliten aus Ägypten erlöst, heißt es am Abschluß mehrerer Beispiele: „Als der Heilige, gepriesen sei er, sich ihnen am Meer offenbarte, da erkannten sie ihn zuerst, denn es heißt: ‚Dies ist mein Gott, ich will ihn preisen' (Ex 15,2); vgl. MTeh zu Ps 68,27 (160b); MTeh zu Ps 121,3 (254a): die kleinen Kinder als Subjekt.

[30] Vgl. DevR 7,8 (114b): „Der geringste Mann sah in den Tagen Moses, was Ezechiel, dem größten der Propheten, nicht gewährt wurde. [Die Männer in den Tagen Moses] waren Männer, mit denen die Schekhina von Angesicht zu Angesicht sprach, denn es heißt: ‚Von Angesicht zu Angesicht redete der Herr mit euch' (Dtn 5,4)." Zum Text und seinen Parallelen vgl. A. GOLDBERG: Schekhinah, S. 121; vgl. ferner ibid. S. 263.

[31] Zur Gattung des Kontrastgleichnisses T. THORION-VARDI: Das Kontrastgleichnis in der rabbinischen Literatur (Judentum und Umwelt 16), Frankfurt a. M. 1986.

[32] Aufgrund dieser direkten Entsprechung ist die Sachhälfte zum Verständnis eines solchen Gleichnisses nicht obligatorisch; vgl. T. THORION-VARDI: Das Kontrastgleichnis, S. 8.

[33] T. THORION-VARDI: Das Kontrastgleichnis, S. 8 ff. 134 ff.

[34] Hierzu J. HOCHSTAFFEL: Negative Theologie. Ein Versuch zur Vermittlung des patristischen Begriffs, München 1976. Der Terminus als solcher wurde erst im 5. Jh. von Dionysios Areopagita geprägt; vgl. ibid. S. 13.

[35] Zur Spannung zwischen der Bildlosigkeit Gottes und der Tendenz zur anthropomorphen Rede von Gott vgl. G. SCHOLEM: Von der mystischen Gestalt der Gottheit. Studien zu Grundbegriffen der Kabbala, Frankfurt 1977, S. 7 ff.

Ein solches Bewußtsein um die Problematik einer angemessenen Rede von Gott formuliert auch *MekhY shirata I (S. 119) zu Ex 15,1:*

Wenn ein König von Fleisch und Blut in eine Stadt einzieht, rühmen alle vor ihm, er sei stark, obwohl er schwach ist; er sei reich, obwohl er arm ist; er sei barmherzig, obwohl er grausam ist; er sei ein Richter, er sei treu, obwohl nicht eine von allen diesen Eigenschaften an ihm ist, sondern alle schmeicheln ihm.

Aber er, der sprach und die Welt ward, ist nicht so, sondern was alles man auch an ihm rühmt, er ist mehr als sein Ruhm.

2.2 Gottes politische Herrschaft

MekhY shirata IX (S. 146) zu Ex 15,14[36], die nächste Traditionseinheit im Abschnitt *shirata,* die das Motiv der Königsherrschaft behandelt, siedelt diese Vorstellung im politischen Bereich an.

„Es hörten die Völker, sie erzürnten" (Ex 15,14). Als die Völker hörten, daß der Heilige, gepriesen sei er, das Horn der Israeliten in die Höhe hob und sie in das Land hineinbrachte, da begannen sie zu zürnen. Es sagte zu ihnen der Heilige, gepriesen sei er: Toren in der Welt! Wie viele eurer Könige haben regiert, und Israel hat nicht gezürnt! Denn es heißt: „Und dies sind die Könige, die im Lande Edom regierten" (Gen 36,31). Und wie viele eurer Herrschaften herrschten, und Israel hat nicht gezürnt! Denn es heißt: „Fürst Lotan, Fürst Schobal" (Gen 36,29). Und jetzt zürnt ihr? So werde auch ich euch einen Zorn geben, an dem kein Wohlgefallen ist, denn es heißt: „Der Herr ist König geworden, es zürnen die Völker" (Ps 99,1).

Wie bereits im Meerlied angelegt, verbindet diese Auslegung die Herausführung und Errettung aus Ägypten mit der Hineinführung der Israeliten ins Land[37]. Gottes Herrschaftserweise werden analog zur politischen Herrschaft der Völker bzw. Israels verstanden. Entscheidend für die Interpretation des gesamten Abschnittes ist die Auslegung von Ps 99,1. Deutet man Ps 99,1 eschatologisch, so impliziert dieser Midrasch einen Qal-wa-chomer-Schluß[38]: Wenn die Völker bereits bei Israels Herrschaftsantritt so zürnen, um wieviel größer wird ihr Zorn dann sein, wenn einst Gott seinen Herrschaftsanspruch verwirklichen wird[39]. Die beiden Satzglieder von Ps 99,1 sind somit kausal

---

[36] Vgl. LeqT zu Ex 15,14 (49a): kürzer; ohne das Motiv vom Königtum Gottes; Sekhel Ṭov zu Ex 15,14 (S. 197): ausführlicher; am Schluß: „auch ich werde meine Königsherrschaft einzig machen und euch erzürnen..."; MHG Shem 13. 308.

[37] N. LOHFINK: Das Siegeslied am Schilfmeer. Christliche Auseinandersetzungen mit dem Alten Testament, Frankfurt a. M. 1965, S. 120. – M. NOTH: Das Zweite Buch Moses. Exodus (ATD 5), Göttingen 1959, S. 99. – B. S. CHILDS: Exodus (The Old Testament Library) London 1974, S. 252. – J. MUILENBURG: A Liturgy of the Triumphs of Jahwe, in: Studia Biblica et Semitica. T. C. Vriezen Dedicta, Wageningen 1967, S. 238–250, hier: S. 245.

[38] Hierzu H. L. STRACK/G. STEMBERGER: Einleitung in Talmud und Midrasch, S. 28.

[39] In diesem Sinne interpretiert J. GOLDIN: The Song at the Sea, S. 217 diesen Text: „That

aufeinander zu beziehen[40]: Weil Gott König geworden ist, werden die Völker zürnen. Umgekehrt läßt das Toben der Völker aber auch auf die Macht Gottes schließen. So wie der Zorn der Völker beim Antritt der Königsherrschaft Gottes weitaus größer sein wird als beim Antritt Israels, so wird Gottes Herrschaft auch alle anderen Herrschaften übertreffen.

Auch andere frühe Midraschim beziehen Ps 99,1 auf ein zukünftiges Geschehen. So heißt es z. B. in MidrTann zu Dtn 32,43 (S. 203):

„Preiset, ihr Heiden, sein Volk" (Dtn 32,43) – Einst werden die Völker der Welt zittern, bald[41] wenn die Erlösung kommt für Israel, denn es heißt: „Der Herr ist König geworden, es zittern die Völker" (Ps 99,1). Aber das ist nicht der Anfang für sie, sondern sie zitterten schon vorher, denn es heißt: „Die Völker hörten und erzitterten" (Ex 15,14)[42].

Den Aspekt der künftigen Herrschaft Gottes behandelt auch *MekhY shirata X (S. 149f.) zu Ex 15,17*[43]. Wenn auch der Begriff מלך bzw. מלכות nicht explizit genannt wird, so steht diese Auslegung durch das Stichwort ‚Thron', das dem Wortfeld ‚König' zuzuordnen ist, doch in direktem Bezug zur Königsherrschaft Gottes[44].

„Eine Stätte (מכון) dir zur Wohnung" (Ex 15,17) – [Lies:] ausgerichtet (מכוון) zu deiner Wohnung. Dies ist einer der Belege dafür, daß der Thron unten ausgerichtet ist gegenüber dem Thron oben, denn so heißt es: „Der Herr ist in seinem heiligen Tempel, des Herrn Thron ist im Himmel" (Ps 11,4) und es heißt: „So habe ich denn wirklich gebaut ein Wohn-Haus für dich, eine Stätte dir zur Wohnung (מכון לשבתך) für immer" (I. Reg 8,13)[45].

Die Auslegung dieses Textes basiert auf einem Al-Tiqre-Midrasch: Anstelle von מכון – ‚Stätte' – ist das Partizip Puʿal מכוון – ‚ausgerichtet gegenüber' zu lesen, so daß Ex 15,17 folgendermaßen wiederzugeben ist: „Du wirst sie hineinbringen und einpflanzen auf dem Berge deines Erbbesitzes, ausgerichtet gegenüber deiner Wohnung, die du, Herr, gemacht hast, das Heiligtum, Herr,

---

is, in the Future, when God's full triumph will be manifest and Israel's ultimate redemption will have taken place..."

[40] Zu dieser Auslegungsmethode vgl. J. HEINEMANN: Darkhe ha-aggada, Jerusalem 1959/60, S. 136.

[41] Wörtlich: morgen.

[42] Vgl. auch die Parallele SifDev § 333 (S. 382); ferner: MTeh zu Ps 99,1 (212a): „‚Der Herr ist König geworden, es zittern die Völker' (Ps 99,1) – R. Juda sagte im Namen R. Samuels: Die ganze Zeit, da Israel im Exil ist, da ist die Königsherrschaft des Himmels nicht vollkommen, und die Völker der Welt sitzen in Sicherheit. Aber wenn Israel erlöst ist, dann ist die Königsherrschaft des Himmels vollkommen. Dann werden die Völker der Welt erzittern. Denn [es heißt]: ‚Der Herr ist König geworden, es zittern die Völker'" (Ps 99,1).

[43] Vgl. MHG Shem S. 310.

[44] Vgl. Jes 6,1; 66,1; Jer 3,17; 17,12; Ez 1,26; Ps 9,5.8; 47,9 u. ö. Vgl. J. A. SOGGIN: Art. מלך – König, Sp. 908–920. Ferner: O. CAMPONOVO: Königtum, S. 2.

[45] Vgl. LeqT zu Ex 15,17 (50a); Sekhel Tov zu Ex 15,17 (S. 199); S. 199; MekhSh S. 99; MHG Shem S. 310. Zur Auslegung des Textes B. EGO: Im Himmel wie auf Erden, S. 73 ff.

das deine Hände bereitet haben." Der synonyme dreigliedrige Parallelismus membrorum, der das Heiligtum in seiner himmlisch-irdischen Doppeldimension[46] beschreibt, wird durch diesen semantischen Eingriff in seine einzelnen Bestandteile zerlegt und in einen antithetischen Parallelismus membrorum verwandelt, bei dem allerdings die beiden letzten Glieder weiterhin in einem synthetischen Verhältnis zueinander stehen. Der Berg des Erbbesitzes – der Zion[47] – liegt, auf einer senkrechten Linie gedacht, genau gegenüber von Gottes himmlischer Wohnung, die er – im Gegensatz zum irdischen, von Menschenhand errichteten Tempel – mit seinen eigenen Händen errichtet hat. Dieses Auslegungsmuster, mit dessen frühtannaitischem Ursprung zu rechnen ist, findet sich in zahlreichen Belegen der rabbinischen Literatur[48]; letztendlich fungiert die Vorstellung, um die Heiligkeit des Zion durch diese vertikale Fixachse gleichsam kosmologisch zu verankern. Charakteristisch für den hier vorliegenden Text ist die Verwendung des Terminus ‚Thron'. Während die anderen Auslegungen zu Ex 15,17 in der Regel von der lokalen Gegenüberstellung vom himmlischen und irdischen Heiligtum oder Allerheiligsten sprechen, ist *MekhY shirata X* mit den davon abhängigen Traditionen SekhT zu Ex 15,17 (S. 199) und MekhSh zu Ex 15,17 (S. 99) der einzige Text, der sich auf das Motiv vom himmlischen Thron Gottes beschränkt[49]. Für die Mekhilta scheint bei der Vorstellung vom Heiligtum der Aspekt der göttlichen Herrschaft im Vordergrund zu stehen; sowohl der himmlische als auch der irdische Tempel gelten als der Palast Gottes[50]; unter dem irdischen Thron Gottes dürfte wohl die Lade zu verstehen sein[51]. Meinen die anderen Auslegungen zu Ex 15,17 die Ortsheiligkeit des Zion generell, die durch die Fixachse zwischen himmlischem und irdischem Tempel angesichts der römischen Besatzung für die zukünftige Zeit der Erlösung bewahrt werden soll, so steht für Ex 15,17 mit dem Stichwort ‚Thron' der politische Aspekt des Geschehens im Vordergrund. Komposito-

---

[46] Hierzu M. METZGER: Irdische und himmlische Wohnstatt Jahwes, in: UF 2 (1970), S. 139–158, hier: S. 149.

[47] So B. S. CHILDS: Exodus, S. 253. – J. MUILENBURG: A Liturgy of the Triumphs of Jahwe, S. 245. Vgl. dagegen aber M. NOTH: Das Zweite Buch Mose, S. 100.

[48] Vgl. die Zusammenstellung bei B. EGO: Im Himmel wie auf Erden, S. 73ff.

[49] In ShirR 3,9 (22b) erscheint das Motiv im Rahmen einer allegorischen Auslegung zu Cant 3,9 in Verbindung mit dem Motiv vom himmlischen Allerheiligsten; veranlaßt wurde dies durch den Terminus מלך in Cant 3,9. Der Midrasch von den sieben Dingen, die vor der Welt erschaffen wurden (bPes 54a par), nennt den Thron der Herrlichkeit getrennt vom himmlischen Tempel; die sekundär erfolgte Verbindung mit der oben dargestellten Auslegung zu Ex 15,17 knüpft nicht an das Thronmotiv, sondern an das Motiv vom himmlischen Heiligtum und den damit verbundenen Schriftvers Jer 17,12 an.

[50] Vgl. auch die Verwendung des Terminus היכל; hierzu: M. OTTOSON: Art. היכל, in: ThWAT II, Stuttgart u. a. 1977, Sp. 408–415.

[51] Vgl. z.B. Tan wayaqhel 7 (169a/b): „Denn das Heiligtum oben ist ausgerichtet gegenüber dem Heiligtum unten, und die Lade ist ausgerichtet gegenüber dem Thron der Herrlichkeit oben."

risch führt diese Auslegung durch die Verwendung des Terminus ‚Thron', der das Motiv des Heiligtums mit der Vorstellung vom Königtum Gottes verknüpft, auf die Interpretationen zu Ex 15,18 hin. *MekhY shirata X (S. 150) zu Ex 15,17*[52], die letzte Auslegung zu Ex 15,17, leitet zu den verschiedenen Interpretationen von Ex 15,18 über, wobei Ex 15,17c das Lemma bildet.

„Das Heiligtum, Herr, das deine Hände bereitet haben" (Ex 15,17) – Geliebt ist das Heiligtum vor dem Heiligen, gepriesen sei er. Als der Heilige, gepriesen sei er, seine Welt erschuf, da erschuf er sie nur mit seiner einen Hand, denn es heißt: „Meine Hand hat die Erde gegründet" (Jes 48,13). Aber wenn er kommt, um das Heiligtum zu erbauen, da [erschafft] er es – wenn man so sagen kann – mit zwei Händen, denn es heißt: „Das Heiligtum, das deine Hände bereitet haben"[53]. „Der Herr wird König sein" (Ex 15,18)[54]. Wann? Wenn du es mit deinen Händen erbauen wirst.

Ein Gleichnis von Räubern, die in den Palast des Königs eindrangen. Sie plünderten seine Güter, erschlugen die Familie des Königs und zerstörten den Palast des Königs. Nach einer Zeit saß der König über sie zu Gericht. Einige ließ er ergreifen, einige erschlagen, einige kreuzigen und wohnte wieder in seinem Palast. Und dann wurde seine Königsherrschaft in der Welt[55] anerkannt. Deshalb heißt es: „Das Heiligtum, Herr, das deine Hände bereitet haben" (Ex 15,17).

Jes 48,13 belegt zunächst durch Verwendung des Singulars ידי, daß Gott seine Welt mit e i n e r Hand erschaffen habe; demgegenüber steht die pluralische Form in Ex 15,17c, aus der geschlossen wird, daß die Erbauung des Heiligtums durch z w e i Hände erfolgt und der Tempel somit geliebter ist als die Welt[56]. Wenn die Vorstellung vom Heiligtum als imago mundi, nach der der Tempel die einzelnen Teile der Welt repräsentiert und geradezu als eine Verdichtung der Weltordnung beschrieben werden kann, auf der letztlich die gesamte Schöpfung gründet[57], auch eine solche Wertschätzung des gegenwärtigen (bzw. bereits zerstörten Heiligtums) durchaus möglich erscheinen läßt, so legt

---

[52] Vgl. Sekhel Tov zu Ex 15,17 (S. 199) (ohne Gleichnis): ... Wann? Wenn seine Königsherrschaft auf der ganzen Welt bekannt sein wird; MekhSh zu Ex 15,17 (S. 100); LeqT zu Ex 15,17 (50a).

[53] Hier endet zunächst die Version in MHG Shem S. 310; das Gleichnis wird erst nach einem kurzen Einschub tradiert. Dadurch erscheint V. 17 von V. 18 in der Auslegung getrennt, so daß V. 17 nicht eschatologisch verstanden wird; vgl. unten Anm. 53.

[54] So der Vorschlag in der Ausgabe HOROVITZ/RABIN, Anm. z. St. Während im Textus receptus die Zitation von Ex 15,18 fehlt, hat Ms. München diesen Vers eingefügt.

[55] בעולם mit Ms. München. Der Druck hat לעולם – in Ewigkeit.

[56] Vgl. ARN A § 1 (SCHECHTER, S. 8) mit demselben Auslegungsmuster: Sowohl Adam als auch der Tempel wurden mit zwei Händen geschaffen.

[57] Hierzu M. ELIADE: Das Heilige und das Profane. Vom Wesen des Religiösen, Hamburg 1957, S. 26. – R. E. CLEMENTS: Tempel and Land: A Significant Aspect of Israel's Worship, in: Glasgow Oriental Society Transactions 18 (1961–1962), S. 16–18. – J. R. BROWN: Temple and Sacrifice in Rabbinic Judaism (The Winslow Lectures 1963) Evanston 1963, S. 7. – G. WIDENGREN: Aspetti simbolici dei Templi e Luoghi di Culto del Vicino Oriente Antico, in: Numen 7 (1960), S. 1–25.

der Abschluß der Auslegung doch ein futurisches Verständnis von Ex 15,17 nahe[58]. Das Imperfekt in Ex 15,18, das auf aspektualer Grundlage ursprünglich als Durativ aufzufassen ist, wird vom Midrasch temporal verstanden und als Futur interpretiert[59]. Die Auslegung bezieht V. 17c direkt auf V. 18[60] und liest diese beiden Verse im Sinne eines Parallelismus membrorum, so daß das futurische Verständnis von V. 18 auch für V. 17c gilt; das Perfekt ist somit als Perfectum propheticum zu deuten. Die Errichtung des zukünftigen, eschatologischen Heiligtums, das – wie das bereits in der Gegenwart bestehende himmlische Heiligtum – nicht mit menschlichen Händen gemacht ist[61], und die endgültige Durchsetzung von Gottes Königsherrschaft entsprechen einander und gehören zusammen; Gottes Heiligtum ist sein Herrschaftspalast, in dem er einst residieren wird. Ein Königsgleichnis verdeutlicht diese Ausführungen und verweist in seiner Realistik[62] auf den historischen Bezug der Auslegung und seine politische Brisanz. Gottes Königsherrschaft steht in direkter Opposition zur Herrschaft Roms und ist mit ihr nicht vereinbar. Die Zerstörung des Tempels – hier im Gleichnis als Palast des Königs bezeichnet – bedeutet das vorläufig-scheinbare Ende der Herrschaft Gottes in politischer Hinsicht; Gott wird jedoch in seiner Gerechtigkeit[63] seine und Israels Feinde bestrafen und seinen Herrschaftsanspruch für alle Zeiten durchsetzen.

Wie diese Auslegung versteht auch die Fortsetzung *MekhY shirata X (S. 150f.) zu Ex 15,18*, die freilich nur eine von verschiedenen zeitgenössischen Deutungen ist[64], die Verbform ימלוך als Futur[65].

---

[58] Dementsprechend auch die Übersetzung, die בא nicht als 3.pers.perf., sondern als part.präs. interpretiert; so auch J. GOLDIN: The Song at the Sea, S. 237. Die unterschiedlichen syntaktischen Strukturen der beiden Sätze spricht ebenfalls für diese Annahme. Vgl. aber die Übersetzung von J. Z. LAUTERBACH: Mekilta de-Rabbi Ishmael II, S. 79 und von J. WINTER und AUG. WÜNSCHE: Mechilta, S. 144.

[59] Zu den verschiedenen Zeit- und Aspektstufen vgl. R. MEYER: Hebräische Grammatik, Bd. III: Satzlehre, Berlin/New York ³1972, S. 39ff. – W. GESENIUS/E. KAUTZSCH: Hebräische Grammatik, Hildesheim 1977 (= Leipzig 1909); S. 319ff.

[60] So auch K. A. PLANK: Reigning Victim, Threatened King, S. 19.

[61] Vgl. Mk 14,58; hierzu A. M. SCHWEMER: Irdischer und himmlischer König. Beobachtungen zur sogenannten David-Apokalypse in Hekhalot Rabbati §§ 122–126, 346f. mit weiteren Literaturangaben.

[62] Vgl. M. HENGEL: Die Zeloten. Untersuchungen zur jüdischen Freiheitsbewegung in der Zeit von Herodes I. bis 70 n. Chr. (AGJU 1), Leiden/Köln ²1976, S. 41, Anm. 2: ,,...„die Einzelheiten des Gleichnisses lassen vermuten, daß die Erinnerung an die Eroberung Jerusalems noch lebendig ist".

[63] Auf die Verbindung von Gottes Königtum mit seiner Gerechtigkeit verweist auch M. KADUSHIN im Rahmen seines Konzeptes des ‚organic thinking'; vgl. M. KADUSHIN: The Rabbinic Mind, New York 1952, S. 19.

[64] Zum ersten Teil der Auslegung vgl. LeqT zu Ex 15,18 (50a); MHG Shem S. 311.

[65] Vgl. dagegen LXX, die das Qal impf. mit einem Part.Präs. wiedergibt, sowie die verschiedenen Targumversionen, die das Verb durch das Abstraktum מלכותא ersetzen und sowohl den gegenwärtigen als auch den zukünftigen Aspekt der Gottesherrschaft hervorheben. TN zu Ex 15,18: „... Dem Herrn ist die Königsherrschaft seit Ewigkeit in alle Ewigkeit";

"Der Herr wird König sein für immer und ewig" (Ex 15,18). R. Jose, der Galiläer, sagte: Wenn Israel am Meer gesagt hätte: Der Herr ist König geworden (מלך) für immer und ewig, dann hätte niemals irgend eine Nation oder irgendein Volk über sie geherrscht. Aber sie sagten: Der Herr wird König sein für immer und ewig – in der Zukunft. [Aber jetzt über[66]] dein Volk[67], die Schafe deiner Weide[68], die Nachkommenschaft Abrahams, deines Freundes[69], die Söhne Isaaks, deines Einzigen[70], die Gemeinde Jakobs, deines Sohnes, deines Erstgeborenen[71], der Weinstock, den du aus Ägypten losgerissen[72] und der Stock, den deine Rechte gepflanzt[73] hat[74].

Während es in der vorigen Passage um eine Verhältnisbestimmung von Gottes Königtum zur Herrschaft der Weltvölker ging und die zukünftige Durchsetzung der göttlichen Herrschaft geradezu als Skopus der Auslegung verstanden werden konnte, fragt der nun vorliegende Text nach einer Begründung dieses Sachverhaltes; es geht gleichsam um die Tiefendimension der Tatsache, warum Gott noch nicht der uneingeschränkte Herrscher über die Welt ist. Die Verantwortung für die gegenwärtige Unterdrückung liegt weder in der Schwäche Gottes noch in der Übermacht der Feinde. Es ist zwar das Verdienst Israels, daß es Gottes Königtum als erstes proklamiert hat, Israels Versagen besteht jedoch darin, nicht von einer bereits gegenwärtig-bestehenden Herrschaft gesprochen zu haben. Die Verantwortung für die gegenwärtigen politischen

---

TPsJ zu Ex 15,18: »Denn ihm ist die Krone der Königsherrschaft, und er ist der König der Könige in dieser Welt und ihm ist die Königsherrschaft in der kommenden Welt, und ihm ist sie und wird sie sein in Ewigkeit...«; vgl. auch die verschiedenen Rezensionen des Fragmententargums; zum Ganzen O. CAMPONOVO: Königsherrschaft S. 404. Vgl. ferner Pesiqta Hadeta (BHM VI, S. 49): „Der Herr hat mit Weisheit die Erde gegründet, er hat mit Weisheit die Himmel gefestigt.' Wie? Denn jeden Morgen steht ein Engel vor ihm und sagt: Der Herr war König, der Herr ist König, der Herr wird König sein auf immer und ewig." Die Peschitta folgt in ihrer Übersetzung dem masoretischen Text.

[66] So der Vorschlag in der Ausgabe von HOROWITZ/RABIN nach Sekhel Tov zu Ex 15,18 (S. 199f.): „Sie sagten: Jetzt wird deine Königsherrschaft nur anerkannt über dein Volk und die Schafe deiner Weide. Warum? Denn es kam das Pferd des Pharao"; vgl. MekhSh zu Ex 15,18 (S. 100): „Aber wir sind dein Volk, dein Erbbesitz, das Vieh deiner Weide..."; vgl. Yalq I § 253 (77d).
[67] Ex 15,16.
[68] Ps 79,13; Ps 100,3; Ez 34,31.
[69] Vgl. 2. Chr 20,7; vgl. Jes 41,8. L. GINZBERG: Legends of the Jews, Bd. 5, S. 207.
[70] Gen 22,2.12.16.
[71] Ex 4,22.
[72] Ps 80,9.
[73] Ps 80,16.
[74] So die einzelnen Elemente in der Ausgabe HOROWITZ/RABIN; vgl. dagegen Midrash Hakhamim und Yalq I § 253 (77d): „Dein Volk, deine Herde, die Schafe deiner Weide..."; Ms. München liest: „Dein Volk, deine Herde, deine Schafe, die Schafe deiner Weide..." Dieser letzten Lesart schließen sich J. Z. LAUTERBACH: Mekilta II, S. 80 und J. GOLDIN: The Song at the Sea, S. 242 an. Die Wiederholung des Begriffs ‚Schafe' scheint allerdings auf einer Dittographie zu beruhen, so daß von diesen beiden Versionen die Lesart des Midrash Hakhamim wahrscheinlicher ist. Demgegenüber ist allerdings aufgrund der großen Bedeutung der Siebenzahl in der Reihung die Version von HOROWITZ/RABIN vorzuziehen.

Verhältnisse sind letztendlich Israel allein zuzuschreiben[75]: Hätte es am Meer Gottes bereits bestehende Herrschaft proklamiert, so wäre keine Nation in der Lage gewesen, jemals über Israel zu herrschen[76]. Der gegenwärtigen „Nichtherrschaft" Gottes im politischen Bereich steht nun aber Gottes Beziehung zu Israel gegenüber. Israel, das Volk Gottes, ist für die gegenwärtige Zeit der Fremdherrschaft Gottes Herrschaftsraum. Auffällig ist der Duktus dieses kleinen Abschnittes, der die Epitheta für Israel als Volk Gottes aus dem biblischen Sprachgebrauch[77] schöpft und sich stilistisch durch seine liturgische Diktion[78] ganz erheblich vom Kontext unterscheidet. Nach J. Goldin ist dieser Abschnitt nicht mehr dem Ausspruch R. Joses, dem Galiläer, zuzurechnen, sondern sekundär angefügt.

Zur Bezeichnung Israels werden ehrende und auszeichnende Epitheta verwendet, die die Beziehung zwischen Gott und Israel in Metaphern der Sorge und Liebe Gottes[79] beschreiben; verstärkt wird diese Aussage einer engen Bindung zwischen diesen beiden Größen durch die schon fast monoton anmutende Verwendung des Possessivsuffixes der 2.Pers.Sing., das in fast allen Gliedern dieser kleinen poetischen Einheit mindestens einmal erscheint[80].

Nach dem einführenden und umfassenden Terminus עם, der von der Terminologie in Ex 15,13.16 ausgeht, greift dieser Abschnitt zunächst auf die Metapher von Gott als Hirten zurück. Wenn Israel anschließend in Relation zu seinen Vorvätern beschrieben wird, so leuchtet die geschichtliche Dimension des Verhältnisses zwischen Gott und Israel und dessen Kontinuität auf. So wie Gott der Gott Abrahams, Isaaks und Jakobs war, so ist er auch der treue Gott ihrer Nachkommen. Die letzten beiden Glieder verwenden das Bild von Israel als Weinstock, den Gott hegt und pflegt. Mit dieser Metapher wird sowohl die Errettung aus Ägypten als auch die Hineinführung ins Land verbildlicht; zudem führt sie wieder zum Thema des Meerliedes zurück und knüpft an

---

[75] Vgl. bMen 53b: „R. Isaak sagte: Als der Tempel zerstört wurde, traf der Heilige, gepriesen sei er, Abraham im [himmlischen] Tempel stehend. Da sprach er zu ihm: Was sucht mein Geliebter in meinem Haus? Er sagte: Ich bin in der Angelegenheit meiner Kinder gekommen. Er sagte: Deine Kinder haben gesündigt und sind vertrieben worden..." Für einzelne Verfehlungen Israels, wegen derer der Tempel zerstört wurde, vgl. bYom 9b und bShab 119b.

[76] Zum Text und seinem historischen Bezug vgl. M. HENGEL: Die Zeloten, S. 114.

[77] Vgl. M. KADUSHIN: The Rabbinic Mind, S. 20.

[78] Vgl. J. GOLDIN: The Song at the Sea, S. 241.

[79] Vgl. M. KADUSHIN: Aspects of the Rabbinic Concept of Israel. A Study in the Mekilta, in: HUCA 19 (1945/46), S. 56–96, hier: S. 71 ff. – M. KADUSHIN: The Rabbinic Mind, S. 20. – A. HESCHEL: Die Prophetie, Krakau 1936, S. 162 f.59 ff.130 ff. – E. URBACH: The Sages – Their Concepts and Beliefs, Jerusalem 1979, Bd. I, S. 536. – P. NAVÉ-LEVINSON: Einführung in die rabbinische Theologie, Darmstadt 1982, S. 46 ff. – G. F. MOORE: Judaism in the First Centuries of the Christian Era. The Age of Tannaim, Bd. I, Cambridge 1927, S. 386 ff.

[80] Die einzige Ausnahme bildet גפן שהסעתה ממצרים; im unmittelbar vorausgehenden Glied erscheint das Possessivpronomen der 2.Pers. ך- dafür gleich zweimal: יעקב בנך בכורך.

dessen Bildwelt an[81]. Der vorliegende Abschnitt ist symmetrisch aufgebaut; im Zentrum stehen die drei Verse von Abraham, Isaak und Jakob, die von jeweils zwei Gliedern mit unterschiedlicher Metaphorik gerahmt werden.

Bezieht man die beiden Teile dieser Auslegung direkt aufeinander, so scheint dieser Text geradezu ein Paradox zu formulieren: Wenn Israel es auch versäumte, am Meer die bereits bestehende Herrschaft Gottes zu proklamieren, so ist es doch Gottes geliebtes Volk. Gottes Königsherrschaft über Israel realisiert sich nicht im Gericht, sondern in der Sorge und im Bewahren.

Die nun folgende Auslegung *MekhY shirata X (S. 151) zu Ex 15,18*[82] leitet zum nächsten Vers über.

„Der Herr wird König sein für immer und ewig" (Ex 15,18). Warum? „Denn es ging hinein das Pferd des Pharao mit Rossen und Wagen und Männern. Und der Herr ließ das Wasser wieder auf sie zurückkommen" (V. 19).

Wie bereits V. 17 und V. 18 werden nun V. 18 und V. 19 direkt aufeinander bezogen. V. 19 begründet die Königsherrschaft Gottes in seinem Handeln an den Ägyptern und an Israel, die Errettung Israels erscheint geradezu als Manifestation der Königsherrschaft Gottes. Durch den Bezug auf die Wasser, über die Gott verfügen kann, ist neben dem Bereich der politischen Feinde auch die Dimension der Chaoselemente im Blick[83]. Gottes Vernichtung der Ägypter begründet sein Königtum; der Auszug aus Ägypten und die Hineinführung in das Land erscheinen als Modell und Vorwegnahme der künftigen Erlösung. Diese Spannung zwischen dem Sichtbarwerden der Gottesherrschaft in der Vergangenheit und ihrer noch ausstehenden endgültigen Durchsetzung ist der Raum, in dem sich Israels Geschichte ereignet.

MekhY shirata X (S. 151) bildet den Abschluß der Auslegungen zu Ex 15,18 im Abschnitt *shirata* und wirkt in seiner knappen, prägnanten Art wie ein Schlußstein, da hier die verschiedenen Aspekte und Differenzierungen der Königsherrschaft elementarisiert und auf das Verhältnis zwischen Gott als Subjekt und den Ägyptern als Objekt reduziert werden. Trotz aller gegenwärtigen Unterdrückung ist Gottes Handeln am Meer als sichtbar-offenkundige Manifestation seiner Königsherrschaft[84] zu verstehen, die alle künftige Erlösung antizipiert und aufscheinen läßt.

Untersucht man den Aufbau der Auslegungen zu Ex 15,18, so kann geradezu von einer doppelten Begründungsstruktur gesprochen werden. Die Aussage,

---

[81] Vgl. spez. Ex 15,17.
[82] Vgl. Sekhel Ṭov zu Ex 15,18 (S. 200).
[83] Vgl. Ps 93; hierzu: JÖRG JEREMIAS: Das Königtum Gottes in den Psalmen, S. 19ff. – H. J. KRAUS: Psalmen (BK XV), 2. Teilband, Neukirchen 1961, S. 649. – H. J. KRAUS: Königsherrschaft Gottes im Alten Testament. Untersuchungen zu den Liedern von Jahwes Thronbesteigung (Beiträge zur historischen Theologie 13), Tübingen 1951, S. 129.132.
[84] Vgl. das Verständnis der Heilungen Jesu in Lk 11,20.

daß Gott der König in der Zukunft sein werde, erfährt eine zweifache Erklärung durch das Geschehen am Schilfmeer. Der negative Aspekt, die gegenwärtige Fremdherrschaft, die mit Gottes Königtum nicht zu vereinbaren ist, wird mit Israels Proklamation der zukünftigen Königsherrschaft erklärt; der letzte Text arbeitet die positive Seite der These heraus und fragt weiter nach dem eigentlichen Geschehen zwischen Gott und den Ägyptern am Meer. Weil Gott sich im Hinblick auf die fremden Völker in dem paradigmatischen Heilsereignis am Schilfmeer gegenüber Israel als König erwiesen hat, wird er sich auch in der Zukunft als König über die ganze Welt erweisen. Diesen Zusammenhang zwischen erfolgter Rettung als Angeld auf die zukünftige Erlösung beschreibt Midrasch Wayosha' (BHM I S. 55) folgendermaßen:

Unsere Lehrer, ihre Erinnerung sei zum Segen, sagten: Es sprach Mose zu Israel: Habt ihr die Zeichen, die Machttaten und die Wunder gesehen, die euch der Heilige, gepriesen sei er, getan hat? Um so mehr wird er euch einst in der Zukunft tun, in dieser Welt und in der kommenden Welt.

Weitere Aussagen der Mekhilta zum Motiv der Königsherrschaft Gottes finden sich in dem auf *shirata* folgenden Abschnitt ʿAmaleq.

3. Der Abschnitt ʿAmaleq: Gottes Krieg gegen die Völker

In ʿAmaleq II (S. 185f.) zu Ex 17,14[85] heißt es:

„Denn austilgen, austilgen werde ich" (Ex 17,14) – ‚austilgen' – in dieser Welt; ‚austilgen werde ich' – in der kommenden Welt. ... „Von unter den Himmeln" (ibid.) ... R. Elieser sagt: Wann wird ihr [scil. der Völker] Name vernichtet werden? In der Stunde, da der Götzendienst und seine Diener ausgerissen sein werden, und Gott einzig sein wird in der Welt und seine Königsherrschaft für ewig sein wird und für alle Ewigkeit (ויהא המקום יחידי בעולם ותהי מלכותו לעולם ולעולמי עולמים).

Und in jener Stunde [gilt]: „Und der Herr wird ausziehen und gegen die Heiden kämpfen" (Sach 14,3), und es heißt: „Und der Herr wird König sein" (Sach 14,9), und es heißt: „Verfolge mit Zorn und vertilge (תשמידם) sie unter den Himmeln des Herrn" (Thr 3,66).

Exegetischer Ansatzpunkt für die hier vorliegende Auslegung ist das doppelte Vorkommen des Verbs ‚austilgen' (מחה) in einer Figura etymologica. Während das erste Wort wohl auf die Vernichtung der Amalekiter in der Wüste zu beziehen ist (Ex 17), wird das zweite מחה auf die endgültige Vernichtung der Feinde Israels, d.h. vor allem Roms, bezogen. Das folgende Dictum R. Elie-

---

[85] Vgl. EkhaR 3 zu Thr 3,66 (27c); Sekhel Ṭov zu Ex 17,16 (S. 325); MekhSh zu Ex 17,16 (S. 126); zum Anfang: LeqT zu Ex 17,14 (60a); vgl. MHG Shem S. 344 (zu Ex 17,14). Zum Text siehe M. HENGEL: Die Zeloten, S. 113.

sers identifiziert den Zeitpunkt dieses endgültigen Untergangs der Völker mit der Durchsetzung der Königsherrschaft Gottes; Sach 14,3 korrespondiert Ex 17,14 durch das Motiv des Völkerkrieges. Nicht zufällig zitiert diese Auslegung Sach 14,9: Während „der Titel ‚König' ursprünglich ganz mythisch den einen Gott als Herrscher über die anderen Götter" bezeichnet[86], wird hier unter Aufnahme des dtr.-dtn. Sprachgebrauchs[87] das Königtum Gottes radikal vom 1. Gebot her interpretiert[88]. Die Zitation von Thr 3,66 faßt die Auslegung durch das Verb שמד im hifʻil, das semantisch מחה nahesteht, und durch die Formulierung מתחת השמים zusammen.

Die in Sach 14,9 belegte Verbindung der Königsherrschaft Gottes mit seiner Einzigkeit[89] hat in der späteren Tradition eine große Resonanz gefunden. So war für die Mischna die Vorstellung der Königsherrschaft Gottes eng mit dem „Höre, Israel" verbunden; der Ausdruck „Aufsichnehmen des Jochs der Königsherrschaft" erscheint geradezu als Terminus technicus für das Scheᵉma-Gebet[90]. Neben der rabbinischen Literatur[91] kennen auch die Targume diese Verbindung. In TN zu Gen 49,2 heißt es:

---

[86] W. H. SCHMIDT: Alttestamentlicher Glaube in seiner Geschichte, Neukirchen-Vluyn ³1979, S. 145; vgl. Ps 95,3; 96,4; 97,7.9.

[87] K. ELLIGER: Das Buch der zwölf Kleinen Propheten II: Die Propheten Nahum, Habakuk, Zephanja, Haggai, Sacharja, Maleachi, Göttingen ³1979, S. 182.

[88] W. H. SCHMIDT: Alttestamentlicher Glaube, S. 149.

[89] Auf diese Verknüpfung verweist auch M. HENGEL: Die Zeloten, S. 102 f. 113. – G. M. FREEMAN: The Heavenly Kingdom, S. 36. Zur Einzigkeit Gottes allgemein: A. MARMORSTEIN: The Unity of God in Rabbinic Literature, in: HUCA 1 (1924), S. 467–499. – S. S. COHON: The Unity of God. A Study in the Hellenistic and Rabbinic Theology, in HUCA 26 (1955), S. 425–480.

[90] E. URBACH: The Sages, Bd. I, S. 400. – Vgl. auch den Beitrag von TH. LEHNARDT: Zur Vorstellung von der Königsherrschaft Gottes im synagogalen Gebet. Eine Übersicht am Beispiel des Shema, in diesem Band S. 285–307, S. 5. Bereits in tannaitischer Zeit wird im Kontext der Segenssprüche nach dem Scheᵉma der Auszug aus Ägypten erwähnt. Weitere Belege für die Verbindung der beiden Motive Königsherrschaft und Einzigkeit im Gebet: M. HENGEL: Die Zeloten, S. 112.

[91] Vgl. ferner den späten Midrasch Pirqe ha-yeridot § 3 (FRIEDMANN, SEZ S. 56): „Und der Heilige, gepriesen sei er, sagte zu ihnen: Wie sollt ihr singen, bevor Israel singt, während doch Israel auf der Erde wohnt und sie Weibgeborene sind, und der böse Trieb unter ihnen herrscht, und sie jedesmal ihren Trieb bändigen und mich Tag für Tag als einzig und als König ausrufen und auf meine Königsherrschaft harren und darauf, die Aufrichtung meines Hauses zu sehen und täglich zu sprechen: ‚der Jerusalem erbaut' (14. Berakha des Achtzehngebets)." Siehe a. die sog. Davidapokalypse HekhR § 126 (P. SCHÄFER, Synopse zur Hekhalotliteratur. In Zusammenarbeit mit M. SCHLÜTER und H. G. VON MUTIUS, Tübingen 1981, S. 63); vgl. in diesem Band A. M. SCHWEMER: Irdischer und himmlischer König, S. 327; ferner: Midrash Konen (BHM I, S. 39) und HekhR § 296 (Schäfer, S. 133); Pirqe Hekhalot Rabbati § 31,4 (BatM I, S. 116f.).

Höre von uns, Israel, unser Vater: Der Herr, unser Gott, der Herr ist einer. Es antwortete Jakob und sprach: Gepriesen sei der Name der Herrlichkeit seiner Königsherrschaft in alle Ewigkeit (ברין שמיה כבודיה דמלכותיה)[92].

Die Absage an die fremden Götter und die Aufgabe des Götzendienstes ist lediglich die praktische Konsequenz aus der Tatsache der Einzigkeit Gottes[93]. Das Jubiläenbuch entfaltet diese Relation innerhalb der Abrahamserzählung. Nachdem Abraham alle Götzenbilder verbrannt hat, spricht er ein Gebet: „Mein Gott, mein höchster Gott. Du allein bist für mich Gott. Und du hast alles erschaffen und das Werk deiner Hände ist alles, was ist. Und dich und dein Reich habe ich erwählt..."[94]

Konstitutiv für diese Auslegung ist die Verbindung der Vorstellung der endgültigen Durchsetzung der Königsherrschaft Gottes im politischen Kontext mit dem Motiv der Einzigkeit Gottes, wohingegen in den bisherigen Auslegungen zu Ex 15,18 ja nur der erste Aspekt zum Ausdruck gebracht worden war. Mit dem endgültigen Sieg Gottes über die Völker geht das Ende des Götzendienstes auf der ganzen Welt einher und die daraus resultierende Anerkennung seiner Einzigkeit. Der religiöse und der politische Aspekt bedingen einander gegenseitig und sind nicht voneinander zu trennen. Das, was vordergründig als ‚politisch' bezeichnet wurde, steht letztendlich auf religiösem Fundament. Es geht um die bedingungslose Annahme des ersten Gebots bzw. des „'Adonay äḥad" im Sch^{e}ma-Gebet. Die politische Durchsetzung der Königsherrschaft Gottes dient der Anerkennung der Einzigkeit seines Namens.

Einen Nachhall auf die Texte aus Shirata bildet 'Amaleq II (S. 186) zu Ex 17,16[95].

---

[92] Vgl. die entsprechende hebräische Formel in mYom 3,8; 4,1.2; 6,2 u. ö.; hierzu in diesem Band Th. Lehnardt, S. 290. Als weitere Belege für die Verbindung der Königsherrschaft Gottes mit seiner Einzigkeit in der Targumliteratur vgl. TgJer 10,7: „Wer fürchtet sich nicht vor dir, König aller Ewigkeiten, denn dir ist die Königsherrschaft, denn unter allen Weisen der Völker und unter allen ihren Königen ist niemand außer dir"; TgSach 14,9: „Und es wird offenbar werden die Königsherrschaft Gottes über alle Bewohner der Erde. In dieser Zeit werden sie dienen Gott Schulter an Schulter, denn sein Name ist festgegründet in Ewigkeit und keiner ist außer ihm." Zu diesen Texten siehe O. Camponovo: Königtum, S. 422.427.

[93] Vgl. M. Hengel: Die Zeloten, S. 313ff.

[94] Vgl. Jub 12,12–20; zitiert nach der Übersetzung von K. Berger: Das Buch der Jubiläen (JSHRZ 2), S. 294f. Zu den Abrahamslegenden siehe a. A. Marmorstein: The Unity of God in Rabbinic Literature, S. 487ff. Weitere Traditionen zur Verbindung der Königsherrschaft Gottes und der Absage an die fremden Götzen: TgJes 24,23: „Und es werden sich schämen, welche den Mond verehren und es werden sich demütigen, welche sich niederwerfen vor der Sonne, denn offenbar werden wird die Königsherrschaft von Jahwe Zebaoth auf dem Berg Zion, in Jerusalem und vor den Ältesten seines Volkes in Glanz"; vgl. O. Camponovo: Königtum, S. 419; ferner 3. Hen 6,3 (Schäfer § 890, S. 288): „Denn alle Menschenkinder verleugneten mich und meine Königsherrschaft und sie gingen hin taten Götzendienst..."

[95] Vgl. Sekhel Ṭov zu Ex 17,16 (S. 325); LeqT zu Ex 17,16 (60a); MHG Shem S. 344.

„Und er sprach: Denn die Hand am Thron Jahs (כס יה), Krieg dem Herrn" (Ex 17,16). Wenn der Heilige, gepriesen sei er, auf dem Thron seiner Königsherrschaft sitzt und seine Königsherrschaft bestehen wird, in dieser Stunde [gilt]: Krieg dem Herrn mit Amalek. R. Eleasar aus Modiin sagt: Es schwor der Heilige, gepriesen sei er, beim Thron seiner Herrlichkeit: Ich will nicht übrig lassen Sproß und Enkel Amaleks unter dem Himmel, daß man nicht sagen kann: Dieses Kamel gehört Amalek ...

Gottes endgültige Durchsetzung seiner Königsherrschaft ist untrennbar verbunden mit der völligen Zerstörung der Feinde Israels[96], die durch Namen ‚Amalek' repräsentiert werden[97]. Ähnlich formuliert MTeh zu Ps 121,3 (253b):

... Wann werde ich König sein? Wenn das Exil und das Königtum Esaus in der Welt zu existieren aufhören[98].

Auf die auffällige Kurzform כס, die nur hier anstelle von כסא erscheint, rekurriert folgende Auslegung zu Ex 17,16[99]:

„Denn die Hand am Thron Jahs" (Ex 17,16) – Denn die Königsherrschaft des Heiligen, gepriesen sei er, ist nicht vollständig. Denn die ganze Zeit, da die Nachkommenschaft von Esau, dem Frevler, auf der Welt ist, die den Götzendienst zum König einsetzen, da ist – sozusagen – seine Königsherrschaft nicht vollständig. Denn so heißt es: „Denn die Hand am Thron Jahs usw." (Ex 17,16). Und wann wird sie vollständig sein? Wenn er an ihnen Rache üben wird[100].

4. Der Abschnitt baḥodesh: Gottes Königsherrschaft und die Gabe des Gesetzes

Wenn die Mekhilta schließlich das Motiv der Königsherrschaft Gottes im Kontext der Gebote entfaltet, dann knüpft sie auch in diesem Punkt an alttestamentliche Traditionen an: Für die späte Redaktion der Psalmen wird Jahwes Königtum in der Gabe des Gesetzes offenbar[101]; den exegetischen Veranke-

---

[96] Zur Vernichtung der gottfeindlichen Mächte vgl. M. HENGEL: Die Zeloten, S. 308ff.
[97] Zu Amalek als Standardgegner Israels siehe H. DONNER: Geschichte des Volkes Israel in Grundzügen. Teil 1: Von den Anfängen bis zur Staatenbildungszeit (Grundrisse zum Alten Testament ATD Ergänzungsreihe 4/1) Göttingen 1984.
[98] Wie Amalek meint auch Esau den Feind Rom; vgl. M. HENGEL: Die Zeloten, S. 309.
[99] Zur Auslegung vgl. auch L. JACOBS: Art. Herrschaft Gottes/Reich Gottes, S. 191.
[100] Midrash Ḥaserot viyterot § 29 (BatM II, S. 256). Vgl. auch TanB ki-teṣe § 18 (23a): R. Levi sagte im Namen des R. Chama b. Chanina: Solange der Same Amaleks in der Welt ist, ist weder der Name noch der Thron Gottes vollständig. Vgl. PRK 3 (29a); PesR 12 (51a); Tosafot zu bBer 3a.
[101] Vgl. Dtn 33,4; Ps 3,5 und 99,7; hierzu: J. JEREMIAS, Das Königtum Gottes in den Psalmen, S. 154. O. CAMPONOVO sieht die Verknüpfung vom Königtum Gottes mit dem Halten der Gebote in II. Makk 1,7; vgl. aber dagegen in diesem Band A. M. SCHWEMER: Gott als König, S. 71f.

rungspunkt hat diese Vorstellung in der Mekhilta im Kontext des Sinaigeschehens in Ex 20,2.3.

Wenn in Ex 20,2.3 auch die Wurzel מלך nicht explizit genannt wird, so legt die bereits aufgezeigte Verbindung der Königsherrschaft Gottes mit seiner Einzigkeit eine solche Verknüpfung doch nahe. Das praktische Gebot der Einzigkeit Gottes ist Teil des Dekalogs; umgekehrt kann das Halten der Gebote als Realisation dieser Einzigkeit verstanden werden.

4.1 Gottes Offenbarung am Sinai

Die erste Auslegung zum Motiv der Königsherrschaft im Abschnitt *baḥodesh II (S. 210f.) zu Ex 19,9*[102] thematisiert wiederum den Aspekt der Offenbarung Gottes.

„Und Mose erzählt Gott die Worte des Volkes" (Ex 19,9) ... Rabbi sagt: Was hat Gott dem Mose gesagt, Israel zu sagen, oder was hat Israel dem Mose gesagt, Gott zu sagen? Denn sie sprachen: Unser Wille ist es, aus dem Munde des Königs zu hören. Der aus dem Munde des Mittlers[103] hört, gleicht nicht dem, der aus dem Munde des Königs hört. Gott sagte: Gib ihnen, was sie erbeten haben, damit das Volk höre die Worte ...

Eine andere Auslegung: Sie sagten: Unser Wille ist es, unseren König zu sehen. Der, der hört, gleicht nicht dem, der sieht. Gott sagte zu ihm: Gib ihnen, was sie erbeten haben, „denn am dritten Tag wird der Herr hinabsteigen vor den Augen des ganzen Volkes auf den Berg Sinai" (Ex 19,11).

Beiden Auslegungen liegt dasselbe Interpretationsmuster zugrunde: Sowohl Ex 19,8 („damit das Volk höre, daß ich mit dir rede") als auch Ex 19,11 („der Herr [wird] hinabsteigen vor den Augen des ganzen Volkes") werden als Antwort Gottes auf eine bereits erfolgte Bitte des Volkes verstanden, die in der Schrift jedoch nicht explizit ist. Den Anlaß für eine solche exegetische Schlußfolgerung bildet vermutlich Ex 19,9, wo zwar vom Sprechen des Volkes berichtet wird, dieses aber – im Gegensatz zu Ex 19,8 – nicht in direkter Rede erscheint. Dem Volk geht es – so schließt der Midrasch aus V. 8 und V. 11 – um eine direkte Offenbarung Gottes; es will Gott, der als König angeredet wird, direkt hören und „von Angesicht zu Angesicht" sehen. Gegenüber Israel als dem erwählten Volk der göttlichen Herrschaft wird die Regel, daß der König nur über Botschafter mit seinen Untertanen in Verbindung tritt, durchbrochen.

Die erste Auslegung bezieht sich vermutlich auf die Gebotsverkündigung; der zweite Teil des Midrasch meint die optischen Erscheinungen, die in Ex 19,16.18 und Ex 20,18 angesprochen werden. Die Sinaitheophanie in ihrem

---

[102] Vgl. MHG Shem S. 383.
[103] Wörtlich: Pargod – Vorhang. In der Regel spricht der antike Großkönig nicht direkt zum Volk, sondern läßt seine Botschaften durch Mitglieder des Hofstaates überbringen.

auditiven und visuellem Aspekt wird somit zunächst ganz generell als Offenbarung Gottes als König verstanden[104].

4.2 Gottes Herrschaft und seine Gebote

MekhY baḥodesh V (S. 219) zu Ex 20,2 wendet sich direkt den zehn Geboten zu.

> „Ich bin der Herr, dein Gott" (Ex 20,2). Warum wurden die Zehn Gebote nicht am Anfang der Tora gesagt? Sie erzählten ein Gleichnis. Womit ist die Sache zu vergleichen? Mit einem, der in eine Stadt zog. Er sagte zu ihnen: Ich will über euch König sein. Sie sagten zu ihm: Hast du für uns etwas Gutes getan, daß du über uns König sein willst? Was tat er? Er baute ihnen eine Mauer, brachte für sie Wasser hinein, machte für sie Kriege. Er sagte zu ihnen: Ich will über euch König sein. Sie sagten ihm: Ja und ja! So führte Gott Israel aus Ägypten heraus, spaltete für sie das Meer, brachte für sie das Manna herab, brachte für sie den Brunnen herauf, trieb ihnen die Wachteln zu, machte für sie Krieg mit Amalek. Er sagte zu ihnen: Ich will über euch König sein. Da sagten sie: Ja und ja!

Die Selbstvorstellungsformel in Ex 20,2, die in diesem Kontext als Pars pro toto für die Zehn Gebote fungiert, wird, wie das Gleichnis verdeutlicht, als Anspruch Gottes auf die königliche Herrschaft über sein Volk verstanden. Gleichzeitig erklärt der Text, warum die Zehn Gebote nicht am Anfang der Tora und somit am Anfang der Geschichte überhaupt gegeben wurden. Wie im politischen Bereich nur der als König anerkannt wird, der einem Volk Lebensraum mit Nahrung und Schutz vor den Feinden sichern und garantieren kann, so erfuhr Israel auch vor Gottes Gebot dessen Heilstaten beim Auszug aus Ägypten und bei der Wüstenwanderung; der Aufgabe und dem Anspruch geht die Gabe und der Zuspruch voraus. Die Tora ist somit nicht die Grundlage des Verhältnisses zwischen Gott und Israel, sondern Gottes Gnade begründet diese Beziehung, aus der schließlich die Erfüllung der Gebote resultiert. Die Zehn Gebote und somit die gesamte Tora mit ihren Gesetzen können als eine Art von Verfassung definiert werden, ihre Annahme bedeutet die Anerkennung der Königsherrschaft Gottes[105].

---

[104] Zur Offenbarung Gottes am Sinai vgl. K. E. GRÖZINGER: Ich bin der Herr, dein Gott. Eine rabbinische Homilie zum Ersten Gebot (PesR 20) (Frankfurter Judaistische Studien 2), Frankfurt a.M. 1976, S. 202. MekhY Yitro baḥodesh V (S. 219f.) zu Ex 20,2 verbindet die Tradition von der Offenbarung beim Auszug aus Ägypten mit der Überlieferung von seiner Offenbarung am Sinai: „... Weil er (scil. Gott) sich am Meere offenbarte wie ein Held, der Kriege führt ...; am Berge Sinai offenbarte er sich wie ein Alter, voll Erbarmen..."; vgl. PRK 12 (109b); PesR 21 (100b); PesR 33 (155b).

[105] Auf den Bezug zwischen der Königsherrschaft Gottes mit der Tora verweist M. KADUSHIN: The Rabbinic Mind, S. 20f. Wenn M. KADUSHIN die Vorstellung von der Königsherrschaft Gottes den Grundkategorien ‚Gerechtigkeit Gottes', ‚Erbarmen Gottes' und ‚Tora'

In diesem Sinne fährt auch die Mekhilta fort, wenn sie die Singularform אלהיך als Grundlage der nächsten Auslegung benutzt.

> Rabbi sagte: Um das Lob Israels bekanntzugeben, denn als sie am Berge Sinai standen, um die Tora zu empfangen, da waren sie alle eines Herzens, um die Herrschaft der Himmel in Freude auf sich zu nehmen[106].

Während der vorige Midrasch die Selbstvorstellungsformel lediglich als Pars pro toto für den Dekalog interpretierte und die Anerkennung der Königsherrschaft Gottes identisch war mit dem Halten seiner Gebote, differenziert *MekhY baḥodesh VI (S. 222) zu Ex 20,3*[107] das Verhältnis zwischen der Annahme der Gottes Herrschaft und ihrer praktischen Realisation weiter aus.

> „Du sollst keine anderen Götter vor mir haben" (Ex 20,3) – Warum ist dies gesagt? Denn es heißt: „Ich bin der Herr, dein Gott." Ein Gleichnis von einem König aus Fleisch und Blut, der eine Stadt betrat. Es sagten ihm seine Knechte: Beschließe über sie Beschlüsse. Er sagte zu ihnen: Nein, wenn sie meine Königsherrschaft angenommen haben, dann will ich über sie Beschlüsse beschließen. Denn wenn sie meine Königsherrschaft nicht annehmen, dann werden sie auch meine Beschlüsse nicht annehmen. So sprach Gott zu Israel: „Ich bin der Herr, dein Gott – du sollst keine anderen Götter haben." Er sagte zu ihnen: Ich bin es, dessen Königsherrschaft ihr in Ägypten[108] auf euch genommen habt. Sie sagten zu ihm: Ja. Und so wie ihr meine Königsherrschaft auf euch genommen habt, so nehmt auch meine Beschlüsse [auf euch].
> „Du sollst keine anderen Götter neben mir haben." R. Simon ben Jochai sagt: Das ist es, was dort gesagt ist: „Ich bin der Herr, euer Gott" (Lev 18,2). Ich bin es, dessen Königsherrschaft ihr am Sinai auf euch genommen habt. Sie sagten: Ja, ja. Und so wie ihr meine Königsherrschaft auf euch genommen habt, so nehmt auch meine Beschlüsse [auf euch]. „Entsprechend der Weise des Landes Ägypten [sollt ihr nicht tun]." Das ist es, was dort gesagt ist: „Ich bin der Herr, ein Gott, welcher dich aus dem Lande Ägypten geführt hat." Ich bin es, dessen Königsherrschaft ihr in Ägypten[109] auf euch genommen habt. Sie sagten: Ja, ja. Ihr habt meine Königsherrschaft empfangen in Liebe, empfangt nun meine Beschlüsse.

Der erste Teil der Auslegung, der anonym überliefert wird, interpretiert Ex

---

zuordnet, so umschreibt er zwar einzelne Aspekte der Vorstellung; die spezifische Akzentuierung des Motivs in der Mekhilta bleibt unscharf.

[106] Vgl. auch MTeh zu Ps 20,3 (87b/88a): „Hättet ihr die Tora am Sinai nicht angenommen ... wo wäre dann mein Königtum?" Hierzu K. E. GRÖZINGER: Ich bin der Herr, dein Gott, S. 213.

[107] Vgl. die kürzere Versionen ohne Gleichnis in Sifra aḥare mot 13,3 (85d) (dieser Text ist allerdings nicht dem Grundbestand von Sifra zuzurechnen, sondern sekundär eingefügt; hierzu: H. L. STRACK/G. STEMBERGER: Einleitung in Talmud und Midrasch, S. 245); LeqT zu Lev 18,2 (50b) und zu Ex 20,2 (68a).

[108] Nach Efat Ṣedeq ist diese Ortsangabe zu streichen. Dies hat jedoch keine Grundlage in der Handschriftenüberlieferung und wird sowohl im Kommentar von HOROVITZ/RABIN als auch von Meir ʿAyn abgelehnt. Die Streichung soll nur den Gegensatz zu der folgenden Auslegung von R. Simon ben Jochai beseitigen.

[109] HOROVITZ/RABIN z. St. schlägt vor, hier „in Ägypten" zu lesen.

20,3 auf der Grundlage von Ex 20,2. V. 2 wird als Beleg für die Annahme der Königsherrschaft verstanden, V. 3 als Verordnung Gottes, die daraus resultiert. Horovitz verweist auf Ex 4,21 und erklärt die Annahme der Königsherrschaft in Ägypten damit, daß Israel bereits in Ägypten geglaubt habe. Es ist aber vielmehr anzunehmen, daß an dieser Stelle die Tradition von der Herausführung aus Ägypten, von der Ex 20,2 im folgenden ja explizit spricht, zu nennen ist[110] und daß diese Auslegung mit den Traditionen von der Königsherrschaft Gottes, die sich an Ex 15 anschlossen, in Beziehung steht. Damit findet sich in dieser Auslegung eine explizite Verbindung der bisher getrennten Traditionsstränge, die einmal das Motiv der Königsherrschaft Gottes an Ex 15,18 und ein andermal an Ex 20 festmachen wollen[111].

Die theologische Aussage ähnelt der im vorigen Midrasch: Die Heilstaten Gottes, aus denen Israels Akklamation seiner Königsherrschaft resultiert, gehen seinem Anspruch an Israel voraus[112]. Während in der vorigen Auslegung die Zehn Gebote im Vordergrund standen, ist nun das Motiv der Einzigkeit Gottes ins Zentrum gerückt.

Die zweite Auslegung, tradiert im Namen Simon ben Jochais, verbindet Ex 20,2.3 mit Lev 18,3.4, wo dieselbe Struktur vorliegt: Auf die Selbstvorstellungsformel folgt das Gebot; Lev 18,2 wird auf Israels Annahme der Königsherrschaft am Sinai interpretiert[113]; wenn Lev 18,3 den Topos der Einzigartigkeit auch nicht explizit anspricht, so verdeutlicht der Kontext, daß hier das Problem des Götzendienstes thematisiert wird.

Schwierigkeiten bereitet der Schluß der Auslegung, bei dem wieder Ex 20,3 aufgenommen wird. Die Mekhilta-Ausgabe von H. S. Horovitz und I. A. Rabin liest mit Ms. München „Sinai" und wiederholt damit die unmittelbar vorausgehende Aussage; im Kommentar wird dagegen die auch in Ms. Oxford belegte Lesart „Ägypten" vorgeschlagen[114]; dies entspricht dem Verständnis der ersten Auslegung, wodurch das Motiv der Königsherrschaft in Ägypten das der Königsherrschaft am Sinai umklammert. Schließlich nennen die Ausgaben

---

[110] Vgl. LeqT zu Ex 20,2 (68a): „,Du sollst keine anderen Götter vor mir haben' – Am Anfang sagte er zu ihnen, daß sie seine Königsherrschaft annehmen sollten, denn er führte sie aus dem Sklavenhaus heraus, damit er ihr Gott sei. Und danach ermahnte er sie mit Ermahnungen und Strafen..."

[111] Eine solche Verbindung dieser beiden Motive kennt in der späteren Literatur auch ShirR 6,5 (34a): Sie machten mich zum König über sie und sagten: ,Der Herr ist König für immer und ewig' (Ex 15,18)... Sie nahmen meine Königsherrschaft auf sich am Sinai und sagten: ,Alles, was der Herr gesagt hat, wollen wir tun und hören' (Ex 24,7).

[112] Zur Reihenfolge ,Königtum' – ,Gebote' vgl. auch mBer 2,2; hierzu in diesem Band TH. LEHNARDT, S. 289.

[113] Vgl. LeqT zu Lev 18,2 (50b): „,Ich bin der Herr, euer Gott' (Lev 18,2) – Ich bin es, dessen Königsherrschaft ihr auf dem Berge Sinai auf euch genommen habt, als ich gesagt habe: ,Ich bin der Herr, dein Gott' (Ex 20,2)."

[114] Zu den verschiedenen Textzeugen vgl. auch die Ausgabe von J. LAUTERBACH, z. St.

von M. Friedmann, S. 67b und J. Z. Lauterbach, Bd. II, S. 238 gar keine Ortsangabe, so daß dieser Teil als allgemeine Aussage die beiden vorausgehenden Interpretationen zusammenfaßt. Eine Entscheidung an dieser Stelle ist sehr schwierig, an der Grundthese dieser Interpretation aber ändert sich durch diese Unklarheiten nichts.

MekhY baḥodesh VIII (S. 233) zu Ex 20,17, die letzte Auslegung der Mekhilta über das Motiv der Königsherrschaft, schließt gleichzeitig die verschiedenen Traditionen und Überlieferungen zu den Zehn Geboten ab; durch die wiederholte Aufnahme von Ex 20,2 werden diese von der Selbstvorstellungsformel geradezu umrahmt.

Wie sind die zehn Gebote gegeben worden? Fünf auf dieser Tafel und fünf auf jener Tafel. Es ist geschrieben: „Ich bin der Herr, dein Gott" (Ex 20,2) und dem gegenüber: „Du sollst nicht töten" (Ex 20,13). Die Schrift sagt, daß jedem, der Blut vergießt, die Schrift es anrechnet, als ob er die Gestalt des Königs vermindere. Ein Gleichnis von einem König aus Fleisch und Blut, der eine Stadt betrat. Er ließ sich Bilder aufstellen, ließ sich Statuen machen, und man prägte ihm Münzen. Nach einiger Zeit stürzte man seine Bilder, zerbrach seine Statuen und vernichtete man seine Münzen und man verminderte [so] die Gestalt des Königs. So ist es bei jedem, der Blut vergießt. Die Schrift rechnet es ihm an, als ob er die Gestalt des Königs vermindere.

Während der biblische Text keinerlei Angaben macht, auf welche Art und Weise die einzelnen Gebote des Dekalog auf den beiden Tafeln[115] angeordnet waren, wird in der Tradition vorherrschend angenommen, daß die fünf zuerst genannten Gebote den fünf später genannten gegenüber standen[116]. Im Gegensatz zu verwandten Traditionen wie ySheq 6,1 (49d)[117], wo lediglich die Anordnung der Gebote beschrieben wird, fragt die Mekhilta, welcher Sinn diesen fünf verschiedenen Kombinationen zugrunde liegt, und in welcher Art und Weise die beiden Teile miteinander in Beziehung zu setzen sind. Als Deutungsmuster für das erste durch diese Anordnung entstandene „Gebotspaar" führt sie die Vorstellung vom Königtum Gottes an; derjenige, welcher tötet, vermindert die Gestalt des Königs. Das sich anschließende Gleichnis verdeutlicht diesen Sachverhalt und begründet ihn in der Gottesebenbildlichkeit des Menschen.

Diese Auslegung kann geradezu als Konkretion des ethischen Gehalts der Königsherrschaft Gottes verstanden werden. Während die vorige Auslegung zu Ex 20,2 ganz allgemein von dem Aufsichnehmen der Gebote sprach, wird nun an einem konkreten Beispiel aufgezeigt, wie stark die Verwirklichung der

---

[115] Vgl. Ex 31,18; 32,15; 34,4.29; Dtn 4,13; 5,19 u. ö.

[116] Vgl. MOSHE GREENBERG: Art. Decalogue (The Ten Commandments), EJ (1971) 5, Sp. 1435–1446, Sp. 1444. – ALFRED RUBENS: The Decalogue in Rabbinical Literature, EJ (1971) 5, Sp. 1446.

[117] Vgl. auch ShirR 5,14 (31d).

Königsherrschaft vom Tun und Handeln des einzelnen und seiner Relation zu den Geboten bestimmt wird. Aufgrund der Position dieser Auslegung am Ende des Dekalogs wird der Aussage dieses Midrasch besonderer Nachdruck verliehen.

Durch das Geschehen am Sinai ist in der Anerkennung der Einzigkeit Gottes und der Erfüllung der Gebote die Königsherrschaft Gottes bereits Gegenwart; es ist Israels Aufgabe, gerade im Jetzt, in der Unerlöstheit der Gegenwart, Zeuge und Zeichen für Gottes Herrschaft in der Welt zu sein. Von einer erst zukünftig sich verwirklichenden Herrschaft Gottes ist im Kontext des Sinaigeschehens nirgends die Rede; Gottes Königtum ist an Israels Verhalten gebunden und kann in jedem Akt der Gebotserfüllung repräsentiert und bestätigt werden. Die eigenartige Spannung zwischen der Auslegung von Ex 15,17.18 und der zu Ex 20,2ff. wird hier nicht aufgelöst: Die Redaktoren der Mekhilta de Rabbi Yishma'el lassen sie bewußt stehen.

5. Gottes Königsherrschaft – ein Leitmotiv der Mekhilta

Mit diesem Text sind wir am Ende unserer Untersuchungen zu den einzelnen Aussagen der Mekhilta über die Königsherrschaft Gottes angelangt, denn in den nun folgenden Abschnitten n^eziqin, kaspa und shabbeta fehlen – wie bereits im ersten Abschnitt pisḥa und im vierten Abschnitt wayassa' – weitere Hinweise auf das Motiv. Dies zeigt, daß das Material auf einzelne Punkte konzentriert ist und nicht von einer gleichmäßigen Streuung der Texte gesprochen werden kann. Lediglich der zweite und der dritte Abschnitt beshallaḥ und shirata sowie der vierte und der fünfte Abschnitt 'Amaleq und baḥodesh belegen dieses Motiv[118]. Als Kristallisationspunkt, um den sich die einzelnen Auslegungen gruppieren, erscheint zunächst Ex 15,18, wo die Wurzel מלך explizit genannt wird. Da die Proklamation der Königsherrschaft Gottes als Hauptaussage des Meerliedes betrachtet wird, hat sich dieses Motiv auch mit anderen Versen wie Ex 15,2, Ex 15,14 und Ex 15,17 verbunden. Abgesehen von der ersten Auslegung in shirata, die den Aspekt der Gottesoffenbarung am Meer thematisiert, setzen sich die anderen Texte in shirata mit dem politischen und eschatologischen Aspekt der Königsherrschaft Gottes auseinander. Gottes Sieg über die feindlichen Ägypter begründet sein Königtum, das aber erst in der Zukunft universalen Charakter erlangt und auf der ganzen Welt anerkannt wird. Für die Gegenwart ist die Königsherrschaft Gottes auf Israel beschränkt. Die zukünftige Durchsetzung des göttlichen Herrschaftsanspruches geht mit

---

[118] Auf diese vier Abschnitte sind auch fast all die Königsgleichnisse, die nicht mit direkten Aussagen zur Königsherrschaft Gottes verbunden sind, verteilt; vgl. die Auflistung bei J. WINTER und A. WÜNSCHE: Mechilta, S. 357; vgl. oben Anm. 6.

der Errichtung des eschatologischen Heiligtums einher, das Gottes Herrschaftspalast darstellt. Für die Zeit der gegenwärtigen Fremdherrschaft bewahrt Gottes himmlischer Thron, der durch eine vertikale Fixachse mit dem Zion verbunden ist, den Platz des irdischen Heiligtums in Jerusalem.

Dieses politische Verständnis der Vorstellung der Königsherrschaft Gottes reflektiert Traditionen aus der Zeit vor der Zerstörung des Tempels, wie sie gerade während der Makkabäeraufstände und des Jüdischen Krieges immer wieder aktualisiert wurden: Der Macht- und Verehrungsanspruch der weltlichen Herrscher provoziert die Rückbesinnung auf Gottes Weltherrschaft, da sie mit solchen menschlichen Ansprüchen nicht zu vereinbaren ist[119].

Die Antwort auf die gegenwärtig bestehende Unterdrückung durch die Fremdvölker liegt – und damit verlassen wir den politischen Bereich – in der Konzentration auf Israel, das seit dem Schilfmeerwunder Gottes unmittelbaren Herrschaftsraum darstellt. Eine breite Ausgestaltung erfährt dieser Aspekt in den Auslegungen zu Ex 20,2.3 – einem weiteren exegetischen Haftpunkt unseres Themas – im Abschnitt *baḥodesh*. Israels Aufgabe besteht in der Annahme von Gottes Königsherrschaft, die durch die Verwirklichung der Einzigkeit Gottes im Halten der Gebote und der Ablehnung jeglichen Götzendienstes zum Ausdruck kommt.

Wenn sich die beiden Themen der zukünftigen politischen Herrschaft Gottes und der Gottesherrschaft in der Tora unterschiedlichen Abschnitten zuordnen lassen, so stehen diese doch nicht beziehungslos nebeneinander: Die Aussagen über die Verwirklichung der Königsherrschaft Gottes in der Gebotserfüllung können geradezu als Kommentar und praktische Realisation der im Abschnitt *shirata* in liturgischer Art und Weise dargestellten Beziehung zwischen Gott und Israel aufgefaßt werden. Zudem erfolgt innerhalb der Überlieferungen zu Ex 20,2.3 durch die Differenzierung der „Annahme der Königsherrschaft in Ägypten" und der „Annahme der Gebote" ein expliziter Rückverweis auf die Auslegungen im Abschnitt *shirata*. Umgekehrt scheinen aber auch die Auslegungen im Abschnitt *baḥodesh* den Abschnitt *shirata* beeinflußt zu haben, wenn in Analogie zur Offenbarung Gottes am Sinai von seiner Offenbarung am Meer gesprochen wird.

Den dritten und letzten exegetischen Haftpunkt der Vorstellung bildet Ex 17,14.16 im Abschnitt *ʿAmaleq,* der gerade in kompositorischer Hinsicht von großer Bedeutung ist, da er durch die Verknüpfung von Gottes zukünftigem Sieg über die Völker und seiner Einzigkeit zwischen der Auslegung zu Ex 15,18 und der zu Ex 20,2.3 vermittelt. Damit leistet der Begriff der ‚Einzigkeit' eine Integration zwischen den beiden Bereichen: Durch den Bezug zur Vernichtung

---

[119] Hierzu M. HENGEL: Die Zeloten, S. 104; O. CAMPONOVO: Königsherrschaft, S. 440. – G. M. FREEMAN: The Heavenly Kingdom, S. 35; A. MARMORSTEIN: The Unity of God in Rabbinic Literatur, S. 476.

der Feinde steht er einerseits im eschatologischen Kontext, andererseits hat er durch seine Verbindung zum Dekalog, dessen Erfüllung Israel anheimgestellt ist, präsentische Relevanz; im Terminus der Einzigkeit Gottes treffen sich die universale und die nationale Komponente von Gottes Königtum.

Somit stehen den drei Motiven vom Königtum Gottes über die Völker, seiner Herrschaft über Israel und seiner Offenbarung am Schilfmeer bzw. am Sinai die Verse Ex 15,18, Ex 15,14.16 und Ex 20,2.3 als exegetische Haftpunkte gegenüber. Diese Anordnung der Überlieferungen und die Verteilung der Themen lassen vermuten, daß hier ein bewußtes Kompositionsprinzip eines Redaktors zugrunde liegt, der – vermutlich ausgehend vom Abschnitt *shirata* – weiteres Material zur Königsherrschaft Gottes sammelt und um die entsprechenden Verse gruppiert. Unterstützt wird diese Annahme durch die Beobachtung, daß die Mekhilta bestehende Traditionen – wie die Erzählung von Nachschon oder die Gegenüberstellung von himmlischem und irdischem Heiligtum – unter dem Aspekt der Königsherrschaft Gottes verändert bzw., wie im Falle der Überlieferung von der Anordnung der Gebote, ergänzt.

Das Motiv vom Königtum Gottes kann so als Leitmotiv der Mekhilta de R. Yishmaʿel verstanden werden. In vier der fünf Abschnitte der Mekhilta, denen narratives Material zugrunde liegt, erscheint dieser Topos; auf dem Hintergrund der Ausführungen zur Verknüpfung von Königsherrschaft und Geboten werden zudem auch die halakhischen Teile des Werkes dieser Vorstellung zugeordnet, so daß dem Begriff für die redaktionelle Verknüpfung von Halakha und Aggada, die traditionsgeschichtlich aus unterschiedlichen Quellen stammen[120], geradezu exemplarische Bedeutung zukommt.

Die Untersuchung weiterer Midraschim hat zu zeigen, inwieweit die für die Mekhilta charakteristische Verbindung von Gottes Weltherrschaft mit der Einzigkeit seines Namens rezipiert wird bzw. inwiefern andere Motive wie Schöpfungs- oder Erwählungstraditionen, die im Kontext der Königsherrschaft Gottes im Gebet eine bedeutende Rolle spielen[121], in der rabbinischen Literatur thematisiert werden.

---

[120] H. L. STRACK/G. STEMBERGER: Einleitung in Talmud und Midrasch, S. 234. – L. FINKELSTEIN: The Sources of the Tannaitic Midrashim, in: JQR 31 (1940f.), S. 211–243, hier: S. 238f. Zum inhaltlichen Verhältnis von Halakha und Aggada in der Mekhilta vgl. M. KADUSHIN: Approach to the Mekilta, New York 1969, S. 30.

[121] Siehe hierzu in diesem Band TH. LEHNARDT, S. 285–307. Zur Verbindung von Königtum und Schöpfung vgl. J. MAIER: Geschichte der jüdischen Religion. Von der Zeit Alexander des Großen bis zur Aufklärung mit einem Ausblick auf das 19./20. Jahrhundert, Berlin/New York 1972, S. 135f.

Der Gott der Welt ist unser König

Zur Vorstellung von der Königsherrschaft Gottes im Shema und seinen Benediktionen[1]

von

THOMAS LEHNARDT

1. Einleitung

Die im heutigen synagogalen Gottesdienst verwandten Gebetbücher enthalten eine schier unüberschaubare Vielzahl von Stellen, die die Vorstellung von der Königsherrschaft Gottes belegen. Im Vergleich zur klassischen rabbinischen Literatur, in der die Quellen für dieses Konzept eher spärlich fließen, scheint gerade das Gebet der Texttyp zu sein, in dem Gott als König angemessen zur Sprache gebracht werden kann. Bereits in der biblischen und frühjüdischen Literatur finden sich die Belege für diese Vorstellung häufig im Kontext von Gebeten[2]. Der vorliegende Beitrag will exemplarisch zeigen, wie die Rede von Gott als dem einzigen wahren König Israels und der Welt im Shema, einem der beiden Stammgebete des synagogalen Gottesdienstes, seit der rabbinischen Zeit Form angenommen hat[3].

Die Vielzahl von Gebeten in den heute gebräuchlichen Siddurim, die das Motiv der Königsherrschaft Gottes anklingen lassen, macht eine solche Beschränkung notwendig. In vielen Fällen wird der Titel König für Gott formelhaft neben anderen Titeln verwandt, ohne daß erkennbar wäre, welche besondere theologische Bedeutung an diesen Stellen damit verbunden wird.

Nachdem als Protest gegen den römischen Kaiserkult die Erwähnung der מלכות יי zum normativen Bestandteil des Berakhaformulars geworden war[4],

---

[1] Benno Schröder (1949–1990) zum Gedenken.
Für vielfältige Anregungen bei der Bearbeitung des Themas danke ich Prof. M. HENGEL, Tübingen, und Prof. P. SCHÄFER, Berlin.

[2] Vgl. hierzu O. CAMPONOVO, Königtum, Königsherrschaft und Reich Gottes in den frühjüdischen Schriften, OBO 58, Freiburg (Schweiz) u. a. 1984.

[3] Zur Einführung in die wesentlichen Elemente des synagogalen Gottesdienstes in rabbinischer Zeit vgl. P. SCHÄFER, Der synagogale Gottesdienst, in: Literatur und Religion des Frühjudentums. Eine Einführung, hrsg. von J. MAIER u. J. SCHREINER, Würzburg u. a. 1973, 391–413.

[4] Vgl. J. HEINEMANN, Prayer in the Talmud. Forms and patterns, StJ 9, Berlin u. a. 1977,

dringt die Königsmetapher in immer weitere Gebete ein. So verwenden die älteren palästinischen Rezensionen der Amida das Motiv nur in der 11. Bitte, in der sie um die Aufrichtung der Königsherrschaft Gottes bitten. Die in diesen Elementen offenbar späteren babylonischen Rezensionen fügen dagegen in verschiedenen Bitten die Gottesprädikation מלך ein, ohne daß sich ein Bedeutungswandel erkennen läßt.

Ein weiteres Beispiel bildet die wohl ebenfalls auf tannaitische Tradition zurückgehende Seliḥa אבינו מלכנו (Unser Vater, unser König). In einer alten Form, in der sie in bTaan 25b von Rabbi Aqiva als Gebet um Regen überliefert wird, ist der inhaltliche Bezug zwischen der Anrede: „Unser Vater, unser König!" und dem folgenden Bekenntnis zum exklusiven Verhältnis zwischen Israel und seinem Gott „Wir haben keinen König außer dir." durchaus noch erkennbar[5]. In dem Moment, in dem diese beiden Elemente die Einleitung zu einer langen Litanei in der Neujahrsliturgie werden, in der אבינו מלכנו den Refrain bildet[6], findet das Königsmotiv nur noch formelhafte Verwendung, ohne daß ein inhaltlicher Bezug zum Kontext erkennbar wäre. Für unsere Untersuchung werden wir also solche Gebete heranziehen müssen, aus deren Text selbst etwas von dem dahinterliegenden religiösen Konzept zu entnehmen ist.

Darüber hinaus wird es hilfreich sein, die liturgischen Diskussionen aus der rabbinischen Literatur mit heranzuziehen. Sie geben uns weitere Hinweise auf die theologischen Interpretationen in der Zeit der Ausbildung dieser Gebete. Daß genau in dieser Verwendung der rabbinischen Literatur als einer „fictitious entity" ein methodisches Problem der vorliegenden Arbeit liegt, ist mir bewußt[7]. Es ist jedoch nicht die Aufgabe dieses Beitrags, eine auf den größeren redaktionellen Rahmen eines ‚Werkes' der rabbinischen Literatur bezogene Interpretation der Texte zum Motiv der Königsherrschaft Gottes vorzulegen[8], zumal eine umfassende Darstellung des Themas noch aussteht.

In einigen Gesamtdarstellungen der ‚rabbinischen Theologie' wird unter der

---

94f. und zur Diskussion um die Bedeutung von מלך העולם im Berakhaformular: J. G. WEISS, On the formula melekh ha-ʿolam as anti-Gnostic protest, JJS 10 (1959) 169–171; J. HEINEMANN, The formula melekh ha-ʿolam, JJS 11 (1960) 177–179; DERS., Once again melekh ha-ʿolam, JJS 15 (1964) 149–154; E. J. WIESENBERG, The liturgical term melekh ha-ʿolam, JJS 15 (1964) 1–56; DERS., Gleanings of the liturgical term melekh ha-ʿolam, JJS 17 (1966) 47–72.

[5] Vgl. J. HEINEMANN, Prayer, 200; M. HENGEL, Die Zeloten. Untersuchungen zur jüdischen Freiheitsbewegung in der Zeit von Herodes I. bis 70 n. Chr., AGJU 1, 2. Aufl. Leiden u. a. 1976, 111–114.

[6] Vgl. J. HEINEMANN, Prayer, 150.

[7] Vgl. zur Methodendiskussion: P. S. ALEXANDER, Rabbinic Judaism and the New Testament, ZNW 74 (1983) 237–246; P. SCHÄFER, Research into Rabbinic literature. An attempt to define the status quaestionis, JJS 37 (1986) 139–152; C. MILIKOWSKY, The status quaestionis of research in Rabbinic literature, JJS 39 (1988) 201–211. Die Formulierung bei P. SCHÄFER, Research, 141.

[8] Vgl. hierzu in diesem Band B. EGO, Gottes Weltherrschaft und die Einzigkeit seines

Überschrift ‚Kingdom of God' ein mehr oder weniger breites Themenspektrum verhandelt[9], andere Arbeiten enthalten eher verstreute Beobachtungen zu einzelnen Texten, ohne die Königsherrschaft als übergeordnetes Thema zu behandeln[10]. Darüber hinaus verweisen einzelne liturgiegeschichtliche Untersuchungen auf die außerordentlich große Bedeutung dieses Motives in liturgischen Texten[11].

Der folgende Beitrag beschränkt sich zunächst auf die Hauptgebete (besonders das Shema) als den ältesten Kern des synagogalen Gottesdienstes. Dabei entsteht jedoch das Problem, von welcher Textgrundlage eine Interpretation ausgehen soll. Es liegt im Charakter liturgischer Texte, daß sie aus dem breiten Strom der Überlieferung zu verschiedenen Gelegenheiten im Morgen- und Abendgebet, am Werktag oder am Feiertag eine jeweils andere Formulierung erhalten haben, ohne daß man von einem einzigen Urtext ausgehen könnte. Von der Diskussion einzelner Formulierungen in der rabbinischen Literatur über die Genizafragmente und die frühen Gebetbücher bis zu den Minhagim der verschiedenen Volksgruppen in der heutigen Zeit führt ein langer Weg der Ausgestaltung der Texte, der hier nicht im einzelnen nachgezeichnet werden kann. Dennoch wird diese Arbeit versuchen, für die inhaltliche Interpretation

---

Namens. Eine Untersuchung zur Rezeption der Königsmetapher in der Mekhilta de R. Yishmaʿel S. 257—283.

[9] Vgl. S. SCHECHTER, Aspects of Rabbinic theology, Introduction to new edition L. FINKELSTEIN, New York 1961 (1. Aufl. 1909), 65—115; K. KOHLER, Grundriß einer systematischen Theologie des Judentums auf geschichtlicher Grundlage, GGJ 4, Leipzig 1910, 244—342 (= K. KOHLER, Jewish Theology, 2. Aufl. New York 1968, 323—491); I. EPSTEIN, The faith of Judaism. An interpretation for our times, London 1954, 314—359; und die durch das neutestamentlich-exegetische Interesse geprägten Darstellungen von: G. DALMAN, Die Worte Jesu. Mit Berücksichtigung des nachkanonischen jüdischen Schrifttums und der aramäischen Sprache, Bd. 1 Einleitung und wichtige Begriffe, Leipzig 1898 (Nachdruck Darmstadt 1965), 79—83; P. BILLERBECK, Kommentar zum Neuen Testament aus Talmud und Midrasch, Bd. 1 München 1922, 172—184; K. G. KUHN, basileus. C. מלכות שמים in der rabbinischen Literatur, in: ThWNT 1 (1932) 570—573; M. HENGEL, Zeloten, 95—98.111—114.312—314.

Es scheint symptomatisch zu sein, daß die EJ kein Stichwort ‚Kingdom of God' aufweist, die TRE hingegen einen ausführlichen Artikel: L. JACOBS, Herrschaft Gottes/Reich Gottes. III. Judentum, in: TRE 15 (1986) 190—196.

[10] Vgl. E. SCHÜRER, Geschichte des jüdischen Volkes im Zeitalter Jesu Christi, 3 Bde. 3. u. 4. Aufl. Leipzig 1907, 628—636; E. SCHÜRER, The history of the Jewish people in the age of Jesus Christ (175 B.C. - A.D. 135), New English version rev. and ed. by G. VERMES u. a., 3 Bde. Edinburgh 1973—1987, Bd. 2, 531—533; G. F. MOORE, Judaism in the first centuries of the Christian era. The age of the Tannaim, 2 Bde. 1927—1930 (Ndr. New York 1971), Bd. 1, 401.432—435, Bd. 2, 371—375; M. KADUSHIN, The Rabbinic mind, New York 1952, 18—23.130 Anm. 35; E. E. URBACH, The sages. Their concepts and beliefs, 2 Bde. 2. Aufl. Jerusalem 1979, 400—402; G. M. FREEMAN, The heavenly kingdom. Aspects of political thought in the Talmud and Midrash, Lanham (MD) u. a. 1986, 34—36.131—141.

[11] Neben den übergreifenden Darstellungen von I. ELBOGEN, Der jüdische Gottesdienst in seiner geschichtlichen Entwicklung, GGJ, 3. Aufl. Frankfurt a. M. 1931 und J. HEINEMANN, Prayer in the Talmud. Forms and patterns, StJ 9, Berlin u. a. 1977; vgl. weiter zum Überblick:

nicht einfach einen heute gebräuchlichen Text zugrunde zu legen, sondern die Textgeschichte mitzureflektieren.

2. Das Shema als Proklamation der Königsherrschaft Gottes

2.1 Das tägliche Bekenntnis zur Königsherrschaft Gottes – die Responsion auf den ersten Vers des Shema (Dtn 6,4)

Offenbar bereits in der Liturgie des Tempelgottesdienstes spielen die zum Shema gerechneten Toraabschnitte und die sie umgebenden Segenssprüche eine bedeutende Rolle, auch wenn über Anzahl, Umfang und Thema der einzelnen Elemente wohl weithin Unklarheit herrscht[12]. Im synagogalen Gottesdienst jedenfalls stellt das Shema und seine Benediktionen neben der Amida, dem Achtzehngebet, seit alters eines der beiden Hauptgebete dar.

An zwei Stellen aus der Diskussion um das Shema in mBer wird deutlich, wie eng bereits in tannaitischen Quellen die Vorstellung von der Königsherrschaft Gottes mit der Rezitation des Shema verbunden ist:

M. WEINFELD, Haṣippiyya lemalkhut elohim bamiqra wehishtaqfuta balituṛgiya hayehudit – lemahuto shel ra'ayon 'yom h'', in: Messianism and eschatology. A collection of essays, ed. by Z. BARAS, Jerusalem 1983, 73–96.

Zu Shema und Amida: V. APTOWITZER, בשכמל״ו. Geschichte einer liturgischen Formel, MGWJ 78 (1929) 93–118; J. HEINEMANN, Qedusha and ‚proclamation of kingship' in the reading of the Shemaʿ and in the ʿAmidah (hebr.), in: Papers on medieval Hebrew literature presented to A. M. HABERMANN, ed. by Z. MALACHI u. a., Jerusalem 1977, 107–117 (= in: J. HEINEMANN, Studies in Jewish liturgy, 2. Aufl. Jerusalem 1983, 12–21); DERS., Prayer, 230–233; I. KNOHL, A parasha concerned with accepting the kingdom of heaven (hebr.), Tarbiz 53 (1984) 11–31; R. KIMELMAN, The Šĕmaʿ and its blessings. The realization of God's kingship, in: The synagogue in late antiquity, ed. by L. I. LEVINE, Philadelphia (Penn.) 1987, 73–86; nach Abschluß des Manuskriptes erschien: I. JACOBS: Kingship and holiness in the third benediction of the Amidah and in the Yoẓer, JJS 41 (1990) 62–74.

Zur Rosh Hashana Liturgie: J. HEINEMANN, Malkiyyot zikhronot weshofarot (hebr.), Ma'ayanot 9 (1967/68) 546–569 (= in: J. HEINEMANN, Studies in Jewish liturgy, 2. Aufl. Jerusalem 1983, 54–71); anders: DERS., Prayer, 94 Anm. 26; Y. TABORI, The place of the Malkhiyyot benediction in the Rosh Ha-Shana additional service (hebr.), Tarbiz 48 (1978/79) 30–34.III.

Die Hekhalot-Literatur enthält, wie die Konkordanz zur Hekhalot-Literatur, hrsg. v. P. SCHÄFER, 2 Bde. Tübingen 1986–1988, besonders im zweiten Band unter den Stichworten מלך/מלכות ausweist, eine Reihe interessanter Texte zur Verwendung des Motivs der Königsherrschaft in Gebetstexten, die jedoch im Rahmen dieser Arbeit nicht bearbeitet werden können. Vgl.: A. ALTMANN, Shire qedusha besifrut hahekhalot haqeduma, Melila 2 (1945/46) 1–24; P. SCHÄFER, Engel und Menschen in der Hekhalot-Literatur, Kairos 22 (1980) 201–225 (= in: P. SCHÄFER, Hekhalot-Studien, TSAJ 19, Tübingen 1988, 250–276); DERS., Gershom Scholem reconsidered. The aim and purpose of early Jewish mysticism, 12th Sacks Lecture, Oxford 1986 (= in: P. SCHÄFER, Hekhalot-Studien, 277–295); M. D. SWARTZ, ʿAlay le-shabbeaḥ. A liturgical prayer in maʿaseh merkabah, JQR 77 (1986/87) 179–190.

[12] Zur Diskussion siehe J. HEINEMANN, Prayer, 13–36.

mBer 2,2:
Es sagte Rabbi Jehoshua ben Qorcha:
Warum steht „*Höre Israel*" (Dtn 6,4–9) vor „*und es geschah, als sie gehört hatten*" (Dtn 11,13–21)? Damit man zuerst das Joch der Königsherrschaft Gottes auf sich nehme und nachher das Joch der Gebote.

Dieses Dictum Jehoshua ben Qorchas wird angeführt, um der am Anfang der Halacha festgesetzten Reihenfolge der Toraabschnitte bei der Lesung des Shema (Dtn 6,4–9; 11,13–21; Num 15,37–41) einen theologischen Sinn zu geben. Die Frage nach der Reihenfolge der beiden Bibelabschnitte Dtn 6 und Dtn 11 scheint darin begründet, daß sie sich thematisch teilweise überschneiden und der zweite Abschnitt umfangreicher ist als der erste[13]. Das sachlich höhere Gewicht der ersten Parasha betont Jehoshua ben Qorcha, indem er das Bekenntnis zum einen Gott Israels als Aufsichnehmen des Jochs der Königsherrschaft, als grundsätzliche Anerkenntnis der Herrschaft Gottes deutet, dem das Tun der einzelnen Gebote der zweiten Parasha erst an zweiter Stelle folgen kann.

In noch umfassenderer Weise wird in mBer 2,5 das ganze Shema und seine Benediktionen als Anerkenntnis der Königsherrschaft Gottes verstanden:

mBer 2,5:
Ein Bräutigam ist vom Lesen des Shema in der ersten Nacht befreit bis zum Ende der Woche, wenn er seine ehelichen Pflichten nicht erfüllt hat.
Ein Fallbeispiel von Rabban Gamliel, der in der ersten Nacht, in der er verheiratet war, das Shema las. Seine Schüler fragten: „Hast du uns nicht gelehrt, unser Lehrer, daß ein Bräutigam in der ersten Nacht vom Lesen des Shema befreit ist?" Er antwortete ihnen: „Ich höre nicht auf euch, um [das Joch] der Königsherrschaft Gottes nicht auch nur eine Stunde von mir abzulegen."

Rabban Gamliel lehnt für sich die von ihm selbst gelehrte Halacha ab, die einem Bräutigam in der Woche nach dem Tag der Hochzeit bis zum Vollzug der Ehe vom Shemalesen im Abendgebet befreit. Für die hohe Wertschätzung des Shema verweist er darauf, daß das Lesen des Shema und seiner Benediktionen das Aufsichnehmen des Jochs der Königsherrschaft Gottes bedeute.

Beide Texte belegen, daß schon für die Mischna die Vorstellung von der Königsherrschaft Gottes eng mit dem Shema und seinen Benediktionen verbunden war. Im folgenden wird es darum gehen zu zeigen, wie diese Vorstellung im Text des Shema selbst zum Ausdruck kommt.

An zentraler Stelle antwortet die Gemeinde auf die Verlesung von Dtn 6,4, dem ersten Vers des Shema, mit einem Bekenntnis zur Königsherrschaft Gottes: ברוך שם כבוד מלכותו לעולם ועד – Gepriesen sei der Name der Herrlichkeit seiner Königsherrschaft immer und ewig. Diese in den heute üblichen Riten

---
[13] Vgl. CH. ALBECK, Shisha Sidrei Mishna, Jerusalem 1975 zur Stelle.

von der Gemeinde leise gesprochene Responsion stellt eine Deutung des vorangegangenen Verses dar: Das Bekenntnis zu Gott als dem einzigen Gott Israels, wird mit der Aufnahme des Motives von Gottes Königsherrschaft noch einmal präzisiert[14].

Diese Berakhaformel diente bereits in der Tempelliturgie am Versöhnungstag (mYoma 3,8; 4,1.2; 6,2) und an Fasttagen (tTaan 1,11.12 [Lieberman 326f.]), aber wohl auch nach dem ersten Vers des Shema[15] als Antwort auf das Aussprechen des Gottesnamens durch den Hohenpriester[16]. Die Eulogie-Formel aus dem Tempeldienst läßt biblische Berakha-Formeln als Vorbilder erkennen (vgl. Ps 72,19; Ez 3,12; aber auch PsSal 5,19; 17,1). Der Sitz im Leben der Tempelliturgie legt die Vermutung nahe, daß die Erweiterungen gegenüber den biblischen Vorgaben darauf zurückzuführen sind, daß man einerseits einer solemnen Sprache entsprechend das Motiv der Ewigkeit unterstreicht לעולם ועד, andererseits gerade am Ort der Einwohnung Gottes seine Königsherrschaft מלכותו hervorhebt[17]. Die Entstehung dieser Formel bleibt jedoch weitgehend im dunkeln.

In die synagogale Liturgie ist sie nur als Responsion auf den ersten Vers des Shema übernommen worden, wo sie heute von der Gemeinde als Antwort auf den vom Vorbeter vorgetragenen ersten Vers des Shema leise gesprochen wird, worauf der Vorbeter mit der Lesung der Toraabschnitte fortfährt.

Aus rabbinischen Quellen ist aber noch eine andere, ursprünglichere Art, das Shema vorzutragen, bekannt, die mit dem Terminus פורס על/את שמע (das Shema vortragen/aufteilen[18]) bezeichnet wird. Zur Deutung dieser Wendung werden in der kontroversen wissenschaftlichen Diskussion im wesentlichen zwei Stellen herangezogen, in denen zur Erklärung der Art und Weise, wie Mose und die Kinder Israel am Schilfmeer das Meerlied in einem Wechselgesang vorgetragen haben, auf die Art verwiesen wird, wie man das Shema in der Synagoge vorträgt: tSot 6,3 (Lieberman 183f.) und die entsprechende Stelle in bSot 30b. Nur in bSot 30b wird dabei der fragliche Ausdruck פורס על שמע verwandt.

Um aus den beiden Stellen etwas darüber zu entnehmen, wie das Shema vorgetragen wurde, muß man den Gedankengang umkehren und sehen, was

---

[14] Auf den historischen Prozeß in dem die „alten Gottesnamen immer mehr zurücktraten" und durch „Standes- und Herrscherbezeichnungen ... der säkularen Sprache" wie אדון, מלך oder רבון ersetzt wurden, verweist M. HENGEL, Zeloten, 98 f. Der Königstitel wird in dieser Responsion zum Ersatz für den unaussprechlichen Gottesnamen.

[15] Vgl. J. HEINEMANN, Prayer, 135.

[16] Vgl. I. ELBOGEN, Gottesdienst, 26 nach SifDev 306 (Finkelstein 342); bYoma 37a.

[17] Vgl. HEINEMANN, Prayer, 136, jedoch dagegen u. a. V. APTOWITZER, Geschichte, 93, der verschiedene Formeln im synagogalen Gebrauch postuliert.

[18] Zur Übersetzung vgl. E. FLEISCHER, Towards a clarification of the expression ‚poreis ʿal shema" („פורס על שמע") (hebr.), Tarbiz 41 (1972) 133–144, 138 Anm. 24.

die Stellen über das Meerlied aussagen. Die strittige Frage ist, wie man die Wendung aus tSot 6,3 היה משה פותח בדבר תחילה וישראל עונין אחריו וגומרין עמו (Mose eröffnete [den Gesang] zuerst und Israel antwortet auf ihn und beendet mit ihm) auf das Shema überträgt. I. Elbogen[19] deutet die komplizierte Formulierung so, daß der Vorbeter zunächst den Halbvers שמע ישראל liest, worauf die Gemeinde diesen Teil wiederholt und den Vers zu Ende spricht. Währenddessen spricht der Vorbeter leise ברוך שם כבוד מלכותו לעולם ועד. E. Fleischer[20] hingegen beruft sich auf die Deutung dieser Formulierung aus der Tosefta in der Gemara דאמור כלהו בהדי הדדי, mit der R. Nehemja lehrt, daß die Verse nacheinander zu sagen sind, so wie sie im Text zitiert werden. Übertragen auf das Shema bedeutet dies, daß zuerst der Vorbeter Dtn 6,4 liest, worauf die Gemeinde mit der Responsion ברוך שם כבוד מלכותו לעולם ועד antwortet.

Folgt man E. Fleischer in einer solchen Aufteilung in ganze Sätze, schließt sich die Frage an, ob der Terminus פורס על שמע ursprünglich nur für die besondere, antiphone Vortragsweise von Dtn 6,4 geprägt und erst sekundär auf die Berakhot um das Shema ausgedehnt wurde[21], oder ob von Anfang an anzunehmen ist, daß auch die Bibelverse in den Berakhot[22] oder einzelne Toraabschnitte[23] antiphonisch gebetet wurden.

Auch wenn es hier nicht gelingen kann, diese umstrittenen Fragen zu entscheiden[24], so wird man doch von der Beobachtung ausgehen können, daß der Vers, der als ‚Aufsichnehmen des Jochs der Königsherrschaft' verstanden wird, in einer ursprünglich eigenen liturgischen Form antiphonisch vorgetragen wurde. Es ist nicht nur natürlich, daß die Gemeinde, nachdem der Vorbeter sich mit dem ersten Vers des Shema an sie gewandt hat, nunmehr mit einer Responsion antwortet[25]. Diese Responsion nimmt vielmehr Züge der ‚acclamatio' an, mit der der römische Kaiser und seine Angehörigen verehrt wurden[26]. Auch diese an den römischen Kaiserkult angelehnte Form trägt also dazu bei, den Inhalt, das Bekenntnis zur Königsherrschaft Gottes, im Shema

---

[19] Vgl. I. ELBOGEN, Studien zur Geschichte des jüdischen Gottesdienstes, Berlin 1907, 3–13; DERS., Gottesdienst, 496f.; hierin folgt ihm jüngst: R. KIMELMAN, Šĕmaʿ, 81.
[20] Vgl. E. FLEISCHER, Clarification, 140–143; hierin folgt ihm J. HEINEMANN, Prayer, 25 Anm. 13; DERS., Qedusha, 16.
[21] Vgl. E. FLEISCHER, Clarification, 138f.
[22] Vgl. J. HEINEMANN, Qedusha, 16 Anm. 20.
[23] Vgl. I. KNOHL, Parasha, 12f.
[24] So J. HEINEMANN, Qedusha, 16.
[25] Vgl. E. FLEISCHER, Clarification, 142 Anm. 29.
[26] Vgl. M. FUHRMANN, Acclamatio, in: KP 1, 30; I. KNOHL, Parasha, 12 hat auf diese Parallele verwiesen. Zur Akklamation der makedonischen Diadochenkönige durch das Heer vgl. M. HENGEL, Judentum und Hellenismus. Studien zu ihrer Begegnung unter besonderer Berücksichtigung Palästinas bis zur Mitte des 2. Jh.s v. Chr., WUNT 10, 3. Aufl. Tübingen 1989, 23.

deutlicher werden zu lassen. Die Responsion unterbricht die Lesung des Bibeltextes, und der Beter muß Gottes Königtum ausdrücklich anerkennen[27].

2.2 Israel erwählt sich Gott zum König – die Berakha nach dem Shema

Von Dtn 6,4, dem zentralen Vers des Shema, breitet sich das Motiv der Königsherrschaft Gottes auch in die Berakhot vor und nach dem Shema aus.

Dabei gilt es zu bedenken, daß diese Berakhot nicht von Anfang an in der uns heute vorliegenden Form gebetet wurden, sondern in talmudischer und gaonäischer Zeit immer weiter ausgestaltet worden sind, bis sie uns in den frühen Gebetbüchern aus dem 9. und 10. Jh. zum ersten Mal ganz ausformuliert vorliegen. Das langsame Anwachsen über viele Jahrhunderte in verschiedenen Gemeinden hat es mit sich gebracht, daß die Texte der Gebete in sehr unterschiedlichen Formen überliefert sind. Versucht man die Textgeschichte von Gebeten nachzuvollziehen, bleibt man auf Belege für einzelne Formulierungen in halachischen Diskussionen zum Wortlaut der Gebete in der rabbinischen Literatur und auf die frühen anonymen Pijutim angewiesen. Die Vielfalt der Textformen, die in den verschiedenen Gemeinden ausgebildet wurden, läßt die Frage nach einem einzigen Urtext für ein Gebet unsinnig erscheinen[28].

Als die ältesten und stabilsten Elemente der Textüberlieferung jüdischer Gebete haben sich die Einleitungs- und Schlußformulierungen der Berakhot herausgestellt. In ihnen wird mit wenigen Worten das eigentliche Thema, nicht jedoch der gesamte Wortlaut einer Benediktion festgelegt[29]. Bei den Berakhot um das Shema lassen sich solche geprägten Einleitungs- und Schlußformulierungen nur zum Teil in der ältesten, tannaitischen Überlieferungsschicht der rabbinischen Literatur belegen. Dennoch wird man voraussetzen dürfen, daß das Grundthema der einzelnen Segenssprüche konstant geblieben ist.

So ist die Eulogie vom Ende der ersten Berakha vor dem Shema ברוך אתה יהוה יוצר המאורות (Gepriesen seist du, Herr, der Lichter bildet) zwar erst im babylonischen Talmud bBer 12a nachzuweisen, aber wohl schon für tannaitische Zeiten vorauszusetzen[30]. Mit dieser Ḥatima ist als Thema der Berakha,

---

[27] Vgl. L. FINKELSTEIN, The development of the Amidah, JQR 16 (1925/26) 1–43, 127–170 (= in: Contributions to the scientific study of Jewish liturgy, ed. by J. J. PETUCHOWSKI, New York 1970, 91–177); R. KIMELMAN, Šěmaʿ, 77.

[28] So ist es sicher unangemessen, wenn man das von S. Schechter in JQR 10 (1898) 654f. veröffentlichte Genizafragment einer palästinischen Rezension der Amida für die ‚Urform' des Achtzehngebetes hält, ohne die mittlerweile publizierten anderen Fassungen dieses Gebetes wahrzunehmen.

[29] Vgl. J. HEINEMANN, Prayer, 51.

[30] In der Darstellung des Morgengottesdienstes im Tempel in mTam 5,1 findet sich kein Hinweis auf diese erste Berakha des Shema. P. SCHÄFER, Gottesdienst, 403f. verweist jedoch darauf, daß die Priester diese Berakha, die Gott als den Schöpfer der Lichter preist, in diesem vor Sonnenaufgang stattfindenden Gottesdienst im Tempel mit gutem Grund wegließen, ohne daß Rückschlüsse auf den Synagogengottesdienst zwingend wären.

die beim ersten Licht bei Tagesanbruch gebetet wird, das Lob Gottes des Schöpfers (der Lichter) festgelegt. Von hier leitet sich ihr Name Jozer ab. Die aus bBer 11b bekannte und dort im Namen von R. Jakob, einem Tannaiten der vierten Generation, überlieferte Version der Anfangssätze stellt klar, daß es um das Lob des Schöpfers der ganzen Schöpfung, nicht nur der Lichter geht: יוצר אור ובורא חשך עשה שלום ובורא את הכל (der Licht bildet und Finsternis schafft, der Frieden macht und alles schafft).

Das Thema der zweiten Berakha, die nach bBer 11b entweder mit אהבה רבה oder אהבת עולם (Mit großer Liebe hast du uns geliebt, Herr, unser Gott ...) beginnt und mit der Eulogie הבוחר בעמו ישראל באהבה (der sein Volk Israel in Liebe erwählt hat) endet, ist die Erwählung Israels, wie sie in der Gabe der Tora zum Ausdruck kommt. So lautet der Name der Berakha אהבא רבה oder אהבת עולם in bBer 11b auch ברכת תורה. Mit diesem Thema entspricht die zweite Benediktion vor dem Shema dem zweiten Toraabschnitt, den wie gezeigt mBer 2,2 als ‚Joch der Gebote' verstanden hatte.

Als Berakha zum Abschluß der Toralesungen folgt mit אמת ויציב (Wahr und feststehend, ...) zunächst ein Bekenntnis, das die bleibende Gültigkeit der vorher vorgetragenen Verse auch in der Zeit des Beters bestätigt. Aus mTam 5,1 ist diese Formulierung bereits für die Berakha nach dem Shema im Morgengottesdienst der Priester im Tempel bekannt.

Gegenüber diesem ersten Motiv aus der Tempelliturgie verweist die Eulogie גאל ישראל (Erlöser Israels), nach der die Berakha גאולה genannt wird (vgl. bBer 9b), auf die im Auszug aus Ägypten erfahrene Erlösung Israels als zweiten thematischen Schwerpunkt. Die Diskussion in mBer 1,5, warum man des Auszuges aus Ägypten auch am Abend gedenkt, setzt offensichtlich bereits voraus, daß dies im Kontext des Shema im Morgengebet selbstverständlich geschieht[31]. Die anonyme Halakha in tBer 2,1 (Lieberman 6) belegt eindeutig, daß die Befreiung aus Ägypten als Modell aller künftigen Erlösungen mittlerweile zum Hauptthema der Berakha nach dem Shema geworden ist[32].

Diese Beobachtungen zu den ältesten nachweisbaren Elementen der Benediktionen um das Shema zeigen, daß sich die erste Berakha mit dem Lob des einzigen Schöpfers auf den ersten Vers des Shema, die zweite Berakha zu Tora und Erwählung auf die weiteren Verse des ersten und auf den zweiten Toraabschnitt bezieht und die dritte Berakha als Bekenntnis und Erinnerung an die Erlösung in Analogie zur Erwähnung des Auszuges aus Ägypten im dritten Toraabschnitt als Abschluß der ganzen liturgischen Einheit dient[33]. In diesem

---

[31] Zum Shaharit als Modell zur Gestaltung des Aravit vgl. J. HEINEMANN, Qedusha, 17 Anm. 26.
[32] Vgl. I. ELBOGEN, Gottesdienst, 22, der jedoch zwischen dem Motiv des Auszugs aus Ägypten und dem Motiv der Königsherrschaft unterscheidet.
[33] Vgl. R. KIMELMAN, Šěma', 76f.

Komplex ist das Motiv der Königsherrschaft Gottes bisher nur in der Responsion auf den ersten Vers des Shema erkennbar.

Bereits in tannaitischen Quellen wird jedoch diskutiert, welche Themen darüber hinaus noch in den Benediktionen Erwähnung finden sollen.

tBer 2,1 (Lieberman 6)
Wer das Shema liest, muß bei אמת ויציב den Auszug aus Ägypten erwähnen.
Rabbi sagt: Er muß dabei die Königsherrschaft erwähnen.
Andere sagen: Er muß dabei das Schlagen der Erstgeburt und die Teilung des Meeres erwähnen.

Diese Toseftastelle ist ein Zeugnis für die frühe Phase der jüdischen Liturgiegeschichte, in der zwar die Hauptthemen der Gebete festlagen, in der aber in der Gestaltung des Wortlautes und in der Hinzufügung einzelner Motive noch große Freiheit bestand[34].

Die anonyme Halacha zu Beginn dieser kleinen Einheit betont, wie schon oben gezeigt, den Auszug aus Ägypten als Modellfall aller künftigen Erlösung. Darüber hinaus sollen als weitere Motive die Königsherrschaft Gottes und seine Machttaten, das Schlagen der Erstgeburt und die Teilung des Meeres, verpflichtend gemacht werden. Die Vermutung E. Fleischers hat einiges für sich, daß in der Geulla der Ausblick auf die künftige Erlösung das eigentliche Thema der Erlösung aus Ägypten zu verdrängen drohte[35]. Eine Möglichkeit, dieser Gefahr zu wehren, bestand darin, Verse aus dem Schilfmeerlied in Ex 15 in den Text der Geulla aufzunehmen. Die Erinnerung an die Wunder Gottes beim Auszug aus Ägypten wird durch Ex 15,11 wachgehalten: „Wer ist wie du unter den Göttern, Herr! Wer ist wie du, in Heiligkeit strahlend, furchtbar an Ruhmestaten, Wunder vollbringend!" Das Bekenntnis zur Königsherrschaft Gottes in Ex 15,18 „Der Herr ist König auf immer und ewig!", in dem Israel zum ersten Mal das Joch der Königsherrschaft auf sich nimmt, wird dann zum Höhepunkt der Geulla, in dem die Hoffnung auf die künftige Königsherrschaft an den geschichtlichen Anfang der Königsherrschaft zurückgebunden wird[36].

---

[34] Vgl. J. Heinemann, Prayer, 51.

[35] Vgl. E. Fleischer, The Yoẓer. Its emergence and development (hebr.), Jerusalem 1984, 5.

[36] Der Hinweis von R. Kimelman, Šĕmaʿ, 78 auf tBer 1,10 (Lieberman 4) „which argues for the primacy of the kingship motif over the Exodus one" ist irreführend.
In einer Diskussion um die Erwähnung des Auszugs aus Ägypten im Shema des Abendgebets erhebt Ben Zoma den Einwand, daß es nach Jer 23,7f. eine Zeit geben wird, in der die Herausführung aus dem Nordland den Exodus aus Ägypten aus dem Gedächtnis verdrängen wird. Dagegen argumentiert die Mehrheit, „daß der Auszug aus Ägypten nicht von seinem Platz (in der Geulla) gestrichen werde, sondern daß der Auszug ein Zusatz zu den Königreichen sein wird", aus deren Herrschaft Israel im Laufe seiner Geschichte erlöst wurde. In der knappen Formulierung מלכיות עיקר ויציאת מצרים טפילה (die Königreiche sind das Wesentliche, der Auszug aus Ägypten das Nebensächliche) bezieht sich מלכיות nicht auf die Königsherrschaft Gottes, sondern wie in der folgenden Halakha tBer 1,11 auf die Königreiche dieser

In welcher Weise die Forderungen der Tosefta umgesetzt wurden, bezeugen der palästinische und der babylonische Talmud:

yBer 1,9 (3d)
Es wird gelehrt:
Wer das Shema *am Morgen*[37] liest, muß bei אמת ויציב den Auszug aus Ägypten erwähnen.
Rabbi sagt: Er muß dabei die Königsherrschaft erwähnen.
Andere sagen: Er muß dabei *die Teilung des Schilfmeeres und das Schlagen der Erstgeburt* erwähnen.
Rabbi Yehoshua ben Levi sagt: Er muß alles erwähnen und (als Eulogie) sagen: צור ישראל וגואלו *– Fels Israels und sein Retter.*

Der palästinische Talmud nimmt zunächst die Tradition aus der Tosefta fast wörtlich mit nur unwesentlichen Veränderungen auf. Indem der Redaktor aber das Dictum Rabbi Yehoshua ben Levis anfügt, erscheint die in der Tosefta noch unentschiedene halachische Diskussion in dem Sinne entschieden, daß sowohl die Königsherrschaft als auch die konkrete Erinnerung an die Wunder Gottes in der Berakha nach dem Shema ihren festen Platz haben.

Die von dem palästinischen Amoräer Rabbi Yehoshua ben Levi festgelegte Eulogie צור ישראל וגואלו unterscheidet sich von der weitverbreiteten babylonischen Version גאל ישראל, läßt sich jedoch in einer ganzen Reihe von Genizafragmenten aus der palästinischen Tradition nachweisen[38]. Wie N. Wieder[39] gezeigt hat, sind darüber hinaus dort auch die Versionen מלך צור ישראל וגואלו[40] und מלך ישראל וגואלו[41] überliefert, die in der Eulogie nun neben der Erlösung auch ausdrücklich die Königsherrschaft erwähnen. Diese Formulierungen der Eulogie stellen einen weiteren Beleg dafür dar, daß die Erwähnung der Königsherrschaft als zusätzliches Thema der Berakha anerkannt war[42].

Welt (vgl. jedoch dasselbe Mißverständnis in der Übersetzung von J. Neusner, The Tosefta. Translated from the Hebrew, New York 1977–1986, zur Stelle).

[37] Die Veränderungen gegenüber tBer 2,1 sind kursiv hervorgehoben.

[38] Vgl. J. Mann, Geniza fragments of the Palestinian order of service, HUCA 2 (1925) 267–338, hier 294 (2mal), 307, 320, 323; S. Assaf, Miseder hatefilla beereṣ yisra'el, in: Dinaburg Jubilee Volume, ed. by I. Baer u. a., Jerusalem 1949, 116–131, hier 124, 125.

[39] N. Wieder, Peraqim betoledot hatefilla wehaberakhot, Sinai 77 (1973/74) 116–138, hier 118f.

[40] Vgl. J. Mann, aaO., 295, 308.

[41] Vgl. zwei Genizafragmente des vom palästinischen Ritus beeinflußten Siddur Rav Saadya Gaon und ein Fragment aus Cambridge TS. H 18.3, das ursprünglich מלך ישראל וגואלו zu מלך צור ישראל וגואלו verbessert.

[42] Der Versuch von N. Wieder, Peraqim, 119, die Eulogie מלך ישראל וגואלו als die älteste Fassung zu erweisen, aus der צור ישראל וגואלו und wiederum מלך צור ישראל וגואלו gebildet wurden, übersieht, daß eine Vielfalt von Fassungen in verschiedenen Gemeinden gleichzeitig gebetet werden konnte, ohne daß sich ein Urtext ausmachen läßt (vgl. J. Heinemann, Prayer, 51). Dabei mag die Tatsache, daß מלך ישראל וגואלו nicht sehr weit verbreitet ist, darauf zurückzuführen sein, daß sich diese Eulogie wörtlich in Jes 44,6 findet, eine Verwendung von Bibeltexten als Eulogie aber vermieden werden sollte (yBer 1,8 [3d]).

Über eine frühe Fassung des Gebetstextes gibt uns aber erst der babylonische Talmud Auskunft:

bBer 14b
Und muß man denn nicht den Auszug aus Ägypten erwähnen?
Man spricht folgendermaßen:
Wir danken dir, Herr, unser Gott, daß du uns aus dem Lande Ägypten geführt hast und aus dem Haus der Knechtschaft befreit hast und uns Wunderzeichen und Machttaten am Meer getan hast, und wir sangen dir.

Dieser Absatz bildet den Abschluß einer längeren Sugiya, in der erörtert wird, wie אמת ויציב an אני יי אלהיכם Num 15,41, den letzten Vers des dritten Toraabschnitts des Shema, angeschlossen wird. Als Qushiya[43] wird die Frage aufgeworfen, ob etwa אמת ויציב und damit die Erwähnung des Auszuges aus Ägypten wegfällt, wenn im Abendgebet der dritte Toraabschnitt des Shema nicht gelesen wird. Dem wird widersprochen, indem ein Gebet angeführt wird, das die von tBer 2,1 geforderten Elemente enthält. Die Wendung am Ende „und wir sangen dir" wird man dabei mit J. Heinemann[44] als Überleitung verstehen müssen, nach der Verse aus dem Meerlied selbst folgten, die hier nicht mehr zitiert sind.

Bereits aus den frühen Genizafragmenten kann man zurückschließen, daß dabei an Ex 15,11 und 18 zu denken ist. Der zweite Vers, der die Königsherrschaft erwähnt, wird dabei in manchen Quellen mit einer auch sonst verbreiteten Wendung umschrieben: יי מלך יי מלך יי ימלוך לעולם ועד (Der Herr war König, der Herr ist König, der Herr wird König sein immer und ewig)[45]. In der Phase des anonymen Pijut jedenfalls ist nach E. Fleischer[46] die Praxis, Verse aus dem Schilfmeerlied in die Berakha nach dem Shema aufzunehmen, sehr weit verbreitet.

Nachdem somit geklärt ist, daß die Vorstellung von der Königsherrschaft in der Berakha nach dem Shema bereits seit talmudischer Zeit mit Hilfe von Ex 15,18 ausgedrückt wird, ist es hilfreich, sich die Auslegungstradition vor Augen zu führen, in der dieser Vers verstanden werden konnte.

Die Einleitungen zu Ex 15,18 in den verschiedenen Versionen der Geulla verstehen den Vers offensichtlich als Ausdruck für den Beginn der Königsherrschaft Gottes über Israel:

---

[43] Vgl. הא als Einleitung in eine Qushiya bei J. Schechter, 'Oṣar hatalmud, 2. Aufl. Tel Aviv 1973, 94.

[44] Vgl. J. Heinemann, Qedusha, 16; R. Kimelman, Šěmaʿ, 78.

[45] Vgl. S. Schechter, Geniza specimens, JQR 10 (1898) 654–659, 654; J. Mann, Geniza fragments, 295; und zum Ganzen E. Fleischer, Yoẓer, 5.

[46] Vgl. E. Fleischer, Studies in the problems relating to the liturgical function of the types of early piyyuṭ (hebr.), Tarbiz 40 (1970/71) 42–63; Ders., The diffusion of the Qedushshot of the ʿAmida and the Yoẓer in the Palestinian Jewish ritual (hebr.), Tarbiz 38 (1968/69) 255–284. VIf., hier 258 Anm. 15.

Geulla im Shacharit (Seder Rav Amram Gaon, Goldschmidt 20)
Zusammen lobten alle, riefen zum König aus und sagten:
„Der Herr wird König sein immer und ewig" (Ex 15,18).

Geulla im Aravit (Seder Rav Amram Gaon, Goldschmidt 27)
Deine Königsherrschaft sahen deine Söhne das Meer spalten vor Mose, „Das ist mein Gott" (Ex 15,2). Sie antworteten und sagten: „Der Herr wird König sein immer und ewig" (Ex 15,18).

Geulla
Sie lobten und priesen seinen Namen, und seine Königsherrschaft nahmen sie willig auf sich: „Der Herr wird König sein immer und ewig" (Ex 15,18)[47].

Die Auslegungstradition, die in Ex 15,18 den Beginn der Königsherrschaft Gottes über Israel sieht, läßt sich auch in den Targumim zur Stelle nachweisen.

Targum Onkelos zu Ex 15,18 (Sperber 114)
Die Königsherrschaft des Herrn sei (bestehe) bis in Ewigkeit und bis in alle Zeiten.

Wie auch an anderen Stellen ersetzt hier das Targum ein Verb ימלך (König sein) durch das entsprechende Substantiv מלכותיה (seine Königsherrschaft). Einige Handschriften ergänzen den Nominalsatz durch die Einfügung des Verbes קאים (bestehen).

Deutlicher kommt die Auslegungstradition in den ausführlichen Formulierungen in TPsJ und TN zum Ausdruck:

Targum Pseudo-Jonathan zu Ex 15,18 (Ginzburger 126)
Als das Volk des Hauses Israel die Zeichen und Wunder sah, die ihnen der Heilige, gepriesen sei sein Name, am Schilfmeer getan hatte, und die Macht seiner Hände zwischen den Wellen, antworteten sie und sagten einer zum anderen: „Kommt, laßt uns die Krone seiner Größe auf das Haupt des Erlösers setzen, der hinüberführt, aber nicht vergeht, der verändert, aber sich nicht ändert; denn ihm ist die Krone der Königsherrschaft, er ist der König der Könige in dieser Welt, und ihm ist die Königsherrschaft in der kommenden Welt, ihm ist sie und wird sie sein in allen Zeiten."

Targum Neofiti zu Ex 15,18 (Díez Macho 101)
Die Söhne Israels sagten: Wie wird dir, Herr, die Krone der Königsherrschaft? Als deine Söhne die Zeichen deiner Wundertaten am Meer sahen und die Macht zwischen den Wellen, zu jener Stunde öffneten sie ihre Münder gemeinsam und sagten: „Dem Herrn ist die Königsherrschaft seit vor der Welt und bis in alle Zeiten."

Im masoretischen Text bildet Ex 15,18 den Höhepunkt der Schilderung und des Lobes der Heilstaten Gottes, die ihn als König für alle Zeiten erwiesen haben. Die aggadischen Erweiterungen in TPsJ und TN deuten den Bibelvers als Antwort Israels auf die erfahrene Erlösung, in der Israel Gottes Königsherr-

---

[47] Text nach J. HEINEMANN, Qedusha, 14, dort jedoch ohne Nachweis.

schaft proklamiert, indem sie ihn zum König krönen[48]. Diese Proklamation der Königsherrschaft Gottes am Schilfmeer geht mit dem Bekenntnis einher, daß Gott der einzige König in dieser Welt ist und in der künftigen Welt sein wird. TN bekennt darüber hinaus auch noch die Königsherrschaft Gottes vor der Schöpfung. Auch wenn sich die Midraschtraditionen, die in diese Deutung der Targumim eingegangen sind, nicht mehr klar einordnen lassen, so stellen die Erweiterungen der aramäischen Übersetzungen dennoch einen Beleg für eine offensichtlich verbreitete Auslegungstradition dar, die in Ex 15,18 den Beginn der Königsherrschaft Gottes über Israel sieht[49].

In der rabbinischen Literatur im engeren Sinne sind mit der Auslegung des Schilfmeerliedes einige Gleichnisse zur Königsherrschaft Gottes verbunden[50].

WaR 2,4 (Margulies 41–42)
Rabbi Abin sagte:
Ein Gleichnis einem König, der ein Purpurgewand hatte. Er befahl seinem Knecht: „Falte es und schüttele es aus und achte besonders auf es." Der sagte ihm: „Mein Herr (und) König, von allen Purpurgewändern gibst du mir Anweisungen nur in bezug auf dieses?" Es sagte: „Denn dieses trug ich am Tag meiner Königsproklamation."
So sprach Mose vor dem Heiligen, gepriesen sei er: „Herr der Welten, von den siebzig mächtigen Völkern, die du in der Welt hast, gibst du mir Anweisungen nur in bezug auf Israel? ‚Sage zu den Kindern Israels' (Ex 33,5) – ‚Befiehl den Kindern Israels' (Lev 24,2) – ‚Sprich zu den Kindern Israels' (Ex 31,13)." Er antwortete ihm: „Sie sind die, die mich am Meer zum König proklamiert haben ‚Der Herr wird König sein immer und ewig' (Ex 15,18)."

Dieses Gleichnis wird an verschiedenen Stellen der rabbinischen Literatur im Namen von Rabbi Abin (4. oder 5. Generation der pal. Amoräer) überliefert[51]. In WaR und PesK findet es sich in einer Reihe von drei Gleichnissen, die alle die leicht variierte Gleichniserzählung vom Purpurgewand des Königs auf das Gleichnisthema vom besonderen Verhältnis Gottes zu Israel deuten.

---

[48] Zur Interpretationsweise der Targumim vgl. A. M. SCHWEMER, Irdischer und himmlischer König. Beobachtungen zur sogenannten David-Apokalypse in Hekhalot-Rabbati §§ 122–126, in diesem Band S. 326.

[49] In TFrag zu Ex 15,18 (Ginzburger 36f.) lobt Israel Gott mit den Worten aus Ex 15,18 an dem Tag, an dem die künftige Königsherrschaft anbricht und u. a. das ‚eiserne Joch zerbrochen wird'.

[50] Zur Auslegung von Ex 15,18 in der MekhY in der Form von Gleichnissen vgl. K. A. PLANK, Reigning victim, threatened king. An exploration of the king parables of Shirta, Judaica 35 (1979) 172–183 und vor allem B. EGO, Gottes Weltherrschaft und die Einzigkeit seines Namens. Eine Untersuchung zur Rezeption der Königsmetapher in der Mekhilta de R. Yishma'el, in diesem Band S. 257–283.

[51] Vgl. WaR 24,7 (Margulies 561); PesK 2,7 (Mandelbaum 27–28); TanB ki tissa (Buber 54a); Tan ki tissa 8; Yalq tesawe § 376; Yalq Jer § 315. In Tan ki tissa 8 wird R. Shemuel bar Nachman (3pA) als Tradent angegeben. Das erste Gleichnis in der Kette von Gleichnissen in WaR 2,4 und PesK 2,7 wird in seinem Namen berichtet, so daß hier wohl der Grund für die Verschiebung des Tradenten zu suchen ist.

Der ungewöhnliche Befehl des Königs, auf ein bestimmtes Purpurgewand besonders zu achten, gibt in allen drei Gleichnissen Anlaß zur Frage nach dem Grund für diesen Auftrag. Im Gleichnis des Rabbi Abin verweist die Begründung in der Gleichniserzählung auf den Beginn seiner Herrschaft als König. Der König erläßt besondere Befehle in bezug auf das Gewand, das an seiner Proklamation zum König beteiligt war. Die eigentliche Frage, zu deren Klärung das Gleichnis erzählt wird, wirft Mose im zweiten Teil auf, indem er Gott danach fragt, was Israel von den anderen Völkern unterscheidet, so daß der Herr besondere Befehle in bezug auf Israel erläßt. In Analogie zur Gleichniserzählung wird nun auch in der Gleichnisdeutung das besondere Verhältnis Gottes zu Israel damit begründet, daß Israel am Schilfmeer Gott zum König proklamiert hat. Der Schriftbeleg hierfür ist Ex 15,18.

Dieses verbreitete Gleichnis mag als Beleg für die Anschauung dienen, daß das vergangene Bekenntnis zu Gottes Königsherrschaft am Schilfmeer die weiterhin besondere Beziehung zwischen Israel und seinem Gott begründet, wie sie in den Geboten der Tora zum Ausdruck kommt[52]. Das Aufsichnehmen des Jochs der Königsherrschaft begründet also auch in dieser Auslegung zu Ex 15,18 das für Israel besondere Joch der Gebote, wie wir es für mBer 2,2 bereits gesehen hatten.

2.3 Die Engel loben Gott als König der Welt – die Qedusha

Wie beim Shema der erste Vers Dtn 6,4 und der folgende aus Bibelversen (Ez 3,12 u. Ps 72,19) zusammengesetzte Lobpreis und bei der Berakha nach dem Shema die beiden Verse Ex 15,11 und 18 als Proklamation der Königsherrschaft Gottes verstanden wurden, so werden auch in der Wiedergabe des himmlischen Gottesdienstes in der Qedusha der ersten Berakha vor dem Shema zwei Bibelverse, Jes 6,3 und Ez 3,12, als Bekenntnis zu seiner Königsherrschaft gedeutet.

Qedusha de Yozer (Seder Rav Amram Gaon, Goldschmidt 13)
Und alle nehmen das Joch der Königsherrschaft auf sich einer vom anderen und erteilen einer dem anderen Erlaubnis, ihren Schöpfer zu heiligen in seliger Ruhe, mit lauterer Sprache und in heiliger Anmut.
Alle antworten wie einer in Schrecken und sprechen in Ehrfurcht:
Heilig, heilig, heilig ist der Herr der Heerscharen, die ganze Erde ist voll seiner Herrlichkeit. (Jes 6,3).
Und die Ofanim und die heiligen Tiere erheben sich mit lautem Getöse ihnen gegenüber, rühmen und sprechen:
Gepriesen sei die Herrlichkeit des Herrn von ihrer Stätte aus. (Ez 3,12).

Die Schilderung der himmlischen Liturgie des Morgengottesdienstes der Engel

---
[52] Vgl. B. EGO, Weltherrschaft, in diesem Band, S. 259.275–281.

läuft auf den Lobpreis der Heiligkeit Gottes mit dem Trishagion aus Jes 6,3 als Höhepunkt hinaus. Eine andere Gruppe himmlischer Wesen respondiert hierauf mit dem Bekenntnis zu Gottes Herrlichkeit aus der Vision in Ez 3,12. In der aus mehreren Elementen zusammengesetzten Hinführung auf die beiden Verse[53] werden sie als Aufsichnehmen des Jochs der Königsherrschaft gedeutet. Diese Metapher, die nach mBer 2,2 und 2,5 als Ausdruck für das Bekenntnis Israels zu seinem Gott in der Rezitation des Shema geprägt ist, wird hier auf den Lobpreis der Engel mit dem Trishagion übertragen. Mit dieser Übertragung der Terminologie wird die Qedusha der Engel dem Shema Israels parallel gesetzt. Offensichtlich soll dann auch die Responsion der Ofannim mit Ez 3,12 der Responsion Israels auf Dtn 6,4 mit dem aus Ez 3,12 gebildeten ‚synthetischen' Vers entsprechen, so daß die Qedusha deYozer auch formal auf das Zentrum der ganzen liturgischen Einheit, auf Dtn 6,4 bezogen ist. So wie Israel im irdischen bekennen die Engel im himmlischen Gottesdienst täglich Gottes Königsherrschaft.

Hier stellt sich nun die Frage, ob sich ein solcher Bezug der Qedusha zum Motiv der Königsherrschaft auch aus anderen Quellen belegen läßt. Dazu wird man sich zunächst kurz die Geschichte der Qedusha vor Augen führen müssen. Da es an mehreren Stellen in der Liturgie Qedushot gibt – die Qedusha deYozer in der ersten Berakha vor dem Shema, die Qedusha deAmida in der 2. Bitte des Achtzehn-Bitten-Gebets zur Totenauferweckung und die Qedusha deSidra, die den Abschluß des Morgengebets bildet – konzentrierte sich die wissenschaftliche Diskussion vor allem auf die Frage, welche Qedusha die älteste sei[54].

Der einzige Beleg aus tannaitischen Quellen stammt aus der Tosefta:

tBer 1,9 (Lieberman 6)
Man respondiert nicht dem, der die Berakhot spricht.
R. Yehuda respondierte dem, der die Berakhot sprach: *Heilig, heilig, heilig ist der Herr der Heerscharen, die ganze Erde ist voll seiner Herrlichkeit. (Jes 6,3)* und *Gepriesen sei die Herrlichkeit des Herrn von ihrer Stätte aus (Ez 3,12)*. All jenes pflegte R. Yehuda auf denjenigen zu sagen, der die Berakhot sprach.

Gegen die allgemeine Halacha, daß die Gemeinde auf Benediktionen des Vorbeters nicht respondiere, wird der Brauch R. Yehudas angeführt, die Qedusha dennoch antiphonisch vorzutragen. So können wir davon ausgehen, daß zumindest am Ende der tannaitischen Periode eine Qedusha üblich war, die aus den beiden Versen Jes 6,3 und Ez 3,12 bestand. Aufgrund des Kontextes läßt sich aber nicht entscheiden, um welche Qedusha es sich handelt, da das

---

[53] Vgl. I. ELBOGEN, Gottesdienst, 66f.
[54] Zur Diskussion um vorrabbinische Formen der Qedusha vgl. A. M. SCHWEMER, Irdischer und himmlischer König, in diesem Band, S. 325f.

Beten des Yozer wie der Amida mit dem Terminus מברך bezeichnet werden können[55].
Eine zweite Quelle stammt erst aus amoräischer Zeit:

yBer 5,3 (9c)
(Der Vorbeter) Betitai verstummte bei: אופנייה (die Ofannim). Man kam und fragte R. Abun.
R. Abun sagte ihnen im Namen R. Jehoshua ben Levis: Wer die Amida an seiner Stelle vorbetet, fange an der Stelle an, an der er aufgehört hat.
Sie warfen die Frage auf: Wir haben doch (aus einer tannaitischen Quelle) gelernt: ‚Er beginne mit der Berakha, an der jener irrte.'
Er antwortete ihnen: Weil ihr bereits mit der Qedusha respondiert habt, (gilt diese Stelle,) als wäre sie der Anfang einer Berakha.

Der vorliegende Text bildet den Abschluß einer längeren Diskussion darüber, was zu tun sei, wenn ein Vorbeter irrt oder nicht mehr weiter vorzubeten weiß und deswegen durch einen anderen ersetzt werden muß. Im Falle des Betitai, der in der Qedusha nach Jes 6,3 verstummt, entscheidet R. Abun, daß der neue Vorbeter genau an dieser Stelle weiterbeten soll. Dagegen wird die Qushiya aufgeworfen, daß man in der Regel doch am Beginn der Berakha neu einzusetzen habe. In seiner Begründung verweist R. Abun darauf, daß dadurch, daß die Gemeinde mit Jes 6,3 (der Qedusha) respondiert habe, der Vorbeter bereits unterbrochen sei, und deswegen auch hier neu einsetzen könne[56].

Dieser Beleg kann sich aufgrund der Terminologie זה שעובר תחתיו (derjenige, der an seiner Stelle vor den Toraschrein tritt) nur auf die Qedusha deAmida beziehen, auch wenn der heute bekannte Text dieser Qedusha keinen Hinweis auf die Ofanim enthält. Dies kann jedoch nur heißen, daß zu amoräischer Zeit auch solche Versionen der Qedusha deAmida verbreitet waren, die eher dem Yozertyp der Qedusha entsprechen[57].

Für die Qedusha deYozer hingegen finden sich in der rabbinischen Literatur keine so frühen Belege. E. Fleischer hat jedoch aufgrund unpublizierten Genizamaterials und früher, anonymer Pijutim gezeigt, daß im palästinischen Ritus an manchen Orten auch im Yozer eine Qedusha verbreitet war. Sie war jedoch auf den Sabbat und einige hohe Feiertage beschränkt[58]. Zudem findet man einen Qedushatyp, der der Qedusha deYozer entspricht, auch in frühchristlichen Quellen[59]. Abgesehen von der Bezeugung der Qedusha in frühen rabbini-

---

[55] Vgl. J. HEINEMANN, Prayer, 230f.
[56] Die Übersetzung von C. HOROWITZ, Der Jerusalemer Talmud in deutscher Übersetzung, Bd. 1 Berakhoth, Tübingen 1975, 154 ist irreführend.
[57] Vgl. J. HEINEMANN, Prayer, 231.
[58] Vgl. E. FLEISCHER, Diffusion, 266.
[59] Vgl. Constitutiones Apostolorum 7,35,3. Hierzu D. A. FIENSY, Prayers alleged to be Jewish. An examination of the Constitutiones Apostolorum, Brown Judaic Studies 65, Chico (Cal.) 1985, 132.176–178.225–227.

schen und christlichen Quellen hängt die Einschätzung ihres Alters mit der ungeklärten Datierung der Merkava-Mystik zusammen, auf deren Interessen an der himmlischen Liturgie die Einführung dieses Stückes im allgemeinen zurückgeführt wird. Mit J. Heinemann wird man jedenfalls davon ausgehen können, daß bereits in tannaitischer Zeit verschiedene Formen der Qedusha in verschiedenen Gemeinden zu unterschiedlichen Gelegenheiten gleichzeitig in Gebrauch waren[60].

Aus den dargestellten Belegen zur Geschichte der Qedushot haben sich bisher keine inhaltlichen Beziehungen zur Vorstellung von der Königsherrschaft Gottes ergeben. Zwar hat R. Kimelman versucht, die Beobachtung Fleischers, daß die Qedusha de Yozer im palästinischen Ritus auf den Sabbat und einige Festtage beschränkt ist, damit zu begründen, „that the Sabbath is conceived of in the liturgy as day of divine sovereignty par exellence"[61]. Für seine Behauptung von der engen Verbindung von Sabbat und Königsherrschaft vermag er jedoch aus rabbinischen Quellen keinen Beleg anzuführen.

Für die inhaltliche Interpretation erscheint es daher sinnvoll, auch die anderen Formen der Qedusha auf ihre Beziehung zum Motiv der Königsherrschaft zu untersuchen.

Qedusha de Amida im Shacharit (Bamberger 41)
(Vorbeter:) Wir wollen deinen Namen in der Welt heiligen, wie man ihn in den Himmelshöhen heiligt, wie durch deinen Propheten geschrieben ist: *„Und immerfort rief einer dem anderen zu:*
(Gemeinde:) *Heilig, heilig, heilig ist der Herr der Heerscharen, die ganze Erde ist voll seiner Herrlichkeit. (Jes 6,3)*
(Vorbeter:) *Ihnen gegenüber stimmen sie ‚Gepriesen' (Ez 3,12) an.*
(Gemeinde:) *Gepriesen sei die Herrlichkeit des Herrn von ihrer Stätte aus (Ez 3,12).*
(Vorbeter:) *Und in deinen heiligen Worten steht geschrieben:*
(Gemeinde:) *Der Herr wird als König herrschen in Ewigkeit, dein Gott, Zion, von Geschlecht zu Geschlecht. (Ps 146,10)*
Halleluja!
(Vorbeter:) Von Geschlecht zu Geschlecht wollen wir deine Größe verkündigen und in alle Ewigkeit deine Heiligkeit heiligen, und dein Lob, unser Gott, soll aus unserem Mund nicht weichen immer und ewig, denn Gott, ein großer und heiliger König bist du. Gepriesen seist du, Herr, der heilige Gott.

Im Gegensatz zur Qedusha de Yozer beginnt diese Qedusha nicht mit einer Schilderung der himmlischen Liturgie in der dritten Person. Mit dem Wechsel zur ersten Person macht sich Israel das Lob der Engel zu eigen. Auch die

---
[60] Vgl. J. HEINEMANN, Prayer, 233; zur Rolle des Trishagion im jüdisch-christlichen Gottesdienst vgl. M. HENGEL, Das Christuslied im frühesten Gottesdienst, in: Weisheit Gottes – Weisheit der Welt. Festschrift für JOSEPH Kardinal RATZINGER zum 60. Geburtstag, Bd. 1 Freiburg 1987, 357–404, hier 363 Anm. 22 u. ö.
[61] R. KIMELMAN, Šěmaʿ, 80.

antiphone Vortragsweise macht deutlich: Die Gemeinde ist es, die jetzt den Part der Engel im himmlischen Gottesdienst übernommen hat[62]. Darüber hinaus folgt auf die beiden bekannten Verse Jes 6,3 und Ez 3,12 mit Ps 146,10 ein Vers, der das Thema der Königsherrschaft Gottes ausdrücklich in diese liturgische Einheit einträgt, das wir in der Qedusha deYozer nur indirekt belegen konnten[63].

Noch ausführlicher wird die Struktur der Qedusha in der Amida des Musafgebetes deutlich:

Qedusha deAmida im Musaf (Bamberger 126)
(Vorbeter:) Wir wollen dich preisen und dich heiligen wie die Versammlung[64] der heiligen Serafim, die deinen Namen heiligen, wie durch deinen Propheten geschrieben ist: *Und immerfort rief einer dem anderen zu:*
(Gemeinde:) *Heilig, heilig, heilig ist der Herr der Heerscharen, die ganze Erde ist voll seiner Herrlichkeit. (Jes 6,3)*
(Vorbeter:) Von seiner Herrlichkeit ist die Welt erfüllt, seine Diener fragen einer den anderen: Wo ist die Stätte seiner Herrlichkeit? Ihnen gegenüber stimmen sie ‚Gepriesen' (Ez 3,12) an.
(Gemeinde:) *Gepriesen sei die Herrlichkeit des Herrn von ihrer Stätte aus (Ez 3,12).*
(Vorbeter:) Von seiner Stätte wird er sich mit Erbarmen zuwenden und ein Volk begnadigen, das seinen Namen als den einzigen preist, abends und morgens, an jedem Tag sagen sie zweimal in Liebe das Shema:
(Gemeinde:) *Höre, Israel, der Herr, unser Gott, der Herr ist einzig. (Dtn 6,4)*
(Vorbeter:) Einzig ist er unser Gott, er unser Vater, er unser König, er unser Retter, und er wird uns in seinem Erbarmen ein zweites Mal vor den Augen alles Lebenden hören lassen: . . . *um euch Gott zu sein*
(Gemeinde:) *Ich, der Herr, euer Gott (Num 15,41)*
(Vorbeter:) Und in deinen heiligen Worten steht geschrieben:
(Gemeinde:) *Der Herr wird als König herrschen in Ewigkeit, dein Gott, Zion, von Geschlecht zu Geschlecht. (Ps 146,10)*
(Vorbeter:) Von Geschlecht zu Geschlecht wollen wir deine Größe verkündigen und in alle Ewigkeit deine Heiligkeit heiligen, und dein Lob, unser Gott, soll aus unserem Mund nicht weichen immer und ewig, denn Gott, ein großer und heiliger König bist du. Gepriesen seist du, Herr, der heilige Gott.

Gegenüber der normalen Qedusha der Amida kommen hier mit Dtn 6,4 und Num 15,41 der erste und der letzte Vers, also doch wohl das ganze Shema hinzu[65]. Nach dieser Ergänzung erscheint die Qedusha der Amida, wie sie sich

---

[62] Vgl. P. SCHÄFER, Rivalität zwischen Engeln und Menschen. Untersuchungen zur rabbinischen Engelvorstellung, StJ 8, Berlin u. a. 1975, 213; J. HEINEMANN, Qedusha, 19.

[63] Nach J. HEINEMANN, Qedusha, 18 Anm. 34 ist Ps 146,10 in allen heutigen Ritus und im palästinischen Ritus verbreitet.

[64] Vgl. P. SCHÄFER, Rivalität, 231 Anm. 84.

[65] Genizafragmente aus dem palästinischen Ritus haben dies auch für die normale Qedusha deAmida.

im Musaf erhalten hat, mit Hilfe der Bibelverse deutlich als Parallele zum Shema und seinen Benediktionen gestaltet. Heiligung (Jes 6,3; Ez 3,12) – Shema (Dtn 6,4 – Num 15,41) – Königsherrschaft Gottes (Ex 15,18 bzw. Ps 146,10)[66]. Offensichtlich will diese Qedusha ein Shema en minature darstellen.

Als Anlaß für eine solche, etwas versteckte Verdoppelung des Shema hat man Zeiten der Religionsverfolgung vermutet, in denen das Lesen des Shema verboten war[67]. Dagegen hat J. Heinemann zu bedenken gegeben, daß das Shema nicht später eingefügt sein muß, sondern später in Babylonien herausgenommen worden sein könnte, so daß sich im Musaf eine ursprünglichere Form der Qedusha erhalten hätte[68]. Die schwache Quellenlage zur Liturgiegeschichte läßt keine eindeutige Entscheidung zu, die inhaltlichen Bezüge machen die Interpretation Heinemanns wahrscheinlich. Vom täglichen Bekenntnis zur Königsherrschaft des einzigen Gottes im Shema her macht sich Israel in der Qedusha auch das Lob der Engel zu eigen, mit dem diese im andauernden himmlischen Gottesdienst das Joch der Königsherrschaft auf sich nehmen, wie Israel es am Schilfmeer zum ersten Mal auf sich genommen hat.

Für eine solche enge Verbindung der himmlischen Qedusha mit dem Motiv des Aufsichnehmens des Jochs der Königsherrschaft durch Israel lassen sich auch Belege aus der rabbinischen Literatur anführen.

BerR 65,21 (Theodor/Albeck 737–739)
Die Stimme ist die Stimme Jakobs (Gen 27,22) –
Das ist die Stimme dessen, der die oberen und die unteren (Wesen) zum Schweigen bringt.
R. Pinchas sagt im Namen R. Abuns: Es steht geschrieben: *wenn sie aber stehen, lassen sie die Flügel sinken* (Ez 1,24/25)
...
Was heißt: *wenn sie aber stehen* (בעמדם)? – (בא עם דם) wenn das Volk kommt, schweige! In der Stunde, in der Israel spricht: *Höre Israel* (Dtn 6,4) schweigen (die Engel). Und nachher, *wenn sie aber stehen*[69], *lassen sie die Flügel sinken* (Ez 1,24/25). Und was sagen sie: Gepriesen sei der Name der Herrlichkeit seiner Königsherrschaft immer und ewig.
... (Midrasch zu Hi 38,7)
R. Berekhja sagt im Namen von R. Shemuel:
Es steht geschrieben: *und ich hörte hinter mir das Geräusch eines gewaltigen Bebens.* (Ez 3,12)
Was heißt *hinter mir* (אחרי)? – Nachdem (לאחר) ich und meine Gefährten den Lobpreis

---

[66] In der Qedusha deSidra (Bamberger 62f.), einer liturgischen Gattung eigener Art, hat sich anstelle von Ps 146,10 Ex 15,18 erhalten, wohl weil für Exodus ein anerkannter Targum vorhanden war, der in diesem Kontext erforderlich ist.

[67] Vgl. J. MANN, Changes in the Divine service of the synagogue due to religious persecutions, HUCA 4 (1927) 241–310, hier 251–259; E. FLEISCHER, Diffusion, 256 Anm. 6.

[68] Vgl. J. HEINEMANN, Qedusha, 19–21.

[69] Fehlt in einer Reihe wichtiger Handschriften und wird von P. SCHÄFER, Rivalität, 170 Anm. 24 wohl deshalb für überflüssig gehalten.

gesprochen haben, *hörte ich das Geräusch eines gewaltigen Bebens* (Ez 3,12) und (die Engel) sagten: *Gepriesen sei die Herrlichkeit des Herrn an seiner Stätte.* (Ez 3,12)

Tan qedoshim § 6
R. Pinchas haKohen ben Chama sagte im Namen von R. Ruben:
Was steht geschrieben? *und ich hörte hinter mir das Geräusch eines gewaltigen Bebens.* (Ez 3,12)
Was heißt hinter mir (אחרי)? – Ezechiel sprach: Nachdem ich und meine Gefährten den Lobpreis gesprochen haben, hörte ich, wie die Dienstengel ihn nach mir sprachen und sagten: *Gepriesen sei die Herrlichkeit des Herrn an seiner Stätte.* (Ez 3,12)
Es sei dir bekannt: In der Stunde als Mose in die Höhe hinaufstieg, hörte er, wie die Dienstengel so den Lobpreis sprachen. Er stieg hinab und lehrte Israel, daß sie flüsternd sprechen sollten: Gepriesen sei der Name der Herrlichkeit seiner Königsherrschaft immer und ewig.

Die Fassung in BerR stellt nach P. Schäfer die „älteste literarisch greifbare Quelle"[70] eines weitverzweigten Midraschkomplexes dar, der sich als Auslegung zu Ez 1,24/25; (Hi 38,7;) Ez 3,12 das Verhältnis vom Gottesdienst Israels und der Engel zum Thema macht. Ohne hier auf die Einzelheiten der Midraschanalyse eingehen zu können, sind für unsere Frage nach dem Verhältnis von der Qedusha zum Motiv der Königsherrschaft einige Beobachtungen interessant.

Der Midrasch zu Ez 1,24/25 interpretiert בעמדם in einer Mischung von Notarikon und al-tiqre Midrasch[71]: Die Engel haben zu schweigen (דם), wenn Israel kommt (בא עם), um den ersten Satz des Shema zu sprechen. Dann aber stimmen sie in den Lobpreis mit ein, mit dem Israel den Bibelvers als Aufsichnehmen des Jochs der Königsherrschaft Gottes interpretiert. Üblicherweise, so belegt es der ebenfalls in diesen Komplex gehörende Midrasch zu Ez 3,12 und natürlich die Qedusha, erwartet man als Responsion der Engel Ez 3,12. Die Antwort der Engel mit dem aus Ez 3,12 und Ps 72,19 zusammengesetzten Vers zeigt an, daß das Shema Israels, so wie auch die Qedusha der Engel, als Aufsichnehmen des Jochs der Königsherrschaft verstanden wird.

In der Tradition von Mose, der den Engeln die Responsion ablauscht, kommt ein genau entgegengesetztes Verständnis des Verhältnisses von Menschen und Engeln zum Tragen[72]: Nicht die Engel richten sich nach Israel, sondern Israel übernimmt die Liturgie aus dem himmlischen Gottesdienst. Nach Tan qedoshim § 6 modifiziert Mose dabei den Lobpreis der Engel aus Ez 3,12 und fügt das Motiv der Königsherrschaft ein. Nach DevR (Lieberman

---

[70] P. Schäfer, Rivalität, 172, dort (170–172) auch der Nachweis der umfangreichen Parallelüberlieferung.
[71] Vgl. P. Schäfer, Rivalität, 173 Anm. 37.
[72] Vgl. P. Schäfer, Rivalität, 174; B. Ego, Im Himmel wie auf Erden. Studien zum Verhältnis von himmlischer und irdischer Welt im rabbinischen Judentum, WUNT 2.34, Tübingen 1987, 125–142.

68f.) hört er sogar den zusammengesetzten Vers bereits aus dem Mund der Engel. So übernimmt hier Israel sein Bekenntnis zur Königsherrschaft Gottes aus dem himmlischen Gottesdienst.

Die Gebetstexte selbst und die Midraschtraditionen haben gezeigt, daß die Qedusha (sowohl im Yozer als auch in der Amida) als himmlisches Äquivalent zur irdischen Proklamation der Königsherrschaft in der Rezitation des Shema aufgefaßt wird.

3. Zusammenfassung

Die Vorstellung von der Königsherrschaft Gottes hat sich als das Konzept erwiesen, das die Benediktionen um das Shema mit dem Shema selbst formal wie inhaltlich verbindet. An drei zentralen Stellen versteht sich das Shema als Proklamation von Gottes Königsherrschaft.

Das Bekenntnis zur Einzigkeit Gottes im zentralen Vers der gesamten liturgischen Einheit, Dtn 6,4, wird durch die Responsion als Lobpreis seiner herrlichen Königsherrschaft gedeutet. Dieses Verständnis schlägt sich im Sprachgebrauch der rabbinischen Literatur nieder, die das ‚Aufsichnehmen des Jochs der Königsherrschaft' als Synonym für das Lesen des Shema verwendet. Damit wird dieses Herzstück des täglichen Gebets als Tag für Tag von Israel vollzogene Proklamation der Königsherrschaft des „einen" Herrn und Königs verstanden.

Von hier aus gewinnt diese Vorstellung auch Bedeutung in den das Shema umgebenden Berakhot. Im Rückblick auf die beim Auszug aus Ägypten widerfahrene Erlösung wird der Schlußsatz des Meerliedes (Ex 15,18), in dem die Berakha nach dem Shema endet, als erstmalige Proklamation der Königsherrschaft Gottes verstanden. Erst auf dieses Aufsichnehmen des Jochs der Königsherrschaft folgt das Aufsichnehmen des Jochs der Gebote, folgt die Gabe der Tora. Das Erleben der königlichen Machttaten Gottes in der vergangenen Erlösung beim Auszug aus Ägypten wird damit zum Grundmodell aller künftigen Erlösung im kommenden Königreich Gottes. Indem Israel Gott als seinen König bekennt und anerkennt, wird die heilvolle Geschichte Gottes mit seinem Volk begründet.

Auch im Hinblick auf den himmlischen Gottesdienst, wie er in der Qedusha der ersten Berakha vor dem Shema geschildert ist, ist vom Aufsichnehmen des Jochs der Königsherrschaft die Rede. So wie Israel im täglichen Beten des Shema bekennen die Engel im andauernden Lobpreis Gott, daß Gott allein als König über die Schöpfung herrscht.

Die vielschichtige Metapher König als Ausdruck für Gott gewinnt dabei erst im jeweiligen Kontext der anderen theologischen Vorstellungen ihre eigene Prägung. So steht in der Responsion auf Dtn 6,4 der Anspruch im Vordergrund, allein als König zu herrschen. In der Geulla wird dies um das Motiv der Erwählung und Erlösung ergänzt, während in der Qedusha die umfassende Erhabenheit des Schöpfers der Welt zum Thema wird.

Irdischer und himmlischer König

Beobachtungen zur sogenannten David-Apokalypse in Hekhalot Rabbati §§ 122–126*

von

ANNA MARIA SCHWEMER

Die jüdische Literatur bietet eine unendliche Fülle von Texten zum Thema „Gott als König" und „Königsherrschaft Gottes". Eine besonders auffällige Häufung der Verwendung der Gottesprädikation „mäläk", aber auch von Gottes „malkût" tritt in der Hekhalot-Literatur auf. Als ein Hauptthema dieser Sammelwerke der frühen mystischen Literatur des Judentums erscheint die Schilderung des Eintretens der „Mystiker" in die himmlische Welt, die „Tempelhallen" des himmlischen Heiligtums, ihr Abstieg bzw. Aufstieg zur Merkabah, dem Thronwagen Gottes, und die Teilnahme am himmlischen Lobpreis. So ist es nicht weiter erstaunlich, daß die schon aus den früheren Traditionen bekannten termini und Vorstellungen weiterentwickelt werden und Gott als „König" in den Hymnen und Gebeten, die das corpus durchziehen, besonders häufig gepriesen wird. Die Hekhalot-Literatur selbst ist nun wiederum ein komplexes Textgefüge. Deshalb scheint es sinnvoll, die David-Apokalypse – eine kleine, überschaubare Traditionseinheit – zur Untersuchung auszuwählen[1]. Zugleich ist dieser Text ein gutes Beispiel für die lebendige Weiterbildung

---

* Frau Professor LUISE ABRAMOWSKI zum 60. Geburtstag. – Für freundliche Hilfe, Kritik und Ratschläge danke ich Herrn Prof. MARTIN HENGEL, der die erste Fassung des Manuskripts durchsah und mich zur Weiterarbeit ermunterte, Herrn Prof. HANS PETER RÜGER †, dem ich – neben anderen wichtigen Hinweisen – vor allem die textkritische Rekonstruktion des aramäischen Orakels verdanke, und Herrn Prof. PETER SCHÄFER, der mir Kopien der Handschriften zur Verfügung stellte.

[1] Um die Thematik „Gott als König" in der Hekhalot-Literatur in umfassender Weise zu behandeln, müßte man sehr viel tiefer in diese weite Überlieferung einsteigen, als das hier geschieht. Wenn ich nur die kleine David-Apokalypse herausgreife, so hat das gute Gründe. G. A. WEWERS, Die Überlegenheit des Mystikers. Zur Aussage der Gedulla-Hymnen in Hekhalot-Rabbati 1,2–2,3, JSJ 17 (1986) 3–22 meinte, es entspräche dem derzeitigen Stand der Forschung, „daß bei Zwischenstadien des traditionsgeschichtlichen Prozesses und bei kleineren Einheiten einzusetzen ist: bei einzelnen Traditionen, Traditionsreihungen, bei gleichsam praeredaktionellen Bildungen und Zusammenstellungen" (3f.). Die David-Apokalypse ist eine solche „praeredaktionelle" kleine Traditionseinheit. Es liegt nicht in meiner Absicht, den Traditionsweg, der zwischen der Zerstörung des zweiten Tempels und der

der theologischen Beschäftigung mit Gottes Königtum. Besonders interessant ist er vor allem dadurch, daß er sowohl vom irdischen König, bzw. den Königen Gesamtisraels, von Davids Rolle im eschatologischen Gottesdienst, als auch von Gottes Königtum spricht.

1. Die David-Apokalypse als Ganzes betrachtet

Im großen Sammelwerk zur frühen Mystik des Judentums, Hekhalot Rabbati, finden wir die David-Apokalypse in zahlreichen Handschriften überliefert; man könnte sie hier geradezu als einen festen Bestandteil ansehen[2]. Sie wird jedoch auch unabhängig von diesem Komplex der Hekhalot-Literatur innerhalb des 3. Henochbuches in den Peraqim de-Rabbi Yishmaʿel tradiert, dazu im Midrasch von den Zehn Märtyrern, aber auch im Siddur de Rab Amram[3].

Abfassung der David-Apokalypse m. E. weitgehend im Dunkeln verläuft, nachzuzeichnen, wie es D. J. HALPERIN in seinem dicken Band: The Faces of the Chariot. Early Jewish Responses to Ezekiel's Vision, TSAJ 16, 1988, XXI, 610 S. für sein Thema getan hat. Er betrachtet die Hekhalot-Literatur innerhalb der langen Geschichte der Auslegung von Ez 1. Halperin erwähnt die David-Apokalypse nur kurz als eine der „apocalyptic passages inserted into *Hekhalot-Rabbati*", die die himmlische Liturgie beschreiben (416).

[2] Die neueste Textausgabe von Hekhalot Rabbati in: Synopse zur Hekhalot-Literatur, hg. v. P. SCHÄFER u. a., TSAJ 2, 1981, 60–63, §§ 122–126; dazu die Üs.: Übersetzung der Hekhalot-Literatur II §§ 81–334, hg. v. P. SCHÄFER u. a., TSAJ 17, 1987, 51–59. Wenn nicht anders angegeben, zitiere ich Hekhalot Rabbati (= HR) nach SCHÄFERS Textausgabe und Üs. SCHÄFER bietet in der Synopse den Text von HS New York JTS 8128 (= N8128) und MS Budapest 238 (= B238). Ältere Ausgaben: S. A. WERTHEIMER, in: Batei Midrashot I, Jerusalem, 2. Aufl. 1954, Kap. 6,3–7,2 (= Handschrift Jerusalem 381); A. JELLINEK, in: Bet ha-Midrasch V, 1873, Ndr. 1967, 167 ff.; S. MUSAJOFF, Merkavah Shelemah, fol. 3a–4a Z. 6 (war mir bisher nicht zugänglich); J. EBEN-SHEMUEL, Midreshey Geʿullah, 3. Aufl. 1968, 8 ff. Zum innerhalb der Makroform Hekhalot Rabbati überlieferten Text siehe: P. SCHÄFER, Handschriften zur Hekhalot-Literatur, FJB 11 (1983) 113–193 (173 f.), ich zitiere nach der erweiterten Fassung in: DERS., Hekhalot-Studien, TSAJ 19, 1988, 154–233 (215): „Der Komplex §§ 122–126 (= David-Apokalypse) findet sich in relativ zahlreichen Handschriften (New York, Budapest, Paris, Mailand, Vatikan 505, Ginzburg 175,4, Leiden, JTS ENA 3021, Livorno, Jerusalem); seine Integration in die Makroform ‚HR' hat daher offensichtlich eine feste Tradition, wenngleich er auch in anderen Kontexten tradiert wird."

[3] Zur David-Apokalypse innerhalb von 3. Hen: P. SCHÄFER, Handschriften zur Hekhalot-Literatur, in: Hekhalot-Studien, op.cit., (Anm. 2) 215: „die *Aggadat R. Yishmaʿel* (wird) zusammen mit der David-Apokalypse auch als von HR unabhängige Makroform mit dem Titel *ḥushbena de-qeṣa de-R. Shimʿon ben Yoḥai* tradiert und als solche offenbar in eine übergeordnete Makroform mit dem Titel *peraqim de-Rabbi Yishmaʿel* integriert", diese Textform bieten die Handschriften: Oxford Michael 175 und New York Enelow 704, siehe SCHÄFER, op.cit. 224 f.230; innerhalb der „Geschichte von den Zehn Märtyrern" bei A. JELLINEK, op.cit. (Anm. 2), VI, 25; J. D. EISENSTEIN, Ozar Midrashim I, 1928 (Ndr. 1969 II), 446; G. REEG, Die Geschichte von den Zehn Märtyrern, TSAJ 10, 1985, 58*. REEG hat die Einfügung der David-Apokalypse in seiner Rezension V. Die Handschrift M British Museum (London): MS.Or. 1067 fügt die David-Apokalypse in zwei getrennten Teilen in das tägliche Morgengebet ein. Diese Handschrift wird von T. KRONHOLM, Seder R. Amram Gaon, II. The

Die David-Apokalypse stellt höchstwahrscheinlich ursprünglich eine selbständige Traditionseinheit dar⁴.

In dieser „Apokalypse" berichtet R. Yishmael, der große Mystiker, der nach der rabbinischen Legende unter Hadrian als Märtyrer starb und an dessen Gestalt sich – neben der halachischen – eine weitgefächerte Erzähltradition angehängt hat⁵, von einem seiner besonderen Erlebnisse:

Order of Sabbath Prayer, Lund 1974, XL folgendermaßen beschrieben: „The MS. contains 358 pp., 113 × 142 mm, with two columns each of 20 lines; it is partly vocalized; the MS. is undated, but its script points to the 13th or 14th century. The copyist has made numerous errors; of particular frequency are his homoioteleuta. Though undisputably the oldest preserved SRA MS., it is full of obvious additions and adaptations to Sephardic ritual." Die Zitate aus der David-Apokalypse fehlen deshalb in der kritischen Ausgabe von D. HEDEGÅRD, Seder R. Amram Gaon, Part I. Hebrew Text with Critical Apparatus, Translation with Notes and Introduction, Lund 1951. Die Handschrift liegt jedoch der Ausgabe von N. N. QORONEL, Seder Raw Amrom Gaan, Warschau 1865, 3b.12b–13a zugrunde. Man kann so zwar nicht die Lebensdaten des Rab Amram als terminus ad quem für die Entstehung der David-Apokalypse verwenden, sieht aber die Hochschätzung dieses Textes im Mittelalter. Engl. Üs. aufgrund von QORONEL, Siddur und I. NASIR, Massechet Atziluth, ed. Warschau 1876, f. 54a–b: M. GASTER, Hebrew Visions of Hell and Paradise, in: Studies and Texts ... I, London 1925/8, 124–164 (162ff.). GASTER gibt unserem Text die Überschrift „Paradise" und nimmt noch recht unbefangen an, daß er ebenso wie Gedulath Mosheh etc. „go back to the pre-Christian age" (124); auf einen Kommentar verzichtet er.

⁴ I. GRUENWALD, Apocalyptic and Merkavah Mysticism, AGAJU 14, 1980, 39 Anm. 47 vermutet zur David-Apokalypse: „the idea could well be of a much earlier date"; A. GOLDBERG, Einige Bemerkungen zu den Quellen und redaktionellen Einheiten der Großen Hekhalot, FJB 1 (1973) 1–49 (16f.) Anm. 17 meint: „Zweifellos gehört dies kleine Fragment zu den Hekhalot-Apokalypsen, zur Martyrerapokalypse (sic!) gehört es allerdings kaum. Daß man es hier eingefügt hat, das hat jedoch einen guten Grund: Diese Apokalypse beschreibt die Qedusha der Könige Judas und Israels im Himmel, man konnte sie daher gut zu den Qedushaliedern stellen. Wann sie allerdings in die HR gelangte, das vermag ich nicht zu entscheiden, denn sie ist in Mussajows Merkava Shelema bereits vorhanden." Hinter das „zweifellos" wird man mit Recht ein Fragezeichen setzen müssen. Soweit ich die Literatur zur David-Apokalypse überblicke, sind die redaktionsgeschichtlichen Probleme von Hekhalot Rabbati noch keineswegs aufgehellt. P. SCHÄFER, Engel und Menschen in der Hekhalot-Literatur, Kairos 22 (1980) 201–225, Ndr. in: Hekhalot-Studien, op.cit. (Anm. 2) 250–276 (254) dagegen: „In Hekhalot Rabbati bildet der sog. Midrash von den Zehn Märtyrern ein selbständiges und relativ einheitliches Traditionsstück, das sehr wahrscheinlich sekundär in Hekhalot Rabbati eingearbeitet ... und durch die vermutlich ebenfalls ursprünglich selbständige kleine David-Apokalypse erweitert wurde." Diese Vermutung SCHÄFERS, daß es sich um ein selbständiges Traditionsstück handelt, das aber aus dem „Milieu" der Hekhalot-Literatur stammt, hat sich bei dieser Untersuchung bestätigt. Die David-Apokalypse ist auch kein „Fragment", sondern ein in sich geschlossenes kleines Kunstwerk.

⁵ Zu Yishmael siehe S. SAFRAI, EJ IX, 1971, Sp. 83–86; W. BACHER, Die Agada der Tannaiten I,2, 1903, 233–263; E. SCHÜRER, The History of the Jewish People in the Age of Jesus Christ (175 B.C.-A.D. 135), ed. G. VERMES/F. MILLAR/M. BLACK, II, 1979, 376f. (mit Literaturangaben); G. G. PORTON, The Traditions of Rabbi Ishmael, SJLA 19, Bd. 1–4, 1976–1982 zur halachischen Tradition, hält den Märtyrertod für wahrscheinlich (Bd. 4, 217); äußerst kritisch gegenüber der Märtyrerlegende: P. SCHÄFER, Der Bar Kokhba-Aufstand, TSAJ 1, 1981, 180.199. Zu den Legenden um Yishmael siehe G. REEG, op.cit. (Anm. 3). Der

SSNG'L, der שר הפנים, der „Fürst des Angesichts"[6], fordert ihn auf, sich auf seinen Schoß zu setzen"[7], er wolle ihm erzählen:

„Wie es Israel ergehen wird".

Der Engelfürst weint so stark, daß seine Tränen auf den Gelehrten niederfallen, den er gleichsam „in mystischer Einheit" anblickt. Und so muß Yishmael die das Geschehen einleitende Frage stellen:

„Warum weinst du?"

Der Engel führt ihn darauf in das himmlische Archiv und zeigt ihm Schriftstücke und Tafeln, auf denen „verschiedene Bedrängnisse" aufgeschrieben sind. Sie alle sind für Israel bestimmt. Yishmael zweifelt:

„Kann Israel mit ihnen bestehen?"

Der Fürst des Angesichts verweist ihn auf den nächsten Tag:

„Komm morgen (wieder)
ich will dir Kenntnis geben
von den schlimmeren Nöten als den ersten."

Am nächsten Tag öffnet der Engel die Geschlechtsregister Israels[8]. Das

---

Midrasch von den Zehn Märtyrern kennt seine Geburtsgeschichte und eine ausführliche Darstellung des Martyriums. In der Hekhalot-Literatur werden zahllose Traditionen R. Yishmael zugeschrieben; sie beginnen meistens wie die David-Apokalypse mit: „Es sprach R. Yishmael..."

[6] Sasangiel ist einer der 70 Namen Metatrons, siehe bei SCHÄFER, Synopse § 397; vgl. D. J. HALPERIN, op.cit. (Anm. 1) 258ff.425 u.ö. Er ist wohl identisch mit Sagnasgiel (MS Leiden Or. 4730 § 122), dem שר החכמה „Fürsten der Weisheit" § 387, vgl. u. Anm. 15. Die Häufung und Variationsbreite der Engelnamen, aber im besonderen des Gottesnamens, sind eine Spezialität der Hekhalot-Literatur. Dazu siehe K.-E. GRÖZINGER, Die Namen Gottes und der himmlischen Mächte – ihre Funktion und Bedeutung in der Hekhalot-Literatur, FJB 13 (1985) 23–41; er geht auf die Engelnamen nur am Ende seines Aufsatzes sehr kurz ein.

[7] Vgl. den Sitz der Weisheit auf dem Schoß Gottes Prov 8,31, dazu H. GESE, Die Weisheit, der Menschensohn und die Ursprünge der Christologie..., SEÅ 44 (1979) 77–114 (86); G. SCHIMANOWSKI, Weisheit und Messias, WUNT 2.R. 17, 1985, 33. Während die Einleitungsformel „NN, der Fürst des Angesichts, redete zu mir, mein Liebling..." in HR relativ häufig ist (siehe SCHÄFER, Übersetzung, 51 Anm.2), ist die Aufforderung, der Mystiker solle sich bei dem Engelfürsten auf den Schoß setzen (noch einmal innerhalb der David-Apokalypse in § 125) in der Hekhalot-Literatur nur noch § 110 (MS M22) und § 111 (D 436) belegt. Dort ist der Text jeweils mit dem Beginn der David-Apokalypse identisch und sicher durch Umstellung dorthin jeweils versetzt. Es handelt sich also auch innerhalb der Hekhalot-Literatur um eine Besonderheit. חיק findet sich sonst nur noch § 417 als Bezeichnung für Gottes Schoß, auf dem der Mystiker Platz nimmt (7mal), und § 587: „das Wort ist festgelegt im Schoß des Herrn" (= Gottes). Zur Tora „auf (im) dem Schoße Gottes" in ARN (Rez A) 31 siehe O. HOFIUS, „Der in des Vaters Schoß ist", ZNW 80 (1989) 163–171, der die Stellen in Ma'aśe Merkavah jedoch nicht erwähnt. Zugleich setzt der „Schoß" voraus, daß der Engelfürst sitzt, das Motiv wird jedoch nicht weiter ausgemalt. Zum „Thronen" des Engelfürsten, siehe u. Anm. 31.32.

[8] Zu den himmlischen Büchern und Tafeln vgl. Ex 32,32f.; Ps 69,29; Dan 12,1, aber vor

Gesamtverzeichnis des Volkes gibt mit Anspielung auf Jer 15,2 – eine Handschrift zitiert die Prophetenstelle wörtlich – Auskunft darüber, daß:

„Wer für die Gefangenschaft   – in die Gefangenschaft
wer für den Hunger   – zum Hunger
wer für die Plünderung   – zur Plünderung"

bestimmt ist[9]. Yishmael will widersprechen und ablenken:

„Hat denn nur Israel gesündigt?"

Der Engel antwortet ihm keineswegs, daß die Völker noch schlimmere Qualen auszustehen hätten, sondern daß

„tagtäglich neue Strafverfügungen hinzukommen",

die sich jedoch für Israel nicht auswirken können, sondern im Himmel zurückgehalten werden, weil Israel tagtäglich das Qaddisch spricht. Mit diesem Gebet bittet Israel um die Heiligung des Gottesnamens und wartet auf Gottes endgültigen „Herrschaftsantritt", seine eschatologische malkuta[10].

---

allem 1. Hen 81,1–4: „Und er (der Engel Uriel) sprach zu mir: ‚Henoch, betrachte diese himmlischen Tafeln und lies, was auf ihnen geschrieben ist, und merke dir jede Einzelheit!' Und ich betrachtete die himmlischen Tafeln und das alles, was geschrieben war, und merkte mir alles; ich las das Buch aller Werke der Menschen und aller Fleischgeborenen, die auf Erden (sein werden) bis in ewige Generationen. Und danach pries ich den großen Herrn, den König der Herrlichkeit, für ewig, daß er alle Werke der Welt gemacht hat, und ich rühmte den Herrn wegen der Geduld und pries (ihn) wegen der Sünde Adams. Und danach sprach ich: ‚Selig der Mann, der als Gerechter und Guter stirbt und über den kein Buch der Ungerechtigkeit geschrieben ist und (gegen den) kein Tag des Gerichts stattfinden wird.'" (Üs. S. UHLIG, JSHRZ V,6, 665f.). Henoch kennt die himmlischen Bücher und Tafeln, vgl. 1. Hen 47,3; 93,1–9; 104,1; 106,19; 108,3.7 u.ö., die u.a. beim Jüngsten Gericht aufgeschlagen werden, vgl. M. HENGEL, Judentum und Hellenismus, 2. Aufl. 1973, 365f.

[9] Apk 13,10 zitiert Jer 15,2 (= Jer 43,11) als Prophetie über die Leiden der Christen z. Zt. der Herrschaft des Antichrists. Die „Heiligen" werden trotz der irdischen Drangsale bewahrt, denn „La persévérance chrétienne consiste en une participation au martyre du Christ, et la foi sait discerner dans ces épreuves mortelles des signes de la véritable victoire" (P. PRIGENT, L'Apocalypse de Saint Jean, CNT(N) 14, 2. Aufl. 1988, 207). Seit der Grundlegung der Welt sind sie aufgeschrieben im „Buch des Lebens des geschlachteten Lammes". In HR § 122 ist dagegen das prophetische Gerichtswort in den himmlischen Büchern „aufgeschrieben". Jer 15,2 wird sehr selten zitiert; C. WOLFF, Jeremia im Frühjudentum und Urchristentum, TU 118, 1976, 171f. nennt nur die Stelle in der Johannesapokalypse.

[10] Das Qaddisch wird hier als pars pro toto angeführt. Es beschließt nicht nur den ganzen Synagogengottesdienst, sondern „dient . . . zum Abschluß . . . wichtiger Teile desselben", vor allem der in aramäischer Sprache gehaltenen Predigt; dazu I. ELBOGEN, Der jüdische Gottesdienst in seiner geschichtlichen Entwicklung, 1931, Ndr. 1967, 92–98 (92). Es beginnt – wie das Vaterunser – mit den beiden eschatologischen Bitten um die Heiligung des Gottesnamens und das Kommen der Königsherrschaft Gottes. Daß hier gerade das Qaddisch zitiert wird, hat seinen besonderen Grund: Damit wird der Heilsweg für Israel schon indirekt angekündigt, die Erfüllung seiner Erwartung wird im zweiten Teil der David-Apokalypse geschildert. Zudem ist das Qaddisch „eines der ganz wenigen aramäischen Gebete des antiken Judentums",

In der dritten Szene dieses ersten Teils unserer David-Apokalypse erfahren die Unglücksbotschaften noch eine weitere Steigerung:

„In der Stunde, da ich weg von ihm[11] hinabstieg,
hörte ich eine Stimme in aramäischer Sprache reden,
und in dieser Sprache redete sie."

Der neue Abschnitt ist mit der Angabe „in der Stunde, da ich hinabstieg" einerseits abgesetzt und andererseits durch die zeitliche Folge – zwischen den beiden ersten Szenen war ja ein ganzer Tag Zwischenraum – eng angeschlossen an die vorige. Der Szenenweiser ובשעה שירדתי läßt deutlich werden, daß Yishmael sich in der gefahrvollsten Situation des Abstiegs befindet, in dem Moment, wo er aus der himmlischen Welt austritt und in die irdische zurückkehrt[12]. Die „Helden" der Hekhalot-Literatur werden gerade dadurch definiert, daß sie diejenigen sind, die „heil" zum göttlichen Thronwagen, der Merkabah, hinab- und hinaufsteigen (§ 81):

לירד בשלום ולעלות בשלום

An dieser Stelle von Yishmaels „Himmelsreise" wird der richtige Ort für die Offenbarung des äußersten Unheils gesehen. In der Zeit des Überschreitens der Grenze zwischen himmlischer und irdischer Welt wird er von einer Stimme in fremder – aber durchaus verständlicher – Sprache überfallen[13]. Sie verkün-

---

JOACHIM JEREMIAS, Neutestamentliche Theologie. Teil I. Die Verkündigung Jesu, 3. Aufl. 1979, 192. Die Verwendung eines aramäischen „Zitats" in der David-Apokalypse wird uns im Folgenden noch ausführlich beschäftigen. Zur Bedeutung und Hochschätzung des Qaddisch als einer „Säule der Welt": bSota 49a; J. HEINEMANN, Prayer in the Talmud, SJ 9, 1977, 256: „... the *Qaddiš*, which originated in Tannaitic times, and was in regular use as a prayer concluding the public sermon already in the fourth century", ist vorsichtig gegenüber Frühdatierungen (siehe s.v. *Qaddiš*, Index 318). Doch ist eine Datierung in der Zeit des 2. Tempels nicht auszuschließen.

[11] מלפניו übersetzt SCHÄFER (53) mit „vor ihm". Dadurch wird nicht klar deutlich, daß hier ein Hinabsteigen *aus* der himmlischen Welt gemeint ist. HR verwendet sonst ירד mit den Präpositionen ב und ל oder ohne Präposition und meint dann das Hinabsteigen zu den bzw. dem himmlischen Thronwagen. Die David-Apokalypse sieht die jenseitige Welt in der Höhe, nicht in der Tiefe. Sie ist hier gewissermaßen „traditioneller" als die mystische Sprache, die die „Tiefe(n)" der Gottheit erforscht; schon Paulus verwendet βάθος/βάθη, wenn er von der Offenbarung des Heilsplans Gottes spricht: vgl. 1. Kor 2,10; Rö 11,33.

[12] Vgl. bHag 16a „Rabbi Aqiba stieg heil hinauf und stieg heil herab"; mYoma 7,4d: Der Hohepriester feierte am Abend des Versöhnungstages mit seinen Freunden, weil er das Eintreten in das Allerheiligste und die Sühneriten, die er dort vollzog, „heil" überstanden hatte.

[13] Das Aramäische war schon einmal in der kurzen Zitierung des Kernsatzes des Qaddisch angeklungen. Der Wechsel der Sprache betont die Unmittelbarkeit der direkten, prophetisch-göttlichen Rede, ihren authentischen Wortlaut. Die Engel verstehen das Aramäische nicht; siehe L. GINZBERG, The Legends of the Jews VI, 9. Aufl. 1987, 45 Anm. 242. Zum Aramäischen vgl. yMeg 71b 63ff.: „Rabbi Yonatan aus Bet Guvrin sagte: Es gibt vier schöne Sprachen, die die Welt benutzen soll, und das sind folgende: Griechisch für die Dichtung,

det ihm die schlimmste Not und Bestrafung: Der Tempel in Jerusalem ist zur Zerstörung durch Feuer bestimmt, die Wohnung des Königs wird vernichtet und die Familie des Königs ausgelöscht. Sie endet mit:

„Jerusalem (ist) zu Trümmerhaufen (bestimmt)
und das Land Israel zum Entsetzen."

Ich werde später noch einmal ausführlicher auf diese seltsame „Stimme" zurückkommen. Ihre Interpretation soll den zweiten Teil meiner Überlegungen bilden.

Blicken wir zurück auf die drei Szenen unseres ersten Abschnitts, so war das verborgene Schicksal Israels als Unheil und Gericht durch dreimaligen „Wortempfang" enthüllt worden: zweimal durch das Lesen himmlischer Bücher und einmal durch das Hören der göttlichen Stimme. Die Reihung wird durch eine doppelte Präzisierung gesteigert. Einerseits schreitet sie von den allgemeinen Bedrängnissen über das Schicksal der einzelnen Mitglieder des jüdischen Volkes bis hin zur Zerstörung des Tempels, auf der anderen Seite ist die immer genauere Offenbarung mit dem Übergang zur wörtlichen Rede im letzten Glied und dem Wechsel in die aramäische Sprache des Orakels, die Sprache der Klage (siehe Anm. 13), betont.

Der zweite Abschnitt ist dagegen durch das „Sehen"[14] bestimmt: Hier darf Yishmael das Heil schauen.

Die Verknüpfung der beiden Hauptteile unserer David-Apokalypse wird auf sehr kunstvolle Weise erreicht: Yishmael schildert in einem Rückblick am Anfang der nächsten Szene seine Reaktion auf die prophetisch-göttliche Stimme. Er stirbt vor Schrecken und Entsetzen und wird aus diesem Tod durch einen Engel mit einem neuen Namen[15] gerettet und wiederbelebt. Dieser Überleitung als Auftakt entspricht in dem streng parallelen Gesamtaufbau der David-Apokalypse die Einleitung am Anfang der ersten Szene, wo Yishmael auf dem Schoß des weinenden Engels sitzt. Jetzt folgen drei Szenen, in denen Israels heilvolle Zukunft beschrieben wird.

Lateinisch für den Krieg, Syrisch (= Aramäisch) für das Klagen und Hebräisch für das Sprechen." Üs. F. HÜTTENMEISTER, Übersetzung des Talmud Yerushalmi II,10, hg. von M. HENGEL/H. P. RÜGER/P. SCHÄFER, 1987, 43. Siehe dazu auch I. GRUENWALD, Apocalyptic and Merkavah Mysticism, AGAJU 14, 1980, 70f. Vgl. zum Aramäischen der Bat Qol: P. KUHN, Offenbarungsstimmen im Antiken Judentum, TSAJ 20, 1989, Index 408 s.v.

[14] §§ 124f. verwendet die Wurzel ראה 8mal. Vgl. zu diesem typischen Element vor allem 1. Hen 71. Das Schlußkapitel der „Bilderreden" gehört vermutlich in die „Vorgeschichte" der David-Apokalypse, ein ausführlicher Vergleich der beiden Texte wäre reizvoll und aufschlußreich.

[15] Zu Hadarniel, siehe D. J. HALPERIN, op.cit. (Anm. 1) 294f.317.414ff.425.433.521. In § 396 wird Yahdariel = Hardarniel mit Sasangiel = Metatron identifiziert. Der neue Name bedeutet sicherlich nicht, daß ihm jetzt ein neuer Engel hilft, sondern drückt den anderen, neuen Aspekt der numinosen Mächtigkeit aus.

Daß Yishmael durch den Tod hindurch muß und damit „stellvertretend" das Schicksal seines Volkes erleidet, wie es die Gerichtsankündigung vorhergesagt hatte, wird nicht weiter betont und reflektiert, aber dem Leser deutlich gemacht. Yishmael berichtet nur:

„ich verstummte und fiel nach hinten,
bis HD'Y'L HDR'L HDRKY'L kam,
der mir Geist und Lebenshauch zurückgab."

Damit wird nicht eine schlichte Ohnmacht ausgedrückt, sondern Tod und neues Leben[16].

Nach einem kurzen Zwiegespräch:

„Er sprach zu mir:
‚Mein Liebling,
was ist dir widerfahren?'
Ich sagte zu ihm:
‚Zier meines Glanzes,
gibt es denn keine Heilung für Israel?'"

führt der Engel mit den drei sprechenden Namen, die eine Steigerung der numinosen Mächtigkeit von „Gottesglanz" bilden, den Rabbi in die himmlischen Werkstätten der Engel. Dort kann Yishmael nun tatsächlich zuschauen, wie die „Heilung" Israels gewirkt und gewerkt wird: Die Engel weben die „Gewänder der Erlösung Israels" (vgl. Jes 61,10). Sie schmieden kostbare „Lebenskronen" (vgl. wieder Jes 61,10; 62,3) und sorgen mit der Bereitung von Parfüm – „Duftkräuter und alle Arten von Balsamdüften" – für den überreichlichen Luxus und mit gesüßtem bzw. goldglänzendem Wein für das unerhörte Wohlbefinden Israels, der „Gerechten", wie nun das ganze Volk genannt wird in seiner zukünftigen Seligkeit, die ihm im Himmel schon vorbereitet wird[17].

Als Schönstes fällt Yishmael eine besonders herrliche Krone auf, die ihm der

---

[16] Die rabbinischen Gelehrten lasen und interpretierten die textlich schwierige Stelle Hhld 5,6 so: „Meine Seele verließ mich, als er sprach", vgl. bShabb 88b; ShemR 29,9; ShirR 5,6 3; BamR 10,1, und bezogen diese Schriftstelle auf die Sinaioffenbarung: „Als der Heilige, gepriesen sei er, beschloß, die Tora an Israel zu geben, hörten sie seine Stimme und starben, wie es heißt: ‚Meine Seele verließ mich als er sprach.'" Die Gabe der Tora schenkt Israel das neue Leben; dazu I. CHERNUS, Mysticism in Rabbinic Judaism. Studies in the History of Midrash, SJ 11, 1982, vor allem 17–57: „Revelation and Initiatory Death in the Third Century Midrash." Dementsprechend will der Tod Yishmaels an dieser Stelle in der David-Apokalypse unterstreichen, daß er die Stimme Gottes hörte. Dagegen wird in §§ 131.248 u.ö. die Ohnmacht eines Jored beschrieben. „Das Erschrecken des Sehers vor der Selbstoffenbarung der Transzendenz, das kraftlose oder ohnmächtige Niederfallen als äußeres Zeichen dieses Erschreckens" (P. KUHN, Offenbarungsstimmen, op.cit. Anm. 13, 95f.) ist ein breit belegtes Phänomen bereits in der apokalyptischen Literatur.

[17] Jes 60–62 beschreibt das „neue" Jerusalem. Himmlische Gewänder, wunderbare Kronen, herrliches Parfüm und kostbarer Wein sind Kennzeichen des endzeitlichen Paradieses, siehe L. GINZBERG, The Legends of the Jews I, 1937, 22; V, Anm. 90–97; BILLERBECK, IV,2,

Engel als die für David bestimmte erklärt. Da will unser Visionär unersättlich weiter sehen und bittet:

„Zier meines Glanzes der Höhe,
laß mich die Herrlichkeit Davids sehen."

Doch hier muß er warten:

„Mein Liebling,
gedulde dich (noch) drei Stunden,
bis David kommt,
und du seine Größe sehen wirst."

Die kurze Zeitspanne zeigt an, wie nah in der Vision das Eschaton ist, signalisiert aber auch den Abstand. In der parallelen Szenenabfolge im ersten Teil unserer David-Apokalypse war ein ganzer Tag eingeschaltet worden, um in die Vergangenheit zurückzugehen und die erste Szene von der zweiten zeitlich zu trennen. Jetzt sind es „nur" drei Stunden.

Der Engel nimmt den Rabbi auf seinen Schoß. Dieser kehrt damit wieder in die Geborgenheit der mystischen Einheit als himmlisches „Schoßkind"[18] zurück, aus der er am Anfang herausgeführt worden war, um die „Strafverfügungen" zu erfahren. Das Sehen wird noch einmal verstärkt hervorgehoben durch die auffordernde Frage des Engels:

„Was siehst du?"

Und Yishmael sagt, er sehe eine gewaltige Lichterscheinung:

„sieben Blitze, die wie ein einziger zucken".

1144–1165. Die David-Apokalypse äußert sich zu dem Problem, ob das endzeitliche Heil eine irdische oder (nur) eine himmlische Verwirklichung findet, durch die Abwandlung von Ex 15,18 im Munde der *Erde* und mit dem Zitat von Sach 14 – das sie jedoch betont an den Schluß setzt. Sie erwartet damit die künftige Königsherrschaft Gottes auch auf Erden. Der Verfasser der David-Apokalypse gehörte wohl zu den Theologen, die BILLERBECK etwas abschätzig beschreibt: „... einige kleinere spiritualistisch gerichtete Kreise, die die Endvollendung nicht im Diesseits, sondern ausschließlich in der jenseitigen Welt glaubten erhoffen zu dürfen. Ihnen war deshalb nicht mit einem irdischen Paradies gedient, sie konnten nur einen endzeitlichen Gan 'Eden brauchen, der mit der Erde unverworren seine Stätte im Himmel hat." (1145). Zwar tritt für die David-Apokalypse das Heil im himmlischen Eschaton ein, der Schlußsatz aber bekennt seine Auswirkung für die Erde. Als Vertreter dieser inkriminierten Richtung nennt BILLERBECK: 1. Hen 71; syr BarApk; 2. Hen. Man wird hier aber heute sehr viel stärker differenzieren können. Zur Bedeutung des Weins in der messianischen Erwartung des frühen Judentums siehe M. HENGEL, The Interpretation of the Wine Miracle at Cana: John 2:1–11, in: The Glory of Christ in the New Testament. Studies in Christology, in Memory of GEORGE BRADFORD CAIRD, ed. by L. D. HURST and N. T. WRIGHT, 1987, 83–112 (100f.). Zu den Gewändern vgl. BILLERBECK I, 752f.; zum Gewand der Unsterblichkeit: ApkAbr 13,15; vgl. auch EvPhil 24 „in dieser Welt sind die, die die Kleider anziehen, wertvoller als die Kleider. Im Himmelreich sind die Kleider wertvoller als die, die sie angezogen haben" (Üs. SCHENKE, in HENNECKE/SCHNEEMELCHER I, 5. Aufl. 1987, 158).

[18] Vgl. o. Anm. 7.

Wie eine Mutter dem Kind antwortet der Engel:

„Press deine Augen (fest) zu,
damit du nicht erzitterst vor ihnen,
die (da) auszogen,
meinem Liebling entgegen."

Die Hypantesis (vgl. Joh 12,13; 1. Thess 4,17) kann Yishmael vom Schoß aus nicht verfolgen, aber er erlebt das gewaltige Erzittern, ja vielmehr (mit N8128) die Neuschöpfung der himmlischen Welt in ihren Elementen: Ofannim und Serafim, Schneevorräte und Hagelvorräte, Wolken der Herrlichkeit, Gestirne und Sterne, Dienstengel und die Lohen des zevul[19]. Wie schon in den Sabbatliedern aus Qumran[20] ist das gesamte himmlische Szenarium belebt vorgestellt. Es lebt – wie es auch sonst häufig in der Hekhalot-Literatur geschildert wird – zum Lobe Gottes (vgl. Dan 3,58–73 LXX). Und alle himmlischen Wesen sprechen (wir müssen eigentlich übersetzen „singen"[21]) den 19. Psalm. Sie beginnen mit der Überschrift: „Dem Vorsänger, ein Psalm Davids". Dieses Präludium schließt mit der Responsion einer Stimme von großem Getöse aus dem Gan Eden (bzw. nach anderen Handschriften einer unerklärlichen Ferne):

„Der Herr wird herrschen in Ewigkeit."

Die Stimme gibt mit dem Zitat aus dem Schilfmeerlied (Ex 15,18 bzw. Ps 146,10) das Proprium, das eigentliche Thema der himmlischen Feier an[22].

---

[19] *zevul* ist in bHag 12b der vierte der sieben Himmel. Die David-Apokalypse hat kein Interesse an solcher Systematisierung. *zevul* erscheint in Hekhalot Rabbati sonst nur noch an einer Stelle in den Schlußgebeten § 324 (B183).

[20] Durch diesen Fund aus Qumran und Masada ist uns eine sehr wichtige „Vorstufe" der Hekhalot-Literatur erhalten geblieben. Die Traditionen, die zur Hekhalot-Literatur geführt haben, kann man dadurch in priesterliche Kreise zurückverfolgen. Diese Sabbatopfer-Lieder waren lebendige Liturgie einer priesterlichen Gemeinschaft, dazu in diesem Band „Gott als König ..." S. 64–76 u. S. 345. Die Texte sind nach weitest teilweisen Veröffentlichungen durch J. STRUGNELL (VT Suppl. 7, 1960) und C. NEWSOM und Y. YADIN (IEJ 34 [1984] 77–88) ediert von C. NEWSOM, Songs of the Sabbath Sacrifice: A Critical Edition, Harvard Semitic Studies 27, 1985. Daß die Essener eine Vorform jener Mystik, wie sie die Jorede Merkava gepflegt haben, gekannt haben könnten, hat man schon länger vermutet, z.B. schon: I. ELBOGEN, op.cit. (Anm. 10) 378f. CAROL NEWSOM ist noch sehr vorsichtig und versteckt diese Annahme in einer Anmerkung: „... one might have in the Sabbath songs an esoteric liturgical use of Ezekiel's merkabah vision. The significance of such possibility for the development of merkabah mysticism is obvious." In: DIES., Merkabah Exegesis in the Qumran Sabbath Shirot, JJS 38 (1987) 11–30 (29 Anm. 40). Zu den Parallelen für die belebten „Dinge" im himmlischen Tempel, die Gott preisen in der Apk, siehe D. C. ALLISON JR., 4Q 403 Fragm I Col. I 38–46 and the Revelation to John, RdQ 47 (1986) 409–413. Auch in der Apk gilt als selbstverständlich, daß die himmlischen Altar, die Architekturteile des himmlischen Tempels, aber auch der Thron Gottes und des Lammes belebt sind.

[21] Vgl. dazu M. HENGEL, Das Christuslied im frühesten Gottesdienst, in: Weisheit Gottes – Weisheit der Welt. Festschrift für JOSEPH KARDINAL RATZINGER zum 60. Geburtstag, hg. v. O. BAIER/V. PFNÜR, 1987, I, 357–404 (361).

[22] Zur Deutung von Ex 15,17f. auf den eschatologischen Tempel siehe in diesem Band

Bei alledem hat Yishmael seine Augen noch nicht wieder geöffnet. Er „sieht" nun aber den Einzug Davids und aller Könige Israels in seinem Gefolge. Der Verfasser sagt jedoch nicht, der Gelehrte habe seine Augen wieder aufgetan. Dahinter steckt wohl eine besondere Feinheit: Das ungeheuerliche Heil sieht Yishmael in einer nach innen gerichteten Vision mit geschlossenen Augen[23]. Daß das Augenschließen nicht aufgehoben wird, muß bei einem so sorgfältig formulierten und komponierten Text auf Absicht und nicht auf Vergeßlichkeit beruhen.

David steigt mit seinem Gefolge in den himmlischen Tempel[24] hinauf, wo in dem raqiaʿ – für die David-Apokalypse wohl der höchste Himmel – für ihn ein Thron bereitet ist. Dessen Ausmaße werden in typischer Shiʿur Qoma-Manier in Parasangen angegeben[25].

Läßt sich das Vorangegangene als eine Szene zusammenfassen, so beginnt nun noch einmal etwas Neues: Der Szenenweiser „als David kam" übernimmt wieder, wie wir es als eine vom Verfasser der David-Apokalypse gern gebrauchte und ihm geläufige Stilfigur beobachtet haben, die doppelte Funk-

---

„Gott als König ..." S. 74f. Zum Schilfmeerlied in Verbindung mit dem Shema und seinen Benediktionen siehe T. LEHNARDT, Der Gott der Welt ist unser König, in diesem Band 296ff. Zur Auslegung des Schilfmeerlieds in der Mekhilta de R. Yishmael siehe B. EGO, Gottes Weltherrschaft und die Einzigkeit seines Namens, in diesem Band 265–283.

[23] Die Schau mit geschlossenen Augen, die auf die Erscheinung des ungeheuren Lichtglanzes folgt, deutet darauf hin, daß auch in der David-Apokalypse konkrete mystische Erfahrungen zur anschaulichen Beschreibung des ekstatisch-visionären Erlebnisses dienen. Das muß nicht heißen, daß der Verfasser selbst solche Erlebnisse hatte, aber doch, daß er zu Hause war in der Sprache mystischer Urerfahrung: Gespräch mit dem Engel, die Todesstarre, das „Urlicht" und die innere Schau. Diese Elemente tauchen immer wieder auf bei jüdischen und christlichen Mystikern. Der Verfasser der David-Apokalypse verwendet sie so selbstverständlich und unprätentiös als Bausteine seines Ich-Berichts des Rabbi Yishmael, daß man als seine Heimat und die seiner Rezipienten eben jene für uns so schwer historisch und geographisch greifbare „Mystik" des frühen Judentums annehmen muß. Vgl. dazu P. SCHÄFER, Übersetzung, XXIII; G. A. WEWERS, op.cit. (Anm. 1); P. ALEXANDER, in: SCHÜRER/VERMES/ MILLAR/GOODMAN, op.cit. (Anm. 5), III,1, 1986, 269–277; D. J. HALPERIN, The Faces of the Chariot, op.cit. (Anm. 1) 359–366.

[24] Mit L4730 ist dem Kontext entsprechend byt mqdsh zu lesen. byt mdrsh „Lehrhaus" kommt aus dem Vorstellungsbereich, daß Gott selbst in der kommenden Welt, bzw. in den Tagen des Messias, sein Volk Tora lehren wird, Belege siehe BILLERBECK IV,2, 919.1153: besonders Neue Pesiqta (JELLINEK, Bet ha-Midrasch VI, 1877, Ndr. 1967, 47,12): „In der Zukunft wird Gott Erdenstaub herbeibringen und Staub von Toten und miteinander vermischen; und er wird darantun Haut und Fleisch und Sehnen und Knochen; und der Engel, der über die Seelen gesetzt ist, wird kommen und die Seelen hineingeben. Darauf werden sie in das *Lehrhaus* hineintreten. Abraham und Isaak und Jakob sitzen vor ihm (Gott), die Könige Israels und Judas vor ihm und hinter ihm, David sitzt als Erster; und die Runde beträgt 18000 Parasangen ... und David reitet auf einem Roß von Feuer. Wenn Gott David sieht, ruft er David und spricht zu ihm: Mein Sohn, setze dich zu meiner Rechten (Ps 110,1)! ... Und Gott wird dasitzen und ihnen die Gründe der Tora enthüllen ..." (Üs. BILLERBECK IV,2, 1153f.).

[25] Die ungeheuren Ausmaße der im Himmel vorhandenen Dinge und Personen findet ihren Gipfel in der Beschreibung der Gestalt Gottes, vgl. §§ 167.260–268; dazu M. S. COHEN,

tion von Verknüpfung mit der vorangehenden Szene und Einführung in die neue.

Die David-Apokalypse hält ausdrücklich an der Identität von David als dem Begründer des Königtums und „Ahnherrn" aller Könige von Juda und Israel und dem „neuen David" der Endzeit fest. In seinem Gefolge befinden sich alle Könige, die als seine Nachfolger über Israel (die Nordstämme sind eingeschlossen) und Juda herrschten. Den Gelehrten des 2. und 3. Jh.s n. Chr. wird eine lebhafte Diskussion darüber, ob „David als der König der zukünftigen Welt" zu gelten habe, nachgesagt[26], denn die alte Davidverheißung (2. Sam 7)[27] konnte ja nicht hinfällig werden, sondern mußte gerade in der zukünftigen Welt ihre Erfüllung finden. Ich kann hier nicht ausführlich die vielfältigen und z. T. doch recht verschiedenen Entwürfe des frühen Judentums für die Gestalt des Messias und seine Rolle am Ende der Tage behandeln[28]. Man hat die unterschiedlichen Konzeptionen nicht systematisiert, sondern nebeneinander stehen lassen, wie auch die Sammlung Hekhalot Rabbati sehr schön zeigt: §§ 140–145 finden wir eine Messias-Aggada über das messianische Ende. Sie ist nah verwandt mit der sehr viel bekannteren in Pesiqta Rabbati § 37, aber keineswegs weniger eindrücklich. Der Messias besiegt die feindlichen Könige, indem er redet[29] und von seinen Gegnern ein Zeichen fordert:

The Shiʻur Qomah. Texts and Recensions, TSAJ 9, 1985; DERS., The Shiʻur Qomah. Liturgy and Theurgy in Pre-Kabbalistic Jewish Mysticism, 1983. Es ist ein auffälliges „Paradoxon..., daß in den Shiʻur-Qoma-Traditionen Maßangaben für Gottes Gestalt festgehalten werden, die gegen Unendlich tendieren". In diesen Traditionen „liegt ein scheinrealistisches Modell vor, dessen realistischer Anteil ... so gesteigert wird, daß er durch surrealistische Überbietung faktisch aufgehoben wird", so besonders klar von G. A. WEWERS, op.cit. (Anm. 1) 16 beschrieben. Zwar spricht die David-Apokalypse nur von einer Höhe von „vierzig Parasangen", und die Länge und die Breite hätten das doppelte Ausmaß, aber sie ist sonst so zurückhaltend mit Maß- und Zahlangaben, daß sich die Vermutung nahelegt, die Parasangen könnten spätere Ergänzung sein.

[26] Vgl. A. GOLDBERG, Die Namen des Messias in der rabbinischen Traditionsliteratur, FJB 7 (1978) 1–94 zur Rolle der Könige Nordisraels vor allem in der Auslegung von Hos 3,5 und zum Königtum Davids in der zukünftigen Welt (26–32). Zur Auslegung von Ps 110,1 auf David, siehe BILLERBECK II, 337f.; IV, 457ff.

[27] Dazu u. S. 357.

[28] BILLERBECK IV,2, 799–976; neuere Literatur in den Sammelbänden: Messianism in the Talmudic Era, ed. by L. LANDMAN, 1979; Judaisms and their Messiahs at the Turn of the Christian Era, ed. by J. NEUSNER u. a., 1987; dazu P. SCHÄFER, Die messianischen Hoffnungen zwischen Naherwartung und religiösem Pragmatismus, AGAJU 15, 1978, 214–243 (Wiederabdruck) und sein Vorwort im selben Band S. 20f.; weiter L. W. HURTADO, One God, One Lord. Early Christian Devotion and Ancient Jewish Monotheism, 1988; A. CHESTER, Jewish Messianic and Mediator Expectations and Pauline Christology, in: Paulus als Missionar und Theologe und das antike Judentum. Vorträge vom Tübinger Symposion 1988, erscheint in: WUNT, Tübingen 1991, hg. von M. HENGEL u. a.

[29] Vgl. Jes 11,4; PsSal 17,26; 2. Thess 2,8; Apk 19,15 betonen die gewalttätige Kraft des messianisch königlichen Wortes, das tödlich ist für die Gegner; vgl. auch 4. Esra 13,9f., wo der Messias keine Waffen hat, aber der Hauch seines Mundes die Ekpyrosis auslöst. HR § 143 ist

„Etwas Geringes habe ich (nur),
nichts Bedeutendes.
Wer alle diese Getöteten
wieder zum Leben erweckt,
soll König sein über uns.
Sogleich verstummte ihr Reden,
und sie hatten keinen Mund mehr
zu sprechen."

Das kriegerische Bild vom Messias ist hier ganz aufgegeben[30].

In der letzten Szene unserer David-Apokalypse setzt sich David auf seinen himmlischen Thron, der

„bereitet (ist) gegenüber dem Thron seines Schöpfers".

Dieser Thron ist sonst Metatron, dem „kleinen Jahwe", in den Henoch verwandelt wird, oder auch Mose vorbehalten[31], wir finden aber auch Belege für die „Vorstellung, daß den Gerechten ein Thron in der himmlischen Welt erwartet"[32]. In bHag 14a wird jedoch R. Aqiba für die Erklärung von „Throne", dem Plural neben dem Singular in Dan 7,9, das Dictum zugeschrieben:

אחד לו ואחד לדוד

---

noch sublimer: Die Auseinandersetzung bleibt rein verbal, die Gegner werden durch die Zeichenforderung zum Schweigen gebracht.

[30] Zum politischen Messianismus siehe vor allem: M. HENGEL, Die Zeloten, 2. Aufl. 1976, 229.281 ff. 296–314; DERS., Rezension von LEO MILDENBERG, The Coinage of the Bar Kokhba War (Typos. Monographien zur antiken Numismatik 6) 1984, in: Gnomon 58 (1986) 326–331; DERS., Messianische Hoffnung und politischer „Radikalismus" in der „jüdisch-hellenistischen Diaspora". Zur Frage der Voraussetzungen des jüdischen Aufstandes unter Trajan 115–117 n. Chr., in: Apocalypticism in the Mediterranean World and the Near East, ed. by D. HELLHOLM, 1983, 655–686; mit ausführlicher Diskussion der Belege in ihrem jeweiligen historischen Kontext. Das kriegerische Bild des Messias hatte im Judentum eine lange Vorgeschichte (vgl. Ps 2; 110); für die Wirkungsgeschichte wichtig ist 3. Sib 652–697, wo das Töpferorakel, eine heidnisch-ägyptische Prophezeiung, ed. L. KOENEN, Die Prophezeiungen des „Töpfers", ZPE 2 (1968) 178–209, aufgenommen wird. Zu den Nachwirkungen der Sibyllenliteratur im christlichen Mittelalter der Kreuzfahrerzeit, siehe L. ABRAMOWSKI, Der Bamberger Reiter. Vom Endzeitkaiser zum heiligen König Stephan von Ungarn, ZKG 98 (1987) 206–229. Zur Messias-Aggada in PesR § 37 siehe die Übersetzung und den Kommentar: A. GOLDBERG, Erlösung durch Leiden..., FJS 4, 1978, 289–294 mit weiteren Parallelstellen. PesR § 37 legt Jes 61,10 aus, eine Stelle, die auch für die Jenseitsvorstellungen der David-Apokalypse wichtig ist.

[31] Zu Metatron/Henoch siehe 3. Hen 10,1–6 (= SCHÄFER, Synopse § 13): hier wird Henoch in Metatron verwandelt; umgekehrt und korrigiert wird die Inthronisation in der Geschichte von Metatrons Bestrafung und Entthronung 3. Hen 18,24; siehe dazu P. SCHÄFER, Engel und Menschen in der Hekhalot-Literatur, Ndr. in: DERS., Hekhalot-Studien, op. cit. (Anm. 2) 250–276 (272 ff.) er hält die Verwandlung und Inthronisation Henochs für ein traditionsgeschichtlich verhältnismäßig spätes Stück; vgl. BerR 65, 21; WaR 6, 3; yBer 2c 23; PesR 22,6 (ed. FRIEDMANN 114a); vgl. auch HR §§ 149.317 u. ö. Zu Mose: Ezekiel Tr. 74 ff. (Euseb, praep ev 9,29,5); bShabb 88b–89a; MdrTann 18; 19; DevR 9.5; bMeg 21a.

[32] B. SCHALLER, Das Testament Hiobs, JSHRZ III, 3, 1979, 352 Anm. 2 zu TestHiob 33,2.

d. h.: ein Thron für Gott und einer für David. Dieser Deutung von R. Aqiba widerspricht scharf R. Jose der Galiläer:

„Aqiba, wie lange willst du die Shekhina profanieren? Vielmehr ist einer für das Recht (לדין) und einer für die Milde (לצדקה)."

Da Aqiba keinen Widerspruch zwischen dieser Auslegung und seiner eigenen sehen kann, greift ihn R. Eleasar b. Azarja noch deutlicher an: Er soll die Finger von der haggadischen Interpretation lassen und sich lieber mit den feinsten Quisquilien der Halacha beschäftigen. Hinter dieser Diskussion wird die Erinnerung an R. Aqibas Eintreten für den „Messias" Bar Kokhba und die Ablehnung dieses Messianismus im Rabbinat stehen[33].

Die David-Apokalypse geht mit ihrem Zukunftsbild nicht auf solche Auseinandersetzungen ein, sondern ist einlinig messianisch. Vor und hinter David nehmen alle Könige aus Juda und Israel ihre Plätze ein, und nun beginnt der eigentliche himmlische Gottesdienst. War Davids Kommen vom Introituspsalm aller himmlischen Wesen begleitet worden, so ist er nun selbst aktiv gegenwärtig und stimmt die eschatologische Feier an:

„Erhob sich David sogleich
und sprach Loblieder und Lobpreisungen,
die kein Ohr je gehört hat."[34]

Hiob sagt in 33,9: ἐμοῦ δὲ ἡ βασιλεία εἰς τὸν αἰῶνα αἰῶνος καὶ ἡ δόξα καὶ ἡ εὐπρέπεια αὐτῆς ἐν τοῖς ἅρμασιν τοῦ πατρὸς ὑπάρχει; vgl. 1. Hen 108,12 und die bei SCHALLER, loc.cit. genannten Stellen: AscJes 9,10.24f.; ApcEl (kopt) 37 (ed. Steindorff) = 3,50 (ed. Rosenstiel); ApcEl (hebr; ed. Buttenwieser, S. 52,2); dazu Adams Thron in TestAbr A 11,4—12 und die der Patriarchen in Test Isaak 2,7f.: „There has been prepared for you the throne beside your father Abraham; likewise for your beloved son Jacob. And all of you shall be above every one else in the kingdom of heaven..." (Üs. W. F. STINESPRING, in: The Old Testament Pseudepigrapha I, ed. J. H. CHARLESWORTH, 1983, 905); vgl. 6,19—23 und die Qedusha in 6,24f.; 7,3—6. Daß alle besonders Gerechten und die Patriarchen einen Thron bei Gott erhalten werden, ist wohl die traditionsgeschichtlich ältere Vorstellung; vgl. Mk 10,35—41; Mt 20,20—23.

[33] Vgl. A. F. SEGAL, Two Powers in Heaven. Early Rabbinic Reports about Christianity and Gnosticism, SJLA 25, 1977, 48f. zur messianischen Interpretation von Dan 7,9f.: „Other exegetes who lived even after Akiba also interpreted Dan 7:9f. messianically, but the specific image of two enthronements in heaven is not longer mentioned (48)... Thus, the messianic controversy over Dan 7:13 is probably from Akiba's time; the mercy-justice revision is probably from his students" (49). Wenig überzeugend ist U. KELLERMANNS Vorschlag, den Thron in Dan 7 aus einer spezifischen Märtyrertheologie heraus zu deuten als Thron, der dem Märtyrer bei Gott bereitet ist: U. KELLERMANN, Das Danielbuch und die Märtyrertheologie, in: Die Entstehung der christlichen Martyrologie, hg. von J. W. VAN HENTEN u.a., Studia Postbiblica 38, 1989, 51—75 (64f.).

[34] Vgl. Jes 64,3; 1. Kor 2,9. A. SCHLATTER, Paulus der Bote Jesu, 1934, 115f. meint dazu: „Der jesajanische Satz erscheint beim Rabbinat in befestigtem Gebrauch als Beweis für die unvorstellbare Herrlichkeit der kommenden Welt"; vgl. die Belege bei BILLERBECK III, 327ff.; K. BERGER, Zur Diskussion über die Herkunft von 1. Kor II.9, NTS 24 (1978) 270—283 und vor allem die Sammlung der Stellen aus frühchristlichen, jüdischen, pagan-griechischen und

Diesen Lobgesang schließt David ab mit Ps 146,10:

„Der Herr, dein Gott, wird in Zion König sein
von Generation zu Generation,
Hallelujah!"

Psalm 146 ist einer der spätesten kanonischen Psalmen aus hellenistischer Zeit, in dem „Jahwes universales Königtum mit der Treue Gottes gegenüber dem schwachen, hinfälligen ... Glied der Gemeinde ... verbunden wird, also nicht nur die Macht, sondern auch die Verläßlichkeit des an Israel gebundenen Weltherrschers ... zum Ausdruck kommt"[35]. Ps 146,10 zitiert seinerseits wieder Ex 15,18, das Bekenntnis zur universalen Königsherrschaft Gottes, das Proprium unserer himmlischen Feier in der David-Apokalypse. Ps 146 ist in dieser Hinsicht nah verwandt mit Ps 22, dessen Bedeutung wiederum für „das älteste Verständnis des Golgathageschehens" H. Gese gezeigt hat[36].

Dieser Ps 22 ist es – und das ist das Erstaunliche –, den Christus nach Hebr 2,12 nach seinem Einzug in das himmlische Heiligtum „inmitten der Festversammlung der vollendeten Gemeinde, seiner Brüder ... intonieren wird"[37]. Die frappierende Ähnlichkeit in der Schilderung des himmlischen (auch in Hebr 2 *zugleich* eschatologischen) Gottesdienstes im Hebräerbrief und in der David-Apokalypse zeigt, wie alt die Traditionen sind, die hinter der David-Apokalypse stehen. Sie ist hier mit Hebr 2 näher verwandt als z. B. mit den Sabbatliedern aus Qumran, die schon Scholem nach der Veröffentlichung der

---

islamischen Schriften von M. E. STONE and J. STRUGNELL, The Books of Elijah. Parts 1–2, Texts and Translations 18, Pseudepigrapha 8, 1979, 42–73. Nur die Verwendung in den Re'uyoth Yehezkel, ed. GRUENWALD, in: Temirin 1, ed. J. WEINSTOCK, 1972, 101–139 (101), steht in der Nähe zur Hekhalot-Literatur. Engl. Üs. bei D. J. HALPERIN, The Faces of the Chariot, op.cit. (Anm. 1) 264–268 (266 [J]). HALPERIN hält die Re'uyot Yehezkel für mittelalterlich und nicht für einen Hekhalot-Text (287f.364). Vgl. weiter H. P. RÜGER, Das Werden des christlichen Alten Testaments, JBTh 3 (1988) 175–189 (177f. Anm. 4) zu Hieronymus über 1. Kor 2,9 und den Ausspruch R. Johanans (pal. Amoräer † 276). Ein Anklang an Jes 64,3 findet sich in der Hekhalot-Literatur überraschend selten (vgl. „was kein Auge gesehen" in: 3. Hen 48A = Synopse § 68; HR §§ 218; 276). Das mag damit zusammenhängen, daß diese Schriften zu einer präsentischen Eschatologie neigen, siehe G. A. WEWERS, op.cit. (Anm. 1). Vor allem jedoch paßt der alte Grundsatz der Geheimhaltung nicht in das Konzept der „Jorede Merkaba", sie sprechen aus und schreiben nieder, was sie gesehen und gehört haben. Die David-Apokalypse vermeidet die traditionellere Verwendung jedoch nicht. Das zeigt wieder ihre Eigenständigkeit.

[35] JÖRG JEREMIAS, Das Königtum Gottes in den Psalmen. Israels Begegnung mit dem kanaanäischen Mythos in den Jahwe-Königs-Psalmen, FRLANT 141, 1987, 146. Ausführlicher dazu mein: „Gott als König" in diesem Band 60 ff.

[36] H. GESE, Psalm 22 und das Neue Testament, in: Vom Sinai zum Zion, BEvTh 64, 1974, 180–201 (196).

[37] M. HENGEL, Das Christuslied, op.cit. (Anm. 21) 364; vgl. Justin, dial 102,5–103,9.

ersten Fragmente durch Strugnell für eine Vorform der Hekhalot-Literatur hielt[38].

Auch die Sabbatlieder schildern den himmlischen Gottesdienst, jedoch nicht die endzeitliche Feier, die zuvor die tiefste irdische Erniedrigung und den Tod zur Voraussetzung hat. Die irdische qumranische Gemeinde fordert darin die himmlische Priesterschaft der Engel zum Lobpreis in einem Zyklus von 13 Liedern auf, der für das erste Viertel des Jahres bestimmt war[39]. Ihre Funktion war es wohl, die priesterliche irdische Gemeinde am Heil der himmlischen Königsherrschaft schon jetzt auf Erden teilnehmen zu lassen und ihr eigenes priesterliches Selbstverständnis – fern des Jerusalemer Kultes – zu begründen und zu festigen[40]. Die Sabbatlieder betonen den Gegensatz zwischen der „Niedrigkeit unseres Staubes" und der himmlischen Welt und jubeln über die wunderbare Heilsgabe, daß die Irdischen im Lobpreis an ihr teilhaben, aber sie sprechen nicht vom Ende alles Vorläufig-Irdischen[41] wie die David-Apokalypse und Hebr 2:

Ἔπρεπεν γὰρ αὐτῷ,
δι' ὃν τὰ πάντα καὶ δι' οὗ τὰ πάντα,
πολλοὺς υἱοὺς εἰς δόξαν ἀγαγόντα
τὸν ἀρχηγὸν τῆς σωτηρίας αὐτῶν
διὰ παθημάτων τελειῶσαι.
ὅ τε γὰρ ἁγιάζων
καὶ οἱ ἁγιαζόμενοι
ἐξ ἑνὸς πάντες·
δι' ἣν αἰτίαν οὐκ ἐπαισχύνεται
ἀδελφοὺς αὐτοὺς καλεῖν
λέγων·
    ἀπαγγελῶ τὸ ὄνομά σου τοῖς ἀδελφοῖς μου,
    ἐν μέσῳ ἐκκλησίας ὑμνήσω σε.

Auf die christologischen Unterschiede möchte ich jetzt nicht eingehen, sondern die Parallelität betonen, die in der bewußten Wahl eines entsprechenden Psalms liegt, der die Königsherrschaft Gottes und die Rettung aus der Not preist[42].

---

[38] G. Scholem, Jewish Gnosticism, Merkabah Mysticism and Talmudic Tradition, 1965, 128 und siehe o. Anm. 20.
[39] Siehe C. Newsom, op.cit. (Anm. 20) 19 ff.
[40] Vgl. „Gott als König", in diesem Band 64–76.117.
[41] Die Sabbatlieder beschreiben jedoch nur den himmlischen, nicht den eschatologischen Tempel, der auch in Qumran wieder auf dem Zion erwartet wurde, siehe 11QTempel xxix 9f. und 4QFlor dazu „Gott als König", in diesem Band 74ff. Den Frommen in Qumran, dem Hebräerbrief und sicher auch der David-Apokalypse ist gemeinsam, daß der eschatologische Tempel wieder auf Erden, auf dem Zion errichtet wird. Dafür spricht, daß der Schluß der David-Apokalypse Sach 14,9 zitiert.
[42] Christus beginnt mit Ps 22,23, dem ersten Vers des individuellen Danklieds, das den

Dem Gesang Davids respondieren nun die verschiedenen Chöre: Zuerst Metatron und seine „Familie" (N8128 ist hier mit B238 und L4730 zu verbessern) mit dem Beginn der Qedusha, dem Trishagion (Jes 6,3):

„Heilig, heilig, heilig
ist der Herr der Heerscharen,
erfüllt ist die ganze Erde
von seiner Herrlichkeit!"

Und die hayyot, die vier Lebewesen, die den himmlischen Thronwagen Gottes tragen, stimmen ein mit dem zweiten Teil (Ez 3,12):

„Gepriesen sei die Herrlichkeit des Herrn
von ihrem Ort her!"

Die Qedusha ist der wichtigste und feierlichste liturgische Gesang. Sie stammt wahrscheinlich aus dem Tempelkult und wurde in früher Zeit in der Synagoge nur am Sabbat rezitiert[43]. Sie bildet das Kernstück aller himmlischen Liturgie[44]. In den Königsliturgien der Hekhalot Rabbati beschließt normalerweise die Qedusha eine Einheit. Auch in diesem Punkt hat die David-Apokalypse

---

zweiten Teil von Ps 22 bildet, der endet mit der universellen Anerkennung der βασιλεία Gottes. David beschließt seinen himmlischen Lobpreis mit dem Schlußvers von Ps 146. Daß dabei jeweils gemeint ist, daß sie den ganzen Psalm bzw. Psalmteil singen, ist eigentlich eine Selbstverständlichkeit, wird aber nicht immer beachtet. Interpretiert man Hebr 2 punktualistisch und sieht nur die Stichwortverbindung ἀδελφοί, so übersieht man den universalen eschatologischen Horizont der himmlischen Feier der βασιλεία Gottes, der mit dem Zitat von Ps 22,23 intendiert ist und mit der futurischen Wendung ὑμνήσω ins Eschaton weist. Als Beispiel für solche kurzschlüssigen Interpretationen sei hier nur auf F. SCHRÖGER, Der Verfasser des Hebräerbriefs als Schriftausleger, BU 4, 1968, 88 ff. als besonders ärgerlich verwiesen.
Die – gewiß sehr viel spätere – Parallelstelle in der David-Apokalypse unterstreicht aber auch, daß das kultische Verständnis des vorangehenden Verses Hebr 2,11 das einzig mögliche ist, und die gnostische συγγένεια-Lehre dem Hebräerbrief fern liegt. Siehe dazu O. HOFIUS, Katapausis. Die Vorstellung vom endzeitlichen Ruheort im Hebräerbrief, WUNT 11, 1970, 216 Anm. 830.
[43] C. NEWSOM, Songs, op.cit. (Anm. 20) 20 f. mit Literaturhinweisen.
[44] Vgl. Apk 4,8; 1. Hen 39,12 f.; 40,3 f.; TestAbrA 3,3 u. ö., siehe die bei S. UHLIG, Das Äthiopische Henochbuch, JSHRZ V, 580 und B. SCHALLER, Das Testament Hiobs, JSHRZ III, 369 angegebenen Stellen. Nicht immer wird das Trishagion auch wörtlich zitiert: Die Töchter Hiobs reden wie die Engel und schicken Gott ein Lied wie die Engel empor (TestHiob 48,3; 49,2; 50,2), vgl. ApkAbr(KO) 16,3. Besonders interessant ist die Beschreibung des Vollzugs der Qedusha in ihren beiden Bestandteilen Jes 6,3 und Ez 3,12 im 7. Sabbatlied aus Qumran; auch dort wird nicht wörtlich zitiert, dazu „Gott als König", in diesem Band 97 f. Eine ganz wichtige Rolle spielt die Qedusha natürlich in der Hekhalot-Literatur. In der Konkordanz von SCHÄFER zähle ich über 80 Stellen, die man für die Funktion, Verwendung und Abwandlung der Qedusha untersuchen müßte; oft ist sie mit der Gottesprädikation „König" verbunden. Die interessanteste Stelle scheint mir die Verbindung der Qedusha mit der Formel „Gepriesen sei der Name der Herrlichkeit seiner Königsherrschaft immer und ewig" in den Ma'aśe Merkabah (§ 555 in der Schäferschen Konkordanz) zu sein: Aufsteigend durch die sieben himmlischen Paläste wird der Preis der Engel zitiert (siehe dazu Vorwort, S.

ihre Besonderheit[45], die auf ein höheres Alter hinweist. Die reqi'im, die Himmelsgewölbe, antworten mit dem Schilfmeerlied, das als „Antiphon" im Introitus – aber auch im Munde Davids durch das Zitat Ps 146,10 – schon erklungen war.

Und nun stimmt auch die Erde ein und antwortet:

> „der Herr war König,
> der Herr ist König,
> der Herr wird König sein für immer und ewig."

Sie preist Gottes Königtum ebenfalls mit Ex 15,18, und zwar in der erweiterten Form, in der die Targumim diesen Vers des Mosliedes übersetzen[46] und in der Vergangenheit, Gegenwart und Zukunft der Gottesherrschaft gepriesen wer-

---

3). Zum Alter der verschiedenen Formen der Qedusha im Achtzehngebet, im Yoṣer und der Qedusha de Sidra, siehe J. HEINEMANN, Prayer in the Talmud, JS9, 1977, 230–233; D. A. FIENSY, Prayers Alleged to be Jewish. An Examination of the Constitutiones Apostolorum, Brown Judaic Studies 65, 1985, 225f. Die Verbindung von Ez 3,12 mit Ps 68, deren frühester Beleg bisher Const.Ap. 7,35,3f. war, findet sich schon im 12. Sabbatlied aus Qumran, siehe C. NEWSOM, Merkabah Exegesis in the Qumran Sabbath Shirot, JJS 38 (1987) 11–30 (29). Vgl. dazu T. LEHNARDT, in diesem Band 299–306.

[45] SCHÄFER, Übersetzung XXVII charakterisiert die David-Apokalypse etwas ungenau als „kulminierend in der Qedusha"; die Stellung der Qedusha in der David-Apokalypse weicht jedoch vom normalen Schema in Hekhalot Rabbati ab.

[46] Die Himmelsgewölbe gehen nach der Qedusha wieder zum Schilfmeerlied zurück, dessen Grundmotiv die David-Apokalypse wie ein roter Faden durchzieht. Auch die Johannesapokalypse verzichtet in ihrem himmlischen Gottesdienst nicht auf den Preis des Königtums Gottes in der ᾠδὴ Μωϋσέως und ergänzt sie durch das „neue Lied" des Lammes in Apk 15,3f., vgl. dazu die bei M. HENGEL, Das Christuslied, op.cit. (Anm. 21) 358 Anm. 6 gesammelten Stellen. Die Qedusha des Achtzehngebetes wird mit Ps 146,10 verbunden, die Qedusha de Sidra mit Ex 15,18, also jedesmal werden die loci classici für Gottes Königsherrschaft mit der Qedusha verknüpft. Hier soll nur das Yoṣer, die erste Benediktion vor dem Shema im täglichen Morgengebet, auf dt. zitiert werden:

> „Mit einem neuen Lied lobten die Erlösten
> deinen Namen am Ufer des Meeres.
> Alle zusammen dankten sie (dir),
> setzten dich zum König ein
> und sprachen:
> Der Herr soll König sein in alle Ewigkeit (Ex 15,18)."
> (Üs. P. SCHÄFER, Studien zur Geschichte und Theologie des rabbinischen Judentums, AGAJU 15, 1978, 31).

Der tägliche Preis drückt zugleich die eschatologische Erwartung aus, vgl. die 2. Vaterunser-Bitte. Eben deshalb muß das Schilfmeerlied den Gottesdienst der Endzeit bestimmen. Die Auslegung von Ex 15,17f. auf den eschatologischen Tempel ist schon in 4Q Florilegium und 11Q Tempel xxix 9f. belegt, dazu u. Anm. 133. Die reqi'im singen immer und ewig dasselbe, aber in der Vollendung muß die Erde einstimmen und antworten: „war", „ist" und „wird sein". Man war sich der Problematik des Zeitaspekts in Ex 15,18 schmerzlich bewußt, siehe MekhY Shir 10 (LAUTERBACH 2, 80): das Perfekt in V. 17 konnte man als perfectum profeticum oder als Hinweis auf die Präexistenz des eschatologischen Tempels verstehen, während durch das als Futur verstandene *jimlok* Israel in der Gegenwart noch unter dem Joch der Mächte

den. Damit wird bereits angedeutet, daß die Erde auch in die Zukunft der Königsherrschaft Gottes einbezogen ist.

Als krönenden Abschluß singen die Könige des Hauses David Sach 14,9:

> „Der Herr wird König sein
> über die ganze Erde!"[47]

Daß die *irdischen* Könige nun die Abwandlung von Ex 15,17f. in Sach 14,9 zitieren, setzt noch einmal einen besonderen Akzent an den Schluß: Die endgültige Erscheinung der Gottesherrschaft wird zugleich mit ihrer Durchsetzung *auf Erden* im neuen Jerusalem erwartet.

Damit endet die David-Apokalypse. Ihre himmlische Liturgie verdient eine eigene Untersuchung. Ich beschränke mich hier nur auf eine kurze Paraphrase. Mein eigentliches Interesse richtet sich auf die seltsame „Stimme", die Yishmael „in der Stunde, da (er) hinabstieg" vernahm, und die ihn vor Entsetzen sterben ließ. Gehen wir also zurück:

2. Die Stimme

Ich zitiere, um einen ersten Eindruck zu geben, zunächst die Übersetzung von Schäfer (53f.):

> „In der Stunde,
> da ich vor ihm hinabstieg,
> hörte ich eine Stimme
> in aramäischer Sprache reden,
> und in dieser Sprache redete sie:
> Der heilige Tempel (ist) zur Zerstörung (bestimmt)
> und der Palast zum Feuer,

---

steht. Die Targumim erweitern deshalb den Bibeltext mit diesem Hinweis auf Vergangenheit, Gegenwart und Zukunft, außer Onkelos, der auch hier knapper ist. Sie haben alle gemeinsam, daß sie das verbale *yml(w)k* nominal mit *mlkwt' (hw'/ywy)* wiedergeben. Die Erde berücksichtigt in ihrem Lobpreis vom Eschaton her gesehen diese verschiedenen Zeitaspekte der Gottesherrschaft, indem sie vor Ex 15,18 (= Ps 146,10) zwei weitere Psalmzitate stellt (93,1 = 96,10 = 97,1 u. ö.; Ps 10,16), siehe SCHÄFER, Übersetzung 59 Anm. 16ff. Auch die erweiterte Fassung der Targumim wird durch diese Zitatenkombination zustande gekommen sein. Der Verfasser der David-Apokalypse zeigt sein tiefes theologisches Verstehen dieser Zusammenhänge dadurch, daß er gerade der *Erde* diese Form des Lobpreises von Ex 15,18 in den Mund legt. Vgl. o. Anm. 17. Ausführlicher zum Zeitaspekt in Ex 15,17f.: B. EGO, Gottes Weltherrschaft, in diesem Band 265–283.

[47] Die HS bieten teilweise das vollständige Zitat von Sach 14,9 mit dem zweiten Stichos: „an jenem Tag wird der Herr einzig sein und einzig sein Name." Zur Bedeutung der Verbindung von Gottes Königsherrschaft und seiner Einzigkeit in der rabbinischen Theologie und ihrem politischen Aspekt, siehe in diesem Band B. EGO, Gottes Weltherrschaft und die Einzigkeit seines Namens, 257–283, passim. Vgl. das Zitat Sach 14,9 am Ende von 3. Hen (ODEBERG 48A, Synopse § 70).

die Geräte und die Wohnungen des Königs zum Mahnmal.
Die jungen Mädchen und die jungen Männer
(sind) zur Beute (bestimmt)
und die Söhne des Königs zum Tode.
Die Freude des Königs wird für die Witwenschaft aufbewahrt,
und der reine Altar zur Verunreinigung.
Den Tisch, den er bereitet hat,
werden die Feinde plündern,
Jerusalem (ist) zur Bestrafung (bestimmt)
und das Land Israel zum Entsetzen."

a) Zum Text:

Unsere Stimme ist in den Handschriften und Drucken nicht einheitlich überliefert. Die Übersetzung von Schäfer gibt den Text von N8128 wieder mit Verbesserungen, die sich auf B328 und L4730 stützen, und setzt sich kritisch mit Scholems[48] Rekonstruktion der „Stimme" auseinander.

Überblickt man die verschiedenen Versionen, die das Orakel in der Textüberlieferung angenommen hat – und die mir bisher zur Verfügung standen –, so hat man eher zu viele als zu wenige Varianten. Textkritik und Rekonstruktion der „Stimme" (Synopse § 123) verdanke ich Herrn Prof. H. P. Rüger. Ich zitiere seine briefliche Mitteilung vom 12. 12. 1988: „Bemerkungen zur David-Apokalypse" wörtlich mit einigen Ergänzungen, die Prof. Rüger so freundlich war, noch einmal mit kritischem Blick anzusehen[49]:

---

[48] G. SCHOLEM, Jewish Gnosticism, op.cit. (Anm. 38) 78.

[49] Die Rekonstruktion des Textes beruht auf den Ausgaben:

A. JELLINEK, Bet ha-Midrasch V, Ndr. 1967, 167f.	= *BHM V*
A. JELLINEK, Bet ha-Midrasch VI, 25 = EISENSTEIN, OsM II, 446a = REEG V	= *BHM VI*
J. D. EISENSTEIN, Ozar Midrashim. A Library of Two Hundred Minor Midrashim, II, New York 1928. Ndr. 1969, 446a = BHM VI = REEG V	= *Eisenst.*
G. REEG, Die Geschichte von den Zehn Märtyrern, TSAJ 10, 1985, 58*, Rezension V = BHM VI	= *Reeg V*
A. J. WERTHEIMER, Batei Midrashot I, 2. Aufl. Jerusalem 1953/4, Ndr. 1968, 77	= *Werth*
Apparat aus WERTHEIMER	= *Werth S*
J. EBEN-SHEMUEL, Midreshey Ge'ullah, 3. Aufl. 1968, 8	= *ESH*
Apparat S. 372 aus MUSAJOFF, Merkabah Shelema	= *ESH M*
Apparat S. 372 aus MUSAJOFF aus MS New York Enelow 704	= *ESH N*
N. N. QORONEL, Seder Raw Amrom Gaan, Warschau 1865, 13a	= *Qor*
P. SCHÄFER, Synopse, 60f.: N8128	= *Schäfer N*
Synopse, 60f.: B238	= *Schäfer B*
G. SCHOLEM, Jewish Gnosticism, op.cit. (Anm. 38) 78 Anm. 8 („a correct text" aufgrund von MS JTS 828 = SCHÄFER N8128, BHM V, 168, und wahrscheinlich, obwohl er es nicht angibt: QORONEL, Siddur.	= *Scholem*
Als weitere Handschrift – neben den in der Synopse veröffentlichten – stellte mir Prof. SCHÄFER MS Leiden Or. 4730 in Kopie zur Verfügung:	= *Schäfer L*

Z. 1:	מקדשא קדישא לח[ו]רבא[50]	3
Z. 2:	[51]והיכלא לנור דליק	3
Z. 3:	[52]ודירתה דמלכא לצדיותא	3

---

[50] Z. 1:

BHM V 1	mqdsh'	qdysh'	lhwrb'	
BHM VI 1	mqdsh'	qdysh'	lh rb'	yh'
Reeg V 1	mqdsh'	qdysh'	lh rb'	yh'
Werth 1	mqdsh'			
Werth S 1	mqdsh'	qdysh'	lhwrb'	
ESH 1	mqdsh'	qdysh'	lh rb'	
ESH M 1	mqdsh'	mqdsh'		
Qor 1	mqdsh'	qdysh'	lhwrb'	
Schäfer N 1	mqdsh	qdysh'	lhwrb'	
Schäfer B 1	mqdsh'	qdysh'	lhwrb'	
Schäfer L 1	mqdsh'	qdysh'	lhwrb'	
Scholem 1	mqdsh	qdysh'	lhwrb'	

mqdsh' mqdsh' (Dittographie) und mqdsh (Schäfer N, Scholem), was zusammen mit qdysh' „der Tempel des Heiligen" bedeuten würde, sind schlichte Textfehler. yh' (BHM VI, Reeg V) ist wie yhwn (BHM VI Z. 3.4 und Reeg V Z. 3.4) erklärende Glosse. Der Ausfall in Wertheimer ist textkritisch nicht zu erklären. Sachliche, innere Gründe gibt es aber, siehe dazu u. S. 346 Anm. 104.

* 1: mqdsh' qdysh' lh(w)rb' „Der heilige Tempel (ist) zur Verwüstung (bestimmt)."
Metrum: 3.

[51] Z. 2:

BHM V	whykl'		lnwr	dlyq
BHM VI	whyklyh		lnwr	dlyq
Reeg V	whyklyh		lnwr	dlyq
Werth				
Werth S	whykl'		lnwr	dlyq
ESH	whykl'		lnwr	dlyq
ESH M	whykl'		lnwr	dlyq
Qor	whykl'		lnwr	dlyq
Schäfer N	whykl'		lnwr	klym
Schäfer B	whykl'	qdysh'	lnwr	dlyq
Schäfer L	whkk'		lnwr	dlyq
Scholem	whykl'		lnwr	dlyq

whyklyh (BHM VI und Reeg V) ist durch wdyrtyh in Z. 3 veranlaßt. qdysh' (Schäfer B) ist aus Z. 1 eingetragen. Die Lesart klym „Geräte", die nur von Schäfer N überliefert wird, ist als Hebraismus allein schon aus sprachlichen Gründen als Glosse zu betrachten; im Aramäischen werden die „Geräte (des Tempels)" als m(')ny bezeichnet. Schäfer setzt korrekt in der Synopse den Punkt hinter klym wie die Handschrift N; in der Übersetzung zieht Schäfer klym, ohne es zu vermerken, zur nächsten Zeile. Zur Wendung nwr dlyq vgl. Dan 7,9.

* 2: whykl' lnwr dlyq „und das Tempelhaus für brennendes Feuer". Schäfers Übersetzung 54 „und der Palast" ist abwegig. Zwar bedeutet hykl' etymologisch gesehen (vgl. sum.: E.GAL, akk.: ekallu etc.) „Palast", aber der Parallelismus zu mqdsh' qdysh' und die Fortsetzung wdyrtyh dmlk' verlangen „Tempelhaus/Heiliges".

[52] Z. 3:

BHM V		wdyrtyh	dmlk'		*(tntr)*	sdywt'
BHM VI	wzyrty	(wdyrtyh)	dmlk'	ty'wr	*(tntr)*	sdywt'
Eisenst.		wdyrtyh	dmlk'	*thyh*		lsdywt'

Z. 4:   ובתולן ועולמין לב[נ]י[53]זה   3
Z. 5:   ובני מלכא לקטלא[54]   3

Reeg V	wzyrtyh	dmlk'	tyʻwr	srywt'
Werth				sdywt'
Werth S	wdyrtyh	dmlk'	tntr	sdywt'
Qor 3	wdyrt'	dmlk'	tntr	sdywt'
ESH	wdyrtyh	dmlk'		sdywt'
Schäfer N	wdyrt'	dmlk'		lsdywt'
Schäfer B	wdyrtyh	dmlk'		
Schäfer L				
Scholem 3	wdyrtyh	dmlk'		lsdywt'

wzyrty(h) (Reeg V und BHM VI) ist in der spirantisierten Aussprache des „d" begründet. wdyrt' (Schäfer N und Qor) beruht auf der Angleichung an mqdsh' und whykl'. tntr (Jellinek V u. VI, Werth. S., Qor) ist vielleicht ursprünglich erklärende Glosse. tyʻwr (Reeg V und BHM VI) ist aus tntr verschrieben; thyh ist eine hebraisierende Konjektur Eisensteins; vgl. Reeg und BHM VI zu Z. 1, 4 und 5. srywt' (Reeg V) und lsyw't' (Schäfer N) lassen sich ohne weiteres auf (l)sdywt' (vgl. einerseits BHM V und VI, Werth und Werth S, andererseits Eisenstein, ESH und Scholem) zurückführen. Schäfer, Übersetzung „und die Wohnungen des Königs zum Mahnmal" und Anm. 6: „lsyw't' ist problematisch; neben der hier gewählten Herleitung von swʻh wäre auch die Rückführung auf die Wurzel swy in der Bedeutung ,verwittern, brennen' (vgl. JASTROW, Dictionary II. S. 1267 möglich." Jedoch „die Wohnungen des Königs" ist wegen des in BHM V, Werth S (Reeg V und BHM VI und Eisenstein) folgenden f.sg. tntr (tʻwr, thyh) höchst unwahrscheinlich. sdywt' „Verödung", Verheerung ist 4QEn^e (= 1. Hen 89,28) belegt, siehe den Text bei K. BEYER, Die aramäischen Texte vom Toten Meer, samt den Inschriften aus Palästina, dem Testament Levis aus der Kairoer Genisa, der Fastenrolle und den alten talmudischen Zitaten, 1984, 245.

* 3: wdyrtyh dmlk' lsdywt' „und die Wohnung des Königs zur Verheerung".
Metrum: 3; wenn man tntr (tʻwr, thyh) nicht für erklärenden Zusatz hält, Metrum: 4 (vgl. Z. 6).

[53] Z. 4:

BHM V 4	wbtwln	wʻwlmyn	lbyzh
BHM VI 4	wbtwln	wʻwlmyn	lbyzh	yhwn
Eisenst	wbtwlyn	wʻwlmyn	lbyzh	yhwn
Reeg V 4	wbtwln	wʻwlmyn	lbyzh	yhwn
Werth 3	wbtwln	wʻwlmyn	lbyzh
ESH 17a	wbtwln	wʻwlmyn	lbyzh
Qor 6	wbtwln	wʻwlymn	lbyzh
Schäfer N 4	wbtwlyn	wʻwlmyn	lbzh
Schäfer B			
Schäfer L			
Scholem 5	wbtwln	wʻwlymn	lbyz'

wbtwlyn (Schäfer N) beruht auf fehlerhafter Angleichung an wʻwlmyn, was Eisenstein sehr schön beweist. Das wʻwlmyn „und junge Mädchen" hat Scholem wahrscheinlich seinem Siddur (ed. Qoronel) entnommen, gibt es aber nicht an. Zu der erklärenden Glosse yhwn (BHM VI, Eisenst., Reeg) siehe Z. 1.

Schäfer, Übers.: „Die jungen Mädchen und die jungen Männer (sind) zur Beute (bestimmt)"; die Nomen stehen jedoch nicht im Emph., deshalb besser undeterminiert übersetzen:

* 4: wbtwln wʻwlmyn lb(y)zh „und Jungfrauen und Jünglinge zur Beute", vgl. Thr 1,18; 2,21 MT und Targum.

[54] Z. 5:

Z. 6:   וחדוותיה דמלכא ת[י]נטר ארמלותא[55]   4[3]

BHM V 5	wbny	mlk'	lqtl'	
BHM VI 5	wbny	mlk'	lqtl'	y h w n
Reeg V 5	wbny	mlk'	lqtl'	y h w n
Werth 4	wbny	mlk'	lqtl'	
ESH 17b	wbny	mlk'	lqtl'	
Qor 4	wbny	mlk'	lqtl'	
Schäfer N	b n y	mlk'		
Schäfer B				
Schäfer L				
Scholem 6	wbny	mlk'	lqtl'	

Dafür, daß das „w" in bny (Schäfer N) ausgefallen ist, gibt es keinen ersichtlichen Grund. Zu der erklärenden Glosse yhwn in BHM VI und Reeg V siehe Z. 1.
Schäfer, Übers.: „Und die Söhne des Königs zum Tode", jedoch ist qtl' „Tötung/Hinrichtung", nicht einfach „Tod", siehe BEYER, op.cit. (Anm. 52) 682 s.v. „Getötetwerden, Hinrichtung", gibt als Belege an: Hen 14,(6); Test Lev aram 33,4; tSota 13,4; mAbot 1,13.
* 5: wbny mlk' lqtl' „und die Söhne des Königs zur Tötung". Metrum: 3.

[55] Z. 6:

BHM V				
BHM VI 6	w'tt'	dmlk'	tntr	'rmlt'
Reeg V 6	w'tt'	dmlk'	tntr	'rmlt'
Werth 5	wdyrwtyh	dmlk'	tntr	'rmlt'
Werth S 6	w'tt'			
ESH 16b	w'tt'	dmlk'	lmntr	'rmlt'
ESH M	whdwwt'		tyshr	'hr lwwtyh
ESH N (1 MS)	wnshwhy			
Qor 5	whdwwtyh	dmlk'	tntr	'rmlt'
Schäfer N 6	whdwwtyh	dmlk'	tmtwr	'lmnwt'
Schäfer B 4			tyntr	'rmlwt'
Schäfer L 3	wdyrwtyh	dmlk'	tyntr	'rmlwt'
Scholem 4	whdwwtyh	dmlk'	tntwr	'rmlt'

wdyrwtyh dmlk' (Werth und Schäfer L) stammt aus Z. 3. w'tt' (Reeg V, Werth S, ESH und wnshwthy ESH N [1 MS]) sind erklärende Glossen zu whdwwtyh/'. tmtwr (Schäfer N) ist aus tntr verschrieben; Scholem konjiziert daraus tntwr. lmntr (ESH) dürfte ebenso Konjektur sein wie das hebraisierende tyshr (von ESH M). 'lmnwt' (Schäfer N) ist Hebraisierung von 'rmlwt' (Schäfer B und L). 'rmlt' (Reeg V, BHM VI, Werth, ESH, Qor, Scholem) beruht letztlich auf einem Mißverständnis von tntr. Reeg V = BHM VI u. a. bedeutet „Und die Frau des Königs hütet die Witwe", wobei offen bleibt, wer Subjekt und wer Objekt ist. 'hr lwwtyh (ESH M) ist Konsequenz aus der Konjektur tyshr.
Schäfer, Übers.: „Die Freude des Königs wird für die Witwenschaft aufbewahrt". Anm. 7: „D. h. seine Frau wird Witwe werden".
* 6: whdwwtyh dmlk' t(y) ntr 'rmlt', „und die Freude des Königs (d. h. seine Frau bzw. Frauen vgl. BHM VI = Reeg V, Werth S und ESH bzw. ESH N /1 MS/) erwartet die Witwenschaft". Zu dieser Üs. vgl. BROCKELMANN, Lexicon Syriacum, 426b s.v. ntr: „3. expectavit" und WEHR, A Dictionary of Modern Written Arabic, 975a s.v. nzr „to expect".
Metrum: 4, oder: 3, wenn man t(y)ntr als sekundär streicht. Der Ausfall in Schäfer B und L ist durch Homoioteleuton (Sprung von dmlk' 3 nach dmlk' 6) bedingt. Dieser Fehler könnte auch der Lesart tntr (t'wr,thyh) sdywt' in BHM V 3, Werth S 3 (Reeg V 3 = BHM VI 3, vgl. Eisenstein) zugrunde liegen: Die ausgefallenen Wörter und Sätze wurden hinter statt vor tntr (t'wr, thyh) nachgetragen. Wahrscheinlicher ist jedoch, daß man auch dort das tntr in irgendeiner Form ernst nehmen muß. Das Nebeneinander der beiden Lesarten in 3 läßt immerhin

332 Anna Maria Schwemer

3	⁵⁶ומדבחא דכי[י]א לא[י]סתאבא	Z. 7:
4[2+3]	⁵⁷ופתורא דמתקן יבזוניה בעלי דבבא	Z. 8:
3[2]	⁵⁸וירושל[י]ם ליגרין	Z. 9:

---

erwägen, ob nicht auch Z. 6 ursprünglich gelautet hat: whdwwtyh dmlk' l'rmlwt', „und die Freude des Königs (ist) zur Witwenschaft (bestimmt)".

Schäfer, Übersetzung 54 „Die Freude des Königs wird zur Witwenschaft aufbewahrt" ist unwahrscheinlich: 1) würde man statt 'rmlwt' vielmehr l'rmlwt' erwarten; 2) ist tyntr statt tntr Charakteristikum des „palästinischen" Aramäisch, für das es sonst im Text keine Anhaltspunkte gibt (lmst'b' BHM V und ESH in Z. 7 ist zu schlecht bezeugt).

⁵⁶ Z. 7:

BHM V 6	wmdbh'	dky'	lmst'b'
BHM VI 7	wmdbh'	dky'	l'yst'b''
Reeg V 7	wmdbh'	dkyy'	l'ystrb''
Werth 6	wmdbh'		l'st'bw
Werth S 7	wmdbh'	dky'	
ESH 18a	wmdbh'	dky'	lmst'b'
Qor 7	wmdbh'	dky'	l'st'b'
Schäfer N 7	wmdbh'	dbyy'	l'st'b'
Schäfer B 5	wmdbh'	dkyy'	l'st'b'
Schäfer L 4	wmdbh'	dky'	l'st'b'
Scholem 7	wmdbh'	dky'	l'st'b'

dbyy' und l'ystrb' (Schäfer N bzw. Reeg V) sind aus dkyy' bzw. l'yst'b' verschrieben. lmst'b' (ESH) könnte ebs. Verschreibung sein, oder „palästinisch" siehe zu Z. 6.

⁵⁷ Z. 8:

BHM V 7	wptwr'	dmtqn	ybzwnyh	b'ly	dbb'
BHM VI					
Reer V					
Werth 6	wptwrh	dmtqnn	ybzwnyh	b'ly	dbb'
ESH 18a	wptwr'	dmtqn	ybzwneh	b'ly	dbb'
Qor 8	wptwr'	dmrqn	abztyh	b'ly	dbb'
Schäfer N 8	wptwr'	dmtqn	aswph	b'lyh	dbby
Schäfer B 6	wptwr'	dmtqn	ybzwnyh	b'l	dbb'
Schäfer L 5	wptwr'	dmtqn	ybzwnyh	b'ly	dbb'
Scholem 8	wptwr'	dmtqn	ybzwnyh	b'ly	dbb'

wptwrh (Werth.) und b'lyh (Schäfer N) sind wohl nur orthographisch von wptwr' und b'ly verschieden. dmtqnn beruht auf Dittographie. ybztyh (Qoronel) und yswph (Schäfer N) ist Verschreibung aus ybzwn(y)h. b'l (Schäfer B) ist schlichter Schreibfehler. b'lyh dbby ist falsche Pluralbildung (Endung am Regens und Rectum).

Schäfer, Übersetzung: „Den Tisch, den er bereitet hat, werden die Feinde plündern", Anm. 9: „Oder, der bereitet ist".

*8: wptwr' dimtaqqen/dimtaqqan ybzwnyh b'ly dbb', „und den Tisch, den er bereitet / der bereitet ist, ihn erbeuten die Feinde". Neben mdbh'dky(y)' „reiner Altar" dürfte ptwr' „Tisch" den Schaubrottisch bezeichnen. Dann bedeutet dmtqn eher „der bereitet ist" als „den er bereitet hat". Vgl. zur Sache 1. Makk 1,22 und den Titusbogen in Rom sowie:

Ex 25,23–30 Stiftshütte	MT shlhn	Targum Onkelos	ptwr'
1. Kö 7,48 Jerusalem	MT shlhn	Targum Jonathan	ptwr'
2. Chr 4,19 Jerusalem	MT shlhnwt (!)	Targum	ptwry'

Metrum: 4 (b'ly dbb' ist ein fester Begriff) oder 5 (= 2 + 3).

⁵⁸ Z. 9:

BHM V 8	wyrwshlym	l'yym
BHM VI 8	wyrwshlm lgrys	(l'yym)

Z. 10:   ויארעא דישראל לזיע[59]   3

Die Übersetzung des Textes lautet dann:

„Der heilige Tempel (ist) zur Verwüstung (bestimmt),
und das Tempelhaus für brennendes Feuer.

Eisenst	wyrwshlm		lʿyym
Reeg 8	wyrwshlm	*lgryn*	
Werth 7	wyrwshlym	lygrsh	
Werth S 8			lʿyym
ESH 19a	wyrwshlm		lʿyym
ESH N			lʿgydn
Cor 9	wyrwshlm		lsdw
Schäfer N 9	wyrwshlym		lʿgydn
Schäfer B 7	wyrwshlm		lngdyn
Schäfer L 6	wyrwshlm	lygryn	
Scholem 9	wrywshlym		lʿyyn

lʿyym vgl. MT Mi 3,12 = Jer 26,18 und besonders Ps 79,1; lʿyyn Scholem ist Aramaisierung der Lesart lʿyym. l(y)grn/s/sh, lies: lygryn (Schäfer L) = Targum Mi 3,12; Jer 26,18 (Sperber führt grym Jer 51,37 und gryn Jer 9,10; gyryn Hos 12,12 als Variante aus A zu ygrn an). lʿgydn, lies: lygryn = Targum Mi 3,12; Jer 26,18 (Sperber führt ygdyn Jer 51,37 als Variante aus c zu ygryn an):

Jer 9,10	lygryn,	c lgryn,	A kgyrym
Jer 26,18	lygryn		A kgryryn
Jer 51,37	lygryn	c lygdyn	A lʾygry
Hos 12,12	kygryn		R dgwryn
Mi 1,6	lygry,	z lyʿry	
Mi 3,12	lygryn,		

Schäfer, Übers.: „Jerusalem (ist) zur Bestrafung (bestimmt)", Anm. 11 „lʿgydn... und lngdyn... können von der aramäischen Wurzel ngd abgeleitet werden, die im Paʿel und Afʿel ,geißeln' bedeutet. Näher liegt, daß eine Anspielung auf Mi 3,12 vorliegt, was Scholem zwar gesehen, aber nicht begründet hat. Sie ist handschriftlich sogar durch Schäfer L bezeugt.
* 9: wyrwshl(y)m lygryn, „und Jerusalem (ist) zu Trümmerhaufen (bestimmt)".
Metrum: 3 (wegen der Überlänge von wyrwshl[y]m) oder: 2.

[59] Z. 10:

BHM V 9	wʾrʿʾ	dysrʾl	lzyʿ
BHM VI 9	wʾrʿʾ	dysrʾl	lzyʿ
Reeg V 9	wʾrʿʾ	dysrʾl	lzyʿ
Werth 8	wʾrʿʾ	dysrʾl	lzyʿ
ESH 19b	wʾrʿʾ	dysrʾl	lzyʿ
Qor 10	wʾrʿʾ	dysreʾl	lzyʿ
Schäfer N 10	wʾrʿʾ	dysrʾl	lzyʿ
Schäfer B 8	wʾrʿ	ysrʾl	lzyʿ
Schäfer L 7	wʾrʿʾ	dysrʾl	lzyʿ
Scholem 10	wʾrʿʾ	dysrʾl	lzyʿ

wʾrʿ ysrʾl (Schäfer B) ist eine andere Art der Genetivverbindung.
Schäfer, Übers. „und das Land Israel zum Entsetzen".
* 10: wʾrʿʾ dysrʾl lzyʿ, „und das Land Israel zum Zittern".
Metrum: 3.

Und die Wohnung des Königs zur Verheerung,
und die Wohnung des Königs erwartet die Verheerung,
und Jungfrauen und Jünglinge zur Beute.
Und die Söhne des Königs zur Tötung,
und die Freude des Königs erwartet die Witwenschaft.
und die Freude des Königs zur Witwenschaft
Und der reine Altar (ist) zur Verunreinigung (bestimmt),
und der Tisch, *den er bereitet,* ihn erbeuten die Feinde.
der bereitet ist
Und Jerusalem (ist) zum Trümmerhaufen (bestimmt),
und das Land Israel zum Zittern."

b) Zur Sprache:

Die rabbinische Literatur verwendet das Aramäische innerhalb hebräischer Texte gern für „volkstümliche Erzählungen", aber auch in Zitaten, die berühmte Aussprüche alter Lehrer möglichst im Wortlaut beibehalten und wiedergeben wollen, sogar ein berühmtes altes Orakel, das der Hohepriester Jochanan aus dem Tempelinneren vernahm, ist uns in der „Ursprache" erhalten[60].

Die Entwicklung der aramäischen Sprache und erst recht die Form, die sie in Zitaten in den doch recht späten mittelalterlichen Handschriften angenommen hat, ist eine Spezialwissenschaft für sich. Die alten Textsammlungen, wie G. Dalmans „Aramäische Dialektproben"[61], konnten verständlicherweise unser Orakel noch nicht berücksichtigen. Auch das neue Standardwerk von K. Beyer[62], der über die alten Zusammenstellungen hinaus die neueren Funde verwertet, spannt seinen Rahmen nicht soweit, daß er die Hekhalot-Literatur in seine Untersuchungen eingeschlossen hätte. Das Vokabular unseres Orakels findet sich jedoch fast vollständig in seinem „Wörterbuch"[63]. Nach mündlicher Auskunft von Prof. Rüger ist die Sprache der „Stimme" in reinem „Reichsaramäisch" gehalten, d.h. der Hochsprache, die zwischen der Zerstörung des 1. Tempels und Onkelos gebraucht wurde. Nun ist Onkelos außerordentlich schwer zu datieren. Auf jeden Fall weisen die sprachlichen Indizien in einen sehr weiten Zeitraum. Eine Datierung für die Entstehung des Orakels wird man nach den sprachlichen Indizien nur mit großer Vorsicht vornehmen können. Jedoch legt sich die Vermutung nah, daß es älter ist als die David-Apokalypse.

---

[60] Dazu u. S. 340.
[61] G. DALMAN, Aramäische Dialektproben, 2. Aufl. 1927.
[62] K. BEYER, op.cit. (Anm. 52).
[63] Op.cit., 499–741.

c) Poetische Struktur und Metrum:

Unser Orakel ist eindeutig metrisch geformt. Schon Scholem[64] und Eben-Shemuel[65] drucken es – in voneinander abweichender Weise – als „poetic oracle" (Scholem), geben aber kein Metrum an. Die Schwierigkeit ist, daß die metrische Einteilung und damit auch die der Stichen und die Abgrenzung des Parallelismus membrorum bei dieser Textüberlieferung, in der man nicht nur mit Korruptelen, sondern mit eingedrungenen „Glossen", die ein gelehrter Leser bzw. Schreiber eingefügt hat, rechnen muß, die geübte Kennerschaft in der Textkritik dieser späten Schriften und in der aramäischen Sprache verlangt. Ich berufe mich für diesen Vorschlag auf Prof. Rüger, dessen metrische Angaben ich o. im aramäischen Text beigefügt habe[66].

Der Text hat – deshalb ist die Rekonstruktion seiner ursprünglichen Form mit verhältnismäßig großer Sicherheit möglich – eine klare poetische und metrische Struktur:

Zeile 1 + 2 bilden den ersten Stichos, metrisch ein Doppeldreier. Wir haben durchgehend mit Langversen zu rechnen. Josephus nennt diese metrische Form „Hexameter"[67]. Der Stichos beschreibt den Untergang des Jerusalemer Heiligtums durch kriegerische Zerstörung in zwei sich parallel entsprechenden Gliedern, wobei das zweite durch konkretisierende Steigerung das erste ergänzt. Hekhal bedeutet das Tempelhaus, das innere Heiligtum, während Miqdash/maqdesha wohl den gesamten Tempelbezirk umfaßt.

Zeile 3 + 4 umfassen den zweiten Stichos – wieder ein Doppeldreier –, der die „Verheerung" des dem Tempel benachbarten Königspalastes und den „Raub" der Blüte seiner Bewohner schildert. Jungfrauen und Jünglinge waren eine geschätzte Kriegsbeute. Verhältnismäßig ehrenvoll und Anlaß für Geschichten mit „liebenswürdige(r) ... Ironie"[68] über die Macht des Königs war es, wenn sie dem Hofstaat des Eroberers als „Pagen" eingegliedert wurden (vgl. Dan 1; 3. Esra 4,2–11). Der grausamen Wirklichkeit nicht nur in römischer Zeit steht die Anekdote in bGit 57b näher, die den Suizid angesichts der Versklavung in Bordelle rechtfertigt: „Einst wurden 400 Knaben und Mädchen zur Schande gefangengenommen..."[69] Wieder schreitet das zweite Glied im Parallelismus membrorum über das erste hinaus, indem es vom „Äußeren" zum „Inneren" führt.

---

[64] G. SCHOLEM, op.cit. (Anm. 38) 78.
[65] J. EBEN-SHEMUEL, Midreshey Ge'ullah, 3. Aufl. 1968, 8.
[66] Die Stichen kann man jedoch auch anders zuordnen ohne Änderungen in der Textrekonstruktion und beim Metrum vornehmen zu müssen, dazu u. S. 345 ff.
[67] Ant 2,346 (das Moselied Ex 15) und 4,303 (das Moselied Dtn 32).
[68] K. W. MÜLLER, König und Vater, in diesem Band 39.
[69] Dazu M. HENGEL, Die Zeloten, op.cit. (Anm. 30) 270 f.

Zeile 5 + 6 sind der dritte Stichos. Hier haben wir einen Dreier und im zweiten Glied wahrscheinlich zur abschließenden Betonung einen Vierer, wobei aber auch ein Dreier ursprünglich sein könnte[70]. Der dritte Stichos präzisiert die Aussage des zweiten für die königliche Familie: Die Söhne des Königs, die Prinzen, werden hingerichtet, weil sie als potentielle Thronprätendenten im Unterschied zu den „Jungfrauen und Jünglingen" beseitigt werden müssen[71]. Dem König wird der Tod jedoch nur indirekt angekündigt durch die drohende Aussage über seine „Freude", die zur Witwenschaft bestimmt ist. Das ist eine poetische Figur, die – bei diesem Verständnis des Textes – sicher nicht als eine euphemistische Umschreibung gemeint ist, sondern ganz wie eine klassische Formel für das Schicksal der Frau, deren Mann im Kampf gefallen ist, klingt[72].

Zeile 7 + 8 bilden den vierten Stichos. Jetzt wechselt das Metrum deutlich vom Dreier im ersten Glied zum Vierer – bzw. weniger wahrscheinlich Fünfer – im zweiten. Der vierte Stichos nimmt das Thema des ersten inkludierend wieder auf und sagt, was im Bereich des Tempels geschieht: Zuerst wird der Altar genannt, der vor dem Hekhal steht, das zweite Glied geht in das Innere des Tempelhauses: Den bereiteten Tisch wird man als den kostbaren goldenen Schaubrottisch[73] zu verstehen haben, er steht pars pro toto für die heiligen Tempelgeräte. Zugleich wird mit Anspielung auf Ps 23,5a die Prophetie des alten David-Psalms umgekehrt.

Zeile 9 + 10 sind der fünfte und letzte Stichos, das Metrum geht wieder zum Doppeldreier zurück. Man kann jedoch den Vers auch als Fünfer[74] auffassen,

---

[70] Siehe o. Anm. 55.

[71] Vgl. dazu 2. Kö 25,7. „Zedekiah's life was spared, but he was blinded, and the last thing he saw was the execution of his sons", E. BICKERMAN, Nebukadnezzar and Jerusalem, PAAJR 48/9 (1979/80), zitiert nach dem Ndr. in: DERS., Studies in Jewish and Christian History III, Leiden 1986, 282–298 (294).

[72] Vgl. die Klage der Andromache in Ilias, 6,407ff. und 24,705ff.; dazu: D. LOHMANN, Die Andromache-Szenen der Ilias. Ansätze und Methoden der Homer-Interpretation, Spudasmata XLII, 1988. Trotz und gerade wegen aller Unterschiede ist die Andromache-Klage eine erhellende Parallele: Die Kunst der Darstellung Homers, der in der Gestalt der Andromache, das „Prinzip" des Friedens des Hauses verkörpert sein läßt, zeigt „die liebende Frau und Mutter ..., die in ihrem Kampf um die Rettung der Familie, diese heroischen Werte der Männerwelt" – die im Gegensatz zu ihr vor allem durch Hektor, aber auch durch Helena dargestellt werden – „konsequent und kompromißlos in Frage stellt" (LOHMANN, op.cit. 78). Eine solche ausgeführte Thematik liegt unserem Orakel fern, der archaische gesellschaftliche Hintergrund, von dem sich auch Homer kritisch absetzt, ist jedoch derselbe. Und der Satz von C. SEGAL über Andromache läßt sich auch für unser Orakel zitieren: „she is the bearer of the suffering of all the women in the war, and perhaps of all women in all wars" (CH. SEGAL, Andromache's Anagnorisis: Formulaic Artistry in Iliad 22.437–76, in: HSCP 1971, 55, zitiert nach LOHMANN).

[73] Siehe o. Anm. 57 zu seiner Abbildung auf dem Titusbogen.

[74] Siehe o. Anm. 58.

dann mündet das Orakel in den Rhythmus des Klagelieds[75]. Mit Anspielung auf das berühmte Wort Michas, des Moraschtiters[76]:

„Darum wird euretwegen
Zion zum offenen Feld umgepflügt,
Jerusalem wird zu Trümmerhaufen
und der Tempelberg dem Wild des Waldes
               übergeben werden."

wird das Schicksal Jerusalems geweissagt, und danach die Katastrophe in ihrer Auswirkung für das Land beschrieben. Damit wird ein gewichtiger Schlußpunkt als Zusammenfassung unter das Ganze gesetzt.

Die Sprache des Orakels hebt sich nicht nur durch die Verwendung des Aramäischen von seiner Umgebung in der David-Apokalypse ab. Die Rekonstruktion des wahrscheinlich ursprünglichen Wortlauts des Textes führt – wenn man es auf einen irdischen König bezieht – in die Bild-, Sprach- und Vorstellungswelt der spätalttestamentlichen Zeit vor der Zerstörung des 2. Tempels. Die konkreten Aussagen des Orakels über die Verhältnisse bei einer kriegerischen Zerstörung des Jerusalemer Heiligtums nehmen ihre Angaben aus der Zeit der Zerstörung des ersten Tempels. Man wäre nicht überrascht, wenn man dieses Orakel in 2. Chron 36 oder 3. Esra 1 lesen würde, aber man findet es dort nicht[77]. Texte, die nach der Zerstörung des zweiten Tempels entstanden sind, scheinen nicht am Schicksal eines irdischen Königs und seiner Familie interessiert[78]. Der Königspalast liegt dem Tempel bei *diesem* Verständnis des Orakels – begründet durch die Zuordnung der Stichen (dazu u. S. 345f.) – völlig „unproblematisch" benachbart und bildet mit ihm eine Einheit als Jerusalemer „Akropolis". Besonders rätselhaft scheint, daß die Assoziationen ganz selbstverständlich im Bereich der Literatur bleiben, die innerhalb der nachexilischen alttestamentlichen Zeit entstanden ist. Dazu kommt, daß sich beim Vergleich mit der Ilias bereits die entwickeltere Humanität des Dichters Homer aufdrängt. Hat der Verfasser der David-Apokalypse dieses Orakel selbst verfaßt, muß er ein ingeniöser Geist gewesen sein. Es klingt wie ein Zitat aus der Zeit Daniels[79], Esras und Nehemias, – es ist jedoch kein atl. Zitat. Vor hundert Jahren hätte man es vielleicht sogar für ein neuentdecktes Agraphon erklärt[80].

---

[75] Vgl. o. Anm. 13 den Ausspruch R. Yonatans aus Bet Guvrin, daß das Aramäische die schönste Sprache zum Klagen sei, yMeg 71b 63ff.

[76] Darauf, daß das Orakel Mi 3,12 zitiert und sich so auch die textkritischen Probleme am besten lösen lassen, hat mich Prof. RÜGER aufmerksam gemacht. Vgl. H. W. WOLFF, Dodekapropheton. Micha, BKAT XIV,12, 1980, 1.4f. zur Herkunft Michas aus Moreschet-Gat, bzw. Marescha.

[77] Vielleicht weiß man mehr, wenn alle Texte aus Qumran veröffentlicht sind.

[78] Siehe dazu unten S. 352 Anm. 122.

[79] Daniel ist nach seinem traditionellen Ansatz für den Vf. der David-Apokalypse ein Prophet der Exilszeit.

[80] Vgl. A. RESCH, Agrapha. Außerkanonische Schriftfragmente, 2. Aufl. 1906 (Ndr. 1974)

Alle anderen Teile der David-Apokalypse dagegen zeigen deutlich, daß diese entweder in der Frühzeit oder am Rande der Hekhalot-Literatur entstanden ist, aber sehr wohl in das „Milieu" der Jorede Merkabah gehört. Diese Diskrepanz wirft Fragen auf, denen ich im Folgenden nachgehen möchte.

2.1 Rabbi Yishmael und die „Stimme"

Gershom Scholem[81] hat vorgeschlagen, diese „Stimme" sei eine Prophezeiung, die aus dem Ausspruch von Samuel dem Kleinen über Yishmael herausgebildet sei. Er begründet das nicht weiter. Der Text lautet[82]:

3+2 (5)   שמעון וישמעאל לחרבה   וחברוהי לקטלא
3   ושאר עמא לביזה
3+2 (5)   ועקן רברבן יהויין   אחרי דנא

„Shimon und Yishmael zum Schwert
und ihre Gefährten zur Tötung.
Und der Rest des Volkes zur Beute.
Und große Bedrängnisse werden sein
nach diesem."

Die Anhaltspunkte für Scholems Lösung sind also:
1. Es gibt Wortgleichheit in drei Fällen (לביזה, לקטלא, לח[ו]רבה).
2. Auch dieser Spruch ist metrisch, wir haben zweimal die Qina und dazwischen einen Dreier.
3. Inhaltlich: Yishmael wird von Samuel ha-qatan der Tod vorausgesagt.

Für die Abfassung unserer David-Apokalypse wäre dann der alte Spruch über Yishmael und Shimon ins National-Davidische ausgeweitet worden. Der historische Yishmael war ein Kind, als der Tempel (70 n. Chr.) zerstört wurde. Er gehörte zur Generation von Jabne zwischen den beiden großen Aufständen und setzte seine nationalen Hoffnungen vielleicht noch auf Bar Kokhba[83]. Die

---

295–343. Durch die Qumranfunde ist unsere Kenntnis von der reichen Fülle deuterokanonischer Schriften aus der Spätzeit des zweiten Tempels bereichert worden, jedoch ist auch heute erst die Hälfte der gefundenen Handschriften veröffentlicht. Ein Orakel mit demselben Wortlaut wie das aus HR § 123 ist dort bisher noch nicht gefunden worden.

[81] Op.cit. (Anm. 38) S. 78.

[82] Die früheste Stelle ist tSota 13,4 (ed. Zuckermandel 319); par. ySota 24b 38f.; bSota 48b; bSan 11a. Der Text ist auch mit dt. Üs. abgedruckt bei K. BEYER, op.cit. (Anm. 52) 360. Vgl. zu tSota 13,3–6 jetzt ausführlich P. KUHN, Offenbarungsstimmen, op.cit. (Anm. 13), 303–329. Im Anschluß an die Prophetie Samuels des Kleinen geht Kuhn auch kurz auf unsere „Stimme" ein (321 ff.). Seine Übersetzung des Orakels lehnt sich an die von SCHÄFER mit kleinen Änderungen an, sie konnte mich jedoch nicht überzeugen. KUHN sieht jedoch richtig, daß die „Stimme" in HR § 123 älter sein muß als die Prophetie Samuels und in die Zeit vor der Tempelzerstörung zurückweist.

[83] Für ganz unwahrscheinlich hält das P. SCHÄFER, Der Bar Kokhba-Aufstand, TSAJ 1, 1981, 199.

Legende erzählt, daß er als Märtyrer am Anfang des Aufstandes unter Hadrian etwa um 132 n. Chr. starb, und darauf bezieht sich der Ausspruch Samuels des Kleinen († 115), der dieses Martyrium auf dem Totenbett vorausgesagt haben soll. Ganz ohne historische Anhaltspunkte – dazu kommt ihre breite und frühe (MekhY Nezikin 18, ed. Lauterbach III, 142) Bezeugung – ist die Legende wahrscheinlich nicht: Yishmael lebte im Süden Judäas in Kefar Asis. Auch dort war der Aufstand von den Römern erbarmungslos in einem Vernichtungskrieg niedergeschlagen worden[84].

Das Orakel würde dann souverän die Zeit zusammenfassen: Yishmaels Schicksal gibt Anlaß, weil es in einem aramäischen Spruch überliefert wurde, die Zerstörung des Tempels und den Untergang des Königshauses damit zu verbinden. Aber wie soll man diese Verbindung verstehen? Hatte doch das davidische Königshaus schon mit der Zerstörung des ersten Tempels und der babylonischen Gefangenschaft seine Herrschaft verloren. Auch das hasmonäische Königshaus war längst ausgelöscht, und das herodianische paßt ganz und gar nicht in die Situation unseres Orakels: Seine letzten Repräsentanten standen ja trotz ihrer demonstrativ vorgeführten Frömmigkeit[85] auf der Seite der Römer und waren nicht in den Untergang des zweiten Tempels verwickelt. Dem letzten Herodianer hätte man ganz andere Dinge nachsagen können (vgl. Juvenal, Sat 6,156–160). Agrippa II. hinterließ auch keine trauernde Witwe, er hatte keine Söhne, nach seinem Tod ca. 92 n. Chr. fiel seine Herrschaft sang- und klanglos an die Provinz Syrien[86].

Versteht man unser Orakel auf diese Weise, so müßte es ein „Idealbild" des Untergangs darstellen, in dem man vergeblich nach historischen Anhaltspunkten sucht. Man könnte höchstens vermuten, daß sich eine Erinnerung an die Verbindung Rabbi Yishmaels mit den nationalen Hoffnungen, die sich auf den „Messias" Bar Kokhba richteten, darin widerspiegelt, die wahrscheinlich doch einen historischen Kern hat. Damit hätten sich dann in typisch legendärer Mischung die Nachrichten, daß Yishmael als Kind die Tempelzerstörung erlebt hat, verbunden. Diese Deutung erscheint mir jedoch wenig wahrscheinlich.

---

[84] Dio Cassius 69,14,1. Euseb, h.e. 4,6,1–3. Zum Aufstandsgebiet siehe M. HENGEL, Rezension: MILDENBERG, The Coinage of the Bar Kokhba War, Gnomon 58 (1986) 471–483. DERS., Hadrians Politik gegenüber Juden und Christen, in: Ancient Studies in Memory of ELIAS BICKERMAN, JANES 16/17, 1987, 153–182 (175–178). Zu Kefar Asis siehe O. KEEL/M. KÜCHLER, Orte und Landschaften der Bibel..., Bd. 2: Der Süden, 1982, 757f.

[85] Zur εὐσέβεια als Ideal im Programm der hellenistischen Könige: F. W. WALBANK, Monarchies and Monarchic Ideas, CAH VII.1, 1984, 62–100; C. PRÉAUX, Le monde hellénistique, Paris 1978, 181–294; speziell bei Herodes I.: siehe D. M. JACOBSON, King Herod's ,Heroic' Public Image, RB 95 (1988) 386–403, 391ff. zum Beinamen εὐσεβής. Die „Frömmigkeit" gehörte bereits in den Tugendkatalog der Traktate Περὶ βασιλείας, siehe JACOBSON, op.cit., 388.

[86] Siehe dazu den Exkurs zu Agrippa II. in: SCHÜRER/VERMES/MILLAR, op.cit. (Anm. 5) 471–483.

2.2 Die hasmonäischen und herodianischen Könige

Eine weitere Möglichkeit, die Entstehung unserer „Stimme" zu erklären, besteht darin, zu überprüfen, ob es nicht doch eine historische Situation gab, in der das Orakel auf einen konkreten historischen König gemünzt war.

Josephus berichtet aus der späteren Zeit des 2. Tempels an mehreren Stellen von „Stimmen" und politischen Prophezeiungen. Die Stimme, die Johannes Hyrkan aus dem Allerheiligsten vernahm (ant 13,282), war so beeindruckend, daß nicht nur Josephus sie erwähnt, sie ist uns auch im aramäischen Wortlaut überliefert[87]:

2+2+2   נצחו טליא דאזלו לאגחא קרבא באנט[יוכוס

„Gesiegt haben die jungen Männer,
die ausgezogen sind,
um gegen Ant(iochos)[88]
Krieg zu führen."

Aber auch unser Orakel auf Hyrkan zu beziehen, fällt schwer. Er wird nicht nur bei Josephus, sondern auch als der „Hohepriester Jochanan" bei den Rabbinen gut beurteilt. Man könnte höchstens noch in den qumranischen Schriften auf die Suche gehen. Aber die dortige Opposition gegen die Hasmonäer hätte ihre Anklage doch wahrscheinlich deutlicher ausgedrückt. Zudem trug Hyrkan noch nicht den Königstitel.

Dagegen hat sein Sohn Aristobul (Josephus, ant 13,301) diese Neuerung eingeführt:

Τελευτήσαντος γὰρ αὐτοῖς τοῦ πατρὸς ὁ πρεσβύτατος Ἀριστόβουλος τὴν ἀρχὴν εἰς βασιλείαν μεταθεῖναι δόξας (ἔκρινε γὰρ οὕτω) διάδημα πρῶτος περιτίθεται μετὰ ... ἐτῶν ... ἀφ' οὗ τῆς ὑπὸ Βαβυλωνίοις δουλείας ...

Strabo 16,2,40 schreibt zwar erst seinem Bruder und Nachfolger Alexander Jannai die Annahme des Königstitels zu, aber Josephus stützt sich in diesem Punkt wahrscheinlich auf die zuverlässigere Angabe von Nikolaos von Damaskus[89] als Quelle. Während seiner kurzen Regierungszeit hat Aristobul, durch Hofintrigen veranlaßt, seinen Lieblingsbruder Antigonos umbringen lassen, was er bitter bereut haben soll. Dazu berichtet Josephus[90] eine eigenartige

---

[87] tSota 13,5 (ed. ZUCKERMANDEL 319); par: ySota 24b 28; bSota 33a; siehe dazu SCHÜRER/VERMES/MILLAR, op.cit. (Anm. 5) I, 210; Text auch bei K. BEYER, op.cit. (Anm. 52) 360. Vgl. dazu B. SCHALLER, Targum Jeruschalmi zu Deuteronomium 33,11, JSJ 3/4 (1972/3) 52–60: Hyrkan, der Hohepriester Jochanan, war in der rabbinischen Literatur keine „Feindgestalt" (55).

[88] Der überlieferte Text bietet „Antiochia", was in „Antiochus" zu verbessern ist, siehe auch K. BEYER, op.cit. (Anm. 52) 360; P. KUHN, Offenbarungsstimmen, op.cit. (Anm. 13) 305.323–329.

[89] Diesen Hinweis verdanke ich Herrn Prof. HENGEL.

[90] bell 1,78ff. vgl. ant 13,311ff.; dazu den Kommentar: Flavius Josephus. De bello Judaico.

Geschichte: Judas, der Essener, habe den Tod des Antigonos vorausgesagt, aber selbst an seiner Sehergabe gezweifelt, weil er ganz unerwartet den Antigonos in Jerusalem am Tempel vorbeikommen sah, wo er doch angekündigt hatte, daß Antigonos genau an diesem Tag in Stratons Turm getötet werden solle. Als er darüber noch jammerte, wurde gemeldet, Antigonos sei in einem Hypogeion, das auch Stratons Turm hieß, wie die Stadt am Meer, umgebracht worden. Dieser Essener Judas hatte nach dem Bericht des Josephus eine regelrechte Schule, in der er seine „Jünger" im Vorhersagen der Zukunft unterrichtete[91].

Für die lange Regierungszeit von Aristobuls Bruder Alexander Jannai haben wir bei Josephus eine ausführliche Darstellung über seine scharfen innenpolitischen Auseinandersetzungen und seine Eroberungspolitik, die durch die Funde aus Qumran und die rabbinischen Nachrichten gut ergänzt werden kann[92]. Trotz aller Kritik an diesem „König", an seiner Militärpolitik, seiner sprichwörtlichen Grausamkeit, an seiner Konkubinenwirtschaft wird er in den Quellen – soweit ich sehe – nicht mit der Zerstörung des Tempels in Verbindung gebracht. Zwar hat er das samaritanische Heiligtum auf dem Garizim zerstört, aber das konnte ihm eigentlich nur positiv angerechnet werden[93]. Das Volk revoltierte mehrere Male offen gegen ihn, bewarf ihn – den Hohenpriester (!) – beim Laubhüttenfest mit den Zitronen der Feststräuße, verlangte nichts sehnlicher als seinen Tod, aber den verband man nicht mit dem Brand des Tempels. Er ließ eine Witwe zurück, aber Alexandra herrschte – zwar nach dem Diktat der Pharisäer, was nach der pharisäerfeindlichen Quelle des Josephus, Nikolaos von Damaskus[94], ihr Hauptfehler war und die königliche Zen-

---

Der jüdische Krieg, hg. von O. MICHEL/O. BAUERNFEIND, I, 2. Aufl. 1962, 439 Anm. 83.

[91] Weitere Prophetien aus der essenischen „Schule": Der Essener Menachem kündigt die Herrschaft des Herodes an, ant 15,373 (siehe u. S. 342) und die Traumdeutung des Esseners Simon bell 2,112f. = ant 17,346. Vgl. M. HENGEL, Die Zeloten, op.cit. (Anm. 30) 235–51 (242ff.); DERS., Judentum und Hellenismus, 2. Aufl. 1969, 439.

[92] Josephus ant 13,320–406; bell 1,85–106; 4QpNah i 2.6–8. Reichlich Stellen- und Literaturangaben bei SCHÜRER/VERMES/MILLAR, op.cit. (Anm. 5) I, 219–228. 604 (Appendix IV zu den Münzlegenden). Vgl. auch M. HENGEL/J. H. CHARLESWORTH/D. MENDELS, The Polemical Character of ‚On Kingship' in the Temple Scroll: An Attempt at Dating 11Q Temple, JJS 37 (1986) 28–38; nach Josephus, bell 1,97f. (= ant 13,380ff. vgl. bell 1,113; ant 13,410f.) ließ Jannai 800 Vertreter der pharisäischen Opposition kreuzigen, dazu M. HENGEL, Rabbinische Legende und frühpharisäische Geschichte. Schimeon b. Schetach und die achtzig Hexen von Askalon, AHAW.PH, 2. Abh. 1984, 31.

[93] Eine samaritanische Herkunft des Orakels kommt nicht in Frage, es ist ganz aus „judäischer" Sicht gesprochen. Die Samaritaner hatten zudem zwar Hohepriester, aber keine Könige.

[94] In den pharisäerfeindlichen Abschnitten der Antiquitates stützt sich Josephus auf Nikolaos von Damaskus, siehe SCHÜRER/VERMES/MILLAR, op.cit. (Anm. 5) I, 28–32.49 (Anm. 13) 50ff., mit Lit. Weiter: M. HENGEL, Rabbinische Legende und frühpharisäische Geschichte. Schimeon b. Schetach und die achtzig Hexen von Askalon, AHAW.PH, 2. Abh. 1984, bes.

tralgewalt empfindlich schwächte; sie war aber keineswegs eine Frau, die ihr Leben in Trauer als Witwe verbrachte. Ihre und Alexander Jannais Söhne richteten die hasmonäische Herrschaft durch ihren Bruderkrieg zugrunde. Aber wenn unser Orakel aus der Schule Judas' des Esseners stammen sollte und sich auf Aristobul II. bezöge, so hätten die Schüler des Judas noch wesentlich mehr als er damals – als er meinte, seine Vorhersage über den Tod des Antigonus sei falsch gewesen – lamentieren müssen. So wenig trifft es die Situation bei der Eroberung Jerusalems durch Pompeius. In der Zeit um 63 v. Chr. scheint mir kein Platz für ein solches Orakel zu sein. Es fehlte der *eine* irdische König, der in Jerusalem nicht nur einen Palast, sondern eine intakte Familie und einen ungestörten Kult, einen reinen Altar hatte. Die Psalmen Salomos wird man hier nicht anführen können; sie weisen wohl in eine andere Richtung (dazu u. S. 349f.). In die Situation unter Herodes I. – und zwar auf ihn als König bezogen – will das Orakel erst recht nicht passen. Der Essener Menachem soll ihm, als er noch ein Schulkind war, die künftige Königsherrschaft vorhergesagt haben (Josephus, ant 15,373–379).

Am ehesten kommt in dieser Zeit die Eroberung Jerusalems durch Sosius und Herodes (37 v. Chr.) und die Niederlage und der Tod des Antigonos[95] in Frage: Nach ant 14,470 prahlten die Verteidiger der Stadt mit ihrer Tempelsecuritas; die Darstellung in bell 1,347 spricht ausdrücklich von Prophetien:

> „Die Menge der Juden in der Stadt geriet in eine Erregung, die sich auf mannigfache Weise äußerte. Die Schwächsten sammelten sich nämlich in den Vorhöfen des Tempels, verfielen einer Art von Besessenheit und brachten viele Gottessprüche zur Lage vor (καὶ γὰρ περὶ τὸν ναὸν ἀθροιζόμενον τὸ ἀσθενέστερον ἐδαιμόνια καὶ πολλὰ θειωδέστερον πρὸς τοὺς καιροὺς ἐλογοποίει); die Verwegensten unternahmen in einzelnen Rotten vielfältige Raubzüge..."

(Üs. nach Michel/Bauernfeind)

Dem ganzen Zusammenhang nach versteht Josephus unter diesen Orakeln günstige, die Verteidiger bestärkende „Gottessprüche", aber es könnte ja auch Gegenstimmen gegeben haben. Im Laufe der Eroberung war der Tempel selbst stark gefährdet. Einige Säulenhallen brannten ab (ant 14,476), und Herodes hielt nach dem großen Blutbad nur mit Mühe seine heidnischen Kampfgefährten (τῶν ἀλλοφύλων συμμάχων) vom Betreten des Tempels zurück (ant 14,482 ausführlicher bell 1,354ff.). Den letzten regierenden Hasmonäer, den *König* Antigonos, der sich selbst auslieferte und ergab, köpfte man auf Wunsch des Herodes und Befehl des Antonius in Antiochien (bell 1,357; ant 14,490; Dio Cassius 49,22), die Familie wurde ausgelöscht (ant 15,266) – jedenfalls in

---

52f. zum politischen Umschwung unter Alexandra, durch den die Pharisäer in den Besitz der Macht kamen.
[95] Bell 1,274–375; ant 14,370–491; SCHÜRER/VERMES/MILLAR, op.cit. (Anm. 5) I, 281–286.

der männlichen Linie, denn eine Tochter des Antigonos war mit dem Herodessohn Antipater III verheiratet (ant 17,92).

Das Schicksal des unglückseligen Antigonos stimmt wenig mit unserem Orakel überein, aber in der Aufregung, die in der Stadt während der Belagerung herrschte, wäre auch unsere „Stimme" denkbar. Aber hätte Josephus von einem Orakel, das im Zusammenhang mit dieser Situation vom Untergang des Tempels sprach, gewußt, hätte er das wohl nicht verschwiegen, denn es hätte sich ja sehr gut auf die endgültige Erfüllung im Jahre 70 n. Chr. beziehen lassen. Auch von den Herodessöhnen berichtet Josephus nichts dergleichen. Agrippa II. kommt wohl auch nicht in Frage (siehe o. S. 339). Allein für Antigonos könnten einige Indizien sprechen, aber ich sehe bisher keinen zwingenden Beleg dafür, daß man diese Lösung ernsthaft in Erwägung ziehen müßte. Auffälligerweise fehlt in unserem Orakel der Name des Königs. Die politischen Prophetensprüche und Orakel aus der hasmonäischen Zeit legten wohl nicht nur – wie der Vorfall bei Judas dem Essener besonders deutlich zeigt – Wert auf genaue Angaben, an denen sich dann erwies, ob die Weissagung echt oder unecht war, sondern auch auf Namen. Sicher, rechnet man mit einer durchgehenden Bearbeitung unserer „Stimme", könnte man versuchen, einen Namen für den König einzusetzen. Ich halte das für unnötige Spielerei. Es muß jedoch stutzig machen nach allem, was wir über die Könige in Jerusalem in diesen beiden Jahrhunderten erfahren können, daß ein direkter Angriff gegen den König fehlt. Das Orakel sagt, was mit seinem Eigentum und seiner Familie geschehen wird, aber ihm selbst wird nur indirekt „seine Freude zur (erwartet die) Witwenschaft" der Untergang verheißen.

Wenn sich das Orakel überhaupt auf einen irdischen König im Zusammenhang mit dem Untergang des Tempels bezieht, so wird man es am ehesten – was auch der Zusammenhang der David-Apokalypse nahelegt – als an *David* gerichtet verstehen müssen. Auch nach der Zerstörung des zweiten Tempels konnte man dann in einem großen Rückblick beide Zerstörungen des Tempels als ein Ganzes sehen und verbinden[96] und das Orakel schon an David gerichtet sein lassen.

---

[96] Wie die Datierung beider Zerstörungen auf den 9. Ab, den Unglückstag schlechthin, zeigt: siehe mTaan 4,6: „Am 9. Ab wurde gegen unsere Väter beschlossen, daß sie nicht in das Heilige Land einziehen sollten, und der Tempel zum ersten Mal zerstört, und zum zweiten Mal, und Bethar wurde erobert, und Jerusalem wurde umgepflügt" (vgl. Mi 3,12). Bereits 4QFlorilegium i 1ff. versteht wahrscheinlich unter dem „wegen ihrer Sünden" zerstörten Tempel den 1. Tempel und den noch existierenden 2. Jerusalemer Tempel als den *einen* abgetanen, vergangenen Tempel, dazu D. DIMANT, op.cit. u. Anm. 133. Eine besondere Ausprägung findet das Ineinssehen der beiden Zerstörungen des Jerusalemer Heiligtums in den Paralipomena Jeremiou, wo der Vf. die Katastrophe von 70 n. Chr. mit dem historischen Kolorit von 587 v. Chr. beschreibt, und in syrBar siehe dazu J. RIAUD, Paralipomena Jeremiou, in: Outside the Old Testament (Cambridge Commentaries on Writings of the Jewish and Christian World, 200 BC to AD 200; Vol. 4), ed. M. DE JONGE, 1985, 213–230 (215).

2.3 Gott als „König"

Seit der hellenistischen Zeit wird „König", vor allem in Gebeten, immer häufiger als Gottesprädikation verwendet (vgl. Ps 145,1; Tob 13,16; Judit 9,12; Est 4,17ª,17ᶠ,17ˡ,17ʳ; Sir 51,1 oder z. B. das Gebet des Onias: Josephus, ant 14,24 u. ö.)[97]. In den Sabbatliedern aus Qumran, die spätestens um 75 v. Chr. entstanden sind[98], haben wir ein Beispiel dafür, daß „König" als die häufigste Gottesbezeichnung gebraucht wird; Elohim tritt dagegen in der Häufigkeit zurück und dient vor allem als Titel der Engel. Das Tetragramm erscheint gar nicht[99].

Auch die Psalmen Salomos aus frühherodianischer Zeit verwenden die Gebetsanrede „König" (2,29.32; 5,19). PsSal 17 legt in überlegter, bis in die Komposition deutlich werdender Weise betont und klar fest, daß in Gottes Königsein das des Messias begründet ist. Jerusalem heißt sogar in der Bergpredigt einmal „die Stadt des großen Königs", und Matthäus versteht darunter gewiß: die Gottesstadt.

Daß die Opposition gegen die Hasmonäer ihre Ablehnung des Königtums schon religiös begründet hat, kann man vermuten (vgl. Josephus, ant 14,41). Sicher haben jedoch die Zeloten keinen anderen als allein Gott „König" nennen wollen, sondern starben lieber (Josephus, bell 7,410)[100].

Wir haben hier eine ganz breite, auch politisch bedeutsame Überlieferung, daß Gott „der König", ja der „einzige König"[101] ist, und niemand sonst diesen

---

[97] Siehe die Stellensammlung von O. CAMPONOVO, Königtum, Königsherrschaft und Reich Gottes in den frühjüdischen Schriften, OBO 58, 1984, 451 ff.: Tabelle II. Diese Sammlung enthält nicht die Belege bei Josephus, Philo (siehe dazu N. UMEMOTO, in diesem Band 207–256) und in den frühen jüdischen Gebeten, aber vor allem noch nicht die Sabbatlieder aus Qumran in ihrer vollständigen Rekonstruktion; siehe „Gott als König", in diesem Band, 46.

[98] Die älteste Handschrift 4Q400 wird in die Zeit 75–50 v. Chr. datiert, siehe C. NEWSOM, op.cit. (Anm. 20) 1.

[99] Siehe C. NEWSOM, op.cit. (Anm. 20) 390–461 hat ihrer Textausgabe eine ausführliche Konkordanz beigefügt. Weiteres in: „Gott als König", in diesem Band, 45–118.

[100] Josephus berichtet ant 14,41 von der Forderung einer jüdischen Gesandtschaft an Pompeius, das Volk wolle zur alten theokratischen Verfassung mit einem Hohenpriester an der Spitze zurückkehren und nichts mehr mit den Hasmonäern zu tun haben. JOACHIM JEREMIAS, Jerusalem zur Zeit Jesu, 3. Aufl. 1962, 213 f. erörtert diese Stelle leider nicht und meint: „ihre Opposition galt ... vor allem den Abkömmlingen eines einfachen Priestergeschlechts, das sich eine Würde angemaßt hatte, die ihm nicht zukam" (214). M. HENGEL, Die Zeloten, op.cit. (Anm. 30) 97 Anm. 3; 323 Anm. 6 hat wahrscheinlich recht, wenn er sagt, man habe in dieser Zeit die Königswürde auf das Haus David beschränken wollen, dafür spricht u. a. PsSal 17. Diese Haltung wurde rigoros verschärft bei den Zeloten. Josephus nennt als Charakteristika der von Judas Galiläus 6 n. Chr. begründeten „vierten Philosophenschule" ihre Freiheitsliebe und, daß sie „als Herrscher und Herrn allein Gott anerkennt" (ant 18,23 ff.); siehe dazu die ausführliche Darstellung bei M. HENGEL, Die Zeloten, op.cit. (Anm. 30) 79–114; 312 ff. und Index 482: „Zeloten/Alleinherrschaft Gottes".

[101] Siehe die Belege bei M. HENGEL, Die Zeloten, op.cit. (Anm. 30) 95–114; 102 f.113 zu Sach 14,9, dem Schlußsatz der David-Apokalypse; B. EGO, Gottes Weltherrschaft, in diesem Band, 272 ff.

Titel wirklich verdient. Auch der Messias hat sein Königtum nur als Stellvertreter Gottes auf Erden. Diese Tradition ist auch später nicht ausgestorben, sie lebt in den Gebeten der Synagoge bis heute fort, in denen „mäläk haʿolam" neben „ribbon(no) ha (shäl) ʿolam", „Herr der Welt", mit die häufigste Gottesbezeichnung ist. Eine besonders starke Ausformung erhält die Gottesprädikation „König" in den Königslitaneien von Hekhalot Rabbati und in den poetischen Liedern, „die alle das Königtum Gottes zum Thema haben"[102]. Auch der himmlische Gottesdienst in der David-Apokalypse steht unter dieser Thematik und verwendet den wichtigsten Text zum Königtum Gottes, das Zitat aus dem Schilfmeerlied Ex 15,18, als Leitmotiv. Obwohl die poetische Struktur durch die Einteilung der Stichen ein ganz klares Bild gab für den ersten Interpretationsversuch, das deutlich für das Verständnis sprach, daß ein irdischer König – und im Kontext der David-Apokalypse damit doch wohl „David" als der Ahnherr aller irdischen Könige Israels – angesprochen wird, bietet sich noch eine zweite Möglichkeit an, das Orakel zu gliedern, wenn man mit zwei Trikola am Anfang rechnet. Die Einteilung sieht dann so aus:

Der heilige Tempel (ist) zur Verwüstung (bestimmt)
   und das Tempelhaus für brennendes Feuer
   und die Wohnung des *Königs* (erwartet) zur (die) Verödung   3+3+3 (4)
Und Jungfrauen und Jünglinge zur Beute
   und die Söhne des *Königs* zur Tötung
   und die Freude des *Königs* (erwartet) zur (die) Witwenschaft   3+3+3 (4)
Und der reine Altar zur Verunreinigung
   und der Tisch, der bereitet ist, ihn erbeuten die Feinde   3+4 (5)
Und Jerusalem zu Trümmerhaufen,
   und das Land Israel zum Zittern   3+3

Diese Einteilung der Stichen ändert auch die Interpretation des Orakels:
Das erste Trikolon handelt vom Geschick des Tempels. Nun bezieht sich מלכא nicht mehr auf einen irdischen König, sondern bezeichnet in einer letzten, höchsten Steigerung des Verderbens Gott selbst. Daß der Tempel „Wohnung" Gottes genannt wird, bereitet keine Schwierigkeiten. Bezeichnend ist, daß 2. Chron 36,15 ausdrücklich von der „Wohnung" Gottes spricht: Gott sandte Propheten vor der Tempelzerstörung, „denn er hatte Mitleid mit seinem Volk und seiner Wohnung"[103]. Der erste Vers schreitet dann in drei parallelen, synonymen Gliedern steigernd von der allgemeinen Bezeichnung für das Tem-

---

[102] P. SCHÄFER, Übersetzung S. XXX zu §§ 252ff.; das gilt aber auch für §§ 153.165 u.ö. Eine neuere gründliche Untersuchung über diese hochpoetischen Hymnen, ihre Sprache und Funktion gibt es – soweit ich sehe – noch nicht. Sie müßte vor allem die jetzt zugänglichen Sabbatlieder aus Qumran mitberücksichtigen. Das gilt insbesondere für die formelhafte Sprache der Königslitaneien. Vgl. dazu G. SCHOLEM, op.cit. (Anm. 38) 20–30; J. M. BAUMGARTEN, ShirShabb and Merkabah Traditions, RdQ 13 (1988) 199–213.
[103] Vgl. 3. Esra 1,48.

pelheiligtum über das eigentliche Tempelhaus zur schärfsten Aussage, daß Gott seine irdische Wohnstatt verläßt und der Verödung preisgibt (vgl. Ez 8–11)[104].

Das zweite Trikolon beschreibt das Schicksal des Volkes: Es enthält die Steigerung von der „Jugendblüte des Volkes" (vgl. Thr 1,18; 2,21 PsSal 2,6.13; 8,21 u. ö.; vgl. bGit 57b o. S. 335), die in die Sklaverei muß, zu den „Söhnen des Königs" – ganz Israel –, die hingerichtet werden. Damit wird die heilsgeschichtliche Gewißheit, daß Israel Gottes Sohn ist (Dtn 14,1 u. ö.)[105], umgekehrt. Das

---

[104] In diesem Fall ist die Übersetzung „Verödung" vorzuziehen gegen „Verheerung", siehe K. BEYER, op.cit. (Anm. 52) s.v.; vgl. o. Anm. 52. Die Handschrift, die WERTHEIMER seiner Ausgabe zugrunde legt, hat das erste Trikolon zusammengefaßt und gekürzt und bringt nur Anfang und Ende, vgl. o. Anm. 52 und 55 zu „tntr".

[105] Daß Israel Gottes Sohn, bzw. „Gottes Söhne", ist, war auch dem späteren Judentum eine selbstverständliche, durch die Schrift begründete Heilsaussage, nur ob auf sie eine selbstverständliche Heilsgewißheit begründet werden kann, wird diskutiert. Belege bei BILLERBECK I, 219f.; III, 15–19. Söhne des „Königs" sind die Israeliten vor allem in der metaphorischen Sprache der Gleichnisse. Man wußte sehr wohl zu unterscheiden zwischen dem Gottesprädikat „König" und dem Gottesprädikat „Vater". Sie entsprechen Gottes „Gerechtigkeit" und Gottes „Erbarmen", bzw. wie es bHag 14a heißt: ldyn und lṣdqh, vgl. o. S. 322. Dazu ein Beispiel: In bBer 3a erzählt R. Jose b. Halafta, ein Tanna der 3. Generation, daß er in einer Ruine in Jerusalem (der Tempelruine) betete. Die Legende weist auf die Zeit vor 132–135 zurück. Später war ein Gebet in den Tempelruinen nicht mehr möglich, nach dem Bar Kokhba-Aufstand war den Juden bei Todesstrafe das Betreten Jerusalems verboten. Nach diesem Gebet sei ihm Elia begegnet und habe ihn nach dem Wortlaut der „Stimme" gefragt, die er gehört habe. Jose erwidert, er habe eine bat qol gehört, „die wie eine Taube girrte":

ושרפתי את היכלי	אוי שהחרבתי את ביתי	3+2
לבין האומות	והגליתי את בני	2+2

„Wehe, zerstört habe ich mein Haus
und verbrannt meinen Palast,
und in die Verbannung geschickt meine Söhne,
(um sie zu zerstreuen) zwischen die Völker."

Elia antwortet darauf: „dreimal an jedem Tag … und auch zu der Stunde, da die Israeliten in die Bet- und Lehrhäuser eintreten und rufen ‚Gepriesen sei sein großer Name'" (vgl. David-Apokalypse § 122), schüttelt der Heilige, gepriesen sei er, sein Haupt und sagt:

אתו בביתו	אשרי המלך שקלסין	3+2
שהגלה את בניו	כך אוי לו לאב	3+2
מעל שלחן אביהם	ואוי להם לבנים שגלו	4+2

‚Heil dem König, den sie preisen in seinem Haus,
doch wehe dem Vater, der verbannt hat seine Söhne
Und wehe den Söhnen, die verbannt sind vom Tisch ihres Vaters'."

Aus der Tempelruine klagt die Gottesstimme wie eine Taube (vgl. Jes 38,14; 58,11; Nah 2,8) ihr ganz persönliches Leid um den Tempel und Israel. Elia ergänzt und präzisiert die Klage durch den objektiven Wortlaut, in dem sie im Himmel erschallt. Als König preist sich Gott selbst selig wegen des Lobpreises im Himmel und auf Erden. Doch als Vater sagt er „Wehe" über sich und seine Söhne. Den Weheworten ist der Makarismus vorangestellt, der universale Lobpreis gilt Gott als König. Aber die Weheworte beklagen Gottes und Israels „familiäres" Leid: Hier ist Gott der Vater und Israel seine Söhne.

dritte Glied beschreibt in poetischer Prägnanz das Schicksal Jerusalems: *hdwh* ist die Festesfreude beim Tempelgottesdienst (Esra 6,16) und bei der Hochzeit (Jastrow, 425f.); „umgekehrt" werden die Verheißungen von Jes 60 und 62, das Bild von der Braut und der Witwe für die Stadt aber beibehalten[106]. In der jüdischen Deutung des Hohenlieds seit 4. Esra und Aqiba wird Israel zur Braut Gottes; die Steigerung in den Bezeichnungen für das Volk wird so deutlich erkennbar. Die „Freude des Königs" kann man so ohne Schwierigkeiten auf Jerusalem, die „Tochter Zion" beziehen[107]. Wieder enthält das dritte Glied des Trikolons mit Achtergewicht die höchste Steigerung. Die beiden abschließenden Verse – mit jeweils zwei parallelen Stichen – beziehen sich nun mit ihrer Aussage über den Tempel wieder auf den Anfang, das erste Trikolon, zurück, und der Schlußvers mit Anspielung auf Mi 3,12 nimmt das zweite Trikolon wieder auf, das ja in einer Aussage über Jerusalem gipfelte. Das Orakel erscheint nun in sich geschlossener und klarer.

Liest man unser Orakel auf diese Weise[108], so kann kein Zweifel mehr bestehen, worauf es sich bezieht: Es kündigt die Zerstörung des Jerusalemer Heiligtums im Jahre 70 n. Chr. an. Es liegt nahe, zum Vergleich ein Beispiel aus den Königsgleichnissen[109] der Midraschim heranzuziehen:

---

[106] Vgl. vor allem die frühen Belege: Threni 1; 4Q179 (ed. J. M. ALLEGRO, Qumran Cave 4, DJDJ V, 1968, 75f.), dazu M. P. HORGAN, A Lament over Jerusalem (,4Q179'), JSS 18 (1973) 222–234; 4. Esra 9,38ff.; 10,7–23.

[107] Die allegorische Auslegung des Hohenlieds ist wahrscheinlich bereits für Qumran vorauszusetzen; das würde erklären, warum wir dort so viele Hohelied-Handschriften finden. Jedenfalls legen schon 4. Esra 5,24ff. und Aqiba (MekhY Shir 3 zu Ex 15,2, ed. J. Z. LAUTERBACH II,26; par Sifre Dtn § 343) das Hohelied allegorisch aus, vgl. H. P. RÜGER, Das Werden des christlichen Alten Testaments, JBTh 3 (1988) 175–189 (180). Nicht zu unterschätzen ist die Breitenwirkung der symbolischen Darstellung der trauernden „Judäa" auf den Iudaea capta-Münzen, die auch unter Juden gebräuchlich waren; siehe dazu die Auflistung bei H. SCHWIER, Tempel und Tempelzerstörung, NTOA 11, 1989, 287ff. (Anm. 25).

[108] Die Abweichungen in den Handschriften erscheinen nun auch nicht mehr als reine Korruptelen: wenn N kelim einfügt, so weist das auf die auch noch der späteren Tradition wichtigen Gedanken, die darum kreisen, wo die Tempelgeräte verblieben waren; die Auslassung der konkreten Angaben über „Jungfrauen und Jünglinge" etc. (Schäfer B und L vgl. o. Anm. 52–55) war um so leichter möglich, wenn man den Text mit dem Vorverständnis, daß Gott der „König" sei, abschrieb, wobei es wieder aufschlußreich ist, daß jeweils auf verschiedene Weise das ganze 2. Trikolon gekürzt wird. Wahrscheinlich sind hier in der Textüberlieferung nicht nur schlichte Versehen, sondern Redaktion und Interpretation eingeflossen, die das Verständnis, daß Gott auch der „König" des Orakels ist, aus seiner Zweideutigkeit befreien wollten.

[109] Vgl. I. ZIEGLER, Die Königsgleichnisse des Midrasch beleuchtet durch die römische Kaiserzeit, 1903; die großangelegte Materialsammlung von Ziegler hat das Ziel, „an der Hand der Haggada die inneren Zustände dieses gewaltigen Reiches, dessen Mittelpunkt der Augustus war, darzustellen". Bei dieser Zielsetzung hat er keinen Blick für die Metaphorik „Gott/König". Das Interessanteste ist für uns dabei, daß er unser Gleichnis nicht nennt, es bietet wohl für ihn zu wenig Anschauungsmaterial über den römischen Kaiserhof. Davon abgesehen ist seine Materialsammlung immer noch brauchbar und illustrativ: Texte zum Verhältnis Gott/Israel CXXII–CXLIV; CXLV–CLXXIII. P. FIEBIG, Altjüdische Gleichnisse und die

Die Mekhilta de Rabbi Yishmael – einer der frühesten Midraschim aus der Schule eben unseres R. Yishmael – erzählt zur Interpretation von Ex 15,17b.18, genau der Schriftstelle, die für die Beschreibung des eschatologischen himmlischen Gottesdienstes in der David-Apokalypse so wichtig ist, ein Königsgleichnis[110]:

משל למה הדבר דומה ללסטים שנכנסו לפלטין של מלך בזזו נכסיו
והרגו פמליא של מלך והחריבו פלטרין של מלך
לאחר זמן ישב עליהן המלך בדין תפש מהם הרג מהם צלב מהם
וישב בפלטין שלו ואחר כך נתודעה מלכותו בעולם
לכך נאמר מקדש יי כוננו ידיך יי ימלוך לעולם ועד

> Ein Gleichnis: Wem gleicht die Sache? Räubern, die in den Palast eines Königs eindrangen, seine Habe zur Beute nahmen, die Familie des Königs töteten und den Palast des Königs zerstörten. Nach einiger Zeit jedoch saß der König über ihnen zu Gericht: Einige von ihnen kerkerte er ein, einige von ihnen tötete er, einige von ihnen kreuzigte er. Und er wohnte wieder in seinem Palast. Und danach wurde seine Königsherrschaft anerkannt in der Welt. Deshalb heißt es: ‚Das Heiligtum, o Herr, das deine Hände gegründet haben' (Ex 15,17b) und ‚Der Herr ist König auf immer und ewig' (Ex 15,18)."

Dieses Gleichnis bildet den Abschluß der Auslegung von Ex 15,17f. Gottes Königsein und seine Königsherrschaft werden in einer untrennbaren Verbindung mit dem Jerusalemer Heiligtum gesehen. Der Schriftbeleg dafür ist, und das ist an dieser Stelle besonders deutlich zu erkennen, die direkte Aufeinanderfolge von „dein Heiligtum, Herr, das deine Hände gegründet haben" und „der Herr wird herrschen immer und ewig". MekhY hält an der Hoffnung, daß der Jerusalemer Tempel wieder errichtet wird, fest. Wir haben Belege aus

---

Gleichnisse Jesu, 1904, untersucht zu seinem Thema die Gleichnisse aus der Mekhilta de Rabbi Yishmael und stellt dabei fest: „Es fällt ... im Unterschied zu den synoptischen Gleichnissen auf, dass die jüdischen Gleichnisse so oft von einem Könige handeln" (83). Er erklärt auch die Metaphorik: „Solche geläufigen Metaphern wird z. B. die Bezeichnung Gottes als ‚König', der Israeliten als ‚Söhne' ..." (99). „Für den ‚Tempel Gottes' liegt als Bild ‚der Palast des Königs' nahe" (100). „Der Exegese des Alten Testaments wollen die Gleichnisse dienen" (104). Das klingt zwar heute nach der formgeschichtlichen Forschungsperiode fast banal, ist aber gegenüber ZIEGLERS Betrachtungsweise schon eher revolutionär. Unser Gleichnis sieht er richtig als Verbindung der beiden Schriftverse „das Heiligtum, das deine Hände gegründet haben" und „Jahwe wird herrschen in Ewigkeit" (97). Neuere Literatur: D. M. STERN, Interpreting in Parables: The Mashal in Midrash. With Special Reference to Lamentations Rabba, masch. Diss., Harvard University, Cambridge (Mass.), 1980, 46–54, allgemein zur Bedeutung der Königsgleichnisse; A. GOLDBERG, Das schriftauslegende Gleichnis im Midrasch, FBJ 9 (1981) 1–90 (behandelt aber unser Gleichnis nicht). Zur Datierung von MekhY: M. D. HERR, Art. Mekhilta of R. Ishmael, EJ (1971), XI Sp. 1269: Ende des 4. Jh.s n. Chr., aber einzelne Traditionen sehr viel älter. Ins 3. Jh. n. Chr. datiert dagegen G. STEMBERGER, Zur Datierung der Mekhilta, Kairos 21 (1979) 81–118. Zu den Königsgleichnissen in der Mekhilta ausführlicher: B. EGO, Gottes Weltherrschaft, in diesem Band, 267–272. 277–281.

[110] MekhY Shir 10, zitiert nach ed. LAUTERBACH II, 79f.

Qumran (11QTempel xxix 9f.; 4QFlorilegium) und im Tempelwort Jesu (dazu u. S. 356), daß schon vor 70 n. Chr. Ex 15,17f. als Verheißung für den eschatologischen Tempel, den Gott auf dem Zion errichten wird, verstanden wurde. Die David-Apokalypse hält bei ihrer Beschreibung des himmlischen, eschatologischen Gottesdienstes – auch wenn es auf den ersten Blick nicht so scheinen mag – an der Erwartung der irdischen Verwirklichung des eschatologischen Tempels fest, indem sie an das Ende das Zitat aus Sach 14 stellt. Die Bildsprache des Gleichnisses enthält alle Elemente unseres Orakels, zwei Handschriften sprechen sogar von den בני פלטין המלך[111]. Darüber hinaus setzt es jedoch einen ganz anderen Akzent als unsere „Stimme". „Räuber" sind die Akteure der Zerstörung, sie erfahren die verdiente Bestrafung. Das Orakel dagegen ist ein unabhänderlicher Gottesspruch, der in sich das Gericht über Israel ohne jede Begründung enthält und keine Hoffnung auf eine irdische Restitution des Tempels zuläßt. Erst der Kontext der David-Apokalypse hebt diesen Gottesspruch wieder auf.

Das Gleichnis gehört in die tannaitische Zeit, und die auffällige Verwandtschaft mit unserem Orakel könnte dazu verleiten, zu vergessen, daß es schon vor 70 n. Chr. ähnliche „Stimmen" gab, die von einer künftigen Zerstörung des Jerusalemer Tempels sprachen[112]. PsSal 8,1–5 ist ein beredtes Zeugnis für die frühherodianische Zeit. Die Entweihung des Tempels durch Pompeius 63 v. Chr. sensibilisierte pharisäische Kreise für die Verletzlichkeit des Heiligtums:

Θλῖψιν καὶ φωνὴν ἤκουσεν τὸ οὖς μου,
φωνὴν σάλπιγγος ἠχούσης σφαγὴν καὶ ὄλεθρον·
φωνὴ λαοῦ πολλοῦ ὡς ἀνέμου πολλοῦ σφόδρα,
ὡς καταιγὶς πυρὸς πολλοῦ φερομένου δι' ἐρήμου.
καὶ εἶπα τῇ καρδίᾳ μου·
ποῦ ἄρα κρινεῖ αὐτὸν ὁ θεός;
Φωνὴν ἤκουσα εἰς Ιερουσαλημ πόλιν ἁγιάσματος.

---

[111] Siehe Mekhilta d' Rabbi Ismael, ed. H. S. HOROVITZ/I. A. RABIN, Jerusalem 1970, 150: Hs München Cod.hebr. 117; Casanata Ms.H. 2736; der Erstdruck des Yalqut Shimoni (Saloniki 1526/27; Venedig 1566) verkürzt dann zu בני המלך. Hinweis von T. LEHNARDT.

[112] Die neue Darstellung von H. SCHWIER, Tempel und Tempelzerstörung, op.cit. (Anm. 107) beschreibt die politische Geschichte und die römischen Orakel breit, verzichtet jedoch in dem Kapitel „Negative Befürchtung: Entweihung des Tempels" (90–99) auf die wichtigen Belege für eben diese „Befürchtung" und beschränkt sich auf einen historischen Abriß der tatsächlichen Gefährdungen des Tempels durch römische und parthische Übergriffe zwischen den Eckdaten 63 v. Chr. und 70 n. Chr. So kommt er zu einer zu schlichten Darstellung, vor allem in seiner Beurteilung von Mk 13, dazu u. S. 355 Anm. 126. Die Argumente von M. HENGEL für eine Datierung von Mk 13 vor die Zerstörung im Jahr 70 n. Chr. hat er zu wenig berücksichtigt, siehe M. HENGEL, Entstehungszeit und Situation des Markusevangeliums, in: Markus-Philologie. Historische, literargeschichtliche und stilistische Untersuchungen zum zweiten Evangelium, hg. von H. CANCIK, WUNT 33, 1984, 1–45 (21–43) = DERS., Studies in the Gospel of Mark, London 1985, 1–58 (14–28).

„Drangsal und Stimme hörte mein Ohr,
Stimme der Trompete, die Mord und Verderben verkündigte,
die Stimme eines zahlreichen Volkes wie eines sehr starken Windes,
wie der Sturm eines mächtigen Feuers, das durch die Wüste fegt.
Und ich sagte in meinem Herzen:
Wo nun richtet ‚uns' Gott?
Eine Stimme hörte ich gegen Jerusalem, die Stadt des Heiligtums."[113]

Der Psalmdichter fährt fort mit der Beschreibung seiner Erschütterung, in die ihn diese Audition versetzte. Er hörte eine „Stimme" gegen bzw. über Jerusalem, die Stadt des Heiligtums. Er zählt die Vergehen der hasmonäischen Herrscher vor allem bei der Eroberung durch Pompeius auf, um dann im zweiten Teil des Psalms zum Lob Gottes und zur Bitte überzugehen[114].

Auch die Hochschätzung des Danielbuches zeigt, wie die Erinnerung an die Schändung des Heiligtums durch Antiochus IV. wachblieb nach dem großen Schock von 167 v. Chr. Zwar nahm man die fiktive Datierung des Danielbuches in die Exilszeit ernst und bezog es auf die babylonische Zerstörung des Heiligtums. Die Prophetie Daniels war jedoch auf die Zukunft hin offen, das Eintreffen dessen, was er in seinen Visionen geschaut hatte, stand noch aus (vgl. Mk 13). Gerade die gespannte Erwartung der Endzeit, wie sie uns auch an einem so abgelegenen Ort wie den Vitae Prophetarum begegnet, schloß das Ende des Jerusalemer Tempels ein[115].

Von R. Joḥanan b. Zakkai, der aus dem belagerten Jerusalem entfloh und wohl zu den vielen Überläufern gehörte, von denen auch Josephus (bell 5,420–423) berichtet, erzählen beide Talmudim (yJoma 6,3 43c; bJoma 39b):

40 Jahre vor der Zerstörung des Tempels – also eine ganze Generation zuvor – haben sich die Tempeltore von selbst geöffnet und erst auf die Beschwörung R. Joḥanans b. Zakkai hin wieder geschlossen. Joḥanan soll gesagt haben:

---

[113] Zur Üs. vgl. S. HOLM-NIELSEN, Die Psalmen Salomos, JSHRZ IV,2, 1977, 78. Er meint jedoch, εἰς mit Akk. würde ἐν mit Dativ entsprechen, und übersetzt „ich hörte eine Stimme *in* Jerusalem, der Stadt der *Heiligkeit*"; ἁγίασμα ist jedoch nicht nur in der LXX überwiegend die Übersetzung für „Heiligtum/Wohnung", sondern in diesem Fall vom gesamten Psalm her gesehen sinnvoller; αὐτόν wird wahrscheinlich von einer Verschreibung bzw. einer Verwechslung des Suffix der 1.pers.pl. mit dem der 3.pers.sg.m. herrühren.

[114] PsSal 7,1ff. zeigt ebenso mit seiner Bitte, daß Gott, d.h. seine Schekhina (μὴ ἀποσκηνώσῃς), den Tempel nicht verlassen möge, wie nah dem Psalmdichter, die Befürchtung einer kommenden Zerstörung des Tempels ging – und war.

[115] Siehe das „Zeichen des Jona" in: Vita Jona (Prophetarum vitae fabulosae, ed. T. SCHERMANN, Teubner 1907, 84); dazu G. SCHMITT, Das Zeichen des Jona, ZNW 69 (1978) 123–129, der eine Entstehung des Jona-Wortes der Vitae Prophetarum lange vor dem Aufstand nicht ausschließen will (127), aber es doch eher in die Zeit des Aufstandes selbst datieren und für eine zelotische Prophetie halten möchte. M.E. hat SCHMITT richtig betont, daß das Jona-Wort sich ursprünglich nicht auf die drei Tage im Fischleib (wie Mt 12,40) bezieht, sondern auf die in der Jona-Vita erhaltene Prophetie über die Zerstörung des Tempels; für „zelotisch" halte ich die Jona-Prophetie jedoch nicht.

היכל למה אתה מבהלינו
יודעין אנו שסופך ליחרב
שנאמר
פתח ליבנון דלתיך תאכל אש בארזיך

„Tempel, warum erschreckst du uns?
Wir wissen, daß du schließlich zerstört wirst.
Denn es ist gesagt:
‚Öffne, Libanon, deine Tore, und Feuer fresse deine Zedern.'"
(Sach 11,1)

Dieses Diktum mag selbst ein so kritischer Forscher wie Peter Schäfer dem historischen R. Joḥanan nicht ganz absprechen[116].
Schon 1QpHab xii 3–5 zu Hab 2,17 setzt die Metonymie Libanon = Tempel voraus und überträgt sie auf die qumranische Gemeinde[117]:

„Der Libanon, das ist der Rat der Gemeinschaft,
und das Vieh sind die Einfältigen Judas,
die Täter des Gesetzes." *(Üs. Lohse)*

Daß die Tempeltore sich von selbst öffneten[118], zählt Josephus auf unter den schlimmen Omina, die sich direkt vor der Tempelzerstörung ereigneten. Joḥanan b. Zakkai bringt er jedoch nicht damit in Verbindung. In einer sorgfältig stilisierten Passage führt Josephus sieben „unmißverständliche" Vorzeichen zur Zerstörung des Tempels auf (bell 6,288–309; vgl. Tacitus, hist 5,13,1f.), die Öffnung der Tempeltore steht an der vierten Stelle. Das Gewicht legt Josephus auf das Ende seiner Reihe; die Vorzeichen werden überboten durch „Stimmen". So nennt er als sechstes Zeichen eine φωνή, die die Priester im

---

[116] P. SCHÄFER, Johanan b. Zakkai und Jabne, ANRW II, 19,2, 32–101 (87f.): „ein selbständiges und möglicherweise tatsächlich auf Johanan b. Zakkai zurückgehendes Dictum". SCHÄFER bringt den Ausspruch Johanans gegen die Tempeltore in Verbindung mit der ebenfalls Johanan zugeschriebenen Deutung von Jes 10,34 und 11,1: „Der Libanon wird durch einen Mächtigen fallen" und der Fortführung des Bibeltextes „Doch wird ein Zweig aus der Wurzel Jesse hervorgehen", d.h. daß Johanan die Zerstörung des Tempels als Voraussetzung für das Kommen des Messias ben David erwartete. Vgl. ARN B 7 (ed. SCHECHTER 21).

[117] Dazu G. VERMES, Scripture and Tradition in Judaism. Haggadic Studies, StPB 4, 1961, 26–39; G. DELLING, Die Begegnung zwischen Judentum und Hellenismus, ANRW II, 20,1, 1987, 1–36 (35).

[118] Vgl. das „Fremdenführermärchen" bei Pausanias, Beschreibung Griechenlands, 8,16,5 von der automatischen Tür am Grabmal der Königin Helena von Adiabene in Jerusalem, die sich einmal im Jahr zu einer bestimmten Stunde von selbst geöffnet und wieder geschlossen haben soll. Zu den literarkritischen Problemen der Liste vgl. U. FISCHER, Eschatologie und Jenseitserwartung im hellenistischen Judentum, BTAW 44, 1978, 158–167, der dagegen mit neun Vorzeichen rechnet und die abschließende Zusammenfassung bell 6,310–315 mit einbezieht. In dieser geht Josephus noch einmal auf die Weissagungen ein, die die Aufständischen in ihrem Unverstand mißdeutet hätten: Sie haben dem Tempel „die Form eines Vierecks" gegeben und damit den eschatologischen Tempel errichten wollen und sie haben sich auf einen χρησμὸς ἀμφίβολος (sicherlich Nu 24) berufen. Fischer nimmt unter Berufung auf A.

inneren Heiligtum vernahmen: „Laßt uns von hier fortziehen."[119] Als Gipfel der Klimax aller Anzeichen für den Untergang des Tempels schildert er die Prophetie eines „gewissen Jesus, Sohn des Ananias", der vier Jahre bevor der Krieg überhaupt ausbrach, d.h. im Jahr 62 n.Chr., vom Land kam, um das Laubhüttenfest in Jerusalem zu feiern[120]. Sukkot war ein Fest ausgelassener Freude, an dem man nicht schlief, sondern auch noch in der Nacht in den Vorhöfen des Tempels tanzte (mSukka 5,1.4; tSukka 4,2 ed. Zuckermandel 198). Es ist nicht unwahrscheinlich, daß unser vieldeutiges Orakel mit der Wortwahl „hdwwh" auf die Freude bei der kultischen Feier im Tempel anspielt. Dieser Jesus wurde mitten in der Festfreude von einer „Stimme" überfallen, die ihn schreien ließ:

Φωνὴ ἀπὸ ἀνατολῆς,
φωνὴ ἀπὸ δύσεως,
φωνὴ ἀπὸ τῶν τεσσάρων ἀνέμων.

SCHLATTER, Zur Topographie und Geschichte Palästinas, 1893, 389ff. und O. WEINREICH, Türöffnung im Wunder-, Prodigien- und Zauberglauben der Antike, des Judentums und Christentums, Festschrift W. Schmid, 1929, 275 eine von Josephus bearbeitete römische Prodigienreihe als Quelle an, die Josephus und Tacitus vorlag: „Vielmehr ist zu folgern, daß Josephus und Tacitus von ein und derselben *heidnischen* Quelle abhängig sind." (164 Hervh. v. mir). Danach hätte „Josephus die Episode des Jesus wegen ihrer Eindrücklichkeit in die Prodigienliste eingefügt" (165). Die Annahme einer Reihe von neun Prodigien ist nicht sehr überzeugend, denn Josephus beginnt in 310 mit: Ταῦτά τις ἐννοῶν εὑρήσει τὸν θεὸν ἀνθρώπων κηδόμενον καὶ παντοίως προσημαίνοντα τῷ σφετέρῳ γένει τὰ σωτήρια, τοὺς δ' ὑπ' ἀνοίας καὶ κακῶν αὐθαιρέτων ἀπολλυμένους ...; H. SCHWIER, Tempel und Tempelzerstörung, op.cit. (Anm. 107), 298ff. führt die Ausführungen FISCHERS modifiziert weiter aus, rechnet aber offensichtlich auch mit einer Siebenerreihe, wenn er über den Schluß schreibt: „Hinzu kommen zwei weitere Zeichen, die allerdings keine Prodigien im engeren Sinn sind" (299). Zu Tacitus, hist 5,13 siehe vor allem H. HEUBNER/W. FAUTH, P. Cornelius Tacitus. Die Historien, Kommentar, WKLGS, Bd. 5, 1982, 149–155. Die neueste Darstellung von KUHN, Offenbarungsstimmen, op.cit. (Anm. 13) 176–180 ist gegenüber FISCHERS und SCHWIERS Ausführungen sehr viel differenzierter.

[119] bell 6,299 dazu den Kommentar bei MICHEL/BAUERNFEIND, Flavius Josephus. De bello Judaico. Der Jüdische Krieg, Griechisch und Deutsch, München 1969, II,2, 185 Anm. 142 und H. SCHWIER, op.cit. (Anm. 107) 302ff. zum Problem der Evocatio. Daß jedoch P. KUHN, Offenbarungsstimmen, loc.cit. (Anm. 118), in seiner ansonsten ausgezeichneten Darstellung diese φωνή aus dem Tempelinnern als 7. Zeichen versteht und dann Schwierigkeiten damit hat, die Prophetie des Jesus ben Hananja einzuordnen, kann ich mir nur als ein Versehen beim Zählen erklären.

[120] Vgl. das viermalige φωνή in PsSal 8,1ff. Eigenartig ist, daß es dasselbe Jahr war, in dem Jakobus der Bruder Jesu mit anderen Judenchristen hingerichtet worden war. Im Bericht des Hegesipp über sein Martyrium wird der Tod Jakobus' des Gerechten direkt auf die Zerstörung Jerusalems bezogen: Das war die Strafe für den Mord an dem Gerechten, siehe dazu M. HENGEL, Jakobus der Herrenbruder – der erste Papst?, in: Glaube und Eschatologie. Festschrift für WERNER GEORG KÜMMEL zum 80. Geburtstag, hg. v. E. GRÄSSER und O. MERK, Tübingen 1985, 71–104 (75–81). Zu Jesus b. Hananja als „Stimme" s. wieder vor allem P. KUHN, Offenbarungsstimmen, op.cit. (Anm. 13) 180–184, der zu Recht die Großartigkeit der Darstellung des Josephus hervorhebt. Die Verwandtschaft mit dem Orakel der David-Apokalypse ist ihm entgangen.

Φωνὴ ἐπὶ Ἱεροσόλυμα καὶ τὸν ναόν,
φωνὴ ἐπὶ νυμφίους καὶ νύμφας,
φωνὴ ἐπὶ τὸν λαὸν πάντα.

Wieder haben wir zwei Trikola, jeweils steht eine steigernde Zusammenfassung mit Achtergewicht am Ende. Die Entsprechungen im Inhalt und in der Reihenfolge des zweiten Teils der „Stimme" des Jesus b. Hananja mit unserem Orakel sind auffällig, die drei Glieder haben jeweils eine Parallele in Z. 1: „Der heilige Tempel zur Verwüstung", Z. 4: „und Jungfrauen und Jünglinge zur Beute"[121] und Z. 10: „das Land Israel zum Zittern", während Jerusalem im Orakel in Z. 9 genannt wird. Man könnte die „Stimme" des Propheten Jesus geradezu eine komprimierte Zusammenfassung unseres Orakels nennen. Man wird aus dieser Verwandtschaft keine weitreichenden Schlüsse ziehen können, denn es läßt sich schlechterdings nicht beweisen, daß unser Orakel auf diesen Propheten zurückgeht. Dennoch wird durch diese Verwandtschaft deutlich, daß die Weissagung unseres Orakels in dieser Zeit möglich gewesen und entstanden sein könnte[122].

Sieben Jahre war der Sohn des Ananias dieser Stimme tragisch ausgeliefert. Wenn man – stets vergeblich – versuchte, ihn mit aller Gewalt zum Schweigen zu bringen, stöhnte er „Wehe Jerusalem". Er stirbt – „während der Belagerung

---

[121] Das Orakel ist mit seiner Wortstellung, daß die Jungfrauen zuerst genannt werden, näher am Text von Threni 1,18; 2,21.

[122] Dafür spricht auch eine weitere wichtige Parallelstelle: die Klage über die Zerstörung des Tempels in der – um 100 n. Chr. geschriebenen – Esra-Apokalypse: 4. Esra 10,21 f.:

„Denn du siehst doch,
    daß unser Heiligtum verwüstet ist,
        unser Altar niedergerissen;
        unser Tempel zerstört,
    unsere Harfen auf den Boden geworfen,
        unser Lobgesang verstummt,
        unser Jubel verschwunden,
    das Licht unseres Leuchters erloschen,
        die Lade des Bundes geraubt,
    unsere Heiligtümer entweiht,
        der Name, der über uns ausgerufen wurde, entehrt,
    unsere Edlen mißhandelt,
        unsere Priester verbrannt,
        unsere Leviten in die Gefangenschaft geführt,
    unsere Jungfrauen befleckt,
        unsere Frauen vergewaltigt,
    unsere Gerechten verschleppt,
        unsere Kinder entführt,
    unsere jungen Männer zu Sklaven,
        unsere Helden sind schwach geworden."

Üs. nach J. SCHREINER, Das 4. Buch Esra, JSHRZ V,4, 379. Auch hier haben wir zuerst die Klage über die Zerstörung des Tempels und in einem zweiten Teil die Klage über das Volk.

Jerusalems durch eine römische Ballistenkugel"[123] getroffen – mit dem Schrei:

αἰαὶ πάλιν τῇ πόλει καὶ τῷ λαῷ καὶ τῷ ναῷ

und setzt am Ende – so Josephus effektvoll – ein „Wehe, auch mir" hinzu.

Dieser Prophet hat sicherlich in aramäischer Sprache geweissagt. Josephus läßt in seiner griechischen Fassung die metrische „semitische" Form dieser Unheilsprophetie deutlich durchscheinen. Hier, wo es ihm sehr gut in die Dramaturgie seines Bellum paßt, wird Josephus ausführlich und versucht, den Originalklang solcher Prophetie zu vermitteln. Das tut er leider nicht immer. So hütet er sich, die zelotischen Propheten[124] im Wortlaut nachzuahmen, nennt auch nicht die Schriftstellen, auf die sie sich berufen haben, sondern schildert vor allem die verheerende Wirkung, die von diesen „Volksverführern" und „falschen Propheten" besonders in der erregten Zeit des Aufstandes und der Belagerung Jerusalems ausging. Ja, er behauptet, es habe eine eindeutige Weissagung über den Untergang des Tempels gegeben (bell 4,386f.):

> „Jede menschliche Satzung wurde von ihnen (den Zeloten) mit Füßen getreten, aber auch die Ehrfurcht vor Gott verlacht, und über die Aussprüche der Propheten spotteten sie, als seien sie das Geschwätz von Gauklern. ... Denn es gab ein altes Wort von gottbegeisterten Männern, die Stadt werde eingenommen, und das Allerheiligste nach Kriegsbrauch den Flammen preisgegeben werden, wenn es durch einen Aufstand heimgesucht werde und einheimische Hände den Bezirk Gottes beflecken. Diese Weissagung wiesen die Zeloten nicht ungläubig ab und machten sich dennoch selbst zu Werkzeugen ihrer Erfüllung."
>
> *(Üs. Michel/Bauernfeind)*

Das, worauf es uns ankommt, den Wortlaut des παλαιὸς λόγος, verschweigt Josephus leider[125]. Es ist ihm durchaus zuzutrauen, daß er verschiedene Weissagungen, Schriftdeutungen und Vorzeichen kennt, die auf eine Zerstörung des Tempels hin gedeutet werden konnten, das *eine* alte Orakel aber, in dem detailliert die genauen Umstände, die zudem auch noch haarscharf seiner eigenen Auffassung von den Geschehnissen entsprechen, aus schriftstel-

---

[123] G. SCHMITT, Das Zeichen des Jona, op.cit. (Anm. 115) 126; vgl. dazu auch M. HENGEL, Die Zeloten, op.cit. (Anm. 30) 240 Anm. 5; 242 Anm. 4.

[124] Zu den zelotischen Propheten ausführlich: M. HENGEL, Die Zeloten, op.cit. (Anm. 30) 235–251 u.ö.

[125] Deshalb gibt es verschiedene Vorschläge, was er gemeint haben könnte. MICHEL/BAUERNFEIND, op.cit. (Anm. 119) II,1 221f. Anm. 101 schlagen Dan 9,24–27 und als zweite – weniger wahrscheinliche – Möglichkeit die o. Anm. 116 erwähnte Deutung Johanans b. Zakkai von Jes 10,34/11,1 (yBer 5a 30f.; bGitt 56a; EkhaR zu Ekha 1,5) vor. Beides schließt sich nicht aus, Josephus redet von einer Weissagung mehrerer Propheten. Die ganze Diktion des Abschnitts spricht jedoch dagegen, daß Josephus ein Orakel mit diesem Wortlaut gekannt hat. H. SCHWIER, Tempel und Tempelzerstörung, op.cit. (Anm. 107) 170ff. schlägt wieder (im Anschluß an WELLHAUSEN) vor, Apk 11,1f. von bell 6,259 her als auf eine zelotische Prophetie zurückgehend zu verstehen, und bezieht bell 4,386 auf die Danielstelle.

lerischer Attitüde fingiert hat, um seinem Kapitel zu einem eindrücklichen Schluß zu verhelfen, bevor er zu einem anderen Thema übergeht.

Im Grunde ist es erstaunlich, daß uns – trotz der rasch einsetzenden Tendenz nach 70 n. Chr., die alten Prophetien ex eventu zu ergänzen und zu aktualisieren – doch noch eine ganze Anzahl von χρησμοί und τέρατα erhalten geblieben sind, deren Entstehung vor dem endgültigen Ende des Tempelkultes man nicht bezweifeln sollte. Dazu gehört neben den oben angeführten Texten vor allem Mk 13[126]. Nirgends können wir so gut wie an diesem Kapitel die Akzentverschiebung durch Ergänzungen und Auslassungen bei zwei verschiedenen Autoren, Matthäus und Lukas, nach der Erfahrung von Aufstand und Zerstörung im 1. jüdischen Krieg beobachten. Die Erwartungen vor 70 n. Chr. waren in ihren konkreten Vorstellungen geprägt von der Tradition schriftgelehrter Exegese z. T. sehr viel älterer Prophetien; dazu kam die Erfahrung der ständigen Bedrohung des Tempelkultes seit der Reform der Hellenisten und dem Abfall Jasons vom Tempelkult (2. Makk 1,7)[127] durch die seleukidische Oberherrschaft, dann durch das eigene hasmonäische Königshaus (vgl. PsSal 8; 17), die Eroberungen durch Pompeius und Herodes und schließlich durch die andauernden Auseinandersetzungen mit den Römern und den raschen Wechsel der Hohenpriester. Durch das Achten auf Prodigien[128] wurden diese Erwartungen verstärkt – die von den einen positiv aufgefaßt wurden als Prophetien über eine (begrenzte und nötige) Unheilsperiode vor dem Gericht, das zur Trennung der Gerechten und Ungerechten führt, bzw. über die schrecklichen Wehen vor Geburt der eigentlichen Heilszeit, bei den anderen aber nur großen Schrecken hervorriefen.

Auch wenn man das Orakel der David-Apokalypse nicht mit völliger Sicherheit in diese Zeit datieren kann und vor allem der Kontext fehlt, in dem es dann gestanden haben könnte – außer in der frappierenden Nähe zur Prophetie des Jesus b. Hananja und der Klage Esras (4. Esra 10,21 f.) –, so ist doch deutlich, daß es die Sprache und die metrische Form beibehält, die sich längst vor 70 ausgebildet hatte.

---

[126] Siehe dazu M. HENGEL, Entstehungszeit und Situation des Markusevangeliums, in: Markus-Philologie. Historische, literargeschichtliche und stilistische Untersuchungen zum zweiten Evangelium, hg. von H. CANCIK, WUNT 33, 1984, 1–45 (21–43) = DERS., Studies in the Gospel of Mark, London 1985, 1–58 (14–28). Die Datierung noch vor der Eroberung Jerusalems durch Titus ins Katastrophenjahr Jahr 69 n. Chr. von HENGEL findet mehr Widerspruch als Zustimmung, so hält auch H. SCHWIER, Tempel und Tempelzerstörung, op. cit. (Anm. 107), 358 ff. Mk 13,2 einerseits für ein vaticinium ex eventu und gleichzeitig für eine Weiterentwicklung aus der „Caligulakrise", mit Hinweis auf D. LÜHRMANN, Markus 14,55–64. Christologie und Zerstörung des Tempels im Markusevangelium, NTS 27 (1981) 457–474; DERS., Markusevangelium, 217 f. 249.

[127] Vgl. mein „Gott als König" in diesem Band, 70 ff.

[128] Zahlreiche Belege für die Vielfalt der eschatologischen Konzepte und die Bedeutung von Prodigien als Vorzeichen für den Anbruch der Endzeit finden sich in den Vitae Prophetarum, deren Übersetzung und Kommentierung ich für die JSHRZ vorbereite.

Gerade für die metrische Form der prophetischen Drohrede würde es sich anbieten, die Gerichtsworte, die wir aus dem Neuen Testament bei Johannes dem Täufer, wo Mt in 3,10−12 den Vierheber im Griechischen nachbildet[129], aber in besonders eindrücklicher Weise auch bei Jesus von Nazareth kennen, heranzuziehen. „The poetry of Our Lord" soll hier allerdings nicht dargestellt werden[130], jedoch wenigstens sein Tempelwort (Mk 14,58; vgl. Mk 15,29b; Mt 26,61; Joh 2,19 und bei Lukas Apg 6,14) zitiert werden:

> ἐγὼ καταλύσω τὸν ναὸν τοῦτον τὸν χειροποίητον
> καὶ διὰ τριῶν ἡμερῶν ἄλλον ἀχειροποίητον οἰκοδομήσω.

In unserem Zusammenhang ist das Tempelwort Jesu ein wichtiges Zeugnis messianischer Prophetie vor 70 n. Chr. In göttlicher Vollmacht verheißt der Messias als Stellvertreter Gottes das Ende des irdischen und die Errichtung des eschatologischen Tempels auf dem Zion. Streicht man das Gegensatzpaar „mit Händen gemacht" − „nicht mit Händen gemacht", wie es gerne geschieht[131], so versperrt man sich den Blick für die alttestamentliche Prophetie, die hier mit messianischer Vollmacht neu ausgelegt wird: das Schilfmeerlied Ex 15,17f.:

> „das Heiligtum, o Herr, das *deine* Hände gebaut,
> der Herr wird König sein immer und ewig."

Den irdischen Tempel haben menschliche Hände gebaut, den eschatologischen werden Gottes Hände errichten, und dann wird die Gottesherrschaft anbrechen. Sieht man den inneren Zusammenhang zwischen der Königsherrschaft Gottes und dem eschatologischen Tempel nicht, so hat man außerordentliche Schwierigkeiten, dieses Herrenwort, das alle Kennzeichen der Authentizität trägt, zu verstehen. Schon Markus legt es „falschen Zeugen" in den Mund. Nach der Zerstörung des Jerusalemer Tempels hat Matthäus geschwächt und abgekürzt: Jesus *kann* den „Tempel Gottes" zerstören und wieder aufbauen[132]. Johannes interpretiert das Tempelwort auf die Auferstehung hin und gibt ihm damit eine positive theologische Deutung. Lukas verzichtet darauf im Prozeß Jesu ganz, weiß aber, daß es noch in der Auseinandersetzung mit dem „Hellenisten" und Erzmärtyrer Stephanus eine Rolle gespielt hat und daß dessen Tempel- und Kultkritik und seine Vision, in der er die Änderung im wahren, himmlischen Heiligtum erblickte, als Blasphemie mit der Steinigung bestraft

---

[129] A. SCHLATTER, Der Evangelist Matthäus, 1929, 76f.

[130] C. F. BURNEY, The Poetry of Our Lord, 1925; G. DALMAN, Die Worte Jesu I, 2. Aufl. 1930, Ndr. 1960. JOACHIM JEREMIAS, Neutestamentliche Theologie. Erster Teil. Die Verkündigung Jesu, 3. Aufl. 1979.

[131] Man hat dafür gute Gründe: in allen neutestamentlichen Parallelstellen fehlt es − abgesehen von Apg 7,48f.; siehe dazu R. PESCH, Das Markusevangelium, HThK II,2, 3. Aufl. 1984, 433ff.; aber auch JOACHIM JEREMIAS, op.cit. (Anm. 130), 32.

[132] Vgl. J. GNILKA, Das Matthäusevangelium, HThK I,2, 1988, 426f.

wurde. Die Erinnerung daran, daß Jesus in seinem prophetischen Drohwort die Errichtung des eschatologischen Tempels mit dem Anbruch der Gottesherrschaft verbunden hatte, verblaßte, einmal weil seine Prophetie nicht in Erfüllung gegangen und anstößig war, zum anderen weil sie nicht mehr aktuell war, wo der Gegensatz zum irdischen Tempel fehlte[133]. Den ursprünglichen Sinn des Tempelwortes Jesu umschreibt Joachim Jeremias zu Recht mit: „Gott ist König; er wird im neuen Tempel angebetet."[134]

Durch das Tempelwort Jesu sind wir wieder zum Hauptthema unserer David-Apokalypse zurückgekommen: der irdische Tempel mußte zerstört werden, damit die alttestamentliche Verheißung von Ex 15,17f. ihre Erfüllung im himmlischen Gottesdienst, der Feier der Königsherrschaft Gottes im eschatologischen Heiligtum finden und auf Erden anbrechen kann (Sach 14). Aber warum verzichtet die David-Apokalypse bei der Schilderung des endzeitlichen Gottesdienstes nicht auf die Gestalt Davids? Warum muß die ganze irdische und himmlische Welt gerade auf das Erscheinen Davids warten? Der Verfasser der David-Apokalypse nimmt für die Interpretation von Ex 15,17f. die alte Verbindung von Davidverheißung und Zionserwählung[135] auf, die schon lange vor ihm auf den eschatologischen Tempel übertragen worden war, wie die Exegese von 2. Sam 7 in Verbindung mit Ex 15,17f. in 4QFlor i 1ff. zeigt[136]. Ganz nebenbei weist er darauf hin, wenn er erwähnt, daß der Thron Davids im Himmel bereitet ist gegenüber dem seines Schöpfers[137].

---

[133] Vgl. G. Theissen, Die Tempelweissagung Jesu. Prophetie im Spannungsfeld von Stadt und Land, ThZ 32 (1976) 144–158, zitiert nach: Ders., Studien zur Soziologie des Urchristentums, WUNT 19, 2. Aufl. 1983, 142–159. Theissen kommt auf einem ganz anderen Weg zu einer ähnlichen Beurteilung der Tempelweissagung. Auf Ex 15,17f. verweist er nicht, auf 4QFlorilegium (= 174) nur am Rande (150). Zur Textrekonstruktion von 4QFlor i 5 siehe D. Dimant, 4QFlorilegium and the Idea of the Community, in: Hellenica et Judaica. Hommage à Valentin Nikiprowetzky, ed. A. Caquot u. a., 1986, 165–189 (168f.): Ex 15,17f. wird in diesem Pescher auf den eschatologischen Tempel gedeutet, nicht auf die Gemeinde in Qumran. Der 1. und 2. Tempel sind nach dieser Auslegung von 2. Sam 7,10ff. bereits zerstört „durch ihre Sünde", während die Gemeinde in Qumran als „Interimstempel" fungiert, siehe dazu ausführlicher mein „Gott als König" in diesem Band, 74ff. H. Merklein, Jesu Botschaft von der Gottesherrschaft, SBS 111, 3. überarb. Aufl. 1989, 135–139 ist vorsichtiger bei der Beurteilung des Tempellogions als ich: Er weist m. E. zu Recht darauf hin, daß das Tempellogion „in den ursprünglichen Überlieferungszusammenhang der sogenannten Tempelreinigung gehört". Doch läßt er offen, „ob es ursprünglich als reines Gerichtswort das Ende des bestehenden Tempels androhen oder darüber hinaus schon den eschatologisch neuen Tempel ankündigen wollte, in dem der Herr selbst thront". Auf Ex 15,17f. verweist er nicht, betont jedoch, daß an der Authentizität des Logions kaum zu zweifeln ist, der ursprüngliche Wortlaut aber nicht mehr rekonstruierbar sei.

[134] Joachim Jeremias, op.cit. (Anm. 130) 238.

[135] Dazu H. Gese, Der Davidbund und die Zionserwählung, in: Vom Sinai zum Zion. Alttestamentliche Beiträge zur biblischen Theologie, BEvTh 64, 1974, 113–129.

[136] 4QFlor i 10–13 legt 2. Sam 7,11–14 aus auf die eschatologische Königsherrschaft Davids, siehe dazu D. Dimant, op.cit. (Anm. 133) 182ff.

[137] Vgl. 2. Sam 7,13.16 „... ich will den Thron seiner Königsherrschaft für immer befestigen ... dein Thron soll für immer fest gegründet sein."

Auch der Verfasser der David-Apokalypse deutet die Schrift. Er tut es nicht in der Form des Gleichnisses oder im Stil der Predigt, sondern läßt Rabbi Yishmael „erzählen", was er „im Schoß" des Engels erfahren hat. Auch die ältere Literaturgattung der „Himmelsreise" verwendet er abgewandelt und gesteigert. Daß sie noch im Hintergrund steht, sehen wir an seiner Bemerkung „in der Stunde, da ich von ihm weg *herab*stieg". Deshalb war es ein glücklicher Mißgriff, daß man dieses kleine Kunstwerk „David-*Apokalypse*" genannt hat[138] und nicht „Haggada". Die Gewalt der apokalyptischen Schau war im rabbinischen Judentum obsolet geworden; man verwendete subtilere Mittel zur Darstellung der Geschichte Israels und seiner eschatologischen Zukunft.

Der gelehrte Theologe, dem wir die David-Apokalypse verdanken, muß sehr viel gewußt haben von der alten Tradition der Schriftdeutung, die sich mit dem Zusammenhang von Gottes Königsherrschaft, eschatologischem Tempel und Davids Königtum befaßte. Aber nicht nur das: Er nimmt mit dem Zitat des aramäischen Orakels die Tradition der prophetischen Drohrede auf. Sie hatte schon vor 70 n. Chr. ihren festen Stil in den Befürchtungen und Erwartungen, die um die endgültige Zerstörung des Tempels kreisten, gefunden.

Einige Spuren und Bruchstücke dieser Prophetie sind uns noch erhalten. Unser Orakel selbst wird man nicht mit endgültiger Sicherheit in die Zeit vor der Tempelzerstörung datieren können, obwohl es der Prophetie des unglücklichen Jesus b. Hananja erstaunlich verwandt ist. Dazu reicht das, was wir noch wissen, nicht aus. Soviel können wir dennoch sehen: Es steht in der Sprache, der Form und in seiner apodiktischen Schärfe dieser Zeit am nächsten. Die konkreten Angaben über den Untergang verwenden traditionelle Elemente und bleiben allgemein, von den Römern ist nicht die Rede. In seiner Vieldeutigkeit erweist sich das Orakel als ganz und gar seiner Gattung entsprechend. Das könnte daher rühren, daß der Verfasser des Orakels, der doch wohl älter sein muß als der der David-Apokalypse, bewußt die verschiedenen Traditionen aufnimmt: Was er über den Ausspruch Samuels des Kleinen weiß – daß das Orakel jedoch aus diesem Diktum herausgewachsen sein soll, erschien mir im Lauf der Untersuchung immer unwahrscheinlicher –, was er über den Untergang des davidischen Königtums kennt und was ihm an alten Prophetien zum Untergang des Tempels 70 n. Chr. noch überliefert ist, vereint er zu seiner „Stimme". Aber mutet man ihm dann nicht zuviel zu? Oder – und das erscheint sehr viel wahrscheinlicher – hat der Dichter der David-Apokalypse ein altes

---

[138] R. KIRSCHER, Apocalyptic and Rabbinic Responses to the Destruction of 70, HThR 78 (1985) 27–46 stellt 4. Esra und syrBar dem Auslegungsmidrasch EkhaR gegenüber und betont, daß die apokalyptische Sicht die Zerstörung als den Willen Gottes ansah, während der Midrasch (KIRSCHER datiert ihn zwischen 400 und 600 n. Chr.) in seiner Interpretation des Bibeltextes Gottes Weinen und Klagen über den Untergang der Stadt und des Tempels beschreibt und Gottes Schwäche darstellt. Vgl. J. MAIER, Apokalyptik im Judentum, in: H. ALTHAUS (Hg.), Apokalyptik und Eschatologie, 1987, 43–72.

„eindeutiges" Orakel, in dem Gott „König" genannt wurde und das aus der Zeit um 70 n. Chr. stammt, aufgegriffen und es eben wegen seiner Mehrdeutigkeit, die auch heute noch fasziniert, eingesetzt? Daß die aramäische poetische Form hier älter ist als die hebräische Prosa, bestätigt diese Vermutung.

Die Doppeldeutigkeit von mlk', König, hat der Verfasser der David-Apokalypse – wie mir scheint – gesehen und bewußt verwendet. Beide Bedeutungen: David als irdischer König und Gott als himmlischer König entsprechen dem inneren Zusammenhang der David-Apokalypse, die Ex 15,17f. auslegt in Verbindung mit der alten Davidverheißung und endet mit der himmlischen Feier des Königtums Gottes. In ihr haben die „irdischen" Könige das letzte Wort. Für sie ist die Verheißung von Sach 14 Gegenwart geworden:

> „Dann wird der Herr König sein über die ganze Erde.
> An jenem Tag wird der Herr einzig sein und einzig sein Name!"

Der Diener im Palast des himmlischen Königs
Zur Interpretation einer priesterlichen Tradition im rabbinischen Judentum

von

BEATE EGO

Wie der Terminus היכל – ‚Palast' so sind auch die Begriffe כסא – ‚Thron' und שר – ‚Fürst' dem semantischen Feld ‚König' zuzuordnen. Was für den irdischen Bereich gilt, findet seine Entsprechung im Kontext der Vorstellung von der Königsherrschaft Gottes. Dies zeigt sich ganz deutlich im Danielbuch, wenn himmlische Wesen als שרים bezeichnet werden können[1] und Gott selbst den Titel שר השרים erhält[2]. Dem (Engel)fürsten der Perser steht Michael, der „große Fürst" (Dan 12,1), „einer der ersten unter den (Engel)fürsten" (Dan 10,13), gegenüber, durch dessen Hilfe Israel Rettung zuteil wird. Für die jüdische Tradition war das Aufgabengebiet Michaels niemals auf den militärischen Aspekt – wie er im Danielbuch anklingt – beschränkt; Michael ist vielmehr der Schutzengel des Volkes Israel schlechthin: In den Apokryphen und Pseudepigraphen tritt er als Bote[3] und himmlischer Feldherr[4] auf; nach der rabbinischen Tradition fungiert er als Anwalt Israels in der himmlischen Gerichtsversammlung[5] und als Priester, der im himmlischen Heiligtum vor Gott Opfer darbringt. Dieser Tatbestand zeigt deutlich, daß für die Antike himmlische Herrschaftsfunktionen und himmlischer Kult keine Gegensätze sind. Obwohl das Motiv vom himmlischen Priesterdienst den Hauptstrom der rabbinischen Aussagen zu Michael bildet, wurde es – trotz zahlreicher Veröffentlichungen im Gebiet der frühjüdischen Angelologie – bisher kaum beach-

---

[1] Vgl. Dan 10,13.20; 12,1; siehe ferner Jos 5,14.
[2] Vgl. Dan 8,25.
[3] So bes. TestAbr Rez. A und B passim.
[4] Zu Michael als himmlischem Krieger siehe Apk 12,7. Weitere Belege bei J. H. CHARLESWORTH, The Old Testament Pseudepigrapha, Garden City, N. Y., Bd. I: Apocalyptic Literature and Testaments, 1983, S. 138, Anm. 22i); S. 566; S. 882, Anm. 1c und Bd. II: Expansions of the „Old Testament" and Legends, Wisdom and Philosophical Literature, Prayers, Psalms and Odes, Fragments of Lost Judeo-Hellenistic Works, 1985, S. 22f. Vgl. auch die Monographie von J. P. ROHLAND, Der Erzengel Michael. Arzt und Feldherr. Zwei Aspekte des vor- und frühbyzantinischen Michaelskultes, Leiden 1977.
[5] Vgl. unten S. 368, Anm. 35.

tet⁶. Deshalb soll im folgenden die Traditionsgeschichte dieser Vorstellung sowie deren Entwicklung in der Zeit nach der Zerstörung des Zweiten Tempels dargestellt werden.

1. Das Motiv des himmlischen Priesterdienstes in der Zeit des Zweiten Tempels

Als frühester sicherer Beleg für das Motiv eines himmlischen Hohenpriesters[7]

---

[6] Gerade in den letzten Jahren sind verschiedene Arbeiten zur frühjüdischen Angelologie erschienen; vgl. z. B. P. SCHÄFER, Rivalität zwischen Engeln und Menschen. Untersuchungen zur rabbinischen Engelsvorstellung (Studia Judaica 8), Berlin/New York 1975. – P. SCHÄFER, Engel und Menschen in der Hekhalot-Literatur, in: Kairos 22 (1980), S. 201–225. – K. E. GRÖZINGER, Musik und Gesang in der Theologie der frühen jüdischen Literatur. Talmud Midrasch Mystik (Texte und Studien zum Antiken Judentum 3), Tübingen 1982. – M. MACH, Meḥqarim be-torat ha-mal'akhim (angelologia) ha-yehudit ba-tqufa ha-hellenisit-romit (Diss.), 2 Bde Tel Aviv 1986 [Dtsch. Übersetzung angekündigt unter dem Titel: Studien zur jüdischen Angelologie in hellenistisch-römischer Zeit (Beiträge zur Erforschung des Alten Testaments und des Antiken Judentums 11), Frankfurt a. M.]; alle mit weiterführenden Literaturangaben; vgl. bes. die umfassende Bibliographie zur Angelologie bei M. MACH, Meḥqarim be-torat ha-mal'akhim, Bd. II, S. 3–39. Für einzelne Hinweise zum himmlischen Priestertum vgl. H. BIETENHARD, Die himmlische Welt im Urchristentum und Spätjudentum (WUNT 2), Tübingen 1951, S. 123. – W. LUEKEN, Michael. Eine Darstellung und Vergleichung der jüdischen und morgenländisch-christlichen Tradition vom Erzengel Michael, Göttingen 1898, S. 30–32. – W. BOUSSET/H. GRESSMANN, Die Religion des Judentums im späthellenistischen Zeitalter (Handbuch zum NT 21), Tübingen ³1966, S. 327.

[7] Vgl. TestLevi 3,5f.: „ἐν τῷ μετ' αὐτὸν οἱ ἄγγελοί εἰσι τοῦ προσώπου κυρίου, οἱ λειτουργοῦντες καὶ ἐξιλασκόμενοι πρὸς κύριον ἐπὶ πάσαις ταῖς ἀγνοίαις τῶν δικαίων" (zitiert nach M. DE JONGE, The Testaments of the Twelve Patriarchs. A Critical Edition of the Text by M. DE JONGE, Leiden 1978, S. 27f.). Dieser Passus stellt – wie die Untersuchungen von M. DE JONGE und J. BECKER gezeigt haben – eine sekundäre Interpolation dar und kann somit weder zeitlich noch traditionsgeschichtlich eindeutig bestimmt werden. Der Text kann nicht der Grundschicht dieses Werkes zugerechnet werden, da die Verse 3,4–8 die Verse 1–3 und 9–10 unterbrechen. Im Gegensatz zu M. DE JONGE nimmt J. BECKER, Untersuchungen zur Entstehungsgeschichte der Testamente der Zwölf Patriarchen, Leiden 1969 (AGaJU 8), S. 267 aber keinen christlichen, sondern einen jüdischen Überarbeiter an, da aus der Vorstellung eines unblutigen Opfers nicht notwendigerweise der christliche Ursprung der Interpolation resultieren muß. Vgl. dagegen M. DE JONGE, Notes on the Testament of Levi II–VII, in: M. S. H. G. HEERMA VAN VOSS/PH. H. J. HOUWINK TEN CATE/N. A. VAN UCHELEN (Hg.), Travels in the World of the Old Testament. Studies presented to Professor M. A. Beek on the Occasion of his 65th Birthday, Assen 1974, S. 132–145, hier: S. 144. – M. DE JONGE, The Testaments of the Twelve Patriachs. A Study of their Text, Composition and Origin, Assen 1953, S. 48. – M. DE JONGE, Studies in the Testaments of the Twelve Patriarchs (SVTP 3), Leiden 1975, S. 259. Aufgrund dieser Unsicherheiten ist gegen A. MCNICOL, The Relationship of the Image of the Highest Angel to the High Priest Concept in Hebrews, Diss. Vanderbilt University 1974, TestLevi 3,5–7 nicht als Interpretationsgrundlage für Jub 31,14 heranzuziehen.

ist das Jubiläenbuch⁸ zu nennen⁹: Jakob begibt sich mit seinen Söhnen Levi und Juda zu dem greisen Isaak, der sie vor seinem Tode noch einmal sehen will. Dieser nimmt Levi mit seiner rechten Hand, Juda aber mit seiner linken und segnet, bevor er sich Juda zuwendet, Levi ‚im Geist der Prophetie' mit folgenden Worten:

„Dich segne der Herr aller Dinge, er, der Herr aller Ewigkeiten, dich und deine Kinder in alle Ewigkeiten. Und der Herr gebe dir und deinem Samen hohe Größe des Ruhms. Und dich und deinen Samen bringe er nahe zu sich aus allem, was Fleisch ist, daß er diene in seinem Heiligtum wie die Engel des Angesichts und wie die Heiligen. Wie sie wird der Same deiner Söhne sein zum Ruhm und zur Größe und zur Herrlichkeit."[10]

Diese wenigen Zeilen, entstanden in antihasmonäischen Kreisen, sprechen eine deutliche Sprache. Das Priestertum Levis und das seiner Nachfahren, als die – wie aus Jub 30,18 zu entnehmen ist[11] – nicht nur die Leviten, sondern auch die Priester zu gelten haben, wird in doppelter Hinsicht legitimiert[12]. Durch seine Einsetzung durch Isaak wird es – gleichsam auf geschichtlicher Ebene – in der Autorität der Patriarchen fundiert. Wenn der Dienst des Priesters zudem als Pendant zu jenem Dienst der Engel im himmlischen Heiligtum dargestellt wird, so erscheint er geradezu als integraler Bestandteil einer Schöpfungsordnung, die als harmonisches Gefüge von himmlischen und irdischen Elementen

---

⁸ Hinsichtlich der exakten Datierung des Jubiläenbuches divergieren die Meinungen. Während ein Großteil der Forscher den Zeitraum von 163–140 v. Chr. als Entstehungszeit annimmt, geht D. MENDELS davon aus, daß sich in diesem Text die Verhältnisse der Jahre nach 140 v. Chr. widerspiegeln und daß das Werk erst um 125 v. Chr. entstanden ist (vgl. D. MENDELS, The Land of Israel as a Political Concept in Hasmonean Literature. Recourse to History in Second Century B. C. Claims to the Holy Land, Tübingen 1987, S. 57). Zur Frühdatierung vgl. K. BERGER, Das Buch der Jubiläen (Unterweisung in erzählender Form, JSHRZ II/3), Gütersloh 1981, S. 300. – A. HULTGÅRD, L'eschatologie des Testaments des Douze Patriarches. Vol. I: Interpretation des textes, Stockholm 1977, S. 26. – J. C. VANDERKAM, Textual and Historical Studies in the Book of Jubilees, Missoula 1977, S. 207–285.
⁹ Wenn O. SCHMITZ, Die Opferanschauung des späteren Judentums und die Opferaussagen des Neuen Testamentes. Eine Untersuchung ihres geschichtlichen Verhältnisses, Tübingen 1910, S. 93, den in ApcMose § 33 erwähnten Altar als himmlischen Altar deutet und daraus auf einen himmlischen Kultus schließt, so kann dem nicht zugestimmt werden. Die Engel begeben sich vielmehr nach dem Tode Adams mit ihren Räucherfässern zu dem Altar auf dem Tempelplatz, der traditionell auch als Adams Bestattungsort gilt; vgl. J. H. CHARLESWORTH, Pseudepigrapha II, S. 254. Zum Bestattungsort Adams allgemein: J. JEREMIAS, Golgotha und der heilige Felsen. Eine Untersuchung zur Symbolsprache des Neuen Testaments, in: Angelos 2 (1926), S. 74–128, hier: S. 78f. – V. APTOWITZER, Les éléments juifs dans la légende du Golgatha, in: REJ 79 (1924), S. 145–162, hier: S. 151ff. – M. GRÜNBAUM, Neue Beiträge zur semitischen Sagenkunde, Leiden 1893, S. 77f.
¹⁰ Jub 31,14ff. Zitiert nach der Übersetzung von K. BERGER, Das Buch der Jubiläen, S. 477.
¹¹ A. HULTGÅRD, L'eschatologie des Testaments des Douze Patriarches, S. 23. – K. BERGER, Das Buch der Jubiläen, S. 299.
¹² A. HULTGÅRD, L'eschatologie des Testaments des Douze Patriarches, S. 23.38. – C. NEWSOM, Songs of the Sabbath Sacrifice: A Critical Edition (Harvard Semitic Studies 27), Atlanta 1985, S. 67ff.

zu verstehen ist. Die Relevanz einer solchen Legitimierung des Jerusalemer Priestertums, das sich bereits zu Beginn der Volksgeschichte eingesetzt weiß, ist auf dem Hintergrund einer zunehmenden Hellenisierung, von der auch die Mehrheit des Priesteradels betroffen war[13], leicht einzusehen. Gerade an dieser Stelle artikulieren sich die Kräfte der ‚antihellenistischen priesterlichen restaurativen Reformgruppe'[14], in deren Umfeld das Jubiläenbuch entstanden ist, aufs deutlichste: Die durch den Hellenismus bedrohte Identität des Volkes soll durch den Rückgriff auf die Vätertraditionen wiederhergestellt werden[15]. Eine Abweichung von diesem Erbe erscheint als Verletzung der vor Urzeiten offenbarten Schöpfungsordnung, als Repräsentation des Chaos schlechthin[16].

Da auch der Ursprung der essenischen Bewegung in diesen antihellenistischen und chassidisch-priesterlichen Kreisen gesucht werden muß, läßt sich von hier aus auch das Motiv einer Entsprechung von himmlischem und irdischem Hohenpriester in Qumran ableiten[17]. Diese Entsprechung zwischen dem himmlischen und dem irdischen Priester gehört zu dem geistigen Erbe, das die zadokitische Gruppierung, die am Beginn der essenischen Bewegung steht, nach Qumran gebracht hat[18]. Sie vertritt dabei das alte, seit der Rückkehr aus dem Exil vorherrschende theokratische Ideal, das dem Priester nicht nur kultische Funktionen, sondern zugleich auch die oberste politische Herrschaft und den höchsten Rang innerhalb des Gottesvolkes zuspricht. Als Vollzieher des Kultes ist der Priester zugleich im Besitz der Herrschaft. Im Priestersegen lQSbIV, 25f. wird dieser Zusammenhang, verbunden mit der Vorstellung der Entsprechung vom himmlischen und irdischem Priesterdienst, explizit zum Ausdruck gebracht. Das himmlische Heiligtum und der Königspalast Gottes sind hier identisch. Der Priester als erster Diener des himmlischen Königs ist zugleich erster Teilhaber an dessen Macht.

---

[13] M. HENGEL, Judentum und Hellenismus. Studien zu ihrer Begegnung unter besonderer Berücksichtigung Palästinas bis zur Mitte des Jh. v. Chr. (WUNT 10), Tübingen ²1969, S. 505.
[14] K. BERGER, Das Buch der Jubiläen, S. 298.
[15] K. BERGER, Das Buch der Jubiläen, S. 298. – C. NEWSOM, Songs of the Sabbath Sacrifice, S. 67ff.
[16] Eine Anspielung auf die Entsprechung des irdischen Priesterdienstes mit dem himmlischen Kult findet sich in dem in der zweiten Hälfte des 2. Jh.s v. Chr. entstandenen aramäischen Levi-Apokryphon, 34, 21f., wenn Levi mit folgenden Worten angeredet wird: „Nahe bist du ‚Gott' und nahe ⟨bist du⟩ allen seinen Heiligen (den Engeln)" (zitiert nach der Übersetzung von K. BEYER, Die aramäischen Texte vom Toten Meer, S. 198); vgl. hierzu A. HULTGÅRD, L'eschatologie des Testaments des Douze Patriarches, S. 21; vgl. C. NEWSOM, Songs of the Sabbath Sacrifice, 69f. Zur Datierung: K. BEYER, Die aramäischen Texte vom Toten Meer samt den Inschriften aus Palästina, dem Testament Levis aus der Kairoer Genisa, der Fastenrolle und den alten talmudischen Zitaten, Göttingen 1984, S. 189.
[17] Zum Verhältnis des Jubiläenbuches zu Qumran vgl. K. BERGER, Das Jubiläenbuch, S. 295.
[18] A. HULTGÅRD, L'eschatologie des Testaments des Douze Patriarches, S. 38.44f. – Vgl. ferner: J. T. MILIK, 4Q Visions de 'Amram et une citation d'Origène, in: RB 79 (1979), S. 77–97, hier: S. 94.

„Und du [mögest dienen] wie ein Engel des Angesichts in der heiligen Wohnung zur Ehre Gottes der Heerscha[ren in Ewigkeit. Und] rings umher mögest du sein ein Diener im Palast des Königtums."[19]

Die sog. ‚Shirot ʿOlat ha-Shabbat' zeigen die Relevanz dieser Vorstellung unter dem Aspekt einer Kultusgemeinschaft von Engeln und Menschen, die die *Malkut* Gottes verherrlicht. Diese fungiert in einer Zeit, da wegen der Verunreinigung des bestehenden Heiligtums für die Essener kein Tempelkult stattfindet und in der die von den Priestern ausgeübte politische Herrschaft zudem völlig korrumpiert erscheint[20], als Medium zur Heiligung der Gemeinde[21].

2. Die Rezeption des Motivs in der rabbinischen Literatur

Die rabbinische Literatur, in die nach der Zerstörung des Tempels zahlreiche kulttheologische Traditionen eingeflossen sind[22], rezipiert auch die Vorstellung von der Entsprechung von himmlischem und irdischem Priesterdienst, die sie mit Hilfe einer Gezera Schawa zwischen Ez 9,2 und Lev 16,4 aufgrund des gemeinsamen Stichwortes בד – ‚Leinen' formuliert. Da Ez 9,2 im Kontext einer Vision der himmlischen Welt steht und sich Lev 16,4 auf den Dienst des irdischen Hohenpriesters am Versöhnungstag bezieht, kann nach yYom 7,2 (44b) auf die Korrespondenz von himmlischem und irdischem Priestertum geschlossen werden.

---

[19] Zitiert nach der Übersetzung von E. LOHSE (Hg.), Die Texte aus Qumran. Hebräisch und Deutsch. Mit masoretischer Punktation, Übersetzung, Einführung und Anmerkungen, Darmstadt 1971, S. 59.
[20] Vgl. 1QpHab VIII,8–X,8; XI,4ff.; 4QpNah 1,11.
[21] Hierzu die Ausführungen von C. NEWSOM, Songs of the Sabbath Sacrifice, S. 63ff., für einzelne Belege vgl. das Register כוהנה/כהונה bzw. כהון, S. 418 und K. BERGER, Volksversammlung und Gemeinde Gottes, in: ZThK 73 (1976) S. 165–207, hier: S. 193, Anm. 133 und S. 195, Anm. 136. Melchizedek, dem einzigen Priester-Engel, der namentlich genannt wird (C. NEWSOM, Songs of the Sabbath Sacrifice, S. 134), werden in 11QMelch herrscherliche und richterliche Funktionen zugesprochen. Vgl. A. S. VAN DER WOUDE, Melchisedeq als himmlische Erlösergestalt in den neugefundenen eschatologischen Midraschim aus Qumran Höhle XI, in: Oudtestamentische Studien XIV (1965), S. 354–373. – M. DE JONGE/A. S. VAN DER WOUDE, 11QMelchizedek and the New Testament, in: NTSt 12 (1965–66), S. 301–326, hier: S. 306. – P. V. D. OSTEN-SACKEN, Gott und Belial. Traditionsgeschichtliche Untersuchungen zum Dualismus in Qumran (Studien zur Umwelt des Neuen Testaments 6), Göttingen 1969, S. 206ff. Wenn die Figur Melchizedeks durch das Motiv des himmlischen Bevollmächtigten, göttlichen Wesirs und Feldherrns eine Entsprechung zur Gestalt des Michael aufweist, so liegt wohl eher eine Motivübertragung als eine Identifikation der beiden Gestalten vor. Die Beziehung zwischen diesen beiden Figuren ist also weitaus vielschichtiger, als daß sie mit verallgemeinernden Begriffen wie „Identifikation" (so S. VAN DER WOUDE, Melchisedeq, S. 369) oder „Ersetzung" (so P. V. D. OSTEN-SACKEN, Gott und Belial, S. 209, beschrieben werden könnte.
[22] Vgl. z. B. die Ausführungen von P. SCHÄFER, Tempel und Schöpfung. Zur Interpretation einiger Heiligtumstraditionen in der rabbinischen Literatur, in: Kairos 16 (1974), S. 122–133.

Es sprach R. Chija bar Abba[23]: Wie der Dienst oben, so auch der Dienst unten. Wie oben: „Ein Mann unter ihnen gekleidet in Leinen" (Ez 9,2), so auch unten: „Er soll das heilige Leinengewand anlegen" (Lev 16,4)[24].

Wenn ShemR 33,4 (61c/d), ein amoräischer Midrasch[25], diese Überlieferung aufnimmt und sie mit zahlreichen anderen Oppositionspaaren als Beleg der These „Alles, was es oben gibt, gibt es auch unten" heranzieht, so zeigt sich die Relevanz des Motivs im Kontext der Weltordnungsspekulationen[26].

2.1. Michael, der große Fürst

Andere Texte wenden ihre Aufmerksamkeit der Gestalt des himmlischen Hohenpriesters direkt zu. In bHag 12b, einem anonym überlieferten Traditionsstück zum Thema des Maʿase Bereshit, heißt es bei der Beschreibung der sieben Himmel[27]:

> In Zebul ist Jerusalem und das Heiligtum und ein Altar erbaut, und Michael, der große Fürst, steht da und opfert auf ihm jeden Tag. Denn es heißt: „So habe ich denn wirklich gebaut ein Wohn-Haus [Zebul] für dich, eine Stätte dir zur Wohnung für immer" (1. Kön 8,13). Und woher, daß dies [Zebul] Himmel heißt? Es heißt: „Blicke vom Himmel herab und schaue nieder von deiner heiligen und herrlichen Wohnung" (Jes 63,15)[28].

Durch die Formulierung „Michael, der große Fürst" und die Verwendung des Verbes עומד – ‚er steht' wird der Bezug dieser Auslegung zu Dan 12,1 deutlich,

---

[23] Da ein Tradent dieses Namens sowohl aus tannaitischer Zeit als auch aus amoräischer Zeit bekannt ist, läßt sich dieses Dictum nicht exakt datieren; vgl. H. L. STRACK/G. STEMBERGER, Einleitung in Talmud und Midrasch, München ⁷1984, S. 87f.94.

[24] WaR 21,11 (30d): R. Berechja und R. Jeremia im Namen des R. Chija ...; PesK 27 (177b): wie WaR 21,11 (30d); Yalq I aḥare mot § 571 (178c).

[25] Die kürzere Paralleltradition in Midrash Aggada zu Ex 26,7 (S. 136), die im Namen des R. Abbahu, eines Amoräers der dritten Generation tradiert wird, enthält das Motiv nicht.

[26] Vgl. B. EGO, Im Himmel wie auf Erden. Studien zum Verhältnis von himmlischer und irdischer Welt im rabbinischen Judentum (WUNT 2. Reihe 34), Tübingen 1989, S. 111ff.

[27] Zur Tradition der sieben Himmel: MHG Ber S. 15, Anm. z.St. – H. L. STRACK/P. BILLERBECK, Kommentar zum Neuen Testament aus Talmud und Midrasch. Bd. III, München 1926, S. 531. – O. HOFIUS, Der Vorhang vor dem Thron Gottes. Eine exegetisch-religionsgeschichtliche Untersuchung zu Hebräer 6,19f. und 10,19f. (WUNT 14), Tübingen 1972, S. 20, Anm. 114. – U. SIMON, Heaven in the Christian Tradition, London 1958, S. 41f. – C. ROWLAND, The Open Heaven. A Study of Apocalyptic in Judaism and Early Christianity, New York 1982, S. 81f. – G. SARFATTI, Ha-qosmografia ha-talmudit, in: Tarbiz 35 (1965/66), S. 137–148, hier: S. 144f. – H. BIETENHARD, Die himmlische Welt im Urchristentum und Spätjudentum, S. 8–10. Vergleichende Tabellen zu den Versionen über die sieben Himmel: N. SED, La mystique cosmologique juive (Ecole des Hautes Etudes en Sciences Sociales, Etudes Juives 16), Paris 1981, S. 263–277. Nach G. SCHOLEM, Jewish Gnosticism, Merkabah Mysticism and Talmudic Tradition, New York 1961, S. 49 bildet bHag 12b den frühesten Beleg für Michaels himmlischen Priesterdienst.

[28] MHG Ber S. 15: „Es lehrten unsere Meister..."; Yalq II 1. Kön § 189 (376b); Yalq II Ez § 339 (417c): beide als Zitat aus bHag 12b gekennzeichnet.

wobei die sich an diese Termini anschließende Fortsetzung die kultische Deutung dieses „Stehens vor Gott" zum Ausdruck bringt[29].

Die Hekhalot-Literatur integriert die Vorstellung von Michaels himmlischem Opferdienst in ihre doxologische Beschreibung der himmlischen Welt, für die die Licht- und Feuermetaphorik eine bedeutende Rolle spielt: Metatron kann als der Geheimname Michaels erscheinen, der auch magisch-theurgische Bedeutung hat[30]. So heißt es in 3. Henoch 15B[31]:

> Es sprach R. Ismael: Es sprach zu mir Metatron, der Fürst des Angesichts und der Fürst über alle Fürsten – und er steht vor ihm, der erhaben ist über alle Götter... Und er hat eine große Wohnung oben aus Licht. Und er bringt das Feuer der Taubheit hervor und gibt es in die Ohren der heiligen Tiere, damit sie nicht die Stimme der Rede hören, die aus dem Munde der Macht hervorgeht.

Auch in Seder Rabba di-Breshit ist dieses Motiv – in direkter Aufnahme von bHag 12b – zu finden:

> Oberhalb von Sheḥaqim [ist Zebul][32], in dem sieben Paläste von Feuer und sieben Altäre von Glut erbaut sind, sieben Lager von Engeln stehen, sieben Klassen von Scharen bereit stehen, und Michael, der große Fürst, steht unter ihnen an ihrer Spitze, als Hoherpriester, gekleidet mit den Gewändern des Hohenpriesters, und bringt reines Feueropfer auf dem Altar des Herrn dar, opfert Räucherwerk auf dem Räucheraltar und läßt die Rauchsäulen der Lohe vom Altar aufsteigen, denn es heißt: „So habe ich denn wirklich gebaut ein Wohn-Haus für dich" (1. Kön 8,13). Und woher, daß dies Himmel heißt...[33]?

Die Identifizierung des himmlischen Hohenpriesters mit dem Erzengel Michael

---

[29] Vgl. Dtn 10,8 und Ri 20,28. Der Terminus שר kann auch für die Priester verwendet werden; vgl. 1. Chr 24,5.

[30] G. SCHOLEM, Jewish Gnosticism, Merkabah Mysticism and Talmudic Tradition, S. 43–55: Diese Tradition kann bis ins 3./4. Jh. zurückverfolgt werden. In der Figur des Metatron überlagern sich somit zwei zunächst voneinander unabhängige Motivstränge: die Verwandlung des Menschen Henoch in einen Engel und der geheime Name eines Engels. Vgl. ferner: J. H. CHARLESWORTH, Pseudepigrapha I, S. 243f. – L. GINZBERG, The Legends of the Jews, Bd. V, S. 170; siehe a. Buch Serubbabel, BatM II, S. 498.502f.; hierzu: H. P. RÜGER, Die alten Versionen zu Ex 24,10 und 11 und die rabbinische Targumkritik, in: S. MEURER (Hg.), Mittelpunkt Bibel. Ulrich Fick zum 60. Geburtstag (Die Bibel in der Welt 20), Stuttgart 1983, S. 39–48, hier: S. 43.

[31] H. ODEBERG (Hg.), 3 Enoch or The Hebrew Book of Enoch, Cambridge 1928 (Nachdruck New York 1973), S. 21 (hebr. Zählung). (Der Text ist bei P. SCHÄFER, Synopse zur Hekhalot-Literatur. In Zusammenarbeit mit M. SCHLÜTER und H. G. VON MUTIUS, Tübingen 1981, nicht abgedruckt.)

[32] Ergänzt nach Seder Rabba di-Breshit § 39, BatM I, S. 41.

[33] P. SCHÄFER, Synopse zur Hekhalot-Literatur § 772; siehe a. Seder Rabba di-Breshit § 39, BatM I S. 41: mit kleinen Änderungen. Vgl. ferner Ginze Schechter I, S. 186: „Und in Sheḥaqim ist eine Leiter aufgestellt, und ihre Spitze reicht bis nach Zebul, und in Zebul ist Jerusalem, der Palast und ein Altar erbaut, und Michael, der große Fürst, steht da und opfert auf ihm Räucherwerk an jedem Tag, denn es heißt: ‚So habe ich denn wirklich gebaut ein Wohn-Haus für dich, eine Stätte dir zur Wohnung für immer' (1. Kön 8.13)."

erklärt sich motivgeschichtlich aus den gemeinsamen Aufgaben und Funktionen, die diese beiden Figuren zu erfüllen haben. Michael, „der große Fürst, der für die Söhne deines Volkes einsteht" (Dan 12,1), ist in den Apokryphen und Pseudepigraphen nicht nur der himmlische Wesir, der vor dem Großkönig dient, und somit himmlischer Heerführer und Bote Gottes[34], sondern auch der Schutz- und Fürsprecherengel schlechthin: Als Adam und Eva nach ihrer Vertreibung aus dem Paradies weinen – so die Apokalypse des Moses –, hören sie, wie Michael für sie betet[35]. Eng verwandt mit Michaels Fürbittefunktion ist die Vorstellung, daß Michael die Gebete der Menschen zu Gott bringt[36].

---

[34] Siehe oben, S. 361.

[35] ApcMos 31,1. Vgl. 3. Hen 44,10: Michael weint um die Menschen, als Gott Abraham, Isaak und Jakob mitteilt, daß er die Menschheit wegen ihrer Sünden nicht retten kann. Vgl. auch Apokalypse des Sedrach 14,1. Nach J. BECKER, Die Testamente der zwölf Patriarchen (Unterweisung in lehrhafter Form, JSHRZ III/1), Gütersloh 1980, S. 50, Anm. 6c ist TestLevi 5,6 ebenfalls auf Michael zu beziehen; vgl. ferner TestDan 6,2. Die Umkehrung der Vorstellung zeigt 1. Hen 68,2ff.: Als die Sintflut droht, weigert sich Michael, für die Menschen einzutreten. Zu Michael als Fürsprecher allgemein: P. SCHÄFER, Rivalität zwischen Engeln und Menschen, S. 28ff. – N. JOHANSSON, Parakletoi. Vorstellungen von Fürsprechern für die Menschen vor Gott in der alttestamentlichen Religion, im Spätjudentum und Urchristentum, Lund 1940, S. 75. Vgl. in diesem Kontext auch die ursprünglich in griechischer Sprache verfaßte christliche Apokalypse des Paulus § 43, die in der uns vorliegenden Form am Ende des 4. Jh.s entstanden ist: „Und danach sah ich den Himmel geöffnet und Michael, den Erzengel, herabsteigend vom Himmel und mit ihm das ganze Heer der Engel, und sie gelangten zu denen, die in die Strafen gesetzt waren; und als sie ihn sahen, riefen sie wieder weinend aus und sagten: Erbarme dich unser, Erzengel Michael, erbarme dich unser und des menschlichen Geschlechts, weil wegen deiner Gebete die Erde besteht. Wir haben nun das Gericht gesehen und den Sohn Gottes erkannt. Es war vordem unmöglich, hierfür zu beten, ehe wir an diesen Ort kamen... Und Michael antwortete und sagte: Hört, wenn Michael redet: ich bin es, der ich in jeder Stunde vor Gott stehe. So wahr der Herr lebt, in dessen Gegenwart ich stehe, ich lasse nicht ab, nur an einem Tag oder einer Nacht unaufhörlich zu beten für das menschliche Geschlecht, und ich bete für die, die noch auf der Erde sind"; zitiert nach der Übersetzung der lateinischen Vorlage von H. DUENSING/AURELIO DE SANTOS OTERO, Apokalypse des Paulus, in: W. SCHNEEMELCHER, Neutestamentliche Apokryphen in deutscher Übersetzung. Bd. II: Apostolisches. Apokalypsen und Verwandtes, Tübingen ⁵1989, S. 667. Die rabbinische Literatur formuliert die Fürbitte Michaels aber nicht nur in kultischer, sondern auch in juridischer Terminologie. Michael ist *senegor* – ‚Fürsprecher' in der himmlischen Gerichtsversammlung: ShemR 18,5 (35a); RutR Anfang (1a), bYom 77a u.ö. Vgl. N. JOHANSSON, Parakletoi, S. 147ff. Vgl. auch PRE § 27, wo der Terminus פליט in Gen 14,13 auf Michael bezogen wird; vermutlich wurde diese Identifikation durch das rabbinische Lehnwort פרקליט, dem der griechische Begriff παράκλητος zugrunde liegt, beeinflußt; hierzu: G. FRIEDLÄNDER, Pirkê de Rabbi Eliezer, London 1916, S. 194, Anm. 5. Vgl. S. KRAUSS, Griechische und lateinische Lehnwörter im Talmud, Midrasch und Targum, Bd. II, Berlin 1899, S. 496.

[36] In 3Bar 11,4 heißt es: „Jetzt eben kommt der Fürst Michael herab, um die Bitten der Menschen entgegenzunehmen." Michael präsentiert Gott auch die Tugenden der Gerechten: „Dies ist (die Schale), in welche die Tugenden der Gerechten kommen, und alles Gute, das sie tun, wird durch ihn vor den himmlischen Gott gebracht"; zitiert nach der Übersetzung von W. HAGE, Die griechische Baruch-Apokalypse (Apokalypsen, JSHRZ V/1), Gütersloh 1974, S. 32. Vgl. auch Tob 12,15: Rafael bringt die Gebete zu Gott. Auffällig ist die Terminologie: τὸ μνημόσυνον τῆς προσευχῆς – ‚Gebetsopfer', hierzu: H. WENSCHKEWITZ, Die Spiritualisie

Gerade in frühjüdischer Zeit scheint nun aber ein deutlicher Akzent auf den Bezug des Priestertums und des Opferkultes zur Fürbitte gelegt worden zu sein: Während im Pentateuch die einzelnen Opferrituale nur sehr selten im Kontext von sie begleitenden und ausdeutenden Gebeten dargestellt werden[37], findet sich in der Zeit des Zweiten Tempels die Verbindung von Opfern mit Gebeten und Segenswünschen recht häufig[38]. Dies zeigt sich ganz deutlich im 2. Makkabäerbuch, das – in drei Schichten im Zeitraum zwischen 161/60 v. Chr. und der Zerstörung des Tempels in griechischer Sprache verfaßt[39] – inhaltlich viele Entsprechungen mit den Grundanschauungen der pharisäischen Bewegung aufweist[40]. So beten nach 2. Makk 1,23ff. die Priester um den Schutz und Segen Gottes und die Annahme des Opfers, während dieses auf dem neu eingeweihten Altar vom Feuer verzehrt wird[41]. Nach 2. Makk 3,31 besteht die Fürsprache im Darbringen eines Opfers durch den Hohenpriester[42], und – um noch ein weiteres Beispiel zu nennen – in 2. Makk 12,44 schließt der Begriff προσεύχεσθαι das Opfer mit ein[43].

Die Interzession gehört zum Amt des Hohenpriesters; schließlich erscheint dieser auch ohne direkten Bezug zu einer Opferhandlung als Fürsprecher[44]:

---

rung der Kultusbegriffe. Tempel, Priester und Opfer im Neuen Testament, in: Angelos 4 (1932), S. 70–230, hier: S. 82. Vgl. Apk 8,3.

[37] Diese Tatsache ist wohl mit ein Grund für das Problem, das sich bei der Frage nach der Bedeutung der Opfer stellt; vgl. G. v. RAD, Theologie des Alten Testaments, München 1968, Bd. I, S. 264f. Für einzelne Anspielungen auf die Verknüpfung der Fürbitte mit dem Opfer vgl. Ps 4,6; 5,4; 20,2–6; hierzu: H. J. KRAUS: Psalmen (BK XV), 1. Teilband, Neukirchen 1961, S. 33.39.163.

[38] Vgl. A. ROTHKOFF, Art. Sacrifice, in: EJ 14 (Jerusalem 1971), Sp. 599–615, hier: Sp. 607. קרב ist nicht nur Terminus technicus für das Darbringen des Opfers, sondern kann auch die Tätigkeit eines Fürsprechers bezeichnen: PH. BLOCH, Spuren alter Volksbücher in der Aggada, in: Judaica. Festschrift zu Hermann Cohens siebzigstem Geburtstag, Berlin 1912, S. 703–721, hier: S. 713, Anm. 2. Zur Verbindung von Opfer und Lied vgl. Sir 50,13ff.; Apk 5,8–10; mTam 5,6–7,4; siehe hierzu M. HENGEL, Das Christuslied im frühesten Gottesdienst, in: Weisheit Gottes – Weisheit der Welt. Festschrift für Joseph Kardinal Ratzinger zum 60. Geburtstag, St. Ottilien 1987, Bd. I, S. 357–404, hier: S. 359.

[39] CHR. HABICHT, 2. Makkabäerbuch (Historische und legendarische Erzählungen, JSHRZ I/3), Gütersloh 1979, S. 175f.

[40] CHR. HABICHT, 2. Makkabäerbuch, S. 189.

[41] Dieser Text ist der dritten und letzten Schicht des 2. Makkabäerbuches zuzurechnen und somit in der Zeit zwischen 124 v. Chr. und der Tempelzerstörung entstanden; vgl. CHR. HABICHT, 2. Makkabäerbuch, S. 175ff.

[42] Dieser Beleg ist der frühesten Schicht zuzurechnen; vgl. CHR. HABICHT, 2. Makkabäerbuch, S. 173f.

[43] Dieser Beleg ist vermutlich als sekundär zu klassifizieren und im Zeitraum zwischen 161 und 124 entstanden. – Vgl. auch Weisheit Salomos 18,21.

[44] Zum Hohenpriester als Fürbitter: W. R. G. LOADER, Sohn und Hoherpriester. Eine traditionsgeschichtliche Untersuchung zur Christologie des Hebräerbriefes (Wissenschaftliche Monographien zum Alten und Neuen Testament 53), Neukirchen-Vluyn 1981, S. 236; ferner S. 152. – N. JOHANSSON, Parakletoi, S. 68.156.173. – P. A. H. DE BOOR, De Voorbede in het Oude Testament (Oudtestamentische Studien 3), Leiden 1943, S. 160ff. – R. LE DÉAUT, Aspects de l'intercession dans le Judaisme ancien, in: JSJ 1 (1970), S. 35–57, hier: S. 46ff.

Nach 2. Makk 15,12 betet der gesetzestreue Hohepriester Onias für das Volk; in 2. Makk 10,4 bittet der Hohepriester Gott um die Bewahrung des Tempels[45].

Diese Entwicklung setzt sich sowohl in den Targumen als auch in der rabbinischen Literatur fort: In TPsJ zu Num 17,13 wird das Sühnopfer geradezu als Fürbitte verstanden.

> Und Aaron ... rannte mitten in die Gemeinde, und siehe, das zerstörerische Feuer hatte schon begonnen, das Volk zu zerstören. Aber er räucherte und wirkte Sühne für sie. Und Aaron stand auf im Gebet ... und die Plage hörte auf[46].

Während Lev 16 lediglich von den Opferhandlungen berichtet, weiß die Mischna um ein Gebet des Hohenpriesters am Versöhnungstag, das ein Sündenbekenntnis und die Bitte um Vergebung einschließt[47]. Die zweimal tägliche Darbringung des Räucherwerks wird von der Rezitation des Priestersegens Num 6,24–26 begleitet[48].

Die Funktion des Motivs von Michaels himmlischem Priesterdienst, die gleichzeitig auf den historischen Kontext der Verbindung von Michaels Fürbitteamt mit der Vorstellung von einem himmlischen Priester verweist, zeigt folgende amoräische Auslegung zu 2. Chr 2,3, die in bMen 110a tradiert wird.

„[Siehe, ich will dem Namen des Herrn, meines Gottes, ein Haus bauen, um es ihm zu

---

[45] Beide Texte sind dem Grundbestand des 2. Makkabäerbuches zuzurechnen; vgl. CHR. HABICHT, Das 2. Makkabäerbuch, S. 175ff. Die Fürsprache ist aber nicht ausschließlich auf das Amt des Hohenpriesters beschränkt, vgl. z.B. 1. Makk 7,36ff., wo die Priester um den Schutz des Tempels und um die Strafe für seine Verhöhner flehen.

[46] Weitere Belege aus der Targumliteratur für die sühnende Fürbitte Aarons bei R. LE DÉAUT, Aspects de l'intercession, S. 46ff. – S. LYONETT, Expiation et intercession. A propos d'une traduction de saint Jérôme, in: Biblica 40 (1959), S. 885–900, hier: S. 890ff. – B. JANOWSKI, Sühne als Heilsgeschehen. Studien zur Sühnetheologie der Priesterschrift und zur Wurzel KPR im Alten Orient und im Alten Testament (Wissenschaftliche Monographien zum Alten und Neuen Testament 55), Neukirchen-Vluyn 1982, S. 147ff. Vgl. auch die Übersetzung des Verbums כפר mit orare bzw. rogare in der Vulgata, hierzu: S. LYONETT, Expiation et intercession, S. 885.

[47] mYom 3,8; mYom 4,2; mYom 6,2. – Vgl. außerdem das in mYom 5,1 erwähnte „kurze Gebet"; ferner: bYom 53b; PRK 27 (171a/b). B. S. LURIA, Tefillato shel kohen-gadol be-yom ha-kippurim, in: Sinai 59 (1965–66), S. 203–208, zeigt die verschiedenen Stufen, in denen dieses Gebet sich entwickelte. Es handelte sich zunächst nur um ein kurzes Gebet um Regen und Fruchtbarkeit, das um andere Elemente wie z.B. die Bitte um Handelserfolg und den Bestand des Tempels ergänzt wurde. Zum Priestersegen vgl. ferner: I. ELBOGEN, Der jüdische Gottesdienst in seiner geschichtlichen Entwicklung, Frankfurt a.M. ³1931 (= Nachdruck Hildesheim ⁴1962), S. 68–72. – J. HEINEMANN, Prayer in the Talmud. Forms and Patterns. Berlin/New York 1977, S. 130.

[48] Die Entwicklungslinie Fürbitter – Hoherpriester findet ihre Parallele in der Motivgeschichte des himmlischen Hohenpriesters im Hebräerbrief, vgl. H. J. DE JONGE, Traditie en exegese: de hogepriester-christologie en Melchizedek in Hebreeën, in: Nederlands Theologisch Tijdschrift 37 (1983), S. 1–18, hier: S. 9f. – S. NOMOTO, Herkunft und Struktur der Hohenpriestervorstellung im Hebräerbrief, in: Novum Testamentum X (1968), S. 10–24, hier: S. 13.

weihen, um vor ihm darzubringen wohlriechendes Räucherwerk, die Brandopfer für den Morgen und den Abend, für die Sabbate und die Neumonde und an den Festen des Herrn, unseres Gottes;] für immer ist dies die Pflicht Israels" (2. Chr 2,3).

Es sprach R. Giddel[49] im Namen Rabs[50]: Dies ist der erbaute Altar, und Michael, der große Fürst, steht da und bringt auf ihm Opfer dar.

R. Johanan sagte: Das sind die Schriftgelehrten, die sich mit den Vorschriften über den Opferdienst befassen; die Schrift rechnet es ihnen an, als wäre der Tempel in ihren Tagen erbaut worden[51].

Da Israel einerseits nach der Tempelzerstörung seiner Aufgabe der Kultausübung, die hier durch die Zitation von 2. Chr 2,3 angesprochen wird, nicht mehr nachkommen kann, die Opfer aber andererseits aufgrund ihrer Segens- und Sühnewirkung[52] für die Existenz von Volk und Land unabdingbar sind, muß ein Ersatz für das Verlorene gefunden werden. Während R. Johanan die auch sonst verbreitete Äquivalenz von Tora-Studium und Tempeldienst vertritt[53], verweist R. Giddel auf Michaels himmlischen Opferdienst, ohne diesen jedoch im Hinblick auf Zeitpunkt und Funktion zu spezifizieren; er scheint somit die verschiedenen Aspekte des Opfers zu umgreifen.

Das Motiv des himmlischen Opferdienstes ist durch die Verbindung mit Michael, dem (Schutz-)Engel Israels, von seinem direkten priesterlichen Bezug gelöst und in den Horizont des gesamten Volkes gestellt. Der himmlische Kult dient nicht mehr der Legitimation des irdischen, sondern übernimmt vielmehr die Aufgabe, die vor der Zerstörung die Jerusalemer Priesterschaft innehatte. Das Motiv impliziert somit eine gewisse Ambivalenz: Zwar bewahrt es die Erinnerung an das Priestertum aufgrund der Relevanz, die dem Kult im Jerusalemer Tempel zukam, gleichzeitig macht es aber die Existenz der irdischen Priester überflüssig. Israel selbst wird auf das Studium der Tora und – wie andere Texte zeigen – auf das Gebet und die Taten der Nächstenliebe verwiesen[54].

---

[49] R. Giddel, ein Schüler Rabs, ist ein babylonischer Amoräer der zweiten Generation; vgl. H. L. STRACK/G. STEMBERGER, Einleitung in Talmud und Midrasch, S. 93.

[50] Ein babylonischer Amoräer der ersten Generation; vgl. H. L. STRACK/G. STEMBERGER, Einleitung in Talmud und Midrasch, S. 90.

[51] MTeh zu Ps 134,1 (259b): wie oben.

[52] J. MAIER, Geschichte der jüdischen Religion. Von der Zeit Alexander des Großen bis zur Aufklärung mit einem Ausblick auf das 19./20. Jahrhundert, Berlin/New York 1972, S. 31f. Vgl. H. GESE, Die Sühne, in: DERS., Zur biblischen Theologie. Alttestamentliche Vorträge, München 1977, S. 85–106. – O. HOFIUS, Sühne und Versöhnung. Zum paulinischen Verständnis des Kreuzestodes Jesu, in: DERS., Paulusstudien, Tübingen 1989, S. 33–49, hier: S. 39ff.

[53] H. WENSCHKEWITZ, Die Spiritualisierung der Kultusbegriffe, S. 93. – A. ROTHKOFF, Art.: Sacrifice, S. 207. – Vgl. auch die Texte im unmittelbaren Kontext der oben zitierten Tradition in bMen 110a.

[54] Vgl. H. WENSCHKEWITZ, Die Spiritualisierung der Kultusbegriffe, S. 94ff. Vgl. in diesem Kontext auch die Ausdeutung der Erzählung der Opferung Isaaks, die als Sühne für Israel

bZev 62a, ebenfalls eine amoräische Auslegung, greift das Motiv von Michaels himmlischem Priesterdienst – ganz unabhängig von seiner Fürbitterrolle – unter dem Aspekt seines Ortsbezuges auf.

Woher aber wußten sie [den Platz] des Altars? Es sprach R. Eleazar[55]: Sie sahen [von der Erde] einen erbauten Altar [im Himmel], und Michael, der große Fürst, steht da und bringt darauf Opfer dar.

Auf dem Hintergrund der Forderung nach einer direkten Kontinuität zwischen dem Ersten und Zweiten Tempel stellt sich für die aus Babylon zurückgekehrten Exulanten – so der Text – die Aufgabe, den ehemaligen Standort des Altars beim Bau des Zweiten Tempels exakt zu lokalisieren. Während die anderen Traditionen im unmittelbaren Kontext dieser Überlieferung berichten, daß sich am Platze des Altars noch die Asche des anstelle Isaaks geopferten Widders befunden habe bzw. daß dort der Geruch von verbranntem Opferfleisch wahrzunehmen gewesen sei, also auf Überreste des Salomonischen Tempels verweisen, ist das Dictum R. Eleazars im Kontext der Vorstellung von der lokalen Entsprechung von himmlischem und irdischem Heiligtum zu verstehen: Wenn das himmlische Heiligtum genau gegenüber dem irdischen Heiligtum liegt[56], so daß die beiden Größen durch eine vertikale Achse miteinander verbunden sind, dann kann aus der Lage des himmlischen Altars, die den Heimkehrern in einer Vision offenbart wurde, auf den Ort des irdischen Altars geschlossen werden. Seine Lokalisierung resultiert somit aus dem Wissen um die bestehende kosmologische Ordnung, in die das Heiligtum integriert ist.

2.2 Andere Priestergestalten: Elia, Pinhas und Mose

Neben Michael, dem Schutzengel Israels, werden aber – in einem Nebenstrang der Überlieferung – auch andere Akteure des himmlischen Opferdienstes genannt. Allerdings handelt es sich hier um Menschen, die in die himmlische Welt entrückt wurden und nun unter den Engeln Gott dienen. So erzählt eine Tradition aus Midrasch Tehillim, die allerdings nur in einer Geniza-Handschrift[57] belegt ist, vom täglichen Opferdienst Elias, der für Israels Sünden sühnt[58].

---

verstanden wurde; hierzu die Zusammenfassung bei J. MAIER, Geschichte der jüdischen Religion, S. 119.

[55] Ein Amoräer der dritten Generation, vgl. H. L. STRACK/G. STEMBERGER, Einleitung in Talmud und Midrasch, S. 94.

[56] Vgl. die Auslegungen zu Ex 15,17; zusammengestellt bei B. EGO, Im Himmel wie auf Erden, S. 73ff.; siehe auch den kabbalistischen Text Sefer Raziel, S. 41b: „Oberhalb von Sheḥaqim befindet sich Makhon; dort ist ein Heiligtum erbaut, ein Räucheraltar und ein Brandopferaltar, und Michael, der große Fürst, steht da und opfert auf dem Altar und läßt aufsteigen das Brandopfer auf dem Brandopferaltar, denn es heißt: ‚eine Stätte (מכון) dir zur Wohnung...' (Ex 15,17)."

[57] Liqquṭim mi-Midrash Shoḥer Ṭov zu Ps 63, BatMidr I, S. 369.

[58] Elia selbst ist mit Pinhas gleichzusetzen; den frühesten Beleg für diese Ineinssetzung

Es sagte R. Pinhas[59] im Namen des R. Simon ben Lakisch[60]: Pinhas ist Elia, seiner sei gedacht zum Guten und zum Segen, denn ohne ihn hätten wir kein Leben unter Edom, dem Frevler. Das ist es, was unsere Lehrer sagten: Seit der Stunde, seit der das Heiligtum zerstört ist, opfert er zwei Tamid-Opfer an jedem Tag, um für die Sünden Israels zu sühnen. Und er schreibt auf ihre Häute das Werk [d.h. die Verdienste Israels] Tag für Tag[61].

Bereits A. Aptowitzer hat in seinem 1930/31 erschienenen Aufsatz ‚Bet ha-miqdash shel ma'lah 'al pi ha-'aggada' auf SifBam § 131 (S. 173) als Quelle dieser Auslegung hingewiesen[62]. In diesem Al-tiqre-Midrasch zu Num 25,13 ist ויכפר nicht im Sinne eines Narrativs ויכפר – ‚und er sühnte' – zu lesen, sondern als Imperfekt, das mit der Kopula ו verbunden und iterativ zu verstehen ist. Pinhas' Priesteramt dauert somit als „Bund *ewigen* Priestertums" bis heute an.

Diese Tradition, die Elemente aus der Zeit vor 70 bewahrt hat[63], ist – wenn

---

bietet Ps-Philo 48,1–2; vgl. CHR. DIETZFELBINGER, Pseudo-Philo: Antiquitates Biblicae (Liber Antiquitatum Biblicarum) (Unterweisung in erzählender Form, JSHRZ II/2), Gütersloh 1979, S. 230f., Anm. XLVIII 1c)d). Weitere Belege bei L. GINZBERG, The Legends of the Jews, Bd. VI, S. 315; ferner S. 184 und S. 214. – C. COLPE, Das samaritanische Pinehas-Grab in Awerta und die Beziehungen zwischen Ḥadir- und Georgslegende, in: ZDPV 85 (1969), S. 162–196, hier: S. 168–170. 172–173. – H. L. STRACK/P. BILLERBECK, Kommentar zum Neuen Testament. Bd. IV, S. 789ff. Die exegetische Begründung für die Identität der beiden Figuren wird auf der Basis einer Gezera Schawa geführt. Unter dem Stichwort קנא – ‚eifern' kann der Bezug zwischen Num 25,11 und 1. Kön 19,10 hergestellt werden (so z.B. PRE 28, S. 64b). Eine weitere Verbindungsmöglichkeit wird durch den Ausdruck ‚Bund des Friedens' bzw. ‚Bund ewigen Priestertums' in Num 25,12f. und durch Mal 2,5 gegeben (so z.B. Tan Pinḥas 1 [296b]). Der Bezug von Mal 2,5 zu Elia wiederum wird über die Verknüpfung dieses Verses mit Mal 3,1 und Mal 3,23 hergestellt. – Vgl. J. JEREMIAS, Art. Ἠλ(ε)ίας, in: ThWNT II, S. 930–940, hier: S. 934ff., spez. S. 934, Anm. 40. Auch die Alte Kirche kennt diese Identifizierung von Elia mit Pinhas; vgl. S. KRAUSS, The Jews in the Works of the Church Fathers, in: JQR 5 (1883), S. 122–157, hier: S. 153. – M. HENGEL, Die Zeloten. Untersuchungen zur jüdischen Freiheitsbewegung in der Zeit von Herodes I. bis 70 n. Chr. Leiden/Köln 1976, S. 168. – A. SPIRO, The Ascension of Phinehas, in: PAAJR 22 (1953), S. 91–114, hier: S. 91. Elia als Priester: M. W. LEVINSOHN, Der Prophet Elia. Nach den Talmudim und Midraschquellen (mit Ausschluß des eschatologischen Teils), New York 1929, S. 6–12: Zur Herkunft des Elia gab es verschiedene Traditionen und Spekulationen. Neben der Überlieferung, Elia stamme aus dem Stamme Gad oder Benjamin, wurde die Ansicht vertreten, er komme aus Levi. Belege, ibid. S. 8–12: So begegnet nach b BM 114a/b Elia einem Talmudlehrer auf einem Friedhof. Dieser fragt erstaunt, warum er als Priester ein Gräberfeld betrete. Elia als endzeitlicher Hoherpriester: M. KATTEN, Art.: Elia im späteren jüdischen Schrifttum, in: EJ 6 (Berlin 1928), Sp. 485–495, hier: Sp. 493.

[59] Pinhas (b. Ḥama) ist ein Amoräer der fünften Generation.
[60] Ein Amoräer der zweiten Generation.
[61] Zum Motiv „Elia als Schreiber": bQid 70a; WaR 34,8 (49d); RutR 5,6 (10a); SOR § 17 (36b). Wenn ältere Traditionen Michael bzw. Henoch als himmlischen Schreiber (Jub 4,23; TPsJ zu Gen 5,24) bezeichnen, so scheint diese Vorstellung sekundär auf die Figur des Elia übergegangen zu sein. Vgl. auch die Adaption des Motivs auf Mose in bSot 13b.
[62] A. APTOWITZER, Bet ha-miqdash shel ma'lah 'al pi ha-'aggada, in: Tarbiz 2 (1930/31), S. 137–153.257–287, hier: S. 261; vgl. auch M. HENGEL, Die Zeloten, S. 161.
[63] Siehe M. HENGEL, op. cit., S. 167ff.

man der Tradentenangabe des Textes Glauben schenken kann – in die amoräische Zeit zu datieren und somit zeitgleich mit den Texten von Michaels himmlischem Opferdienst. Ihre durch den Aspekt der Sühne veranlaßte Aktualisierung in der tempellosen Zeit liegt nahe. Bezeichnend scheint aber die Tatsache, daß diese Tradition – wie die Elia-Pinhas-Überlieferung generell[64] – nur am Rande der rabbinischen Literatur erhalten ist. Da Pinhas gerade in der zelotischen Bewegung als Vorbild und Identifikationsfigur eine ganz entscheidende Rolle zukam, hat das Rabbinat, das für seinen ‚Kurs der Mitte' bekannt ist und apokalyptisch-zelotische Elemente im allgemeinen zurückdrängte, die Figur des Pinhas entweder heftig kritisiert[65] oder aber versucht, tendenziöse Traditionen dieser Art abzuschwächen oder auszuscheiden[66]. Wie die rabbinische Auslegung zu Num 25 in SifBam § 131 kann auch der oben zitierte Text als Reflex auf die zelotische Bewegung, die offensichtlich auch im frühen Pharisäismus ihre Anhänger hatte, verstanden werden[67]. Inwieweit sich hier das Legitimationsinteresse einer der zelotischen Bewegung nahestehenden Gruppe des Priestertums widerspiegelt und ob sich in dieser Überlieferung letztlich ein ähnliches Interesse wie in Jub 31,14 artikuliert, läßt sich anhand dieser Einzelüberlieferung, deren Datierung zudem nicht gesichert ist, nicht entscheiden[68].

Nach einer weiteren Tradition schließlich, die vermutlich auf die tannaitische Zeit zurückgeht, ist es Mose, der den priesterlichen Dienst im himmlischen Heiligtum verrichtet. In SifDev § 357 (427f.) heißt es:

„Und daselbst starb Mose" (Dtn 34,5) ... Und manche sagen: Mose starb nicht, sondern er steht und dient oben (עומד ומשרת למעלה). Hier heißt es „daselbst", und dort heißt es „Und er blieb daselbst mit dem Herrn" (Ex 34,28)[69].

---

[64] Vgl. M. HENGEL, Die Zeloten, S. 168.
[65] Vgl. M. HENGEL, Die Zeloten, S. 172ff.
[66] M. HENGEL, Die Zeloten, S. 164, Anm. 3.
[67] Zur rabbinischen Auslegung von Num 25 vgl. M. HENGEL, Die Zeloten, S. 178. – K. G. KUHN, Der tannaitische Midrasch Sifre zu Numeri, Stuttgart 1959, S. 519.
[68] Vgl. M. HENGEL, Die Zeloten, S. 180. Zu den Konflikten und Parteiungen innerhalb der Priesterschaft in der Zeit vor dem Ausbruch des jüdischen Krieges vgl. M. HENGEL, Die Zeloten, S. 215ff. Während der Priesteradel selbst römerfreundlich war, gab es bei den Leviten und diensttuenden Priestern doch Gruppen, die dies als unwürdig empfanden und sich verbittert auf die Seite der Zeloten schlugen. Genauso schwierig wie die Verbindung dieses Textes mit dem Legitimierungsinteresse bestimmter Priestergruppen ist der Bezug auf die von M. W. LEVINSOHN postulierte Konkurrenz zwischen den Fürsprechern Michael und Elia; vgl. M. W. LEVINSOHN, Der Prophet Elia, S. 17.27. Elia als Fürsprecher: vgl. EstR 7,18 (13a/b); weitere Belege bei M. W. LEVINSOHN, Der Prophet Elia, S. 17ff. – M. KATTEN, Art.: Elia im späteren jüdischen Schrifttum, Sp. 484.
[69] Als Parallelen vgl. MidrTann zu Dtn 34,5 (S. 224); MHG Dev (S. 785); Yalq I § 962 (343c); Yalq I § 965 (344b); bSota 13b: wie oben; schließt mit: „Wie er dort [d. h. in Ex 34,28] stand und diente, so steht er auch hier [Dtn 34,5] und dient". In LeqT zu Dtn 34,5 (67b) fehlt der einleitende Satz; am Ende fügt der Midrasch hinzu: „Dies lehrt, daß die Gerechten nicht sterben."

Wenn Mose in dieser Tradition auch nicht expressis verbis als Priester bezeichnet wird, so deutet der Terminus עומד ומשרת bzw. עומד ומשמש doch eindeutig auf einen kultischen Dienst hin[70], der hier jedoch im Gegensatz zum Priesteramt des Pinhas weder im Hinblick auf Zeit und Art des Opfers noch auf seine Funktion hin spezifiziert wird.

Exegetisch liegt zunächst das Prinzip der Gezera Schawa zugrunde. Die spezifische Konnotation der lokalen adverbialen Bestimmung שם – ‚daselbst' in Ex 34,28 kann – auf dem Hintergrund der Vorstellung von der Einheit der Schrift – auch für Dtn 34,5 in Anspruch genommen werden: שם – ‚daselbst' meint ‚bei Gott'. Des weiteren scheint dieser Text eine Al-tiqre-Auslegung zu implizieren; anstelle von וימת – ‚und er starb' ist ויעמד ‚und er wird stehen' zu lesen, wobei der Terminus עמד, wie der erläuternde Zusatz durch die Begriffe שרת und שמש zeigt, im kultischen Sinne zu verstehen ist[71].

Das Motiv von Moses himmlischem Priesterdienst ist – wie der Anschluß an Dtn 34,5 zeigt – durch die Frage nach dem Tode des Moses motiviert, die Anlaß zu einer reichen Legendenbildung gab[72]. Neben die Spekulationen über den Grund, warum Mose das verheißene Land nicht betreten durfte, stellte sich ganz generell die Anfrage an die Berechtigung seines Todes. „How could it be imagined that he died like an ordinary mortal in spite of his supra-human nearness to God?"[73] Zum Aufweis der Größe des Mose erzählt ARN A 12, S. 25b[74], daß der Todesengel keine Macht über Mose besaß und seine Seele nicht holen konnte[75]; nach TPsJ zu Dtn 34,5 starb Mose durch einen Kuß Gottes[76]. In diesem Zuge einer Verherrlichung und Glorifizierung der Mose-

---

[70] K. HAACKER/P. SCHÄFER, Nachbiblische Traditionen vom Tod des Mose, in: O. BETZ/M. HENGEL/K. HAACKER, Josephus-Studien. Untersuchungen zu Josephus, dem antiken Judentum und dem Neuen Testament. O. Michel zum 70. Geburtstag, Göttingen 1974, S. 145–174, hier: S. 171. – J. MAIER, Vom Kultus zur Gnosis. Studien zur Vor- und Frühgeschichte der „jüdischen Gnosis". Bundeslade, Gottesthron und Märkabah (Kairos, Religionswissenschaftliche Studien 1), Salzburg 1964, S. 145, Anm. 196f.

[71] עמד ומשרת: Num 16,9; Dtn 10,8; 17,12; 18,5; 1. Kön 8,11; 2. Chr 5,14; 29,11; Ez 44,15. Vgl. K. HAACKER/P. SCHÄFER, Nachbiblische Traditionen vom Tod des Mose, S. 173. Vgl. das Dictum von R. Meir zu Gen 1,31 in BerR 9,5 (24c), wo anstelle von טוב מאד die Lesart טוב מות vorgeschlagen wird.

[72] J. JEREMIAS, Art.: Μωυσῆς, S. 858. Vgl. die Zusammenstellung der verschiedenen Überlieferungen bei R. BLOCH, Die Gestalt des Moses in der rabbinischen Tradition, in: Mose in Schrift und Überlieferung, Düsseldorf 1963, S. 95–171, hier: S. 130–140. – A. ROSMARIN, Moses im Lichte der Aggada, New York 1932, S. 133–149. – M. GRÜNBAUM, Neue Beiträge zur semitischen Sagenkunde, S. 182–184.

[73] S. E. LOEWENSTAMM, Mot Moshe, in: Tarbiz 27 (1957/58), S. 142–157. III–V, hier: S. III.

[74] Vgl. ARN Rez. B 25 S. 25b.

[75] R. MACH, Der Zaddik in Talmud und Midrasch, Leiden 1957, S. 161.

[76] Diese Auslegung rekurriert auf das wörtliche Verständnis der Formel על־פי in Dtn 34,5. Weitere Belege zu dieser Auslegung vgl. K. HAACKER/P. SCHÄFER, Nachbiblische Traditionen vom Tod des Mose, S. 167.

Figur wird die Leugnung seines Todes verständlich; eine spätere rabbinische Tradition schließt so auch die oben zitierte Überlieferung mit der Folgerung: „Denn die Gerechten sterben nicht."[77]

Die Entrückung des Mose, die in dem oben zitierten Text SifDev § 357 vorausgesetzt wird, erklärt MHG Ber S. 132 (zu Gen 5,24), ein nicht zu datierender Midrasch, mit einer Gezera Schawa zwischen Dtn 34,1 und 2. Kön 2,11[78].

„Und er war nicht mehr, denn Gott hat ihn hinweggenommen" (Gen 5,24). Es wird gelehrt: Drei stiegen hinauf und dienten in der Höhe. Und das sind sie: Henoch und Mose und Elia. Henoch – denn es ist geschrieben: „denn Gott hat ihn hinweggenommen". Mose – denn es ist geschrieben: „Und Mose fuhr auf von den Steppen Moabs" (Dtn 34,1). Elia – denn es ist geschrieben: „Und Elia fuhr auf in einem Sturm gegen den Himmel" (2. Kön 2,11)[79].

Der Bericht des Josephus vom Tod des Mose beweist, daß es bereits in frühjüdischer Zeit Kreise gab, die – ganz im Sinne dieses Midrasch und entgegen der Aussage der Schrift – eine Entrückung des Mose postulierten[80].

Wenn Mose durch das Motiv des Nicht-Sterbens und der Aufnahme in die

---

[77] S. E. LÖWENSTAMM, Mot Moshe, S. 150. – M. SIMON, Les Saints d'Israel dans la dévotion de l'Eglise Ancienne, in: RHPR 34 (1954), S. 98–127, hier: S. 111. Vgl. auch den Zusatz zu dem oben zitierten Text aus MHG Ber S. 132 (zu Gen 5,24): „Und nicht nur diese, sondern alle Gerechten steigen auf und dienen in der Höhe, denn es heißt: ,Und ich will dir Zugang geben unter die, die hier stehen' (Sach 3,7)."

[78] Der Bezug zwischen Elia und Henoch, der hier nicht ausgeführt wird, ist durch das Stichwort לקח in Gen 5,24 und 2. Kön 2,3.5 gegeben.

[79] Vgl. auch die von M. J. BIN GORION, Die Sagen der Juden, Bd. 4: Mose, Frankfurt 1926, S. 373, überlieferte Tradition, die auf eine Berliner Handschrift von MHG Dev zurückgeht: „Drei fuhren lebendig in den Himmel: Henoch, Mose und Elia. Von Mose heißt es: Und Mose fuhr auf von dem Gefilde Moabs, und keiner wußte, wo sein Grab wäre."

[80] „... Und während er Eleazar und Josua umarmte und noch mit ihnen sprach, ließ sich plötzlich eine Wolke auf ihn herab, und er entschwand in ein Tal. In den heiligen Büchern aber hat er über sich geschrieben, er sei gestorben, aus Furcht, man möchte sagen, er sei wegen seiner hervorragenden Tugenden zu Gott hinübergegangen" (Ant IV § 376). Wenn Josephus selbst – dies zeigt weniger der Text selbst als die ihm folgenden Ausführungen – auch nicht die Vorstellung einer Entrückung vertritt (vgl. J. JEREMIAS, Art.: Μωυσῆς, in: ThWNT IV, S. 852–878, hier: S. 859. – K. HAACKER/P. SCHÄFER, Nachbiblische Traditionen zum Tod des Mose, S. 149; dagegen aber: W. A. MEEKS, The King-Prophet. Moses Traditions and the Johannine Christology (Supplements to Novum Testamentum XIV), Leiden 1967, S. 140f. – G. VERMES, Die Gestalt des Moses an der Wende der beiden Testamente, in: Moses in Schrift und Überlieferung, Düsseldorf 1963, S. 61–93, hier: S. 90), so setzt seine Argumentation doch eine solche Vorstellung voraus, der er polemisch entgegentritt. Umstritten ist, ob auch die AssMos als Beleg für die Entrückung des Moses gewertet werden kann. Während J. JEREMIAS, Art.: Μωυσῆς, S. 859, Anm. 95, von einer „Himmelfahrt seiner Seele" spricht, sehen K. HAACKER/P. SCHÄFER in diesem Text einen Beleg für den Tod des Mose. W. A. MEEKS, The Prophet-King, S. 159, vertritt die Ansicht, daß hier beide Konzepte, das einer leiblichen Entrückung und das eines Todes ambivalent und widersprüchlich nebeneinander stehen.

himmlische Welt in die Nähe der Figur des Henoch und des Elia[81] rückt, so erklärt dies auch das Motiv seines himmlischen Priesterdienstes. Durch die Identifizierung von Henoch und Metatron[82], der seinerseits wieder mit Michael gleichgesetzt wird[83], ist neben Elia auch die Figur des Henoch in den Komplex der Vorstellungen um den himmlischen Opferkult miteinzubeziehen. Einer Übertragung des Motivs des himmlischen Priesters auf die Gestalt des Mose kam zudem die Traditionsbildung um den irdischen Mose entgegen. Wenn in den Pentateucherzählungen ihm auch keine im eigentlichen Sinne kultischen Funktionen zugesprochen werden und lediglich auf seine Abstammung aus dem Hause Levi verwiesen wird, so kann er in der Aggada doch als ‚Priester' bezeichnet werden[84]. Den Schriftgrund dafür bildet Ri 18,30, wo nach dem masoretischen Text der Buchstabe Nun in מנשה hochgestellt ist und als sekundäre Ergänzung betrachtet werden kann, so daß eigentlich משה zu lesen ist[85]. Daneben trug vermutlich – wie bei den Vorstellungen um Michael – auch die Rolle des Fürbitters, die Mose bereits im Alten Testament zugesprochen wird, zur Ausbildung der Priester-Vorstellung bei[86].

Der unmittelbare Kontext der oben zitierten Tradition über die Entrückung des Mose könnte zudem auf eine polemische Tendenz dieser Auslegung hinweisen. Wenn auch die Schrift betont, daß der Ort des Mosegrabes keinem

---

[81] Zu den biblischen Traditionen siehe A. SCHMITT, Entrückung, Aufnahme, Himmelfahrt. Untersuchungen zu einem Vorstellungsbereich im Alten Testament (Forschung zur Bibel 10), Stuttgart 1973, S. 47 ff. (zu Elia), S. 152 ff. (zu Henoch). Auf den engen Bezug zwischen Pinhas und Henoch deutet auch eine Tradition der syrischen Kirche: Nach Aphraates erreichte Pinhas ein Alter von 365 Jahren (R. GRAFFIN [Hg.], Patrologia Syriaca, Bd. I, Paris 1894, Dem. XIV, 27, Sp. 641). Dies entspricht dem Alter des Henoch bei seiner Entrückung; vgl. A. SPIRO, The Ascension of Phinehas, hier: S. 100. Zum Motiv der Gerechten, die ohne den Tod zu schmecken, ins Paradies eingingen: R. MACH, Der Zaddik, S. 146.161. – L. GINZBERG, Legends of the Jews, Bd. V, S. 96.

[82] Henoch wurde nach seiner Entrückung in einen Engel namens Metatron verwandelt, vgl. u. a. TPsJ zu Gen 5,24. – Weitere Belege: L. GINZBERG, Legends of the Jews, Bd. V, S. 162 ff. Diese Verherrlichung des Henoch bildet aber nur einen Aspekt der Traditionen zu dieser Figur; eine deutliche Kritik und Negierung der Entrückung, die vermutlich einer Polemik gegen die Relevanz Henochs in der Hekhalot-Literatur entspringt, findet sich z. B. in BerR 25,1 (55a). Weitere Belege für eine Kritik der Vorstellung von Henochs Entrückung: L. GINZBERG, Legends of the Jews, Bd. V, S. 156, Anm. 58; ferner: S. 163.

[83] Zur Identifikation von Michael und Metatron vgl. oben.

[84] Vgl. BerR 55,6 (112c); ShemR 2,6 (10c); DevR 2,7 (110b); bZev 102a; TanB shemot 16 (5a); Tan shemot 19 (88a) u. ö. Weitere Belege zum Priestertum Moses: W. A. MEEKS, The Prophet-King, S. 181 f. – L. GINZBERG, Legends V, 419, Anm. 121. Josephus, Ant III § 188–192, spricht sich dezidiert gegen das Hohepriestertum Moses aus; vgl. W. A. MEEKS, The Prophet-King, S. 136.

[85] Vgl. bBB 109b; ARN Rez. A 34 (50a); ARN Rez. B 37 (49b); ShirR zu Cant 2,5 (15c).

[86] Zum alttestamentlichen Vorstellungskomplex vgl. G. v. RAD, Theologie des Alten Testaments, Bd. I, S. 288–294. – J. JEREMIAS, Das Königtum Gottes in den Psalmen. Israels Begegnung mit dem kanaanäischen Mythos in den Jahwe-König-Psalmen, Göttingen 1987, S. 118; für die nachalttestamentlichen Traditionen siehe W. A. MEEKS, S. 118.137.159–161; rabbinische Belege bei R. BLOCH, Die Gestalt des Mose in der rabbinischen Überlieferung,

Menschen bekannt ist[87], so gibt es doch Versuche, das Grab des Mose zu lokalisieren. Nach der dem obigen Text unmittelbar vorausgehenden Auslegung wurde er im Grab der Väter in der Machpela-Höhle beigesetzt. SifDev § 355 (S. 417f.), das den Begräbnisort 4 Mil vom Berge Nebo entfernt im Stammesgebiet Gads ortet, scheint ebenfalls auf eine konkrete Tradition zurückzugehen[88]. Eine solche Lokalisierung hat sicherlich auch einen Grabeskult mit eingeschlossen[89], der beim Rabbinat auf heftige Kritik gestoßen ist[90]. Mit der Vereitelung einer Heiligengrabverehrung begründet bereits Origenes die Unauffindbarkeit des Mosegrabes[91]; eine spätere jüdische Tradition in LeqTov zu Dtn 34,6 (68a) formuliert denselben Gedanken:

> Und warum ist das Grab des Mose nicht bekannt? Damit Israel nicht dahin geht und dort ein Heiligtum errichtet und dort opfert und räuchert[92].

Die Vorstellung der Entrückung aber macht die Suche nach einem Grab und jegliche Lokalisierung sowie den damit verbundenen Kult obsolet[93].

S. 125–129. – Vgl. ferner G. H. DALMAN, Jesaja 53, das Prophetenwort vom Sühneleiden des Gottesknechtes (Schriften des Institutum Judaicum in Berlin 13), Leipzig ²1914, S. 20. Zur Verbindung von Priester und Fürbitter vgl. hier Anm. 46.

[87] Vgl. SifDev § 357; bSot 13b/14b; MTeh zu Ps 9,2 (41a). – J. JEREMIAS, Heiligengräber in Jesu Umwelt, S. 102.

[88] K. HAACKER/P. SCHÄFER, Nachbiblische Traditionen vom Tod des Mose, S. 166. – A. GOLDBERG, Untersuchungen über die Vorstellung von der Schekhinah in der frühen rabbinischen Literatur – Talmud und Midrasch – (Studia Judaica 5), Berlin 1969, S. 335ff.

[89] Zum frühjüdischen Grabkult allgemein vgl. J. JEREMIAS, Heiligengräber in Jesu Umwelt (Mt 23,29; Lk 11,47). Eine Untersuchung zur Volksreligion der Zeit Jesu, Göttingen 1958.

[90] S. E. LOEWENSTAMM, Mot Moshe, S. 152.

[91] Selecta in Num, PG 12, 578B.

[92] S. E. LOEWENSTAMM, Mot Moshe, S. 152.

[93] Vgl. hierzu auch ARN Rez. A, Zusatz B, S. 79a: Weil Mose wie ein Dienstengel in die kommende Welt aufgenommen wurde, kennt niemand sein Grab. Andererseits gab es aber auch Kreise, die die Vorstellung von der Entrückung und Erhöhung des Mose zurückzudrängen versuchten, da man aufgrund dieses Glaubens seine Vergötzung befürchtete; vgl. hierzu die Ausführungen von J. GOLDIN, The First Chapter of the Abot of R. Nathan. Mordecai M. Kaplan Jubilee Volume on the Occasion of his Seventieth Birthday; English Section, New York 1953, S. 263–280, hier: S. 129f. Aufschlußreich in diesem Kontext ist folgende Tradition aus dem Midrasch Peṭirat Moshe, BHM I, S. 118. Auf die wiederholte Bitte des Mose an Gott, doch nicht sterben zu müssen, spricht Gott: „Laß es dir genug sein! Wenn du am Leben bleiben würdest, dann würden [andere] wegen dir in die Irre gehen; sie würden dich zu einem Gott machen und dir dienen." Vgl. in diesem Kontext auch SifDev § 355 (S. 417): Aus dem Motiv, daß Mose auf den Flügeln der Schechina vom Berge Nebo zu seinem 4 Mil entfernten Begräbnisort im Stammesgebiet Gad getragen wurde, schließt W. A. MEEKS, The Prophet-King, S. 210f., daß sich in diesem Text zwei verschiedene Traditionen miteinander vermischt haben. Wie die Entsprechung des „Flugmotivs" zu 3. Hen § 891 (P. SCHÄFER, Synopse zur Hekhalot-Literatur, S. 288) zeigt, deutet dies auf die Vorstellung einer Entrückung, die aber von den Rabbinen zurückgedrängt wurde.

3. Spiritualisierungen des himmlischen Opferdienstes

Parallel zu den bereits dargestellten konkreten Auffassungen vom himmlischen Opferdienst haben sich auch Deutungen des himmlischen Priesterdienstes Michaels entwickelt, die die Sphäre des Opferkultes transzendieren[94]. In BamR 12,12 (49a)[95] heißt es:

„Und es war an dem Tag, an dem Mose die Wohnung fertig aufgerichtet hatte" (Num 7,1). Es sprach R. Simon: In der Stunde, in der der Heilige, gepriesen sei er, zu Israel sagte, sie sollten ihm eine Wohnung machen, da gab er den Dienstengeln ein Zeichen, auch sie sollten ihm oben eine Wohnung machen. Und an dem Tage, an dem unten [die Wohnung] errichtet wurde, da wurde auch oben die Wohnung errichtet. Und es ist die Wohnung des Jünglings mit dem Namen Metatron, in der er die Seelen der Gerechten darbringt, um in den Tagen des Exils für Israel zu sühnen[96]. Und deshalb heißt es: *die* Wohnung (את המשכן), denn eine andere Wohnung wurde mit ihr errichtet. Und es heißt auch: „Eine Stätte, dir zur Wohnung, die du, Herr, gemacht hast, das Heiligtum, Herr, das deine Hände bereitet haben" (Ex 15,17).

Auf dem Hintergrund der Identität von Metatron und Michael erscheint das Konzept eines himmlischen Priesterdienstes, das – wie der Vergleich mit den entsprechenden Paralleltraditionen zeigt[97] – in diesem Kontext als sekundär zu betrachten ist, als Ersatz für den irdischen Kultus[98]. Die exegetische Begründung für die Existenz des himmlischen Heiligtums, in dem dieser Opferdienst stattfindet, wird durch die Auslegungsmethode des ‚Ribbuy' geführt: Die Akkusativpartikel את ist als eigenständige Größe zu lesen und auf ein zweites Heiligtum zu beziehen. Durch die Objekt-Ergänzung „die Seelen der Gerech-

---

[94] Zur Spiritualisierung des Kultus vgl. bereits Ps 40,7; 50,8–13; 69,31f.; 1. Sam 15,22; Jes 1,11.

[95] Die Paralleltraditionen PesR 5 (22b) und Tan naso 18 (255b) nennen das Motiv von Metatrons Opferdienst im himmlischen Heiligtum nicht, sondern beschränken sich vielmehr auf die Vorstellung von der Errichtung des himmlischen Tempels durch die Engel.

[96] Zur Übersetzung לכפר siehe E. LOHSE, Märtyrer und Gottesknecht. Untersuchungen zur urchristlichen Verkündigung vom Sühnetod Jesu Christi, Göttingen ²1963, S. 76, Anm. 8; vgl. dagegen N. JOHANSSON, Parakletoi, S. 144, der לכופר – ‚als Lösegeld' liest.

[97] Vgl. S. 366ff.

[98] Den historischen Bezug dieser Auslegung bewahrt auch die zwischen dem 7. und dem 11. Jh. entstandene Sammlung von Erzählungen Midrasch der Zehn Worte, BHM I, S. 64. Im Kontext des Maʿase Bereshit heißt es bei der Beschreibung der sieben Himmel: „Oberhalb von Sheḥaqim ist Zebul, und in Zebul ist ein Altar erbaut, und Michael, der Fürst Israels, ist Hoherpriester und steht da und bringt auf ihm Opfer dar an jedem Tag. Und was sind diese Opfer, die er darbringt? Bringt er etwa Schafe dar? [Nein,] sondern die Weisen sagten: Michael, der Fürst Israels ist Hoherpriester im Himmel seit dem Tage, da das Heiligtum zerstört ist – es möge in Bälde in unseren Tagen erbaut werden – und es keine Priester mehr gibt. Und was bringt er als Opfer dar? Die Seelen der Gerechten, bis das Heiligtum wieder erbaut ist. Dann läßt der Heilige, gepriesen sei er, das Heiligtum, das in Zebul erbaut ist, zum Jerusalem unten hinab."

ten"⁹⁹ wird aber der konkrete Aussagegehalt des Motivs vom himmlischen Kultus destruiert und ins Metaphorische transformiert. Das zunächst befremdlich wirkende Bild wird im Kontext der rabbinischen Anthropologie verständlich. Während die Eltern für die Ausbildung des Körpers verantwortlich sind, verleiht Gott dem Kind den Lebensodem (רוח)¹⁰⁰, die Seele (נשמה), die Gesichtszüge, das Sprech- und Gehvermögen, die Seh- und Hörkraft, Vernunft und Verstand¹⁰¹; nach dem Tode wird der Leib zu Staub, die Seelen der Gerechten aber kehren zu Gott zurück, wo sie in ʿAravot, dem obersten der sieben Himmel, in dem sich auch die Seelen derer befinden, die noch nicht geboren wurden, unter dem Thron Gottes versammelt werden¹⁰². Die Darbringung auf dem himmlischen Altar wird so zu einer Station auf dieser Reise, der himmlische Hohepriester erscheint geradezu als „Seelenführer", der die Seelen der verstorbenen Gerechten empfängt und zu Gott geleitet¹⁰³.

Dies wird ausführlich, jedoch abgelöst vom geschichtlichen Bezug, in dem mittelalterlichen Midrasch Seder Gan Eden, BHM III, S. 137 geschildert:

Die Gerechten alle sehen einer den anderen und wissen und erkennen ein vollkommenes Wissen, ein Wissen, das ohne Mangel ist. Wenn die Seelen an ʿErev-Shabbat in den obersten Garten Eden emporsteigen, der in der Höhe ist, wie viele Ausrufer rufen oben und unten aus. Und sie alle ziehen jenes Gewand aus und steigen nach oben. Und dort im Himmel ʿAravot steht Michael, der große Fürst, und ein Altar ist vor ihm, und er opfert alle Seelen der Gerechten auf jenem Altar. Und dann bei den Zeichen des würzigen Duftes, den ihre Taten in dieser Welt schufen, läßt der Heilige, gepriesen sei er, seinen Geist zu sich zurückkehren. Denn im Geiste, der ausgeht [vom Munde Gottes] kommen sie in diese Welt. Und dieser Geist kehrt nun zurück, und er läßt ihn zu sich zurückkeh-

---

⁹⁹ Vgl. auch die Überlieferung in Raza Rabba, einem Text der Merkaba-Mystik, der – im Sefer Bahir enthalten – von G. SCHOLEM als Tradition des 5.–8. Jh.s identifiziert worden ist; G. SCHOLEM, Ursprung und Anfänge der Kabbala (Studia Judaica 3), Basel 1962, S. 94ff. „‚Im Zorn erinnere dich der Liebe' (Hab 3,2). – Dies bezieht sich auf den Fürst der Welt in der Stunde, in der er vor dir die Seelen der Gerechten darbringt" (übersetzt nach: G. SCHOLEM, Reshit ha-Qabbala, Jerusalem 1962, S. 235f.); vgl. DERS., Jewish Gnosticism, Merkabah Mysticism and Talmudic Tradition, S. 49.

¹⁰⁰ Vgl. als biblische Grundlage Koh 3,19ff.; hierzu: A. LAUHA, Kohelet (BK XIX), Neukirchen-Vluyn 1978, S. 76f.

¹⁰¹ bNid 31a; hierzu: R. MEYER, Hellenistisches in der rabbinischen Anthropologie. Rabbinische Vorstellungen vom Werden des Menschen (Beiträge zur Wissenschaft vom Alten und Neuen Testament, 4. Folge, Heft 22), Stuttgart 1937. – Vgl. auch den späteren Midrasch Yeṣirat ha-walad, der in zwei Rezensionen von A. JELLINEK (BHM I, 152–155.155–158) ediert wurde.

¹⁰² bHag 12b und bShab 152b; vgl. ARN Rez. A 12 (25b).

¹⁰³ Diese Vorstellung wird in den apokryphen, gnostisch beeinflußten „Fragen des Bartholomäus" aus dem 3. Jh. auf Jesus übertragen. „Bartholomäus aber sprach zu dem Herrn: Herr, was ist das Opfer in dem Paradies? Jesus aber sprach zu ihm: Die Seelen der Gerechten ausgegangen gehen ein in das Paradies; und wenn ich nicht komme, gehen sie nicht ein in das Paradies"; nach: N. BONWETSCH (Hg.), Quaestiones Bartholomaei. Anecdota Graeco-Byzantina 10, Nachrichten der Göttinger Gesellschaft der Wissenschaften, phil.-hist. Klasse, 1897, S. 9; vgl. F. SCHEIDWEILER/WILHELM SCHNEEMELCHER, Bartholomäusevangelium, in: W.

ren. Und aus dieser Ursache kehren die Menschenkinder zu ihrer ersten Ursache zurück. Und zu der Zeit, in der Michael das Opfer der Seelen darbringt, läßt er seinen Geist zu sich zurückkehren und läßt ihn in das Innere eingehen[104].

Die Sühne für Israels Sünden resultiert in diesem Kontext nicht aus der Handlung des himmlischen Priesters, sondern gründet vielmehr in der stellvertretenden Sühne der Gerechten. Die Darbringung ist von sekundärer Bedeutung und fungiert lediglich als Medium.

Die Seele eines Gerechten, so heißt es in einer amoräischen Tradition in bSanh 103b, wiegt soviel wie die ganze Welt; auf die Frage Moses, wer für Israel eintreten soll, wenn es kein Heiligtum haben wird, antwortet Gott nach einer anderen amoräischen Tradition: „Ich nehme aus ihrer Mitte einen Gerechten und mache ihn für sie zum Pfand und versöhne sie ob all ihrer Missetaten."[105] Eine eindeutige Spezifizierung dieses Geschehens auf den sühnenden Märtyrertod als stellvertretendes Strafleiden[106] – wie die Nähe der Formulierung zu Apk 6,9 vielleicht suggeriert – kann allerdings nicht mit letzter Sicherheit behauptet werden. Nicht nur der Tod[107], sondern auch die Verdienste[108] und Gebete[109] der Gerechten haben eine sühnende Wirkung[110]. Da diese Elemente den Gerechten aber geradezu konstituieren, sind sie bei der Darbringung seiner Seele, die als Personzentrum schlechthin zu gelten hat, mit eingeschlossen.

Die Gerechten in ihrem gesamten Leben und Sterben erscheinen so als Fürsprecher Israels. Die Sühne für Israels Sünden, die ja einen wesentlichen Bestandteil des priesterlichen Dienstes darstellte, wird zwar in kultischem Bildmaterial formuliert, inhaltlich aber erscheint sie vom Kultus gelöst.

Während in BamR 12,12 der Stellvertretungsgedanke im Vordergrund steht, hat folgender Text aus einem Midrasch zu Spr 3,19, genannt „Die göttliche Sophia", BHM V, S. 63, eine andere Akzentuierung. Nach den Ausführungen

---

SCHNEEMELCHER, Neutestamentliche Apokryphen in deutscher Übersetzung. Bd. I: Apokryphen, Tübingen ⁵1989, S. 424ff.

[104] Zur Himmelsreise der Seele des Gerechten nach dem Tode vgl. R. MACH, Der Zaddik in Talmud und Midrasch, S. 181.

[105] ShemR 35,4 (63c); weitere Belege: G. H. DALMAN, Jesaja 53, S. 22ff.

[106] So z.B. N. JOHANSSON, Parakletoi, S. 145. – E. LOHSE, Märtyrer und Gottesknecht, S. 76.

[107] Zum sühnenden Tod der Gerechten vgl. R. MACH, Der Zaddik in Talmud und Midrasch, S. 133. – G. F. MOORE, Judaism in the First Centuries of the Christian Era. The Age of the Tannaim, Bd. I, Cambridge 1927, S. 546ff. – G. H. DALMAN, Jesaja 53, S. 29ff. – E. LOHSE, Märtyrer und Gottesknecht, S. 66ff.

[108] Vgl. R. MACH, Der Zaddik in Talmud und Midrasch, S. 131f.

[109] Vgl. R. MACH, Der Zaddik in Talmud und Midrasch, S. 127ff.

[110] Zur Vorstellung des stellvertretenden sühnerwirkenden Eintretens der Gerechten vgl. B. JANOWSKI, Sündenvergebung „um Hiobs willen". Fürbitte und Vergebung in 11QtgJob 38,2f. und Hi 42,9f.LXX. M. HENGEL, The Atonement. The Origins of the Doctrine in the New Testament, London 1981, S. 55ff.

über die Erschaffung der Erde vom Gründungsstein aus und über die Entsprechung von himmlischem und irdischem Heiligtum wendet sich der Text der Aufgabe Michaels zu:

Und in der Zeit, in der das Heiligtum bestand, da brachte der Hohepriester unten Ganzopfer und Rauchopfer dar, und Michael brachte ihm gegenüber oben Ganzopfer und Rauchopfer dar. Und als er den Tempel zerstört hatte, sprach der Heilige, gepriesen sei er, zu Michael: Michael, weil ich das Haus zerstört, meinen Tempel verbrannt, mein Heiligtum verwüstet und meinen Altar eingerissen habe, deshalb bringe vor mir keine Opfer mehr dar, weder in Gestalt von Stieren noch in Gestalt von Schafen. Er sprach vor ihm: Herr der Welt, und deine Kinder? Was soll mit ihnen werden? Er sagte zu ihm: Bringe mir als Opfer ihre Verdienste, ihre Gebete und die Seelen der Gerechten, die unter dem Thron der Herrlichkeit aufbewahrt werden, und die Kinder vom Lehrhaus, und ich werde die Sünden Israels sühnen.

Und wenn ich das Untere erfreue, dann erfreue ich auch das Obere, denn es heißt: „So spricht der Herr: Siehe, ich will das Geschick der Zelte Jakobs wenden [und mich über seine Wohnungen erbarmen]" (Jer 30,18). Es heißt nicht ‚Zelt', sondern „Zelte" – eines unten und eines oben; und es heißt nicht ‚Wohnung', sondern „seine Wohnungen" – eine Wohnung oben und eine Wohnung unten; „... und die Stadt soll auf ihrem Hügel erbaut werden" (ibid.) – das ist unten; „und die Burg soll auf ihrem rechtmäßigen Platz stehen" (ibid.) – das ist das Haus oben, „[und Loblieder und Freudengesänge werden von dort erschallen]" (Jer 30,15)[111].

Die zu dem aus BamR 12,12 bekannten Motiv der ‚Seelen der Gerechten' wohl sekundär eingefügten Elemente „Verdienste", „Gebete" und „Kinder vom Lehrhaus" sind als Konkretionen zu verstehen, die aufzeigen, was für die

---

[111] Vgl. die Parallele Seder Arqim, OsM S. 70a/b: „... Michael, weil ich mein Haus zerstört und meinen Tempel verbrannt habe, deshalb bringe keine Opfer mehr dar, weder in der Gestalt eines Stiers noch in der Gestalt eines Schafs noch in der Gestalt eines Bockes. Er sprach vor ihm: Herr der Welt, und deine Kinder? Was soll mit ihnen werden? Da sagte der Heilige, gepriesen sei er, zu ihm: Bringe vor mir als Opfer die Seelen der Gerechten, die unter dem Thron der Herrlichkeit aufbewahrt werden, und die Kinder vom Lehrhaus, und durch sie werde ich die Sünden Israels sühnen. Denn während das Untere noch fröhlich war, da war auch das Obere fröhlich; jetzt, da das Untere trauert, trauert auch das Obere, und wenn das Untere erbaut wird, wird auch das Obere erbaut, denn es heißt ... (Jer 30,18)"; siehe a. Midrasch der Zehn Worte, BHM I, S. 64. Ohne geschichtlichen Bezug formuliert der Midrasch Elle Ezkera, 1. Rezension, BHM II, S. 66, den himmlischen Opferdienst: „Als R. Ismael das hörte, beruhigte er sich sofort und er wandelte im Firmament hin und her und sah den Altar nahe beim Thron der Herrlichkeit. Und er sprach zu Gabriel: Was ist das? Er sagte: Das ist ein Altar. Und er sprach zu ihm: Und was opferst ihr auf ihm jeden Tag? Sind denn etwa Stiere und Widder oben? Er sagte zu ihm: Die Seelen der Gerechten opfern wir auf ihm jeden Tag. Er sprach zu ihm: Wer bringt sie dar? Er sagte zu ihm: Michael, der große Fürst"; vgl. auch die 2. und 3. Rezension (BHM IV, S. 22.32), wo das Motiv der Entsprechung von himmlischer und irdischer Welt eingefügt wird. Eine synoptische Zusammenstellung der Texte mit weiteren Rezensionen findet sich bei G. REEG, Die Geschichte von den Zehn Märtyrern. Synoptische Edition mit Übersetzung (Texte und Studien zum Antiken Judentum 10), Tübingen 1985, S. 40*.

Gerechten bestimmend ist: Aus Lehre und Gebet entspringen die guten Werke[112]. Durch die grammatikalische Verknüpfung mit Israel wird aber hier der Aspekt der Stellvertretung der Gerechten durch den Appell an ganz Israel, es diesen gleich zu tun, überlagert. Da das Gebet, die Lehre und die guten Werke als Äquivalente des Tempeldienstes gelten, kann diese Tradition als Ätiologie für die Substitution des Opfers verstanden werden. Die Gebete, die Beschäftigung mit der Tora[113] und die Gerechtigkeits- und Barmherzigkeitstaten wurden in ihrer Funktion als Kultersatz von Gott selbst eingesetzt; ihre Anerkennung vor Gott bestätigt die Annahme auf dem himmlischen Altar. Neben Michaels Mittlerfunktion tritt seine Rolle als Fürbitter ganz deutlich hervor: Er sieht das Ende des himmlischen Opferkultes, das wohl zunächst durch die Vorstellung von Gottes Leiden mit seinem Volk motiviert ist, in seiner Konsequenz für Israel und veranlaßt durch seine Frage die Einsetzung anderer Sühnemittel[114].

4. Die rabbinische Literatur – Rezeption und Neuinterpretation kulttheologischer Motive

Die Überlieferung des Motivs eines himmlischen Priesters wird somit paradigmatisch für die Tradition und Rezeption von kulttheologischen Konzeptionen aus der Zeit des Tempels überhaupt. Wenn die Priester auch nach der Zerstörung des Tempels sowohl in theologischer als auch in soziologischer Hinsicht keine Bedeutung mehr hatten, so adaptierte und rezipierte doch der breite Strom der rabbinischen Literatur und der Merkaba-Mystik das eng mit dieser „untergegangenen" Welt verbundene Material. Ein Strang der Überlieferung bewahrt diese Elemente im traditionellen Sinne: Michael, Elia, der mit Pinhas gleichzusetzen ist, und Mose dienen vor Gottes himmlischem Altar im himmlischen Königspalast. Im Gegensatz zu den kulttheologischen Ausführungen des Jubiläenbuches aus der Zeit des Zweiten Tempels steht im Blickpunkt der rabbinischen Texte aber nicht die Legitimierung des irdischen Priesterdienstes, sondern vielmehr die Sühne für Israel. Ein anderer Überlieferungszweig, in dem sich die Substitution des Opferkultes durch das Studium der Tora, das Gebet und die Taten der Nächstenliebe artikuliert, versteht das himmlische

---

[112] Zum Verhältnis von Lernen und Handeln: R. MACH, Der Zaddik in Talmud und Midrasch, S. 15f.

[113] Vgl. z.B. KohR 9,7 (23c). R. Huna b. R. Aha „Der Hauch eures Mundes (der Schulkinder) ist mir wie ein angenehmer Duft [von Opfern] (ריח ניחוח)"; andere Traditionen, die die große Bedeutung der „Kinder des Lehrhauses" im Hinblick auf die Sühne für Israel unterstreichen, bei H. WENSCHKEWITZ, Die Spiritualisierung der Kultusbegriffe, S. 93.

[114] Vgl. die Entsprechung zur Funktion des Mose in ShemR 35,4 (63c). Zu Michael als Fürbitter siehe S. 365.

Opfer als die Darbringung der Seelen der Gerechten bzw. der Verdienste Israels. Unter dem Vorzeichen der aktuellen, nicht an den Opferkult gebundenen Religiosität setzt somit eine Neuinterpretation ein, die die überkommenen Traditionen in den spannungsreichen Prozeß einer schöpferischen Rezeption einbindet. Wie im Falle des konkreten Opferdienstes gründet Israels Existenz nicht zuletzt im Wirken seines Engels. Der Diener im himmlischen Palast, der durch den Titel des שר als Teilhaber an der Macht des göttlichen Königs charakterisiert wird, ist auch der Diener Israels.

Platons König oder Vater Jesu Christi?
Drei Beispiele für die Rezeption eines griechischen Gottesepithetons bei den Christen in den ersten Jahrhunderten und deren Vorgeschichte

von

CHRISTOPH MARKSCHIES*

Vorbemerkung[1]

Die „Aufnahme des philosophischen Gottesbegriffs" stellte, wie W. Pannenberg 1959 noch einmal eindrücklich dokumentierte, ein dogmatisches Problem der frühchristlichen Theologie dar[2]. Ob diese Übernahme der Theologie zum Segen oder zum Fluch geschah, ob sie unausweichlich war, gehört sicherlich zu den zentralen dogmengeschichtlichen Fragen der Alten Kirche. Bevor man sich dezidiert mit einer Antwort auf die eine oder die andere Seite schlägt, lohnt immer wieder der Blick auf die Details. In einem Band zu Vorstellungen von Königsherrschaft in der jüdischen und hellenistischen Welt darf daher die Frage nicht fehlen, wo, an welchen Punkten und wie die Vorstellungen vom Königtum Gottes in der zeitgenössischen Philosophie für die Theologie der frühen Kirche relevant wurden. Eine solche Rezeptionsgeschichte des Gottesepithetons „König" in der Alten Kirche kann hier natürlich nicht vollständig geschrieben werden; wollte man allein etwa die Geschichte des Königstitels in

---

* Herrn Professor Otto Kaiser zum 30. 11. 1989.
[1] Die antiken Autoren werden nach den Verzeichnissen in den Lexika von G. W. H. LAMPE, PGL, Oxford 1984 und H. G. LIDDELL/R. SCOTT/H. ST. JONES, A Greek-English Lexicon, Oxford ⁹1983 (= LSJ) zitiert bzw. abgekürzt. Ansonsten wird nach dem Abkürzungsverzeichnis der TRE (zusammengestellt von S. SCHWERTNER, Berlin/New York 1976) verfahren. Für freundliche Hinweise habe ich sehr herzlich meinen Lehrern, Frau Professor Dr. Luise Abramowski sowie den Herren Professoren Dr. Martin Hengel und Dr. Otto Kaiser zu danken. Auch Jens Holzhausen und Dr. Roland Kany unterzogen den Text einer eingehenden Durchsicht und steuerten ebenfalls wichtige Hinweise bei.
[2] W. PANNENBERG, Die Aufnahme des philosophischen Gottesbegriffs als dogmatisches Problem der frühchristlichen Theologie, ZKG 70, 1959, 1−45 = DERS., Grundfragen systematischer Theologie. GA, Göttingen ³1979, 296−346; vgl. dazu jetzt auch CHR. STEAD, Die Aufnahme des philosophischen Gottesbegriffes in der frühchristlichen Theologie: W. Pannenbergs These neu bedacht, ThR 51, 1986, 349−371.

seiner Anwendung auf Christus[3] oder die Verwendung des „βασιλεύς"-Titels in christlichen Gebeten und Anrufungen dokumentieren[4], bliebe außer dem Eindruck, ein zentrales Gottesepitheton im Blick zu haben, wohl nur heillose Verwirrung über die ungeheuere Menge von Belegen übrig, die man zu einem solchen Unternehmen aufzuhäufen hätte. Ebensowenig kann in diesem Zusammenhang ein vollständiger Überblick über die Verwendung des Epithetons ‚König' in der griechischen Philosophie geboten werden[5]. Eine solche ausführliche Geschichte des Epithetons bei Juden, Christen und Heiden muß erst noch geschrieben werden.

Was hier dagegen versucht wird, ist eine Vorarbeit dazu in kleinem Maßstab. Es wird nur nach einem kleinen Strang der Rezeption gefragt, nämlich nach dem „platonischen König" und dessen Verhältnis zum biblischen Gott, dem Vater Jesu Christi. Wir werden dabei in zwei Schritten vorgehen: In einem ersten Teil haben wir zu ermitteln, wer sich hinter dem „platonischen König" verbirgt, und die Vorgeschichte dieser Metapher ansatzweise zu rekonstruieren. Erst dann können wir anhand von drei Beispielen in einem zweiten Teil fragen, wie sich in Texten von *Apologeten*, von *Clemens von Alexandrien* und von *Hippolyt* diese beiden, Platons König und Jesu Vater, zueinander verhalten. Mehr als ein kleines Detail für die Antwort auf die großen Fragen hat man damit nicht gewonnen. Aber eine Antwort, die ohne Blick auf solche Details formuliert würde, wäre für die Dogmengeschichte völlig wertlos.

---

[3] J. KOLLWITZ, Art. Christus II (Basileus), RAC 2, Stuttgart 1954, 1257–1262; A. GRILLMEIER, Jesus der Christus im Glauben der Kirche, Bd. 1 Von der apostolischen Zeit bis zum Konzil von Chalcedon (451), Freiburg u. a. ²1979, 31; 61; 93 mit Anm. 277.278; 238; ebenso Register s. v. „βασιλεύς" und „Jesus Christus II 3.b) König"; G. W. H. LAMPE, Some Notes on the significance of ΒΑΣΙΛΕΙΑ ΤΟΥ ΘΕΟΥ, ΒΑΣΙΛΕΙΑ ΧΡΙΣΤΟΥ, in the Greek Fathers, JThS 49, 1948, 58–73; schließlich P. BESKOW, Rex Gloriae. The Kingship of Christ in the Early Church, Uppsala 1962.

[4] Vgl. dazu unten den Abschnitt zu Clemens Alexandrinus (S. 426); oder beispielsweise folgende Zeilen aus einem Gebet der Apostolischen Konstitutionen: „Αἰνεῖτε, παῖδες, Κύριον, αἰνεῖτε τὸ ὄνομα Κυρίου (Ps 112[113], 1). Αἰνοῦμέν σε, ὑμνοῦμέν σε, εὐλογοῦμέν σε διὰ τὴν μεγάλην σου δόξαν, Κύριε βασιλεῦ ὁ Πατὴρ τοῦ Χριστοῦ τοῦ ἀμώνου ἀμνοῦ, ὃς αἴρει τὴν ἁμαρτίαν τοῦ κόσμου" (VII 48,1 [SC 336, 114, 1–4 METZGER]). Weitere Belege für die Verwendung des Epithetons in liturgischen Zusammenhängen bietet der Artikel von C. D. G. MÜLLER, Art. Gottesnamen (Gottesepitheta) IV (christlich-volkstümlich), RAC 11, Stuttgart 1981, (1238–1278) 1243.1245.1247; besonders 1248.1259f.1264 (für Christus).1269 und 1272. Bei der Durchsicht der Belege und angesichts ihrer Zahl fällt auf, daß es sich tatsächlich offenbar um ein recht volkstümliches Epitheton handelt.

[5] Deswegen muß vor allem auf eine Diskussion der stoischen Belege verzichtet werden; vgl. für Zeno SVF 1,194 (= Cicero, De finibus III,52); für Chrysipp dessen bekanntes „ὁ νόμος πάντων ἐστὶ βασιλεὺς θείων τε καὶ ἀνθρωπίνων πραγμάτων" (SVF 3,314; dazu unten Anm. 44) und aus dem Zeushymnus des Kleanthes „ᾧ σὺ τόσος γεγαὼς ὕπατος βασιλεὺς διὰ παντός" (SVF 1,537; Übersetzung etwa bei M. POHLENZ, Die Stoa. Geschichte einer geistigen Bewegung, Bd. 1, Göttingen ⁴1970, 109f.).

1. „Platons König" und seine Vorgeschichte

Ein unbekannter Platoniker schrieb – vielleicht schon bald nach Platons Tod[6] – unter Pseudonym einen Platonbrief und darin folgende bekannte Sätze über die „ἡ τοῦ πρώτου φύσις":

> „Περὶ τὸν πάντων βασιλέα πάντ' ἐστὶ καὶ ἐκείνου ἕνεκα πάντα, καὶ ἐκεῖνο αἴτιον ἁπάντων τῶν καλῶν· δεύτερον δὲ περὶ τὰ δεύτερα, καὶ τρίτον περὶ τὰ τρίτα. ἡ οὖν ἀνθρωπίνη ψυχὴ περὶ αὐτὰ ὀρέγεται μαθεῖν ποῖ' ἄττα ἐστίν, βλέπουσα εἰς τὰ αὑτῆς συγγενῆ, ὧν οὐδὲν ἱκανῶς ἔχει. τοῦ δὴ βασιλέως πέρι καὶ ὧν εἶπον, οὐδέν ἐστι τοιοῦτον."[7]

Wer diese Zeilen gelesen hat, wird dem Autor gern zustimmen, der seine Ausführungen als „αἴνιγμα", als Rätsel, charakterisiert[8]. Mit der Verschlüsselung seiner Prinzipienlehre wollte er nach eigener Aussage verhindern, daß Menschen, die zufällig in den Besitz des Schreibens kämen, es verstünden. Leider trifft das natürlich auch auf jeden modernen Interpreten zu, dessen erster Eindruck entsprechender Verwirrung vom Autor gewollt und intendiert war. Was haben wir unter diesem „ἐσωτερικὸς λόγος" zu verstehen? Wer

---

[6] Obwohl Forscher wie P. FRIEDLÄNDER (Platon Bd. 1 Seinswahrheit und Lebenswirklichkeit, Berlin ²1954, 355 Anm. 8) oder H. LEISEGANG (Art. Platon, PRE 20/2, Waldsee [Württ.] 1950, 2525–2528) den Brief als echt ansahen, hält doch eine überwiegende Mehrheit Platon *nicht* für den Verfasser (so auch H. DÖRRIE, Der König. Ein platonisches Schlüsselwort, von Plotin mit neuem Sinn erfüllt, RIPh 24, 1970, 217–235 = DERS., Platonica minora, Studia et testimonia antiqua 8, München 1976, 390–405, hier 390f. mit Anm. 1.2): Der 2. Brief verarbeitet den vermutlich authentischen 7. Brief, seine hierarchische Ordnung weist Parallelen zu Speusipp und Xenokrates auf (die Zahlenreihe der Epinomis des Philippus v. Opus 984c sollte besser nicht zum Vergleich herangezogen werden); siehe dazu jetzt auch H. J. KRÄMER, Die ältere Akademie, in: Grundriß der Geschichte der Philosophie, begr. v. F. UEBERWEG, Bd. 3 Ältere Akademie-Aristoteles-Peripatos, hg. v. H. FLASHAR, Basel/Stuttgart 1983, 1–174, hier 128. K. erwägt eine Entstehung in der älteren Akademie, „doch ist auch eine Entstehung in der Ära des sich um die Zeitenwende erneuernden Platonismus nicht ganz auszuschliessen" aaO.).

[7] Ep 2 312e–313a (BSGRT 5,2–7 MOORE-BLUNT): „Auf den *König* aller Dinge bezieht sich alles, und seinetwegen ist alles, und das ist die Ursache alles Schönen. Auf ein Zweites beziehen sich die zweiten Dinge und auf ein Drittes die dritten. Die menschliche Seele bemüht sich strebend um sie, um zu erkennen, welcher Art sie sind, indem sie hinschaut auf die ihr verwandten Dinge, von denen doch keines ausreicht. Bei dem König aber und bei den Dingen, von denen ich sprach, ist nichts solcher Art (nichts Unvollkommenes)." Vgl. den Kommentar von F. NOVOTNY, Platonis Epistulae. Commentaris illustratae, Opera Facultatis Philosophicae Universitatis Masarkynianae Brunensis 30, Brno 1930, 73–80 und J. M. RIST, Neopythagoreanism and ‚Plato's' second letter, Phron. 10, 1965, 78–81.

[8] 312d. Daher E. HOWALD in seiner Ausgabe der Briefe (BAW, Zürich 1951, 178): „Die Rätselpartie ist (...) unsinnig und verdient keine Interpretation"; womit er genau den Sinn von „αἴνιγμα" für die antike Hermeneutik verdreht, wonach gerade die Rätselhaftigkeit einer Allegorie anstachelt, eine Bedeutung zu suchen (Anon. Περὶ ποιητικῶν τρόπων Rhet. Bd. 3, 209,22 SPENGEL). P. FRIEDLÄNDER (Platon Bd. 1, 254) spricht ebenfalls von einem „in der Tat ans Absurde streifenden Abschnitt"; sachlicher dagegen H. LEISEGANG, Art. Platon,

verbirgt sich hinter dem König Platons? Wie paßt der Text des Schülers zu den Lehren[9] des Meisters?

1.1 Die religiöse Vorgeschichte

Paradoxerweise verschlüsselte der Platoniker in seinem Brief das oberste Prinzip mit einer allgemein bekannten Metapher, nämlich der „Königsmetapher", die schon längst vorher in der Philosophie verwendet wurde und tatsächlich auch schon bei Platon für das oberste Prinzip eintreten kann. Um die Bedeutung dieser Metapher im Brief besser zu verstehen, müssen wir uns die Vorgeschichte der Verwendung in Auszügen vorführen.

Leider fehlt auch hier bisher eine Durchsicht des Materials, die über die religiöse und philosophische Vorgeschichte des „βασιλεύς"-Titels im zweiten (pseudo-)platonischen Brief orientiert, und kann natürlich an dieser Stelle auch nicht vorgenommen werden. *Erik Peterson* hat zwar 1951 unter dem Titel „Der Monotheismus als politisches Problem"[10] eine Untersuchung veröffentlicht, die einzelne philosophische Texte, in denen das Gottesepitheton eine besondere Rolle spielt, interpretierte, und *Heinrich Dörrie* wies vor allem auf die Bedeutung der platonischen Königsmetapher als „Schlüsselwort" hin[11]; aber beide haben kaum nach den *Anfängen* der philosophischen Verwendung eines religiösen Epithetons gefragt und die Bedeutung der Übernahme des Epithetons in die christliche Theologie nicht in den Mittelpunkt ihrer jeweiligen Darstellung gerückt. Wichtige Hinweise zum Thema gibt auch *Hans Lietzmann*

PRE 20/2, 2526, der auch eine Übersicht über die Deutungsmöglichkeiten gibt. Eine ausführliche Darstellung findet sich bei H. D. SAFFREY/L. G. WESTERINK, Proclus, Théologie Platonicienne, Livre 2, CUFr, Paris 1974, XX–LIX; dort auch zur Bedeutung des Ausdrucks „δι' αἰνιγμῶν" im Pythagoreismus (XXIIf. mit Anm. 2). Aber Platon lehrt ja selbst, daß der Philosoph dem großen Haufen nur in dunklen Rätselworten andeutet, was er den Schülern im geheimen aufklärt (Tht. 152c; vgl. Plutarch Mor. 23, 382a [De Is. et Os. 76]); auch die Dichter deuten nach seiner Meinung nur an R. 332b). Aristoteles setzt in seiner Rhetorik Metapher und Rätsel in Beziehung: Ein gutes Rätsel enthält eine passende Metapher (Rh. 1405b 4f.) für eine Sache; die Allegorie dient in der Rhetorik manchmal als Oberbegriff des Rätsels (Kokondrios, Περὶ τρόπων Rhet. Bd. 3, 234,27 sq. SPENGEL).

[9] Auf die These, der Brief sei eine pythagoreische Fälschung (dazu H. D. SAFFREY-L. G. WESTERINK, XX–XXXVI) brauchen wir hier nicht näher einzugehen; der Brief wurde im 1. Jh. n. Chr. selbstverständlich als Brief *Platons* rezipiert; uns interessiert, wie es zu dieser Rezeption kommen konnte. Welche historischen Fehlurteile darin eingeschlossen gewesen sein mögen, ist natürlich eine andere Frage.

[10] In DERS., Theologische Traktate, München 1951, 45–147. Zur Würdigung und Kritik der Hauptthese vgl. A. SCHINDLER (Hg.), Monotheismus als politisches Problem? Erik Peterson und die Kritik der politischen Theologie, SEE 14, Gütersloh 1978, sowie A. M. RITTER, Dogma und Lehre in der Alten Kirche, in: Handbuch der Dogmen- und Theologiegeschichte, hg. v. C. ANDRESEN, Bd. 1 Die Lehrentwicklung im Rahmen der Katholizität, Göttingen 1982, 99–283, hier 152.

[11] In seinem zitierten Aufsatz „Der König. Ein platonisches Schlüsselwort, von Plotin mit neuem Sinn erfüllt" (Anm. 6).

in seiner Jenaer Rosenvorlesung „Der Weltheiland", in der er über antike Vorstellungen von Königs- und Kaiserheilanden handelt[12].

Bei dem Gottesepitheton „König"[13] handelt es sich ja um eine Metapher: Nach der Analogie eines *weltlichen Herrschers* spricht man von der Herrschaft eines Gottes über Götter und Menschen und stellt sich dabei je nach Reflexionsstufe mehr oder weniger abstrahiert Elemente irdischen Königtums vor[14]. Wie schon Aristoteles gezeigt hat, *verfremdet* eine metaphorische Verwendung den ursprünglichen Sinn eines Wortes[15]. Wir haben es aber nun mit einer *doppelten* Verfremdung zu tun: Zuerst wird der Königstitel, hinter dem eine politische Realität steht, verfremdet und metaphorisch als *Gottesepitheton*[16] gebraucht. In einem zweiten Schritt wird diese religiöse Königsmetapher dann zu einer *philosophischen Königsmetapher* und damit das religiöse Gottesepitheton nochmals metaphorisch genommen und damit abermals verfremdet.

Wenn man nun den Sinn der philosophischen Königsmetapher verstehen will, muß man diesen doppelten Übertragungsprozeß nachvollziehen. Bevor man sich mit der philosophischen Verwendung der Königsmetapher beschäftigt, sollte man sich klarmachen, daß es sich um einen Begriff handelt, der ursprünglich aus *religiösen*, nicht aus philosophischen Kontexten stammt, und damit den Verfremdungsprozeß nachbuchstabieren. Nur so kann man die Frage beantworten, warum plötzlich auch der Gott der Philosophen ‚König' genannt wird und welche politischen und geistesgeschichtlichen Umstände dabei eine Rolle spielen.

An welche Götter hätte ein Grieche gedacht, der auf der Agora oder in den Wandelhallen einen Philosophen vom höchsten βασιλεύς[17] hätte reden hören?

---

[12] Bonn 1909 = DERS., KS Bd. 1 Studien zur spätantiken Religionsgeschichte, hg. v. K. ALAND, TU 67, Berlin 1958, 25–62.

[13] Reichliche Informationen bieten dazu H. SCHWABL, Art. Zeus. Teil I. Epiklesen, PRE 10A, München 1972, 253–376; DERS., Art. Zeus. Teil II (mit Beiträgen zur Sprachgeschichte v. J. SCHINDLER und zu mykenischen Texten v. ST. HILLER), PRE Supplementband 15, München 1978, 993–1411; E. SIMON, Art. Zeus Teil III. Archäologische Zeugnisse, PRE Supplementband 15, München 1978, 1411–1441 und H. SCHWABL, Art. Zeus, Nachträge und Korrekturen, ebd., 1441–1481 (Der Gesamtartikel ist in veränderter Reihenfolge in einem Separatdruck bequem zugänglich: H. SCHWABL, Zeus, München 1978) und E. FEHRLE, Art. Zeus (Beinamen), ALGM 6, Leipzig/Berlin 1924/1937, 608f. bzw. C. F. H. BRUCHMANN, Epitheta deorum quae apud poetas Graecos leguntur (= ALGM Suppl. 1, Leipzig 1893) s.v.

[14] Das zeigt in diesem Bande K. W. MÜLLER, König und Vater, siehe o. S. 31–43.

[15] Eine Metapher ist „ὀνόματος ἀλλοτρίου ἐπιφορά" (Aristoteles, Po. 1457b7; zur Interpretation vgl. etwa E. JÜNGEL, Metaphorische Wahrheit. Erwägungen zur theologischen Relevanz der Metapher als Beitrag zur Hermeneutik einer narrativen Theologie, in: DERS., Entsprechungen: Gott – Wahrheit – Mensch. Theologische Erörterungen, BEvTh 88, München 1980, 103–157; hier 119–132).

[16] Über das Wesen eines Gottesepithetons im allgemeinen orientiert unter Berücksichtigung der kultischen und soziokulturellen Implikationen B. GLADIGOW, Art. Gottesnamen (Gottesepitheta) I (allgemein), RAC 11, Stuttgart 1981, 1202–1238.

[17] Natürlich gehört zur griechischen Vokabel „βασιλεύς" ein sprachliches Umfeld von

Natürlich zunächst erst einmal an *Zeus*. Die meisten Belege für die Verehrung eines Gottes mit dem Epitheton „König" betreffen den Götterkönig[18]. Obwohl das Gottesepitheton ‚König' auf andere Götter offenbar nur selten angewendet wurde[19], bezeichnete man in hellenistischer und spätantiker Zeit neben dem Ζεὺς βασιλεύς weitere Götter als ‚König'[20], die aber zumeist in mehr oder weniger engem Zusammenhang mit dem eigentlichen Götterkönig stehen. An allen Texten fällt auf, daß sie vor allem aus *nachklassischer* Zeit stammen, weil die Bedeutung des Königtums in klassischer Zeit in Griechenland eben auch sehr gering war; erst durch die politischen Umgestaltungen, die der Perserzeit folgten, wurde das Königtum wieder politische Realität, die sich in der religiö-

---

Anredeformen, etwa „ἄναξ". Das kann freilich hier nicht dargestellt werden; vgl. etwa H. ZILLIACUS, Art. Anredeformen, RAC. Supplement, Stuttgart 1985/86, 465–497, hier 471. Die folgenden Ausführungen konzentrieren sich im wesentlichen auf Belege für das Gottesepitheton „König".

[18] Allerdings macht H. SCHWABL (Art. Zeus, 1446) darauf aufmerksam, daß nicht entschieden werden kann, ob es in Athen überhaupt einen institutionalisierten *Kult* eines solchen Gottes gab. Ein solcher existierte in Erythrai in Ionien (aaO. 1447, ergänze dazu W. DITTENBERGER, SIG 1014, 110), ferner offenbar in Olba in Kilikien (SCHWABL, 1447). Beispiele für Anrufungen und Epiklesen an den „Ζεῦς Βασιλικός" lassen sich reichlicher finden: Etwa eine Votivstele aus Phrygien (SEG 6,79); auf Paros ist eine Dedikationsinschrift eines Priesters des Zeus Basileus („ὁ ἱερεὺς τοῦ Διὸς τοῦ βασιλέως"; CIG 2,2385) gefunden worden (Datierung?); eine pergamenische Inschrift (CIG 2,3538) aus der Zeit zwischen 138 und 217 n. Chr. bezeugt ebenfalls Zeus als Basileus. Schon länger war ein nicht vollendeter Tempel für den Gott in Böothien bekannt, der nach der Schlacht von Leuktra 371 v. Chr. begonnen worden war (H. SCHWABL, 1102f.), und auch bei Diodor Siculus (XV 53,4) erwähnt wird. Zeus Basileus diente auch als Schwurgott der Böothier und Phoker in einem Vertrag in der letzten Hälfte des 3. Jh.s v. Chr. (IGS 3,98; vgl. H. G. LOLLING, Der Symmachievertrag der Phoker und Böoter, MDAI.A 3, 1878, 19–27; nach L. ist Zeus Basileus einer der „angesehensten Gottheiten beider Landschaften", 23). Pausanias berichtet schließlich über eine Inschrift in Messenia auf der Pelopones, die die Bitte enthielt: „χαῖρε Ζεῦ βασιλεῦ καὶ σάω Ἀρκαδίαν" (IV 22,7 vgl. V 27,12). Vgl. auch M. SANTORO, Epitheta deorum in Asia Graeca cultorum ex auctoribus Graecis et Latinis, Milano 1973, 53.

[19] So U. v. WILAMOWITZ-MOELLENDORFF, Der Glaube der Hellenen, Bd. 1, Berlin 1931, 140; Pindar nennt Apollo (P. 3,27) ‚König', die Gesamtheit der Götter ‚Könige' (P. 3,94); bei Aristophanes heißen Demeter (Ra. 382f.) und der Frieden (Pax 974) so.

[20] Beispielsweise wären zu nennen: eine Inschrift auf einem in Nicäa gefundenen Altar, die die Anrede „Μηνὶ Βασιλεῖ" enthält (SEG 29, 1288) – der Altar ist also dem Mondgott Men, dessen Kult sich in hellenistischer Zeit über ganz Kleinasien verbreitete, geweiht –; eine aus trajanischer oder hadrianischer Zeit stammende Dedikationsinschrift aus dem Askleipieion, einem großen „Krankenhausbezirk" mit Theater, Bibliothek und Badeanlagen in Pergamon („σοὶ, θνητῶν μ[ακάρων τε πάτερ], | βα[σιλεῦ κύδιστε], | [κ]όσμου παντ[όκρατορ, Ξενοκλῆς] | τεμὴν ἀνέθηκε" SEG 28, 971) war möglicherweise nicht an Zeus, sondern an Asklepios gerichtet. Die gleiche Frage stellt sich auch bei der gleichfalls pergamenischen Dedikationsinschrift SEG 28, 965, in der Askleipios (oder eben: Zeus) ἄναξ βασιλεύς genannt wird. Man könnte natürlich fragen, ob hier nicht auch eine aus anderen Askleipiosheiligtümern bekannte Identifikation beider vorliegt, wie für Pergamon schon früher vermutet worden ist (Belege bei A. B. COOK, Zeus. A Study in Ancient Religion. New York 1965 [= 1925, 1076f.1078f.]). Weitere Götter nennt H. SCHWABL: In Ephesus und Priene (Art. Zeus,

sen Sprache widerspiegelt[21]. Vorher spielte das politische Königtum allenfalls in der Erinnerung an Heroen und Könige aus mythischer Vorzeit eine nennenswerte Rolle.

Wie alt ist denn aber nun tatsächlich das Gottesepitheton „König"? Die schwierige religionshistorische Frage nach dem Alter braucht hier natürlich weder gelöst noch ausführlicher diskutiert zu werden. Aber die doppelte Beobachtung, daß frühe Belege des Epithetons zwar rar sind, aber doch nicht vollkommen fehlen, bestätigt sich, wenn man auf die frühe und klassische Literatur blickt.

In Ilias und Odyssee wird Zeus *nicht* als König, sondern als „πατὴρ ἀνδρῶν τε θεῶν τε" bezeichnet[22]. Man wird H. Erbse zustimmen können, der diesen Befund damit erklärt, „daß der homerische Götterstaat nicht als Monarchie, sondern als patriarchalische Ordnung gedacht ist" und Zeus mit einem *pater familias* verglichen ist[23]. Die berühmte Stelle aus der Ilias

„οὐκ ἀγαθὸν πολυκοιρανίη· εἷς κοίρανος ἔστω
εἷς βασιλεὺς, ᾧ ἔδωκε Κρόνου παῖς ἀγκυλομήτεω
σκῆπτρόν τ' ἠδὲ θέμιστας, ἵνα σφίσι βασιλεύῃ."[24]

wurde sicher erst durch ihre Zitation bei Aristoteles[25] zu einem zentralen Beleg für die Anwendung der Königsmetapher auf Gott; Homer scheint noch nicht auf das Königtum des Kroniden anzuspielen.

Einen vereinzelten Beleg der Formel „*Zeus, der Götter König*" aus den Kyprien, einem zum Kyklos zählenden Epos des trojanischen Sagenkreises, läßt sich schon wegen der unsicheren Datierung des Werkes[26] für unsere Frage kaum auswerten; Athenaeus zitiert ihn in den Deipnosophisten[27]. Auch zwei

---

D. Kultbelege in verschiedenen Landschaften, 1141.1143) ist ein Dionysos Basileus belegt (1147), in Troizen ein Poseidon Basileus (ebd.).

[21] Dazu in diesem Band K. W. MÜLLER, König und Vater, 37f.

[22] J. WACKERNAGEL, Sprachliche Untersuchungen zu Homer, Forschungen zur griechischen und lateinischen Grammatik 4, Göttingen 1916, 210. Ein modifiziertes Bild ergäbe sich natürlich, wenn man etwa auch das Wort „ἄναξ" in den Blick nähme!

[23] H. ERBSE, Untersuchungen zur Funktion der Götter im homerischen Epos, UaLG 24, Berlin/New York 1986, 209; zur Rolle des Zeus bei Homer vgl. auch B. C. DIETRICH, Death, Fate and the Gods. The Development of a Religious Idea in Greek Popular Belief and in Homer, University of London Classical Studies, 3, London 1965, 324–326; über die Forschungsdiskussion orientiert auch H. SCHWABL, Art. Zeus, 1012f.

[24] Il. 2,204 („Nie bringt Segen die Herrschaft vieler; einer sei Herrscher/ Einer König allein, dem der Sohn des verschlagenen Kronos/ Zepter verlieh und Gesetze, daß er der Menge gebiete" Übersetzung H. RUPÉ, TuscBü, München ²1961, 51).

[25] Arist., Metaph. Λ 10, 1076a4. Eine kurze Interpretation der Stelle gibt E. PETERSON im erwähnten Aufsatz „Der Monotheismus als politisches Problem" (Anm. 10), 49f.

[26] A. RZACH, Art. Kyklos, PRE 11, Stuttgart 1922, 2347–2435, hier 2379–2395. Immerhin findet sich der Titel auch in einem anderen Fragment des Kyklos (?), der Thebais, Frgm. 3 (5, 114,3 ALLEN).

[27] Athen. 8, 334c (Athenaeus, The Deipnosophists, with an English translation by CH. B.

Belege aus den „Homerischen Hymnen" sind schwer zu datieren: In einer Hymne wird Hera, die Zeus-Gattin, als „unsterbliche Königin" bezeichnet[28]; die Formulierung, daß ‚von Zeus alle Könige, von Apoll und den Musen aber alle Sänger abstammen'[29], erhält nur Sinn, wenn man sich den Königstitel des Zeus hinzudenkt. Im Gegensatz zu Homer selbst zeichnen die „homerischen" Hymnen durchaus Zeus als einen König, wie auch der an Zeus gerichtete Hymnus deutlich macht[30].

Eine erste *Vorstufe*[31] eines formelhaften religiösen Gebrauchs des Epithetons *vor* der Perserzeit findet sich m. E. zuerst bei *Hesiod*. Im 71. Vers der Theogonie spricht Hesiod davon, daß Zeus „im Himmel als König herrscht"[32], mit Blitz und Donner als seinen Herrschaftsattributen ganz nach traditioneller Vorstellung[33]. Die „Werke und Tage" schildern ihn ebenfalls als Herrscher und nennen ihn „ἀθανάτων βασιλεύς" (Op. 668). Seiner Herrschaft geht das Goldene Zeitalter, die Königsherrschaft des Kronos, voraus (Op. 111[34]). Fast schon an einen formelhaften Gebrauch erinnern dann Wendungen wie „Ζεὺς δὲ θεῶν βασιλεύς" (Th. 886[35]), „Βασιλεὺς θεῶν καὶ ἀνθρῶν" (Th. 897); auf Rat der Gaia wird er zum „βασιλεύς und ἄναξ" gewählt (Th. 883–885). Diese

---

GULICK, Vol. 4, LCL, London/Cambridge/M. 1961, 18f. bzw. Homeri Opera, recognovit [...] TH. W. ALLEN, Tom. 5, SCBO, Oxford 1912, 120: „Ζεὺς θεῶν βασιλεύς"); dem Zusammenhange nach geht es um die Zeugung der Helena durch Zeus und Nemesis (A. RZACH, Art. Kyklos, 2383f.).

[28] H. Hom. 12,1–3 „Ἥρην ἀείδω χρυσόθρονον ἣν τέκε Ῥείη,
ἀθανάτην βασίλειαν ὑπείροχον εἶδος ἔχουσαν
Ζηνὸς ἐριγδούποιο κασιγνήτην ἄλοχόν τε",
in Übersetzung: (Homerische Hymnen. Griechisch und Deutsch hg. v. A. WEIHER, München ³1970, 117) „Hera auf goldenem Throne, die Tochter der Rhea, besing ich/ Königin ist sie, unsterblich, vor allen herrlichst gestaltet, sie ist Zeus', des gewaltigen Donnerers, Schwester und Ehweib"; der Titel ist so deutlich vom Zeusepitheton abgeleitet, daß man seine Verwendung hier darauf zurückführen kann, daß Hera Gattin des Zeus und gleich ihm (12,5: „ὅμως Διί") König ist und als solche mit ihm thront. Hera Basileia ist neben Zeus Basileus Schwurgöttin im Bundeseid der Phoker und Böoter (IGS 3,98; vgl. oben Anm. 18). Dazu siehe auch N. J. RICHARDSON, The Homeric Hymn to Demeter, Oxford 1974, 268 (zu V. 358).

[29] Der Bezug aller Königsherrschaft auf Zeus als ihrem Garanten *und* Geber tritt häufiger auf, vgl. etwa unten Anm. 36; Text und Übersetzung von H. Hom. 25 bei A. WEIHER, 124f.

[30] H. Hom. 23 (WEIHER, 122f.); gedacht ist dort offenbar an einen thronenden Zeus, der alles sieht (Z. 2.4) und die Macht hat, seine Planungen auch auszuführen.

[31] „The phrase resembles a formulaic title, but is not being used as such; there is a strong predicative sense, ‚Zeus, now that he was king of the gods'" (Hesiod, Theogony, ed. with prolegomena and commentary by M. L. WEST, Oxford 1966, 403 (zu Th. 886); vgl. auch M. SCHMIDT, Art. βασιλεύς, LfgrE, Bd. 2 Lfg. 10, Göttingen 1982, 45f.

[32] Hes., Th. 71f. „ὃ δ' οὐρανῷ ἐμβασιλεύει, αὐτὸς ἔχων βροντὴν ἠδ' αἰθαλόεντα κεραυνόν".

[33] Zur literarischen Verwendung dieser Herrschaftsattribute vgl. H. SCHWABL, Art. Zeus 1018–1020; Darstellungen des Zeus mit Attributen sammelt A. B. COOK, Zeus. Vol. 2 Zeus God of the Dark Sky (Thunder and Lighthing), New York 1965 (= 1925), 722–764.

[34] Vgl. auch Th. 476 und 486, wo er „θεῶν προτέρων βασιλεύς" genannt wird.

[35] Zur Textbezeugung vgl. den Apparat bei F. SOLMSEN, SCBO, 43.

Bevorzugung des Königsepithetons setzt sich in den echten und pseudepigraphen Fragmenten fort. Nach einem Hesiod-Zitat aus dem pseudoplatonischen Dialog Minos[36] führt Minos das Szepter des Zeus, der damit als König ausgezeichnet ist; die Übergabe des Szepters legitimiert den Herrscher und bindet seine Rechtsentscheidungen an das von Zeus gesetzte Recht[37]. Clemens Alexandrinus zitiert in den Stromateis einen pseudepigraphen (?) Vers Hesiods, der pointiert diesen Akzent der Königsherrschaft des Zeus zum Ausdruck bringt:

„αὐτὸς γὰρ πάντων φησὶ βασιλεὺς καὶ κοίρανός ἐστιν
ἀθανάτων· σέο δ' οὔ τις ἐρήρισται κράτος ἄλλος."[38]

B. Snell hat deutlich gemacht, daß für Hesiod „die göttliche Ordnung der Welt ein Werk des Zeus" ist; weil er von ihm wie „ein König, der im Himmel herrscht"[39], dargestellt wird, verwendet der Dichter auch das Epitheton ‚König' so häufig.

Während man bei all' diesen Zitaten nur vermuten kann, daß hinter ihnen auch eine religiöse Praxis steht, den ‚König Zeus' anzurufen, bieten eine Reihe späterer Autoren sicherere Hinweise. So berichtet *Plutarch* in der Vita Solons seiner Parallelbiographien, daß *Solon* die Gesetze seines Reformwerkes in Verse gefaßt habe, und zitiert die Anfangsverse der poetischen Gesetzesfassung:

„Πρῶτα μὲν εὐχώμεσθα Διῒ Κρονίδῃ βασιλῆι
θεσμοῖς τοῖσδε τύχην ἀγαθὴν καὶ κῦδος ὀπάσσαι."[40]

---

[36] Pl., Min. 320d (dazu: Platon, Oeuvres Complètes, Tome 13,2, Dialoges suspects, texte établi et traduit par J. SOUILHÉ, CUFr, Paris 1930, 81–85 (Questions d'authenticité et de date). 101 (Text) bzw. Hesiod, Frgm. 144 (156 MERKELBACH/WEST). Zeus ist schon bei Hesiod selbst Garant der Herrschafts- und Rechtsverhältnisse. Das kann man „mit seiner *(sc. des Zeus)* Auffassung als König und höchste Autorität erklären und so herrschen und richten die Könige (bzw. Richter) auch mit Berufung auf ihn" (H. SCHWABL, Art. Zeus, 1027). Sch. hat Elemente des Legitimationsbezuges irdischer Herrscher auf Zeus und sein Götterkönigtum zusammengestellt (1391).

[37] Für diese Vorstellung weitere Belege bei H. SCHWABL, Art. Zeus, 1391. Aischylos läßt in den Persern (Pers. 762–764) Dareios schildern, wie Zeus die Herrschaft eines einzigen über Asien verordnet („ὀπάζω") und dieser dann das Szepter der Herrschaft als Zeichen *verliehener* Herrschaft führt; vgl. Aischylos, A. 43f.

[38] Frgm. 308 MERKELBACH/WEST (= Str. V 112,3 [GCS Clemens Alexandrinus 2, 402,11–14 STÄHLIN]): „Denn er selbst, sagt er *(sc. Hesiod)*, ist König und Herr aller Unsterblichen: kein anderer kann sich an Macht mit dir messen." Anders Prot. VII 73,3 (GCS Clemens Alexandrinus 1, 55,26f. STÄHLIN): „Von den Unsterblichen kann sich mit ihm an Macht keiner messen" („ἀθανάτων τέ οἵ οὔ τις ἐρήρισται κράτος ἄλλος") mit Konjektur; vgl. dazu N. WALTER, Pseudepigraphische jüdisch-hellenistische Dichtung: Pseudo-Phokylides, Pseudo-Orpheus, gefälschte Verse auf den Namen griechischer Dichter, JSHRZ 4,3 Gütersloh 1983, (173–276) 275. Eusebius zitiert den Text der Str. in P. E. XIII 13,39 (GCS Eusebius 8/2, 214,15f. MRAS).

[39] BRUNO SNELL, Die Entdeckung des Geistes. Studien zur Entstehung des europäischen Denkens bei den Griechen, Göttingen ⁵1980, 50.

[40] Solon, Frgm. 31 (Plu., Sol. 3, 80a) Elegy and Iambus, being the Remains of all Greek

Einen solchen Zusammenhang von irdischem Recht und himmlischen König hatte auch schon Hesiod als Legitimation des irdischen Rechtes durch Zeus vorausgesetzt. Solon bittet Zeus, durch seinen Segen für dieses Gesetzeswerk mit seiner ganzen himmlischen Macht für seine Geltung einzustehen – deswegen ruft er ihn als ‚Zeus Basileus' an[41].

In der unter dem Namen des *Theognis* überlieferten Elegiensammlung[42] trägt Zeus mehrfach das Epitheton ‚Basileus':

„ Ἥβης μέτρον ἔχοιμι, φιλοῖ δέ με Φοῖβος Ἀπόλλων
Λητοΐδης καὶ Ζεύς, ἀθανάτων βασιλεύς,
ὄφρα δίκηι ζώοιμι κακῶν ἔκτοσθεν ἁπάντων,
ἥβηι καὶ πλούτωι θυμὸν ἰαινόμενος."[43]

Pindar schließlich verwendet mehrfach in den mythologischen Abschnitten, die er zum Lob des Siegers in die Hymnen einfügt, das Epitheton ‚König' für Zeus[44]. Mit dieser knappen Formel läßt er sein Gottesbild anklingen, das er etwa so zusammenfaßt:

„θεὸς ἅπαν ἐπὶ ἐλπίδεσσι τέκμαρ ἀνύεται,
θεός, ὃ καὶ πτερόεντ' αἰετὸν κίχε, καὶ θαλασσαῖον παραμείβεται
δελφῖνα, καὶ ὑψιφρόνων τιν' ἔκαμψε βροτῶν,
ἑτέροισι δὲ κῦδος ἀγήραον παρέδωκ"."[45]

Elegiac and Iambic Poets from Callinus to Crates (...), newly ed. and transl. by J. M. EDMONDS, Vol. 1, LCL, London/Cambridge/M. 1968, 144. Übersetzung von K. ZIEGLER, (Plutarch, Große Griechen und Römer, Bd. 1, München 1979, 214): „Laßt uns beten zuerst zum König Zeus, dem Kroniden/ Daß er diesen Gesetzen Ruhm und Wirkung verleihe."

[41] Zur Bedeutung des Zeus für Athen bei Solon vgl. H. SCHWABL, Art. Zeus, 1270f.

[42] Über sie informiert O. KAISER, Der Mensch unter dem Schicksal, NZSTh 14, 1972, 1–28, = DERS., Der Mensch unter dem Schicksal. Studien zur Geschichte, Theologie und Gegenwartsbedeutung der Weisheit, BZAW 161, Berlin/New York 1985, (63–90) 64–69.

[43] Theognis, 1119–1122 (p. 68 YOUNG). „Möge ich das Maß der Jugend haben; mich aber Phoibos Apollon lieben, der Letosohn, und Zeus, der Unsterblichen König, damit ich leben mög' im Recht, fern von allem Unglück, das Herz erfreut mit Jugend und Reichtum." Auch dieser Autor erwartet alles von den Göttern (O. KAISER, Mensch unter dem Schicksal, 68); nicht ganz zufällig fallen, wenn es um Recht geht, der Name des Zeus, und wenn es um Jugend geht, der Name des Apollon. Vgl. auch Thgn. 285 (Zur vorausgesetzten politischen Situation siehe KAISER, 65f.), 373–376 (hier liegt eine Art Gebet an Zeus vor, in dem noch einmal deutlich wird, daß im Epitheton Basileus Ehre, Kraft und Herrschaft des Gottes angesprochen werden, seine schlechthinnige Souveränität), 743 und 1346.

[44] θεῶν βασιλεύς ὁ μέγας (O. 7,34); Ζεὺς ἀθανάτων βασιλεύς (N. 5,35 ebenso 10,16) und Ζεὺς βασιλεύς (I. 8,20). Das berühmte Fragment 152 (BOWRA bzw. 169 SCHROEDER), „νόμος ὁ πάντων *βασιλεὺς* θνατῶν τε καὶ ἀθανάτων" kann hier nicht ausführlich diskutiert werden, vgl. Platon, Grg. 484b und Chrysipp, „ὁ νόμος πάντων ἐστὶ *βασιλεὺς* θείων τε καὶ ἀνθρωπίνων πραγμάτων" (SVF 3,314); freilich ist jetzt auch eine Fortsetzung auf Papyrus gefunden worden: POxy 2450 [Bd. 26, ed. E. LOBEL, London 1961, 144–146]; zum Text etwa H. E. STIER, ΝΟΜΟΣ ΒΑΣΙΛΕΥΣ, in: DERS., KS, Hg. v. P. FUNKE u. G. A. LEHMANN, Meisenheim am Glan 1979, 5–38).

[45] P. 2,49–52; Übersetzung F. DORNSEIFF (Pindars Dichtungen, Leipzig 1965, 77): „Ein

An diesem Text Pindars kann man sich klarmachen, worum es beim Gottesepitheton „König" geht, welche Züge des Gottesbildes die Metapher zum Ausdruck bringen will: Der Beter appelliert durch sie besonders an die unübertreffbare Souveränität Gottes, der „jedes Ziel nach Wunsch erreicht", und drückt das am besten mit der metaphorischen Übertragung des Königstitels aus, da er sich den König dabei als schlechthinnigen Herrscher vorstellt. H. Schwabl hat gezeigt, daß der Betonung der überragenden Stellung des Zeus eine starke Akzentuierung der Abhängigkeit des Menschen von diesem Gott korrespondiert[46].

Nun spielte vor der Perserzeit, wie wir schon sahen, das Königtum in den Verfassungen der großen griechischen Städte praktisch keine nennenswerte Rolle mehr. Zwar erinnerten etwa in der athenischen Verfassung auch in klassischer Zeit noch Reste an die Monarchie homerischer Zeit[47], aber in Kontakt mit einer politisch schlagkräftigen und bedrohlichen Monarchie kam man erst durch die Perserkriege[48]. Ganz ohne Zweifel hängt der stark zunehmende Gebrauch der Königsmetaphorik, wie man ihn seit dem 5. Jahrhundert beobachten kann, an den Erfahrungen mit den persischen Königen, die durch ihre straff zentralisierte Monarchie ein halbes Jahrhundert das griechische Festland in Atem hielten. Die Achämeniden dokumentierten mit ihrem Titel *„König der Könige"* ihre weitreichenden politischen Ansprüche[49]. Die Texte zeigen aber auch, daß für die signifikante Zunahme der Königsmetapher die politische Geschichte der Perserzeit nicht *allein* verantwortlich gemacht werden kann, obwohl die Eindrücke der mächtigen Perserherrscher, von Großkönigen wie Dareios oder Xerxes, doch offenbar einen entscheidenden Anstoß gaben.

So verwundert es kaum, wenn im Werk des Zeitgenossen *Aischylos*, der selbst in den Schlachten von Marathon und Salamis im Felde stand, diese Entwicklung Spuren hinterläßt[50]. Mit bewegenden Worten drückt in seiner

---

Gott erreicht jedes Ziel nach Wunsch/ der Gott, der selbst den geflügelten Adler einholt und den Meeresdelphin/ übereilt, auch manchen der hochgemuten Sterblichen beugt, aber andern nie alternden Ruhm gibt."

[46] Art. Zeus, 1275—1278.

[47] Vgl. etwa die Bemerkungen des Aristoteles zur Athenischen Verfassung vor Drakon in Ath. 3,2 und zu den Gründen, das erbliche Königsamt wieder abzuschaffen (ebd. 3,3; dazu P. J. RHODES, A commentary on the Aristotelian *Athenaion Politeia*, Oxford 1981, 99—101).

[48] „Many turned wistful eyes to the great king of Persia, not aspiring to be his subjects, but longing for the unity and order which his absolutism and broad sway guaranteed to his subjects" (E. R. GOODENOUGH, The Political Philosophy of Hellenistic Kingship, YCS, 1, 1928, [55—102] 55).

[49] G. SCHÄFER, ‚König der Könige' - ‚Lied der Lieder'. Studien zum paronomastischen Intensitätsgenetiv, SHAW.PH 1973/2, 42—45; schon E. MEYER deutete den Titel als bewußte Betonung der Einzigartigkeit des persischen Großkönigtums (Geschichte des Altertums, 4/1, Darmstadt 1981 [= Stuttgart ³1939], 22).

[50] D. HEGYI, Orientalische ‚couleur locale' in Aischylos' ‚Persern', in: Aischylos und

Tragödie „Die Perser" der Chor die tiefe Verzweiflung über die vernichtende Niederlage des persischen Heeres aus:

„Ὦ Ζεῦ βασιλεῦ, νῦν γὰρ Περσῶν
τῶν μεγαλαύχων καὶ πολυάνδρων
στρατιὰν ὀλέσας
ἄστυ τὸ Σούσων ἠδ' Ἀγβατάνων
πένθει δνοφερῷ κατέκρυψας·"[51]

Ein weiterer Anruf des Zeus Basileus in einer Chorstrophe seines „Agamemnon"[52] macht deutlich, daß für Aischylos Zeus als königlicher Herrscher hinter allem Geschehen steht, „alles Werkes Beginner und Vollbringer ist", wie der Chor angesichts der Ermordung des Atriden in der Orestie ausruft[53]. Mit dem Gottesepitheton „König" verbindet sich die Vorstellung *schlechthinniger Souveränität und Herrschaft* des Gottes über die Geschicke der Menschen.

Man hat vermutet, daß Aischylos mit der Anrufung des Zeus Basileus attische Alltagssprache wiedergab[54]. Diese Vermutung kann man zu einer gesicherten Beobachtung ausbauen, wenn man die relativ häufige Verwendung des Anrufes in attischen Alltagssituationen bei Aristophanes einbezieht[55]. In Aristophanes' bissiger Satire ‚Wolken' äußert der von Gläubigern verfolgte brave Strepsiades, mit dem Ausruf „ὦ Ζεῦ βασιλεῦ" eingeleitet, seine Verwunderung (oder besser: Bewunderung) über ein völlig unsinniges Experiment des großen Sokrates mit einem Floh[56]; und schließlich erklärt der große Denker dem Strepsiades, daß es Zeus gar nicht gibt, sondern der himmlische Wirbel die Wolken antreibt[57]:

Pindar, Studien zu Werk und Nachwirkung, hg. v. E. G. SCHMIDT, Studien zur Geschichte und Kultur der Antike 19, Berlin 1981, 187–192, bes. 187f.

[51] Pers. 532–536 in der Übersetzung J. G. DROYSENS (Aischylos, Die Tragödien und Fragmente, durchgesehen und eingeleitet v. W. NESTLE, KTA 152, Stuttgart ⁵1977, 35): „Allherrschender Zeus, nun hast du hinweg/ Das unzählige, stolz hinziehende Heer/ Der Perser getilgt/ Hast Susa nun und Ekbatanas Burg/ Mit den Schatten des Grames umnachtet." Vgl. auch R. P. WINNINGTON-INGRAM, Zeus in the Persae, JHS 93, 1973, 210–219.

[52] A. 355; im Chorlied wird Zeus Xenios als Hüter des Gastrechtes die vollständige Vernichtung der Stadt Troja zugeschrieben; zum Zeusbild des Aischylos vgl. auch H. SCHWABL, Art. Zeus, 1285.

[53] „ἰὴ, ἰὴ, διαὶ Διὸς παναιτίου πανεργέτα" A. 1486; Übersetzung nach DROYSEN, 24. Anders übersetzt P. STEIN (Antikenprojekt II: Die Orestie des Aischylos [...], Berlin [1980], 29) „Ach, ach – das alles bewirkt Zeus, der alles verursacht. Zeus allein verfügt, was Menschen vollenden. Was wird von den Menschen ohne dich vollendet, Zeus? Welche ihrer Taten wären nicht gottbestimmt? Was ist ohne dich, Zeus?" (1486–1488) und natürlich 1563f. „Solange Zeus auf dem Thron bleibt, bleibt das Gesetz: wer tut, muß leiden. Tun – leiden – lernen: das ist die göttliche Satzung" (STEIN, 30).

[54] Aeschylos Agamemnon, ed. with a Commentary by E. FRAENKEL, Vol. 2, Commentary on 1–1055, Oxford 1962, 186.

[55] Neben den unten diskutierten Stellen wäre zu notieren: Av. 223; 514f.; 568; Pl. 1095 und Ra. 1278; vgl. auch H. SCHWABL, Art. Zeus, 1304.

[56] Nu. 153.

[57] Nu. 381.

„ὁ Ζεὺς οὐκ ὤν, ἀλλ' ἀντ' αὐτοῦ Δῖνος νυνὶ βασιλεύων."[58]

Zeus wird in den ‚Wespen' lächerlich gemacht, wenn der alte Philokleon seine eigene richterliche Gewalt mit Zeus vergleicht und vorübergehende Passanten angesichts des tobenden Richters, der donnert wie Zeus, dann auch „ὦ Ζεῦ βασιλεῦ" rufen (V. 625). Ebenso in den ‚Vögeln', wenn der Götterherrscher nur durch Verzicht auf seine Basileia (Av. 1754) wieder in den Genuß von Opfern kommen kann, die ihm der Vogelstaat abzieht. Mit einem Satz des Prometheus kann man hier ausdrücken, welche Entwicklung die Zeusfrömmigkeit genommen hat, die doch die Stücke des Aischylos noch so prägte:

"ἀπόλωλεν ὁ Ζεύς" (Av. 1514).

In der ‚abgegriffenen Beteuerungsformel'[59] ‚Zeus Basileus' spiegelt sich ein Rest attischer Frömmigkeit. Und bezeichnenderweise wird im Gefolge der politischen Ereignisse der eigentliche Ort, an dem vom ‚Zeus Basileus' geredet wird, zunehmend die Philosophie, weniger die Religion. Die Verfremdung der religiösen Metapher „König" zu einer philosophischen Metapher wurde also sozusagen von einer religiösen *Entfremdung* begleitet. Der alte Bedeutungsinhalt des Gottesepithetons, den man wohl am eindrücklichsten bei Aischylos nachempfinden kann, bedurfte einer philosophischen Neuinterpretation. Die schlechthinnige Souveränität und Allmacht des Gottes Zeus war angesichts der Allmacht von Königen, die man in der Politik sehr handfest erlebte, und religiöser Allmacht, die man nur glauben konnte, philosophisch neu zu rechtfertigen. Vielleicht erfreute sich deswegen das an sich doch so unphilosophische Wort „König" in der Philosophie einer so großen Bedeutung.

1.2. Die philosophische Vorgeschichte

Die Königsmetapher wird in der griechischen Philosophie nicht erst durch Platon heimisch, sondern ebenfalls wohl schon im Gefolge der Perserzeit. Aber es fällt auf, daß vor Platon eine wirkliche philosophische Interpretation der Metapher noch gar nicht stattfindet. Sie wird in ihrer religiösen Bedeutung einfach übernommen. Die doppelte Verfremdung des Wortes zu einer philosophischen Metapher unterbleibt zunächst, wie man an Empedokles und Demokrit sehen kann.

Empedokles[60] verwendet das Königsepitheton in einer Schilderung der mythischen Vorzeit in seinen ‚ΚΑΘΑΡΜΟΙ' (‚Sühnelieder'):

---

[58] „Die Entthronung des Zeus und der übrigen Götter ist ein beliebtes Komödienmotiv" (H. FLASHAR, Zur Eigenart des Aristophanischen Spätwerkes, Poetica 1, 1967, 154–175 = Aristophanes und die Alte Komödie, hg. v. H.-J. NEWIGER, WdF 265, Darmstadt 1975, [405–434] 428).

[59] H. SCHWABL, Art. Zeus, 1304.

[60] Etwa 492–432 v. Chr.; vgl. W. K. C. GUTHRIE, A History of Greek Philosophy, Vol. 2, The Presocratic Tradition from Parmenides to Demokritus, Cambridge 1965, 128.

„οὐδέ τις ἦν κείνοισιν Ἄρης θεὸς οὐδὲ Κυδοιμός
οὐδὲ Ζεὺς βασιλεὺς οὐδὲ Κρόνος οὐδὲ Ποσειδῶν,
ἀλλὰ Κύπρις βασίλεια."⁶¹

Wie W. K. C. Guthrie und G. Zuntz gezeigt haben⁶², entstammt das Fragment einem Zusammenhang, der die Harmonie und Frömmigkeit des goldenen Zeitalters beschrieb. Während traditionell dieses Zeitalter das des Kronos genannt wurde, spricht Empedokles von einem Zeitalter der „Königsherrschaft der Aphrodite". Als besonderes Merkmal dieses Zeitalters, in dem „alle Geschöpfe zahm und dem Menschen zutunlich" waren „und die Flamme der gegenseitigen Freundschaft glühte"⁶³, führt er den unblutigen Kult an. Diese ‚paradiesische' Form der Religionsausübung beschreibt der Text mit seiner doppeldeutigen Rede von der Königsherrschaft der Kypris Aphrodite: In einer Zeit, in der die Liebe herrschte, wurden natürlich auch keine Tiere auf den Altären geschlachtet. Ares und Poseidon repräsentieren mit Zeus dagegen das gegenwärtige Zeitalter, in dem der *Gegensatz* von Liebe (Φιλότης) und Streit (Νεῖκος) die Welt bewegt. Die Welt zeigt eine Degeneration von einem Zeitalter des Friedens zu einem Zeitalter von Streit und Gemetzel⁶⁴ – die Königsherrschaft des Zeus muß nach Empedokles als empfindlicher *Rückschritt* betrachtet werden⁶⁵.

Demokrit will im Gegensatz zu Empedokles, der aus philosophischen Gründen die Form des Mythos für seine Rückprojektion wählt, durchaus ein Bild geschichtlicher Verhältnisse bieten, wenn er die Entstehung der Religion aus der Furcht der Menschen vor den Naturereignissen erklärt. Eine fortgeschrittenere Stufe der Religion beschreibt er dann so:

---

⁶¹ Die Fragmente der Vorsokratiker Bd. 1, Griechisch und Deutsch von H. DIELS u. W. KRANZ, Berlin ⁷1954, 362f. (= DK 31 B128). Übersetzung nach G. ZUNTZ, Persephone, Three Essays on Religion and Thought in Magna Graecia, Oxford 1971, 207: „Und für jene *(Menschen des goldenen Zeitalters)* war auch nicht Ares Gott, auch nicht Kydoimos *(der Aresbegleiter ist Personifikation des Schlachtgetümmels, vgl.* H. W. STOLL, Art. Kydoimos, *ALGM 2/1, Leipzig 1890–1894, 1694),* auch nicht König Zeus oder Kronos oder Poseidon, sondern nur die Königin Kypris (die Göttin)."

⁶² Vgl. W. K. C. GUTHRIE, History of Greek Philosophy 2, 248; G. ZUNTZ, Persephone, 259f.263–269; daneben B. GATZ, Weltalter, goldene Zeit und sinnesverwandte Vorstellungen, Spudasmata 16, Hildesheim 1967, 155.168 und M. R. WRIGHT, Empedokles: The extant fragments, ed. with an introduction, commentary and concordance. New Haven/London 1981, 282f.

⁶³ DK 31B130 (1, 364,8f.).

⁶⁴ W. K. C. GUTHRIE, History of Greek Philosophy 2, 174.

⁶⁵ U. v. WILAMOWITZ-MOELLENDORFF nennt das auch entsprechend „eine sehr besondere, gewaltig revolutionäre Theogonie" (Die ΚΑΘΑΡΜΟΙ des Empedokles, SPAW.PH 1929, [626–661] 646 = DERS., KS Bd. 1 Klassische griechische Poesie [473–521] 500).

"τῶν λογίων ἀνθρώπων ὀλίγοι ἀνατείνατες τὰς χεῖρας ἐνταῦθα, ὃν νῦν ἠέρα καλέομεν οἱ Ἕλληνες· πάντα [εἶπαν], Ζεὺς μυθέεται (?) καὶ πάνθ' οὗτος οἶδε καὶ διδοῖ καὶ ἀφαιρέεται καὶ βασιλεὺς οὗτος τῶν πάντων."[66]

Damit stellt der Abderite offenbar jenen entscheidenden Moment in grauer Vorzeit dar, an dem zum ersten Mal einzelne inspirierte Menschen einen Gott verehren und ihn als ‚Zeus Basileus' bezeichnen[67]. Da er das ‚Königsepitheton' mit jenem entscheidenden euhemeristischen Akt der Kultstiftung verbindet, wird er es für einen schlechthin zentralen Zug der Zeus-Frömmigkeit gehalten haben. Die zeitgenössische religiöse Praxis, immer noch wie diese Kultstifter der Vorzeit einen „Ζεὺς Βασιλεύς" anzurufen und ihn sich dabei als Person vorzustellen, hielt Demokrit dagegen für eine philosophisch bereits überwundene Form der Frömmigkeit[68].

Demokrit verband nicht als einziger ἀήρ und Zeus. Eine interessante Parallele, in der Luft und Zeus ebenfalls identifiziert werden, liegt mit dem erst 1962 in einem Grab bei Thessaloniki gefundenen „Derveni-Papyrus" vor, der zwischen 350 und 300 v. Chr. datiert wird[69]. Dort wird sehr ähnlich formuliert:

„ἐπ[εὶ δὲ τὰ ἐό]ντα ἓν ἕκαστον κέκ[λητ]αι ἀπὸ τοῦ ἐπικρατοῦντος, Ζεὺ[ς] πάντα κατὰ τὸν αὐτὸν λόγον ἐκλήθη· πάντας γὰρ ὁ ἀὴρ ἐπικρατεῖ τοσοῦτον ὅσομ βούλεται."[70]

Der Dervenipapyrus zeigt auch schön, wie sich die philosophische Königsmeta-

---

[66] „Von den denkenden Menschen erhoben wenige ihre Hände zu dem Orte, den wir Hellenen jetzt Luft nennen und sprachen dabei: ‚Alles beredet Zeus mit sich (?) und alles weiß und gibt und nimmt er und *König* ist er über alles insgesamt'"; DK 68 B30 bzw. Clemens Alexandrinus, Str. V 102,1 (GCS Clemens Alexandrinus 2, 394,21−25 STÄHLIN) bzw. Prot. 68,5 (1, 52,17−20). Clemens bringt selbst diesen Satz mit Platons Brief in Verbindung: „ταύτῃ πῃ καὶ Πλάτων διανοούμενος τὸν θεὸν αἰνίττεται ‚Περὶ τὸν πάντων βασιλέα πάντ' ἐστί, κἀκεῖνο αἴτιον ἁπάντων ⟨τῶν⟩ καλῶν'" (52,20−23).

[67] So W. JAEGER in seinen ‚Gifford Lectures' von 1936 (The theology of the early Greek philosophers, Oxford 1947, 183 = Die Theologie der frühen griechischen Denker, Stuttgart 1953, 209); vgl. auch TH. COLE, Democritus and the sources of Greek anthropology, Philogical monographs 25, 1967, 202−204. C. zeigt durch Vergleich mit parallelen Texten den euhemeristischen Hintergrund der Passage.

[68] Zu Demokrits Vorstellungen von den Göttern W. K. C. GUTHRIE, History of Greek Philosophy 2, 478−483.

[69] Vgl. W. BURKERT, Orpheus und die Vorsokratiker. Bemerkungen zum Derveni-Papyrus und zur pythagoreischen Zahlenlehre, AuA 14, 1968, 93−114. Über Fund und Rekonstruktion des Papyrus orientiert BURKERT S. 93f. R. MERKELBACH hat den Text teilweise ediert und übersetzt (Der orphische Papyrus von Derveni, ZPE 1, 1967, 22−32) und den ganzen Papyrus, dessen vollständige kritische Edition m. W. bisher noch nicht erschienen ist, vorläufig veröffentlicht (ZPE 47, 1982, S. 1*−11*).

[70] Col. 15 Z. 1−4 (in ZPE 47, 1982, 9* die abweichende Lesung von Z. 1 „εκ [...] ... ντα ἓν [ἕκ]αστου"); „Da nun alle bestehenden Dinge, jedes einzelne, benannt sind nach demjenigen, welches (über die Dinge) die Herrschaft hat, wurden alle Dinge in derselben Weise ‚Zeus' genannt. Denn die Luft beherrscht alles, soweit sie dies will" (Übersetzung R. MERKELBACH, aaO. 24; vgl. W. BURKERT, Orpheus und die Vorsokratiker, 98).

pher auf die „*gewöhnliche Alltagssprache*" und deren religiöses Gottesepitheton bezieht:

„βασ[ι]λεῖ δὲ αὐτὸν εἰκάζει (τοῦτο οἱ προσφέρειν ἐφα[ί]νετο ἐκ τῶν λεγομένων ὀνομάτων), λέγων ὧδε·
Ζεὺς βασιλεύς, Ζεὺς δ' ἀρχὸς ἀπάντων ἀργικέραυνος."[71]

Es ist deutlich, daß hier die Philosophie nur die Königs-Metapher der religiösen Alltagssprache verwendet, die durch die Perserkriege und die Kontakte mit den mächtigen Achämeniden popularisiert wurde.

1.3. Der ‚König' der platonischen Philosophie

Im Unterschied dazu formt *Platon* die philosophische Königs-Vorstellung ganz neu und füllt die Metapher dadurch ebenfalls neu. Er übernimmt nicht nur, wie seine philosophischen Vorgänger, mehr oder weniger ein religiöses Allerweltswort. Um zu verstehen, worauf sich der anonyme Schüler bezog, als er im zweiten (pseudo-)platonischen Brief vom „König" sprach, muß man diesen Vorgang relativ ausführlich nachzuvollziehen versuchen. Da Platon aber mit Hilfe der Metapher nicht nur einfach einen Aspekt seines Gottesbildes, sondern auch den inneren Zusammenhang von allen Bereichen der Philosophie, vor allem von Ethik und theoretischer Philosophie, zum Ausdruck bringt, zielt der, der die Königsmetapher betrachten will, gleichsam in das Herz platonischer Philosophie. Eigentlich hätte man anhand dieser einen Metapher die „δόγματα τοῦ Πλάτωνος"[72] in den Bereichen der Staatsphilosophie, der Erkenntnistheorie und der philosophischen Theologie nochmals darzustellen. Selbst wenn man aus der Platonkonkordanz[73] großzügig die Belegstellen für die Königsmetapher ausscheidet, die wenig zur Frage beitragen[74], so bleibt doch eine stattliche Anzahl von Stellen übrig. Nicht zufällig handelt es sich

---

[71] Col. 15 Z. 8–10 „Er vergleicht ihn aber einem König (dieses Wort aus den gewöhnlichen Worten der Alltagssprache schien ihm zu passen): ‚Zeus ist König, ist Herrscher von allem im Glanze des Blitzstrahls'" (Übersetzung R. MERKELBACH/W. BURKERT, Orpheus und die Vorsokratiker, 95). Das Zitat innerhalb des Textes entstammt einem bekannten orphischen Hymnus (Frgm. 21a Z. 7 Orphicorum Fragmenta, coll. O. KERN, Berlin 1922; vgl. unten S. 413), der im Papyrus kommentiert wird (W. BURKERT, 96 mit Anm. 6). Der Dervenipapyrus bringt diese orphische Tradition mit eklektizistisch ausgewählten Topoi zeitgenössischer Philosophie zusammen (BURKERT, 99). Der Königstitel findet sich auch Col. 12 Z. 3 (‚πρωτόγονος βασιλεὺς αἰδοῖος', das Adjektiv „αἰδοῖος" etwa auch bei Hesiod, Th. 44 von den Göttern).

[72] So die Formulierung in den mittelplatonischen Systemreferaten bei Alkinoos, Didaskalikos 1,1 (152,1 HERMANN/ 3 LOUIS) und Apuleios, De Platone I 4,189 (62 BEAUJEU).

[73] A Word Index to Plato, by L. BRANDWOOD, Leeds 1976.

[74] So etwa die Behauptung des Agathon, Eros herrsche als König über alle Götter (und Menschen) (Smp. 195c); auf eine Parallele bei Simias weist U. v. WILAMOWITZ-MOELLENDORFF in seinem „Platon" (Bd. 1 Leben und Werke, Berlin ²1920, 373f. Anm. 1) hin.

zumeist um schwierige Zentralstellen der Dialoge. Zu den Schwierigkeiten, die ein kurzer Überblick über derartige Zentralstellen ohnehin mit sich bringt, tritt das Grundproblem der Platoninterpretation: Das geschriebene Wort taugt seiner Meinung nach nicht für die Vermittlung der Sachverhalte, die die Königsmetapher verschlüsselt[75]; die lediglich andeutende Form, in der über den König gesprochen wird, wählte er nicht zufällig:

„Τὸν μὲν οὖν ποιητὴν καὶ πατέρα τοῦδε τοῦ παντὸς εὑρεῖν τε ἔργον καὶ εὑρόντα εἰς πάντας ἀδύνατον λέγειν."[76]

Da uns Platon hier aber vor allem deswegen interessiert, weil das ‚Rätsel' im zweiten Brief mit seinem Namen in Verbindung gebracht wird, müssen wir in diesem Zusammenhang nicht die Genese seiner Vorstellungen historisch exakt nachzeichnen, sondern können sie so darstellen, wie sie ein spätantiker Leser seiner Dialoge verstanden hätte, der natürlich weder vom Problem der ‚ungeschriebenen Lehre' noch von Datierungsfragen der Texte wußte.

1.3.1. *Die „königliche Kunst" im Dialog Politikos*

Der enge systematische Zusammenhang der drei philosophischen Bereiche der Erkenntnistheorie, der Theologie und der Ethik, der die platonische Philosophie ohnehin auszeichnet[77], prägte auch Platons Verständnis von der Vokabel „König". Am Dialog *Politikos*[78] läßt sich das gut nachvollziehen.

Dort geht es um die philosophische Frage, wie man einen *Herrscher* und seine „Herrscherkunst" exakt *definieren* kann. Dabei einigen sich die Gesprächsteilnehmer schnell, daß der, der „Erkenntnis und Kunst des wahren

---

[75] Ep. 7,341a–345c; vgl. dazu unten S. 404; K. GAISER, Platons ungeschriebene Lehre. Studien zur systematischen und geschichtlichen Begründung der Wissenschaften in der platonischen Schule, Stuttgart ²1968, 3–11 und TH. A. SZLEZÁK, Platon und die Schriftlichkeit der Philosophie. Interpretationen zu den frühen und mittleren Dialogen, Berlin/New York 1985.

[76] Ti. 28c; „Also den Urheber und Vater dieses Weltalls aufzufinden, ist schwer, nachdem man ihn aber auffand, ihn allen zu verkündigen, unmöglich" (Übersetzung nach SCHLEIERMACHER, Platon SW Bd. 5, Hamburg 1983, 154). Nach H. CHADWICK ‚wahrscheinlich das abgedroschenste („hackneyed") Platonzitat in hellenistischer Zeit' (Origen, Contra Celsum, Cambridge 1965, 429); vgl. dazu auch K. W. MÜLLER, König und Vater, 22 mit Anm. 5 (Lit.; ergänze dort: J. GEFFCKEN, Zwei griechische Apologeten, Sammlung wissenschaftlicher Kommentare zu griechischen und römischen Schriftstellen, Hildesheim 1970 [= Leipzig 1907], 174f. und J. WHITTAKER, Platonic Philosophy in the early centuries of the Empire, ANRW 36.1, Berlin/New York 1987, [81–123] 105).

[77] Mit dieser Beobachtung leitet übrigens Hippolyt sein Referat der platonischen Lehren ein (Haer. I 18,2 [GCS Hippolyt 3, 19,1–3 WENDLAND/ PTS 25, 76,4–7 MARCOVICH]). Nach Apuleius, De Platone (I 4,189 [63 BEAUJEU]) behauptete Platon als erster, die drei Teile der Philosophie bildeten ein Ganzes.

[78] Vgl. zuletzt H. R. SCODEL, Diaeresis and Myth in Plato's Statesman, Hyp. 85, Göttingen 1987.

Königs" besitzt, über „*königliche* Erkenntnis"[79] verfügt, unabhängig von seiner realen politischen Stellung und seinem tatsächlichen Einfluß ein König sei. Solche Erkenntnis sollte auch einen jeden Herrscher, einen jeden πολιτικός (Staatsmann), aber eben auch einen δεσπότης und einen οἰκονόμος (258e) auszeichnen; alle sollten über die „königliche Kunst" verfügen. Weil aber die Angabe dessen, was *königliche* Erkenntnis von anderen Erkenntnissorten unterscheidet, was also den Herrscher als Menschenhirt von anderen Hirten unterscheidet, zuerst mißlingt, soll der allen vertraute Mythos von der *Königsherrschaft* des Kronos Abhilfe schaffen. Das Spezifische der Kunst menschlicher Könige kommt am besten in den Blick, wenn man auf die Kunst der göttlichen Könige blickt.

Platon bzw. sein Sokrates, der ‚die Philosophie in den Städten ansiedelte und in die Häuser einführte'[80], setzten, wie sich hier zeigt, selbstverständlich auch ganz traditionell bei der religiösen Königsmetapher, dem traditionellen Gottesepitheton an:

„Καὶ μὴν αὖ καὶ τήν γε βασιλείαν ἣν ἦρξε Κρόνος πολλῶν ἀκηκόαμεν."[81] Und genauso wie wir es bei den Vorsokratikern sahen, wird dieser religiöse Topos in der Folge interpretiert: Indem Platon diesen verbreiteten Mythos als „eine von den alten Sagen" (Plt. 269b) charakterisiert[82], bereitet er eine philosophische Einschränkung vor: Die mythologische Rede von der Königsherrschaft des Kronos ist nur dann wirklich brauchbar, wenn sie als Erläuterung und Beispiel bei der Lösung einer philosophischen Frage verwendet werden kann. Diese Position entspricht im Grunde noch vollkommen der des Empedokles.

Uns interessiert nun (wie die Gesprächspartner des Dialoges) genau diese Frage: *Was* ist königliche Erkenntnis und königliche Kunst? Was ist das Spezifikum göttlicher und menschlicher Herrscher-Kunst?

Zunächst einmal bekommt man als Leser des Dialoges den Eindruck, es gäbe eine präzise Unterscheidung von göttlicher und menschlicher königlicher Kunst gar nicht. Aus einer Seitenbemerkung des Politikos (Plt. 275a), man habe, als man den Staatsmann als Völkerhirten mit königlicher Kunst definierte, einen *Gott*, keinen Sterblichen bestimmt, muß er schließen, daß es sich auch bei der menschlichen Kunst um etwas handelt, was mit dem Göttlichen zu tun hat. Gegen Ende des Dialoges zeigt sich aber, daß menschliche „königliche

---

[79] Plt. 259b; damit übersetzt SCHLEIERMACHER interpretierend „ἥ γε ἀληθινοῦ βασιλέως βασιλική" (Platon. SW Bd. 5, Hamburg 1983, 13).

[80] Cicero, Tusculanae disputationes V,10.

[81] Plt. 269a; in der Übersetzung SCHLEIERMACHERS (Platon. SW Bd. 5, 25) „Und auch von der Herrschaft, welche Kronos führte, haben wir von vielen gehört". Bei aller Kritik an den traditionellen Götterbildern, vor allem an denen der Dichter, versucht Platon, wie SCHWABL das formuliert, „Anschluß an Tradition" herzustellen und zu erhalten (Art. Zeus, 1335).

[82] Dazu M. POHLENZ, Kronos und die Titanen, NJKA 37, 1916, (549–594) 559.

Kunst" aus der ‚wahrhaft wahren Vorstellung von dem Gerechten, Schönen und Guten und von dessen Gegenteil' besteht, die ebenfalls ‚göttlich' genannt wird (309c)[83]. Der wirkliche Staatsmann, der diese „königliche Kunst" besitzt, ahmt damit den eigentlichen und wahren König, dessen Erkenntnis, dessen Handlungen, nach. Der ganze theologische Hintergrund der Königsmetapher begegnet im Politikos nur in dieser verschlüsselten Form; man kann wohl erkennen, daß „königliche Kunst" nicht nur mit einer ethischen oder politischen Fähigkeit zu tun hat, sondern mit einer Abbildung der wahren königlichen Kunst des Gottes im Staate[84], man ahnt, daß „königliche Kunst" für Platon nicht in einer ethischen Theorie der besten Staatsführung aufgeht, sondern doch offenbar ganz eng mit den obersten Prinzipien des Seins und mit deren Erkenntnis, mit Theologie und Erkenntnistheorie zusammenhängt[85].

1.3.2 Der „König" Zeus im Dialog Kratylos und seine „königliche Tat"

Auch anderswo rechtfertigt Platon die religiöse Königsmetapher, wie sie die Athener Zeitgenossen so selbstverständlich dahinsagen und verwenden, philosophisch, um sie in seiner philosophischen Theorie zu verwenden. So wird das traditionelle Epitheton im Dialog Kratylos durch eine etymologische Deutung des Namens ‚Zeus' erklärt[86]; mittels einer „Mythenallegorie"[87] wird zugleich etwas über das Wesen des Zeus deutlich gemacht. Der platonische Sokrates fragt sich nach Aufschlüssen, die die Namen Zeus und Dis über das Wesen der so Benannten geben, über τὴν φύσιν τοῦ θεοῦ geben könnten, und antwortet:

„Οὐ γὰρ ἔστιν ἡμῖν καὶ τοῖς ἄλλοις πᾶσιν ὅστις ἐστὶν αἴτιος μᾶλλον τοῦ ζῆν ἢ ὁ ἄρχων τε καὶ βασιλεὺς τῶν πάντων. συμβαίνει οὖν ὀρθῶς ὀνομάζεσθαι οὗτος ὁ θεός εἶναι, δι' ὃν ζῆν ἀεὶ πᾶσι τοῖς ζῶσιν ὑπάρχει'."[88]

Platon scheint damit indirekt die religiöse Rede seiner Zeitgenossen vom König Zeus durch eine (vermutlich doch traditionelle) Etymologie zu rechtfer-

---

[83] „Das ist die Hauptstelle über die basilike (sc. techne, C.M.), obgleich das Wort nicht vorkommt" (H. PERLS, Lexikon der platonischen Begriffe, Bern/München 1973, 193).

[84] P. FRIEDLÄNDER, Platon, Bd. 3 Die platonischen Schriften, Zweite und Dritte Periode, Berlin ²1960, 270.

[85] Das zeigt deutlich das abschließende Lob des Sokrates: „Κάλλιστα αὖ τὸν βασιλικὸν ἀπετέλεσας ἄνδρα ἡμῖν (...) καὶ τὸν πολιτικόν" (311c).

[86] Vgl. zum Dialog auch besonders K. GAISER, Name und Sache in Platons ‚Kratylos', AHAW.PH 3, 1974; daneben R. KANY, Mnemosyne als Programm. Geschichte, Erinnerung und die Andacht zum Unbedeutenden im Werk von Usener, Warburg und Benjamin, Studien zur Deutschen Literatur 93, Tübingen 1987, 18–22 und zuletzt G. BADER, Gott nennen: Von Götternamen zu göttlichen Namen. Zur Vorgeschichte der Lehre von den göttlichen Eigenschaften, ZThK 86, 1989, 306–354, hier 309–317.

[87] H. SCHWABL, Art. Zeus, 1336; K. GAISER, Name und Sache, 54–59 stellt die verschiedenen Etymologien des Dialoges zusammen und systematisiert sie.

[88] Cra. 396a.b. „Denn keiner ist für uns und alles insgesamt so sehr die *Ursache des Lebens* wie der Herrscher und *König über alles*. Ganz richtig wird also dieser Gott benannt als der,

tigen: Steht nicht hinter dem Namen Zeus das δι' ὃν ζῆν[89]? Zeus wirkt danach als die stetige Ursache allen Lebens, was etwa angesichts des Spottes, den Aristophanes für Zeus übrig hat, als eine sehr traditionelle Aussage erscheint. Und dieser schlechthin fundamentalen Funktion, so muß man doch ergänzen, verdankt er die Bezeichnung ‚König'. Kann also die Königsmetapher der traditionellen mythischen religiösen Rede gerechtfertigt, die hinter ihr stehende Wahrheit aufgewiesen werden?

Natürlich ist diese Beziehung von der religiösen Rede in den Götternamen und der dahinter liegenden Wahrheit nicht so eindeutig, wie man, ginge man allein von dieser Stelle aus, denken könnte[90]: Wer den Namen einer Sache kennt, kennt nach Platon ja noch längst nicht τὰ πράγματα, die Dinge selbst. Ein Name ist prinzipiell auswechselbar und hat also eine konstitutionelle Schwäche bei seiner Eigenschaft als Bedeutungsträger (Ep. 7,343b)[91], er kann Wahrheit über einen Gegenstand vermitteln, aber muß es eben nicht. Zu dieser im Grunde unsicheren Beziehung des Namens auf die Sache tritt das Problem jeder menschlichen Gotteserkenntnis: Von den Göttern und ihren Namen kann man in einem wirklichen Sinne *nichts* wissen[92]; die Etymologie stellt erst recht keinen sicheren Weg der Gotteserkenntnis dar.

Darf man überhaupt noch weiterfragen, welche „Sache" dem Ausdruck „βασιλεὺς τῶν πάντων" in der Philosophie Platons entspricht? Fragen, wer die wirkliche „königliche Erkenntnis", deren Abschattung den wahren Staatsmann auszeichnet, hat?

Wir haben im Dialog Kratylos den Bereich mythologischer Rede noch nicht verlassen. Das Wort „Basileus" wurde nicht ausführlich gedeutet; was oder wer

---

durch den zu leben alle Lebendigen sich rühmen" (Übersetzung nach SCHLEIERMACHER, Platon, SW Bd. 2, Hamburg 1986, 139).

[89] Vgl. dazu Heraklit DK22 B32 (1, 159,1f.; „Ζῆνος") und Hesiod, Op. 2f. („διά"); im Aristeasbrief (16) taucht eine recht ähnliche Etymologie auf: „Τὸν γὰρ πάντων ἐπόπτην καὶ κτίστην θεὸν οὗτοι σέβονται, ὃν καὶ πάντες, ἡμεῖς δέ, βασιλεῦ, προσονομάζοντες ἑτέρως Ζῆνα καὶ Δία· τοῦτο δ' οὐκ ἀνοικείως οἱ πρῶτοι διεσήμαναν, δι' ὃν ζωοποιοῦνται τὰ πάντα καὶ γίνεται, τοῦτον ἁπάντων ἡγεῖσθαί τε καὶ κυριεύειν." (SC 89, 110 PELLETIER: „Denn als Beherrscher und Schöpfer der Welt verehren sie denselben Gott wie alle Menschen und auch wir, o König, indem wir ihm [nur] andere Namen, Zeus und Dis, geben; denn durch sie drückten die Alten treffend aus, daß der, durch den alles belebt und erschaffen wird, auch alles leite und beherrsche" [P. WENDLAND, Der Aristeasbrief, APAT 2, Tübingen 1900, 6], vgl. auch Sib III,141 [55 GEFFCKEN]).

[90] Nach G. BADER zeigt Platon im Dialog, „daß der Name, üblicherweise bloßes Element einer Aussage und sprechend nur im Zusammenhang mit ihr, selbst der Aussage fähig ist und in diesem neuen Sinn spricht" (Gott nennen, 311). Dabei wird aber zu wenig berücksichtigt, daß „die überlieferte, gewöhnliche Sprache weit mehr das Weltbild der Doxa und Aisthesis als das wahre Sein der Dinge (die Ideen) widerspiegelt" (K. GAISER, Name und Sache, 36).

[91] Vgl. H.-G. GADAMER, Dialektik und Sophistik im siebenten Platonischen Brief, SHAW.PH 2, 1964 = DERS., GW 6, Griechische Philosophie 2, Tübingen 1985, 90–115; hier 102 und K. GAISER, Name und Sache, 110–115.

[92] „ὅτι περὶ θεῶν οὐδὲν ἴσμεν, οὔτε περὶ αὐτῶν οὔτε περὶ τῶν ὀνομάτων" (Cra. 400d); vgl. P. FRIEDLÄNDER, Platon Bd. 2, 188 Anm. 15 und G. BADER, Gott nennen, 314–317.

hinter der Metapher „König" bei Platon steht, weiß man durch die traditionelle Antwort „Zeus" eben gerade nicht. Und die philosophische Leistung der alten religiösen Metapher wäre eher gering einzuschätzen, wenn man diese Frage mit ihrer Hilfe nicht beantworten kann. Sonst würde ja nur einfach ein traditioneller religiöser Topos wiederholt.

In der Etymologie des Zeusnamens beschreibt Platon als einen zentralen Zug seines „Königs", daß er das Leben des Lebendigen, das Sein des Seins überhaupt gibt. Man kann zeigen, daß diese Funktion als ‚Ursache von Leben und Sein' für ihn kein nebensächlicher Zug seines Gottesbildes war[93], sondern etwas vom Wesen des „Königs" offenbart: Auch an anderen Stellen bestätigt sich, daß Platon immer wieder unter der „*königlichen Tat*" diese Gaben versteht. Noch in den wohl posthum herausgegebenen Nomoi[94] wird von der Gabe geredet und auch ihr Motiv angegeben: Es ist die Fürsorge, ἐπιμέλεια (Lg. 904a)[95]. Wie ein irdischer König für seine Untertanen sorgt, so der göttliche König „für das Ganze" (903b). Die schlechthinnige Souveränität dieses Gottes kann man an der Leichtigkeit ablesen, mit der er diese Fürsorge auch wirkungsvoll durchsetzen kann, wirkungsvoll für die Menschen, weswegen er „ἡμῶν Βασιλεύς" (904a) genannt wird. Der Gott stellt diese Welt schon wie ein Kunstwerk her und durchwaltet sie nach seinem Plan, Platon denkt ganz offensichtlich an den *Demiurgen* seines Timaios[96]. Hinter dem *König* verbirgt sich offenbar der Gott, den Platon anderswo „Demiurg" nennt[97]. Wenn er vom „βασιλεύς" spricht, meint er Gott als Schöpfer und Erhalter dieser Welt.

Von hier versteht man nochmals die Analogie des Politikos besser: Wer in seinen Handlungen die Sorge des Schöpfers um seine Welt, die „königliche Tat" abbildet, hat „königliche Kunst". Er partizipiert an den Abbildungs- und Analogieverhältnissen, die die Sinnhaftigkeit dieser abbildlichen Sinnenwelt ausmachen. Wer den König kennt, kennt sein königliches Tun und handelt entsprechend[98].

---

[93] Dazu W. J. VERDENIUS, Platons Gottesbegriff, in: La notion du divin depuis Homère jusqu'à Platon, Entretiens sur l'antiquité classique 1, Vandœuvres-Genève 1954, 241–283, bes. 244–247.

[94] H. LEISEGANG, Art. Platon B.III 28, PRE 20/2, 2513.

[95] Vgl. auch Ti. 30b; 44c und W. J. VERDENIUS, Platons Gottesbegriff, 251.

[96] Vgl. etwa Ti. 29a und 41a. Dafür spricht auch eine sprachliche Beobachtung in 902e: „Μὴ τοίνυν τόν γε θεὸν ἀξιώσωμέν ποτε θνητῶν δημιουργῶν φαυλότερον;". Man soll den weltschaffenden Gott also als unsterblichen Demiurgen denken.

[97] W. THEILER, Art. Demiurgos, RAC 3, Stuttgart 1957, 694–711, bes. 696f. Vor diesem Hintergrund muß man die Bezeichnung des *valentinianischen* Demiurgen als „(Θεὸς καὶ) Πατὴρ καὶ βασιλεύς" verstehen (Irenäus, Haer. I 5,1 [76,477f. ROUSSEAU/DOUTRELEAU]); sämtliche Titel trägt auch der platonische Demiurg (dazu unten S. 436f.).

[98] Vgl. dazu auch F. SOLMSEN, Plato's Theology, CSCP 27, New York 1942, 156.

1.3.3. *Der König Platons und die Idee des Guten*

Platon erlaubt seinem aufmerksamen Leser noch einige weitere wichtige Aussagen über den ‚König', die nicht auf seine Funktion als Demiurg beschränkt bleiben. Wir gehen dabei von einer Stelle im Dialog Philebos aus, in dem er ihn mit dem „νοῦς" identifiziert:

„νοῦς ἐστι βασιλεῦς ἡμῖν οὐρανοῦ τε καὶ γῆς" (Phil. 28c).

Der höchste Gott als νοῦς beherrscht Himmel und Erde, er bildet das beherrschende Prinzip der Welt, wirkt als die αἰτία. Der νοῦς steht damit an der Stelle, die im Timaios-Mythos der Demiurg einnimmt[99]. Wie die menschliche Seele durch den νοῦς gelenkt wird, so durchwaltet auch den Kosmos ein oberster νοῦς, der damit ebenfalls als beseelt gedacht werden kann. Deswegen kann über den obersten Gott, König, Demiurg, Zeus und nun auch νοῦς, gesagt werden:

„Οὐκοῦν ἐν μὲν τῇ τοῦ Διὸς ἐρεῖς φύσει βασιλικὴν μὲν ψυχήν, βασιλικὸν δὲ νοῦν ἐγγίγνεσθαι διὰ τὴν τῆς αἰτίας δύναμιν, ἐν δ' ἄλλοις ἄλλα καλά, καθ' ὅ τι φίλον ἑκάστοις λέγεσθαι."[100]

Der traditionelle Gottesname ‚Zeus' „repräsentiert" (Friedländer) dieses allgemeine herrschende Prinzip des νοῦς[101]. Selbst dieser Satz, der doch recht radikal mit der traditionellen Volksfrömmigkeit und ihrem Bild vom ‚König Zeus' bricht, baut trotzdem auf einer Reihe von philosophischen Traditionen auf[102]. Philosophen, die sich von Berufs wegen mit dem νοῦς beschäftigen, sollen die „Könige" im Staate sein[103]; sie kennen den König, sie kennen das Gesetz. Die Königsherrschaft des νοῦς soll sich im politischen Leben und in der Gewinnung von philosophischer Erkenntnis so abbilden, wie sich der erste νοῦς dieser ganzen Welt eingeprägt hat. In den Gleichnissen des Staates wird es noch einmal mit anderen Worten formuliert: Die „Idee des Guten" herrscht

---

[99] So auch P. FRIEDLÄNDER, Platon Bd. 3, 305; vgl. auch G. JÄGER, ‚Nus' in Platons Dialogen, Hyp. 17, Göttingen 1967, 121–143 und W. J. VERDENIUS, Platons Gottesbegriff (Anm. 93), 248.271 f.276.

[100] Phil. 30d; „Also in der Natur des Zeus, wirst du sagen, wohne also eine königliche Seele und königliche Vernunft von wegen der Kraft der Ursache, und anderes Schöne in anderen, nenne man es, wie es jeglichem lieb ist" (SW Bd. 5, 97).

[101] Platon Bd. 3, 306.

[102] Zu nennen wäre etwa Anaxagoras (um 500/496–428): „πάντων νοῦς κρατεῖ" (DK 59 B12 [2, 38,5]); zur Interpretation H. FRÄNKEL, Besprechung eines Buches über Athenagoras, in: DERS., Wege und Formen frühgriechischen Denkens, literarische und philosophiegeschichtliche Studien, hg. v. F. TIETZE, München ²1960, 284–290.

[103] R. 473c/d; „The passage is the keystone of the Republic" (Plato's Republic, the Greek text, ed. with notes and essays by B. JOWETT and L. CAMPBELL, Bd. 3, Oxford 1894, 253).

über den νοητὸς τόπος[104]; sie wird durch die Sonne symbolisiert[105]. Auch hier greifen Metaphysik, Erkenntnistheorie und Ethik ineinander: Wie das Sehvermögen „ἡλιοειδέστατον", das der Sonne am meisten teilhaftige Organ ist, was im Licht die Sonne anblinzelnd erblicken kann, so kann der menschliche νοῦς, des Göttlichen teilhaftig, den göttlichen König erblicken[106] und entsprechend handeln.

Wir sahen, daß sich mit *jedem* der verschiedenen Namen, die den höchsten Gott bezeichnen, mit „Zeus", mit der „Idee des Guten", mit dem νοῦς und dem „Demiurgen" die ‚Königsmetapher' verbinden kann. Von allen diesen wird gesagt, daß sie als *König* herrschen. Platons Gottesbild wird also in ganz elementarer Weise durch ein traditionelles religiöses Epitheton geprägt, das er philosophisch interpretiert. Man wird also nicht übertreiben, wenn man den Ausdruck „βασιλεύς" und das Verb „βασιλεύειν" mit H. Dörrie als „platonisches Schlüsselwort" bezeichnet. Man muß aber im Unterschied zu Dörrie darauf insistieren, daß es zu einem „platonischen Schlüsselwort" überhaupt erst werden konnte, weil es ein Schlüsselwort für Platon war.

Interessanterweise wird in der sogenannten *„Tübinger Theosophie"*, einer späten Orakelsammlung des 5. Jh.s n. Chr.[107], Platon ein anderwärts anonym überliefertes Gebet zugeschrieben, in dem ganz traditionell *Zeus* als ‚Basileus' angesprochen wird:

„῞Οτι ὁ Πλάτων οὕτως εὔχεσθαι διδάσκει·
Ζεῦ βασιλεῦ, τὰ μὲν ἐσθλὰ καὶ εὐχομένοις καὶ ἀνεύκτοις
ἄμμι δίδου, τὰ δὲ λυγρὰ καὶ εὐχομένων ἀπερύκτοις."[108]

Obwohl Sokrates diesen Text in einem pseudepigraphen Platondialog einem Dichter zuschreibt und das Gebet als „höchst richtig" und „für alle passend"

---

[104] In der Einleitung des Liniengleichnisses (R. 509d) wird von „Zweien" gesprochen „καὶ βασιλεύειν τὸ μὲν νοητοῦ γένους τε καὶ τόπου, τὸ δ' αὖ ὁρατοῦ (...)". Durch den Zusammenhang mit dem vorhergehenden Sonnengleichnis kann man sie eindeutig identifizieren. Natürlich kann an dieser Stelle auf die zentralen Texte nicht ausführlich eingegangen werden; vgl. P. Friedländer, Platon Bd. 3, 55−129; W. K. C. Guthrie, A History of Greek Philosophy, Bd. 4, Cambridge 1975, 434−561; N. P. White, A companion to Plato's Republic, Oxford 1979, 181−187 und E. A. Wyller, Der späte Platon. Tübinger Vorlesungen 1965, Hamburg 1970, 16−22.

[105] E. A. Wyller, Der späte Platon, 13.

[106] Vgl. J. W. v. Goethe, Zahme Xenien III 724 und A. Dihle, Vom sonnenhaften Auge, in: Platonismus und Christentum, FS H. Dörrie, hg. v. H. D. Blume u. F. Mann, JAC.E 10, Münster 1983, 85−91.

[107] H. Dörrie, Art. Theosophia, KP 5, München 1979, 732.

[108] § 40 (K. Buresch, Klaros. Untersuchungen zum Orakelwesen des späteren Altertums, Aalen 1973 [= Leipzig 1889], 107,3−5 bzw. G. Erbse, Fragmente griechischer Theosophien, Hamburger Arbeiten zur Altertumswissenschaft 4, Hamburg 1941, 176,24−26). Erbse stellt auch die Parallelen zusammen (aaO. 14).

lobt[109] und auch anderswo von seinem Gebet um das Gute berichtet wird[110], wird man kaum einfach historische Schlüsse für Platon daraus ziehen können[111]. Natürlich wird man umgekehrt aber auch nicht ausschließen dürfen, daß Platon, der mit seiner Rede vom „König" an religiöse Alltagssprache anknüpft, sie selbst verwendete. Seine philosophischen Grundannahmen schließen jedenfalls nicht aus, ein solches Gebet zu sprechen; sie legen es bis zu einem gewissen Grade sogar nahe. Aber der eigentlich entscheidende Unterschied zu den anderen Zeitgenossen, die es beteten, liegt darin, daß er in diesem „Allerweltsausdruck" ‚Zeus Basileus' die gesamte ‚mimetische Grundstruktur' und die darauf beruhende Einheit der Teilbereiche der Philosophie zusammenfassen kann.

Auch ein platonischer Philosoph kann in der Gotteslehre wie jeder fromme Athener vom „König" reden, weil dieser Ausdruck in vorzüglicher Weise das platonische Gottesbild und dessen Konsequenzen für die Welten umschreibt. Auf diese Weise setzt er dann auch die religiöse Praxis zu Teilen philosophisch ins Recht.

Es versteht sich fast von selbst, daß dieser Zusammenhang der philosophischen Bewahrheitung eines religiösen Gottestitels für christliche Theologen von Interesse sein mußte. Wenn auch die Griechen ihren Gott ‚König' nannten und deren Philosophen in der philosophischen Königsmetapher die angemessene Art und Weise erblickten, von Gott zu reden, so war damit gleichzeitig ihnen gegenüber auch biblische Rede vom König zu rechtfertigen. Die christliche Rede von Gott und ihre Theologie mußten sich über den *Begriff* ‚König' auch den Hellenen und deren Philosophen verständlich machen lassen.

1.4 Die Popularisierung der philosophischen Königsmetapher im Hellenismus

Nun wird man aber für die meisten Christen der ersten Jahrhunderte und auch für die meisten Theologen ausschließen können, daß sie über ausführliche eigene Platonkenntnisse durch selbständige Lektüre seiner Schriften verfüg-

---

[109] Alc. 2, 142e; vgl. auch „Ἐμοὶ μὲν οὖν καλῶς δοκεῖ καὶ ἀσφαλῶς λέγειν ὁ ποιητής" (143a). Hierin mag vielleicht eine Wurzel der Zuschreibung an Platon in der Theosophie liegen.

[110] Xenophon, Mem. I 3,2: „καὶ ηὔχετο δὲ πρὸς τοὺς θεοὺς ἁπλῶς τἀγαθὰ διδόναι, ὡς τοὺς θεοὺς κάλλιστα εἰδότας ὁποῖα ἀγαθά ἐστι'"; aber auch von Pythagoras wird Ähnliches berichtet: „ Ὅτι ὁ αὐτὸς (sc. Πυθαγόρας) ἔφασκε δεῖν ἐν ταῖς εὐχαῖς ἁπλῶς εὔχεσθαι τἀγαθά" (D. S. X 9,8).

[111] In der Anthologia Palatina (AP. X 108 [3, 532f. BECKBY]) wird das Gebet anonym überliefert; in Orions Anthologie aus dem 5. Jh. n. Chr. (V 17 [A. MEINECKE, Stobaei Florilegium Bd. 4, Leipzig 1857, 257]) den Pythagoreern zugeschrieben. H. BECKBY (Anthologia Graeca 3, München 1958, 532f.) übersetzt: „Ob wir es betend erflehen, ob nicht: das Gesegnete gib uns, König Zeus und wehre, auch wenn wir drum flehen, dem Übel."

ten. Bekanntlich werden sie zumeist nur mit Kernworten aus dem Timaios, einzelnen Begriffen und Vorstellungen vertraut gewesen sein. Da leider die berühmten „Platon-Florilegien", Testimonien und Zitatsammlungen, die man für manchen Kirchenvater voraussetzen möchte, nicht auf uns gekommen sind[112], und die mittelplatonischen Referate der Lehren Platons das Wort vom König nicht zitieren (!)[113], muß man sich fragen, ob die Vorstellung vom „platonischen König" vielleicht auch auf andere Weise popularisiert wurde und den Christen auch aus ganz anderen Zusammenhängen vertraut war.

Auch hier steht man nun interessanterweise vor einer großen Menge von Textstellen, die die Popularität der Analogie zwischen dem irdischen und dem himmlischen König im Hellenismus zeigen. Sie war auch ohne den umfangreichen metaphysischen philosophischen Hintergrund, der sie bei Platon begleitet, vertraut und keineswegs auf platonisierende Kreise beschränkt. Auch dieses reiche Material kann hier nur in Ansätzen ausgebreitet werden[114]. Als Beispiel für die Popularität der philosophischen Königsmetapher soll hier die pseudo-aristotelische Schrift „*De mundo*" angeführt werden.

Im Rahmen dieser Ausführungen kann leider nicht auf die gleichfalls pseudepigraphischen „*Traktate über die Königsherrschaft*", die drei Pythagoreern zugeschrieben werden[115], eingegangen werden. Sie gehören in eine Gruppe derartiger Traktate „ΠΕΡΙ ΒΑΣΙΛΕΙΑΣ", in denen die Amtspflichten des Königs diskutiert wurden, und weisen auf eine intensive philosophische Diskussion von Problemen der Königsherrschaft und der Beziehung zwischen irdischem und himmlischem König hin. Sie bezeugen damit

---

[112] H. CHADWICK, Art. Florilegium, RAC 7, Stuttgart 1969, 1131−1160; bes. 1142f. „Obwohl sichere Zeugnisse fehlen, kann man es ohne Schwierigkeiten als wahrscheinlich gelten lassen, daß es F. von Platonzitaten gab, die seine religiösen Texte u. Mythen zusammenstellen sollten" (aaO. 1142).

[113] Ich denke an den erwähnten „Didaskalikos" des Alkinoos (dazu jetzt J. WHITTAKER, Platonic Philosophy in the early centuries of the Empire, ANRW II 36.1 ⟨Anm. 76⟩, 83−102); Apuleius „De Platone" und das ungleich kürzere Stück bei Hippolyt, Haer. I 19,1−23.

[114] So verzichte ich ganz auf eine Diskussion der Stellen bei Dion Chrysostomus v. Prusa (dazu etwa K. W. MÜLLER, König und Vater, 41f.), bei Plutarch, Maximus von Tyros, Aristides und im *Corpus Hermeticum* (vgl. L. DELATTE u. a. Index du Corpus Hermeticum, Lessico intellettuale Europeo 13, Rom 1977 s. v. [S. 32]).

[115] Die Texte finden sich bei Johannes Stobaeus, der die Traktate „ΠΕΡΙ ΒΑΣΙΛΕΙΑΣ" des Ekphantos (IV 6,22.64−66 [4, 244,13−245,10 bzw. 271,13−279,20 HENSE]), Diotogenes (IV 7,61f. [263,14−270,11]) und Sthenidas (7,63 [270,12−271,12]) exzerpierte. Zu Ekphantos, der im 4. Jh. v. Chr. lebte (so H. DÖRRIE, Art. Ekphantos, KP München 1979, 226), vgl. das Referat bei Hippolyt, Haer. I 15,1−2 ([18,6−14 WENDLAND/ 74,1−75,9 MARCOVICH] = Doxographi Graeci, coll. H. DIELS, Berlin 1958, 566,11−19) und die bei DIELS-KRANZ, FVS gesammelten Fragmente (DK 51 [1, 442,7−25]); Diotogenes ist nur durch das Zitat bei Stobaeus bekannt (so E. R. GOODENOUGH, The Political Philosophy of the Hellenistic Kingship ⟨Anm. 48⟩, 64.58−60; dort auch zu Sthenidas von Lokroi S. 73 Anm. 65). L. DELATTE hat 1942 die Texte neu ediert, übersetzt und kommentiert (Les Traités de la Royauté d'Ecphante, Diotogène et Sthénidas, BFPUL 47, Liège, Paris 1942); vgl. auch die Edition von H. THESLEFF, The Pythagorean Texts of the Hellenistic Period, AAAbo.H 30/1, 71,18−75,16 (Diotogenes); 79,3−84,8 (Ekphantos) und 187,9−188,13 (Sthenidas).

ebenfalls die Popularität der ursprünglich platonischen Metapher[116]. Da aber die Datierung dieser Texte außerordentlich umstritten ist[117] und sie neben platonischen und stoischen Gedanken auch Spuren eines Einflusses der seleukidischen und ptolemäischen Königsideologie zeigen[118], muß an dieser Stelle ein kurzer Hinweis auf diese komplexen Exzerpte ausreichen. Sie zeigen, wie sehr das Abbildungsverhältnis zwischen irdischem und himmlischen König ein „hellenistischer Gemeinplatz" (F. Siegert) geworden war[119]. Die metaphysische Stellung allerdings, die sie dem König zuwiesen[120], war für Christen schwerlich rezipierbar, die im Gegenteil gegen derartig übersteigerte Ansprüche des irdischen Königtums protestierten. Besonders im Osten des Römischen Reiches, „der durch die Könige der Diadochenzeit (*und ihre Königsideologie*, C.M.) seine Signatur erhalten hatte"[121], wird man diesen kritischen Akzent des Bekenntnisses zur Königsherrschaft des *christlichen* Gottes und seines Sohnes gegen die heidnische Kaiser- und Königsideologie im Blick haben müssen[122]. Er behindert überraschenderweise die Rezeption des platonischen Bildes bei den Kirchenvätern überhaupt nicht.

---

[116] E. R. GOODENOUGH, The Political Philosophy of the Hellenistic Kingship, 58−60; zur Literaturgattung der „hauptsächlich moralisierenden Traktätchen" M. P. NILSSON, Geschichte der griechischen Religion, Bd. 2 Die hellenistische und römische Zeit, HAW 5/2, München ²1961, 416; zum neupythagoreischen Schrifttum 515.

[117] H. THESLEFF (An Introduction to the Pythagorean Writings of the Hellenistic Period, AAAbo.H 24/3, Abo 1961, 39.69) und F. DVORMIK (Early Christian and Byzantine political philosophy. Origins and background, DOS 9, Washington 1966, 250) halten eine Entstehung im 3. Jh. *v.* Chr., L. DELATTE (aaO. 119) wegen Dialektes, Stils und Vokabulars im 1./2. Jh. *n.* Chr. für wahrscheinlich.

[118] Vgl. dazu etwa E. BIKERMAN, Institutions des Séleucides, BAH 26, Paris 1938, 11−14.

[119] So formuliert Sthenidas mit der ursprünglich platonischen Vokabel „μιμήτης": „μιματὰς ἄρα καὶ ὑπηρέτας ἐσσεῖται τῷ θεῷ ὁ σοφός τε καὶ νόμιμος βασιλεύς" (Stobaeus IV 7,63 [4, 271,11f. HENSE = 46,17 DELATTE = 188,12f. THESLEFF]); dazu E. R. GOODENOUGH, The political philosophy of Hellenistic kingship, 74f.

[120] Diotogenes bezeichnet den König als belebte, göttliche Form des ewig gültigen Gesetzes: „ὁ δὲ βασιλεὺς ἀρχὰν ἔχων ἀνυπεύθυνον καὶ αὐτὸς ὢν νόμος ἔμψυχος, θεὸς ἐν ἀνθρώποις παρεσχαμάτισται" (Stobaeus IV 7,61 [265,10−12 HENSE = 39,11−13 DELATTE = 72,22f. THESLEFF]), dazu E. BIKERMAN, Institution des Séleucides, 11, L. DELATTE, Les Traités de la Royauté, 253−255; E. R. GOODENOUGH, The Political Philosophy of Hellenistic Kingship, 63−65 und zur Vorgeschichte H. E. STIER, ΝΟΜΟΣ ΒΑΣΙΛΕΥΣ (Anm. 44), 5−38.

[121] A. DEISSMANN, Licht vom Osten. Das neue Testament und die neuentdeckten Texte der hellenistisch-römischen Welt, Tübingen ⁴1923, 310. Vgl. jetzt etwa F. W. WALBANK, Könige als Götter. Überlegungen zum Herrscherkult von Alexander bis Augustus, Chiron 17, 1987, 365−382.

[122] Hierfür bieten vor allem die Märtyrerakten Beispiele; vgl. etwa die Antwort des Speratus aus den Akten der scilitanischen Märtyrer: „(6)*Ego imperium huius seculi non cognosco; sed magis illi Deo seruio (...), quia cognosco domnum meum, imperatorem regum et omnium gentium*" (The Acts of the Christian Martyrs. Introduction, Texts and Translation by H. MUSURILLO, OECT, Oxford 1972, 86,17−21 bzw. R. KNOPF/G. KRÜGER, Ausgewählte Märtyrerakten, SQS.NF 3, Tübingen ⁴1965, 29,5−8). Speratus spricht die offiziellen Titel der römischen Kaiser allein Christus zu und bekennt ihn damit als den einzigen wahren Weltherrscher (dazu G. SCHÄFER, ‚König der Könige' − ‚Lied der Lieder' (Anm. 49), 77).

1.4.1 Großkönig und König der Welt in „De mundo"

An der Schrift „*De mundo*"[123], die unter dem Namen des Aristoteles überliefert wird[124], kann man beispielhaft sehen, wie die ursprünglich platonischen Gedanken über Gott als König verändert und popularisiert wurden. Der deutliche Einfluß der Perserzeit und ihrer großen Königsgestalten auf die Entwicklung der philosophischen Königsmetapher war offenbar so prägend, daß er auch längst nach dem Zerfall der achämenidischen Dynastie und ihres Reiches wieder in Texten zutage trat. So verglich der unbekannte Autor dieses Textes die Gottheit, die den Kosmos ‚durchwaltet'[125], mit dem persischen Großkönig und dessen wohlgeordnetem Hofstaat. Wie der Kosmos eine sinnvolle „τάξις" bzw. „διακόσμησις" darstellt[126], ein „σύστημα", ‚Gefüge'[127], über dem ein Gott thront, so thront über dem persischen Hofstaat der Großkönig. Zwischen dem himmlischen und dem irdischen König besteht soviel Abstand wie zwischen dem Großkönig und seinem schwächsten Untertanen[128].

Als *Popularisierung platonischer Gedanken* kann man diesen Text deuten, weil auch Platon in politischen Zusammenhängen den ‚großen König' als eine Art ‚Standardbeispiel' verwendet[129] (und alle späteren Gott-König-Vergleiche

---

[123] Die neueste Einleitung in den Text bietet P. MORAUX, Der Aristotelismus bei den Griechen, von Andronikos bis Alexander von Aphrodisias, Bd. 2, Philologisch-Historische Studien zum Aristotelismus 6, Berlin/New York 1984, 5–8; instruktiv auch die Bemerkungen bei Aristoteles, Meteorologie. Über die Welt. übers. v. H. STROHM, Aristoteles Werke in deutscher Übersetzung Bd. 12, Berlin ³1984, 263–271 (Lit.).

[124] Augustin etwa aber kennt nur die lateinische Übersetzung des Apuleius und weiß offenbar nichts von einer griechischen Vorlage und deren Autor: „*Apuleius breuiter stringit in eo libello quem de mundo scripsit*" (De Civ. IV,2 [CChr.SL 47, 99,20f. DOMBART/KALB]); zur Bezeugung des Titels „ΑΡΙΣΤΟΤΕΛΟΥΣ ΠΕΡΙ ΚΟΣΜΟΥ" App. der Ausgabe von W. L. LORIMER, Paris 1933 z. St. (S. 47).

[125] Mu. 398b 1f. „τοῦ τὸν κόσμον ἐπέχοντος θεοῦ"; zu der Gotteslehre der Schrift, die auch das platonische Element der „ἐπιμέλεια" (Lg. 904a, siehe o. S. 405) integriert, vgl. etwa die Einleitung bei H. STROHM, Aristoteles Werke in deutscher Übersetzung Bd. 12, 267f. und die deutlichen Bezüge auf diesen Text in Mu. 398b 13f.

[126] Mu. 391b 11; zum platonischen Hintergrund der Vokabeln vgl. H. STROHM, aaO. 279. Zum Unterschied in der Verwendung der Königsmetapher zwischen deutscher und lateinischer Fassung vgl. F. REGEN, Apuleius philosophus Platonicus, Untersuchungen zur Apologie (De magia) und zu De Mundo, UaLG 10, Berlin/New York 1971, 93.

[127] Dieser Ausdruck verweist, wie H. STROHM (aaO. 279) zeigt, besonders auf Poseidonios v. Apamea, vgl. Diogenes Laertius VII, 138 (= Poseidonios, Frg. 14 EDELSTEIN/KIDD bzw. 334 THEILER): „καὶ ἔστι κόσμος (...), ὥς φησι Ποσειδώνιος ἐν τῇ Μετεωρολογικῇ στοιχειώσει, σύστημα ἐξ οὐρανοῦ καὶ γῆς καὶ τῶν ἐν τούτοις φύσεων ἢ σύστημα ἐκ θεῶν καὶ ἀνθρώπων καὶ τῶν ἕνεκα τούτων γεγονότων" und Mu. 391b 9f. „σύστημα ἐξ οὐρανοῦ καὶ γῆς καὶ τῶν ἐν τούτοις περιεχομένων φύσεων".

[128] „Νομιστέον δὴ τὴν τοῦ μεγάλου βασιλέως ὑπεροχὴν πρὸς τὴν τοῦ τὸν κόσμον ἐπέχοντος θεοῦ τοσοῦτον καταδεεστέραν ὅσον τῆς ἐκείνου τὴν τοῦ φαυλοτάτου τε καὶ ἀσθενεστάτου ζῴου" (Mu. 398b 1–3); vgl. dazu auch K. W. MÜLLER, König und Vater, 38 und E. PETERSON, Der Monotheismus als politisches Problem (Anm. 10), 107 Anm. 10.

[129] Platon, Werke in 8 Bänden, Bd. 2, Darmstadt 1973, 603 (zu Grg. 470e); vgl. auch Ap.

in der Philosophie von dort her ihren Anfang nehmen[130]) und sich „*De mundo*" auch in anderen Stellen auf den „hochwohlgeborenen Platon"[131] bezieht. Wie dieser seinen höchsten Gott, sein höchstes Gut, ‚an Würde und Kraft' über das Sein *hinausragen* läßt und es nicht mit dem Sein identifiziert[132], so muß auch der Gott in der Schrift „*De mundo*" nicht „die Mühsal eines selber werkenden, plagenden Wesens auf sich nehmen"[133]. Er wahrt in jedem Falle und so auch in seiner Beziehung zum Kosmos seine schlechthinnige Transzendenz. An dieser Stelle liegt systematisch im Mittelplatonismus der Ansatzpunkt von göttlichen Mittlerwesen, zweiten Prinzipien, einem „δεύτερος θεός", die als Demiurgen die Verbindung zwischen dem vollkommen transzendenten Gott und der Welt als einem göttlichen Werkstück herstellen[134]. Auch und gerade diesen Zusammenhang der schlechthinnigen Transzendenz des ersten Gottes vermag die Königsmetapher auszudrücken: Die Vorstellung, daß Xerxes „alles selber in die Hand genommen, selber seinen Willen verwirklicht und an jedem Ort selbst die Aufsicht und Leitung gehabt habe", nennt der Autor „einen unwürdigen Gedanken", der „doch wohl für Gott noch viel unangemessener" ist[135].

40d; Chrm. 158a; Euthd. 274a; Grg. 470e.524e und Ly. 209d. Die Platonscholien erläutern zu Alc. 1, 120a „'Αρταξέρξῃ τῷ Ξέρξου Περσῶν βασιλεῖ" (Scholia Platonica contulerunt atque investigaverunt F. D. ALLEN, I. BURNET, C. P. PARKER (...) ed. W. CH. GREENE, Hildesheim 1988 [= Haverford 1938], 96).

[130] Darunter zählen vor allem auch stoische Texte, die im Rahmen dieser Untersuchung ausgeblendet sind (dazu H. STROHM, aaO. 338f.).

[131] Mu. 401b 24 „ὁ γενναῖος Πλάτων"; dazu vgl. auch die oben Anm. 125 genannten Bezüge auf Lg. 904a in Mu. 398b 13f.

[132] „ἀλλὰ καὶ τὸ εἶναί τε καὶ τὴν οὐσίαν ὑπ' ἐκείνου αὐτοῖς προεῖναι, οὐκ οὐσίας ὄντος τοῦ ἀγαθοῦ, ἀλλ' ἔτι ἐπέκεινα τῆς οὐσίας πρεσβείᾳ καὶ δυνάμει ὑπερέχοντος" (Platon, R. 509b). Zur Rolle dieses Satzes in mittelplatonischer Philosophie siehe J. WHITTAKER, ΕΠΕΚΕΙΝΑ ΝΟΥ ΚΑΙ ΟΥΣΙΑΣ, VigChr 23, 1969, 91–104 = DERS., Studies in Platonism and Patristic Thought, London 1984 (Nr. XIII).

[133] Übersetzung H. STROHM (aaO. 252); „Σωτὴρ μὲν γὰρ ὄντως ἁπάντων ἐστὶ καὶ γενέτωρ τῶν ὁπωσδήποτε κατὰ τόνδε τὸν κόσμον συντελουμένων ὁ θεός, οὐ μὴν αὐτουργοῦ καὶ ἐπιπόνου ζῴου κάματον ὑπομένων" (Mu. 397b 20–23). Zum Begriff „σωτήρ" in der platonisch-aristotelischen Tradition C. ANDRESEN, Art. Erlösung, RAC 6, Stuttgart 1966, (54–219) 76f.

[134] Auf die Lösung, die Mu. 397b 23–398a 6 entfaltet, kann hier nicht eingegangen werden. Zur dortigen aristotelisierenden Vorstellung einer göttlichen „δύναμις" H. STROHM, aaO. 335 (zu 397b 13f.); 337 (zu 398a 2–10) und P. MORAUX, Der Aristotelismus Bd. 2 (Anm. 123), 39–47, der zeigt, „daß die δύναμις-Theorie in den ersten Jahrhunderten der Kaiserzeit zum Gemeingut von Platonikern, Peripatetikern und sogar Pythagoreern geworden war" (S. 44). Im Referat der Lehren des Pythagoreers Ekphantos bei Hippolyt wird übrigens auch eine ähnliche Lehre vertreten: Die Bewegung der Körper erfolgt durch eine göttliche Kraft, die er Vernunft und Seele nennt (Haer. I 15,2 [18,10–12 WENDLAND/ 74,5–75,7 MARCOVICH]). Ein expliziter Prinzipien-Dualismus findet sich in „*De mundo*" freilich nicht (E. PETERSON, Der Monotheismus als politisches Problem (Anm. 10), 53f. mit Anm. 15).

[135] Mu. 398b 4–6 „ὥστε, εἴπερ ἄσεμνον ἦν αὐτὸν αὐτῷ δοκεῖν Ξέρξην αὐτουργεῖν ἅπαντα καὶ ἐπιτελεῖν ἃ βούλοιτο καὶ ἐφιστάμενον (ἑκασταχοῦ) διοικεῖν, πολὺ μᾶλλον ἀπρεπὲς ἂν εἴη θεῷ" in der Übersetzung von H. STROHM (aaO. 253).

Die Schrift „*De mundo*" stellt ein Beispiel für die Popularität der platonischen Gedanken über den König dar, aus der man auf die weite Verbreitung dieses Gedankengutes schließen kann. Es wäre verwunderlich, wenn sich Spuren dieser Verbreitung nicht auf die eine oder andere Weise bei den Kirchenvätern finden ließen. Man kann sich das gut daran klarmachen, wie weit verbreitet der orphische Hymnus ist, der zum Abschluß der Schrift „*De mundo*" in einer kürzeren Version zitiert wird und in dem es heißt:

„Ζεὺς βασιλεύς, Ζεὺς ἀρχὸς ἁπάντων ἀρχικέραυνος·
πάντας γὰρ κρύψας αὖθις φάος ἐς πολυγηθές
ἐκ καθαρῆς καρδίης ἀνενέγκατο, μέρμερα ῥέζων."[136]

Der Hymnus wird im erwähnten „Derveni-Papyrus" kommentiert[137], bei Clemens von Alexandrien teilweise[138] und bei Eusebius von Cäsarea ganz zitiert[139].

1.5 Die Interpretation des platonischen Königs im Mittelplatonismus

Der rätselhafte zweite Brief, dessen Vorgeschichte wir uns nun vorgeführt haben, verlockte natürlich vor allem die Platoniker zu einer Enträtselung. Leider sind weite Teile der mittelplatonischen Philosophie nur im Fragmenten oder überhaupt nicht auf uns gekommen[140], so daß sich eine einigermaßen vollständige Geschichte der Rezeption des Briefes im Mittelplatonismus gar nicht mehr schreiben läßt. Daß der Brief „gern und gläubig aufgenommen *(wurde)* – schien doch Platon dort eine Entschlüsselung dessen zu geben, was er

---

[136] Mu. 401a 28–b 7 (= Frgm. 21a KERN); von Apuleius in seiner Übersetzung griechisch zitiert (27 [156 § 372 BEAUJEAU]): „Zeus ist Fürst, Zeus König des Alls, im Glanze des Blitzstrahles;/ Alles ja birgt er in sich und bringt es zum heiteren Lichte/ Wieder empor aus der Reine des Hauptes, wundersam wirkend" (Übersetzung H. STROHM). Andere Belege des Königstitels aus den Orphica sind: Frgm. 107 KERN („ὁ δὲ Ζεὺς βασιλεύει καὶ κρατεῖ"); Frgm. 245,13 („ἀθανάτων βασιλεὺς θεῶν ὁ Ζεύς") und Frgm. 339 („Ζεὺς Κρονίδης βασιλεὺς ὑψίζυγος αἰθέρι ναίων"; vgl. Hesiod, Op. 18); siehe auch Frgm. 208.

[137] Siehe o. S. 399 mit Anm. 69; Col. 13 Z. 12 zitiert Z. 2 des Hymnus „Ζεὺς κεφαλή, Ζεὺς μέσα, Διὸς δ' ἐκ πάντα τέτυκται" (Mu. 401a 29; R. MERKELBACH, Der orphische Papyrus von Derveni, ZPE 47, 1982, 8); Col. 15 Z. 10 „Ζεὺς βασιλεύς" etc.

[138] Str. V 128,3 (= Frgm. 168 KERN Z. 6–8 [GCS Clemens 2, 413,9–11 STÄHLIN]) und 122,2 (= Frgm. 21a Z. 8f. [409,6f.]).

[139] P.E. III 9,1f. (GCS Eusebius 8/1, 126,7–127,16 Mras = Frgm. 168,1–33 KERN); Teilzitate in III 11,4 (135,10–13 = Frgm. 168,17–20) und XIII 13,55 (8/2, 224,12–14 = Frgm. 168,6–8); weitere Belege nennen die Ausgaben von MRAS (aaO.) und KERN (zu Frgm. 168 [S. 201]). In Z. 17 heißt es: „νοῦς δέ οἱ ἀψευδὴς βασιλήϊος ἄφθιτος αἰθήρ, ὧι δὴ πάντα κλύει καὶ φράζεται".

[140] So fehlen etwa leider die „ΑΛΒΙΝΟΥ ΤΩΝ ΓΑΙΟΥ ΣΧΟΛΩΝ ΥΠΟΤΥΠΩΣΕΩΝ ΠΛΑΤΩΝΙΚΩΝ ΔΟΓΜΑΤΩΝ", die in der Pinax des Codex Parisianus Graecus 1962 noch genannt sind (Fol. 146 v.; J. WHITTAKER, *Parisianus Graecus* 1962 and the writings of Albinus, Phoenix 28, 1974, [320–354.450–456 = DERS., Studies in Platonism and Patristic Thought (Anm. 132), XX und XXI], Plate 2).

sonst geheimhält", wie H. Dörrie vermutete[141], können wir im strengen Sinne gar nicht mehr belegen, obwohl es sehr wahrscheinlich ist. Rein statistisch gesehen zitieren christliche Kirchenväter den Brief häufiger als mittelplatonische Philosophen. Aber das kann an der Überlieferungssituation liegen[142]. Um ihre spezielle Auslegung des Rätsels zu verstehen, müssen wir versuchen zu rekonstruieren, wie ein Mittelplatoniker den Brief Platons lesen konnte[143]. Für unseren Zusammenhang sind vor allem die Adaptionen wichtig, die das dreiteilige Schema des Briefes auf mehrere Prinzipien verteilen und damit die Deutung der Kirchenväter auf die christliche Trinität vorbereiten[144].

Platons Darlegungen über Gott, die obersten Prinzipien und den Demiurg waren offenbar ja so enigmatisch, daß mehrere Auslegungen möglich waren und in der Philosophiegeschichte auch vertreten wurden. Die rätselhaften Worte des Briefes von den drei Prinzipien[145] konnten entsprechend von einem Platoniker auch mindestens auf zweifache Weise ausgelegt werden. Man konnte zum *einen* von den Gleichnissen des platonischen Staates ausgehen. Dort herrschte, wie wir sahen, die Idee des Guten über den „κόσμος νοητὸς", von dem der „κόσμος ὁρατός" unterschieden wird[146]. Die Drei des Briefes wären dann durch die beiden anderen Dreier-Reihen „ Ἕν-τὰ νοητά-τὰ

---

[141] H. DÖRRIE, Der König (Anm. 6), 390.

[142] Jedenfalls schließt die relativ breite Bezeugung des Briefes bei Kirchenvätern, beginnend mit Justin, eine zu *späte* Ansetzung seiner Entstehung aus. DÖRRIE meint allerdings, die Stelle spiele nur bei Außenseitern, die am Rande des Platonismus stehen, eine Rolle, weil die Stufungslehre des Briefes „mit den Ansichten des frühen Mittelplatonismus nicht kommensurabel" sei (Der König, 396).

[143] „Daß dieser Text nicht authentisch sei, ist keinem antiken Leser in den Sinn gekommen" (H. DÖRRIE, Der König, 390). DÖRRIE stellte Rezeptionen des Briefes vor Plotin zusammen (aaO. 393–396). Eine ausführliche Übersicht über pythagoreische und mittelplatonische Deutungen findet sich in der Einleitung zu Proclus Theol. Plat. von H. D. SAFFREY und L. G. WESTERINK (Anm. 8), S. XXVI–XLIII.

[144] Ob möglicherweise ursprünglich eine pythagoreische Deutung der drei Prinzipien hinter der Trias des Briefes stand, interessiert hier nicht. H. D. SAFFREY/L. G. WESTERINK weisen (S. XXIV) auf die Relevanz der Trias im Neupythagoreismus hin, wie sie etwa aus der Tübinger Theosophie (Anm. 107/108) ersichtlich wird: „ἡ τριὰς ἀρχὴν καὶ μέσον καὶ τέλος ἔχει καὶ δῆλον ὅτι πάντα τὰ ὄντα διὰ τριάδος συνέστηκε" (§ 64 [117,14f. BURESCH/ 183,19f. ERBSE]). Da unmittelbar vorher (§ 63 [117,10–13/183,15–18]) Ep. 2, 312d zitiert wird, kann man den Zusammenhang zwischen Brief und pythagoreischer Trias als gesichert betrachten. Allerdings muß man wahrnehmen, daß der Vers „ἀρχὴν καὶ μέσον καὶ τέλος" schon bei Platon (L. 715e) auftaucht und bei den Mittelplatonikern als platonische Gotteslehre zitiert wird (Hippolyt, Haer. I 19,6 [20,13f. WENDLAND/ 77,24f. MARCOVICH] bzw. Alkinoos, Didaskalikos 28,3 [181,31f. HERMANN/ 137 LOUIS]).

[145] „Περὶ τὸν πάντων βασιλέα πάντ' ἐστὶ καὶ ἐκείνου ἕνεκα πάντα, καὶ ἐκεῖνο αἴτιον ἁπάντων τῶν καλῶν· δεύτερον δὲ περὶ τὰ δεύτερα, καὶ τρίτον περὶ τὰ τρίτα" (Ep. 2, 312c).

[146] „καὶ βασιλεύειν τὸ μὲν νοητοῦ γένους τε καὶ τόπου, τὸ δ' αὖ ὁρατοῦ (...)" (R. 509d; siehe o. S. 407).

ὁρατά"¹⁴⁷ oder „Θεός-ἰδέαι-ὕλη"¹⁴⁸, die im Mittelplatonismus verbreitet waren, zu interpretieren. Zum *anderen* könnte natürlich zur Interpretation der drei Prinzipien auch die Form der akademischen Trias verwendet worden sein, die *Xenokrates,* der zweite Nachfolger Platons in der Akademieleitung¹⁴⁹, vermutlich vertrat. Aus seinen Fragmenten¹⁵⁰ kann ein dreiteiliges System von (1) Monas, (2) Weltseele mit Himmelsbereich und (3) der Mond- und Erdsphäre rekonstruiert werden¹⁵¹. Möglicherweise liegt bei Xenokrates auch überhaupt das erste Beispiel der Bezeichnung der Seinsstufen durch jene Ordinalzahlen vor, auf die wir auch im zweiten Brief stoßen¹⁵². Xenokrates unterscheidet einen *ersten* Gott, der als *König* herrscht, von einem *zweiten*¹⁵³ – die Ähnlichkeiten zum zweiten Brief sind deutlich erkennbar, obwohl die explizite Bezeichnung eines „Dritten" (noch) fehlt. Eine solche ausgebaute Folge von drei Prinzipien, die nicht mit der üblichen mittelplatonischen identisch ist, findet sich bei *Numenius.*

1.5.2 Die ‚drei Prinzipien' des Numenius und der Zweite Brief

Die Rätselhaftigkeit der Aussagen Platons über das oberste Prinzip im Timaios führte in der platonischen Philosophie der römischen Kaiserzeit auch zu einer

---

¹⁴⁷ Sie wird durch Aetius Placus belegt (DIELS, Doxographi Graeci 304,23–305,8; vgl. H. LEISEGANG, Art. Platon, PRE 20/2, 2527).

¹⁴⁸ Apuleius, De platone I,5 „*Initia rerum esse tria arbitratur Plato: deum et materiam inabsolutum, informem, nulla specie nec qualitatis significatione distinctam, rerumque formas, quas ἰδέας idem uocat*" (§ 190 S. 63 BEAUJEU; vgl. Hippolyt, Haer. I 19,1 [19,4f. WENDLAND/ 76,1 MARCOVICH] und Aetius Placus (um 100 n. Chr.): „Πλάτων Ἀρίστωνος τρεῖς ἀρχάς, τὸν θεὸν τὴν ὕλην τὴν ἰδέαν" [DIELS, Doxographi Graeci, 287,17–288,1]; auch der Didaskalikos des Alkinoos setzt ein solches Schema voraus [8,1; 9,1 und 10,1]; weitere Belege bei H. J. KRÄMER, Der Ursprung der Geistmetaphysik. Untersuchungen zur Geschichte des Platonismus zwischen Platon und Plotin, Amsterdam 1964, 21 Anm. 1).

¹⁴⁹ Literatur zu Xenokrates bei H. DÖRRIE, Art. Xenokrates 4) Der Philosoph, PRE 9A 2, Stuttgart 1967, 1512–1528 und H. J. KRÄMER, Der Ursprung der Geistmetaphysik, 29–31 mit Anm. 30–33.

¹⁵⁰ Gesammelt bei R. HEINZE, Xenokrates. Darstellung seiner Lehre und Sammlung der Fragmente, Hildesheim 1965 (= Leipzig 1892); teilweise übersetzt bei W. NESTLE, Die Sokratiker, Aalen 1968 (= Jena 1922), 199–208.

¹⁵¹ So jedenfalls KRÄMER, Ursprung der Geistmetaphysik, 36–45.

¹⁵² Falls diese Termini nicht auf die Klassifikation des Doxographen zurückgehen; vgl. H. J. KRÄMER, Der Ursprung der Geistmetaphysik, 37f.

¹⁵³ Vor allem aus Frgm. 15: „Ξενοκράτης Ἀγαθήνορος Καλχηδόνιος τὴν *μονάδα καὶ δυάδα* θεούς, τὴν μὲν ὡς ἄρρενα πατρὸς ἔχουσαν τάξιν ἐν οὐρανῷ *βασιλεύουσαν,* ἥντινα προσαγορεύει καὶ Ζῆνα καὶ περιττὸν καὶ νοῦν, ὅστις ἐστὶν αὐτῷ *πρῶτος θεός·* τὴν δὲ ὡς θήλειαν μητρὸς θεῶν Δίκην τῆς ὑπὸ τὸν οὐρανὸν λήξεως ἡγουμένην, ἥτις ἐστὶν αὐτῷ ψυχὴ τοῦ παντός. θεὸν δ' εἶναι καὶ τὸν οὐρανὸν καὶ τοὺς ἀστέρας πυρώδεις Ὀλυμπίους θεούς, καὶ ἑτέρους ὑποσελήνους δαίμονας ἀοράτους" (Frgm. 15 [164,30–165,5 HEINZE] = Stobaeus I 1,29b [36,6–14 WACHSMUTH = H. DIELS, Doxographi Graeci, 304,1–14]). Ich glaube im Gegensatz zu K. W. MÜLLER (siehe o. S. 36 Anm. 65) nicht, daß man in diesem Text das Wort „βασιλεύειν" zugunsten der Rede vom „πατήρ" ab- oder gar entwerten darf.

überraschenden Lösung, die mit der üblichen Auslegung konkurrierte: *Numenius von Apameia*[154] lehrte eine dualistische Aufspaltung von ‚erstem' und ‚zweitem' Gott und löste damit das Problem, das im platonischen ‚Timaios' noch offengeblieben war, auf eine originelle Weise[155]. Theoretisch bestand nämlich auch die Möglichkeit, unter dem Demiurg des Timaios nicht einen Ausdruck für den einen obersten, sondern für einen *zweiten,* nachgeordneten Gott zu verstehen[156]. Der zweite Gott und Demiurg schließlich entfaltet sich unter Einwirkung der Materie in zwei Götter, den reinen Nous und das Lebensprinzip des Kosmos, so daß Numenius auf eine Reihe von *drei* Göttern kommt[157]. Wie es historisch zu dieser Lösung kam, ob sie im Horizont der akademischen Prinzipienlehre[158] steht und notwendig aus der zunehmenden Transzendierung Gottes folgt, die nach Mittlerwesen verlangt, die eben auf dem Hintergrund des platonischen ‚Timaios' so gedacht werden müssen, wie sie Numenius denkt, oder ob dieser Dualismus orientalischen Ursprungs ist[159], braucht hier nicht entschieden werden. Es kann jedenfalls nicht ausgeschlossen werden, daß er meinte, mit seiner Trias „Erster Gott und König-Zweiter Gott und Demiurg-Dritter Gott und Kosmos" die drei Prinzipien des zweiten Briefes zu interpretieren. Seine Lösung der Frage wurde möglicherweise sogar überhaupt durch den zweiten (pseudo-)platonischen Brief angeregt[160]. Jedenfalls bezeichnet auch er den Vater, den „πρῶτος νοῦς", mit Platon und dem zweiten

---

[154] Vgl. dazu H. J. KRÄMER, Der Ursprung der Geistmetaphysik, 64–66 mit Anm. 142 und die Literaturangaben bei L. DEITZ, Bibliographie du Platonisme impérial antérieur à Plotin: 1926–1986, ANRW 36.1, (124–123) 155–157 und M. FREDE, Numenios, ANRW 36.2, 1034–1075, bes. 1055–1070.

[155] E. ZELLER, Philosophie der Griechen, 3/2, Hildesheim 1963 (= Leipzig ⁵1923), 239 und H.-CH. PUECH, Numenios von Apameia und die orientalischen Theologen im 2. Jh. n. Chr., in: Der Mittelplatonismus, hg. v. C. ZINTZEN, WdF 70, Darmstadt 1981, (451–487; zuerst französisch in AIPH 2, 1934, 745–778), 464. Wenn man mit KRÄMER die Lösung des Numenius stärker auf Xenokrates bezieht (Der Ursprung der Geistmetaphysik (Anm. 148), 91f.), reduziert sich die Originalität entsprechend.

[156] H. J. KRÄMER, Der Ursprung der Geistmetaphysik, 37 und 69–77.

[157] „ὁ θεὸς μέντοι ὁ δεύτερος καὶ τρίτος ἐστὶν εἷς· συμφερόμενος δὲ τῇ ὕλῃ δυάδι οὔσῃ ἑνοῖ μὲν αὐτήν, σχίζεται δὲ ὑπ' αὐτῆς" (Frgm. 11 [53,13–15 DES PLACES] = Eusebius, P.E. XI 18,3 [40,20–41,1 MRAS]); vgl. H. J. KRÄMER, Der Ursprung der Geistmetaphysik, 71.73–75; etwas anders Frgm. 21 (60,3 DES PLACES): „ὁ γὰρ κόσμος κατ' αὐτὸν ὁ τρίτος ἐστὶ θεός" (dazu KRÄMER, 81f.).

[158] So die Pointe der Numenius-Interpretation von H. J. KRÄMER, Ursprung der Geistmetaphysik, 82.

[159] So H.-CH. PUECH, Numenios von Apameia, 465; eine dritte Richtung erklärt den Dualismus von den Konzeptionen eines Mittlerwesens bei Philo und im Poimandres (Belege bei KRÄMER, aaO. 72 Anm. 177; kritische Auseinandersetzung damit S. 74f.).

[160] „ὁ μὲν πρῶτος θεὸς αὐτοάγαθον· ὁ δὲ τούτου μιμητὴς δημιουργὸς ἀγαθός· ἡ δ' οὐσία μία μὲν ἡ τοῦ *πρώτου,* ἑτέρα δ' ἡ τοῦ *δευτέρου·* ἧς μίμημα ὁ καλὸς κόσμος, κεκαλλωπισμένος μετουσίᾳ τοῦ καλοῦ" (Frgm. 16 DES PLACES [57,14–17] = Eusebius, P.E. XI 22,5 [GCS Eusebius 8/2, 50,6–8 MRAS]). Auf die Abhängigkeiten vom Brief wiesen zuerst H.-CH. PUECH, Numenios von Apameia, 462f. und P. MERLAN (Drei Anmerkungen zu Numenius, Ph.

Platons König oder Vater Jesu Christi? 417

Brief als „βασιλεύς"¹⁶¹ (weil aber der *zweite* Gott sämtliche irdischen Schöpfungsaufgaben übernimmt und der Vater dagegen in seiner schlechthinnigen Transzendenz ruht, nennt ihn Numenius einen „*königlichen Nichtstuer*"¹⁶²) und spricht explizit von einem *Zweiten* und einem *Dritten.*

Auch wenn seine Lösungen auf Kritik der Platoniker¹⁶³ stießen, zeigt seine Lösung, daß der Boden für eine Interpretation des Briefes auf die christliche Trinität schon im Platonismus selber – oder besser: in einer seiner Richtungen – vorbereitet war und sich dieses „*vestigium trinitatis*" mit dem zweiten Brief verband.

Der einzige *eindeutige* Bezug eines mittelplatonischen Autors auf den zweiten Brief liegt übrigens in einer seltsamen Stelle bei *Apuleius* vor, die einen Satz des Briefes explizit zitiert. Er bestimmt den König als „*causa totius rerum naturae*"¹⁶⁴, als „*ratio et origo initialis, summus animi genitor, aeternus animatum sospitator, assiduus mundi sui opifex, sed enim sine opera opifex, sine cura sospitator, sine propagatione genitor, neque loco neque tempore neque vice ulla comprehensus eoque paucis cogitabilis, nemini effabilis*"¹⁶⁵ und weigert sich doch, seinen Namen preiszugeben¹⁶⁶. Mit dieser Haltung, die Dörrie ein „seltsames Spiel" nennt¹⁶⁷, entspricht Apuleius aber nur jener merkwürdigen

---

106, 1962, 137–145, bes. 137–141) hin, denen H. J. KRÄMER (Ursprung der Geistmetaphysik, 82 Anm. 209) und H. D. SAFFREY/L. G. WESTERINK ([Anm. 8), S. XXXVf.) folgten. Gegen eine *direkte* Abhängigkeit dieses Fragmentes vom Brief spricht allerdings die Rede von „vier Entitäten" (57,13 DES PLACES/ 50,5 MRAS), deren Zusammenfassung in *drei* Prinzipien zwar im Hintergrund steht, aber nicht ausgedrückt wird (vgl. auch H. DÖRRIE, Der König, 394).

¹⁶¹ „τὸν μὲν πρῶτον θεὸν ἀργὸν εἶναι ἔργων συμπάντων καὶ βασιλέα" (Frgm. 12 [54,12f. DES PLACES] = Eusebius, P.E. XI 18,8 [GCS Eusebius 8/2, 41,15f. MRAS]).

¹⁶² H.-CH. PUECH, Numenios von Apameia, 460 im Aufgriff einer Übersetzung der oben zitierten Zeile aus Frgm. 12 von D. Inge (ebd. Anm. 52). Gegen ein naheliegendes Mißverständnis des Ausdrucks als eines Schlagwortes muß natürlich darauf hingewiesen werden, daß der erste Gott selbstverständlich trotzdem für die Herstellung der „οὐσίαι" und „ἰδέαι" verantwortlich ist (vgl. Frgm. 16 [57,1–5 DES PLACES] = Eusebius, P.E. XI 22,3 [GCS Eusebius 8/2, 49,14–17 MRAS]) und nur bezüglich der *irdischen* Welt ein ‚Nichtstuer' genannt wird.

¹⁶³ Hier wäre vor allem die Schrift „ὅτι μόνος ποιητὴς ὁ βασιλεύς" des Platonikers Origenes (entstanden während der Regierung des Kaisers Gallienus 253–268) zu nennen, dessen Fragmente K. O. WEBER (Origenes der Neuplatoniker, Versuch einer Interpretation, Zet. 27, München 1962, 1–12) sammelte. Weitere Stellen nennt H.-CH. PUECH, Numenios von Apameia, 466f.; zur Sache auch H. DÖRRIE, Der König, 394f.

¹⁶⁴ Damit übersetzt er den entsprechenden Ausdruck aus dem Brief: „Περὶ τὸν πάντων βασιλέα πάντ' ἐστὶ καὶ ἐκείνου ἕνεκα πάντα, καὶ ἐκεῖνο αἴτιον ἁπάντων τῶν καλῶν'" (Ep. 2, 312e); so DÖRRIE, Der König, 393 Anm. 5.

¹⁶⁵ Apologie 64,4 (SQAW 36, 102,4–8 HELM); „*eoque paucis cogitabilis...*" spielt natürlich auf Ti. 28c an (siehe o. S. 401 Anm. 76); vgl. dazu auch F. REGEN, Apuleius philosophus Platonicus (Anm. 126), 92–103.

¹⁶⁶ „*Non respondeo tibi, Aemiliane, quem colam* βασιλέα; *quin si ipse proconsul interroget, quid sit deus meus, taceo*" (Apol. 64,5 [102,9f. HELM]).

¹⁶⁷ Der König, 393; vgl. auch H. D. SAFFREY/L. G. WESTERINK (Anm. 8), XXXVIII.

Form der ‚Verschlüsselung', die den Brief selbst prägt: Jeder weiß, daß es bei dem ‚König' um den platonischen König geht, das Rätsel kann allenfalls darin bestehen, daß man, wenn man die akademische Philosophie nicht kennt, nicht sehr viel mehr als das weiß. Darin besteht das Rätsel für die, denen der Brief zufällig in die Hände fällt[168]. Apuleius lüftet den Schleier, der über der Dreier-Reihe liegt, nicht. ‚Seltsam' wirkt diese Stelle erst, wenn man ihren historischen Kontext beachtet: Apuleius war angeklagt worden, sich „zum Zwecke schändlichen Zaubers in geheimer Werkstatt" aus Holz ein Gerippe hergestellt haben zu lassen, um es eifrig zu verehren. Er habe es, so wirft ihm die Anklage vor, als „Βασιλεύς" bezeichnet[169]. Apuleius dagegen weist diese Vorwürfe weit von sich, er besäße nur einen kleinen Merkur[170]; mit ihm will er aber wohl tatsächlich Platons ‚König' darstellen, da er diesen Vorwurf nicht explizit zurückweist[171]. Damit zeigt er tatsächlich ein ‚seltsames' Verständnis platonischer Philosophie.

Wir wissen nun, was platonische Philosophen in der Umwelt der altchristlichen Theologen unter Platons ‚König' verstanden, kennen die Vorgeschichte der platonischen Metapher und des Rätsels im Zweiten Brief und wissen, wie die Vorstellung Platons im Hellenismus popularisiert wurde. Damit liegen die Voraussetzungen vor, um die Auslegungen der Kirchenväter angemessen würdigen zu können: Platons König oder Jesu Vater? Wie wird der platonische ‚König' christianisiert?

2. Drei Beispiele für die christliche Rezeption des platonischen Gottestitels

Nachdem wir zu rekonstruieren versuchten, welche Traditionen sich mit der Trias des Platonbriefes verbanden, können wir nun drei Beispiele kommentieren, in denen christliche Theologen diesen Text verwenden und Platons König mit Jesu Vater identifizieren. Natürlich kann man auch hier wieder keine Vollständigkeit anstreben. Der Schwerpunkt der Darstellung soll auf den Apologeten Justin und Athenagoras, auf Clemens von Alexandrien und Hippolyt liegen[172]. Diese vier Autoren verkörpern nämlich drei sehr verschiedene

---

[168] Ep. 2, 312d.
[169] „*Ad magica maleficia occulta fabrica ligno exquisitissimo comparasse et, cum sit sceleti forma turpe et horribile, tamen impedio colere et Graeco vocabulo βασιλέα nuncupare*" (61,1 [98,7–9]); dazu A. ABT, Die Apologie des Apuleius von Madaura und die antike Zauberei, Beiträge zur Erläuterung der Schrift de magia RGVV 4/2, Gießen 1908, 296–306, bes. 299.
[170] 63,3 (100,13).
[171] In 65,1–5 (102,11–27) beruft er sich sogar für die Wahl des Materials seiner Statue auf Platon (vgl. F. REGEN, Apuleius philosophus Platonicus, 100).
[172] Vgl. zu diesem Komplex auch H. DÖRRIE, Der König (Anm. 6), 395f. und H. D. SAFFREY/L. G. WESTERINK (Anm. 8), XXXIX–XLIII. Außer Betracht bleiben die späteren Belege bei Eusebius (P.E. XI 20,2 [GCS Eusebius 8/2, 46,11–15 MRAS]) und Cyrill von

Typen der Rezeption und zeigen dadurch, daß das relativ grobe Schema „Rezeption eines griechischen Gottesepithetons" die differenzierte Wirklichkeit nicht ausreichend zu beschreiben vermag. In Wahrheit geht es den Autoren in erster Linie gar nicht um die einfache Identifikation zweier verschiedener Gottesbegriffe, des metaphysischen ‚König' Platons und des unmetaphysischen Vaters Jesu, die man in diesen groben Schemata wieder voneinander trennen könnte.

2.1 Erstes Beispiel: Platons König bei den Apologeten Justin und Athenagoras

Justin, der „Philosoph und Märtyrer"[173], bezieht sich als erster christlicher Theologe auf Platons zweiten Brief. Der Text, seine erste Apologie, die an den Kaiser Antoninus Pius gerichtet ist und um 150/155 n. Chr. verfaßt wurde[174], entstand ungefähr zu der Zeit, in der auch Apuleius sich gegen den Vorwurf der Zauberei verteidigen mußte und ebenfalls in einer Apologie auf den Brief Bezug nimmt[175].

Wenn man zunächst die anderen Belege des Wortes „βασιλεύς" bei *Justin* mustert[176], fällt auf, daß sie eigentlich in weit überwiegender Zahl auf *Christus* bezogen sind. Es fällt weiter auf, daß es sich vor allem um Zitate alttestamentlicher Psalmen handelt, mit denen Justin zu zeigen versucht, daß unter dem dort erwähnten ‚König' jeweils *Christus* zu verstehen ist[177]. Demgegenüber finden sich fast keine eindeutigen Belege, in denen das Epitheton für Gott den Vater

---

Alexandrien (Juln. 1 [PG 76, 553B], ein Porphyrius-Referat) und die Anspielung bei Theodoret (Affect. 2 [PG 83, 852A−C]). Eusebius berichtet im Kontext von der Deutung auf den ersten Gott, „τὸ δεύτερον αἴτιον" und die Weltseele (20,3 [46,16−19]) und stellt dagegen die biblische Trias [19f.] Platon selbst habe aber mit seinem Rätselwort die biblische Trias imitiert (20,1 [5−10]) − man muß als Leser schließen, daß daher die referierte mittelplatonische Deutung unzutreffend ist. Die anderen Stellen, an denen er den Brief zitiert, sind demgegenüber von untergeordneter Bedeutung, da sie Texte von Plotin (P.E. XI 17,9 [39,22f. = En. V 1 8,1−14] bzw. Clemens (P.E. XIII 13,29 [207,17−208,1 = Str. V 103,1; dazu siehe u. S. 427]) wiedergeben.

[173] Tertullian, Adv. Val. 5,1 (SC 280, 88,8 FREDOUILLE); zu Justins Verhältnis zur griechischen Philosophie etwa H. CHADWICK, Early Christian thought and the Classical tradition. Studies in Justin Clement, and Origen, Oxford 1985 (= 1966), 9−22; zu seiner Christologie A. GRILLMEIER, Jesus der Christus im Glauben der Kirche Bd. 1 (Anm. 3), 202−207.

[174] Vgl. jetzt O. SKARSAUNE, Art. Justin der Märtyrer, TRE 17, Berlin/New York 1988, 471−478 (Lit.); zur Datierung A. v. HARNACK, Geschichte der altchristlichen Literatur bis Eusebius Bd. II/1, Leipzig ²1958, 275−281 und A. WARTELLE, Saint Justin, Apologies, EAug, Paris 1987, 29−33. Eine interessante These zum Thema „Der ‚Sitz im Leben' der Apologie in der Alten Kirche" hat W. KINZIG (ZKG 100, 1989, 291−317) vorgelegt.

[175] Nach H. DÖRRIE (Art. Ap[p]uleius 8., KP 1, München 1979, [471−473] 471) fand der Prozeß 158 n. Chr. statt.

[176] Index Apologeticus sive Clavis Iustini Martyris Operum aliorumque apologetarum pristinorum, composuit E. J. GOODSPEED, Leipzig 1969 (= 1912) s. v. 48.

[177] In den Klammern jeweils der Kontext des Psalms oder der alttestamentlichen Stelle:

gebraucht wird[178] (natürlich gibt es einige Stellen, an denen das Wort einen profanen König bezeichnet[179]). Christus heißt ‚ewiger König'[180], ‚großer König'[181] und ‚König der Herrlichkeit'[182]. Seine Königsherrschaft, die Justin so betont, spiegelt sich auch in ihren politischen Folgen für das jüdische Volk: Die Juden hatten solange einen eigenen Herrscher und König, bis Jesus Christus, der den Namen König trägt[183], erschien; ihm ist das Königtum „vorbehalten" oder „reserviert"[184]. Diese Funktion Christi als wahrer König der Welt wird nun gleichsam auch in die Vergangenheit projiziert: *Alle* irdischen Könige erhielten von ihm her den Titel „König", wie er ihn von seinem Vater empfing[185] – obwohl Justin diese Vorstellung des Bezuges von irdischem Königtum auf himmlisches Königtum durchaus dem Alten Testament entnehmen konnte[186], mußte sie einen Platoniker außerordentlich an Platons Auffassungen erinnern[187].

---

1. Apol 32,2 (Gen 49,10); 35,11 (Sach 9,9); 40,13 (Ps 2,6); 51,7 (Ps 23/24,7f.) und Dial 34,2 (Ps 71/72,1); 34,3 (Ps 71/72,1–20); 36,4.6 (Ps 23/24,1–10); 37,1 (Ps 46/47,6–10); 37,2.3 (Ps 48/49,1–9); 38,3.4.5 (Ps 44/45,1–18); 53,3 (Sach 9,9); 63,4.5 (Ps 44/45,7–13); 64,4 (Ps 98/99,1–7); 64,6 (Ps 71/72,1–5); 70,3 (Jes 33,13–19); 85,1 (Ps 23/24,10); 113,5 (Gen 14,18); 127,5 (Ps 23/24,7); 135,1 (Jes 43,15); vgl. auch Dial 78,1 (Mt 2,2).

[178] 2. Apol 2,19 (200,48f.): ‚Πατὴρ καὶ Βασιλεὺς τῶν οὐρανῶν'. Das liegt vielleicht auch an der Theorie, die Justin zur Namenlosigkeit Gottes vertritt (2. Apol 6,1–5 [82f./204,21–14]).

[179] 1. Apol 31,1.2; 40,1 und Dial 33,1; 43,6; 49,4; 59,2; 62,5; 66,3; 68,7; 71,1; 77,2.4; 78,1; 83,1; 84,3; 102,2; 103,3f.; 107,2.

[180] Dial 34,2; 36,1; 118,2 und 135,1.

[181] Dial 141,3.

[182] Dial 29,1.

[183] Dial 97,4 (212).

[184] „ὡς προερρέθη ὑπὸ τοῦ θείου ἁγίου προφητικοῦ πνεύματος διὰ τοῦ Μωϋσέως μὴ ἐκλείψειν ἄρχοντα ἀπὸ Ἰουδαίων, ἕως ἂν ἔλθῃ ᾧ (Codex: ὅ) ἀπόκειται τὸ βασίλειον" 1. Apol 32,2 (47 Goodspeed/ 140,8–10 Wartelle). Justin bezieht sich auf Gen 49,10. Im Dialog (120,4 [239 Goodspeed]) weist er den Text, der auch noch heute in kritischen LXX-Ausgaben steht („οὐκ ἐκλείψει ἄρχων ἐξ Ιουδα (...) ἕως ἂν ἔλθῃ τὰ ἀποκείμενα αὐτῷ") als falsche jüdische Lesart zurück, so hätte die Septuaginta nicht übersetzt, sondern „ἕως ἂν ἔλθῃ ᾧ ἀπόκειται". Tatsächlich bietet eine Reihe von Handschriften diesen Text, wie an der Göttinger Ausgabe leicht zu erkennen ist (ed. J. W. Wevers, Göttingen 1974, 460). Auf die komplizierte Situation der Textüberlieferung kann hier nicht eingegangen werden. Jedenfalls schreibt Justin ohne Kommentar in Dial 52,2 [151] dann doch „ἕως ἂν ἔλθῃ τὰ ἀποκείμενα αὐτῷ"; eine Lesart am Rande des Pariser Codex hat zu dieser Stelle „ὅ ἀπόκειται" (so lautet in 1. Apol 54,5 [65/172,15f.] der Text; während die Randbemerkung dagegen „ᾧ ἀπόκειται" hat).

[185] Dial. 86,3 (199).

[186] Vgl. J. A. Soggin, Art. מֶלֶך, THAT Bd. 1 München/Zürich ⁴1984, (908–920) 911f.914f. (Lit.).

[187] Ein weiteres Stück platonischer „Königsideologie" wird in 1. Apol 3,3 (27/100,11–13) mit dem ‚Philosophenkönigssatz' aus R. 473d/e zitiert, obwohl Justin das Zitat charakteristisch in eine von Platon nicht intendierte Richtung verändert (auch die *Beherrschten* sollen philosophieren) und das Wort „einem von den Alten" zuschreibt. W. Schmid (Die Textüberlieferung der Apologie des Justin, ZNW 40, 1941, 87–138) wies darauf hin, daß dieser Satz

Justin zitiert aus Platons Brief innerhalb des großen zweiten Hauptabschnittes seiner Apologie[188], in der er durch Schriftstellen des Alten Testamentes nachzuweisen versucht[189], daß Christus Gottes Sohn und kein Magier war[190]. Die heidnischen Mythen, denen er sich nach Abschluß der Schriftargumentation widmet, stellen dagegen keinen (Gegen-)Beweis dar[191], sondern sind Gegenreaktionen der Dämonen auf Mose und die Propheten. Darauf beschäftigt er sich exkursartig[192] in zwei Kapiteln mit Platon, um nachzuweisen, daß dieser das, was seine Schriften an Wahrheiten enthalten, von Mose und den Propheten übernommen hat[193]. Nachdem er die Weltseelenvorstellung des Timaios als Mißverständnis einer Vorausdarstellung des Kreuzes Christi im Alten Testament interpretiert hat[194], kommentiert er die Passage aus dem

---

vielleicht auch schon für Marc Aurels Vorgänger Antoninus Pius, den Adressaten der Apologie, wichtig war (91 Anm. 20 mit Bezug auf Aurelius Victor, Lib. de Caes. 15,3 [94,6f. PICHLMAYR: „*si regna sapientiae sint*"]).

[188] TH. M. WEHOFER (Die Apologie Justins des Philosophen und Märtyrers in literarhistorischer Beziehung zum erstenmal untersucht, RQ.S 6, Rom 1897, 44) teilte nach der antiken rhetorischen Ordnung einer Gerichtsrede in *probatio* (Kap. 32−52; S. 8), der die *refutatio* folgt, die er allerdings von Kap. 53 bis 67 reichen läßt (vgl. zu den *partes* des *genus iudicale* etwa Quintillian, Institutio III 9,1 [1, 176,5f. RADERMACHER]). Nachdem schon Photius Justin bescheinigt hatte, die Schönheit seiner Philosophie nicht durch rhetorische Technik geschmückt zu haben (Cod. 125 [2, 97,32−34 HENRY]), sprachen sich sowohl O. BARDENHEWER (Geschichte der altkirchlichen Literatur Bd. 1, Freiburg ²1913, 220f.) wie J. GEFFCKEN (Zwei griechische Apologeten, (Anm. 76), 98) gegen diese Interpretation aus.

[189] Dieser Großabschnitt Kap. 30−60 zerfällt in mehrere Teile; nämlich in eine Disposition (Kap. 30) und den eigentlichen ‚Prophetenbeweis' (Kap. 32−52), ab Kap. 54 geht Justin unter dieser Fragestellung u. a. auf heidnische Mythen (54) und die platonische Philosophie (59f.) ein.

[190] „τὴν ἀπόδειξιν ἤδη ποιήσομεθα" (1. Apol 30 [46/136,3f.]). Das Wortfeld „ἀπόδειξις | ἀποδείκνυμι", mit dem in der spätantiken Rhetorik eine Form des Beweises in der Gerichtsrede bezeichnet werden kann (Quintillian V 10,1 [1, 249,29f.]), kommt häufig (GOODSPEED, Index Apologeticus s.v. 30f.) und an signifikanten Stellen vor (vgl. etwa 1. Apol 54,1 [65/172,1f.]).

[191] 54,1 (65/172,1f.).

[192] TH. M. WEHOFER (Die Apologie Justins) versteht Kapitel 59/60 als Anmerkung *(disgressio)* innerhalb der Antithese *(refutatio)* zum ‚Prophetenbeweis' (42.44). Kap. 53ff. wäre im Sinne der Definition Quintillians (V 13) allerdings keine sonderlich gelungene *refutatio*. Als ähnlich problematisch muß man Wehofers Verständnis der Kap. 59/60 einstufen. Quintillian sagt zwar, daß sich die Unart, die Rede durch Exkurse *(„excessus")* aufzublähen, eingebürgert hat (III 9,4 [176,20f.]) und führt Beispiele aus Cicero-Reden an (IV 3,13 [225,14−16]); der angemessene Ort eines Exkurses läge aber zwischen *narratio* und *probatio*.

[193] 59,1.6 (68/178,1−5.13f.) und 60,1.2 (69/180,2−4); vgl. dazu jetzt die Münsteraner Dissertation von P. PILHOFER (Presbyteron Kreitton. Der Altersbeweis der jüdischen und christlichen Apologeten und seine Vorgeschichte, WUNT 2. R. 39, Tübingen 1990, 238−244) und die entsprechenden Abschnitte im 2. Bd. der *Platonica maiora* von H. DÖRRIE (Der hellenistische Rahmen des kaiserzeitlichen Platonismus. Bausteine 36−72, Text, Übers., Kommentar, aus dem Nachlaß hg. v. M. BALTES unter Mitarb. v. A. DÖRRIE und F. MANN, Stuttgart 1990).

[194] Er nimmt dabei bekanntlich Bezug auf Ti. 36b/c, wo von der Spaltung der Weltseele in zwei Kreise berichtet wird, die wie ein *Chi* übereinandergelegt werden. Dies bringt er mit

zweiten Brief[195]. Auffälligerweise zitiert er nun ein Drittel des Textes, nämlich nur den Satz „καὶ τρίτον περὶ τὰ τρίτα" in der Form „Τὰ δέ τρίτα περὶ τὸν τρίτον"[196]. Obwohl mit letzter Sicherheit nicht mehr geklärt werden kann, ob diese bewußte Änderung des Platontextes von Justin oder einem späteren Redaktor stammt[197], muß man sich erst einmal die schöpferische Leistung, die platonische Dreier-Reihe als Erster auf die Trinität zu deuten, vor Augen halten.

Dabei geht er mit dem philosophischen Text außerordentlich reflektiert um, er zitiert ihn nicht vollständig[198], spielt auf den Satz „δεύτερον δὲ περὶ τὰ δεύτερα" nur an:

„Δευτέραν μὲν γὰρ χώραν τῷ παρὰ Θεοῦ Λόγῳ (...) τὴν δὲ τρίτην (sc. χώραν δίδωσι) τῷ λεχθέντι ἐπιφέρεσθαι τῷ ὕδατι Πνεύματι, εἰπών· ,Τὰ δὲ τρίτα περὶ τὸν τρίτον'."[199]

Man erkennt, daß Justins Interesse deutlich auf dem *Geist* liegt. Platon habe, sagte er, seine Theorie vom ‚Dritten' von Gen 1,2 „καὶ πνεῦμα θεοῦ ἐπεφέ-

---

einer Deutung von Num 21,8 als Vorausbild des Kreuzes (vgl. Joh 3,14 und den Kommentar von Wartelle z. St., 228) zusammen; von dieser Erzählung habe Plato sein (Miß-)Verständnis der Weltseele als Chi. Zum Ganzen siehe E. DE FAYE, De l'influence du Timée de Plato sur la théologie de Justin Martyr, BEHE.R 7, 1896, 169–187 und C. ANDRESEN, Justin und der mittlere Platonismus, ZNW 44, 1952/53, 157–195 = Der Mittelplatonismus, hg. v. C. ZINTZEN, WdF 70, Darmstadt 1981, 319–368, hier 345f.

[195] Dazu auch H. D. SAFFREY/L. G. WESTERINK (Anm. 8), XXXIXf.
[196] 60,7 (69/180,18).
[197] W. SCHMID (Die Textüberlieferung, (Anm. 187), 118f.) hält das Maskulinum „τὸν τρίτον" für eine Textform, die „von einem nachjustinischen Rezensor" herrührt. Er meint, daß Justin in seinem Platonexemplar die Fassung „περὶ τὸ τρίτον" vorgelegen habe, wie sie auch Proklus (Theol.Plat. II,8 [2, 53,1f. SAFFREY/WESTERINK]) bietet. Allerdings finden sich sonst keine Spuren dieser ,Platonrezension'; Plotin zitiert etwa den Text vollkommen zutreffend „περὶ τὰ τρίτα τρίτον" (En. V 1 8,3f. [PhB Ia, 228 HARDER]); vgl. auch En. VI 7 42,3–20 [IIIa, 356] und dazu jetzt M. ATKINSON, Plotinus: Ennead V. 1 On the Three Principal Hypostases, a commentary with translation, OCPM, Oxford 1983, 186–188). Für Schmids Konjektur spricht natürlich das Neutrum von „τὸ πνεῦμα". Man könnte daher seine Deutung so abwandeln: Justin schrieb wohl „περὶ τὸ τρίτον", aber änderte damit *selbst* bewußt den Platontext. Aber da wir nicht einmal wissen, ob Justin überhaupt ein Platon*text* vorlag, bleibt all' das Spekulation; es könnte sich ja um einen schlichten Erinnerungsfehler handeln! Justins Text liegt nämlich genau zwischen dem Original und der Textfassung Plotins, wie folgende Tabelle veranschaulicht:

    a) Ps.-Platon, Ep. 2, 312e: „καὶ   τρίτον περὶ   τὰ   τρίτα"
    b) Justin, 1 Apol. 60,7:   „Τὰ δέ τρίτα περὶ   τὸν   τρίτον"
    c) Plotin, En. VI,7 [38] 42:   „περὶ τὰ τρίτα   τρίτον".

[198] Schon das spricht, wie ich finde, gegen Schmids Annahme, er habe den Brief in einer Platonausgabe vor sich gehabt (zur Textkenntnis auch N. HYLDAHL, Justin und die griechische Philosophie, in: Der Mittelplatonismus (Anm. 194), [369–396] 371–378 = DERS., Philosophie und Christentum. Eine Interpretation der Einleitung zum Dialog Justins, AThD 9, Kopenhagen 1966, [272–292] 274–280).
[199] 60,7 (69/180,16–18).

ρετο ἐπάνω τοῦ ὕδατος"²⁰⁰; der ‚Dritte' Platons ist daher mit dem biblischen ‚Heiligen Geist' zu identifizieren. Mit der naheliegenden Deutung des ‚Zweiten' auf den göttlichen Logos knüpft er nochmals an die vorhergehende Diskussion der Timaios-Stelle an²⁰¹, in der er die platonische Weltseele und den christlichen Logos identifiziert hatte. Den ersten Satz des platonischen Briefes²⁰² zitiert er gar nicht, sondern setzt ihn als bekannt voraus. Natürlich ergibt es sich auch von selbst, daß, wenn das ‚Zweite' Logos und das ‚Dritte' Geist bedeutet, das ‚Erste' Gott Vater meint. Wer Platons Brief nicht kannte, mußte annehmen, dort stünde etwas über „den Ersten". Justin unterschlägt dadurch, daß tatsächlich vom „König aller Dinge" und seinem Verhältnis zum All die Rede ist. Man könnte sich vorstellen, daß dies mit seinem Gebrauch der Königsmetapher zusammenhängt: Weil er sie, wie wir oben sahen, derart ausschließlich für Christus verwendet, wäre der Leser verwirrt, wenn nun plötzlich „ὁ πάντων Βασιλεύς" der *Vater* und nicht der Sohn wäre.

Justin scheint überhaupt der erste Theologe gewesen zu sein, der diese Identifikation vornimmt. Es fällt um so mehr auf, daß er sie nicht zaghaft vornimmt, sondern sie sozusagen ‚selbstverständlich' in seine Argumentation einbindet. Er behauptet die Identität zwischen der platonischen ‚Dreier'-Reihe und der christlichen Trias Gott Vater-Sohn-Heiliger Geist nicht nur, sondern ‚beweist' diese Identifikation, indem er zeigt, daß schon Platon selbst sie vornahm. Sie nimmt aber in seiner Argumentation gar nicht die Spitzenstellung ein, die man als heutiger Leser vielleicht erwartet: Die Identifikation ist ein untergeordnetes Hilfsargument, um zu illustrieren, was Platon von Mose hat, und dies wiederum ein Exkurs im Beweis der Gottessohnschaft Christi aus Texten des Alten Testamentes. Platons Rätsel steht, argumentationstheoretisch gesehen, am Rande – offenbar hält Justin seine Identifikation, wenn er sie sozusagen so beiläufig vornimmt, für eine Selbstverständlichkeit.

Vielleicht erklärt sich diese Selbstverständlichkeit dadurch, daß die Identifikationsleistung zu weiten Teilen philosophisch schon vorbereitet war. Wie wir am System des Xenokrates sahen, erklärten Platoniker längst das „Zweite" als „Weltseele"²⁰³. Auch die Identifikation des „zweiten Prinzips" mit dem Logos war etwa in der jüdisch-hellenistischen Philosophie eines Philo von Alexandrien längst vorgenommen worden²⁰⁴. Schließlich sahen wir bei Numenius, der

---

²⁰⁰ „καὶ τὸ εἰπεῖν αὐτὸν τρίτον, ἐπειδή, ὡς προείπομεν, ἐπάνω τῶν ὑδάτων ἀνέγνω ὑπὸ Μωϋσέως εἰρημένον *ἐπιφέρεσθαι τὸ τοῦ Θεοῦ Πνεῦμα*" (60,6 [69/180,14–16]).
²⁰¹ Vgl. „Δευτέραν μὲν γὰρ χώραν τῷ παρὰ Θεοῦ Λόγῳ, ὃν *κεχιάσθαι ἐν τῷ παντὶ ἔφη*" (60,7 [69/180,16f.]) mit „Ἐχίασεν αὐτὸν ἐν τῷ παντί" (60,1 [69/180,2]). Dieses aus Ti. 36b und 34a/b kombinierte (C. ANDRESEN, Justin und der mittlere Platonismus (Anm. 194), 346) Platonzitat wird hier nochmals aufgegriffen.
²⁰² „Περὶ τὸν πάντων βασιλέα πάντ' ἐστὶ καὶ ἐκείνου ἕνεκα πάντα, καὶ ἐκεῖνο αἴτιον ἁπάντων τῶν καλῶν'".
²⁰³ Siehe o. S. 415.
²⁰⁴ Zur Logos-Lehre Philos vgl. D. T. RUNIA, Philo of Alexandria and the *Timaeus* of

von zwei Göttern sprach, daß auch dieser Zug von Justins Deutung nicht seine Erfindung gewesen zu sein braucht[205]. Die schöpferische Leistung Justins liegt nun präzise darin, daß er bei seiner Interpretation der platonischen Trias *Logos* und *Pneuma* klar unterschied, was zu dieser Zeit keineswegs selbstverständlich war[206], und nicht, wie ebenfalls von Xenokrates her nahe gelegen hätte, eine Trias „Gott-Logos = Pneuma-Kosmos" aufbaute[207]. Der Geist steht an „dritter Stelle"[208]. Seine Pointe liegt gar nicht in der Identifikation von Platons König und Jesu Vater, die nimmt er so selbstverständlich vor, daß er sie nicht einmal explizit ausdrückt. Wir sehen an Justin, daß die Interpretation des dreiteiligen Rätsels im platonischen Brief auf die christliche Trias schon innerhalb der platonischen Philosophie soweit vorbereitet war, daß nicht die Tatsache der Übernahme verwunderlich ist, sondern umgekehrt verwunderlich wäre, wenn man den Text nicht christlich gedeutet hätte.

Die *Gegenthese* zu Justins Identifikation liegt in der Apologie „ἀληθὴς λόγος" des alexandrinischen Philosophen *Celsus* vor, die etwa 20–30 Jahre nach Justin geschrieben wurde[209]. Celsus zitierte das Wort vom König mit

---

Plato, PhAnt 44, Leiden 1986, 446–456 und R. RADICE/D. T. RUNIA, Philo of Alexandria, an anoted bibliography 1937–1986, Leiden u. a. 1988, Register s. v. (S. 441f.); zu Justins Logos-Lehre C. ANDRESEN, Justin und der mittlere Platonismus, (Anm. 194) 333f.339.345; A. GRILLMEIER, Jesus der Christus Bd. 1 (Anm. 3), 240f. und J. H. WASZINK, Bemerkungen zu Justins Lehre vom Logos Spermatikos, in: Mullus, FS Th. Klauser, hg. v. A. STUIBER u. A. HERMANN, JAC.E 1, Münster 1964, 380–390.

[205] Natürlich müßte an dieser Stelle erwogen werden, ob Elemente der Lösung des Numenius selbst schon durch christliche Theologie angeregt sind!

[206] Diese Trennung ist um so bemerkenswerter, als Justin auch eine biblische Stelle zitiert, nämlich Lk 1,31f., wo er Geist und Logos identifiziert (1 Apol. 33,4–6 [49/142,12–25]); zum Ganzen siehe jetzt L. ABRAMOWSKI, Der Logos in der Altchristlichen Theologie, erscheint 1991 in: „Spätantike und Christentum", hg. v. C. COLPE, L. HONNEFELDER und M. LUTZ-BACHMANN, Berlin.

[207] Nach KRÄMER (Ursprung der Geistmetaphysik, 36–45) bestand sein System ja aus (1) Monas, (2) Weltseele mit Himmelsbereich und (3) der Mond- und Erdsphäre.

[208] Vgl. 1. Apol 13,3 „Υἱὸν αὐτὸν τοῦ ὄντως Θεοῦ μαθόντες καὶ ἐν δευτέρᾳ χώρᾳ ἔχοντες, Πνεῦμά τε προφητικὸν ἐν τρίτῃ τάξει ὅτι μετὰ λόγου τιμῶμεν ἀποδείξομεν" (34/112,13f.). Da Justin auch in Kap. 60 zu den Zahlen das Wort „χώρα" ergänzt, liegt auch hier wahrscheinlich eine Anspielung auf den zweiten platonischen Brief vor; zu Justins Konzeption des Geistes vgl. auch L. W. BARNARD, Justin Martyr, His life and thought, Cambridge 1967, 104.

[209] Vgl. dazu C. ANDRESEN, Logos und Nomos. Die Polemik des Kelsos wider das Christentum, AKG 30, Berlin 1955; H. DÖRRIE, Art. Kelsos, KP 5, München 1979, 179–181 und DERS., Die Platonische Theologie des Kelsos in ihrer Auseinandersetzung mit der christlichen Theologie aufgrund von Origenes c. Celsum 7,42ff., NAWG.PH 2, 1967, 19–55 = DERS., Platonica Minora (Anm. 6), 229–262. H. CHADWICK geht davon aus, daß „there is a strong case for thinking that Celsus had read some Christian apologetic writing, and that he may have been especially provoked by Justin" (Early Christian thought and the Classical tradition (Anm. 173), 22); für diese These wäre natürlich auch der gemeinsame Bezug auf Ep. 2, 312e ein Argument, vgl. dazu C. ANDRESEN, Logos und Nomos, 357f. A. weist darauf hin, daß bei Celsus die „durch die Schultradition vorgebildete Deutung keine Rolle" spielt (358), sondern nur die Polemik gegen eine christliche Adaption der Stelle in der Art Justins.

einem größeren Abschnitt des Briefes[210] und behauptete offenbar damit, Juden und Christen hätten ihre Rede vom Königtum Gottes und der Königsherrschaft Christi von Platon gestohlen[211]. Damit drehte er das Motiv vom „Diebstahl der Hellenen"[212] genau um.

Auch der Apologet *Athenagoras,* der seine ‚Bittschrift für die Christen' etwa 25 Jahre später verfaßt[213], zitiert die Sätze aus dem zweiten Brief eher beiläufig[214]; er will in dem Abschnitt eigentlich zeigen, daß schon Platon und die griechischen Philosophen vor ihm Gott und die Dämonen unterschieden, und damit nochmals seine These beweisen, daß in den Götterbildern Dämonen tätig sind[215]. Platon, der ‚den ewigen Gott, mit Verstand und Vernunft erfaßbaren Gott geahnt und seine Eigenschaften ausgesprochen hat'[216], kam, so will er offenbar durch das Zitat sagen, dem christlichen Gottesbegriff schon außerordentlich nahe. Aber auch er setzt doch darin wahrscheinlich die Trinitätsdeutung so selbstverständlich voraus, wie sie schon von Justin genommen wird[217]. „Hier wird das (...) Bekenntnis im 2. Brief als ein Zeugnis für die theologische

---

[210] Ep. 2, 312e–313a = Origenes, Cels. VI,18 (GCS Origenes 2, 89,2–8 KOETSCHAU bzw. 148,6–11 BADER); vgl. den textkritischen App. bei R. BADER, Der ΑΛΗΘΗΣ ΛΟΓΟΣ des Kelsos, TBAW 23, Stuttgart 1940, 1. St.

[211] Cels. VI,19 (89,27–90,3). Origenes charakterisiert den Abschnitt des Celsus so: „Ἐπεὶ δ' ἑξῆς ἐξευτελίσαι βουλόμενος τὰ περὶ βασιλείας θεοῦ γεγραμμένα παρ' ἡμῖν τούτων μὲν οὐδὲν παρέθετο ὡς οὐδὲ τῆς παρ' αὐτῷ ἄξιον ἀναγραφῆς, τάχα ἐπεὶ μηδὲ ᾔδει αὐτά..." (VI,17 [87,18–20 bzw. 148,1–3]); vgl. dazu auch R. BADER, 15 und Cels. I,39; III,59 und VIII,11 mit H. D. SAFFREY/L. G. WESTERINK (Anm. 8), XLIf.

[212] C. ANDRESEN, 160; dazu jetzt auch P. PILHOFER (Anm. 193), Register s.v. (335).

[213] L. W. BARNARD, Athenagoras. A study in second century Christian apologetic, ThH 18, Paris 1972, 19–28.44–51.

[214] Leg. 23,4 (342 GOODSPEED/ 142,4–7 GEFFCKEN); zur Frage, ob er dieses Zitat einem Platon-Florilegium entnahm, vgl. A. J. FESTUGIÈRE, Sur une traduction nouvelle d'Athénagore, REG 56, 1943, 367–375.

[215] Mit dieser (traditionell biblischen-apologetischen) Polemik will er Furcht vor den Götterbildern beseitigen (P. G. VAN DER NAT, Art. Geister [Dämonen] C. III. Apologeten und griechische Väter, RAC 9, Stuttgart 1976, [715–765] 737–740); der Kampf von Juden und Christen gegen diese Bilderverehrung berührt sich mit Auffassungen der griechischen und hellenistischen philosophischen Aufklärung (J. GEFFCKEN, Der Bilderstreit des heidnischen Altertums, ARW 19, 1916/19, 286–315).

[216] 23,4 „ἆρ' οὖν ὁ τὸν ἀΐδιον νῷ καὶ λόγῳ καταλαμβανόμενον περινοήσας θεὸν καὶ τὰ ἐπισυμβεβηκότα αὐτῷ ἐξειπών" (342 GOODSPEED/ 142,1f. GEFFCKEN); vgl. zum Zusammenhang, der vermutlich einer Platon-Doxographie entnommen ist, J. GEFFCKEN, Zwei griechische Apologeten (Anm. 176), 212; zur Rolle Platons bei Ath. L. W. BARNARD, 44–51.

[217] J. GEFFCKEN (Zwei griechische Apologeten, 212) scheint anderer Auffassung zu sein: „Auch dieses *(Zitat aus Ep. 2, 312e, C.M.)* ist natürlich wieder eine Wanderstelle; Platoniker (...) beriefen sich auf sie, und aus diesen Kreisen mag sie zu den Christen gekommen sein (...), die sie in willkürlichster Weise deuten *(in der Anmerkung ergänzt Geffcken:* „Justin und Clemens nämlich auf die Dreifaltigkeit"). Athenagoras hat seine Kompendien gründlicher gelesen und bleibt dadurch vor solchen Täuschungen bewahrt." Auch H. D. SAFFREY/L. G. WESTERINK bezeichnen sein Platon-Referat als „une sorte d'exposé objectif de la théologie de Platon" (XLII).

Glaubwürdigkeit Platons in Anspruch genommen"[218] und kann es doch nur, weil man sich sicher ist, daß Platon mit seiner Trias den einen Gott in seiner triadischen Gestalt gemeint hat.

2.2 Zweites Beispiel: Clemens Alexandrinus und sein König

Während die Apologeten, wie wir sahen, kein besonderes Gewicht auf eine trinitarische Ausdeutung der platonischen Trias legen, weil für sie eine trinitätstheologische Konzeption natürlich auch außerhalb des theologischen Interesses lag, findet sich die explizite Ausdeutung der platonischen Trias auf die christliche Trias zuerst bei *Clemens von Alexandrien*[219]. Die Art, in der er mit dem Brief umgeht, unterscheidet sich erheblich von der seiner beiden apologetischen Vorgänger. Während diese nur den einen Satz von der Trias aus dem Brief zu kennen scheinen, ist Clemens offenbar doch wenigstens der weitere Kontext der Stelle im Brief vertraut. Er verteilt die Zitate aus dem Text in den *Stromateis* „in eigenwilliger Verschränkung auf den ersten Teil von Buch I und auf Buch V"[220] und spielt auch im *Protreptikos* auf den Rätselsatz an[221]. Man gewinnt den Eindruck, daß sich Clemens als erster wirklich mit dem Konzept auseinandersetzt, das er im Brief zu finden meint und nicht nur ein allgemein bekanntes Wanderzitat fast im Vorübergehen aufgreift[222].

---

[218] H. DÖRRIE, Der König (Anm. 6), 395.

[219] Zu Clemens vgl. H. CHADWICK, Early Christian thought and the Classical tradition (Anm. 173), 31–65 und D. WYRWA, Die christliche Platonaneignung in den Stromateis des Clemens von Alexandrien, AKG 53, Berlin/New York 1983.

[220] D. WYRWA, Die christliche Platonaneignung in den Stromateis des Clemens von Alexandrien, 27.

[221] Folgende Abschnitte des Briefes werden bei Clemens zitiert (in Klammern die Angabe der Zitationsformel):

Ep. 2,	312d7–e1	in Str. V 65,1	(369,25f. STÄHLIN; „Εἰκότως τοίνυν καὶ Πλάτων" [369,24]).
	312e1–4	in Str. V 103,1	(395,12–14; „ὥστε καὶ ἐπὰν εἴπῃ" [sc. Πλ.] [395,12]).
	312e1–3	in Protr. 68,5	(52,21f.; „ταύτῃ πῃ καὶ Πλ. διανοούμενος" [52,20f.]).
	312e1–2f.	in Str. VII 9,3	(8,18f.; ohne Hinweis auf Platon).
	314b5–c1	in Str. V 65,3	(369,29–370,3; „ὅπερ καὶ αὐτὸ δεδήλωκεν Πλ." [369,29]).
	314a2–5	in Str. I 55,4	(35,26–29; dgl. ohne Hinweis).
	314c1	in Str. I 14,4	(11,4f.; ohne Hinweis auf Platon).

[222] Nach H. DÖRRIE (Der König, 396) blieb sein „Versuch, mit Hilfe dieses Zitats eine Brücke von christlicher zu platonischer Theologie zu schlagen" ohne Nachfolge und Anerkennung. Das liegt natürlich auch an der Entwicklung, die die Trinitätstheologie in ihrem Verhältnis zum Platonismus nimmt.

Den Satz über den platonischen ‚König' greift er auf, um damit zu zeigen, daß Platon die Trinität bereits vorankündigt („μηνύειν")[223]:

„ Ὥστε καὶ ἐπὰν εἴπῃ· Περὶ τὸν πάντων βασιλέα πάντα ἐστὶ κἀκείνου ἕνεκεν τὰ πάντα κἀκεῖνο αἴτιον ἁπάντων [τῶν[224]] καλῶν, δεύτερον δὲ περὶ τὰ δεύτερα καὶ τρίτον περὶ τὰ τρίτα, οὐκ ἄλλως ἔγωγε ἐξακούω ἢ τὴν ἁγιάν τριάδα μηνύεσθαι· τρίτον μὲν γὰρ εἶναι τὸ ἅγιον πνεῦμα, τὸν υἱὸν δὲ δεύτερον, δι' οὗ ‚πάντα ἐγένετο' κατὰ βούλησιν τοῦ πατρός."[225]

Es fällt auf, daß auch Clemens die Identität des Königs und des biblischen Gottes selbstverständlich voraussetzt und nur das zweite und dritte Prinzip entschlüsselt. Wie bei Justin wird zuerst der heilige Geist genannt und dann durch die Anspielung auf Joh 1,3 („πάντα δι' αὐτοῦ ἐγένετο") eine Verbindung zwischen dem „Zweiten" und dem Logos hergestellt.

Er kann diese Identität voraussetzen, weil er sie bereits im *Protreptikos* begründet hat. Dort dient Platon als Hilfe, um „Gott aufzuspüren"[226]; und nach *dicta probantia* für den Monotheismus bei griechischen Dichtern[227] wird das Wort vom König zitiert und durch Frage und Antwort sichergestellt[228], daß sich die Identifikation vom König Platons mit dem biblischen Gott dem Leser einprägt. Was das ‚Zweite' und ‚Dritte' bedeuten, wird an dieser Stelle völlig offengelassen; es gehört auch nicht in eine protreptische Schrift hinein[229]. An kleinen Details zeigt sich, wie gut Clemens den Kontext des Satzes im zweiten Brief verstanden hat; er leitet das Zitat ein mit den Worten: ‚Platon sagt über Gott in geheimnisvoller Weise folgendes' und umschreibt damit das Wort „Rätsel", mit dem der Autor des Briefes selbst seine Ausführungen charakteri-

---

[223] Vgl. dazu E. F. OSBORN, The Philosophy of Clement of Alexandria, TaS.NS 3, Cambridge 1957, 25–31; den Kommentar der Textausgabe von A. DE BOULLUEC, SC 279, Paris 1981, 316f. und D. WYRWA, Die christliche Platonaneignung in den Stromateis des Clemens von Alexandrien, AKG 53, Berlin/New York 1983, 27 und 270.

[224] L. FRÜCHTEL plädiert (GCS Clemens Alexandrinus 2, 536) aufgrund der übrigen Textbelege gegen Stählins Text, der das „τῶν" vom Originaltext des 2. Briefes her konjiziert.

[225] (Clem. Str. V 103,1 [GCS Clemens Alexandrinus 2, 395,12–17 STÄHLIN]); „Und wenn er sagt: ‚Zu dem König des Weltalls steht alles in Beziehung (etc.)', so fasse ich wenigstens diese Worte nicht anders auf, als daß mit ihnen auf die Heilige Dreieinigkeit hingewiesen wird; das Dritte ist nämlich der Heilige Geist, der Sohn das Zweite, durch den entsprechend dem Willen des Vaters ‚alles geschaffen wurde'" (Übersetzung O. STÄHLIN, BKV Clemens 4, München 1937, 206).

[226] „πῇ δὴ οὖν ἐξιχνευτέον τὸν θεόν, ὦ Πλάτων;" (68,1 [51,27f. STÄHLIN]).

[227] Euripides, Frgm. 1129 / Menander, Fr. 609 [CAF Bd. 3 p. 184].

[228] „τίς οὖν ὁ βασιλεὺς τῶν πάντων; θεὸς τῆς τῶν ὄντων ἀληθείας τὸ μέτρον" (69,1 [52,22f.]).

[229] Auffälligerweise wird in der unmittelbaren Nachbarschaft (69,4 [53,6–10]) genau jener orphische Satz aus Platons Gesetzen zitiert („ὁ μὲν δὴ θεός, ὥσπερ καὶ ὁ παλαιὸς λόγος, ἀρχὴν (τε) καὶ τελευτὴν καὶ μέσα τῶν ὄντων ἁπάντων ἔχων..." [Lg. 715e = Frgm. 21 KERN]), der auch in der Tübinger Theosophie (siehe o. Anm. 107/108) in Verbindung mit dem zweiten Brief genannt ist.

siert (siehe o. S. 387)²³⁰. Er charakterisiert den Stil des Textes mit dem Verb „αἰνίττεσθαι"²³¹. Wenn Clemens Platons Text als solche Rätselrede versteht, hat er genau den Sinn seines Wortes vom König verstanden. Trotzdem vermag er auch mit einer gewissen Eleganz, die ihn von seinen Vorgängern unterscheidet, an einer anderen Stelle die Trias auf die Himmelsräume unterhalb des Paradieses zu beziehen, ohne die Anspielungen auf Platon und 2. Kor 12,2 explizit auszudrücken²³².

Neben diesen direkten Bezügen auf das Rätsel des zweiten Briefes findet sich noch ein weiterer wichtiger Bezug auf die Konzeption der Königsmetapher, wie wir sie bei Platon selbst kennengelernt hatten. Analog zu Platon, der, wie wir sahen, mit der Vokabel „König" den Zusammenhang von Theologie, Ethik und Erkenntnistheorie ausdrückt, verbindet auch Clemens durch diese Vokabel den Gott Christus und seine Glaubenden²³³. In dem Christushymnus, den einige Handschriften am Ende seines Paidagogos überliefern²³⁴, verwendet er nicht nur mehrfach die metaphorische Bezeichnung Christi als ‚König'²³⁵; er nennt ihn auch Hirt der „*königlichen* Lämmer"²³⁶. Natürlich geht die Rede von den „königlichen" *Lämmern* auf biblische Metaphorik zurück, sie ist aber auch

---

²³⁰ „Ταύτῃ πῃ καὶ Πλάτων διανοούμενος τὸν θεὸν αἰνίττεται" (Prot. 68,5 [52,20f.]).

²³¹ Ebenso wie die Ausführungen von Valentin (in seiner Einleitung zu dessen Frgm. 5 = Str. IV 89,6 [287,21]). Solche „dunkle Andeutungen" oder „Rätselworte" verwendeten nach Clemens die Pythagoreer, oder auch Heraklit, der deswegen „Σκοτεινός" genannt würde: „Καὶ μυρία ἐπὶ μυρίοις εὕροιμεν ἂν ὑπό τε φιλοσόφων ὑπό τε ποιητῶν αἰνιγματωδῶς εἰρημένα" (Str. V 50,2 [360,22f. Stählin]). Auch Äußerungen der alttestamentlichen Propheten wurden als solche Rätselworte empfunden (Keryg.Petr. Frgm. 4 Klostermann in Clem., Str. VI 128,1 [496,25−30 Stählin = 15,31−34 Klostermann]); nur zu Mose redet Gott „στόμα κατὰ στόμα (...) καὶ οὐ δι' αἰνιγμάτων" (Num 12,8).

²³² Str. VII 9,3 (GCS Clemens Alexandrinus 3, 8,18f. Stählin); vgl. den Kommentar z. St. bei Clement of Alexandria, Miscellanies Book VII, Introduction, Translation and Notes by F. J. A. Hort and J. B. Mayor, New York/London 1987 (= London 1902), 210f.

²³³ Damit weitet er das ursprünglich elitäre Bild Platons vom Zusammenhang zwischen höchstem König und irdischen Staatsmann aus. Ähnliches sahen wir schon bei Justin (siehe o. S. 420 Anm. 187).

²³⁴ Paed. III 101,3 (GCS Clemens Alexandrinus 1, 291f. Stählin); dort auch Angaben zur handschriftlichen Bezeugung des Hymnus.

²³⁵ Christus heißt „βασιλεὺς ἁγίων" (Z. 11); der Hymnus schließt mit der Aufforderung zum Lobpreis: „ὕμνους ἀτρεκεῖς βασιλεῖ Χριστῷ μισθοὺς ὁσίους ζωῆς διδαχῆς μέλπωμεν ὁμοῦ" (etwa: „Laßt uns zugleich wahrhaftige Hymnen dem König Christus als würdigen Lohn für die Lehre des Lebens singen" [Z. 54−58]); vgl. dazu J. Kroll, Die christliche Hymnodik bis zu Klemens von Alexandreia, reprographischer Nachdruck aus dem Verzeichnis der Vorlesungen der Akademie zu Braunsberg im Sommer 1921 und Winter 1921/22, Libelli 240, Darmstadt, ²1968, 12.24f.; T. Wolbergs, Griechische religiöse Gedichte der ersten nachchristlichen Jahrhunderte, Bd. 1 Psalmen und Hymnen der Gnosis und des frühen Christentums, BKP 40, Meisenheim am Glan, 1971, 83 (Literatur).84−99 (Kommentar) und M. Hengel, Das Christuslied im frühesten Gottesdienst, in Weisheit Gottes − Weisheit der Welt, FS für Joseph Kardinal Ratzinger zum 60. Geburtstag, hg. v. W. Baier u. a., St. Ottilien 1987, (357−404) 374.

²³⁶ Z. 4.

darin begründet, daß Clemens gern die ‚Untertanen' des ‚Königs' Christus die „Königlichen" („βασιλικοί | βασιλικά") nennt[237]. In den ‚Stromateis' greift Clemens explizit Platons Rede von „königlicher Weisheit" im ‚Euthydemos' (291d) und „königlichem Wissen" im ‚Politikos' (259a/b) auf, um zu begründen, warum Christen wahrhaft „Königliche" sind und heißen[238]. Damit zeigt sich nochmals, daß er nicht nur den einen platonischen Satz, das Wanderzitat, rezipiert, sondern wesentliche Elemente der platonischen Konzeption vom „König" zu integrieren vermag.

Wir sehen, daß Clemens der erste (und zugleich auch der einzige) christliche Theologe ist, für den die Königsmetapher eine strukturell ganz ähnliche und fast ebenso zentrale Funktion hat[239] wie für Platon. Sie unterstützt ihn dabei, die Vereinbarkeit von platonischer Philosophie und christlicher Theologie nachzuweisen; sie erlaubt ihm wie Platon, die Zusammengehörigkeit von Gott und Mensch zum Ausdruck zu bringen. Auch wenn sicherlich vor allem die letzte Funktion nicht von Platon angeregt wurde, war diese intensive Rezeption nur möglich, weil schon lange vor der Benutzung der platonischen Königsmetapher diese strukturellen Analogien als Voraussetzungen bereitlagen. Schließlich wird man kaum behaupten können, daß durch die Übernahme des platonischen Rätsels irgendeine Veränderung am biblischen Gottesbegriff ausgelöst wurde. Was den Gott des Clemens vom Vater Jesu Christi unterscheiden mag; die Übernahme des platonischen Königs kann man allenfalls als Symptom des Unterschiedes, aber nicht als dessen Auslöser deuten. Platons König und Jesu Vater waren in bestimmten Kreisen längst und selbstverständlich identifiziert; Clemens bietet nur die systematische Darstellung und Begründung dieser Selbstverständlichkeit.

2.3 Drittes Beispiel: Der König der Valentinianer

In Hippolyt treffen wir nun zuletzt auf einen Theologen, dem diese Identifikation keineswegs selbstverständlich ist. Obwohl ihn kein großer zeitlicher Abstand von Clemens trennt, hält er die Identifikation des platonischen Königs mit dem Vater Jesu Christi ganz im Gegenteil für ein hervorstechendes Kriterium einer *Häresie*.

In seiner „Widerlegung aller Häresien", die nach 222 entstanden sind, befaßt

---

[237] Vgl. „ὡς γὰρ ‚οἱ σοφοὶ σοφίᾳ εἰσὶ σοφοὶ καὶ οἱ νόμιμοι νόμῳ νόμιμοι' (Ps.-Plato, Min. 314c), οὕτως οἱ Χριστῷ Βασιλεῖ βασιλεῖς καὶ οἱ Χριστοῦ Χριστιανοί" (Str. II 18,3 [122,9–11 STÄHLIN]); vgl. auch TH. WOLBERGS, Griechische religiöse Gedichte 1, 88 und bei Clemens selbst Str. II 97,1 (166,4) bzw. IV 52,2 (272,14f.).

[238] Str. II 18,2–3 (122,3–11); zum Text D. WYRWA, 163–165. Vgl. auch die Rede von der „βασιλικωτάτη διδασκαλία" in Str. I 80,6 (52,21).

[239] Dies kann man z. B. daran sehen, daß er bei der freien Zitation von 1. Kor 15,28 in Str. I 159,6 (100,25f. STÄHLIN) „βασιλεὺς ἡμῶν" hinzufügt.

sich *Hippolyt* auch ausführlich mit der Valentinianischen Gnosis. In der Überschrift zum 6. Buch, in der er die Häresie abhandelt, kündigt er an, worum es ihm geht. Er will nachweisen, daß die „δόγματα" Valentins ‚nicht aus den (biblischen) Schriften stammen, sondern aus den Lehren der Platoniker und Pythagoreer'[240]. Wie wichtig Hippolyt diese Deutung der valentinianischen Sekte nimmt, bemerkt man auch an der Gliederung seiner Darstellung: Er erinnert zuerst den Leser an seine vorausgegangenen Referate der platonischen und pythagoreischen Philosophie[241], bevor er ihm dann das valentinianische System bietet, und wiederholt nochmals seine Anfangsthese: „Die Häresie des Valentinus enthält die pythagoreische und die platonische Lehre"[242], die so die Rekapitulation einrahmt. Es verwundert kaum, daß zum Beweis dieser Behauptung auch der zweite ‚platonische' Brief und sein Rätselwort vom König herangezogen wird. Ein populäres Platonwort mußte, wenn denn diese gnostische Gruppe ihre Lehren von Platon übernommen hatte, auch in ihren Texten auftreten.

Hippolyt plaziert diesen Text außerordentlich geschickt. Nach einem ersten Durchgang durch das System der Gnostiker präsentiert er zum Abschluß der Darlegung noch pointierte Ausschnitte aus der valentinianischen Dogmatik zur Illustration des platonischen Charakters ihres Systems[243]. Als platonischen Text, mit dem er seinen Vergleich im ersten Ausschnitt beginnt, verwendet er nun eben nicht zufällig jenes Rätselwort vom König; ein einprägsames und seinen Lesern vermutlich gut bekanntes Beispiel. Trotzdem erinnert er sie nun auch hier, genauso wie er vor das valentinianische System nochmals seine Rekapitulation des platonisch/pythagoreischen Systems stellte, an den Text des Briefes, den er in außergewöhnlich ausführlicher Form zitiert und so einleitet, daß die Bedeutung des Briefes dem Leser sofort erkenntlich wird:

„Πλάτων τοίνυν περὶ τοῦ παντὸς ἐκτιθέμενος μυστήρια γράφει πρὸς Διονύσιον τοιοῦτόν τινα τρόπον, λέγων·"[244]

„μυστήρια", Geheimnisse über das All, entbirgt der Brief dem, der ihn zu lesen versteht. Das meint Hippolyt vielleicht gar nicht einmal polemisch; auch Platon kann das Wort verwenden, das ursprünglich aus der Mysterienterminologie stammte[245]. Eine religiöse Bedeutung des Wortes, als ob hier sozusagen über-

---

[240] Haer. VI 3: „Τίνα ὁ Οὐαλεντῖνος δογματίζει, καὶ ὅτι ἐκ γραφῶν οὐ συνίσταται αὐτοῦ τὸ δόγμα, ἀλλὰ ἐκ τῶν Πλατωνικῶν καὶ Πυθαγορικῶν δογμάτων" (GCS Hippolyt 3, 134,9−11 WENDLAND/ PTS 25, 211,5f. MARCOVICH).
[241] VI 21,1f. mit Bezug auf I 2.19 und IV 51.
[242] VI 21,1 (148,25f./229,1f.), wiederholt in 29,1 (155,15−18/237,1−4).
[243] „δοκεῖ δὲ καὶ δι' ἐλέγχων τὰ δοκοῦντα αὐτοῖς ἐκθέμενον παύσασθαι" (Hippolyt, Haer. VI 37,1 [166,16f. WENDLAND/ 251,2f. MARCOVICH]). Die Handschrift hat „διελέγχων"; Marcovich liest „διελ(α)χί(στ)ων" in Analogie zu 37,6 „δι' ἐλαχίστων".
[244] 37,1 (166,17f./251,2f.).
[245] Dazu jetzt CH. RIEDWEG, Mysterienterminologie bei Platon, Philo und Klemens von

natürliches Wissen auf ebenso übernatürliche Weise offenbart werde, muß gar nicht intendiert sein[246]. Dem gebildeten Leser des Textes fiel natürlich an dieser Stelle ein, daß die wahren „μυστήρια τῆς βασιλείας (τῶν οὐρανῶν)" ohnehin nicht Platon den Platonikern, sondern Jesus seinen Jüngern offenbar gemacht hatte, denen es gegeben war, sie zu verstehen[247]. Und dann folgt der bekannte Text:

> „Φραστέον δή σοι δι' αἰνιγμάτων, ἵν' ⟨ἄν τι⟩[248] ἡ δέλτος ἢ πόντου ⟨ἢ γῆς⟩[249] ἐν πτυχαῖς πάθῃ, ὁ ἀναγνοὺς μὴ γνῷ. ὧδε γὰρ ἔχει· περὶ τὸν πάντων βασιλέα πάντα ἐστὶ κἀκείνου ἕνεκα πάντα κἀκεῖνος αἴτιος πάντων τῶν καλῶν· δεύτερον πέρι τὰ δεύτερα, καὶ τρίτον πέρι τὰ τρίτα."[250]

Interessanterweise löst Hippolyt das platonische Rätsel aber nun gar nicht auf, sondern fügt sofort die Deutung an. Dieses Versäumnis erschreckt aber nur den, der sich heutigentags mit der ursprünglichen Bedeutung dieses Platontextes müht. Offenbar setzt Hippolyt voraus, daß man aus seinem Platonreferat mühelos in die Lage gesetzt wurde, den Text zu deuten. Und in der Tat beginnt sein Platonreferat im ersten Buch mit dem Satz, der als Lösung hier einzulesen wäre:

> „Πλάτων ἀρχὰς εἶναι τοῦ παντὸς θεὸν καὶ ὕλην καὶ παράδειγμα."[251]

Schon vom Stichwort „τοῦ παντός" her wird deutlich, daß es beide Male um dasselbe geht, im Brief und im Lehrreferat um die „μυστήρια τοῦ παντός". Gott, die Ideen[252] und die Materie – so, setzt Hippolyt voraus, wird der Leser das Rätsel während der Lektüre lösen. Daher fügt er dann sofort Valentins

---

Alexandrien, UaLG 26, Berlin/New York 1987, 1–69, bes. 38–40 und 67–69. Natürlich kann man damit als christlicher Theologe auch die häretischen Lehrbildungen bezeichnen, wie Irenäus (Haer. Praef. 1 [SC 264 22,38 ROUSSEAU/DOUTRELEAU]) die der Valentinianer; die Gnostiker selbst verwendeten das Wort (G. BORNKAMM, Art. μυστήριον κτλ., ThWNT 4, Stuttgart 1942 [809–834] 818–820).

[246] Ein schönes Beispiel dieser religiösen Bedeutung im Poimandres (CH 1,16 [12,4f. NOCK]): „Τοῦτό ἐστι τὸ κεκρυμμένον μυστήριον μέχρι τῆδε τῆς ἡμέρας."

[247] Mt 13,11 par. (Mk 4,11 im Singular); vgl. GrHen 9,8 „μυστήρια τοῦ αἰῶνος". Gott offenbart Zion als besonderen Gnadenerweis „das Geheimnis der Zeiten" (SyrBar 81,4). Weitere ‚Geheimnisse' stellte (H. L. STRACK/)P. BILLERBECK in seinem Kommentar zum Neuen Testament aus Talmud und Midrasch, Bd. 1, München ⁸1982 (= 1922), 659f. zusammen.

[248] Dazu die App.; ob man tatsächlich mit W. und M. aus dem Platontext konjizieren sollte, erscheint mir fraglich. Es handelt sich mit einer Ausnahme jeweils um kleinere Partikel.

[249] Diese Worte sind sicher ausgefallen.

[250] VI 37,2 (166,19–23/251,5–9).

[251] Haer. I 19,1 (19,4f./76,1).

[252] „παράδειγμα" beschreibt seit Xenokrates (Frgm. 30 [170,3f. HEINZE]; dazu H. J. KRÄMER, Ursprung der Geistmetaphysik, 26 Anm. 17) die Funktion der Idee für die Herstellung der abbildlichen Welt; die Idee bildet das „παράδειγμα" für die „εἰκών". Die „διάνοια θεοῦ" bildet das „παράδειγμα", Idee genannt, „οἷον εἰκόνισμά τι ⟨ᾧ⟩ προσέχων ἐν τῇ ψυχῇ ὁ θεὸς τὰ πάντα ἐδημιούργει" (Haer. I 19,2 [19,10–12/76,6–8]).

Lösung an, die der Leser nun im Lichte der mittelplatonischen Trias sehen muß:

„(5) Τούτοις περιτυχὼν Οὐαλεντῖνος ὑπεστήσατο ‚τὸν πάντων βασιλέα', ὃν ἔφη Πλάτων οὕτως, Πατέρα καὶ Βυθὸν καὶ πασιγην²⁵³ τῶν ὅλων αἰώνων. ‚δεύτερον πέρι τὰ δεύτερα' τοῦ Πλάτωνος εἰρηκότος, τὰ δεύτερα Οὐαλεντῖνος τοὺς ἐντὸς Ὅρου [τὸν ὅρον] ὑπέθετο πάντας αἰῶνας, καὶ ‚τρίτον πέρι τὰ τρίτα' τὴν ἔξω τοῦ Ὅρου καὶ τοῦ πληρώματος διαταγὴν συνέθηκε πᾶσαν."²⁵⁴

Er erleichtert dem Leser sogar noch diese Arbeit des Übertragens, da er die entsprechenden Schlüsselworte des Briefes nochmals zitiert und somit eine Art valentinianischen Kommentar zu dieser Stelle im zweiten Brief mitteilt. Der Leser vollzieht während des Lesens natürlich unwillkürlich einen dritten Schritt, er stellt platonische und valentinianische Auslegung nebeneinander: An der Stelle des platonischen Gottes steht ein „Vater und Bythos". Leider überliefert der Text das folgende Wort so verderbt, daß man es ohne Konjektur kaum deuten kann²⁵⁵: Mir scheint wahrscheinlich, daß hier einmal ein dritter valentinianischer Gottestitel stand, also etwa „Προαρχή" oder auch „πηγή" und diese sinnvolle Reihe ‚Vater, Bythos und Voranfang/Quelle' durch einen naheliegenden Abschreibfehler verdorben wurde. Denn ein besonderes Kennzeichen des Valentinianismus, den Hippolyt referiert, bildet sein *Monismus*²⁵⁶. Die „Σιγή", die der Schreiber hier lesen möchte, hat weder in der Reihe Platz, die ja dann sinnvollerweise „Vater und Bythos und Mutter und Sige" zu lauten hätte, noch überhaupt im Kontext des hippolytischen Valentinianerberichtes. An der Stelle der „Ideen" stehen die Äonen, an der Stelle der „Materie" das Pleroma. Auffälligerweise spielt aber eine vierte Größe in diesem Kommentar hinein, die im platonischen Bild nicht vorkommt: „ὅρος" trennt „das Zweite" und das „Dritte". Vor dem geistigen Auge des Lesers erschien dann vermutlich die folgende Tabelle:

---

²⁵³ So der Text der bekanntermaßen schlechten Pariser Handschrift nach Wendland, möglicherweise hat P auch „παστιγην" (so Marcovich); zur Stelle siehe u. Anm. 255.

²⁵⁴ Haer VI 37,5f. (167,9–14/252,23–29): „Da Valentinus darauf gestoßen war, so nahm er den König aller Dinge, von dem Plato gesprochen, zur Grundlage, der da ist Vater und Bythos und Sige (bzw. Schöpfer und Quelle) aller Äonen. Da Plato sagte, „das Zweite um das Zweite", so setzte Valentinus als Zweites sämtliche Äonen innerhalb des Horos (?) und „als Drittes um das Dritte" machte er den ganzen Kosmos außerhalb des Horos und des Pleromas.

²⁵⁵ Für „πασιγην" sind eine Reihe Lesungsvorschläge gemacht worden: „[πᾶ]Σιγήν" (Wendland); „Προαρχήν" (Duncker/Schneidewin); „Πηγήν" (Hilgenfeld); „πλαστήν" (Scott); πλαστὴν καὶ πηγήν (Markovich).

²⁵⁶ Hippolyt, Haer. VI 29,3 (155,25–156,4/237,10–16). Vgl. dazu auch Irenäus, Haer. I 2,4 (42,190–193 bzw. 42,56–60 ROUSSEAU/DOUTRELEAU). Dieses System wird allgemein nach R. A. LIPSIUS (Valentinus und seine Schule, JPTh 13, 1887, [585–658] 602.613) im Unterschied zum irenäischen „System B" genannt. Auch Tertullian hat in gewohnter ironischer Form von dieser Differenz berichtet: Adv.Val. 34,1 (148 FREDOUILLE).

	Platon		Valentin
	(Gleichnis)	(Deutung)	
	ὁ πάντων βασιλεύς	Gott	Πατέρα καὶ Βυθὸν καὶ πασιγην
	δεύτερον πέρι τὰ δεύτερα	die Idee	οἱ ἐντὸς Ὅρου/ πάντες αἰῶνες
	καὶ τρίτον πέρι τὰ τρίτα"	die Materie	ἡ ἔξω τοῦ πΟρου καὶ τοῦ πληρώματος

Damit war zunächst ein relativ fremdes System, dessen mythologische Termini und Abläufe ja vermutlich den spätantiken genauso wie den heutigen Leser irritierten, in ein bekanntes Raster eingefügt. Diese pädagogische Intention, im „Dschungel" gnostischer Systeme mit Hilfe bekannter Texte zu orientieren, sollte man nicht vergessen, wenn man das polemische Interesse Hippolyts in den Blick nimmt[257]. Durch die Brüche zwischen Gleichnis und scheinbarer valentinianischer Auslegung verwundert, in der so plötzlich eine vierte Größe auftritt, hätte sich schon damals ein aufmerksamer Leser fragen müssen, ob der ganze Zusammenhang von platonischem Brief und den Valentinianern nicht seine Existenz einer polemischen Erfindung und Unterstellung Hippolyts verdankt. Doch diese, im Zuge heutiger tendenzkritischer Untersuchungen scheinbar selbstverständliche Frage läßt sich gar nicht *a limine* beantworten. Natürlich beansprucht Hippolyt, Valentin sei durch den Brieftext auf sein System gestoßen; er stellt die Brieflektüre als eine Art Initialzündung dar, der die Erfindung des valentinianischen Systems von Bythos, Äonen und Pleroma auf dem Fuße folgt. Das ist sicher Polemik. Aber diese Tatsache berechtigt einen noch nicht dazu, gleich die ganze Notiz als unbrauchbar zu verwerfen[258]. Wie verhielt es sich denn tatsächlich mit den Valentinianern und dem Brief Platons? Identifizierten sie Platons König, Jesu Vater und ihren Bythos? Damit verbindet sich natürlich die Frage, ob Hippolyt nicht vielleicht doch einen Text der Valentinianer benutzte, in dem diese den platonischen Brief auslegten; lagen ihm Nachrichten über den historischen Valentin vor?

Glücklicherweise bleibt die Antwort nicht ganz im Bereich der Spekulation, obwohl sie außerordentlich schwer möglich ist. Man kommt ein ganzes Stück

---

[257] K. KOSCHORKE, Hippolyt's Ketzerbekämpfung und Polemik gegen die Gnostiker. Eine tendenzkritische Untersuchung seiner ‚Refutatio omnium haeresium', GOF.H 4, Wiesbaden 1975, 10–17.25–29.

[258] Die Tendenz, hier gleich das Kind mit dem Bade auszuschütten, hängt natürlich oft an dem grundsätzlichen Mißtrauen gegenüber Hippolyts Hauptthese, es bestünden Beziehungen zwischen (mittel-)platonischer Philosophie und der Entstehung der valentinianischen Gnosis. Umgekehrt darf man natürlich die Notiz auch nicht gleich für bare Münze nehmen, wie H. D. SAFFREY/L. G. WESTERINK (Anm. 8): „Que Valentin, écrivant à Rome, ait trouvé commode de couler son système du monde dans le cadre des trois principes de la *Lettre II*, est hautement significatif" (S. XXXVII).

weiter, wenn man zuerst den Kontext bei Hippolyt einbezieht und darauf dann die anderen Belege für den platonischen Königstitel in der valentinianischen Gnosis prüft. Hippolyt schließt ja bekanntlich an die Deutung des Briefes eines der wenigen *wörtlichen* Valentin-Zitate an, die wir besitzen[259]. Hippolyt fügt dieses Zitat an, weil es seiner Meinung nach die valentinianische Ordnung des Alls, deren Stichworte „Bythos-Äonen-Pleroma" er nannte, verdeutlicht; er behauptet, zu diesem Zweck habe auch ein Hymnus Valentins gedient[260], aus dem er dann zitiert:

„θέρος
πάντα κρεμάμενα πνεύματι βλέπω,
πάντα δ' ὀχούμενα πνεύματι νοῶ·
σάρκα μὲν ἐκ ψυχῆς κρεμαμένην,
ψυχὴν δὲ ἀέρος ἐξεχομένην,
ἀέρα δὲ ἐξ αἴθρης κρεμάμενον,
ἐκ δὲ βυθοῦ καρποὺς φερομένους,
ἐκ μήτρας δὲ βρέφος φερόμενον."[261]

Diesem Hymnus, einen außerordentlich spannenden und komplizierten Text, den wir hier natürlich nicht in den Blick nehmen können[262], muß aber dann wiederum eine Deutung beigegeben werden, damit der Leser ihn auch richtig versteht. Diese Dopplung verwundert; eigentlich sollte ja der Hymnus Valentins die Auslegung des Rätsels vom König verdeutlichen, nun erweist sich diese Verdeutlichung wieder selber als Rätsel: Was haben die drei Dinge, der König und die beiden anderen mit der Kettenreihung vom Pneuma bis zum Mutterschoß zu tun, wie verteilt man die genannten 12 Elemente auf die vorher

---

[259] Diese Fragmente sind schon mehrfach gesammelt worden; ich nenne hier nur die Textsammlung von W. VÖLKER, Quellen zur Geschichte der christlichen Gnosis, SQS.NF 5, Tübingen 1932, 57–60; Übersetzungen bieten etwa folgende Werke: Die Gnosis, 1. Bd. Zeugnisse der Kirchenväter, unter Mitw. v. E. HAENCHEN u. M. KRAUSE, eingel., übers. u. erl. v. W. FOERSTER, BAW.AC, Zürich/München, 2., revidierte Aufl. 1979, 312–314 und B. LAYTON, The Gnostic Scriptures, a new translation with annotations and introductions, London 1987, 230–248.

[260] „καὶ δεδήλωκεν αὐτὸ δι' ἐλαχίστων Οὐαλεντίνος ἐν ψαλμῷ, κάτωθεν ἀρξάμενος, οὐχ ὥσπερ ὁ Πλάτων ἄνωθεν, λέγων οὕτως·" (37,6 [167,14–16/252,29f.]).

[261] „Ernte/Alles sehe ich am Pneuma aufgehängt/ alles erkenne ich als vom Pneuma getragen:/Fleisch an Seele gehängt /Seele aber an Luft gebunden/ Luft aber an Äther gehängt/ aus der Tiefe aber Früchte hervorgebracht /aus dem Mutterschoß aber ein Kind hervorgebracht."

[262] Anstelle einer näheren Besprechung dieses Textes weise ich auf den Kommentar der Fragmente im ersten Hauptteil meiner Dissertation (Valentinus Gnosticus? Untersuchungen zur valentinianischen Gnosis mit einem Kommentar zu den Fragmenten Valentins, Diss. Theol. masch., Tübingen 1990; zu Frgm. 8 die S. 252–298) hin – diese Arbeit erscheint 1991 in WUNT (Tübingen). Vgl. zum Hymnus bisher etwa B. HERZHOFF, Zwei gnostische Psalmen, Interpretation und Untersuchung von Hippolytus, Refutaio V 10,2 und VI 37,7, Diss. Phil. (masch.), Bonn 1973, und TH. WOLBERGS, Griechische religiöse Gedichte 1 (Anm. 235), 21–36 (Literatur S. 23).

erwähnten drei Prinzipien? Fast gewinnt man den Eindruck, Hippolyt stelle ein leichtes platonisches Rätsel, dessen Lösung im Grunde jeder kennt, neben ein gnostisches Rätsel, dessen Lösung er nun allein dem ratlosen Leser präsentieren kann.

Gehören beide Rätsel, beide Texte denn überhaupt zusammen? Als unbefangener Leser des Hymnus' käme man nicht auf die Idee, ihn in einen Zusammenhang mit Platons drei rätselhaften Prinzipien zu bringen. Hippolyt stellt diesen Bezug aber durch seine Einleitung des Gedichtes her: „Valentin hat es kurz in einem Psalm erklärt, indem er von unten her begann *(sc. zu erklären)*, nicht, wie Platon, von oben."[263] Wenn man diese Bemerkung beachtet, wird schon klarer, wie Hippolyt (oder der Autor seines gnostischen Sondergutes) offenbar den Hymnus verstand:

	Platon		*Valentin*	*Valentin*
	(Gleichnis)	(Deutung)	(Hymnus)	(Hippolyts Deutung)
	ὁ βασιλεύς	Gott	Βυθός | μήτρα	Πατέρα καὶ Βυθὸν[264]
	δεύτερον	die Idee	καρποί | βρέφος	οἱ ἐντὸς Ὅρου/ πάντες αἰῶνες
	τρίτον	die Materie	σάρξ	ἡ ἔξω τοῦ Ὅρου καὶ τοῦ πληρώματος

Es bestehen wenig Möglichkeiten, anders zu verteilen; ganz offenbar konnte man „Früchte" als Bild der Äonen verstehen[265]; Schwierigkeiten, den ersten Platz der Trias zu identifizieren, bestehen ohnehin nicht. Die Erklärung, die in Hippolyts Text auf den Hymnus folgt[266] und ganz gewiß nicht ursprünglich zum Hymnus gehörte[267], bestätigt diese Deutung. Die Valentinianer verstehen

---

[263] „καὶ δεδήλωκεν αὐτὸ δι' ἐλαχίστων Οὐαλεντῖνος ἐν ψαλμῷ, κάτωθεν ἀρξάμενος, οὐχ ὥσπερ ὁ Πλάτων ἄνωθεν, λέγων οὕτως·" (Haer. VI 37,6 [167,14–16/252,29f.]); die Handschrift hat anstelle der Konjektur „αὐτὸ" (Marcovich) ein „αὐτήν", das man aber nicht sinnvoll beziehen kann. „Von oben" (ἄνωθεν), d.h. bei den ersten Dingen, beginnt der Didaskalikos des Alkinoos (8,1 [162,22 HERMANN/ 47 LOUIS] und kommt erst zuletzt zur „Natur des Menschen", mit der Valentin im Hymnus beginnt. Diese Auffälligkeit notiert Hippolyt, weil auch sein eigenes Platonreferat „von oben" beginnt.

[264] An dieser Stelle wird nochmals der Versuch verständlich, das weibliche Prinzip analog zum ‚Mutterschoß' mit „πασιγην" einzutragen.

[265] M. MARCOVICH (PTS 25, 253) hat in seinen Anmerkungen zum Hymnus Belege für die Bezeichnung der Äonen als ‚Früchte' gesammelt; V. ARNOLD-DÖBEN (Die Bildersprache der Gnosis, Arbeitsmaterialien zur Religionsgeschichte 13, Köln 1986, 145–150) trug ebenfalls Stellen zum Fruchtmotiv bzw. zum Bild des Fruchtbringens zusammen. So spricht Irenäus in seinem Referat über die Valentinianer mehrfach von deren „καρποφορία" (Irenäus, Haer. I 1,3 [35,137 ROUSSEAU/DOUTRELEAU, bzw. 34,61 *„fructificant"*]; 4,4 [70,418 bzw. 70,66 *„fructificatio"*]).

[266] 37,8 (167,24–168,4/254,39–44).

[267] Es ist ja ohnehin unwahrscheinlich, daß Valentin zu einem Psalm auch gleich noch einen Kurzkommentar nachlieferte; aber vor allem setzt die Erklärung den Plural der Schüler

unter „σάρξ" danach tatsächlich die Hyle, die Materie; der Vater bringt als Früchte die Äonen hervor, das Pleroma innerhalb des Horos²⁶⁸. Wer den Kommentar zum Hymnus hinzufügte, spielt dabei keine Rolle²⁶⁹.

Allerdings fehlen mehrere Elemente, die im Hymnus genannt sind, in dieser Aufstellung: „πνεῦμα, ἀήρ, αἰθηρ" und „ψυχή" haben keinen rechten Platz im Schema. Das verwundert auch überhaupt nicht: Die Beziehung zwischen dem Hymnustext und dem platonischen Rätsel ist nachträglich hergestellt worden, diese Spannungen verraten es ganz deutlich. Sollte man nun daraus folgern, daß die ganze Nebeneinanderstellung eine böse polemische Erfindung Hippolyts war? Gibt es andere Hinweise, daß die Valentinianer *selbst* vom „König" im Sinne des platonischen Verständnisses sprachen? Identifizierten schon sie den „αἴτιος πάντων τῶν καλῶν" des Briefes mit ihrem Bythos, dem schlechthin jenseitigen Gott?

Diese Fragen kann man natürlich nicht allein mit dem Hymnusfragment oder Hippolyts Buch entscheiden, aber ebensowenig kann man allein aus der Person Hippolyts ein Gegenargument gegen seine Interpretation gewinnen: Wir wissen aus seinem Platonreferat im ersten Buch, daß er über einige Kenntnisse des zeitgenössischen Platonismus verfügte und können vermuten, daß er kaum Analogien konstruiert hätte, von denen wenigstens er nicht subjektiv überzeugt gewesen wäre²⁷⁰. Nennen die Valentinianer ihren Gott anderswo König? Im großen Valentinianerbericht über das ptolemäische System bei Irenäus wird der *Demiurg* ‚⟨Θεὸς καὶ⟩ Πατὴρ καὶ βασιλεύς' genannt²⁷¹ und bildet mit diesen

---

voraus („σάρξ ἐστιν ἡ ὕλη κατ' αὐτούς"), während sie durch den Singular eingeleitet wird: „οὕτως ταῦτα νοῶν" (37,8 [167, 24/254, 39]). Der Autor glaubte hier zwar, Valentins eigene Interpretation vorzutragen, aber teilt offenbar einen Kommentar der Schüler mit. Wir wissen von Tertullian, daß ein valentinianischer Gnostiker namens Alexander in seinen Schriften Psalmen Valentins zitierte (De carne christi 17,1 [903,1–4 KROYMANN]).

²⁶⁸ „οὕτως ταῦτα νοῶν· σάρξ ἐστιν ἡ ὕλη κατ' αὐτούς, ἥτις κρέμαται ἐκ τῆς ψυχῆς τοῦ Δημιουργοῦ. ψυχὴ δὲ ἀέρος ἐξοχεῖται, τουτέστιν ὁ δημιουργὸς τοῦ πνεύματος ⟨τοῦ⟩ ἔξω πληρώματος. ἀὴρ δὲ αἴθρης ἐξέχεται, τουτέστιν ἡ ἔξω Σοφία τῆς ἐντὸς Ὅρου καὶ παντὸς πληρώματος. ἐκ δὲ βυθοῦ καρποὶ φέρονται, ἡ ἐκ τοῦ πατρὸς πᾶσα προβολὴ τῶν αἰώνων γενομένη" (Haer. VI 37,8 [167,24–168,4/254,39–44]).

²⁶⁹ Prinzipiell bestehen drei Möglichkeiten: Entweder zitiert Hippolyt einen Kommentar von Valentinianern oder er stellte diese Exegese des Hymnus im Blick auf das ihm bekannte System selbst zusammen. Schließlich kann man fragen, ob hier nicht die Hand des Sondergutredaktors, der auch am Valentinianerbericht tätig war, greifbar ist. Ob aber der Redaktor des Sondergutes die Erläuterung zusetzte oder die Erläuterung schon früher mit dem Hymnus tradiert wurde, ist kaum mehr zu entscheiden (siehe dazu auch den Kommentar in meiner Dissertation, S. 298).

²⁷⁰ Das Schriftenverzeichnis auf der Statue Hippolyts im Vatikan erwähnt auch eine „Πρὸς Ἕλληνας καὶ πρὸς Πλάτωνα" übertitelte Schrift (Z. 13f.; H. ACHELIS, Hippolytstudien, TU 16/4, Leipzig 1897, 4.7 bzw. H. LECLERQ, Art. Hippolyte, DACL VI/2, 2456).

²⁷¹ Haer. I 5,1 (76,477f. ROUSSEAU/DOUTRELEAU). Wie wir oben schon andeuteten (S. 405; Anm. 97), liegt diese Identifikation von Platon her auch nahe, vgl. dazu auch die These des Aufsatzes von R. BERGMEIER („Königslosigkeit" als nachvalentinianisches Heilsprädikat, NT 24, 1982, 316–339), wonach die Titulatur des Demiurgen zur Bezeichnung des vollkommenen

Titeln natürlich letztlich den unbekannten Vater aller Dinge ab. In seiner spöttischen ‚Verkürbissung' des valentinianischen Systems spricht er von einem ‚*königlichen* Voranfang'²⁷². Aus diesen Epitheta, die der *Consensus omnium gentium* Gott zuspricht²⁷³, wird man kaum allein eine besondere Nähe zum Platonismus herauslesen können. Nun zeigt allerdings das valentinianische System an sich ja deutliche Spuren des Platonismus, wenn er auch an entscheidenden Punkten gegen seinen Sinn verwendet wird²⁷⁴. Allein vor diesem Hintergrund kann man etwas zu der Verknüpfung Hippolyts sagen: Wenn das platonische Rätsel tatsächlich so bekannt war und andererseits die Valentinianer sich um eine Anknüpfung an den Platonismus bemühten, wird man nicht ausschließen, daß sie auch das Rätsel vom König auslegten. Natürlich: Sicherheit kann man dabei nicht mehr erzielen.

Platons König oder Vater Jesu Christi? Wir lernen bei den Valentinianern eine neue Variante kennen, denn sie reden *weder* von Platons König *noch* von Jesu Vater, obwohl sie beide traditionelle Terminologien verwenden. Natürlich verbindet ihren Bythos mit dem platonischen König seine schlechthinnige Transzendenz, aber das System erzählt mit dem Sophiafall, einer Art hypostasierten Sündenfall der ersten Menschen, der in den Äonenkosmos, den Ideenbereich verpflanzt wurde²⁷⁵, etwas ganz und gar Unplatonisches. Der Bythos kann aber nur in sehr eingeschränkter Weise Jesu Vater genannt werden. Im System der Valentinianer bekommen wir es mit einem dritten Schritt zu tun: Hier wird nicht mehr nur Platons König als Jesu Vater (um)interpretiert, sondern auch gleich noch der eine Vater Jesu Christi auf mehrere Ebenen aufgespalten. Das wiederum aber konnte man natürlich ganz von Platon her verstehen, selbst wenn es so nicht gemeint war.

Heils als „ἀβασίλευτος" geführt habe; für Belege des Wortfeldes „rro/mntrro" siehe F. SIEGERT, Nag-Hammadi-Register, WUNT 26, Tübingen 1982, 77f.

²⁷² I 11,4 (176,69); zu diesem Text jetzt E. OSBORN, Irenaeus: Recapitulation and the beginning of Christian humour, Prudentia. Supplementary 1988, ed. D. W. DOCKRILL and R. G. TANNER, (64–76) 68f.

²⁷³ So in diesem Bande K. W. MÜLLER, König und Vater, 26 mit Anm. 21.

²⁷⁴ So die These der Kirchenväter, die seit F. Chr. Baur auch in der Neuzeit von einer Anzahl von Forschern in modifizierter Form vertreten wurde: Ich nenne nur A. v. HARNACK und seine bekannten Dikta über die Gnosis (Lehrbuch der Dogmengeschichte, Bd. 1 Die Entstehung des kirchlichen Dogmas, 4., neu durchg. u. vermehrte Aufl. Leipzig 1909, 250–252; dazu jetzt E. P. MEIJERING, Die Hellenisierung des Christentums im Urteil A. v. Harnacks, VNAW, Afd. letterkunde, Nieuwe Reeks, deel 128, 1987), H. J. KRÄMER (Der Ursprung der Geistmetaphysik ⟨Anm. 148⟩, 238–254) und jetzt vor allem B. ALAND, die eine Studie über die „Frühe Gnosis zwischen Platonismus und Christentum" vorbereitet. Ein Detail untersucht der Aufsatz von J. MONTSERRAT, El Platonismo de la doctrina Valentiniana de las tres Hipóstasis, Enrahonar 1, 1981, 17–31; zuletzt M. J. EDWARDS, Gnostics and Valentinians in the Church Fathers, JThS 40, 1989, (26–47) 34–45.

²⁷⁵ Dabei stand natürlich das biblische Motiv des Engelfalls zur Verfügung; siehe dazu auch meinen im Druck befindlichen Artikel „Gnosis/Gnostizismus" im neuen „Bibellexikon" (hg. v. M. GÖRG u. B. LANG).

Hippolyt unterscheidet im Unterschied zu seinen theologischen Vorgängern nicht explizit zwischen einem rechten (nämlich christlichen) und einem falschen (nämlich pagan-philosophischen) Verständnis des Rätselwortes vom König bei Platon. Er nennt *a limine* den Bezug auf dieses Wort und die dahinterstehenden Vorstellungen eine Ketzerei. Wir können nicht mehr abschätzen, ob darin nicht schon eine Gegenreaktion gegen einen Mißbrauch lag, der mit der Stelle innerhalb der altchristlichen Theologie getrieben wurde oder einfach nur eine Gegenreaktion gegen allzu starke Anlehnung an die Philosophie vorlag, die es in der Theologie schon immer gab. Jedenfalls wird an ihm erkennbar, daß der Rezeption des platonischen Königs in der Kirche schnell enge Grenzen gesetzt waren und man den Einfluß dieser ‚platonischen' Vorstellung keinesfalls überschätzen sollte.

Schluß

Jesu Vater und Platons König wurden von einzelnen Theologen mehr oder minder selbstverständlich identifiziert. Diese schlichte und wohlbekannte Tatsache überdeckt einen schöpferischen theologischen Prozeß, den wir an drei Beispielen nachverfolgen konnten. Dadurch wird zugleich eine sehr unterschiedliche Integration ein und desselben Zitates in je verschiedene Kontexte durch eine zu starre dogmengeschichtliche Fragestellung nivelliert, die das Problem der Zeit nicht wirklich trifft. Sie überdeckt auch, wie verschieden diese Identifikation im einzelnen durch verschiedene Theologen durchgeführt wurde, überdeckt z. B. den harschen Protest eines Hippolyt *gegen* die Identifikation.

Was kann aus diesem so bunten und differenzierten Prozeß aber dann für die Dogmengeschichte überhaupt an generelleren Beobachtungen abgeleitet werden? Die „Übernahme des philosophischen Gottesbegriffes" wurde durch gemeinsame *Begriffe* und *analoge Vorstellungen* erleichtert. Weil sowohl in der jüdischen wie in der paganen griechischen Tradition Gott als König bezeichnet wurde, bot sich dieses Epitheton als eine Art „*Brücke*" zwischen den beiden Traditionen an. Der Begriff spielte sowohl in der biblischen Tradition wie in der platonischen Philosophie eine Schlüsselrolle. Diese Schlüsselrolle ein und desselben Begriffs stabilisierte seine Brückenfunktion zwischen zwei Traditionen.

Die „Übernahme des philosophischen Gottesbegriffes" wurde weiter durch parallele *Entwicklungen* der Lehre auf beiden Seiten, in Philosophie wie Theologie, erleichtert. Numenius entwickelte im Rahmen des Platonismus eine „Drei-Götter-Lehre" und las von daher den Brief Platons; christliche Theologen deuteten ihn auf die christliche Trinität. Eine innere *Konvergenz* von

Auffassungen, die auf völlig verschiedene historische Wurzeln zurückgehen, bildete eine unabdingbare Voraussetzung jeder Rezeption.

Und schließlich gewinnt man einen sehr nüchternen Eindruck: Weil die Christen eben nie den ganzen Brief, sondern nur einige Kernsätze zitierten (und wohl auch kannten), konnte ihnen gar nicht auffallen, wie unterschiedlich schließlich die Vorstellungen letztlich doch auch waren. Die christliche Halbbildung bezüglich der platonischen Philosophie (man muß das so hart sagen[276]) erleichterte ihnen die Übernahme von Motiven wie dem platonischen ‚König‘.

Wir fragten eingangs, ob die Aufnahme von Platons Gott Segen oder Fluch für die frühchristliche Theologie gewesen sei. Möglicherweise muß man schon die Frage zurückweisen, weil sie suggeriert, es gehe bei Platons Gott und Jesu Vater um zwei völlig verschiedene Dinge, etwa so, wie es B. Pascal in seinem bekannten Wort ausdrückt[277]. Aber stimmt das denn? Historisch gesehen bildet sich die Identität zwischen Platons König und Jesu Vater in der Tat erst in der alten Kirche heraus. Bestanden nicht aber längst vorher innere Affinitäten, Konvergenzen bei allen historischen Unterschieden? Erlaubten nicht diese inneren Affinitäten den Kirchenvätern überhaupt erst die Rezeption dieses Gottestitels? Juden und Heiden, Philosophen und Theologen: Sie alle bezeichneten ihren Gott als König. Und in Platons König sahen einige Kirchenväter eine *praeparatio evangelica*. Wir sehen im Lichte der historischen Forschung manche Unterschiede zwischen ihm und Jesu Vater ungleich präziser als sie. Aber wir sehen gleichzeitig, wie wenig sie wirklich von Platons Gott rezipiert haben; das griechische Erbe wurde umorientiert und umgeprägt[278]. Sollten wir dann ihre Grundthese verwerfen und abermals zwischen Juden und Heiden, zwischen Judentum und Hellenismus den Zaun aufrichten, den andere längst niedergerissen haben?

---

[276] Und dann einen Clemens und Origenes davon ausdrücklich ausnehmen.

[277] „Dieu d'Abraham, Dieu d'Isaak, Dieu de Jacob – non des philosophes et des savants" – dazu W. WEISCHEDEL, Der Abgrund der Endlichkeit und die Grenze der Philosophie. Versuch einer philosophischen Auslegung der ‚Pensées‘ des B. Pascal, in: DERS., Wirklichkeit und Wirklichkeiten. Aufsätze und Vorträge, Berlin 1960, 20–69.

[278] U. WICKERT spricht pointiert von einer „Kehre des Logos" (DERS., Adolf von Harnack, in: 450 Jahre Evangelische Theologie in Berlin, hg. v. G. BESIER u. C. GESTRICH, Göttingen 1989, [363–379] 377f.).

Stellenregister

Die kursiv gedruckten Seitenzahlen beziehen sich auf die Anmerkungen

I. Altes Testament

Genesis

1,1	166
1,2	422
1,6–8	*190*
1,14f.17.20	490
1,31	375
2,1–3	166
2,7 LXX	166
4,11	*202*
5,24	376
8,22	*11*
14,13	*368*
14,17–29	204
14,18	420
18,1ff.	*238*, 239
22,2.12.16	269
27,22	304
28,10–19	83
28,12 (LXX)	236
28,13 (LXX)	*240*
28,17	*190*
36,29.31	264
37,8	247
49,10 (LXX)	420

Exodus

3,5	71
3,13f. LXX	*209*
4,21	279
4,22	269
6,3 (LXX)	*210*
12,2	262
12,6	*250*
12,23	*215*
12,38	262
14,22	258
15	51, *73*, 279, 294, *335*
15,1	*259*
15,2	261, *263*, 281, 297
15,1–10	*50*
15,11	294, 296, 299
15,13	270
15,14	264f., 281, 283
15,16	269, 270, 283
15,17	51, 76, *79*, 265–268, 271, 281, *372*, 379
15,17b	75, 348
15,17c	267f.
15,17f.	72, 74, *318*, *326*, 327, 348f., 256f., 359
15,18	7, 28, 51, 75, 258–261, 267–269, 271, 274, 279, 281–283, 294, 296–299, 304, 306, *317*, 318, 323, 326, *327*, 345, 348
15,19	271
16,9 (LXX)	*197*
17	272
17,14	272f., 282
17,16	275, 282
19,6	*53*, 65–67, 73f., 93
19,6 LXX	66, 73f.
19,8	276
19,9	276
19,11	263, 276
19,16.18	276
20,2	276f., 279f., 282f.
20,2ff.	281
20,3	276, 278f., 282f.
20,11	98
20,13	280
20,18	276
22,8(7)	*197*
24,7	279
24,16	*251*
25,9	102, *187*
25,17(16)	235
25,22(21)	232
25,23–30	332
25,40	102, 186, *187*
26	193
26,30	*102*
27,8	*102*

28	*91*	5,4	*263*
29	65	5,19	*280*
31,12ff.	*97f.*	5,23 LXX	*198*
31,13	*298*	6,4	62, *288f.*, *291f.*, *299f.*, *303f.*, 306
31,14	*155*		
31,18	*280*	6,4−9	289
32,15	*280*	10,8	*83, 106, 367, 375*
32,32ff.	*312*	10,17	13
33,5	*298*	10,18f. LXX	245
34,4	*280*	10,18ff.	*251*
34,6f.	157	11,13−21	289
34,28	*374f.*	14,1	346
34,29	*280*	17,12	*106, 375*
		17,18f.	*244*
Leviticus		18,5	*106, 375*
8	65	18,7	*83*
9,5 (LXX)	*197*	23,3−4	75
11,29	*262*	24,1	154
16	*190*, 370	26,17.18	*260*
16 LXX	*191*	32	*335*
16,2 LXX	*191*, 195	32,43	265
16,3 LXX	*191*	33,4	*275*
16,4	*365f.*	34,1	376
16,16.17 LXX	*191*	34,5	*374f.*
16,20.23 LXX	*191*		
16,27.33 LXX	*191*	*Josua*	
18,2	*278f.*	5,14	*361*
18,3.4	*279*	22,22	13
22,3	*197*		
24,2	*298*	*Richter*	
		18,30	377
Numeri		20,28	*367*
2,3	*259*		
5,17ff.	*154*	*1. Samuel*	
6,24−26	370	3,1	*148*
7,1	*379*	15,22	*379*
7,12	*259*		
8,4	*262*	*2. Samuel*	
10,14	*259*	7	320, 357
12,8	*428*	7,10ff.	*357*
15,37−41	289	7,10−11a	74
15,41	296, *303f.*	7,11−14	*357*
16,9	*106, 375*	7,11b	74f.
21,8	*422*	7,11c−14	74f.
21,17−18	*50*	7,13.16	*357*
24	*351*		
24,6 LXX	194	*1. Könige*	
25,11	*373*	6	193
25,12f.	*373*	6f.	*192*
25,13	*373f.*	6,29f.	104
		7,48	*332*
Deuteronomium		8,11	*106, 375*
4,11 LXX	*198*	8,13	*190*, 265, *366f.*
4,13	*280*	19	109
		19,10	*373*

Altes Testament

2. Könige

2,3.5	*376*
2,11	376
25,7	*336*

Jesaja

1,11	*379*
6	58, 96, 166
6,1	166, *265*
6,3	*3*, 55, 58, 98f., 101, 299–304, 325
6,5	166
6,10	181
10,34	*351, 354*
11,1	*351, 354*
11,4	*320*
26,19	148
33,13–19	*420*
35,5f.	148
38,14	*346*
40,3	11
40,5	75
41,8	*269*
41,21	4
43,15	4, *420*
44,6	4, *295*
48,13	79, *267*
48,16	*79*
52,7	4, 8
52,7–10	75
53	176
53,12	166
56,17	16
58,11	*346*
60	347
60–62	*316*
61,1	148, *265*
61,1ff.	148
61,10	316, *321*
62	347
62,3	316
63,15	*190*, 366
64,3	*322f.*

Jeremia

3,17	*265*
15,2	313
10,7	*28*
10,10	*27*
17,12	*265f.*
23,7f.	*294*
26,18	*333*
30,18	382
43,11	*313*

Ezechiel

1	109f.
1,1	262
1,22f.	*190*
1,24.25	304f.
1,25f.	*190*
1,26	*265*
3	110
3,12	*3*, 55, 98, 290, 299f., 302–305, 325, *326*
3,12f.	109
8–11	*346*
9,2	365f.
10	109f.
10,1	*190*
26,7	*27*
34,31	*269*
40,6–49	104
41,17ff.	104
43,5–6	*107*
43,11	*188*
44,15	*106, 375*

Hosea

2,21	*234*
3,5	*320*
4,14	*154*
8,7	11
12,1	*258*
12,11	*261–263*
14,5 LXX	*252*

Joel

4,13	*160*

Micha

3,12	*333, 337, 343*, 347

Nahum

2,8	*346*

Habakuk

2,17	*351*
3,2	*380*

Sacharja

2,16	*71*
2,16f.	*72*
9,9	174, *420*
11,1	351
12	176

444 Stellenregister

12–14	5, 8	48	50
12,1	79	48,3	27
14	357	48,3b	13
14,3	272f.	48(47),8	232
14,9	72, *317, 324*, 327, *344*, 349, 359	49(48),1–9	420
		50,8–13	379
14,16f.	72.	68	109, *326*
Maleachi		69,2.3.16	258
		69,29	*312*
1,14	13	69,31f.	379
2,5	*373*	71,18f.	62
3,1	*373*	72(71),1	420
3,23	*373*	72(71),1–5	420
		72(71),1–20	420
Psalmen		72,19	290, 299, 305
2	*321*	74,2.12	72
2,6	*420*	78,69	79
3,5	*275*	79,1	*333*
4,6	*369*	79,13	*269*
5,3	64	80,9	*269*
5,4	*369*	80,16	*269*
8,3	14, 79	80 LXX	49
9,5.8	265	81	*49*, 50
10,16	*327*	81 LXX	49
11,4	265	82	*49*, 50
19	111	82,1a	*50*
19,2	*99, 111, 190*	88,53 LXX	62
20,2–6	*369*	89(88),9	*232*
21,23 LXX	200	89,12	79
22	59f., 323, *325*	92	49, 50f.
22,4	59	92,9	*50*
22,23	*324f.*	92 LXX	49
22,29	59	93	50, 58, *271*
23,5a	336	93,1	*327*
23 LXX	*49*	93 LXX	49
24	*50*	94	50
24(23),1–10	*420*	94,3 LXX	40
24,2	79	95,3	13, *273*
24(23),7.7f.	*420*	95,10 LXX	13, 166
24,7–10	109	96,4	*273*
24(23),10	232, *420*	96,10	13, *327*
29	58f., *65*, 96	97	60
29,10	59	97,1	*327*
40,7	379	97,7.9	*273*
40,14 LXX	62	99,7	*275*
45(44),1–18	*420*	99	*58*
45(44),7–13	*420*	99,1	264f.
46(45),7.11	232	99(98),1–7	*420*
46,3 LXX	*40*	100,3	*269*
47,3	13	103	111
47(46),6–10	*420*	103,19–22	60f.
47,9	265	105,48 LXX	62
47 LXX	*49*	106,48	*92*
47,3 LXX	*40*	110	176, *321*

110,1	177, 204, *319f.*	2,21	*247*
110,3	71	2,37	*27, 247*
110,4	204	2,44	*177*
118	15	2,44ff.	8
118,23	174	2,47	13, *27*
126,5	*11*	3	*64*
134,1	*83*	3,24f. LXX	*64*
134,21 LXX	62	3,26 LXX	62
145	60	3,33	*177*
145,1	64, *344*	3,38f. LXX	62
145,13	64	3,46–50 LXX	*64*
145,14	64	3,51 SΘG	*91*
146	60, 323, *325*	3,52–58 LXX	61
146,10	*302–304*, 318, 323, 326, *327*	3,52–90 LXX	60f., *65*
		3,53ff. Θ	*61*
148	60	3,54 LXX	107
150,1	*190*	3,58–73 LXX	*318*
		3,90 LXX	13
Hiob		3,100 LXX	*177*
38,7	*103*, 304f.	4 LXX	*249*
		4–6 LXX	6
Sprüche		4,31	8, *177*
3,19	*381*	4,34	8
8,31	*312*	4,37 LXX	13, *40*
		7	8, 110, *322*
Ruth		7,9	*110*, 321
4,20	*259*	7,9f.	*322*
		7,9–28	176
Hoheslied		7,10 LXX	*199*
3,9	*266*	7,13	176, *322*
5,6	*316*	7,14	8, 176, *177*
		7,18	8, *177*
Kohelet		7,21.27	*177*
3,19ff.	*380*	8,10f.	4
		8,25	*361*
Klagelieder		9,24–27	*354*
1	*347*	9,36	13
1,18	*330*, 346, *353*	10,13	*361*
2,21	*330*, 346, *353*	10,20	*361*
3,66	272f.	12,1	*312, 361, 366, 368*
		12,3	*190*
Esther			
4,17ª	*344*	*Esra*	
4,17ᶠ	*344*	6,16	*347*
4,17ˡ	*344*	7,12	*27*
4,17ʳ	13, *344*		
		Nehemia	
Daniel		8,7	*83*
1–12	5	9,3	*83*
1,3	*335*	9,5	*92*
1,6f.11.19	*63*	9,5 SG	*91*
2–7	6	9,5b	*92*
2,17	*63*		
2,20ff.	8		

1. Chronik

2,10	*259*
2,18	*107*
16	*50, 51*
16,36	*92*
23,7	*52*
23,30	*83*
24,5	*367*
28,11f.	*102*
28,18	*187, 193*
28,18f.	*102*
29,10ff.	*62, 93*
29,11	*93*

2. Chronik

2,3	*370f.*
4,19	*332*
5,11–14	*50*
5,12	*83*
5,14	*106, 375*
6,2	*190*
7,1–9	*50*
20,7	*269*
24,17–22	*71*
29,11	*83, 106, 375*
31,5	*148*
34,31	*83*
36	*337*
36,15	*345*

II. Apokryphen und Pseudepigraphen des Alten Testaments

3. Esra (= 1. Esra LXX)

1	*337*
1,48	*345*
3,1–4,63	*335*
4,2–11	*39f.*

Judith 28

9,12	*64, 344*

Tobit 28

12,12	*368*
13,1	*64*
13,1ff.	*62*
13,4	*29*
13,6	*64*
13,7	*27, 64*
13,10	*64*
13,11	*27*
13,16	*40, 344*

1. Makkabäer

1,22	*332*
2,59	*64*
12,39–13,24	*71*
14,4–15	*7*

2. Makkabäer 28

1,1–2,18	*73*
1,7	*70, 72, 74, 116, 275, 355*
1,7f.	*72, 73*
1,8	*72*
1,8b	*71*
1,10b–2,18	*73*
1,23ff.	*369*
1,24	*64*
1,24–29	*74*
2,9–12	*50*
2,16ff.	*66, 73*
2,24–29	*74*
3,31	*369*
4,7–22	*72*
5,5–10	*72*
9	*249*
10,4	*370*
12,44	*369*
13,4	*13, 27, 40*
15,12	*370*

3. Makkabäer 28

2,2	*219*
2,2–20	*249*
2.2.9.13	*64, 249*
2,23	*217*
5,35	*27, 40, 249*
6	*249*
6,2	*249*
6,2–8	*249*
6,4	*64*

4. Makkabäer

2,21–23	*253*
18,12	*64*

Weisheit Salomos

6,3	*247*

6,4	247	*Apokalypse des Mose*	
10,10	83	33	*363*
11,10	29		
11,20b–12,2	*214*	*Apokalypse des Sedrach*	
11,21.22.23	*214*	14,1	*368*
11,24	*214*		
12,2	*214*	*Ascensio Isaiae*	
14,17	246	7,1 ff.	*189*
18,21	369	9,10.24 ff.	*322*
		11,22 ff.	*189*
Jesus Sirach	28		
45,23	*92*	*Assumptio Mosis* 6	
49,8	*193*	*Syr. Baruch-*	
50,2	68, 74, 78	*Apokalypse*	*317, 343, 358*
50,5–21	50	81,4	*431*
50,7	68, 74, 78		
50,13 ff.	369	*Griech. Baruch-Apokalypse*	
51,1	344	11,4	*368*
51,1 ff.	64		
		4. Esra	8, *347, 358*
Psalmen Salomos		5,24 ff.	*347*
2,6.13	*346*	8,20 ff.	*111*
2,30	344	8,20	*111f.*
2,32	*40*, 344	9,38 ff.	*347*
5,19	*290*, 344	10,7–23	*347*
7,1 ff.	*350*	10,21 ff.	*353, 355*
8	*355*	13,9 f.	*320*
8,1 ff.	*352*		
8,1–5	*349f.*	*1. Henoch*	28
8,21	*346*	9,4	*27*
17	8, 9, *344, 355*	9,8 (gr.)	*431*
17,1	*9, 290*	14	*110*
17,3	*8, 9, 88*	14,(6)	*331*
17,21	*9*	14,20	*108*
17,24 f.	*320*	39,12 f.	*325*
17,31 f.	*9*	40,3 f.	*325*
17,34	*9*	47,3	*313*
17,44	*147*	61,9–11	*86, 91*
17,46	*9*	68,2 ff.	*368*
18,7	*147*	71	*315, 317*
		81,1–4	*313*
Apokalypse des Abraham		84,2	*13, 27, 40*
13,12	*317*	84,5	*40*
16,3	*325*	89,28	*330*
		93,1–9	*313*
Apokalypse des Elia (hebr.)		104,1	*313*
(ed. Buttenwieser)		106,19	*313*
S. 25,2	*322*	108,3.7	*313*
		108,12	*322*
Apokalypse des Elia (kopt.)			
(ed. Steindorff)		*2. Henoch*	*317*
37	*322*	3–21	*189*
(ed. Rosenstiel)		19,6 (A)	*91*
3,50	*322*		

Jubiläenbuch	2, 46, 58, 383
1,15–17	*75*
1,26–29	*75*
2	*53*
2,2	*53*
2,17–22	*52*
2,17–33	*98*
3,8–14	*79*
3,31	*79*
4,5	*79*
4,23	*373*
4,32	*79*
5,13	*79*
6,17.29–35	*79*
12,12–20	*274*
12,19	*54, 71*
15,25f.	*79*
16,9	*79*
16,18	*66*
16,29	*79*
18,19	*79*
24,33	*79*
28,6	*79*
30,9	*79*
30,18	*363*
31,13ff.	*67*
31,14	*68, 362, 374*
31,14ff.	*363*
31,18ff.	*67*
32,1–3	*84*
32,15	*79*
32,16.21	*84*
33,10	*79*
33,20	*67*
50	*53, 98*
50,9	*54, 81*
50,9f.	*53*
50,13	*79*

Sibyllinen	28
3,11	*219*
3,56	*40*
3,141	*404*
3,371	*147*
3,499	*40*
3,652–697	*321*
3,704	*219*
3,796ff.	*144*
4,192	147

Testament Hiobs	
33,2	*321*
33,9	*322*
48,3	*325*
49,2	*325*
50,2	*325*

Testament Abrahams	*361*
A 3,3	*325*
A 11,4–12	*322*

Testament Isaaks	
2,7f.	*322*
6,3–6	*322*
6,19–23	*322*
6,24f.	*322*

Testamente der Zwölf Patriarchen	
Levi	*70*
2,3–12	*70*
3	*65, 189*
3,1–3.4–8	*362*
3,5	*80*
3,5f.	*362*
3,5–7.9–10	*362*
5	*65*
5,1	*70, 190*
5,6	*368*
8	*91*
8,4–10	*90*
Juda 25	*91*
Dan 6,2	*68*

Vita Adae et Evae (slaw.)	
31,1	*368*

Vitae Prophetarum	
23	*71*

III. Qumranisches Schrifttum

1QS *(Gemeinderegel)*	
iii 13	*47*
ix 12,21	*47*
x 4	*97*
xi 7ff.	*54*

1QSb *(Segenssprüche)*	2, 46, 65, 70

i 2–ii 28	67	4Q174 *(Florile-*	
i 1	47	*gium)*	2, 75, 80, 187, 324, 326,
i 5	67		349, 357
iii 5	46, 69, 76, 117	i 1ff.	343, 357
iii 22–iv 28	67f.	i 1–7	74
iii 22	47	i 4f.	75
iv 25f.	364	i 5	357
iv 26	46, 81	i 5f.	51
v 20	47	i 7–9	74
v 21	46, 69	i 10–13	74, 357
1QM *(Kriegs-*		4Q179	347
rolle)	2, 46	4Q201 (En^c)	330
x 10ff.	54		
xii 1–4	54	*Die Sabbatopferlieder:*	
xii 8	109	4Q400–407	2, 47
xiii 1	83	4Q400	53, 60, 344
xiii 2	62	1	77
xiv 8b	62	1 i, Z. 2–3	78
xv 12ff.	144	Z. 3f.	78
xviii 6b	62	Z. 4	192, 193
xix 1	109	Z. 8	78, 193
1QH *(Loblieder)*		Z. 12f.	78
iii 19–23	54, 115, 117	Z. 13	192
v 20	62	Z. 15	98
vi 12–14	54	Z. 20	190
x 14	62	Z. 21	80
xi 10–13	115	1 ii, Z. 1–21	80
xi 10–14.25	54	Z. 1	80
xi 27b.29	62	Z. 3	81, 202
xvi 8	62	Z. 4	190
1QpHab		2, Z. 1–6	81f.
viii 8–x 8	365	Z. 1	100, 202
xi 4ff.	365	Z. 3–5	99
xii 3–5	351	Z. 6	187, 202
CD *(Damaskus-*		Z. 7	112, 202
schrift)	155	Z. 8	202
ii 4	79	3 i–ii 6	77
ii 5	79f.	4 i	77
iv 20ff.	154	5	77
xii 21	47	4Q401	
xiii 22	47	1–2	85
1QGenAp 1–4	84	Z. 1	97
		Z. 3f.	85
1QIs^a	58	Z. 5	85
1Q27,6f	8	3	86
4Q169 *(Nahum-Pescher)*		5	77
i 2–8	341	5, Z. 5	107
i 11	365	11, Z. 2f.	89
		13	86
		14 i, Z. 5–6	81
		Z. 6.7	202
		15	77

17	77	18; 19	106
21, Z. 2	*107*	19 ABCD, Z. 2	*187, 193*
22, Z. 3	*89*	Z. 3	106, 187, *190, 195*
29	77	Z. 4	*188*
4Q402 4	85	Z. 5	*187f.*
4Q403		Z. 6	*188*
1 i, Z. 1–29	86	Z. 6–7	*188*
Z. 1–9	87	Z. 8	106
Z. 5	108	20 ii–21–22	106
Z. 10–24	89	Z. 1–5	106
Z. 28	91f.	Z. 2	*110*, 194
Z. 28f.	91	Z. 2f.	106
Z. 30–ii 16	94	Z. 3ff.	*194*
Z. 30–40	94–101	Z. 4	107
Z. 31	97f., 108	Z. 6ff.	*194*
Z. 32–33	99	Z. 6–14	107
Z. 34	*96, 97, 190*	Z. 7	109
Z. 41	*190*	Z. 7–9	108
Z. 41–42	*190*	Z. 8	*110, 187, 194*
Z. 42	97, 103, *190*	Z. 8f.	*190*
Z. 43	*190*	Z. 9	*194*
Z. 46	102	Z. 10	*188*
1 ii, Z. 3	*107*	23 i	107
Z. 9	*188*	Z. 3–13	109f.
Z. 10	102	Z. 4	111
Z. 14	*193*	Z. 6	111
Z. 15f.	102, *194*	Z. 7	111, *190*
Z. 18–48	103	Z. 7–10	111
Z. 23–26	103f.	Z. 8	111
Z. 25	108	Z. 9	111
Z. 26	*112, 202*	Z. 12	112
Z. 33	*104*	23 ii	112
4Q404		Z. 1–13	113f.
1; 2	86	Z. 7	*188*
3; 4; 5; 6	94	Z. 9	*188*
4Q405		Z. 11	*107*, 114, *190*
1; 2; 3	86	Z. 12	*112, 202*
4; 5; 6; 7	94	94, Z. 2	*202*
6, Z. 2	*190*		
Z. 4	*190*	11QShirShabb	47
7, Z. 7	*193*	2–1–9	112
8–9; 11; 12; 13	103	Z. 4	*190*
8, Z. 2	97	Z. 4–5	108, 113
14–15 i	104f.	Z. 5	107
Z. 2	*188*	Z. 6	*194*
Z. 2–8	104f.	Z. 6–8	112
Z. 4	*192*	Z. 7	113, *192*
Z. 5	*187, 192*	3–4, Z. 1–7	106
Z. 6	*187*	Z. 3f.	106
15 ii–16	105, *193*	Z. 8–9	107
Z. 3	*193*	5–6	107, 109
Z. 4	*187*	Z. 2	*187*
Z. 7	108	Z. 6	108f.
17	105	8–7	112

Z. 2	202	11QMelch	2, *185*, *365*
Z. 4	*187*	3 ii 9f.	*50*
f−c−k	105	3 ii 10	*89*
c, Z. 2	*192*	3 ii 13f.	*144*
k, Z. 2	*192*	3 ii 16	8
j−d−g−p	106		
Z. 2	*187*	11QPs^{a}DavComp	52
Z. 6	*188*	11QPs^{a}151	92
MasShirShabb	47, *186*	11QTempel	*187*
i 1−6	85	xiv−xvii	65
i 8−ii 26	86	xxix 8−10	*84*
ii 1−22	86f.	xxix 9f.	51, *75*, 76, *324*, *326*, 349
ii 19	86	lvii 17f.	*154*
4QM^{a}13	*17*	TestLev aram	65, *69*, 70, 72
4Q504 1−2 r. vii 4	54	6,11−18	70
11QBer		32−33,8	69
		33,4	*331*
6−14 (13)	*54*	34,21f.	*364*

IV. Jüdisch-hellenistische Literatur

Aristeasbrief	219	15,373	*341*
16	*404*	15,373−379	342
Ezechiel Tragicus	*321*	17,92	343
		17,346	*341*
Josephus Flavius		18,18	*173*
Antiquitates Judaicae		18,23f.	*173*
		18,23ff.	344
2,346	335		
3,188−192	377	*Contra Apionem*	
4,200	222	2,193	222
4,303	335		
4,376	376	*De Bello Judaico*	
11,299ff.	71	1,78ff.	*340*
13,282	340	1,85−106	*341*
13,299f.	70	1,97f.	*341*
13,301	340	1,113	*341*
13,311ff.	*340*	1,274−375	342
13,320−406	*341*	1,347	342
13,380ff.	*341*	1,354ff.	342
13,399−404	53	1,357	342
14,24	344	2,112f.	*341*
14,41	344	2,117	*171*
14,370−491	*342*	2,118	*173*
14,470	342	2,142	89
14,476	342	2,317	*173*
14,482	342	2,67	*189*
14,490	342	4,386	*354*
15,266	342	4,386f.	354

5,285f.	168	*De Decalogo*	
5,420–423	350	31	220
6,259	*354*	40f.	*244*
6,288–309	351	40ff.	244
6,299	*352*	41	*245*
6,301	352f.	44–49	*198*
6,310	*352*	54ff.	220
6,310–315	*351*	154	220
7,410	344	155	221
		178	*215*

Philon von Alexandrien

De Abrahamo

70	223
78	227
80	231
121	210
122	238
124	239
124–128	240
127.130	240
143	242
261	254

De Agricultura

45	222
46	221
49ff.	244
50–52	218
51	217, 222

De Cherubim

27	232
29	238, 253f.
64	211
87	220
99	27
106	223, 253
114	233

De Confusione Linguarum

108	*221*
117	*221*
145	*218*
146	*219*
147	*219*
171	*226, 235*
172	*230*
175	*227, 229*
180	*213, 227*
181	*227*

De Congressu...

116	*223, 254*

De Deo

4	*209*

Quod Deterius...

83	*253*
159–162	*250*

Quod Deus sit Immutabilis

31	*223*
35ff.	*253*
55	*210*
90	*253*
143	*250*
159	*247, 250*
159–165	*250*
160	*250*
161	*250*
180	*250*

De Ebrietate

167–169	*211*

In Flaccum

9	*227*
65f.	*221*
83	*227*
94–99	*241*
123f.	248
124	*249*
169–175	248

De Fuga et Inventione

10	*215, 221*
63	*213*
66	*227*
79	*213*
82	*214*
94ff.	*226*
94–99	*236*
103–105	*234*
109	*223*
111	*227*

De Gigantibus

45–47	*242*
64	*250*

Quis Rerum Divin. Heres sit

168f.	*220*

De Iosepho

2ff.	*244*
265	*223*

Legatio ad Gaium

3	*224, 250f.*
11	*227*
17	*215*
115	*247*
132	*221*
142	*227*
149	*225*
160	*227*
252	*227*
278	*251*
352	*247*
353	*209*

Legum Allegoriae

I,36	*210*
I,38	*231*
I,64	*223, 254*
I,51	*220*
II,1	*220*
II,2	*220*
II,22ff.	*253*
II,86	*254*
III,79	*216*
III,81	*215*
III,104f.	*213*
III,115	*232*

De Migratione Abrahami

40–42	*254*
121ff.	*255*
146.147	*250*

De Mutatione Nominum

11	*237*
13	*210*
17	*234*
19–26	*240*
23f.	*233*
24	*240*
27f.	*237*
27–29	*237*

28	*227, 229*
152	*253*

De Opificio Mundi

20	*226*
21	*214, 233*
27f.	*220*
46	*218, 227*
61	*218*
69–71	*232*
71	*221*
73f.	*227*
74	*227*
88	*222*
142–144	*212*
148	*210*
171	*221, 224*

De Plantatione

14	*230*
67	*246*
58	*250*
68	*255*
86	*237*
87	*235*
88	*236*
90	*227*
90ff.	*236*
92	*235*
122	*243*

De Posteritate Caini

35	*234*
101f.	*250*

De Praemiis et Poenis

40	*221*
54	*243, 245*
122f.	*254*
125	*251*

De Providentia

II,2ff. (gr.)	*223f.*
II,3 (gr.)	*242*
II,15	*216, 223f.*
II,15 (arm.)	*242*
II,38 (arm.)	*239*
II,53	*213*

Quaestiones in Genesim

I,10	*250*
I,54	*230*
I,57	*233, 254*

I,68.78	*213*
I,89	*213*
II,16	*233, 235*
II,51	*233*
II,75	*212, 214, 254*
III,34	*220*
III,39	*254*
III,42	*242*
III,49	*251*
IV,2	*238f.*
IV,4	*239*
IV,8	*238*
IV,25	*254*
IV,26	*235*
IV,30	*240*
IV,30 (arm)	*238*
IV,76	*254*
IV,87	*224, 246*
IV,184	*218, 254*

Quaestiones in Exodum

I,21	*251*
I,23	*213, 215*
II,2	*233*
II,29	*250*
II,42	*217f., 251*
II,46	*233, 251*
II,47	*231*
II,51	*250*
II,59	*213*
II,60	*235*
II,62	*235*
II,63	*226*
II,64	*215, 234*
II,65	*230*
II,66	*212, 233*
II,67	*232*
II,68	*226, 232f.*
II,76	*252*
IV,8	*234*

De Sacrificiis Abelis et Caini

59	*226, 234*
60	*238*
64	*254*
128	*255*
131	*234*

De Sobrietate

63	*223f.*

De Somniis

I,61ff.	*223*
I,140f.	*224*
I,141	*231*
I,160–162	*240*
I,163ff.	*236*
II,99	*246f.*
II,102	*247*
II,103f.	*248*
II,193	*234*
II,286	*221*
II,289	*215*
II,291	*228*
II,292	*248*
II,294	*248*

De Specialibus Legibus

I,13	*227*
I,13ff.	*222*
I,13–31	*220*
I,18	*27*
I,19	*227*
I,43	*231*
I,44	*220*
I,44f.	*232*
I,45	*231*
I,46	*226*
I,47–49	*230*
I,48	*226*
I,57	*251*
I,66	*222*
I,207	*213*
I,271	*227*
I,277	*254*
I,308ff.	*245*
I,313	*252*
II,1	*227*
II,53	*213*
II,165	*223*
II,180	*227*
II,190–192	*227*
II,224	*220*
II,225	*224*
IV,160ff.	*244*
IV,165	*243*
IV,168	*243*
IV,169	*243*
IV,176	*244*
IV,177ff.	*245*
IV,179	*252*
IV,180	*251*
IV,183ff.	*225*
IV,186	*213, 242*
IV,186f.	*214*
IV,187	*242*
IV,231ff.	*243*
IV,237	*243*

De Virtutibus

54	*244*
168f.	*243*

De Vita Contemplativa

2	*221*

De Vita Mosis

I,75	*23, 209*
I,115	*209*
I,148	*245*
I,149	*250*

I,157.158	*41*
II,4	*243*
II,5	*245*
II,95	*235*
II,97ff.	*232*
II,99	*234*
II,100	*212, 216*
II,114	*209*
II,131	*251*
II,132	*214*
II,241	*246*
II,312	*208*

V. Neues Testament

Matthäus

1,4	*259*
2,2	*420*
3,2	137
3,7	*177*
3,10–12	356
3,22–27	*143*
4,1–11	175
4,17	137
5,20	*177*
5,21.22a	154
5,21f.	*155*
5,27f.	154
5,32	157
5,32f.	154
5,33.34a.37	154
5,35	27
6,9	28
6,10	10, *28*
6,26	*11*
6,32	28
6,33	10, 12, *28*
6,34	10
7,7–11	12
7,21	*29, 178*
8,11	123, 147
8,11f.	142
8,21f.	157
10,7	11, 120, 136f.
10,14	139
10,23	139, 141
10,23a	139
10,23b	139
10,29f.	12
10,32f.	123
11,2–6	12

11,5f.	*61*, 148
11,10	148
11,11	123, 125, 127
11,12	11, 125, 127, 130
11,12f.	148
11,14	*148*
11,19	10, 147, *157*
11,20f.	125
11,22.23a.25a	143
11,25	15
11,25f.	14
11,27	177
12,28	10f., 120, 123f., 127f., 137, 142, 144
12,40	*350*
13,11	*431*
13,14f.	*181*
13,16f.	147
13,24ff.	127
13,33	127
13,43	*29*
13,44–46	127, 149
13,47ff.	127
13,44–46	10
15,1–20	*156*
15,11	*156*
15,13	123
16,27	123
17,20	12
18,3	*178*
18,10	15
18,23	151
18,23–35	27, 150
18,23b–30	151
18,23b–34	151
18,31	*151*

18,31–34	151	7,15	155–157
19,9	154	8,27–9,1	141
19,23f.	*178*	8,38	12, 158, *176f.*
20,20–23	*322*	9,1	*10*, 12, 139–141, *176f.*
21,8	11	9,1b	141
21,16	14	9,47	*178*
21,21	12	10,9	154
21,22	12	10,11f.	157
21,31	*29*, 123	10,11ff.	154
22,1–10	159	10,14	125
22,1–14	27, 123	10,15	10, 123, 152, *153*
23,13	123	10,24f.	*178*
23,25f.	156	10,35–41	*322*
23,35	*71*	10,38	*168*
25,34	*29*	11,15–17	158
26,29	*29*	11,16	*158*
26,45	*11*	11,17	16, *158*
26,52.53	168	12,28–34	10
26,61	356	13	12, *146, 349,* 350, 355
27,11	165	13,1–4	139
27,18	*171*	13,2	*355*
27,51	*195*	13,4	139
28,18	177	13,29	138
		13,30	139, 141
Markus		14,24.25	141
1,3	11	14,36.48.50	168
1,14f.	*45*, 135	14,58	*268*, 356
1,15	11, 120, 124, 135–137	15,2	165
1,15b	137	15,10.14	*171*
1,15 Peschitta	*11*	15,29b	356
1,16–20	157	15,34	172
1,40–45	*157*	15,38	*195*
2,1–12	*157f.*		
2,5	10	*Lukas*	
2,10	*158*	1,31f.	*424*
2,13–17	157	1,68	62
2,15ff.	10, 147	2,1.2.3.5	201
2,18–19a	147	2,14	15
2,19	10	3,7	*177*
2,27	155	3,32	*259*
3,2	145	4,1–13	175
3,4	155	6,7	*145*
3,24f.	145	6,20–23	*148*
4	123	7,18–23	12
4,3ff.	127	7,22	*61*
4,11	14, *431*	7,28	127
4,12	*181*	7,34	10
4,26–29	127, 160	7,36–50	*157*
4,27f.	160	7,47	10
4,28	*160*	8,10	*181*
4,30ff.	127	10,7	120, 157
5,23f.	158	10,7f.	*156*
7,1–13	*156*	10,9	11, 120, 136f.
7,1–23	*156*	10,11b	137

10,18	*144*	1,49	174
10,22	*177*	2,13–16	158
10,23f.	147	2,19	356
10,25–37	10	3,1.3.5	178
11,2	*28*, 124, 144	3,14	*166, 422*
11,9–13	12	3,16	*169*, 172, 183
11,14.17a	143	3,18f.	*183*
11,20	10f., 127, 137, 142–144, 146f., *271*	3,31–35	*177*
		3,35	*177*
11,21	14	3,36	*170*, 177f.
11,51	*71*	4,22	181
12,6f.	12	4,34	*166*, 168
12,8	158	4,37	*262*
12,30	*28*	4,42	172
12,31	10, 12, *28*	5,19–29	*177*
12,32	*29*	5,20	*177*
12,54f.	*146*	5,28f.	*170*
13,1–5.6–9	150, 152	5,36	*166*
13,18f.	160	5,39.45	*171*
14,1	*145*	6,15	174f.
14,15–24	159	6,39.40.44	*170*
15,7.10	15	6,51	*177*
15,11–32	152	6,54	*170*
16,1–8a	150	7,38f.	*179*
16,16	11, 127, 148	7,39	*166*
17,6	12	7,42	175
17,11–19	*157*	8,12	*170*
17,20f.	123, 127, 144	8,28	*166, 170*
17,20b	*145*	8,44	*181*
17,21	11, 120, 125	10,18	167
17,21a	144, 146	10,30	*177*
17,23	145	11,24	*170*
17,24	146	11,25	179
18,24	*178*	11,25f.	170
19,9	12	11,40	178
19,11	124, 138	11,47–51	175
20,20	*145*	11,51	181
21,18	12	12,13	*165*, 174, 318
21,31	124, 138	12,15	174
22,18	124, 141	12,23	*166*
23,2	175	12,27f.	168
23,3	165	12,31	172, *183*
23,5	*175*	12,32	*166, 170*
23,13–16	*171*	12,34	*166*
23,45	195	12,40	170, *181*
		12,41	166
Johannes		12,47f.	*183*
1,3	427	12,48	*170*
1,5	172, 183	13,2.27	172
1,14	172	13,31	*166*
1,18	*177, 262*	13,34	*179*
1,23	11	13,35	183
1,29.36	177, 180	14,1ff.	179
1,45	*171*	14,2	19, 170

14,2f.	*170*	20,22	166
14,7.9	*179*	20,22f.	*179*
14,9f.13	*177*	21,22	*170*
14,20	*170*		
14,16.26	182	*Apostelgeschichte*	
14,30	172	5,37	201
15,9–17	*179*	6,14	*356*
15,26	182	7,48f.	*356*
15,27–16,4	174	13,6	*189*
16,2	180	17,6f.	*175*
16,3	*179*	28,26f.	*181*
16,7ff.	182		
16,11	172, *183*	*Römer*	
16,13	*170*	1,25	*15*
16,15	*177*	8,34	*177*, 204
16,16.23.26	*170*	9,5	*15*
16,33	168, 180	11,33	*314*
17	*16*, 177	11,33f.	*16*
17,1	*166, 177*	12,1f.	19
17,4	*166*, 168	13,1–7	180
17,12	167	14,12	*118*
17,18	19	14,17f.	18
17,24	*170*, 179		
18,3.6ff.	167	*1. Korinther*	
18,11	168	2,9	*322f.*
18,12	167	2,10	*314*
18,28–19,16	*165*	4,8	*18*
18,33	*165*	4,20	*18, 118*
18,33–19,16	*165*	6,9f.	*18*
18,36	19, 184	7,12–15	154
18,36a.b.c	*165*	15,23–28	177
18,36–38	167	15,28	19, 177, 429
18,37a.37b.	*165*	15,50	*18*
18,38	*171*	15,51	*140*
18,39	*165*		
19,3	*165*	*2. Korinther*	
19,4	*171*	1,3	*15*
19,5f.	173	5,14	*179*
19,6	*171*	5,17	178, *179*
19,7	171	7,10f.	157
19,11	*165*	9,14	157
19,12	*165*, 171	11,31	*15*
19,14	*165*	12,2	189, 428
19,15	173		
19,15b.15c.	*165*	*Galater*	
19,19	*165*, 174	1,18	*157*
19,20	172	5,21	*18, 118*
19,20f.	181	6,7	*11*
19,20ff.	172		
19,21a.21b	*165*	*Epheser*	
19,28	*166*	1,3	*15*
19,28ff.	168	1,20f.	*189*
19,36	178	4,10	*189*
20,21	19		

Neues Testament

Philipper

3,11	*16*

Kolosser

2,9	*78*

1. Thessalonicher

2,12	18, 118, *164*
4,13ff.	*140*
4,15–18	*176*
4,17	*165*, 318

2. Thessalonicher

2,8	*320*

1. Timotheus

1,17	27
2,2	*180*
6,15	13, 27
6,16	27

2. Timotheus

4,1	*164*
4,18	18, *164*, 169

Titus

3,5	*178*

Hebräer

1	200
1,3	*188*, 204
1,4	200
1,6	*199*, 200, *203*
1,8	197, *203*
1,10	*188*
2	323
2,5	*199, 203*
2,8	204
2,10–12	324
2,11	*203*, 325
2,12	200, 323
2,14.17	196
3,1	*198*
3,1–6	*203*
3,7–4,11	*198*
3,11	*51, 203*
3,12	*198*
3,18	*51, 203*
4,1	203
4,1ff.	*51*
4,3	203
4,5	*51*, 203
4,9	*51, 199*, 203
4,10	203
4,10f.	*51*
4,11	203
4,14	188f., *203*
4,15	196, *203*
4,16	197
5,7	196
5,7ff.	196
6,4	*198*
6,4ff.	198
6,4–6	*198*
6,9	*203*
6,9ff.	*198*
6,18	*203*
6,19	195, *203*
6,19f.	197
6,20	191, 195
7,2	204
7,5	196f.
7,6	*203*
7,11	204
7,22	*202*
7,24	*203*
7,25	*197*, 204
7,26	188f.
8,1	189, *203*, 204
8,2	191, 194, 204
8,5	186
8,6	202
9,1	188, *191*, 194
9,1–5	192, 194
9,1–11	191
9,2	191
9,3	191, 195
9,5	*194*
9,8	191, 197
9,10	196, 197
9,11	186, 191f., 194, 196, *197*
9,11ff.	191
9,12	191f.
9,13	196
9,14	*198*
9,15	202
9,21	192, 194
9,22	*203*
9,23	*189*, 194, 204
9,24	186, 189f., 204
9,25	190
9,27	201
9,28	204
10,1	*197*
10,4	201
10,11	*83*
10,12.13	204

10,19	191, 195–197, *203*	2,9	203
10,20	195–197	3,13–17	180
10,22	*197*		
10,25	*200*	2. Petrus	
10,26 ff.	198	1,11	*164*
10,31	*198*		
10,34	188, *203*	1. Johannes	
10,34 v.l.	189	3,23	*179*
10,39	201	4,7f.	*179*
11	*201*	4,8	169
11,4	202	4,10ff.	*179*
11,6	*197*	4,19ff.	*179*
11,10	*199*, 203	5,2	*179*
11,12	*188*, 189		
11,14	203	Offenbarung	
11,16	196, *199*, 203	1,6	27
11,28	200	4,8	*325*
11,33	203	4,9	93
11,40	*201*	4,11	93
12	197, *203*	5,8–10	*369*
12,1	*203*	5,10	27, 93
12,2	197, 204	5,11	*199*
12,3.9	196	5,12.13	93
12,14–16	197	6,9	*381*
12.16	200	7,9	*165*
12,17	198	8,3	*369*
12,18	*197f.*	9,11	27
12,18–24	198	9,13f.	*193*
12,21	198	11,1f.	*354*
12,22	*197*, 198f., 202f.	11,15	19
12,22ff.	203	12,7	*361*
12,22–24	198	12,7–9	*144*
12,23	200f.	12,10	19
12,24	202	13,10	*313*
12,25	189	14,1	*199*
12,26	*188*, 189	15,3	28
12,28	*51, 199*, 203	15,3f.	*326*
13,9	*203*	17,14	13
13,10	192, *197*, 203	19,11–21	*176*
13,11	191, *203*	19,15	*320*
13,14	*199*, 203	19,16	13
13,15	196, 202, *205*	20	*176*
		21,22	202
1. Petrus			
2,4	*197*		

VI. Neutestamentliche Apokryphen

Bartholomäus-		*Paulus-Apokalypse*	
Evangelium	*380*	43	*368*
Kerygma Petri	*100*		
Fragm. 4	*428*		

Philippus-Evangelium
24   *317*

Thomas-Evangelium
Logion 14   *156*
Logion 113   *145*

VII. Apostolische Väter

Barnabasbrief
8,5   *14, 166*

1. Clemens
60,4   *180*
61,1–3   *180*
61,2   *27*

Didache
9,4   *74*
10,5   *74*

Martyrium des Polykarp
10,2   *180*

Polykarpbrief
12,3   *180*

VIII. Kirchenväter, christliche Schriftsteller

Afrahat

Demonstr.
XIV, 27   *377*

Athenagoras

Supplicatio
23,4   *425*
37,1   *180*

Augustin

De Civitate Dei
4,2   *411*
In Joh. Ev. Tract.
115,2   *169*

Clemens Alexandrinus

Paidagogos
101,3   *428*
Protreptikos
68,1   *427*
68,5   *399, 426, 428*
69,1   *427*
69,4   *427*
73,3   *393*
Quis dives salvetur
42,16   *18*
Stromateis
1,14,4   *426*
1,55,4   *426*
1,80,6   *429*
1,159,6   *429*
2,18,2–3   *429*

2,18,3   *171, 429*
2,97,1   *429*
4,52,2   *429*
4,89,6   *428*
5,50,2   *428*
5,65,1   *426*
5,65,3   *426*
5,81,5   *24*
5,82,1   *25*
5,102,1   *399*
5,103,1   *419, 426, 427*
5,109   *23*
5,112,3   *393*
5,122,2   *413*
5,128,3   *413*
6,41,2f.   *100*
6,128,1   *428*
7,9,3   *426, 428*
7,22,1   *23*

Constitutiones Apostolorum
7,33,2   *249*
7,34,1   *249*
7,35,3   *301*
7,35,3f.   *326*
7,48,1   *386*

Cyrill v. Alexandrien

Contra Julianum
1   *419*

Eusebius v. Caesarea
  Historia ecclesiastica
  3,17   164
  3,18,4   164
  3,19–20,6   163
  3,20,2f.   163
  4,6,1–3   339
  4,26,9   164
  Praeparatio evangelica
  3,9,1f.   413
  3,11,4   413
  8,14,1–72   223f.
  9,27,5   219
  9,29,5   321
  11,17,9   419
  11,18,3   416
  11,18,8   417
  11,20,1   419
  11,20,2   418
  11,20,3   419
  11,22,3   417
  11,22,5   416
  13,13,29   419
  13,13,39   393
  13,13,55   413

Hieronymus
  Chron. Abr. 2112,
    p. 192,
    17–19   164

Hippolyt
  Refut. omn. haer.
  1,2   430
  1,15,1–2   409
  1,15,2   412
  1,18,2   401
  1,19,1–23   409, 430
  1,19,1   415, 431
  1,19,2   431
  1,19,6   414
  4,51   430
  6,3   430
  6,21,1   430
  6,21,1f.   430
  6,29,1   430
  6,29,3   432
  6,37,1   430
  6,37,2f.   431
  6,37,5f.   432
  6,37,6   430, 434, 435
  6,37,8   435f.

Irenäus
  Adversus haereses
  Praef. 1   431
  1,1,3   435
  1,2,4   432
  1,4,4   432
  1,5,1   405, 436
  1,11,4   437
  2,30,9   177
  4,6,1   177
  5,1,1   177

Justin
  1. Apologie
  3,3   420
  11   176
  13,3   424
  14,1   166
  17,3   180
  30   421
  30–60   421
  31,1.2   420
  32–52   421
  32,2   420
  33,4–6   424
  35,11   420
  40,1   420
  40,13   420
  42.44   421
  51,7   420
  53–67   421
  54   421
  54,1   421
  54,5   420
  59,1,.6   421
  59f.   421
  60   424
  60,1   423
  60,1.2   421
  60,6   423
  60,7   422
  60,4f.   178
  68,2   183
  2. Apologie
  2,19   420
  6,1–5   420
  Dialog m. Tryphon
  29,1   420
  31   176
  32   176
  32,1   166
  33,1   420
  34,2   420

34,3	420		Origenes	
36,1	420		*Contra Celsum*	
36,4.6	420		1,39	425
37,1.2.3	420		2,9	168
38,3.4.5	420		2,12	168
43,6	420		2,18.20	168
49,4	420		2,45	168
52,2	420		3,59	425
53,3	420		6,17	425
59,2	420		6,18	425
62,5	420		6,19	425
63,4.5	420		7,42 ff.	424
64,4.6	420		8,11	425
66,3	420		*Selecta in Numeros*	
68,7	420		PG 12, 578B	378
70,3	420			
71,1	420		*Passio Sanctorum*	
73,1	166		*Scillitanorum*	
77,2.4	420		6	184, 410
78,1	420			
83,1	420		Photius	
84,3	420		*Cod.* 125	421
85,1	420			
86,3	420		Sulpicius Severus	
97,4	420		*Chr.* 2,30,3.6–7	174
102,2	420			
103,3 f.	420		Tertullian	
107,2	420		*Adv. Marc.* 3,19,1	166
113,5	420		*Adv. Val.* 5,1	419
116,2	176		*Adv. Val.* 34,1	432
117,3	176		*Apologeticum*	
118,2	420		5,4	164
120,4	420		*De carne Christi*	
127,5	420		17,1	436
135,1	420			
141,3	420		Theodoret v. Cyrus	

Laktanz
De mort. persec.
  3,1–5   164
Div. Inst.
  IV 3,14 26

Melito v. Sardes
bei Euseb, *h. e.*
  4,26,9   164
  (Frgm. 1,3, *Perler*)

Minucius Felix
Octavius
  18,10   24
  35,4   25

Theodoret v. Cyrus
Graec. affect. curatio
  II (PG 83,852 A–C) 419
  III (PG 83,877 A) 23

Theophilus v. Antiochien
Ad Autolycum
  1,11   180
  1,3   24, 25

Thomas v. Aquin
Summa contra Gentiles
  1,25   23 f.

IX. Rabbinische Literatur
(Targumim und Hekhalot-Literatur s. unten)

Mischna

mBer 1,2	62
mBer 1,5	293
mBer 2,2	279, 289, 293, 299f.
mBer 2,5	289, 300
mYom 3,8	62, *274*, 290, *370*
mYom 4,1.2	
mYom 4,1–3	*274*, 290
mYom 4,1	3
mYom 4,2	62
mYom 5,1.4	62, *370*
mYom 6,2	*195, 370*
mYom 7,4	3, 62, *274*, 290, *370*
mSuk 5,1.4	314
mRHSh 4,5f.	352
mTaan 4,6	*3*
mSot 7,8	*343*
mSot 9,9	*244*
mAv 1,13	154
mAr 2,6	*331*
mTam 5,1	83
mTam 5,6–7,4	292, 293
mTam 7,4	*369*
mMid 2,5	*50*
	83

Tosefta

tBer 1,9	300
tBer 1,10.11	*294*
tBer 2,1	293f., *295*, 296
tSuk 4,2	352
tTaan 1,11ff.	62f., *91*, 92
tTaan 1,11.12	290
tTaan 1,13	3
tSot 6,3	290f.
tSot 13,3–6	*338*
tSot 13,4	*331, 338*
tSot 13,5	*340*

Palästinischer Talmud

yBer 1,1 (2c 23)	*106, 321*
yBer 1,8 (3d)	*295*
yBer 1,9 (3d)	*295*
yBer 2,4 (5a 12)	*354*
yBer 5,3 (9c)	301
yBer 9,1 (12d)	*92*
yBer 9,7 (14b)	*234*
yYom 6,3 (43c)	350
yYom 7,2 (44b)	365
ySheq 6,1 (49d)	*280*
yMeg 1,11 (71b 63ff.)	*314, 337*
ySot 9,13f. (24b 28)	*340*
ySot 9,13f. (24b 38f.)	*338*

Babylonischer Talmud

bBer 3a	346
bBer 3a, Tosafot	275
bBer 6a	234
bBer 9b	293
bBer 11b	293
bBer 12a	92, 292
bBer 14b	296
bShab 88b	316
bShab 88b–89a	*321*
bShab 119b	270
bShab 152b	*380*
bPes 54a	266
bPes 118a	64
bRHSh 31a	*50*
bYom 9b	270
bYom 37a	290
bYom 39b	350
bYom 53b	*370*
bYom 77a	368
bTaan 25b	14, 286
bMeg 21a	*321*
bHag 12b	*106, 190, 318, 366f., 380*
bHag 14a	*321, 346*
bHag 15a	*106*
bHag 16a	*314*
bKet 62b	56
bSot 11b	*263*
bSot 13b	*373f.*
bSot 13b/14b	*378*
bSot 30b	290
bSot 33a	*340*
bSot 37a	260, *261*
bSot 48b	*338*
bSot 49a	*314*
bGit 56a	*354*
bGit 57b	335, 346
bQid 70a	*373*
bBM 114a/b	*373*
bBB 109b	*377*
bSan 11a	*338*
bSan 103b	*381*
bZev 62a	*372*
bZev 102a	*377*
bMen 43b	*92*

bMen 53b	*270*	X (S. 151) zu Ex	
bMen 110a	*370, 371*	15,18	271
bNid 31a	*380*	ʿAmaleq	
		II (S. 185f.) zu Ex	
Avot deRabbi Natan		17,14	272f.
(ed. Schechter)		II (s. 274f.) zu Ex	
A 1 (2a)	*50*	17,16	274f.
A 1 (4b)	*267*	baḥodesh	
A 12 (25b)	*375, 380*	II (S. 210f.) zu Ex	
A 31 (46a)	*312*	19,9	276
A 34 (50a)	*377*	III (S. 212) zu Ex	
A, Zus. B (79a)	*378*	19,11	263
B 7 (11a)	*351*	V (S. 219) zu Ex 20,2	277f.
B 25 (25b)	*375*	V (S. 219f.) zu Ex	
B 37 (49b)	*377*	20,2	*277*
B 45 (63a)	*262*	VI (S. 222) zu Ex 20,3	
			278–280
Soferim (ed. Higger)		(dto., ed. Friedmann)	280
18,2 (S. 311f.)	*50*	(dto., ed. Lauterb.)	280
		VIII (S. 233) zu Ex	
Mekhilta deRabbi Yishmaʿ ʾel		20,17	280f.
(ed. Horovitz/Rabin)		neziqin	
pisḥa		XVIII *(ed. Lauterb.*	
I (S. 6) zu Ex 12,2	*262*	*III, 142)*	339
beshallaḥ			
V (S. 105f.), zu Ex		*Mekhilta deR. Shimʿon ben Yoḥai*	
14,22	*258–261*	*(ed. Epstein/Melamed)*	
shirata		zu Ex 14,22 (S. 63)	*258, 260*
I (S. 119) zu Ex 15,1	*265*	zu Ex 15,2 (S. 78)	*261*
III (S. 126), zu Ex		zu Ex 15,17 (S. 99)	*265, 266*
15,2	*260*	zu Ex 15,17 (S. 100)	*267*
III (S. 126 u.) zu Ex		zu Ex 15,18 (S. 100)	*269*
15,2	*261–263*	zu Ex 17,14 (S. 126)	*272*
(ad loc.: Middot Soferim,			
in: ed. Weiss, S. 44)	*262*	*Sifra (ed. Weiss)*	
III *(ed. Lauterbach*		aḥare mot, pereq 13,3	
II, 26)	*347*	(85d)	*278*
IX (S. 146) zu Ex			
15,14	*264f.*	*Sifre Bamidbar (ed. Horovitz)*	
X (S. 149f.) zu Ex		§ 131 (S. 173)	*373f.*
15,17	*265–267*		
X (S. 150) zu Ex		*Sifre Devarim (ed. Finkelstein)*	
15,17	*267f.*	§ 306 (S. 342)	*290*
(dto., ed. Lauterb.		§ 333 (S. 382)	*265*
II, 79f.)	*348*	§ 343 (S. 398f.)	*347*
X (S. 150) zu Ex		§ 352 (S. 412f.)	*261*
15,18	*260*	§ 355 (S. 417)	*378*
X (S. 150f.) zu Ex		§ 335 (S. 417f.)	*378*
15,18	*268f.*	§ 357 (S. 427f.)	*106, 374, 376*
(dto., ed. Lauterb.		§357 (S. 428f.)	*378*
II, 80)	*326*		

Midrasch Tannaïm (ed. Hoffmann)

zu Dtn 3,27 (S. 19)	*321*
zu Dtn 33,12 (S. 16)	*261*
zu Dtn 32,43 (S. 203)	*265*
zu Dtn 34,5 (S. 224)	*374*

Bereshit Rabba

9,5 (24c)	*375*
25,1 (55a)	*377*
55,6 (112c)	*377*
65,21	*106, 304, 321*
99,1 (184b)	*261*

Shemot Rabba

2,6 (10c)	*377*
18,5 (35a)	*368*
29,9	*316*
33,4 (61 c/d)	*366*
35,4 (63c)	*381, 383*

Wayyiqra Rabba

2,4	*259, 298*
6,3	*106, 321*
21,11 (30d)	*366*
24,7	*298*
27,10	*56*
34,8 (49d)	*373*

Bamidbar Rabba

10,1	*316*
12,12 (49a)	*379–382*
12,21 (50c)	*260*
13,4 (52c)	*260*

Devarim Rabba

2,7 (110b)	*377*
7,8 (114b)	*263*
3,5	*321*

Devarim Rabba (ed. Lieberman)

68 f.	*305 f.*

Rut Rabba

Anfang (1a)	*368*
5,6 (10a)	*373*

Shir HaShirim Rabba

2,5 (15c)	*377*
3,7 (21d)	*262*
3,9 (22b)	*266*
4,4,3	*50*
5,6,3	*316*
5,14 (31d)	*280*
6,5 (34a)	*259, 279*

Qohelet Rabba

9,7 (23c)	*383*

Ekha Rabbati *358*

1,31 zu Thr 1,5	*354*
3 zu Thr 3,66	*272*

Ester Rabba

7,18 (13a/b)	*374*

Shir HaShirim Zuṭa

zu Cant 3,11	*259*

Pesiqta deRav Kahana (ed. Buber)

2 (16b/17a)	*259*
2,7 (ed. Mandelbaum)	*298*
3 (29a)	*275*
9 (78a)	*56*
12 (109b)	*277*
27 (171a/b)	*370*
27 (177b)	*366*

Pesiqta Rabbati

5 (22b)	*379*
10 (39b)	*259*
12 (51a)	*275*
21 (100b)	*277*
22,6 (114a)	*106, 321*
33 (155b)	*277*
37	*320, 321*

Tanḥuma (Ausg. New York/Berlin)

shemot 19 (88a)	*377*
ki tissa' 8 (153b)	*259, 298*
wayyaqhel 7 (169a/b)	*266*
qedoshim 6	*305*
naso' 18 (255b)	*379*
Pinḥas 1 (296b)	*373*

Tanḥuma B (ed. Buber)

shemot 16 (5a)	*377*
ki tissa' 4 (53b/54a)	*259*
ki tissa' (54a)	*298*
ki teṣe' 18 (23a)	*275*

Seder 'Olam Rabba

§ 17	*373*

Pirqe deRabbi Eliʿezer
  (Ausg. Warschau 1852)
  § 27   368
  § 42   260
  (Hs. Epstein, Übers. Friedlander)
  64a   106

Midrash Tehillim (ed. Buber)
  zu Ps 9,2 (41a)   378
  zu Ps 19,2 (82b)   108
  zu Ps 20,3 (87b–88a)   278
  zu Ps 68,27 (160b)   263
  zu Ps 99,1 (212a)   265
  zu Ps 121,2 (253b)   275
  zu Ps 121,3 (254a)   263
  zu Ps 134,1 (259b)   371

Shoḥer Ṭov (Ausg. Warschau 1873)
  zu Ps 115 (82b)   260

Liqquṭim mi-Midrash Shoḥer Ṭov
  zu Ps 63 (BatM I,
  S. 369)   372

Midrash Aggada
  zu Ex 26,7 (S. 316)   366

Sekhel Ṭov
  zu Ex 14,19 (S. 181)   262f.
  zu Ex 14,22 (S. 183)   260
  zu Ex 15,2 (S. 192)   261, 262
  zu Ex 15,14 (S. 197)   264
  zu Ex 15,17 (S. 199)   265, 266
  zu Ex 15,18 (S. 199f.)   269
  zu Ex 15,18 (S. 200)   271
  zu Ex 17,16 (S. 325)   272, 274

Leqaḥ Ṭov (ed. Buber)
  zu Ex 15,2 (46b)   261
  zu Ex 15,14 (49a)   264
  zu Ex 15,17 (50a)   265, 267
  zu Ex 15,18 (50a)   268
  zu Ex 17,14 (60a)   272
  zu Ex 17,16 (60a)   274
  zu Ex 20,2 (68a)   278f.
  zu Lev 18,2 (50b)   278f.
  zu Dtn 34,5 (67b)   374
  zu Dtn 34,6 (68a)   378

Midrash ha-Gadol
  (ed. Margulies; Fisch)
  Bereshit, S. 15   366

  Bereshit, S. 132   376
  Shemot, S. 273   258
  Shemot, S. 292   261
  Shemot, S. 308   264
  Shemot, S. 310   265, 267
  Shemot, S. 311   268
  Shemot, S. 344   272, 274
  Shemot, S. 383   276
  Shemot, S. 646f.   259
  Devarim, S. 783   374

Yalqut Shimʿoni
  I, 253 (77d)   269
  I, 376 (111a)   259, 298
  I, 571 (178c)   366
  I, 962 (343c)   374
  I, 965 (344b)   374
  II, 189 (376b)   366
  II, 315 (415a/b)   259, 298
  II, 339 (417c)   366

Midrash Ḥakhamim   269

Pirqe ha-Yeridot 3
  (Friedmann, SEZ S. 56) 273

Midrash Wayoshaʿ
  (BHM I, S. 55)   272

Midrasch der Zehn Worte
  (BHM I, S. 64)   379, 382

Midrash Konen
  (BHM I, S. 39)   273

Peṭirat Moshe
  (BHM I, S. 118)   378

Yeṣirat ha-Walad
  (BHM I., S. 152–155.
  155–158)   380

Midrash Elle Ezkera
  1. Rez. (BHM II, S. 66) 382
  2./3. Rez. (BHM IV,
  S. 22.32)   382

Seder Gan Eden
  (BHM III, S. 137)   380

‚*Die göttliche Sophia*'
  (BHM V, S. 63)   381

Pesiqta Ḥadeta
  (BHM VI, S. 47, Z. 12) *319*
  (BHM VI, S. 49) *269*

Seder Arqim
  (OsM, S. 70a/b) *382*

Midrash Ḥaserot viyeterot
  29 (BatM II, S. 256) *275*

Ginze Schechter
  I, 186 *367*

X. Targumim

Targum Onkelos
Ex 15,18	*297*
Ex 25,23–30	*322*

Targum Ps.-Jonathan
Gen 5,24	*373, 377*
Ex 15,18	*269, 297*
Num 17,13	*370*
Dtn 34,5	*375*

Targum Neofiti
Gen 49,2	*273*
Ex 15,18	*268, 297*

Fragmententargum
Ex 15,18	*298*

Targum Jonathan
I Kön 7,48	*332*
Jes 24,23	*274*
Jer 9,10	*333*
Jer 10,7	*274*
Jer 26,18	*333*
Jer 51,37	*333*
Ez 7,7.10	*45*
Hos 12,12	*333*
Mi 1,6	*333*
Mi 3,12	*333*
Sach 14,9	*274*

Hagiographen-Targume
Thr 1,18	*330*
Thr 2,21	*330*
II Chr 4,19	*332*

XI. Hekhalot-Literatur, Kabbala

(§§ der Synopse zur Hekhalot-Literatur, ed. P. Schäfer)

13	*321*
68	*323*
70	*327*
81	*314*
97	*108*
110.111	*312*
122–126	*268, 310*
122	*312f., 346*
123	*314f., 328–337, 338*
124	*316f.*
124f.	*315*
125	*312, 317f.*
126	*273, 321–323, 325–327*
131	*316*
140–145	*320*
143	*320*
149	*321*
153	*345*
157	*108*
165	*345*
167	*319*
187	*108*
218	*323*
248	*316*
252ff.	*345*
260–268	*319*
276	*108, 323*
296	*273*
317	*321*
320	*108*
324	*318*
387	*312*
390	*108*
396	*315*
397.417	*312*
441.448.552	*108*
554	*91*
555	*3, 63, 93, 325*
587	*312*
596.653.744	*108*

772	367		*Pirqe Hekhalot Rabbati*	
817	*108*		31,4 (BatM I, S. 116f.)	*273*
890	*274*		*Seder Rabba di Bereshit*	*57*
891	*378*			
3. Henoch	46, *310*		§ 39 (BatM I, S. 41)	367
6,3	*274*		*Raza Rabba*	*380*
10,1−6	*321*			
15B	367		*Sefer Raziel*	
17	*91*		S. 41b	*372*
18,24	*321*			
44,10	*368*			
48A	*323, 327*			

XII. Te'ezaza Sanbat

16,3−19,25	*57*	30,15ff.	*56*
16,3	*57*	30,26ff.	*56*
16,22−31	*56, 57*	31,35−32,5	*56*
17,10ff.	*56*	32,29ff.	*56*
18,27ff.	*57*	33,28ff.	*56*
19	*56*	34	*56*
19,15−16	*57*	34,35−36,4	*57*
21,5ff.	*56*	35	*91*
24	*56*	35,16	*57*
30,15−32,18	*57*	35,28	*57*

XIII. Pagane antike Literatur

Aetius Placus
bei Diels, Doxogr. Gr.
  p. 287,17−288,1   *415*
  p. 304,23−305,8   *415*

Aischylos
  Agamemnon 43f.   *393*
  355   *396*
  1486−1488   *396*
  1563f.   *396*
  Persae 532−536   *396*
  762−764   *393*

Alexander v. Aphrodisias
  SVF II,1047   *228*

Alkinoos
  Didaskalikos 1,1   *400, 409*
  8,1   *415, 435*
  9,1; 10,1   *415*

Anaxagoras
  DK 59 B12   *406*

Anonymus
  Περὶ ποιητικῶν
  τρόπων   *387*

Anthologia Palatina
  10,108   *408*

Apuleius
  Apologia 61,1   *418*
  63,3   *418*
  64,4   *417*
  64,5   *417*
  65,1−5   *418*
  De Platone 1,4 (189)   *400f., 409*

Aristophanes
  Aves 223   *396*
  514f.568   *396*
  1514   *397*
  1754   *397*
  Nubes 153   *396*
  381   *396, 397*
  Pax 974   *390*

Plutus 1095	*396*
Ranae 382 f.	*390*
1278	*396*
Vespae 625	*397*

Aristoteles

Ath. Pol. 3,2.3	*395*
Ethica Nicomachea	
1107a, 5 f.	*250*
1160a, 31−1160b, 21	*216*
1160b, 24 ff.	*224*
1160b, 24−29	*35*
1161a, 10−14	*35*
1161b, 27 f.	*35*
1162a	*36*
Metaphysica	
Λ 10,1076a, 4	*391*
Poetica 1457b, 7	*389*
Politica 1259b, 10−17	*36*
1284a, 10 f.	*34*
1285a, 19−22	*34*
1285b	*31*
1287b, 41−1288a, 2	*34*
1297a, 24 f.	*201*
Rhetorica 1405b, 4 f.	*388*

Ps.-Aristoteles

De Mundo 391b, 9 f.	*411*
391b, 11	*411*
397b	*229, 412*
397b, 23−398a, 6	*412*
398a	*38*
398a, 2−10	*412*
398b	*38, 228 f.*
398b, 1 f.	*411*
398b, 1−3	*411*
398b, 13 f.	*412*
399b, 21	*228*
400b	*229*
401a−b	*413*
401b, 24	*412*

Aristides

Or. 43, 19 ff.	*39*

Aristoxenos

Frgm. 50 *(Wehrli)*	*38*

Arrian

Anabasis 3,5,29	*37*

Athenaeus

8, 334c	*391*
12, 545a ff.	*38*

Augustus (Monumentum Ancyranum)

Res Gestae 4	*227*

Aurelius Victor

Lib. de Caes. 15,3	*421*

Cassius Dio

49,22	*342*
61,24,4	*247*
67,14,1 f.	*164*
69,14,1	*339*
78,20,1 f.	*235*

Chrysipp

SVF III, 158	*171*
SVF III, 159	*171*
SVF III, 314	*216, 386, 394*

Cicero

De finibus 2,52	*386*
De orat. 2,261	*11*
De re publica 1,56	*26*
3,33	*218*
Tusc. disp. 5,10	*402*

Cornelius Labeo

De Oraculo Apollinis Clarii	*209*

Corpus Hermeticum

1,16 *(Poimandres)*	*431*

Demokrit

DK 68 B 30	*399*

Diodorus Siculus

I 94,1 f.	*209*
X 9,8	*408*
XV 53,4	*390*

Dion v. Prusa

Oratio 1,37.38	*42*
1,39.40 = 12,75	*41*
2,76	*43*
4,21	*42*
4,23	*42*
36,32	*42*
36,35	*26*
36,36	*30*

Diotogenes

bei Stob IV 7,61	*242, 244, 410*
IV 7,61 f.	*409*

Ekphantos
bei Stob. IV 6,22.64—66   *409*
   DK 51   *409*

Empedokles
   DK 31 B 128   *398*
   DK 31 B 130   *398*

Epiktet
   Diss. 1,6,40   *41*
   3,22,49 ff. 79 ff.   *170*
   3,26,32   *170*
   4,6,20   *170*
   4,8,34   *170*

Euripides
   Frgm. 1129   *427*

Heraklit
   DK 22 B 32   *404*

Herodot
   1,98.99   *37*
   1,188   *34*

Hesiod
   Opera et Dies 2 f.   *404*
   39   *33*
   111   *392*
   668   *392*
   Scutum Herculis 27   *223*
   Theogonia 44   *400*
   71 f.   *392*
   476   *392*
   486   *392*
   881 ff.   *32*
   883—885   *392*
   886   *32, 392*
   897   *392*

Ps. (?)-Hesiod
   Frgm. 308   *393*

Homer
   Ilias II 197   *32*
   II 203 ff.   *32*
   II 204   *225, 391*
   III 277   *223*
   VI 407 ff.   *336*
   XV 47   *223*
   XX 705 ff.   *336*
   Odyssea XI 109   *223*
   XII 323   *223*

Homerische Hymnen
   12,1—3   *392*
   12,5   *392*
   23   *392*
   25   *392*

Horaz
   Ep. 1,1   *170*
   Od. 1,12,13 ff.   *42*
   Od. 1,12,49 ff.   *42*

Juvenal
   Sat. 6,156—160   *339*

Kallimachos
   Jov. 78   *33*

Kleanthes
   SVF I, 537   *386*

Kokondrios
   Περὶ τρόπων   *388*

Lukian
   Hermotimus 16.22   *170*

Lydus
   De Mensibus IV 53   *209*

Macrobius
   Sat. I 18,18—21   *209*

Maximos v. Tyros
   Oratio 11,4c—5b   *26*

Menander
   Fr. 609   *427*

Numenios v. Apamea
   Frgm. 11 *(Des Places)*   *416*
   Frgm. 12   *417*
   Frgm. 16   *416f.*
   Fgrm. 21   *416*

Orion
   Anthologia V 17   *408*

Orphicorum Fragmenta
   Frgm. 21 *(Kern)*   *427*
   Frgm. 21a   *400, 413*
   Frgm. 107   *413*
   Frgm. 168   *413*
   Frgm. 245, 13   *413*

Frgm. 339	*413*	617e	*214*
Paulus		*Politikos* 258e	402
Dig. 42,2,1	*165*	259b	*402*
Pausanias		269a	*402*
IV 22,7	*390*	269b	*402*
V 27,12	*390*	275a	*402*
VIII 16,5	*351*	291c–303b	*216*
Philippus v. Opus		309c	*403*
Epinomis 984c	*387*	311c	*403*
Philostratos		*Symposion* 195c	*400*
Vita Apollonii V 36	*216*	*Sophistes* 247e	*226*
VII 32ff.	*164*	*Theaitetos* 152c	*388*
Pindar		176aff.	*213*
I. 8,20	*394*	176c	*214*
N. 5,35	*394*	*Timaios* 28c	22, 401, *417*
N. 10,16	*394*	29a	*405*
O. 7,34	*394*	29e	*214*
P. 2,49–52	394	30b	*405*
P. 3,27	*390*	34a/b	*423*
P. 3,94	*390*	36b	*423*
Frgm. 152 *(Bowra)*	*394*	36b/c	*421*
Platon		41a	*405*
Alc. 1,120a, Schol.	*412*	44c	*405*
Apologia 40d	*411f.*	Ps.-Platon	
Charmides 158a	*412*	*Alc.* 2,142e/143a	*408*
Ep. 7,341a–345c	*401*	*Ep.* 2,312d	*387, 414, 418*
7,343b	404	2,312d/e	*426*
Euthydemos 274a	*412*	2,312e	*414, 417, 422–425*
Gorgias 470e	*411f.*	2,312e–313a	*387, 425*
484b	394	2,314a–c	*426*
524e	*412*	*Minos* 314c	*429*
Kratylos 396a.b	403	320d	*393*
400d	404	Plinius d. J.	
Laches 715e	*414, 427*	10,97[98]	*164*
Lysis 209d	*412*	10,97[98],1	*180*
Nomoi 902e	*405*	Plotin	
903b	405	*En.* V 1	*419*
904a	23, 405, *411f.*	V I 8,3f.	*422*
Philebos 28c	406	VI 7 42,3–20	*422*
30d	406	Plutarch	
Politeia 332b	388	*Moralia* 23,382a	*388*
379a	*21*	*Solon* 3	*393*
379c	*214*	*Them.* 27,125c	*37*
473c/d	406	Poseidonius v. Apamea,	
473c/d	*420*	bei Diog. Laert. VII 138	*411*
509b	*226*	*(Frgm. 14 Edelstein/Kidd*	
509d	*407, 414*	*= 334 Theiler)*	
553c	*38*		

Proklus
   Theol. Plat. 2,8   *422*

Pythagoras
   bei Diod. Sic. 10,9,8   *408*

Quintillian
   Institutio 3,9,1   *421*
   3,9,4   *421*
   4,3,13   *421*
   5,10,1   *421*
   5,13   *421*

Scaevola
   Dig. 48,4,4   *165*

Seneca
   Ben. 4,7   *211*
   Ep. 90,28   *222*
   Ep. 95,47ff.   *227*

Sextus Empiricus
   Adv. Math. VII,72ff.   *231*
   IX,81−85   *253*

Solon
   Frgm. 31 *(Edmonds)*   *393*

(Ps.-)Sthenidas   *212, 215, 241*
   bei Stob. IV 7,63   *409f.*

Stoicorum Veterum Fragmenta
   II, 1024   *211*
   III, 617−619   *253*
   (s. a. Alex. v. Aphrodisias,
   Chrysipp, Kleanthes, Zenon)

Strabo
   16,2,40   *340*

Sueton
   Calig. 22,1   *225*
   Dom. 15,1   *164*
   Vit. 2,5   *246*

Tacitus
   Hist. 5,13,1f.   *351, 352*

Thebaïs
   Frgm. 3   *391*

Theognis
   285   *394*
   1119−1122   *394*

Tübinger Theosophie
   § 40   *407*
   §§ 63.64   *414, 427*

Varro, s. Lydus

Xenokrates
   bei Stob. I,1,29b   *415*
   Frgm. 15 *(Heinze)*   *36, 415*
   Frgm. 30   *431*

Xenophanes v. Kolophon
   DK 21 B 11   *23*
   DK 21 B 15.16   *22f.*

Xenophon
   Cyropaedia II 3,4   *73*
   Memorabilia I 3,2   *408*

Zenon v. Kition
   SVF I, 176   *228*
   SVF I, 194   *386*

XIV. Inschriften und Papyri

CIG
   2,2385   *390*
   2,3538   *390*

IGS
   3,98   *390, 392*

SEG
   6,79   *390*
   28,965   *390*
   28,971   *390*
   29,1288   *390*

Derveni-Papyrus
(ed. Merkelbach)
   Col.12,3   *400*
   Col.13,12   *413*
   Col.15,1−4   *399*
   Col.15,8−10   *400*
   Col.15,10   *413*

POxy 2450   *394*

Autorenregister

Aalders, G. J. D. *241*
Aall, A. *219*
Abramowski, L. *321, 424*
Abt, A. *418*
Achelis, H. *436*
Aland, B. *437*
Albeck, Ch. *289*
Albertz, R. *6, 64*
Alexander, P. (S.) *46, 49, 286, 319*
Alföldi, A. *247*
Allison, D. C. (jr.) *108, 142, 193, 318*
Altmann, A. *288*
Amir, Y. *238*
Annas, J. *211*
Andresen, C. *412, 422–425*
Andriessen, P. *189, 192, 197*
Appold, M. L. *177*
Aptowitzer, V. (A.) *63, 288, 290, 363, 373*
Arnold-Döben, V. *435*
Assaf, S. *295*
Atkinson, M. *422*
Attridge, A. W. *186–189, 191f., 194–203*

Bader, G. *403f.*
Bader, R. *425*
Baillet, M. *54*
Baldermann, I. *5*
Bammel, E. *119, 139*
Bardenhewer, O. *421*
Barnard, L. W. *424f.*
Barnes, J. *211*
Barraclough, R. *221*
Barrett, C. K. *188*
Barth, K. *22, 24*
Barth, P. *227*
Batdorf, I. W. *185*
Bauer, J. B. *164*
Bauer, W. *169*
Bauer, W./Aland, K. *11, 145, 146, 189, 203*
Bauernfeind, O. *195, 341, 352, 354*
Baum-Bodenbender, R. *165*
Baumgarten, A. I. *71*
Baumgarten, J. M. *47, 49, 345*
Beasley-Murray, G. M. *119, 141, 143, 146, 148*

Becker, J. *90, 131,* 137, *142, 144, 146f.,* 148, 150, 152f., 156–158, 362, 368
Beethoven, L. van *18*
Berger, K. *45, 52f., 54–56, 66, 198, 200, 203, 274, 322, 363–365*
Bergmeier, R. *436*
Bertram, G. *224*
Beskow, P. *166, 386*
Best, E. *152*
Betz, O. *61*
Beyer, K. *69, 84, 330f.,* 334, 338, 340, 346, 364
Bi(c)kerman(n), E. *64, 70f., 336, 410*
Bietenhard, H. *54, 187, 189f., 362, 366*
Billerbeck, P. *14, 56, 146, 154, 187, 189, 201, 287, 316f., 319f., 322, 346, 366, 373, 431*
bin Gorion, M. J. *57, 376*
Black, M. *11*
Blank, J. *141*
Blaß, F./Debrunner, A./Rehkopf, F. *195*
Bloch, Ph. *369*
Bloch, R. *375, 377*
Böcher, O. *143*
Bolluec, A. de *427*
Boor, P. A. H. de *369*
Borg, M. J. *131*
Boring, E. *132*
Bormann, K. *219*
Bornkamm, G. *140, 431*
Bousset, W. *121–125, 126, 131, 362*
Box, H. *248*
Brandwood, L. *400*
Braun, H. *131, 185, 188f., 191f., 194–197, 199–203*
Bréhier, É. *210, 241*
Breytenbach, C. *141*
Briggs, E. *51*
Bringmann, K. *71*
Brockelmann, C. *331*
Broer, I. *151*
Brown, J. R. *267*
Brox, N. *66*
Bruce, F. F. *185*
Bruchmann, C. F. H. *31, 389*
Bultmann, R. 119, 128–130, 135, 146, 149, 158, 164, 171

Bunge, J. G. *73*
Burchard, Chr. *10f., 132, 142f.*
Burckhardt, J. *182*
Buresch, K. *407*
Burkert, W. *32, 399f.*
Burney, C. F. *356*

Cameron, P. Scott *148*
Campbell, L. *406*
Campenhausen, H. v. *171*
Camponovo, O. 1f., 5, 7, 17, 45f., *47, 51f., 61, 68, 70−72, 75, 107, 202, 257, 265, 269, 274f., 282, 285, 344*
Catchpole, D. R. *148, 154*
Carmignac, J. *48*, 84, 90, 101, *104*, 107, *114*, 118, *204*
Cerfaux, L. *66*
Chadwick, H. *401, 409, 419, 424, 426*
Charlesworth, J. H. *341, 361, 363, 367*
Chernus, I. *316*
Chesnut, G. F. *241*
Chester, A. *320*
Childs, B. S. *264, 266*
Clements, R. E. *267*
Cody, A. *187, 191, 196*
Cohen, M. S. *319f.*
Cohn, J. *214*
Cohn, L. *233*
Cohon, S. S. *273*
Cole, Th. *399*
Collins, J. J. *46, 219*
Colpe, C. *45, 55f., 373*
Colson, F. H. *233*
Cook, A. B. *390*
Coppens, J. *185*
Conzelmann, H. 11, 131, *132, 137, 143*, 144, *146, 180*
Cowley, A. *47*
Crüsemann, F. *60*

Dahl, N. A. *189, 198, 208f., 234*
Dalman, G. (H.) 144f., *287*, 334, *356, 378, 381*
Dautzenberg, G. *153, 157*
Davies, J. H. *204*
Déaut, R. le *369f.*
Deichgräber, R. *27f.*
Deissmann, A. *410*
Deitz, L. *416*
Delatte, L. *409f.*
Delcor, M. *185*
Delitzsch, F. *199, 201*
Delling, G. *154, 351*
Dey, L. K. K. *201*

Dibelius, M. *180, 201*
Diebner, B. J. *59*
Dietrich, B. C. *391*
Dietrich, W. *5*
Dietzfelbinger, Chr. *373*
Dihle, A. *230, 407*
Dillmann, R. *156*
Dillon, J. (M.) *211, 221, 230*
Dimant, D. *47, 66, 74f., 343, 357*
Dittenberger, W. *390*
Dodd, Ch. H. 119, 130, 137
Dörrie, H. *387*, 388, *407, 409, 414, 415*, 417, *418f., 421, 424, 426*
Donner, H. *275*
Doran, R. *52, 73*
Downing, F. G. *233*
Dreyer, O. *214, 226*
Dschulnigg, P. *151, 160*
Dunn, J. D. G. *156f.*
Dupont-Sommer, A. *66, 97*
Dvormik, F. *410*

Ebeling, G. *21*
Eben-Shemuel, J. *310*, 335
Edwards, M. J. *437*
Effe, B. *213*
Ego, B. *63, 262, 265f., 305, 366, 372*
Eichholz, G. *152*
Eid, V. *143*
Eißfeldt, O. *5*
Elbogen, I. *46, 50, 52, 287, 290*, 291, *293, 300, 313, 318, 370*
Eliade, M. *267*
Elliger, K. *273*
Epstein, I. *287*
Erbse, H. 391, *407*

Fauth, W. *352*
Faye, E. de *422*
Fehrle, E. *389*
Feldmeier, R. *168f., 172*
Festugière, A. J. *425*
Fiebig, P. *347*
Fiedler, P. *150f., 153, 157f.*
Fiensy, D. A. *301, 326*
Finkelstein, L. *283, 287, 292*
Fischer, U. *351f.*
Fitzer, G. *143*
Fitzmyer, J. A. *152, 185*
Flashar, H. *228, 397*
Fleischer, E. *290*, 291, *294*, 296, *301f., 304*
Flusser, D. 15
Fraenkel, E. *396*
Fränkel, H. *406*

Francis, F. O. *100*
Frankemölle, H. *132, 148*
Frede, M. *416*
Freeman, G. M. *257, 273, 282, 287*
Freud, S. *30*
Friedländer, G. *368*
Friedländer, P. *387, 403f.*, 406, *407*
Früchtel, L. *427*
Früchtel, U. *213*
Fuhrmann, M. *291*
Fuller, R. H. *132*, 133, *134*

Gadamer, H.-G. *404*
Gärtner, B. *185, 199, 201*
Gaiser, K. *401, 403f.*
Gaster, M. *311*
Gatz, B. *398*
Geffcken, J. *401, 421, 425*
Geiger, R. *138, 144*
Gese, H. *51, 62, 83, 99, 111, 312*, 323, *357, 371*
Gesenius, W./Kautzsch, E. *268*
Gigon, O. *214*
Ginzberg, L. *57, 64, 72, 259, 269, 314, 316, 367, 373, 377*
Gladigow, B. *389*
Glombitza, O. *196*
Gnilka, J. *100, 132f., 136, 138−140, 147, 149, 158, 185, 356*
Goethe, J. W. v. *407*
Goldberg, Arnold *261, 263, 311, 320f., 348, 378*
Goldin, J. *262, 264, 268f., 270, 378*
Goldstein, A. J. *73f.*
Goodenough, E. R. *102*, 208, *215, 233, 241, 244, 395, 409f.*
Goodspeed, E. J. *419, 421*
Goppelt, L. *131f., 146, 156*
Gräßer, E. *119, 131, 139f., 142f., 195f.*
Greenberg, M. *280*
Grillmeier, A. *386, 419, 424*
Grözinger, K. E. *62, 88, 97, 277f., 312, 362*
Grünbaum, M. *363, 375*
Gruenwald, I. *98, 311, 315*
Grundmann, W. *197*
Gunneweg, A. H. J. *8*
Guthrie, W. K. C. *397, 398, 399, 407*
Gyllenberg, R. *191*

Haacker, K. *375f., 378*
Habicht, Chr. *70, 73f., 369*
Hadot, P. *245*
Haenchen, E. *141*

Hahn, F. *125, 132, 134, 158, 164*
Halévy, J. *55*
Halperin, D. *77, 192, 310, 312, 315, 319, 323*
Harl, M. *213*
Harnack, A. v. 146, *149*, *437*
Harnisch, W. *150f.*
Harris, J. R. *212*
Hasler, V. *143*
Hawthorne, G. F. *135*
Hay, D. M. *226*
Hegel, G. W. F. *34*
Hegyi, D. *395*
Heinemann, I. 208, *222*, 227
Heinemann, Jos. *55, 62f., 92, 259, 265, 285−288, 290−295, 296, 297, 301*, 302, *303*, 304, *314, 326, 370*
Heinze, M. *219*
Heinze, R. *415*
Heitmann, A. *242*
Heitmüller, W. *126−128*, 130f., *134*, 149
Hengel, M. *4, 11f., 14, 51, 54, 59, 62, 70−72, 74, 77f., 88, 91, 93, 100, 135, 141, 148, 153, 154−157, 164, 166, 168, 171, 173, 175, 177f., 181, 190, 268, 270, 272−275, 282, 286f., 290f., 302, 313, 317f., 321, 323, 326, 335, 339, 341, 344, 349, 352, 354f., 364, 369, 373f., 428*
Herr, M. D. *348*
Herrmann, J. *235*
Herzhoff, B. *434*
Heschel, A. *270*
Heubner, H. *352*
Hochstaffel, J. *263*
Hoffmann, P. *131, 137, 143, 152f., 154, 161*
Hofius, O. *27, 75, 142, 157, 186−191, 195, 196, 201, 203, 312, 325, 366, 371*
Hofmann, J. Chr. K. v. *189*
Holm-Nielsen, S. *350*
Holsten, K. *195*
Hoppe, R. *152*
Horgan, M. P. *347*
Horovitz, H. S./Rabin, I. A. *258f., 267, 279*
Horowitz, Ch. *301*
Hort, J. A. *428*
Horton, F. L. *185*
Howald, E. *387*
Hübner, H. *156*
Hultgård, A. *363f.*
Hurst, L. D. *188, 196, 199*
Hurtado, L. W. *100, 320*
Hyldahl, N. *422*

Jacobs, I. *288*

Jacobs, L. *7, 257, 275, 287*
Jacobson, D. M. *339*
Jäger, G. *406*
Jaeger, W. *21, 399*
Janowski, B. *2, 51, 58, 65, 79f., 102, 187, 370, 381*
Jastrow, M. *77, 330*
Jeremias, Joachim *119, 135, 138, 140, 146, 150, 152, 196, 218, 314, 344, 356, 357, 363, 373, 375f., 378*
Jeremias, Jörg *2, 46, 51, 58–60, 73, 75, 96, 257, 271, 275, 323, 377*
Johansson, N. *368f., 379, 381*
Jüngel, E. *6, 389*
Jonge, H. J. de *370*
Jonge, M. de *362, 365*
Jost, W. *218*
Jowett, B. *406*

Kadushin, M. *268, 270, 277, 283, 287*
Kafka, F. *38*
Käsemann, E. *19*, 130–132, 134, 156, *159, 189, 191, 195, 200*
Kaiser, O. *395*
Kany, R. *403*
Kaplan, S. *55*
Katten, M. *373f.*
Keel, O. *58, 339*
Kellermann, U. *322*
Kereszetes, P. *164*
Kimelmann, R. *288, 291–294, 296*, 302
Kinzig, W. *419*
Kirschner, R. *358*
Kittel, B. *83*
Klappert, B. *188*
Klauck, H.-J. *158*
Klausner, J. 133
Klein, G. *153, 156*
Klinzing, G. *54*
Knohl, I. *288, 291*
Koch, K. *62, 64, 133*
Kohler, K. *287*
Kollwitz, J. *386*
Kosch, D. *148*
Koschorke, K. *433*
Kosmala, H. *186*
Krämer, H. J. *36, 219f., 386, 415–417, 424, 431, 437*
Kraus, H.-J. *51, 83, 271, 369*
Krauss, S. *368, 373*
Kroll, J. *428*
Kronholm, T. *310f.*
Küchler, M. *339*

Kühlewein, J. *197*
Kümmel, W. G. *119, 134f.*, 138, *139f., 142f., 146f.*, 148, *153, 156, 158, 160*
Kuhl, C. *61*
Kuhn, H.-W. *54, 115, 131, 143f., 147, 202*
Kuhn, K. G. *257, 287, 374*
Kuhn, P. *7, 315f., 338, 340, 352*

Lachs, S. T. *63, 92*
Lambrecht, J. *156*
Lampe, G. W. H. *386*
Lang, F. *18*
Lauer, S. *259*
Lauha, A. *380*
Lauterbach, J. Z. *258, 268*
Leclercq, H. *437*
Lécuyer, J. *197, 200*
Légasse, S. *193, 195*
Lehmann, M. *135*
Lehnhardt, P. *234*
Leisegang, H. *387, 405, 415*
Lenglet, A. *197*
Lentzen-Deis, F. *132*
Leslau, W. *55, 56*
Levinsohn, M. W. *373f.*
Levy, H. *218*
Lichtenberger, H. *54, 69, 79, 80, 115*
Lidell, H. G./Scott, R. *73, 145, 203*
Liebreich, L. J. *56*
Lietzmann, H. *388*
Lightfoot, J. B. *100*
Lindemann, A. *2, 5, 9, 45f., 138*, 144, *146, 152, 155*
Lipsius, R. A. *432*
Loader, W. R. G. *369*
Loewenstamm, S. E. *375f., 378*
Lohfink, G. *131, 136, 149, 161*
Lohfink, N. *264*
Lohmann, D. *336*
Lohse, E. *132, 146, 155, 379, 381*
Loisy, A. 179
Lolling, H. G. *390*
Long, A. A. *211, 218, 237, 253*
Lorenzmaier, Th. *142*
Loretz, O. *58*
Luck, U. *189f.*
Lüdemann, G. *121*
Lührmann, D. *132, 156, 164, 355*
Lueken, W. *362*
Lundström, G. *120*
Luria, B. S. *370*
Luz, U. *138, 153–155, 156, 158*
Lyonnet, S. *215, 370*

Mach, M. *362*
Mach, R. *375, 377, 381, 383*
Mack, B. L. *131, 219, 254*
MacRae, G. W. *187, 189, 197*
Maier, J. *48, 54, 66, 68, 91, 97, 154, 283, 358, 371f., 375*
Mann, J. *295f., 304*
Marcovich, M. *435*
Marcus, R. *234f.*
Markschies, Chr. *434, 436f.*
Marmorstein, A. *208, 234, 273f., 282*
Mason, H. J. *225, 227*
Maurer, C. *196*
Mayor, J. B. *428*
McLelland, J. C. *208*
McNicol, A. *362*
Mealand, D. *132*
Meeks, W. A. *245, 376–378*
Meijering, E. P. *437*
Mendels, D. *52, 97, 341, 363*
Merk, O. *121, 137*
Merkelbach, R. *37, 399, 413*
Merklein, H. *1, 7, 11, 45f., 61, 65, 131, 136, 139–140,* 141, *142f.,* 144, *147, 149f., 152–155, 160, 357*
Merlan, P. *416*
Metzger, H. *266*
Meyer, E. *395*
Meyer, R. *268, 380*
Michaelis, W. *200, 241*
Michel, O. *186, 189, 191, 195, 198, 200, 203, 341, 352, 354*
Milik, J. T. *8, 50, 70, 84, 364*
Milikowsky, C. *286*
Mitton, C. L. *133*
Moe, O. *194*
Montes-Peral, L. A. *211*
Montserrat, J. *437*
Moore, G. F. *270, 287, 381*
Moraux, P. *228, 411f.*
Morawe, G. *62*
Müller, C. D. G. *386*
Müller, K. *8, 139–140, 143, 161*
Muilenburg, J. *264*
Mußner, F. *132f.,* 134, *135, 146, 158f.*

Nat, P. G. van der *425*
Navé-Levinson, P. *270*
Neirynck, F. *155, 157*
Neusner, J. *295*
Newsom, C. *1, 47, 48, 53, 55,* 64f., 76–78, *79–83, 84, 85, 86, 89, 90, 92–93,* 94, *96f.,* 98f., *103–106,* 107f., *109,* 111f., 113, *114,* 117, 186, *187f., 190,* 192, *193f., 202, 318, 324–326, 344, 363f.*
Nietzsche, F. 170
Nikiprowetzky, V. *250*
Nilsson, M. P. *233, 410*
Nock, A. D. *22*
Nötscher, F. *201*
Nomoto, S. *370*
Noth, M. *264, 266*
Novotny, F. *387*

Oberlinner, L. *139f.*
Orbe, A. *254*
Osborn, E. F. *427, 437*
Osten-Sacken, P. von der *234, 365*
Ottoson, M. *266*

Pannenberg, W. 385
Pascal, B. 439
Perls, H. *403*
Perrin, N. *5, 120, 131, 134, 141–143, 145, 147, 152*
Pesch, R. *136,* 140f., *156, 158, 160, 356*
Peterson, D. *196, 198,* 200f.
Peterson, E. *219f.,* 228, *250,* 388, *391,* 411f.
Pietersma, A. *88, 209*
Pilhofer, P. *421, 425*
Plank, K. A. *262, 268, 298*
Ploeg, J. van den *50*
Plöger, O. *61*
Plümacher, E. *201*
Pohlenz, M. *211, 216, 218, 226, 228, 237, 253, 386, 402*
Polag, A. *137*
Porteous, N. W. *199*
Porton, G. G. *311*
Préaux, C. *339*
Preuschen, E. *163*
Prigent, P. *313*
Puech, E. *97, 186*
Puech, H.-Ch. *416f.*

Rad, G. v. *369, 377*
Radice, R. *254, 424*
Räisänen, H. *157*
Reeg, G. *310–312, 382*
Regen, F. *411, 417f.*
Regner, F. *125*
Reiche, H. A. Th. *226*
Reinhardt, K. *253*
Reitzenstein, R. *233*
Resch, A. *337*
Rhodes, P. J. *395*

Riaud, J. *343*
Ricœur, P. 30
Richardson, N. J. *392*
Riedweg, Chr. *233, 430*
Riggenbach, E. *189, 191, 195, 198, 203*
Ringgren, H. *80*
Rissi, M. *189f., 195, 200*
Rist, J. M. *387*
Ritschl, A. 65 f.
Ritter, A. M. *388*
Rohland, J. P. *361*
Roloff, J. *158*
Rordorf, W. *155*
Rose, C. *186*
Rosmarin, A. *375*
Ross, S. D. *216*
Rothkoff, A. *369, 371*
Rowland, C. *366*
Ruager, S. *19*
Rubens, A. *280*
Rudolph, W. *52*
Rüger, H. P. *323, 347, 367*
Rüstow, A. 146
Runia, D. T. *214, 219, 223, 254, 423 f.*
Rzach, A. *391 f.*

Sabourin, L. *196*
Saffrey, H. D. *388, 414, 417 f., 422, 425, 433*
Safrai, Sh. *311*
Salom, A. P. *191*
Sanders, E. P. *134, 157*
Sanders, J. A. *52*
Santoro, M. *390*
Sarfatti, G. *366*
Sarna, N. M. *50*
Schäfer, G. *395, 410*
Schäfer, P. *1, 49, 63, 100, 103, 106, 202, 285 f., 288, 292, 303 f.,* 305, *310−312, 314, 319−321, 326 f.,* 328, 330, *332 f., 338, 345, 351, 362, 365, 368, 375 f., 378*
Schäfer, R. *125*
Schaller, B. *321 f., 325, 340*
Schechter, J. *296*
Schechter, S. *257, 287, 296*
Schenke, H. M. *186*
Schenke, L. *141*
Schierse, F. J. *189, 195, 197, 199−201*
Schiffmann, L. H. *47, 52, 55, 76, 85, 98*
Schimanowski, G. *312*
Schindler, A. *388*
Schlatter, A. *322, 351 f., 356*
Schlosser, J. *120, 131, 136 f., 140−145, 148, 153*

Schmid, W. *420, 422*
Schmidt, J. M. *8*
Schmidt, K. L. *199*
Schmidt, M. *392*
Schmidt, W. H. *75, 257, 273*
Schmithals, W. *8, 131*
Schmitt, A. *377*
Schmitt, G. *350, 354*
Schmitz, O. *363*
Schnackenburg, R. *119,* 120, *146, 169, 171*
Schneider, C. *195*
Schneider, G. *137*
Scholem, G. C. *48, 56, 263, 324,* 328, 335, 338, *344, 366 f., 380*
Schrage, W. *145, 150, 153−156*
Schreiner, J. *111*
Schrenk, G. *187, 201, 223*
Schröger, F. *198, 205, 325*
Schubert, K. 68
Schürer, E. *287*
Schürer, E./Vermes, G., & al. *47, 66, 100, 174, 244, 287, 311, 339−342*
Schürmann, H. *132,* 135, *136, 141,* 143, *147*
Schulz, S. *131, 137*
Schwabl, H. *30 f., 389−394,* 395, *396 f., 402 f.*
Schwartz, J. *220*
Schweitzer, A. *119*
Schweizer, E. *147, 253*
Schwier, H. *347, 349, 352, 354 f.*
Scodel, R. *401*
Scoralick, R. *2, 58*
Sed, N. *366*
Sedley, D. N. *237*
Seesemann, H. *199*
Segal, A. F. *208 f., 234, 322*
Segal, Ch. *336*
Segert, S. *99*
Seibel, J. W. *218*
Siegert, F. *208, 232,* 410, *437*
Siegfried, C. *208, 226*
Simon, E. *389*
Simon, M. *376*
Simon, U. *366*
Simonis, W. *132*
Skarsaune, O. *419*
Smallwood, M. *247*
Smend, R. *51*
Snell, B. *393*
Soggin, J. A. *257, 265, 420*
Solmsen, F. *392, 405*
Souilhé, J. *393*
Spengler, O. 170, *171*
Spicq, C. *186, 191, 194, 196−200, 202*

Spieckermann, H. *2, 13, 50f., 58–60, 72–74, 79, 111*
Spiro, A. *373, 377*
Stead, Chr. *385*
Stegemann, H. *47*
Stemberger, G. *257, 260, 262, 348*
– s. a. Strack, H. L.
Stern, D. M. *348*
Stern, M. *174, 208*
Stier, H. E. *394, 410*
Stoll, H. W. *398*
Stone, M. E. *52, 69f., 323*
Strack, H. L./Stemberger, G. *257–259, 264, 278, 283, 366, 371f.*
Strathmann, H. *194*
Strecker, G. *136, 152–154*
Strobel, A. *131, 145*
Strohm, H. *228, 411f.*
Strugnell, J. *1f., 47, 48, 185, 186, 190, 202, 318, 323,* 324
Stuhlmacher, P. *135, 153, 157*
Swartz, M. D. *288*
Swetnam, J. *192, 194*
Szlezák, R. *401*

Tabori, Y. *288*
Theiler, W. *405*
Theissen, G. *149, 201, 357*
Thesleff, H. *215, 241, 410*
Thomas, C. *259*
Thomas, D. W. *208*
Thompson, J. W. *199*
Thorion-Vardi, T. *263*
Thüsing, W. *198*
Topitsch, E. *37*
Traub, H. *189*
Trautmann, M. *147*
Treitel, L. *226*
Trilling, W. *136, 146, 148–150, 154*
Tuckett, C. (M.) *145, 156*

Uhlig, S. *313, 325*
Urbach, E. E. *86, 270, 273, 287*

VanderKam, J. C. *52, 363*
Vanhoye, A. *191f., 199, 203*
Verdenius, W. J. *405f.*
Vermes, G. *47, 52, 120, 351, 376*
Vielhauer, Ph. *8, 131*
Vögtle, A. *138, 139, 159*
Völker, W. *434*
Vogler, W. *131*
Vollenweider, S. *144*

Wacholder, B. Z. *73*
Wackernagel, J. *391*
Walbank, F. W. *339, 410*
Walter, N. *131, 157, 393*
Wartelle, A. *419, 422*
Waszink, J. H. *424*
Weder, H. *149–152,* 160
Wehofer, Th. M. *421*
Wehr, H. *331*
Weinfeld, M. *66, 288*
Weinrich, O. *352*
Weischedel, W. *439*
Weiser, A. *150f.*
Weiss, H.-F. *213*
Weiß, J. *119–126, 130f., 135,* 149
Weiss, J. G. *286*
Wellhausen, J. *126, 128, 138, 146, 154*
Welten, P. *51*
Wendland, P. *404*
Wenschkewitz, H. *368, 371, 383*
West, M. L. *392*
Westerink, L. G. *388, 414, 417f., 422, 425, 433*
Westermann, C. *38*
Wewers, G. A. *309, 319f., 323*
White, N. P. *407*
Whittaker, J. *401, 409, 412f.*
Wickert, U. *439*
Widengren, G. *267*
Wieder, N. *295*
Wiesenberg, E. J. *286*
Wifstarand, A. *225*
Wikgren, A. *201*
Wilamowitz-Moellendorff, U. v. *390, 398, 400*
Wilcox, M. *187*
Williamson, R. *212f., 219, 223*
Winnington-Ingram, R. P. *396*
Winston, D. *230*
Winter, J./Wünsche, A. *258, 281*
Wittgenstein, L. *22*
Wlosok, A. *22, 26*
Wolbergs, Th. *428f., 434*
Wolff, C. *313*
Wolff, H. W. *337*
Wolfson, H. A. *210, 212, 219, 226f.*
Woude, A. S. van der *365*
Wrede, W. *124–126, 128, 135, 138, 143, 146,* 149
Wright, M. R. *398*
Wyller, E. A. *407*
Wyrwa, D. *426f., 429*

Yadin, Y. *75, 186, 318*
Young, N. H. *196*

Zeilinger, F. *199*
Zeller, D. *137, 142, 153*
Zeller, E. *416*

Zenger, E. 5
Ziegler, I. *347f.*
Zilliacus, H. *390*
Zimmermann, L. *214*
Zmijewski, J. *138, 144f.*
Zuntz, G. 398

Sach- und Personenregister

Abba (als Gottesname) 14f., 152
Abbinu Malkenu 14, *29*, 286
Abendgebet, ʿAravit, 287, 289, 293, *294*, 296f.
Abendmahl 15, 141
Aberglaube s. *superstitio*
Abraham 54, 66, 239f., 254, 256, 270f., 274
acclamatio 291
Achämeniden s. persisches Großkönigtum
Achtzehn-Bitten-Gebet s. ʿAmida
Adam 222
Äonen 432–437
Agrippa I. *244, 251*
Agrippa II. 339, 343
Aischylos 395–397
Aisymneten 31, 33
Al-tiqreʾ-Auslegung 265, 305, 373, 375
Alexander der Große 4, 31, 34, 37, 42, 72
Alexander Jannai *63*, 340–342
Alexandra 341f.
Alexandria, alexandrinisch *217*, 221, *222, 232,* 247–249, 424
Allerheiligstes 80, 102, 190f., *192,* 197, 266, 340
– s. a. Debir
Altar 19, 30, *83*, 336, 342, 269, 372
– im Himmel *112f.,* 194, 363, 372, 380, 383
Alter Bund 194, 198
Altes Testament, alttestamentlich 1, 4, 6, 11, 28, 45, 58, 61, 64, 130, *133,* 154, 156f., 158, 177, 181, 185, 187, 192, *193,* 200, *201,* 234, 275, 337, 356f., 377, 419–421, 423
Amalek, Amalekiter 272, 275
ʿAmida, Achtzehn-Bitten-Gebet, Tefilla *29,* 55, *92,* 288, 301, 303, 306, *326*
– 2. Berakha 300
– 11. Berakha 287
– 14. Berakha *273*
– s. a. Qedusha
Amoräer, amoräisch 259, 295, 298, 301, 366, 370, *371,* 372, 374, 381
Andromache *336*
Anthropomorphismus 22f., 263
Antigonos 342f.

Antijudaismus, antijüdisch 133f., 173, 175, 181, 221, *222*
Antike, antik 7, 25, 156, 167, 172, 182, *204,* 216, 361
– spätantik 390, 401, 433
– s. a. Judentum
Antiochus IV Epiphanes 4, 40, 350
Aphrodite 398
Apokalyptik, apokalyptisch 6, 8, 12f., 75, 119, 121f., 129–131, 141, 144–146, 149, 159, 161, 177, 180, 183, 221, 358, 374
Apokryphen 1, 28, 55, 361, 368
Apologeten 386, 426
Apologetik, apologetisch 126, 164, 169
Apuleius 417–419
Aramäisch *313,* 314f., 327, *329,* 334f., 337, 339f., 354, 358f.
– Rückübersetzbarkeit ins Aramäische 144–146
Aristobul I. 340
Aristobul II. 342
Aristophanes 396f., 404
Aristoteles, 31–36, 40, 43, *216, 228, 388,* 389, 391, *395,* 411
Arkandisziplin 97
Artapanos *219*
Athen, athenisch 33, 36, *37,* 395, 408
Athenagoras 418, 425
Augustus 225, *227*
Auszug aus Ägypten 257, 262, *263,* 264, 270–272, *273,* 277, 279, 296
– als Modell künftiger Erlösung 271f., 293f., 306

Barmherzigkeit, Erbarmen Gottes 6, *29,* 112, 115, 151, 153, *214,* 234f., 255, *277, 346*
– s. a. Gnade
Bar Kochba, Bar-Kochba-Aufstand 322, 338f., *346*
Barbaren, Barbarei 31, 33f., 42
Barnabasbrief 181
Bedürfnislosigkeit Gottes *224,* 227f.
Belial, Herrschaft Belials 8, 75

Sach- und Personenregister 483

Benediktion 3f., 62, *92*, 292, 300
Benjamin *261*
Berakha 9, 15, *46*, 63, 91−93, 285, 290, 292
− s. a. Benediktion, Eulogie, Shemaʿ
Bergpredigt 154, 344
Bundeslade *213*, 232, 235, 266
Buße, Bußruf 122, 124, *198*
− zweite Buße 198
Bythos 432−437

Caligula, Gaius *209*, 225, *227, 246*, 247
Celsus 168, 424f.
Chaos 271
Cherubim 60, 108, 230, 232f.
Christentum, christlich 1, 18, 385, 388, 408, 410, 414, 418, 423−425, 429, 438f.
− s. a. Urchristentum, Urgemeinde
Christenverfolgung 163, 174f.
Christologie 10, *144*, 165, 167f., 177, 181−183, *200*, 204, *324*
− s. a. Jesus Christus
Chronik des Jerachmeel *62*
Chronikbücher 4, 51
Clemens v. Alexandrien 18, 24, 386, 393, 413, 418, 426−429, *439*
Cyprian 14

Daniel 63
Danielbuch 2, 4, 6−8, 45, 63, *64*, 143, 350
David 52, 93, 163, 259, 310, 317−323, 325−327, 343, 345, *351*, 357, 359
− Königtum Davids 259, 319, 358f.
− davidisches Königshaus 327, 339, *344*, 345
− König der Endzeit 75, *357*
− im Himmel thronend 319, 321f., 357
− s. a. Jesus, Königtum Gottes
David-Apokalypse 17, *73*, 309−359 *(passim)*
Debir 102, 104, 106, 190−193, 195, 203
− als Ort der Präsenz Gottes 195, 203
− Zugang, eröffnet durch Jesus 195, 197, 203
− s. a. Allerheiligstes, דביר
Dekalog *155*, 276−281, 283
− 1. Gebot 50, *71*, 173, 220, 273f.
Demiurg 22f., 25, 405−407, 412, 414, 416
Demokrit 397−399
Despotie, despotisch 31, 34, 38
Deus pro nobis 25
Deuterojesaja 4, *61*, 85
Diadochen, Diadochenreiche 4, 31, 37, *291*, 410
Dion von Prusa 26, 30, 41−43
Domitian 163−165, 169f., 174
„Dreieinigkeit" Gottes s. Trias

Dura Europos *102*

Echtheit von Jesustraditonen (14,) 120, (126,) 127−129, 131−160 *(passim)*, 356
Ehescheidung 154
Eigenschaftslosigkeit Gottes 210
Einzigkeit Gottes 273f., 276, 279, 281−283, 306
− verwirklicht im Halten der Gebote 276, 282
Elia *346*, 372−374, 376f., 383
Empedokles 397f., 402
Endzeit s. Eschatologie
Engel 46, 48, 108f., 193, 199f., 230f., *314*, 315, *319*, 358, *367*, 368, 372, *379*, 384
− Herrschaft der Engel 48
− Lobpreis, Gottesdienst, Priesterdienst der Engel 52−57, 60, 62, 68, 76f., 79−83, 88−91, 93, 100f., 106, 112, 193, 202, 222, 299f., 302−306, 324, 363
− Mittlerdienst der Engel 80, 101, 224
− Erschaffung der Engel 96, 100
− Unterweisung der Engel 79−81
− Gesetze für die Engel, Gehorsam der Engel 79, 111f.
− Unterschied zwischen Gott und Engeln 100f., 114
− kultische Gemeinschaft von Engeln und Menschen 8, 48, 53f., 61, 76, 84, 86, *91*, 117, (187, 202,) 324, 365
Engelfürst, Engelfürsten 48, 66, *77*, 81f., 86f., 88−91, 94, *97*, *100*, 103f., 107, 114, 116, 312, 316−318, 361
− Fürst des Angesichts *91*, 312f.
Engelnamen 89, 200, *312*, 316
Engelverehrung *100*
Erkenntnis s. Gotteserkenntnis, „königliche Erkenntnis"
Erwählung *200*, 283, 293, 307
Esau 275
Eschatologie, Zukunftsvorstellungen, eschatologisch 12, 15f., 67, *73*, 116f., 121, 123f., 126, 136, 143, (170,) 183, 188, 264, 283, 310, 313, *317*, *325*f., 350, *355*, 358
− Eschaton 185, 205, 317
− eschatologischer Kampf 85, *144*
− eschatologische Stimmung 128f.
− Vergeistigung der Zukunftshoffnung 123
− zeitlich-futurische und räumlich-transzendente Eschatologie 205
− s. a. Königtum Gottes; Tempel
Essener, essenisch 8, 15, 60, 66, 89, *100*, 117, 156, 364, 365

Esther, Zusätze zu Esther 28
Eulogie 15, 62f., 92f., 290, 292f., 295
Eusebius v. Caesarea 413, *418f.*

Falasha (äthiop. Juden) 55f.
fiscus Judaicus 173
Flaccus 248f.
flavisches Kaiserhaus 7
Fremdherrschaft (über Israel) 269–272, 282
Freude, Festfreude, messian. Freude, ew. Freude 10, 15, 18, 101, 159f., 178, 347, 352
Frieden 215, 254
Fürsprache, Fürsprecheramt s. Interzession
Fürst der Gemeinde 69f.
„Fürst dieser Welt" 172, 182f.

Gebet, Gebetstexte 1f., 7, 14, 16, 30, 45, 48, *249*, 250, 285, 292, 345, 369, 371, 381–383
– Gebetssprache 5, 13f., 112
– s. a. Abendgebet, ʿAmida, Interzession, Morgengebet, Musafgebet, Piyyut, Shemaʿ, Vaterunser
Gebetbuch, Siddur 285, 287, 292
Geist, heiliger, Geist, Pneuma, Geistausgießung 18, 166, 172, 178f., 422–424, 427, 434
Gematrie *78, 97*
Genizafragmente 287, *292*, 295f., 301, 372
Gerechte 321, 355, *368, 374,* 376
– Darbringung der Seelen der Gerechten 379–384
Gerechtigkeit 243, 251
– Gerechtigkeit Gottes 6, 216, 234, 268, *277, 346*
Gericht 14, *142*, 150–152, 161, 183, *201*, 271, *313*, 315, 349, 355f.
– himmlische Gerichtsversammlung 361, *368*
– s. a. Richten
Gesetz 145, 158, 198, *213*, 215–218, 234, 243f., 251f., 255, 275
– „Gesetz und Propheten" 149, 154
– bezeugt durch Jesus, verleugnet von jüd. Führern 171
– Ablösung der Zeit des Gesetzes 153f.
– Gott als Gesetzgeber 216–218, 241
– der König als Gesetz(geber) 243–245
– Gesetzesfrömmigkeit 15
– Gesetzesworte Jesu 128
– Gesetze für die Engel s. Engel
– s. a. Tora, Naturgesetz, Kräfte Gottes
Gethsemane 167f.
Geʾulla s. Shemaʿ

Gezera shawa 365, *373*, 375f.
„Geziemendes" 227
Glaube 178f., 182f.
– Gemeinschaft der Glaubenden 178f.
Gleichheit 243, 251
Gleichnisse (Jesu) 11, 27, 125, 129, 149–152, 159–161
Gnade 151f., 159, 211, 232f., 235f., 241, 243, 277
– *gratia praeveniens* 236
– s. a. Barmherzigkeit, Kräfte Gottes
Gnosis, gnostisch 11, 185, *191*, 195, *201*, 380, 430, 433. 435
– s. a. Valentin
Götzendienst 274, 279, 282
Goldenes Zeitalter 392, 398
Golgata 19, 182, 323
Gottebenbildkeit des Königs *37f.*
Gottebenbildkeit des Menschen 280
Gottesbegriff, philosophischer G. 385
Gotteserkenntnis 23, *220*, 231f., 236, 238f., 250, 255, 404
– natürliche Gotteserkenntnis 211
Gottesname s. Name Gottes
Griechen, griechisch 16f., 26, 21–43 *(passim)*, 185, *200*, 211, 220f., 239, 389, 395, 397, 408, 425, 427, 438f.
das Gute 213–215, 221
– Gott als Urheber des Guten 213, *218*, 227, 242, 255

Hadrian 311, 339
Hallel 15, *103*
Hasmonäer, Hasmonäerzeit, anthiasmonäisch 6, 51, *52, 63,* 66, *68,* 69–71, 339–344, 355, 363
Ḥayyot 325
Hebräerbrief 17, 19, *50, 78, 113,* 117, 185–205 *(passim)*, 323, *324*
Hegesipp 163f., 169f., *352*
Heidenchristen, heidenchristlich 155, 157
Heil, Heilsansage, Heilszeit 12, 14f., 119, 147f., 150, 159, 161, 170, 172, 179, 182f., 189, 198, 201–203, 316, 319, 355
– Vergegenwärtigung des Heils 182f.
Heiligkeit, heiligen 97f., 101, 117, 304
– Heiligkeit Gottes 88, 114, 195, 204, 300
– asketische Heiligkeit 122
– rituelle Heiligkeit 74
– s. a. Israel
Heiligtum s. Tempel
Heiligung des Namens Gottes 260, 313
Heilspräsenz Gottes 2, 52, *113*

Heimarmene s. Schicksal
Hekhal, Hekhalot 3, 191, 193, 195, 335f.
– s. a. היכל
Hekhalot-Literatur 1, 3, 5, 17, *46*, 48, *49*, 55f., *63, 76,* 77, 89, *94, 103, 108,* 221, *288,* 309f., *312,* 314, 318, *323,* 324, *325,* 334, 338, 355, 367, *377*
Hellenismus, hellenistisch, Hellenisierung 4, 6, 16, 31, 43, 60, 71f., 78, 112, 195, 215, 220, 241, 323, 344, 356, 364, 385, 390, 408–410, 418, 439
– s. a. Judentum
Henoch 40, 321, *373,* 376f., *378*
Henoch-Literatur 2, 8, 28, 40, 46, *70,* 367
Hera 392
Herkules 172
Herodes, herodianisch 6f., 168, 339f., *341,* 342, 344, 349, 355
Herodot 34, 37
Herrlichkeit (Gottes) 5, 231f., *262,* 263, 300
Herrscherkult, Kaiserkult *37,* 225, 246, 285, 291
Hesekiel 6, 111, 192
Hesiod, 23f., 31–33, 392–394
Himmel, Himmlisches, himmlische Welt 19, 75f., 82–84, 115, 117, 188–190, 198, *220,* 309, 313f., 318, 357, 365. *366,* 372, 377, *380*
– als Sphäre göttlicher Herrschaft 188f.
– Himmelssphären 189f.
– himmlische Bücher 201, 312, *313,* 315
– himmlische Stadt 200f.
– himmlischer Gottesdienst, Lobpreis 309, 318, 322–327, 345, 348, 357, 359
– himmlisches Lehrhaus *319*
– s. a. Engel, Gericht, Hoherpriester, Hofstaat, Königtum Gottes, Palast, Tempel, Thron, Thronrat
Himmelfahrt *189*
Hineinführung Israels in das Land Kanaan 264, 270f.
Hippolyt 386, 418, 429–438
Hirt, Menschenhirt 35, 42, 179, 402, 428
Hofstaat 5, 411
– himmlischer Hofstaat 58
– s. a. Thronrat
Hofstil, orientalischer H., persischer H. 7, 27, 59, 112
Hoherpriester 3f., 16, 62, *91,* 165, 172–174, 183, 208, 249, *251,* 290, *314,* 341, 355, 364f., 396f., *377*
– himmlischer H. 91, 112, 114, 188, (203,) 362, 364, 366f., 380f.
– qumranisch 69f.

Hoheslied 347
Homer 4, 22–24, 31f., 35, 42, 223, 225, 239, *336,* 337, 391f., 395

Immanenz (Gottes) 211, 228, 255
Interzession, Fürbitte 204, 368–370, 372, 377, 381, 383
Isaak, 66, 240, 270f., 363, *371,* 372
Isis *219*
Israel 7, 39, 40, 52, 66, *79, 142,* 147, *150,* 161, 173, 181, 255, 259f., 262, *263,* 279, 281f., 286, 289–291, 293f., 297–300, 302, 304–306, 312f., 315f., 319f., 323, *326,* 346f., 349, 353, 358, 361, 371–373, 381, 383f.
– Israel als Volk von Priestern 67, 251f.
– Heiligkeit Israels 53, 98
– Volk Gottes, erwähltes Volk 8, 159, 250, 270f., 276, 299
– Israel als Sohn Gottes 346
– wahres Israel 174
– Rest Israels 129, 161
– Israel und die Völker der Welt 264, 268–270, 272–275, 282f., 299, 313
– Mittlerfunktion Israels für die Menschheit 250f.

Jabne 180, 338
Jahwe 3f., 9, 58, 60, 63, *65,* 78, 91, 208, 257, 275
Jahwe-König-Psalmen 2, 14, 50f., 60, 79, 96
Jakob 66, 83, 240, 270f., 363
Jakobus, Bruder Jesu *352*
Jason, Hoherpriester 71–73, 355
Jerusalem 13, 27, 70f., 74, 76, 92, 173, 181, 199, 337, 341–344, *346,* 347, 350, 352–354
– himmlisches/eschatologisches/neues Jerusalem *113,* 189, 199, *316,* 327
– s. a. Tempel
Jesus Christus 9–16, 61, 64, 122, 163, 323, 356f., 431
– der historische Jesus 129f., 166
– Leben Jesu 122
– der Sohn Gottes 12, 166, 169f., 172, 174, 178, 180, 182, 421, 423
– der Präexistente 12
– in die Welt gesandt 169f., 172, 183
– Menschwerdung, Inkarnation 170, 172, 183
– Christi Leib 195f.
– der Irdische, der Mensch Jesus 166
– der Gekreuzigte, Kreuzestod 13, 19, 166, 170, 172–177, 179f., 182, 196

- Erniedrigung 197
- der Auferstandene, Auferstehung 13, 126, 166, 172, 177, 356
- der Erhöhte, Erhöhung 12f., 19, 166, 172, 177, 189, 197, 204
- der Verherrlichte 166
- der Wiederkommende, Parusie 13, 172
- der Sohn Davids (163), 175
- Jesu Leiden 168
- Prozeß Jesu 16, 356
- Jesu Messianität, messianische Vollmacht 10f., 118, (125), 126, *159*, 167, 176f.
- Jesu Geltungsanspruch, messianischer Anspruch 11, 13, 127f., 130, 158f., 165, 181
- Jesu Botschaft, Jesu Verkündigung 10, 12−15, 17f., 28, 65, 117f., 119−161 *(passim)*, 166, 176f., 180
- Jesu ethische Predigt 121f., 125, (150)
- Jesu Kritik an der Tora 154−158, *159*
- Jesu Wirken (Wunder, Heilungen, Exorzismen usw.) 10, 12, 15, 125f., 143f., 148, 150, 160
- Jesus als Rabbi, Prophet, Lehrer 121, 129f., *159*
- Jesus als Mittler 130, 202
- Verwerfung Jesu 173f.
- s. a. Abendmahl, Debir, Echtheit, Gleichnisse, Königtum Jesu Christi, Opfer, Passionsgeschichte, Tempelaustreibung, Terminworte, Tischgemeinschaft

Jesus, Sohn des Ananias 352−355, 358
„Jesusbewegung" *149*, 168
„Joch der Gebote" s. Tora
Johannesapokalypse 15f., 19, 28, 92f., *113*, 117, 187, *326*
Johannesevangelium, johanneisch 12f., 15, 17, 19, (158), 163−184 *(passim)*, 356
Johannes der Täufer, Täuferanfrage 11, 61, 121f., 130, (147), 148, 150, 152, 154, 158, 161, 177, 356
Johannes Hyrkan I., Hoherpriester Jochanan *53*, 70, 334, 340
Jonathan, Hasmonäer 71
Josephus Flavius 7, 335, 340−343, 350−352, 354f.
Jubiläenbuch 2, 46, 52−55, 58, 65−68, 363f., 383
Juda 259f., *261*, 320, 363
Judas, Jünger Jesu 172
Judas der Essener 341−343
Judas Galiläus 173, 175, *344*
Judenchristentum, judenchristlich 130, 155, 157, 164, 169, 176, 181, *352*

Judentum, jüdisch 1, 4, 13, 18, 121, 127, 132f., *134*, 142f., *144*, 145, 151, 155, *158*, 164, 167, 174f., 180−182, 200, 211, 219f., 232, *238*, 239, 243f., 246, 248−255, 257, 309, *346*, 347, 361, 378, 385, 420, 425, 438f.
- Frühjudentum, frühjüdisch 1f., 5f., 45, 48, 58, 96, 112, 115, 185, 187, 285, 361, *369*, 376
- nachbiblisches Judentum 27
- nachexilisches Judentum 4
- vorchristliches Judentum 29, 47, 115
- griechischsprach./hellenist./alexandrin. Judentum 4, *29*, 200, 221, *222*, 232, 247, 249, 253, 423
- (spät)antikes Judentum 2, 6, 8, 13, 48, *195*, *313*
Judith 6, 28
jüdische Volksführer 14, 165, 169, 171, 173, 175, 180f.
Jüdischer Krieg, jüdische Aufstände 168, 173f., 282, 338f., 354f., *374*
Jünger Jesu 147, 167f., 177, 180f., 431
Justin 13, 166, 176, *414*, 418−425, 427

Kaiser, Imperator 171, 225, *227*, 246f., 255, 291, 410
Kaiserzeit, römische 31, 38, 41, 415
Kanaan, kanaanäisch 58, 96, 257
Kerygma 136
Kirche 179, 181, 183
Kirchenväter 23, 409f., 413f., 418, 439
„König" als Gottesepitheton 29, 389
- im Griechischen 17, 26, 30−33, 386, 390−397, 399, 401−409, 418f., 438
- in der Bibel 408, 438
- im AT 4, 28, 344
- in der Septuaginta 28, 344
- im hellenistischen Judentum 249
- bei Philon 4, 208, 212, 223f., 248f., 255
- in den Sabbatliedern 1, 4, 48f., 54, 78−82, 94−96, 99, 101, 104−106, 109, 113−115
- im NT 13, 27f.
- im altkirchlichen Schrifttum 24, (25), 385, 419f.
- im rabbinischen Judentum 286, *346*
- in der Hekhalot-Literatur *3*, 345
- s. a. Platon, βασιλεύς, מלך
„König" als Titel Christi 13, 385f., 419f., 423, 428f.
„königliche Erkenntnis" 402f.
„königliche Kunst" 254, 401−403, 405
„königlicher Nichtstuer" 417

Königsgleichnisse 7, *27, 258,* 259, 262, 267, 277 f., *218,* 280, 298 f., *346,* 347–349
Königsideal der Griechen 31, 33–43
Königtum als Hausverwaltung 31, 34 f., 43
Königtum Gottes
– Alleinherrschaft, Monarchie 214, 219–221, 226, *238, 250,* 298, 306, 391
– univerale Herrschaft, Herrschaft über den Kosmos 60 f., 64, 208, 212–225, 241, 248–251, 255, 272, 281–283, 285, 323
– schlechthinnige Souveränität 395–397, 405
– „König von Natur aus" 212, 241
– himmlische Herrschaft Gottes 18, 56 f., 61, 64, 76, 84, 117, 178, 241, 324, 359, 364
– Herrschaft über Götter, Engel, himml. Priester 50, 78, 81 f., 101, 104–106, 112–115, 220
– Königtum Gottes im Lobpreis u. Bekenntnis der Engel 15, 80, 83, 101, 300, 304–306, 359
– kultische Bedeutung der Herrschaft Gottes 7, 72, 118, 348, 356
– Herrschaft über Israel 208, 248, 271 f., 277, 281–283, 285, 297 f.
– Proklamation der Gottesherrschaft am Schilfmeer 10, 259–261, 269–272, 279, 281, 294, 297–299, 304, 306
– Beginn der Gottesherrschaft am Schilfmeer 294, 296–299
– Manifestation der Gottesherrschaft am Schilfmeer 271 f., 281
– Annahme der Gottesherrschaft in Ägypten 279, 282
– Annahme der Gottesherrschaft am Sinai 279
– Herrschaft über irdische Könige 225, 248, 255, 420
– Analogie von göttlicher und irdischer Herrschaft 409–411
– Vorbild irdischer Herrschaft 241–244, 251, 255, 403
– in Antithese zu irdischen Mächten 6 f., 40 f., *64,* 212, 246–248, 255, 268 f.
– Legitimation irdischen Rechts 180, 393 f.
– Herrschaft der Ordnung u. der Gesetze 214–218, 252, 255
– dem Gesetz unterworfen 216
– Königsherrschaft des Vaters 28 f., (35), 117
– im Verhältnis zur Herrschaft seines Bevollmächtigten 8, 10, (69), 177, 344 f.
– Königtum Gottes und Königtum Davids 258 f.

– Reich Gottes und Reich Christi 12, 17, 166, 176 f., 179, 182
– Verwirklichung der Gottesherrschaft im Wirken Jesu 10, 18
– Herrschaft über den einzelnen Menschen 256
– Herrschaft über menschliches Geschick 396
– Fürsorge des göttlichen Königs 405
– der Mensch unter Gottes Herrschaft 154 f., 159, 247
– der Mensch als Statthalter 222
– Herrschaft Gottes als Vorbild menschlichen Handelns 41–43, (153), 242, 405, 407
– Verwirklichung durch menschliches Handeln, im Halten der Gebote 127, 278, 280–282
– Anerkennung/Annehmen der Königsherrschaft Gottes 10, *45, 64,* 246, 249, 259, 277–279, 282, 291, 299 f., 304–306
– Bekenntnis zur Gottesherrschaft im Rezitieren des Shemaʿ 10, 273, 289–292, 304–306
– „Joch der Königsherrschaft Gottes" *45,* 273, 289, 291, 294, 299 f., 304–306
– Reich Gottes als sittliches Ideal 120
– Herrwerden Gottes im Alltag der Welt 147, 150
– Gottesherrschaft in der Seele des Individuums 146
– Reich Gottes als vollendete Gottesgemeinschaft 176
– Ablehnung der Gottesherrschaft 173, 246
– ewiges Königtum Gottes 8, 10, 60, 64
– Herrschaftsantritt Gottes 264 f.
– Gottes Herrschaft als futur./eschatolog. Größe 10, 18, 51, 116 f., 119, 126 f., 129, 138, 142, 159, 160, 178, 265, 281 f., 294, 298, *317,* 327
– Kommen der Gottesherrschaft 10, 12, 15, 124–127, 144 f., 159, 178, 306, *313*
– Nähe des Reiches Gottes 28, 119 f., 124, 126, 131, 136–138, 141, 143
– Gegenwart des Reiches Gottes 10–12, 18, 116 f., 119 f., 123 f., 127, 130, 143 f., 148–150, 160, 270
– gegenw. Anbruch, Verwirklichung von jetzt an 10, 16, 127, 129 f., 148, 158, 160, 357
– gegenwärtige Zeichen d. kommenden Reiches 131, 144
– „Finden" der Gottesherrschaft 10
– zukünftige Verwirklichung, endgültige

Durchsetzung 8, 19, 268 f., 271–275, 281, 327
– Kontinuität von anbrechender u. zukünftiger Verwirklichung 160 f.
Königtum Jesu Christi 163–184 *(passim)*, 425
– im Verhältnis zu den Mächten der Welt 167, 169 f., 173 f., 420
– unpolitischer Charakter 164
– Glauben wirkend 169 f.
– in dieser Welt, gegenwärtig 169 f.
– himmlisch 163, 169, 176
– endzeitlich 163 f., 169, 176
– Kreuzigung als Herrschaftsantritt (13 f.), 166, 172, 179, 182
– als Gemeinschaft Christi mit den Glaubenden 179, 428
– als wahre Kirche 179
– Herrschaftsanspruch Jesu 170, 173
– Rückgabe der Herrschaft an den Vater 19
– „König der Juden" 13, 165, 167, 171, (172 f.), 174 f., 181
– „König Israels" 174
– Folgen für das jüdische Volk 420
– „Königsherrschaft Christi" 167
Kolossä *100*
Kontrastgleichnis 263
Kosmos s. Welt
Kräfte (im Dienst) Gottes 208, 223, 226–237, 240, 242, 252 f., 255 f.
– schöpferische, wohltätige, gnädige Kraft 212, 214, 232–237, 239 f., 248, 254 f.
– königliche, strafende, gesetzgebende Kraft 212, 232–237, 239, 241, 248, 254 f.
Kriegsrolle 8, 46, 85
Kreuz, Kreuzigung 13, 165, 171
– s. a. Jesus
Kronos 392, 398, 402
kultische Funktion des griech. Königtums 33

lateinische Bibelübersetzungen 49
Leben, wahres Leben, ewiges Leben 12, 169 f., 178, 182, 316
– Ursache des Lebens, Lebensprinzip 404 f., 416
Leontopolis s. Tempel
Levi 65, 67, 69, *90 f.*, *363, 364, 373,* 377
Levisegen 65–68
Leviten 50, 66, *83,* 117, *250,* 363
Liebe 153, 182 f., *200*
– Liebe Gottes, des Vaters 6, 169, 178–180, 183, *214,* 225, 229, 270
– Liebe der Menschen zu den Göttern 35 f.

– Liebesgebot 10, 179, 183
– Nächstenliebe 155, 183
– Feindesliebe 153
Lob Gottes 15 f., 19, 48, *65,* 77
– s. a. Engel
Logienquelle *61,* 136–138, 142, 144 f., 147 f., 158, 175, 177
Logos 218 f., 223, 226, *227,* 233, 423 f., 427
Lukas, Lukasevangelium 15, 137 f., 141, 143–145, *148,* 163, 175, 355 f.

Märtyrer 169, 260, 311, *312,* 339, 381
Märtyrerakten 164, *410*
Makarismus 15, 147
Makkabäer, makkabäisch 51, 69 f., 282
Makkabäerbücher 6, 28, 369
Malkhiyyot *3*
Markion 181
Markus, Markusevangelium 28, 65, 139–141, *(156,)* 158, 168, 175, 356
masoretischer Text 49 f., *64,* 115
Matthäus, Matthäusevangelium 14, 27 f., *29,* 137 f., *148, (150,) 151, 155 f.,* 168, 174 f. 177, 181, 344, 355 f.
Maximos von Tyros 26
Melchisedek, Priesterkönig von Salem 8, *50,* 89, 204, *365*
Menachem, Essener *341,* 342
Menelaos, Hoherpriester 40, *71 f.*
Menschensohn 8, 13, 123, 176, *177*
Merkaba, Merkabot, Thronwagen 3, 60, 90, *91,* 93 f., 98, 102, 107, 108–110, 116, 193 f., 309, 314, 325
Merkaba-Mystik 302
Messias, messianisch 8, 13, 15 f., 122, 147, 173, 204, *319,* 320–322, 339, 344 f., *351,* 356
– (jüdische) Messiaserwartung 145, 174–176, 322, *351*
– gekreuzigter, auferstandener Messias 13, 176
– qumranisch 69
– Messiasprätendenten 163, 168
– s. a. Freude, Jesus
Metapher, Metaphorik 2, 5–7, 23 f., 31, 59, 185, 222 f., 226, 257 f., 270, 287, 300, 306, *346 f.,* 380, 388 f., 391, 395, 400 f., 407, 418
– religiöse (Königs-)Metapher 389, 397, 400, 402–405, 407 f.
– philosophische (Königs-)Metapher 389, 397, 399 f., 403, 408 f., 411 f.
Metatron *312,* 315, 321, 324, 367, 377, 379
Michael 8, 17, *91, 106,* 361, 366–368, 370–372, *373,* 374, 377, 379–383

Minḥa 51, *73*
Minucius Felix 24f.
Monotheismus; Einzigkeit Gottes 54, *71*, 220, *238*, 239, 427
Morgengebet, Shaḥarit 287, 293, 297, 300, 302, *326*
Mose 23, 28, *41, 79, 102, 106*, 156, 171, 209, 253, 256, 290f., 305, 321, 373, 374–373, 381, 421, 423
– Entrückung des Mose 376–378
– Grab des Mose 377
– Mose als König und Priester 243, 245
– himmlischer Priesterdienst des Mose 374f., 377, 383
Musafgebet 303f.
Mystik, mystisch 309, *319*
Mythos, mythisch, mythologisch 23, 172, 257, 391, 394, 398, 402–404, 421, 433

Nachahmung Gottes s. Königtum Gottes
Nachschon, Sohn Aminadabs 258–260, 283
Naherwartung 126, 130, 137–142
Name(n) Gottes, Gottesepitheta, Gottesprädikate 4, 10, 17, 24f., 29, 197, 59, 63, *78*, 85f., 88f., 94–96, 99, 101f., 104f., 107–109, 111, 113, 115f., 209–212, 237, 290, 309, *312*, 344f., 386, 388f., 404, 407, 417
– Namenlosigkeit Gottes 209–211
– s. a. Heiligung, Jahwe, König, Tetragramm, Vater
Nathanael 174
Naturgesetz 213, (216), 218
negative Theologie 263
Nero, neronische Verfolgung 163, 174f.
Neues Testament, neutestamentlich 13, 27f., 61, 66, *78*, 117f., 119, 121, 165, 167, 170, 175, 177, 181, 183, 186f., 195, 204, 356
Nikodemus 178f., 181
Nikolaos von Damaskus 340f.
Notarikon 305
Nous 231f., 239, 416
– Königsherrschaft des Nous 406
– s. a. νοῦς
Numenius v. Apameia 415–417, 423, 438

Ochlokratie s. Pöbelherrschaft
Ofannim 60, 99, 108, 300, 318
Offenbarung 198, 201, 211f., 262f., 314, 431
– am Sinai 198, 201, 263, 276f., 281–283, *316*
– am Schilfmeer 261–263, 281–283
– Offenbarung Gottes als König 277
– Verbergen der Offenbarung 14

Opfer 33, 50, 54, 149, 369, 371, 375, 389
– Opferkult, Opfergottesdienst, 16, 49–51, 59, 156, 369–371, 384, 398
– Opfer(dienst) im Himmel 112, 116, 194, 367, 371f., 374, 377, 379–384
– Opfer Christi 19, 194, 196, *198*, 203
Onias, Hoherpriester 370
Orakel 334f., 337, 339f., 342f., 345, 347, 349, 352–355, 358f.
Ordnung, Harmonie, Ordnung der Natur 41–43, 214f., 217–219, 254f.
Origenes, Platoniker *417*

Palast (Gottes) 5, 266, 268, 364, 384
– himmlischer Palast 2f., 8, 15f., *65*, 68, 115, 170, 266
Palmwedel als Siegeszeichen *165*
Paraklet 172, 179, 182
Paralipomena Jeremiou *343*
Passionsgeschichte 13, 165, 166, 169, 172, 175, 178
Pastoralbriefe 13, 169, 180
pater familias 391
Paulus, Paulusbriefe 15, 18, 117f., 129, 157, 172, 175, 178, 180f., 183, 189, 204
Pax Romana 180
Pentateuch *217, 222*, 369, 377
Perserkönige, pers. Großkönigtum, Achämeniden 31, 34–39, 43, 231, 395, 400, 411
Perserzeit 390, 392, 395, 397, 400, 411
Petrus 168, 172
Pharisäer, pharisäisch 15, *53, 63*, (145), 178, 341, *342*, 349, 369, 374
Philon von Alexandrien 1, 4, 14, 16, 23, 25, 39, *41*, 86, *88*, 115, 143, 207–256 *(passim)*, 423
Piyyut 292, 296, 301
Pilatus 16, 19, 118, 165, 167, 169–175, 177–179, 181–184
Pindar 394f.
Pinhas *372*, 373–375, 383
Platon 21–23, 213f., 216, *228*, 231, 387f., 397, 400–409, 411–416, 419–423, 425–431, 439
– „Platons König" 386–388, 400–408 *(passim)*, 409, 413, 418f., 424, 427, 429, 433f., 437–439
– „Platons König" im Verhältnis zum Vater Christi 386, 419, 423f., 427, 429, 433, 437–439
– Zweiter (ps.-platon.) Brief 387f., 400f., 413–419, 421–428, 430–434, 436, 438f.
– Platonismus, platonisch, akademisch *23*, 39, 209, 211f., 220f., 226, 229, 232, *242*,

253, 255, 387f., 407–411, 413–418, 420, 423f., 429–432, 434–439
- Mittelplatonismus 409, 412–415, 417, *419*, 432

Pleroma 432–434, 436
Pöbelherrschaft 221
„politische Theologie" 167, 182
Polytheismus 220f., 226, *238*, 239
Pompeius 342, *344*, 349f., 355
Prädestination 85
Priester 3, 66, 118, *244*, 250f., 363, 364, 374, 381, 383
- Legitimation des irdischen Priesterdienstes 65, 324, 363f., 371, 383
- Ausübung politischer Herrschaft 364f.
- Priesteramt und Königsamt in Personalunion (33), *(53)*, 69f., (204), (243), (245)
- Priesterkönigreich 66f.
- Priesterweihe 64f.
- Priestertum in Qumran 65–68, 76, *79*, 94, 117, 324
- Priester(dienst) im Himmel 56, 98, 112, 204, 222, 361–384 *(passim)*
- himmlischer Priesterdienst als Ersatz für irdischen 379, 383
- Entsprechung von irdischem und himmlischen Priesterdienst 364f.
- s. a. Engel, Hoherpriester, Mose, Opfer, Tempel

Priesterschrift 102, *192*
princeps 225
Prodigien, Omina 351f., 355
profan/sakral 15f., 19
Protagoras *234*
Propheten, prophetisch 28, 130, *217*, 262, 345, *350*, 353–358, 421
Proselyten 245, 251
Proverbienbuch 6
Psalmen, Psalter 4, 17, 28, 40, 49–51, 58–60, 62, 64, 81, 93, *97*, *217*, *222*, 275, 419
- s. a. Jahwe-König-Psalmen, Sabbatlieder
Psalmen Salomos 6, 9, 40, 342, 344
Pseudepigraphen 1, 28, 361, 368
Ptolemäer, ptolemäisch *71*, 72, 410
Pythagoreer, pythagoreisch 209, 220, *388*, 409, *414*, 430

Qaddish *4*, 138, 313, *314*
Qal waḥomer 264
Qedusha 1, 3, 15, *46*, 54–56, 58, *63*, *97*, 98f., *193*, 299–302, 304f., 325, *326*
- Qedusha de'Amida 300–303, 306, *326*
- Qedusha de Sidra 300, *326*

- Qedusha de Yoṣer 299–303, 306f., *326*
- Qedusha der Engel, himml. Qedusha 300, 304–306
- s. a. Trishagion

Qumran-Texte 1f., 8, 185, 221, *337*, 340, *347*, 364
- s. a. Sabbatlieder
qumranischer Kalender 47, *48*, *(79)*

Rabban Yoḥanan ben Zakkai 350f.
Rabbi Aqiba 14, 286, 321f., *347*
Rabbi Yishmaʿel 311–319, 327, 338f., 348, 358
Rabbinen, rabbinisch, rabbinische Literatur 1f., 5, 7–10, 14, *27*, *45f.*, 49, 55, 57, *63f.*, *71*, 72, 77, 86, 92, 96, 115, *201*, 234, 257, 263, 266, 273, 283, 285–287, 290, 292, 298, 301f., 304, 306, 311, *316*, 322, 334, 340f., 358, 361–384 *(passim)*
Raqiaʿ 108, 111, 139, 326
Reden von Gott 21–23, 185, 204f., 255, 263f., 285
Reich Gottes s. Königtum Gottes
Reinheit 15, 117, 156f.
- Reinheit des Heiligtums 79
- Reinheit der Gemeinde 80
- Reinheitsgebote 54, *154*, *159*
Religionsgeschichtliche Schule 121, 127f.
Re'uyot Yeḥezqel *323*
Ribbuy 379
Richten, richterliche Macht Gottes 5, 14, 25, 29, 41, 48, 50, 101, 115, 147, 234, *(365)*
- s. a. Gericht, Strafe
Rom, Römer, römisch 6, 16, 18, 167, 174f., 180, 225, 266, 272, *275*, 291, 335, 339, *347*, *352*, 354f., 358
Römisches Reich, Imperium 164f., 169, 171–174, 178, 182, 410
- Herrschaftsanspruch des röm. Imperiums 173

Sabbat 47, *48*, 50–57, 77, 92, 98, 111, 155, 302, 325
- ewige Sabbatruhe 50
- Sabbatgebot, Sabbatvorschriften 54, 97f., 101, 155, *159*
- Sabbatopfer im Tempel 49, 52
- Sabbat(gottesdienst) im Himmel 112, *199*, *203*
Sabbatlieder, Sabbatopferlieder 1f., 4, 8, 16f., 19, 45–118 *(passim)*, 185–205 *(passim)*, 318, 323f., 344, *345*, 365
Sacharja ben Jojada *71*
Sadduzäer, sadduzäisch *63*

sakral s. profan
Samaritaner, samaritanisch *47f.*, 341
Samuel der Kleine 338f., 358
Schaubrottisch *332*, 336
Scheol 57
Schicksal, Heimarmene 170, 172
Schilfmeerlied, Meerlied 7, *50*, 51, 72, *73*, *79*, 259, 261, 264, 270, 281, 290f., 294, 296, 298, 306, 318, *319*, 326, 345, 356
Schilfmeerwunder 10, 262f., 271f., 281f.
– s. a. Offenbarung
Schöpfer, Schöpfung 5, 24f., 39, 41, *50*, 53, 59, 85f., *88*, 96, 101, 115f., 153, 161, 166, 194, 212, 216–219, 227, 229f., 233–235, 241, 244, 246, 248f., 251, 267, 283, 293, 298, 307, 357, 382, 405, 417
– Neuschöpfung 166, 172, 179, 318
– Erhaltung der Schöpfung, Fürsorge 212, 214, 219, 223f., 405
– s. a. Kräfte Gottes
Seele 230–232, 253
Seelenflug 231f.
Seleukiden *71*, 72, 355, 410
Seligpreisungen 61
Seliḥa 286
Septuaginta 4, 27f., 34, 49, 51, 63, *72*, 88, 115, 137, 143, *187*, *192*, *197*, 200, 209f., 212, 232, *235*, 244, 268, *350*
Serafim 98, *262*, 318
Shaḥarit s. Morgengebet
Shema' 3, 10, 62, 273f., 285–307 *(passim)*, 319
– 1. Berakha vor dem Shema', Yoṣer 55, 98, 292f., 299, 300–303, 306, *326*
– 2. Berakha vor dem Shema' 293
– Berakha nach dem Shema', Ge'ulla 293f., 296f., 299, 306f.
– Verbot der Shema'-Lesung 304
– s. a. Qedusha
Shi'ur Qoma 319, *320*
Sibyllinen 8, 28, 40
Siddur s. Gebetbuch
Simon, Essener *341*
Simon, Makkabäer 7
Sinaioffenbarung s. Offenbarung
Sitzen zur Rechten Gottes s. Thron
Skeptizismus, skeptisch 211
Sokrates 396, 402f., 407
Solon 393f.
Sonnenkalender s. qumranischer Kalender
Soteriologie 194, 201
Sparta, spartanisch 31, 33, 36
staatliche Macht, politische Macht 171f., 179f., 182–184, 203,

– auf Gottes Willen beruhend 171
– Legitimierung/Begrenzung staatlicher Macht 182
– Freiheit gegenüber staatlicher Macht 183
– Ethik der Staatsführung 401–403
– s. a. Kaiser, Königtum Gottes, Königtum Christi, Perserkönige, Römisches Reich
Stephanus 356
Stoa, stoisch 170, 211ff., 216–218, 220, 228, 234, 236f., *242*, 253, *254*, 255, *386*, 410, *412*
Strafe, bestrafen 229, 235, 241, 255
„Stürmerspruch" 148f., 153
Sühne 79, *80*, 81, 156, 202f., 370–374, 381, 383
– s. a. Gerechte
Sünde, Sünder 9, 15, 117, 156f., 166, 177, *198*, *214*, 372f., 381
– Macht der Sünde 8
– Sündenbekenntnis 370
– Sündenfall 437
superstitio 164, 169
Symbol 5f., 45
Synagoge, Synagogengottesdienst 2f., 57, *73*, 166, 244, 285, 287f., 290, *313*, 325, 345
synoptische Apokalypse 140
synoptische Evangelien 12f., 15, 28, 128, 136, *156*, 165f., 180, 182, 195

Tacitus 174
Talmud, talmudisch 292, 296
Tannaiten, tannaitisch *155*, 266, *273*, 286, 288, 292–294, 300, 302, *346*, 349, *366*, 374
Targumim 1, 7, *45*, 117, 268, 273, 297f., *304*, 326, *327*, 370
– Targum Onkelos 334
Taufe 178
Te'ezaza Sanbat 55–58, *91*
Tefilla s. 'Amida
Tehilla 92
Tempel, Tempelkult, Heiligtum
– irdischer, Jerusalemer T. 2, 4, 16, 52, 58, 62f., 65, *68*, 74f., 92f., *107*, 116, 118, 166, 186f., 190–192, *193*, 194, 222, *250*, 282, 315, 324f., 341f., 345–348, 350f., 355, 357, 370
– Tempelzerstörung 315, 335, 337, 341, 343, 345, 350, 356f., 371
– Erster Tempel *(51)*, (58), *357*, 372
– Zerstörung des 1. Tempels 334, 337, 339, 343, 350
– Zweiter Tempel *46*, *51*, 55, 59, *91*, 92, *357*, 369, 371f., 383

- Zerstörung des 2. Tempels 167, 173 f., 257, 268, 282, *309*, 337–339, 343, 347, *349*, 350–352, 354, 356, 358, 362, 365, 369, 383
- idealer Tempel 111
- Restitution des irdischen Tempels 348 f.
- Tempel in Leontopolis 74
- himmlischer Tempel, himmlischer Kult 3, 5, 15–17, 19, 48, 60, *63*, 65, *68, 75*, 76 f., 79–81, 83, 90–94, 100–102, 105, 111–113, 115–118, 186–195, 197, 202, 204, 268, *319*, 323, 356, 361, 363 f., 374, 379
- Lobpreis des lebendigen Tempels 101 f., 104, 193, 202
- eschatologischer Tempel 51, 73–76, *79, 84*, 116, 118, 268, 282, *318, 324, 326*, 349, *351*, 356–358
- Entsprechung von irdischem und himmlischem Kult bzw. Heiligtum 1, 65, 92 f., 102, 265 f., 282 f., 372, 382
- Kosmos als Heiligtum 222
- Tempel als Gegenbild der Welt 267
- Tempel von Menschen *65*, 74 f., *80*
- Äquivalenz von Torastudium und Tempelkult 371, 383
- s. a. Allerheiligstes, Altar, Debir, Opfer, Vorhang

Tempelaustreibung Jesu 16, 118, 160
Tempelliturgie 87, 92, 96, 290, *292*, 293
Tempelrolle *79, 154 f.*
Tempeltheologie, Kulttheologie 58 f., *65, 68*, 73 f., 76, 365, 383
Tempelweihfest 74
Tempelwort Jesu 16, 118, 349, 356 f.
Terminworte Jesu 141
Tertullian 14
Testamente der Zwölf Patriarchen 6, 143
Testimoniensammlung 14
Tetragramm 4, *50, 56, 88*, 115 f., 209, 344
Theodizee 227
Theodotion *63*, 143
Theokratie, theokratisch 173, 182 f., 364
Theologie, Theologen 21, 23, 385, 388, 408, 418 f., 429, 438 f.
- s. a. „politische Theologie"
Theophilus von Antiochien 23, 25
Thron, Thron Gottes 5, *28*, 58, 63, 101, 106, 108, 111, 193–195, 197, 204, *(229)*, 265–267, 321, 380, 382, 411
- „Throne der Herrlichkeit" 110 f.
- Kerubenthron 59 f., 62
- himmlischer Thron 56, 265 f., 282, *322*
- Jahwes Throne auf Israels Lobpreis 59
- (himmlischer) Thron Davids 319, 321 f.

- Thron Christi 197, 204
- Christi Thronen zur Rechten Gottes 13, 19, 177, (189), 204
Thronrat, himmlischer 96
Thronwagen s. Merkaba
Tischgemeinschaft
- T. Jesu 10, 142, 147, 160
- T. von Juden- und Heidenchristen 157
Titus 174
Tobit 28, 40
Töpferorakel *321*
Tora 153–158, *159*, 161, 210, 277, 293, 299, *316*
- Annahme der Tora, Annahme des „Jochs der Gebote" 277, 280, 282, 289, 299, 306, *319*
- s. a. Gesetz, Jesus, Tempel
Transzendenz 16, 96, 100 f., 106, 111, 122, 187 f., *190, 193, 197*, 205, 211, 218, 221, 226, 255, 412, 416 f., 437
Trias 414–416, 418, 422–424, 426, 432, 435, 438
- zweiter Gott, dritter Gott 416 f.
- biblische Trias *419*
- „Dreieinigkeit" Gottes bei Philon 237–239, 241, 255
- christliche Trias, Trinität 238, 414, 417, 422–428, 438
Trishagion 1, 58, 300, *302*, 325
- s. a. Qedusha
Tyrann, Tyrannei 31, 33, 35, 216

Unableitbarkeitsprinzip 131–134
unbewegter Beweger 229
Urchristentum, urchristlich 11, 14, 16, 19, 64, 129 f., *134 f.*, 140, *144*, 145, 155, 157, 177 f., 181, 184
Urgemeinde 13, 126, (128), 132, (134 f.), 139, (140)

Valentin, valentinianisch *405*, 430–437
väterliche Liebe und Güte Gottes 10, 15, 28
„Vater" als Gottesepitheton 5, 29
- im vorchristlichen Judentum 29
- im Griechischen 17, 23, 26, 30 f., 33, 235, 241
- bei Philon 212, 223–225, 250
- im NT 27–29
- im Sprachgebrauch Jesu 14 f., 152
- im altkirchlichen Schrifttum 24 f.
- im rabbinischen Sprachgebrauch 7, 14, 286, *346*
Vaterunser 4, 10, 12, 28, 138, (159), *313*
Verdienst 259 f., *263*, 269, 381 f., 384

Vergebung, Sündenvergebung 10, 152, 157, *158*, (161), 370
Vernunft, göttliche Vernunft 216
 – s. a. Weltvernunft
Versöhnungstag 3, 62, *71*, 290, *314*, *326*, 365, 370
Vespasian 175
Vitae Prophetarum 350, *355*
Völkerwallfahrt *142*
Vorhang *276*
 – Vorhang im Tempel *78*, 193, 195–197, 203

Wahrheit 169–171, 179, 182f., 238, 404
Weisheit Gottes 252–254
 – als Ursprung der Weisheit der Menschen 254–256
Weisheit Salomos 28
Weisheitsworte Jesu 128
Welt, Kosmos 19, 22, 411f., 416, 424
 – bei Johannes 171, 173, 181–183
 – bei Philon 212, *231*, 214–219, *220*, 223f., *226*, 228, 230, 235, 243, 248–251

– Welt als möglicher Ort der Gottesherrschaft 161
Weltseele 415, 421, 423
Weltvernunft 170
Wesen Gottes 23–25, 210–212, *220*, 229, 231f., 255
Wüstenwanderung *29*

Xenokrates *387*, 415, 423f., *431*
Xenophanes von Kolophon 22

Yoṣer s. Shema'

Zion 4, 19, *65*, 72, 75, 117, *189*, 198, *199*, 266, 282, *324*, 347, 349, 356f.
 – im Himmel 199
Zionslied 50
Zionstheologie 13
Zeichenhandlung 158, 160
Zeloten, zelotisch 173, 344, *350*, 354, 374
Zeltheiligtum der Wüstengeneration 192
Zeus 30–33, 35–37, 41–43, 170, 223, *224*, 234, 390–399, 403–408

Griechische Ausdrücke und Wendungen

(τὰ) ἅγια 190f.
ἁγία γῆ, ἅγιος τόπος 72, 74
ἁγίασμα *350*
ἁγιασμός 74
ἅγιον κοσμικόν 188, 194
ἀήρ 399, 434, 436
ἀθεότης 164, 180
αἴνιγμα, αἰνίττεσθαι 387, *388*, 428
αἰτία 406
ἀλήθεια 238
ἄναξ 4, *29*, 32, *390f.*, 392
ἀναρχία 215
ἀνομία 217
ἀπογράφειν 200f., 203
ἀρχὴ νομίμου 215
ἄρχων, ἄρχοντες *29*, 172, 222, 246
ἀταξία 217
αὐτοκράτωρ 225, *227*
βάθος *314*
βασιλεία 10, 16, 18f., 25, 28f., 63, 70, 72, 84, 93, 117f., 125, 163–165, 167, 169f., 172, 176–178, *199*, 203, 213, 215, *217*, *245*, 247
 – βασιλεία αἰώνιος 176
 – βασιλεία ἐπουράνιος 169
 – βασιλεία (τοῦ) θεοῦ 14, 18f., 28, 118, 152, 176, 178f.

– βασιλεία τῶν οὐρανῶν 18
τὸ βασίλειον 74
βασιλεύειν 28, 36, 407, *415*
βασιλεύς 4, 13f., *27*, 28f., (30,) *31*, 32–34, 86, 117, 152, 165, 173, 175, 203, 208, 212, 225f., 229, 237, 246, 248f., 387–389, 391f., *400*, 403–407, 417–419, 436
 – ἀθανάτων βασιλεύς 392–394
 – βασιλεὺς ἁγίων *428*
 – βασιλεὺς τῶν αἰώνων 27
 – βασιλεὺς τῶν βασιλευόντων 27
 – βασιλεὺς (τῶν) βασιλέων 13, 34, 40f., 42, 249
 – βασιλεὺς τῶν ἐθνῶν 28
 – βασιλεὺς (τῶν) θεῶν 220, 392
 – βασιλεὺς τῶν 'Ιουδαίων 13
 – βασιλεὺς τῶν πάντων etc. 404, 423
 – ἡμῶν βασιλεύς 405
 – μέγας βασιλεύς, βασιλεὺς μέγας 34, 37, 40f., *42*, 231
βασιλική 233f.
βασιλικοί 429
βιάζεσθαι 148f.
γεύεσθαι θανάτου 140f.
δεσπότης 402
δόξα 238

δορυφόροι 231 f.
δύναμις, δυνάμεις 5, 86, 93, *226*, 228 f., 232, 237, *412*
δωρόφαγοι 33
ἐγγίζειν, ἤγγικεν 11, 136
εἰκὼν θεοῦ 37
εἰρήνη, εἰρηνοποιός 215
εἰς τὸν αἰῶνα καὶ ἔτι 9, 28
εἷς, ἕν 220 f.
εἰσέρχεσθαι εἰς τὴν βασιλείαν 178
ἐκκλησία 179, 200, 203
ἐν ἑνότητι 91
ἐντὸς ὑμῶν 146
ἐξουσία 171
Ἐπινομίς 244
εὐδαιμονία 215
εὐεργεσία 35, 233
εὐσέβεια *339*
Ζεὺς βασιλεύς 390, 392, 394, 396 f., 399, 407 f., 413
θεολογία 21 f.
θεός 86, *210*, 212, 226, 233, 236−240, *405*, 436
θεῶν βασιλεύς 32
ἰδεῖν τὴν βασιλείαν 178
τὸ ἴδιον (θεοῦ) 212
ἱεράτευμα 74
ἱλαστήριον 233, 235
καιρὸς διορθώσεως 197
καῖσαρ 225
κατάπαυσις *51*, 203
καταπέτασμα 195−197
κόσμος 212, 217, 222, 230, 249
κοσμοποιητική 223
κύριος 4 f., 28, *29*, 63, *88*, 91, 115, 194, 209 f., 212, 226, 233 f., 236−240 f.
κύριος Ἰησοῦς 13, 194
κύριος κυρίων 13
λόγος *219*, 244, 253
ἡ λογική 253
μεγαλόπολις, πόλις ἡ μεγίστη 212 f., 222, 223
μέτρον 226
μιᾷ φωνῇ 91
μοναρχία 4, 219, 222
μυστήρια 430 f.
μυστήριον τῆς βασιλείας 14, 431

νόμος 216 f., *218*, 234, 243 f.
− ὁ ἔμψυχος νόμος 243 f.
νομοθετική 234
νοῦς 22, 211, 231, 253, 406 f., 416
οἰκονομική, οἰκονόμος 35, 402
οἰκουμένη 203
ὁμιλεῖν 229 f.
ὁμοθυμαδόν 91
ὀργὴ τοῦ θεοῦ 177
ὅρος 432 f., 435 f.
οὐρανός 188, 190
οὐσία 238, 253
ὀχλοκρατία *220*, 221
παιδεία *29*
παλιγγενεσία 233
πανήγυρις 199
παράδειγμα 431
παρατήρησις 145
παρρησία 164
πατήρ 23, 29, (30,) *31*, 36, 212, 235, *405*, *415*, 436
πατὴρ τῶν ὅλων 23
πατρίς 203
πόλις (θεοῦ ζῶντος) 199, 201, 203
πνεύματα δικαίων 201
πολιτικός 402
πολυαρχία 221
πρόδρομος 191, 195, 197
προήγησις 246
πρόνοια 224
πρός τι πὼς ἔχον 236 f.
προσέρχεσθαι *197*, 198, 202
προσεύχεσθαι 369
προσήλυτος 245
προσκυνεῖν, προσκύνησις 246, *247*
πρωτότοκοι 200 f.
σαββατισμός *51*, *199*, 203
σάρξ 196, 434, 436
σκηνή 191 f., 203
σπερματικαί ἀρχαί 235
σωτήρ *412*
τετέλεσται 166, 172, 179
ὕλη 228
ὑπάντησις *165*
φθάνειν 11, 144
φιλία 35
φωνή 351−353
ὁ ὤν, τὸ ὄν 209−212, 236−240

Hebräische und aramäische Ausdrücke

אבינו שבשמים 14
אדון 5, 91, *104*, 116, *290*
אדוני 4, 63, 91, 115
אהבת עולם, אהבה רבה 293
אולם 192
אל 88, 115
אלים 48, 59, 77 –
אל אלים 95, 101, 105, 116 –
אלוהות 77–79, 81, 83, 90, 96
אלוהים 48, 58f., 77, 78, 79, 81, 85, 88, 94–96, 102, 106, 109, 114f., 187f., 344
אלוהי הכול 92 –
אמת ויציב 293–296
בדן 187f.
ברוך שם כבור מלכותו לעולם ועד 3, *46*, 62, *92*, 116, 289–291
ברך 301
ברכת תורה 293
גבור 245
גר 245
דביר 187, 192f., 195
דמות, דמה 188, 262
היכלא, היכל *68*, 74, 192, *266*, *329*, 335, 361
הללו, הלל 48, 84, 101–103
זבח *202*
זמר 87, 101
חיק *312*
חסד *234*
יהוה 115, *209*
יהוה מלך *59*, 60
יחד 90, *91*, 102f.
יסד 79
ירד *314*
כבודו, כבוד 58, 82, 84f., 90, 99f., 107f., 111, 114, 118, 187f.
כסא 75, *110*, 187, *193f.*, 275, 361
כפר *79*, *370*, 373
כפרת 235
מדת הדין, מדת הרחמים 86, 234
מושב *110*, 194
מטא 137, 144
מלחמת אלוהים 85
מלך (Verb) 5, 7, 16, 48, 69, 260, 268f., 281, 297
מלך (Substantiv) 1, *3*, 4, 16, *47*, 48f., *58*, 76, 78, 79, 81, 88, 94f., *104*, 106, 111, 113, 115f., 265, *266*, 287, *290*
מלכא 345, 359 –
מלך בשר ודם 7 –

מלך (ה)כבוד 99, 108f., 113 –
מלך הכול 91, *92* –
מלך העולם 5, *92*, 287, 345 –
מלך מלכים 96, 101, 116 –
מלך צור ישראל וגואלו etc. 295 –
מלכותו, מלכות 1, *3*, 4, 8, 10, 16, *47*, 48f., 54, 60, 63–66, 69f., 76, 78, 81–85, 88, 90, 93, 99–103, 107, *110*, 111, 114–118, 265, 285, 365
מלכותיה, מלכותא 297, 313 –
מלכות שמים 7 –
ממלכתו, ממלכה 48, 66, 75, 93, 107
ממלכות 107, 114
ממשלתו, ממשלה 48, 60, 112
מעון 83, 192
מעל(ה) 91, 96, 108
מקדשא, מקדש 192, *329*, 335
מקדש אדם 74 –
מראות 262
מרכבה *193*
משכן 192
משנה התורה *244*
משפט *234*
נטר 145
עמד 83, *106*, 366, 375
פורס על שמע 290f.
פרכת 193
פרקליט *368*
צבאות 232
צדיקים גמורים 201
צדק *234*
צור ישראל וגואלו etc. 295
צורה 187f.
קדוש, קדש *58*, 97f.
קודשים, קודש (97), 192
רבונו של עולם, רבון העולם 5, 14, *92*, 345
רוחות, רוח 102, 187, *188*, 380
מרומים, רום etc. 82, 190
רחמים *234*
רקיע 190, *192*
שבי פשע 80
שמד 273
שמש 375
שר הפנים 312, 361, *367*, 384
משרתי פנים, שרת *106*, 193, 375
תבנית 102, *110*, 187
תרומות לשוני דעת *112*, 202
תשבוחות 84, 100

Wissenschaftliche Untersuchungen zum Neuen Testament

*Alphabetisches Verzeichnis
der ersten und zweiten Reihe*

APPOLD, MARK L.: The Oneness Motif in the Fourth Gospel. 1976. *Band II/1.*
BAMMEL, ERNST: Judaica. 1986. *Band 37.*
BAUERNFEIND, OTTO: Kommentar und Studien zur Apostelgeschichte. 1980. *Band 22.*
BAYER, HANS FRIEDRICH: Jesus' Predictions of Vindication and Resurrection. 1986. *Band II/20.*
BETZ, OTTO: Jesus, der Messias Israels. 1987. *Band 42.*
– Jesus, der Herr der Kirche. 1990. *Band 52.*
BEYSCHLAG, KARLMANN: Simon Magnus und die christliche Gnosis. 1974. *Band 16.*
BITTNER, WOLFGANG J.: Jesu Zeichen im Johannesevangelium. 1987. *Band II/26.*
BJERKELUND, CARL J.: Tauta Egeneto. 1987. *Band 40.*
BLACKBURN, BARRY LEE: 'Theios Anēr' and the Markan Miracle Traditions. 1991. *Band II/40.*
BOCKMUEHL, MARKUS N. A.: Revelation and Mystery in Ancient Judaism and Pauline Christianity. 1990. *Band II/36.*
BÖHLIG, ALEXANDER: Gnosis und Synkretismus Teil 1 1989. *Band 47* – Teil 2 1989. *Band 48.*
BÜCHLI, JÖRG: Der Poimandres – ein paganisiertes Evangelium. 1987. *Band II/27.*
BÜHNER, JAN A.: Der Gesandte und sein Weg im 4. Evangelium. 1977. *Band II/2.*
BURCHARD, CHRISTOPH: Untersuchungen zu Joseph und Aseneth. 1965. *Band 8.*
CANCIK, HUBERT (Hrsg.): Markus-Philologie. 1984. *Band 33.*
CARAGOUNIS, CHRYS C.: The Son of Man. 1986. *Band 38.*
DOBBELER, AXEL VON: Glaube als Teilhabe. 1987. *Band II/22.*
EBERTZ, MICHAEL N.: Das Charisma des Gekreuzigten. 1987. *Band 45.*
ECKSTEIN, HANS-JOACHIM: Der Begriff der Syneidesis bei Paulus. 1983. *Band II/10.*
EGO, BEATE: Im Himmel wie auf Erden. 1989. *Band II/34.*
ELLIS, E. EARLE: Prophecy and Hermeneutic in Early Christianity. 1978. *Band 18.*
– The Old Testament in Early Christianity. 1991. *Band 54.*
FELDMEIER, REINHARD: Die Krisis des Gottessohnes. 1987. *Band II/21.*
FOSSUM, JARL E.: The Name of God and the Angel of the Lord. 1985. *Band 36.*
GARLINGTON, DON B.: The Obedience of Faith. 1991. *Band II/38.*
GARNET, PAUL: Salvation and Atonement in the Qumran Scrolls. 1977. *Band II/3.*
GRÄSSER, ERICH: Der Alte Bund im Neuen. 1985. *Band 35.*
GREEN, JOEL B.: The Death of Jesus. 1988. *Band II/33.*
GUNDRY VOLF, JUDITH M.: Paul and Perseverance. 1990. *Band II/37.*
HAFEMANN, SCOTT J.: Suffering and the Spirit. 1986. *Band II/19.*
HEILIGENTHAL, ROMAN: Werke als Zeichen. 1983. *Band II/9.*
HEMER, COLIN J.: The Book of Acts in the Setting of Hellenistic History. 1989. *Band 49.*
HENGEL, MARTIN: Judentum und Hellenismus. 1969, [3]1988. *Band 10.*
HENGEL, MARTIN und A. M. SCHWEMER (Hrsg.): Königsherrschaft Gottes und himmlischer Kult. 1991. *Band 55.*
HERRENBRÜCK, FRITZ: Jesus und die Zöllner. 1990. *Band II/41.*
HOFIUS, OTFRIED: Katapausis. 1970. *Band 11.*
– Der Vorhang vor dem Thron Gottes. 1972. *Band 14.*
– Der Christushymnus Philipper 2,6 – 11. 1976, [2]1991. *Band 17.*
– Paulusstudien. 1989. *Band 51.*
HOLTZ, TRAUGOTT: Geschichte und Theologie des Urchristentums. Hrsg. von Eckart Reinmuth und Christian Wolff. 1991. *Band 57.*
HOMMEL, HILDEBRECHT: Sebasmata. Band 1. 1983. *Band 31.* – Band 2. 1984. *Band 32.*
KAMLAH, EHRHARD: Die Form der katalogischen Paränese im Neuen Testament. 1964. *Band 7.*
KIM, SEYOON: The Origin of Paul's Gospel. 1981, [2]1984. *Band II/4.*
– »The ›Son of Man‹« as the Son of God. 1983. *Band 30.*
KLEINKNECHT, KARL TH.: Der leidende Gerechtfertigte. 1984, [2]1988. *Band II/13.*
KLINGHARDT, MATTHIAS: Gesetz und Volk Gottes. 1988. *Band II/32.*

Wissenschaftliche Untersuchungen zum Neuen Testament

KÖHLER, WOLF-DIETRICH: Rezeption des Matthäusevangeliums in der Zeit vor Irenäus. 1987. *Band II/24.*
KUHN, KARL G.: Achtzehngebet und Vaterunser und der Reim. 1950. *Band 1.*
LAMPE, PETER: Die stadtrömischen Christen in den ersten beiden Jahrhunderten. 1987, ²1989. *Band II/18.*
MAIER, GERHARD: Mensch und freier Wille. 1971. *Band 12.*
– Die Johannesoffenbarung und die Kirche. 1981. *Band 25.*
MARSHALL, PETER: Enmity in Corinth: Social Conventions in Paul's Relations with the Corinthians. 1987. *Band II/23.*
MEADE, DAVID G.: Pseudonymity and Canon. 1986. *Band 39.*
MENGEL, BERTHOLD: Studien zum Philipperbrief. 1982. *Band II/8.*
MERKEL, HELMUT: Die Widersprüche zwischen den Evangelien. 1971. *Band 13.*
MERKLEIN, HELMUT: Studien zu Jesus und Paulus. 1987. *Band 43.*
METZLER, KARIN: Der griechische Begriff des Verzeihens. 1991. *Band II/44.*
NIEBUHR, KARL-WILHELM: Gesetz und Paränese. 1987. *Band II/28.*
NISSEN, ANDREAS: Gott und der Nächste im antiken Judentum. 1974. *Band 15.*
OKURE, TERESA: The Johannine Approach to Mission. 1988. *Band II/31.*
PILHOFER, PETER: Presbyteron Kreitton. 1990. *Band II/39.*
PROBST, HERMANN: Paulus und der Brief. 1991. *Band II/45.*
RÄISÄNEN, HEIKKI: Paul and the Law. 1983, ²1987. *Band 29.*
REHKOPF, FRIEDRICH: Die lukanische Sonderquelle. 1959. *Band 5.*
REINMUTH, ECKHARDT: siehe HOLTZ.
REISER, MARIUS: Syntax und Stil des Markusevangeliums. 1984. *Band II/11.*
RICHARDS, E. RANDOLPH: The Secretary in the Letters of Paul. 1991. *Band II/42.*
RIESNER, RAINER: Jesus als Lehrer. 1981, ³1988. *Band II/7.*
RISSI, MATHIAS: Die Theologie des Hebräerbriefs. 1987. *Band 41.*
RÖHSER, GÜNTER: Metaphorik und Personifikation der Sünde. 1987. *Band II/25.*
RÜGER, HANS PETER: Die Weisheitsschrift aus der Kairoer Geniza. 1991. *Band 53.*
SÄNGER, DIETER: Antikes Judentum und die Mysterien. 1980. *Band II/5.*
SANDNES, KARL OLAV: Paul – One of the Prophets? 1991. *Band II/43.*
SATO, MIGAKU: Q und Prophetie. 1988. *Band II/29.*
SCHIMANOWSKI, GOTTFRIED: Weisheit und Messias. 1985. *Band II/17.*
SCHLICHTING, GÜNTER: Ein jüdisches Leben Jesu. 1982. *Band 24.*
SCHNABEL, ECKHARD J.: Law and Wisdom from Ben Sira to Paul. 1985. *Band II/16.*
SCHUTTER, WILLIAM L.: Hermeneutic and Composition in I Peter. 1989. *Band II/30.*
SCHWEMER, A. M. – siehe HENGEL.
SIEGERT, FOLKER: Drei hellenistisch-jüdische Predigten. Teil 1 1980. *Band 20.* – Teil 2 1991.
– Nag-Hammadi-Register. 1982. *Band 26.*
– Argumentation bei Paulus. 1985. *Band 34.*
– Philon von Alexandrien. 1988. *Band 46.*
SIMON, MARCEL: Le christianisme antique et son contexte religieux I/II. 1981. *Band 23.*
SNODGRASS, KLYNE: The Parable of the Wicked Tenants. 1983. *Band 27.*
SPEYER, WOLFGANG: Frühes Christentum im antiken Strahlungsfeld. 1989. *Band 50.*
STADELMANN, HELGE: Ben Sira als Schriftgelehrter. 1980. *Band II/6.*
STROBEL, AUGUST: Die Studie der Wahrheit. 1980. *Band 21.*
STUHLMACHER, PETER (Hrsg.): Das Evangelium und die Evangelien. 1983. *Band 28.*
TAJRA, HARRY W.: The Trial of St. Paul. 1989. *Band II/35.*
THEISSEN, GERD: Studien zur Soziologie des Urchristentums. 1979, ³1989. *Band 19.*
THORNTON, CLAUS-JÜRGEN: Der Zeuge des Zeugen. 1991. *Band 56.*
WEDDERBURN, A. J. M.: Baptism and Resurrection. 1987. *Band 44.*
WEGNER, UWE: Der Hauptmann von Kafarnaum. 1985. *Band II/14.*
WOLFF, CHRISTIAN: siehe HOLTZ.
ZIMMERMANN, ALFRED E.: Die urchristlichen Lehrer. 1984, ²1988. *Band II/12.*

Ausführliche Prospekte schickt Ihnen gern der Verlag
J. C. B. Mohr (Paul Siebeck), Postfach 2040, D-7400 Tübingen